Le Routard

Nos meilleurs CAMPINGS en France

Cofondateurs : Philippe GLOAGUEN et Michel DUVAL

Directeur de collection et auteur
Philippe GLOAGUEN

Secrétaire général
Gavin's CLEMENTE-RUIZ

Rédacteurs en chef
Amanda KERAVEL (France) et Benoît LUCCHINI (Étranger)

Directrice administrative
Bénédicte GLOAGUEN

Conseiller à la rédaction
Pierre JOSSE

Responsable voyages
Carole BORDES

Direction éditoriale
Élise ERNEST

Rédaction
Emmanuelle BAUQUIS
Mathilde de BOISGROLLIER
Marie BURIN des ROZIERS
Véronique de CHARDON
Amanda KERAVEL
Simon HAFI

2021/2022

Les bonnes adresses du Routard

hachette

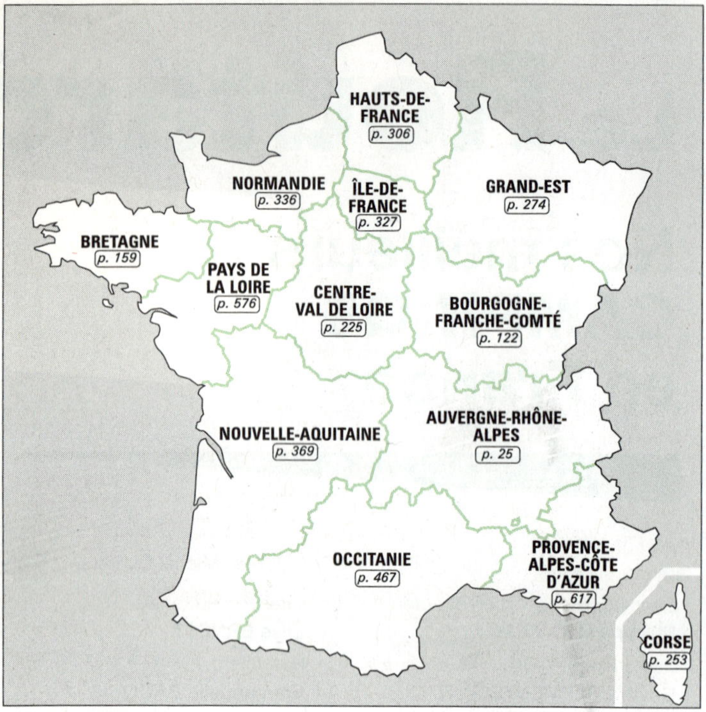
HAUTS-DE-FRANCE
p. 306
NORMANDIE
p. 336
ÎLE-DE-FRANCE
p. 327
GRAND-EST
p. 274
BRETAGNE
p. 159
PAYS DE LA LOIRE
p. 576
CENTRE-VAL DE LOIRE
p. 225
BOURGOGNE-FRANCHE-COMTÉ
p. 122
AUVERGNE-RHÔNE-ALPES
p. 25
NOUVELLE-AQUITAINE
p. 369
OCCITANIE
p. 467
PROVENCE-ALPES-CÔTE D'AZUR
p. 617
CORSE
p. 253

TABLE DES MATIÈRES

- **AUVERGNE-RHÔNE-ALPES** 25
Ain (01), Allier (03), Ardèche (07), Cantal (15), Drôme (26), Isère (38), Loire (42), Haute-Loire (43), Puy-de-Dôme (63), Rhône (69), Savoie (73), Haute-Savoie (74)

- **BOURGOGNE-FRANCHE-COMTÉ** 122
Côte-d'Or (21), Doubs (25), Jura (39), Nièvre (58), Haute-Saône (70), Saône-et-Loire (71), Yonne (89), Territoire de Belfort (90)

- **BRETAGNE** 159
Côtes-d'Armor (22), Finistère (29), Ille-et-Vilaine (35), Morbihan (56)

- **CENTRE-VAL DE LOIRE** 225
Cher (18), Eure-et-Loir (28), Indre (36), Indre-et-Loire (37), Loir-et-Cher (41), Loiret (45)

- **CORSE** 253
Corse du Sud (2A), Haute-Corse (2B)

- **GRAND-EST** 274
Ardennes (08), Aube (10), Marne (51), Haute-Marne (52), Meurthe-et-Moselle (54), Meuse (55), Moselle (57), Bas-Rhin (67), Haut-Rhin (68), Vosges (88)

- **HAUTS-DE-FRANCE** 306
Aisne (02), Nord (59), Oise (60), Pas-de-Calais (62), Somme (80)

- **ÎLE-DE-FRANCE** 327
Paris (75), Seine-et-Marne (77), Yvelines (78), Essonne (91), Val-de-Marne (94), Val-d'Oise (95)

- **NORMANDIE** 336
Calvados (14), Eure (27), Manche (50), Orne (61), Seine-Maritime (76)

- **NOUVELLE-AQUITAINE** 369
Charente (16), Charente-Maritime (17), Corrèze (19), Creuse (23), Dordogne (24), Gironde (33), Landes (40), Lot-et-Garonne (47), Pyrénées-Atlantiques (64), Deux-Sèvres (79), Vienne (86), Haute-Vienne (87)

- **OCCITANIE** 467
Ariège (09), Aude (11), Aveyron (12), Gard (30), Haute-Garonne (31), Gers (32), Hérault (34), Lot (46), Lozère (48), Hautes-Pyrénées (65), Pyrénées-Orientales (66), Tarn (81), Tarn-et-Garonne (82)

- **PAYS DE LA LOIRE** 576
Loire-Atlantique (44), Maine-et-Loire (49), Mayenne (53), Sarthe (72), Vendée (85)

- **PROVENCE-ALPES-CÔTE D'AZUR** 617
Alpes-de-Haute-Provence (04), Hautes-Alpes (05), Alpes-Maritimes (06), Bouches-du-Rhône (13), Var (83), Vaucluse (84)

- **INDEX DES LOCALITÉS** 682
- **LISTE DES CARTES** 699

Remarque importante aux hôteliers et restaurateurs

Les enquêteurs du *Routard* travaillent dans le plus strict anonymat. Aucune réduction, aucun avantage quelconque, aucune rétribution n'est jamais demandé en contrepartie. Face aux aigrefins, la loi autorise les hôteliers et restaurateurs à porter plainte.

Avis aux lecteurs

Le *Routard*, ce n'est pas comme le bon vin, il vieillit mal. On ne veut pas pousser à la consommation, mais évitez de partir avec une édition ancienne. Les modifications sont souvent importantes.
Les réductions accordées à nos lecteurs ne sont jamais demandées par nos rédacteurs afin de préserver leur anonymat. Les hôteliers et restaurateurs sont sollicités par une société de mailing, totalement indépendante de la rédaction, qui reste donc libre de ses choix. De même pour les autocollants et plaques émaillées.

Avec routard.com, choisissez, organisez, réservez et partagez vos voyages !

✓ Rejoignez la plus grande communauté francophone de voyageurs : **plusieurs millions d'internautes.**

✓ Échangez avec les routarnautes : forums, photos, avis d'hôtels.

✓ Retrouvez aussi toutes les informations actualisées pour choisir et préparer vos voyages : plus de 300 guides destinations, une centaine de dossiers pratiques et un magazine en ligne pour découvrir tous les secrets de votre destination.

✓ Enfin, comparez les offres pour organiser et réserver votre voyage au meilleur prix.

Le *Routard* est imprimé sur un papier issu de forêts gérées.

I.S.B.N. 978-2-01-629323-2

COMMENT BIEN UTILISER CE GUIDE ?

Ça y est ! C'est décidé, cet été, vous vous mettez au vert. Pour ce retour aux sources, vous avez choisi de partir en camping, entre amis, en famille ou avec votre amoureux/amoureuse (rayer la mention inutile). Bonne idée, car la France dispose du 2e parc au monde après les États-Unis, avec près de 8 000 campings, et près de 900 000 emplacements, la tendance est aux emplacements plus grands mais moins nombreux. Fini (ou presque), l'époque où l'on était tous collés les uns aux autres. Vive le petit chalet au bord de l'eau, le mobile home au fond du site près du chêne tricentenaire, ou l'emplacement 17 sous les pins, juste à côté de l'étendue de sable fin. À moins que vous ne craquiez pour le p'tit camping à la ferme face au spectacle de la nature en action ? Chaque année, de plus en plus de Français choisissent l'hôtellerie de plein air pour leurs vacances. Le camping reste ***l'hébergement le moins cher.*** Et à l'heure de la crise et des économies, on peut dire que ces vacances au camping ont le vent en poupe. Les propriétaires redoublent aujourd'hui d'efforts, d'ingéniosité, d'équipements et de trouvailles pour vous satisfaire toujours un peu plus. Parce que le camping, c'est avant tout un état d'esprit, une convivialité, et le confort s'y développe à vitesse grand V. Vous êtes là pour vous détendre, vous amuser, respirer, recharger les batteries, oui, mais vous avez quand même envie d'y trouver votre compte. Fini, les vieilles canadiennes et les séances de montage interminables. Elle est où ma sardine ? Je n'arrive pas à planter, viens m'aider ! Aujourd'hui, la tente a fait un bond technologique, avec des fibres synthétiques et des arceaux légers. En un clin d'œil, hop ! Votre tente est montée ! De quoi motiver les plus réfractaires !
Ce type d'hébergement, déjà bien répandu chez nos voisins du nord de l'Europe, ne cesse de gagner du terrain en France. C'est pourquoi on a décidé, au *Routard,* de vous donner nos adresses préférées parmi... près de 8 000 possibilités ! Nous avons sélectionné des sites imprenables, à la mer, à l'ombre, au bord des ruisseaux, au cœur des villes, et même dans les arbres, dans des roulottes ou des yourtes... En gardant bien en tête le rapport qualité-prix. Camper, oui, mais malin. Avant de partir, quelques tuyaux pour bien en profiter. Quel camping choisir ? Tente, caravane, mobile home, chalet : pour quel type d'hébergement opter ? Quels sont mes droits au sein du camping ?

LE RÔLE DE LA FÉDÉRATION

■ ***Fédération française de camping caravaning :*** *78, rue de Rivoli, 75004 Paris. ☎ 08-90-21-43-00 (0,50 €/min + prix appel). • ffcc.fr • Ⓜ Hôtel-de-Ville. Tlj sauf w-e 9h-12h30, 13h30-16h.*

La Fédération a un rôle primordial : défendre le campeur. On peut y adhérer (sur Internet ou par correspondance). La carte coûte 36 € pour un couple et ses enfants de moins de 18 ans, ou 26 € pour un adulte ; elle est valable un an, du 1er janvier au 31 décembre. Deux options : la carte classique à laquelle on peut ajouter la ***carte internationale*** (compter 5 € supplémentaires). C'est une véritable carte d'identité du campeur. Celui-ci bénéficie de réductions dans les campings affiliés répertoriés dans une brochure (de - 5 % à parfois - 60 %), dans des boutiques et magasins, mais surtout d'une assurance en cas d'annulation, d'accident, de vol, de maladie, de changement de date. La « fédé » édite aussi de nombreuses publications, un guide officiel, certains guides européens et des guides d'infos.

BIEN CHOISIR SON CAMPING

1 - Par la destination

En partant des cartes régionales au début de chaque région, vous pourrez vous reporter au camping de votre choix par ordre alphabétique, tout simplement.

2 - Quelles différences entre les campings ?

Les ***étoiles*** attribuées aux campings sont décernées par *Atout France,* agence de développement touristique, de 1 à 5 étoiles. Mais que veulent-elles dire au juste ?

	1 ÉTOILE	2 ÉTOILES	3 ÉTOILES	4 ÉTOILES	5 ÉTOILES
Emplacements max	100 par hectare	100 par hectare	90 par hectare	80 par hectare	70 par hectare
Propreté des espaces communs et équipements	x	x	x	x	x
Bureau d'accueil obligatoire avec présence en journée		x	x	x	x
Aire de jeux pour enfants			x	x	x
Sanitaires et douches chauffés					x
Équipements de confort supplémentaire (machine à laver…)				x	x
Espace baignade					x
Espace rencontres & animations		x	x	x	x

Source : • *ffcc.fr* • et ***Les engagements des campings.***

La présence d'une ***piscine ou espace aquatique*** aménagé fait partie de la classification des étoiles, pour l'obtention de la 5e notamment. Les normes de classement des campings en France prennent en compte davantage de critères pour les équipements, auxquels on ajoute désormais des critères de propreté, d'accessibilité et de développement durable.
Il existe d'autres chartes, comme la ***charte « Camping Qualité »,*** qui reprend quelques-uns de ces critères indispensables à de bonnes vacances. Les campings décident de s'y soumettre ou non (facultatif). Ceux qui s'y conforment sont listés sur • *campingqualite.fr* •
Il existe aussi d'autres sortes de campings, mais sans étoiles. Ils ne sont pas hors classement, loin de là. On trouve le ***camping rural*** dont le charme réside avant tout dans le calme et le contact direct avec la nature. Les équipements sont souvent moins sophistiqués, mais on n'est pas venu ici pour être traité comme une star ! On ne compte pas, normalement, plus de 6 emplacements dans ce type de structure. Ces campings répondent souvent aux critères des associations *Bienvenue à la Ferme !* ou *Accueil Paysan.* Les tout-petits adorent, ils participent à la traite des vaches et les parents goûtent au cidre fermier produit sur place. Un régal !
Et puis il y les ***aires naturelles*** ; compter quatre fois plus de places, mais moins de confort. C'est souvent très bon marché, voire gratuit !

LES PETITS + DU *ROUTARD*

Nous avons choisi de mettre en avant certains autres points essentiels en créant le plus souvent possible les « + » et les « - » de chaque camping. Nous indiquons également les réductions offertes spécialement à nos lecteurs.

LES CARTES

Elles sont la clé du guide. En arrivant dans une région inconnue, vous pouvez repérer les endroits où se trouvent nos meilleurs campings.

- **Plusieurs cartes régionales :** au début de chaque région, vous trouverez une carte sur laquelle sont signalées par une puce noire les communes où nous vous avons déniché ces bonnes adresses.
- **1 carte générale :** au début du guide, vous pourrez consulter une carte de France indiquant les départements.
- **1 carte des distances :** au début du guide, vous pourrez consulter une carte de France indiquant le kilométrage entre les principales villes repères.
- **1 carte des régions :** au début du guide.

LES TARIFS

Les tarifs varient d'un camping à l'autre, librement fixés par les propriétaires. Histoire de s'y retrouver, voici une fourchette de prix. Ces tarifs sont souvent revus à la baisse en période creuse. Fréquemment, de nombreuses promos sont proposées sur les sites internet des campings. N'hésitez pas à surfer, voire à appeler directement le camping pour connaître les offres. Une facture doit vous être remise en fin de séjour. Idem pour les séjours en locatif. Certains établissements permettent aussi des locations à la nuitée. On les indique le plus souvent.

Prix de l'emplacement pour 2 personnes et 1 tente, en haute saison, avec un véhicule mais sans l'électricité :

€ – 10 € Économique

€€ 10-15 € Bon marché

€€€ 15-25 € Prix moyens

€€€€ + 25 € Plus chic

Concernant les ***hébergements locatifs,*** nous indiquons les tarifs ***les moins chers de la basse saison*** et ***les plus élevés de la haute saison,*** pour une semaine.

PETIT LEXIQUE DU CAMPING

- ***Aire naturelle :*** 30 emplacements ; ouverte pas plus de 6 mois par an. Confort rudimentaire. Mais souvent ce n'est pas cher, et même gratuit ! Super en dépannage.
- ***Camping sauvage :*** s'il est synonyme d'évasion, de grands espaces et de nature à l'état pur, avouons que ce n'est pas notre tasse de thé. Votre sécurité n'est évidemment pas assurée. Demander toutefois l'autorisation au préalable au proprio (s'il y en a un !). De nombreuses zones sont interdites (mais pas très bien indiquées comme telles, hélas) : les rivages, les zones protégées comme les parcs ou à proximité d'une source d'eau de consommation.
- ***Camping à la ferme :*** ne peut accueillir que 20 personnes. Le nombre d'emplacements est limité à 6. On participe aux activités de la ferme, on (re) découvre la nature. Contrepartie : les infrastructures sont minimales. Mais on n'est pas venu pour ça !
- ***Gamping :*** contraction de « garden » et « camping », le camping à la ferme.
- ***Glamping :*** camping glamour ! De nouveaux types de campings, avec des infrastructures insolites, haut de gamme, ludiques, etc.
- ***Tente :*** abri en toile, pliable, à installer en plein air. On peut parfois la louer sur place (on l'indique) ou, plus simplement, emporter la sienne. Elles ont bien évolué depuis les canadiennes de votre période scout ! Plusieurs éléments à vérifier : la chambre et le double toit. Préférer les matières comme le polyester ou le polyamide, plus résistants, plus imperméables et qui sèchent plus vite. En revanche, ces tentes sont moins aérées que celles en coton. Mais le coton est un tout petit peu plus lourd. Faudra choisir ! Pour les arceaux, deux possibilités : soit l'aluminium, pour une meilleure résistance au gel (c'est plus léger aussi), soit la fibre de verre, plus souple et solide. Sachez qu'on trouve également de plus en plus de bungalows toilés, tout équipés et assez confortables. Un bon compromis entre la tente et le mobile home.
- ***Caravaneige :*** pour profiter des joies des campings, même en hiver, près des stations de ski. Souvent bien moins cher que la location de studios.

- ***Mobile home :*** une « maison mobile » ou une grande caravane, tractable également. C'est comme à la maison ! Les surfaces sont de plus en plus grandes, aménagées pour 4 à 8 personnes, et on y trouve tout le confort, de la cuisine aux sanitaires. En plus, on peut utiliser tous les aménagements du camping, le pied ! En revanche, il faut aimer la promiscuité, on est souvent à touche-touche avec les voisins et moins en contact avec la nature. On peut les louer parfois à la nuitée, souvent au week-end et à la semaine.
- ***Camping-car :*** fourgon ou fourgonnette aménagés. On indique le plus souvent les campings proposant l'accueil des camping-caristes. Vous pourrez y faire la vidange des eaux usées et vous ravitailler. C'est un supplément à prévoir par nuitée (environ 3 €). À vous la liberté, mais attention à la consommation d'essence !
- ***Hébergement insolite :*** yourte (grande tente mongole), tipi (toit en V inversé) et hutte, cabane dans les arbres ou roulotte au milieu des champs... on en trouve pour tous les goûts. On les indique par le symbole ◈
- ***Parc résidentiel de loisirs (PRL) :*** terrain destiné à l'accueil d'habitations légères comme les mobile homes ou les chalets. Parfois, ils partagent un petit bout de terrain avec les tentes.
- ***Camping de loisirs ou camping de tourisme :*** la différence est simple. Les campings de loisirs disposent de plus de 50 % d'emplacements loués au moins un mois d'affilée ; ceux de tourisme disposent de plus de 50 % d'emplacements destinés aux visiteurs de passage. Un même camping peut disposer d'emplacements des 2 types.
- ***Tapis de sol :*** bien pratique pour absorber les aspérités du sol. En polyéthylène, la résistance est plus importante qu'avec un tapis en polyamide, plus souple et plus léger. Certains sont même autogonflants. Bien vérifier les coutures pour garder une bonne étanchéité, surtout côté pile, histoire de ne pas avoir les fesses au frais.
- ***Matelas :*** on en trouve pour 1 ou 2 personnes, avec gonfleur intégré ou électrique. Certaines marques proposent même des matelas une place avec clip de raccord pour s'accrocher à un 2e matelas... Pour les campeurs célibataires qui sont ouverts aux occasions !
- ***Sac de couchage :*** la version couverture avec ou sans capuche suffit généralement. Pour le garnissage, préférence au duvet. Plus léger, plus chaud, mais sèche moins rapidement que les fibres synthétiques. Le duvet est plus encombrant. Les plus frileux prendront la version « sarcophage ».

SITES INTERNET

• ***ffcc.fr*** • Tout ce que vous voulez savoir sur le camping, les avantages à être adhérent et vos droits.
• ***campingfrance.com*** • Des adresses de campings par centres d'intérêt : près de la mer, d'une rivière, avec un espace bien-être, etc.
• ***bienvenue-a-la-ferme.com*** • Pour rechercher une ferme en France qui accueille les campeurs.
• ***accueil-paysan.com*** • Pour planter sa tente chez des paysans ravis de vous accueillir et de vous expliquer toutes leurs activités.
• ***gites-de-france.fr*** • Propose des campings à la ferme agréés Gîtes de France et des chalets-loisirs.
• ***laclefverte.org*** • La Clef Verte, un label environnemental pour l'hébergement touristique. Les critères de respect sont divers : eau, énergie, gestion des déchets. Certains campings s'y soumettent.
• ***ffn-naturisme.com*** • Pour un camping au plus près de la nature... et de ses adeptes.
• ***homecamper.fr*** • ***owlcamp.com/fre*** • Pour trouver un camping dans le jardin d'un particulier.

Astuce

Le site • ***wikicampers.fr*** • propose de la location de camping-cars et autres fourgon aménagé (van, combi...) entre particuliers. Un AirBnB du camping-car, en quelque sorte !
Quelques chaînes de campings

• ***europe.huttopia.com*** • ***camping-indigo.com*** • Des campings qu'on aime, très soucieux des questions environnementales. Très nature. Des roulottes, de vraies cabanes de trappeurs, des chalets, et la petite nouveauté, des cahuttes.
• ***flowercampings.com*** • Flower Campings est un réseau de 130 campings indépendants, à taille humaine, implantés partout en France. Leur différence : la convivialité ! Chez eux, vous êtes connu et reconnu. Chaque camping porte un grand attachement à sa région et se fera un plaisir de vous la faire découvrir. Pour en savoir plus et réserver votre séjour, rendez-vous sur le site internet.
• ***yellohvillage.com*** • Des campings-clubs pour toute la famille. Et même uniquement pour adultes.
• ***triganostore.com*** • Pour faire vos emplettes avant de partir et trouver le matériel idéal pour passer un bon séjour.
• ***les-castels.com*** • Des campings près de sites historiques ou prestigieux. La vie de château pour pas cher !
• ***campings-la-via-natura.com*** • Des campings très nature. Respect de l'environnement et tourisme durable en sus. On aime !
• ***unlitaupre.com*** • Des fermes choisies avec des tentes aménagées, idéales en famille ou entre amis. Eau à la pompe, éclairage à la lanterne, un vrai retour aux sources ! Pas donné non plus.
• ***cabanes-de-france.com*** • Recense quelques adresses qui cachent des cabanes pour dormir dans les arbres.

LES SYMBOLES UTILISÉS

tente

caravane

hébergement locatif (mobile home, chalet, bungalow)

camping-car

caravaneige

piscine extérieure

piscine couverte

accès handicapés

hébergement insolite ou original

DES COUTUMES... ET DU SAVOIR-VIVRE

- ***Les animaux*** ne sont pas acceptés dans tous les campings. Cela dépend de la bonne volonté des propriétaires. Précisez-le à la réservation si vous voulez venir avec Médor. On vous demandera souvent un carnet de vaccination à jour, un collier à fixer au cou de votre animal préféré, avec vos nom et adresse. On peut parfois vous demander de garder votre chien en laisse dans l'enceinte du camping.
- ***La couillette :*** remise au goût du jour par Claude Brasseur dans le film *Camping*. La dose d'alcool anisé réglementaire ! À consommer avec modération. Outil obligatoire à l'heure de l'apéro.
- ***Les barbecues collectifs*** sont à l'usage des résidents. Pratiques et gratuits.
- ***Le règlement intérieur*** du camping doit être affiché à l'entrée de l'établissement.
- N'oubliez pas de respecter ***le calme et le confort*** de vos voisins. On baisse le volume du son !
- ***Circuler à toute petite vitesse*** avec votre véhicule dans les allées (pas plus de 10 km/h).

DERNIERS CONSEILS AVANT DE PARTIR

- Dans les campings, on loue parfois ***des draps,*** notamment pour les locations en mobile home ou chalet. Se renseigner.
- Si vous partez faire de ***la randonnée,*** n'oubliez pas le matériel adéquat. De bonnes chaussures adaptées, avec semelle adhérente et renfort. On ne prendra pas les mêmes chaussures si on fait de la rando de loisirs ou de l'alpinisme.

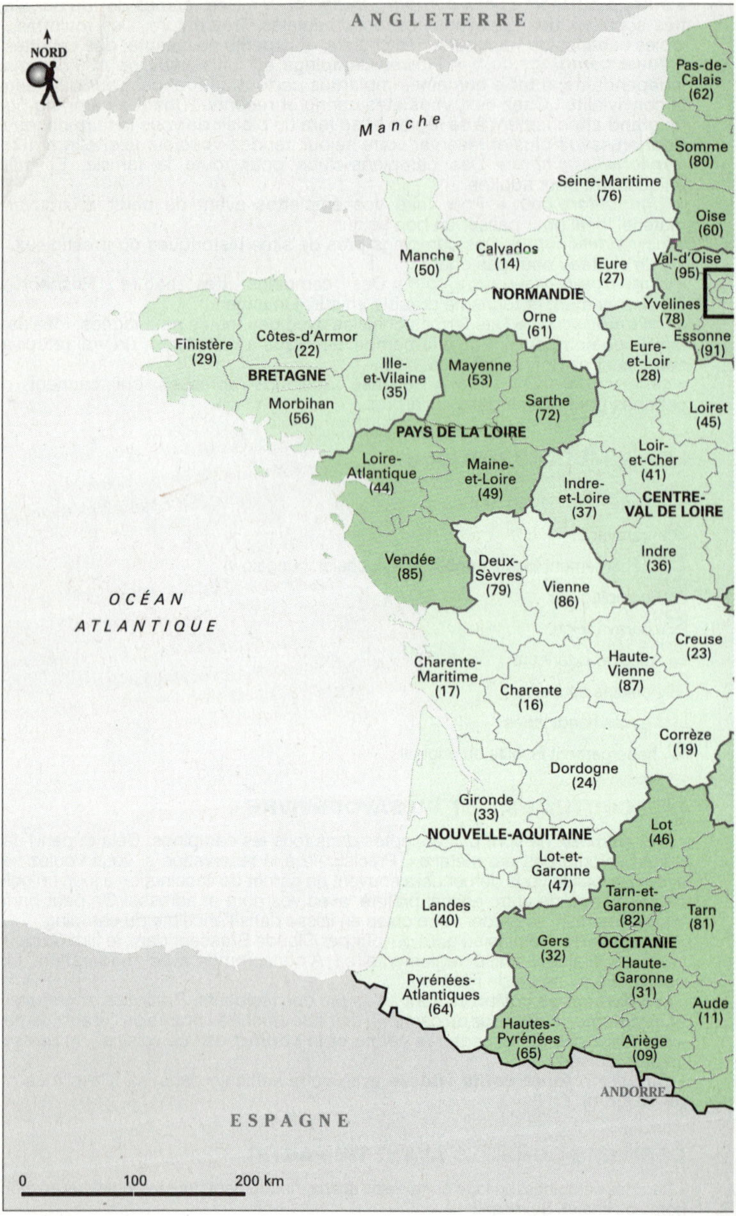
ANGLETERRE
NORD
Manche
Pas-de-Calais (62)
Somme (80)
Seine-Maritime (76)
Oise (60)
Manche (50)
Calvados (14)
Eure (27)
Val-d'Oise (95)
NORMANDIE
Yvelines (78)
Orne (61)
Essonne (91)
Finistère (29)
Côtes-d'Armor (22)
BRETAGNE
Ille-et-Vilaine (35)
Mayenne (53)
Eure-et-Loir (28)
Morbihan (56)
Sarthe (72)
Loiret (45)
PAYS DE LA LOIRE
Loire-Atlantique (44)
Maine-et-Loire (49)
Loir-et-Cher (41)
Indre-et-Loire (37)
CENTRE-VAL DE LOIRE
Indre (36)
Vendée (85)
Deux-Sèvres (79)
Vienne (86)
OCÉAN ATLANTIQUE
Creuse (23)
Haute-Vienne (87)
Charente-Maritime (17)
Charente (16)
Corrèze (19)
Dordogne (24)
Gironde (33)
Lot (46)
NOUVELLE-AQUITAINE
Lot-et-Garonne (47)
Tarn-et-Garonne (82)
Tarn (81)
Landes (40)
Gers (32)
OCCITANIE
Haute-Garonne (31)
Pyrénées-Atlantiques (64)
Aude (11)
Hautes-Pyrénées (65)
Ariège (09)
ANDORRE
ESPAGNE
0
100
200 km

CARTE GÉNÉRALE DE LA FRANCE

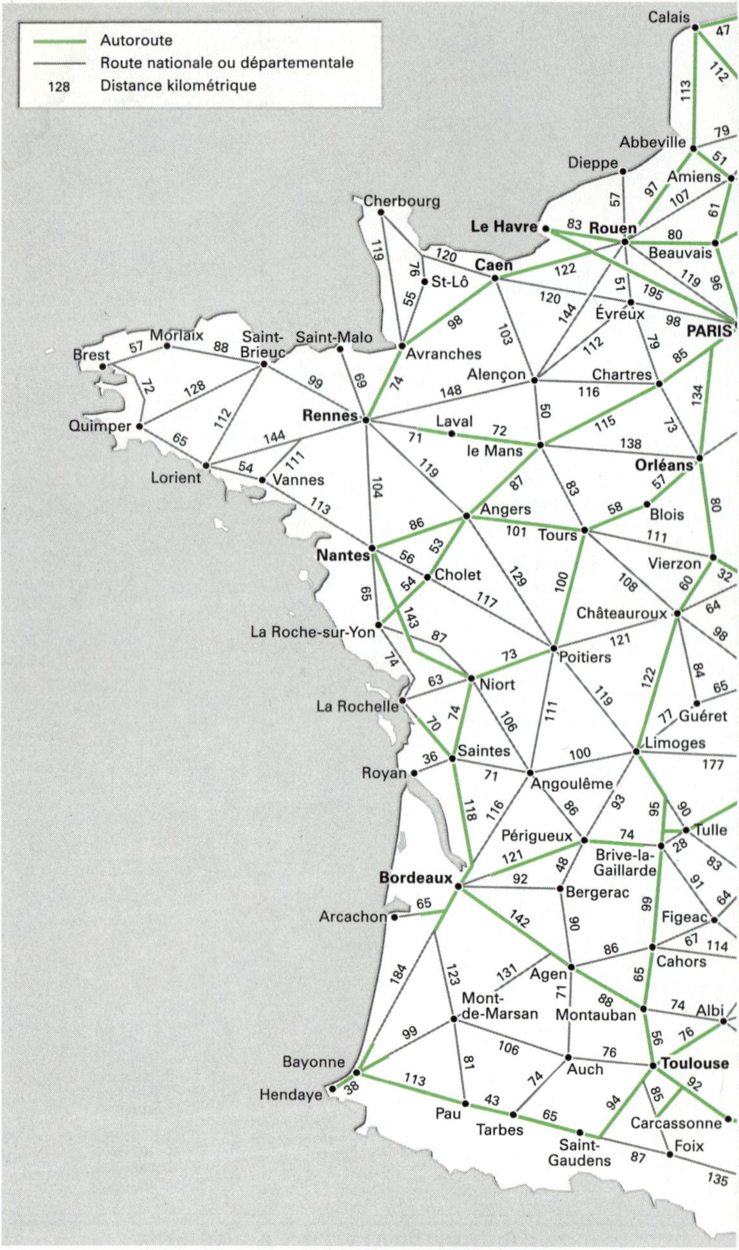
Autoroute
Route nationale ou départementale
128 Distance kilométrique
Calais
Abbeville
Dieppe
Amiens
Cherbourg
Le Havre
Rouen
Beauvais
Caen
St-Lô
Évreux
PARIS
Brest
Morlaix
Saint-Brieuc
Saint-Malo
Avranches
Alençon
Chartres
Quimper
Rennes
Laval
le Mans
Lorient
Vannes
Orléans
Angers
Blois
Nantes
Tours
Vierzon
Cholet
Châteauroux
La Roche-sur-Yon
Poitiers
Niort
La Rochelle
Guéret
Limoges
Saintes
Royan
Angoulême
Périgueux
Tulle
Brive-la-Gaillarde
Bordeaux
Bergerac
Figeac
Arcachon
Cahors
Agen
Mont-de-Marsan
Montauban
Albi
Bayonne
Toulouse
Hendaye
Auch
Pau
Tarbes
Saint-Gaudens
Carcassonne
Foix

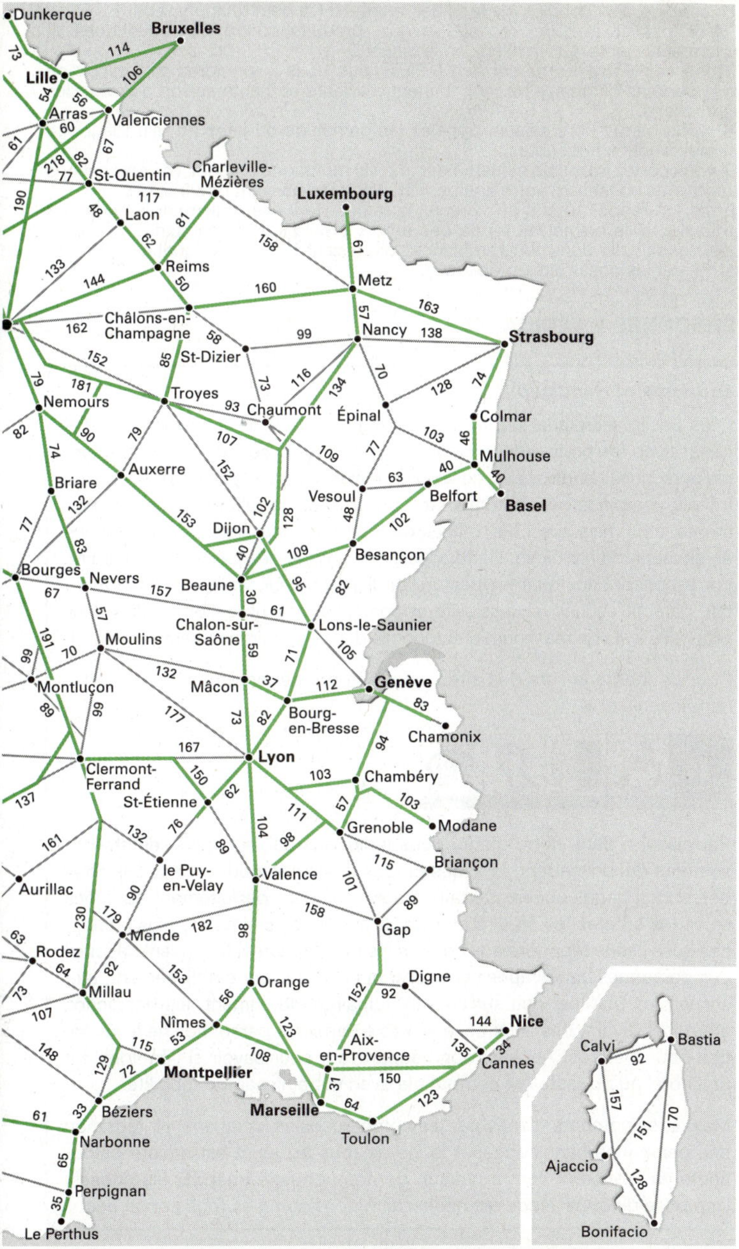

DISTANCES ENTRE LES VILLES

- Une lampe, des bougies (gaffe !), des briquets. Ça peut toujours servir !
- Sans oublier glacière, réchaud à gaz, produits contre les moustiques et imperméabilisants. Ça va mieux en le disant...
- ***Réservez votre emplacement !*** Plus vous vous y prendrez tôt, mieux ce sera. Certains campings ne fonctionnent d'ailleurs en haute saison qu'avec des réservations.
- Si vous partez hors saison, appelez les campings ou jetez un œil à leur site internet : réducs fréquentes.
- Si vous partez hors saison justement, ou à la montagne : prenez vos précautions quand vous constituez votre équipement, les nuits peuvent être fraîches !
- Enfin, un rappel au cas où : prenez le temps de lire le règlement intérieur. En particulier, si le calme fait partie des atouts proclamés du camping... Il faudra aussi vous couler dans cette ambiance. Mieux vaut vérifier l'adéquation entre vos attentes et les possibilités proposées.

PERSONNES HANDICAPÉES

Tourisme et Handicap

Créé par le secrétariat d'État à la consommation et au tourisme en partenariat avec les professionnels du tourisme et les associations représentant les personnes handicapées, ce label permet d'identifier les lieux de vacances (hôtels, campings, sites naturels, etc.), de loisirs ou de culture (musées, monuments, etc.) mais aussi des offices de tourisme accessibles aux personnes en situation de handicap. Cette accessibilité, visualisée par un pictogramme correspondant aux quatre types de handicap (moteur, visuel, auditif et mental), garantit accueil, accessibilité et confort et une utilisation des services proposés avec un maximum d'autonomie dans un environnement sécurisant.

Pour connaître la liste des sites labellisés par départements ● *tourisme-handicaps.org* ●

TOURISME & HANDICAP

Par ailleurs, dans notre guide, nous indiquons par le logo ♿ les établissements qui possèdent un accès ou des chambres pouvant accueillir des personnes handicapées. Certaines adresses sont parfaitement équipées selon les critères les plus modernes. D'autres, plus simples, plus anciennes aussi, sans répondre aux normes les plus récentes, favorisent l'accueil des personnes handicapées en facilitant l'accès à leur établissement, tant sur le plan matériel que sur le plan humain. Évidemment, les handicaps étant très divers, des lieux accessibles à certaines personnes ne le seront pas pour d'autres. Appelez donc auparavant pour savoir si l'équipement de l'hôtel ou du resto est compatible avec votre niveau de mobilité.

Malgré les combats menés par les nombreuses associations, l'intégration des personnes handicapées à la vie de tous les jours est encore balbutiante en France. Il tient à chacun de nous de faire changer les choses. Une prise de conscience est nécessaire, nous sommes tous concernés.

Voyage en Huttopia ...

PARCOUREZ
LA VÉLODYSSÉE
Avec le Routard
LA VÉLODYSSÉE
L'ATLANTIQUE À VÉLO,
DE ROSCOFF À HENDAYE
LE Routard
HACHETTE SCAN
hachette
routard.com
16€
UN GUIDE ILLUSTRÉ
TOUT EN COULEURS
POUR PARCOURIR
LA CÔTE ATLANTIQUE
À VÉLO
1200 km
de voies cyclables
54
étapes
12
itinéraires
ET TOUS LES BONS PLANS DU ROUTARD

PARCOUREZ
LA VÉLO
FRANCETTE
DE LA MANCHE À L'ATLANTIQUE
AVEC LE ROUTARD
LA VÉLO
FRANCETTE
DE LA MANCHE À L'ATLANTIQUE
Le Routard
13 €
UN GUIDE ILLUSTRÉ TOUT EN COULEURS
6
itinéraires
28
étapes
630 km
de voies cyclables
ET TOUS LES BONS PLANS DU ROUTARD

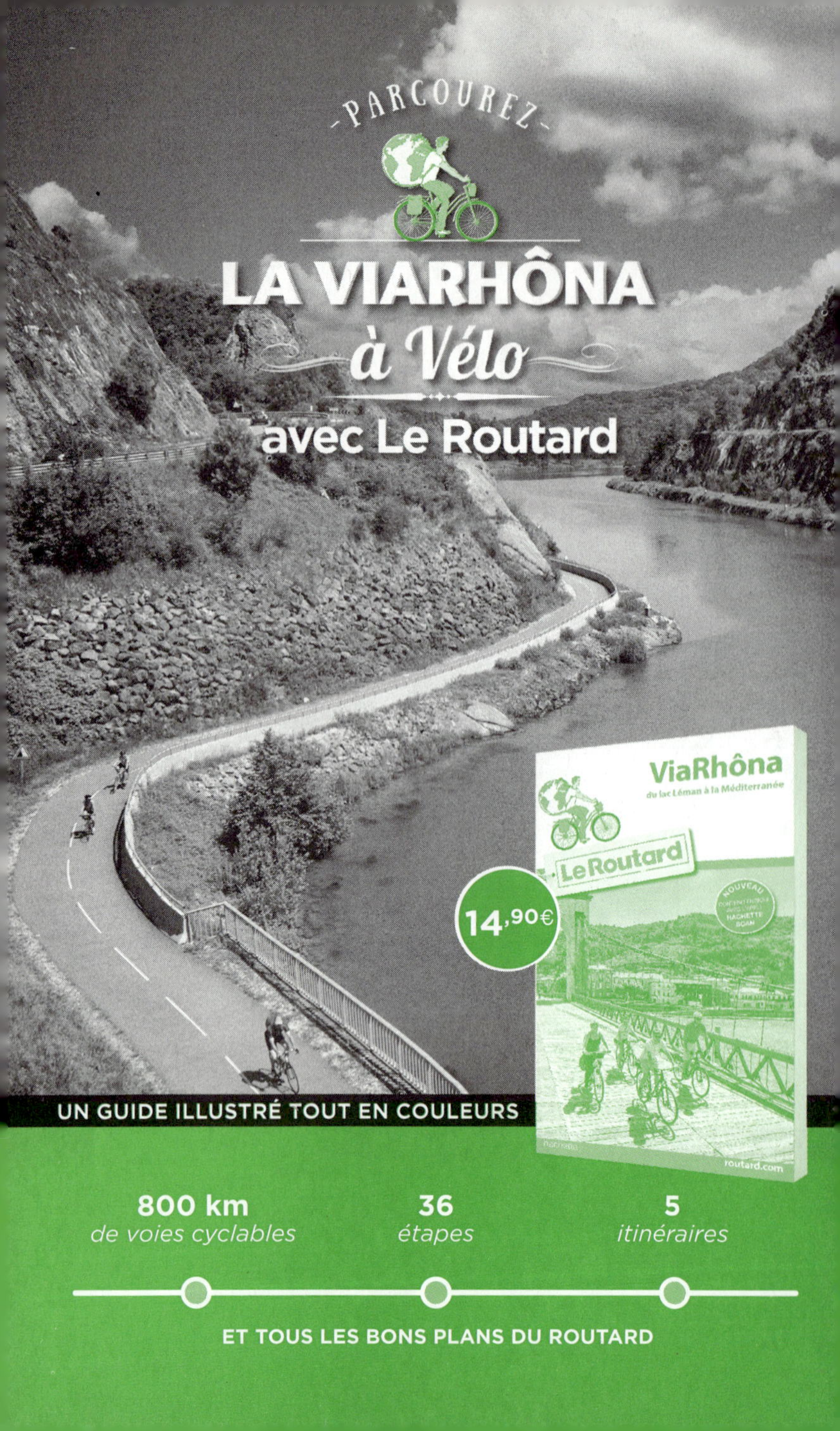
PARCOUREZ
LA VIARHÔNA
à Vélo
avec Le Routard
ViaRhôna
du lac Léman à la Méditerranée
Le Routard
14,90€
routard.com
UN GUIDE ILLUSTRÉ TOUT EN COULEURS
800 km
de voies cyclables
36
étapes
5
itinéraires
ET TOUS LES BONS PLANS DU ROUTARD

PARCOUREZ LA
FLOW VÉLO
DU PÉRIGORD À L'ATLANTIQUE
PAR LA VALLÉE DE LA CHARENTE
AVEC LE ROUTARD
La Flow Vélo
du Périgord à l'Atlantique
par la vallée de la Charente
Le Routard
routard.com
11 €
UN GUIDE ILLUSTRÉ TOUT EN COULEURS
5
itinéraires
17
étapes
2
échappées
6
villes
300 km
de voies cyclables
ET TOUS LES BONS PLANS DU ROUTARD

Auvergne-Rhône-Alpes

Pictos utilisés dans ce guide

- € Économique
- €€ Bon marché
- €€€ Prix moyens
- €€€€ Plus chic
- Tente
- Caravane
- Hébergement locatif
- Camping-car
- Caravaneige
- Piscine extérieure
- Piscine couverte
- Accès handicapé
- Hébergement insolite ou original

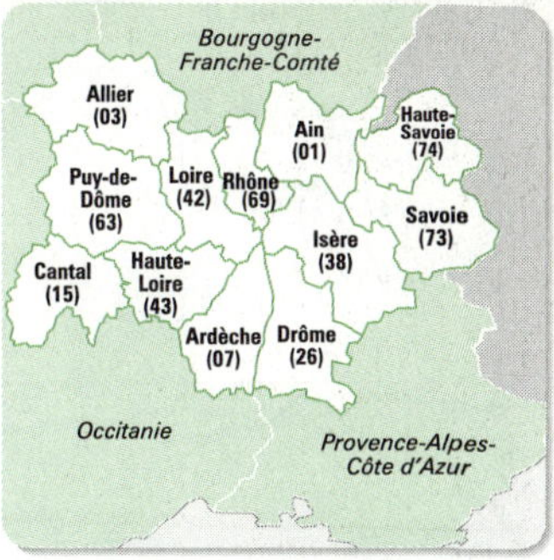

ABREST — 03200

68 km NE de Clermont-Ferrand — *Carte Auvergne B1*

€€€ **18,20 €** — **90 emplacements**

Camping de la Croix-Saint-Martin : *99, av. des Graviers, allée du Camping. ☎ 04-70-32-67-74. 06-10-94-70-90. • camping-vichy@orange.fr • camping-vichy.com • Ouv avr-oct.*

Grand camping aménagé dans une large prairie arborée au bord de l'Allier (pêche à 150 m), tout près de Vichy. Les emplacements, calmes et ombragés, sont séparés par de petites haies. Piscine chauffée, location de VTT et de canoës, sports nautiques praticables à 3 km. Loue des mobile homes ainsi que des tentes lodges *(320-990 €/sem).* Jeux pour petits et grands : terrain de boules, volley, badminton... et structures gonflables – entre autres – en été pour les enfants. Wifi.

Cadre : campagne, ville. ***Terrain :*** herbe ; plat.	+ La tranquillité à 2 km de Vichy. – Pas de bar.

À voir, à faire dans les environs : la ville thermale de Vichy.

AIX-LES-BAINS — 73100

18 km N de Chambéry ; 35 km SO d'Annecy — *Carte Rhône-Alpes Nord B1*

€€€€ **26,30 €** — **140 emplacements**

Camping international du Sierroz : *bd Barrier. ☎ 04-79-61-89-89. • camping@aixlesbains-rivieradesalpes.com • camping-sierroz.com • Ouv d'avr à mi-oct (loc : de mi-mars à mi-nov).*

Un camping de belle taille. Comme il s'étend sur 3 ha, que l'équipe veille au grain, on comprend sa forte fréquentation, à deux pas du grand port et de ses restaurants. Terrain ombragé. Loue aussi des mobile homes pour 2 à 5 personnes *(397-744 €/sem)* et des Coco Sweet *(à partir de 311 €/sem).* Bus gratuit pour le centre-ville et location de vélos. Internet. Wifi.

Cadre : lacs ou rivières, montagne, ville. ***Terrain :*** herbe ; plat.	+ La situation ; l'accueil. – Le monde en plein été (mais vous pouvez fuir côté montagne !).

À voir, à faire dans les environs : les bains d'Aix ; le lac du Bourget ; l'abbaye de Hautecombe ; le massif des Bauges tout proche.

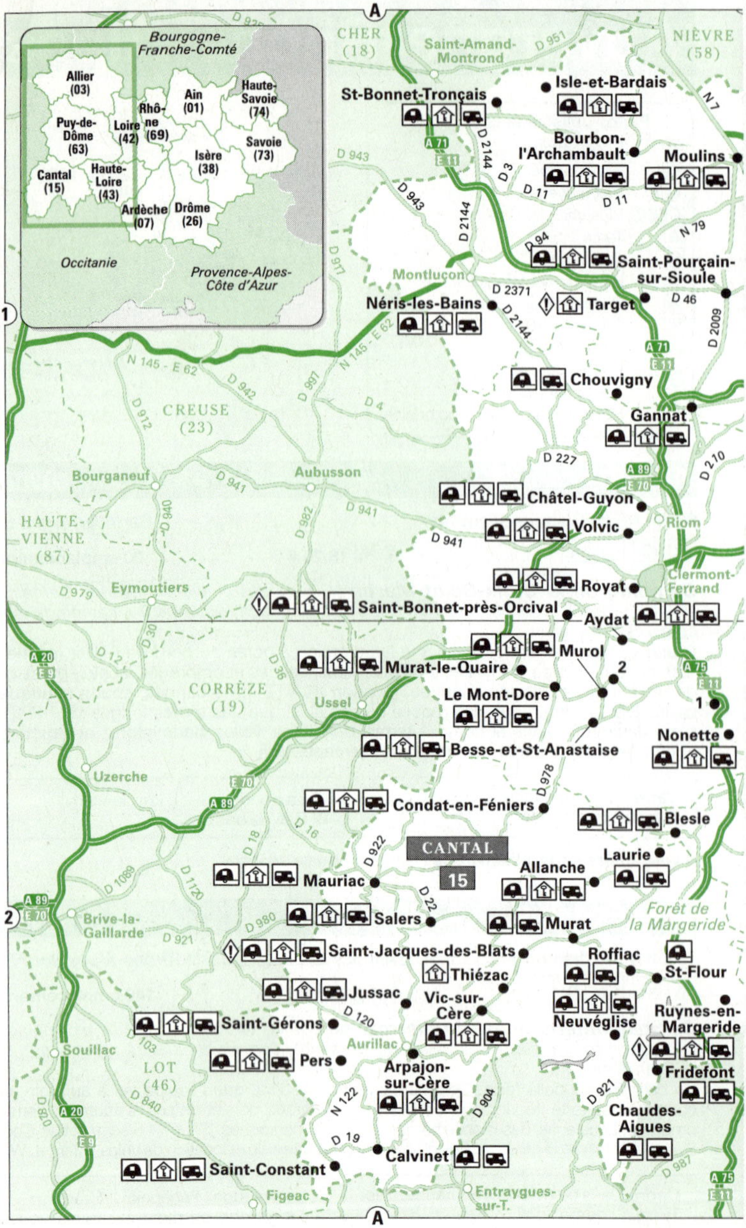
Bourgogne-Franche-Comté
Allier (03)
Puy-de-Dôme (63)
Loire (42)
Rhône (69)
Ain (01)
Haute-Savoie (74)
Savoie (73)
Isère (38)
Cantal (15)
Haute-Loire (43)
Ardèche (07)
Drôme (26)
Occitanie
Provence-Alpes-Côte d'Azur
CHER (18)
NIÈVRE (58)
CREUSE (23)
HAUTE-VIENNE (87)
CORRÈZE (19)
LOT (46)
CANTAL
15
Saint-Amand-Montrond
St-Bonnet-Tronçais
Isle-et-Bardais
Bourbon-l'Archambault
Moulins
Saint-Pourçain-sur-Sioule
Montluçon
Néris-les-Bains
Target
Chouvigny
Gannat
Bourganeuf
Aubusson
Châtel-Guyon
Riom
Volvic
Royat
Clermont-Ferrand
Eymoutiers
Saint-Bonnet-près-Orcival
Aydat
Murol
Murat-le-Quaire
Le Mont-Dore
Ussel
Besse-et-St-Anastaise
Nonette
Uzerche
Condat-en-Féniers
Blesle
Laurie
Allanche
Mauriac
Salers
Murat
Forêt de la Margeride
Brive-la-Gaillarde
Saint-Jacques-des-Blats
Roffiac
St-Flour
Thiézac
Jussac
Vic-sur-Cère
Neuvéglise
Ruynes-en-Margeride
Saint-Gérons
Aurillac
Souillac
Pers
Arpajon-sur-Cère
Fridefont
Chaudes-Aigues
Calvinet
Saint-Constant
Figeac
Entraygues-sur-T.
A
1
2

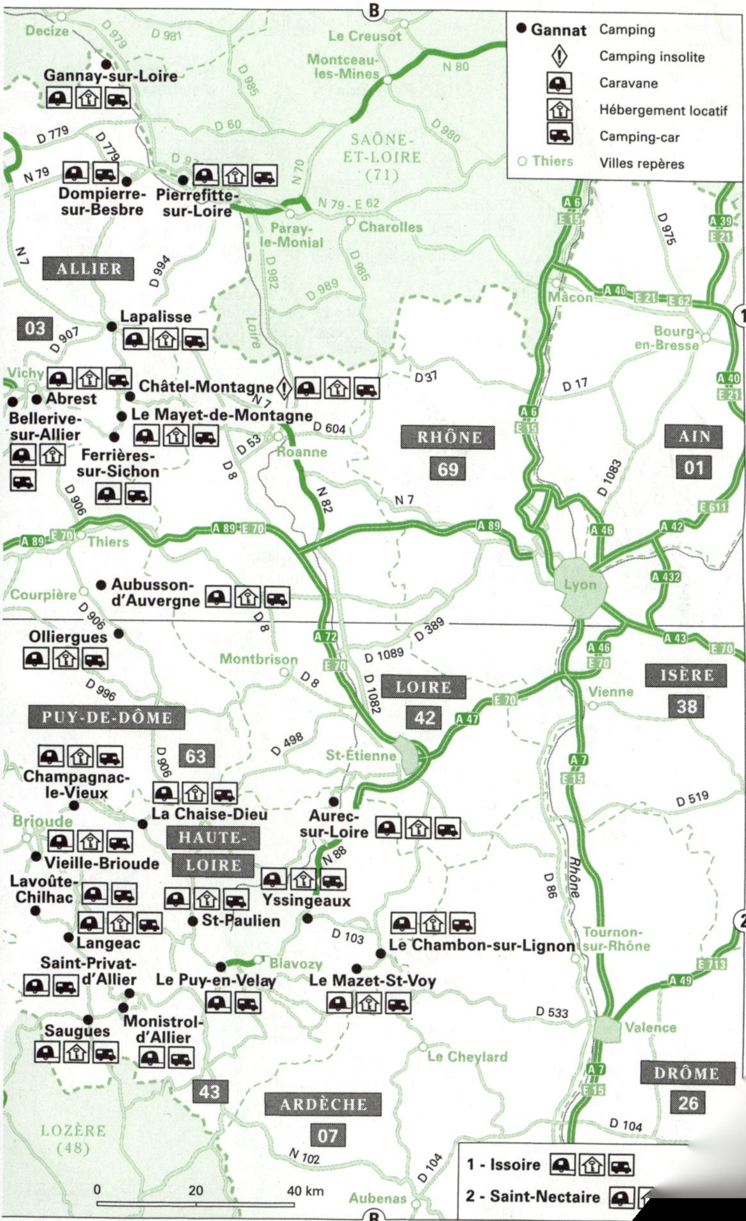

AUVERGNE-RHÔNE-ALPES

AUVERGNE-RHÔNE-ALPES – Auver

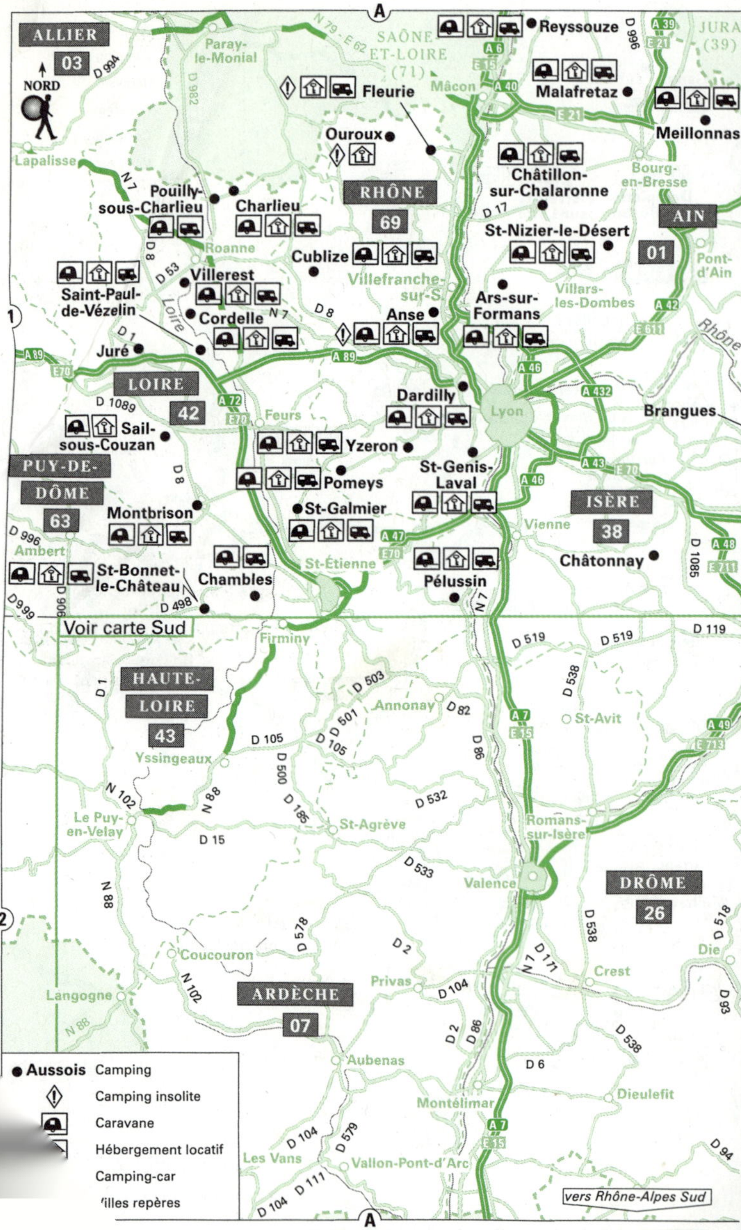
A
ALLIER
03
NORD
Paray-le-Monial
SAÔNE ET-LOIRE (71)
JURA (39)
Reyssouze
Fleurie
Mâcon
Malafretaz
Meillonnas
Ouroux
Lapalisse
Pouilly-sous-Charlieu
Charlieu
RHÔNE
69
Châtillon-sur-Chalaronne
Bourg-en-Bresse
AIN
01
St-Nizier-le-Désert
Roanne
Cublize
Villerest
Saint-Paul-de-Vézelin
Cordelle
Villefranche-sur-S
Anse
Ars-sur-Formans
Villars-les-Dombes
Pont-d'Ain
Rhône
Loire
Juré
LOIRE
42
Dardilly
Lyon
Brangues
Feurs
Sail-sous-Couzan
Yzeron
PUY-DE-DÔME
63
St-Genis-Laval
Pomeys
Montbrison
St-Galmier
ISÈRE
38
Vienne
Ambert
Châtonnay
St-Bonnet-le-Château
Chambles
St-Étienne
Pélussin
Voir carte Sud
Firminy
HAUTE-LOIRE
43
Annonay
St-Avit
Yssingeaux
Le Puy-en-Velay
St-Agrève
Romans-sur-Isère
Valence
DRÔME
26
Coucouron
Privas
Crest
Die
Langogne
ARDÈCHE
07
Aubenas
Montélimar
Dieulefit
Les Vans
Vallon-Pont-d'Arc
vers Rhône-Alpes Sud
Aussois Camping
Camping insolite
Caravane
Hébergement locatif
Camping-car
Villes repères

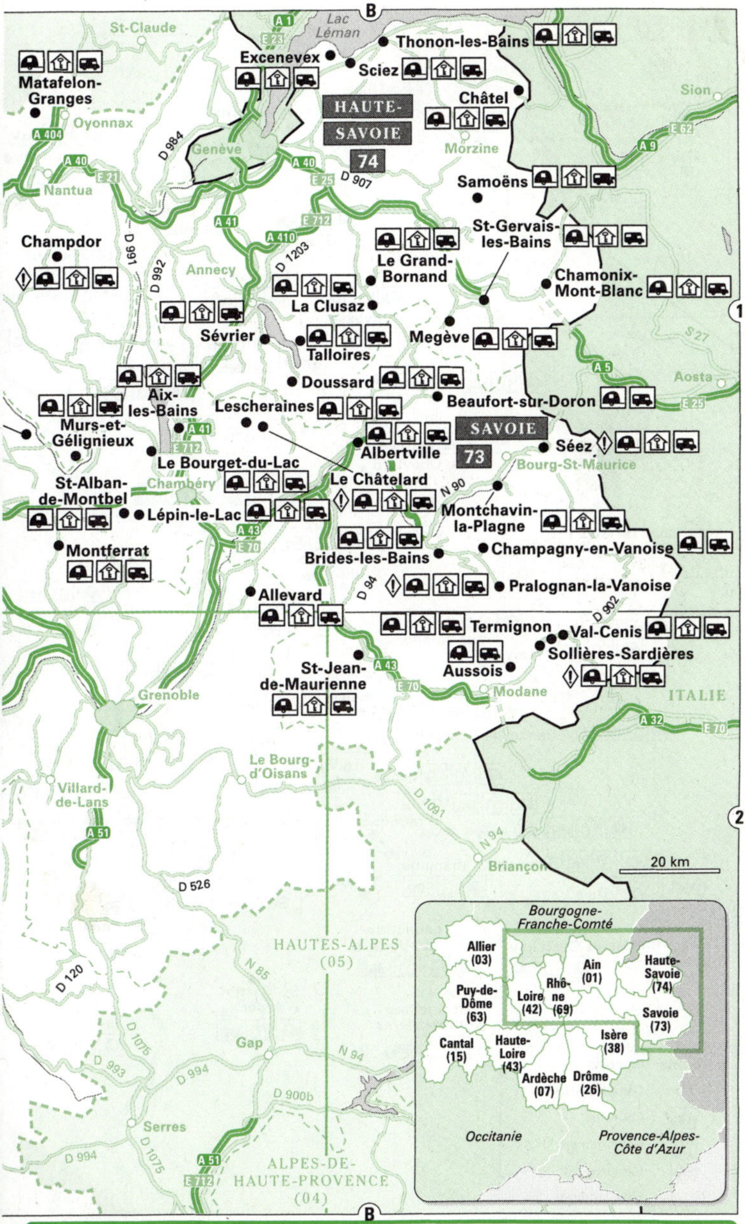

AUVERGNE-RHÔNE-ALPES – Rhône-Alpes Nord

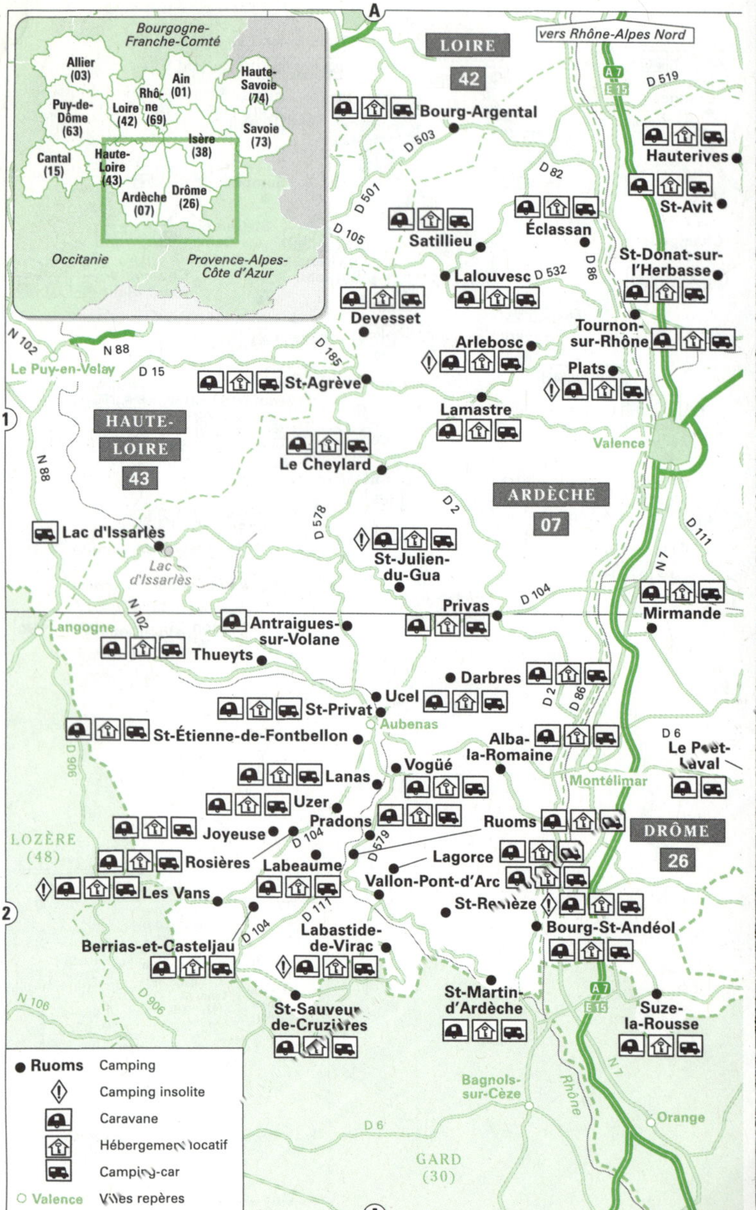

Bourgogne-Franche-Comté
Allier (03)
Puy-de-Dôme (63)
Cantal (15)
Loire (42)
Rhône (69)
Ain (01)
Haute-Savoie (74)
Savoie (73)
Isère (38)
Haute-Loire (43)
Ardèche (07)
Drôme (26)
Occitanie
Provence-Alpes-Côte d'Azur
vers Rhône-Alpes Nord
LOIRE 42
HAUTE-LOIRE 43
ARDÈCHE 07
DRÔME 26
LOZÈRE (48)
GARD (30)
Bourg-Argental
Hauterives
St-Avit
Éclassan
Satillieu
St-Donat-sur-l'Herbasse
Lalouvesc
Devesset
Tournon-sur-Rhône
Arlebosc
Plats
St-Agrève
Lamastre
Le Puy-en-Velay
Valence
Le Cheylard
Lac d'Issarlès
St-Julien-du-Gua
Privas
Mirmande
Langogne
Antraigues-sur-Volane
Thueyts
Darbres
Ucel
St-Privat
Aubenas
St-Étienne-de-Fontbellon
Alba-la-Romaine
Le Poët-Laval
Vogüé
Montélimar
Lanas
Uzer
Pradons
Ruoms
Joyeuse
Rosières
Labeaume
Lagorce
Vallon-Pont-d'Arc
Les Vans
St-Remèze
Bourg-St-Andéol
Berrias-et-Casteljau
Labastide-de-Virac
St-Martin-d'Ardèche
Suze-la-Rousse
St-Sauveur-de-Cruzières
Bagnols-sur-Cèze
Orange
Rhône
A7 E15
N 102
N 88
D 15
D 503
D 501
D 105
D 82
D 532
D 86
D 519
D 185
D 2
D 578
D 111
N 7
D 104
D 906
D 579
D 6
N 106
Ruoms Camping
Camping insolite
Caravane
Hébergement locatif
Camping-car
Valence Villes repères

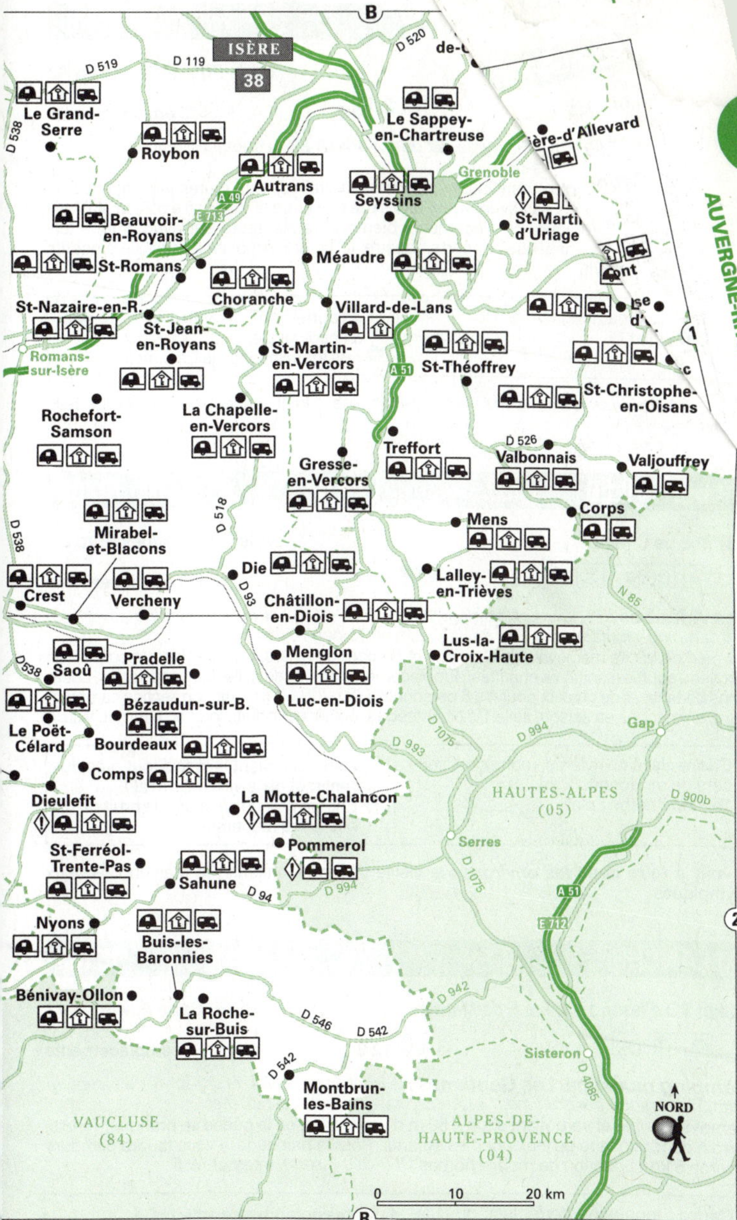
B
ISÈRE
38
D 519
D 119
D 520
de-C
D 538
Le Grand-Serre
Roybon
Autrans
Le Sappey-en-Chartreuse
ère-d'Allevard
Grenoble
A 49
E 713
Seyssins
Beauvoir-en-Royans
St-Marti
d'Uriage
St-Romans
Méaudre
ont
Choranche
St-Nazaire-en-R.
Villard-de-Lans
se
d'
St-Jean-en-Royans
Romans-sur-Isère
St-Martin-en-Vercors
A 51
St-Théoffrey
c
St-Christophe-en-Oisans
Rochefort-Samson
La Chapelle-en-Vercors
Treffort
D 526
Valbonnais
Gresse-en-Vercors
Valjouffrey
D 518
Corps
D 538
Mirabel-et-Blacons
Mens
Die
Lalley-en-Trièves
Crest
Vercheny
D 93
Châtillon-en-Diois
N 85
Lus-la-Croix-Haute
Saoû
Pradelle
D 538
Menglon
Luc-en-Diois
Bézaudun-sur-B.
Le Poët-Célard
Bourdeaux
Gap
D 1075
D 994
D 993
Comps
HAUTES-ALPES
(05)
Dieulefit
La Motte-Chalancon
D 900b
St-Ferréol-Trente-Pas
Pommerol
Serres
D 1075
Sahune
D 994
D 94
A 51
E 712
Nyons
Buis-les-Baronnies
2
D 942
Bénivay-Ollon
La Roche-sur-Buis
D 546
D 542
Sisteron
D 542
D 4085
Montbrun-les-Bains
NORD
VAUCLUSE
(84)
ALPES-DE-HAUTE-PROVENCE
(04)
0
10
20 km
B

AUVERGNE-RHÔNE-ALPES

ALBA-LA 07400

18 km O d Carte Rhône-Alpes Sud A2

€€€ 20 € 25 emplacements

Camping ...âtre : *Ribeyras. ☎ 09-72-46-18-32. • contact@lecamping.com • lecamp... Ouv mars-oct.*
Un ...ping aux installations (piscine, sanitaires) plus toutes jeunes, mais en ...tion et qui a l'avantage d'être situé pile entre la vieille ville d'Alba et l'intérieur ...chéologique. Emplacements bien ombragés, resto-bar avec grande terrasse, soirées animées : concerts, théâtre, jeux, etc. Ambiance familiale. Locatifs rass... *(258 ...em).* Wifi.

...: ville, campagne. **...n :** plat.	⊕ Proche de la ville et du site archéologique. ⊖ Les installations vieillissantes.

...oir, à faire dans les environs : Alba-la-Romaine ; Saint-Vincent-de-Barrès ; Le Teil ; ...rivas.

ALBERTVILLE 73200

53 km E de Chambéry Carte Rhône-Alpes Nord B1

€€€ 19 € 113 emplacements

Les Adoubes : *24, av. du Camping. ☎ 04-79-32-06-62. • hello@camping-albertville.fr • camping-albertville.fr • Ouv tte l'année sauf 15 oct-15 nov.*
Au pied de la cité médiévale de Conflans et en bord de rivière, un camping qui connaît un nouveau souffle (sanitaires chauffés). Emplacements de bonne taille, bien ombragés. Locations de tente et de chalets pour 4 à 6 personnes *(280-700 €/sem).* Aire de service camping-cars, animations en saison, salle TV, bibliothèque, épicerie produits locaux. Internet. Wifi.

Cadre : lacs ou rivières, montagne, sentiers de randonnée, ville. ***Terrain :*** herbe ; plat.	⊕ L'emplacement, à la fois tout près du centre et de la ville médiévale. ⊖ Encore peu de services ; le bruit de la ville (axes routiers).

À voir, à faire dans les environs : la vieille ville de Conflans ; la Maison des Jeux olympiques.

ALLANCHE 15160

54 km SO d'Issoire ; 75 km E de Mauriac Carte Auvergne A2

€€ 12 € 87 emplacements

Camping municipal Les Gentianes : *le Pont-Valat. ☎ 04-71-20-45-87. • camping-allanche@orange.fr • allanche.fr • Ouv de mai à mi-oct. CB refusées.*
Camping simple et verdoyant situé à 50 m d'une rivière, où la pêche se pratique. Tennis, terrain de foot et aire de jeux pour les enfants. Pour la baignade, il vous faudra parcourir environ 5 km. Location de mobile homes *(260-340 €/sem).* Internet. Wifi.

Cadre : montagne, forêt, lacs ou rivières, sentiers de randonnée. ***Terrain :*** herbe.	⊕ Les nombreuses activités. ⊖ L'accès à la baignade un peu loin.

À voir, à faire dans les environs : l'église, la fête de l'Estive ; Marcenat (14 km).

ALLEMONT 38114

50 km SE de Grenoble ; 13 km N du Bourg-d'Oisans — *Carte Rhône-Alpes Sud B1*

€€ 12,50 € — **50 emplacements**

Camping Les Bouleaux : *160, chemin des Bouleaux. ☎ 04-76-80-71-23. • camping lesbouleaux@wanadoo.fr • campinglesbouleauxoisans.com • Ouv fin mai-début sept. CB refusées.*
Une aire naturelle de camping aux allures de camping sauvage. Aménagements réduits aux sanitaires. En revanche, rien ne vous empêche de vous étaler dans la prairie ombragée par des bouleaux. Location de chalets *(280-680 €/sem selon capacité)*. Wifi.

Cadre : montagne. ***Terrain :*** herbe ; plat.	⊕ Le cadre préservé. ⊖ L'équipement assez rustique.

€€ 13,90 € — **120 emplacements**

Camping Le Grand Calme : *95, route des Fonderies-Royales. ☎ 04-76-80-70-03. • info@campinglegrandcalme.com • campinglegrandcalme.com • Ouv mai-sept.*
Bien qu'il soit dans le bourg, verdure et ambiance champêtre de rigueur pour ce vaste terrain plat et herbeux, partiellement ombragé. Sanitaires plus tout jeunes, mais bien tenus, comme l'ensemble de la structure. Préférer les emplacements les plus éloignés de la route (assez passante en été). Mobile homes et chalets 2-5 personnes *(420-650 €/sem)*. Internet.

Cadre : montagne, sentiers de randonnée. ***Terrain :*** herbe ; plat.	⊕ L'accueil. ⊖ La proximité de la route.

À voir, à faire dans les environs : le massif de l'Oisans avec le musée Hydrélec à Vaujany ; le musée des Minéraux et de la Faune des Alpes à Bourg-d'Oisans ; le parc national des Écrins.

ALLEVARD 38580

38 km SE de Chambéry — *Carte Rhône-Alpes Nord B1*

€€€ 18 € — **86 emplacements**

Idéal Camping : *67, av. de Savoie. ☎ 04-76-97-50-23. • camping.ideal@wanadoo.fr • ideal-camping.fr • Ouv de fin avr à mi-oct.*
Petit site plutôt bien ombragé et bien équipé, avec la piscine municipale à 100 m, gratuite pour les clients du camping. Locatifs *(225-585 €/sem)*. Internet. Wifi.

Cadre : forêt, lacs ou rivières, montagne, sentiers de randonnée. ***Terrain :*** herbe ; plat. ***Réducs :*** entrée de la piscine municipale en face du camping offerte sur présentation de ce guide.	⊕ Le calme. ⊖ Le peu d'animations.

€€€ 24,40 € — **194 emplacements**

Camping Clair Matin : *20, rue des Pommiers. ☎ 04-76-97-55-19. • contact@camping-clair-matin.com • camping-clair-matin.com • Ouv de mi-avr à mi-oct.*
À 700 m des thermes, cette structure labellisée Camping Qualité est spacieuse, fleurie, ombragée et confortable. Attention, malgré sa taille, la résa est indispensable en juillet-août. Bon accueil. Location de mobile homes jusqu'à 8 personnes *(195-954 €/sem pour 2 pers)*. Animations adultes et enfants en saison : aquagym, loto, pétanque, barbecue, randonnée, pêche en lacs et torrents, nuitée en refuge, parapente, etc. Internet. Wifi.

Cadre : lacs ou rivières, montagne. **Terrain :** en terrasses ; herbe ; plat.	⊕ L'ambiance familiale ; le calme. ⊖ Pas d'animations en basse saison.

À voir, à faire dans les environs : le musée Jadis Allevard ; le massif de Belledonne ; la Maison des forges et des moulins à Pinsot ; la vallée du Haut-Bréda ; le musée de la Révolution française à Vizille.

ANSE 69480

6,5 km S de Villefranche-sur-Saône ; 25 km NO de Lyon *Carte Rhône-Alpes Nord A1*

€€€€ 26 € **198 emplacements**

Camping Les Portes du Beaujolais : *av. Jean-Vacher. ☎ 04-74-67-12-87. • contact@camping-beaujolais.com • camping-beaujolais.com • Ouv mars-fin oct (tte l'année pour les loc).*
Un camping bien ombragé, planté de jolis arbres, et puis animé et très bien équipé, avec une équipe pro et accueillante (jusqu'à Génépi, l'affectueux saint-bernard). Ce qui fait la différence, ce sont aussi les hébergements *(299-1 189 €/sem).* À côté des traditionnels mobile homes et chalets, on peut dormir dans un chalet polynésien en rondins et dans des « œnolodges » : sous un toit végétalisé, des cabanes de bois tout confort pour découvrir le vignoble du Beaujolais (cave à vins, verres à dégustation, guides...). Plan d'eau à 1 km, accessible dans un rigolo petit train l'été. Cerise sur le camping, cet espace bien-être avec sauna, hammam, institut de beauté, massages... Internet. Wifi.

Cadre : lacs ou rivières. **Terrain :** herbe ; plat. **Réducs :** - 20 % la 1re semaine de juillet et la dernière d'août pour les loc, et réduc à l'espace bien-être, sur présentation de ce guide.	⊕ L'originalité des hébergements ; le spa ; les bonnes infos données sur la région. ⊖ La proximité de la zone industrielle ; l'autoroute qu'on entend un peu quand même.

À voir, à faire dans les environs : les villages des Pierres dorées, Charnay, Oingt, Bagnols, Jarnioux... ; la cité du Saint Curé à Ars-sur-Formans ; l'espace Pierres-Folles à Saint-Jean-des-Vignes ; les châteaux de Saint-Bernard et de Montmelas.

ANTRAIGUES-SUR-VOLANE 07530

14 km N d'Aubenas ; 43 km SO de Privas *Carte Rhône-Alpes Sud A2*

€€ 15 € **25 emplacements**

Camping Le Pont de l'Huile : *Pont-de-l'Huile, route d'Ayzac. ☎ 04-75-38-70-10. 06-79-28-12-18. • mairie.antraigues@inforoutes-ardeche.fr • antraigues.org • Ouv mai-fin sept.*
Ce modeste camping, sur pelouse bien plane et au pied du village d'Antraigues, est à taille humaine. Nombreux arbres, sous lesquels on pourra s'abriter du soleil et/ou de la pluie. Peu d'emplacements, peu de douches aussi. Mais c'est un lieu à taille humaine, bon marché et sans locatifs : les campeurs purs et durs apprécieront. Tables, barbecues et éclairage solaire des allées. Camping-cars interdits.

Cadre : lacs ou rivières, sentiers de randonnée, campagne. **Terrain :** herbe ; plat..	⊕ Le calme. ⊖ Les Chèques-Vacances refusés.

À voir, à faire dans les environs : Antraigues-sur-Volane ; le village de Vogüé ; Aubenas (14 km) ; les gorges de l'Ardèche ; le parc de Vals et la source intermittente.

ARLEBOSC 07410

24 km SO de Tournon-sur-Rhône ; 44 km NO de Valence. Carte Rhône-Alpes Sud A1

€€€ 20 € 49 emplacements

Camping du Viaduc : *Le Banchet. ☎ 04-75-06-74-49. • camping.viaduc@yahoo.com • camping-ardeche-viaduc.com • Ouv de mi-mars à mi-sept.*
Camping tranquillement posé au bord de la petite rivière du Doux (où l'on peut faire trempette). Les emplacements sont de bonne taille. Et les hébergements représentent à peu près tout ce qui existe aujourd'hui : du mobile home à la cabane perchée dans les arbres, du tipi au chalet, en passant par le tonneau de vin, le kota finlandais... Resto aux saveurs locales. Superbe accueil. NOUVEAUTÉ.

Cadre : campagne, lacs ou rivières, sentiers de randonnée. ***Terrain :*** herbe ; plat.	⊕ Le site, les hébergements insolites. ⊖ Pas d'épicerie (et la 1re n'est pas tout près...).

À voir, à faire dans les environs : Saint-Félicien et l'itinéraire cycliste de l'Ardéchoise ; le village de Boucieu-le-Roi ; le vieux quartier de Macheville à Lamastre ; la basilique de Lalouvesc ; la vieille ville et le château-musée de Tournon-sur-Rhône.

ARPAJON-SUR-CÈRE 15130

2 km S d'Aurillac Carte Auvergne A2

€€ 15 € 92 emplacements

Camping de la Cère : *22, rue du Docteur-Félix-Ramond. ☎ 04-71-64-55-07. • tourisme@caba.fr • camping.caba.fr • Ouv juin-sept.*
Camping bien situé, entouré par un cours d'eau, avec pelouse, petite piscine et tennis. Une centaine d'emplacements plus ou moins ombragés, avec des haies pour les délimiter. Location d'une dizaine de mobile homes *(264-500 €/sem).* Épicerie à 100 m. Baignade et pêche possibles dans la Cère. Terrains de foot et de rugby et canoë à proximité. Wifi.

Cadre : lacs ou rivières, ville. ***Terrain :*** herbe ; plat.	⊕ Le calme ; la petite piscine. ⊖ Peu ombragé ; peu d'animations.

À voir, à faire dans les environs : le muséum des Volcans, l'arboretum ; les châteaux de Conros et de Sedaiges.

ARS-SUR-FORMANS 01480

Carte Rhône-Alpes Nord A1

20 km O de Villars-les-Dombes ; 8 km E de Villefranche-sur-Saône

€€€ 16 € 103 emplacements

Camping du Bois de la Dame : *590, chemin du Bois-de-la-Dame. ☎ 04-74-00-77-23. • camping.boisdeladame@orange.fr • ars-village.fr • Ouv 1er avr-30 sept. CB refusées.*
À peine à l'écart de ce village de la Dombes, posé au-dessus d'un plan d'eau pour la pêche, et de terrains de tennis, volley, foot... Pas mal ombragé. Y planter sa tente offre l'occasion de découvrir, au travers des monuments et sites de ce petit village, la vie et l'œuvre du célèbre « curé d'Ars », l'abbé Jean-Marie Vianney. Sa ferveur religieuse (et sa réputation de faiseur de miracles) attire toujours à Ars d'importants pèlerinages depuis le XIXe s. Quelques locatifs, dont caravanes, bungalows toilés et mobile homes *(250-450 €/sem).* Wifi.

Cadre : campagne, forêt. ***Terrain :*** en pente ; herbe ; plat.	⊕ Le calme ; les arbres. ⊖ Pas de borne pour camping-cars.

À voir, à faire dans les environs : la basilique, le presbytère, le musée de Cire.

AUBUSSON-D'AUVERGNE 63120

40 km E de Clermont-Ferrand — *Carte Auvergne B1*

€ 9,30 € — **25 emplacements**

Camping à la ferme Le Goutilier : *Sainte-Marie. ☎ 04-73-51-21-76. 📱 06-40-06-86-33. • dufraisse.m@wanadoo.fr • camping-aubusson.fr • Ouv 15 avr-15 oct. CB refusées.*
Une belle aire de camping de 1 ha à côté d'une vraie ferme bio spécialisée dans la viande charolaise. Très nature. Bloc sanitaire correct. Barbecue à côté du terrain de pétanque. Quelques jeux pour les enfants. Balade possible à pied et à vélo jusqu'au lac d'Aubusson, à 1 km (avec pas mal d'activités : embarcations à pédales, kayak, poney-club...). Et, bien sûr, la visite de la ferme ! Location de caravanes *(140-240 €/sem)* et mobile homes *(140-410 €/sem).*

Cadre : campagne, lacs ou rivières. ***Terrain :*** en terrasses ; herbe.	⊕ Les baptêmes en calèche pour les enfants. ⊖ Les commerces éloignés (Aubusson à 5 km).

À voir, à faire dans les environs : la vieille ville de Thiers (20 km).

AUREC-SUR-LOIRE 43110

21 km SO de Saint-Étienne — *Carte Auvergne B2*

€€ 14,50 € — **150 emplacements**

Camping des Gorges de la Loire : *route de Bas-en-Basset, Le Port-Buisson. ☎ 04-77-51-81-48. • campingaurec@gmail.com • gorgesdela loire-tourisme.fr • Ouv de mi-avr à mi-oct.*
Camping posé sur les bords de la Loire. Bien équipé et de nombreuses activités à proximité (base de loisirs avec canoë, minigolf, embarcations à pédales, piscine). Baignade en rivière surveillée en été. Ping-pong et pêche. Snack. Location de chalets *(165-330€/sem).* Internet. Wifi.

Cadre : campagne, forêt, sentiers de randonnée. ***Terrain :*** herbe.	⊕ L'accès direct à la rivière. ⊖ Pas de moins, même les prix sont sympas !

À voir, à faire dans les environs : les châteaux Fustier et du Moine-Sacristain ; le parc nautique des bords de Loire.

AUSSOIS 73500

Carte Rhône-Alpes Nord B2

27 km SO du col du Mont-Cenis ; 38 km E de Saint-Jean-de-Maurienne

€€€ 16 € — **160 emplacements**

Camping La Buidonnière : *route de Cotteriat, à La Buidonnière. ☎ 04-79-20-35-58. 📱 07-87-08-23-99 ou 06-81-18-59-65. • camping@aussois.com • camping-aussois.com • Ouv tte l'année.*
Dans un joli coin, à l'écart du village et surplombant la barrière de l'Esseillon. Belle vue sur la haute Maurienne aussi. Comme souvent en station, axé l'hiver sur le caravaneige ; mais en été, on y trouvera toujours une place pour planter sa tente. Prix raisonnables pour un équipement 3 étoiles (étonnants blocs sanitaires dans une sorte de tour et dans un ancien fortin...). Branchements électriques aux normes européennes. Internet. Wifi.

Cadre : montagne, sentiers de randonnée. ***Terrain :*** en terrasses.	⊕ Le rapport qualité-prix. ⊖ L'éloignement du village. Pas assez d'ombre.

À voir, à faire dans les environs : la haute Maurienne et le parc national de la Vanoise ; le col du Galibier ; les vallées du Piémont (Italie).

AUTRANS 38880

15 km N de Villard-de-Lans ; 37 km O de Grenoble — *Carte Rhône-Alpes Sud B1*

€€€€ 49 € — **101 emplacements**

Camping Les 4 Montagnes – Yelloh Village : *61, rue du Cornet. ☎ 04-76-95-33-44. • campingles4montagnes@gmail.com • camping-au-joyeux-reveil.fr • Ouv de mi-mai à début sept.*
Aux portes du village, emplacements herbeux et plats pour ce camping bien équipé et confortable, avec aménagements paysagers. Piscine chauffée et espace bien-être (sauna, hammam et spa). Location de Coco Sweet 4-5 personnes *(217-616 €/sem)*, mobile homes et chalets 4-7 personnes *(315-1 435 €/sem)*. Internet. Wifi.

Cadre : montagne, sentiers de randonnée. ***Terrain :*** herbe ; plat.	⊕ On peut tout faire à pied. ⊖ Certains emplacements peu ombragés ; le prix en haute saison.

€€€ 25 € — **90 emplacements**

Camping du Vercors : *115, rue de la Croze. ☎ 04-76-95-31-88. • contact@camping-du-vercors.fr • camping-du-vercors.fr • Ouv début mai-fin sept et de mi-déc à fin mars.*
Petit camping familial bien équipé à proximité des commerces et des pistes de ski. On plante sa tente sur des bandes de pelouse plus ou moins larges. Location de mobile homes pour 2 à 6 personnes *(300-608 €/sem)* et de cabanes 1-3 personnes *(55-75 €/nuit)*. Location de VTT électriques. Piscine couverte et chauffée. Club enfants et animations en juillet-août. Internet. Wifi.

Cadre : forêt, montagne, sentiers de randonnée. ***Terrain :*** en terrasses ; herbe ; plat.	⊕ Familial et pas loin des pistes de ski ; la situation dans le village. ⊖ Peu d'ombre.

À voir, à faire dans les environs : le Vercors avec la réserve naturelle des Hauts-Plateaux ; la route de Combe-Laval ; le mémorial de la Résistance au col de la Chau ; le belvédère de Révoulat (randonnée assez costaude).

AYDAT 63970

23 km SO de Clermont-Ferrand — *Carte Auvergne A2*

€€€ 24 € — **48 emplacements**

Camping La Clairière : *lieu-dit Rouillas-Bas. ☎ 04-73-79-31-15. • campinglaclairiere@orange.fr • campinglaclairiereaydat.com • Ouv avr-déc. CB refusées.*
Un petit camping familial 3 étoiles, à taille humaine et un peu à l'écart de l'agitation. Emplacements délimités, relativement bien ombragés. Sanitaires convenables. Petite restauration en été. Accueil fort sympathique. Quelques mobile homes *(490-595 €/sem)*. Tipis et cabanes dans les arbres. Internet. Wifi.

Cadre : campagne, forêt, lacs ou rivières. ***Terrain :*** herbe ; plat.	⊕ À taille humaine. ⊖ Le lac est à 2 km.

À voir, à faire dans les environs : le lac d'Aydat ; les puys de la Vache et de Lassolas ; Vulcania.

BEAUFORT-SUR-DORON 73270

19 km NE d'Albertville ; 60 km SE d'Annecy — **Carte Rhône-Alpes Nord B1**

€€€ 15,20 € — **100 emplacements**

Camping municipal Domelin : *à Domelin. ☎ 04-79-38-33-88 (en saison). • camping-beaufort@orange.fr • areches-beaufort.com • Ouv 1er juin-30 sept.*
Une fois passées la route et la zone artisanale aux abords peu engageants, on arrive à ce camping, blotti au pied des montagnes. De taille moyenne, bien équipé, tranquille, assez ombragé. Wifi.

Cadre : montagne. ***Terrain :*** en pente ; herbe ; plat.	⊕ Le site. ⊖ Hélas, l'accès dangereux à la rivière.

À voir, à faire dans les environs : la coopérative laitière ; le Beaufortain ; le hameau de Boudin ; le lac de Roselend.

BEAUVOIR-EN-ROYANS 38160

50 km SO de Grenoble — **Carte Rhône-Alpes Sud B1**

€€€ 17 € — **17 emplacements**

Camping du château de Beauvoir : *69, rue Porte-du-Château. ☎ 04-76-64-01-79. 📱 06-23-42-35-32. • chateaudebeauvoir@wanadoo.fr • Ouv de mi-avr à oct.*
Dans les jardins de l'ancien château, un petit camping tranquille et agréable, ombragé, dans un cadre qui ne manque pas de charme. Le rapport qualité-prix est particulièrement intéressant. Wifi. NOUVEAUTÉ.

Cadre : campagne, sentiers de randonnée, lacs ou rivières, montagne. ***Terrain :*** herbe ; plat.	⊕ Pas de mobile homes à louer pour une fois ! ⊖ Quel « moins » ?

À voir, à faire dans les environs : le Sud-Grésivaudan à l'ouest du Vercors ; la ville de Saint-Marcellin ; le jardin ferroviaire de Chatte ; le site médiéval du couvent des carmes à Beauvoir-en-Royans.

BELLERIVE-SUR-ALLIER 03700

2 km SO de Vichy — **Carte Auvergne B1**

€€€ 23 € — **80 emplacements**

Camping Beau Rivage : *15-17, rue Claude-Decloître. ☎ 04-70-32-26-85. • camping-beaurivage@wanadoo.fr • camping-beaurivage.com • Ouv 1er avr-début oct.*
Camping bien entretenu, ombragé et bordant la rivière. Vue sur les parcs de Vichy et accès direct au lac artificiel. Nombreuses activités (canoë, volley-ball...) et espace aquatique avec piscine couverte et chauffée et toboggan. Loue également des mobile homes *(295-1 065 €/sem).* Le camping n'est qu'à 2 km du centre de Vichy. Location de vélos. Des activités gratuites en juillet-août. Wifi.

Cadre : lacs ou rivières, ville. ***Terrain :*** herbe ; plat.	⊕ La vue sur les parcs de Vichy ; le forfait spécial curistes. ⊖ Rien à redire.

À voir, à faire dans les environs : à Vichy, la ville thermale et le musée de l'Opéra.

BÉNIVAY-OLLON 26170

27 km SE de Nyons ; 22 km NE de Vaison-la-Romaine *Carte Rhône-Alpes Sud B2*

€€€€ 29 € 75 emplacements

Domaine de L'Écluse : *80, rue de Barastrage. ☎ 04-75-28-07-32. 06-81-09-65-33. • camp.ecluse@wanadoo.fr • campecluse.com • Ouv de mi-avr à mi-sept.*
Sur le domaine d'une ferme oléicole, dans un site de toute beauté, un charmant petit camping familial, bien équipé, bien tenu par un frère et une sœur qui ont pris la relève de leurs parents. Emplacements généreusement ombragés, et quelques haies qui les séparent un peu. Espaces de jeux pour enfants. Résa indispensable en été. Location de mobile homes et de chalets *(350-875 €/sem).* Wifi.

Cadre : campagne, forêt, sentiers de randonnée. ***Terrain :*** en terrasses ; herbe ; plat ; rocaille.	⊕ Le site ; la propreté ; les sentiers de randonnée à proximité ; la piscine chauffée. ⊖ L'éloignement des commerces (8 km).

À voir, à faire dans les environs : Buis-les-Baronnies ; les Baronnies ; le mont Ventoux.

BERRIAS-ET-CASTELJAU 07460

39 km SO d'Aubenas ; 23 km O de Vallon-Pont-d'Arc *Carte Rhône-Alpes Sud A2*

€€€ 20 € 51 emplacements

Camping La Vignasse : *Terres-du-Moulin. ☎ 09-86-77-31-34. 06-84-11-64-91. • campinglavignasse@gmail.com • camping-la-vignasse.com • Ouv avr-sept (jusqu'à fin oct pour les loc).*
À l'orée des jolies gorges du Chassezac, un sympathique camping, à taille humaine. Emplacements peu nombreux pour les tentes mais tous bien à l'ombre. Accompagnateur en montagne, moniteur VTT, ornithologue et botaniste passionné, l'accueillant proprio propose des randos nature. Loue aussi des mobile homes pour 2 à 5 personnes et chalets en bois plutôt mignons pour 2 à 7 personnes *(235-650 €/sem).* Location de VTT tout près. Internet. Wifi.

Cadre : campagne, forêt, lacs ou rivières, sentiers de randonnée. ***Terrain :*** en terrasses ; herbe. ***Réducs :*** une bouteille de vin de pays offerte pour la location d'un mobile home ou d'un chalet sur présentation de ce guide.	⊕ Les randos accompagnées de Jean-Luc. ⊖ Pas de piscine.

€€€ 23 € 81 emplacements

Camping Les Actinidias : *Les Lauzasses. ☎ 04-75-39-02-79 ou 04-75-37-29-06 (hors saison). 06-21-17-81-59. • actinidias@orange.fr • actinidias.com • Ouv de mi-mars à mi-sept.*
Un grand camping à proximité de la rivière Chassezac, avec accès direct à la plage. C'est le rendez-vous des grimpeurs, car une cinquantaine de voies d'escalade sont à proximité. Location de mobile homes et de chalets pour 5 à 6 personnes *(340-780 €/sem).* Pour info, l'actinidia est la plante qui donne le kiwi et que vous appeliez peut-être le kiwisier ou le kiwotier avant de lire ces quelques lignes. Internet. Wifi.

Cadre : campagne, forêt, lacs ou rivières, sentiers de randonnée. ***Terrain :*** herbe ; plat.	⊕ Tranquille ; près de la nature ; accès aux chemins de randonnée et voies d'escalade. ⊖ Pas de piscine ; accès difficile pour les doubles essieux.

€€€€ 30 € 100 emplacements

Camping La Rouveyrolle : *La Rouveyrolle. ☎ 04-75-39-00-67. • info@campingrouveyrolle.fr • campingrouveyrolle.fr • Ouv avr-fin sept.*
Un camping aux emplacements bien ombragés et offrant tout le confort d'un 4-étoiles : grande piscine, salles de fitness – en intérieur et en extérieur ! – , animations et location de nombreux mobile homes pour 5 à 8 personnes *(371-1 100 €/sem).* Internet. Wifi.

Cadre : campagne. ***Terrain :*** herbe ; plat.	⊕ Le calme ; l'ombre. ⊖ Les prix en saison.

À voir, à faire dans les environs : les gorges du Chassezac ; les balades dans le bois de Païolive ; la petite ville des Vans ; la grotte de la Cocalière à Courry ; le musée de la Châtaigneraie à Joyeuse ; le village de Banne.

BESSE 38142

59 km NO de Briançon ; 21 km NE du Bourg-d'Oisans ***Carte Rhône-Alpes Sud B1***

€ 10 € 6 emplacements

Aire de bivouac de Besse : *☎ 04-76-80-29-63. • mairie.besse38@orange.fr • besse-en-oisans.com • Ouv de mi-juin à mi-sept.*
Quelques emplacements, chacun muni d'une table, un bloc sanitaire (douches payantes) et un point d'eau (froide uniquement). Le tout d'une extrême simplicité, mais planté en pleine nature, dans un superbe décor. Qui plus est, point de départ idéal pour les alpages d'Emparis.

Cadre : montagne, sentiers de randonnée. ***Terrain :*** en terrasses ; herbe.	⊕ Très nature. ⊖ Peu adapté à ceux qui recherchent le « tout confort ».

À voir, à faire dans les environs : le massif de l'Oisans ; le musée d'Huez et de l'Oisans à L'Alpe-d'Huez ; le parc national des Écrins.

BESSE-ET-SAINT-ANASTAISE 63610

31 km O d'Issoire ***Carte Auvergne A2***

€€€€ 26 € 30 emplacements

Camping du Bois de Gravière : *4, route de Murol. ☎ 04-73-79-52-05. • info@camping-besse.com • camping-besse.com • Ouv des vac de Noël à mi-sept.*
Au bord de la couze Pavin et du GR 30, dans un joli coin arboré, ce camping 4 étoiles, doté d'une piscine ouverte en été, propose une trentaine d'emplacements pour les tentes sur terrain plat et en terrasses, avec une partie herbeuse et une partie stabilisée. Également des mobile homes, de petits chalets en bois et un grand chalet. Bar sympa pour fraterniser. Plats à emporter en saison Fait aussi caravaneige (local skis, et 2 navettes/j. en hiver pour Super-Besse). Espace bien-être, jacuzzi, sauna, massages et soins. Internet. Wifi.

Cadre : forêt, lacs ou rivières, montagne, sentiers de randonnée. ***Terrain :*** herbe ; plat.	⊕ L'accès direct à la rivière et au GR 30 ; la possibilité de location à la nuitée et au week-end ; l'espace bien-être de 100 m² avec sauna, jacuzzi et massage. ⊖ Le peu d'emplacements disponibles pour les campeurs ; pas d'animations.

À voir, à faire dans les environs : la cité médiévale de Besse ; Super-Besse (7 km).

BÉZAUDUN-SUR-BINE 26460

45 km NE de Montélimar ; 49 km N de Nyons — *Carte Rhône-Alpes Sud B2*

€€ 15 € — **25 emplacements**

Aire naturelle de camping du Moulin : *80, chemin du Moulin. ☎ 04-75-53-37-21. • arnocampmoulin26@orange.fr • camping-moulin-drome.fr • Ouv fin avr-fin sept. CB refusées.*

Une belle aire de camping soignée et lovée au bord d'un ruisseau, dans un écrin bucolique au pied du col de la Chaudière. Piscine avec buvette, jeux pour enfants, volley, basket, ping-pong, etc. Salle commune avec cheminée pour casser la croûte les vilains jours de pluie. Internet. Wifi.

Cadre : campagne, lacs ou rivières, montagne, sentiers de randonnée.
Terrain : en terrasses ; herbe ; plat.
Réducs : - 10 % en avril, mai et septembre sur présentation de ce guide.

⊕ Le cadre ; le calme ; les animaux de la ferme.
⊖ La rançon du succès : il se remplit très vite !

À voir, à faire dans les environs : le village de Bourdeaux ; Saillans et les Trois-Becs ; la tour de Crest ; Dieulefit.

BLESLE 43450

38 km S d'Issoire ; 25 km O de Brioude — *Carte Auvergne A2*

€ 10 € — **42 emplacements**

Camping municipal de La Bessière : *à La Bessière. ☎ 04-71-76-25-82. • camping-blesle@orange.fr • mairie.de.blesle@wanadoo.fr • blesle.fr • Ouv tte l'année.*

Petit camping au bord de la Sianne, qui propose une vue fantastique sur les coteaux avoisinants. Accès direct à la rivière, où l'on peut lancer sa canne (à pêche, évidemment !). 4 mobile homes et 2 chalets *(132-270 €/sem).* Internet. Wifi.

Cadre : campagne, lacs ou rivières, sentiers de randonnée.
Terrain : en terrasses ; herbe ; plat.

⊕ La vue ; la location de vélos.
⊖ Résa conseillée.

À voir, à faire dans les environs : le vieux village de Blesle ; la vallée de l'Alagnon.

BOURBON-L'ARCHAMBAULT 03160

25 km E de Moulins ; 55 km SE de Nevers — *Carte Auvergne A1*

€ 8 € — **157 emplacements**

Camping municipal Jean-Bignon : *bd Jean-Bignon. ☎ 04-70-67-08-83. 📱 06-82-82-62-50. • camping@mairie-bourbon.com • bourbonlarchambault.com • Ouv début mars-fin nov.*

À peine à l'écart du bourg, un camping familial, tranquille, verdoyant (et ombragé), à proximité de tous les équipements sportifs (piscine, tennis, etc.) et à 800 m des thermes par un petit chemin. Internet. Wifi.

Cadre : campagne, sentiers de randonnée.
Terrain : en pente ; herbe ; plat.

⊕ La situation, au calme, mais tout près des thermes.
⊖ Le peu d'équipements.

À voir, à faire dans les environs : la forteresse médiévale, l'église Saint-Georges, le musée Augustin-Bernard.

BOURDEAUX 26460

41 km E de Montélimar ; 45 km N de Nyons — *Carte Rhône-Alpes Sud B2*

€€€ 17,90 € — **40 emplacements**

Le Gap des Tortelles : *chemin du Gap-des-Tortelles. ☎ 04-75-53-30-45. 📱 06-83-23-70-84. • campinglegapdestortelles@yahoo.fr • legapdestortelles.com • Ouv début avr-fin sept.*
Ce petit camping situé au cœur du village possède un charme indéniable, au gré d'emplacements ombragés, sous les platanes, en bordure de rivière. Autre qualité : il compte assez peu de locatifs et ceux-ci restent très nature *(tipis, paillotes, chalets 290-625 €/sem).* Soirées animées et piscine municipale à 100 m. Internet. Wifi.

Cadre : campagne, sentiers de randonnée, lacs ou rivières. ***Terrain :*** herbe ; plat.	⊕ Dans le village ; la vente de produits bio et fermiers à l'épicerie ; très bien situé pour rayonner dans un coin de la Drôme particulièrement beau. ⊖ R.A.S.

À voir, à faire dans les environs : le village de Bourdeaux ; Saillans et les Trois-Becs ; la tour de Crest ; Dieulefit.

BOURG-ARGENTAL 42220

15 km NO d'Annonay ; 31 km SE de Saint-Étienne — *Carte Rhône-Alpes Sud A1*

€€ 12,20 € — **16 emplacements**

Domaine de l'Astrée : *chemin de Vernat. ☎ 04-77-39-72-97. 📱 06-70-55-36-56. • prl@bourgargental.fr • camping-astree.com • Ouv tte l'année.*
Au bord de la Déôme (c'est un ruisseau !), à peine à l'écart du bourg le plus au sud du département (à quelques kilomètres commence l'Ardèche), un « parc résidentiel de loisirs », minuscule et généreusement ombragé, que se partagent une quinzaine d'emplacements et des chalets de bois *(252-590 €/sem).* Piscine ludique et terrains de tennis municipaux tout près. Sanitaires accessibles aux personnes handicapées. Internet. Wifi.

Cadre : campagne, lacs ou rivières, sentiers de randonnée, forêt. ***Terrain :*** herbe ; plat.	⊕ L'accueil ; le cadre ; le calme ; la convivialité. ⊖ Le peu d'emplacements ; pas de vidange des eaux usées des camping-cars.

À voir, à faire dans les environs : le massif du Pilat ; le musée des Papeteries Canson et Montgolfier à Davézieux ; Annonay (15 km) ; le Safari de Peaugres.

BOURG-SAINT-ANDÉOL 07700

14 km S de Viviers ; 14 km NE de Saint-Martin-d'Ardèche — *Carte Rhône-Alpes Sud A2*

€€€€ 30 € — **140 emplacements**

Camping du Lion : *chemin Île-Chenevrier. ☎ 04-75-54-53-20. • contact@campingdulion.com • campingdulion.com • Ouv avr-fin sept.*
Vaste camping (5 ha) planté d'arbres, offrant de grands emplacements bien ombragés. Équipements d'un grand confort. Snack, bar, club enfants en été, piscine (3 bassins), jeux, supermarché à 500 m. Animations diverses et soirées à thème. Ambiance conviviale et familiale. Mobile homes, tentes, roulottes et bungalows à louer *(200-810 €/sem pour 2-6 pers).* Internet. Wifi.

Cadre : campagne, forêt, lacs ou rivières, sentiers de randonnée. ***Terrain :*** herbe ; plat.	⊕ Pour les piétons, la proximité de la ville. ⊖ Rien à redire.

À voir, à faire dans les environs : le palais des Évêques à Bourg-Saint-Andéol ; les gorges de l'Ardèche et le pont d'Arc ; le belvédère de Gournier ; la grotte de la Madeleine ; le belvédère et le château de Gaud ; l'aven Marzal.

BRANGUES 38150

50 km O d'Aix-les-Bains ; 45 km O de Chambéry *Carte Rhône-Alpes Nord A-B1*

€€ **13 €** **6 emplacements**

Aire naturelle La Tour des Saveurs : *121, impasse de la Garenne, Tours. ☎ 04-74-80-31-54 📱 06-68-92-07-27. • gsaveurs@wanadoo.fr • Ouv de mi-avr à mi-oct. CB refusées.*
Sympathique étape sur le grand itinéraire à vélo de la ViaRhôna. Situé très au calme, sur une grande exploitation agricole, une aire naturelle dans les champs, derrière les maisons d'habitation. Le bloc sanitaire se trouve dans la petite annexe accolée à la maison des propriétaires, au même endroit que le refuge et ses dortoirs de 6 lits *(refuge 11 €/pers, draps en sus).* Bien tenu. On y vend aussi les fruits et légumes de l'exploitation et les produits d'autres « fermes amies ». Wifi. NOUVEAUTÉ.

Cadre : campagne. ***Terrain :*** herbe ; plat.	⊕ On ne peut plus nature. ⊖ Tout simple, mais est-ce un « moins » ?

À voir, à faire dans les environs : l'espace d'exposition Claudel-Stendhal et la tombe de Paul Claudel ; le Pays des Couleurs et l'Isle-Crémieu ; Morestel.

BRIDES-LES-BAINS 73570

10 km SE de Moutiers *Carte Rhône-Alpes Nord B1*

€€ **13,20 €** **80 emplacements**

Camping La Piat : *32, av. du Comte-Greyfié-de-Bellecombe. ☎ 04-79-55-22-74. 📱 06-15-92-81-85. • contact@brideslesbains.com • camping-brideslesbains.com • Ouv de début avr à mi-oct.*
Sur les hauteurs de Brides, à 5 mn à pied du centre, un terrain bucolique parsemé d'arbres fruitiers. Emplacements en terrasses de part et d'autre du ruisseau. Accueil sympathique. Wifi.

Cadre : montagne, ville. ***Terrain :*** herbe ; en terrasses.	⊕ le calme, la situation en surplomb de Brides. ⊖ Dans son genre, pas de « moins ».

À voir, à faire dans les environs : le Grand Spa Thermal ; la rando et le rafting.

BUIS-LES-BARONNIES 26170

30 km SE de Nyons ; 22 km NE de Vaison-la-Romaine *Carte Rhône-Alpes Sud B2*

€€€ **24 €** **52 emplacements**

Camping Fontaine d'Annibal : *quai de l'Ouvèze. ☎ 04-75-28-03-12. • contact@vacances-baronnies.com • vacances-baronnies.com • Ouv avr-oct.*
Petit camping bien tenu, à 10 mn à pied du centre de Buis, offrant un excellent confort et des sanitaires impeccables. Emplacements peu ombragés, locations fleuries. Propose aussi des chalets pour 4 ou 6 personnes *(308-780 €/sem)* et des tentes aménagées. Internet. Wifi.

Cadre : campagne, lacs ou rivières, montagne, sentiers de randonnée, ville. ***Terrain :*** herbe ; plat. ***Réducs :*** café offert pour tout repas complet pris au snack de la guinguette sur présentation de ce guide.	⊕ Le superbe environnement. ⊖ Les jeux pour enfants pauvrets.

À voir, à faire dans les environs : Buis-les-Baronnies ; les Baronnies ; le mont Ventoux.

CALVINET 15340

40 km NE de Figeac — *Carte Auvergne A2*

€ 6 € — 25 emplacements

Aire naturelle municipale Les Érables : *lieu-dit Le Puech. ☎ 04-71-49-94-32 (mairie, en sem 13h30-16h30). • mairie.@puycapel.fr • calvinet.fr • Ouv 1er juil-31 août.* Grande pelouse au confort basique. Emplacements calmes et ombragés. L'ensemble est bien entretenu. Terrain de tennis municipal attenant (clé et paiement auprès du *Café des Sports*). Accès gratuit à la piscine surveillée par un maitre-nageur. La forêt de Puech est toute proche et l'étang de l'Estanquiol n'est qu'à 1 km. Tous commerces et services au village, à 500 m.

Cadre : campagne. ***Terrain :*** herbe ; plat.	⊕ Les tarifs, très bas ; le très bon rapport qualité-prix. ⊖ Rien sur place.

À voir, à faire dans les environs : la Maison de la châtaigne à Mourjou ; les gorges du Lot.

CHAMBLES 42170

Carte Rhône-Alpes Nord A1

10 km NE de Firminy ; 11 km S de Saint-Just-Saint-Rambert

€€ 15 € — 15 emplacements

Aire naturelle de Biesse : *à Biesse. ☎ 04-77-52-32-33. Ouv de mi-avr à mi-oct.* Sur la bucolique route des Balcons, ce charmant petit village dominé par sa tour et son église fortifiée surplombe les gorges de la Loire et offre un des plus beaux panoramas de la région. Isolée à l'écart du village, cette aire naturelle posée à cheval sur une petite colline boisée a pour horizon les monts du Pilat et les monts du Forez. Très bel endroit, intime et sauvage, mais confort évidemment sommaire, avec minuscule coin toilette, douche, vaisselle. Loue aussi des gîtes d'étape de l'autre côté de la route *(16 €/pers).*

Cadre : campagne. ***Terrain :*** en pente ; en terrasses ; herbe.	⊕ Dans la nature ; la proximité des gorges de la Loire. ⊖ Le confort rudimentaire.

À voir, à faire dans les environs : les gorges de la Loire ; le château d'Essalois ; le musée du Prieuré à Saint-Rambert ; le site du Corbusier à Firminy.

CHAMONIX-MONT-BLANC 74400

101 km E d'Annecy ; 83 km SE de Genève (Suisse) — *Carte Rhône-Alpes Nord B1*

€€€ 21,50 € — 120 emplacements

Les Deux Glaciers : *80, route des Tissières, Les Bossons. ☎ 04-50-53-15-84. • info@les2glaciers.com • les2glaciers.com • Ouv tte l'année sauf de mi-nov à mi-déc.*

Dans un joli coin, au pied du glacier des Bossons. Emplacements agréables sur un terrain un peu pentu, traversé par un ruisseau. Résa obligatoire en hiver, conseillée en été. Loue aussi chalets et mobile homes *(200-495 €/sem en été).* Sur place, resto *Le Glaçon (menus 17-21 €).* Internet. Wifi.

Cadre : montagne. ***Terrain :*** en terrasses ; herbe ; plat.	⊕ Le cadre ; la vue. ⊖ Le bruit de la route.

€€€€ **30,90 €** **150 emplacements**

Camping de la Mer de Glace : *200, chemin de la Bagna, Les Praz. ☎ 04-50-53-44-03. • info@chamonix.camp • chamonix.camp • Ouv début mai-fin sept.*
Dans une grande clairière de la forêt des Bois, soit dans un coin nature des environs de Chamonix. Emplacements délimités par des haies. Superbe vue sur les Drus et le mont Blanc. Très fleuri et de bon confort. Internet. Wifi.

Cadre : montagne, sentiers de randonnée. ***Terrain :*** herbe ; plat.	⊕ L'intimité des emplacements ; la vue. ⊖ Pas d'animations.

À voir, à faire dans les environs : le tramway du Mont-Blanc ; le parc de Merlet ; le Montenvers-Mer de Glace ; l'aiguille du Midi.

CHAMPAGNAC-LE-VIEUX 43440

17 km NE de Brioude ***Carte Auvergne B2***

€€€ **18,40 €** **110 emplacements**

Camping La Chanterelle : *Le Prat-Barrat. ☎ 04-71-76-34-00 📱 06-99-40-34-00. • camping@champagnac.com • champagnac.com • Ouv de mi-avr à mi-oct.*
Superbe camping en bordure d'un plan d'eau disposant d'une plage surveillée en été. Dans un environnement de sous-bois, des emplacements très calmes et bien ombragés. Nombreux équipements, animations en saison. Snack sur place et accueil très pro. Location de chalets et bungalows *(155-770 €/sem).* Internet. Wifi.

Cadre : campagne, forêt, lacs ou rivières, sentiers de randonnée, montagne. ***Terrain :*** en terrasses ; herbe ; en pente.	⊕ Les nombreux équipements. ⊖ On a beau chercher...

À voir, à faire dans les environs : le château, l'écomusée.

CHAMPAGNY-EN-VANOISE 73350

45 km SE d'Albertville ; 76 km O de Val-d'Isère ***Carte Rhône-Alpes Nord B1***

€€ **14,60 €** **110 emplacements**

Camping Le Canada : *au Bois, à Champagny-le-Haut. ☎ 04-79-55-03-41. • canada-champagny@orange.fr • camping-champagny-en-vanoise.fr • Ouv 15 juin-15 sept.*
Au niveau de la tour de glace, dont il reste le squelette en été, un camping très sauvage, sans hébergements locatifs. Emplacements au bord du torrent, certains ombragés par les mélèzes, d'autres dans une clairière. Vue sublime sur les sommets de la Vanoise. Réjouissant pour les enfants, l'accrobranche situé au fond du camping (géré par le bureau des guides). Au resto, spécialités italiennes et savoyardes. Internet. Wifi.

Cadre : forêt, montagne. ***Terrain :*** herbe ; plat.	⊕ Le panorama. ⊖ Il peut faire frais là-haut, même en été !

À voir, à faire dans les environs : le parc national de la Vanoise ; l'Italie voisine.

CHAMPDOR 01110

6 km N de Hauteville — *Carte Rhône-Alpes Nord B1*

12 € — 60 emplacements

Le Vieux Moulin : *route de Corcelles. ☎ 04-74-36-48-15. 06-50-54-28-98. • campingchampdor@orange.fr • champdor.jimdo.com • Ouv tte l'année. CB refusées.*
Classique petit camping, dans un coin tranquille, à deux pas d'un plan d'eau. On est en plein Bugey, sur le plateau de Hauteville, à 900 m d'altitude, au cœur d'une nature encore authentique à parcourir à pied ou à VTT l'été, à skis de fond ou raquettes l'hiver. Une nouveauté : la location de Pods – cabanes de bois plutôt écolo *(180 €/sem pour 2-6 pers)* – et de yourtes *(280-380 €/sem)*. Paiement des emplacements le matin et en fin d'après-midi. Internet.

Cadre : campagne, forêt, montagne.
Terrain : herbe ; plat.

⊕ Le plan d'eau surveillé (juillet-août) pour la baignade (accès gratuit pour les campeurs) à côté du camping ; le tennis ; le commerce multiservice au village.
⊖ Le peu d'équipements.

À voir, à faire dans les environs : le musée du Bugey-Valromey à Lochieu ; le Grand Colombier ; l'observatoire de la Lèbe à Sutrieu.

CHARLIEU 42190

18 km NE de Roanne — *Carte Rhône-Alpes Nord A1*

€€€ 16 € — 100 emplacements

Camping municipal : *rue du Camping. 06-30-80-79-19. • pascal.mariotton@gmail.com • camp-charlieu.fr • Ouv avr-oct. CB refusées.*
En lisière d'une des villes les plus pittoresques du département, sympathique camping municipal, tranquille et plutôt bien équipé (snack-bar en saison, etc.). Emplacements herbeux bien délimités par des haies. Loue également des mobile homes *(280-360 €/sem)*. Juin-août, accès gratuit à la piscine municipale et aux beaux courts de tennis en terre battue voisins. Circuit de randonnée pédestre. Wifi.

Cadre : ville, campagne, sentiers de randonnée.
Terrain : herbe ; plat.

⊕ L'accès gratuit à la piscine et aux courts de tennis municipaux.
⊖ Les emplacements pas tous ombragés.

À voir, à faire dans les environs : la vieille ville de Charlieu, avec ses maisons à pans de bois, les stalles en bois polychrome de l'église Saint-Philibert, l'abbaye bénédictine, le musée de la Soierie et le Musée hospitalier ; sans oublier la spécialité locale, l'andouille !

CHÂTEL 74390

39 km NE de Morzine ; 38 km SE de Thonon-les-Bains — *Carte Rhône-Alpes Nord B1*

€€€€ 32,50 € — 96 emplacements

L'Oustalet : *1428, route des Freinets. ☎ 04-50-73-21-97. 06-78-79-33-96. • contact@oustalet.com • oustalet.com • Ouv de mi-juin à début sept, puis de mi-déc à fin avr.*
Dans un coin superbe, au bord de la Dranse, un 4-étoiles très bien équipé et parfait pour profiter des joies de la montagne été comme hiver. On est déjà sur la route qui mène aux remontées mécaniques et au fabuleux domaine des Portes du Soleil, et le centre-ville bien animé de la station n'est pas bien loin à pied. Mobile homes bien équipés, bien chauffés, spacieux et fonctionnels, avec terrasse. Tennis, piscine chauffée, sauna (payant). Location de mobile homes et de chalets jusqu'à 9 personnes *(300-2 400 €/sem)*. Internet. Wifi.

Cadre : lacs ou rivières, montagne, sentiers de randonnée. ***Terrain :*** en terrasses ; herbe ; plat.	⊕ La superbe piscine aux baies vitrées pour profiter du paysage. ⊖ La résa obligatoire (mais uniquement en hiver pour raison de déneigement).

À voir, à faire dans les environs : le lac Léman ; Évian-les-Bains ; le château de Ripaille ; les châteaux et la chapelle des Allinges ; la vallée Verte.

CHÂTEL-GUYON 63140

5 km NO de Riom — *Carte Auvergne A1*

€€€ **18,50 €** — **98 emplacements**

Camping de la Croze : *route de Mozac, à Saint-Hippolyte. ☎ 04-73-86-08-27. 06-87-14-43-62. • campinglacroze@wanadoo.fr • campingdelacroze.com • Ouv d'avr à mi-oct.*

Un beau camping au calme et à taille humaine, avec une jolie vue sur les environs de Châtel-Guyon. Confort d'un 3-étoiles de qualité avec des emplacements en terrasses très agréables. Également des chalets en bois *(226-695 €/sem)* et des mobile homes à louer *(215-515 €/sem selon confort).* Piscine chauffée, plutôt agréable. Accueil sympathique. Internet. Wifi.

Cadre : campagne. ***Terrain :*** en terrasses ; herbe.	⊕ Le cadre verdoyant et le calme. Wifi gratuit sur l'ensemble du camping. ⊖ Pas de station pour camping-car, juste une vidange manuelle.

À voir, à faire dans les environs : les fresques contemporaines de l'église Sainte-Anne, le parc thermal ; Riom (5 km) ; Volvic (15 km).

CHÂTEL-MONTAGNE 03250

25 km E de Vichy — *Carte Auvergne B1*

€€€ **16 €** — **33 emplacements**

Camping Rétro Passion : *La Croix-Cognat. ☎ 04-70-59-31-38. 06-62-82-60-14. • campingretropassion@gmail.com • camping-retro-passion.fr • Ouv 1er mai-31 oct. CB refusées.*

L'enseigne est installée à l'arrière d'une DS et on accède à la réception en poussant des portes de 2 CV. Les souriants proprios sont des passionnés de vieilles Citroën et ce verdoyant petit camping ressemble ici ou là à un musée avec une foule d'objets liés au monde automobile (voitures à pédales, bornes kilométriques, miniatures...). Location pour 4 personnes *(380 €/sem).* Wifi.

Cadre : campagne, lacs ou rivières, montagne, sentiers de randonnée. ***Terrain :*** herbe ; plat.	⊕ L'accueil, la déco étonnante pour un camping. ⊖ L'éloignement du village ; la proximité de la route.

À voir, à faire dans les environs : l'église Notre-Dame.

CHÂTILLON-EN-DIOIS 26410

14 km SE de Die ; 85 km NO de Gap — *Carte Rhône-Alpes Sud B1-2*

€€€ **17,80 €** — **164 emplacements**

Camping municipal Les Chaussières : *aux Chaussières. ☎ 04-75-21-10-30. 06-43-00-25-00. • camping.chatillonendiois@wanadoo.fr • camping-chatillonendiois.com • Ouv d'avr à mi-oct.*

Agréablement situé, ce camping est bordé d'une part par le charmant village de Châtillon-en-Diois, et de l'autre par un ruisseau (le Bez). Si l'espace réservé aux mobile homes *(130-590 €/sem)*, avec des maisonnettes alignées sur une ou deux allées, n'est pas très réjouissant, les emplacements, eux, sont plutôt agréables. Très bien ombragés, ils sont installés sur de grandes pelouses plantées de nombreux arbres au feuillage généreux. Piscine *(15 juin-10 sept)*. Tennis à deux pas. Wifi.

Cadre : campagne, forêt, lacs ou rivières, montagne, sentiers de randonnée. ***Terrain :*** herbe ; plat.	⊕ À deux pas du village et de ses commerces, au départ de sentiers de randonnée (GR 91, 94 et 95) et de VTT (chemins du Soleil-GTA) ; son label FFC VTT et Vignobles et Découvertes. ⊖ On peut s'y sentir tassé en pleine saison.

À voir, à faire dans les environs : le cirque d'Archiane ; les gorges des Gats ; les caves du Diois.

CHÂTILLON-SUR-CHALARONNE 01400

25 km SO de Bourg-en-Bresse ; 50 km N de Lyon ***Carte Rhône-Alpes Nord A1***

€€€ **19,90 €** **120 emplacements**

Le Vieux Moulin : *246, av. Jean-Jaurès. ☎ 04-74-55-04-79 ou 04-74-55-04-33. • camping@chatillon-sur-chalaronne.org • camping-vieuxmoulin.com • Ouv de mi-avr à fin sept.*
Entre le bocage bressan et les étangs de la Dombes. Ce camping haut de gamme situé à proximité du centre-ville, dans un décor reposant au bord d'une rivière, offre un intéressant rapport qualité-prix. Bon accueil. 5 chalets locatifs, dont un équipé pour les personnes à mobilité réduite *(339-505 €/sem)*. Internet. Wifi.

Cadre : campagne, lacs ou rivières, ville. ***Terrain :*** herbe ; plat.	⊕ Les nombreuses activités à proximité (sentier pédestre, pêche, espace nautique à 50 m...) ; à 200 m du centre-ville. ⊖ On cherche encore !

À voir, à faire dans les environs : le musée Traditions et Vie, l'apothicairerie de l'ancien hôpital de Châtillon, la cité médiévale autour des halles.

CHÂTONNAY 38440

61 km NO de Grenoble ; 29 km E de Vienne ***Carte Rhône-Alpes Nord A1***

€€ **12,50 €** **6 emplacements**

Camping de la ferme de Bellevue : *hameau du Bin, 513, chemin de Bellevue. ☎ 04-74-58-33-72. • camping.roy@gmail.com • Ouv de mi-avr à mi-oct. CB refusées.*
Perdue en plein milieu des champs, dans un beau cadre bucolique, une aire de camping bien délimitée par des haies, où poules et lapins gambadent. Peu d'emplacements : penser à réserver l'été. La visite des activités de la ferme est gentiment proposée. Accueil personnalisé. Base de loisirs et quelque 130 étangs en forêt de Bonnevaux (à proximité) où randonner à loisir. Wifi.

Cadre : campagne. ***Terrain :*** herbe ; plat.	⊕ Le cadre et l'intimité des lieux. ⊖ Les sanitaires sommaires.

À voir, à faire dans les environs : Saint-Antoine-l'Abbaye et son abbaye ; le château et le musée de Bressieux ; le musée du couvent des carmes – musée des Dauphins et de la Flore à Beauvoir-en-Royans ; La Côte-Saint-André et son musée Berlioz ; le lac de Paladru.

CHAUDES-AIGUES 15110

28 km S de Saint-Flour — *Carte Auvergne A2*

€€ 12,50 € — **90 emplacements**

Camping Le Couffour : *Le Couffour. ☎ 04-71-23-57-08. 06-75-27-69-27. • campingcouffour@gmail.com • camping-chaudesaigues.fr • Ouv de mi-avr à mi-oct. CB refusées.*
Camping familial d'un bon confort. L'accueil y est convivial. Très beau cadre du côté de l'aire de jeux, avec un vaste panorama sur la vallée et Chaudes-Aigues. D'agréables emplacements près du château du Couffour. Un sentier mène à Chaudes-Aigues en 15 mn, où se trouvent piscine et espace thermoludique. Diverses activités à proximité proposées par des prestataires. Internet. Wifi.

Cadre : campagne, forêt, lacs ou rivières, montagne, sentiers de randonnée.
Terrain : herbe ; plat.
Réducs : tarif avantageux pour les camping-cars ; - 10 % pour les curistes.

⊕ Le panorama, le calme, l'environnement nature ; le lac de Sarrans à 5 km (sports nautiques).
⊖ Peu ombragé et pas de piscine.

À voir, à faire dans les environs : Géothermia ; le château de Montvallat.

CHORANCHE 38680

68 km SO de Grenoble ; 54 km NE de Valence — *Carte Rhône-Alpes Sud B1*

€€€€ 25,80 € — **52 emplacements**

Camping du Gouffre de la Croix : *1050, route du Pont-de-Vezor, à Chatelus. ☎ 04-76-36-07-13. • contact@camping-vercors.com • camping-vercors-choranche.fr • Ouv de mai à mi-sept.*
Camping familial, à l'écart du village et au fond des gorges. Emplacements en bordure de rivière ou un peu en surplomb, en terrasses ombragées. Baignade dans la rivière. Simple et sympa. Location de mobile homes pour 4 à 5 personnes et de tentes lodges *(200-450 €/sem).* Internet. Wifi.

Cadre : lacs ou rivières, montagne.
Terrain : en pente ; en terrasses ; herbe ; plat.

⊕ Le cadre ; la fraîcheur en été ; la baignade et la pêche dans la rivière.
⊖ Pas de miniclub.

À voir, à faire dans les environs : le Vercors avec la réserve naturelle des Hauts-Plateaux ; la route de Combe-Laval ; le mémorial de la Résistance au col de la Chau ; le belvédère de Révoulat (randonnée assez costaude).

CHOUVIGNY 03450

20 km O de Gannat ; 44 km O de Vichy — *Carte Auvergne A1*

€€ 12 € — **33 emplacements**

Camping Le Bel : *Le Soult. ☎ 04-70-90-91-65. 07-86-27-00-75. • gilles.longet@orange.fr • chouvigny.planet-allier.com • Ouv mai-sept.*
Tout petit et tout simple, ce camping d'une vraie tranquillité et très nature est joliment posé au cœur de la vallée de la Sioule, juste au bord de la rivière, à l'ombre de grands arbres. Internet. Wifi.

Cadre : campagne, lacs ou rivières, sentiers de randonnée.
Terrain : herbe ; plat.

⊕ Le site.
⊖ L'équipement minimal (une seule douche hommes...)

À voir, à faire dans les environs : le village de Charroux ; la vallée et les gorges de la Sioule.

AUVERGNE-RHÔNE-ALPES

COMPS 26220

37 km E de Montélimar ; 37 km N de Nyons — *Carte Rhône-Alpes Sud B2*

€€€€ 58 € — 50 emplacements

Camping La Source du Jabron : *quartier La Patte. ☎ 04-75-90-61-30. • contact@campinglasource.com • campinglasource.com • Ouv de mi-avr à fin sept.*
Un camping aux prix raisonnables vu la qualité du service et la sympathie de l'accueil. Les emplacements sont ombragés dans l'ensemble. Demandez un emplacement sur les terrasses. Bel espace piscine d'un bleu outremer qui contraste avec le jaune des genêts en fleur. Restauration sur place (avec terrasse panoramique), jeux de société, machines à laver, club et jeux pour enfants, terrains de sport, location de VTT, épicerie avec produits locaux. Tentes lodges, chalets, mobile homes, « mobile wood » *(294-1 260 €/sem).* Internet. Wifi.

Cadre : campagne, montagne, sentiers de randonnée. ***Terrain :*** herbe.	⊕ L'accueil. ⊖ Les emplacements sans séparation.

À voir, à faire dans les environs : Dieulefit (4 km) ; Grignan et son château ; les caves du Tricastin ; le col de Valouse.

CONDAT-EN-FÉNIERS 15190

54 km NE de Mauriac — *Carte Auvergne A2*

€€€ 18 € — 80 emplacements

Camping La Borie Basse : *route de Riom-ès-Montagnes. ☎ 04-71-40-76-87. 📱 06-37-81-63-37. • campingcondat@gmail.com • campingboriebasse.com • Ouv de mi-avr à fin sept.*
Camping au bord de la rivière et attenant au centre équestre et au tennis ; piscine municipale toute proche. Location de cabanes *(135-275 € pour 1-4 pers),* de mobile homes *(220-550 € pour 2-4 pers).* Bon confort ; soirées à thèmes en saison. Pain frais. Ambiance conviviale. Internet. Wifi.

Cadre : campagne, forêt, lacs ou rivières, montagne, sentiers de randonnée. ***Terrain :*** herbe ; plat.	⊕ La piscine et l'équitation à 300 m. ⊖ Les sanitaires non chauffés.

À voir, à faire dans les environs : les ruines de l'abbaye de Féniers.

CORDELLE 42123

16 km S de Roanne — *Carte Rhône-Alpes Nord A1*

€€€ 24 € — 63 emplacements

Camping de Mars : *56, route du Château-de-la-Roche, presqu'île de Mars (D 56). ☎ 04-77-64-94-42. • campingdemars@gmail.com • camping-de-mars.com • Ouv d'avr à mi-oct.*
Ce camping-là n'est pas sur la planète Mars mais sur une presqu'île boisée, en surplomb du lac de Villerest. Chouette vue, donc, depuis certains emplacements. Bon équipement, bon accueil des propriétaires qui fourmillent d'idées pour rendre leur camping plus agréable encore : restaurant, piscine chauffée avec bassin pour les enfants, trampoline, etc. Location de bungalows toilés, mobile homes et chalets *(199-798 €/sem).* Sanitaires chauffés hors saison. Sentiers de rando et base nautique à proximité. Internet. Wifi.

Cadre : campagne, lacs ou rivières, sentiers de randonnée. ***Terrain :*** en terrasses ; herbe ; plat. ***Réducs :*** - 20 % en basse saison, - 10 % en moyenne et haute saisons, ainsi qu'un apéritif offert sur présentation de ce guide.	⊕ Le panorama et les équipements ; la base de loisirs nautiques spécialisée canoë et aviron à 200 m. ⊖ L'isolement.

À voir, à faire dans les environs : le château de la Roche ; le port de Bully ; le prieuré de Pommiers ; la bastie d'Urfé ; l'abbaye bénédictine de Charlieu.

CORPS 38970

40 km NO de Gap — *Carte Rhône-Alpes Sud B1*

€€ 13 € — **14 emplacements**

Camping municipal des Aires : *route du Lac. ☎ 04-76-30-03-85. • tourisme@villedecorps.fr • villedecorps.fr • Ouv juin-sept. CB refusées.*
Tout petit, ombragé, basique, à l'écart du centre et de la nationale (mais pas de la route menant au lac).

Cadre : lacs ou rivières, montagne, sentiers de randonnée. ***Terrain :*** plat.	⊕ La proximité du village et des commodités. Pas de locatifs qui défigurent lieu. ⊖ Le peu d'équipements et la route qui passe juste à côté.

€€€ 21 € — **40 emplacements**

Camping du Lac : *route du lac du Sautet. ☎ 04-76-30-00-97. 📱 07-89-28-03-16. • patricia_fernandez@hotmail.fr • campingdusautet.fr • Ouv mai-sept.*
Hormis en plein été où le site est bien rempli, ce petit camping a tout pour séduire avec ses emplacements tente en grande partie sous les arbres, au bord du lac. Les chalets sont plutôt joliment disposés sur le versant, en terrasses. Bassin pour enfants et accès direct au lac. Base nautique à proximité (location de bateaux électriques, canoës et plage surveillée en juillet-août). NOUVEAUTÉ.

Cadre : lac et plage. ***Terrain :*** herbe ; plat.	⊕ La douceur de vivre au bord de l'eau. ⊖ Le monde en été.

À voir, à faire dans les environs : le Trièves et le Centre écologique Terre vivante à Mens ; le mont Aiguille ; le parc national des Écrins.

CREST 26400

42 km NE de Montélimar ; 34 km SE de Valence — *Carte Rhône-Alpes Sud B1*

€€€€ 28,10 € — **180 emplacements**

Camping-club Les Clorinthes : *quai Soubeyran. ☎ 04-75-25-05-28. • contact@lesclorinthes.com • lesclorinthes.com • Ouv de mai à mi-sept.*
Grand camping agréablement aménagé, dans un beau parc, au calme, avec des emplacements ombragés et bien équipés. Location de mobile homes, de bungalows toilés et de chalets. Activités sportives et animations. Location de vélos et de canoës. Internet. Wifi.

Cadre : campagne, forêt, lacs ou rivières, sentiers de randonnée. ***Terrain :*** herbe ; plat. ***Réducs :*** - 10 % sur les emplacements en basse saison sur présentation de ce guide.	⊕ Une jolie situation. ⊖ Trop agréable pour susciter des « moins ».

À voir, à faire dans les environs : la tour de Crest ; Saillans et les Trois-Becs ; la forêt de Saoû ; le Vercors.

CUBLIZE 69550

35 km E de Roanne *Carte Rhône-Alpes Nord A1*

€€€ 22,60 € **182 emplacements**

Camping Campéole du lac des Sapins : *pays d'Amplepuis-Thizy. ☎ 04-74-89-52-83. • lacdessapins@campeole.com • campeole.com • Ouv avr-fin sept.*
Au cœur du Beaujolais vert, un gros camping de 5 ha fort bien équipé, à 200 m du beau lac et de sa plage. Tout autour, de multiples activités sont proposées, à commencer par la baignade dans la plus grande « piscine biologique » d'Europe, soit un espace du lac délimité et filtré naturellement, mais aussi embarcations à pédales, Optimist, planche à voile, canoë, *sand-ball,* minigolf, accrobranche, paintball, location de vélos électriques et de Segway... Bref, de quoi occuper largement petits et grands ! Des bungalows toilés, mobile homes et des chalets jusqu'à 8 personnes, dont 4 équipés pour les personnes à mobilité réduite *(392-1 183 €/sem ; loc à la nuit possible à partir de 2 nuits).* Wifi.

Cadre : forêt, lacs ou rivières, sentiers de randonnée.
Terrain : herbe ; plat.

⊕ La plus grande « piscine biologique » d'Europe et les très nombreuses activités autour du lac.
⊖ La foule en saison autour des infrastructures.

À voir, à faire dans les environs : le lac des Sapins ; les villages de Saint-Nizier-d'Azergues et Chambost-Allières.

DARBRES 07170

20 km NE d'Aubenas ; 21 km SO de Privas *Carte Rhône-Alpes Sud A2*

€€€€ 27 € **73 emplacements**

Camping Les Lavandes : *340, route de la Violle. ☎ 04-75-94-20-65. • campingles lavandes@wanadoo.fr • les-lavandes-darbres.com • Ouv début avr-fin oct.*
À l'orée d'un village typique, posé au pied du plateau du Coiron, un très joli camping, tranquille, familial et ombragé, aménagé en terrasses. Grande piscine. Location de chalets *(270-680 €/sem).* Wifi.

Cadre : campagne, lacs ou rivières, sentiers de randonnée.
Terrain : en terrasses ; herbe.
Réducs : une bière locale offerte sur présentation de ce guide.

⊕ Le charme ; l'accueil.
⊖ Un peu trop tranquille pour les grands ados non sportifs.

À voir, à faire dans les environs : le village de Saint-Laurent-sous-Coiron ; le site de Sceautres ; Mirabel et le domaine Olivier de Serres ; le vélorail du Sud-Ardèche à Saint-Jean-le-Centenier ; les balmes de Montbrun.

DARDILLY 69570

12 km NO de Lyon ; 25 km S de Villefranche-sur-Saône *Carte Rhône-Alpes Nord A1*

€€€ 24,20 € **183 emplacements**

Camping Indigo International Lyon : *porte de Lyon. ☎ 04-78-35-64-55. 📱 06-29-87-98-28. • info@camping-lyon.com • camping-lyon.com • Ouv tte l'année.*
Situé aux portes de Lyon, ce camping du groupe *Huttopia (Cytikamp)* dispose de nombreux équipements et services, dont un espace bar et snack avec une belle terrasse surplombant le camping, plus une salle de loisirs. A également mis en place le tri sélectif. Nombreux emplacements ombragés au bord de l'A 6. À proximité : des grandes surfaces,

restos, tennis, une station-service, un garagiste et toutes les commodités. Cela dit, l'environnement très urbain conviendra mieux aux routards de passage qu'aux amateurs de longs séjours reposants ! Location de mobile homes, tentes toile et bois, roulottes et chalets pour 2 à 6 personnes *(51-129 €/nuit).* Internet. Wifi.

Cadre : ville. ***Terrain :*** herbe ; plat ; rocaille. ***Réducs :*** un café offert sur présentation de ce guide.	⊕ La proximité avec Lyon ; les équipements. ⊖ L'environnement très urbain.

À voir, à faire dans les environs : Lyon, sa vieille ville, le musée des Tissus, les Subsistances, le musée urbain Tony-Garnier, le jardin botanique et les serres du parc de la Tête-d'Or, la Croix-Rousse.

DEVESSET 07320

Carte Rhône-Alpes Sud A1

61 km O de Tournon-sur-Rhône ; 59 km E du Puy-en-Velay

€€€ 21 € — 150 emplacements

Camping du Lac de Devesset : *lac de Devesset. ☎ 04-75-30-00-37. 📱 06-87-19-37-34. • lac.de.devesset@gmail.com • lac-de-devesset.fr • Ouv de mi-avr à fin oct.*
Au bord du lac de Devesset, bordé de pins et de sapins, un agréable camping bien équipé et ombragé. Équipement, accueil et entretien sérieux. Nombreuses activités autour du lac, base de loisirs (école de voile). Location de mobile homes et de chalets *(318-570 €/sem).* Internet. Wifi.

Cadre : forêt, lacs ou rivières, montagne, sentiers de randonnée. ***Terrain :*** herbe ; plat ; en pente.	⊕ Le bon rapport qualité-prix. ⊖ Réseau mobile limité.

À voir, à faire dans les environs : le bourg de Saint-Agrève et son marché du lundi matin ; le mont Chinac ; le train touristique Velay-Express ; la balade à vélo au long de la DolceVia.

DIE 26150

65 km SE de Valence ; 93 km NO de Gap — *Carte Rhône-Alpes Sud B1*

€€€ 24 € — 163 emplacements

Camping La Pinède : *135, impasse du Pont-Neuf. ☎ 04-75-22-17-77. • info@camping-pinede.com • camping-pinede.com • Ouv de mi-mai à mi-sept (début nov pour les chalets).*
Joliment situé, dans une agréable pinède, sur les berges de la Drôme, un grand camping aux beaux emplacements *(les plus confortables grimpent jusqu'à 40 € en été).* Très organisé, il propose de nombreuses prestations et animations, ainsi qu'un accès direct à la rivière et une piscine. Bon accueil. Location de chalets et bungalows *(263-980 €/sem).* Internet. Wifi.

Cadre : campagne, forêt, lacs ou rivières, montagne, sentiers de randonnée. ***Terrain :*** en terrasses ; plat. ***Réducs :*** une ½ journée de location de VTT offerte sur présentation de ce guide.	⊕ Le confort ; le calme ; le bord de rivière ; le panorama. ⊖ Un peu surchargé en été.

€€€ 18 € — 25 emplacements

Domaine du Mûrier : *1050, chemin de Chandillon. ☎ 04-75-21-30-16. 📱 06-32-75-57-31. • info@domainedumurier.com • domainedumurier.com • Ouv de mi-avr à fin sept.*

Juste derrière les caves de Jaillance, une savonnerie, etc., quelle belle surprise que cette aire naturelle de camping installée sur les terres d'une ancienne ferme du XVIe s. On a soudain le sentiment d'être en pleine nature ! Au bord de la Drôme, le vaste terrain herbu, parsemé de beaux îlots d'herbes un peu folles, est bien aménagé et soigneusement entretenu. Quant aux emplacements, ils sont vastes (les plus onéreux sont vraiment très grands et entourés de hautes haies). Également un bungalow toilé, ainsi que 3 gîtes *(390-650 €/sem).* En saison, petite restauration sur résa et, 2 fois par semaine, la table d'hôtes en extérieur (vive les grandes tablées !). Et pour parfaire le tout, un excellent accueil. Internet. Wifi.

Cadre : lacs ou rivières, montagne, sentiers de randonnée. ***Terrain :*** herbe ; plat. ***Réducs :*** - 5 % sur les tarifs camping et gîtes sur présentation de ce guide.	⊕ La taille des emplacements très nature ; le centre-ville accessible à pied en 15 mn par un petit chemin. ⊖ Cherchons, cherchons...

À voir, à faire dans les environs : la ville de Die ; la montagne du Glandasse ; les caves du Diois.

DIEULEFIT 26220

28 km E de Montélimar ; 32 km NO de Nyons — **Carte Rhône-Alpes Sud B2**

€€€€ **71 € (avec électricité)** **700 emplacements**

Camping Huttopia Dieulefit : *quartier d'Espeluche. ☎ 04-75-54-63-94. • dieulefit@huttopia.com • huttopia.com • Ouv avr-oct.*
Superbe camping 3-étoiles sur un site naturel de toute beauté, qui n'est pas abîmé par la vue des voitures, dont le stationnement n'est pas autorisé partout. Campement sur de grands emplacements arborés bien ombragés, ou en pleine forêt, tous équipés d'une table de pique-nique en bois et répartis sur le site ; les salles d'eau sont installées à proximité. Salles de bains familiales. On peut aussi louer une des cabanes ou cahutes en bois non traité, entièrement équipées, ainsi que des « bonaventures » et des canadiennes *(413-1 750 €/sem).* Espacement inégal entre les différentes structures d'hébergement. Grand bâtiment en bois avec terrasse, épicerie et bar-restaurant, où l'on peut emprunter des jeux de société. Nombreuses activités ludiques ou sportives, piscine. Soirées animées. Location de vélos. Baignade possible dans le lac. Internet.

Cadre : lacs ou rivières, sentiers de randonnée. ***Terrain :*** en terrasses ; herbe ; plat.	⊕ Le site magnifique. ⊖ Sans reproche.

À voir, à faire dans les environs : Dieulefit ; Grignan et son château ; les caves du Tricastin ; le village du Poët-Laval.

DOMPIERRE-SUR-BESBRE 03290

86 km SE de Nevers ; 82 km NO de Roanne — **Carte Auvergne B1**

€€ **10,30 €** **67 emplacements**

Camping municipal Les Bords de Besbre : *parc des Sports, La Madeleine. ☎ 04-70-34-55-57. • camping@mairie-dsb.fr • mairie-dsb.fr • Ouv 15 mai-15 sept. CB refusées.*
Camping standard qui a l'avantage d'être au bord de la Besbre, dans un site ombragé et calme (quand il n'y a pas de compétition sportive à côté). Piscine couverte et étang à 300 m où pêcher. Commerces à 700 m. Internet. Wifi.

Cadre : campagne. ***Terrain :*** herbe ; plat.	⊕ La proximité de la rivière. ⊖ La position au milieu du complexe sportif de la ville.

À voir, à faire dans les environs : le parc d'attractions et animalier du Pal ; les châteaux de Toury et de Beauvoir ; les rencontres Cinéma-Nature.

DOUSSARD 74210

19 km SE d'Annecy ; 26 km NO d'Albertville — *Carte Rhône-Alpes Nord B1*

€€€€ 32,40 € — **459 emplacements**

Camping La Nublière : *30, allée de la Nublière, Le Bout-du-Lac. ☎ 04-50-44-33-44. • nubliere@campeole.com • campeole.com • Ouv fin avr-fin sept.*
Un des plus grands campings du coin, avec près de 500 emplacements, mais juste au bord du lac, avec accès direct à la plage. Bien ombragé. Location de nombreux bungalows, chalets et mobile homes *(343-840 €/sem).* Wifi.

Cadre : lacs ou rivières, montagne. ***Terrain :*** herbe ; plat. ***Réducs :*** en location, - 10 % pour un séjour de plus de 10 jours, - 15 % pour plus de 15 jours.	⊕ Les locations. ⊖ L'affluence en été (sur la plage notamment) ; les locations proches les unes des autres.

€€€€ 48,50 € — **20 emplacements**

Camping Le Lac Bleu : *route de la Plage. ☎ 04-50-44-30-18. • contact@camping-lac-bleu.com • camping-lac-bleu.com • Ouv de mi-avr à fin sept.*
Un autre camping situé en retrait de la nationale avec emplacements ombragés, plage et pontons privés. Beaucoup d'activités pour les enfants (et les plus grands).

Cadre : lac, montagnes. ***Terrain :*** plat ; herbe.	⊕ Les services : location de vélos, planchas à gaz. ⊖ Pas trouvé.

À voir, à faire dans les environs : Annecy et son lac ; les Jardins secrets à Vaulx ; le château de Clermont ; le musée de la Cloche et l'écomusée du Costume savoyard et des Travaux d'aiguille à Sévrier.

ÉCLASSAN 07370

20 km SE d'Annonay ; 6,5 km O de Sarras — *Carte Rhône-Alpes Sud A1*

€€€€ 30 € — **63 emplacements**

Camping de l'Oasis : *Le Petit-Chaléat. ☎ 04-75-34-56-23. • info@oasisardeche.com • oasisardeche.com • Ouv fin avr-début sept.*
Un des plus séduisants campings de l'Ardèche, bien caché en pleine campagne. On le découvre tout à coup dans les plis d'une douce colline. Bien étagé, au sein d'une nature splendide. Beaucoup de charme et emplacements bien séparés. Accueil charmant. Pratiques écolos (bois majoritaire dans les constructions, gestion de l'eau et des déchets, etc.). Tous les services possibles. En juillet-août, ateliers intéressants pour les enfants, balades à dos d'âne, soirées musicales... Piscine chauffée et pataugeoires, aires sportives et la joyeuse petite rivière Ay qui coule en bas (propre et peu profonde). Location de chalets et mobile homes *(232-714 €/sem selon saison et confort).* C'est clair, on n'a plus envie de décaniller ! Internet. Wifi.

Cadre : campagne, lacs ou rivières, sentiers de randonnée. ***Terrain :*** en terrasses ; herbe ; plat.	⊕ La qualité d'accueil et des prestations ; l'accès direct à la rivière ; la beauté du site ; le calme ; la nature. ⊖ Non adapté aux très grosses caravanes et aux gros camping-cars.

À voir, à faire dans les environs : Tournon-sur-Rhône et son château-musée ; Annonay, sa vieille ville et le souvenir des frères Montgolfier ; le Safari de Peaugres ; le musée de l'Alambic à Saint-Désirat.

EXCENEVEX 74140

15 km O de Thonon-les-Bains — *Carte Rhône-Alpes Nord B1*

€€€€ 35 € — **591 emplacements**

Camping Campéole La Pinède : *10, av. de la Plage, Les Crêtes. ☎ 04-50-72-85-05. • pinede@campeole.com • campeole.com/fr/la-pinede • Ouv fin avr-fin sept.*
Une plage de sable et des dunes au bord d'un lac de montagne : ça existe ici, et l'accès est direct. Et pour parfaire l'impression d'être dans les Landes, de solides pins ombrageant les (nombreux) emplacements de ce camping tout confort. Location de mobile homes et de bungalows toilés *(287-1 113 €/sem selon type d'hébergement et saison).* Piscines couverte et découverte, coin balnéo. Wifi.

Cadre : campagne, lacs ou rivières. ***Terrain :*** herbe ; plat.	⊕ Le site ; l'accès direct à la plage. ⊖ La taille de la piscine ; pas de bar-snack.

À voir, à faire dans les environs : les vieux villages d'Yvoire et de Nernier ; le port de Thonon-les-Bains.

FERRIÈRES-SUR-SICHON 03250

26 km SE de Vichy — *Carte Auvergne B1*

€ 6,50 € — **32 emplacements**

Camping municipal Le Galizan : *lieu-dit Le Galizan. ☎ 04-70-41-10-10 (mairie). • Mairie.Ferrieres@wanadoo.fr • ferrieres-sur-sichon.fr • Ouv mai-fin sept. CB refusées.*
Camping au cadre calme, le long du Sichon et près d'un joli moulin, du stade de la ville et de ses tennis. Pêche et baignade dans l'étang tout proche.

Cadre : campagne, montagne, sentiers de randonnée. ***Terrain :*** herbe ; plat.	⊕ L'emplacement. ⊖ L'équipement minimal.

À voir, à faire dans les environs : Glozel et son « mystère » ; la grotte aux Fées ; le château de Montgilbert.

FLEURIE 69820

25 km SO de Mâcon ; 10 km S de Juliénas — *Carte Rhône-Alpes Nord A1*

€€€ 23 € — **89 emplacements**

Vivacamp La Grappe Fleurie : *161, rue de la Grappe-Fleurie. ☎ 04-74-69-80-07. • info@beaujolais-camping.com • beaujolais-camping.com • Ouv avr-début oct.*
Un bien joli camping, très fleuri comme son nom l'indique, au cœur des vignobles. D'ailleurs ici, on joue sur la thématique viticole : un pressoir et des tonneaux vous accueillent à l'entrée, et les viticulteurs locaux viennent régulièrement faire déguster leurs crus. Originalité des lieux, on peut même dormir dans 2 « tonneaux », soit des hébergements en forme de foudres à vin *(à partir de 69 €/nuit),* positionnés face aux vignes. Des excursions et balades dans les vignes sont également au programme des animations de ce camping. Piscine couverte et chauffée, ouverte toute la saison. Sauna en forme de tonneau. Location de mobile homes de 2 ou 3 chambres avec bardage de bois s'intégrant bien dans le paysage *(199-840 €/sem).* Internet. Wifi.

Cadre : campagne, sentiers de randonnée. ***Terrain :*** en terrasses ; herbe. ***Réducs :*** une dégustation chez un vigneron offerte sur présentation de ce guide.	⊕ Calme et naturel ; à quelques minutes à pied du centre du village ; le parc zoologique à proximité ; un sanitaire chauffé ; le wifi dans tout le camping. ⊖ La connexion internet moyenne dans le fond du camping.

À voir, à faire dans les environs : les vignobles du Beaujolais ; le hameau Dubœuf (musée du Vin) ; le Touroparc Zoo.

FRIDEFONT 15110

28 km S de Saint-Flour — *Carte Auvergne A2*

€ **8,50 €** — **15 emplacements**

Ferme des Deux Vallées : *chez Josette et Gilbert Chassany, le bourg, 4, rue des Forgerons. ☎ 04-71-23-56-10. 06-07-88-19-04. • chassany@terre-net.fr • deuxvallees.com • Ouv de juil à mi-sept. CB refusées.*
Immense pré de 3 ha, avec sanitaires communs au gîte d'étape d'une grande ferme en pierre apparente. À 930 m d'altitude, vue magnifique sur le plomb du Cantal et les monts d'Aubrac. Josette et Gilbert, agriculteurs retraités très accueillants, proposent aux campeurs de partager la table d'hôtes *(env 15-18 €, sur résa)* : spécialité de *pounti* (le meilleur du Cantal, à ce qu'on dit !). Internet.

Cadre : campagne, lacs ou rivières, montagne, sentiers de randonnée. ***Terrain :*** herbe.	⊕ Le panorama et la gastronomie. ⊖ Peu ombragé.

À voir, à faire dans les environs : Géothermia ; le château de Montvallat.

GANNAT 03800

20 km E de Vichy ; 50 km N de Clermont-Ferrand — *Carte Auvergne A1*

€€ **12,40 €** — **73 emplacements**

Camping Le Mont Libre : *10, route de la Bâtisse. ☎ 04-70-90-12-16. 06-73-86-04-95. • camping@ville-gannat.fr • camping-gannat.fr • Ouv avr-oct.*
Sympathique camping, bien ombragé, bien équipé et grand juste ce qu'il faut pour ne pas se marcher sur les pieds entre campeurs. Location de chalets *(252-450 €/sem).* Wifi.

Cadre : campagne. ***Terrain :*** en terrasses ; herbe ; plat.	⊕ Le site. ⊖ L'éloignement de la ville.

À voir, à faire dans les environs : le musée municipal Yves-Machelon ; Rhinopolis ; le très beau village de Charroux (14 km).

GANNAY-SUR-LOIRE 03230

40 km NE de Moulins — *Carte Auvergne B1*

€€€ **20 €** — **25 emplacements**

Domaine du Bourg : *chez Trudi et Peter De Lange, 4, chemin des Terriens. ☎ 04-70-43-49-01. • info@domainedubourg.com • domainedubourg.com • Ouv 15 avr-15 oct.*
Aire naturelle de camping dans le jardin d'une vieille maison du XVIIIe s, retapée par un charmant couple de Hollandais qui a eu le coup de foudre pour la France. Location de gîtes, *B & B*, lodges safari *(410-550 €/sem).* La Loire n'est qu'à 1 km et les commerces à 150 m. Nombreuses activités sportives (kayak, volley, pétanque, trampoline, accro parc...). Location de vélos sur place et équitation à environ 10 km. Internet. Wifi.

Cadre : campagne, lacs ou rivières. ***Terrain :*** herbe.	⊕ Le dîner possible ; le terrain aménagé pour les feux ! ⊖ Le confort simple.

À voir, à faire dans les environs : le Pal, un parc d'attractions et animalier pas comme les autres.

GRESSE-EN-VERCORS 38650

48 km SO de Grenoble ; 99 km NO de Gap — *Carte Rhône-Alpes Sud B1*

€€€ 20,20 € — **90 emplacements**

Camping-caravaneige Les Quatre Saisons : *222, chemin de La Rivoire. ☎ 04-76-34-30-27. • camping-les4saisons@orange.fr • camping-les4saisons.com • Ouv de mai à mi-oct et 22 déc-mars.*
Au bord du village, ce camping familial bien équipé offre un panorama à ne pas en croire ses yeux quand on dézippe son Igloo le matin ! Ensemble agréable, très nature, avec emplacements de bonne taille, légèrement en terrasses pour une partie d'entre eux. Beaucoup de monde toutefois en été. Côté locatifs, minichalet pour 2 personnes *(35 €/nuit)*, mobile homes et chalets 2-6 personnes *(428-744 €/sem)*. Internet. Wifi.

Cadre : montagne, sentiers de randonnée. ***Terrain :*** en terrasses ; herbe ; plat.	⊕ Le panorama et le calme. ⊖ Pas d'animations.

À voir, à faire dans les environs : le Centre écologique Terre vivante à Mens ; le mont Aiguille ; le parc naturel des Écrins ; le Vercors.

HAUTERIVES 26390

27 km N de Romans-sur-Isère ; 49 km E d'Annonay — *Carte Rhône-Alpes Sud A1*

€€€ 27 € — **154 emplacements**

Camping Le Château : *5, route de Romans. ☎ 04-75-68-80-19. • contact@camping-hauterives.com • camping-hauterives.com • Ouv début avr-fin sept.*
Juste à côté d'un château du XVIIe s dont le parc abrite un cèdre du Liban tricentenaire de 35 m de haut et 8 m de circonférence. Un assez grand camping, plutôt agréable, offrant de vastes pelouses bordées de haies et plantées d'arbres. Quant aux hébergements locatifs, ils sont bien à part, chacun avec son bout de pelouse. Cela va du bivouac perché et du bungalow toilé au chalet grand confort en passant par le mobile home et la cabane lodge *(203-924 €/sem, possibilité de location à la nuitée hors saison).* Juste derrière le camping, la piscine chauffée, accessible gratuitement aux campeurs, gérée par la commune, surveillée, ouverte de juin à septembre. En été, animations enfants. Internet. Wifi.

Cadre : campagne. ***Terrain :*** herbe ; plat.	⊕ Pratique, le supermarché à 2 mn à pied. ⊖ R.A.S.

À voir, à faire dans les environs : le Palais idéal du facteur Cheval ; le musée de la Chaussure à Romans-sur-Isère ; le parc Oasis Aventura.

ISLE-ET-BARDAIS 03360

8,5 km N de Cérilly — *Carte Auvergne A1*

€€ 11,90€ — **70 emplacements**

Tronçais Tourisme Center Les Écossais : *Les Écossais. ☎ 04-70-66-62-57 et 04-70-67-50-96. • ecossais@campingstroncais.com • campingstroncais.com • Ouv 1er avr-30 oct (tte l'année pour les gîtes).*

Camping bien tenu, ombragé et tout équipé, avec son plan d'eau pour la pêche ou la baignade (surveillée en été). Visite guidée en forêt par l'ONF. Loue aussi des mobile homes, des chalets et un gîte *(150-460 €/sem)*. Internet. Wifi.

Cadre : forêt, lacs ou rivières. ***Terrain :*** herbe.	⊕ Au bord d'un superbe étang. ⊖ Pas de commerces à proximité immédiate.

À voir, à faire dans les environs : la forêt de Tronçais ; la Maison de la dentelle à Urçay ; le musée de la Porcelaine à Couleuvre ; Ainay-le-Château.

ISSOIRE 63500

37 km SE de Clermont-Ferrand — **Carte Auvergne A2**

€€€ **17,90 €** — **133 emplacements**

Camping municipal du Mas : *av. du Docteur-Bienfait. ☎ 04-73-89-03-59. 06-80-97-19-42. • camping-mas@wanadoo.fr • camping-issoire.com • Ouv avr-début nov.*
Près d'un plan d'eau et à proximité de l'Allier, un camping convenable de 5 ha arborés. Également des mobile homes, tentes meublées et chalets, dont un accessible aux personnes handicapées *(300-588 €/sem)*. Animations en été, pêche sur le plan d'eau. Tennis municipal, location de canoës et de VTT, et grandes surfaces à proximité. Le centre-ville d'Issoire n'est qu'à 2 km. Internet.

Cadre : campagne. ***Terrain :*** herbe ; plat.	⊕ L'accès direct à la rivière et à l'étang, et un lac à 50 m où l'on peut pêcher. ⊖ Pas de piscine.

À voir, à faire dans les environs : l'abbatiale Saint-Austremoine, la tour de l'Horloge.

JOYEUSE 07260

15 km O de Ruoms ; 24 km SO d'Aubenas — **Carte Rhône-Alpes Sud A2**

€€€ **26 €** — **75 emplacements**

Camping Le Sous Perret : *1480, chemin de Garel, lieu-dit Sous-Perret. ☎ 04-75-39-50-54. 06-75-03-92-19. • jacques.silhol@wanadoo.fr • campinglesousperret.com • Ouv d'avr à mi-oct.*
Un joli 3-étoiles au bord de la Beaume et au calme. Emplacements bien ombragés, atmosphère familiale. Location de mobile homes pour 4 à 5 personnes *(290-700 €/sem)*. Le village est à 10 mn de marche. Internet. Wifi.

Cadre : campagne. ***Terrain :*** herbe ; plat.	⊕ Le calme. ⊖ Aucun remarqué.

À voir, à faire dans les environs : Castanéa-Espace découverte de la châtaigne d'Ardèche à Joyeuse ; le village et les jardins suspendus de Labeaume ; le château de Montréal.

JURÉ 42430

35 km SO de Roanne ; 40 km NO de Feurs — **Carte Rhône-Alpes Nord A1**

€ **5 €** — **16 emplacements**

Camping municipal du Lavoir : *le bourg. ☎ 04-77-62-55-13 (mairie) ou 04-77-62-55-24. 06-09-39-59-23. • mairie.jure@wanadoo.fr • Ouv 1er avr-31 oct.*
Ce tout petit camping municipal niche au bord d'une rivière, à l'arrière de l'église, dans un village croquignolet au pied du Forez. C'est sans doute l'un des moins chers du département ! Évidemment, taille modeste et peu ou pas d'infrastructures : juste 2 douches (eau chaude) et des bacs à linge. Peu d'ombre aussi, dommage. Ne manquez

pas d'aller jeter un œil et même d'aller manger à l'excellente et émouvante auberge *Le Moulin,* avec ses belles roues qui tournent encore, tenue par le frère et la sœur Demure, tous deux vraiment charmants.

Cadre : campagne, forêt, sentiers de randonnée. ***Terrain :*** herbe ; plat.	⊕ Le charme du village et de son auberge ; le prix très bas. ⊖ La modestie du terrain et des équipements (quels équipements ?).

À voir, à faire dans les environs : le moulin-auberge voisin ; le château et la bastie d'Urfé ; le château de Couzan ; la route des Balcons.

JUSSAC 15250

82 km SO de Clermont-Ferrand — *Carte Auvergne A2*

€€ **14,10 €** — **45 emplacements**

Camping du Moulin : *impasse du Moulin. ☎ 04-71-46-69-85. • tourisme@caba.fr • camping.caba.fr • Ouv 1er juil-31 août.*
Petit camping agréable et chaleureux, à taille humaine. Accès direct à la rivière (pêche possible bien sûr) et un étang à 8 km. Mobile homes à louer *(264-390 €/sem).* Wifi.

Cadre : campagne, lacs ou rivières. ***Terrain :*** herbe ; plat.	⊕ Camping calme et familial. ⊖ Pas de piscine. Peu d'animations.

À voir, à faire dans les environs : le muséum des Volcans, l'arboretum ; les châteaux de Conros et de Sedaiges.

LA CHAISE-DIEU 43160

42 km NO du Puy-en-Velay — *Carte Auvergne B2*

€€ **13,50 €** — **100 emplacements**

Camping municipal Les Prades : *RD 906. ☎ 04-71-00-07-88 ou 04-71-00-01-57 (hors saison). 📱 06-60-45-22-90. • campinglesprades@orange.fr • Ouv fin avr-fin sept. CB refusées.*
Camping de 1 ha, situé en forêt, au bord d'un lac et proche des départs de randonnées. Pêche et baignade à 300 m. Loue aussi des chalets de 2 à 5 personnes *(132-270 €/sem selon saison ; résa ☎ 04-71-00-01-16 par l'office de tourisme).* Internet. Wifi.

Cadre : campagne, forêt, lacs ou rivières, montagne, sentiers de randonnée. ***Terrain :*** herbe ; plat.	⊕ Le cadre... et le snack-bar de l'autre côté du plan d'eau. ⊖ Le confort minimal dans les chalets ; les animaux à tenir en laisse.

À voir, à faire dans les environs : l'abbaye bénédictine Casa Dei, la plus grande d'Europe en altitude (une explication qui vole haut).

LA CHAPELLE-EN-VERCORS 26420

39 km N de Die ; 28 km SO de Villard-de-Lans — *Carte Rhône-Alpes Sud B1*

€€ **14 €** — **85 emplacements**

Camping municipal Les Bruyères : *85, av. des Gentianes. 📱 06-86-44-80-78. • campinglesbruyeres@gmail.com • campingmunicipallesbruyeres.blog4ever.com • Ouv 1er mai-fin sept.*
Un camping municipal tout simple, avec ses grandes pelouses (emplacements de 100 m²) plantées d'arbres offrant une ombre plus ou moins généreuse selon l'endroit où

l'on choisit de planter sa tente. Location également de petits chalets *(160-220 €/sem)* et de mobile homes *(320-440 €/sem).* Commerces à proximité et piscine municipale à 200 m. Internet. Wifi.

Cadre : montagne. ***Terrain :*** en terrasses ; herbe ; plat ; en pente.	⊕ En ville et accessible sans voiture. ⊖ La promiscuité en été.

À voir, à faire dans les environs : la route de Combe-Laval ; le musée de la Résistance à Vassieux-en-Vercors ; le belvédère de Révoulat (randonnée assez costaude).

LA CLUSAZ 74220

30 km NO de Megève ; 32 km E d'Annecy **Carte Rhône-Alpes Nord B1**

€€€€ 33 € **80 emplacements**

Domaine Le Plan du Fernuy : *1800, route des Confins. ☎ 04-50-02-44-75. • fernuy@capfun.com • capfun.com • Ouv de mi-déc à mi-avr et de mi-juin à début sept.* Au calme, face au domaine de Balme. De beaux emplacements, dont 19 « grand confort ». Très belle piscine couverte et chauffée, un site bien tenu et pas trop grand. Location de mobile homes, chalets et d'appartements jusqu'à 10 personnes *(273-2 422 €/sem).* Épicerie, terrain de jeux pour les enfants, animations en été. Internet. Wifi.

Cadre : montagne. ***Terrain :*** en terrasses ; herbe ; plat.	⊕ Le site naturel et tranquille ; l'accès aux pistes depuis le camping ; les navettes gratuites depuis le camping. ⊖ Les prix assez élevés.

À voir, à faire dans les environs : le village de Manigod ; La Clusaz ; Le Grand-Bornand et les fabriques de reblochon.

LA FERRIÈRE-D'ALLEVARD 38580

52 km NE de Grenoble ; 49 km SE de Chambéry **Carte Rhône-Alpes Sud B1**

€€€ **19,20 €** **44 emplacements**

Camping Neige et Nature : *chemin de Montarmand. ☎ 04-76-45-19-84. • contact@neige-nature.fr • neige-nature.fr • Ouv de mi-mai à mi-sept. CB refusées.* Entourée de bois, une petite structure familiale accueillante, bien tenue, au calme et bien équipée. Emplacements délimités par des haies et des arbustes. Location de jolis chalets en bois pour 2 à 6 personnes *(350-690 €/sem).* Snack-bar et petite piscine chauffée. Internet. Wifi.

Cadre : campagne, montagne, sentiers de randonnée. ***Terrain :*** en terrasses ; herbe ; plat.	⊕ Très propre ; bien entretenu. ⊖ On cherche encore...

À voir, à faire dans les environs : le massif de Belledonne ; le musée Jadis Allevard à Allevard ; la Maison des forges et des moulins à Pinsot ; la vallée du Haut-Bréda ; le musée de la Révolution française à Vizille.

LA MOTTE-CHALANCON 26470

46 km S de Die ; 37 km NE de Nyons **Carte Rhône-Alpes Sud B2**

€€€ **20,50 €** **50 emplacements**

Camping Le Moulin : *chemin du Moulin. ☎ 04-75-27-24-06. 📱 06-89-93-68-34 ou 07-89-60-33-02. • campingmoulin@orange.fr • campinglemoulin.net • Ouv fin mai-fin sept.*

Un camping tranquille, situé dans le village, mais bien en retrait. Site agréable, verdoyant et bien ombragé, il règne sur les lieux une ambiance familiale. Bon accueil. Caravanes et mobile homes en location *(190-600 €/sem).* Sortie en rivière, atelier maquillage pour les enfants... Internet. Wifi.

Cadre : campagne. ***Terrain :*** herbe ; plat. ***Réducs :*** - 10 % sur présentation de ce guide.	⊕ Le calme ; la verdure ; l'accueil. ⊖ On cherche encore...

€€€ **19,90 €** **50 emplacements**

Camping La Ferme de Clareau : *Le Clareau, route de Die. ☎ 04-75-27-26-03. • campingfermeclareau@wanadoo.fr • fermedeclareau.com • Ouv de mi-avr à mi-oct. CB refusées.*
En pleine campagne, sur 9 ha de terrain, amoureux des séjours au calme, au plus près de la nature, dans des paysages somptueux, ce site est pour vous. Bon équipement, possibilité de petit déj à la ferme, vente de pain frais et produits fermiers. Accueil des cavaliers. Location de tentes trappeurs pour 5 personnes *(343-595 €/sem).* Petit snack, détente et convivialité. Piscine avec vue. Internet. Wifi.

Cadre : campagne, lacs ou rivières, montagne, sentiers de randonnée. ***Terrain :*** en pente ; en terrasses ; herbe.	⊕ L'espace et le cadre. ⊖ Le manque de réactivité lorsque l'on souhaite réserver.

À voir, à faire dans les environs : les gorges de Pomerol ; les Baronnies et la route du col de Soubeyrand.

LA ROCHE-SUR-BUIS 26170

26 km E de Vaison-la-Romaine **Carte Rhône-Alpes Sud B2**

€€€ **19,70 €** **25 emplacements**

Le Gîte du Lièvre : *☎ 04-75-28-11-49. • gitedulievre@wanadoo.fr • gitedulievre.com • Ouv juin-sept (loc d'avr à mi-nov). CB refusées.*
Complètement isolé dans la montagne, et quelle vue ! Plein sud, sur une aire naturelle à l'ombre d'une forêt de chênes magnifique face au Ventoux, piscine au milieu des genêts. Équipements très simples (il y a quand même des sanitaires). Barbecue à disposition. Bon petit déj avec pain de campagne et confiture d'abricot des Baronnies. Bon accueil. Les dernières centaines de mètres sont carrossables mais chaotiques. Compter 20 mn pour rejoindre La Roche par exemple. Locatifs *(390-695 €/sem).*

Cadre : campagne, forêt, montagne, sentiers de randonnée. ***Terrain :*** en terrasses ; herbe ; plat. ***Réducs :*** un verre de vin ou un jus d'abricot offert pour un séjour de 2 nuits minimum sur présentation de ce guide.	⊕ Le cadre et le calme. ⊖ Devoir repartir.

À voir, à faire dans les environs : les randonnées à cheval ; les balades vers le mont Ventoux.

LABASTIDE-DE-VIRAC 07150

45 km E des Vans ; 42 km NO de Bollène **Carte Rhône-Alpes Sud A2**

€€€ **23 €** **33 emplacements**

Camping Mille Étoiles : *mas de Serret. ☎ 04-75-38-42-77. 📱 06-10-85-04-98. • nadine@campingmilletoiles.com • campingmilletoiles.com • Ouv de mi-avr à début oct.*

Un des très rares campings à être installé en pleine réserve naturelle des gorges de l'Ardèche. Vraiment tranquille donc, mais pas en bord de rivière (compter un gros quart d'heure pour y descendre). Quelques emplacements (vastes et agréables) pour les campeurs, mais aussi et surtout des hébergements originaux : yourtes meublées ou tentes-lodges de bon confort *(270-790 €/sem).* Location de vélos. Bon petit resto. Accueil tout sourire. Wifi.

Cadre : lacs ou rivières, sentiers de randonnée, campagne. ***Terrain :*** herbe ; plat.	⊕ Le site, très nature. ⊖ Pas de piscine.

À voir, à faire dans les environs : les gorges de l'Ardèche ; le château des Roures à Labastide-de-Virac ; l'aven d'Orgnac ; l'aven de la Forestière.

LABEAUME 07120

27 km SO d'Aubenas ; 14 km O de Vallon-Pont-d'Arc ***Carte Rhône-Alpes Sud A2***

€€€ **25 €** **117 emplacements**

Camping de Peyroche : *route de Saint-Alban-Auriolles. ☎ 04-75-39-79-39. • info@camping-peyroche.com • camping-peyroche.com • Ouv de début avr à mi-sept.*
Un grand camping fonctionnel et bien équipé, dans la même famille de paysans-vignerons depuis un demi-siècle. Hyper bien situé, en outre : entre les rivières Ardèche et Beaume (à 400 m), avec de jolis coins de baignade (dans ce cas, quel besoin d'avoir une piscine ?). Location de mobile homes et de bungalows toilés pour 5 à 6 personnes *(196-903 €/sem).* Internet. Wifi.

Cadre : lacs ou rivières. ***Terrain :*** herbe ; plat.	⊕ Les équipements ; les grands emplacements. ⊖ Le coassement des grenouilles la nuit ! L'aérodrome à proximité.

À voir, à faire dans les environs : le village et ses jardins suspendus ; Balazuc ; Ruoms ; les gorges du Chassezac et le bois de Païolive ; les gorges de l'Ardèche.

LAC D'ISSARLÈS (LE) 07470

88 km NO de Montélimar ; 10 km NE de Coucouron ***Carte Rhône-Alpes Sud A1***

€€ **12,50 €** **30 emplacements**

Camping La Plaine de la Loire : *Moulin du lac. 📱 06-24-49-22-79. • campinglaplainedelaloire@gmx.fr • campinglaplainedelaloire.fr • Ouv mai-début oct. CB refusées.*
Posé – comme son nom l'indique – au bord de la Loire, dans un écrin de verdure, un adorable camping, familial et tout simple. On pose sa tente sur un grand terrain plat et ombragé, dans un calme absolu. Petite plage pour se baigner dans la rivière. Pour les sportifs, on peut grimper jusqu'au lac d'Issarlès en une petite demi-heure de marche. Wifi.

Cadre : lacs ou rivières, sentiers de randonnée. ***Terrain :*** plat. ***Réducs :*** prêt de canoës, de vélos enfants et de barbecue sur présentation de ce guide.	⊕ L'environnement superbe. ⊖ Pas de restaurant.

À voir, à faire dans les environs : le lac d'Issarlès ; le lac de Coucouron ; le mont Gerbier-de-Jonc

LAGORCE 07150

4,5 km N de Vallon-Pont-d'Arc — *Carte Rhône-Alpes Sud A2*

€€€ 23 € — **52 emplacements**

Camping Ibie : *75, chemin du Torrent. ☎ 04-75-88-01-26. • contact@camping-ibie.com • camping-ibie.com • Ouv fin mars-fin sept.*
Au bord de l'Ibie (jolie petite rivière), un camping familial sur une vaste (7 ha) colline boisée. Emplacements de bonne taille (80 à 100 m²). Sanitaires simples mais bien tenus. Accueil jeune et sympa, et un chaleureux petit resto si vous n'avez pas envie de faire la tambouille. Location de bungalows, roulottes, mobile homes et chalets *(170-770 €/sem).* Et c'est un des campings les moins chers de ce secteur de l'Ardèche où les prix s'affolent un peu. Internet. Wifi.

Cadre : forêt, lacs ou rivières, sentiers de randonnée.
Terrain : plat.

⊕ Loin du tintamarre touristique des gorges de l'Ardèche.
⊖ Peu d'eau dans l'Ibie en été.

À voir, à faire dans les environs : la vallée de l'Ibie ; le musée Ma magnanerie à Lagorce ; la grotte Chauvet 2 ; le Pont d'Arc et les gorges de l'Ardèche.

LALLEY-EN-TRIÈVES 38930

66 km S de Grenoble ; 61 km NO de Gap — *Carte Rhône-Alpes Sud B1*

€€€€ 27,60 € — **57 emplacements**

Camping Belle Roche : *le village, chemin de Combe-Morée. ☎ 04-76-34-75-33. 06-88-58-21-43. • contact@campingbelleroche.com • campingbelleroche.com • Ouv d'avr à fin oct.*
Non seulement son magnifique écrin est bucolique à souhait, mais en plus le site est très joliment aménagé et paysagé. C'est à la fois simple, très nature et très soigné. Même les hébergements locatifs sont joliment disposés *(260-680 €/sem).* Emplacements spacieux. Pour un séjour original, pourquoi ne pas loger dans un Pod, un genre de cabane-tente pour 2 personnes, en bois et laine de mouton ? Ou en Cotton Lodge, une grande tente tout confort ? Ajoutez à cela des sanitaires impeccables, une belle piscine, un resto simple et sympa, et un accueil dynamique et adorable... Ben quoi, vous n'avez pas encore planté vos sardines ? Internet. Wifi.

Cadre : montagne, sentiers de randonnée.
Terrain : herbe ; plat.
Réducs : apéritif offert pour une nuit payée sur présentation du guide.

⊕ L'environnement, la qualité des infrastructures, l'accueil, l'esprit nature.
⊖ Le manque de commerces à proximité.

À voir, à faire dans les environs : le Centre écologique Terre vivante à Mens ; le mont Aiguille ; le Vercors.

LALOUVESC 07520

Carte Rhône-Alpes Sud A1

69 km SE de Saint-Étienne ; 41 km O de Tournon-sur-Rhône

€€ 11 € — **70 emplacements**

Camping municipal Le Pré du Moulin : *pré du Moulin. ☎ 04-75-67-84-86, ou 04-75-29-76-67 pour les cabanes • camping.lalouvesc@orange.fr • lalouvesc.com • Ouv début mai-début oct.*
Non loin du centre du village et déjà quasiment en pleine nature, un agréable terrain offrant des emplacements en lisière de forêt. Sanitaires chauffés, bon équipement... Et, bien sûr, départ de nombreux sentiers aux portes même de ce joli camping. Location de mobile homes et chalets *(150-350 €/sem).* Wifi.

Cadre : campagne, forêt, sentiers de randonnée. ***Terrain :*** herbe ; plat.	⊕ Le bon rapport qualité-prix. ⊖ Le plan d'eau éloigné.

À voir, à faire dans les environs : la basilique, le musée et la chapelle Saint-Régis à Lalouvesc ; le prieuré de Veyrines ; le musée des Papeteries Canson & Montgolfier à Davézieux.

LAMASTRE 07270

33 km SO de Tournon-sur-Rhône ; 39 km O de Valence — *Carte Rhône-Alpes Sud A1*

€€€ 24 € — **130 emplacements**

Camping de Retourtour : *1, rue de Retourtour. ☎ 04-75-06-40-71. • campingderetourtour@wanadoo.fr • campingderetourtour.com • Ouv de mi-avr à fin sept.*
Des emplacements au pied des ruines d'un château, en bordure du Doux et d'un plan d'eau naturel. Et des bungalows, mobile homes, caravanes ainsi qu'une petite cabane un peu perchée *(275-840 €/sem selon taille et saison).* Location de VTT. Glacier-pizzeria. Retourtour étant le pôle touristique de Lamastre, attendez-vous à y trouver pas mal de monde en été. Assez agréable cependant. Wifi.

Cadre : campagne, lacs ou rivières. ***Terrain :*** herbe ; plat.	⊕ Les vastes espaces arborés. ⊖ Pas de piscine (mais proximité de la rivière).

À voir, à faire dans les environs : le vieux quartier de Macheville à Lamastre ; le train de l'Ardèche ; la voie verte La Dolce Via ; Désaignes ; Boucieu-le-Roi.

LANAS 07200

12 km S d'Aubenas ; 11 km N de Ruoms — *Carte Rhône-Alpes Sud A2*

€€€ 23,50 € — **35 emplacements**

Camping de l'Arche : *240, route de Vogüé. ☎ 04-75-37-79-15. • contact@camping-de-larche.fr • camping-de-larche.fr • Ouv avr-fin sept. CB refusées.*
Camping agréable, petit, simple et familial, en contrebas d'une petite route, au calme. Terrain en terrasses, bien ombragé, entre vignes et vergers. Grande piscine chauffée. Location de bungalows toilés, cottages et mobile homes *(330-780 €/sem).* Balades avec des ânes au bord de l'Ardèche. Location de canoës. Internet. Wifi.

Cadre : campagne, lacs ou rivières, sentiers de randonnée. ***Terrain :*** en terrasses ; rocaille.	⊕ Le bon rapport qualité-prix. ⊖ L'escalier qui grimpe aux sanitaires.

À voir, à faire dans les environs : Vogüé ; Balazuc et le muséum de l'Ardèche ; le hameau du Viel-Audon ; Ruoms et le musée Néovinum ; les défilés de Ruoms ; le cirque de Gens.

LANGEAC 43300

30 km SE de Brioude ; 45 km O du Puy-en-Velay — *Carte Auvergne B2*

€€ 15 € — **200 emplacements**

Camping des Gorges de l'Allier : *domaine Le Pradeau. ☎ 04-71-77-05-01. • infos@campinglangeac.com • campinglangeac.com • Ouv avr-oct.*
Un confortable camping de 14 ha boisés au bord de l'Allier, avec niveaux d'équipement et de propreté satisfaisants. Location de chalets-bungalows *(306-750 €/sem).* Base de canoë-kayak, tennis et minigolf à 800 m. Internet. Wifi.

Cadre : campagne, sentiers de randonnée, lacs ou rivières. ***Terrain :*** herbe ; plat.	⊕ L'emplacement privilégié. ⊖ La résa conseillée.

€ 3 € — 25 emplacements

Aire naturelle de camping La Gravière : *lieu-dit La Gravière, à Chanteuges. ☎ 04-71-74-02-87 (mairie). • fos@campinglangeac.com • Ouv du 1er mai à mi-oct. CB refusées.*
Aire de camping au bord de l'Allier, sans douche mais avec points d'eau et w-c à disposition. Plage et petit coin de nature calme et propre, agréable pour camper, pique-niquer et se baigner. Se présenter à la mairie avant d'arriver sur l'aire.

Cadre : montagne, sentiers de randonnée. ***Terrain :*** herbe ; plat.	⊕ Une bien bonne table à l'auberge du village. ⊖ Peu équipé, mais bon, on ne va pas se plaindre !

À voir, à faire dans les environs : le parcours Aventure en forêt ; le train touristique des gorges de l'Allier.

LAPALISSE 03120

24 km NE de Vichy — *Carte Auvergne B1*

€€€ 18 € — 56 emplacements

Camping de la Route Bleue : *rue des Vignes (rue de Roanne, à côté du jardin public). ☎ 04-70-99-26-31. • camping@cc-paysdelapalisse.fr • cc-paysdelapalisse.fr • Ouv fin avr-fin oct. CB refusées.*
Sous les peupliers, ce petit camping offre la fraîcheur des bords de la Besbre. Loue aussi des mobile homes *(270-450 €/sem ; résa par l'office de tourisme : ☎ 04-70-99-08-39).* Calme et agréable, il n'est qu'à 5 mn à pied du centre-ville, en traversant un jardin public. Wifi.

Cadre : campagne, lacs ou rivières, sentiers de randonnée, ville. ***Terrain :*** herbe ; plat.	⊕ La proximité de la rivière. ⊖ Le stade juste à côté aussi...

À voir, à faire dans les environs : le château, le musée de l'Art en marche à Lapalisse ; Montaigu-le-Blin ; le château de Billy.

LAURIE 15500

48 km NO d'Issoire ; 16 km NO de Massiac — *Carte Auvergne A2*

€ 8,80 € — 33 emplacements

Camping de Laurie (La Prade) : *très proche du village ; bien indiqué. ☎ 04-71-73-91-24 (mairie). 📱 06-99-81-05-05. • jac.lepetit15@orange.fr • Ouv juin-sept.*
Camping situé dans une pinède, un endroit fort calme. Les emplacements ne sont pas séparés entre eux, mais la dénivelée remplace avantageusement les haies. Pas de clôture et du relief (à 820 m d'altitude), donc pas idéal avec de jeunes enfants. Environnement superbe. Sanitaires propres. Camping presque sauvage. Gay friendly. Adressez-vous à la mairie si personne n'est présent à la réception. Internet. Wifi.

Cadre : montagne, sentiers de randonnée. ***Terrain :*** en terrasses ; herbe ; plat.	⊕ Le calme et la vue. ⊖ Pas d'activités proposées ; commerces à 10 km.

À voir, à faire dans les environs : l'église, les anciens tumulus ; Lussaud (5,5 km).

LAVOÛTE-CHILHAC 43380

23 km S de Brioude ; 52 km O du Puy-en-Velay — *Carte Auvergne B2*

€€€ 16 € — **65 emplacements**

Camping municipal : *La Ribeyre. ☎ 04-71-77-48-03 ou 04-71-77-45-67 (mairie). 06-71-78-48-28. • mairielavoute@yahoo.fr • Ouv 1er mai-30 sept. CB refusées.*
Camping de qualité, au bord de l'Allier, sur un terrain de 3 ha, dont la moitié est ombragée par des peupliers. Sanitaires simples et corrects, douches chaudes gratuites. Tennis, maison des oiseaux ; promenades équestres et randos dans le coin. Ravitaillement au village : épicerie, boulangerie, boucherie. En cas de pépin, on y trouvera aussi médecin, pharmacie, infirmières... Internet. Wifi.

Cadre : campagne, lacs ou rivières, montagne.
Terrain : herbe ; plat.

+ L'accès direct à la rivière, où il est possible de pêcher et de pratiquer des sports en eaux vives.
− Peu équipé.

À voir, à faire dans les environs : le prieuré fortifié, la Maison des oiseaux du haut Allier, Chilhac.

LE BOURG-D'OISANS 38520

51 km SE de Grenoble ; 67 km NO de Briançon — *Carte Rhône-Alpes Sud B1*

€€€ 19 € — **120 emplacements**

Camping Le Colporteur : *rue des Colporteurs, Le Mas-du-Plan. ☎ 04-76-79-11-44. • contact@camping-lecolporteur.fr • camping-colporteur.com • Ouv mai-sept.*
Un très beau site, agréable, confortable, arboré et proposant des emplacements spacieux et délimités par des haies. Resto. En juillet-août, piscine municipale gratuite face au camping et animations familiales. Location de chalets, mobile homes 3-7 personnes *(350-980 €/sem)* et roulottes pour 2 adultes et 2 enfants *(45-105 €/nuit)*. Internet.

Cadre : lacs ou rivières, montagne.
Terrain : herbe ; plat.

+ Le cadre.
− L'affluence en été.

À voir, à faire dans les environs : le massif de l'Oisans : le musée Hydrélec à Vaujany ; le musée des Minéraux et de la Faune des Alpes au Bourg-d'Oisans ; le parc national des Écrins.

LE BOURGET-DU-LAC 73370

11 km NO de Chambéry ; 43 km SO d'Annecy — *Carte Rhône-Alpes Nord B1*

€€€ 19,50 € — **270 emplacements**

Camping international L'Île aux Cygnes : *501, bd Ernest-Coudurier, lieu-dit La Croix-Verte. ☎ 04-79-25-01-76. • camping@lebourgetdulac.fr • lebourgetdulac.fr • Ouv avr-sept.*
Au bord du lac, grand camping bien équipé, offrant des emplacements ombragés, des pistes cyclables, avec accès direct à une petite plage privée. Ping-pong. Location de quelques mobile homes et chalets *(250-690 €/sem)*. Internet. Wifi.

Cadre : lacs ou rivières, montagne.
Terrain : herbe ; plat ; rocaille.

+ La plage et le port privés.
− Le monde en pleine saison.

À voir, à faire dans les environs : Bourdeau et le lac du Bourget ; l'abbaye de Hautecombe ; Aix-les-Bains.

LE CHAMBON-SUR-LIGNON 43400

42 km E du Puy-en-Velay — *Carte Auvergne B2*

€€€ 19 € — **45 emplacements**

Camping Les Hirondelles : *route de la Suchère. ☎ 04-71-59-73-84. 06-66-14-02-70. • leshirondelles.bader@wanadoo.fr • campingleshirondelles.fr • Ouv juil-août (loc Pâques-Toussaint).*
Un très bon camping, vert et fleuri, au-dessus du village. Emplacements impeccables et ombragés portant des noms de fleurs ou d'oiseaux... Chalets individuels en location *(240-485 €/sem selon saison et capacité ; formules w-e).* Rivière à 1 km, pêche, plage et baignade. Résa conseillée. Wifi.

Cadre : campagne, montagne. ***Terrain :*** herbe ; plat.	⊕ Calme et familial. ⊖ Pas de piscine... mais on ira se baigner dans la rivière !

À voir, à faire dans les environs : le parc forestier ; le parc d'aventures de l'Écureuil.

LE CHÂTELARD 73630

29 km S d'Annecy ; 35 km NE de Chambéry — *Carte Rhône-Alpes Nord B1*

€€€ 15,70 € — **35 emplacements**

Camping Les Cyclamens : *☎ 04-79-54-80-19. 07-86-86-03-58. • contact@camping-cyclamens.com • camping-cyclamens.com • Ouv 15 avr-15 oct. CB refusées.*
À l'orée du bourg, un camping tout petit mais bien équipé. Location de caravanes pour 4 personnes *(240-280 €/sem).* Une cabane (toute équipée) perchée dans les arbres pour changer d'horizon *(98 €/nuit pour 2).* Internet. Wifi.

Cadre : campagne, forêt, montagne, sentiers de randonnée. ***Terrain :*** herbe ; plat.	⊕ La cabane dans les arbres, pour retrouver les parfums de l'enfance. ⊖ À l'orée du bourg, au cœur d'un lotissement.

À voir, à faire dans les environs : le massif des Bauges tout autour ; le château de Miolans et la combe de Savoie.

LE CHEYLARD 07160

54 km SO de Tournon-sur-Rhône ; 47 km N d'Aubenas — *Carte Rhône-Alpes Sud A1*

€€€ 19 € — **61 emplacements**

Camping du Cheylard-sur-Eyrieux : *route de Saint-Christol (D 120), Le Vialon. ☎ 04-75-29-09-53. 06-16-26-65-68. • campingducheylard@gmail.com • campingducheylard.com • Ouv avr-début oct.*
Sur les rives de l'Eyrieux, petit camping familial repris en main par une dynamique nouvelle génération. Entretien impeccable et environnement vraiment agréable, bien au calme. Petite plage avec coin baignade (surveillée en été). Pizzeria-bar. Épicerie et restaurant à moins de 1 km. Location de rosalies à assistance électrique. Excellent accueil. Mobile homes et tentes Trigano *(180-550 €/sem).* Internet. Wifi.

Cadre : campagne, lacs ou rivières, montagne, sentiers de randonnée. ***Terrain :*** herbe ; plat.	⊕ La situation, au bord de la rivière. ⊖ Un « moins » ou un « plus » : gîte d'étape pour qui veut passer au dur.

À voir, à faire dans les environs : la Maison du bijou au Cheylard et l'Atelier du bijou à Saint-Martin-de-Valamas ; le château de Rochebonne ; le village de Chalencon ; la voie verte La Dolce Via.

LE GRAND-BORNAND 74450

32 km E d'Annecy ; 36 km NO de Megève *Carte Rhône-Alpes Nord B1*

€€€ 20 € **63 emplacements**

Camping Le Clos du Pin : *1222, route de la Vallée-du-Bouchet. ☎ 04-50-02-27-61. 06-08-16-24-67. • christian.mulatier@orange.fr • le-clos-du-pin.com • Ouv 15 juin-20 sept et 1er déc-10 mai. CB refusées.*
Dans un coin sympa, au bord du torrent du Borne. Location d'un appartement *(330-640 €/sem selon saison).* Internet. Wifi.

Cadre : montagne, campagne. ***Terrain :*** herbe ; plat.	⊕ Bien équipé ; les sanitaires nickel. ⊖ La résa conseillée.

€€€€ 27,90 € **149 emplacements**

Camping L'Escale : *33, chemin du Plein-Air. ☎ 04-50-02-20-69. • contact@campinglescale.com • campinglescale.com • Ouv de mi-déc à fin avr et fin mai-fin sept.*
Bien équipé (piscine de 240 m² semi-couverte, avec balnéothérapie) et accueillant. 2 terrains de tennis l'été, ping-pong, billard, baby-foot et aire de jeux pour les enfants. Location de chalets et de mobile homes pour 4 à 14 personnes *(195-735 €/sem)* ainsi que d'appartements pour 2 à 10 personnes *(150-1 730 €/sem).* Le bar-resto *À la Ferme du Pépé,* juste à la sortie du camping, propose des spécialités locales ou des pizzas à emporter. Caravaneige et locations ouverts en hiver. À 500 m des pistes de ski alpin et à 100 m des pistes de ski de fond. Internet. Wifi.

Cadre : forêt, montagne, sentiers de randonnée. ***Terrain :*** en terrasses ; herbe ; plat. ***Réducs :*** un digestif local offert au restaurant sur présentation de ce guide.	⊕ La piscine avec balnéo et jets massants ; le restaurant. ⊖ Peu d'ombre.

À voir, à faire dans les environs : les fabriques de reblochon ; le village de Manigod ; La Clusaz.

LE GRAND-SERRE 26530

33 km NE de Romans-sur-Isère ; 69 km NO de Grenoble *Carte Rhône-Alpes Sud B1*

€€€ 25 € **60 emplacements**

Camping Le Grand Cerf : *3, chemin du Grand-Cerf. ☎ 04-75-68-86-14. • contact@campingdrome.fr • campingdrome.fr • Ouv début avr-début oct.*
Hébergements locatifs et campeurs se partagent ce petit terrain à flanc de colline, au milieu des vallons. C'est simple, familial, et les emplacements sont agréablement ombragés par de beaux arbres. Piscine avec un bassin plus une pataugeoire chauffés à partir du 1er mai, bar-restaurants (matin, midi et soir en saison, uniquement le week-end hors saison). Programme d'animations et tout le matériel pour les enfants de 5 à 16 ans. Location de chalets, caravanes estivales et mobile homes *(190-938 €/sem).* Internet. Wifi.

Cadre : campagne, sentiers de randonnée. ***Terrain :*** en terrasses ; herbe.	⊕ L'accueil charmant. ⊖ Le bar-restaurant... uniquement le week-end hors saison ; les sanitaires vieillissants (mais propres).

À voir, à faire dans les environs : le Palais idéal du facteur Cheval à Hauterives ; le musée de la Chaussure à Romans-sur-Isère ; le parc Oasis Aventura.

AUVERGNE-RHÔNE-ALPES

LE MAYET-DE-MONTAGNE 03250

27 km SE de Vichy — *Carte Auvergne B1*

€ 7,70 € — 50 emplacements

Camping municipal : *chemin de Fumouse. ☎ 04-70-41-06-33 (juil-août). 06-62-52-89-32. • camping.mayet@orange.fr • lemayetdemontagne.planet-allier.com • Ouv 15 mars-31 oct.*
Camping sans fioritures, en surplomb du lac des Moines (préférer les emplacements 34-43 pour la vue sur le lac). Un accueil sympathique et de l'ombre en quantité suffisante. Propose aussi des bungalows *(150 €/sem)* et mobile homes *(160-300 €/sem).* Piscine à proximité. Le GR 3 est accessible pour la rando. Base de loisirs à 2 km. Wifi.

Cadre : campagne, sentiers de randonnée. ***Terrain :*** herbe ; plat.	⊕ Le prix et la piscine ; idéal pour les vacances en famille à petit budget. ⊖ Il n'est pas au bord de l'eau ; le manque d'animation.

À voir, à faire dans les environs : l'Osarium-musée de la Vannerie, le musée des Miniatures et du Monde du cirque à Sennepin.

LE MAZET-SAINT-VOY 43520

38 km E du Puy-en-Velay — *Carte Auvergne B2*

€ 8,50 € — 56 emplacements

Camping municipal de Surnette Le Chant Premier : *Surnette. ☎ 04-71-65-05-69 ou 04-71-65-01-09 (mairie). • camping.surnette@mazet-st-voy.com • mazet-st-voy.com • Ouv de mi-avr à fin oct. CB refusées.*
Un camping confortable, paisible, bien tenu et verdoyant. Tennis à proximité, VTT et équitation. Rivière à 1 km, étang à 4 km. Location de chalets jusqu'à 6 personnes *(350-450 €/sem).* Internet.

Cadre : campagne, forêt, lacs ou rivières, sentiers de randonnée. ***Terrain :*** herbe ; plat.	⊕ Le calme. ⊖ Pas pour des ados explosifs.

À voir, à faire dans les environs : l'église Saint-Voy, le jardin botanique montagnard.

LE MONT-DORE 63240

47 km SO de Clermont-Ferrand ; 122 km NE d'Aurillac — *Carte Auvergne A2*

€€€ 15,50 € — 71 emplacements

Camping municipal L'Esquiladou : *Le Queureuilh, route des Cascades. ☎ 04-73-65-23-74. 06-58-53-05-64. • camping.esquiladou@orange.fr • mairie-mont-dore.fr • Ouv fin avr-fin oct (plus fin déc-début avr pour les loc).*
Emplacements en gravillons et séparés par des haies pour un petit 3-étoiles agréable, situé au calme à l'entrée de la ville. Location de mobile homes pour 2 à 6 personnes *(290-560 €/sem).* Piscine et spa. Activités sportives au Mont-Dore. Internet. Wifi.

Cadre : montagne. ***Terrain :*** en terrasses.	⊕ Proche du centre-ville. ⊖ Pas de restauration.

€€ 15 € — 80 emplacements

Camping Domaine de la Grande Cascade : *route de Besse. ☎ 04-73-65-06-23. • contact@camping-grandecascade.com • camping-grandecascade.com • Ouv fin mai-fin sept.*

À 1 280 m d'altitude, en face du puy de Sancy, un grand camping sur 3 ha qui fait le bonheur des amoureux de la nature. Les environs et la vue sur la montagne sont vraiment superbes, le tout à proximité d'une cascade de 30 m de haut. Emplacements plats, délimités et herbeux. Vraiment super, d'autant que l'accueil est sympathique. Et quel calme ! Des chalets pour 5 personnes à louer *(340-650 €/sem).* Internet. Wifi.

Cadre : montagne, sentiers de randonnée. ***Terrain :*** en terrasses ; herbe ; plat ; en pente ; rocaille.	⊕ L'environnement exceptionnel. ⊖ Les nuits peuvent être fraîches sous la tente !

À voir, à faire dans les environs : les thermes du Mont-Dore ; le funiculaire du Capucin ; la grande cascade ; le puy de Sancy (10 km) ; les lacs Chambon (10 km) et de Guéry (20 km).

LE POËT-CÉLARD 26460

44 km NO de Nyons ; 36 km NE de Montélimar ***Carte Rhône-Alpes Sud B2***

€€€€ **54 € (avec électricité)** **140 emplacements**

Yelloh Village Le Couspeau : *quartier Bellevue. ☎ 04-75-53-30-14. • info@couspeau.com • couspeau.com • Ouv de début mai à mi-sept.*
On vous prévient d'emblée : si c'est le camping pépère et nature que vous recherchez, ce n'est peut-être pas l'endroit pour vous, car l'ambiance y est proche de celle d'un village de vacances d'un excellent confort. En famille, en revanche, c'est parfait : piscine chauffée et couverte en moyenne saison, jeux pour enfants, bar, concerts, point restauration (le soir seulement). Nombreuses activités et animations en saison. Quant à la situation, elle est superbe : sur un coteau, les emplacements offrent une vue sur la vallée du Roubion et les Trois-Becs. Location de bungalows et mobile homes *(35-102 €/nuit, 2 nuitées min en basse saison et 7 nuitées min en haute saison),* ceux-ci se trouvant dans une zone bien distincte de celle réservée aux campeurs. Internet. Wifi.

Cadre : montagne, sentiers de randonnée. ***Terrain :*** en pente ; en terrasses ; herbe ; plat. ***Réducs :*** apéritif offert sur présentation de ce guide.	⊕ Les animations enfants et ados en haute saison et le week-end en basse saison. ⊖ Les prix élevés en été.

À voir, à faire dans les environs : le village de Bourdeaux ; Saillans et les Trois-Becs ; la tour de Crest ; Dieulefit.

LE POËT-LAVAL 26160

24 km E de Montélimar ; 36 km NO de Nyons ***Carte Rhône-Alpes Sud A2***

€€ **13,50 €** **60 emplacements**

Camping municipal Lorette : *60B, chemin de Lorette. ☎ 04-75-91-00-62. • camping-lorette@orange.fr • campinglorette.fr • Ouv mai-sept.*
Un agréable petit camping en bordure de rivière, avec toutes les installations nécessaires et des prix tout doux. Internet. Wifi.

Cadre : campagne, sentiers de randonnée. ***Terrain :*** herbe ; plat. ***Réducs :*** une nuitée offerte pour un séjour de 2 semaines, 2 nuitées offertes pour un séjour de 3 semaines sur présentation de ce guide.	⊕ Le calme. ⊖ L'alimentation à 1 km, au village.

À voir, à faire dans les environs : le vieux village classé ; Dieulefit ; Grignan et son château ; le col de Valouse.

LE PUY-EN-VELAY 43000

75 km SO de Saint-Étienne *Carte Auvergne B2*

€€€ 15,40 € **85 emplacements**

Camping de Bouthezard : *1, chemin de Bouthezard-Aiguilhe. ☎ 04-71-09-55-09. • camping.puyenvelay@aquadis-loisirs.com • aquadis-loisirs.com/camping-de-bouthezard • Ouv avr-oct.*
Camping bien ombragé, situé au pied du rocher Saint-Michel-d'Aiguilhe, sur les bords de la Borne. Une belle vue sur ce rocher donc. Des emplacements calmes et spacieux, de beaux sanitaires. Terrains de sport à proximité. Le centre du Puy-en-Velay n'est qu'à 10 mn à pied. Wifi.

Cadre : ville. ***Terrain :*** herbe ; plat.	⊕ Bien ombragé. ⊖ Quels « moins » ?

À voir, à faire dans les environs : la vieille ville du Puy-en-Velay ; le carré magique d'Aiguilhe ; le château de Rochelambert.

LE SAPPEY-EN-CHARTREUSE 38700

12 km N de Grenoble ; 52 km SO de Chambéry *Carte Rhône-Alpes Sud B1*

€€ 13 € **25 emplacements**

Camping municipal La Virette : *Les Charmettes. 06-33-41-41-56 ou 06-75-84-77-43. • camping@sappey-mairie.fr • camping-gite-chartreuse.fr • Ouv tte l'année. CB refusées.*
Camping au bord du bourg mais déjà presque en pleine nature, tout simple et pas trop bondé. C'est en fait une vaste pelouse plantée de quelques arbres, équipée d'un simple bloc sanitaire accessible aux personnes à mobilité réduite. Le GR 9 et le GR Tour de Chartreuse passent à côté. Aire de vidange camping-cars. Wifi.

Cadre : montagne, sentiers de randonnée, forêt. ***Terrain :*** herbe ; plat.	⊕ Le départ de nombreuses randos ; les restos et épicerie à 2 mn ; la vue sur la montagne ; les conseils randos ! ⊖ Les horaires d'accueil restreints.

À voir, à faire dans les environs : le parc naturel de la Chartreuse ; le fort du Saint-Eynard ; Grenoble.

LÉPIN-LE-LAC 73610

24 km SO de Chambéry ; 80 km N de Grenoble *Carte Rhône-Alpes Nord B1*

€€€ 21,60 € **91 emplacements**

Camping Le Curtelet : *Le Curtelet. ☎ 04-79-44-11-22. 06-16-51-40-78. • camping lecurtelet@gmail.com • camping-le-curtelet.com • Ouv de mi-avr à fin sept.*
Camping de taille moyenne, familial, joliment arboré et au bord du lac. Les sanitaires sont bien tenus. Plage. Locatifs *(385-625 €/sem).* Internet. Wifi.

Cadre : campagne, lacs ou rivières, montagne. ***Terrain :*** herbe ; plat.	⊕ Le bord du lac et la vue sur la montagne de l'Épine. ⊖ La voie de chemin de fer.

À voir, à faire dans les environs : le lac d'Aiguebelette, le plus petit des grands lacs savoyards, à l'ouest de Chambéry ; le massif de la Chartreuse.

AUVERGNE-RHÔNE-ALPES

LES VANS 07140

38 km SO d'Aubenas ; 31 km O de Vallon-Pont-d'Arc — *Carte Rhône-Alpes Sud A2*

€€€ 22 € — 36 emplacements

Camping Le Pradal : *au Pradal. ☎ 04-75-37-25-16. 06-89-21-37-35. • camping.lepradal@free.fr • camping-lepradal.com • Ouv d'avr à mi-oct. CB refusées.*
Un petit camping familial et ombragé. Emplacements s'étageant doucement sur une petite colline, au sein d'une belle nature sauvage. Location de chalets et de mobile homes *(220-650 €/sem).* Wifi.

Cadre : campagne. ***Terrain :*** herbe.	⊕ L'intimité des emplacements. ⊖ Certains emplacements sont petits.

€€€€ 36 € — 122 emplacements

Domaine des Chênes : *Chassagnes-Haut. ☎ 04-75-37-34-35. 06-10-18-60-71. • reception@domaine-des-chenes.fr • domaine-des-chenes.fr • Ouv avr-fin sept.*
Grand camping en terrasses dans un cirque rocheux, au milieu de 4 ha de chênes centenaires. Se révèle cependant à taille et à densité humaines. Emplacements bien délimités. Mobile homes et bungalows à louer *(196-1 596 €/sem).* Rivière Chassezac à 500 m. Internet. Wifi.

Cadre : lacs ou rivières. ***Terrain :*** en pente ; en terrasses ; herbe.	⊕ Sa belle situation ; ses préoccupations écologiques : tri sélectif, énergie solaire, économies d'eau et d'énergie... ⊖ Le wifi payant.

À voir, à faire dans les environs : le musée des Vans ; le bois de Païolive ; les gorges du Chassezac ; la grotte de la Cocalière à Saint-Ambroix ; l'Espace découverte de la châtaigne à Joyeuse ; les villages de Banne et Naves.

LESCHERAINES 73340

29 km NE de Chambéry ; 26 km SE d'Annecy — *Carte Rhône-Alpes Nord B1*

€€€ 19 € — 215 emplacements

Camping municipal de L'Île : *base de loisirs Les Îles du Cheran. ☎ 04-79-63-80-00. • contact@savoie-camping.com • savoie-camping.com • Ouv fin avr-fin sept.*
Un camping bien tenu et assez grand, étiré le long d'un plan d'eau, juste à côté d'une base de loisirs (baignade surveillée en juillet-août, embarcations à pédales, canotage, centre équestre...). Assez ombragé dans sa partie haute, beaucoup moins pour les emplacements vers la berge. Location de mobile homes et de chalets pour 4 à 6 personnes *(280-680 €/sem).* Internet. Wifi.

Cadre : forêt, lacs ou rivières, montagne, sentiers de randonnée. ***Terrain :*** herbe ; plat.	⊕ La base de loisirs. ⊖ L'éloignement des commerces (1,5 km).

À voir, à faire dans les environs : le massif des Bauges ; le lac du Bourget ; l'abbaye de Hautecombe ; les caves d'Apremont ; le château de Miolans.

LUC-EN-DIOIS 26310

80 km SE de Valence ; 70 km NO de Gap — *Carte Rhône-Alpes Sud B2*

€€€ 21,50 € — 117 emplacements

Camping Les Foulons : *rue de la Piscine. ☎ 04-75-21-36-14. • lesfoulons.camping@gmail.com • campinglesfoulons.com • Ouv de mi-avr à fin sept.*

Camping tout simple, bien tenu, plutôt sympathique, où l'on plante sa tente sur de grandes pelouses, au milieu des noyers et des peupliers. Piscine municipale attenante (ainsi que le bar-restaurant), gratuite en été pour les clients du camping. Aussi tipis, cabanes canadiennes, roulottes, mobile homes, chalets et gîtes *(215-850 €/sem).* NOUVEAUTÉ.

Cadre : exploitations agricoles au pied des montagnes. ***Terrain :*** grandes pelouses.	⊕ Accueil charmant. ⊖ On regrette juste qu'il n'y ait aucun endroit où mettre à congeler des pains de glace.

À voir, à faire dans les environs : le Claps et le saut de la Drôme.

LUS-LA-CROIX-HAUTE 26620

45 km E de Die ; 49 km NO de Gap — *Carte Rhône-Alpes Sud B2*

€€€€ **29,10 €** — **100 emplacements**

Camping Champ La Chèvre : *430, route de la Jarjatte. ☎ 04-92-58-50-14. 06-44-19-31-30. • champlachevre@orange.fr • campingchamplachevre.com • Ouv de mi-avr à mi-sept (loc tte l'année).*
Un vaste camping, dans un environnement majestueux, avec d'immenses pelouses tout en pente et arborées. Si possible, évitez les emplacements au bord de la route et préférez-leur ceux bien en retrait, nettement plus « natures » et plaisants. Location de nombreux chalets, cabanes, mobile homes, Coco Sweet et tentes lodges *(210-945 €/sem),* mais ceux-ci s'intègrent bien au site. À deux pas, le village et un environnement ouvert à toutes les activités possibles. Tennis à proximité, belle piscine couverte chauffée sur le camping, animations enfants en juillet-août gratuites. Internet. Wifi.

Cadre : montagne. ***Terrain :*** en pente ; en terrasses ; herbe ; plat. ***Réducs :*** - 5 % pour une nuit, - 10 % à partir de 2 nuits et frais de dossier offerts sur présentation de ce guide.	⊕ Le site. ⊖ Les nuits sont fraîches à 1 000 m d'altitude.

À voir, à faire dans les environs : le cirque d'Archiane ; les gorges des Gats ; la montagne du Glandasse.

MALAFRETAZ 01340

17 km NO de Bourg-en-Bresse — *Carte Rhône-Alpes Nord A1*

€€€€ **32,20 €** — **480 emplacements**

Camping et base de loisirs de la Plaine Tonique : *599, route d'Etrez. ☎ 04-74-30-80-52. • contact@laplainetonique.com • laplainetonique.com • Ouv fin avr-fin août.*
Au bord d'un grand lac (95 ha) avec accès direct à la plage (de sable). Des emplacements de bonne taille, bien ombragés. Centre aquatique (avec piscines, 2 toboggans, plateforme à jeux d'eau, etc.). Et une foule d'activités sur place : VTT, pêche, ski nautique, voile, parachute ascensionnel, *flyboard,* parcours gonflable sur l'eau, etc. Location de tipis familiaux, de cottages, de tentes safaris et de mobile homes pour 4 à 8 personnes *(389-849 €/sem).* Wifi.

Cadre : campagne, lacs ou rivières, sentiers de randonnée. ***Terrain :*** herbe ; plat.	⊕ L'accès au centre aquatique gratuit pour les campeurs. ⊖ Beaucoup de monde en été.

À voir, à faire dans les environs : le musée de la Bresse à Saint-Cyr-sur-Menthon ; la ferme-musée de la Forêt à Saint-Trivier-de-Courtes ; le monastère royal de Brou à Bourg-en-Bresse

MATAFELON-GRANGES 01580

16 km N de Nantua ; 12 km O d'Oyonnax — *Carte Rhône-Alpes Nord B1*

€€€€ 26 € — **130 emplacements**

Camping Les Gorges de l'Oignin : *734, rue du Lac. ☎ 04-74-76-80-97. • camping.lesgorgesdeloignin@orange.fr • camping-ain-jura.com • Ouv de mi-avr à fin sept.*
À l'extrémité nord du haut Bugey, dans des paysages qui respirent le Jura tout proche. En surplomb du lac de l'Oignin, un beau camping à l'ambiance plutôt familiale. Loue des mobile homes et des chalets avec vue sur le lac *(232-692 €/sem).* 2 piscines chauffées à l'ambiance exotique et une animatrice pour distraire les enfants pendant l'été. Internet.

Cadre : lacs ou rivières.
Terrain : en terrasses ; herbe.

⊕ Les animations pour les adultes (soirée dansante, karaoké, concours pétanque) et les nombreuses activités pour les enfants ; l'accès direct au lac (pêche).
⊖ Pas trouvé.

À voir, à faire dans les environs : le Musée archéologique d'Izermore ; le musée du Peigne et de la Plasturgie à Oyonnax.

MAURIAC 15200

51 km N d'Aurillac — *Carte Auvergne A2*

€€€ 21 € — **92 emplacements**

Camping du Val-Saint-Jean : *plan d'eau du Val-Saint-Jean. ☎ 04-71-67-31-13. 📱 06-80-14-59-45. • valsaintjean@mauriac.fr • tourismevalsaintjean.fr • Ouv de mai à mi-sept.*
Directement sur le plan d'eau du Val-Saint-Jean, camping ombragé et verdoyant. Bon confort ; plage surveillée, base nautique, piscine chauffée et activités sportives (canoë, tir à l'arc, remise en forme...). Loue aussi des chalets tout confort *(260-650 €/sem pour 4-6 pers),* des bungalows toilés *(4-5 pers, 145-405 €/sem)* et des cottages *(289-705 €/sem pour 6-8 pers),* et prête des VTT. Résa conseillée en été. Internet. Wifi.

Cadre : campagne, lacs ou rivières.
Terrain : en terrasses ; herbe.

⊕ les locatifs sont bien équipés.
⊖ Rien à reprocher.

À voir, à faire dans les environs : la basilique Notre-Dame-des-Miracles ; les châteaux d'Auzers et de La Vigne.

MÉAUDRE 38112

39 km SO de Grenoble ; 9,5 km N de Villard-de-Lans — *Carte Rhône-Alpes Sud B1*

€€€ 25 € — **30 emplacements**

Camping-caravaneige Les Eymes : *Autrans-Méaudre-en-Vercors. ☎ 04-76-95-24-85. 📱 06-30-67-91-18. • contact@camping-les-eymes.com • camping-les-eymes.com • Ouv fin avr-sept.*
Un camping intime, dans un joli coin en lisière de forêt, avec des emplacements en terrasses à flanc de colline, face aux hameaux de la vallée et aux montagnes. Resto *(fév et juil-août).* Location de chalets et de mobile homes pour 4 à 7 personnes *(300-738 €/sem).* Wifi.

Cadre : forêt, montagne, sentiers de randonnée. ***Terrain :*** en terrasses ; herbe ; plat.	⊕ L'environnement, très nature ; les ombreux services sur place ; les emplacements spacieux. ⊖ Peu d'animations donc peu adapté aux adolescents.

€€€ **18,10 €** **109 emplacements**

Camping-caravaneige Les Buissonnets : *111, route des Faures. ☎ 04-76-95-21-04. • camping-les-buissonnets@wanadoo.fr • camping-les-buissonnets.com • Ouv tte l'année sauf de mi-oct à mi-déc.*
Vaste, simple, bien tenu. Les emplacements proprement dits et les mobile homes et chalets sont dispersés sur les pelouses plantées de beaux arbres. Tarif préférentiel à la piscine municipale, à 200 m. Location de mobile homes 2-6 personnes *(315-469 €/sem).* Internet. Wifi.

Cadre : montagne. ***Terrain :*** herbe ; plat.	⊕ À la fois central et calme ; les nombreuses activités à proximité. ⊖ Pas de restauration sur place.

À voir, à faire dans les environs : le Vercors avec la réserve naturelle des Hauts-Plateaux ; la route de Combe-Laval ; le mémorial de la Résistance au col de la Chau ; le belvédère de Révoulat (randonnée assez costaude).

MEGÈVE - DEMI-QUARTIER 74120

84 km E d'Annecy *Carte Rhône-Alpes Nord B1*

€€ **14,40 €** **55 emplacements**

Camping Bornand : *57, route du Grand-Bois. ☎ 04-50-93-00-86. 📱 07-81-21-25-22. • camping.bornand@aliceadsl.fr • camping-megeve.com • Ouv fin juin-fin août.*
Des emplacements en terrasses, sous la télécabine de la Princesse. Calme et agréable. Également des chalets pour 4 personnes *(360-640 €/sem).* Internet. Wifi.

Cadre : montagne. ***Terrain :*** en terrasses ; herbe.	⊕ Un camion à pizza vient 2 fois par semaine en soirée ; le tuk-tuk électrique qui emmène gratuitement les campeurs aux sites et commerces de Megève. ⊖ Pas de restauration sur place.

À voir, à faire dans les environs : le village de Megève.

MEILLONNAS 01370

14 km NE de Bourg-en-Bresse *Carte Rhône-Alpes Nord A1*

€€€ **14,50 €** **33 emplacements**

Camping La Raza : *292, chemin du Bois-d'Amont. ☎ 04-74-42-32-42. 📱 06-28-61-93-39. • camping.meillonnas@sfr.fr • meillonnas.fr • Ouv tte l'année.*
Au pied des coteaux du Revermont (les premiers contreforts du Jura) et dans une campagne typiquement bressane, le camping est joliment niché en sous-bois, en bordure d'un étang de pêche. Un accueil sympathique, un lieu d'une vraie tranquillité : parfait pour le farniente (et les pêcheurs !). Des chalets de 2 à 6 personnes *(284-315 €/sem pour 4 personnes ; avec équipement de pêche),* dont un avec accès handicapés. Internet. Wifi.

Cadre : campagne, forêt, lacs ou rivières. ***Terrain :*** herbe ; plat.	⊕ La carte de pêche en vente au camping. ⊖ Les emplacements sur gravier pour les tentes.

À voir, à faire dans les environs : l'église Saint-Oyen ; les faïences de Meillonnas.

MENGLON 26410

14 km SE de Die ; 82 km NO de Gap — *Carte Rhône-Alpes Sud B2*

€€€€ 36 € — **170 emplacements**

Camping L'Hirondelle : *60, route de la Garenne. ☎ 04-75-21-82-08. 📱 07-82-75-63-80. • contact@campinghirondelle.com • campinghirondelle.com • Ouv de mi-juin à début sept.*
Bien caché, au milieu des champs, ce joli camping propose une centaine de beaux emplacements à l'abri d'un bois classé, avec vue sur les collines de la vallée de la Drôme. Nombreuses animations en été. Location de tentes aménagées, de mobile homes et de chalets *(308-1 321 €/sem)*, ainsi que de vélos. Internet. Wifi.

Cadre : forêt, lacs ou rivières, montagne, sentiers de randonnée. ***Terrain :*** herbe ; plat. ***Réducs :*** - 10 % sur présentation de ce guide.	⊕ L'espace aquatique (3 bassins), accès directs à la rivière, club enfants. ⊖ Le prix.

À voir, à faire dans les environs : le cirque d'Archiane ; les gorges des Gats ; les caves du Diois.

MENS 38710

65 km NO de Gap ; 56 km S de Grenoble — *Carte Rhône-Alpes Sud B1*

€€€ 25 € — **90 emplacements**

Camping Le Pré Rolland : *1, pl. Richard-Wilm. ☎ 04-76-34-65-80. • contact@prerolland.fr • camping-prerolland.fr • Ouv mai-fin sept.*
Camping convivial, bien ombragé par de beaux arbres. Les emplacements, bordés de haies, procurent une certaine intimité. Piscine municipale juste à côté (accès gratuit pour les clients du camping). Location de tentes mi-bois, mi-toile *(40-79 €/nuit)* ; mobile homes et chalets pour 2 à 6 personnes *(330-755 €/sem).* Wifi.

Cadre : montagne, sentiers de randonnée. ***Terrain :*** herbe ; plat. ***Réducs :*** 7 nuits au prix de 5 sur le locatif hors juillet-août sur présentation de ce guide.	⊕ La (grande) piscine municipale chauffée, gratuite pour les campeurs, tout à côté. ⊖ La piscine très fréquentée l'été...

À voir, à faire dans les environs : le Centre écologique Terre vivante à Mens ; le mont Aiguille ; le village de Chichiliane ; le chemin de fer de La Mure ; le parc national des Écrins.

MIRABEL-ET-BLACONS 26400

7,5 km E de Crest ; 31 km O de Die — *Carte Rhône-Alpes Sud B1-2*

€€€€ 30 € — **174 emplacements**

Gervanne Camping : *1175, av. des Trois-Becs. ☎ 04-75-40-00-20. • info@gervanne-camping.com • gervanne-camping.com • Ouv avr-sept.*

De part et d'autre de la route (et d'un pont), voici un camping si ingénieusement et joliment aménagé qu'on en oublie complètement que les voitures passent juste à côté. Les hébergements locatifs et les emplacements réservés aux campeurs font ici bon ménage, car bien séparés les uns des autres. Location de mobile homes et de chalets pour 4 à 7 personnes *(329-938 €/sem),* tentes lodges luxe et trappeur, Campalune sur pilotis à 4,60 m du sol *(119 €/nuit).* Mention spéciale pour l'environnement de tous ces hébergements : chacun dispose d'un bel espace privé. Si les activités proposées sont nombreuses (accès à la rivière et à sa plage, une belle piscine, location de VTT et de vélos électriques, etc.), elles sont elles aussi bien isolées et ne menacent pas la paix des campeurs. Certes, les prix sont un peu élevés en saison, mais la qualité est vraiment au rendez-vous et l'accueil absolument charmant. Un de nos coups de cœur dans la région ! Internet. Wifi.

Cadre : campagne, lacs ou rivières. ***Terrain :*** herbe ; plat.	⊕ Les nombreux et grands emplacements sous de beaux arbres. ⊖ La route séparant le camping en deux ; pas de chiens dans les locatifs.

À voir, à faire dans les environs : la tour de Crest ; la forêt de Saoû ; le Vercors.

MIRMANDE 26270

20 km N de Montélimar ; 29 km O de Crest ***Carte Rhône-Alpes Sud A2***

€€€ **25,50 €** **100 emplacements**

Camping La Poche : *route de Marsanne, quartier La Poche. ☎ 04-75-63-02-88. • camping@la-poche.com • camping-lapoche.com • Ouv avr-sept.*
Au creux d'un étroit vallon boisé, un camping tout en longueur entre la route (tranquille) et un ruisseau. Idéal pour s'abriter des chaleurs de l'été. Plein d'activités nature proposées (sortie VTT, canoë, escalade dans les arbres, etc.). Location de mobile homes pour 4 à 6 personnes *(262-690 €/sem).* Accueil chaleureux. Internet. Wifi.

Cadre : campagne, forêt, sentiers de randonnée. ***Terrain :*** en terrasses ; herbe ; plat.	⊕ La convivialité ; le calme. ⊖ L'accès difficile pour les camping-cars.

À voir, à faire dans les environs : le village de Mirmande ; Montélimar (20 km) ; la tour de Crest.

MONISTROL-D'ALLIER 43580

24 km SO du Puy-en-Velay ***Carte Auvergne B2***

€€€ **17 €** **46 emplacements**

Camping municipal Le Vivier : *rue du Pain-de-Sucre. ☎ 04-71-57-24-14 (mairie). 📱 06-29-85-26-76. • camping.gite.chambre@gmail.com • camping-gitelevivier.fr • Ouv de mi-avr à mi-oct.*
Un camping pratique, situé en bordure de l'Allier et à 2 mn de la gare. Idéal pour organiser des journées de descente en eaux vives. Bien ombragé et sanitaires propres. Commerces à proximité, ainsi que tennis, pétanque, volley... Internet. Wifi (partiel mais gratuit).

Cadre : lacs ou rivières, montagne, sentiers de randonnée. ***Terrain :*** herbe ; plat.	⊕ Le calme ; le panorama ; l'accès direct à la rivière ; le forfait randonneur à 6 € la nuitée. ⊖ Peu équipé.

À voir, à faire dans les environs : les gorges de l'Allier (avec ou sans le train touristique).

MONTBRISON 42600

22 km SO de Feurs ; 45 km NO de Saint-Étienne *Carte Rhône-Alpes Nord A1*

€€ **10,50 €** **88 emplacements**

Camping Le Surizet : *5, rue du Surizet. ☎ 04-77-58-08-30. • campingdusurizet@ville-montbrison.fr • ville-montbrison.fr • Ouv de mi-avr à mi-oct.*
Camping municipal en bord de rivière, le seul du secteur, tout simple mais offrant de quoi se distraire (piscine, boulodrome, etc.) pour pas bien cher. Jolis emplacements dans un cadre verdoyant et calme, sans haies pour les délimiter. Douches chauffées hors saison. Un plan pratique car situé à proximité du centre urbain et de ses commerces. Bon accueil qui plus est. Loue aussi des chalets *(320-400 €/sem).* Wifi.

Cadre : sentiers de randonnée, ville. ***Terrain :*** herbe ; plat.	⊕ Le cadre et la piscine, le prix bas. ⊖ Le (relatif) manque d'intimité.

À voir, à faire dans les environs : le musée d'Allard (poupée Gégé) ; Saint-Sauvain (fabrication de la fourme) ; la route des Balcons.

MONTBRUN-LES-BAINS 26570

43 km SE de Vaison-la-Romaine ; 54 km O de Sisteron *Carte Rhône-Alpes Sud B2*

€€ **13 €** **55 emplacements**

Camping Le Pré des Arbres : *La Cheminade. ☎ 04-75-28-85-41. 📱 06-81-05-02-06. • camping@montbrunlesbains.com • montbrunlesbains.com • Ouv de mi-mars à mi-nov. CB refusées.*
Bon confort et environnement verdoyant, emplacements pour la plupart séparés par des haies. Préférable de réserver. Location de mobile homes pour 2 à 4 personnes *(265-310 €/sem).* Internet. Wifi.

Cadre : campagne, montagne, sentiers de randonnée. ***Terrain :*** en terrasses ; herbe ; plat.	⊕ Les terrasses ombragées ; le prix. ⊖ L'usine de fabrication et conditionnement de plantes aromatiques, avec son léger bruit de fond (mais odeur agréable) !

À voir, à faire dans les environs : le village classé ; le mont Ventoux ; les Baronnies ; Buis-les-Baronnies.

MONTCHAVIN-LA-PLAGNE 73210

15 km S de Bourg-Saint-Maurice *Carte Rhône-Alpes Nord B1*

€€€ **17 €** **43 emplacements**

Camping Caravaneige Montchavin la-Plagne : *2, allée du Mont-Blanc. ☎ 04-79-07-83-23. • campingmontchavin@orange.fr • campingmontchavin.com • Ouv tte l'année sauf oct.*
Été comme hiver, au soleil comme sous la neige, le camping fait face au mont Blanc ! À 1 250 m d'altitude, dans un village dominant la vallée de la Tarentaise, il ravira les amateurs de randonnées comme de sports de glisse. Les pistes sont à deux pas et les prestigieuses stations de La Plagne et des Arcs guère plus loin. Location de mobile homes jusqu'à 6 personnes *(200-700 €/sem selon saison).* À proximité, centre aqualudique avec jeux enfants (une entrée gratuite pour 4 nuits). Internet. Wifi.

Cadre : montagne. ***Terrain :*** en terrasses ; herbe.	⊕ La vue ! ⊖ La route en lacet pour grimper au village (7 km).

À voir, à faire dans les environs : l'ancienne mine de plomb argentifère de Peisey-Vallandry ; la basilique romane d'Aime.

MONTFERRAT 38620

43 km NO de Grenoble ; 4 km S de Paladru *Carte Rhône-Alpes Nord B1*

€€€€ 36,30 € **150 emplacements**

Détente et Clapotis : *1678, route des Chevaliers-de-l'An-Mil, La Véronnière. ☎ 04-76-55-33-94. • campingmontferrat@gmail.com • detente-et-clapotis.fr • Ouv de mi-avr à mi-sept.*
Grand camping situé au bord du lac de Paladru et d'une plage aménagée, proposant des emplacements plus ou moins ombragés. Une fois n'est pas coutume : mention spéciale pour les hébergements locatifs ! Point de vilains mobile homes ici mais, regroupés à l'entrée, des chalets simples (les moins chers) ou, dispersés sur le site, de très sympathiques tentes lodges pour les aventuriers qui veulent un peu de confort, les chalets des Chevaliers de l'An Mil (amusant hébergement hybride entre chalet et tente) et de beaux Écochalets sur pilotis *(locatifs 210-990 €/sem).* Et quand tout cela reste très nature et s'intègre fort bien dans le paysage, c'est encore mieux ! Pour parfaire le tout, une belle piscine avec une partie couverte et une autre découverte. Un ensemble à la fois bien équipé, animé, mais familial et non aseptisé. Internet. Wifi.

Cadre : campagne, lacs ou rivières. ***Terrain :*** herbe ; plat.	⊕ Les hébergements locatifs ; la plage et les activités nautiques. ⊖ Les frais de dossier élevés.

À voir, à faire dans les environs : le château de Virieu ; le prieuré de Chirens ; La Côte-Saint-André et le musée Berlioz ; le lac de Paladru ; les caves et la distillerie de la Grande-Chartreuse à Voiron.

MOULINS 03000

56 km N de Vichy *Carte Auvergne A1*

€€€ 17,50 € **60 emplacements**

Camping Deneuvre : *Les Graves, route de Moulins, 03500 Châtel-de-Neuvre. ☎ 04-70-42-04-51. • campingdeneuvre@wanadoo.fr • camping-deneuvre.fr • Ouv d'avr à mi-oct.*
Au bord de l'Allier (avec une « plage » en saison), 60 emplacements délimités pour tentes, caravanes et camping-cars. Location de canoës et kayaks avec possibilité de transferts (personnes et matériel) jusqu'à Moulins, Chazeuil et Billy. En location, Coco Sweet, cabanes *(287-434 €/sem, loc possible à la nuitée).* Wifi.

Cadre : campagne. ***Terrain :*** herbe ; plat.	⊕ Dans la réserve naturelle du Val d'Allier, une des dernières rivières sauvages de France. ⊖ Quels « moins » ?

À voir, à faire dans les environs : Vulcania ; le vélorail ; le vieux Moulins, avec le Centre national du costume de scène, le musée de l'Illustration jeunesse ; le plan d'eau des Ozières à Yzeure ; l'arboretum de Balaine à Villeneuve-sur-Allier.

MURAT 15300

49 km NE d'Aurillac — *Carte Auvergne A2*

€€ 15 € — 213 emplacements

Camping Le Stalapos : *10, rue du Stade. ☎ 04-71-20-01-83 ou 03-80 (mairie). • agyl@camping-murat.com • camping-murat.com • Ouv 1er mai-30 sept.*
Camping agréable malgré le peu d'infrastructures. On y profite d'un accès à la rivière. Simple et tranquille. Internet. Wifi.

Cadre : campagne, lacs ou rivières, montagne, sentiers de randonnée. ***Terrain :*** herbe ; plat.	⊕ L'environnement. ⊖ Le bâtiment sanitaire non chauffé.

À voir, à faire dans les environs : la Maison de la faune ; le circuit des belles églises romanes.

MURAT-LE-QUAIRE 63150

57 km SO de Clermont-Ferrand — *Carte Auvergne A2*

€€ 10 € — 45 emplacements

Camping Les Couderts : *route de la Banne-d'Ordanche. ☎ 04-73-65-54-81. 📱 06-31-59-25-81. • campinglescouderts@orange.fr • camping-couderts.e-monsite.com • Ouv de mi-mai à mi-oct (loc tte l'année). CB refusées.*
Un petit camping tranquille et très agréable, avec des emplacements délimités par des haies. Également des minichalets 4 personnes *(141-339 €/sem)* et surtout de beaux chalets en bois pour 5 personnes *(275-560 €/sem)*, très bien entretenus et avec terrasse. Dépôt de pain en été. Accueil souriant et serviable. Internet. Wifi.

Cadre : lacs ou rivières, montagne, sentiers de randonnée, forêt, ville. ***Terrain :*** herbe ; plat ; en pente.	⊕ Sa situation un peu en altitude ; la vue sur le massif du Sancy ; le calme. ⊖ Les équipements simples.

À voir, à faire dans les environs : le scénomusée La Toinette ; le parc Fenestre de La Bourboule (3 km) ; le Mont-Dore (7 km) ; le plateau de Charlannes (11 km).

MUROL 63790

42 km SO de Clermont-Ferrand — *Carte Auvergne A2*

€€€ 24 € — 91 emplacements

Camping Le Repos du Baladin : *Groire. ☎ 04-73-88-61-93. • reposbaladin@free.fr • camping-auvergne-france.com • Ouv 27 avr-15 sept.*
Un petit camping séduisant, avec des emplacements gazonnés et ombragés. Calme, confortable, bien tenu et, en prime, une belle vue sur le château de Murol. Très bon accueil familial. Chalets et mobile homes pour 2 à 5 personnes *(364-830 €/sem)*. Internet. Wifi.

Cadre : campagne, montagne, sentiers de randonnée. ***Terrain :*** en terrasses ; herbe ; plat.	⊕ Les terrasses couvertes ; le calme. ⊖ pas de soirées pour les ados

€€€€ 33,90 € — 460 emplacements

Camping La Ribeyre : *Jassat, Saint-Victor-la-Rivière. ☎ 04-73-88-64-29. • info@laribeyre.com • laribeyre.com • Ouv de mai à mi-sept.*
Pour changer un peu, voici un très grand camping (13 ha), doté d'un beau plan d'eau (plage privée) et d'un super parc aquatique, comprenant 2 piscines et plusieurs

toboggans. Mobile homes et chalets en location *(322-1 792 €/sem selon saison et taille).* Très bien équipé : pizzeria-grill, resto, terrains de foot, de volley et de tennis, canoës, nombreuses animations. Très familial. Internet. Wifi.

Cadre : campagne, lacs ou rivières, montagne. ***Terrain :*** herbe ; plat.	⊕ Le parc aquatique et la proximité du lac. ⊖ Pas de supérette sur le camping

À voir, à faire dans les environs : le château de Murol (3 km) ; le lac Chambon (6 km) ; Saint-Nectaire (5 km).

MURS-ET-GÉLIGNIEUX 01300

15 km S de Belley ; 40 km O de Chambéry ***Carte Rhône-Alpes Nord B1***

€€€€ 30 € **100 emplacements**

L'Île de la Comtesse : *route des Abrets, chemin de la Comtesse.* ☎ *04-79-87-23-33.* • *camping.comtesse@orange.fr* • *ile-de-la-comtesse.com* • *Ouv de fin avr à mi-sept.*
À la frontière avec la Savoie, sur les rives d'un Rhône qui n'a encore les allures que d'une grosse rivière, et idéalement posé juste au bord du lac de Cuchet. Un camping qui sait rester aussi familial qu'accueillant malgré sa centaine d'emplacements et son niveau d'équipement. Piscine chauffée avec espace aquatique. Fréquentes animations. Location de tentes, mobile homes et chalets *(200-989 €/sem).* Internet. Wifi.

Cadre : campagne, lacs ou rivières. ***Terrain :*** herbe ; plat. ***Réducs :*** - 5 % et une boisson offerte sur présentation de ce guide.	⊕ L'accès direct au lac (et à la plage). ⊖ Pas d'activités pour les ados.

À voir, à faire dans les environs : le parc d'attractions Walibi ; la cascade de Glandieu ; Aix-les-Bains et le lac du Bourget.

NÉRIS-LES-BAINS 03310

8 km SE de Montluçon ***Carte Auvergne A1***

€ 9 € **135 emplacements**

Camping du Lac : *av. Marx-Dormoy.* ☎ *04-70-03-24-70.* • *campingdulac-neris@orange.fr* • *campingdulac-neris.com* • *Ouv de mi-mars à mi-nov.*
« Lac » est peut-être un bien grand mot pour l'étang situé en contrebas de ce camping sans histoires mais bien équipé. Location de sympathiques petits chalets *(262,50-287 €/sem pour 2 pers),* dont certains, pour le coup, proches de l'étang. Internet. Wifi.

Cadre : campagne, sentiers de randonnée, forêt. ***Terrain :*** herbe ; plat.	⊕ L'étang en contrebas. ⊖ Moyennement ombragé.

À voir, à faire dans les environs : l'église Saint-Georges, la Maison du patrimoine, le pavillon du lac.

NEUVÉGLISE 15260

12 km N de Chaudes-Aigues ***Carte Auvergne A2***

€€€€ 27 € **116 emplacements**

Flower Camping Le Belvédère : *4, route des Vacances, lieu-dit Lanau.* ☎ *04-71-23-50-50.* 📱 *06-74-37-15-63.* • *belvedere.cantal@orange.fr* • *campinglebelvedere.com* • *Ouv de mi-avr à fin sept.*

Sur un site naturel préservé, un camping calme, très confortable et bien ombragé. Domine la vallée de la Truyère. Piscine couverte. Loue des bungalows toilés, des mobile homes et des chalets, à la nuit ou à la semaine *(154-1 225 €/sem).* Rivière à 500 m (pêche, canoë). Internet. Wifi.

Cadre : forêt, lacs ou rivières, montagne, sentiers de randonnée. ***Terrain :*** en terrasses ; herbe ; plat. ***Réducs :*** 7 nuitées au prix de 6, 14 nuits au prix de 12 sur les emplacements camping sur présentation de ce guide.	⊕ La démarche écologique ; les nombreuses activités sportives dans les environs (canyoning, escalade, canoë, VTT, randonnée...). ⊖ Les nuits peuvent être fraîches (c'est la montagne !).

À voir, à faire dans les environs : les gorges de la Truyère (5 km).

NONETTE 63340

47 km SE de Clermont-Ferrand ***Carte Auvergne A2***

€€€ **17 €** **125 emplacements**

Camping Les Loges : *au bourg. ☎ 04-73-71-65-82. 06-84-10-35-02. • campingnonette@lesloges.com • lesloges.com • Ouv avr-sept.*
Au pied du beau village perché de Nonette, dans un coin tranquille, un joli camping au bord de l'Allier, plutôt bien ombragé. Location de mobile homes jusqu'à 6 personnes *(220-670 €/sem).* Toboggan aquatique, sauna, location de canoës, ping-pong, etc. Animations en été. Bon accueil. Profitez-en pour visiter les ruines du château du duc de Berry, l'église romane... Internet. Wifi.

Cadre : campagne, lacs ou rivières, sentiers de randonnée. ***Terrain :*** herbe ; plat.	⊕ À la campagne mais proche des commodités. ⊖ Quelques emplacements peu ombragés ; les nuits fraîches en basse saison.

À voir, à faire dans les environs : l'abbatiale d'Issoire (10 km) ; Boudes (11 km) et le vignoble du Dauphiné d'Auvergne.

NYONS 26110

52 km SE de Montélimar ; 44 km NE d'Orange ***Carte Rhône-Alpes Sud B2***

€€€€ **30,90 € (avec électricité)** **115 emplacements**

Camping Les Clos : *route de Gap. ☎ 04-75-26-29-90. • info@campinglesclos.com • campinglesclos.com • Ouv de mi-avr à mi-sept.*
Bien situé, au pied de la montagne bénéficiant du climat nyonsais. Petit cours d'eau tout à côté. Bon confort. Les emplacements les plus spacieux et plutôt bien ombragés, et séparés entre eux, sont les nos 51, 57 et 82. Une piscine (chauffée en moyenne saison) pour les grands et une pataugeoire pour les tout-petits (en haute saison seulement). Location de chalets et mobile homes *(295-759 €/sem ; possibilité 2 nuits min en basse saison).* Wifi.

Cadre : campagne, lacs ou rivières. ***Terrain :*** plat ; rocaille. ***Réducs :*** en basse et moyenne saisons, offre seniors (60 ans et plus), à partir de 3 nuits, à 18 €/j. sur présentation de ce guide.	⊕ La proximité de la rivière et du centre-ville (1,5 km). ⊖ Le terrain caillouteux.

À voir, à faire dans les environs : Nyons ; Grignan et son château ; les caves du Tricastin ; Vaison-la-Romaine.

OLLIERGUES 63880

56 km E de Clermont-Ferrand *Carte Auvergne B2*

€€€ 18 € **50 emplacements**

Camping Les Chelles : *Les Chelles. ☎ 04-73-95-54-34. • info@camping-les-chelles.com • camping-les-chelles.com • Ouv 1er avr-30 oct (loc tte l'année).*
Isolé dans un hameau un peu perdu dans la montagne, un petit camping très familial, et bien sympa. Caravanes, mobile homes et chalets à louer toute l'année *(200-670 €/sem).* Snack, billard, ping-pong. Internet. Wifi.

Cadre : forêt, montagne. ***Terrain :*** en pente ; en terrasses ; herbe ; plat.	⊕ L'ambiance sympa et les animations. ⊖ Les commerces à 5 km.

À voir, à faire dans les environs : le musée des Métiers ; Thiers (31 km) ; Ambert (23 km).

OUROUX 69860

27 km NO de Belleville-sur-Saône ; 25 km S de Cluny *Carte Rhône-Alpes Nord A1*

€€€€ **3 emplacements**

Les Folies de la Serve : *chez Pascaline et Pascal Patin, à La Serve. 06-95-99-68-55. • lesfolies.delaserve@gmail.com • lesfoliesdelaserve.com • Ouv début avr-fin oct.*
2 roulottes + 1 cabane (69 €/nuit pour 2, petit déj inclus, chauffage en supplément), superbement restaurées, dans un tranquille coin de nature. La plus ancienne date de 1900. Cette roulotte des Étoiles, la plus grande, vous emmène en Inde sans bouger des monts du Beaujolais. La roulotte dite « des Manèges » tournait dans le Nord au hasard des foires et autres ducasses dans les années 1920. Déco délicieusement rétro qui rappelle le passé de cette grande (avec salon) et belle roulotte. La dernière, celle des Amoureux, date des années 1950. Colorée, tout habillée de bois sculpté, douillette, avec de petits napperons au crochet. Le proprio en fabrique aussi... Ambiance très gipsy et atmosphère *La Strada.* L'électricité est là et, pour les sanitaires, comme pour faire votre popote, une aile de la maison des propriétaires vous est réservée : un véritable petit gîte, charmant, avec coin cuisine, salon et beau balcon en bois. Signalons également les 2 belles chambres d'hôtes décorées sur le mode oriental *(95 €/nuit).* Possibilité de panier-repas à 17 €. Accueil décontracté et chaleureux. Idéal pour faire un break original et très reposant. Une adresse qu'on aime, à la fois insolite et un brin bohème. Internet. Wifi.

Cadre : campagne, forêt, sentiers de randonnée. ***Terrain :*** herbe.	⊕ Les superbes roulottes ! ⊖ Dommage qu'il faille repartir...

À voir, à faire dans les environs : le parcours d'aventure du Haut-Beaujolais à Avenas ; plein de balades.

PÉLUSSIN 42410

20 km SO de Vienne ; 40 km E de Saint-Étienne *Carte Rhône-Alpes Nord A1*

€€€ 24 € **50 emplacements**

Bel'Époque du Pilat : *2, route de La Vialle. ☎ 04-74-87-66-60. • contact@camping-belepoque.fr • camping-belepoque.fr • Ouv avr-sept.*
Dans le Pilat rhodanien, dominant la vallée du Rhône et les vignobles de saint-joseph, un beau camping familial ombragé, dans un cadre naturel boisé légèrement vallonné. Bien équipé, emplacements spacieux entourés de verdure. Location de tentes équipées de poêles à bois et de mobile homes *(245-735 €/sem).* Chouette aire de jeux pour les gosses avec trampoline et bac à sable. Piscine. Animations pour les enfants jusqu'à 12 ans. Bon accueil, chaleureux et concerné. Wifi.

Cadre : campagne, sentiers de randonnée. ***Terrain :*** en terrasses ; herbe.	⊕ Le cadre ; l'équipement. ⊖ Les frais de réservation (10 €) et les 3 nuits minimum exigées de début juillet à fin août.

À voir, à faire dans les environs : le vieux Pélussin ; la cité médiévale de Malleval ; la chartreuse de Sainte-Croix-en-Jarez ; le site naturel de l'île du Beurre.

PERS 15290

22 km O d'Aurillac — *Carte Auvergne A2*

€€€ 19 € — **18 emplacements**

Ferme de Viescamp : *15, av. des Tilleuls. ☎ 04-71-62-25-14. 06-20-57-88-19. • lacaze@viescampers.com • viescampers.com • Ouv de mi-avr à mi-oct.*
Un mini-complexe champêtre proposant 18 emplacements de camping avec sanitaires privatifs, et plusieurs gîtes et chalets *(480-580 €/sem pour 5 pers).* Les espaces sont bien distincts et l'ambiance conviviale. Avec les activités qu'on trouve sur place (piscine, aire de jeux, étang privé, initiation à la pêche, animaux de la ferme...), l'adresse est idéale pour les familles. Restaurant l'été. Accueil sympa et dynamique. Internet.

Cadre : campagne, lacs ou rivières. ***Terrain :*** herbe ; plat.	⊕ Les équipements sanitaires privatifs à chaque emplacement. ⊖ Le peu d'emplacements.

À voir, à faire dans les environs : le musée d'Art et d'Archéologie d'Aurillac.

PIERREFITTE-SUR-LOIRE 03470

Carte Auvergne B1

12 km SE de Dompierre-sur-Besbre ; 27 km O de Paray-le-Monial

€€ 14 € — **20 emplacements**

Camping du Vernay : *route de Saligny-sur-Roudon. ☎ 04-70-47-02-49 ou 04-70-47-01-50 (mairie). • camping@interco-abl.fr • ot-valdebesbre.com • Ouv d'avr à mi-oct. CB refusées.*
Camping municipal bien équipé et doté de vastes emplacements au-dessus d'un petit plan d'eau où l'on peut se baigner, pêcher ou louer des embarcations à pédales en été. Également une douzaine de mobile homes, à l'arrière du camping, posés sur un terrain communautaire *(215-325 €/sem)* ainsi que 3 chalets (4-6 personnes) ouverts toute l'année *(résa : ☎ 04-70-97-49-72).* Wifi.

Cadre : campagne, sentiers de randonnée. ***Terrain :*** herbe ; plat.	⊕ Location de vélos. ⊖ Nous on aime.

À voir, à faire dans les environs : La Besbre, au confluent de la Loire ; le Pal, un parc d'attractions et animalier pas comme les autres ; les jardins du château de Beauvoir.

PLATS 07300

20 km NO de Valence ; 45 km SE d'Annonay — *Carte Rhône-Alpes Sud A1*

€€€ 23 € — **27 emplacements**

Camping Ferme de Simondon : *370, chemin de Simondon. ☎ 04-75-07-65-75. • brunoprimois@gmail.com • restaurant-gite-camping-simondon.fr • Ouv mars-sept (chambres tte l'année).*

Un ancien hameau de maisons de pierre dans une tranquille campagne, un peu en hauteur (sympathique panorama sur le Vercors). Dans les champs, des ânes, des moutons et des chevaux. Sur les terrasses, de vastes emplacements où planter sa tente. Cabane-lodge, tentes trappeur ou médiévale à louer *(320-560 €/sem)*. Dans les maisons, des gîtes, un mini-dortoir (6 lits) et une jolie chambre d'hôtes. Piscine. Sauna et spa (en supplément). Épicerie-bar et vrai resto. Accueil très amical. NOUVEAUTÉ.

Cadre : campagne, sentiers de randonnée. ***Terrain :*** herbe ; en terrasses.	⊕ Le site ; l'accueil. ⊖ R.A.S.

À voir, à faire dans les environs : le château-musée à Tournon-sur-Rhône ; la ViaRhôna ; la Cité du chocolat à Tain-l'Hermitage ; le musée de la Chaussure à Romans.

POMEYS 69590

15 km NE de Saint-Galmier — **Carte Rhône-Alpes Nord A1**

€€€ **20 €** — **114 emplacements**

Camping d'Hurongues : *zone de loisirs d'Hurongues. ☎ 04-78-48-44-29. • camping.hurongues@gmail.com • camping-hurongues.com • Ouv de mi-avr à mi-oct.*
Un camping très calme, où près de la moitié des mobile homes sont loués *(307-651 €/sem)* par des retraités qui ont plaisir à se retrouver. Ambiance familiale donc, avec parties de pétanque entre amis. Juste avant le camping, un joli plan d'eau, interdit à la baignade mais agréable pour se promener, pêcher... et où les fans d'aéromodélisme se retrouvent pour faire évoluer leurs engins. Internet. Wifi.

Cadre : campagne, lacs ou rivières, sentiers de randonnée. ***Terrain :*** herbe ; plat.	⊕ Ombragé. ⊖ La promiscuité des mobile homes.

À voir, à faire dans les environs : les monts du Lyonnais.

POMMEROL 26470

44 km S de Die ; 49 km NE de Nyons — **Carte Rhône-Alpes Sud B2**

€€ **15 €** — **25 emplacements**

Aire naturelle de Pommerol : *120, chemin de la Ferme-de-Pommerol. ☎ 04-75-27-25-63. 📱 06-87-79-14-20. • pommerol.camping@wanadoo.fr • fermedepommerol.com • Ouv avr-oct.*
La route vaut à elle seule le détour : elle épouse les formes acérées des falaises qui enserrent la gorge pour déboucher sur un site dans un environnement superbe, entouré d'arbres fruitiers, où les petits pourront découvrir les activités de la ferme. Bon équipement. Internet. Wifi.

Cadre : campagne, forêt, montagne, sentiers de randonnée, lacs ou rivières. ***Terrain :*** en terrasses ; herbe. ***Réducs :*** apéritif offert sur présentation de ce guide.	⊕ Le cadre préservé ; les produits fermiers. ⊖ Pas pour les ados festifs.

À voir, à faire dans les environs : les gorges de Pommerol ; les Baronnies et la route du col de Soubeyrand.

POUILLY-SOUS-CHARLIEU 42720

15 km N de Roanne *Carte Rhône-Alpes Nord A1*

€€ 10 € **50 emplacements**

Camping municipal Les Îlots : *route de Marcigny. ☎ 04-77-60-90-22 ou 04-77-60-80-67. • campinglesilots42@orange.fr • pouillysouscharlieu.fr • Ouv de mi-mai à fin sept. CB refusées.*
Ce camping tout simple, bordé par le Sornin et dissimulé derrière les terrains de sport de la commune (foot, tennis, basket), se révèle agréable, tranquille et convivial. Avec plus de 600 pieds de fleurs, il est même régulièrement primé pour sa décoration florale entretenue par le sympathique gardien. Tables de pique-nique disséminées sur le site, ainsi que quelques arbres pour se dégotter un emplacement à l'ombre. Salle commune avec jeux de société. Commerces à proximité (500 m), voie verte à 3 km. Internet. Wifi.

Cadre : campagne, lacs ou rivières.
Terrain : herbe ; plat.

⊕ Un camping fleuri ; les sanitaires chauffés.
⊖ Peu engageant au premier abord, mais vaut la peine d'être découvert.

À voir, à faire dans les environs : la brasserie du Sornin ; Charlieu, ses musées et son abbaye bénédictine.

PRADELLE 26340

36 km SE de Crest ; 33 km SO de Die *Carte Rhône-Alpes Sud B2*

€€€ 23 € **15 emplacements**

Le Moulin de Pradelle : *Pradelle. ☎ 04-75-21-69-96. 📱 06-85-02-57-24. • lemoulin.accueil@orange.fr • relaislemoulin.com • Ouv 15 avr-15 nov. CB refusées.*
En pleine nature, en bord de rivière, dans un site grandiose qui se suffit à lui-même, cette aire naturelle de camping possède un charme fou, mais offre un confort plutôt rudimentaire... La quintessence du camping, en somme ! Bungalows toilés pour ceux qui tiennent néanmoins à leur confort *(390-410 €/sem),* ainsi que quelques éléments de « luxe » appréciables : électricité, barbecue, piscine... Snack bio végétarien, possibilité sans gluten ; pain maison à partir de farine bio et au levain ; épicerie avec produits locaux. Jardin en permaculture. Internet.

Cadre : montagne, sentiers de randonnée, lacs ou rivières.
Terrain : herbe ; plat.

⊕ Le site magnifique.
⊖ La route qui passe juste au-dessus.

À voir, à faire dans les environs : la forêt de Saoû et les Trois-Becs ; la montagne d'Angèle ; les gorges de la Roanne.

PRADONS 07120

21 km S d'Aubenas ; 3 km NE de Ruoms *Carte Rhône-Alpes Sud A2*

€€€€ 35 € **77 emplacements**

Camping du Pont : *chemin du Cirque-de-Gens. ☎ 04-75-93-93-98. 📱 06-08-93-99-30. • campingdupont07@wanadoo.fr • campingdupontardeche.com • Ouv de fin mars à mi-sept.*
Petit camping familial à l'agréable atmosphère, posé sur un méandre de la rivière, avec plage de sable. Location de mobile homes, tentes, chalets et cottages *(280-1 260 €/sem).* Snack-bar. Animations en saison et plein d'activités sportives à proximité. Internet. Wifi.

Cadre : campagne, lacs ou rivières. ***Terrain :*** herbe ; plat.	⊕ L'accès direct à la rivière ; la piscine chauffée. ⊖ Le bruit de la circulation sur le pont.

€€€€ 29 € — **50 emplacements**

Camping International : *à La Coustace. ☎ 04-75-39-66-07. 06-86-53-05-87. • contact@camping-international-07.fr • camping-international-07.fr • Ouv avr-fin oct.*
Des allées délimitées par des cyprès sculptés de Leyland, c'est original ! Accès à la rivière. Piscine chauffée avec pataugeoire, jacuzzi. Propose de nombreuses activités nature : balades en VTT accompagnées, équitation, randonnées, canoë. Location de chalet (sans sanitaires), bungalows et mobile homes pour 2 à 6 personnes *(169-769 €/sem).* Internet. Wifi.

Cadre : campagne, lacs ou rivières. ***Terrain :*** herbe ; plat. ***Réducs :*** - 5 % en juil-août sur les locations d'au moins une semaine.	⊕ Le *pass* gratuit pour le parc de loisirs *Isla Cool Douce* (à 1 km). ⊖ Le bruit de la route qui passe juste à côté.

€€€€ 40 € — **156 emplacements**

Camping Les Coudoulets : *chemin de l'Ardèche. ☎ 04-75-93-94-95. • camping@coudoulets.com • coudoulets.com • Ouv de mi-avr à mi-sept.*
Camping bien tenu, avec de beaux espaces. Animations (escalade, initiation canoë-kayak). Espace aquatique : piscine couverte chauffée et bassin balnéo, accès direct à l'Ardèche. Pas mal du tout dans l'ensemble. Mobile homes et gîtes également, pour 6 personnes, entièrement rénovés et avec terrasse couverte *(350-1 000 €/sem).* Internet. Wifi.

Cadre : campagne, lacs ou rivières, sentiers de randonnée. ***Terrain :*** herbe ; plat. ***Réducs :*** apéritif maison offert sur présentation de ce guide.	⊕ Le site ; l'accès direct à l'Ardèche ; l'ambiance famille et enfants ; la piscine couverte et chauffée ; les sanitaires privatifs. ⊖ Peu d'animations en soirée.

À voir, à faire dans les environs : Balazuc et le hameau du Viel-Audon ; Ruoms ; les défilés de Ruoms ; le cirque de Gens ; Labeaume ; les gorges de l'Ardèche.

PRALOGNAN-LA-VANOISE 73710

Carte Rhône-Alpes Nord B1

54 km SE d'Albertville ; 112 km NE de Saint-Jean-de-Maurienne

€€€ 25 € — **167 emplacements**

Camping Alpes Lodges : *194, route du Rocher-Blanc. ☎ 04-79-08-75-24. 06-07-01-92-45. • camping@alpes-lodges.com • alpes-lodges.com • Ouv de mi-déc à fin mars et début juin-fin sept.*
Une vaste pelouse, au pied de la forêt, juste à l'écart du village. Un super environnement donc, surtout pour les emplacements du fond, en hauteur (vue plus dégagée). Location de mobile homes, chalets dans l'esprit savoyard (4 à 6 personnes) et d'Alpine Pods en bois *(300-1 150 €/sem).* Internet. Wifi.

Cadre : forêt, montagne, sentiers de randonnée, lacs ou rivières. ***Terrain :*** en terrasses ; herbe ; plat.	⊕ L'accès gratuit à la grande piscine couverte et chauffée. ⊖ Pas d'ombre du tout (comme souvent en montagne !)

À voir, à faire dans les environs : le parc national de la Vanoise.

PRIVAS 07000

43 km SO de Valence ; 29 km NE d'Aubenas *Carte Rhône-Alpes Sud A1-2*

€€€€ 38 € **166 emplacements**

Ardèche Camping : *chemin du Camping. ☎ 04-75-64-05-80. 📱 06-86-26-69-84. • ardechecamping07@gmail.com • ardechecamping.fr • Ouv de mi-avr à fin sept.*
Sur les rives de l'Ouvèze, un vaste (mais agréable) camping avec de grands espaces verts, des sanitaires bien tenus et en nombre suffisant. Piscine couverte chauffée ; piscine découverte avec pataugeoire. Bar-resto. Organise des randos en saison et de multiples activités. Également des hébergements locatifs pour 1 à 5 personnes : chalets, mobile homes (clim pour certains) et bungalows toilés *(315-994 €/sem).* Internet. Wifi.

Cadre : campagne, sentiers de randonnée, ville.
Terrain : herbe ; plat.

⊕ La proximité du centre-ville.
⊖ La route au-dessus du camping.

À voir, à faire dans les environs : à Privas, le centre ancien et le sentier du Montoulon ; les ruines du château de Saint-Michel-de-Boulogne ; le col de l'Escrinet ; le village de Coux ; les grottes de la Jaubertie.

REYSSOUZE 01190

18,5 km S de Tournus ; 19,5 km NE de Mâcon *Carte Rhône-Alpes Nord A1*

€€€ 23 € **150 emplacements**

Champ d'Été : *lieu-dit Champ-d'Été. ☎ 03-85-23-96-10. 📱 06-03-56-64-82. • info@camping-champ-dete.com • camping-champ-dete.com • Ouv de fin mars à mi-oct (fin fév-fin nov pour les loc).*
Joli camping paysagé, comme on dit, à 5 mn à pied de Pont-de-Vaux mais très campagnard. Étang de pêche. Pour la baignade, une piscine avec toboggans, jets d'eau, etc. Location de tentes aménagées, mobile homes, chalets *(235-765 €/sem)* et gîte de groupes *(2 050-2 550 €/sem)* ; loc possible à la nuitée. Internet. Wifi.

Cadre : campagne, lacs ou rivières.
Terrain : herbe ; plat.

⊕ Le site.
⊖ Quels « moins » ?

À voir, à faire dans les environs : le musée Chintreuil à Pont-de-Vaux ; la réserve naturelle de la Truchère ; l'abbaye de Tournus.

ROCHEFORT-SAMSON 26300

36 km E de Valence ; 14 km SE de Romans-sur-Isère *Carte Rhône-Alpes Sud B1*

€€€ 25 € **38 emplacements**

Camping de la Combe d'Oyans : *à la combe d'Oyans. ☎ 04-75-47-33-23. 📱 07-60-11-30-07. • lacombedoyans@gmail.com • lacombedoyans.com • Ouv de mi-avr à fin sept.*
Petit camping bien équipé, très joliment situé au pied du Vercors. Les emplacements destinés aux campeurs ont le mérite d'être bien ombragés. Quant aux chalets, mobile homes et gîtes *(255-525 €/sem),* ils sont carrément installés en lisière de forêt. Grande piscine *(15 juin-15 sept)* et nombreuses randonnées (de 1h à une journée) au départ du camping. Internet. Wifi.

Cadre : montagne, sentiers de randonnée.
Terrain : herbe.
Réducs : - 10 % en basse saison sur présentation de ce guide.

⊕ Le calme ; la détente ; la piscine ; la vue sur le Vercors.
⊖ Vite complet en été.

À voir, à faire dans les environs : Romans-sur-Isère et le musée de la Chaussure ; le Vercors (à découvrir en voiture, à pied ou à vélo).

ROFFIAC 15100

73 km E d'Aurillac ; 115 km O du Puy-en-Velay — *Carte Auvergne A2*

€€ 11,90 € — **10 emplacements**

Camping Le Ruisselet : *famille Bergaud, Le Ruisselet, Mazerat. ☎ 04-71-60-11-33. 06-40-10-31-65. • info@ferme-le-ruisselet.com • ferme-le-ruisselet.com • Ouv de mi-mai à fin sept.*
Camping à la ferme, on y trouve une table d'hôtes *(22 €)* offrant une bonne cuisine du terroir ; également une cuisine à disposition. Accueil très souriant et agréable de Mado et de sa famille, qui gèrent l'affaire avec dynamisme. Location de chambres *(68 € pour 2, petit déj inclus),* mobile homes *(360-380 €/sem).* Animaux de la ferme que les enfants peuvent approcher et nourrir. Internet. Wifi.

Cadre : campagne.
Terrain : en pente ; herbe.

⊕ Les plats cuisinés (à commander 24h ou 48h à l'avance) et tous les produits de la ferme en vente.
⊖ La route n'est pas très loin.

À voir, à faire dans les environs : la cathédrale Saint-Pierre, le musée de la Haute-Auvergne, le Musée postal d'Auvergne, le Festival des Hautes-Terres. Le musée Alfred-Douët.

ROSIÈRES 07260

24 km SO d'Aubenas — *Carte Rhône-Alpes Sud A2*

€€€€ 41 € — **167 emplacements**

Domaine Arleblanc Camping : *gorges de la Baume, Arleblanc. ☎ 04-75-39-53-11. • info@arleblanc.com • arleblanc.com • Ouv fin mars-début nov.*
Situé dans un fort bel environnement, à l'entrée des gorges de la Beaume, c'est l'un des plus anciens campings de l'Ardèche. Domaine de 7 ha en bord de rivière. Clientèle populaire et familiale. Tout le confort. Nombreux chalets et mobile homes *(350-847 €/sem selon confort et saison).* Atmosphère particulièrement animée, une vraie petite ville. Animations et soirées à thèmes en saison. Possibilité de faire du canoë sur la rivière. Internet. Wifi.

Cadre : campagne, lacs ou rivières.
Terrain : plat.

⊕ Vraiment pro ; accueil sympa des quatre générations de proprios.
⊖ Ne conviendra pas à ceux qui recherchent plutôt l'intimité.

À voir, à faire dans les environs : à Joyeuse, la vieille ville et l'espace Découverte de la châtaigne (Castanea) ; la route de la corniche du Vivarais ; Labeaume ; Ruoms ; les défilés de Ruoms.

ROYAT 63130

3 km O de Clermont-Ferrand — *Carte Auvergne A1*

€€€€ 31 € — **195 emplacements**

Camping Huttopia Royat : *route de Gravenoire, quartier L'Oclède. ☎ 04-73-35-97-05. • royat@huttopia.com • europe.huttopia.com/royat/auvergne • Ouv fin mars-début nov.*
Un beau camping très nature, aux portes de Royat (et donc de Clermont-Ferrand). Emplacements sur 7 ha, bien ombragés, avec le cui-cui des oiseaux en prime. Également de beaux chalets en bois, des mobile homes, des roulottes et des tentes toile et bois équipés *(294-1 148 €/sem).* Bon équipement et bon accueil. Tarifs spéciaux pour les curistes. Internet. Wifi.

Cadre : campagne, ville. ***Terrain :*** en terrasses.	⊕ La nature aux portes de Clermont. ⊖ On a tout aimé.

À voir, à faire dans les environs : l'arboretum (5 km) ; la vieille ville de Clermont et celle de Montferrand (3 km).

ROYBON 38940

62 km NO de Grenoble ; 34 km NE de Romans-sur-Isère *Carte Rhône-Alpes Sud B1*

€€€ 19 € **90 emplacements**

Camping de Roybon : *1300, route de Saint-Antoine. ☎ 04-76-36-23-67. 📱 06-86-64-55-47. • campingroybon38@gmail.com • campingroybon.com • Ouv de mi-avr à fin sept.*
Un camping en pleine nature, dans un coin particulièrement bucolique. Emplacements de part et d'autre d'une petite rivière ou tout au bord d'un lac de pêche. Baignade et balade en embarcations à pédales de rigueur. Itinéraires de VTT, cyclo et randonnée. Sympathique petit resto. Accueil vraiment cool et belle ambiance. Location de quelques mobile homes pour 4 personnes *(370-650 €/sem).* Internet. Wifi.

Cadre : campagne, lacs ou rivières. ***Terrain :*** herbe ; plat.	⊕ L'accueil ; pas de moustique qui pique. ⊖ Les nuits un peu fraîches ; pas d'animations.

À voir, à faire dans les environs : Saint-Antoine-l'Abbaye et son abbaye ; le château et le musée de Bressieux ; le musée du couvent des carmes – musée des Dauphins et de la Flore à Beauvoir-en-Royans ; la Côte-Saint-André et le musée Berlioz ; le Vercors.

RUOMS 07120

25 km S d'Aubenas ; 10 km N de Vallon-Pont-d'Arc *Carte Rhône-Alpes Sud A2*

€€€€ 47 € **212 emplacements**

Yelloh Village La Plaine : *La Grande-Terre. ☎ 04-75-39-65-83. • info@yellohvillage-la-plaine.com • camping-la-plaine.com • Ouv de mi-avr à mi-sept.*
Cadre sympa, avec un grand cirque de verdure face aux parois des gorges et une agréable plage aménagée. Ambiance village et ensemble bien tenu, emplacements assez larges et ombragés. Grande piscine et petit espace aquatique avec bains bouillonnants et toboggans. Salle de remise en forme. Location de kayaks, possibilité de faire de l'équitation. On vous l'accorde, la qualité dans ce cas se paie cher ! Location de cottages pour 2 à 6 personnes *(315-1 869 €/sem).* Internet. Wifi.

Cadre : campagne, lacs ou rivières. ***Terrain :*** herbe ; plat.	⊕ Le cadre, au milieu des vignes. ⊖ Les prix... ; les animaux qui ne sont pas acceptés en location.

À voir, à faire dans les environs : le musée Vinimage, les défilés ; les gorges de l'Ardèche et les grottes ; la grotte et le musée de la Préhistoire d'Aven-Orgnac.

RUYNES-EN-MARGERIDE 15320

14 km E de Saint-Flour *Carte Auvergne A2*

€€€ 25 € **90 emplacements**

Camping Le Petit Bois : *☎ 04-73-93-60-00. • contact@revea-vacances.com • revea-camping.fr • Ouv de fin avr à mi-sept.*
Grand camping très bien aménagé, profitant d'un panorama dégagé sur la Margeride. Emplacements répartis dans les prés ou à l'ombre de la pinède. Location de huttes et

de chalets *(135-430 € pour max 5 pers).* Belle vue de la vaste pièce commune. Accueil souriant. Piscine municipale toute proche. Lac de Garabit à 6 km. Tennis. Équitation à proximité. Location de vélos. Wifi.

Cadre : campagne. ***Terrain :*** herbe ; plat.	⊕ Les huttes dans la pinède. ⊖ Besoin d'un « moins » ?

À voir, à faire dans les environs : l'écomusée de la Margeride ; le Rocher qui bouge à Saint-Marc-Saint-Just.

SAHUNE 26510

17 km NE de Nyons — ***Carte Rhône-Alpes Sud B2***

€€€€ **49 €** **75 emplacements**

Yelloh Village Camping Les Ramières : *2235, route des Hermasses. ☎ 04-75-27-40-45. • contact@lesramieres.com • lesramieres.com • Ouv de début mai à mi-sept.*
Les amoureux de grands espaces et de sérénité pourront se ressourcer en observant le magnifique panorama sur le massif des Baronnies. Idéal pour ceux qui aiment la randonnée à pied ou à VTT, la pêche, l'escalade, mais aussi profiter de l'eau bleue de la piscine (avec ses nouveaux toboggans) pour quelques séances d'aquagym ou tout simplement pour se prélasser au soleil ! Loue aussi des chalets, tentes et mobile homes *(245-1050 €/sem ou 35-150 €/nuit).* Les villages provençaux vous attendent avec leurs marchés typiques hebdomadaires aux mille saveurs : olives, truffes, fruits, légumes, vins, miel, fromage... Internet.

Cadre : lacs ou rivières, montagne. ***Terrain :*** en terrasses ; herbe. ***Réducs :*** - 10 % en basse saison sur présentation de ce guide.	⊕ Le cadre ; le nouvel espace aquatique avec 3 toboggans et un espace jacuzzi. ⊖ Le manque d'ombre, mais des tonnelles sont mises à disposition gracieusement sur les emplacements.

À voir, à faire dans les environs : Montélimar, les nougats et le palais du Bonbon ; le château de Grignan.

SAIL-SOUS-COUZAN 42890

23 km O de Feurs ; 22 km N de Montbrison — ***Carte Rhône-Alpes Nord A1***

€ **8,50 €** **53 emplacements**

Camping municipal : *lieu-dit Marancey. ☎ 04-77-24-52-62. 📱 06-34-38-83-82. • mairie.accueil@sail-sous-couzan.com • sail-sous-couzan.com • Ouv de mi-avr à mi-oct.*
On accède par un joli petit pont de pierres à ce camping municipal situé sur la route des Balcons, au pied du château de Couzan dont les ruines émergent au loin. Sans prétention, il s'avère à la fois pas cher et tranquille, en bord de rivière. Équipements minimaux : électricité, douches et w-c.

Cadre : campagne, lacs ou rivières, ville, sentiers de randonnée, montagne. ***Terrain :*** herbe ; plat.	⊕ Le prix et le calme. ⊖ La modestie des équipements, mais à ce prix-là...

À voir, à faire dans les environs : le château et la bastie d'Urfé ; le château de Couzan ; la route des Balcons.

SAINT-AGRÈVE 07320

51 km E du Puy-en-Velay ; 60 km O de Valence — **Carte Rhône-Alpes Sud A1**

€€€ **20 €** — **30 emplacements**

Camping Le Riou La Selle : *☎ 04-75-30-29-28. • camping.lerioulaselle@live.fr • camping-riou.com • Ouv de mi-avr à début oct.*
Un bien beau domaine (3 étoiles bien méritées) à taille humaine. Du calme, de l'espace, une grande piscine, de l'ombrage, et tout cela en pleine nature, près d'une forêt de pins. Bon équipement, excellent accueil et entretien nickel. Bonne ambiance. Location de mobile homes et de petits chalets en rondins de bois pour 4 personnes *(300-590 €/sem).* Internet.

Cadre : forêt, sentiers de randonnée. ***Terrain :*** herbe.	⊕ Les emplacements bien délimités. ⊖ Pas d'animations.

À voir, à faire dans les environs : le mont Chiniac ; le train touristique Velay Express ; la voie verte La Dolce Via ; le lac de Devesset.

SAINT-ALBAN-DE-MONTBEL 73610

19 km O de Chambéry ; 57 km SO d'Annecy — **Carte Rhône-Alpes Nord B1**

€€€€ **33 € (avec électricité)** — **159 emplacements**

Camping Huttopia Lac d'Aiguebelette : *231, route de Sougey. ☎ 04-79-36-01-44. • info@camping-aiguebelette-sougey.com • camping-aiguebelette-sougey.com • Ouv avr-nov.*
Au bord du lac, un camping-base de loisirs Huttopia. Un camping assez international, aux emplacements bien délimités, raisonnablement ombragé et bien entretenu. Accès plage (surveillée et gratuite pour les campeurs) à 100 m (embarcations à pédales, miniclub, snack). Location de tentes aménagées, chalets, roulottes 4 à 5 personnes *(41-146 €/nuit).* Également un resto, l'*Auberge du Sougey,* aménagé dans une ancienne grange restaurée, avec terrasse au-dessus du lac. Internet.

Cadre : campagne, lacs ou rivières. ***Terrain :*** herbe ; plat.	⊕ Toutes les activités de la base de loisirs. ⊖ Les quelques places de camping proches de la départementale.

À voir, à faire dans les environs : les deux rives du lac d'Aiguebelette ; le massif de la Chartreuse ; Chambéry par la route du col de l'Épine.

SAINT-AVIT 26330

Carte Rhône-Alpes Sud A1

22 km NO de Romans-sur-Isère ; 13 km S de Hauterives

€€€€ **36,40 €** — **112 emplacements**

Domaine La Garenne : *156, chemin de Chablezin. ☎ 04-75-68-62-26. • contact@domaine-la-garenne.com • domaine-la-garenne.com • Ouv fin avr-fin sept.*
Isolé en pleine nature, ce magnifique site s'étend sur 14 ha, au milieu de chênes, de pins et de prés où sont dispersés les emplacements de belle taille (ceux des catégories supérieures sont carrément immenses et dans des espaces souvent de toute beauté). Tout est fait pour préserver l'intimité et qu'on ne soit pas les uns sur les autres. Bref, un camping de rêve pour les amoureux du calme et les amateurs de tourisme vert. Le tout, sans négliger le confort : sanitaires entretenus, machines à laver, boulanger tous les jours en été, 2 belles piscines et une pataugeoire. Sur les terrains en terrasses, location de chalets et mobile homes jusqu'à 8 personnes *(250-1 120 €/sem).* Rivière et nombreux sentiers pédestres et VTT tout à côté. Internet. Wifi.

Cadre : campagne, forêt, sentiers de randonnée. ***Terrain :*** en terrasses ; herbe.	⊕ La beauté du site et de son aménagement ; les sanitaires refaits à neuf. ⊖ Pas d'épicerie sur place ; l'éloignement des commerces (3 km).

À voir, à faire dans les environs : le Palais idéal du facteur Cheval à Hauterives ; Romans-sur-Isère ; le Vercors.

SAINT-BONNET-LE-CHÂTEAU 42380

33 km O de Saint-Étienne ; 30 km S de Montbrison ***Carte Rhône-Alpes Nord A1***

€€€ **18 €** **54 emplacements**

Camping de la Belle Étoile : *rue du Stade. ☎ 04-77-50-03-16. 📱 06-14-91-11-16. • contact@campingdelabelleetoile.com • campingdelabelleetoile.com • Ouv de mi-avr à mi-oct.*
Juché dans les monts du Forez, en contrebas d'une bourgade au caractère médiéval affirmé, un petit camping familial aussi pépère que bien équipé : piscine, courts de tennis (un rien bosselés...), et même un coin bibliothèque dans les sanitaires, par ailleurs étincelants. Emplacements herbeux, pour la plupart ombragés et bien délimités par des haies. Location de mobile homes *(260-710 €/sem).* Lac de pêche à proximité. Internet. Wifi.

Cadre : montagne, sentiers de randonnée, ville, campagne. ***Terrain :*** herbe ; plat. ***Réducs :*** - 10 % sur la 2e semaine en hébergement et un apéritif de bienvenue offert sur présentation de ce guide.	⊕ Les équipements sportifs ; la proximité du village et de ses commerces. ⊖ On cherche encore...

À voir, à faire dans les environs : le bourg médiéval et la collégiale de Saint-Bonnet ; les monts du Forez ; les gorges de la Loire.

SAINT-BONNET-PRÈS-ORCIVAL 63210

27 km SO de Clermont-Ferrand ***Carte Auvergne A1***

€€€ **20 €** **70 emplacements**

Camping de la Haute Sioule : *le bourg. ☎ 04-73-65-83-32. 📱 06-85-75-64-76. • hautesioule@wanadoo.fr • camping-auvergne.info • Ouv tte l'année.*
Sympathique camping sur une colline plus ou moins ombragée qui descend vers les rives de la Sioule. Chalets tout équipés pour 5 à 7 personnes *(500-800 €/sem)* et caravanes. Petits commerces à proximité, jeu de quilles, ping-pong, pêche. Très bon accueil au croquignolet bar-tabac qui fait office de réception à l'entrée. Ambiance familiale. Internet. Wifi.

Cadre : campagne, sentiers de randonnée. ***Terrain :*** en pente ; en terrasses ; herbe.	⊕ La location d'ânes pour randonner ; la vue incomparable sur le Puy-de-Dôme (en particulier de la dernière parcelle) ; la pêche dans la Sioule et les lacs de cratère. ⊖ Le manque d'ombre ici ou là ; la volaille en liberté sur le terrain.

À voir, à faire dans les environs : la basilique romane ; le château de Cordès (5 km).

SAINT-BONNET-TRONÇAIS 03360

13 km NO de Cérilly — *Carte Auvergne A1*

€€€ 18,50 € — **99 emplacements**

Camping Champ-Fossé : *1, rue du Champ-Fossé. ☎ 04-70-06-11-30 et 04-70-67-50-96. • champfosse@campingstroncais.com • campingstroncais.com • Ouv d'avr à mi-oct.*
Agréable camping au cœur de la forêt (ombragé, évidemment...) et au bord d'un joli étang. En été, diverses activités (baignade, pêche, sports nautiques). Les commerces du village sont à 100 m. Résa indispensable en été. Loue également des mobile homes et gîtes *(210-575 €/sem)*. Internet. Wifi.

Cadre : campagne, forêt, lacs ou rivières. ***Terrain :*** en pente ; herbe.	⊕ En lisière d'un étang et dans la forêt de Tronçais. ⊖ Beaucoup de monde en haute saison.

À voir, à faire dans les environs : la forêt de Tronçais ; la Maison de la dentelle à Urçay ; Ainay-le-Château (6,5 km).

SAINT-CHRISTOPHE-EN-OISANS 38520

21 km SE de Bourg-d'Oisans ; 77 km NO de Briançon — *Carte Rhône-Alpes Sud B1*

€€ 14,50 € — **165 emplacements**

Camping municipal de la Bérarde : *La Bérarde. ☎ 04-76-79-20-45. 📱 06-08-70-59-70. • contact@camping.berarde.com • camping-berarde.com • Ouv juin-sept.*
Vraiment tranquille, aux portes du village. Les emplacements s'étirent plaisamment le long de la rive gauche du torrent où poussent quelques bouleaux. Excellent accueil. Sanitaires impeccables dans de petits chalets en pierre très couleur locale. Quelques tentes « prêt-à-camper » *(200-330 €/sem)*.

Cadre : montagne. ***Terrain :*** herbe ; plat.	⊕ Le cadre. ⊖ Les douches payantes.

À voir, à faire dans les environs : le massif de l'Oisans ; le musée d'Huez et de l'Oisans à L'Alpe-d'Huez ; le parc national des Écrins.

SAINT-CONSTANT 15600

22 km NE de Figeac ; 41 km SO d'Aurillac — *Carte Auvergne A2*

€€€ 25 € — **54 emplacements**

Camping Moulin de Chaules : *lieu-dit Moulin-de-Chaules. ☎ 04-71-49-11-02. 📱 06-72-44-66-50. • camping@moulin-de-chaules.com • moulin-de-chaules.com • Ouv de mi-avr à mi-oct.*
Ce joli camping, à deux pas d'un château fort en ruines, possède un charme fou. Une cinquantaine d'emplacements plus ou moins ombragés, pas séparés entre eux mais étagés sur plusieurs niveaux. Environnement très agréable, en pleine nature, le long du ruisseau la Ressègue. La grange a été transformée en taverne, et il y règne une bonne ambiance conviviale et familiale ; diverses animations pour les enfants ; jeu d'échecs géant. Belle piscine. Locatifs *(200-990 €/sem)*. Internet. Wifi.

Cadre : campagne, sentiers de randonnée, lacs ou rivières. ***Terrain :*** herbe ; plat.	⊕ Le site. ⊖ Un peu isolé.

À voir, à faire dans les environs : à Maurs-la-Jolie, l'abbatiale Saint-Cézaire, les foires chevalines ; les coteaux de la Rance.

SAINT-DONAT-SUR-L'HERBASSE 26260

Carte Rhône-Alpes Sud A1

12 km NO de Romans-sur-Isère ; 17 km NE de Tain-l'Hermitage

€€€ 17 € 98 emplacements

Domaine du Lac de Champos : *☎ 04-75-45-17-81. • contact@lacdechampos.com • lacdechampos.com • Ouv début avr-1er nov.*
Juste en contrebas de la route, ce petit camping jouxte la belle base de loisirs, et c'est là son principal intérêt si vous voyagez avec des enfants. Car si le site réservé aux chalets est très aéré, les emplacements de camping proprement dit sont eux relativement tassés et étroits. Un seul bloc sanitaire pour tout le monde, mais propre et pratique. Accueil absolument charmant. Location de chalets et de tentes aménagées *(299-599 €/sem).* Internet. Wifi.

Cadre : campagne, lacs ou rivières, sentiers de randonnée.
Terrain : en terrasses ; herbe ; plat ; rocaille.

⊕ L'accès au lac et à toutes les activités de la base de loisirs du *Domaine du Lac de Champos*.
⊖ La résa indispensable en été.

À voir, à faire dans les environs : Romans-sur-Isère ; le Palais idéal du facteur Cheval à Hauterives ; le Vercors.

SAINT-ÉTIENNE-DE-FONTBELLON 07200

43 km O de Montélimar ; 2,5 km S d'Aubenas — Carte Rhône-Alpes Sud A2

€€ 13 € 50 emplacements

Camping Les Acacias : *route du Camping, Les Croix. ☎ 04-75-93-67-87. • camping-les-acacias@wanadoo.fr • camping-les-acacias.fr • Ouv de mi-avr à fin sept.*
Un camping tout simple qui présente surtout l'avantage de ne pas être cher ni très grand. Petite piscine. Location de mobile homes et de bungalows *(169-420 €/sem).* Internet. Wifi.

Cadre : campagne.
Terrain : en pente ; herbe.

⊕ Le bon rapport qualité-prix.
⊖ Moyennement ombragé.

À voir, à faire dans les environs : le centre ancien et le château d'Aubenas ; le village et le château de Vogüé ; Vals-les-Bains.

SAINT-FERRÉOL-TRENTE-PAS 26110

22 km SE de Dieulefit ; 13 km NE de Nyons — Carte Rhône-Alpes Sud B2

€€€€ 27,20 € 82 emplacements

Camping Le Pilat : *1225, route de Bourdeaux. ☎ 04-75-27-72-09. • info@campinglepilat.com • campinglepilat.com • Ouv avr-sept.*
Camping encerclé par les montagnes, au bord de la rivière de Trente-Pas. Bonnes installations : bassin (une retenue d'eau sur la rivière), snack... Location de mobile homes pour 2 à 4 personnes *(330-715 €/sem).* En été, résa impérative car l'endroit est prisé. Internet. Wifi.

Cadre : campagne.
Terrain : herbe ; plat.

⊕ La vue ; le prix du camping fortement réduit hors juillet et août.
⊖ À 12 km de la ville la plus proche.

€€€ 21,20 € — 85 emplacements

Camping de Trente-Pas : *le village. ☎ 04-75-27-70-69. • contact@campingtrentepas.com • sylvie.barbanson@orange.fr • campingtrentepas.com • Ouv mai-août. CB refusées.*
Camping joliment situé dans un cadre sauvage et offrant un bon confort. Location de chalets, de gîtes et de maisons *(200-440 €/sem).* Wifi.

Cadre : campagne, sentiers de randonnée. **Terrain :** herbe. **Réducs :** le prix de la voiture (3 €) offert, hors juillet-août, sur présentation de ce guide.	⊕ La nature environnante. ⊖ Le wifi partiel.

À voir, à faire dans les environs : le col de Valouse ; Dieulefit ; Nyons ; les vestiges romains de Vaison-la-Romaine.

SAINT-FLOUR 15100

73 km E d'Aurillac ; 115 km O du Puy-en-Velay — **Carte Auvergne A2**

€€ 14 € — 76 emplacements

Camping des Orgues : *ville haute, route de Chaudes-Aigues. ☎ 04-71-60-44-01 ou 04-73-93-60-00. • pays-saint-flour.fr • Ouv de mi-juin à sept. CB refusées.*
Camping très bien situé, près du centre historique de Saint-Flour, au calme en contrebas de la route. Emplacements séparés par des haies, avec une jolie vue sur les environs. Rivière et tennis à proximité.

Cadre : montagne. **Terrain :** plat.	⊕ Le cadre. ⊖ Pas d'accès à Internet.

À voir, à faire dans les environs : la cathédrale Saint-Pierre, le musée de la Haute-Auvergne, le Musée postal d'Auvergne, le Festival des Hautes-Terres.

SAINT-GALMIER 42330

23 km N de Saint-Étienne — **Carte Rhône-Alpes Nord A1**

€€€ 20 € — 71 emplacements

Le Val de Coise : *route de la Thiéry. ☎ 04-77-54-14-82. • val-de-coise@campeole.com • campeole.com/camping/loire/le-val-de-coise-saint-galmier • Ouv fin mars-fin sept.*
Un camping accueillant et qui possède de nombreux équipements, dont une piscine bien conçue avec son bassin attenant adapté aux bambins (p'tit toboggan). Pas mal d'animations pour les enfants de 6 à 12 ans d'ailleurs (dont un château gonflable pour se défouler). Concours de pétanque et activités sportives pour les adultes. De quoi fidéliser une clientèle d'habitués, investissant le même mobile home d'année en année. Location de chalets et mobile homes *(322-749 €/sem).* Internet. Wifi.

Cadre : campagne, lacs ou rivières, sentiers de randonnée, forêt. **Terrain :** herbe ; plat. **Réducs :** le wifi offert sur présentation de ce guide.	⊕ Les animations pour les enfants en juillet-août. ⊖ La signalétique un peu partout qui dénature l'esthétique du site.

À voir, à faire dans les environs : la source Badoit ; le parc naturel du Pilat ; les monts du Forez et du Lyonnais.

SAINT-GENIS-LAVAL 69230

8 km SO de Lyon ; 31 km N de Vienne — **Carte Rhône-Alpes Nord A1**

€€€ **20,50 €** — **45 emplacements**

Camping des Barolles : *88, av. Foch. ☎ 04-78-56-05-56. • contact@barolles.fr • barolles.fr • Ouv tte l'année.*

Petit camping modeste, planté au milieu du bourg mais à proximité du joli parc de Beauregard (où l'on a replanté de la vigne), et bien desservi par les transports en commun depuis Lyon. Le bar-réception, au style années 1950, fut ouvert par l'arrière-grand-mère du gérant. Emplacements très simples à l'arrière du camping. Bons sanitaires. Locations de mobile homes *(231-441 €/sem)*. Internet. Wifi.

Cadre : ville.
Terrain : en terrasses ; herbe ; plat ; rocaille.
Réducs : 1 € de réduction par nuit sur présentation de ce guide.

⊕ Proche des commodités ; le très bon accueil familial.
⊖ L'environnement urbain et la route devant.

À voir, à faire dans les environs : à Lyon, la vieille ville, le musée des Tissus, les Subsistances, le musée urbain Tony-Garnier, le jardin botanique et les serres du parc de la Tête-d'Or.

SAINT-GÉRONS 15150

24 km O d'Aurillac — **Carte Auvergne A2**

€€€ **18 €** — **100 emplacements**

Les Rives du Lac : *Espinet. ☎ 04-71-62-25-87. 06-25-34-62-89. • info@lesrivesdulac.fr • lesrivesdulac.fr • Ouv d'avr à mi-nov.*

Une centaine d'emplacements répartis sur 4 ha, sur une belle presqu'île. Terrain parfois en pente mais très ombragé, grâce aux hauts arbres omniprésents. Également des mobile homes pour 4-6 personnes *(210-550 €/sem)* et des Coco Sweet pour 4 personnes *(100-420 €/sem)* tout neufs. Base nautique pas loin (vente de permis de navigation, location de canoës-kayaks) ; on peut pêcher également (vente de cartes de pêche et de matériel). Piscine (2 bassins) et pas mal de jeux pour les enfants, animations en saison, baby-foot, trampoline. Très bien entretenu. Internet. Wifi.

Cadre : campagne, forêt, lacs ou rivières.
Terrain : herbe.

⊕ Très bien équipé et ombragé ; l'épicerie ; le dépôt de pain.
⊖ Les commerces sont à une dizaine de kilomètres.

À voir, à faire dans les environs : le muséum des Volcans, l'arboretum ; les châteaux de Conros et de Sedaiges.

SAINT-GERVAIS-LES-BAINS 74170

Carte Rhône-Alpes Nord B1

14 km SE de Sallanches ; 27 km SO de Chamonix-Mont-Blanc

€€€€ **27,60 €** — **150 emplacements**

Les Dômes de Miage : *197, route des Contamines. ☎ 04-50-93-45-96. • info@natureandlodge.fr • natureandlodge.fr • Ouv de mi-mai à mi-sept.*

Un camping, un vrai, labellisé Clef Verte et réservé aux campeurs ! Un seul hébergement locatif et c'est un très vieux chalet, transporté des alpages jusqu'ici *(630-1680 €/sem)*. Le terrain est plaisant, remarquablement entretenu, les emplacements sont vastes et l'accueil, jeune et sympa, vraiment à l'écoute. Quant à la démarche écoresponsable du camping, on ne peut que la louer. Internet. Wifi.

Cadre : montagne, sentiers de randonnée. ***Terrain :*** herbe ; plat. ***Réducs :*** hors saison, tarif spécial 2 personnes à 19 €/nuit sur présentation de ce guide.	⊕ Le site sauvage ; le calme ; l'accueil. ⊖ Le manque d'ombre.

À voir, à faire dans les environs : l'église et le musée d'Art sacré de Saint-Nicolas-de Véroce ; le tramway du Mont-Blanc.

SAINT-JACQUES-DES-BLATS 15580

5 km S de Lioran, 12 km N de Vic-sur-Cère — **Carte Auvergne A2**

€€ **14,20 €** — **50 emplacements**

Camping des Blats : *route de la Gare. ☎ 04-71-47-06-00. 06-29-52-38-56. • campingdesblats@gmail.com • camping-des-blats.fr • Ouv fin avr-fin sept et 15 déc-30 mars.*
Un bel environnement pour ce joli camping au bord de l'eau d'une cinquantaine d'emplacements (sanitaires nickels), et un petit air d'Europe du Nord, avec son kota (chalet lapon), kota grill (un BBQ abrité), sauna et autre tonneau finlandais (hébergement pour 2 personnes dans un genre de fût !). Des équipements insolites tout en bois naturel. Ceux qui auraient la flemme de transporter et monter leur tente peuvent en louer une toute prête. Également une poignée de lodges et de chalets impeccables, un peu à l'écart du camping. Locatifs *(250-580 €/sem).* Jeux pour enfants et tennis attenant. Location de VTT. Snack-bar ; commerces dans le village. Internet. Wifi.

Cadre : montagne, sentiers de randonnée. ***Terrain :*** herbe ; plat.	⊕ Les hébergements originaux ; le sauna. ⊖ Les frais de réservation pour les kotas et chalets.

À voir, à faire dans les environs : la chaumière de Granier.

SAINT-JEAN-DE-MAURIENNE 73300

31 km NO de Valloire — **Carte Rhône-Alpes Nord B2**

€€€ **22 €** — **80 emplacements**

Camping municipal des Grands Cols : *422, av. du Mont-Cenis. ☎ 09-52-17-46-55. • contact@campingdesgrandscols.com • campingdesgrandscols.com • Ouv de mi-mai à fin sept.*
Un camping très confort, tout beau, branché cyclisme. À deux pas du centre mais tranquille et verdoyant. Vastes emplacements. Location de mobile homes pour 2 à 5 personnes *(320-600 €/sem).* Internet. Wifi.

Cadre : montagne, sentiers de randonnée, ville. ***Terrain :*** herbe ; plat.	⊕ L'accueil ; la déco autour du cyclisme. ⊖ L'accès pas évident.

À voir, à faire dans les environs : la cathédrale Saint-Jean-Baptiste, le musée du Mont-Corbier et l'étonnant musée de l'Opinel ; le Grand-Filon à Saint-Georges-d'Hurtières ; les stations-villages des Cybelles ; Valloire et le col du Galibier.

SAINT-JEAN-EN-ROYANS 26190

29 km E de Romans-sur-Isère ; 68 km SO de Grenoble — **Carte Rhône-Alpes Sud B1**

€€ **12,60 €** — **77 emplacements**

Camping municipal Les Bords de Lyonne : *av. de Provence. ☎ 04-75-47-74-60. • camping.stjeanenroyans@orange.fr • camping-saintjeanenroyans.com • Ouv avr-sept (loc tte l'année).*

En contrebas du village, bordé par le terrain de foot et par la Lyonne (très modeste à cet endroit, le bruit d'eau que l'on entend étant celui de l'élevage de truites voisin !), voici le camping municipal type, avec ses emplacements pas toujours très ombragés et ses chalets à louer *(315-504 €/sem).* Piscine municipale à 300 m et location de VTT, plancha, barbecue. Wifi.

Cadre : campagne. ***Terrain :*** herbe ; plat.	⊕ Proche des commodités et des sentiers de rando. ⊖ Pas de chiens dans les locatifs.

À voir, à faire dans les environs : la route de Combe-Laval ; le monastère Saint-Antoine-le-Grand à Font-de-Laval ; le mémorial de la Résistance au col de la Chau.

SAINT-JULIEN-DU-GUA 07190

55 km NO de Montélimar ***Carte Rhône-Alpes Sud A1***

€€€ **19 €** **20 emplacements**

Camping rural Le Folastère : *Intres. ☎ 04-75-66-85-04. • le-folastere@gmail.com • le-folastere.fr • Ouv fév-déc.*
Dans un hameau un peu loin de tout comme il y en pas mal dans ce massif des Boutières, un camping pas comme les autres, emmené par une jeune équipe bien engagée dans l'écologie. Emplacements en terrasses (avec vue), à l'ombre de vieux châtaigniers. Côté hébergements : cabanes, roulotte, yourte, caravanes relookées *(180-450 €/sem).* Potager et verger. Chouette piscine. Et accueil naturellement très cool. Wifi. NOUVEAUTÉ.

Cadre : montagne, campagne, sentiers de randonnée. ***Terrain :*** herbe ; plat ; en terrasses.	⊕ Le cadre ; l'accueil. ⊖ Un peu au bout du monde, quand même (mais c'est ça qui est bien !).

À voir, à faire dans les environs : la Maison du châtaignier et le site d'Ardelaine à Saint-Pierreville ; le musée du Vivarais protestant à Pranles ; la vallée de l'Eyrieux.

SAINT-MARTIN-D'ARDÈCHE 07700

13 km SO de Bourg-Saint-Andéol ; 35 km NO d'Orange ***Carte Rhône-Alpes Sud A2***

€€€€ **37,10 €** **201 emplacements**

Camping Huttopia Le Moulin : *quartier du Moulin. ☎ 04-75-04-66-20. • lemoulin@huttopia.com • europe.huttopia.com/site/camping-le-moulin-ardeche/ • Ouv fin avr-fin sept.*
Site exceptionnel au bord de l'Ardèche avec accès direct à la plage. Emplacements spacieux. Belle piscine et pataugeoire. Location de tentes de toile et bois et de roulottes pour 2 à 6 personnes *(322-1 078 €/sem).* Internet. Wifi.

Cadre : lacs ou rivières. ***Terrain :*** herbe ; plat.	⊕ La proximité du village. ⊖ Dépourvu de « moins ».

À voir, à faire dans les environs : les gorges de l'Ardèche ; le musée d'Art moderne à Saint-Just-d'Ardèche ; Bourg-Saint-Andéol.

SAINT-MARTIN-D'URIAGE 38410

18 km E de Grenoble ; 44 km N de Bourg-d'Oisans ***Carte Rhône-Alpes Sud B1***

€€€ **19 €** **44 emplacements**

Camping du Buisson : *252, chemin des Buissons, Le Pinet. ☎ 04-76-89-51-92. 06-30-68-17-93. • camping-buisson@orange.fr • camping-grenoble-alpes.fr • Ouv avr-oct.*
Un camping où les allées ne sont pas tracées au cordeau pour dire ça comme ça : très nature, à taille très humaine et engagé (ou écoresponsable si vous préférez) :

utilisation de matériaux naturels, de toilettes sèches, peu d'éclairage la nuit, petit resto où l'on favorise les circuits courts... Ce qui ne l'empêche pas de proposer des hébergements insolites avec les Coco Sweet *(220-340 €/sem)*, les tentes bulles sur pilotis ou dans les arbres, ou encore la yourte grand confort avec jacuzzi *(750-850 €/sem)*. Le tout magnifiquement situé, sur un versant qui fait face au soleil couchant, au pied d'une forêt de résineux, avec une splendide vue dégagée sur le Vercors. Calme assuré. Internet.

Cadre : forêt, montagne, sentiers de randonnée. ***Terrain :*** en pente ; en terrasses ; herbe.	⊕ La vue. ⊖ Accès difficile pour les grandes caravanes.

À voir, à faire dans les environs : le massif de Belledonne ; le musée Jadis Allevard à Allevard ; la Maison des forges et des moulins à Pinsot ; la vallée du Haut-Bréda ; le musée de la Révolution française à Vizille.

SAINT-MARTIN-EN-VERCORS 26420

19 km SO de Villard-de-Lans ; 49 km NO de Die — *Carte Rhône-Alpes Sud B1*

€€€ **16,50 €** — **65 emplacements**

Camping La Porte Saint-Martin : *au village. ☎ 04-75-45-51-10. 📱 06-70-93-93-59. • contact@camping-laportestmartin.com • camping-laportestmartin.com • Ouv mai-début oct (chalets tte l'année).*
Terrain bien entretenu et joliment situé en surplomb de la petite route qui mène à Saint-Julien. Emplacements en terrasses sur une belle pelouse, quelques-uns offrant une vue imprenable sur les Roches-Rousses. Piscine chauffée. Environnement agréable et très calme : les voitures restent sur un parking en contrebas ; pour certains emplacements, le matériel est monté (et redescendu) jusqu'au camping par des 4x4. Location de chalets et de bungalows *(200-650 €/sem)*. Internet. Wifi.

Cadre : montagne. ***Terrain :*** en terrasses ; herbe. ***Réducs :*** apéritif offert à partir de 2 nuits sur présentation de ce guide.	⊕ Le cadre. ⊖ Certains emplacements bien ombragés, d'autres moins.

À voir, à faire dans les environs : la route de Combe-Laval ; le mémorial de la Résistance au col de la Chau ; le belvédère de Révoulat (randonnée assez costaude).

SAINT-NAZAIRE-EN-ROYANS 26190

20 km NE de Romans-sur-Isère ; 60 km SO de Grenoble — *Carte Rhône-Alpes Sud B1*

€€ **11 €** — **75 emplacements**

Camping Côté Vercors : *rue des Condamines. ☎ 09-52-06-00-54. 📱 07-69-30-18-64. • campingcotevercors@outlook.fr • campingcotevercors.com • Ouv de début mars à mi-oct.*
Un camping bordé par la Bourne d'une part et de petits immeubles de l'autre. Emplacements assez grands et ombragés. Le site est tout simple (avec un bloc sanitaire et basta), mais on est toujours bien content de trouver ce genre d'endroits à prix aussi doux. Internet. Wifi.

Cadre : campagne, lacs ou rivières, montagne, sentiers de randonnée. ***Terrain :*** herbe ; plat.	⊕ Le bon accueil. ⊖ Les emplacements un peu bruyants.

À voir, à faire dans les environs : la grotte préhistorique de Thaïs ; la route de Combe-Laval ; le musée de la Résistance à Vassieux-en-Vercors.

SAINT-NECTAIRE 63710

36 km SO de Clermont-Ferrand ; 27 km O d'Issoire — *Carte Auvergne A2*

€€€ 21 € — **81 emplacements**

Camping Le Viginet : *2, chemin du Manoir. ☎ 04-73-88-53-80. • info@camping-viginet.com • camping-viginet.com • Ouv début avr-sept.*
Très belle situation pour ce camping en surplomb du village (à 800 m), avec ses 3,5 ha de terrain et ses emplacements disposés en escargot. Beaucoup d'herbe, plein d'arbres et de petits oiseaux. Une douzaine de chalets pour 5 à 7 personnes *(270-895 €/sem)*, ainsi que des cabanes *(230-420 €/sem)*. Bons équipements classiques, ping-pong, etc. Possibilité de faire de la rando et du canoë dans le coin. Accueil jeune et sympathique. Wifi.

Cadre : montagne. ***Terrain :*** herbe ; plat.	⊕ Sa situation et son côté très vert ; le calme. ⊖ Pas de restauration ; pas d'animations.

À voir, à faire dans les environs : l'église romane ; la ferme Bellonte et les mystères de Farges.

SAINT-NIZIER-LE-DÉSERT 01320

Carte Rhône-Alpes Nord A1

12 km NE de Villars-les-Dombes ; 20 km SO de Bourg-en-Bresse

€€€ 16 € — **71 emplacements**

La Nizière : *178, route de la Nizière. ☎ 09-70-02-61-77. • campinglaniziere@gmail.com • laniziere.com • Ouv de mi-avr au dernier w-e de sept (bungalows tte l'année).*
Dans un paysage typique de la Dombes : en lisière de forêt et à proximité immédiate de 2 étangs poissonneux. Un accueillant petit camping, qui vaut donc beaucoup pour son environnement naturel et sa piscine tout aussi naturelle (l'eau se purifie par lagunage). Carte de pêche vendue sur place. Fréquentes soirées au snack-bar. Possibilité de louer des vélos. Location de bungalows *(350-570 €/sem)*. Internet. Wifi.

Cadre : campagne, forêt, sentiers de randonnée. ***Terrain :*** herbe ; plat ; rocaille.	⊕ Le site ; la piscine naturelle. ⊖ Vos amis du coin vous rendent visite au camping ? Ils doivent s'acquitter de 2,50 € par personne et par jour (4 € pour dormir sur place).

À voir, à faire dans les environs : le parc des Oiseaux à Villars-les-Dombes ; la cité médiévale de Pérouges ; le monastère royal de Brou.

SAINT-PAUL-DE-VÉZELIN 42590

29 km NO de Feurs ; 47 km S de Roanne — *Carte Rhône-Alpes Nord A1*

€€€€ 26 € — **87 emplacements**

Camping d'Arpheuilles : *Arpheuilles. ☎ 04-77-63-43-43. • arpheuilles.camp@gmail.com • camping-arpheuilles.com • Ouv de mi-avr à début sept.*
Dans un cadre presque sauvage, en tout cas isolé, au bord du lac de Villerest serpentant entre les collines boisées, voilà un beau camping, doté d'un snack-bar bien agréable avec sa terrasse logée sous une treille, de sanitaires récemment refaits à neuf et de nombreux équipements sportifs (piscine, ministade, ping-pong, minigolf, etc.). Choisissez bien votre emplacement, sachant que ceux du fond sont sans électricité et dans un cadre plus rustique. Possibilité de profiter de la plage au bord du lac (baignade en

saison – mais l'eau peut tourner vite en cas de fortes chaleurs – , pêche, location de canoës et bateaux à moteur, beach-volley). Une dizaine de mobile homes et bungalows toilés également *(180-570 €/sem).* Internet. Wifi.

Cadre : lacs ou rivières. ***Terrain :*** herbe ; plat. ***Réducs :*** - 20 % sur les locatifs 17 avril-11 juillet et 21 août-5 septembre sur présentation de ce guide.	⊕ Très beau cadre directement au bord du lac. ⊖ L'isolement.

À voir, à faire dans les environs : à Villerest, le bourg médiéval et le musée de l'Heure et du Feu ; les châteaux de La Roche et de Félines ; Perreux ; Saint-Jean-Saint-Maurice-sur-Loire.

SAINT-PAULIEN 43350

15 km NO du Puy-en-Velay — ***Carte Auvergne B2***

€€€€ 26 € — **80 emplacements**

Camping la Rochelambert : *3, via Balena, au pied du château de Rochelambert.* *☎ 04-71-00-54-02. • infos@camping-rochelambert.com • camping-rochelambert.com • Ouv avr-sept.*
Encaissé dans une cuvette calme, doté d'un jardin aromatique, au pied du mystérieux château de Rochelambert, un agréable camping en bord de rivière avec tennis, aire de fitness, sauna, piscine chauffée avec toboggans et accrobranche. Pêche, aire de jeux pour enfants, animations diverses et snack sur place en été. Un camping tranquille où l'on ne s'ennuiera pas. Chalet, roulotte et cabanes *(185-997 €/sem)* également. Internet. Wifi.

Cadre : sentiers de randonnée, campagne. ***Terrain :*** en terrasses ; plat. ***Réducs :*** une séance de sauna offerte sur présentation de ce guide à partir d'un séjour de 3 jours.	⊕ Le superbe cadre. ⊖ Loin des commerces ; l'absence de parc aquatique et de piscine couverte.

À voir, à faire dans les environs : la vieille ville du Puy-en-Velay ; le carré magique d'Aiguilhe ; le château de Rochelambert.

SAINT-PIERRE-DE-CHARTREUSE 38380

26 km NO de Grenoble ; 40 km SO de Chambéry — ***Carte Rhône-Alpes Sud B1***

€€€ 24,50 € — **100 emplacements**

Camping de Martinière : *route du Col-de-Porte. ☎ 04-76-88-60-36. • camping-de-martiniere@orange.fr • camping-de-martiniere.com • Ouv de début mai à mi-sept.*
C'était une ferme cartusienne (des moines chartreux, quoi !). Le domaine accueille aujourd'hui un beau camping fort bien tenu, vaste, verdoyant, paysagé et ombragé. Équipement au top avec piscine chauffée et pataugeoire *(jusqu'à début sept),* tout en restant très familial. Location de tentes sur pilotis *(27-56 €/nuit)* et de mobile homes pour 2 à 5 personnes *(371-790 €/sem, loc possible à la nuitée).* Internet. Wifi.

Cadre : forêt, montagne, sentiers de randonnée. ***Terrain :*** herbe ; plat.	⊕ La beauté du site et l'accueil. ⊖ L'éloignement du village.

À voir, à faire dans les environs : le parc naturel de la Chartreuse ; le fort du Saint-Eynard ; Grenoble.

SAINT-POURÇAIN-SUR-SIOULE 03500

26 km NO de Vichy — *Carte Auvergne A1*

€€ 13 € — 59 emplacements

Camping de l'Île de la Ronde : *quai de la Ronde. ☎ 04-70-35-13-69. • camping.ronde@ville-saint-pourcain-sur-sioule.com • ville-saint-pourcain-sur-sioule.com • Ouv avr-oct. CB refusées.*
Petit camping verdoyant, sur une presqu'île, donc pas loin de la rivière... Mobile homes jusqu'à 6 personnes *(205-430 €/sem).* Wifi.

Cadre : campagne, ville, lacs ou rivières. ***Terrain :*** herbe ; plat.	⊕ L'accueil très gentil. ⊖ Les sanitaires vieillissants.

À voir, à faire dans les environs : le vignoble, avec le musée de la Vigne et du Terroir.

SAINT-PRIVAT 07200

6 km NE d'Aubenas — *Carte Rhône-Alpes Sud A2*

€€€€ 52 € — 100 emplacements

Camping Le Plan d'Eau : *route de Lussas. ☎ 04-75-35-44-98. • info@campingleplandeau.fr • campingleplandeau.fr • Ouv de mai à mi-sept.*
Rien de moins que le 1er camping à avoir reçu l'écolabel européen en région Auvergne-Rhône-Alpes. Les proprios ont déniché au bord de l'Ardèche (qui forme évidemment ici un plan d'eau) leur coin de paradis. Et ils l'ont aménagé dans le respect de la magnifique nature qui l'entoure. Grande piscine chauffée au solaire, éclairage photovoltaïque, produits bio... Même le terrain a été classé refuge LPO (Ligue de protection des oiseaux). Emplacements bien ombragés et spacieux, voire immenses pour les XL. Snack et animations en été. Équipements de qualité et très bon accueil. Mobile homes et chalets à louer *(28-114 €/nuit).* Wifi.

Cadre : campagne, lacs ou rivières, sentiers de randonnée. ***Terrain :*** herbe ; plat. ***Réducs :*** - 5 % sur présentation de ce guide.	⊕ Le caractère écolo. ⊖ Difficile d'en trouver.

À voir, à faire dans les environs : à Aubenas, la vieille ville et le château ; les villages du plateau du Coiron : Mirabel, Saint-Laurent-sous-Coiron ; le village de Vogüé et son château.

SAINT-PRIVAT-D'ALLIER 43460

24 km SO du Puy-en-Velay — *Carte Auvergne B2*

€ 9 € — 18 emplacements

Camping municipal Le Marchat : *Le Marchat. ☎ 04-71-57-22-13 (mairie). • info@mairie-saintprivatdallier.fr • mairie-saintprivatdallier.fr • Ouv mai-15 oct. CB refusées.*
Terrain ombragé. Équipement correct. Accueil chaleureux et souriant. Rivière à 5 km. Résa conseillée.

Cadre : montagne, sentiers de randonnée, forêt. ***Terrain :*** herbe ; en pente ; rocaille.	⊕ Le calme ; les commodités à proximité. ⊖ Le peu d'équipements.

À voir, à faire dans les environs : les gorges de l'Allier (avec ou sans le train touristique).

SAINT-REMÈZE 07700

Carte Rhône-Alpes Sud A2

14 km E de Vallon-Pont-d'Arc ; 15 km O de Bourg-Saint-Andéol

€€€€ 39 € 80 emplacements

Domaine de Briange : *1890, route de Gras. ☎ 04-75-04-14-43. • contact@campingdebriange.com • campingdebriange.com •*
En pleine campagne, un camping très nature, très écolo même : location de vélos et voitures électriques, ateliers recyclage, produits d'entretien naturels, jardins en permaculture... Vastes emplacements abrités par un petit bois de chêne. Plein d'hébergements : bungalows, gîtes, roulottes ou cabanes dans les arbres pour 2 à... 14 personnes *(65-395 €/nuit).* Boutique de produits 100 % locaux qu'on retrouve au resto du camping. Rigolo sentier de découverte (avec un « champ à coucher » !) sur le site. Wifi. NOUVEAUTÉ.

Cadre : campagne, sentiers de randonnée. ***Terrain :*** herbe ; plat.	⊕ Le cadre, l'accueil. ⊖ Pas donné.

€€€€ 27 € 90 emplacements

Camping Carrefour de l'Ardèche : *sur la D 4. ☎ 04-75-04-15-75. • carrefourardeche@yahoo.fr • ardechecamping.net • Ouv de mi-avr à fin sept.*
Grand camping d'excellent confort, herbu, aux espaces bien délimités. Club enfants en été, bar-resto, épicerie... Piscine circulaire de 20 m de diamètre. Animations, soirées à thème. Chalets et mobile homes à louer *(360-720 €/sem selon confort et saison).* Internet. Wifi.

Cadre : forêt, sentiers de randonnée. ***Terrain :*** herbe ; plat.	⊕ À l'abri des foules des gorges de l'Ardèche. ⊖ Pas de rivière.

À voir, à faire dans les environs : le musée de la Lavande ; l'aven Marzal ; la grotte de la Madeleine ; les gorges de l'Ardèche.

SAINT-ROMANS 38160

54 km O de Grenoble ; 10 km N de Pont-en-Royans — Carte Rhône-Alpes Sud B1

€€€ 19 € 100 emplacements

Camping Lac du Marandan : *657, route de Marandan. ☎ 04-76-64-41-77. 06-27-91-90-27. • contact@camping-lac-marandan.com • camping-lac-vercors.com • Ouv de mi-avr à fin sept.*
Un grand camping bien ombragé, de bon confort, près d'un lac de 3 ha (baignade surveillée). Location de mobile homes, tentes toilées et roulottes *(295-959 €/sem).* Accès à la base de loisirs (pêche, volley, tennis, pétanque, aire de jeux enfants ; canoë, *paddle,* baignade en juillet-août). Wifi.

Cadre : campagne. ***Terrain :*** herbe ; plat.	⊕ L'accès gratuit à l'espace baignade ; pas mal d'ombre. ⊖ Pas de piscine, mais est-ce bien nécessaire ?

À voir, à faire dans les environs : Saint-Antoine-l'Abbaye et l'abbaye ; le musée du couvent des carmes – musée des Dauphins et de la Flore à Beauvoir-en-Royans ; le jardin des Fontaines pétrifiantes à La Sône ; le château et le musée de Bressieux ; La Côte-Saint-André et le musée Berlioz ; le Vercors.

AUVERGNE-RHÔNE-ALPES

SAINT-SAUVEUR-DE-CRUZIÈRES 07460

55 km SO d'Aubenas ; 21 km SO de Vallon-Pont-d'Arc — *Carte Rhône-Alpes Sud A2*

€€€€ 32 € — 58 emplacements

Camping de la Claysse : *La Digue. ☎ 04-75-35-40-65. 06-48-75-03-14. • camping.claysse@wanadoo.fr • campingdelaclaysse.com • Ouv de mi-avr à fin sept.*
Des emplacements au bord de la rivière qui donne son nom au camping. Endroit calme et ombragé, à l'écart de la route et à deux pas du bourg. La famille Vezon vous accueille dans leur beau pays, où ils produisent et pressent des olives. Mur d'escalade, randonnées VTT, soirée dansante à thème, concours, etc. Location de mobile homes pour 5 à 6 personnes *(300-700 €/sem),* ainsi que de vélos. Internet. Wifi.

Cadre : campagne, montagne, sentiers de randonnée, lacs ou rivières. ***Terrain :*** en terrasses ; herbe.	⊕ Le site ; le moulin à huile d'olive. ⊖ Les frais de dossier.

À voir, à faire dans les environs : la grotte de la Cocalière ; l'aven d'Orgnac et la cité de la Préhistoire ; Barjac.

SAINT-THÉOFFREY 38119

31 km S de Grenoble ; 74 km N de Gap — *Carte Rhône-Alpes Sud B1*

€€€ 26 € — 85 emplacements

Camping Ser-Sirant : *lac de Laffrey, Petichet. ☎ 04-76-83-91-97. • info@campingsersirant.com • campingsersirant.fr • Ouv fin avr-sept.*
Idéalement situé en bordure du lac. Emplacements calmes et ombragés, qui descendent en pente douce vers les flots. Location de Coco Sweet, chalets et mobile homes de 4 à 7 personnes *(250-1 250 €/sem).* Resto avec terrasse au bord d'une roselière dans laquelle se cachent foulques et poules d'eau. Base nautique à proximité. Internet. Wifi.

Cadre : lacs ou rivières. ***Terrain :*** herbe.	⊕ La situation au bord du lac. ⊖ Un peu loin des commerces.

€€€ 20 € — 50 emplacements

Camping Les Mouettes : *Les Théneaux. ☎ 04-76-83-02-49. • campmouettes@yahoo.fr • camping-les-mouettes.fr • Ouv fin juin-août.*
Au bord du lac, un camping de taille modeste, confortable, calme et bien tenu. Internet. Wifi.

Cadre : lacs ou rivières, montagne. ***Terrain :*** en pente ; en terrasses ; herbe ; plat.	⊕ Le cadre ; la vue sur le lac et les montagnes ; l'accès direct au lac. ⊖ Le manque d'ombre par grande chaleur.

À voir, à faire dans les environs : le musée de la Révolution française à Vizille ; le lac de Laffrey ; le musée souterrain La Mine-Image.

SALERS 15140

40 km N d'Aurillac — *Carte Auvergne A2*

€€ 15 € — 85 emplacements

Camping municipal Le Mouriol : *route du Puy-Mary. ☎ 04-71-40-73-09. 06-47-37-10-73. • camping.mouriol.salers@orange.fr • salers.fr • Ouv avr-oct. CB refusées.*

Bon confort pour ce camping familial dont les emplacements gazonnés sont souvent séparés par une petite haie. Sanitaires bien tenus. Possibilité de pêcher à 4 km. Location de chalets fonctionnels et nickels *(300-500 €/sem).* Terrain de foot. Un sentier permet d'arriver à Salers en 10-15 mn.

Cadre : sentiers de randonnée. ***Terrain :*** herbe ; plat.	⊕ Le calme et la verdure. ⊖ Pas d'animations et éloigné du centre-ville.

À voir, à faire dans les environs : la maison des Templiers, l'église Saint-Mathieu, les burons de Salers.

SAMOËNS 74340

55 km NE de Megève ; 23 km S de Morzine — **Carte Rhône-Alpes Nord B1**

€€€ **24,20 €** — **212 emplacements**

Le Giffre : *1064, route du Lac-des-Dames. ☎ 04-50-34-41-92. • camping.samoens@wanadoo.fr • camping-samoens.com • Ouv tte l'année.*
Camping municipal situé dans un joli coin, entre le Giffre et le petit lac aux Dames. Piscine (en été, à 200 m), tennis et practice de golf à proximité. Resto non loin. Location de studios équipés pour 5 personnes et de bungalows toilés *(222-685 €/sem).* Internet. Wifi.

Cadre : lacs ou rivières, montagne. ***Terrain :*** herbe ; plat.	⊕ En été, le tarif inclut 1h de tennis par jour et par famille et une entrée par jour et par personne à la piscine de Samoëns ; en hiver, l'entrée à la patinoire. ⊖ La résa plus que conseillée en juillet-août.

À voir, à faire dans les environs : l'écomusée du Clos-Parchet ; l'écomusée Paysalp à Mieussy ; le cirque du Fer-à-Cheval et la cascade du Rouget à Sixt-Fer-à-Cheval.

SAOÛ 26400

32 km NE de Montélimar ; 15 km SE de Crest — **Carte Rhône-Alpes Sud B2**

€€€ **16,10 €** — **40 emplacements**

Camping La Graville : *route de la Forêt. 📱 06-78-73-11-96. • contact@camping-saou.fr • camping-saou.fr • Ouv avr-fin oct. CB refusées.*
Situé dans un petit bois, au bord de la Vèbre, aux portes de la forêt de Saoû et du site d'escalade de la Graville. Très simple, les sanitaires sont certes, assez rustiques, mais l'environnement se révèle charmant, tranquille. Et puis, on aime bien les tentes tout équipées pour 2 personnes et, surtout, la cabane en bois *(210-600 €/sem)* tout au bout du camping, peinarde, au bord de la rivière. Snack ouvert tous les jours sauf le jeudi en juillet-août. Un petit camping vraiment sympathique.

Cadre : campagne, forêt, lacs ou rivières, montagne, sentiers de randonnée. ***Terrain :*** en terrasses ; herbe ; plat.	⊕ La proximité de la rivière. ⊖ Le peu d'équipements.

À voir, à faire dans les environs : la forêt de Saoû ; le village de Bourdeaux ; Saillans et les Trois-Becs ; la tour de Crest.

SATILLIEU 07290

15 km S d'Annonay — *Carte Rhône-Alpes Sud A1*

€€ 15 € — 48 emplacements

Camping Satillieu : *3, route du Col-du-Marchand. ☎ 04-75-34-96-41. 06-25-35-64-27. • campingsatillieu@orange.fr • camping-satillieu.fr • Ouv de mi-avr à mi-oct.*
Dans la bien nommée Ardèche verte, un agréable camping, arboré et tranquille. Idéal pour les passionnés de pêche et de randonnées (les accueillants proprios sont de bon conseil). Accès direct à la toute petite rivière de l'Ay (baignade non surveillée). Resto-snack-bar sur place. Mobile homes à louer *(200-350 €/sem).* Internet. Wifi.

Cadre : campagne, lacs ou rivières, sentiers de randonnée.
Terrain : herbe ; plat.

⊕ Le rapport qualité-prix ; l'accueil convivial et chaleureux.
⊖ Pas de piscine.

À voir, à faire dans les environs : Tournon-sur-Rhône et son château-musée ; Annonay, ses vieux quartiers et le souvenir des frères Montgolfier ; le Safari de Peaugres ; le musée de l'Alambic à Saint-Désirat.

SAUGUES 43170

21 km S de Langeac ; 45 km SO du Puy-en-Velay — *Carte Auvergne B2*

€€ 13 € — 127 emplacements

Base de loisirs de la Seuge : *av. du Gévaudan. ☎ 04-71-77-80-62. 06-65-15-04-32. • camping@saugues.fr • saugues.fr • Ouv Pâques-Toussaint.*
Un grand camping tout équipé et proche d'un plan d'eau (baignade biologique et surveillée, pêche, activités nautiques). Un bloc sanitaire bien tenu, avec douche chaude gratuite. Location de chalets *(290-490 €/sem).* Centre équestre et point de départ pour de nombreuses randos (chemin de Saint-Jacques-de-Compostelle) à pied ou à VTT. Décidément, ici, le campeur est gâté ! Internet. Wifi.

Cadre : campagne, lacs ou rivières.
Terrain : herbe ; plat.

⊕ Les chalets dans une pinède ; la baignade biologique, unique en Auvergne.
⊖ Non fermé et non surveillé la nuit.

À voir, à faire dans les environs : le musée et la route de la Bête du Gévaudan ; le château d'Esplantas ; le mont Mouchet.

SCIEZ 74140

10 km SO de Thonon — *Carte Rhône-Alpes Nord B1*

€€€ 18 € — 40 emplacements

Camping L'Orée des Bois : *18, pl. de Choisy. ☎ 04-50-72-78-31. 06-29-43-96-03. • demolis-hubert@wanadoo.fr • demolis-camping-gites-sciez.fr • Ouv de mi-avr à mi-oct.*
Le joli hameau de Choisy, situé sur les hauteurs de Sciez, n'est qu'à 1 km du lac. C'est dans un cadre verdoyant, autour de la solide maison de pierre qui abrite le restaurant *Le Piano à Bretelles,* qu'une quarantaine d'emplacements sont répartis. Location de mobile homes également *(300-600 €/sem).* Tout simple et chaleureux. Poney-club à proximité. Internet. Wifi.

Cadre : campagne, lacs ou rivières.
Terrain : herbe ; plat.

⊕ Paisible, ambiance musicale au resto (accordéon).
⊖ Peu d'animation.

À voir, à faire dans les environs : le lac ; le domaine du Guidou (musée de Préhistoire et de Géologie, musée des Sapeurs-Pompiers et les Aigles du Léman).

SÉEZ 73700

3 km NE de Bourg-Saint-Maurice ***Carte Rhône-Alpes Nord B1***

€€€ **19,90 €** **60 emplacements**

Le Reclus : *route de Tignes. ☎ 04-79-41-01-05. • contact@campinglereclus.com • campinglereclus.com • Ouv tte l'année.*
Un terrain arboré où se mélangent tentes, chalets, mobile homes, caravanes, roulottes et yourtes *(350-690 €/sem selon saison pour 1-6 pers).* Salon avec cheminée, ping-pong, cuisine à disposition... et casier à skis ! La route passe devant, mais les emplacements sont un peu en retrait. Internet. Wifi.

Cadre : montagne, sentiers de randonnée. ***Terrain :*** en terrasses ; herbe ; plat.	⊕ Les yourtes chauffées, y compris au cœur de l'hiver. ⊖ Le côté pêle-mêle, qui amusera peut-être certains.

À voir, à faire dans les environs : l'espace baroque du musée Saint-Éloi, la filature Arpin.

SÉVRIER 74320

4,5 km S d'Annecy ; 39 km NO d'Albertville ***Carte Rhône-Alpes Nord B1***

€€€€ **29 €** **95 emplacements**

Camping Les Rives du Lac : *331, chemin des Communaux. ☎ 04-50-52-40-14. • lesrivesdulac-annecy@ffcc.fr • lesrivesdulac-annecy.com • Ouv fin mars-sept.*
Un camping familial et bien équipé, avec accès direct au lac (plage privée). Location de mobile homes *(360-930 €/sem).* Proche piste cyclable. Internet. Wifi.

Cadre : lacs ou rivières. ***Terrain :*** herbe ; plat.	⊕ L'accès direct au lac ; le ponton avec bouée pour amarrer votre bateau ; la proximité d'une piste cyclable. ⊖ La réservation conseillée.

À voir, à faire dans les environs : le musée de la Cloche et l'écomusée du Costume savoyard et des Travaux d'aiguille ; Annecy et son lac ; les Jardins secrets à Vaulx ; le château de Clermont.

SEYSSINS 38180

6,5 km SO de Grenoble ; 100 km NE de Valence ***Carte Rhône-Alpes Sud B1***

€€€ **20 €** **65 emplacements**

Camping des Trois Pucelles : *58, rue des Allobroges. ☎ 04-76-96-45-73. • amico.francoise@gmail.com • camping3pucelles-grenoble.fr • Ouv tte l'année. CB refusées.*
Entre une zone artisanale et une zone plus résidentielle, mais au calme, un petit camping relativement vert et ombragé. Chaque site est séparé par de hautes haies. Peu de places pour les tentes, mais elles ont le mérite d'exister. En revanche, en saison, on est un peu entassé. L'avantage : on est à seulement un petit quart d'heure de Grenoble en tram. Agréable piscine avec transats. Locatifs *(214-735 €/sem).* Wifi.

Cadre : ville. ***Terrain :*** herbe ; plat.	⊕ Le centre de Grenoble très facilement et rapidement accessible par tram. ⊖ En saison, on est un peu tassés.

AUVERGNE-RHÔNE-ALPES

À voir, à faire dans les environs : à Grenoble, la vieille ville, le musée de l'Ancien-Évêché, le musée de Grenoble, le musée de la Résistance et de la Déportation, le centre d'art contemporain Le Magasin.

SOLLIÈRES-SARDIÈRES 73500

Carte Rhône-Alpes Nord B2

21 km SO du col du Mont-Cenis ; 45 km E de Saint-Jean-de-Maurienne

€€€ 16,50 € — **60 emplacements**

Camping Le Chenantier : *Sollières-Envers. 06-86-85-76-98. • lechenantier@gmail.com • camping-lechenantier.com • Ouv 15 mai-30 sept (tte l'année pour les cabanes). CB refusées.*

Camping municipal idéalement installé aux abords du plan d'eau du village et de l'Arc, la rivière qui descend des glaciers, le tout face à un panorama exceptionnel. Accueil chaleureux de Marion, Florent et Mathis, qui ont redonné vie à ce lieu et multiplié les jeux pour petits et grands. Yourtes joliment aménagées à l'entrée du site et cabanes *(235-845 €/sem).* Internet. Wifi.

Cadre : forêt, lacs ou rivières, montagne, sentiers de randonnée.
Terrain : en terrasses ; herbe.

⊕ Le site ; l'accueil familial ; le lac à 50 m.
⊖ La rivière parfois à sec qui laisse un paysage assez désolé ; les mouches au mois de juin.

À voir, à faire dans les environs : le parc national de la Vanoise.

SUZE-LA-ROUSSE 26790

41 km SE de Montélimar ; 27 km N d'Orange — *Carte Rhône-Alpes Sud A2*

€€€€ 28 € — **32 emplacements**

Camping Suze Luxe Nature : *110, chemin du Camping. ☎ 04-26-34-18-02. • contact@suzeluxenature.com • suzeluxenature.com • Ouv de mi-mars à fin nov.*

Un intitulé trompeur, car il n'y a rien de vraiment luxueux ici, mais plutôt des hébergements locatifs de qualité et bien intégrés dans le petit site agréablement arboré : lodges avec belle terrasse, cabanes, tipis *(210-1 200 €/sem pour 2-6 pers).* Ceux-ci occupent une bonne partie de l'espace ; l'autre est dédiée aux emplacements pour tentes et camping-cars. Eux aussi sont bien ombragés, mais comme très souvent dans la région, le sol est dur ! Agréable, même si, en saison, on peut s'y sentir un peu à l'étroit. Un seul petit bloc sanitaire, mais presque luxueux, lui pour le coup, eu égard au type d'hébergement. Et pour tout le monde, la piscine, le bar, les jeux pour enfants et un accueil absolument charmant. Internet. Wifi.

Cadre : campagne, lacs ou rivières.
Terrain : herbe ; plat ; en terrasses.
Réducs : - 10 % hors juillet-août et 30 mn de spa à bulles pour 4 personnes maxi offerts sur présentation de ce guide.

⊕ Le calme ; la nature ; le bien-être.
⊖ Pas de toboggan aquatique ; pas de discothèque ; pas d'animations.

À voir, à faire dans les environs : le château ; le château de Grignan ; les caves du Tricastin.

TALLOIRES 74290

14 km SE d'Annecy ; 12 km NO de Faverges — *Carte Rhône-Alpes Nord B1*

€€€€ 27 € — **125 emplacements**

La Chapelle Saint-Claude : *125, rue du Ponton, Angon. ☎ 04-50-60-36-97. 06-80-82-87-47. • contact@lachapellesaintclaude.com • lachapellesaintclaude.com • Ouv de mi-avr à fin sept.*

Un camping encore familial, tranquillement posé tout au bord du lac d'Annecy. Joli site qui abrite également une petite chapelle (d'où son nom). Plage privée. Ski nautique et wakeboard à 100 m. Location de chalets et mobile homes *(280-780 €/sem).* Internet. Wifi.

Cadre : lacs ou rivières, montagne, sentiers de randonnée. ***Terrain :*** herbe ; plat.	⊕ L'accès direct au lac. ⊖ Le wifi partiel.

À voir, à faire dans les environs : le château de Menthon-Saint-Bernard ; le château d'Arenthon ; la réserve naturelle du Roc-de-Chère ; le col de la Forclaz.

TARGET 03140

50 km E de Montluçon ; 50 km SO de Moulins ***Carte Auvergne A1***

€€€€ **24 emplacements**

Domaine des Grandes Côtes : *Verzun-du-Bas. ☎ 04-70-42-32-05. 06-07-65-25-12. • contact@domaine-des-grandes-cotes.com • domaine-des-grandes-cotes.com • Ouv avr-nov.*
Au cœur d'une reposante campagne et sur un vaste domaine (45 ha), une vingtaine de roulottes – jusqu'à 5 personnes pour celles en « suite » – et de yourtes – jusqu'à 8 personnes *(615-1 162 €/sem pour 2 pers).* Les amateurs d'intimité apprécieront les cabanes de bois *(à partir de 83 €/nuit, petit déj compris),* et même le tonneau en bois *(à partir de 110 €/nuit, petit déj compris).* Le tout est d'un vrai confort – ce qui n'est pas toujours le cas avec ces hébergements dits « insolites » ! L'accueil est sympa et il y a piscine, jacuzzi, bar-brasserie... et une première en France : un discgolf, c'est-à-dire un golf... qui se joue au Frisbee ! Internet. Wifi.

Cadre : campagne. ***Terrain :*** herbe ; plat. ***Réducs :*** le week-end, pour 3 nuits sur place une offerte, le *mid week,* pour 4 nuits une offerte, et pour la semaine, pour 7 nuits 2 offertes sur présentation de ce guide (arrivée uniquement les lundi et vendredi).	⊕ La qualité des hébergements ; le cadre. ⊖ Un peu loin de tout...

À voir, à faire dans les environs : Chantelle ; le château de Chareil-Cintrat.

TERMIGNON 73500

18 km NE de Modane ; 16 km E du col du Mont-Cenis ***Carte Rhône-Alpes Nord B2***

€€ **12,30 €** **150 emplacements**

Les Mélèzes : *route du Doron. ☎ 04-79-20-51-41. 06-71-33-70-10. • arnaud.michelle@orange.fr • camping-termignon-lavanoise.com • Ouv 20 déc-30 sept. CB refusées.*
Accueillant et familial, petit camping avec des emplacements ombragés au bord du torrent. Assez loin du village pour être tranquille, assez près pour profiter de tous les services. Locatifs *(300-490 €/sem),* dont des cabanes 2 personnes *(60-90 €/nuit).* Internet. Wifi.

Cadre : montagne. ***Terrain :*** herbe ; plat.	⊕ Navette gratuite pour le ski l'hiver et accès au parc national de la Vanoise du 1er juillet au 15 septembre. ⊖ Le bruit du torrent (peut-être...) ; peu ensoleillé en hiver.

À voir, à faire dans les environs : le parc national de la Vanoise.

THIÉZAC 15800

26 km NE d'Aurillac — *Carte Auvergne A2*

€€€ 18 € — 5 emplacements

Le Clou : *Le Clou. ☎ 04-71-47-01-45. • contact@leclou-france.com • leclou-france.com • Ouv juin-fin sept (loc tte l'année). CB refusées.*
Aire de camping aménagée dans une superbe ferme en basalte, datant de 1806 et isolée en pleine montagne (sur le GR 400). La vue est époustouflante, l'ambiance bohème, cosmopolite et chaleureuse. Jan et Trijnie ont quitté la Hollande voici quelques années pour s'installer ici, et se mettent en quatre pour leurs hôtes... Ils vous renseigneront sur toutes les randonnées du coin. Possibilité de s'installer dans le chalet 4 personnes *(400-600 €/sem)* ou dans le gîte 5 personnes. Internet. Wifi.

Cadre : montagne, sentiers de randonnée. ***Terrain :*** en terrasses ; herbe.	⊕ Le site ; l'accueil. ⊖ Les équipements.

À voir, à faire dans les environs : la chaumière de Granier.

THONON-LES-BAINS 74200

Carte Rhône-Alpes Nord B1

4,5 km NO de Thonon-les-Bains ; 9 km O d'Évian-les-Bains

€€€€ 28 € — 537 emplacements

Camping Saint-Disdille : *117, av. de Saint-Disdille, Vongy. ☎ 04-50-71-14-11. • camping@disdille.com • disdille.com • Ouv début avr-début oct.*
Un grand camping arboré où l'ambiance sait rester familiale. D'ailleurs, les distractions ne manquent pas : club enfants et jeux, tennis, location de vélos... Et on ne s'y entasse pas (grands emplacements bien ombragés). Sanitaires propres et nombreux. Le lac Léman (et la plage !) est à 200 m. Location de mobile homes, chalets et bungalows *(224-1 393 €/sem).* Internet. Wifi.

Cadre : lacs ou rivières, montagne. ***Terrain :*** herbe ; plat ; rocaille. ***Réducs :*** - 10 % et frais de résa offerts pour toute réservation avant le 31 janvier pour un séjour d'une semaine minimum, du 3 mai au 10 octobre, sur présentation de ce guide.	⊕ La proximité du lac. ⊖ Les zones industrielles pas loin...

À voir, à faire dans les environs : le château de Ripailles ; le port de Thonon-les-Bains ; les villages d'Yvoire et de Nernier ; Évian-les-Bains.

THUEYTS 07330

19 km NO d'Aubenas ; 39 km SE de Pradelles — *Carte Rhône-Alpes Sud A2*

€€€ 23 € — 67 emplacements

Camping de Belos : *Le Luzet. ☎ 04-75-36-44-35. • campingbelos@wanadoo.fr • camping-belos.com • Ouv début mai-fin sept (début mai-début oct pour les loc).*
Au bout d'une jolie route (étroite) de montagne, posé au bord de l'Ardèche (où l'on peut se baigner), un charmant camping loin du tintamarre. Grands emplacements ombragés par de beaux arbres, organisés en terrasses verdoyantes et séparés par des haies naturelles. Sanitaires impeccables. Petit bar-snack. Piscine. Accueil pro, attentif et sympa. Une bien bonne atmosphère. Location de chalets et de mobile homes pour 4 à 5 personnes *(260-610 €/sem).* Internet. Wifi.

Cadre : campagne, forêt, lacs ou rivières, montagne, sentiers de randonnée. ***Terrain :*** en terrasses ; herbe ; plat.	⊕ Le calme ; l'accueil pro et sympa. ⊖ Pas d'animations pour les ados.

À voir, à faire dans les environs : le vieux village de Thueyts et le musée de l'Ardèche d'autrefois ; le belvédère de la Gueule-d'Enfer et la rando jusqu'au pont du Diable ; le village de Meyras .

TOURNON-SUR-RHÔNE 07300

20 km N de Valence ; 34 km SE d'Annonay — *Carte Rhône-Alpes Sud A1*

€€€€ 28 € — **85 emplacements**

Camping de Tournon HPA : *1, promenade Roche-de-France.* ☎ *04-75-08-05-28.* • *camping@camping-tournon.fr* • *camping-tournon.fr* • *Ouv 1er fév-30 nov.*
Très classique avec son grand terrain plat et ses emplacements ombragés, séparés par des haies. Mais joliment situé, à deux pas du centre-ville, au bord du Rhône, avec vue sur le vignoble des collines de Tain-l'Hermitage. Autre avantage, il est ouvert (presque) toute l'année. Location de mobile homes *(348-920 €/sem).* Wifi. NOUVEAUTÉ.

Cadre : ville, lacs ou rivières. ***Terrain :*** herbe ; plat.	⊕ L'emplacement. ⊖ Peu de services (épicerie, resto) mais le centre-ville est tout près.

À voir, à faire dans les environs : le château-musée de Tournon-sur-Rhône ; le train de l'Ardèche ; la cité du chocolat Valrhona à Tain-l'Hermitage ; le Safari de Peaugres.

TREFFORT 38650

36 km S de Grenoble ; 97 km NO de Gap — *Carte Rhône-Alpes Sud B1*

€€€ 26 € — **72 emplacements**

Camping de la Plage : *Sous-Jullières.* ☎ *04-76-34-06-31.* • *contact@camping2laplage.com* • *camping2laplage.com* • *Ouv d'avr à mi-oct.*
Au bord du lac le plus venté de France, où les véliplanchistes et les kitesurfeurs s'en donnent à cœur joie, un petit camping en terrasses, bien tenu et presque les pieds dans l'eau. Bar-resto à côté. Location de mobile homes et chalets 4 à 6 personnes *(245-875 €/sem),* tentes bivouac et trappeur pour 2 à 5 personnes *(175-595 €/sem).* Bon accueil. Piscine à 200 m. Wifi.

Cadre : lacs ou rivières, montagne, sentiers de randonnée. ***Terrain :*** en terrasses ; herbe ; rocaille.	⊕ La situation au bord du lac. ⊖ Le vent !

À voir, à faire dans les environs : le Centre écologique Terre vivante à Mens ; le mont Aiguille ; le Vercors.

UCEL 07200

29 km SO de Privas ; 6 km N d'Aubenas — *Carte Rhône-Alpes Sud A2*

€€€€ 42 € — **80 emplacements**

Domaine de Gil : *91, route de Vals.* ☎ *04-75-94-63-63.* • *info@domaine-de-gil.com* • *domaine-de-gil.com* • *Ouv fin avr-fin sept.*
Camping de standing avec un équipement de qualité, très complet, et une belle situation... d'où les prix (beaucoup plus raisonnables hors juillet-août). Ambiance plus club que petit camping tranquille. Accès direct à la rivière, avec une petite plage. Piscine chauffée. Location de mobile homes pour 4 à 6 personnes *(250-1 300 €/sem).* Animations en juillet-août : cirque, *lazertag,* orchestre... Internet. Wifi.

Cadre : campagne, lacs ou rivières. ***Terrain :*** herbe ; plat.	⊕ L'ambiance familiale ; les animations ; l'accès à la rivière. ⊖ Les chiens refusés en haute saison ; le calme seulement après 23h30.

€€€ **24 €** **76 emplacements**

Le Pastural : *Le Pastural. ☎ 04-75-37-60-28. 06-07-30-33-59. • campinglepastural@hotmail.fr • campinglepastural.com • Ouv d'avr à mi-oct.*
Un camping de type familial, fort bien tenu. Spécialisé dans l'accueil VTT. Bien arboré et larges emplacements. À proximité d'un bois. Au pied du camping, une petite rivière, ainsi qu'un accès à un gentil ruisseau avec baignade pour les enfants. Club enfants une fois par semaine. Location de mobile homes *(174-650 €/sem).* Internet. Wifi.

Cadre : campagne, forêt, lacs ou rivières, sentiers de randonnée. ***Terrain :*** en terrasses ; herbe.	⊕ La piscine chauffée. ⊖ Le snack seulement en juin-août.

À voir, à faire dans les environs : la vieille ville d'Aubenas et son château ; Vals-les-Bains, le vieux village et la cité thermale ; Antraigues-sur-Volane.

UZER 07110

22 km SE des Vans ; 19 km NO de Vallon-Pont-d'Arc. ***Carte Rhône-Alpes Sud A2***

€€€€ **31 €** **45 emplacements**

La Turelure : *365, impasse de Fontane. ☎ 04-75-89-29-21. • contact@camping-la-turelure.com • camping-la-turelure.com • Ouv de mi-avr à mi-sept.*
À la fois très nature et à deux pas des grands axes touristiques. Et dans un bel environnement : entre falaises, vignes et campagne, au confluent de 2 petites rivières. Sympathique camping, avec tout le confort souhaité (sanitaires nickel, café-resto, épicerie). Piscine, mais les petits plans d'eau des rivières sont également de bons plans pour la baignade. Quelques animations en été. Prêt de kayaks pour l'initiation. En location, mobile homes et tentes équipées *(210-820 €/sem).* Wifi. NOUVEAUTÉ.

Cadre : campagne, lacs ou rivières, sentiers de randonnée. ***Terrain :*** herbe ; plat.	⊕ Le site. ⊖ Le peu d'animations (pour les amateurs du genre).

À voir, à faire dans les environs : le château de Montréal ; les villages de la vallée de l'Ardèche : Balazuc, Ruoms, Vogüé ; Joyeuse et l'espace Découverte de la châtaigne d'Ardèche (Castanéa) ; Labeaume et ses jardins suspendus.

VAL-CENIS 73500

Carte Rhône-Alpes Nord B2

41 km E de Saint-Jean-de-Maurienne ; 24 km SO du col du Mont-Cenis

€€ **13,73 €** **163 emplacements**

Camping Val d'Ambin : *602, route de l'Église, Bramans. ☎ 04-79-05-03-05. 06-05-03-63-91. • campingbramans@gmail.com • camping-bramansvanoise.com • Ouv tte l'année.*
Camping familial à l'orée du village, pas très ombragé, mais on n'est pas non plus en plein désert. Excellent accueil et un petit plan d'eau. Location de chalets pour 2 à 6 personnes *(279-789 €/sem)* et, plus insolite, de tentes Hannibal *(179-499 €/sem).* Très très calme. Internet. Wifi.

Cadre : forêt, montagne, sentiers de randonnée. ***Terrain :*** en terrasses ; herbe ; plat. ***Réducs :*** cadeau de bienvenue offert et - 5 % sur présentation de ce guide.	⊕ Le calme et l'espace ; la vue panoramique sur la montagne du parc national de la Vanoise. ⊖ Pas d'animations.

À voir, à faire dans les environs : la haute Maurienne et le parc national de la Vanoise ; les vallées du Piémont (Italie).

VALBONNAIS 38740

53 km S de Grenoble ; 65 km N de Gap — *Carte Rhône-Alpes Sud B1*

€€€ 22,50 € — **180 emplacements**

Au Valbonheur : *129, impasse du Lac. ☎ 04-76-30-21-28. 📱 06-84-15-69-39. • valbo-camp@orange.fr • plandeau.net • Ouv mai-début oct.*
Au bord d'un plan d'eau, un beau site très vaste et verdoyant, en grande partie ombragé par de beaux arbres touffus formant une petite forêt. Bon confort général et de beaux hébergements locatifs au calme : mobile homes, de jolis chalets, bivouac sur pilotis, cabane igloo, maison au bord du lac. Wifi.

Cadre : montagne, lacs ou rivières, forêt, sentiers de randonnée. ***Terrain :*** herbe ; plat. ***Réducs :*** - 10 % sur les emplacements camping sur présentation de ce guide.	⊕ L'espace, la petite forêt et la plage privée. ⊖ Quels « moins » ?

À voir, à faire dans les environs : le parc national des Écrins ; le musée souterrain La Mine-Image à La Motte-d'Aveillans.

VALJOUFFREY 38740

70 km SE de Grenoble ; 30 km E de La Mure — *Carte Rhône-Alpes Sud B1*

€€ 12,50 € — **46 emplacements**

Camping des Faures : *Les Faures. ☎ 04-56-56-21-84. • ladorefaures@gmail.com • campingdesfaures.fr • Ouv mai-sept.*
Les mobile homes, chalets et autres hébergements locatifs vous donnent des boutons ? Votre truc, c'est le site de base en pleine nature ? Eh bien, voilà, vous l'avez trouvé ! Magnifiquement situé, cerné par les montagnes, sur un vaste terrain tout en pelouse un peu folle et quelques arbres. Bloc sanitaire rustique. Bar et petit resto sous yourte proposant pizzas et plats du jour. NOUVEAUTÉ.

Cadre : montagne, sentiers de randonnée. ***Terrain :*** herbe.	⊕ Les concerts ; l'ambiance écolo. ⊖ On cherche encore...

À voir, à faire dans les environs : le val de Bonne ; la vallée de Valjouffrey ; le plan d'eau d'Entraigues ; le vieux village de Corps et la distillerie La Salettina.

VALLON-PONT-D'ARC 07150

35 km S d'Aubenas ; 64 km NE d'Orange — *Carte Rhône-Alpes Sud A2*

€€€€ 30 € — **150 emplacements**

Camping La Rouvière : *route des Gorges, Chames. ☎ 04-75-37-10-07. 📱 06-45-47-09-74. • ardbat@yahoo.fr • campinglarouviere.com • Ouv de mi-mars à fin sept (début nov pour les loc).*
Sous de grands arbres, des emplacements en bordure de rivière ; plage vraiment sympa et, en face, d'imposantes falaises à excavations. Épicerie. Animations

sportives : beach-volley, pétanque, ping-pong... et canoë-kayak, évidemment. Soirée dansante une fois par semaine en été. Location de mobile homes pour 4 à 6 personnes *(270-970 €/sem).* Internet. Wifi.

Cadre : montagne. ***Terrain :*** en pente ; en terrasses ; herbe.	⊕ Situé à l'entrée de la réserve naturelle des gorges de l'Ardèche. ⊖ Les frais de dossier sur les locatifs.

€€€ **24 €** **100 emplacements**

Camping Bonhomme : *Les Mazes. ☎ 04-75-88-04-62. • reza@camping-bonhomme.com • camping-bonhomme.com • Ouv mars-début nov.*
Plusieurs clairières ombragées, simples, propres, au bord de l'Ardèche. Un petit camping familial. Sanitaires bien entretenus. Mobile homes à louer *(280-615 €/sem pour 2-4 pers).* Animations 2 fois par semaine en saison. Wifi.

Cadre : campagne, sentiers de randonnée. ***Terrain :*** herbe.	⊕ Le côté bonhomme (ah ! ah ! ah !). ⊖ Point de piscine.

€€€€ **60 €** **201 emplacements**

Camping La Plage Fleurie : *Les Mazes. ☎ 04-75-88-01-15. • info@laplagefleurie.com • laplagefleurie.com • Ouv fin avr-début sept.*
Un camping haut de gamme, correctement ombragé, avec une plage (fleurie, évidemment) sur l'Ardèche. Joli parc aquatique avec piscines et toboggans. Plein d'activités sportives (dont du kayak, normal ici) et animations, soirées, etc. Épicerie, bar-resto, snack et pizzeria. Location de bungalows toilés et de mobile homes *(294-1 995 €/sem).* Adresse plutôt tranquille (sauf exception), malgré la taille du site. Idéal en famille. Internet. Wifi.

Cadre : campagne, lacs ou rivières, sentiers de randonnée. ***Terrain :*** herbe ; plat.	⊕ Le calme. ⊖ Les tarifs en haute saison ; les frigos payants (5,50 €).

€€€€ **60 €** **244 emplacements**

Camping Nature Parc L'Ardéchois : *route des Gorges. ☎ 04-75-88-06-63. • info@ardechoiscamping.com • ardechois-camping.com • Ouv début avr-début oct.*
Le camping 5 étoiles de luxe, avec tennis, piscines chauffées avec jacuzzi, supérette, emplacements « grand confort » (vaste espace, hamac, salon de jardin), équipe de jardiniers efficaces, resto qui tient la route et tout et tout. Un camping remarquable par ses équipements et son organisation mais prix en conséquence. Location de mobile homes et assimilés (« cabanou », « pequelou ») pour 2 à 5 personnes *(137-1 230 €/sem).* Espace bien-être avec hammam, sauna, douche à expériences, spa, salle de massage. Internet. Wifi.

Cadre : campagne, lacs ou rivières. ***Terrain :*** herbe ; plat. ***Réducs :*** - 10 % pour tout séjour de plus de 7 nuits hors juillet-août.	⊕ Les prestations haut de gamme. ⊖ Les tarifs.

À voir, à faire dans les environs : à Vallon-Pont-d'Arc, l'hôtel de ville et ses tapisseries d'Aubusson ; la grotte Chauvet 2 Ardèche ; les gorges de l'Ardèche et le pont d'Arc ; la grotte de la Madeleine.

VENOSC 38520

13 km SE du Bourg-d'Oisans ; 69 km NO de Briançon **Carte Rhône-Alpes Sud B1**

€€ **14 €** **39 emplacements**

Camping La Cascade : *L'Alleau. ☎ 04-76-11-09-75. • info@camping-cascade.com • camping-cascade.com • Ouv de mi-avr à mi-oct (tte l'année pour les chalets). CB refusées.*

Petit camping familial, dans un joli coin très nature, entre montagne et torrent. Bien tranquille, et ce ne sont pas les biquettes qui broutent le champ mitoyen qui font beaucoup de bruit. Douches payantes. Location de chalets pour 4 à 6 personnes *(220-560 €/sem)*, de chalets mi-tente mi-bois *(« Tentabois », 310 €/sem)* et de tipis bois *(220 €/sem)*. Très bon accueil.

Cadre : forêt, montagne, sentiers de randonnée, lacs ou rivières. ***Terrain :*** en terrasses ; herbe. ***Réducs :*** - 10 % sur le tarif par personne sur présentation de ce guide.	⊕ Le calme ; l'accueil. ⊖ L'accès difficile pour les gros véhicules ; les douches payantes.

€€€ **24,50 €** **84 emplacements**

Camping-caravaneige Le Champ du Moulin : *Bourg-d'Arud. ☎ 04-76-80-07-38. 06-76-90-61-73. • info@champ-du-moulin.com • champ-du-moulin.com • Ouv de mi-déc à fin avr et de fin mai à mi-sept.*
Camping familial ensoleillé, mais aussi ombragé, et bien équipé, au bord du Vénéon, un vrai torrent de montagne. Multiples activités à proximité (piscine municipale découverte avec toboggan aquatique et tennis à 50 m, rafting, parapente, etc.). Location de mobile homes, de sympathiques chalets et bungalows toilés pour 4 à 6 personnes *(400-650 €/sem)*. Le gîte d'étape accueille les randonneurs (jusqu'à 5 personnes) en gestion libre ou en demi-pension *(31 €/nuit par pers, + 28 € pour la demi-pension)*. Le restaurant propose une cuisine avec des produits bio locaux ; épicerie. Liaison avec le domaine skiable des Deux-Alpes. Wifi.

Cadre : lacs ou rivières, montagne, sentiers de randonnée. ***Terrain :*** herbe ; plat.	⊕ Le sauna. ⊖ Le faible ensoleillement en hiver.

À voir, à faire dans les environs : le massif de l'Oisans ; le musée d'Huez et de l'Oisans à L'Alpe-d'Huez ; le parc national des Écrins.

VERCHENY 26340

15 km SO de Die ; 65 km NE de Montélimar — **Carte Rhône-Alpes Sud B1-2**

€€ **13,50 €** **40 emplacements**

Camping Le Pont de la Drôme à la belle étoile : *route d'Aurel. ☎ 04-75-21-76-39. • campingmunicipalvercheny@gmail.com • campingmunicipallepontdeladrome.com • Ouv de mi-avr à fin sept. CB refusées.*
Sur la rive gauche de la Drôme, donc bien en retrait de la très passante départementale de Die. Site plutôt sympa et assez calme avec ses emplacements sous de grands arbres. Plage au bord de la Drôme. Ambiance familiale. Aire de jeu pour les enfants. Snack-restaurant de qualité, avec de bons produits. Internet.

Cadre : lacs ou rivières, montagne, sentiers de randonnée, campagne, forêt. ***Terrain :*** herbe ; plat.	⊕ La possibilité d'activités nautiques (canoë, le lac à 10 mn à pied). ⊖ N'oubliez pas votre maillet : le sol est dur et l'herbe rare.

À voir, à faire dans les environs : le musée de la Clairette-de-Die aux caves *Carod* ; Saillans et le site des Trois-Becs.

VIC-SUR-CÈRE 15800

20 km NE d'Aurillac — **Carte Auvergne A2**

€€ **12 €** **200 emplacements**

Camping Vic'nature : *allée des Tilleuls. ☎ 04-71-63-70-78. • mairie@vicsurcere.fr • vicsurcere.fr • Ouv mai-fin sept. CB refusées.*

Camping bien ombragé, sur un terrain plat, avec un accès direct à la rivière, où la pêche est la bienvenue. Location de tentes et bungalows toilés pour 4 personnes *(176-220 €/sem)*. Internet. Wifi.

Cadre : campagne, lacs ou rivières, montagne, sentiers de randonnée. ***Terrain :*** herbe ; plat.	⊕ Le centre-ville à 200 m, tout comme la piscine et le tennis. ⊖ Les équipements simples.

€€€€ **32 € (avec électricité)** **100 emplacements**

Camping La Pommeraie : *sur les hauteurs du village. ☎ 04-71-47-54-18. 06-75-65-33-36. • pommeraie@wanadoo.fr • camping-auvergne-cantal.com • Ouv 2 mai-15 sept.*
Dans un environnement très agréable, ce camping confortable allie le calme, un joli paysage et la randonnée sur les monts du Cantal (GR 400 à proximité). La partie haute du camping est particulièrement tranquille. Parc aquatique avec 3 piscines chauffées (2 extérieures et une couverte) toboggan, nage à contre-courant, rivière à courant ; club enfants et soirées organisées. Résa conseillée en été. Loue aussi des mobile homes *(200-735 €/sem)*. Wifi.

Cadre : campagne, montagne. ***Terrain :*** en terrasses ; herbe ; plat.	⊕ La piscine avec le banc balnéo. ⊖ L'accès un peu difficile avec une caravane ou un camping-car.

À voir, à faire dans les environs : la vieille ville, la Maison des eaux minérales ; le col de Curebourse.

VIEILLE-BRIOUDE 43100

35 km SE d'Issoire ; 60 km NO du Puy-en-Velay **Carte Auvergne B2**

€€€ **15,50 €** **81 emplacements**

Camping La Bageasse : *La Chaud. ☎ 04-71-50-07-70. • camping.brioude@aquadis-loisirs.com • aquadis-loisirs.com/camping-la-bageasse • Ouv mars-début nov.*
Camping ombragé et calme, au bord de l'Allier. Activités sportives possibles dans les environs (nombreux parcours de randonnée et de canoë). Loue des chalets en bois et des mobile homes *(242-599 €/sem pour 4-6 pers)*. Wifi.

Cadre : campagne, lacs ou rivières, sentiers de randonnée. ***Terrain :*** herbe ; plat ; en terrasses.	⊕ Les réductions sur Internet et les promos très fréquentes. ⊖ Rien à redire.

À voir, à faire dans les environs : la basilique Saint-Julien, l'atelier-musée Hôtel de la Dentelle, l'aquarium. Le vieux village de Saint-Ilpize.

VILLARD-DE-LANS 38250

36 km SO de Grenoble ; 74 km NE de Valence **Carte Rhône-Alpes Sud B1**

€€€ **27 €** **189 emplacements**

Domaine de L'Oursière : *1080, av. du Général-de-Gaulle. ☎ 04-76-95-14-77. 06-07-19-66-49. • oursiere@capfun.com • capfun.com/camping-france-rhone_alpes-oursiere-fr • Ouv de mi-mai à mi-sept.*
En bord de route, un camping traversé par un petit cours d'eau bordé de saules. Beaucoup d'hébergements locatifs, mais néanmoins quelques emplacements tente pas désagréables. Pour plus de calme, en demander un éloigné de l'entrée (le camping est suffisamment étendu). Bien équipé et atmosphère familiale. Piscine chauffée et couverte, aire de jeux pour les enfants, minigolf, etc. Location de mobile homes pour 4 à 8 personnes *(245-952 €/sem)*. Wifi.

Cadre : montagne. ***Terrain :*** herbe ; plat.	⊕ Le cadre ; les équipements. ⊖ Pas d'animations.

À voir, à faire dans les environs : le Vercors avec la réserve naturelle des Hauts-Plateaux ; la route de Combe-Laval ; le mémorial de la Résistance au col de la Chau ; le belvédère de Révoulat (randonnée assez costaude).

VILLEREST 42300

7 km S de Roanne — ***Carte Rhône-Alpes Nord A1***

€€€ **22,50 €** — **50 emplacements**

L'Orée du Lac : *68, route du Barrage.* ☎ *04-77-60-69-88.* 📱 *06-86-92-95-32.* • *loreedulac@gmail.com* • *loreedulac.net* • *Ouv fin avr-fin sept.*
Enfoui sous les arbres au pied du barrage de Villerest, ce mignon camping de poche scrupuleusement entretenu s'est établi en terrasses au-dessus de la Loire, à 5 mn en voiture de Roanne. Tout près également, le lac de Villerest, pas dans sa portion la plus bucolique, mais avec une plage aménagée pour la baignade (attention, l'eau peut tourner vite en cas de grosses chaleurs). Accueil sympa et bon niveau d'équipements : grande piscine (shorts interdits), snack-bar, aire de jeux. Loue également des mobile homes et des tentes lodges, avec coin cuisine équipé *(220-560 €/sem).* Internet. Wifi.

Cadre : campagne, lacs ou rivières. ***Terrain :*** herbe ; en terrasses. ***Réducs :*** - 5 % sur les locatifs en basse et moyenne saisons (hors week-ends spéciaux) sur présentation de ce guide.	⊕ La proximité du lac et de la ville de Roanne ; les sanitaires chauffés. ⊖ Signalétique manquante pour arriver au camping.

À voir, à faire dans les environs : le lac et le bourg médiéval de Villerest ; Roanne ; les villages de caractère de la côte roannaise (Ambierle, Saint-Haon-le-Châtel...).

VOGÜÉ 07200

38 km O de Montélimar ; 10 km S d'Aubenas — ***Carte Rhône-Alpes Sud A2***

€€€€ **28 €** — **100 emplacements**

Camping Les Roches : *215, montée des Carriers.* ☎ *04-75-37-70-45.* 📱 *06-77-78-53-72.* • *contact@campinglesroches.fr* • *campinglesroches.fr* • *Ouv de début mai à mi-sept. CB refusées.*
Dans la même famille depuis 1965, un bien joli camping sur un terrain qui a du charme. Environnement bucolique : pas mal d'arbres (donc de l'ombre), quelques rochers. Et des oies et chevrettes qui animent le tout. Belle piscine en terrasses. Mobile homes. Animations et activités sportives en saison. Pizza-snack à l'entrée *(ouv en juil-août seulement).* Location de mobile homes *(350-650 €/sem).* Animations et activités sportives en juillet-août. Internet. Wifi.

Cadre : campagne. ***Terrain :*** en terrasses ; herbe ; plat.	⊕ La disposition naturelle des emplacements. ⊖ Les w-c à la turque.

€€€€ **28 €** — **35 emplacements**

Camping Les Chênes Verts : *665, route de Saint-Germain.* ☎ *04-75-37-71-54.* • *chenesverts2@wanadoo.fr* • *chenesverts.com* • *Ouv avr-sept.*
Commençons par une précision importante : le camping est petit, et seuls quelques emplacements (ombragés) sont réservés aux tentes. Dommage ! L'environnement est

néanmoins convivial, soigné et paisible. Location de chalets bien tenus pour 2 à 6 personnes *(285-860 €/sem)*. Bon accueil, point de chute agréable. Internet. Wifi.

Cadre : campagne. ***Terrain :*** en terrasses.	⊕ Le calme. ⊖ Un peu proche de la route.

À voir, à faire dans les environs : le village de Vogüé et son château ; les villages de Lanas et Balazuc ; et ceux du plateau du Coiron : Villeneuve-de-Berg, Mirabel, Saint-Laurent-sous-Coiron.

VOLVIC 63530

14 km NO de Clermont-Ferrand ***Carte Auvergne A1***

€€€ **16 €** **68 emplacements**

Camping Pierre et Sources : *rue de Chancelas. ☎ 04-73-33-50-16. • camping@ville-volvic.fr •contact@camping-volvic.com • camping-volvic.com • Ouv 1er mai-30 sept (tte l'année pour les loc).*
Camping situé en contrebas du village de Volvic, sur un vaste espace dégagé et semi-ombragé. Très propre. Départ de randonnées pédestres sur le GR 441 et à VTT pour la Grande Traversée du Massif central. Également des chalets à louer *(270-580 €/sem)*, dont un équipé pour personnes handicapées. Terrains de volley-ball et de badminton, sans oublier le ping-pong... et le tennis à 500 m. Wifi.

Cadre : campagne, montagne, sentiers de randonnée. ***Terrain :*** en terrasses ; herbe ; plat. ***Réducs :*** - 10 % sur présentation de ce guide.	⊕ La vue imprenable sur le château de Tournoël ; l'aire de service pour camping-cars. ⊖ Le bruit de la départementale, un peu gênant.

À voir, à faire dans les environs : le musée Marcel-Sahut ; le château de Tournoël (2 km) ; le manoir de Veygoux ; les sources de Volvic.

YSSINGEAUX 43200

28 km NE du Puy-en-Velay ; 50 km SO de Saint-Étienne ***Carte Auvergne B2***

€€ **10 €** **50 emplacements**

Camping municipal de Choumouroux : *☎ 04-71-65-53-44. 📱 06-77-26-27-29 • pierretteromanet@orange.fr • Ouv mai-fin sept. CB refusées.*
Petit camping confortable et calme. Activités sportives à Yssingeaux. Piscine à 500 m.

Cadre : montagne. ***Terrain :*** herbe ; plat.	⊕ Très propre et bien entretenu. ⊖ Les nuits fraîches.

À voir, à faire dans les environs : le musée Saint-Roch, la place du Maréchal-Foch. Le lac de Lavalette. Les collines Saint-Roch.

YZERON 69510

25 km SO de Dardilly ; 35 km SO de Lyon ***Carte Rhône-Alpes Nord A1***

€€ **10,50 €** **30 emplacements**

Camping L'Hacienda : *2, chemin du Planil. 📱 06-06-79-79-84 et 06-59-12-39-95. • campinghacienda@gmail.com • camping-hacienda.com • Ouv tte l'année. CB refusées.*

Sur les hauteurs du village, ce petit camping à la fois nature et joliment décoré (« tables » en pierre, panneaux de rues, déco de jardin...) bénéficie d'une vue superbe sur les vallons du Lyonnais et d'une ambiance familiale sympa. Pas tellement d'infrastructures sur place, mais le centre du bourg est à 2 mn à pied, avec commerces, restos, etc. Quelques jolis mobile homes et chalets à louer *(260-340 €/sem)*, construits par le proprio. Wifi.

Cadre : campagne, forêt, lacs ou rivières, sentiers de randonnée, montagne. ***Terrain :*** en terrasses ; herbe.	⊕ La vue (jusqu'aux Alpes si le temps le permet). ⊖ L'absence de transport en commun pour aller en ville.

À voir, à faire dans les environs : les monts du Lyonnais ; le couvent d'Éveux.

Bourgogne-Franche-Comté

Pictos utilisés dans ce guide

- € Économique
- €€ Bon marché
- €€€ Prix moyens
- €€€€ Plus chic
- Tente
- Caravane
- Hébergement locatif
- Camping-car
- Caravaneige
- Piscine extérieure
- Piscine couverte
- Accès handicapé
- Hébergement insolite ou original

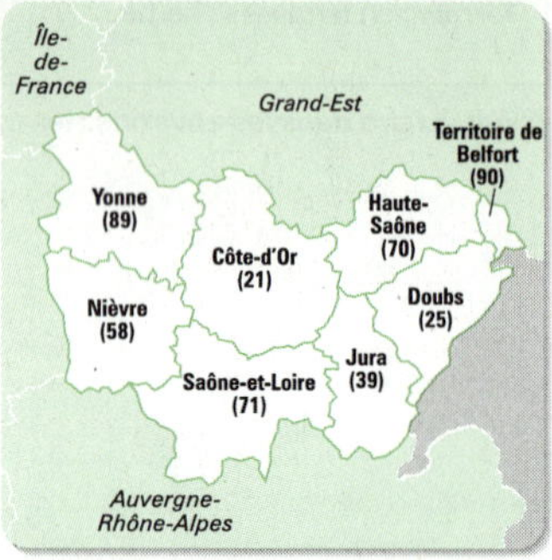

ALISE-SAINTE-REINE (ALÉSIA) 21150

12 km NE de Semur-en-Auxois — *Carte Bourgogne B1*

€€ **11,20 €** — **65 emplacements**

Camping municipal : *15, rue du Docteur-Roux, à Venarey-les-Laumes (3 km d'Alise-Sainte-Reine). ☎ 03-80-96-07-76. • camping@vll.fr • venareyleslaumes.fr • Ouv de début avr à mi-oct (chalets tte l'année).*
Beau camping, bien ombragé, près d'un plan d'eau. Location de chalets, dont un équipé pour les personnes handicapées *(315-420 €/sem).* Internet. Wifi.

Cadre : campagne, lacs ou rivières.
Terrain : herbe ; plat.

⊕ La baignade surveillée en juillet-août ; le tarif randonneur hors saison (6-7 €/nuit).
⊖ On peut entendre les trains.

À voir, à faire dans les environs : le Muséoparc, les fouilles, l'hôpital Sainte-Reine.

ANOST 71550

24 km NO d'Autun ; 64 km SE de Corbigny — *Carte Bourgogne A2*

€€€ **16 €** — **37 emplacements**

Camping municipal du Pont de Bussy : *☎ 03-85-82-79-07. 📱 06-69-98-34-23. • campingdanost@orange.fr • anost.fr • Ouv avr-fin sept. CB refusées.*
Dans un cadre bucolique à souhait, un petit camping herbeux, à l'accueil sympa. Sanitaires impeccables, aire de jeux, tennis, baignade. Location de mobile homes. Internet. Wifi.

Cadre : campagne, lacs ou rivières, sentiers de randonnée.
Terrain : herbe ; plat.

⊕ Le joli cadre ; les sentiers de randonnée tout autour.
⊖ Pas de bar ni de restaurant.

À voir, à faire dans les environs : la maison des Galvachers ; le sentier des sangliers ; Bibracte ; Autun.

ARC-ET-SENANS 25610

34 km SO de Besançon — **Carte Franche-Comté A2**

€€€ 20,90 € — **36 emplacements**

Camping La Saline : *18, rue des Graduations. ☎ 03-81-57-50-28. 06-84-80-94-06. • campinglasaline@lesbordsdeloue.fr • campinglasaline.fr • Ouv de mi-avr à fin sept.*
Petit camping à l'écart du village et pas loin de la rivière. On peut d'ailleurs s'y procurer y pêcher ! Au calme donc, et bien ombragé. Terrain bien délimité par de hautes haies et bon confort général. Loue des bungalows toilés insolites, un trappeur, un tipi, et même une roulotte *(150-590 €/sem)* ! Piscine, bar-resto et location de canoës-kayaks en été. Un bon point de chute. Internet. Wifi.

Cadre : campagne. ***Terrain :*** herbe ; plat.	⊕ L'intimité des emplacements. ⊖ Le petit nombre d'emplacements.

À voir, à faire dans les environs : la saline royale et le musée Claude-Nicolas-Ledoux ; la grotte d'Osselle (13 km) ; la vallée de la Loue ; Besançon (34 km).

ARNAY-LE-DUC 21230

5 km SO de Musigny ; 11 km NE de Voudenay — **Carte Bourgogne B2**

€€€€ 28 € — **209 emplacements**

Camping Étang de Fouché : *rue du 8-Mai-1945. ☎ 03-80-90-02-23. • etang-fouche@huttopia.com • campingfouche.com • Ouv de début avr à mi-oct.*
Ombragé, avec des emplacements séparés par des haies. Nombreuses activités : location de vélos, baignade surveillée dans le lac (le tour est aménagé avec des aires de pique-nique, une plage et un parcours santé), belle piscine avec toboggan aquatique, jeux, pêche, etc. Location de tentes aménagées, mobile homes, roulottes et chalets pour 4 à 8 personnes *(385-973 €/sem selon taille et saison).* Épicerie, snack et resto. Internet. Wifi.

Cadre : campagne, lacs ou rivières. ***Terrain :*** herbe ; plat.	⊕ L'accès direct à l'étang. ⊖ Quels « moins » ?

À voir, à faire dans les environs : la vieille ville ; la Maison régionale des arts de la table.

AUTREY-LE-VAY 70110

26 km SE de Vesoul — **Carte Franche-Comté B1**

€€ 10,40 € — **20 emplacements**

Camping municipal : *6, Grande-Rue. ☎ 03-84-63-40-83. 06-45-40-38-33. • autreylevay@wanadoo.fr • destination70.com • Ouv de mi-avr à mi-oct. CB refusées.*
Tout petit camping posé juste au bord de l'Ognon, avec de vastes emplacements bien ombragés. Des chalets pour 4 personnes à louer *(sans eau ; 165-190 €/sem, loc possible à la nuitée).* C'est une étape sympathique pour les canoéistes, les randonneurs, les pêcheurs et les campeurs. En été, la buvette du camping est ouverte à tous pour des boissons et des glaces à emporter.

Cadre : campagne, lacs ou rivières, sentiers de randonnée. ***Terrain :*** herbe ; plat.	⊕ Le coin très sympa, vrai îlot de verdure ; le chant des oiseaux. ⊖ Les douches payantes.

À voir, à faire dans les environs : le bourg ancien de Villersexel ; le prieuré de Marast (6 km) ; le château d'Oricourt (9 km) ; la vallée de l'Ognon ; le val de Bonnal (10 km) ; Vesoul (26 km).

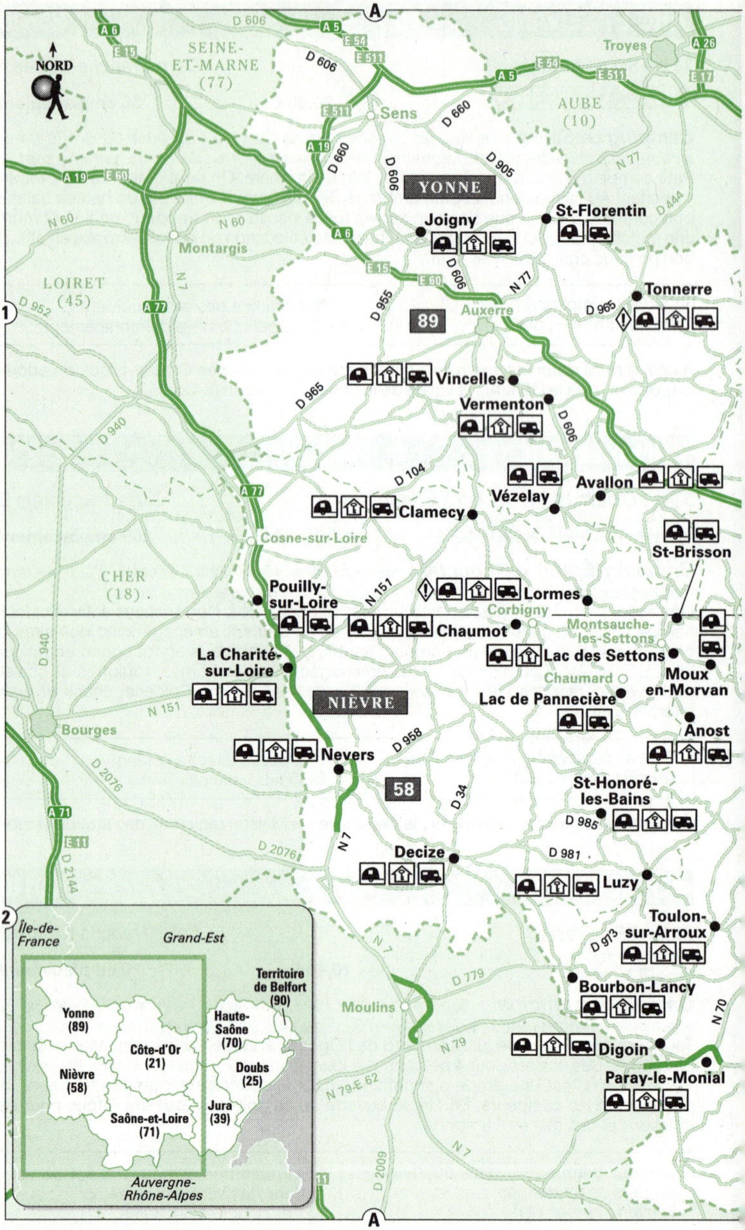
NORD
SEINE-ET-MARNE (77)
LOIRET (45)
CHER (18)
AUBE (10)
YONNE
89
NIÈVRE
58
Sens
Troyes
Montargis
Auxerre
Cosne-sur-Loire
Bourges
Corbigny
Montsauche-les-Settons
Chaumard
Moulins
Joigny
St-Florentin
Tonnerre
Vincelles
Vermenton
Avallon
Vézelay
Clamecy
St-Brisson
Pouilly-sur-Loire
Lormes
Chaumot
Lac des Settons
Moux en-Morvan
La Charité-sur-Loire
Lac de Pannecière
Anost
Nevers
St-Honoré-les-Bains
Decize
Luzy
Toulon-sur-Arroux
Bourbon-Lancy
Digoin
Paray-le-Monial
Île-de-France
Grand-Est
Territoire de Belfort (90)
Yonne (89)
Haute-Saône (70)
Côte-d'Or (21)
Nièvre (58)
Doubs (25)
Jura (39)
Saône-et-Loire (71)
Auvergne-Rhône-Alpes

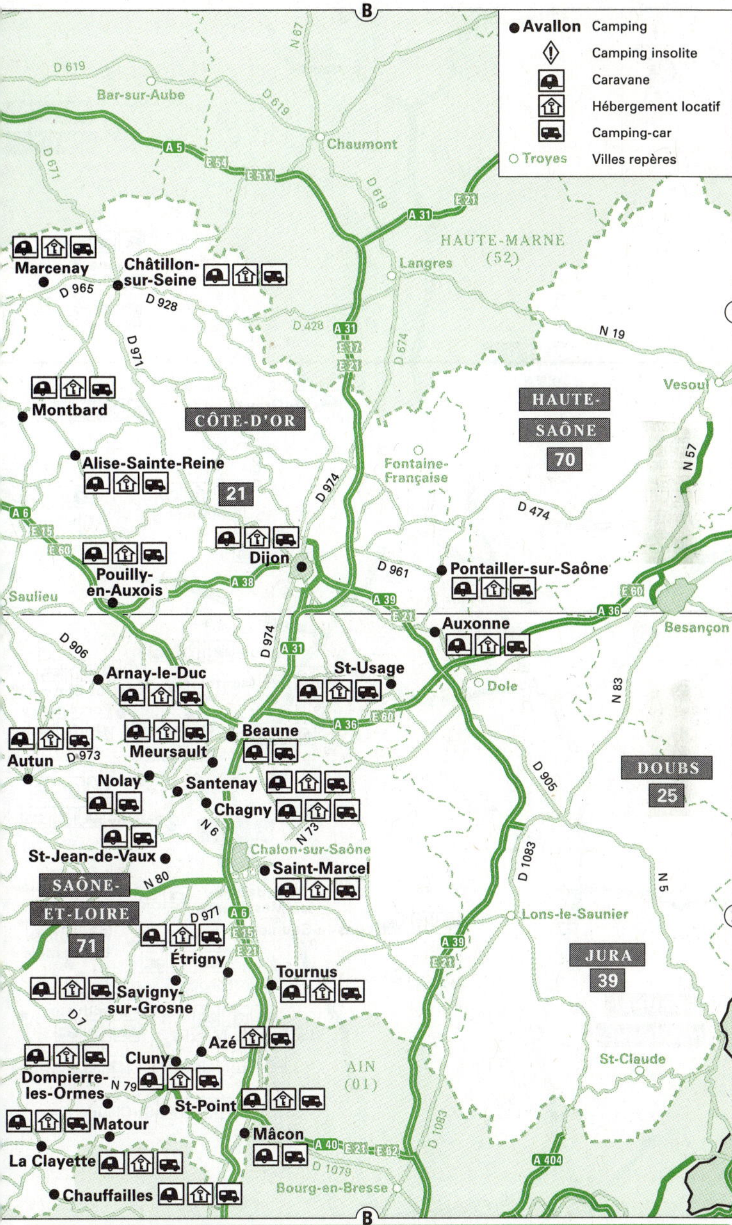

BOURGOGNE-FRANCHE-COMTÉ – Bourgogne

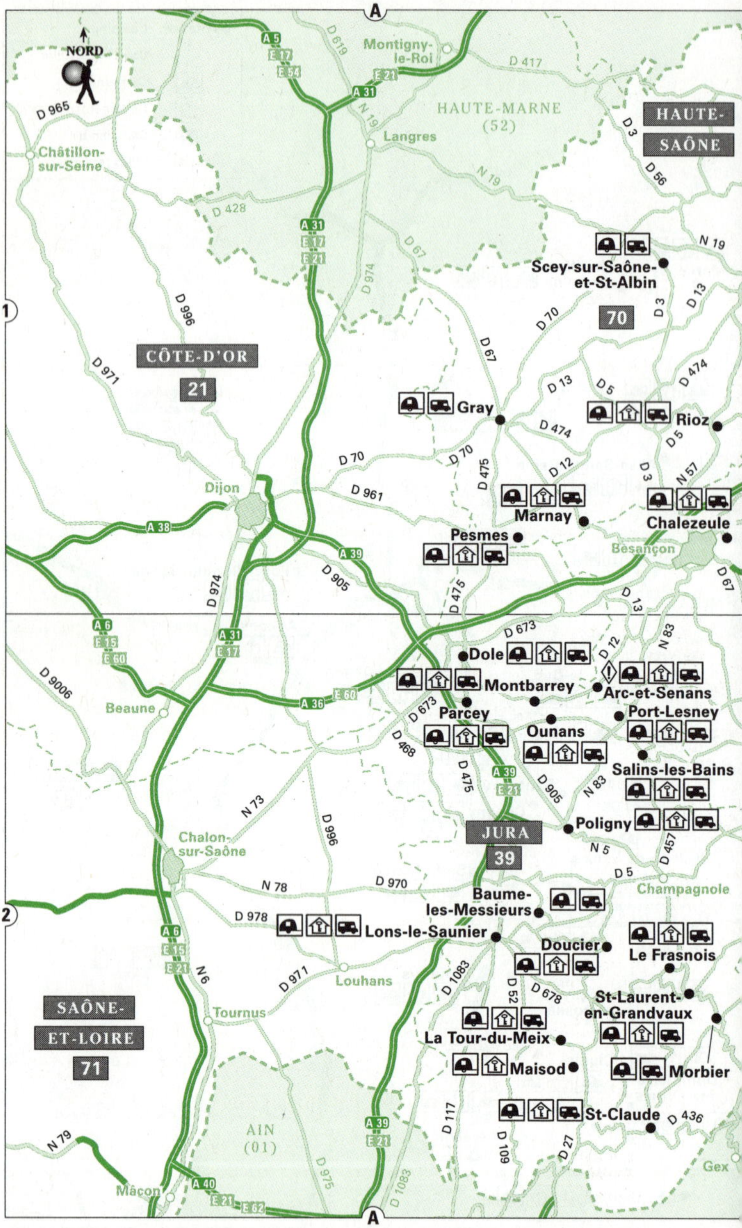
NORD
A
1
2
HAUTE-MARNE (52)
HAUTE-SAÔNE
70
CÔTE-D'OR
21
JURA
39
SAÔNE-ET-LOIRE
71
AIN (01)
Montigny-le-Roi
Langres
Châtillon-sur-Seine
Scey-sur-Saône-et-St-Albin
Gray
Rioz
Dijon
Marnay
Chalezeule
Pesmes
Besançon
Dole
Montbarrey
Arc-et-Senans
Parcey
Port-Lesney
Ounans
Salins-les-Bains
Beaune
Poligny
Chalon-sur-Saône
Champagnole
Baume-les-Messieurs
Lons-le-Saunier
Doucier
Le Frasnois
Louhans
St-Laurent-en-Grandvaux
Tournus
La Tour-du-Meix
Maisod
Morbier
St-Claude
Gex
Mâcon
A 5
E 17
E 54
E 21
A 31
A 38
A 39
A 6
E 15
E 60
A 36
A 40
E 62
N 19
N 57
N 83
N 73
N 78
N 5
N 6
N 79
D 619
D 417
D 965
D 3
D 56
D 428
D 67
D 974
D 996
D 70
D 13
D 5
D 474
D 971
D 475
D 12
D 961
D 905
D 673
D 9006
D 468
D 457
D 970
D 978
D 1083
D 52
D 678
D 117
D 109
D 27
D 436
D 975

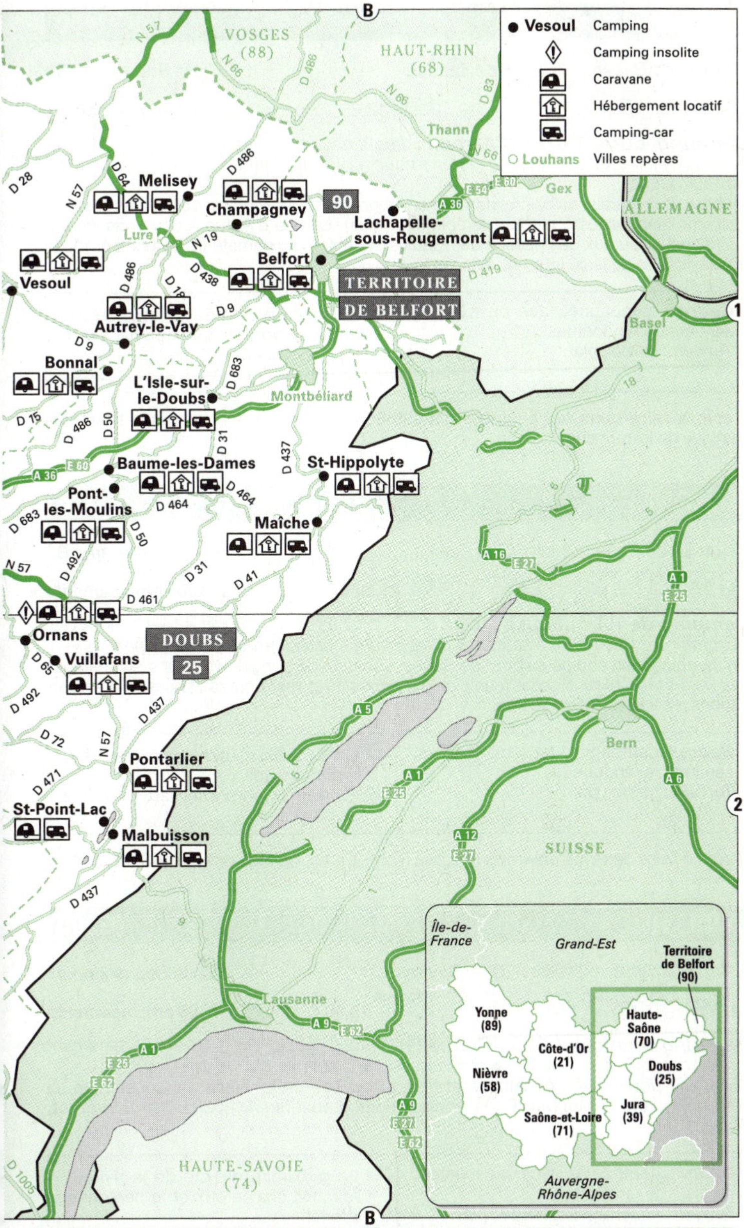
Vesoul Camping
Camping insolite
Caravane
Hébergement locatif
Camping-car
Louhans Villes repères
VOSGES (88)
HAUT-RHIN (68)
ALLEMAGNE
Melisey
Champagney
90
Lachapelle-sous-Rougemont
Lure
Belfort
Vesoul
TERRITOIRE DE BELFORT
Autrey-le-Vay
Bonnal
L'Isle-sur-le-Doubs
Montbéliard
Baume-les-Dames
St-Hippolyte
Pont-les-Moulins
Maîche
Ornans
Vuillafans
DOUBS
25
Pontarlier
St-Point-Lac
Malbuisson
Thann
Gex
Basel
Bern
SUISSE
Lausanne
HAUTE-SAVOIE (74)
Île-de-France
Grand-Est
Territoire de Belfort (90)
Yonne (89)
Haute-Saône (70)
Côte-d'Or (21)
Nièvre (58)
Doubs (25)
Jura (39)
Saône-et-Loire (71)
Auvergne-Rhône-Alpes

AUTUN 71400

50 km O de Beaune ; 41 km S de Saulieu — *Carte Bourgogne B2*

€€€ 18 € — **100 emplacements**

Camping de la Porte d'Arroux : *Les Chaumottes, rue du Traité-d'Anvers. ☎ 03-85-52-10-82. • camping-autun@aquadis-loisirs.com • aquadis-loisirs.com • Ouv avr-oct.*
Au bord d'un marais, au calme, dans un environnement assez boisé. Vue sur les vestiges gallo-romains (accès à pied au temple de Janus). La ville d'Autun à deux pas devrait plaire aux amoureux de l'histoire des Gaules, autant qu'aux amateurs de bons produits du terroir. Aire de jeux. Internet. Wifi.

Cadre : campagne, lacs ou rivières, sentiers de randonnée. ***Terrain :*** herbe ; plat.	⊕ Le snack-bar en été, avec belle terrasse au bord de l'eau et vue sur le temple de Janus. ⊖ Le wifi payant.

À voir, à faire dans les environs : la cathédrale Saint-Lazare, le musée Rolin, les vestiges gallo-romains.

AUXONNE 21130

32 km SE de Dijon ; 18 km SO de Pesme — *Carte Bourgogne B2*

€€€ 21,80 € — **100 emplacements**

Camping de l'Arquebuse : *route d'Athée. ☎ 03-80-31-06-89. 📱 06-17-08-06-70. • camping.arquebuse@wanadoo.fr • campingarquebuse.com • Ouv tte l'année.*
Un camping bien équipé en bord de Saône. Location de bungalows pour 4 et 5 personnes *(300-650 €/sem).* Piscine municipale à proximité et restauration. Location d'embarcations à pédales. Internet. Wifi.

Cadre : campagne, lacs ou rivières, sentiers de randonnée. ***Terrain :*** herbe ; plat.	⊕ Canoë et ski nautique ; les 2 restos et la pizzeria-grill. ⊖ Certains emplacements moins ombragés.

À voir, à faire dans les environs : l'église Notre-Dame, les maisons des XVIe et XVIIe s

AVALLON 89200

52 km SE d'Auxerre ; 40 km NO de Saulieu — *Carte Bourgogne A1*

€€€ 15,40 € — **96 emplacements**

Camping municipal Sous Roche : *rue Sous-Roche. ☎ 03-86-34-10-39. • campingsousroche@ville-avallon.fr • campingsousroche.com • Ouv 1er avr-15 oct.*
Dans une portion très encaissée et assez sauvage de la vallée du Cousin. On se sent déjà dans le Morvan. Bons équipements. Locatifs *(300-520 €/sem).* Internet. Wifi.

Cadre : campagne, lacs ou rivières, sentiers de randonnée. ***Terrain :*** en terrasses ; herbe ; plat.	⊕ La proximité directe de la rivière ; l'accueil chaleureux et le personnel attentif. ⊖ Certains emplacements peu ombragés.

À voir, à faire dans les environs : les maisons anciennes, le musée du Costume.

AZÉ 71260

20 km NO de Mâcon ; 13 km NE de Cluny — *Carte Bourgogne B2*

€€€ 19 € — **77 emplacements**

Camping des Grottes : *180, allée des Grottes. ☎ 03-85-33-36-48. • camping-aze@outlook.fr • camping-des-grottes.com • Ouv avr-sept.*
Larges emplacements et ombrage bienvenu sous les bouleaux. Idéal pour découvrir le haut Mâconnais (belle petite route de Blanot à Cormatin par le mont Saint-Romain). Internet.

Cadre : campagne, sentiers de randonnée.
Terrain : herbe ; plat.
Réducs : une entrée gratuite pour une personne par emplacement pour la visite des grottes d'Azé.

⊕ Petite restauration sur place.
⊖ Pas d'épicerie.

À voir, à faire dans les environs : l'église de Blanot ; les grottes de Blanot et d'Azé ; Cluny et son abbaye ; le château de Cormatin ; les villages viticoles de Viré et Clessé.

BAUME-LES-DAMES 25110

35 km NE de Besançon ; 40 km SO de Montbéliard — *Carte Franche-Comté B1*

€€€ 17,50 € — **49 emplacements**

Domaine d'Aucroix : *quai du Canal. ☎ 03-81-84-38-89 et 04-77-56-66-09. 📱 06-42-46-80-89. • camping-baume-les-dames@orange.fr • vacances-ulvf.com/nos-villages/le-domaine-d-aucroix • Ouv avr-début oct.*
Un camping simple mais impeccable, dans un très bel environnement de falaises boisées. Blocs sanitaires en structure légère, bien tenus et fonctionnels. Le tout est plaisant, proche du Doubs, d'un petit port fluvial et d'un bar-resto-gîte d'étape. Chalets à louer *(266-637 €/sem).* Location de vélos. Wifi.

Cadre : lacs ou rivières.
Terrain : herbe ; plat.

⊕ Le port fluvial et son restaurant.
⊖ Pas de réservation possible pour les emplacements tente.

À voir, à faire dans les environs : l'église Saint-Martin ; les façades ; Rougemont (15 km) ; la vallée du Cusancin (10 km).

BAUME-LES-MESSIEURS 39210

17 km NE de Lons-le-Saunier — *Carte Franche-Comté A2*

€€€ 20 € — **52 emplacements**

Camping de La Toupe : *pl. de Latoupe (non loin du centre). ☎ 03-84-43-03-67. 📱 06-30-19-83-29. • camping@beaumelesmessieurs.biz • beaumeslesmessieurs.fr • Ouv 1er avr-30 sept. CB refusées.*
Petit camping dans un très joli coin, arboré et bucolique à souhait, cerné par de hautes falaises qui bordent la Seille, charmante rivière à truites. Espaces verdoyants et ombragés. 2 blocs sanitaires simples et bien tenus. Pas de locatifs.

Cadre : campagne, sentiers de randonnée.
Terrain : herbe ; plat ; rocaille.

⊕ Le boulanger ambulant qui passe tous les jours sauf le lundi en saison (les mercredi, vendredi et dimanche hors saison).
⊖ Pas pour les fêtards.

À voir, à faire dans les environs : l'abbaye et les grottes de Baume-les-Messieurs ; Lons-le-Saunier (17 km) ; le château de Frontenay (12 km).

BEAUNE 21200

31 km N de Chalon ; 54 km NE d'Autun — *Carte Bourgogne B2*

€€€ 17,82 € — **116 emplacements**

Camping municipal Les Cent Vignes : *10, rue Auguste-Dubois. ☎ 03-80-22-03-91. • campinglescentvignes@mairie-beaune.fr • Ouv 15 mars-31 oct.*
Ombragé et emplacements bien délimités par des haies. Sur place, terrain multisports et resto. Centre-ville accessible en 10 mn à pied. Internet. Wifi.

Cadre : ville. ***Terrain :*** herbe ; plat.	⊕ Le calme ; les barbecues autorisés. ⊖ Très fréquenté en saison, souvent complet : il est prudent de réserver.

À voir, à faire dans les environs : la place Fleury, l'hôtel-Dieu.

BELFORT 90000

22 km N de Montbéliard — *Carte Franche-Comté B1*

€€€€ 25,50 € — **90 emplacements**

L'Étang des Forges : *rue du Général-Bethouart. ☎ 03-84-22-54-92. 📱 06-46-37-05-95. • contact@camping-belfort.com • camping-belfort.com • Ouv début avr-fin oct.*
Un beau camping boisé et proche de l'étang, tout confort, régulièrement pris d'assaut lors des nombreux festivals. Rassurant avec des enfants : pas d'emplacements au bord de l'eau et camping sécurisé. Location de bungalows toilés, mobile homes et chalets *(55-120 €/nuit ou 414-690 €/sem).* Activités nautiques, piscine, sentier d'interprétation de la nature, etc. En été, animations pour les enfants, pêche et canoë. Snack sur place. Internet. Wifi.

Cadre : campagne, forêt, lacs ou rivières, sentiers de randonnée, ville. ***Terrain :*** herbe ; plat. ***Réducs :*** - 10 % sur les emplacements et les locatifs, hors juillet et août, sur présentation de ce guide.	⊕ La situation ; le cadre ; beaucoup de pistes cyclables. ⊖ Peu d'animations le soir.

À voir, à faire dans les environs : la citadelle de Vauban, la vieille ville, les festivals ; la tour de la Miotte ; les Hauts-de-Belfort ; le Musée agricole de Botans (9 km) ; le lac du Malsaucy (6 km) ; la base nautique (ADPA) d'Évette-Salbert (8 km) ; le musée Gantner, les jardins et le parc animalier de Lachapelle-sous-Chaux (10 km).

BONNAL 25680

24 km SE de Vesoul — *Carte Franche-Comté B1*

€€€€ 55 € — **280 emplacements**

Camping du Val de Bonnal : *chemin du Moulin. ☎ 03-81-86-90-87. • contact@camping-valdebonnal.com • camping-valdebonnal.com • Ouv début mai-début sept.*
Superbe camping au cœur du parc naturel et touristique du val de Bonnal. Emplacements de bonne taille et bien délimités. Location de mobile homes et chalets pour 4 à 6 personnes *(420-1 890 €/sem, loc à partir de 3 nuits).* Parc aquatique et *splashpark* pour les enfants, lac avec plage aménagée, resto, et même un accrobranche ! Location de vélos, de canoës-kayaks. À proximité, golf, tennis, équitation. Internet. Wifi.

Cadre : campagne, lacs ou rivières. ***Terrain :*** herbe ; plat.	⊕ La situation ; le cadre ; les prestations. ⊖ Le prix.

À voir, à faire dans les environs : le val de Bonnal ; Vesoul (24 km) ; Villersexel (10 km) ; le prieuré de Marast (6,5 km) ; le château d'Oricourt (13 km) ; la vallée de l'Ognon.

BOURBON-LANCY 71140

54 km NO de Charolles ; 26 km O de Gueugnon *Carte Bourgogne A2*

€€€ **19,50 €** **118 emplacements**

Camping du Breuil : *11, rue des Eurimants. ☎ 03-85-89-20-98. • camping.bourbon lancy@aquadis-loisirs.com • aquadis-loisirs.com • Ouv début mars-début nov.*
Un camping 3 étoiles, avec piscine, situé en surplomb d'un plan d'eau (base de loisirs mais baignade interdite). Cadre paisible et verdoyant. Mobile homes et chalets *(178-599 €/sem).* Internet. Wifi.

Cadre : campagne, lacs ou rivières, sentiers de randonnée. ***Terrain :*** herbe ; plat.	⊕ La tranquillité ; les voies vertes ; les navettes avec les thermes de Bourbon-Lancy. ⊖ Dépôt de pain, épicerie de dépannage, mais pas de restauration.

À voir, à faire dans les environs : le vieux Bourbon, le musée Saint-Nazaire, le musée de la Machine agricole.

CHAGNY 71150

17 km NO de Chalon-sur-Saône ; 27 km S de Meursault *Carte Bourgogne B2*

€€€ **20 €** **101 emplacements**

Camping Le Pâquier Fané : *20, rue du Pâquier-Fané. ☎ 03-85-87-21-42. 06-18-27-21-99. • camping-chagny@orange.fr • campingchagny.com • Ouv 1er avr-31 oct.*
En bordure de la Dheune (on peut y pêcher) et à 50 m de la piscine municipale, un gentil camping 3 étoiles, très bien tenu. Resto le soir, jeux pour enfants. Espaces relativement ombragés. À 500 m du centre de Chagny, pour qui voudrait s'offrir un repas chez *Lameloise,* la grande table de Bourgogne, ou dans un des bons restos de la ville. Mobile homes et chalets également *(365-887 €/sem).* Internet. Wifi.

Cadre : campagne, lacs ou rivières, sentiers de randonnée. ***Terrain :*** herbe ; plat.	⊕ La rivière à 50 m, l'étang à 500 m, la voie verte à 500 m. ⊖ Pas de piscine, mais des tarifs préférentiels pour les campeurs à la piscine municipale qui est à 50 m (1 €/personne et par jour).

À voir, à faire dans les environs : la Côte chalonnaise de Chagny à Buxy (caves ouvertes souvent sur rendez-vous) ; Beaune.

CHALEZEULE 25220

5 km NE de Besançon *Carte Franche-Comté A1*

€€€ **20 €** **108 emplacements**

Camping de la Plage : *12, route de Belfort. ☎ 03-81-88-04-26. • contact@camping debesancon.com • campingdebesancon.com • Ouv de mi-mars à fin oct.*
Récent et de bon confort. Installé entre le Doubs et une voie rapide, vous savez donc de quel côté planter votre tente... Location de bungalows toilés et de mobile homes pour 4 personnes *(345-681 €/sem)* ainsi que d'insolites tonneaux. Ping-pong, piscine municipale gratuite pour les campeurs, snack. Bon accueil. Internet. Wifi.

Cadre : lacs ou rivières, ville. ***Terrain :*** herbe ; plat ; rocaille.	⊕ Aux portes de Besançon ; l'accès à l'EuroVelo 6. ⊖ La proximité de la route.

À voir, à faire dans les environs : à Besançon, la citadelle, le musée du Temps, le panorama du fort de Chaudanne ; le musée de plein air des Maisons comtoises à Nancray (23 km) ; le gouffre de Poudrey à Étalans (33 km).

CHAMPAGNEY 70290

21 km O de Belfort — *Carte Franche-Comté B1*

€€€ 18,40 € — **100 emplacements**

Camping des Ballastières : *20, rue du Pâquis. ☎ 03-84-23-11-22. • campingdesballastieres@ccrc70.fr • campinglesballastieres.com • Ouv avr-oct.*
Joli camping avec de chouettes équipements au bord d'un des grands plans d'eau où, l'été, le Tout-Champagney vient se baigner. Piscine chauffée. Location de mobile homes et tentes insolites *(300-610 €/sem, possible à la nuitée).* Plage aménagée, activité de pêche, accrobranche, pétanque, etc. Soirées à thème en haute saison. Internet. Wifi.

Cadre : campagne, forêt, lacs ou rivières, montagne, sentiers de randonnée, ville.
Terrain : en terrasses ; herbe ; plat.

⊕ Le site ; les nombreux musées et activités à proximité.
⊖ Quels « moins » ?

À voir, à faire dans les environs : la Maison de la négritude et des Droits de l'homme ; la vallée du Rahin ; Ronchamp (4 km) ; Lure (16 km) ; Belfort (21 km).

CHÂTILLON-SUR-SEINE 21400

37 km NE de Montbard — *Carte Bourgogne B1*

€€ 14,80 € — **51 emplacements**

Camping municipal Louis-Rigoly : *esplanade Saint-Vorles. ☎ 03-80-91-03-05. • camping-chatillon-sur-seine@orange.fr • camping-chatillonsurseine.com • Ouv avr-sept.*
Un joli site, près de l'église Saint-Vorles, ombragé et agréable. Beaux emplacements spacieux. Barbecue à disposition. Locatifs *(275-390 €/sem).* Internet. Wifi.

Cadre : forêt, ville.
Terrain : herbe ; plat ; rocaille.

⊕ La piscine à proximité ; la pêche ; les randonnées.
⊖ L'électricité uniquement pour les emplacements caravanes.

À voir, à faire dans les environs : le musée du Pays châtillonnais ; la source de la Douix.

CHAUFFAILLES 71170

35 km S de Charolles ; 8 km SE de Châteauneuf — *Carte Bourgogne B2*

€€€ 20 € — **63 emplacements**

Camping Les Feuilles : *18, rue du Châtillon. ☎ 03-85-26-48-12. • campinglesfeuilles@gmail.com • campinglesfeuilles.fr • Ouv de mi-avr à sept.*
Cadre verdoyant. Rivière à 50 m, étang à 100 m. Location de bungalows et de chalets pour 4 à 6 personnes *(240-555 €/sem).* Piscine municipale (gratuite pour les campeurs) à 100 m. Internet. Wifi.

Cadre : campagne, forêt, lacs ou rivières, sentiers de randonnée.
Terrain : en pente ; herbe ; plat.
Réducs : - 10 % sur présentation de ce guide.

⊕ Les mini-chalets ; le pain livré tous les matins en juillet-août.
⊖ Le wifi partiel (mais gratuit).

À voir, à faire dans les environs : l'Automusée du Beaujolais, le musée du Tissage ; le célèbre marché aux bestiaux de Saint-Christophe-en-Brionnais.

BOURGOGNE-FRANCHE-COMTÉ

CHAUMOT 58800

30 km S de Clamecy ; 60 km N de Decize — *Carte Bourgogne A2*

€€€ **16,50 €** — **50 emplacements**

Camping de l'Ardan : *D 977 bis. ☎ 03-86-20-07-70. • campingdelardan@orange.fr • camping-bourgogne.com • Ouv avr-sept.*
Sur la rive d'un petit bras mort perpendiculaire au canal, une vaste prairie bordée d'arbres et parsemée de bancs et tables en bois. Le soir, le resto propose une cuisine simple, servie dans une salle chaleureuse ou en terrasse. En location, un mobile home vintage et 2 chalets *(175-450 €/sem).* Internet. Wifi.

Cadre : lacs ou rivières, sentiers de randonnée, campagne.
Terrain : herbe ; plat.

⊕ L'accès direct au canal du Nivernais.
⊖ Les emplacements non délimités.

À voir, à faire dans les environs : le village et le château de Chitry-les-Mines ; l'abbaye de Corbigny ; la tuilerie de La Chapelle.

CLAMECY 58500

30 km O de Vézelay ; 40 km E de Guédelon — *Carte Bourgogne A1*

€€ **15 €** — **66 emplacements**

Camping du Pont Picot : *rue de Chevroches. ☎ 03-86-27-05-97. 📱 07-86-86-14-31. • clamecycamping@orange.fr • Ouv avr-sept.*
Un camping tout en longueur sur son île, entre l'Yonne et le canal de la Nièvre. Un environnement bucolique donc et un accès sympa au centre-ville par le chemin de halage. Pelouse bien verte et bien plate sans délimitations. Pods *(25-30 €/nuit, 45-55 €/w-e)* et mobile homes en location *(140-430 €/sem).* Kayak à proximité, dépôt de pain... On est bien accueilli ! Internet. Wifi.

Cadre : campagne.
Terrain : herbe ; plat.

⊕ Les tables et chaises à disposition des campeurs.
⊖ Pas de piscine.

À voir, à faire dans les environs : le musée d'Art et d'Histoire Romain-Rolland, la collégiale Saint-Martin et le centre ancien ; Vézelay.

CLUNY 71250

24 km NO de Mâcon ; 41 km E de Charolles — *Carte Bourgogne B2*

€€€ **15,10 €** — **171 emplacements**

Camping Saint-Vital : *rue des Griottons. ☎ 03-85-59-08-34. • camping.st.vital@orange.fr • cluny.fr/camping • Ouv Pâques-oct.*
Un 3-étoiles agréable et ombragé, à prix modérés. Équipements de qualité. Piscine municipale à proximité. Boutique de dépannage et de produits régionaux. Accès direct à la voie verte pour partir à vélo à travers la Bourgogne du sud ! Chalets (dont un PMR) et mobile homes *(369-459 €/sem).* Wifi.

Cadre : campagne, lacs ou rivières, ville.
Terrain : herbe ; plat.

⊕ La pêche en rivière à 300 m ; la gratuité de la piscine municipale pour les campeurs.
⊖ Dépôt de pain, mais pas de restauration.

À voir, à faire dans les environs : l'abbaye et la ville de Cluny ; les églises romanes du clunisois ; le Val lamartinien.

BOURGOGNE-FRANCHE-COMTÉ

DECIZE 58300

Carte Bourgogne A2

32 km SE de Nevers ; 34 km SO de Saint-Honoré-les-Bains

€€€ 16,20 € **91 emplacements**

Camping Les Halles : *allée Marcel-Merle. ☎ 03-86-25-14-05. • camping.decize@aquadis-loisirs.com • aquadis-loisirs.com/camping-des-halles • Ouv avr-oct.*
Ambiance sympa dans ce camping joliment situé sur la berge de l'Aron, très familial et suffisamment équipé. Hébergements confortables *(178-549 €/sem).* Possibilité de pêche depuis les emplacements. Location de canoës à proximité. Wifi.

Cadre : campagne, lacs ou rivières, sentiers de randonnée, ville. ***Terrain :*** herbe ; plat.	⊕ Situé à proximité immédiate de la piscine municipale et du stade nautique. ⊖ Pas de miniclub.

À voir, à faire dans les environs : le vieux Decize ; le musée de la Mine à La Machine (5 km) ; le canal du Nivernais.

DIGOIN 71160

25 km O de Charolles ; 10 km NO de Paray-le-Monial *Carte Bourgogne A2*

€€€ 21 € **100 emplacements**

Camping La Chevrette : *41, rue de la Chevrette. ☎ 03-85-53-11-49. • info@lachevrette.com • lachevrette.com • Ouv avr-sept.*
En bord de Loire, au calme. Location de chalets et mobile homes *(455-490 €/sem en juil-août, 50-70 €/nuitée hors saison).* Snack-bar. Location de canoës-kayaks avec itinéraires pour descendre la Loire. Piscine chauffée. Accueil vraiment sympa. Internet. Wifi.

Cadre : campagne, lacs ou rivières, ville. ***Terrain :*** herbe ; plat.	⊕ Les tentes plantées le long de la Loire ; la voie verte à côté pour faire du vélo ; le wifi gratuit sur tout le camping. ⊖ Pas de miniclub.

À voir, à faire dans les environs : le musée de la Céramique, l'ObservaLoire, le pont-canal ; le parc animalier du PAL.

DIJON 21000

45 km NE de Beaune ; 52 km NO de Dole *Carte Bourgogne B1*

€€€ 16,50 € **121 emplacements**

Camping du Lac Kir : *3, bd Chanoine-Kir. ☎ 03-80-30-54-01. • contact@camping-du-lac-dijon.com • camping-du-lac-dijon.com • Ouv de mi-avr à fin oct.*
Un site plutôt agréable pour ce camping, tout à côté de la promenade de l'Ouche et du canal. Épicerie et boulangerie. Restauration rapide, bar. Location de vélos. Voie verte pour rejoindre en 1 mn le centre-ville. Internet. Wifi.

Cadre : lacs ou rivières, sentiers de randonnée, ville. ***Terrain :*** herbe ; plat.	⊕ La plage du lac à 300 m. ⊖ Pas de piscine (mais la plage est au bout du chemin).

À voir, à faire dans les environs : le palais des Ducs, l'hôtel de Voguë, le musée des Beaux-Arts.

BOURGOGNE-FRANCHE-COMTÉ

DOLE 39100

56 km SO de Besançon — *Carte Franche-Comté A2*

€€€ 19 € — 120 emplacements

Camping du Pasquier : *18, chemin Victor-et-Georges-Thévenot.* ☎ *03-84-72-02-61.* • *lola@camping-le-pasquier.com* • *camping-le-pasquier.com* • *Ouv de mi-mars à fin oct.*
Situé à 5 mn du centre-ville, en bordure du Doubs. Calme, familial, accueillant, confortable et bon marché. Emplacements délimités et location de mobile homes, Coco Sweet et roulottes comtoises *(180-680 €/sem).* Boutique, snack *(en juil-août).* Animations l'été. Petite piscine (pas d'ombre). Quelques transats et parasols. Emplacements au fond plus ombragés et au calme. Internet. Wifi.

Cadre : campagne, ville. ***Terrain :*** herbe ; plat.	⊕ La proximité du centre-ville. ⊖ Pas d'animations pour les enfants.

À voir, à faire dans les environs : la collégiale Notre-Dame, la maison natale de Pasteur, le canal des Tanneurs, le musée des Beaux-Arts ; la forêt de Chaux.

DOMPIERRE-LES-ORMES 71520

21 km SO de Cluny ; 21 km SE de Charolles — *Carte Bourgogne B2*

€€€€ 40 € — 86 emplacements

Le Village des Meuniers : *Les Meuniers, 344, rue du Stade.* ☎ *03-85-50-36-60.* • *villagedesmeuniers@yahoo.fr* • *villagedesmeuniers.com* • *Ouv avr-début oct (début nov pour les locs).*
Dans un joli site, très nature, à 450 m d'altitude, avec une vue panoramique pour les emplacements les plus chers (immenses !). Les autres sont plutôt grands aussi et bien arborés. Tout un choix d'hébergements locatifs : chalets, mobile homes, bungalows, Coco Sweet... *(225-1 470 €/sem).* Équipements au top (jusqu'au sauna avec espace bien-être et massages) mais prix en rapport. Wifi. NOUVEAUTÉ.

Cadre : campagne, sentiers de randonnée. ***Terrain :*** herbe ; plat ; en terrasses.	⊕ Le site ; les équipements. ⊖ Les prix (pour la région).

À voir, à faire dans les environs : l'arboretum de Pézanin ; le Lab 71 ; Cluny.

DOUCIER 39130

26 km E de Lons-le-Saunier — *Carte Franche-Comté A2*

€€€€ 41 € — 700 emplacements

Le Domaine de Chalain : ☎ *03-84-25-78-78.* • *chalain@chalain.com* • *chalain.com* • *Ouv de fin avr à mi-sept.*
Camping assez vaste, super équipé, à deux pas de la plage du lac. Le genre d'endroit où l'on se retrouve d'une année sur l'autre. Beaucoup d'animation en saison. Bar, resto, bel espace aquatique (couvert et non couvert), sauna, hammam. Idéal pour des familles avec enfants. Location de bungalows, de mobile homes et de chalets *(330-1 169 €/sem, min 2 nuits).* Location de vélos, embarcations à pédales, canoës... Internet. Wifi.

Cadre : lacs ou rivières, sentiers de randonnée. ***Terrain :*** herbe ; plat.	⊕ Le cadre ; les animations. ⊖ La résa obligatoire pour les locations, et pour le camping traditionnel en haute saison (de mi-juillet à mi-août).

À voir, à faire dans les environs : le lac de Chalain ; les lacs de Chambly et du Val ; la ferme de l'Aurochs au lieu-dit Val-Dessous (10 km) ; les cascades du Hérisson (3 km).

ÉTRIGNY 71240

15 km NO de Tournus ; 26 km NE de Cluny — *Carte Bourgogne B2*

€€ 12 € — 25 emplacements

Camping Auberge de Malo : *Malo. ☎ 03-85-92-21-47. • fam@aubergemalo.com • aubergemalo.com • Ouv mai-fin oct.*
En pleine campagne, au bord de la rivière, dans un site semi-ombragé. Un mobile home *(180-220 €/sem).* Vélos à disposition et balade en calèche parfois. Et les bons repas de la ferme-auberge d'à côté. NOUVEAUTÉ.

Cadre : lacs ou rivières, campagne. ***Terrain :*** herbe ; plat.	⊕ Le site ; l'accueil ; la ferme-auberge. ⊖ Pas d'épicerie.

À voir, à faire dans les environs : le bourg de Saint-Gengoux-le-National ; le village et le château de Brancion ; le château de Cormatin ; la cathédrale de Tournus.

GRAY 70100

54 km NO de Besançon — *Carte Franche-Comté A1*

€€ 12 € — 120 emplacements

Camping municipal Longue Rive : *route de la Plage. ☎ 03-84-64-90-44 (en saison) ou 03-84-65-07-38 (office de tourisme, hors saison). • campinggray@orange.fr • cc-valdegray.fr • Ouv de mi-mai à fin sept. CB refusées.*
Emplacements bien ombragés, délimités par des haies. La plage en bord de Saône est à deux pas, mais la baignade est interdite. Pour faire trempette, la piscine municipale est à deux pas également... mais payante. À proximité immédiate, canoë-kayak et équitation (à 2 km), bassin nautique, minigolf, etc. Wifi.

Cadre : campagne. ***Terrain :*** herbe ; plat.	⊕ L'accès gratuit au bassin nautique pour les campeurs en haute saison. ⊖ La baignade interdite sur la plage à côté.

À voir, à faire dans les environs : l'hôtel de ville, le musée Baron-Martin, la basilique Notre-Dame, la vieille ville, la tour Saint-Pierre-Fourier, une balade sur la Saône ; le château de Saint-Loup à Saint-Loup-Nantouard (15 km) ; le château de Cugney (12 km) ; Beaujeu (11 km).

JOIGNY 89300

26 km NO d'Auxerre ; 33 km S de Sens — *Carte Bourgogne A1*

€€ 13 €TTT — 41 emplacements

Camping municipal de Joigny : *69, quai d'Épizy. ☎ 03-86-62-07-55. • camping.joigny@orange.fr • joigny-tourisme.com • Ouv mai-sept. CB refusées.*
Entre le canal et l'Yonne, non loin du centre, un petit camping de bon confort avec quelques équipements de loisirs (minigolf, beach-volley, terrain de boules, aire de jeux pour enfants, ping-pong). Emplacements bien délimités par de solides haies. Internet. Wifi.

Cadre : campagne, forêt, lacs ou rivières, sentiers de randonnée, ville. ***Terrain :*** herbe ; plat.	⊕ Bien ombragé. ⊖ La rumeur du barrage sur l'Yonne, perceptible depuis les emplacements proches de l'entrée.

À voir, à faire dans les environs : les maisons à pans de bois, l'église Saint-Jean.

L'ISLE-SUR-LE-DOUBS 25250

31 km SO de Montbéliard — *Carte Franche-Comté B1*

€€ 14,40 € — **76 emplacements**

Les Lumes : *10, rue des Lumes. ☎ 03-81-92-73-05. 06-85-42-97-81. • contact@les-lumes.com • les-lumes.com • Ouv avr-sept. CB refusées.*
Du confort, de l'ombre et des prix raisonnables. Le tout au bord du Doubs, dans un site parsemé de beaux arbres. Quelques animations organisées l'été. Mobile homes à louer *(345-480 €/sem).* Internet. Wifi.

Cadre : lacs ou rivières, sentiers de randonnée, ville. ***Terrain :*** herbe ; plat.	⊕ La situation, au bord du Doubs. ⊖ À déconseiller à ceux qui ne sont pas « amis des animaux ».

À voir, à faire dans les environs : le musée de la Mémoire et de la Paix à Clerval (11 km) ; la vallée du Doubs.

LA CHARITÉ-SUR-LOIRE 58400

26 km N de Nevers ; 14 km sud de Pouilly-sur-Loire — *Carte Bourgogne A2*

€€ 14,60 € — **82 emplacements**

Camping de la Saulaie : *quai de la Saulaie. ☎ 03-86-70-00-83. • camping@lacharitesurloire.fr • campinglacharitesurloire.fr • Ouv avr-sept.*
Sur une île, entre deux bras de Loire, de jolis points de vue depuis ce camping à deux pas du centre. Pratique ! Plein de petites attentions comme les petits déj l'été, une salle de repli en cas de pluie, un réfrigérateur. Emplacements bien plats et bien verts, sanitaires modernes. En location, des roulottes, des bungalows toilés et des tentes équipées pour 2 ou 5 personnes *(120-430 €/sem).* Idéal pour les adeptes de *La Loire à Vélo.* Accueil aux petits soins. Wifi.

Cadre : lacs ou rivières, ville. ***Terrain :*** herbe ; plat.	⊕ Les vues sur la prieurale ; l'accès gratuit à la piscine municipale. ⊖ Pas de restauration sur place.

À voir, à faire dans les environs : l'église prieurale Notre-Dame, les vignobles de Pouilly.

LA CLAYETTE 71800

19 km S de Charolles ; 11 km N de Châteauneuf — *Carte Bourgogne B2*

€€€ 22 € — **90 emplacements**

Camping Les Bruyères : *9, rue de Gibles. ☎ 03-85-28-09-15. • contact@campingbruyeres.com • campingbruyeres.com • Ouv avr-nov.*
En bord de lac. Bon confort et bien ombragé. Location de gîtes toilés, avec ou sans sanitaires, et de chalets pouvant accueillir jusqu'à 6 personnes *(270-595 €/sem).* Soirées animées en haute saison. Piscine. Wifi.

Cadre : campagne. ***Terrain :*** herbe ; plat ; rocaille.	⊕ Tous les commerces accessibles à pied. ⊖ Le lac non ouvert à la baignade ou à la pêche.

À voir, à faire dans les environs : Paray-le-Monial (31 km) ; Mâcon (67 km).

LA TOUR-DU-MEIX 39270

24 km SE de Lons-le-Saunier — *Carte Franche-Comté A2*

€€€€ 31 € — 180 emplacements

Camping Le Surchauffant : *Surchauffant. ☎ 03-84-25-41-08. • info@camping-surchauffant.fr • camping-surchauffant.fr • Ouv de fin avr à mi-sept.*
Un 3-étoiles superbe, avec accès direct à la plage. Mobile homes et chalets. Location pour 2 nuits minimum en basse saison *(40-105 €),* et à la semaine en haute saison *(252-721 €/sem).* Dans le camping ou à proximité immédiate, accès à une multitude de sports... Location de VTT, piscine extérieure chauffée. Restos, guinguette, épicerie. Rien ne manque ! Internet. Wifi.

Cadre : lacs ou rivières, sentiers de randonnée.
Terrain : herbe.

➕ La piscine chauffée du 15 mai au 15 septembre ; un camping familial dans un site naturel.
➖ Le manque d'ombre et peu d'intimité.

À voir, à faire dans les environs : le lac de Vouglans ; le musée du Jouet à Moirans-en-Montagne (14 km) ; les cascades du Hérisson (22 km).

LAC DE PANNECIÈRE (LE) 58120

Carte Bourgogne A2

13 km N de Château-Chinon ; 18 km SO de Montsauche-les-Settons

€€ 13,30 € — 30 emplacements

Camping des Îles : *à Chaumard. ☎ 03-86-78-05-58. • campingdechaumard@gmail.com • Ouv de mi-avr à mi-sept. CB refusées.*
Entre l'aire naturelle et le camping aménagé, mais des emplacements tout de même délimités par des haies, dans le cadre splendide des rives boisées du lac. Simple et sympa. Douches payantes. Un mobile home en location *(350-450 €/sem).* Wifi.

Cadre : lacs ou rivières.
Terrain : herbe ; plat.

➕ Le cadre.
➖ Les équipements sommaires.

À voir, à faire dans les environs : le lac, le village, sans oublier quelques restos restés dans leur jus...

LAC DES SETTONS (LE) 58230

27 km NE de Château-Chinon ; 19 km S de Saint-Agnan — *Carte Bourgogne A2*

€€€ 16,20 € — 110 emplacements

Chalets-camping Plage du Midi : *lac des Settons, rive droite, Les Branlasses, Montsauche-les-Settons. ☎ 03-86-84-51-97. • campplagedumidi@orange.fr • settons-camping.com • Ouv d'avr à mi-oct.*
Bien situé, les pieds dans l'eau (plage, embarcations à pédales...), avec des emplacements en partie ombragés par des arbustes joliment taillés. Location de chalets, roulottes et cabanes dans les arbres *(345-775 €/sem).* Soirées musicales et animations en saison. Bar très agréable, avec billard, terrasse sur la berge et petite restauration. Piscine couverte chauffée avec un spa. Internet. Wifi.

Cadre : campagne, forêt, lacs ou rivières, sentiers de randonnée.
Terrain : herbe ; plat ; en terrasses ; rocaille.

➕ L'ambiance dynamique.
➖ Un peu bruyant en haute saison.

À voir, à faire dans les environs : le lac ; la campagne environnante (le saut de Gouloux).

BOURGOGNE-FRANCHE-COMTÉ

LACHAPELLE-SOUS-ROUGEMONT 90360

15 km NE de Belfort *Carte Franche-Comté B1*

€€€ 20 € **120 emplacements**

Flower Camping du lac de la Seigneurie : *à Leval. ☎ 03-84-23-00-13. • contact@camping-lac-seigneurie.com • camping-lac-seigneurie.com • Ouv avr-fin oct.*
À l'orée d'une forêt, dans un écrin de verdure au silence uniquement rompu par le chant des oiseaux et le glouglou de l'eau qui file dans le petit ruisseau. Ce camping, parfaitement ombragé et bien équipé, se situe à la frontière alsacienne, et près d'un adorable petit lac en sous-bois. Minuscule base nautique proposant quelques activités (embarcations à pédales, pêche). Un bonheur pour les campeurs fatigués par la ville. Loue aussi mobile homes et chalets *(200-693 €/sem).* Internet. Wifi.

Cadre : campagne, forêt. ***Terrain :*** herbe.	⊕ Le cadre exceptionnel ; le calme. ⊖ La baignade interdite dans le lac.

À voir, à faire dans les environs : Belfort (15 km) ; le parc naturel des Vosges ; le ballon d'Alsace ; Giromagny (19 km).

LE FRASNOIS 39130

17 km S de Champagnole ; 41 km E de Lons-le-Saunier *Carte Franche-Comté A2*

€€€€ 65 € **150 emplacements**

Camping du lac de Narlay : *1, Coin-d'en-Haut, lac de Narlay. ☎ 03-84-25-59-05. • camping.narlay39@gmail.com • camping-narlay.com • Ouv avr-fin sept.*
Camping très nature dans un joli coin : à 791 m d'altitude, le terrain descend doucement vers le charmant petit lac de Narlay et sa plage aménagée. Très prisé par les campeurs du nord de l'Europe (et on les comprend !). Locatifs *(env 250-300 €/sem, loc possible à la nuitée).*

Cadre : lacs ou rivières, montagne, sentiers de randonnée, campagne, forêt. ***Terrain :*** en pente ; en terrasses ; herbe ; plat. ***Réducs :*** un café offert à la réception le jour du départ sur présentation de ce guide.	⊕ Cadre magnifique en bordure du lac de Narlay, dans un environnement préservé. Convivialité et services sur place. ⊖ Peu de places ombragées.

À voir, à faire dans les environs : les cascades du Hérisson (4 km) ; le belvédère des Quatre-Lacs (1,5 km) ; le lac de Chalain (10 km).

LONS-LE-SAUNIER 39000

Carte Franche-Comté A2

58 km NO de Saint-Claude et du parc naturel régional du Haut-Jura

€€€ 20 € **192 emplacements**

La Marjorie : *640, bd de l'Europe. ☎ 03-84-24-26-94. • info@camping-marjorie.com • camping-marjorie.com • Ouv d'avr à mi-oct.*
Tout ce que l'on peut attendre d'un 4-étoiles, ombragé, avec chalets et mobile homes à louer à la semaine *(280-1 040 €/sem)* mais Coco Sweet à la nuitée hors saison. Espaces verdoyants, bien délimités par des haies joliment taillées. Sanitaires impeccables et piscine avec transats. Location de vélos électriques. Aire de jeux, pétanque... Wifi.

Cadre : ville, sentiers de randonnée, campagne. ***Terrain :*** herbe ; plat.	⊕ Le confort. ⊖ Les frais de dossier (15 €).

À voir, à faire dans les environs : la maison de la Vache qui rit, le musée Rouget-de-Lisle, les thermes Lédonia ; le château du Pin ; la voie PLM ; le jardin fantastique (labyrinthe végétal) à Saint-Maur.

LORMES 58140

27 km S de Vézelay ; 34 km N de Château-Chinon **Carte Bourgogne A1**

€€€ **17 €** **64 emplacements**

L'Étang du Goulot : *2, rue des Campeurs. ☎ 03-86-22-82-37 📱 06-81-43-40-95 ; • campingetangdugoulot@gmail.com • campingetangdugoulot.com/fr/ • Ouv mai-fin sept.*
Un site idéal pour profiter de Pods, tipis, cabanes, roulottes, tentes safaris et mobile homes *(230-550 €/sem)* ou de sa propre tente. Il n'y a qu'un pas à franchir pour aller faire trempette dans cet étang doté d'une mini-plage ou s'embarquer sur un canoë. Le rêve pour les enfants, petits ou grands. Sur place, adorable *Bar-restaurant du Lac* installé dans l'ancienne gare, mais aussi de quoi faire un BBQ, une table de ping-pong, un minigolf... Allez, on déballe les sardines ! Wifi.

Cadre : lacs ou rivières, sentiers de randonnée, ville. ***Terrain :*** herbe ; plat.	⊕ La baignade sur place. ⊖ On cherche encore...

À voir, à faire dans les environs : l'église Saint-Alban ; les lacs de Chaumençon et de Crescent.

LUZY 58170

Carte Bourgogne A2

38 km S de Château-Chinon ; 28 km NE de Bourbon-Lancy

€€€ **23 €** **135 emplacements**

Camping du Château de Chigy : *à Tazilly. ☎ 03-86-30-10-80. • chigy@fr.oleane.com • chateaudechigy.eu • Ouv fin avr-fin sept.*
Un superbe domaine de 70 ha qui ne manque pas d'atouts : 2 étangs, 2 piscines (dont une couverte), de petits chalets de vacances jusqu'à 8 personnes *(287-1 110 €/sem, loc possible à la nuitée),* un bar. Pour varier les plaisirs, on peut même loger dans le château *(appartements 357-732 €/sem).* Animations en juillet-août. Changement de propriétaire en perspective. Wifi.

Cadre : campagne, lacs ou rivières, sentiers de randonnée. ***Terrain :*** herbe ; plat ; en pente. ***Réducs :*** - 5 % sur présentation de ce guide.	⊕ Le très bon accueil. ⊖ Un peu cher en plein été.

À voir, à faire dans les environs : les retables de l'église de Ternant ; Bibracte.

MÂCON 71000

73 km N de Lyon ; 58 km S de Chalon-sur-Saône **Carte Bourgogne B2**

€€€ **21 €** **254 emplacements**

Camping municipal : *1, rue des Grandes-Varennes, Sancé. ☎ 03-85-38-16-22. • camping@ville-macon.fr • macon.fr • Ouv de mi-mars à fin oct.*
Posé à l'orée d'une zone commerciale mais en bord de Saône. Pas désagréable, donc, ce terrain de 5 ha, bien ombragé. Sanitaires des plus modernes. Piscine. Bar-resto et épicerie. Wifi.

BOURGOGNE-FRANCHE-COMTÉ

Cadre : ville. ***Terrain :*** herbe ; plat.	⊕ La jolie rivière à 500 m. ⊖ L'ancienne N 6 qui passe à côté !

À voir, à faire dans les environs : le musée des Ursulines.

MAÎCHE 25120

43 km S de Montbéliard — *Carte Franche-Comté B1*

€€ **12,40 €** — **57 emplacements**

Camping municipal : *23, rue Saint-Michel. ☎ 03-81-64-12-56. 06-28-11-51-17. • camping@mairie-maiche.fr • mairie-maiche.fr • Ouv tte l'année, sauf nov.*
Petit camping tout simple aux emplacements disposés en terrasses. Un peu bruyant en journée (la rue est empruntée), mais cela se calme vite. Également un gîte d'accueil de 38 places *(10 €/nuitée en dortoir, 16 € en chambre individuelle simple et 25 € en chambre double).* Location de chalets et caravaneige *(250-310 €/sem).* Nombreuses activités sportives à proximité, été comme hiver. Internet.

Cadre : campagne. ***Terrain :*** en pente ; herbe.	⊕ Les activités; la proximité du complexe aquatique; les randonnées. ⊖ Situé en bordure de route.

À voir, à faire dans les environs : la vallée du Dessoubre ; le cirque de Consolation (25 km) ; le château de Belvoir (25 km) ; le Potager d'une Curieuse (15 km).

MAISOD 39260

36 km SE de Lons-le-Saunier — *Carte Franche-Comté A2*

€€€€ **27 €** — **180 emplacements**

Camping Trélachaume : *50, route du Mont-du-Cerf, la Mercantine. ☎ 03-84-42-03-26. • info@trelachaume.fr • trelachaume.fr • Ouv de mi-avr à début sept.*
Dominant le lac (à 800 m à pied de la plage de la Mercantine), un 3-étoiles offrant ombre et intimité. Beaux emplacements et sanitaires modernes. Également roulottes, bungalows toilés, mobile homes et chalets pour 4 à 6 personnes *(env 300-1 000 €/sem selon taille et saison).* Grande piscine chauffée, pataugeoire pour les enfants, ping-pong. Snack-bar et petite épicerie. Animations en saison. Nombreuses activités sportives. Wifi.

Cadre : campagne, forêt, lacs ou rivières, montagne, sentiers de randonnée. ***Terrain :*** herbe ; plat ; rocaille. ***Réducs :*** tarif basse saison en camping, une nuit offerte en location (7 nuits au prix de 6) sur présentation de ce guide.	⊕ Le cadre ; les activités ; les services. ⊖ La voiture obligatoire.

À voir, à faire dans les environs : le lac de Vouglans, le port de plaisance et la plage de la Mercantine ; le musée du Jouet à Moirans-en-Montagne (7,5 km) ; le lac d'Antre (13 km) ; les cascades du Hérisson (30 km).

MALBUISSON 25160

34 km SE de Besançon ; 15 km S de Pontarlier — *Carte Franche-Comté B2*

€€€€ **29 €** — **378 emplacements**

Les Fuvettes : *24, route des Perrières. ☎ 03-81-69-31-50. 06-82-03-78-87. • les-fuvettes@wanadoo.fr • camping-fuvettes.com • Ouv avr-sept.*
Le plus grand camping du coin, et aussi l'un des mieux équipés : resto-bar, épicerie, parc aquatique avec piscine chauffée, toboggans, sauna, hammam, animations pour les

enfants et location de barques et d'embarcations à pédales à proximité. Emplacements agréables, certains disposés directement face au lac. Loue des mobile homes et un lodge trappeur 3-7 personnes *(299-1 139 €/sem)*. Wifi.

Cadre : forêt, lacs ou rivières, montagne, sentiers de randonnée. ***Terrain :*** en terrasses ; herbe.	⊕ La situation idéale ; les activités et les équipements nombreux. ⊖ Pas de service (restaurant, boutique, piscine) en début et fin de saison.

À voir, à faire dans les environs : la vallée des Deux-Lacs ; Pontarlier (15 km).

MARCENAY 21330

6 km NE de Loignes ***Carte Bourgogne B1***

€€€ **20 €** **90 emplacements**

Camping Les Grèbes du lac de Marcenay : *5, rue du Pont-Neuf. ☎ 03-80-81-61-72. 📱 06-98-07-28-43. • marcenaylac@gmail.com • campingmarcenaylac.com • Ouv avr-oct.*
Joliment situé, juste au bord du lac, et bien ombragé. Baignade surveillée en été. Location de mobile homes pour 4 personnes *(315-455 €/sem ou 45-65 €/nuit)*. Rivière à 1 km. Location de vélos et prêt de canoës. Lieu de rencontre pour les musiciens. Internet. Wifi.

Cadre : campagne, lacs ou rivières. ***Terrain :*** herbe ; plat.	⊕ Le fleurissement. ⊖ R.A.S.

À voir, à faire dans les environs : le lac de Marcenay ; l'abbaye de Molesmes.

MARNAY 70150

25 km SE de Gray ; 30 km NO de Besançon ***Carte Franche-Comté A1***

€€€ **18,40 €** **100 emplacements**

Camping Woka Le Vert Lagon : *route de Besançon. ☎ 03-84-31-73-16. 📱 06-40-78-58-13. • camping.marnay@woka.fr • camping-vertlagon.com • Ouv mai-sept.*
Agréable camping au pied d'un de ces jolis bourgs anciens dont les bords de l'Ognon ont le secret. Baignade possible (mais non surveillée) dans la rivière. Location de kayaks. Mobile homes à louer *(360-680 €/sem)*. Internet. Wifi.

Cadre : campagne, lacs ou rivières. ***Terrain :*** herbe ; plat.	⊕ Le site. ⊖ La piscine non chauffée ; la route, pas bien loin...

À voir, à faire dans les environs : le bourg de Marnay ; la vallée de l'Ognon ; le château de Moncley (9 km) ; Gray.

MATOUR 71520

36 km O de Mâcon ***Carte Bourgogne B2***

€€€ **19,50 €** **83 emplacements**

Le Paluet : *2, rue de la Piscine. ☎ 03-85-40-85-93. • camping.matour@aquadis-loisirs.com • aquadis-loisirs.com • Ouv avr-oct.*
Tranquille, juste à l'écart du centre du bourg, et à deux pas d'un vaste étang. Piscine avec moult toboggans (la spécialité du groupe *Aquadis Loisirs* qui a récemment repris ce camping). Snack. Bungalows, lodges toilés et chalets *(195-805 €/sem)*. Wifi. NOUVEAUTÉ.

Cadre : campagne, lacs ou rivières, sentiers de randonnée. ***Terrain :*** herbe ; plat.	⊕ Le site. ⊖ Pas d'animations.

À voir, à faire dans les environs : la Maison des patrimoines ; le château de Drée ; le château de La Clayette.

MELISEY 70270

12 km NE de Lure ; 32 km NO de Belfort — *Carte Franche-Comté B1*

€€ **11,10 €** — **54 emplacements**

Camping La Pierre : *route de Melay. ☎ 03-84-63-23-28. 📱 06-32-24-54-72. • mairie.melisey@wanadoo.fr • melisey.cchvo.org • Ouv mai-sept. CB refusées.*
Un tout petit camping, tranquillement posé en pleine campagne, tout fleuri et bien ombragé. Bon camp de base pour partir à la découverte de cette superbe micro-région qu'est le plateau des Mille Étangs. Location de chalets *(229-380 €/sem).* Internet.

Cadre : campagne. ***Terrain :*** herbe ; plat. ***Réducs :*** - 5 % avec la carte FFCC, - 10 % avec la carte CEZAM.	⊕ Le site et l'accueil. ⊖ Pas d'épicerie et le village est à 2,5 km...

À voir, à faire dans les environs : la chapelle Notre-Dame-du-Haut à Ronchamp (6,5 km) ; le plateau des Mille Étangs ; les ballons de Servance (11 km) et d'Alsace (21 km).

MEURSAULT 21190

8,5 km SO de Beaune ; 19 km NE de Nolay — *Carte Bourgogne B2*

€€€€ **32 €** — **130 emplacements**

Camping Huttopia : *2, route de Volnay. ☎ 03-80-21-22-48. • meursault@huttopia.com • huttopia.com • Ouv avr-oct.*
Un camping arboré, au cœur des vignobles, avec des emplacements en terrasses. Loue aussi des mobile homes pour 4 personnes *(75-140 €/nuit).* Tennis, location de vélos. Piscine et bassin ludique (toboggan). Resto. Internet. Wifi.

Cadre : campagne. ***Terrain :*** en terrasses ; herbe ; plat.	⊕ Le resto ouvert tous les soirs en haute saison... ⊖ ... le resto ouvert seulement le soir.

À voir, à faire dans les environs : la léproserie, l'église Saint-Nicolas, les vignobles.

MONTBARD 21500

81 km NO de Dijon ; 19 km S de Semur-en-Auxois — *Carte Bourgogne B1*

€€€ **16,70 €** — **80 emplacements**

Camping Les Treilles : *rue Michel-Servet. ☎ 03-80-92-69-50. • camping.lestreilles@montbard.com • montbard.com • Ouv avr-oct.*
À l'écart de la ville. La verdure fait oublier le voisinage, pas très emballant. Tout confort. Juste à côté, le centre aquatique en accès gratuit pour les campeurs (4 bassins, sauna, hammam, toboggan, etc.). Animations estivales, dépôt de pain, barbecues, tables pour pique-nique. Location de mobile homes *(247-536 €/sem).* Location de mini-chalets jusqu'à 4 personnes *(à partir de 30 €/nuit).* Wifi.

Cadre : campagne. ***Terrain :*** herbe ; plat. ***Réducs :*** - 50 % pour un séjour de 2 semaines en mini-chalet (calculé sur le tarif de base à la nuitée) ou - 10 % sur les emplacements pour un séjour de 7 nuits ou plus en haute saison (- 20 % en basse saison) ; également, une entrée/j. et par personne offerte pour le centre aquatique sur présentation de ce guide.	⊕ La rivière à 100 m ; les emplacements bien ombragés. ⊖ Quelques emplacements près de la route.

À voir, à faire dans les environs : le parc et le musée Buffon ; l'abbaye de Fontenay.

MONTBARREY 39380

18 km SE de Dole ***Carte Franche-Comté A2***

€€€ **23 €** **90 emplacements**

Flower Camping Les Trois Ours : *28, rue du Pont. ☎ 03-84-81-50-45. • contact@camping-les3ours-jura.com • juracamping.fr • Ouv de mi-avr à fin sept.*
Agréable camping 3 étoiles situé au bord de la Loue. Location de mobile homes avec terrasse couverte et de tentes lodges pour 4 ou 5 personnes *(env 210-735 €/sem).* Emplacements délimités par des haies. Également un resto en saison. Wifi.

Cadre : campagne, lacs ou rivières. ***Terrain :*** herbe ; plat.	⊕ L'accès direct à la rivière ; un camping familial ; les emplacements spacieux. ⊖ Pas de commerce dans le village.

À voir, à faire dans les environs : le val d'Amour ; la forêt de Chaux ; Dole ; Sains-les-Bains.

MORBIER 39400

14 km N des Rousses ; 25 km NO de Saint-Claude. ***Carte Franche-Comté A2***

€€ **14 €** **70 emplacements**

Camping de la Bucle : *15, rue Germain-Paget. 📱 07-82-97-29-89. • camping-labucle@sfr.fr • camping-labucle.com • Ouv tte l'année.*
De taille familiale, le camping est ombragé et verdoyant, organisé sur différents niveaux (mais surfaces gazonnées et plates), simple et convivial. À proximité, piscine municipale et départ de randonnées. Wifi.

Cadre : montagne, sentiers de randonnée, ville. ***Terrain :*** en terrasses ; herbe ; plat.	⊕ Pratique pour rayonner. ⊖ L'environnement urbanisé.

À voir, à faire dans les environs : le haut Jura ; les cascades du Hérisson (18 km) ; le lac Léman (50 km).

MOUX-EN-MORVAN 58230

27 km NE de Château-Chinon ; 19 km S de Saint-Agnan ***Carte Bourgogne A2***

€€€ **18,20 €** **120 emplacements**

L'Hermitage de Chevigny : *lac des Settons, rive gauche. ☎ 03-86-84-50-97. Ouv de mi-avr à fin sept.*

Camping en pleine verdure, arboré et fleuri avec belle vue sur le lac, plutôt tranquille en raison de sa situation stratégique dans un parc qui s'avance en proue sur le lac. Plage et ponton d'accostage. GR 13 et sentiers de randonnée à la sortie du camping. Accueil très sympathique. Internet.

Cadre : campagne, forêt, lacs ou rivières, montagne, sentiers de randonnée. ***Terrain :*** herbe ; plat. ***Réducs :*** - 10 % pour tout séjour de plus d'une semaine, d'avril à début juin et en septembre, sur présentation de ce guide.	⊕ Très ombragé. ⊖ Pas de wifi.

À voir, à faire dans les environs : le lac, et la campagne environnante (le saut de Gouloux).

NEVERS 58000

26 km S de La Charité-sur-Loire ; 35 km NO de Decize ***Carte Bourgogne A2***

€€€ **16,50 €** **73 emplacements**

Camping de Nevers : *rue de la Jonction. ☎ 03-86-36-40-75. • camping.nevers@aquadis-loisirs.com • aquadis-loisirs.com • Ouv mars-début nov.*
Les pêcheurs et autres rêveurs ne peuvent espérer meilleur spot pour un camping, presque les pieds dans la Loire, juste en face du centre historique : il n'y a que le pont à traverser à pied. Près de la circulation du coup, mais la structure n'est pas très grande et se révèle conviviale. Coin épicerie, snack *(mai-sept)* et jeux pour les enfants sur place. Locatifs *(209-534 €/sem).* Wifi.

Cadre : lacs ou rivières, ville, sentiers de randonnée. ***Terrain :*** herbe ; plat ; en terrasses.	⊕ Central à sa façon. ⊖ La proximité de la route.

À voir, à faire dans les environs : le vieux centre, le palais ducal, la cathédrale Saint-Cyr-et-Sainte-Julitte

NOLAY 21340

21 km SO de Dijon ***Carte Bourgogne B2***

€€€ **16 €** **70 emplacements**

Camping Les Chaumes du Mont : *route de Couches. 📱 06-85-33-03-42. • leschaumesdumont@orange.fr • Facebook « Camping les Chaumes du Mont ». Ouv avr-oct.*
Un camping bien paisible, à taille humaine : des emplacements en terrasses, dans la verdure et au calme, au bord d'un plan d'eau. Baignade en été et 3 courts de tennis (payants). Restaurant accueillant (pizzeria, crêperie). Internet. Wifi.

Cadre : campagne, lacs ou rivières. ***Terrain :*** en terrasses ; herbe.	⊕ La proximité de la voie verte. ⊖ Rien à signaler.

À voir, à faire dans les environs : le quartier ancien de Nolay ; les Hautes-Côtes.

ORNANS 25290

25 km SE de Besançon ***Carte Franche-Comté B2***

€€€€ **36,60 €** **106 emplacements**

La Roche d'Ully : *5, allée de la Tour-de-Peiltz. ☎ 03-81-57-17-79. • contact@larochedully.com • camping-ornans.com • Ouv début avr-début oct.*

Un bon niveau d'équipement, de grands emplacements, du locatif de qualité : bungalows toilés, cottages, lodges et cabanes sur pilotis *(220-1 050 €/sem)*. Juste à côté du centre *Nautiloue* (piscines, toboggan, sauna, hammam, jacuzzi). Location de vélos. Bar-resto. Aire de jeu et animations pour les enfants en été. Marché (le mardi soir en été). Internet. Wifi.

Cadre : campagne, forêt, lacs ou rivières, montagne, sentiers de randonnée, ville. ***Terrain :*** herbe ; plat.	⊕ L'accès gratuit au centre *Nautiloue*. ⊖ On a beau chercher...

€€€ **25 €** **66 emplacements**

Camping Le Chanet : *9-11, chemin du Chanet. ☎ 03-81-62-23-44. • campinglechanet@gmail.com • lechanet.com • Ouv avr-début oct.*
Très agréable camping à taille humaine, occupant un terrain tranquille et verdoyant de 2,2 ha. Emplacements bien tenus, ainsi que des chalets, appartements et mobile homes *(250-780 €/sem)*. Pas de piscine, mais plaisant espace naturel de baignade filtré par les plantes. Épicerie, petite restauration, trampolines. Activités écolos avec les enfants et feu de camp certains soirs. Un bon camping calme et nature, idéal en famille. Marché (le lundi en été). Wifi.

Cadre : campagne, lacs ou rivières, montagne. ***Terrain :*** en terrasses ; herbe ; plat. ***Réducs :*** - 10 % (hors locatif) sur présentation de ce guide.	⊕ La démarche environnementale du camping ; la taille humaine. ⊖ Le bar et le snack ouverts seulement en juillet-août.

À voir, à faire dans les environs : Ornans et la vallée de la Loue ; STL Syratu (parcours dans les arbres) ; la vallée de la Brême (8 km) ; le Dino-Zoo à Charbonnières-les-Sapins (15 km).

OUNANS 39380

12 km SO d'Arc-et-Senans ; 22 km SE de Dole ***Carte Franche-Comté A2***

€€€€ **28 €** **220 emplacements**

Camping Huttopia La Page Blanche : *3, rue de la Plage. ☎ 03-84-37-69-63. • plageblanche@huttopia.com • europe.huttopia.com • Ouv de mi-mai à fin sept. CB refusées.*
En pleine campagne, au bord de la Loue, camping de chaîne parfaitement équipé : piscine couverte, restauration, locatifs de qualité. Bar-pizzeria avec terrasse au bord de l'eau. Juste à côté, plage (caillouteuse) avec base de loisirs (location de canoës, *paddle* et VTT). Location de tentes équipées (toile et bois), bungalows en dur, roulottes et mobile homes *(280-945 €/sem)*. Wifi.

Cadre : lacs ou rivières, sentiers de randonnée, forêt, campagne. ***Terrain :*** plat ; herbe.	⊕ Le bon équilibre entre nature et confort. ⊖ Les frais de dossier en juillet-août (20 €).

À voir, à faire dans les environs : le val d'Amour et la forêt de Chaux ; les baraques du 14 à La Vieille-Loye ; le four de tuilier à Villers-Farlay.

PARAY-LE-MONIAL 71600

13 km O de Charolles ; 28 km SE de Gueugnon ***Carte Bourgogne A2***

€€€ **17,50 €** **137 emplacements**

Camping Le Mambré : *route du Gué-Léger. ☎ 03-85-88-89-20. • camping.plm@gmail.com • campingdemambre.com • Ouv début mai-fin sept.*

Cadre de verdure agréable, à proximité d'une voie verte (location de vélos). Loue des mobile homes *(240-460 €/sem, possible à la nuit).* Internet. Wifi.

Cadre : campagne, ville. ***Terrain :*** herbe ; plat.	⊕ La rivière à 50 m ; la proximité du centre-ville historique et des commerces. ⊖ Pas de « moins » évident.

À voir, à faire dans les environs : la basilique du Sacré-Cœur, le musée Paul-Charnoz et la ville ancienne.

PARCEY 39100

9 km S de Dole — *Carte Franche-Comté A2*

€€€€ 31 € — **240 emplacements**

Les Bords de Loue : *chemin du Val-d'Amour. ☎ 03-84-71-03-82. 06-36-93-99-68. • contact@jura-camping.fr • jura-camping.fr • Ouv avr-fin sept.*
Un superbe camping qui s'étire au bord de la Loue, avec accès privé à la rivière et 2 piscines chauffées avec toboggans. Les 17 ha de terrain assurent de l'espace pour chacun (100 m² par emplacement). Espace bien ombragé pour les campeurs. Location de chalets et de mobile homes *(231-469 €/sem).* Belle panoplie de loisirs sur place (aire de jeux, ping-pong, foot, volley, pétanque, tennis, canoë-kayak, vélo...) ou à proximité immédiate (minigolf, pêche, équitation...). Wifi.

Cadre : lacs ou rivières. ***Terrain :*** en terrasses ; herbe ; plat.	⊕ La situation ; la multitude d'activités. ⊖ Le snack ouvert seulement en juillet-août.

À voir, à faire dans les environs : à Dole, la collégiale Notre-Dame, la maison natale de Pasteur, le canal des Tanneurs, le musée des Beaux-Arts ; la forêt de Chaux ; Salins-les-Bains.

PESMES 70140

27 km N de Dole ; 20 km S de Gray — *Carte Franche-Comté A1*

€€€ 21 € — **70 emplacements**

La Colombière : *route de Dole. ☎ 03-84-31-20-15. • lacolombiere@woka.fr • camping-pesmes.fr • Ouv mai-oct. CB refusées.*
Au bord de l'Ognon, au pied de la ville, un petit camping confortable. Location de mobile homes *(300-400 €/sem).* Base de loisirs voisine : location de canoës-kayaks. Internet.

Cadre : sentiers de randonnée, ville. ***Terrain :*** en pente ; herbe ; plat.	⊕ Les places au bord de la rivière, les plus agréables (et donc les plus chères)... ⊖ ... ont parfois tendance à souffrir du bruit de la route qui passe juste au-dessus.

À voir, à faire dans les environs : l'église Saint-Hilaire, le centre-ville, le château et la maison royale ; Gray (20 km) ; Dole (27 km) ; la vallée de l'Ognon ; le château de Cugney (17 km).

POLIGNY 39800

32 km N de Lons-le-Saunier — *Carte Franche-Comté A2*

€€€ 18 € — **90 emplacements**

La Tulipe de Vigne : *route de Lons-le-Saunier. 06-37-90-88-28. • contact@camping-poligny.com • camping-poligny.com • Ouv d'avr à mi-oct.*

Aux portes de la ville, un camping de petite taille mais ombragé, verdoyant et familial. Propose des hébergements originaux comme des lodges en bois sur pilotis pour 5 personnes (avec sanitaires), chalets, tipis, tente-bivouac en bois, cabanes en bois pour 2 personnes *(250-580 €/sem)...* Laverie. Accueil gentil comme tout. Wifi.

Cadre : lacs ou rivières, ville. ***Terrain :*** herbe ; plat.	⊕ L'accueil. ⊖ On cherche encore...

À voir, à faire dans les environs : le centre patrimonial de Poligny ; Baume-les-Messieurs (21 km) ; Arbois (11 km).

PONT-LES-MOULINS 25110

30 km NE de Besançon — ***Carte Franche-Comté B1***

€€€ 15,50 € — **25 emplacements**

Camping de l'Île : *1, route de Pontarlier. ☎ 03-81-84-15-23. • info@campingdelile.fr • campingdelile.fr • Ouv avr-août. CB refusées.*
Simple et sans chichis. Pour les amateurs de tranquillité, d'environnement bucolique et d'intimité, l'endroit idéal. Sympathique camp de base pour de gentilles randonnées et balades à vélo dans une campagne sereine. Les enfants apprécieront la petite rivière à côté et ses possibilités de canotage et baignade. Location de mobile homes et d'une roulotte *(220-290 €/sem).* Wifi.

Cadre : campagne, forêt, lacs ou rivières, sentiers de randonnée. ***Terrain :*** herbe ; plat.	⊕ L'atmosphère familiale ; les larges emplacements (120 m²) ; l'accès direct à la rivière. ⊖ Pas pour des ados fêtards.

À voir, à faire dans les environs : l'abbaye ; Rougemont, Petite Cité comtoise de caractère.

PONTAILLER-SUR-SAÔNE 21270

32 km E de Dijon ; 12 km NE de Lamarche-sur-Saône — ***Carte Bourgogne B1***

€€ 14 € — **160 emplacements**

Camping La Chanoie : *46, rue de la Chanoie. ☎ 03-80-67-21-98. • camping.municipal1@orange.fr • cotedor-tourisme.com • Ouv de mi-avr à fin sept.*
Tout fleuri, tout sympa, en bord de Saône. Location de vélos et label Accueil Vélo, au bord de la Voie bleue. Dépôt de pain. Locatifs *(225-575 €/sem).* Internet. Wifi.

Cadre : campagne, lacs ou rivières, ville, montagne, forêt. ***Terrain :*** herbe ; plat.	⊕ La plage aménagée et la base de loisirs tout à côté ; le wifi gratuit. ⊖ La route d'accès au camping assez étroite.

À voir, à faire dans les environs : le château ; le pont-levis de Cheuge (6 km).

PONTARLIER 25300

60 km SE de Besançon — ***Carte Franche-Comté B2***

€€€ 21,80 € — **58 emplacements**

Camping Le Larmont : *7, rue Edwige-Feuillère. ☎ 03-81-46-23-33. 📱 06-86-55-73-98. • contact@camping-pontarlier.fr • camping-pontarlier.fr • Ouv tte l'année.*
Dans un coin très tranquille à l'orée de la ville et au pied de la montagne du Larmont, des emplacements bien verts, délimités par des haies, et tout le confort attendu. Location de chalets agréables pour 4-7 personnes, avec vue sur la campagne *(381-828 €/sem).*

Toutes sortes d'activités sportives à proximité : rando, poney, espace VTT... Une adresse tout indiquée pour les familles. Internet. Wifi.

Cadre : campagne, forêt, montagne, sentiers de randonnée, ville. ***Terrain :*** en terrasses ; herbe ; plat.	⊕ La proximité d'activités sportives ; la salle chauffée avec coin cuisine. ⊖ Pas de restauration ; pas de point d'eau pour se baigner à moins de 10 km ; pas de bus pour aller au centre-ville situé à 1,5 km.

À voir, à faire dans les environs : la vallée des Deux Lacs (10 km) ; le Mont-d'Or (15 km).

PORT-LESNEY 39600

11 km NE d'Arbois ; 38 km SO de Besançon — ***Carte Franche-Comté A2***

€€€ **21 € (avec électricité)** — **122 emplacements**

Les Radeliers : *rue Edgar-Faure. ☎ 09-53-21-44-22. • lesradeliers@woka.fr • camping-les-radeliers.com • Ouv mai-sept.*
Posé juste au bord de la Loue où naviguaient autrefois les radeliers (d'où son nom, bien sûr !). Simple mais plaisant avec son terrain planté de noyers et de hêtres vieux d'au moins un siècle. Familial et calme. Aire de jeux, terrain de pétanque. Location de tentes lodges et de mobile homes *(250-580 €/sem),* mais louable aussi pour 2 nuits selon la période. Internet. Wifi.

Cadre : campagne, lacs ou rivières. ***Terrain :*** herbe ; plat.	⊕ Le site et l'accueil. ⊖ Pas de piscine (mais la Loue est juste devant !).

À voir, à faire dans les environs : la saline royale d'Arc-et-Senans (5 km) ; les salines de Salins-les-Bains (11 km) ; Arbois (11 km).

POUILLY-EN-AUXOIS 21320

44 km O de Dijon ; 42 km NO de Beaune — ***Carte Bourgogne B1***

€€€ **20 €** — **70 emplacements**

Camping Vert Auxois : *15, rue du Vert-Auxois. ☎ 03-80-90-71-89. 📱 06-82-93-33-90. • contact@camping-vert-auxois.fr • camping-vert-auxois.fr • Ouv début avr-début oct.*
Au bord du canal, dans un environnement agréable avec des haies variées pour séparer les emplacements. À taille humaine surtout, et accueillant pour les enfants. Sympa les Canadas Treks, des tentes confortables avec terrasse *(locatifs : 330-570 €/sem).* Bloc sanitaire moderne. Piscine. Internet. Wifi.

Cadre : campagne, lacs ou rivières, sentiers de randonnée, ville. ***Terrain :*** herbe ; plat.	⊕ Les haies différentes ; l'accueil des enfants. ⊖ On n'en a pas trouvé.

À voir, à faire dans les environs : la voûte du canal de Bourgogne ; Châteauneuf (10 km).

POUILLY-SUR-LOIRE 58150

43 km N de Nevers — ***Carte Bourgogne A1***

€€ **12 €** — **25 emplacements**

Camping municipal Le Malaga : *route des Loges. ☎ 03-86-39-12-55 (mairie). 📱 07-86-21-85-98. • mairiepouillysurloire@wanadoo.fr • campingpouillysurloire.fr • Ouv de mai à mi-sept.*

Un joli site, juste en bord de Loire, dans un coin très nature. Petit camping municipal, sobrement équipé, mais agréable donc. Bar et petit déj. NOUVEAUTÉ.

Cadre : bord de fleuve. ***Terrain :*** sableux.	⊕ La belle aire de jeux pour les enfants juste à côté. ⊖ De l'ombre à minima.

À voir, à faire dans les environs : La Tour du Pouilly-Fumé, le pavillon du Milieu de Loire ; la réserve naturelle du Val de de Loire ; la Loire à vélo.

RIOZ 70190

24 km N de Besançon ; 25 km S de Vesoul — *Carte Franche-Comté A1*

€€€ **16 €** — **56 emplacements**

Camping municipal du Lac : *rue de la Faïencerie. ☎ 03-84-91-91-59. • camping@rioz.fr • camping.rioz.fr • Ouv avr-sept (loc tte l'année).*
Tranquille camping 3 étoiles, à deux pas d'un petit plan d'eau. Aires de jeux, piscine. Locatifs *(335-475 €/sem).* Internet. Wifi.

Cadre : campagne, forêt, lacs ou rivières, sentiers de randonnée. ***Terrain :*** herbe ; plat ; rocaille.	⊕ Les commerces à proximité immédiate. ⊖ La forte fréquentation l'été.

À voir, à faire dans les environs : la citadelle de Besançon (24 km) ; le Dino-Zoo à Charbonnières-les-Sapins ; Vesoul (25 km) ; le château de Filain (19 km) ; la cité romaine de Fondremand (8 km).

SAINT-BRISSON 58230

13 km O de Cosne-sur-Loire ; 6 km S de Saint-Agnan — *Carte Bourgogne A1-2*

€ **7 €** — **25 emplacements**

Camping municipal Les Saults : *☎ 03-86-78-70-80. • mairiestbrisson58@wanadoo.fr • Ouv avr-fin sept. CB refusées.*
Un tout petit camping municipal, très simple, qui se résume à un terrain aux emplacements non délimités par des haies, mais bien placé et au calme. Vérifiez par téléphone qu'il est bien ouvert avant de vous y rendre, et passez à la Maison du parc pour préparer votre séjour dans le Morvan des lacs.

Cadre : campagne, forêt, lacs ou rivières, sentiers de randonnée. ***Terrain :*** en pente ; herbe ; plat.	⊕ Face au lac. ⊖ Le peu d'équipements.

À voir, à faire dans les environs : la Maison du parc ; les grands lacs du Morvan.

SAINT-CLAUDE 39200

59 km SE de Lons-le-Saunier — *Carte Franche-Comté A2*

€€€ **18 €** — **129 emplacements**

Le Martinet : *à Villard-Saint-Sauveur. ☎ 03-84-45-00-40. • contact@camping-saint-claude.fr • camping-saint-claude.fr • Ouv avr-sept.*
Dans un coin verdoyant et bien ombragé, au bord de la rivière. De beaux emplacements au calme. Épicerie et resto (mai-août), billard, pétanque. Centre sportif (piscine municipale superbe) juste à côté. Location de Pods (sans sanitaires) et de chalets *(40-100 €/nuit env).* Travaux en perspective. Internet. Wifi.

Cadre : forêt, lacs ou rivières, montagne, sentiers de randonnée. ***Terrain :*** en pente ; herbe ; plat.	⊕ Excellent pour les amateurs de randonnées pédestres. ⊖ Situé à 3 km du centre-ville.

À voir, à faire dans les environs : le musée de la Pipe et du Diamant, le musée de l'Abbaye, la cathédrale Saint-Pierre, la Maison du peuple ; le musée de la Tournerie à Lizon (5 km) ; le train des Hirondelles.

SAINT-FLORENTIN 89600

30 km NE d'Auxerre ; 25 km N de Chablis — ***Carte Bourgogne A1***

€€€ **16 €** — **100 emplacements**

Camping de l'Armançon : *N 77. ☎ 03-86-35-08-13. • info@camping-saint-florentin.fr • camping-saint-florentin.fr • Ouv de mi-avr à mi-oct.*
Possibilité de pêcher (plan d'eau). Aire de jeux pour les enfants, minigolf, terrain de pétanque. vrai resto attenant. Pas d'hébergements locatifs mais d'insolites tentes bivouacs perchées sur pilotis en location *(22-25 €/nuit).* Animations le soir, en saison. Internet. Wifi.

Cadre : campagne, lacs ou rivières, ville. ***Terrain :*** herbe ; plat.	⊕ L'accès direct à l'étang et à la rivière ; la baignade surveillée en juillet-août. ⊖ La route (peu passante la nuit) à proximité

À voir, à faire dans les environs : le panorama du Prieuré, l'église, le musée.

SAINT-HIPPOLYTE 25190

31 km S de Montbéliard — ***Carte Franche-Comté B1***

€€€ **18 €** — **49 emplacements**

Les Grands Champs : *rue Beaumotte. ☎ 03-81-96-54-53 ou 04-73-19-11-11 (pour les chalets). • camping.shippolyte@gmail.com • Ouv avr-sept. CB refusées.*
Très calme et champêtre, aux portes de la ville mais déjà au milieu des montagnes. Agréable donc, malgré sa simplicité. Terrain en terrasses qui dégringole jusqu'au Doubs en contrebas. Blocs sanitaires bien tenus. Bungalows en bois pour 4-6 personnes *(125-300 €/sem).*

Cadre : campagne, forêt, lacs ou rivières, montagne, sentiers de randonnée. ***Terrain :*** en terrasses ; herbe.	⊕ L'accès direct à la rivière. ⊖ Le peu d'équipements.

À voir, à faire dans les environs : la vallée du Doubs ; Saint-Ursanne (Suisse, à 30 km) ; la vallée du Dessoubre ; le cirque de Consolation (30 km) ; le Potager d'une Curieuse (15 km).

SAINT-HONORÉ-LES-BAINS 58360

25 km SO de Château-Chinon ; 56 km O d'Autun — ***Carte Bourgogne A2***

€€€ **17 €** — **130 emplacements**

Camping et gîtes des Bains : *15, av. Jean-Mermoz. 📱 07-77-73-00-17. • campinglesbains@gmail.com • campinglesbains.com • Ouv fin mars-fin oct.*
Un camping à taille humaine et propre, tenu par une jeune équipe souriante et motivée. Emplacements spacieux et ombragés, ambiance familiale (piscine avec toboggan). Location de mobile homes et de gîtes *(155-597 €/sem).* Épicerie d'appoint. Internet. Wifi.

BOURGOGNE-FRANCHE-COMTÉ

Cadre : campagne, forêt, lacs ou rivières, sentiers de randonnée, ville. ***Terrain :*** herbe ; plat. ***Réducs :*** Tarif ACSI hors juillet-août, - 10 % sur le camping (hors locatifs) en juillet-août, sur présentation de ce guide.	⊕ Plein de balades à faire dans le coin. ⊖ Le wifi payant.

À voir, à faire dans les environs : le musée Georges-Perraudin de la Résistance, les thermes ; les petites routes du sud du Morvan.

SAINT-JEAN-DE-VAUX 71640

13 km NO de Chalon-sur-Saône ; 12 km SO de Chagny — *Carte Bourgogne B2*

€€ 13,50 € — **42 emplacements**

Camping municipal de la vallée de Vaux : *rue de la Piscine. ☎ 03-85-45-11-98. • mairie@stjeandevaux.fr • saint-jean-de-vaux.fr • Ouv mai-sept.*
Un terrain municipal propre et pas cher, correctement équipé. Tout à côté de la piscine municipale. Internet. Wifi.

Cadre : campagne, sentiers de randonnée. ***Terrain :*** herbe ; plat.	⊕ Dans une très jolie vallée, à deux pas de la route des Vins. ⊖ L'absence d'épicerie ; les commerces à 4 km ; les équipements et sanitaires basiques.

À voir, à faire dans les environs : le château de Germolles (1,5 km) ; le hameau de Touches (1,5 km).

SAINT-LAURENT-EN-GRANDVAUX 39150

47 km SE de Lons-le-Saunier — *Carte Franche-Comté A2*

€€ 14 € — **133 emplacements**

Le Champ de Mars : *8, rue du Camping. ☎ 03-84-60-19-30. 📱 06-03-61-06-61. • champmars.camping@orange.fr • camping-saint-laurent-jura.fr • Ouv avr-fin sept.*
Sympathique petit camping, à deux pas du centre, qui offre de grandes pelouses bien tenues et assez ombragées. Familial et tranquille. Location de Pods pour 2 personnes et de chalets pour 4 à 6 personnes *(184-532 €/sem).* Location à la nuitée (2 nuits min pour les Pods). Bon point de départ pour des balades et randos (à VTT et à pied l'été ; à raquettes et à skis de fond l'hiver). Barbecues. À noter : environ 90 emplacements caravaneige. Internet. Wifi.

Cadre : campagne, forêt, montagne, sentiers de randonnée, ville. ***Terrain :*** en terrasses ; herbe ; plat.	⊕ Calme, propre et agréable ; à 500 m du centre-ville. ⊖ L'environnement banal.

À voir, à faire dans les environs : le val de Grandvaux ; le lac de l'Abbaye (5 km) ; le haut Jura et le ski de fond ; les cascades du Hérisson.

SAINT-MARCEL 71380

4 km E de Chalon-sur-Saône — *Carte Bourgogne B2*

€€€€ 26 € — **90 emplacements**

Camping du Pont de Bourgogne : *12, rue Julien-Leneveu. ☎ 03-85-48-26-86. • campingchalon71@wanadoo.fr • camping-chalon.com • Ouv avr-fin sept.*
Agréablement situé en bord de Saône, près du golf et de la piscine. Ombragé. Location de tentes (certaines sur pilotis) et mobile homes *(389-629 €/sem).* Internet. Wifi.

Cadre : lacs ou rivières, ville. ***Terrain :*** herbe ; plat.	⊕ Les sanitaires, étonnants de modernité. ⊖ La zone d'activités qui entoure le camping ; pas de restauration hors saison.

À voir, à faire dans les environs : Chalon-sur-Saône, le musée Nicéphore Niépce, le musée Denon ; la Maison de l'invention de la photographie à Saint-Loup-de-Varennes (7 km).

SAINT-POINT 71520

28 km NO de Mâcon — *Carte Bourgogne B2*

€€€ **24 €** — **80 emplacements**

Camping du Lac : *route Lamartine. ☎ 03-85-50-52-31. • contact@campingsaintpoint.com • campingsaintpoint.com • Ouv avr-fin oct.*
À deux pas d'un joli lac (baignade et sports nautiques), un petit camping mais avec pas mal de commodités. Location d'embarcations à pédales et de *paddles.* Chalets et mobile homes *(315-665 €/sem).* Guinguette. Internet. Wifi.

Cadre : campagne, forêt, lacs ou rivières, sentiers de randonnée. ***Terrain :*** en terrasses ; herbe ; plat.	⊕ Le calme ; l'accès direct aux bords du lac. ⊖ L'éloignement.

À voir, à faire dans les environs : le château, l'église ; le Val lamartinien ; le château de Pierreclos.

SAINT-POINT-LAC 25160

13 km SO de Pontarlier — *Carte Franche-Comté B2*

€€€ **16,30 €** — **87 emplacements**

Camping municipal : *8, rue du Port. ☎ 03-81-69-61-64. • camping-saintpointlac@orange.fr • camping-saintpointlac.fr • Ouv mai-sept.*
Confort de base, mais avant tout un environnement calme et un site ravissant. À proximité, nombreuses activités sportives et commerces (fromagerie, cave à vins). Buvette et petite restauration à l'extérieur. Dépôt de pain au camping et passage de commerce ambulant. Wifi.

Cadre : campagne, lacs ou rivières, sentiers de randonnée. ***Terrain :*** herbe ; plat.	⊕ La plage au bord du lac. ⊖ Les équipements basiques ; pas d'épicerie dans le village.

À voir, à faire dans les environs : la vallée des Deux Lacs ; Pontarlier.

SAINT-USAGE 21170

41 km NE de Beaune ; 21 km NO de Dole — *Carte Bourgogne B2*

€€ **14 €** — **65 emplacements**

Camping Les Herlequins : *7, chemin de la Plage. ☎ 03-80-39-22-26. • camping.les.herlequins@gmail.com • campinglesherlequins.com • Ouv tte l'année.*
Camping classique sur les bords de la Saône. Location de vélos et kayaks à proximité. Jeux pour enfants. Restauration rapide. Location de barques électriques et de vélos. Kayaks à proximité. Locatifs *(240 €/sem).* Internet. Wifi.

Cadre : campagne, lacs ou rivières. ***Terrain :*** herbe ; plat.	⊕ Très calme ; la location de canoës-kayaks. ⊖ Pas de piscine.

À voir, à faire dans les environs : la Maison des mariniers, l'église Saint-Jean-Baptiste.

SALINS-LES-BAINS 39110

20 km SE d'Arc-et-Senans *Carte Franche-Comté A2*

€€€ **19 €** **46 emplacements**

Camping municipal Le Domaine des Gabelous : *rue de la Gare. ☎ 03-84-51-77-81. • domainesdesgabelous@gmail.com • salins-camping.com • Ouv avr-oct.*
Convivial et en pleine ville, avec des arbres et des haies. Aire de jeux et petite piscine. Lodges de tous niveaux de confort, originaux avec leur structure de bois et de toile, avec ou sans sanitaires : canadienne, tipi, paillote *(170-585 €/sem),* certains louables à la nuitée. Wifi.

Cadre : montagne, sentiers de randonnée, ville. ***Terrain :*** plat ; herbe.	⊕ Vraiment sympa. ⊖ On cherche encore…

À voir, à faire dans les environs : le musée du Sel, les thermes ; la saline royale d'Arc-et-Senans.

BOURGOGNE-FRANCHE-COMTÉ

SANTENAY 21590

17 km SE de Nolay ; 19 km SO de Beaune *Carte Bourgogne B2*

€€€ **17,80 €** **150 emplacements**

Camping des Sources : *av. des Sources. ☎ 03-80-20-66-55. • camping.santenay@aquadis-loisirs.com • aquadis-loisirs.com/camping-des-sources • Ouv fin mars-fin oct.*
Un must dans le genre, avec des emplacements spacieux ; certains avec vue sur la montagne et les vignobles. Nombreuses voies vertes et pistes cyclables. Piscine et tennis extérieurs au camping mais limitrophes (accès payants). Locatifs *(209-499 €/sem).* Wifi.

Cadre : campagne. ***Terrain :*** herbe ; plat.	⊕ Un bon point pour rayonner à vélo. ⊖ L'accès payant au tennis et à la piscine non loin du camping.

À voir, à faire dans les environs : l'église Saint-Jean-de-Narosse, le château.

SAVIGNY-SUR-GROSNE 71460

24 km O de Tournus ; 18 km N de Cluny *Carte Bourgogne B2*

€€€ **17 €** **80 emplacements**

Camping de Messeugne : *Messeugne. ☎ 03-85-92-56-86. 📱 06-82-95-45-53. • camping.messeugne@orange.fr • camping-messeugne.com • Ouv avr-oct.*
On l'appelle également « du Gué » ce camping tout simple mais joliment posé de part et d'autre de la charmante petite rivière de la Grosne. Super accueil, en famille. Bar-resto ouvert à tous. 2 mobile homes en location *(320-400 €/sem).* Quelques animations l'été : concerts, marché artisanal… Wifi. NOUVEAUTÉ.

Cadre : lacs ou rivières, sentiers de randonnée, campagne. ***Terrain :*** herbe ; plat.	⊕ Le site. ⊖ Les équipements, basiques.

À voir, à faire dans les environs : le château de Cormatin ; les églises romanes de Malay, Ougy et Saint-Hippolyte ; le bourg de Saint-Gengoux-le-National ; Cluny et son abbatiale.

SCEY-SUR-SAÔNE-ET-SAINT-ALBIN 70360

22 km NO de Vesoul — *Carte Franche-Comté A1*

€ **8,40 €** — **40 emplacements**

La Saône Jolie : *34, grande-rue du Bourg. ☎ 03-84-68-85-07 ou 03-84-68-86-99 (mairie). • camping.saonejolie@orange.fr • scey-sur-saone.fr • Ouv de mai à mi-sept. CB refusées.*
Plus près du paradis que de l'enfer : un petit camping municipal tout simple mais idéalement situé juste en bord de Saône. Piscine municipale, tennis, vélo, kayak et ski nautique juste à côté. Tous commerces au village. Chalets sur pilotis *(100-225 €/sem).*

Cadre : campagne, forêt, lacs ou rivières, sentiers de randonnée. ***Terrain :*** herbe ; plat.	⊕ L'accès à la rivière. ⊖ Peu équipé.

À voir, à faire dans les environs : Vesoul (22 km) ; l'église Saint-Valentin à Lavoncourt (22 km) ; l'église Sainte-Madeleine à Grandecourt (20 km) ; le château de Rupt-sur-Saône (5,5 km).

TONNERRE 89700

45 km N d'Avallon ; 16 km NE de Chablis — *Carte Bourgogne A1*

€€€ **18 €** — **71 emplacements**

Camping La Cascade : *av. Aristide-Briand. ☎ 03-86-55-15-44. • campinglacascade1@orange.fr • revea-vacances.fr • Ouv avr-oct.*
Mignon camping ombragé et tranquille, avec petite piscine, en bord de rivière et du canal. Location de mobile homes et de chalets *(210-460 €/sem).* Restauration en juillet-août. Internet. Wifi.

Cadre : lacs ou rivières, ville. ***Terrain :*** herbe ; plat.	⊕ L'accès direct à la rivière. ⊖ La piscine vraiment petite.

À voir, à faire dans les environs : la fosse Dionne, l'hôtel-Dieu, Notre-Dame-des-Fontenilles.

TOULON-SUR-ARROUX 71320

34 km N de Charolles — *Carte Bourgogne A2*

€€ **12,50 €** — **50 emplacements**

Camping du lac des Arrouettes : *Les Arrouettes. ☎ 03-85-79-50-30. • jphjacquet@orange.fr • Ouv 15 mai-30 sept. CB refusées.*
Dans le cadre ombragé d'une magnifique propriété de 40 ha, au bord de l'Arroux. Sur le pourtour du lac, ancienne gravière aux eaux claires, plage, emplacements pour la pêche, chemin de promenade. Pains et viennoiseries livrés tous les matins durant la saison. Location de mobile homes *(320-480 €/sem).*

Cadre : campagne, lacs ou rivières. ***Terrain :*** herbe ; plat. ***Réducs :*** Pêche gratuite sur présentation de ce guide.	⊕ Le vaste espace en pleine nature ; la location de VTT. ⊖ L'éloignement (on est un peu dans le Far West bourguignon, sans les attaques de caravanes !).

À voir, à faire dans les environs : Diverti'Parc ; le temple des Mille Bouddhas (11 km) ; le château de Digoine (12 km).

TOURNUS 71700

30 km NE de Mâcon ; 27 km SE de Chalon-sur-Saône — *Carte Bourgogne B2*

€€€ 22 € — **96 emplacements**

Camping de Tournus : *14, rue de Canes.* ☎ *03-85-51-16-58.* • *camping-tournus@orange.fr* • *camping-tournus.com* • *Ouv d'avr à mi-nov.*
Bien situé, en bord de Saône. Emplacements et équipements de bon confort. Loue également de rigolotes cabanes, des mobile homes façon roulottes et des tonneaux *(320-595 €/sem).* Internet. Wifi.

Cadre : campagne, lacs ou rivières, ville. ***Terrain :*** herbe ; plat ; rocaille.	⊕ La rivière à 50 m. ⊖ Pas de licence bar.

€€€ 22 € — **125 emplacements**

Camping d'Uchizy Le National 6 : *à Uchizy, au port.* ☎ *03-85-40-53-90.* • *camping.uchizylen6@wanadoo.fr* • *camping-lenational6.com* • *Ouv avr-sept.*
Tranquillou en bord de Saône et bien ombragé. Location de bungalows et chalets pour 2-5 personnes. Petite restauration sur place. Wifi.

Cadre : campagne, lacs ou rivières. ***Terrain :*** herbe.	⊕ La piscine comprise. ⊖ L'éloignement.

À voir, à faire dans les environs : l'abbaye Saint-Philibert à Tournus ; les monts du Tournugeois ; la Bresse bourguignonne.

VERMENTON 89270

22 km SE d'Auxerre ; 28 km N de Vézelay — *Carte Bourgogne A1*

€€ 14,80 € — **49 emplacements**

Camping Les Coullemières : *chemin des Coullemières.* ☎ *03-86-81-53-02.* • *contact@camping-vermenton.com* • *camping-vermenton.com* • *Ouv avr-sept.*
Au bord de la Cure, un superbe camping très calme et verdoyant. Grands emplacements bien ombragés. Location de mobile homes spacieux et bien équipés dans une zone ombragée *(148-485 €/sem).* Jeux et espaces verts tout autour. Bien au calme. Internet. Wifi.

Cadre : lacs ou rivières. ***Terrain :*** herbe.	⊕ La baignade possible dans la rivière. ⊖ Pas de restaurant sur place.

À voir, à faire dans les environs : le château de Mailly-le-Château ; les grottes d'Arcy-sur-Cure ; les vallées de la Cure et de l'Yonne.

VESOUL 70000

49 km N de Besançon — *Carte Franche-Comté B1*

€€€ 16,60 € — **160 emplacements**

Camping international du Lac : *av. des Rives-du-Lac.* ☎ *03-84-76-22-86.* • *camping_dulac@yahoo.fr* • *camping-vesoul.com* • *Ouv tte l'année.*
Très beau camping en bordure du lac de Vaivre. À disposition, machines à laver, salle et aires de jeux. Loue des chalets *(30-38 €/nuit)* et des bungalows *(37-45 €/nuit).* Gère également, juste à côté, les *Chalets du Lac,* une vingtaine de petites maisons, chacune équipée de 4 lits. Au centre, un grand bâtiment moderne pour les sanitaires, les douches et 2 cuisines. Complexe aquatique à 100 m (prix réduits pour les campeurs). Location de vélos sur place. Internet. Wifi.

Cadre : lacs ou rivières. ***Terrain :*** herbe ; rocaille ; plat.	⊕ La structure adaptée aux personnes handicapées ; les services ; l'emplacement. ⊖ On n'en a pas trouvé.

À voir, à faire dans les environs : le musée Georges-Garret, la vieille ville, le lac de Vaivre (la base de loisirs, le parc aquatique *Ludolac*) ; la réserve naturelle du Sabot de Frotey (3 km).

VÉZELAY 89450

19 km SO d'Avallon ; 55 km NO de Saulieu — *Carte Bourgogne A1*

€ 9 € — **40 emplacements**

Camping de l'Ermitage : *route de l'Étang. ☎ 03-86-33-24-18. 📱 06-38-77-15-33. • auberge.jeunesse.vezelay@orange.fr • camping-auberge-vezelay.com • Ouv avr-oct. CB refusées.*
Dans la verdure, face au Morvan, des emplacements séparés d'un côté pour les tentes, de l'autre pour les camping-cars et caravanes. À l'entrée du camping, auberge de jeunesse : 35 lits répartis dans des studios pour 4 à 6 personnes ou des dortoirs *(16-20 €/nuit).* Internet. Wifi.

Cadre : campagne. ***Terrain :*** en terrasses ; herbe.	⊕ Calme. ⊖ Peu d'équipements.

À voir, à faire dans les environs : la basilique Sainte-Marie-Madeleine, le musée de l'Œuvre Viollet-le-Duc.

VINCELLES 89290

14 km SE d'Auxerre ; 30 km SO de Chablis — *Carte Bourgogne A1*

€€€ 18 € — **80 emplacements**

Camping Les Ceriselles : *route de Vincelottes. ☎ 03-86-42-50-47. 📱 06-38-15-07-41. • camping@spl-payscoulangeois.fr • campingceriselles.com • Ouv fin mars-début oct.*
Un grand camping, bien aménagé et entretenu, sur les bords de l'Yonne et du canal du Nivernais. Pods *(26-34 €/nuit)* et mobile homes *(271-580 €/sem).* Location de vélos. Supérette. Nombreuses activités sportives. Position centrale pour les visites de la région. Internet. Wifi.

Cadre : campagne, lacs ou rivières. ***Terrain :*** herbe ; plat.	⊕ Les labels Camping Qualité et Tourisme et Handicap. ⊖ L'ombrage irrégulier selon les emplacements.

À voir, à faire dans les environs : le village ; les caves de Bailly et le centre d'art Georges-Hosottes à Saint-Bris-le-Vineux.

VUILLAFANS 25840

30 km SE de Besançon — *Carte Franche-Comté B2*

€€ 10 € — **37 emplacements**

Camping et gîte du Pré-Bailly : *2, rue de la Gare. ☎ 03-81-60-91-52. • mairie.vuillafans@wanadoo.fr • vuillafans.fr/m-262-camping.html • Ouv de mi-mars à fin sept. CB refusées.*
Camping à caractère familial, vaste et agréable et surtout à prix fort modéré. Bien inséré au sein du village et au calme en même temps. Bien tenu et ombragé. Commerces

à proximité. Le glouglou de la rivière Loue berce les campeurs. Également un gîte d'étape *(13 €/nuit et par pers).* Internet. Wifi.

Cadre : campagne, lacs ou rivières. ***Terrain :*** herbe ; plat ; en terrasses.	⊕ Le charme de la vallée et des bords de rivière. ⊖ La baignade interdite.

À voir, à faire dans les environs : le musée de la Vigne et du Vin de Lods ; Ornans et le musée Courbet.

Bretagne

Pictos utilisés dans ce guide

- € Économique
- €€ Bon marché
- €€€ Prix moyens
- €€€€ Plus chic
- Tente
- Caravane
- Hébergement locatif
- Camping-car
- Caravaneige
- Piscine extérieure
- Piscine couverte
- Accès handicapé
- Hébergement insolite ou original

ALLINEUC 22460

25 km NO de Loudéac ; 28 km SO de Saint-Brieuc — *Carte Bretagne Est A1*

€€ 11 € — **25 emplacements**

Camping du lac de Bosméléac : *à Bosméléac. ☎ 02-96-28-87-88 ou 02-96-28-82-11 (hors saison). • bosmeleac.camping@orange.fr • campingdebosmeleac.jimdo.com • Ouv début mai-fin sept (loc tte l'année). CB refusées.*
Un joli petit camping champêtre, convivial (concerts très sympa de chansons françaises ou de jazz, l'été, à la crêperie du site) et super bien situé : plan d'eau, cascade, etc. Vélos à louer. Location de chalets pour 4-6 personnes *(245-475 €/sem).* Internet. Wifi.

Cadre : campagne, forêt, lacs ou rivières, sentiers de randonnée.
Terrain : en pente ; herbe ; plat.

⊕ Le cadre ; l'atmosphère calme et sereine ; la crêperie ouverte midi et soir.
⊖ Excentré et pas de commerces.

À voir, à faire dans les environs : le lac ; la forêt de Lorge.

ARRADON (ARADON) 56610

7,5 km SO de Vannes ; 20 km E d'Auray — *Carte Bretagne Ouest B2*

€€€€ 35,80 € — **175 emplacements**

Camping de Penboch : *9, chemin de Pen-Boch. ☎ 02-97-44-71-29. • camping.penboch@orange.fr • camping-penboch.fr • Ouv début avr-fin sept.*
Un vaste 4-étoiles, dont les emplacements sont répartis entre 2 espaces séparés par une allée privée. L'un contient la majorité des infrastructures, l'autre est plus arboré. Très bons équipements : salle de jeux, piscines intérieure (avec jacuzzi) et extérieure chauffées (avec toboggans aquatiques), minigolf, etc. Ambiance familiale sympathique. Également location de mobile homes et chalets pour 4 à 8 personnes *(259-1 190 €/sem).* Internet.

Cadre : mer.
Terrain : herbe ; plat.
Réducs : - 10 % sur les emplacements de camping hors vacances scolaires et week-ends fériés.

⊕ L'accès piéton direct au golfe du Morbihan.
⊖ Pas d'animations en soirée.

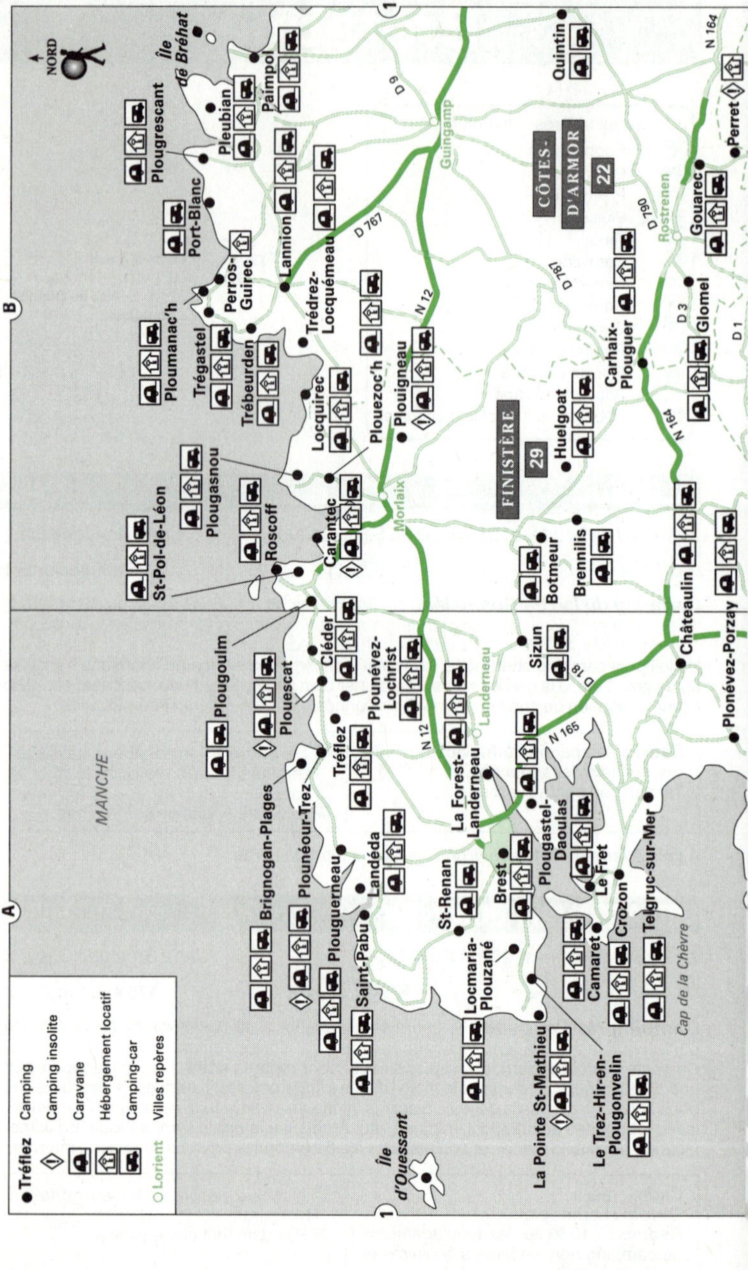
Tréflez Camping
Camping insolite
Caravane
Hébergement locatif
Camping-car
Lorient Villes repères
NORD
MANCHE
FINISTÈRE
29
CÔTES-D'ARMOR
22
Île de Bréhat
Île d'Ouessant
Cap de la Chèvre
Plougrescant
Pleubian
Paimpol
Port-Blanc
Perros-Guirec
Lannion
Ploumanac'h
Trégastel
Trébeurden
Trédrez-Locquémeau
Locquirec
Plouezoc'h
Plouigneau
Plougasnou
St-Pol-de-Léon
Roscoff
Carantec
Morlaix
Guingamp
Quintin
Plougoulm
Plouescat
Cléder
Plounévez-Lochrist
Tréflez
Brignogan-Plages
Plounéour-Trez
Plouguerneau
Landéda
Saint-Pabu
La Forest-Landerneau
Landerneau
Sizun
Botmeur
Brennilis
Huelgoat
Carhaix-Plouguer
Glomel
Rostrenen
Gouarec
Perret
Châteaulin
Plonévez-Porzay
St-Renan
Brest
Plougastel-Daoulas
Le Fret
Crozon
Telgruc-sur-Mer
Camaret
Locmaria-Plouzané
La Pointe St-Mathieu
Le Trez-Hir-en-Plougonvelin
D 9
D 767
N 12
D 787
D 790
D 3
D 1
N 164
N 165
D 18
A
B
1

BRETAGNE OUEST

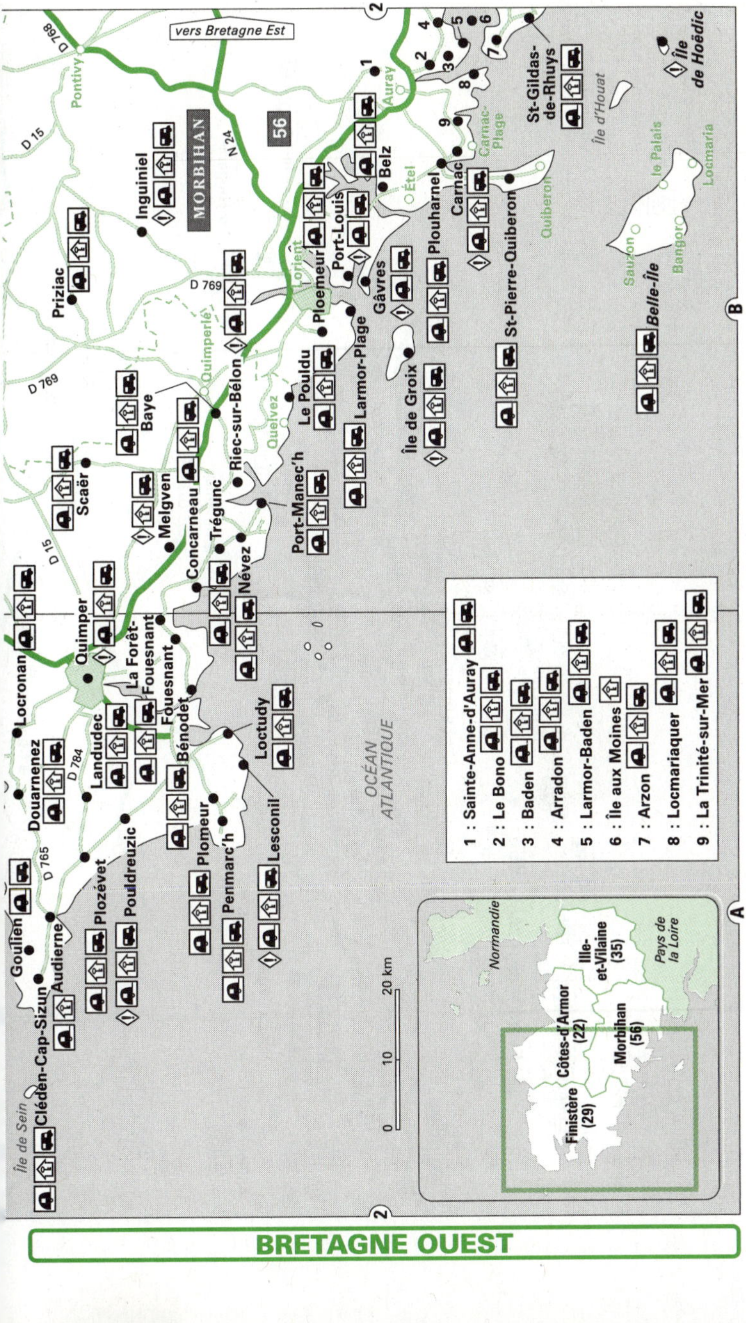

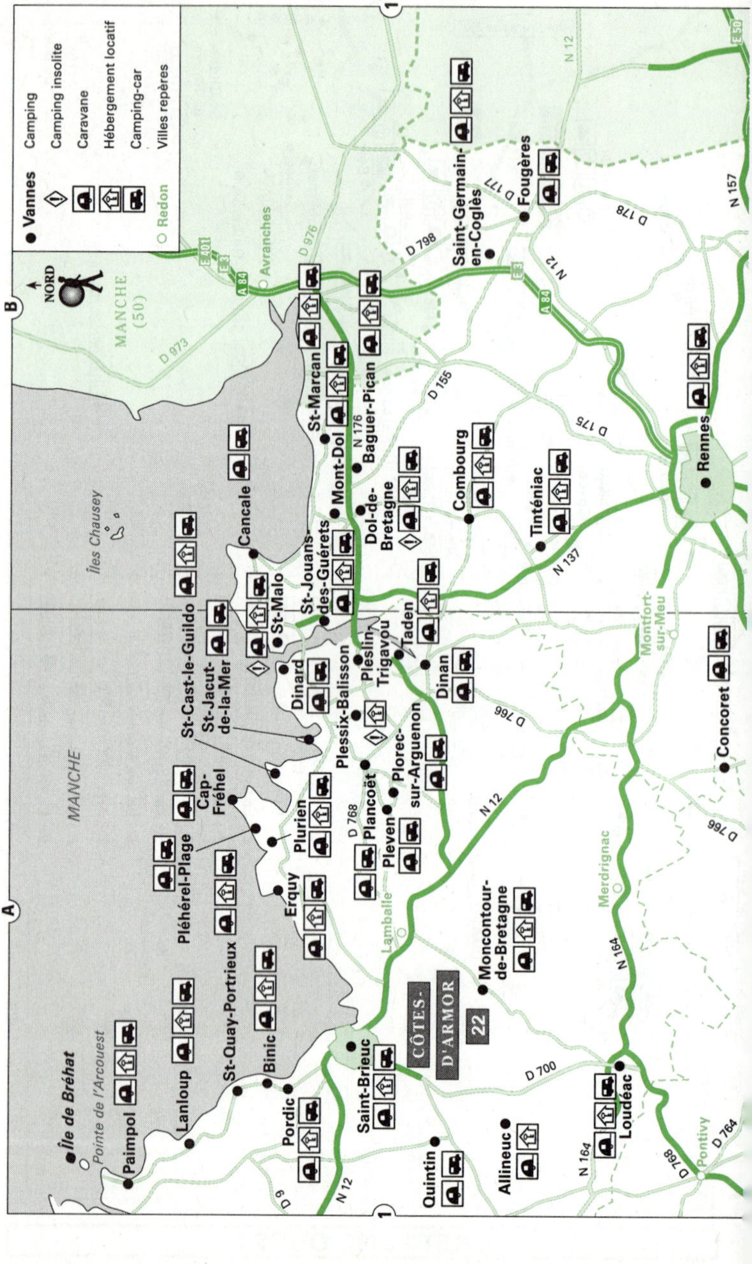
Vannes Camping
Camping insolite
Caravane
Hébergement locatif
Camping-car
Redon Villes repères
NORD
MANCHE (50)
MANCHE
Îles Chausey
Île de Bréhat
Pointe de l'Arcouest
Paimpol
Lanloup
St-Quay-Portrieux
Binic
Pordic
Saint-Brieuc
Quintin
Allineuc
Loudéac
Pontivy
Pléhérel-Plage
Cap-Fréhel
Erquy
Plurien
Lamballe
Moncontour-de-Bretagne
CÔTES-D'ARMOR
22
St-Cast-le-Guildo
St-Jacut-de-la-Mer
Dinard
St-Malo
Cancale
St-Jouans-des-Guérets
Mont-Dol
St-Marcan
Baguer-Pican
Dol-de-Bretagne
Plessix-Balisson
Pleslin-Trigavou
Taden
Dinan
Plancoët
Pleven
Plorec-sur-Arguenon
Combourg
Tinténiac
Rennes
Montfort-sur-Meu
Concoret
Merdrignac
Saint-Germain-en-Coglès
Fougères
Avranches
A
B
1
N 12
N 137
N 157
N 164
N 176
D 9
D 700
D 764
D 768
D 766
D 155
D 175
D 177
D 178
D 798
D 973
D 976
A 84
E 3
E 50
E 401

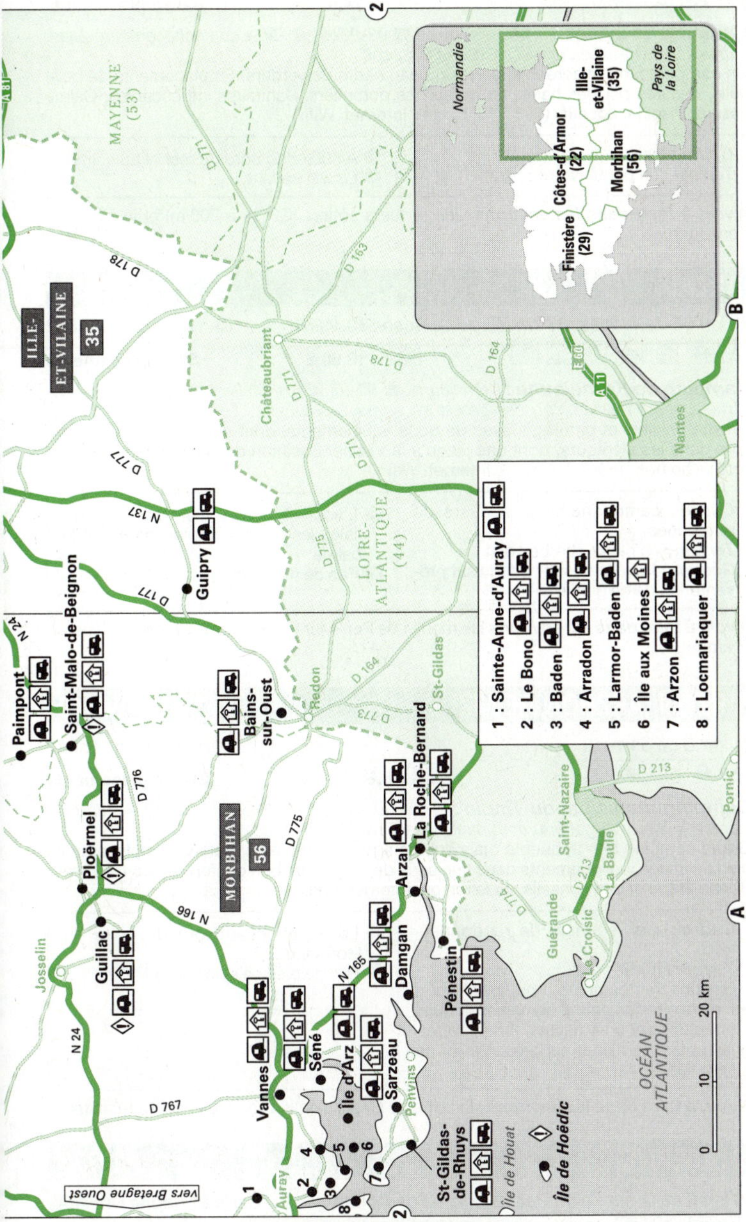

BRETAGNE EST

€€€ 24,45 € 148 emplacements

Camping de L'Allée : *5, lieu-dit L'Allée ☎ 02-97-44-01-98 • contact@camping-allee.com • camping-allee.com • Ouv début avr-sept.*
Un camping familial agréable, dans un beau cadre de verdure. Emplacements de belle taille, séparés par des haies, au milieu des pommiers. Sanitaires impeccables. Calme assuré. Piscine. Locatifs *(295-710 €/sem).* Internet. Wifi.

Cadre : mer. ***Terrain :*** en pente ; herbe ; plat.	⊕ À 600 m du bord de mer et au calme. ⊖ Le wifi payant.

À voir, à faire dans les environs : les sentiers côtiers (GR 34 à 200 m) et la plage de Pen-Boch.

BRETAGNE

ARZAL 56190

25 km SE de Vannes ; 16 km NO de La Roche-Bernard ***Carte Bretagne Est A2***

€€€ 18,90 € 58 emplacements

Camping de Kernéjeune : *Kernéjeune. ☎ 02-97-45-01-60. • contact@camping-de-kernejeune.com • camping-de-kernejeune.com • Ouv avr-oct.*
Un site paisible et ombragé, avec de bons équipements, dont une piscine. Balades à faire dans les alentours, dont une jusqu'à la Vilaine. Location de chalets, caravanes et mobile homes *(169-579 €/sem).* Internet. Wifi.

Cadre : campagne, mer, sentiers de randonnée. ***Terrain :*** en pente ; herbe ; plat. ***Réducs :*** frais de dossier offerts sur présentation de ce guide.	⊕ L'accueil sympa ; l'ambiance familiale ; les grands emplacements et le calme. ⊖ Pas de miniclub.

À voir, à faire dans les environs : le moulin de Pen-Mur ; le parc de Branféré, au Guerno (7 km).

ARZON (ARZHON-REWIZ) 56640

11 km O de Sarzeau ***Carte Bretagne Est A2***

€€€ 18,60 € 214 emplacements

Camping municipal du Tindio : *2, rue du Bilouris. ☎ 02-97-53-75-59. • letindio@arzon.fr • camping-golfedumorbihan.com • Ouv Pâques-Toussaint.*
Grand camping très fréquenté mais encore agréable et bien entretenu. Emplacements bien délimités, ou logements dans une série de chalets de bon confort *(215-549 €/sem).* Bonne étape et des conseils sur la région. Internet. Wifi.

Cadre : mer, sentiers de randonnée, ville. ***Terrain :*** herbe ; plat. ***Réducs :*** en camping, hors juillet-août, 2 nuits offertes pour 2 semaines, 3 nuits offertes pour 3 semaines, 4 nuits offertes pour 4 semaines sur présentation de ce guide.	⊕ La situation au bord du golfe du Morbihan. ⊖ Pas de piscine et la plage à 1 km.

À voir, à faire dans les environs : la butte de César, l'église, le moulin de Pen-Castel.

AUDIERNE 29770

10 km E de la pointe du Raz ; 23 km SO de Douarnenez ***Carte Bretagne Ouest A2***

€€€ 18 € 26 emplacements

Camping Naéco Audierne : *bois de Loquéran. ☎ 02-98-74-95-06. • contact@naeco.bzh • naeco.bzh • Ouv tte l'année.*

Noyés dans les verdures du bois de Loquéran, camping et gîte sont bien tranquilles et parfaitement entretenus. On choisit entre les dortoirs *(16-20 €/pers)* et les chambres privées (2-3 personnes), pas géantes mais impeccables, de style scandinave *(45-59 € en gîte, 55-69 € en hôtel).* Chacune dispose de sa propre salle de bains et... d'une chaise longue pliée sur le mur à l'entrée ! Il pleut ? Les cabanes sous les arbres *(26-55 €/nuit)* vous éviteront de tremper la tente. Cuisine bien équipée et salle à manger avec terrasse. NOUVEAUTÉ.

Cadre : forêt. ***Terrain :*** plat ; herbe.	⊕ À la réception conseils, cartes, circuits et petites adresses pour mieux découvrir la région. ⊖ Aucun remarqué.

À voir, à faire dans les environs : la pointe du Raz et l'île de Sein ; la réserve du cap Sizun ; les pointes du Van et de Brézellec.

BADEN 56870

8 km S d'Auray ; 14 km SO de Vannes — **Carte Bretagne Est A2**

€€€€ 59 € — **377 emplacements**

Camping Mané Guernehué : *52, rue Mané-er-Groëz, au Mané-Guernehué. ☎ 02-97-57-02-06. • info@camping-baden.com • camping-baden.com • Ouv de mi-avr à fin sept.*

La famille Madec, propriétaire de ce camping depuis une quarantaine d'années ne ménage pas ses efforts pour le maintenir au top ! Chaque année, pour le plus grand bonheur des familles, de nouvelles installations y voient le jour. Dans le vaste parc arboré de 12 ha, plusieurs types d'hébergements s'entremêlent : les emplacements tentes, spacieux et délimités par des haies, certains grand confort avec eau et électricité, et même sanitaires privatifs, et plusieurs types de chalets et mobile homes (dont certains sur le thème du Far West), quelques-uns au design vraiment moderne *(301-2 415 €/sem).* Bons équipements : restaurant, tennis, spa, piscines, centre équestre, épicerie... et gentillesse à toute heure. Organisent des soirées animées et excursions. Location de vélos. Internet. Wifi.

Cadre : campagne, mer, sentiers de randonnée. ***Terrain :*** en terrasses ; herbe ; plat. ***Réducs :*** hors haute saison, - 10 % sur tout séjour de 10 nuits min.	⊕ Le label Clef Verte. ⊖ Les prix très élevés en haute saison ; les plages à 3 km.

À voir, à faire dans les environs : la base nautique Varec'h.

BAGUER-PICAN 35120

28 km SO du Mont-Saint-Michel ; 30 km E de Dinan — **Carte Bretagne Est B1**

€€€€ 25,20 € — **213 emplacements**

Camping Huttopia Baie du Mont-Saint-Michel : *2, Le Motais. ☎ 02-99-48-09-55. • mont-saint-michel@huttopia.com • europe.huttopia.com • Ouv avr-sept.*

Un camping super bien équipé et à l'atmosphère familiale, malgré la taille. Les piscine (dont une couverte et chauffée), le resto, le tennis, le minigolf et les structures à l'entrée peuvent faire craindre l'usine, mais non. Les emplacements sont vraiment dans le vert, dans un bel environnement fleuri et boisé. Idem pour les hébergements locatifs que l'on a pris soin de disposer joliment à proximité du grand plan d'eau *(42-132 €/nuit, min 2-3 nuits, tarifs dégressifs).* Location de barbecues et de frigos. Nombreuses animations et activités proposées. Internet. Wifi.

Cadre : campagne, sentiers de randonnée. ***Terrain :*** herbe ; plat. ***Réducs :*** un kir breton offert sur présentation de ce guide.	⊕ Familial et bel environnement paysager ; les 2 étangs de pêche ; l'espace aquatique ; la situation géographique. ⊖ Pas d'animations en basse saison ; le wifi limité.

À voir, à faire dans les environs : la cathédrale Saint-Samson ; Médiévalys.

BAINS-SUR-OUST 35600

8 km N de Redon — *Carte Bretagne Est A2*

€ 9,30 € — 60 emplacements

Camping municipal de l'Ile aux Pies : *l'île aux Pies. ☎ 02-99-91-71-41. • bainsuroust35@wanadoogmail.com • Ouv de mi-avr à mi-sept. CB refusées.*
Les équipements sont simples mais l'environnement, calme et verdoyant, fait tout l'attrait de ce camping 2-étoiles vraiment sympa, au bord de l'eau. Sanitaires nickel. Pas mal d'activités sportives à proximité. NOUVEAUTÉ.

Cadre : lacs ou rivières, campagne. ***Terrain :*** herbe ; plat.	⊕ Sur une base de loisirs. ⊖ On cherche encore...

€ 9,20 € — 17 emplacements

Ferme-auberge de la Morinais : *lieu-dit La Morinais. ☎ 02-99-72-12-17. • fermelamorinais@orange.fr • fermelamorinais.com • Ouv d'avr à sept.*
Une belle ferme typique de la vallée de l'Oust. On plante ses sardines sur l'aire naturelle de camping, ou on loge en cabane sur pilotis « Campétoiles » ou en tente toilée *(25-50 €/nuit, tarifs dégressifs).* Également un gîte pour 2 personnes. On vient aussi pour le plaisir du palais : à table, tous les produits servis (à l'exception du porc) viennent de la ferme ! La viande choisie (canard, poulet, bœuf, porc) détermine le prix du menu *(18-22 €).* Wifi. NOUVEAUTÉ.

Cadre : campagne, sentiers de randonnée. ***Terrain :*** herbe ; plat.	⊕ Ça n'abrite pas, mais on apprécie le menu spécial pour les végétariens, il y a même du sans gluten et autre spécificité sur demande. ⊖ Rien à signaler.

À voir, à faire dans les environs : la vieille ville de Redon avec le musée de la Batellerie ; la véloroute de la Vélodyssée ; le canal de Nantes à Brest.

BAYE 29300

12 km E de Pont-Aven — *Carte Bretagne Ouest B2*

€€€ 16,40 € — 95 emplacements

À l'Abri de l'Océan : *591, route de la Madeleine. ☎ 02-98-96-80-35. • alabridelocean@orange.fr • alabridelocean.fr • Ouv tte l'année sauf une sem après Noël.*
Petit ensemble hôtel-camping à prix fort intéressants. Chambres doubles *(47 €/nuit).* Camping assez confortable, aux sanitaires bien entretenus. Grand parc fleuri. Loue aussi des mobile homes *(230-620 €/sem).* Très bon accueil. Animations en juillet-août. Piscine et pataugeoire, minigolf et nombreuses activités à proximité. Internet. Wifi.

Cadre : campagne. ***Terrain :*** herbe ; plat.	⊕ Le bon rapport qualité-prix. ⊖ Quels « moins » ?

À voir, à faire dans les environs : Quimperlé (6 km) ; Pont-Aven (12 km).

BELLE-ÎLE (GUEDEL) 56360

52 km SO de Vannes — *Carte Bretagne Ouest B2*

€€€ 21 € — 108 emplacements

Camping de l'Océan : *à Roboscère, Le Palais. ☎ 02-97-31-83-86. • info@camping-ocean-belle-ile.com • camping-ocean-belle-ile.com • Ouv avr-sept (fin mars-oct pour les loc).*

Installé sous les grands pins (meilleurs emplacements : A07, A08 et A14, semi-ombragés et face aux champs). Sanitaires impeccables. Location de roulottes, bungalows toilés et chalets *(319-759 €/sem)*. Internet. Wifi.

Cadre : mer. ***Terrain :*** en pente ; herbe. ***Réducs :*** offres couple et famille pour des séjours de 7 nuits hors saison, frais de dossier offerts hors saison.	⊕ Le raccourci qui permet de gagner la ville à pied rapidement ; le dépôt de pain en pleine saison. ⊖ La direction du camping qui n'aime pas trop les clients qui font de la musique.

€€ **11,40 €** **70 emplacements**

Camping municipal de Bangor : *18, rue Pierre-Cadre, à Bangor. ☎ 02-97-31-89-75. • camping.bangor@orange.fr • bangor.fr • Ouv avr-sept.*
Très calme, pas très grand mais espace verdoyant. Douches. Location de mobile homes 4-6 personnes *(300-600 €/sem)*. Internet.

Cadre : campagne, mer. ***Terrain :*** herbe ; plat.	⊕ Notre endroit préféré pour camper sur l'île. ⊖ Résa conseillée.

€€ **12,70 €** **120 emplacements**

Camping municipal de Port-Andro : *à Locmaria. ☎ 02-97-31-73-25 ou 02-97-31-73-75 (hors saison). • camping.portandro@wanadoo.fr • locmaria-belle-ile.com • Ouv de fin mai à mi-sept.*
Dans un site superbe. Très tranquille. Douches. Internet.

Cadre : mer. ***Terrain :*** herbe.	⊕ L'accès à la plage. ⊖ Le peu d'infrastructures, mais on n'est pas là pour ça !

€€ **12,45 €** **94 emplacements**

Camping municipal de Pen Prad : *vallon du Port-aux-Plages, Sauzon. ☎ 02-97-31-64-82. • camping-sauzon@wanadoo.fr • sauzon.fr • Ouv fin mars-fin oct.*
Bien tenu. Chalets à louer (location à la nuitée hors saison), ainsi que des mobile homes *(250-588 €/sem)*. Internet. Wifi.

Cadre : mer, sentiers de randonnée. ***Terrain :*** plat ; herbe.	⊕ Pas cher. ⊖ Pour le camping, la réservation payante pour tout séjour supérieur à une semaine.

€€€ **19 €** **75 emplacements**

Camping La Source : *vallon du Port-aux-Plages, Sauzon. ☎ 02-97-31-60-95. 📱 06-78-47-32-23. • camping@belleile-lasource.com • belleile-lasource.com • Ouv d'avr à mi-oct.*
Environnement verdoyant. Excellent confort. Location d'agréables chalets en bois s'étageant sur la colline, ainsi que de mobile homes *(287-700 €/sem)*. Internet. Wifi.

Cadre : mer. ***Terrain :*** en terrasses ; herbe ; plat.	⊕ Le très beau site. ⊖ Devoir réserver tôt !

€€€€ **25,50 €** **30 emplacements**

Camping des Grands Sables : *au Bas-Laurent. ☎ 02-97-31-84-46. • contact@camping-belle-ile.com • camping-belle-ile.com • Ouv avr-fin sept.*

BRETAGNE

Face à la mer, à 300 m de l'école de voile. Location de bengalis, mobile homes, chalets *(210-735 €/sem)* et de vélos. Internet. Wifi.

Cadre : mer, sentiers de randonnée. ***Terrain :*** en terrasses ; herbe.	⊕ Les emplacements en espaliers, pour la vue sur le vallon. ⊖ Loin des commerces (3 km).

€€€ **24 €** **80 emplacements**

Camping Le Kernest : *Kernest, Bangor. ☎ 02-40-86-85-82. • contact@camping-kernest.com • camping-kernest.com • Ouv mars-sept.*
Fort bien situé au milieu des pins, confortable et à 800 m de la plage. Soirées à thème et aire de jeux pour les enfants. Piscine couverte et chauffée, restauration, snack-bar. Location de chalets, mobile homes et bungalows toilés *(220-980 €/sem)*. Wifi.

Cadre : mer, sentiers de randonnée. ***Terrain :*** herbe ; plat.	⊕ Au calme. ⊖ Pas d'animations pour les enfants.

À voir, à faire dans les environs : au Palais, la citadelle et l'enceinte ; le sentier côtier.

BRETAGNE

BELZ 56550

3,5 km N d'Étel ***Carte Bretagne Ouest B2***

€€€ **18,30 €** **90 emplacements**

Camping du Moulin des Oies : *21, rue de la Côte. ☎ 02-97-55-53-26. • camping@lemoulindesoies.bzh • lemoulindesoies.com • Ouv avr-sept.*
Un joli petit camping familial aux emplacements bien verts et agréables. Idéal pour les amateurs de calme et de pêche. Bassin d'eau de mer aménagé pour la baignade et le bain de soleil, avec sa mini-plage et ses transats. Salle de billard, TV et lecture. Ambiance détendue. Loue aussi des mobile homes et des caravanes *(220-665 €/sem)*. Possède le nouveau label Green Morbihan (tris des déchets, compost, gestion de l'eau...). Internet. Wifi.

Cadre : campagne, mer, sentiers de randonnée. ***Terrain :*** herbe ; plat. ***Réducs :*** - 5 % sur présentation de ce guide.	⊕ Les labels Clef Verte, Camping Qualité et Green Morbihan ; le calme ; l'environnement ; la proximité du centre-ville. ⊖ L'ombrage irrégulier selon les emplacements ; la mer à 3,5 km.

€€€ **15,80 €** **117 emplacements**

Camping de Saint-Cado : *3, rue du Pen-Perleieu. ☎ 02-97-55-31-98. 📱 06-17-20-27-71. • info@camping-saintcado.com • camping-saintcado.com • Ouv d'avr à mi-oct (camping-cars de mi-oct à fin mars).*
Joli camping peinard et pas cher, face à l'île pour profiter pleinement du site. Accès direct à la ria d'Étel. Location de mobile homes pour pour 4-6 personnes *(235-555 €/sem)*. Passage du boulanger en juillet-août. Internet. Wifi.

Cadre : mer, sentiers de randonnée. ***Terrain :*** herbe ; plat.	⊕ La petite plage en contrebas du terrain. ⊖ L'ombrage irrégulier ; pas d'animations, pas de bar ; les commerces à 1 km.

À voir, à faire dans les environs : l'île de Saint-Cado ; le musée des Thoniers à Étel (3,5 km).

BÉNODET (BENODED) 29950

12 km E de Pont-l'Abbé ; 17 km S de Quimper *Carte Bretagne Ouest A2*

€€€€ 80 € 542 emplacements

Camping du Letty : *32, rue du Canvez (impasse Craisanguer). ☎ 02-98-57-04-69. • reception@campingduletty.com • campingduletty.com • Ouv 20 juin-début sept.*
Domaine de 11 ha impeccable, très vert, très calme, sans aucun mobile home, juste des emplacements pour tentes, caravanes et camping-cars, dont certains tout contre la plage ! Plus de 800 m² de bassins au parc aquatique, avec une splendide piscine extérieure « tropicale », nage à contre-courant et hydromassage (notamment), la piscine intérieure chauffée à 29 °C (avec bananiers et papyrus), le spa (hammam, sauna et jacuzzi privatifs). Les sanitaires sont nombreux et très bien tenus, le parc aquatique splendide et les services innombrables. Il y a même un lieu dédié pour rincer son équipement de plongée et une salle de bains bébés... Bref, c'est le grand luxe ! Wifi. NOUVEAUTÉ.

Cadre : mer. ***Terrain :*** herbe ; plat.	⊕ Le cadre nature en bord de plage et, en même temps, un panel incroyable de services et activités de qualité ; les activités pour petits et grands tout au long de la journée. ⊖ Les prix en pleine saison !

€€€€ 26,10 € 186 emplacements

Camping du Poulquer : *23, rue du Poulquer. ☎ 02-98-57-04-19. • contact@campingdupoulquer.com • campingdupoulquer.com • Ouv de début mai à mi-sept.*
À 200 m de la plage, un camping plutôt calme, proposant à la fois emplacements (plutôt bien ombragés) et mobile homes – regroupés au fond du terrain, au calme *(360-690 €/sem).* Parc aquatique avec piscines intérieure et extérieure. Wifi. NOUVEAUTÉ.

Cadre : mer. ***Terrain :*** herbe ; plat.	⊕ Les tarifs raisonnables en été compte tenu de la proximité de la plage ; assez calme. ⊖ Les mobile homes assez proches les uns des autres.

€€€€ 55 € (électricité incluse) 353 emplacements

Yelloh Village Port de Plaisance : *7, route de Bénodet, Prad-Poullou, Clohars-Fouesnant. ☎ 02-98-57-02-38. • info@campingbenodet.fr • campingbenodet.fr • Ouv d'avr à mi-sept.*
Très confortable. Le camping complet avec tennis, resto, boîte de nuit, animations, etc. Location de mobile homes *(322-2 135 €/sem)* et de vélos. Internet. Wifi.

Cadre : mer. ***Terrain :*** herbe ; plat.	⊕ L'ambiance et le confort ; l'aquadôme de 1 000 m² ; le club enfants. ⊖ Les plages ne sont pas tout près.

À voir, à faire dans les environs : le musée du Bord de mer ; les croisières dans la vallée de l'Odet.

BINIC (BINIG) 22520

13 km N de Saint-Brieuc *Carte Bretagne Est A1*

€€€€ 33 € 166 emplacements

Camping Le Panoramic : *6, rue Gasselin. ☎ 02-96-73-60-43. • lepanoramic22@gmail.com • lepanoramic.net • Ouv avr-sept.*

BRETAGNE

Sur les hauteurs de Binic, à environ 600 m de la plage, *Le Panoramic* est un camping où règne une ambiance familiale. Des emplacements tentes mais aussi de beaux cottages bleu et blanc encerclent l'espace « baignade » avec piscine chauffée et couverte, un toboggan, une aire de jeux... Sans oublier 2 boulodromes. Mobile homes-cottages jusqu'à 8 personnes *(275-945 €/sem ; loc possible à la nuitée).* Wifi.

Cadre : mer, sentiers de randonnée. ***Terrain :*** herbe ; plat ; en terrasses.	⊕ La proximité avec la plage. ⊖ Le petit snack juste pour dépanner.

À voir, à faire dans les environs : le port de plaisance, le musée Vasserot-Cueff, le musée des Arts et Traditions populaires ; le Zooparc de Trégomeur.

BOTMEUR (BONEUR) 29690

30 km SO de Morlaix ; 33 km SE de Landerneau — ***Carte Bretagne Ouest B1***

€€ **10,44 €** — **15 emplacements**

Camping municipal : *le bourg. ☎ 02-98-26-10-22. • mairie.botmeur@wanadoo.fr • Ouv de mi-juin à fin août.*
Simple et pas cher. À proximité, une poignée de chalets loués (y compris à la nuitée) par la Com-com *(☎ 02-98-26-43-99)* dont un de 6 places, accessible aux personnes à mobilité réduite, entièrement équipés : 1 ou 2 chambres, bains avec w-c, cuisine équipée, chauffage, petite terrasse avec salon de jardin *(243-323 €/sem).*

Cadre : campagne, sentiers de randonnée. ***Terrain :*** en terrasses ; herbe.	⊕ À 2 km d'un lac. ⊖ Peu équipé.

À voir, à faire dans les environs : l'écomusée des monts d'Arrée (8 km) ; la chaîne des monts d'Arrée.

BRENNILIS (BRENNILIZ) 29690

30 km NE de Châteaulin ; 13 km O de Huelgoat — ***Carte Bretagne Ouest B1***

€ **9 €** — **42 emplacements**

Camping municipal Le Drosera : *base de loisirs de Nestavel-Bras. ☎ 02-98-99-66-57 et 02-98-99-61-07 (hors saison). • mairie.brennilis@orange.fr • mairie-brennilis.com • Ouv de mi-juin à mi-sept. CB refusées.*
Calme, ombragé et absolument charmant. Les plus beaux emplacements, au bord du lac Saint-Michel, sont évidemment les plus prisés, Livraison sur demande de pain et d'épicerie.

Cadre : campagne, lacs ou rivières, sentiers de randonnée. ***Terrain :*** herbe.	⊕ Les activités au bord du lac (baignade non surveillée, pêche, planche à voile). ⊖ Très simple, pas de piscine.

À voir, à faire dans les environs : le site archéologique Ti-ar-Boudiged ; le musée-expo Youdig.

BREST 29200

60 km SO de Morlaix ; 78 km N de Douarnenez — ***Carte Bretagne Ouest A1***

€€€ **25 €** — **155 emplacements**

Camping du Goulet : *4, chemin de Lanhouarnec. ☎ 02-98-45-86-84. • info@campingdugoulet.fr • campingdugoulet.fr • Ouv de mi-avr à mi-sept (de début janv à mi-déc pour les loc).*

En pleine campagne, à 500 m de la mer. Calme et bien équipé. Location de mobile homes *(300-710 €/sem selon saison).* Internet. Wifi.

Cadre : campagne, mer, ville, sentiers de randonnée. ***Terrain :*** herbe ; plat.	⊕ Le parc aquatique. ⊖ Réservez !

À voir, à faire dans les environs : Océanopolis, le musée des Beaux-Arts, le château de Brest, la base navale de la Marine.

BRIGNOGAN-PLAGES (BRIGNOGAN) 29890

10 km NE de Guissény ; 36 km O de Roscoff ***Carte Bretagne Ouest A1***

€€€ **17,05 €** **147 emplacements**

Camping de la Côte des Légendes : *rue Douar-ar-Pont. ☎ 02-98-83-41-65. • camping-cote-des-legendes@orange.fr • campingcotedeslegendes.com • Ouv 1er avr-12 nov.*
Bien tenu. Peu d'ombrage. Organise des sorties découverte des oiseaux. Camping familial et fleuri, et Écolabel. Location de mobile homes jusqu'à 8 personnes, chalets et bungalows toilés *(287-713 €/sem).* Internet. Wifi.

Cadre : mer, sentiers de randonnée. ***Terrain :*** herbe ; plat.	⊕ L'accès direct à la plage ; la baie abritée ; la proximité du bourg et de l'école de voile. ⊖ Pas de piscine ; pas de restauration en basse saison ; peu de commerces au bourg tout proche.

À voir, à faire dans les environs : le village de Ménéham (6 km).

CAMARET (KAMELED) 29570

10 km NO de Crozon ***Carte Bretagne Ouest A1***

€€ **13 €** **300 emplacements**

Camping municipal du Lannic : *rue de Grouanoc'h. ☎ 02-98-27-91-31. 📱 06-42-65-22-20. • camping.municipal.camaret@orange.fr • camaret-sur-mer.fr • Ouv tte l'année (sauf mobile homes nov-avr).*
Camping municipal vert et arboré, tout simple, au terrain assez bien ombragé. Mobile homes en location, dont un adapté aux personnes à mobilité réduite *(compter 220-590 €/sem)* ; chauffage dans toutes les pièces, TV. Internet. Wifi.

Cadre : mer, sentiers de randonnée. ***Terrain :*** plat ; herbe.	⊕ L'accès direct à la ville (centre à 10 mn) et à la mer ; la proximité des sentiers de randonnée (GR 34). ⊖ Les équipements ; pas de piscine ; les emplacements non délimités.

€€€€ **29,10 €** **131 emplacements**

Camping Le Grand Large : *à Lambézen. ☎ 02-98-27-91-41. • contact@campinglegrandlarge.com • campinglegrandlarge.com • Ouv début avr-début oct.*
Le camping, peu à peu rénové par ses nouveaux propriétaires, se situe entre mer (à 450 m) et campagne. On apprécie le coin campeurs sans voitures ouvert en juillet-août et la douzaine d'emplacements avec vue mer (distante). Locatifs *(220-944 €/sem).* Internet. Wifi.

Cadre : mer, sentiers de randonnée. ***Terrain :*** herbe ; plat.	⊕ Des propriétaires attentifs à améliorer leur camping ; certains sanitaires rénovés ; la piscine panoramique ; le coin bibliothèque à l'accueil ! ⊖ Certains mobile homes plus anciens ; le wifi payant.

À voir, à faire dans les environs : la tour Vauban, la chapelle Notre-Dame-de-Rocamadour.

CANCALE (KANKAVEN) 35260

16 km E de Saint-Malo ; 36 km NE de Dinan — *Carte Bretagne Est B1*

€€€ **20,24 €** — **199 emplacements**

Camping municipal de la pointe du Grouin : *☎ 02-99-89-63-79. • campingcancale@orange.fr • ville-cancale.fr • Ouv de mars à mi-oct.*
De grandes pelouses, des arbres et un superbe panorama sur la mer pour ce 2-étoiles, avec accès direct à la plage en contrebas. Classement Accueil Vélo et Accueil pédestre. Bref, un très beau site, tout simple mais soigneusement tenu, même si l'espace peut venir à manquer en pleine saison. Internet. Wifi.

Cadre : mer, sentiers de randonnée. ***Terrain :*** en terrasses ; herbe ; plat.	⊕ La vue sur la baie du Mont-Saint-Michel. ⊖ Pas forcément beaucoup d'ombre.

€ **9,20 €** — **30 emplacements**

Auberge de jeunesse : *port Picain. ☎ 02-99-89-62-62. • cancale@hifrance.org • hifrance.org • Ouv mars-oct.*
Waouh ! Quelle situation de rêve : l'AJ a presque les pieds dans l'eau. 30 places de camping, et l'accès au bâtiment aux grands volumes, beaucoup de lumière et décoration « comme dans un bateau », avec son coin cuisine. Possibilité de stage avec l'école de voile de Port-Mer. Bon accueil. Internet. Wifi. NOUVEAUTÉ.

Cadre : mer. ***Terrain :*** herbe. ***Réducs :*** - 10 % sur le prix de la nuitée sur présentation de ce guide.	⊕ L'accès à la cuisine et aux sanitaires de l'AJ. ⊖ On cherche encore...

À voir, à faire dans les environs : la pointe du Grouin, la ferme marine, le musée des Arts et Traditions populaires de Cancale et sa région.

CAP-FRÉHEL 22240

48 km N de Saint-Brieuc — *Carte Bretagne Est A1*

€€ **11,25 €** — **900 emplacements**

Camping du Pont de l'Étang : *☎ 02-96-41-40-45. • camping-municipal.frehel@orange.fr • camping.frehel.fr • Ouv 1er avr-30 sept.*
Environnement boisé exceptionnel dans un site protégé, classé Natura 2000, au-dessus de l'anse du Croc. Emplacements répartis dans les dunes, en plein soleil ou à l'ombre des pins. Accès direct à la mer.

Cadre : dune et pins ***Terrain :*** sableux.	⊕ Les sanitaires impeccables, par-dessus le marché. ⊖ Pas de piscine, mais la mer est à côté.

À voir, à faire dans les environs : le phare de Cap-Fréhel, le fort La Latte.

BRETAGNE

CARANTEC (KARANTEG) 29660

35 km O de Plougasnou ; 18 km NO de Morlaix — **Carte Bretagne Ouest B1**

€€€€ 99 € — 474 emplacements

Camping Yelloh Village Les Mouettes : *50, route de la Grande-Grève. ☎ 02-98-67-02-46. • contact@les-mouettes.com • les-mouettes.com • Ouv 23 avr-12 sept.*
En bord de mer, un grand 5-étoiles superbement équipé et géré. Idéal en famille. Superbe parc aquatique chauffé avec toboggans, espace balnéoludique couvert et aquagarden (aire de jeux aquatique pour les enfants). Nombreux services et activités sur place. Locatifs *(350-2 254 €/sem).* Internet. Wifi.

Cadre : mer, sentiers de randonnée. ***Terrain :*** herbe. ***Réducs :*** - 10 % pour tout séjour de plus de 10 nuits en avril-juin sur présentation de ce guide.	⊕ La qualité des équipements ; une végétation exceptionnelle ; un emplacement les pieds dans l'eau au cœur de la baie de Morlaix. ⊖ Le prix, certes, mais justifié !

€€ 15 € — 40 emplacements

Aire naturelle Les Hortensias : *lieu-dit Kermen. ☎ 02-98-67-08-63. • contact@leshortensias.fr • leshortensias.fr • Ouv 1er mai-30 sept. CB refusées.*
Un petit camping familial tout simple, au bord de la ferme des proprios. Légèrement en hauteur, il offre une belle vue sur la baie de Saint-Pol-de-Léon. Vente de légumes bio à la ferme tous les vendredis soir. Internet. Wifi.

Cadre : mer. ***Terrain :*** en terrasses ; herbe ; plat.	⊕ La vue sur l'estuaire. ⊖ Le manque d'activités.

À voir, à faire dans les environs : le parcours du château du Taureau, le Musée maritime.

CARHAIX-PLOUGUER (KARAEZ-PLOUGER) 29270

50 km SO de Guingamp ; 70 km NE de Quimper — **Carte Bretagne Ouest B1**

€€ 12 € — 62 emplacements

Camping municipal La Vallée de l'Hyères : *route de Kerniguez. ☎ 02-98-99-10-58 ou 02-98-17-53-07 (office de tourisme, hors saison). • camping.municipal@ville-carhaix.bzh • ville-carhaix.com • Ouv avr-début oct.*
Spacieux et agréable, au bord de l'Hyères, un peu au nord du canal de Nantes à Brest. À deux pas, parc aventure *(Karaez Adrénaline)* : méga-tyrolienne, labyrinthe végétal, plans d'eau... « Cabanétape » pas chère *(13-16 €/pers)* pratique pour se protéger de la pluie, mobile homes 4-6 personnes, dont un PMR *(320-400 €/sem)* et une roulotte *(266-370 €/sem).* Location de vélos. Internet. Wifi.

Cadre : campagne, forêt, lacs ou rivières, sentiers de randonnée, ville. ***Terrain :*** herbe ; plat.	⊕ Les activités à proximité : golf, parc de loisirs *Karaez Adrénaline,* centre équestre, et la Vélodyssée. ⊖ Très simple ; pas de piscine.

À voir, à faire dans les environs : le festival Les Vieilles Charrues (mi-juillet) ; Plounévézel (4 km).

CARNAC (KARNAG) 56340

13 km NO de Locqmariaquer ; 33 km SO de Vannes — **Carte Bretagne Ouest B2**

€€€ 25 € — 100 emplacements

Camping Le Men-Du : *22 bis, chemin de Beaumer, à Carnac-Plage. ☎ 02-97-52-04-23. 📱 06-33-69-30-32. • mendu@wanadoo.fr • camping-mendu.com • Ouv avr-sept.*

BRETAGNE

Pas trop grand et verdoyant, un camping à taille humaine, agréable et proche de la plage. De belles et hautes haies de conifères taillées au cordeau séparent les emplacements. Pas mal de mobile homes à louer *(270-700 €/sem)*, mais ambiance familiale. Blocs sanitaires bien tenus. Internet. Wifi.

Cadre : mer, ville. ***Terrain :*** herbe ; plat.	⊕ À 150 m de la mer. ⊖ Pas d'animations.

€€€ **25 €** **75 emplacements**

Camping de Kérabus : *13, allée des Alouettes. ☎ 02-97-52-24-90. 06-73-41-32-59. • contact@camping-kerabus.com • camping-kerabus.com • Ouv avr-sept.*
Un camping 3 étoiles au calme et évidemment bien moins cher que les autres, du fait de son relatif éloignement de l'animation. Simple, sans resto, mais agréable et familial. Sanitaires propres. Quelques mobile homes et bungalows toilés à louer également *(189-720 €/sem)*. Internet. Wifi.

Cadre : mer, sentiers de randonnée, ville. ***Terrain :*** herbe ; plat. ***Réducs :*** une journée de wifi offerte sur présentation de ce guide.	⊕ Le calme. ⊖ À 2,5 km de la plage.

€€€€ **35 €** **130 emplacements**

Camping Flower Le Lac : *le lac. ☎ 02-97-55-78-78. • info@lelac-carnac.com • lelac-carnac.com • Ouv avr-fin sept.*
Enfin un camping 3 étoiles qui concilie charme, confort, modernité et authenticité. Dans un site splendide (la ria de Crac'h), il propose toutes sortes de locations *(tentes équipées, tipis et roulottes en plus des classiques chalets et mobile homes, 189-750 €/sem)*, mais réserve une belle place aux campeurs traditionnels, qui seront à l'aise et à l'ombre. Excellentes prestations : épicerie, piscine, barbecue, etc. Ambiance familiale. Internet. Wifi.

Cadre : lacs ou rivières, sentiers de randonnée. ***Terrain :*** herbe ; plat.	⊕ Le charme ; les services et les activités pour les enfants. ⊖ Un peu éloigné du bourg et de la mer.

À voir, à faire dans les environs : les alignements de Carnac (3 km) ; le musée de la Préhistoire (2 km).

CHÂTEAULIN (KASTELLIN) 29150

60 km SE de Brest ***Carte Bretagne Ouest A1***

€€ **14,30 €** **94 emplacements**

Camping de Rodaven : *rocade de Parc-Bihan. ☎ 02-98-86-32-93. 06-83-01-52-67. • contact@campingderodaven.fr • campingderodaven.fr • Ouv fin avr-fin sept.*
Très confortable. Beaux sanitaires. Label Hébergement Pêche (accueil de pêcheurs). Roulottes, cabanons, tentes aménagées et mobile homes à louer *(205-570 €/sem, les insolites à la journée)*. Belle terrasse avec bar et snack. Internet. Wifi.

Cadre : lacs ou rivières, sentiers de randonnée, ville. ***Terrain :*** herbe ; plat.	⊕ Très simple, calme et en bordure du canal de Nantes à Brest ; la centralité de Châteaulin pour visiter le Finistère. ⊖ Pas de piscine dans le camping ; pas d'animations.

€€€ **18 €** **56 emplacements**

Camping La Pointe : *La Pointe, route de Saint-Coulitz. ☎ 02-98-86-51-53. • lapointecamping@gmail.com • lapointecamping.com • Ouv de mi-mars à mi-oct.*

Un beau camping en bord de canal, avec des emplacements dans les bois et tous les services sur place. Location de tentes toile et bois *(250-500 €/sem).* Julie et Marcus étant anglais, beaucoup de compatriotes se retrouvent ici. Une bonne occasion de perfectionner vos connaissances de la langue de Shakespeare ! Vous n'êtes qu'à une quinzaine de minutes des plages de la baie et à quelques mètres de la rivière. Loue également 3 chambres. Internet. Wifi.

Cadre : campagne. ***Terrain :*** herbe ; plat.	⊕ Les tables et chaises longues à disposition des randonneurs et cyclistes ; la location de vélos. ⊖ Pas de piscine.

À voir, à faire dans les environs : l'église Notre-Dame ; la chapelle Saint-Sébastien à Saint-Ségal (16 km).

CLÉDEN-CAP-SIZUN (KLEDENN-AR-C'HAB) 29770

7 km E de la pointe du Raz ; 10 km O d'Audierne — ***Carte Bretagne Ouest A2***

€€ 10 € — **27 emplacements**

Camping de la Baie : *à Lescleden. ☎ 02-98-70-64-28. • camping.de.la.baie@orange.fr • Ouv mars-nov. CB refusées.*
Petit camping de campagne, tout simple, près de la baie des Trépassés. Beaucoup d'habitués y reviennent, année après année. Super accueil de Christine. Petite épicerie.

Cadre : campagne, mer. ***Terrain :*** en terrasses ; herbe.	⊕ Paisible, familial. ⊖ Pas d'accès à Internet.

€€ 14,10 € — **25 emplacements**

Camping de Keringard : *à Kéringard. ☎ 02-98-70-66-78. 📱 06-49-22-87-37. • yvanne29@outlook.fr • keringard.free.fr • Ouv avr-oct. CB refusées.*
Petit camping de campagne tout simple, attenant à la ferme des accueillants propriétaires. Le principal espace gazonné est entouré d'arbres, mais il y a aussi 2 champs à l'arrière. 3 mobile homes plus tout jeunes sont en location. NOUVEAUTÉ.

Cadre : campagne. ***Terrain :*** herbe ; plat.	⊕ Paisible, familial. ⊖ Aucune infrastructure en dehors des sanitaires.

À voir, à faire dans les environs : la réserve du cap Sizun.

CLÉDER (KLEDER) 29233

10 km O de Saint-Pol-de-Léon ; 30 km NO de Morlaix — ***Carte Bretagne Ouest A1***

€€€ 18,60 € — **375 emplacements**

Camping village-vacances de Roguennic : *lieu-dit Roguennic. ☎ 02-98-69-63-88. • campingscleder@orange.fr • campingvillageroguennic.com • Ouv avr-fin sept (bungalows tte l'année).*
Caché derrière les dunes, un vaste camping correctement entretenu qui s'étend face à la mer. Location de bungalows et mobile homes *(390-720 €/sem).* École de voile à proximité. Wifi.

Cadre : campagne, mer. ***Terrain :*** herbe ; plat.	⊕ La situation les pieds dans l'eau ; la piscine couverte et chauffée ; les supermarchés, distributeur de pain et glaces à l'italienne. ⊖ On cherche, on cherche...

À voir, à faire dans les environs : le château de Kerouzéré à Sibiril (3 km).

COMBOURG 35270

24 km SE de Dinan ; 40 km N de Rennes — **Carte Bretagne Est B1**

€€ 12,56 € — **70 emplacements**

Camping du Vieux Châtel : *23, pl. Albert-Parent. ☎ 02-99-73-07-03. • camping combourg@gmail.com • camping-combourg.com • Ouv d'avr à mi-oct.*
Un 2-étoiles calme, simple et plutôt agréable. Privilégier les emplacements tentes près du bois, au fond. Barbecue à disposition. Locatifs *(285-600 €/sem).* Internet. Wifi.

Cadre : campagne. ***Terrain :*** herbe ; plat.	⊕ Le chemin privé pour le lac ; la proximité du centre-ville et des commerces (à pied par un chemin piéton). ⊖ Les équipements ; pas de piscine.

À voir, à faire dans les environs : le château de Combourg ; le zoo-château de La Bourbansais à Pleugueneuc (12 km).

BRETAGNE

CONCARNEAU (KONK-KERNE) 29900

35 km O de Quimperlé ; 10 km E de La Forêt-Fouesnant — **Carte Bretagne Ouest B2**

€€€€ 32 € — **149 emplacements**

Camping Les Sables Blancs : *av. du Dorlett ; plage des Sables-Blancs. ☎ 02-98-97-16-44. • contact@camping-lessablesblancs.com • camping-lessablesblancs.com • Ouv avr-oct.*
Beau camping, bien situé, à 300 m de la plage, peut-être plus adapté aux camping-caristes qu'aux campeurs (emplacements petits et pas très intimes). Chemin piéton du camping pour gagner le centre de Concarneau (20 mn). Location de mobile homes *(330-889 €/sem).* Petite piscine chauffée et jacuzzi. Restaurant et pizza artisanale. Vue sur la mer. Internet. Wifi.

Cadre : campagne, mer, sentiers de randonnée, ville. ***Terrain :*** en terrasses ; herbe ; plat. ***Réducs :*** - 5 % sur présentation de ce guide.	⊕ La vue sur la mer. ⊖ Les emplacements pas très grands.

À voir, à faire dans les environs : la ville close, le musée de la Pêche, le Marinarium.

CONCORET 56430

47 km O de Rennes — **Carte Bretagne Est A1**

€ 7,80 € — **64 emplacements**

Camping des Fées : *02-97-22-64-82 (ou 61-69). • contact@camping-fees.fr • camping-fees.fr • Ouv de mi-juin à fin sept. CB refusées.*
Au bord de son étang, il paraît bien accueillant et si calme. Une soixantaine d'emplacements libres (c'est tranquille), certains super bien ombragés. Possibilité de pêcher.

Cadre : campagne. ***Terrain :*** herbe ; plat.	⊕ Très calme. ⊖ Un peu loin de tout.

À voir, à faire dans les environs : la forêt de Brocéliande ; le château de Comper et son centre de l'imaginaire arthurien ; le tombeau de Merlin et la fontaine de Jouvence ; l'église du Graal à Tréhorenteuc ; le Val sans retour.

CROZON 29160

60 km S de Brest ; 3 km NE de Morgat — *Carte Bretagne Ouest A1*

€€€ 22 € — 126 emplacements

Camping de la Plage de Goulien : *à Kernavéno. 06-08-43-49-32. • contact@camping-crozon-laplagedegoulien.com • camping-crozon-laplagedegoulien.com • Ouv début avr-sept. CB refusées.*
Un camping sympa, verdoyant, avec plein de recoins intimes, bien pensé pour les surfeurs. Sanitaires spacieux et impeccables. Location de mobile homes *(330-725 €/sem).* *Food truck* 2 fois par semaine. Wifi.

Cadre : mer, sentiers de randonnée.
Terrain : en terrasses ; herbe ; plat.

⊕ Le cadre très vert et bucolique à deux pas de la plage ; l'emplacement idéal pour les surfeurs.
⊖ La ville située à 3,5 km.

€€€ 20 € — 100 emplacements

Camping de l'Aber : *à Tal-ar-Groas, 50, route de l'Aber. ☎ 02-98-27-02-96. 06-75-62-39-07. • camping.aber@gmail.com • camping-aber.com • Ouv avr-oct.*
Accroché sur la colline et orienté plein sud, ce camping entre mer et campagne, avec vue imprenable sur la baie, a pour devise : « Le respect de chacun est le repos pour tous ». Dépôt de pain. Location de mobile homes, certains avec terrasse . Internet. Wifi.

Cadre : campagne, mer, sentiers de randonnée.
Terrain : en terrasses ; herbe ; plat.
Réducs : kir Tatin, spécialité de la maison, offert sur présentation de ce guide.

⊕ Les emplacements dans la partie du haut pour la vue sur la baie de Douarnenez.
⊖ Peu ombragé ; la route qui sépare les 2 parties du camping.

À voir, à faire dans les environs : la tour Vauban à Camaret (10 km).

DAMGAN 56750

11 km SO de Muzillac — *Carte Bretagne Est A2*

€€€ 24,90 € — 161 emplacements

Camping Grand Air Cadu : *route de Penerf. ☎ 02-97-41-17-30. • info@campingcadu.com • campingcadu.com • Ouv avr-oct.*
Un camping bien tenu, avec des emplacements agréables séparés par des haies, toutes les activités qui ravissent les enfants et la mer à 300 m ! Location de mobile homes *(265-875 €/sem).* Et même une douche pour chiens et un évier à coquillages ! Internet. Wifi.

Cadre : mer.
Terrain : herbe ; plat.

⊕ Le cadre ; à 300 m de la plage.
⊖ Pas de restaurant, mais un food truck (en juillet-aout)

À voir, à faire dans les environs : Penerf (4 km) ; la route de l'Huître.

DINAN 22100

60 km E de Saint-Brieuc ; 52 km NO de Rennes — *Carte Bretagne Est A1*

€€ 14,40 € — 48 emplacements

Camping municipal Chateaubriand : *103, rue Chateaubriand. 06-98-93-21-78. • campingmunicipal@dinan.fr • dinan.fr • Ouv avr-Toussaint.*

BRETAGNE

Une poignée d'emplacements dans un tranquille petit carré de verdure. Équipements de base (laverie et barbecue quand même), ombrage limité. Mais le site est quasiment au pied des remparts du château ! Wifi.

Cadre : ville. ***Terrain :*** herbe ; plat.	⊕ Le plus proche (à 300 m) du centre-ville. ⊖ Basique.

À voir, à faire dans les environs : le quartier des places des Merciers et des Cordeliers, le château-musée, le musée du Rail.

DINARD (DINARZH) 35800

14 km O de Saint-Malo ; 22 km N de Dinan *Carte Bretagne Est A1*

€€€ **22 €** **286 emplacements**

Camping Port-Blanc : *rue du Sergent-Boulanger. ☎ 02-99-46-10-74. • info@camping-port-blanc.com • camping-port-blanc.com • Ouv de fin fév à mi-oct.*
Un 3-étoiles de grande capacité, verdoyant, plein d'arbres et de belles pelouses. Et surtout particulièrement bien situé, en bordure de plage. En location, tiny house et Coco Sweet *(39-99 €/nuit)* ainsi que des mobile homes *(59-169 €/nuit)*. Sanitaires chauffés. Animations pour petits et grands. Internet. Wifi.

Cadre : mer. ***Terrain :*** en terrasses ; herbe ; plat.	⊕ La mer à portée de main ! ⊖ Le manque d'ombrage ; pas de piscine.

À voir, à faire dans les environs : le parc de Port-Breton ; l'usine marémotrice de la Rance.

DOL-DE-BRETAGNE (DOL) 35120

28 km SO du Mont-Saint-Michel ; 30 km E de Dinan *Carte Bretagne Est B1*

€€€€ **51 €** **800 emplacements**

Domaine des Ormes : *Les Ormes, à Épiniac. ☎ 02-99-73-53-00. • info@lesormes.com • lesormes.com • Ouv de mi-avr à oct.*
Probablement le plus luxueux camping de Bretagne. Dans un parc immense, autour d'un splendide château du XVIIe s. Hyper confortable. Toutes commodités matérielles et possibilité de pratiquer un maximum de sports et d'activités : pêche en étang, apprentissage du golf, balades à cheval, canotage, embarcations à pédales. 170 emplacements réservés aux campeurs. Énormément d'espace pour planter la tente, même si le camping n'a plus rien de traditionnel : il faut aimer le fait d'être badgé et de porter un bracelet fluo pendant la durée du séjour... Très fréquenté par les visiteurs étrangers. Mobile homes à louer *(439-2 199 €/sem)*, ainsi que des cabanes dans les arbres pour 2 à 6 personnes *(à partir de 95 €/nuit)*. Cabane flottante en bois pour fuir la foule (sinon tonneau aménagé sur la terre ferme). Nombreux hébergements insolites : bulles en pleine forêt pour dormir sous les étoiles, huttes pour jouer les Robinson Crusoe. Internet. Wifi.

Cadre : campagne. ***Terrain :*** herbe ; plat. ***Réducs :*** - 15 % sur le séjour en cabane dès 2 nuits consécutives dans la même cabane sur présentation de ce guide.	⊕ Les cabanes dans les arbres et sur l'eau, les bulles dans la forêt. ⊖ L'accès à la mer à 30 mn.

À voir, à faire dans les environs : la cathédrale Saint-Samson, Médiévalys.

BRETAGNE

DOUARNENEZ 29100

20 km NE d'Audierne ; 23 km NO de Quimper — *Carte Bretagne Ouest A2*

€€€€ 28 € — **100 emplacements**

Camping de Kerleyou : *15, chemin de Kerleyou. ☎ 02-98-74-13-03. 📱 06-43-02-05-96. • campingdekerleyou@wanadoo.fr • camping-kerleyou.com • Ouv de mi-avr à mi-sept.*
Bien ombragé, un camping convivial pour des vacances en famille. Très fleuri. Proche du GR 34. Location de chalets et mobile homes *(220-750 €/sem).* Internet. Wifi.

Cadre : mer. ***Terrain :*** herbe ; plat.	⊕ Le côté familial ; la piscine couverte chauffée dès avril. ⊖ À 1 km de la plage.

€€€€ 33,70 € — **90 emplacements**

Camping Huttopia : *69, av. du Bois-d'Isis. ☎ 02-98-74-05-67. • douarnenez@huttopia.com • huttopia.com • Ouv fin avr-sept.*
Dans un site boisé et vallonné de 4 ha dominant la baie de Douarnenez, des emplacements ombragés et agréables, desservis par des sanitaires impeccables. Pas de mobile homes, mais location de tentes aménagées et de roulottes *(343-826 €/sem),* ainsi que de vélos (y compris électriques). Internet. Wifi. NOUVEAUTÉ.

Cadre : mer, ville. ***Terrain :*** herbe ; en terrasses.	⊕ À 400 m de la plage ; le côté familial avec de nombreuses activités nature proposées en été en journée, mais aussi des activités conviviales en soirée (gratuites). ⊖ Le couvre-feu strict à 23h.

À voir, à faire dans les environs : le Port-Musée ; l'île Tristan ; le sentier des Plomarc'h.

ERQUY (ERGE-AR-MOR) 22430

16 km O du cap Fréhel ; 10 km SO du Val-André — *Carte Bretagne Est A1*

€€€ 20 € — **160 emplacements**

Camping Les Roches : *rue Pierre-Vergos. ☎ 02-96-72-32-90. 📱 06-87-02-47-47. • info@camping-les-roches.com • camping-les-roches.com • Ouv avr-fin sept (loc jusqu'au 2 nov).*
Dans un environnement remarquable, petit camping solitaire sur une colline entourée de champs, surplombant la baie d'Erquy et son petit port de pêche. Accueillant, propre et calme. Emplacements semi-ombragés. Vélos électriques à louer. Petite épicerie à la réception et pain tous les jours. Hébergements locatifs *(250-690 €/sem).* Internet. Wifi.

Cadre : campagne, mer. ***Terrain :*** herbe ; plat.	⊕ La quiétude du site ; le côté familial et convivial. ⊖ La plage à 1 km ; l'absence de piscine.

€€€ 21 € — **47 emplacements**

La Vallée : *12, impasse du coteau de Saint-Pabu. ☎ 02-96-72-06-22. • campinglavalleeerquy@wanadoo.fr • campinglavallee.fr • Ouv 20 avr-20 sept.*

Ce qui séduit ici, c'est d'abord sa petite taille, quasiment intimiste. Ensuite, sa situation dans un environnement paisible dans un vallon verdoyant, à 600 m de la plage de Saint-Pabu. Propose aussi des tentes Safari et Cabanon, pré-montées (plancher en bois) et équipées, « prêtes à camper ». Emplacements agréables séparés par des haies, épicerie à la réception, aire de jeux pour les enfants et une curiosité : un mini-spa ! Locatifs *(196-670 €/sem).* Wifi.

Cadre : mer, sentiers de randonnée. ***Terrain :*** herbe ; plat ; en terrasses.	⊕ Une aire de jeux pour les enfants et un mini-spa pour les plus grands ! ⊖ La plage à un petit kilomètre ; l'absence de piscine.

€€ **16 €** **136 emplacements**

Cahute Lab Camping Le Guen : *23, av. Léon-Hamonet. ☎ 02-96-72-07-05. • cahutelab.com • Ouv juil-août.*
Niché sur les hauteurs du cap d'Erquy, (à 1,5 km au nord du port d'Erquy), dans un site ombragé par des pins centenaires, voici le premier camping de France dédié aux micro-habitats mobiles et écologiques. Un nouveau concept insolite et pratique. Les cahutes *(580-700 €/sem)* sont des éco-caravanes en bois (du peuplier massif) sur roues (on peut les déplacer), équipées (lits, coin cuisine) et de tailles différentes (2, 3 ou 4 lits). Toilettes sèches et douches communes du camping. Plus rétro, une caravane Tabbert des années 1980. NOUVEAUTÉ.

Cadre : forêt de pins. ***Terrain :*** herbe ; plat.	⊕ L'accès à pied à 3 plages sauvages et au sentier côtier GR 34. ⊖ Pas trouvé !

À voir, à faire dans les environs : le cap d'Erquy ; le cap Fréhel et son phare (16 km).

FOUESNANT 29170

11 km NO de Concarneau ***Carte Bretagne Ouest A2***

€€€€ **27,50 €** **163 emplacements**

Kost Ar Moor : *17, route du Grand-Large, pointe de Mousterlin. ☎ 02-98-56-04-16. 📱 06-44-28-39-34. • contact@camping-fouesnant.com • camping-fouesnant.com • Ouv du 20 avr à mi-sept.*
La plage est à 400 m et le site tranquille et arboré. Les emplacements, assez spacieux, sont surtout situés au fond, au calme. Les mobile homes, pour 4-6 personnes *(238-840 €/sem),* ont tous une terrasse. Piscine avec toboggan, snack, location de vélos, jeux pour enfants. NOUVEAUTÉ.

Cadre : en bordure de zone naturelle. ***Terrain :*** herbe ; plat.	⊕ Les sanitaires très récents. ⊖ Les emplacements plus ou moins bien délimités.

À voir, à faire dans les environs : les plages ; l'archipel des Glénans ; la pointe de Mousterlin ; La Forêt-Fouesnant avec ses ports de pêche et de plaisance.

FOUGÈRES (FELGER) 35300

52 km NE de Rennes ; 57 km S du Mont-Saint-Michel ***Carte Bretagne Est B1***

€€ **14,10 €** **88 emplacements**

Camping municipal : *route de la Chapelle-Janson, lieu-dit Paron. ☎ 02-99-99-40-81. • camping@fougeres.fr • fougeres.fr • Ouv de mi-avr à fin sept.*
Un 2-étoiles tout simple et tranquille mais tout beau, avec de l'espace, des pelouses, de grandes haies et plein d'arbres majestueux de différentes espèces. Et tout cela, sans un mobile home à l'horizon... Internet. Wifi.

Cadre : ville. ***Terrain :*** herbe ; plat ; rocaille.	⊕ À côté d'un super complexe sportif ; le wifi gratuit. ⊖ On cherche encore...

À voir, à faire dans les environs : le château, l'atelier-musée de l'Horlogerie.

GÂVRES (GAVR) 56680

30 km S de Lorient ***Carte Bretagne Ouest B2***

€€€€ **32,60 €** **100 emplacements**

Camping municipal La Lande : *lieu-dit La Lande. ☎ 02-97-82-48-61 ou 02-97-82-46-55 (mairie). • campinglalande.gavres@orange.fr • campinggavres.com • Ouv de mi-juin à fin août.*
Terrain cerné par les flots et dans un environnement naturel préservé. Situation formidable et des emplacements « étudiants » à tout petit prix. Un camping idéal pour les familles. Wifi.

Cadre : mer. ***Terrain :*** plat.	⊕ Le cadre ; le tarif spécial camping-cars et étudiants. ⊖ Le vent.

À voir, à faire dans les environs : Port-Louis ; la ria d'Étel.

GLOMEL (GROÑVEL) 22110

8 km O de Rostrenen ; 22 km SE de Carhaix-Plouguer ***Carte Bretagne Ouest B1***

€€ **11 €** **55 emplacements**

Camping municipal de Glomel : *étang du Korong. ☎ 02-96-29-84-20. 06-26-10-91-43. • denis.s29@orange.fr • lekorong.fr • Ouv avr-oct (loc tte l'année). CB refusées.*
Petit camping vraiment très simple mais situé dans un coin charmant et offrant toutes les activités que permet l'étang (planche à voile, canoë, pêche, baignade, embarcations à pédales, escalade, tir à l'arc, etc.). Loue des mobile homes *(280-350 €/sem)* et des caravanes *(250 €/sem).* Plage aménagée sur le lac avec une buvette (boissons fraîches, crêpes, frites, glaces, etc.).Barbecue tous les lundi soir, hors saison. Wifi.

Cadre : campagne, lacs ou rivières, sentiers de randonnée. ***Terrain :*** en pente ; herbe ; plat.	⊕ Les activités et le prix ; le camping scindé en 2 : côté familles et côté groupes. ⊖ Un peu basique, mais le prix compense.

À voir, à faire dans les environs : le menhir de Glomel ; la promenade sur les berges du canal de Nantes à Brest.

GOUAREC 22570

50 km SO de Saint-Brieuc ***Carte Bretagne Ouest B1***

€€ **12 €** **100 emplacements**

Camping de Gouarec : *le Bout-du-Pont, 22570 Plélauff. ☎ 02-96-24-87-86. • info@campingdegouarec.com • campingdegouarec.com • Ouv de mai à mi-sept.*
En bordure du canal de Nantes à Brest et du chemin de halage, sur un terrain ombragé de 3 ha, ce petit camping 1 étoile est une belle découverte. Emplacements ombragés, hébergements insolites en tentes de toile, en cabanes de berger (sorte de petites roulottes) ou dans des caravanes vintage aménagées *(30-60 €/nuit).* Sanitaires collectifs propres, location de vélos classiques ou électriques. L'accueil attentionné des propriétaires (Kate et Geoff, parfaits francophones) fait de ce remarquable camping à taille humaine un de nos coups de cœur en centre Bretagne. NOUVEAUTÉ.

BRETAGNE

Cadre : au bord du canal de Nantes à Brest. ***Terrain :*** herbe ; plat.	⊕ Cerise sur le gâteau : une 2CV en bon état est à louer à la journée (moins de 100 €/j.). ⊖ On cherche, on cherche...

À voir, à faire dans les environs : l'abbaye cistercienne de Bon-Repos ; les forges des Salle à Perret ; le lac de Guerlédan.

GOULIEN 29770

10 km NO d'Audierne — *Carte Bretagne Ouest A2*

€ **11 €** — **25 emplacements**

Camping municipal Kerros : *à Kerros (évidemment !). ☎ 02-98-70-06-04. • goulien.mairie@orange.fr • goulien.fr • Ouv fin juin-fin août. CB refusées.*
Situé dans une commune du label Grand Site de France. Tranquille. Douches comprises !

Cadre : campagne, mer, sentiers de randonnée. ***Terrain :*** herbe ; plat.	⊕ Rustique et pas cher ; les commerces à 800 m. ⊖ Le manque d'infrastructures (cuisine et sanitaires, c'est tout !).

À voir, à faire dans les environs : le cap Sizun.

GUILLAC 56800

3 km S de Jossselin, 12 km O de Ploërmel — *Carte Bretagne Est A2*

€€ **17 €** — **29 emplacements**

Camping des Cerisiers : *Brancillet. ☎ 02-97-75-61-24. 📱 06-69-02-97-05. • contact@camping-des-cerisiers.fr • camping-des-cerisiers.fr • Ouv de mi-mars à mi-nov.*
Un camping aussi bucolique que son nom le laisse suggérer. 29 emplacements, spacieux et ombragés (ou pas). Et à louer, des hébergements de toutes sortes : des mobile homes jusqu'aux bulles transparentes *(190-600 €/sem)* ! Location de vélos, snack-bar... Internet. Wifi.

Cadre : campagne, sentiers de randonnée. ***Terrain :*** herbe ; plat. ***Réducs :*** - 10 % sur présentation de ce guide.	⊕ La proximité du canal de Nantes à Brest (écluse 34). ⊖ Pas de piscine.

À voir, à faire dans les environs : Josselin ; le calvaire de Guéhenno ; les musées de Lizio.

GUIPRY 35480

41 km SE de Rennes ; 32 km NE de Redon — *Carte Bretagne Est B2*

€€ **10 €** — **50 emplacements**

Camping municipal des Salorges : *rue du Camping. ☎ 02-99-34-72-90 (mairie). 📱 06-95-75-35-02. • gite-chambre-camping@guipry-messac.bzh • Ouv de mi-avr à mi-oct. CB refusées.*
Un adorable petit camping confidentiel, en bord de Vilaine. Terrain plat et herbeux, très paisible et sanitaires impeccablement tenus. Buanderie, local pêche et frigo. Environnement calme, mais préférer les emplacements du fond, le long du chemin de halage. Idéal pour les pêcheurs ! Internet. Wifi.

Cadre : campagne, lacs ou rivières, sentiers de randonnée, ville. ***Terrain :*** herbe ; plat.	⊕ La simplicité et le calme ; le tarif randonneur à 5,50 €. ⊖ Pas d'activités.

À voir, à faire dans les environs : le site naturel des Corbinières ; le manoir de l'Automobile à Lohéac.

HUELGOAT (AN UHELGOAD) 29690

70 km SO de Guingamp ; 63 km NE de Douarnenez — ***Carte Bretagne Ouest B1***

€€ **14,24 €** — **75 emplacements**

Camping du Lac : *route du Fao. ☎ 09-83-57-28-38. • huelgoat.mairie@gmail.com • huelgoat-camping.com • Ouv de mi-juin à début sept.*
Très bien situé, près d'une forêt domaniale. Très simple. Piscine municipale à côté. Wifi.

Cadre : forêt, lacs ou rivières, sentiers de randonnée. ***Terrain :*** herbe ; plat.	⊕ Le cadre. ⊖ Le confort assez rudimentaire

€€€ **22,10 €** — **84 emplacements**

Camping La Rivière d'Argent : *à La Coudraie. ☎ 02-98-99-72-50. • contact@larivieredargent.com • larivieredargent.com • Ouv avr-oct.*
Camping familial à l'orée de la forêt domaniale et en bordure de rivière. Bien tenu. Location de tentes et mobile homes *(225-630 €/sem).* Soirées et repas à thèmes. Piscine couverte. Internet. Wifi.

Cadre : campagne, forêt, lacs ou rivières, sentiers de randonnée. ***Terrain :*** herbe ; plat.	⊕ La convivialité ; bien ombragé ; la proximité des sentiers de randonnée (GR 380 et GR 34). ⊖ La ville à 3,5 km.

À voir, à faire dans les environs : le moulin du Chaos ; la stèle commémorative de Victor Segalen.

ÎLE AUX MOINES (L' ; ENIZENAC'H) 56780

Golfe du Morbihan ; 15 km SO de Vannes — ***Carte Bretagne Est A2***

€€ **14,40 €** — **50 emplacements**

Camping municipal Le Vieux Moulin : *rue du Vieux-Moulin. ☎ 02-97-26-30-68. • camping@mairie-ileauxmoines.fr • mairie-ileauxmoines.fr • Ouv mai-sept.*
Bel espace avec arbres soignés et grande pelouse. Bien au calme et joliment aménagé, avec des emplacements de bonne taille. Tentes équipées et lodges *(105-441 €/sem).* Douches et sanitaires propres.

Cadre : mer. ***Terrain :*** herbe.	⊕ La proximité de la mer et du bourg. ⊖ Assez basique.

À voir, à faire dans les environs : l'île... à vélo !

ÎLE D'ARZ (L' ; AN ARZH) 56840

Golfe du Morbihan ; 4,5 km S de Vannes — ***Carte Bretagne Est A2***

€€ **12,04 €** — **58 emplacements**

Camping municipal Les Tamaris : *☎ 02-97-44-33-97 ou 02-97-44-31-14 (mairie). • camping@mairie-iledarz.fr • mairie-iledarz.fr • Ouv avr-oct.*

BRETAGNE

L'ensemble se révèle plutôt agréable en saison, avec des haies pour délimiter les emplacements, des coins ombragés, le tout à proximité de la plage de la Falaise. Accès possible aux douches pour les non-résidents *(mais payant : 2,50 €).* Réservation vivement conseillée en juillet-août. Internet. Wifi.

Cadre : mer, sentiers de randonnée. ***Terrain :*** herbe.	⊕ La plage. ⊖ Seulement 15 emplacements réservés aux tentes, le reste aux caravanes et camping-cars.

À voir, à faire dans les environs : les plages ; la pêche à pied.

ÎLE D'OUESSANT (L' ; EUSA) 29242

30 km NO de Brest ***Carte Bretagne Ouest A1***

€€€ 16,44 € **100 emplacements**

Camping municipal Penn ar Bed : *Stang-ar-Glann. ☎ 02-98-48-84-65 ou 02-98-48-80-06 (mairie). • camping.ouessant@orange.fr • ouessant.fr • Ouv 1er avr-30 sept.*
Dans une ancienne caserne de l'infanterie coloniale. Pas beaucoup d'ombre, mais bien protégé du vent par le mur d'enceinte. Possibilité de dormir dans de grandes tentes collectives de 8 places *(8,72 €/nuit par pers).* Internet. Wifi.

Cadre : mer, sentiers de randonnée. ***Terrain :*** en pente ; herbe ; plat.	⊕ Pour les Robinson, simple à souhait. ⊖ Les douches payantes (1,60 €) ; le manque de bornes électriques sur le terrain de camping.

À voir, à faire dans les environs : Lampaul ; la pointe de Pern ; le phare du Créac'h.

ÎLE DE BRÉHAT (L' ; ENEZ-VRIAD) 22870

7 km NE de Paimpol ; 46 km E de Perros-Guirec ***Carte Bretagne Ouest B1***

€€ 13 € **100 emplacements**

Camping municipal : *☎ 02-96-20-02-46 ou 02-96-20-00-36 (mairie). • iledebrehat@mairie-brehat.fr • iledebrehat.fr • Ouv de mi-juin à mi-sept.*
Sur un beau site, au-dessus de Port-Clos, des emplacements non délimités dispersés sur un vaste terrain pentu et verdoyant. La mer, la baignade, la pêche, les balades en bateau, tout est possible !

Cadre : mer. ***Terrain :*** en pente ; herbe ; plat.	⊕ Les panoramas de l'île. ⊖ Aucun équipement (sauf les sanitaires et la douche... chaude !).

À voir, à faire dans les environs : les verreries de Bréhat, la plage du Guerzido.

ÎLE DE GROIX (L' ; ENEZ GROE) 56590

22 km SO de Port-Louis ***Carte Bretagne Ouest B2***

€€ 12 € **80 emplacements**

Camping municipal : *fort du Méné (à côté de l'AJ). ☎ 02-97-86-81-13 ou 02-97-86-80-15 (hors saison). Ouv de mi-avr à fin sept. CB refusées.*
On aime bien quand c'est sauvage comme ça. Pas d'électricité, des haies et un terrain herbeux, en terrasses, très nature, dans un environnement paisible. Accueil très gentil.

Cadre : mer. ***Terrain :*** herbe ; plat ; en terrasses.	⊕ Le cadre. ⊖ Les infrastructures, mais on n'est pas venu pour ça !

€€€ 20,80 € 102 emplacements

Camping des Sables Rouges : *Port Coustic, Locmaria. ☎ 02-97-86-81-32. 06-16-09-25-50. • campinggroix@orange.fr • campingdessablesrouges.com • Ouv avr-sept.*
En terrasses, avec vue mer et accès direct à la plage ! Un site d'exception pour ce camping en partie ombragé, très bien aménagé, proche de la pointe des Chats et des commerces de Locmaria (2 km). Calme aussi. Bungalows toilés, lodges et mobile homes 4 à 5 personnes *(230-720 €/sem selon saison).*

Cadre : mer. ***Terrain :*** en terrasses ; herbe ; plat.	⊕ Le site ; la tranquillité. ⊖ Pas d'animations le soir, mais on ne peut pas tout avoir !

À voir, à faire dans les environs : toute l'île !

ÎLE DE HOËDIC (L' ; ENEZ EDIG) 56170

20 km SE de Quiberon ***Carte Bretagne Ouest B2***

€ 9,50 € 55 emplacements

Camping municipal : *☎ 02-97-29-75-65 ou 02-97-52-48-88 (mairie). • campingdhoedic@orange.fr • hoedic.net • Ouv juil-août.*
En fait, il s'agit d'un périmètre qui s'étend du côté du Petit-Bois, à l'est du village. S'adresser à la mairie.

Cadre : mer. ***Terrain :*** herbe.	⊕ Une île sans voitures. ⊖ Pas de réservation.

À voir, à faire dans les environs : l'île, à pied !

INGUINIEL 56240

31 km N de Lorient ; 37 km O de Pontivy ***Carte Bretagne Ouest B2***

€€ 15 € 37 emplacements

Camping de Pont Calleck : *Le Grayo. ☎ 02-97-50-78-70. • camping.pontcalleck@gmail.com • camping-pontcalleck.fr • Ouv mars-déc. CB refusées.*
Un camping confidentiel, caché dans la forêt bordant la merveilleuse vallée du Scorff. Sur ce site aménagé parmi les arbres, des emplacements sur différents niveaux, des bungalows toilés et des mobile homes *(140-475 €/sem).* Un refuge idéal pour randonneurs, kayakistes, pêcheurs (le Scorff n'est qu'à 300 m) et autres farfadets de nature. Tranquillité assurée !

Cadre : forêt, lacs ou rivières. ***Terrain :*** herbe ; en terrasses. ***Réducs :*** - 10 % sur présentation de ce guide.	⊕ La démarche écologique. ⊖ Loin des grands axes.

À voir, à faire dans les environs : la vallée du Scorff ; Guémené-sur-Scorff ; Le Faouët

LA FOREST-LANDERNEAU 29800

6 km SO de Landerneau ***Carte Bretagne Ouest A1***

€€ 12 € 14 emplacements

Aire naturelle de camping Vacances Vertes : *Coat-Bihan, Guerrus. ☎ 02-98-20-26-49. 06-30-53-82-14. • francois.boucher45@orange.fr • vacancesvertes.fr • Ouv début mai-fin oct.*

BRETAGNE

Bien situé dans la vallée de l'Élorn. Forêt à deux pas. Location d'un chalet *(300-390 €/sem).* Petit déj et tisanerie proposés.

Cadre : campagne, forêt, lacs ou rivières, sentiers de randonnée. ***Terrain :*** en terrasses ; herbe ; plat.	⊕ Le cadre boisé ; le ruisseau et le plan d'eau. ⊖ Peu d'équipements.

À voir, à faire dans les environs : le pont de Rohan et les vieilles demeures de Landerneau.

LA FORÊT-FOUESNANT 29940

10 km NO de Concarneau — *Carte Bretagne Ouest A2*

€€€€ 30 € — **175 emplacements**

Camping Les Saules : *54, route de la Plage. ☎ 02-98-56-98-57. • camping.les.saules@orange.fr • camping-les-saules.com • Ouv mars-nov.*
Les mobile homes des résidents se regroupent côté terre, ceux des vacanciers *(200-1 050 €/sem)* et les emplacements (pas géants mais délimités par des haies) côté plage, près de la belle piscine avec toboggans et palmiers, du bar-crêperie et du stand de location de kayaks et *paddles.* Wifi. NOUVEAUTÉ.

Cadre : mer. ***Terrain :*** en terrasses ; herbe ; plat.	⊕ L'accès direct à la plage ; le club enfant. ⊖ Les quelques mobile homes en location côté résidents.

€€€€ 26 € — **97 emplacements**

Camping du manoir de Penn Ar Ster : *2, chemin de Pen-ar-Ster. ☎ 02-98-56-97-75. • info@camping-pennarster.com • camping-pennarster.com • Ouv mars-nov.*
Ce camping, installé sur 3 ha de verdure, en fond de vallon, bénéficie d'un bel environnement verdoyant. Il a d'ailleurs obtenu un prix national des campings fleuris. Mobile homes et chalets à louer, dont 2 avec accès pour les personnes à mobilité réduite *(280-1 150 €/sem).* Internet. Wifi.

Cadre : mer, ville. ***Terrain :*** en terrasses ; herbe ; plat.	⊕ La forêt ; le calme; les emplacements bien délimités et assez spacieux. ⊖ Il manque juste une piscine.

À voir, à faire dans les environs : l'archipel des Glénan (18 km).

LA ROCHE-BERNARD (AR ROC'H-BERNEZ) 56130

40 km SE de Vannes — *Carte Bretagne Est A2*

€€€ 17,25 € — **68 emplacements**

Camping municipal Le Pâtis : *3, chemin du Pâtis, port de plaisance. ☎ 02-99-90-60-13. • camping.lrb56@gmail.com • Ouv de mi-mars à mi-oct.*
Bien équipé et très bien situé, au bord de la Vilaine, voici un joli camping très arboré avec gazon. Location de vélos. Excellente situation pour séjourner et rayonner dans le golfe du Morbihan et l'arrière-pays. Mobile homes *(245-595 €/sem).* Internet. Wifi.

Cadre : ville. ***Terrain :*** herbe ; plat.	⊕ Devant le port de plaisance ; le calme ; la proximité du centre-ville et des commerces. ⊖ R.A.S... sinon l'envie d'y rester !

À voir, à faire dans les environs : le musée de la Vilaine maritime.

LA TRINITÉ-SUR-MER (AN DRINDED) 56470

4 km E de Carnac ; 30 km SO de Vannes — *Carte Bretagne Ouest B2*

€€€€ 51 € — **170 emplacements**

Camping de la Baie : *plage de Kervillen. ☎ 02-97-55-73-42. • contact@campingdelabaie.com • campingdelabaie.com • Ouv de fin avr à mi-sept.*
Un camping très bien équipé. On trouve aussi toute une gamme d'hébergements, jusqu'à 8 personnes *(196-1 043 €/sem).* Emplacements de toutes les tailles pour les tentes, bien délimités. Plage au bout des doigts de pied. Internet. Wifi.

Cadre : mer.
Terrain : plat.

⊕ Le confort ; la proximité de la plage.
⊖ Le prix !

€€€€ 45 € — **195 emplacements**

Camping de la Plage : *plage de Kervillen, 40 bis, rue de Kervourden. ☎ 02-97-55-73-28. • contact@camping-plage.com • camping-plage.com • Ouv début mai-fin sept.*
Très bons équipements et terrain arboré à souhait. Location de mobile homes de 4 à 6 personnes *(182-994 €/sem)* ainsi que de vélos. Internet. Wifi.

Cadre : mer.
Terrain : herbe ; en pente.

⊕ L'accès direct à la plage.
⊖ Cher en saison.

À voir, à faire dans les environs : la halle aux poissons, le sentier des douaniers.

LANDÉDA 29870

68 km NO de Morlaix ; 17 km NE de Ploudalmézeau — *Carte Bretagne Ouest A1*

€€€ 20,50 € — **180 emplacements**

Camping des Abers : *51, plage de Sainte-Marguerite, Toull-Treaz. ☎ 02-98-04-93-35. • camping-des-abers@wanadoo.fr • camping-des-abers.com • Ouv mai-fin sept.*
Dans un coin superbe, en bordure d'une longue plage de sable fin (véridique !). Des haies pour abriter les emplacements du vent. Des sanitaires vraiment propres. Accueil très gentil et dépaysant. Mobile homes à louer *(220-740 €/sem).* Animations musicales. Internet. Wifi.

Cadre : mer.
Terrain : en terrasses ; herbe.

⊕ L'accueil très gentil ; l'accès direct à la plage de sable blanc et au GR 34.
⊖ Les douches payantes ; pas de piscine.

À voir, à faire dans les environs : le sentier des douaniers.

LANDUDEC (LANDUDEG) 29710

20 km O de Quimper — *Carte Bretagne Ouest A2*

€€€€ 57 € — **197 emplacements**

Domaine de Bel Air : *à Kéridreuff Ty Varlen. ☎ 02-98-91-50-27. • contact@belaircamping.com • belaircamping.com • Ouv de mi-avr à fin sept.*
Un camping tout confort. Plein de jeux pour les enfants et plusieurs espaces aquatiques, dont une piscine avec banquettes d'hydromassage. Nombreux mobile homes, mais aussi des Coco Sweet et Wigwam *(224-693 €/sem).* Wifi.

Cadre : campagne.
Terrain : en terrasses ; herbe ; plat.

⊕ Au bord d'un étang, avec accès au parc de loisirs.
⊖ À 9 km de la plage ; les tarifs élevés en haute saison.

À voir, à faire dans les environs : la fabrique de crêpes *Les Délices Bigouden*, la fabrique de meubles *Pierre Le Gall*.

LANLOUP 22580

5 km NO de Plouha ; 12 km SE de Paimpol — *Carte Bretagne Est A1*

€€€€ **26,50 €** — **84 emplacements**

Camping Le Neptune : *3, Kerguistin. ☎ 02-96-22-33-35. • contact@leneptune.com • leneptune.com • Ouv fin mars-début oct.*
Un camping verdoyant comme on les aime : accueillant, reposant, bien ordonné et parfaitement équipé (mais pas suréquipé !). Location de chalets et de mobile homes pour 2 à 6 personnes *(216-873 €/sem)*. Emplacements spacieux, arborés et bien délimités. Accueil vraiment très sympa. Nombreuses animations en saison. Internet. Wifi.

Cadre : campagne, mer, sentiers de randonnée.
Terrain : herbe ; plat.

⊕ La miniferme et la piscine couverte chauffée (dès l'ouverture du camping).
⊖ Petit, donc souvent complet.

À voir, à faire dans les environs : la chapelle de Kermaria-an-Iskuit ; le « temple » de Lanleff.

LANNION (LANNUON) 22300

10 km SE de Trébeurden ; 36 km NO de Guingamp — *Carte Bretagne Ouest B1*

€€€€ **33 €** — **196 emplacements**

Camping Les Plages de Beg-Léguer : *route de la Côte, à Beg-Léguer. ☎ 02-96-47-25-00. • info@campingdesplages.com • campingdesplages.com • Ouv début mai-fin sept.*
Près de la mer et tout confort. Bien ombragé. Beaux emplacements gazonnés, bien délimités, et plage à 400 m. Pas mal de petits plus : resto en saison, piscines (une couverte et une autre avec toboggans), un terrain de basket, et une aire de jeux géniale pour les enfants (il y a même une tyrolienne !). Location de chalets et de mobile homes *(364-973 €/sem)*. Wifi.

Cadre : mer.
Terrain : herbe ; plat.

⊕ La proximité de la mer.
⊖ Éloigné des commerces.

À voir, à faire dans les environs : la place du Général-Leclerc ; la chapelle de Kerfons ; le château de Tonquédec (9 km).

LARMOR-BADEN (AN ARVOR-BADEN) 56870

15 km SO de Vannes ; 13 km SE d'Auray — *Carte Bretagne Est A2*

€€€ **18,50 €** — **118 emplacements**

Camping Le Diben : *route d'Auray. ☎ 02-97-57-29-12. • campinglediben@wanadoo.fr • campinglediben.com • Ouv de mai à mi-sept.*
Camping simple et agréable aux emplacements plus ou moins ombragés. Infrastructures convenables et bonne situation (en retrait de la route et proche de la mer). Bon confort. Loue des mobile homes *(260-690 €/sem)* et caravanes. Location de vélos. Internet. Wifi.

Cadre : campagne, mer.
Terrain : herbe ; plat.

⊕ Les emplacements, en bordure des chênes et des pommiers, bien ombragés.
⊖ Pas d'accès direct à la mer.

€€€€ 32 € 96 emplacements

Camping Ker Eden : *route d'Auray. ☎ 02-97-57-05-23. • info@camping-larmorbaden.com • camping-larmorbaden.com • Ouv début mai-fin sept.*
Il a du chien ce camping familial agréablement posé à la lisière du golfe, avec accès direct à la plage ! Certains emplacements longent directement la plage, avec un coup de cœur pour la situation du nº 32. Les autres donnent côté champ, et ceux, au centre, ont l'avantage d'avoir vue sur l'eau car légèrement en surplomb. De grands pins ombragent les parcelles (non délimitées). Sanitaires impeccables. Ambiance familiale. Épicerie et food trucks plusieurs fois par semaine. Piscine extérieure chauffée toute neuve. Location de vélos. Écolabel. Label Étape Rando Bretagne. Locatifs *(210-938 €/sem).* Internet. Wifi.

Cadre : campagne, mer, sentiers de randonnée. ***Terrain :*** herbe ; plat.	⊕ L'accès direct à la plage ; la piscine. ⊖ Le manque d'ombre sur certains emplacements.

À voir, à faire dans les environs : Locmiquel (2,5 km) et la plage des Sept-Îles.

LARMOR-PLAGE (AN ARVOR) 56260

6 km SO de Lorient ***Carte Bretagne Ouest B2***

€€€ 20,35 € 140 emplacements

Camping de la Fontaine : *rue de Quéhello, Kerderff. ☎ 02-97-33-71-28. • camping@sellor.com • campingdelafontaine.fr • Ouv de mi-fév à mi-janv.*
Camping 3 étoiles calme, à l'ambiance familiale, proposant des emplacements agréables et arborés, séparés par des haies bien taillées. Location de mobile homes *(304-670 €/sem ; possibilité w-e et courts séjours).* Résa impérative en août. Animations en haute saison. Internet. Wifi.

Cadre : mer, sentiers de randonnée. ***Terrain :*** herbe ; plat.	⊕ Le cadre car situé dans une réserve naturelle protégée ; les emplacements bien ombragés et entourés de haies ; le calme. ⊖ Pas de piscine.

À voir, à faire dans les environs : l'église Notre-Dame-de-la-Clarté.

LE BONO (AR BONOÙ) 56400

5 km S d'Auray ***Carte Bretagne Est A2***

€€€ 18,10 € 60 emplacements

Camping du Parc-Lann : *52, rue Thiers. ☎ 02-97-57-93-93. 📱 07-88-00-79-47. • campingduparclann@orange.fr • campingduparclann.fr • Ouv fin avr-sept (roulottes et chalets tte l'année).*
Un petit camping à taille humaine, à l'ambiance confidentielle et conviviale. Le site est bien arboré et tous les emplacements, disposés autour du bloc sanitaires central, bénéficient de beaux espaces ombragés. Les emplacements dans la prairie n'ont pas d'électricité, ni d'ombre, mais sont bien au calme. Des poules et un coq se baladent librement sur le camping, mais que l'on se rassure, ce petit monde dort dans un poulailler à l'écart. Animations familiales en saison et coin épicerie avec vente d'œufs frais ! Locatifs *(250-760 €/sem).* Internet. Wifi.

Cadre : campagne, mer, sentiers de randonnée. ***Terrain :*** herbe ; plat. ***Réducs :*** - 10 % sur présentation de ce guide.	⊕ Les animations bretonnes en saison ; la rivière à 800 m. ⊖ Les plages à 9 km.

À voir, à faire dans les environs : le vieux pont suspendu, la rivière, les sentiers de randonnée.

LE FRET 29160

À l'entrée de la presqu'île de Crozon *Carte Bretagne Ouest A1*

€€€ 18,50 € 98 emplacements

Camping Gwel Kaër : *port du Fret. ☎ 02-98-27-61-06. 06-21-30-85-16. • info@camping-gwel-kaer.com • camping-crozon-bretagne.com • Ouv de mi-avr à sept.*
Gwel Kaër veut dire « belle vue » et c'est vrai qu'on est gâté ! Camping en terrasses dominant opportunément la mer, ombragé par de grands pins. Emplacements séparés par des haies et peu de mobile homes (assez serrés, cela dit). Pêche à pied toute proche. Pain frais, viennoiseries et journaux en juillet-août. Bungalows et mobile homes *(295-610 €/sem).* Internet. Wifi.

Cadre : mer.
Terrain : herbe ; plat ; en terrasses.

⊕ L'accès direct à la plage ; l'espace réservé aux jeux bretons !
⊖ Pas de miniclub, si l'on veut chercher la petite bête...

À voir, à faire dans les environs : toute la presqu'île de Crozon.

LE POULDU 29360

25 km NO de Lorient ; 22 km SE de Pont-Aven *Carte Bretagne Ouest B2*

€€€ 15,30 € 90 emplacements

Camping de Croas-an-Ter : *1, Quelvez. ☎ 02-98-39-94-19. • campingcroasanter@orange.fr • campingcroasanter.com • Ouv de mai à mi-sept. CB refusées.*
À 1,5 km de la plage, adorable camping vert et calme, où les oiseaux gazouillent dans les beaux arbres vénérables. Caravanes, mobile homes, tentes avec plancher en bois et « cabadiennes » (petites cabanes) à louer *(210-570 €/sem).* Écolabel européen. Classé refuge LPO (Ligue pour la protection des oiseaux). Internet. Wifi.

Cadre : campagne, forêt, lacs ou rivières, mer, sentiers de randonnée.
Terrain : herbe ; plat.
Réducs : - 10 % sur présentation de ce guide.

⊕ Un refuge LPO au cœur d'une nature ombragée ; les nombreuses activités nature à faire dans le coin ; les sports nautiques à proximité sur mer et rivière ; les randonnées (à 800 m du GR 34).
⊖ Ni point de restauration ni équipement de loisirs.

€€€€ 26 € 100 emplacements

Camping du Pouldu : *83, rue des Grands-Sables. ☎ 02-98-39-92-32. • campingdupouldu@gmail.com • camping-du-pouldu.com • Ouv de mai à mi-sept.*
Camping campagnard fleuri à l'atmosphère familiale, mais avec la mer à proximité (plage à 800 m). Espaces bien délimités, entre autres grâce aux multiples arbres fruitiers. Piscine chauffée, bar avec coin bibliothèque (concerts) et location de vélos (notamment électriques). Locatifs *(200-880 €/sem).* Wifi. NOUVEAUTÉ.

Cadre : campagne, mer, sentiers de randonnée.
Terrain : herbe ; plat.

⊕ L'atmosphère conviviale, avec les concerts et les soirées repas au bar.
⊖ Les 10 mn de marche jusqu'à la plage.

€€€€ 29 € 133 emplacements

Camping des Grands Sables : *22, rue du Philosophe-Alain. ☎ 02-98-39-94-43. • campinglesgrandssables@orange.fr • camping-lesgrandssables.com • Ouv de début avr à mi-sept. CB refusées.*

L'un des plus vastes campings de la région, à 150 m de la plage. Assez bien ombragé, il est néanmoins un peu moins arboré et mois fleuri que ses voisins. Sanitaires tout neufs ! Location de mobile homes *(195-650 €/sem).* Aire de service pour camping-cars gratuite. Jeux pour enfants. Internet. Wifi.

Cadre : mer. ***Terrain :*** herbe ; plat.	⊕ Quasiment les pieds dans l'eau... ⊖ Pas de piscine ; animations ponctuelles.

€€€€ **70 € !** **180 emplacements**

Camping Les Embruns : *2, rue du Philosophe-Alain. ☎ 02-98-39-91-07. 06-67-45-18-35. • contact@camping-les-embruns.com • camping-les-embruns.com • Ouv début avr-début nov.*
À 200 m de la plage, un magnifique 5-étoiles très fleuri, avec 180 emplacements paysagers, dont 120 « grand confort ». Location de chalets et de mobile homes avec terrasse *(295-1 700 €/sem).* Et même des cottages avec tout le nécessaire pour faciliter l'accueil des bébés ! Quelques belles plages à proximité et quelques criques pour les solitaires. Internet. Wifi.

Cadre : campagne, mer, ville. ***Terrain :*** herbe ; plat.	⊕ L'espace aquatique couvert et découvert ; l'espace bien-être (sauna, hammam, fitness, salle esthétique) ; le minigolf gratuit ⊖ Les prix en haute saison

À voir, à faire dans les environs : le site abbatial de Saint-Maurice ; le chemin des Peintres.

LE TREZ-HIR-EN-PLOUGONVELIN (PLOUGONVELEN) 29217

20 km O de Brest ***Carte Bretagne Ouest A1***

€€€ **18 €** **75 emplacements**

Camping Les Terrasses de Bertheaume : *rue de Perzel, à Plougonvelin. ☎ 02-98-48-32-37. 06-75-51-85-59. • sarl.alb@orange.fr • camping-brest.com • Ouv tte l'année.*
Perché sur la falaise, avec accès direct à la plage. Le coin se révèle très sympa pour y planter sa tente, mais la plupart des emplacements sont désormais dédiés aux mobile homes *(188-780 €/sem).* Pas très ombragé. Internet. Wifi.

Cadre : mer. ***Terrain :*** en pente ; en terrasses ; herbe.	⊕ Le cadre. ⊖ La réservation s'impose !

À voir, à faire dans les environs : le fort de Bertheaume ; la Treziroise.

LESCONIL (LESKON) 29740

8 km S de Pont-l'Abbé ***Carte Bretagne Ouest A2***

€€€ **22 €** **140 emplacements**

Camping des Dunes : *67, rue Paul-Langevin. ☎ 02-98-87-81-78. • contact@cam pingdesdunes.com • camping-desdunes.com • Ouv avr-sept.*
Guillaume Lucas propose des emplacements à l'abri du vent, derrière les dunes. Sanitaires modernes, une aire de jeux de 400 m². Grand confort. Mobile homes *(260-800 €/sem)* et locations de vélos à 800 m. Internet. Wifi.

Cadre : campagne, mer. ***Terrain :*** herbe ; plat.	⊕ L'accès direct à la plage. ⊖ Pas de restauration.

€€€ 25 € — 120 emplacements

Camping de la Grande Plage : *71, rue Paul-Langevin. ☎ 02-98-87-88-27. • contact@campinggrandeplage.com • campinggrandeplage.com • Ouv 1er avr-15 sept.* Confortable, bien situé, à 250 m de la plage. Et tout le nécessaire pour un barbecue entre amis. Locatifs *(205-1 120 €/sem).* Internet. Wifi.

Cadre : mer, campagne. ***Terrain :*** herbe ; plat.	⊕ Les nombreux types d'hébergements. ⊖ Aucun remarqué.

€€€€ 52 € (avec électricité) — 240 emplacements

Camping Yelloh Village L'Océan Breton – Le Manoir de Kerlut : *route de Plobannalec. ☎ 02-98-82-23-89. • info@yellohvillage-loceanbreton.com • camping-bretagne-oceanbreton.fr • Ouv de mi-avr à début nov.* Un camping très confortable, en bord de mer, avec une foule d'activités en sus. Les enfants adorent. Du canoë, des vélos, de l'accrobranche, 2 piscines couvertes chauffées avec aires de jeux aquatiques + un parc aquatique extérieur de 2 000 m², chauffé, avec toboggan multiglisse, bains à remous, cascades... En plus, à proximité du centre équestre et de la plage ! En même temps, pour le prix... Loue aussi bungalows et cottages *(294-674 €/sem).* Wifi.

Cadre : mer. ***Terrain :*** herbe ; plat.	⊕ Un jeu permettant de gagner des cadeaux attend les enfants de moins de 10 ans. ⊖ Les prix élevés ; mais plus vous réservez tôt sur le site internet, plus vous avez de réducs.

À voir, à faire dans les environs : la mer, la baie, les plages...

BRETAGNE

LOCMARIA-PLOUZANÉ 29280

8 km S de Saint-Renan ; 15 km O de Brest — ***Carte Bretagne Ouest A1***

€€€ 15,34 € — 100 emplacements

Camping municipal de Portez : *plage de Portez. ☎ 02-98-48-49-85. • camping-portez@locmaria-plouzane.fr • locmaria-plouzane.fr • Ouv 1er avr-15 oct.* Ombragé, ce camping offre un beau panorama sur la baie de Bertheaume. La plage est à 200 m et le bourg de Locmaria-Plouzané, à 2,5 km. Location de mobile homes *(305-660 €/sem).* Wifi.

Cadre : mer. ***Terrain :*** en terrasses ; herbe.	⊕ La vue sur la mer (nos emplacements préférés). ⊖ Le court de tennis et les activités nautiques à 5 km.

À voir, à faire dans les environs : le fort de Bertheaume ; la pointe Saint-Mathieu.

LOCMARIAQUER (LOKMARIA-KAER) 56740

32 km SO de Vannes — ***Carte Bretagne Est A2***

€€ 13 € — 30 emplacements

Camping La Ferme Fleurie : *à Kerlogonan. ☎ 02-97-57-34-06. 📱 06-85-66-33-75. • campingdelafermefleurie@orange.fr • Ouv d'avr à mi-oct.* Petit camping presque confidentiel (ce qui n'est pas très courant dans la région !), soigné, où vous devrez impérativement réserver en été. Des emplacements séparés par des fleurs et des haies vives, ou un espace ouvert pour ceux qui préfèrent. Bloc sanitaire mini-format mais bien tenu. Ici, les randonneurs et cyclistes sont particulièrement choyés. Et, cerise sur le gâteau, on peut se ravitailler en œufs frais et légumes du jardin ! Location de mobile homes *(290-490 €/sem).* Wifi.

Cadre : mer. ***Terrain :*** herbe ; plat. ***Réducs :*** panier de produits maison offert sur présentation de ce guide.	⊕ Le cadre ; le côté intime. ⊖ Le manque d'équipements.

€€€ **23 €** **98 emplacements**

Camping Lann Brick : *18, lieu-dit Lann-Brick. ☎ 02-97-57-32-79. 📱 06-42-22-29-69. • camping.lannbrick@wanadoo.fr • camping-lannbrick.com • Ouv mars-oct.*
Très sympa et bien équipé, un camping aux emplacements répartis sur 1,4 ha. Des allées et des haies... et des sanitaires bien tenus. Mobile homes, TitHome, bungalows toilés et caravanes à louer *(155-805 €/sem).* Location de vélos. Penser à réserver pour juillet-août. Wifi.

Cadre : mer. ***Terrain :*** herbe ; plat. ***Réducs :*** - 5 % en basse saison sur présentation de ce guide.	⊕ Le site, entre mer et campagne. ⊖ Les emplacements de 85 m² maximum.

À voir, à faire dans les environs : le Grand Menhir brisé et le cairn de la Table des Marchand ; les ostréiculteurs.

LOCQUIREC (LOKIREG) 29241

8 km NE de Lanmeur ; 22 km SO de Lannion ***Carte Bretagne Ouest B1***

€€€ **17 €** **235 emplacements**

Camping du Fond de la Baie : *route de Plestin. ☎ 02-98-67-40-85. • campingdufonddelabaie@gmail.com • campinglocquirec.com • Ouv tte l'année.*
Un grand camping qui prend ses aises le long d'une jolie plage de sable. Peu d'ombre, mais bien aménagé. Location de vélos et kayaks. Locatifs 2 à 6 personnes *(280-590 €/sem).* Internet. Wifi.

Cadre : mer. ***Terrain :*** herbe ; plat.	⊕ L'accès direct à la plage. ⊖ Le peu d'ombre.

€€ **14,70 €** **99 emplacements**

Camping Le Rugunay : *au Rugunay. ☎ 02-98-67-41-06. 📱 06-30-04-73-18. • camping.le.rugunay@orange.fr • campinglerugunay.com • Ouv 1er avr-fin sept. CB refusées.*
Très simple, avec vue sur la mer. Beaucoup de mobile homes à louer *(390-410 €/sem).* Internet. Wifi.

Cadre : mer, sentiers de randonnée. ***Terrain :*** herbe ; plat. ***Réducs :*** - 5 % sur présentation de ce guide.	⊕ Le calme ; le côté familial. ⊖ Peu ombragé.

À voir, à faire dans les environs : la baie de Lannion.

LOCRONAN (LOKORN) 29180

10 km E de Douarnenez ; 17 km NO de Quimper ***Carte Bretagne Ouest A2***

€€€ **21,90 €** **103 emplacements**

Camping Locronan : *rue de la Troménie. ☎ 02-98-91-87-76. • contact@camping-locronan.fr • camping-locronan.fr • Ouv début avr-fin sept.*

Ombragé par les pins. Agréable et bien tenu. Location de mobile homes avec terrasse (vue panoramique sur la baie) et de bungalows toilés *(195-854 €/sem).* Internet. Wifi.

Cadre : campagne, sentiers de randonnée, ville. ***Terrain :*** en terrasses ; herbe ; plat. ***Réducs :*** en basse saison, 7 nuits pour le prix de 6 en camping et 7 nuits pour le prix de 5 en locatifs.	⊕ Près du bourg ; la vue sur mer. ⊖ Les plages à 6 km.

À voir, à faire dans les environs : l'église Saint-Ronan, la chapelle Bonne-Nouvelle.

LOCTUDY (LOKTUDI) 29750

6 km SE de Pont-l'Abbé — *Carte Bretagne Ouest A2*

€€ **15 €** — **92 emplacements**

Camping de Kergall : *bd de la Mer. ☎ 02-98-87-45-93. ● campingdekergall@orange.fr ● camping-loctudy-kergall.fr ● Ouv 1er mai-15 sept. CB refusées.*
Assez bien ombragé. Simple et pas cher. Proche du centre-ville et des activités nautiques. Internet. Wifi.

Cadre : mer. ***Terrain :*** herbe ; plat.	⊕ La mer ! ⊖ Le peu d'équipements ; les CB refusées hors juillet-août.

À voir, à faire dans les environs : le manoir de Kerazan ; une croisière sur l'Odet.

LOUDÉAC 22600

45 km S de Saint-Brieuc — *Carte Bretagne Est A1*

€€€ **24 €** — **89 emplacements**

Camping Aquarev : *Les Ponts-ès-Bigots. ☎ 02-96-26-21-92. ● contact@camping-aquarev.com ● vacances-seasonova.com ● Ouv fin mars-fin sept.*
Un 3-étoiles bénéficiant d'un bel environnement, au bord d'un étang, en lisière de forêt. Pas mal d'activités sur place : tennis, kart, rosalies... et même un centre équestre juste à côté. Quelques petits cottages bien aménagés pour 4 personnes : Zen, Taos Prestige, Wood et Bungalodge *(150-670 €/sem)* ; pratique pour les familles. Sinon, belle place consacrée au camping traditionnel. Piscine. Wifi.

Cadre : lacs ou rivières, ville. ***Terrain :*** herbe ; plat.	⊕ Le vaste espace de loisirs organisé autour d'un étang de 8 ha. ⊖ Le plus difficile, c'est de repartir.

À voir, à faire dans les environs : la route du Lin ; La Chèze et son musée régional des Métiers.

MELGVEN 29140

7 km O de Pont-Aven — *Carte Bretagne Ouest B2*

€€ **13 €** — **6 emplacements**

Aire de repos pour camping-cars Les Grands Chênes : *lieu-dit Lanournec. ☎ 02-98-97-91-30. 📱 06-20-31-53-07. ● leguyader.josiane@gmail.com ● Ouv tte l'année.*
Josiane et Louis Le Guyader ont aménagé 6 emplacements de repos *(13 €/j. ou 91 €/sem – forfait eau, électricité, vidange inclus)* sur leur propriété agricole. Aire réservée aux camping-cars au bord de l'Aven pour pêcher la truite ou le saumon.

Cadre : sentiers de randonnée. ***Terrain :*** plat.	⊕ L'air pur ! ⊖ Aucun, quand on a fait ce choix-là.

À voir, à faire dans les environs : le Centre international d'art contemporain de Pont-Aven.

MONCONTOUR-DE-BRETAGNE (MONKONTOUR) 22510

28 km NO de Merdrignac ; 26 km SE de Saint-Brieuc ***Carte Bretagne Est A1***

€€ **13,50 €** **44 emplacements**

Camping intercommunal La Tourelle : *BP 20, Le-Pont-des-Vallées, lieu-dit Gare-de-Moncontour, à Plémy. ☎ 02-96-73-50-65. 📱 06-30-77-55-36. • campinglatourelle@gmail.com • camping-moncontour.fr •et campinglatourelle.com Ouv fin mars-fin sept.*
Dans un environnement agréable, à 800 m de Moncontour, « Plus Beau Village de France », un camping très bien entretenu alliant calme et détente. Salle de jeux, TV, balançoire. Piscine couverte à 100 m, tennis municipaux, piste d'athlétisme, terrain de foot et gymnase couvert à proximité. Loue aussi des chalets tout confort, dont un labellisé Tourisme et Handicap *(199-534 €/sem).* Véloroute départementale vers véloroute régionale à 500 m. Internet. Wifi.

Cadre : campagne, lacs ou rivières, sentiers de randonnée. ***Terrain :*** herbe ; plat.	⊕ La quiétude ; l'accès à la piscine voisine gratuit pour les résidents des chalets. ⊖ Les équipements un peu limités.

À voir, à faire dans les environs : l'église Saint-Mathurin, la Maison de la chouannerie et de la Révolution.

MONT-DOL 35120

3 km N de Dol-de-Bretagne ***Carte Bretagne Est B1***

€€ **11,44 €** **25 emplacements**

Domaine de la Roche : *2, La Roche. ☎ 02-99-48-01-65. 📱 06-82-75-78-36. • christophe.lair.montdol@orange.fr • chambre-et-gite-mont-dol.com • Ouv tte l'année sauf déc.*
Tranquillement situé, en pleine verdure, un corps de ferme abrite de jolies chambres parfaitement tenues, à la déco soignée et printanière *(52-60 €/nuit)* et un gîte. Dans le champ juste en face se déploie la belle aire naturelle de camping, avec 4 mobile homes *(260-385 €/sem).* Internet. Wifi. NOUVEAUTÉ.

Cadre : campagne. ***Terrain :*** herbe ; plat.	⊕ L'accueil équestre. ⊖ Simple mais suffisant !

À voir, à faire dans les environs : le village de Mont Dol ; Dol-de-Bretagne ; la forêt du Mesnil ; la côte à partir du Vivier-sur-Mer ; le Mont-Saint-Michel

NÉVEZ 29920

11 km S de Pont-Aven ; 18 km SE de Concarneau ***Carte Bretagne Ouest B2***

€€€€ **26,50 €** **136 emplacements**

Camping de l'Océan : *15, impasse des Mouettes, Keroren-Raguénez. ☎ 02-98-06-87-13. • contact@camping-ocean.fr • camping-ocean.fr • Ouv de mi-mai à mi-sept.*
Ombragé (planté de pommiers), au calme, soigné. Location de mobile homes *(330-730 €/sem).* Internet. Wifi.

Cadre : mer. ***Terrain :*** herbe ; plat.	⊕ Un camping d'une tenue impeccable. ⊖ Le wifi payant et le bracelet obligatoire pour les résidents.

€€€ **20 €** **110 emplacements**

Camping du Vieux Verger : *20, Keroren-Raguénez. ☎ 02-98-06-86-08. • contact@campingduvieuxverger.com • campingduvieuxverger.com • Ouv de mi-avr à mi-sept.*
Ambiance familiale dans ce camping partagé entre 2 terrains : celui du haut (Ty Noul), proche de la piscine, et celui plus bas (Le Vieux Verger), plus calme car éloigné de l'accueil et des activités. Location de mobile homes pour 4 à 6 personnes *(200-705 €/sem).* Nombreuses activités sur place et à proximité et bon accueil. Location de vélos. Internet. Wifi.

Cadre : mer, sentiers de randonnée. ***Terrain :*** herbe ; plat.	⊕ Le dépôt de pain et de croissants ; les pizzas, crêpes et plats cuisinés 3 fois par semaine ; le wifi gratuit ; le rapport qualité-prix. ⊖ Le peu d'infrastructures ; le manque relatif d'intimité.

€€€ **20 €** **110 emplacements**

Camping des Chaumières : *24, Kérascoët. ☎ 02-98-06-73-06. • info@camping-des-chaumieres.com • camping-des-chaumieres.com • Ouv de mi-avr à mi-sept.*
Un camping aux emplacements, certes, pas immenses, mais bien délimités, agréablement ombragés et bercés par le chant des oiseaux. Les sanitaires sont impeccables. Il n'y a que 8 mobile homes en location (avec terrasse), pas les uns sur les autres *(210-640 €/sem).* Wifi. NOUVEAUTÉ.

Cadre : mer, sentiers de randonnée. ***Terrain :*** herbe ; plat.	⊕ Ici, on respire ! Les belles chaumières de Kérascoët sont à 80 m. ⊖ Pas de piscine, et la plage à 900 m.

€€€€ **39 €** **270 emplacements**

Camping Les Deux Fontaines : *Feunteun-Vihan, Raguénez. ☎ 02-98-06-81-91. • 2fontaines@sandaya.fr • sandaya.fr • Ouv de mi-avr à début sept.*
Un camping tout confort. Location de mobile homes et de chalets de 2 à 7 personnes *(208-1 383 €/sem).* Animations en juillet-août. Espace aquatique couvert, club enfants en haute saison, animations sportives, concerts. Snack et épicerie sur place. Internet. Wifi.

Cadre : campagne, mer, sentiers de randonnée. ***Terrain :*** herbe.	⊕ Le côté familial ; la plage à 900 m ; le parc aquatique. ⊖ Pas de restaurant ; la location à la semaine obligatoire en juillet-août, même en emplacement tente.

À voir, à faire dans les environs : les maisons en pierres debout à Kerascoët et à Kercanic ; les jardins de Rospico.

PAIMPOL (PEMPOULL) 22500

35 km E de Perros-Guirec ***Carte Bretagne Ouest B1***

€€€ **17,40 €** **125 emplacements**

Camping municipal de Cruckin : *rue de Cruckin-Kérity. ☎ 02-96-20-78-47 (avr-oct) et 02-96-55-31-70 (nov-mars). • contact@camping-paimpol.com • camping-paimpol.com • Ouv avr-début oct.*

Assez bien ombragé, simple, et un barbecue pour les soirées ! Minimal mais avec toutes les commodités essentielles. Emplacements agréables délimités par des haies, et surtout une très belle situation, dans un secteur paisible à deux pas de la mer. Bungalows toilés et roulottes *(170-510 €/sem).* Dépôt de pain et restauration rapide en juillet-août. Retour au naturel, gestion environnementale du camping. Internet. Wifi.

Cadre : mer, sentiers de randonnée. ***Terrain :*** herbe ; plat.	+ La proximité de la mer et du GR 34. – Les infrastructures simples ; peu d'animation et pas de commerces.

À voir, à faire dans les environs : la vieille ville et le musée de la Mer ; l'abbaye maritime de Beauport.

PAIMPONT 35380

42 km SO de Rennes ; 46 km NE de Ploërmel — ***Carte Bretagne Est A2***

€€ **15,70 €** — **90 emplacements**

Camping municipal de Paimpont : *2, rue Chevalier-Lancelot-du-Lac. ☎ 02-99-07-89-16. • camping.paimpont@orange.fr • camping-paimpont-broceliande.com • Ouv avr-sept (loc tte l'année).*
Bel espace calme et verdoyant, idéalement placé en lisière de forêt et à 750 m du village. Terrain parfaitement entretenu et sanitaires impeccables. Accueil à la bonne franquette, très sympathique. Location de chalets *(280-520 €/sem)* dont un pour les personnes à mobilité réduite. Parfait pour rayonner dans le secteur. Wifi.

Cadre : campagne, forêt, sentiers de randonnée. ***Terrain :*** herbe ; plat.	+ La simplicité. – Peu ombragé.

À voir, à faire dans les environs : la forêt de Paimpont ; l'étang et le château de Comper (6,5 km).

PÉNESTIN (PENNESTIN) 56760

47 km SO de Redon — ***Carte Bretagne Est A2***

€€€€ **45 €** — **500 emplacements**

Yello Village le Domaine d'Inly : *81, allée d'Inly. ☎ 02-99-90-35-09. • inly-info@wanadoo.fr • camping-inly.com • Ouv début avr-fin sept.*
Pas vraiment une petite structure familiale, ce vaste camping s'étend dans un parc de 15 ha. Mais l'équipement est au top : superbe espace aquatique avec piscines chauffées, toboggan, bain bouillonnant, bar-restaurant (et salle de spectacle !), jeux, tennis, étang pour la pêche, centre équestre, mini-ferme, club enfants en saison... De quoi oublier que la mer est à 2 km. Tentes et chalets-cottages *(210-2 408 €/sem).* Internet. Wifi.

Cadre : campagne, mer, sentiers de randonnée. ***Terrain :*** herbe ; plat.	+ L'équipement. – La foule en été.

À voir, à faire dans les environs : la Maison de la mytiliculture ; une balade sur le canal de Nantes à Brest.

PENMARC'H 29760

12 km SO de Pont-l'Abbé — ***Carte Bretagne Ouest A2***

€€ **12,70 €** — **179 emplacements**

Camping municipal : *Toul-ar-Ster. ☎ 02-98-58-86-88 (en saison) ou 02-98-58-86-88 (hors saison). 06-31-02-99-54. • campingpenmarch@orange.fr • camping-penmarch.fr • Ouv 1er mai-15 sept.*

Camping simple, pas cher et en bord de mer. Petite restauration 2 fois par semaine en juillet-août. Commerces et restaurants à proximité, petites animations. Wifi.

Cadre : mer, sentiers de randonnée. ***Terrain :*** herbe ; plat.	⊕ La proximité de la mer ; l'accès direct à la plage. Les groupes sont installés à part. ⊖ Peu d'emplacements ombragés. Les bornes électriques nécessitant parfois de grandes rallonges ; les viviers parfois gênants pour les emplacements les plus proches.

€€€€ **34,50 €** **176 emplacements**

Camping Les Genêts : *rue Gouesnac'h-Névez. ☎ 02-98-58-66-93. 06-83-15-85-92. • campinglesgenets29@orange.fr • camping-finistere-bretagne.fr • Ouv début avr-fin sept.*
176 emplacements sur 4 ha d'espace herbeux et arboré. Mobile homes à louer *(343-1 015 €/sem).* Piscine couverte chauffée à 28 °C ; espace aquatique extérieur. Location de vélos. Bons sanitaires chauffés et douches gratuites. Dépôt de pain. Wifi.

Cadre : mer. ***Terrain :*** herbe ; plat.	⊕ Calme et familial ; le cadre fleuri et verdoyant. ⊖ L'éloignement de la mer (à 1,7 km de la plage) ; la route contre l'espace aquatique.

€€€€ **52 € (avec électricité)** **410 emplacements**

Yelloh Village La Plage : *241, Hent-Maner-ar-Ster, en allant vers Le Guilvinec. ☎ 02-98-58-61-90. • info@yellohvillage-la-plage.com • villagelaplage.com • Ouv de début avr à mi-sept.*
Confortable, bien situé, accès direct à la plage. Un paradis pour les familles. Piscine couverte et chauffée toute la saison, toboggans aquatiques, grand lagon et pataugeoire, aire de jeux, châteaux gonflables, sports nautiques, minigolf, tennis, sauna, salle de fitness, restauration, animations adultes, ados et enfants. Également des locations dans un cadre sympa *(259-2 149 €/sem)* et 2 cabanes suspendues *(120-150 €/nuit, avec petit déj).* Internet. Wifi.

Cadre : mer. ***Terrain :*** herbe ; plat.	⊕ La qualité des prestations, l'accès direct à la plage ; tous les services fonctionnent dès l'ouverture. ⊖ Les prix, mais réducs sur Internet et offres de dernière minute ; pas de location de frigos pour les emplacements ; les mobile homes proches les uns des autres.

À voir, à faire dans les environs : le phare d'Eckmühl ; le port de Saint-Guénolé-Penmarc'h.

PERRET (PERRED) 22570

25 km NO de Pontivy ***Carte Bretagne Ouest B1***

€€€€ **11 emplacements**

Les Cabanes du Quénécan : *Guénault, aux forges des Salles. 06-19-60-55-10. • cabanes@lesforgesdessalles.fr • hebergement-quenecan.fr • Ouv tte l'année. CB refusées.*
Pour les amoureux de la nature, du calme et de sensations ! 9 cabanes sont nichées dans cette forêt privée du domaine des forges des Salles *(compter 100-150 €/nuit avec petit déj*

pour 2 pers, 20 €/pers supplémentaire). Éclairage à la bougie de rigueur. Le tout perché entre 8 et 11 m, accessible par un pont suspendu. Pour les moins téméraires, 2 cabanes sur pilotis. À noter : chaque habitation dispose d'un poêle pour les nuits plus froides.

Cadre : forêt. ***Réducs :*** visite du village sidérurgique des forges des Salles offerte.	⊕ La possibilité de dîner et de visiter les forges gratuitement. ⊖ Un « moins » ou un « plus », c'est selon : les toilettes sèches à disposition.

À voir, à faire dans les environs : les forges des Salles ; la Maison du patrimoine ardoisier de Locarn ; se promener le long du canal de Nantes à Brest.

PERROS-GUIREC 22700

47 km NE de Morlaix — *Carte Bretagne Ouest B1*

€€€ 20 € — 278 emplacements

Camping Ernest Renan : *66, route de Perros, à Louannec. ☎ 02-96-23-11-78. • camping-louannec.fr • Ouv avr-oct.*
Camping 3 étoiles situé dans le fond de l'anse de Perros, au bord de la mer. Il porte le nom du célèbre écrivain breton qui passa la fin de sa vie au manoir de Rosmapamon, tout proche. Terrain plat, peu ombragé. Piscine chauffée. Épicerie avec dépôt de pain, restauration rapide, animation pour les enfants. Location de mobile homes *(189-780 €/sem).* NOUVEAUTÉ.

Cadre : le long de la côte. ***Terrain :*** herbe ; plat.	⊕ Agréable car ventilé par l'air de la mer. ⊖ Quels « moins » ?

À voir, à faire dans les environs : le village avec les villas balnéaires et le port de plaisance ; les excursions en mer (vieux gréements inclus) ; les 7 îles.

PLANCOËT (PLANGOED) 22130

18 km NO de Dinan ; 30 km SE d'Erquy — *Carte Bretagne Est A1*

€€ 13,40 € — 100 emplacements

Camping municipal Les Vergers : *allée des Vergers. ☎ 02-96-84-03-42. • mairie-de-plancoet@orange.fr • plancoet.fr • Ouv juil-août.*
Petit camping familial aménagé dans un cadre agréable. Les meilleurs emplacements sont au bord de l'Arguenon, à côté du jardin du Pré-Rolland. Très bien tenu. Wifi.

Cadre : campagne, sentiers de randonnée, ville. ***Terrain :*** herbe ; plat.	⊕ Le cadre. ⊖ Peu équipé.

À voir, à faire dans les environs : Corseul (7 km) ; le château de la Hunaudaye à Plédéliac (17 km).

PLÉHÉREL-PLAGE 22240

11 km E d'Erquy — *Carte Bretagne Est A1*

€€ 13,75 € — 900 emplacements

Camping du Pont de l'Étang : *☎ 02-96-41-40-45. • camping-municipal.frehel@orange.fr • camping-frehel.fr • Ouv 1er avr-30 sept.*
Environnement boisé exceptionnel dans un site protégé, au-dessus de l'anse du Croc. Emplacements répartis dans les dunes, en plein soleil ou à l'ombre des pins. Accès direct à la mer. Internet.

Cadre : mer, sentiers de randonnée. ***Terrain :*** en pente ; herbe ; plat.	⊕ Le site, classé Nature 2000, rien que ça. ⊖ Sa taille.

À voir, à faire dans les environs : le cap Fréhel, le phare et le fort La Latte.

PLESLIN-TRIGAVOU 22490

11 km N de Dinan — *Carte Bretagne Est A1*

€€€ 22 € — **16 emplacements**

Aire du Verger : *La Gromillais. 06-12-13-44-04. • contact@aireduverger.com • aireduverger.com • Ouv mai-août. CB refusées.*
En pleine campagne, cette aire naturelle toute simple, à l'ombre des pommiers et cerisiers, propose quelques emplacements ombragés pour tentes et des hébergements insolites pour 4-6 personnes : camping-car de 1947, voilier, vedette à moteur... *(270-320 €/sem ou 75-110 €/w-e).* Une roulotte pour 2 ou 3 personnes est également disponible *(150-250 €/sem).* Géré dans une optique de développement durable avec douches chauffées à l'énergie solaire, gestion de l'eau, des tontes, etc. NOUVEAUTÉ.

Cadre : au sein d'un verger. ***Terrain :*** plat ; herbe.	⊕ L'ambiance bohème chaleureuse. ⊖ Un peu roots.

À voir, à faire dans les environs : à Dinan, le quartier des places des Merciers et des Cordeliers, le château-musée, le musée du Rail.

PLESSIX-BALISSON 22650

16 km SO de Dinard — *Carte Bretagne Est A1*

€€€ — **28 emplacements**

Village de Yourtes : *au bourg. 06-88-45-29-67. • contact@villagedeyourtes.com • villagedeyourtes.com • Ouv tte l'année.*
Au cœur du village, au pied de l'église, une vaste pelouse d'un hectare à 5 mn de la mer. Environnement très tranquille. Yourtes chauffées, meublées (lits, table, chaises et coffre) et plutôt bien équipées (frigo et micro-ondes dans chacune et même une plaque électrique), pouvant accueillir jusqu'à 6 personnes *(350-490 €/sem, 60-100 €/nuit).* Sur le terrain, en revanche, équipements plus que limités : une balançoire, un barbecue et des sanitaires simples mais nickel. N'accepte pas les tentes. Internet. Wifi.

Cadre : campagne, forêt, mer. ***Terrain :*** herbe ; plat. ***Réducs :*** un apéritif de bienvenu offert sur présentation de ce guide.	⊕ Le charme d'un camp mongol ; le calme du 2e plus petit village de France. ⊖ Les infrastructures basiques.

À voir, à faire dans les environs : le Musée archéologique de Corseul ; Dinan (13 km).

PLEUBIAN 22610

10 km NE de Tréguier ; 30 km E de Perros-Guirec — *Carte Bretagne Ouest B1*

€€€€ 25,90 € — **183 emplacements**

Camping Odalys Plein Air : *route de l'Armor, lieu-dit Port-la-Chaîne. ☎ 02-96-22-92-38. • portlachaine@odalys-vacances.com • odalys-vacances.com • Ouv mai-sept.*
Un camping franchement agréable, bien ombragé, avec un jardin fleuri. Un de nos préférés, en fait. Mobile homes de 1 à 3 chambres pour 4 à 6 personnes *(285-1 030 €/sem).* Le terrain s'étend jusqu'à la mer (avec accès direct, très belle vue depuis de nombreux emplacements). Pêche à pied, balades sur le GR 34, petit carnet maison des plus belles balades. Pain et croissants tous les matins. Excellent accueil. Internet. Wifi.

BRETAGNE

Cadre : mer, sentiers de randonnée. ***Terrain :*** en terrasses ; herbe ; en pente.	⊕ La convivialité et la piscine couverte chauffée, équipée de banquettes massantes. ⊖ Souvent complet et à 1,5 km du bourg et des commerces.

À voir, à faire dans les environs : la Maison de l'algue – Centre d'étude et de valorisation des algues, la chaire à prêcher.

PLEVEN 22130

9 km SO de Plancoët — *Carte Bretagne Est A1*

€€ **13 €** — **40 emplacements**

Camping municipal : *au centre-ville. ☎ 02-96-84-46-71. • camping.pleven@wanadoo.fr • pleven.fr • Ouv 1er avr-15 nov.*
Au cœur du village (plus commerçant que Plorec-sur-Arguenon) un camping « nid de verdure » agréable et pratique pour rayonner dans ce terroir campagnard entre lac et forêt (la Hunaudaye). Boisé, fleuri, ombragé et joli comme tout. Supérette et bar au village. Wifi.

Cadre : campagne, forêt, lacs ou rivières, sentiers de randonnée. ***Terrain :*** herbe ; plat.	⊕ Joli cadre. ⊖ Peu d'équipements. À 15 km de la mer, pas d'animations le soir pour ados.

À voir, à faire dans les environs : le château de la Hunaudaye à Plédéliac ; le Musée archéologique à Corseul.

PLOEMEUR 56270

10 km SO de Lorient — *Carte Bretagne Ouest B2*

€€€€ **27 €** — **116 emplacements**

Camping Pen Palud : *impasse de Pen-Palud. ☎ 02-97-82-94-56. • info@camping-pen-palud.com • camping-pen-palud.com • Ouv début avr-sept.*
Il n'a y a que la route à traverser pour aller faire trempette sur la plage. Sinon, il y a tout ce qu'il faut sur place, dans ce 3-étoiles tout en longueur, encadré par un quartier résidentiel bien calme. Piscine couverte, restauration, location de vélos, etc. Locatifs *(250-800 €/sem).* Internet. Wifi.

Cadre : mer. ***Terrain :*** herbe ; plat.	⊕ La qualité des services. ⊖ Pas d'accès direct à la mer, mais presque !

À voir, à faire dans les environs : la Cité de la voile à Lorient ; Port-Louis ; l'île de Groix.

PLOËRMEL (PLOERMAEL) 56800

67 km SO de Rennes ; 50 km NE de Vannes — *Carte Bretagne Est A2*

€€€ **17,90 €** — **100 emplacements**

Camping La Vallée du Ninian : *Le Rocher, Ville-Bonne, à Taupont. ☎ 02-97-93-53-01. • infos@camping-ninian.fr • camping-ninian.fr • Ouv avr-fin sept.*
Confortable camping labellisé Clef Verte et Camping Qualité Tourisme, très bien équipé. Il y a même un bar breton (rien à voir avec le poisson !), un four à pain pour s'entraîner, et... des cours pour apprendre à faire du cidre ! Location de mobile homes et de logements atypiques pour 2 à 6 personnes *(200-850 €/sem).* Feu de camp musical (apportez vos instruments de musique et cahiers de chants). Snack le midi, repas à thème le soir. Internet. Wifi.

Cadre : campagne, forêt, lacs ou rivières, sentiers de randonnée. ***Terrain :*** herbe ; plat. ***Réducs :*** une bouteille de cidre offerte sur présentation de ce guide.	⊕ Toutes les activités annexes. ⊖ Pas de transports en commun.

À voir, à faire dans les environs : l'église Saint-Armel, l'horloge astronomique, le chemin des Hortensias.

PLOMEUR (PLOEUR) 29120

6,5 km SO de Pont-l'Abbé ***Carte Bretagne Ouest A2***

€€€€ **26 €** **155 emplacements**

Camping de la Torche : *à Roz-an-Tremen, pointe de la Torche. ☎ 02-98-58-62-82. • info@campingdelatorche.fr • campingdelatorche.fr • Ouv début avr-fin sept (oct pour les loc).*
Dans un bel environnement, près du spot de surf de la pointe de la Torche. Emplacements bien délimités, bien ombragés. Gardien de nuit. Location de mobile homes, de chalets et d'une roulotte *(260-910 €/sem),* ainsi que de vélos. Accès direct à la plage. Écolabel européen. Internet. Wifi.

Cadre : campagne, mer. ***Terrain :*** herbe ; plat. ***Réducs :*** - 10 % en basse saison sur les locations et le forfait emplacement sur présentation de ce guide.	⊕ Idéal pour les sports de glisse ; l'Écolabel européen. ⊖ Pas desservi par les transports en commun.

€€€ **17 €** **159 emplacements**

Camping de Lanven : *lieu-dit La Chapelle-de-Beuzec. ☎ 02-98-82-00-75. 📱 06-61-86-45-16. • contact@campinglanven.com • campinglanven.com • Ouv 1er avr-Toussaint (tentes de mi-juin à mi-sept).*
Camping bien équipé, bien tenu, spacieux, ombragé, et personnel accueillant. Loue des mobile homes *(308-665 €/sem)* et des vélos. Internet. Wifi.

Cadre : campagne, mer, sentiers de randonnée. ***Terrain :*** herbe ; plat.	⊕ Près d'un excellent spot de surf (la Torche) ; les sections réservées aux jeunes, aux familles et aux camping-cars. ⊖ À 3 km de la mer ; les sanitaires un peu datés (mais bien tenus).

€€€ **17,90 €** **23 emplacements**

Camping vert Keraluic : *lieu-dit Keraluic. ☎ 02-98-82-10-22. • info@keraluic.fr • keraluic.fr • Ouv de mi-avr à mi-oct.*
Camping au vert, très calme, avec seulement une vingtaine d'emplacements dispersés, en cercle, sur les franges d'un terrain d'un hectare. Aucune animation ni infrastructure : on est ici dans la nature. Internet. Wifi. NOUVEAUTÉ.

Cadre : campagne, mer, sentiers de randonnée. ***Terrain :*** herbe ; plat.	⊕ Calme, très naturel ; les tentes aménagées avec lits et matelas pour ceux qui recherchent un peu plus de confort (450 €/sem) ; les sanitaires récents. ⊖ Aucune animation.

À voir, à faire dans les environs : la pointe de la Torche ; le calvaire de Notre-Dame-de-Tronoën.

PLONÉVEZ-PORZAY 29550

11 km NE de Douarnenez ; 15 km SO de Châteaulin *Carte Bretagne Ouest A1*

€€€€ 30,20 € **272 emplacements**

Camping La Plage de Tréguer : *plage de Sainte-Anne-la-Palud, Treguer Vihan. ☎ 02-98-92-53-52. • camping-treguer-plage@wanadoo.fr • camping-treguer-plage.com • Ouv mai-fin sept.*
Entre plage et campagne, dans un environnement protégé, à côté du site naturel classé de la dune de Sainte-Anne-la-Palud. Ambiance conviviale avec animations et soirées à thème (notamment musicales) en été. Commerces. Location de mobile homes, Coco Sweet et tentes aménagées, séparés par des haies, certains avec terrasses panoramiques *(199-1 170 €/sem).* Internet. Wifi.

Cadre : campagne, mer, sentiers de randonnée.
Terrain : herbe ; plat.

⊕ L'accès direct à la plage; la proximité immédiate du GR 34.
⊖ Pas de piscine couverte ; pas de couverture totale en wifi.

À voir, à faire dans les environs : l'église Saint-Ronan à Locronan (6 km).

PLOREC-SUR-ARGUENON 22130

8,5 km SE de Plancoët *Carte Bretagne Est A1*

€ 7 € **10 emplacements**

Camping municipal : *le bourg. ☎ 02-96-83-01-04 (mairie). • mairieplorec@orange.fr • Ouv mai-fin sept. CB refusées.*
Derrière la mairie, petit camping très simple et calme, sur une pelouse verte ombragée par quelques pommiers. Pas de commerces à Plorec, il faut aller à Pleven.

Cadre : campagne, lacs ou rivières, sentiers de randonnée.
Terrain : herbe ; plat.

⊕ Le prix !
⊖ Le côté basique.

À voir, à faire dans les environs : le château de la Hunaudaye à Plédéliac ; le Musée archéologique à Corseul.

PLOUESCAT (PLOUESKAD) 29430

20 km O de Roscoff ; 54 km NE de Brest *Carte Bretagne Ouest A1*

€€€ 20 € **205 emplacements**

Camping de la Baie de Kernic : *rue Pen-an-Theven, lieu-dit Pors-Guen. ☎ 02-98-69-86-60. • accbaiedekernic@vacanceselect.com • campinglabaiedekernic.com • Ouv d'avr à mi-sept.*
Bien situé, à 100 m de la mer, disposant d'un vaste espace aquatique de 300 m², spa et pataugeoire *(ouv juil-sept).* Bien équipé au niveau de l'espace jeux (terrain de volley, pétanque, ping-pong...). Location de mobile homes et de tentes équipées pour 4 à 6 personnes *(245-525 €/sem).* Wifi.

Cadre : mer, sentiers de randonnée.
Terrain : herbe ; plat.

⊕ Plein d'animations en haute saison.
⊖ En haute saison, les amoureux du calme passeront leur chemin.

€ 8,80 € **88 emplacements**

Camping municipal de Poulfoën : *☎ 02-98-69-81-80. • camping@mairie-plouescat.fr • camping-plouescat.fr • Ouv juin-fin sept.*

Ambiance familiale en bordure de la dune. Pas beaucoup d'ombre, un peu plus de vent. Douches gratuites. Proche des activités nautiques (voile, char à voile, kitesurf...), du GR 34 et des lieux de pêche. Internet. Wifi.

Cadre : mer. ***Terrain :*** en pente ; herbe ; plat.	⊕ Le prix ; l'accès direct à la mer. ⊖ Les commerces à 4 km.

À voir, à faire dans les environs : les plages de Pors-Meur et de Pors-Guen ; le château de Kerjean à Saint-Vougay (8,5 km).

PLOUEZOC'H 29252

10 km S de Plougasnou — *Carte Bretagne Ouest B1*

€€€ **19,60 €** — **104 emplacements**

Camping Baie de Térénez : *moulin de Caneret. ☎ 02-98-67-26-80. • campingbaiedeterenez@wanadoo.fr • campingbaiedeterenez.com • Ouv 3 avr-26 sept.*
Situé en bord de mer. Sanitaires avec eau chaude. Location de mobile homes pour 4 à 7 personnes *(240-784 €/sem).* Internet. Wifi.

Cadre : campagne, mer, sentiers de randonnée. ***Terrain :*** herbe ; plat.	⊕ Confortable. ⊖ La ville à 4 km ; la route passe devant ; pas de plage.

À voir, à faire dans les environs : les balades en mer, la découverte de la baie.

PLOUGASNOU 29630

17 km NE de Morlaix — *Carte Bretagne Ouest B1*

€€ **13,44 €** — **63 emplacements**

Camping municipal de la Mer : *pointe de Primel. ☎ 02-98-72-37-06 (en saison) ou 02-98-67-30-06 (hors saison). • camping-plougasnou@orange.fr • camping-plougasnou.fr • Ouv de mi-avr à mi-oct.*
Le cadre est plutôt sympathique : de grands carrés de gazon qu'on partage à plusieurs, avec une brochette d'emplacements (les nos 28-35 bis) juste au-dessus de la plage... Bon, d'accord, on ne la voit pas à cause d'une haute haie ! Les sanitaires ont été rénovés récemment. Salle avec frigo et micro-ondes. Internet. Wifi. NOUVEAUTÉ.

Cadre : mer, sentiers de randonnée. ***Terrain :*** herbe ; plat.	⊕ Le cadre maritime, quasi insulaire. ⊖ On n'en pas trouvé.

€€ **15 €** — **45 emplacements**

Camping de Kerven : *route de la Corniche, Le Diben. ☎ 02-98-72-41-22. 📱 06-09-42-13-89. • camping.kerven@wanadoo.fr • camping-kerven-plougasnou.fr • Ouv mai-oct. CB refusées.*
Camping au bord de la mer, dans un sous-bois, donc ombragé. Douches chaudes. Location de mobile homes et caravanes *(280-600 €/sem).*

Cadre : campagne, mer. ***Terrain :*** en pente ; herbe ; plat.	⊕ Le côté rustique ; l'authenticité. ⊖ Simple mais suffisant !

€€€ **22 €** — **102 emplacements**

Camping Le Domaine de Mesquéau : *870, route de Mesquéau. ☎ 02-98-67-37-45. • contact@domaine-de-mesqueau.com • camping-mesqueau.com • Ouv 10 avr-18 sept.*
Bien équipé, piscine couverte et au bord d'un plan d'eau. Location de mobile homes *(196-933 €/sem).* Wifi. NOUVEAUTÉ.

Cadre : mer, sentiers de randonnée, campagne. ***Terrain :*** herbe ; plat.	⊕ Le cadre. ⊖ À 5 km de la côte et de la plage.

À voir, à faire dans les environs : la baie de Morlaix ; la pointe de Primel.

PLOUGASTEL-DAOULAS (PLOUGASTELL-DAOULAZ) 29470

14 km SE de Brest ; 22 km NO de Rumengol *Carte Bretagne Ouest A1*

€€€€ 25,50 € **122 emplacements**

Camping Saint-Jean : *1910, route de la Chapelle-Saint-Jean. ☎ 02-98-40-32-90. • info@campingsaintjean.com • campingsaintjean.com • Ouv avr-sept.*
Camping en bord de mer, avec piscine couverte. Emplacements bien délimités, ombragés pour certains. 2 hébergements atypiques *(280-790 €/sem).* Internet. Wifi.

Cadre : campagne, mer, sentiers de randonnée. ***Terrain :*** en terrasses ; herbe.	⊕ Le côté familial. ⊖ Les emplacements ne sont pas tous ombragés.

À voir, à faire dans les environs : le musée de la Fraise et du Patrimoine ; le circuit des chapelles et l'abbaye de Daoulas.

BRETAGNE

PLOUGOULM 29250

5 km O de Saint-Pol-de-Léon *Carte Bretagne Ouest B1*

€ 10 € **34 emplacements**

Camping municipal du bois de la Palud : *bois de la Palud. ☎ 02-98-29-90-76 (mairie). • mairiedeplougoulm@gmail.com • plougoulm.bzh • Ouv de mi-juin à mi-sept.*
Très belle vue sur la mer (située à 2 km). Tout plein d'activités à proximité. Aire de jeux pour les enfants. Wifi.

Cadre : mer. ***Terrain :*** herbe ; plat.	⊕ Le site. ⊖ Pas beaucoup d'équipements ; les commerces à 5 km.

À voir, à faire dans les environs : le manoir de Tronjoly ; le château de Kerouzéré à Sibiril (2,5 km).

PLOUGRESCANT (PLOUGOUSKANT) 22820

7 km N de Tréguier ; 23 km E de Perros-Guirec *Carte Bretagne Ouest B1*

€€ 12,60 € **118 emplacements**

Camping du Gouffre : *Hent-Crec'h-Kermorvan. ☎ 02-96-92-02-95. 📱 06-89-60-10-19. • campingdugouffre@orange.fr • camping-gouffre.com • Ouv 1er avr-30 sept.*
Confort classique avec des sanitaires impeccables. Pas mal de promiscuité pour les emplacements et, surtout, priorité donnée aux hébergements locatifs *(200-585 €/sem).* Cela laisse peu de place aux tentes. Atmosphère familiale et tranquille néanmoins. Internet. Wifi.

Cadre : mer. ***Terrain :*** herbe ; plat.	⊕ À 700 m de la plage. ⊖ La promiscuité.

€€€ 17 € **100 emplacements**

Camping municipal Beg-Vilin : *☎ 02-96-92-51-18 ou 02-96-92-56-15. 📱 07-80-01-53-80. • camping@plougrescant.fr • plougrescant.fr • Ouv de juin à mi-sept.*

C'est le site qui fait tout : au bout de la route, une petite langue de terre environnée de toute part par la mer. Superbe ! En revanche, il n'y a presque pas d'ombre, sauf sur le secteur où sont regroupés les chalets, et les équipements sont sommaires (sanitaires modernes cela dit). Location de chalets *(240-350 €/sem).* Internet. Wifi.

Cadre : mer. ***Terrain :*** herbe.	⊕ L'accès direct à la mer. ⊖ Les équipements sommaires.

À voir, à faire dans les environs : la chapelle Saint-Gonéry ; Castel-Meur (pointe de Plougrescant).

PLOUGUERNEAU (PLOUGERNE) 29880

6 km N de Lannilis ; 30 km O de Plouescat ***Carte Bretagne Ouest A1***

€€€€ **28,80 €** **55 emplacements**

Camping du Vougot : *1057, route de Prat-Lédan. ☎ 02-98-25-61-51. 07-65-52-55-44. • contact@campingduvougot.com • campingduvougot.com • Ouv 23 avr-27 sept.*
Un des campings les plus sympa et les plus secrets qu'on connaisse, avec une partie ombragée. Dans un coin fort peu urbanisé, à 300 m de la plage du Vougot et de son sable fin, bien entouré et protégé par une grosse haie de conifères. Sanitaires adaptés aux personnes à mobilité réduite et bébés. Loue aussi des mobile homes *(260-730 €/sem)* ainsi que des hébergements atypiques pour 2 ou 4 personnes *(à partir de 150 €/sem hors saison).* Internet. Wifi.

Cadre : mer. ***Terrain :*** herbe ; plat. ***Réducs :*** - 10 % sur présentation de ce guide hors juillet-août.	⊕ Les grands emplacements à l'abri du vent ; la piscine couverte et chauffée avec balnéo et pataugeoire. ⊖ Les commerces un peu éloignés.

€€ **13,64 €** **100 emplacements**

Camping La Grève Blanche : *400, La Grève-Blanche, à Saint-Michel. ☎ 02-98-04-70-35. 06-83-26-51-91. • lroudaut@free.fr • campinggreveblanche.com • Ouv de fin mars à mi-oct. CB refusées.*
Accès direct à la plage de la Grève-Blanche. Vue sur la mer. Gardé la nuit. Mobile homes, roulottes et Coco Sweet à louer pour 2 à 6 personnes *(245-530 €/sem).* Internet. Wifi.

Cadre : mer, sentiers de randonnée. ***Terrain :*** en terrasses ; herbe. ***Réducs :*** - 10 % par personne sur présentation de ce guide.	⊕ Le cadre ; la vue sur la mer de tout le camping ; l'accès direct à la plage ; le calme ; les randonnées ; le pays des Abers et... la bonne humeur ! ⊖ Les douches payantes ; pas d'ombre et en plein vent.

À voir, à faire dans les environs : l'écomusée de Plouguerneau ; le musée des Goémoniers.

PLOUHARNEL 56340

3 km NO de Carnac ***Carte Bretagne Ouest B2***

€€€ **16 €** **88 emplacements**

Camping de la Lande : *3, rue du Brahen. ☎ 02-97-52-31-48. • contact@campingdelalande.com • campingdelalande.com • Ouv de juin à mi-sept. CB refusées.*
Plaisant, planté de quelques pins avec des emplacements bien délimités par des haies. Location de mobile homes et de caravanes *(290-520 €/sem).* Pour les balades, il y a le chemin côtier de la baie de Plouharnel et les pistes cyclables Étel-Quiberon. Centre-bourg à 600 m, plages à 2 km. Wifi.

Cadre : mer, sentiers de randonnée. ***Terrain :*** herbe ; plat.	⊕ Le bon accueil. ⊖ Pas de piscine.

BRETAGNE

€€€ 19,85 € — 600 emplacements

Camping municipal Les Sables Blancs : *route de Quiberon. ☎ 02-97-52-37-15. • lessablesblancs0351@orange.fr • Ouv avr-sept.*
Immense, donc pas vraiment intime, mais directement en bord de plage (anse du Pô). Agréable pour la pêche à pied ou la planche à voile, mais pour l'ombre, on repassera.

Cadre : mer, forêt, sentiers de randonnée. ***Terrain :*** herbe ; plat.	⊕ Le site, entouré par la mer ; les animations ; la navette gratuite pour la discothèque ; les commerces. ⊖ Le manque d'ombre et le vent.

À voir, à faire dans les environs : le musée de la Chouannerie de la Vendée et des Guerres de l'Ouest (1 km), la chapelle Notre-Dame-des-Fleurs ; la ville de Quiberon par le Tire-Bouchon (TER).

PLOUIGNEAU 29610

12 km E de Morlaix ; 50 km O de Guingamp Carte Bretagne Ouest B1

€€€ 16 € — 50 emplacements

Camping à la ferme de Croas Men : *Croas-Men. ☎ 02-98-79-11-50. 📱 06-52-97-65-91. • info@ferme-de-croasmen.com • ferme-de-croasmen.com • Ouv 1er avr-31 oct.*
Un amour de camping ! Un petit paradis pour les famille. Vente de produits fermiers, animations, expositions. Un petit musée présente des machines agricoles (tracteurs) et explique la fabrication du cidre. Pour les enfants, possibilité de voir des chèvres, des moutons, des ânes et une basse-cour. En juillet-août, une activité différente par jour et par semaine vous sera proposée (randonnée, diapos, etc.). On peut aussi assister à la traite des vaches. Location de tentes lodges, cabanes et roulottes *(180-550 €/sem).* Internet. Wifi.

Cadre : campagne, sentiers de randonnée. ***Terrain :*** herbe ; plat.	⊕ Le cadre bucolique et champêtre (les meilleurs emplacements sont en bas du camping). ⊖ L'obligation d'avoir une voiture.

À voir, à faire dans les environs : toute la ferme !

PLOUMANAC'H 22700

6 km O de Perros-Guirec ; 17 km N de Lannion Carte Bretagne Ouest B1

€€€€ 63 € — 524 emplacements

Camping Sandaya Le Ranolien : *bd du Sémaphore. ☎ 02-96-91-65-65. • ranolien@sandaya.fr • leranolien.fr • Ouv début avr-fin sept.*
Très bien situé, sur le sentier des douaniers, pas loin de la petite plage de Pors-Rolland. Relativement calme (secteurs G, J, L et K), dans un coin assez isolé. Tout confort. Beau et vaste complexe aquatique, avec différentes piscines (intérieures et extérieures) et toboggans, aire de jeux pour les enfants. Cher, mais c'est un des plus beaux campings de Bretagne. Il y a même un ciné, un spa (accessible aux non-résidents du camping) et un hammam ! Cottages tout confort à louer pour 4 à 6 personnes *(336-1 876 €/sem).* Internet. Wifi.

Cadre : mer, sentiers de randonnée. ***Terrain :*** herbe ; plat. ***Réducs :*** - 10% pour tout séjour de 7 nuits ou plus, hors juillet-août, sur présentation de ce guide.	⊕ Les animations et le club pour les enfants ; les locations à la nuitée en basse saison. ⊖ Les places prises d'assaut l'été par des campeurs de toute l'Europe.

À voir, à faire dans les environs : le sentier des douaniers ; la vallée des Traouïero.

PLOUNÉOUR-TREZ 29890

4 km SE de Brignogan-Plages — *Carte Bretagne Ouest A1*

€€€ 15,80 € — 245 emplacements

Camping Slow Village Breizh Légendes : *rue de Beg-Kuleren, Kerurus. ☎ 02-98-83-41-87. • contact.breizhlegendes@slow-village.fr • slow-village.fr/breizh-legendes • Ouv 1er avr-30 sept.*
À deux pas de la mer. Un beau camping privilégiant le charme et les matériaux naturels. Location de mobile homes, tentes bivouac et cabanes *(200-400 €/sem).* Et tout ce qu'il faut pour un barbecue entre amis ! Internet. Wifi.

Cadre : mer. ***Terrain :*** en terrasses ; herbe ; plat.	⊕ Les cabanes avec vue sur la mer. ⊖ Rien à signaler.

À voir, à faire dans les environs : la mer !

PLOUNÉVEZ-LOCHRIST 29430

7,5 km SO de Plouescat — *Carte Bretagne Ouest A1*

€€ 13,50 € — 116 emplacements

Camping d'Odé Vras : *Odé-Vras. ☎ 02-98-61-65-17. • camping.odevraz@gmail.com • plounevez-lochrist.fr • Ouv d'avr à mi-sept.*
À 300 m de la baie de Kernic. Pas loin de la mer, donc ! Des activités sont proposées. Tentes lagune, caravane vintage, mobile homes *(230-450 €/sem)* et tentes randonneur *(15 €/nuit).* Internet. Wifi.

Cadre : mer, sentiers de randonnée. ***Terrain :*** herbe ; plat.	⊕ La simplicité ; la nature dans un site classé Natura 2000. ⊖ On cherche, on cherche...

À voir, à faire dans les environs : les dunes de Keremma sur la côte.

PLOZÉVET (PLOZEVET) 29710

10 km SE d'Audierne ; 27 km O de Quimper — *Carte Bretagne Ouest A2*

€€ 12 € — 25 emplacements

Camping de la Source : *au lieu-dit Trohinel. ☎ 02-98-91-37-01. 📱 06-17-13-79-23. Ouv 1er juin-15 sept. CB refusées.*
Terrain au calme, ombragé, avec de grands emplacements : à vous de choisir l'ombre ou le soleil, à moins que vous ne préfériez la proximité du ruisseau. Ambiance grande famille. Location de mobile homes *(200-400 €/sem).*

Cadre : campagne, mer, forêt, lacs ou rivières, sentiers de randonnée. ***Terrain :*** en terrasses ; herbe ; plat.	⊕ La simplicité. ⊖ Pas d'épicerie ; la machine à laver à 2,5 km.

€€€ 24 € — 120 emplacements

Camping La Corniche : *chemin de la Corniche. ☎ 02-98-91-33-94. • campinglacorniche@flowercampings.com • campinglacorniche.com • Ouv mars-Toussaint.*
La plage est à 1,5 km, la piscine est chauffée à 26 °C *(de mi-mai au 10 sept),* et il y a un peu d'ombre (notamment sur l'emplacement n° 65 et les nos 59 à 62). Location de chalets, tentes aménagées avec lits et mobile homes *(280-790 €/sem, loc possible à la nuitée hors saison, notamment en formule hôtelière).* Internet. Wifi.

Cadre : mer, campagne. ***Terrain :*** herbe ; plat.	⊕ L'ambiance familiale ; le forfait randonneur à 9-12 €. ⊖ La plage à 1,5 km ; les infrastructures modestes.

À voir, à faire dans les environs : l'église Saint-Démet, le musée des Petits Meubles bretons.

PLURIEN 22240

5,5 km E d'Erquy ; 40 km NO de Dinan — *Carte Bretagne Est A1*

€€ **14,50 €** — **147 emplacements**

Camping les Salines : *route de la Ville-Boulin, à Sables-d'Or-les-Pins. ☎ 02-96-72-17-40. 06-28-22-43-36. • campinglessalinesplurien@gmail.com • campinglessalines.fr • Ouv Pâques-Toussaint.*
Étagé sur une colline verdoyante, à 500 m de la plage, un camping convivial et bien entretenu profitant en partie d'une jolie vue sur un paysage de terre-mer. Emplacements agréables séparés par des haies. Mobile homes pour 2, 4 ou 6 personnes *(230-620 €/sem).* Nombreuses formules d'hébergements originaux, dont des yourtes et des tentes semi-rigides montées sur des planchers de bois, toutes équipées d'une cuisine complète et d'une literie. Accueil diligent et affable. Internet. Wifi.

Cadre : mer, sentiers de randonnée. ***Terrain :*** en terrasses ; herbe ; plat.	⊕ Très familial ; proche de la mer, des commerces et des chemins de rando. ⊖ Pas de restauration ; pas pour ados.

À voir, à faire dans les environs : le cap Fréhel ; le fort La Latte (10 km) ; Erquy.

POINTE SAINT-MATHIEU (LA) 29217

25 km O de Brest — *Carte Bretagne Ouest A1*

€€ **12 €** — **25 emplacements**

Camping à la ferme de Keryel : *chez Monique Saliou, Keryel, à Plougonvelin. ☎ 02-98-48-33-35. 07-83-20-02-01. • domainedekeryel@gmail.com • domainedekeryel.com • carre-detoiles.com • Ouv mai-sept. CB refusées.*
Très bien situé, dans une petite ferme constituée de quelques jolies bâtisses en granit autour d'une courette fleurie à l'abri du vent d'ouest. Bon accueil. Des sanitaires, de l'eau chaude, de l'espace (300 m² par emplacement). Également une roulotte, un Carré d'étoiles pour dormir... sous les étoiles *(300-455 €/sem)* et des chambres d'hôtes. Internet. Wifi.

Cadre : campagne, mer. ***Terrain :*** herbe ; plat.	⊕ Le Carré d'étoiles et la roulotte à la ferme. ⊖ Le lave-linge payant ; la plage à 3 km.

À voir, à faire dans les environs : la pointe et le sentier des douaniers.

PORDIC 22590

4 km S de Binic ; 11 km NO de Saint-Brieuc — *Carte Bretagne Est A1*

€€€ **20 €** — **93 emplacements**

Camping Les Madières : *au lieu-dit Le Vau-Madec. ☎ 02-96-79-02-48. • campinglesmadieres@wanadoo.fr • campinglesmadieres.com • Ouv avr-oct.*
Beau terrain boisé sur les hauteurs, à 800 m de la mer, dans un secteur résidentiel très tranquille. Un camping confortable et bien organisé. Atmosphère familiale, et les propriétaires reçoivent de façon charmante. Promenades à cheval à proximité. Cool, quoi ! Animations hebdomadaires. Barbecues à disposition. Agréables chalets et mobile homes *(320-590 €/sem).* Un des meilleurs campings de la région, c'est dit ! Internet. Wifi.

BRETAGNE

Cadre : campagne, mer, sentiers de randonnée. ***Terrain :*** herbe ; plat. ***Réducs :*** kir breton offert sur présentation de ce guide.	⊕ Le bon resto ; le wifi gratuit et illimité sur tout le terrain. ⊖ La piscine chauffée ouverte seulement à partir de juin.

À voir, à faire dans les environs : le musée des Arts et Traditions populaires.

PORT-BLANC 22710

17 km E de Perros-Guirec ; 12 km N de Tréguier — *Carte Bretagne Ouest B1*

€€ **14,20 €** — **86 emplacements**

Camping des Dunes : *route... des Dunes (logique !), à Penvénan. ☎ 02-96-92-63-42 ou 02-96-92-69-56. • campingdunes@ville-penvenan.fr • campingportblanc.com • Ouv de mai à mi-sept.*
Un vrai camping sans locatif, idéalement situé en bordure de la plage, adossé aux dunes. Vue formidable, mais pas d'ombre, et du vent (on ne peut pas tout avoir...). C'est vivifiant, naturel, et c'est tout le charme de la Bretagne ! Internet. Wifi.

Cadre : mer. ***Terrain :*** herbe ; plat.	⊕ L'accès direct à la mer. ⊖ Peu ombragé.

À voir, à faire dans les environs : le sentier des douaniers de Port-Blanc à Buguélès.

PORT-LOUIS (PORZH-LOEIZ) 56290

18 km S de Lorient — *Carte Bretagne Ouest B2*

€€€ **16 €** — **41 emplacements**

Camping municipal des Remparts : *rue des Récollets. ☎ 02-97-82-47-16 ou 02-97-82-59-59 (hors saison). • accueil@ville-portlouis.fr • ville-portlouis.fr • Ouv de mi-juin à fin août. CB refusées.*
À l'abri des remparts, mais pas des regards, puisque le site est au cœur de la cité et simplement entouré par un muret bas. Pas très grand mais plutôt mignon ; et superbe cadre historique (sur un côté) que cette ceinture de murailles à 200 m de la plage, tout près de la citadelle.

Cadre : mer, ville. ***Terrain :*** herbe ; plat.	⊕ Le site, pas loin de la mer ; la vue sur les remparts. ⊖ Le manque d'intimité et l'équipement un peu sommaire ; la réservation impossible.

À voir, à faire dans les environs : la citadelle, le musée de la Compagnie des Indes, le musée national de la Marine.

PORT-MANEC'H 29920

11 km S de Pont-Aven — *Carte Bretagne Ouest B2*

€€ **10 €** — **126 emplacements**

Camping de Keraeren : *Nevez. ☎ 02-98-06-80-38. • camping.keraeren@gmail.com • camping-keraeren.fr • Ouv de mi-juin à mi-sept.*
À 500 m de la plage, en pleine campagne, un petit camping simple, pas cher, mais bien tenu. Assez arboré et de grosses haies délimitent les parcelles. Calme et atmosphère familiale assurés : aire de jeux, école de voile à la plage, sentiers de randonnées à côté. Locatifs *(150-450 €/sem).*

Cadre : sentiers de randonnée, mer. ***Terrain :*** herbe ; plat.	⊕ Pas cher et bien tenu; accueil souriant. ⊖ La douche payante (0,95 €).

€€€ **26 €** **144 emplacements**

Camping Côté Ô Port Manec'h : *10, Kercouliou. ☎ 05-47-74-30-72. • reservation@cote-o.fr • cote-o.fr/port-manech • Ouv Pâques-fin sept.*
Un beau camping étagé à flanc de colline, disposant de nouveaux et superbes mobile homes en bois au style scandinave épuré. Tous ont une terrasse et un lave-vaisselle. Les plus agréables sont situés dans la partie basse, la plus intime et la plus proche du chemin d'accès à la plage (200 m), ombragée par de grands arbres. Également 3 « roulottes ». Pour ces locatifs, compter 190-650 €/sem. Piscines intérieure et extérieure chauffées avec toboggans, animations familiales et sportives en été, location de vélos, etc. NOUVEAUTÉ.

Cadre : sentiers de randonnée, mer, campagne. ***Terrain :*** herbe ; plat ; en terrasses ; en pente.	⊕ Le cadre ; la proximité de la plage, ⊖ Le manque relatif d'intimité des emplacements, regroupés par 2 à 4 ; les frais de dossier.

À voir, à faire dans les environs : l'île de Raguenès.

POULDREUZIC (POULDREUZIG) 29710

8 km NO de Plonéour-Lanvern ***Carte Bretagne Ouest A2***

€€€ **18,50 €** **50 emplacements**

Camping Les Peupliers : *5, chemin de Logan. ☎ 02-98-54-49-98. • contact@camping-peupliers-pouldreuzic.com • camping-peupliers-pouldreuzic.com • Ouv avr-oct. CB refusées.*
Un camping calme, ombragé, avec de grands emplacements de 140 m². Nos préférés : ceux en bordure, avec ombre en journée et coucher de soleil en soirée. Piscine : baignade naturelle. Accueil très chaleureux. Location de mobile homes et de Coco Sweet, des tentes safari aménagées, avec coin cuisine *(180-680 €/sem).* Wifi.

Cadre : campagne, mer, sentiers de randonnée. ***Terrain :*** herbe ; plat.	⊕ L'espace forme avec son sauna. ⊖ La plage à 4 km ; les cartes bancaires acceptées en juillet-août uniquement.

€€ **10,90 €** **25 emplacements**

Camping de Landrézec : *route de la Mer. ☎ 02-98-54-34-81. • camping-landrezec@wanadoo.fr • camping-landrezec.fr • Ouv juin-sept. CB refusées.*
Bien équipé et calme, il dispose de 2 terrains, l'un pour les tentes au milieu des pommiers, l'autre pour les caravanes. Location de mobile homes *(260-420 €/sem).* Pain frais à la boulangerie, à 100 m. Internet. Wifi.

Cadre : mer. ***Terrain :*** herbe ; plat.	⊕ La petite structure familiale ; le calme. ⊖ Pas de piscine ni d'animations.

À voir, à faire dans les environs : la cidrerie artisanale Kerne, la maison de l'Amiral.

PRESQU'ÎLE DE SÉNÉ (LA ; SINE) 56860

4,5 km S de Vannes ***Carte Bretagne Est A2***

€€€ **23,80 €** **80 emplacements**

BRETAGNE

Camping Moulin de Cantizac : *rue de Cantizac-Séné. ☎ 02-98-92-53-52. • info@camping-vannes.com • camping-vannes.com • Ouv avr-fin oct (tte l'année pour les loc).*
Une localisation bien pratique pour ce camping familial, aux portes de Vannes... et déjà au vert ! Le terrain, en longueur, est délimité par un ruisseau mais dispose de très peu d'emplacements ombragés. Espace aquatique chauffé et couvert. Et sanitaires récents. Camion pizza tous les soirs à l'entrée du camping. Location de vélos. Locatifs *(249-799 €/sem).* Internet. Wifi.

Cadre : mer, sentiers de randonnée, ville. ***Terrain :*** herbe ; plat.	⊕ Le côté familial ; les sanitaires refaits à neuf ; la proximité de Vannes. ⊖ La route qui passe devant.

À voir, à faire dans les environs : la réserve naturelle des marais de Séné.

PRIZIAC 56320

35km NE de Quimperlé, 35 km S de Carhaix-Plouguer — **Carte Bretagne Ouest B2**

€€€ **20 €** — **55 emplacements**

Camping Le Lac Ô Fées : *lac du Bel-Air. ☎ 06-78-33-24-96. • contact@campinglelacofees.fr • campinglelacofees.fr • Ouv tte l'année.*
Idéalement situé en bordure d'un lac, il présente tous les avantages d'un camping familial, tranquille et on ne peut plus écolo. Fiche pour compter les oiseaux à l'accueil ! Parmi les haies et les arbres bichonnés, des mobile homes à louer ainsi qu'une « cabane de fées » en bois *(280-791 €/sem).* Plage sous votre nez et restauration en été. Wifi.

Cadre : lacs ou rivières, sentiers de randonnée, campagne. ***Terrain :*** herbe ; plat.	⊕ La démarche écoresponsable. ⊖ L'éloignement des grands axes (mais c'est aussi un atout !).

À voir, à faire dans les environs : les chapelles du Faouët ; Guémené-sur-Scorff ; le lac de Guerlédan

QUIMPER (KEMPER) 29000

23 km SE de Douarnenez ; 28 km NO de Concarneau — **Carte Bretagne Ouest A2**

€€ **11,64 €** — **74 emplacements**

Camping municipal : *av. des Oiseaux. ☎ 02-98-55-61-09. • camping-municipal@quimper.bzh • quimper.bzh • Ouv tte l'année.*
Assez simple, emplacements pas très grands, en partie herbeux, en partie en terre battue ou goudronnés, par alternance. Même si le site est verdoyant, seuls quelques-uns sont un peu ombragés. Réservé en hiver aux caravanes et camping-cars. Internet. Wifi.

Cadre : ville. ***Terrain :*** herbe ; plat.	⊕ En ville, et pourtant au vert. ⊖ Le bureau d'accueil fermé les mercredi et dimanche après-midi ; les emplacements pas bien grands.

€€€€ **42,10 €** — **199 emplacements**

Camping du Domaine de l'Orangerie de Lanniron : *29, allée de Lanniron. ☎ 02-98-90-62-02. 📱 07-60-71-37-30. • contact@lanniron.com • lanniron.com • Ouv fin mars-début nov (tte l'année pour les loc).*
Dans le parc (de 38 ha) ouvert à la visite de l'ancienne résidence des évêques de Cornouaille, un camping tout confort. Possibilité de promenade bucolique sur les bords de l'Odet. Une foule d'activités pour petits et grands, ainsi que les équipements qui y sont liés (espace aquatique, golf 9 trous, tennis, trampoline, minigolf, mini-ferme...). Location de mobile homes, cottages, studios et maisons pour 2 à 11 personnes *(360-1 900 €/sem).* Location de vélos. Internet. Wifi.

Cadre : lacs ou rivières, ville. ***Terrain :*** herbe.	⊕ Le site avec son parc botanique. ⊖ Peut-être un peu trop proche du centre-ville.

À voir, à faire dans les environs : le vieux Quimper, le quartier de Locmaria.

QUINTIN (KINTIN) 22800

20 km SO de Saint-Brieuc ; 30 km SE de Guingamp — *Carte Bretagne Est A1*

€ **7 €** — **21 emplacements**

Camping municipal du Lac : *rue du Chemin-de-la-Côte. 06-11-39-66-59. • mairie@quintin.fr • accueil@tourismequintin.fr • tourismequintin.com • Ouv des vac de Pâques à mi-oct. CB refusées.*
Très simple. Pas de folies, mais au moins un terrain pour une nuit. Wifi.

Cadre : campagne, lacs ou rivières, sentiers de randonnée, ville. ***Terrain :*** herbe ; plat ; en pente.	⊕ De l'autre côté du chemin, aire de jeux pour les enfants sur les berges de l'étang ; la proximité du centre-ville et des commerces. ⊖ Vraiment basique.

À voir, à faire dans les environs : le château, le musée-atelier des Toiles de Quintin.

RENNES 35000

52 km SO de Fougères ; 113 km NE de Vannes — *Carte Bretagne Est B1*

€€€ **22 €** — **128 emplacements**

Camping municipal des Gayeulles : *rue du Professeur-Maurice-Audin. ☎ 02-99-36-91-22. • camping-rennes@citedia.com • camping-rennes.com • Ouv tte l'année.*
À 10 mn en voiture du centre-ville, au cœur d'un parc forestier de 100 ha, un camping 3 étoiles bien équipé. Plans d'eau, sentiers arborés, patinoire, piscine, ferme pour enfants et terrains de sport à proximité. Petite épicerie et buanderie. Locatifs *(362-950,40 €/sem).* Internet. Wifi.

Cadre : campagne, ville. ***Terrain :*** herbe ; plat.	⊕ Les espaces « grand confort » et le cadre naturellement boisé. ⊖ Les 5 km pour gagner le centre-ville ; pas d'animations pour les enfants ; la piscine payante à 500 m ; le wifi à débit limité.

À voir, à faire dans les environs : le vieux Rennes, le Parlement de Bretagne.

RIEC-SUR-BÉLON (RIEG) 29340

12 km O de Quimperlé ; 5 km SE de Pont-Aven — *Carte Bretagne Ouest B2*

€€ **14,50 €** — **150 emplacements**

Camping du Château de Bélon : *1, port de Bélon, rive droite. ☎ 02-98-06-41-43. • domainedebelon@live.fr • belon.bzh • Ouv d'avr à mi-oct. CB refusées.*
Calme, avec de grands espaces. Emplacements ensoleillés ou ombragés. Pêche, kayak de mer à 300 m. Le camping est tenu par une famille d'ostréiculteurs (l'huître de Bélon, c'est eux !) qui organise la visite de l'exposition ostréicole « Les huitrières du château de Bélon » *(10h30-18h).* Vente au détail et, bien sûr, dégustation. Proche du GR 34. Locatifs *(200-350 €/sem).* Wifi.

Cadre : campagne, lacs ou rivières, mer, sentiers de randonnée. ***Terrain :*** herbe ; plat.	⊕ Le site naturel préservé ; les visites de l'exploitation. ⊖ À 3 km du bourg de Riec-sur-Bélon.

BRETAGNE

À voir, à faire dans les environs : une excursion dans les estuaires du Bélon et de l'Aven avec les *Vedettes Aven-Bélon* ; le port du Bélon.

ROSCOFF (ROSKO) 29680

28 km NO de Morlaix ***Carte Bretagne Ouest B1***

€€€ 19,20 € **200 emplacements**

Camping Aux Quatre Saisons : *Perharidy, au Ruguel. ☎ 02-98-69-70-86. 06-07-41-28-53. • campingaux4saisons@wanadoo.fr • camping-aux4saisons.fr • Ouv du 1er avr à mi-oct.*
Une usine à gaz que ce camping idéalement situé au bord de la plage sauvage de Perharidy, avec vue sur l'île de Batz. Pas mal d'emplacements en bordure de plage, avec accès direct. Bungalows et mobile homes à louer *(194-590 €/sem).* Location de vélos. Internet. Wifi.

Cadre : mer, sentiers de randonnée.
Terrain : herbe ; plat.
Réducs : 2h d'accès gratuit à Internet sur présentation de ce guide.

⊕ La vue sur la mer ; les logements insolites avec vue sur la mer.
⊖ Un peu éloigné du centre-ville de Roscoff (à 3 km).

À voir, à faire dans les environs : l'église Notre-Dame-de-Croatz-Batz, le circuit des vieilles maisons, la criée de Roscoff.

SAINT-BRIEUC 22000

74 km O de Saint-Malo ***Carte Bretagne Est A1***

€€€€ 24 € **84 emplacements**

Camping des Vallées : *parc du Brézillet, bd Paul-Doumer. ☎ 02-96-94-05-05. • desvallees@wanadoo.fr • camping-desvallees.com • Ouv de mi-mars à mi-oct.*
À deux pas du centre, un camping familial très agréable, car installé dans un beau terrain paisible, ombragé et bien vert. Les emplacements se répartissent sur les 2 rives d'une petite rivière. Épicerie, snack, bar, salle TV, aire de jeux pour les enfants, minigolf (gratuit)... Piscine à 150 m. Tentes aménagées et mobile homes pour 4-8 personnes *(200-875 €/sem).* NOUVEAUTÉ.

Cadre : au bord de la rivière Gouëdic.
Terrain : herbe ; plat.

⊕ Les bons équipements.
⊖ Wifi payant.

À voir, à faire dans les environs : le vieux Saint-Brieuc, le musée d'Art et d'Histoire ; la baie de Saint-Brieuc avec le port du Légué ; la briqueterie de Langueux.

SAINT-CAST-LE-GUILDO (SANT-KAST-AR-GWILDOÙ) 22380

32 km NO de Dinan ; 50 NE de Saint-Brieuc ***Carte Bretagne Est A1***

€€€€ 42 € **216 emplacements**

Le Châtelet : *rue des Nouettes. ☎ 02-96-41-96-33. • lechatecamping@gmail.com • lechatelet.com • Ouv de mi-avr à mi-sept.*
Le plus confortable du secteur. Très bien équipé (piscine chauffée couverte, aire de jeux pour les enfants, plan d'eau pour la pêche, etc.). Donne sur la baie de la Fresnaye. Plage à 150 m. Les emplacements les plus onéreux bénéficient de la vue sur la mer. Location de mobile homes, de tentes meublées et de tipis *(340-1 590 €/sem).* Internet. Wifi.

BRETAGNE

Cadre : mer, sentiers de randonnée. ***Terrain :*** en terrasses ; herbe ; plat. ***Réducs :*** - 10 % sur les emplacements camping en basse saison sur présentation de ce guide.	⊕ La situation et le confort ; la vue sur la mer. ⊖ Le tarif.

À voir, à faire dans les environs : le sémaphore du quartier de l'Isle ; les superbes panoramas.

SAINT-GERMAIN-EN-COGLÈS 35133

8 km SE de Fougères ; 37 km SE du Mont-Saint-Michel — *Carte Bretagne Est B1*

€€ **11 €** — **6 emplacements**

Camping à la ferme Entre Pierres et Collines : *☎ 02-99-95-69-09. • entrepierresetcollines@gmail.com • camping-gite.com • Ouv 15 avr-15 oct.*
Ce micro-camping de 6 emplacements est un lieu idéal en famille, pour un séjour au vert, au plus près des animaux et de la nature, en plein cœur du Coglais. On peut, au choix, planter sa tente ou louer une tente équipée ou encore résider en chalet, « cab'âne » ou roulotte *(180-570 €/sem, loc possible à la nuitée).* Wifi. NOUVEAUTÉ.

Cadre : campagne, forêt, sentiers de randonnée. ***Terrain :*** plat ; herbe. ***Réducs :*** - 5 % sur l'emplacement nu en camping à partir de 5 nuits consécutives sur présentation de ce guide.	⊕ Labellisé *Accueil Paysan.* ⊖ Pas de piscine.

À voir, à faire dans les environs : le pays de Fougères avec le parc botanique de Haute-Bretagne ; le château et les jardins du Rocher Portail ; les jardins de la Ballue ; le Mont-Saint-Michel.

SAINT-GILDAS-DE-RHUYS (LOKENTAZ) 56730

30 km SO de Vannes ; 75 km O de Redon — *Carte Bretagne Est A2*

€€€ **19 €** — **130 emplacements**

Camping municipal du Kerver : *chemin du Kerver. ☎ 02-97-45-21-21. • campingkerver@gmail.com • campingdukerver.com • Ouv mai-sept.*
Petit camping sans prétention, face à l'océan. Reposant et très bien situé derrière la dune d'une plage superbe, qui a la cote ! Bungalows toilés *(200-470 €/sem, loc à la nuitée hors saison).* Internet.

Cadre : mer. ***Terrain :*** herbe ; plat.	⊕ Les 2 accès à la plage. ⊖ Pas beaucoup d'ombre ; à 4 km du bourg.

€€€€ **30,10 €** — **180 emplacements**

Camping du Menhir : *route de Clos-Er-Bé. ☎ 02-97-45-22-88. 📱 06-09-72-25-18. • campingmenhir@aol.com • camping-bretagnesud.com • Ouv de fin avr à mi-sept.*
Bien situé et au calme. Tout confort et tous les services inhérents à un 4-étoiles. Bien arboré. Loue également des mobile homes *(200-950 €/sem).* Dépôt de pain. Animaux refusés en locatif. Wifi.

Cadre : mer. ***Terrain :*** herbe ; plat.	⊕ L'ombre ; le côté familial ; le parc aquatique ; l'animateur pour les jeunes enfants. ⊖ Un peu cher et éloigné d'une station animée ; les adolescents s'y ennuient.

À voir, à faire dans les environs : l'abbatiale, le musée des Arts et Métiers.

SAINT-JACUT-DE-LA-MER (SANT-YAGU-AN-ENEZ) 22750

15 km SE de Saint-Cast ; 25 km NO de Dinan *Carte Bretagne Est A1*

€€ 15 € **140 emplacements**

Camping municipal de la Manchette : *24, rue de la Manchette. ☎ 02-96-27-70-33. 06-29-31-03-89. • camping.lamanchette@orange.fr • mairie-saintjacutdelamer.com • Ouv 1er avr-30 sept.*
Bien situé, au bord de la plage de la Manchette, un camping tout simple curieusement agencé : une partie des emplacements s'aligne comme à la parade autour d'un terrain de football. Pourquoi pas ? Agréable cela dit. Wifi.

Cadre : mer. ***Terrain :*** herbe ; plat.	⊕ La vue exceptionnelle sur la baie, surtout lors des grandes marées. ⊖ Les équipements limités.

À voir, à faire dans les environs : la pointe du Chevet ; le port du Guildo.

SAINT-JOUANS-DES-GUÉRETS 35430

8 km S de Saint-Malo ; 3 km de l'aquarium de Saint-Malo *Carte Bretagne Est A-B1*

€€€€ 53 € **275 emplacements**

Yelloh Camping Le P'tit Bois : *La Chalandouze. ☎ 02-99-21-14-30. • contact@ptitbois.com • ptitbois.com • Ouv de mi-avr à mi-sept.*
En pleine campagne, un très beau camping 5-étoiles très bien équipé et ombragé. Piscine couverte chauffée avec jacuzzi et hammam. Parc aquatique avec toboggans et pataugeoire. Mobile homes en location *(357-1 659 €/sem).* Internet. Wifi. NOUVEAUTÉ.

Cadre : lacs ou rivières, campagne. ***Terrain :*** herbe ; plat.	⊕ Tout pour être heureux ! ⊖ Prix à la hauteur de la prestation en saison, mais il n'y a pas de miracle...

À voir, à faire dans les environs : à Saint-Malo, la vielle ville, le fort National, le fort du Petit-Bé, Saint-Servan avec la cité d'Aleth, le musée du Long Cours cap-hornier, le musée de 39-45, le Grand Aquarium.

SAINT-MALO-DE-BEIGNON 56380

25 km E de Ploërmel *Carte Bretagne Est A2*

€€€€ 37,50 € **50 emplacements**

Camping d'Aleth : *rue de l'Église. 06-78-96-10-62. • campingaleth@gmail.com • camping-aleth.com • Ouv tte l'année, sauf de fin nov à mi-fév.*
Joli terrain paysager pour les adeptes du camping traditionnel, au bord d'un plan d'eau. Quelques bungalows toilés, cabanes en bois et cabane en bambou qui ne déparent pas dans ce joli décor naturel *(30-175 €/nuit).* Il y a même des tipis pour les familles et des chariots de western ! Jeux pour enfants. De l'autre côté du lac, base de loisirs. Internet. Wifi.

BRETAGNE

Cadre : forêt, lacs ou rivières, sentiers de randonnée. ***Terrain :*** en terrasses ; herbe ; plat.	⊕ Le cadre extra ! ⊖ Pas de piscine.

À voir, à faire dans les environs : la forêt de Brocéliande et ses légendes.

SAINT-MALO (SANT-MALOÙ) 35400

15 km E de Dinard ; 35 km NE de Dinan *Carte Bretagne Est A1*

€€€ 18 € 260 emplacements

Camping de la Cité d'Alet : *allée Gaston-Buy, cité d'Alet, à Saint-Servan. ☎ 02-90-63-02-13. • campingsaintmalo@gmail.com • camping-saint-malo.fr • Ouv juil-août.*
Dans l'enceinte même de cette petite cité surplombant les flots, qui aurait, paraît-il, inspiré à Uderzo et Goscinny le village d'Astérix et Obélix ! Vue époustouflante de l'extrémité du camping sur la côte d'Émeraude, la Rance, la tour Solidor et la ville intra-muros. Coco Sweet en location *(360-425 €/sem).*

Cadre : mer, ville. ***Terrain :*** en pente ; herbe.	⊕ Le plus proche de Saint-Malo intra-muros. ⊖ Exposé aux vents.

€€€€ 34,20 € 198 emplacements

Camping Domaine de la Ville Huchet : *route de la Passagère. ☎ 02-99-81-11-83. • info@lavillehuchet.com • lavillehuchet.com • Ouv 9 avr-19 sept.*
Autour d'un véritable château, un 4-étoiles tout confort, avec parc aquatique et piscine ludique couverte et chauffée, vélos en location, resto, etc. Également des chalets et des mobile homes *(266-1 190 €/sem).* Internet. Wifi.

Cadre : mer. ***Terrain :*** herbe ; plat. ***Réducs :*** - 10 % sur les tarifs camping et locatifs, hors ponts et juillet-août, sur présentation de ce guide ; réduc sur les tarifs du Grand Aquarium de Saint-Malo.	⊕ Le site ; la nouvelle salle de sport et bien-être. ⊖ Les équipes d'animation seulement présentes en juillet-août.

À voir, à faire dans les environs : la promenade des remparts, Saint-Malo intra-muros, le Grand Aquarium.

SAINT-MARCAN 35120

Carte Bretagne Est B1

12 km NE de Dol-de-Bretagne ; 27 km O du Mont-Saint-Michel

€€€ 20 € 39 emplacements

Camping Le Balcon de la Baie : *Le Verger. ☎ 02-99-80-22-95. • contact@lebalcondelabaie.com • lebalcondelabaie.com • Ouv avr-oct.*
Un camping bien nommé. Le site, en effet, jouit d'une très belle vue sur la baie du Mont-Saint-Michel. Il est aussi très joliment aménagé, presque paysagé, notamment la superbe piscine avec son petit pont. Mobile homes et autres locations sous les arbres, sur les hauteurs *(264-660 €/sem),* et emplacements de campings de bonne taille en contrebas sur une vaste pelouse. Une adresse de qualité, soigneusement et très gentiment tenue. Internet. Wifi.

Cadre : campagne, forêt, mer, sentiers de randonnée. ***Terrain :*** en pente ; en terrasses ; herbe ; plat ; rocaille.	⊕ La vue, superbe. ⊖ On cherche encore !

BRETAGNE

À voir, à faire dans les environs : le Mont-Saint-Michel ; la cathédrale Saint-Samson et Médiévalys à Dol-de-Bretagne.

SAINT-PABU 29830

25 km N de Brest — *Carte Bretagne Ouest A1*

€€€ **16,30 €** — **100 emplacements**

Camping de l'aber Benoît : *89, rue de Corn-ar-Gazel. ☎ 02-98-89-76-25. • contact@camping-aber-benoit.com • camping-aber-benoit.com • Ouv 20 juin-20 sept (loc dès Pâques).*
En bord de mer et de l'aber, un camping 2 étoiles, idéalement situé. Tentes et locatifs y sont bien séparés. Les emplacements sont spacieux et délimités par des petites haies, tandis que des dunes protègent le camping du vent du large. Simple mais bien équipé : buanderie, location de vélos, épicerie, club enfants... Location de mobile homes et de chalets pour 4-8 personnes *(199-690 €/sem).* Internet. NOUVEAUTÉ.

Cadre : mer, sentiers de randonnée.
Terrain : herbe ; plat.

⊕ L'accès direct à la mer ; les prix doux.
⊖ Les commerces à 5 km

À voir, à faire dans les environs : l'aber Benoît ; l'aber Wrac'h ; la Maison des abers.

SAINT-PIERRE-QUIBERON 56510

13 km SO de Carnac ; 4,5 km de Quiberon — *Carte Bretagne Ouest B2*

€€ **15 €** — **97 emplacements**

Camping municipal de Kerhostin : *Kerhostin. ☎ 02-97-30-95-25 ou 02-97-30-88-86 (office de tourisme). • campingkerhostin@saintpierrequiberon.net • otsaintpierre quiberon.fr • Ouv début juin-début sept.*
Surplombant la baie, un espace assez vaste mais sans ombre, sauf du côté de la route (passante, autant le savoir). Les emplacements au bord de la petite falaise profitent d'une très belle vue. Simple. Internet. Wifi.

Cadre : mer, sentiers de randonnée, forêt.
Terrain : herbe ; plat.

⊕ La vue.
⊖ Le manque d'ombre.

€€€ **23,20 €** — **270 emplacements**

Camping de l'Océan : *16, av. de Groix, BP 18, Kerhostia. ☎ 02-97-30-91-29. • info@relaisdelocean.com • relaisdelocean.com • Ouv avr-début nov.*
Classique, bien arboré, au calme et plutôt bien équipé. Loue des mobile homes et bungalows en toile *(279-843 €/sem ; loc possible à partir de 2 nuits).* Location de vélos. Restaurant et animations en juillet-août. Wifi.

Cadre : mer, ville.
Terrain : herbe ; plat.

⊕ À 30 m de la plage ; le terrain multi-sport ; la piscine chauffée.
⊖ Relativement loin de la ville (3,5 km).

€€€€ **54 € (avec électricité)** — **250 emplacements**

Camping Le Conguel : *pointe du Conguel, 7, bd de la Teignouse. ☎ 02-97-50-19-11. • info@campingduconguel.com • campingduconguel.com • Ouv avr-sept.*
Situation incomparable, environnement agréable, bien ombragé sous les pins. Mais cette énorme structure grouille de monde. Il faut dire que les activités et les équipements ne manquent pas : vaste piscine à toboggans, resto et tout ce qu'on peut imaginer. Location de mobile homes jusqu'à 10 personnes *(518-1 325 €/sem).* Location de vélos. Internet. Wifi.

BRETAGNE

Cadre : mer, sentiers de randonnée. ***Terrain :*** herbe ; plat.	⊕ L'accès direct à la mer. ⊖ Le prix élevé l'été. Animaux refusés en juillet-août.

À voir, à faire dans les environs : Saint-Pierre-Quiberon ; Quiberon ; la Côte Sauvage.

SAINT-POL-DE-LÉON (KASTELL-PAOL) 29250

20 km NO de Morlaix ***Carte Bretagne Ouest B1***

€€€€ **27,40 €** **173 emplacements**

Camping Ar Kleguer : *av. de la Mer. ☎ 02-98-69-18-81. • info@camping-ar-kleguer.com • camping-ar-kleguer.com • Ouv 2 avr-26 sept.*
Dans un coin sympa, avec des chèvres et des moutons, près de la plage Sainte-Anne, le long du GR 34. Un camping de bon confort et bien équipé. Emplacements bien délimités, en paliers. Location de vélos. Mobile homes *(320-975 €/sem),* dont un adapté aux personnes à mobilité réduite. Piscine couverte, espace aquatique. Tarif randonneur. Internet. Wifi.

Cadre : campagne, mer. ***Terrain :*** en terrasses ; herbe ; plat ; rocaille. ***Réducs :*** - 10 % en basse saison sur présentation de ce guide ; un apéritif régional offert en haute saison.	⊕ Le choix côté mer ou côté campagne ; un espace randonneur couvert avec petite cuisine et bibliothèque. ⊖ On n'a pas trouvé !

€€€ **22,90 €** **100 emplacements**

Camping de Trologot : *grève du Man. ☎ 02-98-69-06-26. • camping-trologot@wanadoo.fr • camping-trologot.com • Ouv 3 avr-10 oct.*
Abrité des vents d'ouest, un camping bien équipé et bien tenu. Bon rapport qualité-prix. Location de mobile homes et de chalets *(240-835 €/sem).* Wifi.

Cadre : mer. ***Terrain :*** herbe ; plat. ***Réducs :*** tarif couple en basse saison sur certains mobile homes (300 €/sem) sur présentation de ce guide.	⊕ Le bel espace aquatique ; et la mer à 20 m ! ⊖ Devoir sortir de l'espace aquatique !

À voir, à faire dans les environs : la chapelle Notre-Dame-du-Kreisker, la cathédrale.

SAINT-QUAY-PORTRIEUX (SANT-KE-PORZH-LUED) 22410

22 km N de Saint-Brieuc ; 30 km SE de Paimpol ***Carte Bretagne Est A1***

€€€ **22,70 €** **166 emplacements**

Camping Bellevue : *68, bd du Littoral. ☎ 02-96-70-41-84. • campingbellevue22@orange.fr • campingbellevue.net • Ouv de fin avr à mi-sept.*
Voilà un camping qui porte bien son nom avec sa vue plongeante sur la mer et la Côte Sauvage. Dans la partie basse, des champs en pente douce vont jusqu'aux falaises qui surplombent les eaux du golfe de Saint-Brieuc. Éviter en revanche le petit terrain en annexe à l'entrée du site, côté rue et donc sans intérêt (car sans vue). Un camping à taille humaine, très bien situé et bien tenu. Randonnées sur le sentier des douaniers qui longe le camping au bord de la falaise. Loue des mobile homes *(300-660 €/sem).* Internet.

Cadre : mer, sentiers de randonnée. ***Terrain :*** en terrasses ; herbe.	⊕ Le panorama. ⊖ L'absence d'animations.

À voir, à faire dans les environs : le sentier des douaniers ; l'île de Bréhat.

BRETAGNE

SAINT-RENAN (LOKOURNAN) 29290

12 km NO de Brest ; 75 km SO de Roscoff — *Carte Bretagne Ouest A1*

€€ 10,20 € — **70 emplacements**

Camping municipal Lo Kournan : *route de l'Aber. ☎ 02-98-84-37-67 (en saison) et 02-98-84-20-08 (mairie). • mairie@saint-renan.fr • saint-renan.fr • Ouv 15 juin-15 sept.*
Au bord du lac et à 10 mn à pied de Saint-Renan par un sentier. Calme et ombragé.

Cadre : campagne, lacs ou rivières. ***Terrain :*** herbe ; plat.	⊕ La sérénité du lieu. ⊖ Très simple.

À voir, à faire dans les environs : la place du Vieux-Marché, l'église Notre-Dame-de-Liesse.

BRETAGNE

SAINTE-ANNE-D'AURAY (SANZ-ANNA-WENED) 56400

23 km O de Vannes — *Carte Bretagne Est A2*

€€ 12,50 € — **118 emplacements**

Camping municipal du Motten : *allée des Pins. ☎ 02-97-57-60-27 et 02-97-57-63-91. • campingmotten@orange.fr • campingdumotten.wixsite.com • Ouv de mi-juin à mi-sept. CB refusées.*
Un joli camping aux tarifs économiques, propre, bien ombragé et suffisamment herbeux. Équipements classiques. Parfait pour les cyclistes, les randonneurs et les familles.

Cadre : campagne, sentiers de randonnée. ***Terrain :*** herbe ; plat.	⊕ Le calme ; le prix. ⊖ Pas de miniclub.

À voir, à faire dans les environs : la basilique et le sanctuaire, l'Historial (2 km).

SARZEAU 56370

22 km S de Vannes — *Carte Bretagne Est A2*

€€€ 15,30 € — **125 emplacements**

Camping La Grée Penvins : *8, route de la Chapelle. ☎ 02-97-67-33-96. • raphael-capuccino@wanadoo.fr • campinglagreepenvins.com • Ouv avr-fin sept. CB refusées.*
Excellente situation pour ce camping familial au bord de la plage (accès direct !). En revanche, équipements simples et emplacements peu séparés, ombragés ou non. Accueil très aimable. Mobile homes à louer *(205-670 €/sem).* Animaux non admis dans les mobile homes. Internet.

Cadre : mer. ***Terrain :*** herbe.	⊕ L'accès direct à la mer. ⊖ Peu ombragé ; pas de résa possible.

À voir, à faire dans les environs : toute la presqu'île de Rhuys en balades ; le château de Suscinio.

SCAËR (SKAER) 29390

34 km E de Quimper — *Carte Bretagne Ouest B2*

€€€ 20 € — **80 emplacements**

Camping Kerisole : *1, rue Louis-Pasteur. 📱 06-46-71-76-40. • info@camping-kerisole.fr • camping-kerisole.fr • Ouv avr-oct. CB refusées.*
Dans un parc de 15 ha, en bordure de rivière. Loue aussi un mobile home et une caravane *(compter jusqu'à 450 €/sem).* Accueil chaleureux. Wifi.

Cadre : campagne, forêt, sentiers de randonnée, lacs ou rivières. ***Terrain :*** herbe ; plat.	⊕ Simple et pas cher ; la nature et le calme. ⊖ Les infrastructures.

À voir, à faire dans les environs : la chapelle de Cascadec ; la chapelle Saint-Adrien.

SIZUN 29450

17 km SE de Landerneau *Carte Bretagne Ouest A1*

€€ 13 € **29 emplacements**

Camping municipal Le Gollen : *au Gollen. ☎ 02-98-24-11-43 ou 02-98-68-80-13 (mairie, hors saison). • camping-de-sizun@orange.fr • mairie-sizun.fr • Ouv Pâques-fin sept. CB refusées.*
Petit camping tranquille, propre et pas cher. Douches chaudes, lavabos et w-c. À proximité immédiate : piscine, terrain multisports, terrain de foot, tennis, pétanque, jeux pour enfants (centre-bourg), sentiers de randonnées pédestres, VTT, équestres, pêche (lac, rivière), sports nautiques au lac du Drennec. Commerces à 500 m (centre-bourg). Internet. Wifi.

Cadre : campagne, sentiers de randonnée, lacs ou rivières. ***Terrain :*** herbe ; plat.	⊕ Bien ombragé. ⊖ Peu d'équipements.

À voir, à faire dans les environs : l'enclos paroissial (un des plus beaux de Bretagne !), la Maison de la rivière ; le centre nautique de l'Arrée (lac du Drennec, à 5 km).

TADEN 22100

3 km NE de Dinan ; 20 km S de Dinard *Carte Bretagne Est A1*

€€€ 21 € **223 emplacements**

Camping international de la Hallerais : *4, rue de la Robardais. ☎ 02-96-39-15-93. • contact@camping-lahallerais.com • camping-lahallerais.com • Ouv de mi-mars à mi-nov.*
Dans un joli coin. Emplacements bien délimités par des haies et en partie ombragés sur un terrain qui descend doucement vers la Rance. Bon confort, bon entretien général et bon accueil. Location de mobile homes et chalets *(189-510 €/sem).* Salle de fitness. Internet. Wifi.

Cadre : campagne, lacs ou rivières, sentiers de randonnée. ***Terrain :*** herbe ; plat.	⊕ La piscine chauffée... ⊖ ... mais ouverte seulement à partir de juin !

À voir, à faire dans les environs : à Dinan, le quartier des places des Merciers et des Cordeliers, le château-musée et le musée du Rail.

TELGRUC-SUR-MER 29560

11 km E de Crozon *Carte Bretagne Ouest A1*

€€€€ 28,40 € **98 emplacements**

Camping L'Armorique : *112, rue de la Plage. ☎ 02-98-27-77-33. • contact@campingarmorique.com • campingarmorique.com • Ouv avr-sept.*
Posé sur une colline, dans un coin tranquille, un camping 4 étoiles familial. Location de bungalows sans sanitaires, mobile homes tout confort et chalets *(200-840 €/sem).* Piscine chauffée et toboggan. La plage est à 10 mn à pied (centre nautique et pratique du char à voile). Internet. Wifi.

BRETAGNE

Cadre : mer, sentiers de randonnée. ***Terrain :*** en terrasses ; herbe ; plat.	⊕ Situé dans un écrin de verdure ; la vue sur la baie de Douarnenez ; à 800 m du GR 34, idéal pour aller à la découverte de la presqu'île de Crozon. ⊖ On cherche encore...

À voir, à faire dans les environs : la Maison des vieux métiers vivants à Argol (5 km).

TINTÉNIAC 35190

10 km NE de Bécherel — *Carte Bretagne Est B1*

€€€ **24 €** — **100 emplacements**

Camping Les Peupliers : *21, lieu-dit Besnelais. ☎ 02-99-45-49-75. • contact@domainelespeupliers.fr • les-peupliers-camping.fr • Ouv avr-sept.*
Coup de cœur pour ce 3-étoiles verdoyant bien équipé, bien tenu et calme car en retrait de la route. Emplacements bien délimités. Mobile homes et chalets de bon confort pour 4-6 personnes *(280-805 €/sem),* mais compte tenu de la faible différence de prix, préférer les chalets (salles à manger plus spacieuses et emplacement plus agréable du côté du champ des biquettes et de l'étang). Nombreuses activités : location de vélos, aire de jeux, tennis et piscine chauffée. Un bon camping familial tenu par une équipe sérieuse. Internet. Wifi.

Cadre : campagne. ***Terrain :*** herbe ; plat. ***Réducs :*** une bouteille de cidre offerte sur présentation de ce guide.	⊕ L'accès direct à l'étang. ⊖ Peu ombragé ; pas d'éclairage extérieur hors saison ; pas d'infrastructures pour les 15-18 ans.

À voir, à faire dans les environs : Bécherel ; les onze écluses d'Hédé.

TRÉBEURDEN (TREBEURDEN) 22560

10 km NO de Lannion ; 15 km SO de Perros-Guirec — *Carte Bretagne Ouest B1*

€€€€ **31 € (avec électricité)** — **101 emplacements**

Camping Armor-Loisirs : *38, rue de Kernévez. ☎ 02-96-23-52-31. • info@armorloisirs.com • armorloisirs.com • Ouv avr-sept (tte l'année pour les loc).*
À flanc de colline, dominant la mer, charmant camping sur un beau terrain tout en dénivelées. L'espace est en grande partie occupé par les mobile homes mais les campeurs ont leurs emplacements bien verts, séparés par des haies. Piscine couverte chauffée. Location de mobile homes *(220-798 €/sem).* Internet. Wifi.

Cadre : mer. ***Terrain :*** en terrasses ; herbe. ***Réducs :*** un kir breton offert sur présentation de ce guide.	⊕ Les emplacements bien délimités et la vue sur la mer ; idéal pour les camping-cars. ⊖ Le petit nombre d'emplacements réservés aux tentes et aux caravanes.

À voir, à faire dans les environs : l'île Milliau ; le marais du Quellen ; Cosmopolis à Pleumeur-Bodou (4 km).

TRÉDREZ-LOCQUÉMEAU 22300

10 km SO de Lannion ; 25 km E de Plougasnou — *Carte Bretagne Ouest B1*

€€€ **15,10 €** — **145 emplacements**

Camping municipal de Keravilin : *Hent Gwaz ar Gouez. ☎ 02-96-35-26-44. 📱 06-48-86-07-68. • camping.keravilin@orange.fr • campinglokemo.fr • Ouv avr-sept.*

Au bord de la mer, camping simple et calme. Emplacements convenables sur un terrain plat et herbeux mais sans ombre. Pas d'épicerie, il faut aller à Ploulec'h pour les courses. Mobile homes *(204-460 €/sem).* Wifi.

Cadre : mer. ***Terrain :*** en pente ; herbe ; plat.	⊕ La situation, face à la mer et proche des commerces. ⊖ Rudimentaire ; pas de piscine ; peu d'ombre.

À voir, à faire dans les environs : le village ; le château de Rosanbo (10 km).

TRÉFLEZ 29430

4 km E de Goulven — **Carte Bretagne Ouest A1**

€€ **13,50 €** — **160 emplacements**

Camping de Keremma : *La Sablière.* ☎ *02-98-61-62-79.* *06-03-78-87-94.* • *contact@campingdekeremma.fr* • *campingdekeremma.fr* • *Ouv du 1er avr à mi-sept.*
Au pied des célèbres dunes de Keremma. La plage est de l'autre côté (accès direct). Mobile homes pour 4 à 6 personnes *(400-600 €/sem).* Internet. Wifi.

Cadre : mer, sentiers de randonnée. ***Terrain :*** herbe ; plat.	⊕ Le cadre. ⊖ Aucune location sur place.

À voir, à faire dans les environs : la mer, toujours la mer !

TRÉGASTEL (TREGASTELL) 22730

10 km NE de Trébeurden ; 7 km O de Perros-Guirec — **Carte Bretagne Ouest B1**

€€€ **21,70 €** — **100 emplacements**

Camping Tourony : *105, route de Poul-Palud.* ☎ *02-96-23-86-61.* • *contact@camping-tourony.com* • *camping-tourony.com* • *Ouv avr-sept.*
Familial, fleuri et très bien situé à proximité du port et de la plage. Confort top, emplacements bien tenus et ombragés. Dans le secteur : pêche, voile et location de VTT. Loue également des chalets très mignons et des mobile homes pour 2 à 6 personnes *(240-720 €/sem).* Supérette à proximité. Aire de stationnement pour camping-cars. Internet.

Cadre : mer, sentiers de randonnée. ***Terrain :*** herbe ; plat.	⊕ Le bon confort. ⊖ On n'a pas trouvé.

À voir, à faire dans les environs : l'aquarium marin, le moulin à marée.

TRÉGUNC (TREGON) 29910

8,5 km O de Pont-Aven ; 7,5 km SE de Concarneau — **Carte Bretagne Ouest B2**

€€€ **23 €** — **199 emplacements**

Camping de la plage de Loc'h-Ven : *8, route du Camping, Pendruc.* ☎ *02-98-50-26-20.* • *contact@lochven.com* • *lochven.com* • *Ouv de fin avr à mi-sept (début avr-fin sept pour les loc).*
Ambiance *Camping* ! L'été, les habitués se retrouvent pour prendre l'apéro. La mer en ligne de mire : le camping est à 100 m de la plage de Pendruc ! Les emplacements ne sont pas très grands mais ils sont bien ombragés. Loue aussi des mobile homes *(210-800 €/sem).* Internet. Wifi.

Cadre : mer, sentiers de randonnée. ***Terrain :*** herbe ; plat.	⊕ La proximité immédiate de la mer... et les mobile homes séparés les uns des autres par des haies. ⊖ ... la ville est à 5 km.

BRETAGNE

À voir, à faire dans les environs : la chapelle Notre-Dame-de-Kerven ; la pointe de Trévignon.

VANNES (GWENED) 56000

58 km E de Lorient ; 50 km SO de Ploërmel *Carte Bretagne Est A2*

€€€€ 35 € **250 emplacements**

Flower Camping Le Conleau : *188, av. du Maréchal-Juin.* ☎ *02-97-63-13-88.* • *camping.conleau@flowercampings.com* • *vannes-camping.com* • *Ouv avr-oct.*
À 3 km du centre de Vannes et à l'entrée de la jolie presqu'île de Conleau, terrain plus ou moins ombragé, avec certaines parcelles pour les tentes légèrement en pente, mais on profite souvent d'une très belle vue sur les environs. Un point de chute pratique pour rayonner dans le golfe. Mobile homes *(199-889 €/sem, loc à partir de 2 nuits).* Internet. Wifi.

Cadre : mer, ville.
Terrain : en pente ; herbe ; plat.
Réducs : en basse saison, 7 nuits au prix de 6 et 14 nuits au prix de 12 en camping, 7 nuits au prix de 5 en location, promo couple, sur présentation de ce guide.

⊕ Le cadre ; la proximité du golfe du Morbihan.
⊖ Pas de discothèque, mais est-ce bien nécessaire ?

À voir, à faire dans les environs : la vieille ville, la cathédrale Saint-Pierre, l'aquarium, le jardin aux Papillons ; les îles du golfe du Morbihan.

BRETAGNE

Centre-Val de Loire

Pictos utilisés dans ce guide

- € Économique
- €€ Bon marché
- €€€ Prix moyens
- €€€€ Plus chic
- Tente
- Caravane
- Hébergement locatif
- Camping-car
- Caravaneige
- Piscine extérieure
- Piscine couverte
- Accès handicapé
- Hébergement insolite ou original

AMBOISE 37400

23 km E de Tours — **Carte Centre-Val de Loire zoom A1**

€€ **14,50 €** **290 emplacements**

L'Île d'Or : *4, allée des Mariniers. ☎ 02-47-57-23-37. • camping@ville-amboise.fr • camping-amboise.com • Ouv fin mars-début oct.*
Nombreux emplacements assez vastes, location de tentes équipées *(280,50-396 €/sem).* Bien aménagé. À proximité immédiate, une foule d'activités, dont minigolf, piscine, courts de tennis, canoë-kayak, circuit bicross, pêche en rivière, etc. Internet. Wifi.

Cadre : campagne. ***Terrain :*** herbe ; plat.	⊕ La situation exceptionnelle face au château ; le confort ; le wifi gratuit. ⊖ Les équipements pas tout récents ; pas d'animations.

À voir, à faire dans les environs : le château, le parc Leonardo-da-Vinci ; la pagode de Chanteloup (3 km) ; la réserve de Beaumarchais « Safari train » à Autrèche (14 km) ; l'aquarium du Val de Loire ; les Mini-Châteaux ; le parc de la Châtellerie à Pocé-sur-Cisse (4 km).

AUBIGNY-SUR-NÈRE 18700

46 km N de Bourges — **Carte Centre-Val de Loire B2**

€€€ **21,50 €** **100 emplacements**

Camping Les Étangs : *route d'Oison. ☎ 02-48-58-02-37. • camping.aubigny@orange.fr • camping-aubigny.com • Ouv avr-oct.*
Un bon camping, en pleine forêt, au bord d'un étang, dans un cadre de verdure agréable. Une centaine d'emplacements confortables dans un parc de 2 ha ombragé. Possibilité d'achat de carte de pêche, et barbecue à disposition pour cuire son poisson. Piscine chauffée sur place et complexe sportif à proximité. Également des mobile homes, des chalets et des roulottes pour 2 à 8 personnes *(160-805 €/sem).* Internet. Wifi.

Cadre : campagne. ***Terrain :*** herbe ; plat.	⊕ La situation ; le calme ; la propreté. ⊖ Quels « moins » ?

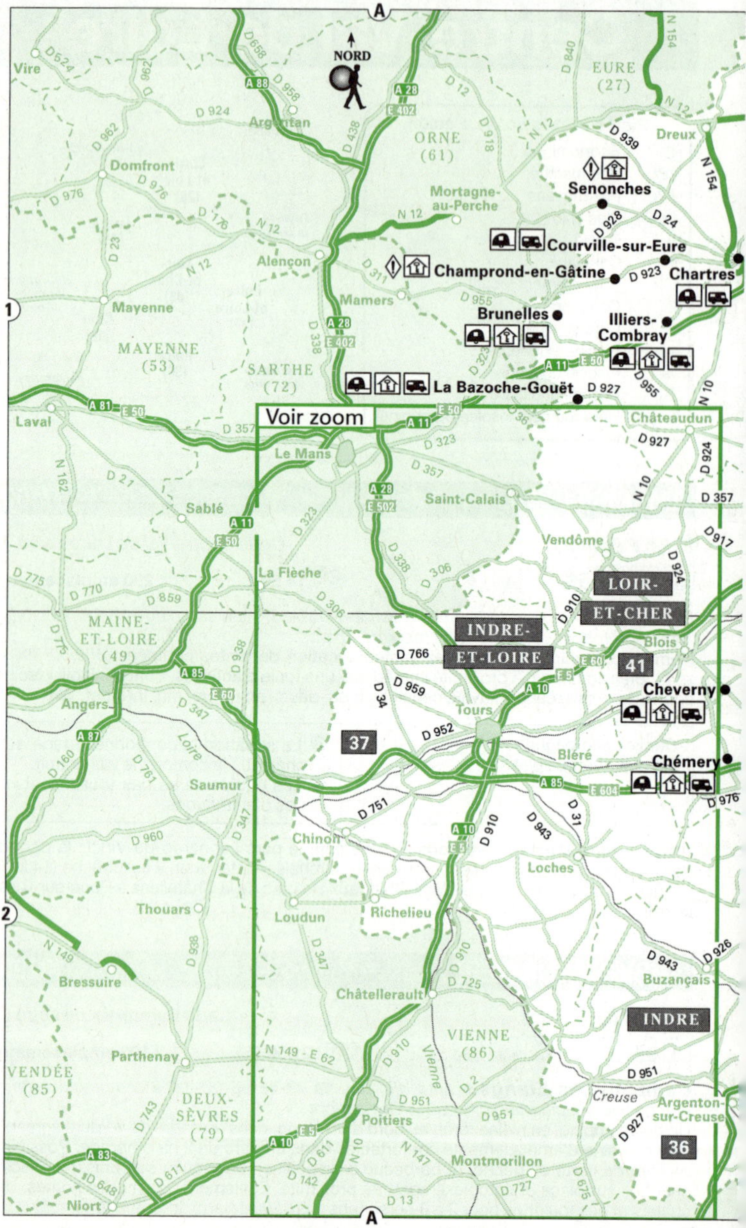
NORD
A
Vire
Argentan
ORNE (61)
EURE (27)
Dreux
Senonches
Mortagne-au-Perche
Domfront
Courville-sur-Eure
Champrond-en-Gâtine
Chartres
Alençon
Mamers
Brunelles
Illiers-Combray
Mayenne
MAYENNE (53)
SARTHE (72)
La Bazoche-Gouët
Laval
Voir zoom
Châteaudun
Le Mans
Saint-Calais
Sablé
Vendôme
La Flèche
LOIR-ET-CHER
INDRE-ET-LOIRE
MAINE-ET-LOIRE (49)
Blois
41
Angers
Cheverny
Tours
37
Blère
Chémery
Loire
Saumur
Chinon
Loches
Thouars
Loudun
Richelieu
Bressuire
Châtellerault
Buzançais
INDRE
VIENNE (86)
Parthenay
VENDÉE (85)
DEUX-SÈVRES (79)
Creuse
Argenton-sur-Creuse
Poitiers
36
Montmorillon
Niort
Vienne
1
2
A 28
A 11
A 81
A 85
A 10
A 87
A 83
A 88
E 50
E 60
E 5
E 402
E 502
E 604
N 12
N 10
N 154
N 149
N 147
N 149 - E 62
D 939
D 928
D 923
D 927
D 955
D 357
D 323
D 338
D 306
D 910
D 766
D 959
D 34
D 952
D 751
D 943
D 31
D 976
D 926
D 951
D 725
D 611
D 648
D 727
D 13

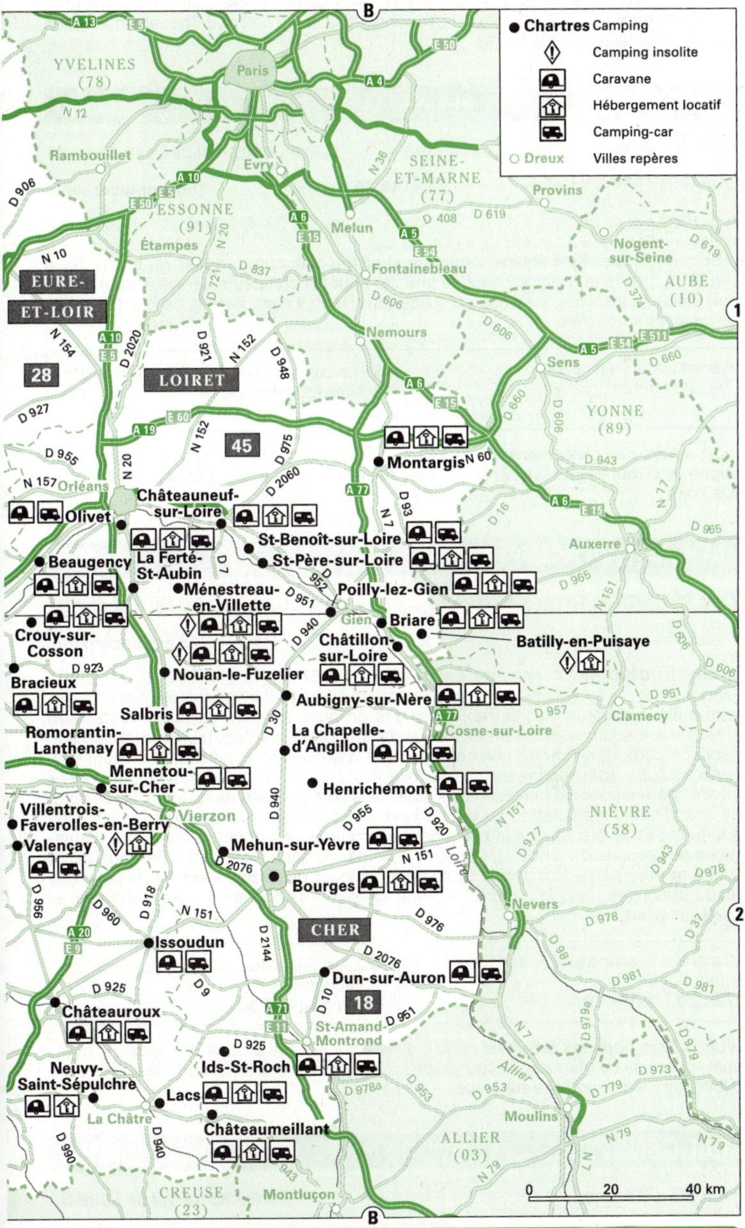

CENTRE-VAL DE LOIRE

À voir, à faire dans les environs : le château des Stuarts, l'église Saint-Martin, les maisons à colombages ; le château de la Verrerie à Oizon (10 km) ; La Chapelle-d'Angillon (14 km) ; les châteaux de la Loire.

AZAY-LE-RIDEAU 37190

31 km SO de Tours ; 21 km NE de Chinon ***Carte Centre-Val de Loire zoom A1***

€€€ **19,70 €** **196 emplacements**

Le Sabot : *parc de loisirs du Sabot, rue du Stade. ☎ 02-47-45-42-72. • campinglesabot@onlycamp.fr • onlycamp.fr • Ouv avr-oct.*
Au bord de l'Indre. Bien équipé, ombragé et calme bien que tout près du bourg. Salle avec TV. À proximité, piscine chauffée gratuite pour les campeurs, tennis payant. Ping-pong. Locatifs insolites, sur l'eau ou suspendus, tentes canadiennes ou bivouacs *(15-66 €/nuit).* Internet. Wifi.

Cadre : lacs ou rivières.
Terrain : herbe ; plat.

⊕ Le calme ; l'accueil ; la proximité des sites touristiques.
⊖ Le tennis à proximité mais payant.

À voir, à faire dans les environs : le château, l'église Saint-Symphorien ; la vallée troglodytique des Goupillières (3 km) ; le château de l'Islette (2 km) ; les châteaux et vignobles de la Loire.

BATILLY-EN-PUISAYE 45420

21 km SE de Gien ; 10 km E de Briare ***Carte Centre-Val de Loire B2***

€€€€ **45 emplacements**

Family Écolodge : *chemin de La Borde. ☎ 09-67-75-05-86. 📱 07-85-08-47-30. • laborde@family-ecolodge.com • family-ecolodge.com • Ouv de mars à mi-déc.*
Cette maison d'hôtes insolite tenue par des proprios très sympa propose de vivre un retour aux sources, dans un esprit nature très porté sur l'écotourisme. Selon son besoin de confort, on choisit son hébergement : cabanes dans les arbres ou sur l'eau, yourte, roulotte, safari-lodge en bois ou toilé *(624 €/sem).* Au programme, nombreuses activités nature pour les familles, mais aussi farniente pour les tourtereaux (sauna bio, spa scandinave, restauration au feu de bois...). Les enfants vont adorer les animaux de la ferme et les animations (ateliers nature, promenade à poney, maquillage, dégustations de produits du terroir...), tandis que les plus grands s'offriront un *escape game* ou une *murder party.* Possibilité également de louer des vélos électriques pour une balade bucolique dans la campagne. Pour un séjour revigorant de glamping chic et nature. Internet. Wifi.

Cadre : campagne, sentiers de randonnée.
Terrain : herbe ; plat.

⊕ La qualité des hébergements et de l'accueil.
⊖ On n'a pas trouvé.

À voir, à faire dans les environs : une croisière sur la Loire à partir de Briare ; le pont-canal et l'écluse de Mantelot ; le musée de la Mosaïque et des Émaux à Briare ; ou rester au lodge, il y a de quoi faire sur place !

BEAUGENCY 45190

25 km SO d'Orléans ***Carte Centre-Val de Loire B1***

€€€ **16 €** **200 emplacements**

Camping Val de Flux : *route de Lailly, lieu-dit Val-de-Flux. ☎ 02-38-14-72-66. • camping.beaugency@gmail.com • camping-beaugency.fr • Ouv avr-sept.*

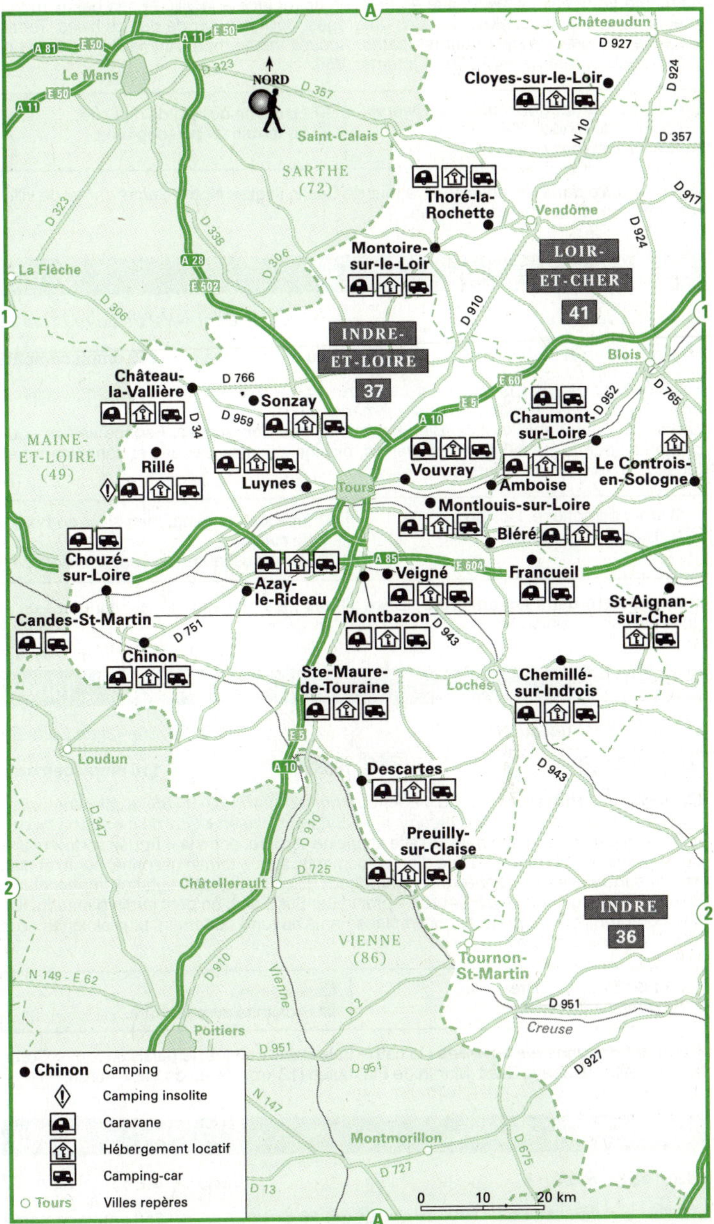

CENTRE-VAL DE LOIRE – zoom

Camping convivial, joliment situé en bord de Loire, face à la ville et ses beaux monuments. Emplacements plus ou moins ombragés, délimités par de petites haies. Terrain de volley et aires de jeux pour les petits. Accueil très sympa. Animation musicale en juillet-août. Locatifs *(25-40 €/nuit).* Internet. Wifi.

Cadre : campagne, lacs ou rivières, sentiers de randonnée. ***Terrain :*** herbe ; plat.	⊕ Le calme des bords de Loire. ⊖ Le terrain un peu déplumé.

À voir, à faire dans les environs : la tour de César, l'église Notre-Dame, l'hôtel de ville ; les châteaux de la Loire ; la Sologne.

BLÉRÉ 37150

25 km SE de Tours — **Carte Centre-Val de Loire zoom A1**

€€€ **16,60 €** — **270 emplacements**

La Gâtine : *rue du Commandant-Lemaître. ☎ 02-47-57-92-60. • campinglagatine@onlycamp.fr • onlycamp.fr • Ouv d'avr à mi-oct.*
Ombragé, confortable et clos. Bien entretenu. Très bon accueil. Espace vert et équipements sportifs (payants) à côté : tennis, piscine... Tentes bivouac et canadiennes en location *(15-66 €/nuit).* Internet.

Cadre : campagne, lacs ou rivières. ***Terrain :*** herbe ; plat.	⊕ Très joli camping, bien situé en bord de rivière. ⊖ Les moustiques, si vous les craignez !

À voir, à faire dans les environs : Bléré ; Tours ; les châteaux et les vignobles de la Loire ; les sites troglodytiques.

BOURGES 18000

69 km NE de Châteauroux — **Carte Centre-Val de Loire B2**

€€€ **19,20 €** — **116 emplacements**

Camping Robinson : *26, bd de l'Industrie. ☎ 02-48-20-16-85. • camping@ville-bourges.fr • aquadis-loisirs.com/camping-bourges-robinson • Ouv de mi-mars à fin oct.*
À 15 mn à pied de la cathédrale, un site en pleine verdure, entre la « Trouée verte » et une petite rivière. Une bonne centaine d'emplacements, sur un terrain gazonné, pentu et plat, frais et surtout avec des zones bien ombragées. Bien équipé et sanitaires impeccables. Base de loisirs du lac du Val d'Auron à proximité. Sur place, un petit jardin d'enfants. Un bon compromis, mais préférez les emplacements au fond du terrain, plus éloignés de la route (très passante). Wifi.

Cadre : lacs ou rivières, ville. ***Terrain :*** herbe ; plat.	⊕ Le calme. ⊖ Proximité avec la route.

À voir, à faire dans les environs : la cathédrale Saint-Étienne, le palais Jacques-Cœur, la vieille ville ; l'abbaye Saint-Martin de Plaimpied (12 km) ; le lac du Val d'Auron.

BRACIEUX 41250

18 km SE de Blois — **Carte Centre-Val de Loire B2**

€€€€ **26 €** — **350 emplacements**

Camping Huttopia Les Châteaux : *11, rue Roger-Brun. ☎ 02-54-46-41-84. • leschateaux@huttopia.com • europe.huttopia.com/site/camping-les-chateaux • Ouv avr-oct.*

L'endroit est idéalement situé en bordure de forêt, dans le joli petit village de Bracieux, avec un parc de 8 ha. Bons équipements avec tennis. Restauration en été. Location de chalets et de mobile homes pour 5 personnes *(369,60-882 €/sem).* Comme il est aussi pris en sandwich entre le Beuvron et la Bonneheure, vous aurez la possibilité de pêcher. À proximité (300-500 m) : tous commerces, restos, parcours santé, location de vélos. Un peu plus loin (9 km) : kayak, équitation, golf. Pour combiner sport et balades culturelles. Internet. Wifi.

Cadre : campagne, forêt, lacs ou rivières. ***Terrain :*** herbe ; plat.	⊕ La situation idéale entre Sologne et châteaux de la Loire (le plus proche de Chambord !) ; l'équipement. ⊖ Les commerces à l'extérieur.

À voir, à faire dans les environs : la chocolaterie, à 300 m ; Chambord (8 km) ; Cheverny (10 km) et tous les autres châteaux de la Loire ; la Sologne ; le ZooParc de Beauval à Saint-Aignan (38 km).

BRIARE 45250

39 km S de Montargis ; 11 km SE de Gien — **Carte Centre-Val de Loire B2**

€€€ **21,50 €** — **162 emplacements**

Camping Le Martinet : *val Martinet. ☎ 02-38-31-24-50. • campinglemartinet@outlook.fr • campingbriare.com • Ouv avr-fin oct.*
Idéalement situé en bord de Loire, malgré la toute petite route de séparation, un agréable camping à l'ambiance familiale. Emplacements peu ombragés mais délimités par des haies. Jeux pour enfants et minigolf (payant). Location d'habitat toilé pour 2 personnes *(245-305 €/sem)* et de chalets pour 4 à 5 personnes *(305-355 €/sem selon saison et taille).* Partenaire du centre aquatique de Briare, avec tarifs préférentiels. Internet. Wifi.

Cadre : campagne, lacs ou rivières, sentiers de randonnée, ville. ***Terrain :*** herbe ; plat.	⊕ La situation ; le respect de la nature. ⊖ La piscine à 700 m.

À voir, à faire dans les environs : le pont-canal, le musée de la Mosaïque et des Émaux, l'église Saint-Étienne de Briare ; l'écluse et la gare à bateaux de Mantelot à Châtillon-sur-Loire (5 km) ; Gien (11 km).

BRUNELLES 28400

9 km E de Nogent-le-Rotrou — **Carte Centre-Val de Loire A1**

€€€ **17,60 €** — **60 emplacements**

Camping Le Bois Jahan : *Le Bois-Jahan. ☎ 02-37-52-14-73. 📱 06-45-30-66-85. • leboisjahan@gmail.com • leboisjahan.com • Ouv de mars à mi-nov (tte l'année pour les loc).*
En pleine campagne, de taille humaine, le camping est disposé en terrasses à flanc de colline, d'où l'on bénéficie d'une vue panoramique fabuleuse. Emplacements bien délimités et ombragés. Piscine sécurisée et chauffée. Location de caravanes, mobile homes et chalets pour 4 à 6 personnes *(409-504 €/sem),* ainsi que des Coco Sweet, des logements tout en rondeurs. Bar convivial à côté de la piscine. Accueil familial. Internet. Wifi.

Cadre : campagne. ***Terrain :*** en terrasses ; herbe ; plat. ***Réducs :*** - 10 % sur présentation de ce guide.	⊕ La vue étendue sur les collines du Perche ; le côté convivial. ⊖ Rien à signaler.

À voir, à faire dans les environs : le donjon de Nogent-le-Rotrou ; l'abbaye de Thiron-Gardais.

CANDES-SAINT-MARTIN 37500

Carte Centre-Val de Loire zoom A1-2

17 km NO de Chinon ; 5,5 km N de Fontevraud-l'Abbaye

€€€ 18 € **60 emplacements**

Camping Belle Rive : *2, route de Chinon. ☎ 02-47-97-46-03. 📱 06-01-75-49-48. • contact@camping-candes.fr • camping-candes.fr • Ouv de mi-avr à fin sept.*
En bord de rivière, un petit camping ombragé bien sympa. Douches chaudes. Location de vélos (label La Loire à Vélo avec tarifs spécifiques pour les cyclotouristes). Locations de tipis et de tentes perchées *(22,50-60 €/nuit).* Accepte les chevaux et les ânes, et leurs cavaliers. Attention, changement de propriétaire en perspective. Internet. Wifi.

Cadre : campagne, lacs ou rivières.
Terrain : herbe.

⊕ La location de vélos.
⊖ Quelques moustiques en bord de rivière (mais pas pour tous les emplacements).

À voir, à faire dans les environs : le village de Candes ; l'abbaye de Fontevraud.

CHAMPROND-EN-GÂTINE 28240

Carte Centre-Val de Loire A1

20 km NO d'Illiers-Combray ; 22 km NE de Nogent-le-Rotrou

€€€ **15 emplacements**

Les Cabanes en l'air du Domaine du bois Landry : *La Graiserie. ☎ 02-37-49-80-01. • contact@boislandry.com • boislandry.com • Ouv d'avr à mi-oct.*
Au cœur d'une forêt de 1 200 ha, issue d'un programme de sensibilisation à l'environnement, dont une petite partie est destinée aux amateurs de nature à l'état brut. Une quinzaine de cabanes perchées *(159 €/nuitée pour 2, ensuite 50 €/pers supplémentaire)* de 4 à 14 m de hauteur dans les arbres, accessibles par des escaliers sécurisés (pour les familles avec enfants en bas âge), échelles (à partir de 12 ans), ou tyroliennes. À l'intérieur : moustiquaire, linge fourni, éclairage à la bougie. Bloc sanitaire complet près de l'accueil (mais pas d'eau là-haut). Pas d'électricité, donc pensez à recharger votre portable à l'avance ou oubliez-le. Une paire de jumelles vous est prêtée pour observer la faune et la flore qui vous entoureront là-haut. Promos sur le site internet. Repas à partir de 31 €. Internet. Wifi.

Cadre : campagne, forêt, sentiers de randonnée.
Terrain : plat.

⊕ La proximité avec la nature ; le petit déj inclus.
⊖ Les toilettes sèches à l'intérieur des cabanes perchées, bien sûr.

À voir, à faire dans les environs : Illiers-Combray ; l'abbaye de Thiron-Gardais ; le Perche ; Nogent-le-Rotrou.

CHARTRES 28000

Carte Centre-Val de Loire A1

55 km NE de Nogent-le-Rotrou ; 77 km SO de Versailles

€€€ 17,80 € **96 emplacements**

Camping municipal des bords de l'Eure : *9, rue de Launay. ☎ 02-37-28-79-43. • camping-roussel-chartres@wanadoo.fr • camping-de-chartres.fr • Ouv mars-fin oct.*
Spacieux parc avec emplacements sous les arbres ou dans la prairie. Accès direct à la rivière : embarcations à pédales, minigolf, pêche. Sanitaires nickel. Petite épicerie et plats cuisinés. Jeux pour enfants. Internet.

Cadre : lacs ou rivières, sentiers de randonnée, ville. ***Terrain :*** herbe ; plat.	⊕ Sa situation. ⊖ Les animaux admis mais tenus en laisse.

À voir, à faire dans les environs : la cathédrale, pardi ! Les vieux quartiers de la ville haute et basse, Chartres en Lumière.

CHÂTEAU-LA-VALLIÈRE 37330

35 km NO de Tours — *Carte Centre-Val de Loire zoom A1*

€ 9 € — **76 emplacements**

Le Val Joyeux : *route de Chinon. ☎ 02-47-24-04-93 ou 02-47-24-00-21 (mairie hors saison). • camping.chateaulavalliere@orange.fr • campingduvaljoyeux.fr • Ouv fin avr-fin sept.*
Classique avec ses emplacements herbeux, délimités par des haies d'arbustes, et bien ombragé. À deux pas d'un lac : plage, planche à voile, etc. Location de bengali et de mobile homes *(310-464 €/sem, loc possible à la nuitée).* Accueil sympa et familial. À proximité : 357 km de sentiers balisés en Castelvalérie. Wifi.

Cadre : campagne, forêt, lacs ou rivières, sentiers de randonnée. ***Terrain :*** herbe ; plat.	⊕ Un nom des plus tonique. ⊖ Dans un coin de Touraine peu développé touristiquement.

À voir, à faire dans les environs : Tours ; les châteaux de la Loire.

CHÂTEAUMEILLANT 18370

Carte Centre-Val de Loire B2

36 km SO de Saint-Amand-Montrond ; 58 km SE de Châteauroux

€€ 11 € — **40 emplacements**

Camping municipal de l'Étang Merlin : *route de Vicq-Exemplet. ☎ 02-48-61-31-38. 📱 06-45-45-71-15. • camping@chateaumeillant.fr • camping-etangmerlin.e-monsite.com • Ouv 1er mai-30 sept.*
Au bord de l'étang, à la sortie de la ville, un joli camping dans un très beau cadre, verdoyant, entre étang poissonneux et collines. Le petit nombre d'emplacements en fait un endroit calme et reposant. Pêche, jeux pour enfants et accès direct à la piscine intercommunale en juillet-août. Terrains de tennis, foot et basket à proximité. Location de chalets et de mobile homes *(262-333 €/sem).* Wifi.

Cadre : campagne. ***Terrain :*** herbe ; plat.	⊕ Le cadre superbe : étang, prairie, paysage de collines. ⊖ Pas de restauration sur place.

À voir, à faire dans les environs : l'église Saint-Genès, le musée archéologique Émile-Chénon ; le château de Culan (12 km) et ses jardins médiévaux ; l'abbaye de Puyferrand au Châtelet-en-Berry (13 km) ; la base nautique de Sidiailles (16 km) ; le village fortifié de Vesdun (20 km).

CHÂTEAUNEUF-SUR-LOIRE 45110

26 km SE d'Orléans — *Carte Centre-Val de Loire B1*

€€ 14,50 € — **175 emplacements**

La Maltournée : *route de la Plage. ☎ 02-38-58-42-46. 📱 06-32-11-41-13. • entrepriseferry.com/camping-la-maltournee • Ouv de mi-avr à oct.*

La situation est idéale, au bord de la Loire au bout d'une impasse tranquille. Emplacements agréables, bien ombragés dans l'ensemble. Un camping bien organisé. Locatifs *(300 €/sem).* Internet.

Cadre : campagne, lacs ou rivières. ***Terrain :*** herbe ; plat.	⊕ Sur le trajet de La Loire à Vélo. ⊖ L'absence de piscine.

À voir, à faire dans les environs : le musée de la Marine de Loire, le parc départemental ; Saint-Martin-d'Abbat, le village aux boîtes aux lettres (4 km) ; Combreux et la forêt d'Orléans (13 km) ; Orléans (26 km) ; la Sologne ; les châteaux de la Loire.

CHÂTEAUROUX 36000

69 km SO de Bourges ; 98 km E de Châtellerault — **Carte Centre-Val de Loire B2**

€€€ 20 € — **152 emplacements**

Le Rochat-Belle-Isle : *17, av. Daniel-Bernardet. ☎ 02-54-08-96-29. • campinglerochat@gmail.com • camping-lerochat.fr • Ouv tte l'année.*
À proximité du centre-ville, sur le site de Belle-Isle, au bord de l'Indre, un beau terrain très bien tenu, logé dans la verdure et sous les arbres. Sanitaires nombreux et impeccables. Hébergements locatifs *(195-625 €/sem).* Ce camping présente l'avantage d'avoir toutes les animations à sa porte (piscine municipale à vagues gratuite pour les campeurs, parc et plan d'eau avec resto, bowling, pêche, etc.). Bref, les activités ne manquent pas, mais le camping lui-même reste très paisible. Internet. Wifi.

Cadre : lacs ou rivières, ville. ***Terrain :*** herbe ; plat.	⊕ Les loisirs et le tourisme en un seul lieu. ⊖ Les équipements simples... mais bon.

À voir, à faire dans les environs : les parcs de la ville ; le musée de l'Hospice-Saint-Roch à Issoudun (30 km) ; le pays de George Sand et Nohant (30 km).

CHÂTILLON-SUR-LOIRE 45360

19 km SE de Gien ; 7,5 km S de Briare — **Carte Centre-Val de Loire B2**

€€ 12,50 € — **66 emplacements**

Camping des Combles : *Les Combles. 📱 06-32-07-83-45. • camping.chatillonsurloire@orange.fr • camping.chatillon-sur-loire.com • Ouv avr-fin oct.*
Un camping comme on aimerait en trouver plus souvent : pas trop grand, bien vert, suffisamment équipé (il y a même un barnum pour le pique-nique, du matériel de pêche et un service de réparation de vélos !), et surtout idéalement placé. En lisière du chemin de halage et à côté de l'écluse des Combles, rien ne manque à la thématique « bords de Loire »... jusqu'à l'accueil installé dans la maison de l'éclusier ! Locatifs *(80-250 €/sem).* Internet. Wifi.

Cadre : campagne, lacs ou rivières. ***Terrain :*** herbe ; plat.	⊕ Le GR 3 passe par ici, et il y a plein de balades dans le coin ; bien pour la pêche aussi. ⊖ Pas de piscine ; difficile d'accès pour les camping-cars de plus de 2,70 m.

À voir, à faire dans les environs : une croisière sur la Loire à partir de Briare ; le pont-canal et l'écluse de Mantelot ; le musée de la Mosaïque et des Émaux à Briare ; le château de Saint-Brisson ; le musée du Cirque et de l'Illusion à Dampierre-en-Burly.

CHAUMONT-SUR-LOIRE 41150

20 km SO de Blois — **Carte Centre-Val de Loire zoom A1**

€€ **10,50 €** — **150 emplacements**

Camping municipal La Grosse Grève : *promenade de Trouillas. ☎ 02-54-20-95-22 ou 02-54-20-98-41 (mairie). • campingchaumontsurloire@orange.fr • camping-chaumont-sur-loire.com • Ouv mai-sept.*
Un champ immense, en bord de Loire et à quelques pas du centre. Endroit simple, paisible (malgré la proximité du grand pont qui enjambe le fleuve), agrémenté de quelques arbres et bien tenu. Internet. Wifi.

Cadre : campagne, forêt, sentiers de randonnée, ville. ***Terrain :*** herbe ; plat.	⊕ L'emplacement au calme, en bord de Loire. ⊖ Les moustiques ; les services à 1 km.

À voir, à faire dans les environs : le château de Chaumont et le Festival des jardins, en été ; Amboise (15 km).

CHÉMERY 41700

34 km S de Blois ; 30 km O de Romorantin-Lanthenay — **Carte Centre-Val de Loire A2**

€€€ **16,90 €** — **46 emplacements**

Camping Le Gué : *6, rue de Couddes. ☎ 02-54-32-97-40. • contact@camping-le-gue.com • camping-le-gue.com • Ouv avr-sept.*
Sur un agréable terrain gazonné et ombragé, entretenu avec soin. Petit snack, frigo et congélateur à disposition, prêt de vélos. Piscine en juillet-août, étang et rivière pour les pêcheurs. Idéal pour ceux qui cherchent la tranquillité. Accueil très chaleureux qui colle bien à l'ambiance conviviale du camping. Locatifs *(420-555 €/sem).* Internet. Wifi. NOUVEAUTÉ.

Cadre : campagne. ***Terrain :*** herbe ; plat.	⊕ Les sanitaires très propres. ⊖ On cherche encore...

À voir, à faire dans les environs : le château de Chémery ; le château de Selles-sur-Cher ; le ZooParc de Beauval ; la ville médiévale de Mennetou-sur-Cher ; la vallée de la Loire

CHEMILLÉ-SUR-INDROIS 37460

3 km O de Montrésor ; 13 km E de Loches — **Carte Centre-Val de Loire zoom A2**

€€€€ **25,60 €** — **47 emplacements**

Les Coteaux du Lac : *base de loisirs. ☎ 02-47-92-77-83. 📱 06-85-73-21-80. • lescoteauxdulac@wanadoo.fr • lescoteauxdulac.com • Ouv fin mars-début oct.*
Un camping à taille humaine, au bord d'un lac artificiel de 35 ha avec base de loisirs (plage, pêche et autres activités nautiques) et bar-resto. Location de VTT, de canoës et d'embarcations à pédales. Soirées à thème, animations pour les enfants. Tentes, mobile homes et une trentaine de chalets *(jusqu'à 10 pers, 220-1 197 €/sem).* Wifi.

Cadre : campagne, forêt, lacs ou rivières, sentiers de randonnée. ***Terrain :*** herbe ; plat.	⊕ La proximité du lac avec sa base de loisirs. ⊖ Le lac n'est pas en accès direct.

À voir, à faire dans les environs : Montrésor et la vallée de l'Indrois ; Loches ; le château de Montpoupon ; Chenonceaux ; Amboise ; le ZooParc de Beauval.

CHEVERNY 41700

14 km SE de Blois — *Carte Centre-Val de Loire A2*

€€€€ 27 € — 164 emplacements

Camping Sites et Paysages Les Saules : *route de Contres. ☎ 02-54-79-90-01. • contact@camping-cheverny.com • camping-cheverny.com • Ouv d'avr à mi-sept.*
L'endroit est idyllique en début de saison et reste très agréable ensuite, ce qui est rare. Un camping familial coup de cœur, dans un parc de 8 ha, avec tout ce dont on peut rêver, à l'ombre d'un château : équipe accueillante, snack et resto sympa, petite épicerie à prix doux, piscine chauffée, minigolf, vélos, etc. Club enfants le matin, si vous ne prenez pas la navette des châteaux. Location de chalets (11 chalets dont un PMR, *294-700 €/sem*). Espace aquatique avec 3 bassins chauffés, dont un couvert, accessible aux personnes handicapées. Internet. Wifi.

Cadre : campagne. ***Terrain :*** herbe ; plat.	⊕ Une politique d'accueil conviviale et familiale ; la situation au départ des circuits de châteaux à vélo, idéal pour parcourir les 550 km de pistes cyclables. ⊖ Pas trouvé.

À voir, à faire dans les environs : le célèbre château qui inspira Hergé, et tous les autres aux alentours.

CHINON 37500

46 km SO de Tours — *Carte Centre-Val de Loire zoom A2*

€€ 15,30 € — 180 emplacements

Camping de l'Île Auger : *quai Danton. ☎ 02-47-93-08-35. • camping-chinon@cc-cvl.fr • ville-chinon.com • Ouv 1er avr-31 oct.*
Très pratique et agréablement situé. Jolie vue sur la ville et le château. Plage, tennis et piscine communale juste à côté. Ombragé et bien équipé. Entretien nickel. Location de canoës et de vélos. Hébergements locatifs *(210-280 €/sem).* Internet. Wifi.

Cadre : campagne, ville, lacs ou rivières. ***Terrain :*** herbe ; plat. ***Réducs :*** - 10 % sur le camping sur présentation de ce guide.	⊕ Sa situation ; le cadre. ⊖ En période de crue, faut faire fissa !

À voir, à faire dans les environs : la forteresse, la rue Voltaire, les Caves paінctes, la Maison de la rivière, les églises ; le château d'Ussé (13 km) ; Tours ; les châteaux de la Loire ; La Loire à Vélo.

CHOUZÉ-SUR-LOIRE 37140

16 km NO de Chinon ; 50 km SO de Tours — *Carte Centre-Val de Loire zoom A1*

€€ 10 € — 100 emplacements

Les Bords de Loire : *rue de l'île Bourdon. ☎ 02-47-95-10-10 (mairie). 📱 07-57-45-11-71. • mairie.chouzesurloire@wanadoo.fr • chouze-sur-loire.fr • Ouv de mi-juin à mi-sept. CB refusées.*
Spacieux et ombragé, le long d'une belle plage de sable en bordure de Loire, ce camping conviendra aux amateurs de bronzette (baignade interdite...). De plus, il est aussi à proximité d'un certain nombre de sites intéressants à visiter, sans parler des caves. Location de vélos.

Cadre : campagne, lacs ou rivières. ***Terrain :*** herbe ; plat. ***Réducs :*** - 10 % sur présentation de ce guide.	⊕ Pour se mettre au vert entre deux descentes de caves. ⊖ Peu d'équipements (mais pour le prix...).

À voir, à faire dans les environs : l'abbaye de Bourgueil (7,5 km) ; le château de Gizeux (12 km) ; les châteaux et les vignobles de la Loire ; le musée des Mariniers.

CLOYES-SUR-LE-LOIR 28220

12 km SO de Châteaudun — *Carte Centre-Val de Loire zoom A1*

€€€€ **29,60 €** — **196 emplacements**

Camping Le Val Fleuri : *parc de loisirs, route de Montigny. ☎ 02-37-98-50-53. 06-86-88-64-32. • info@val-fleuri.fr • val-fleuri.fr • Ouv de mi-mars à mi-nov.*
Sur une vaste prairie plus ou moins ombragée, spacieux emplacements délimités par des haies. Équipement complet. Accès gratuit aux prestations de la base de loisirs (petit train, poney-club, canoë, jacuzzi, toboggan, piscine chauffée...). Location de mobile homes jusqu'à 8 personnes *(310-1 115 €/sem)* et de lodges toilés jusqu'à 5 personnes (loc à la nuitée). Chemin de Saint-Jacques-de-Compostelle et GR à côté. Resto (ouvert toute l'année) proposant une cuisine traditionnelle de brasserie, ainsi que des pizzas, salades... Internet. Wifi.

Cadre : campagne, forêt, lacs ou rivières. ***Terrain :*** herbe ; plat.	⊕ Les activités ; la situation. ⊖ Manque un peu d'ombrage ; les frais de dossier.

À voir, à faire dans les environs : le château et les musées de Châteaudun ; Montigny-le-Gannelon.

COURVILLE-SUR-EURE 28190

19 km O de Chartres — *Carte Centre-Val de Loire A1*

€ **8,60 €** — **100 emplacements**

Camping municipal des Bords de l'Eure : *av. Thiers. ☎ 02-37-18-07-90 (mairie). • accueil@ville-courville.fr • courville-sur-eure.fr • Ouv de fin avr à mi-sept.*
Le camping est situé sur une île formée par les 3 bras de l'Eure, bordée ici de 2 moulins et d'un lavoir. Autour, le vaste parc municipal et ses 3 étangs. Cadre vraiment agréable, bien ombragé. Piscine à proximité, couverte et découvrable. Plusieurs boucles de petites randonnées au départ du camping. Parcours de pêche. Bon accueil. Aire camping-cars à côté. Wifi.

Cadre : campagne, sentiers de randonnée, ville. ***Terrain :*** herbe ; plat.	⊕ Le cadre ; la situation. ⊖ Pour le prix, pas de « moins ».

À voir, à faire dans les environs : les douves et les ruines du donjon, l'éolienne de 1902 ; le Perche ; Chartres ; Anet ; Maintenon ; le château de Villebon.

CROUY-SUR-COSSON 41220

9 km NE de Chambord ; 25 km NE de Blois — *Carte Centre-Val de Loire B2*

€ **9,20 €** — **60 emplacements**

Camping du Cosson : *1, route Cordellerie. ☎ 02-54-87-08-81 ou 02-54-87-51-07 (mairie, hors saison). 06-31-46-38-80. • mairie-de-crouy-sur-cosson@orange.fr • crouysurcosson.a3w.fr • Ouv de Pâques à mi-oct.*

Petit camping municipal, pas complètement clos, aux emplacements simplement délimités par des haies. Joliment situé près de la rivière, dont il n'est séparé que par un bel espace boisé abritant quelques tables de pique-nique. Également quelques chalets à louer *(200-400 €/sem)*. Balades à pied ou à vélo tout autour. Internet. Wifi.

Cadre : campagne, forêt, sentiers de randonnée, lacs ou rivières. ***Terrain :*** herbe ; plat.	⊕ La tranquillité. ⊖ Pas de piscine.

À voir, à faire dans les environs : Chambord (9 km) et les autres châteaux de la Loire ; la Sologne toute proche.

DESCARTES 37160

32 km SO de Loches — **Carte Centre-Val de Loire zoom A2**

€ **9,50 €** — **50 emplacements**

La Roseraie : *allée Léo-Lagrange. ☎ 02-47-59-85-90. • camping@ville-descartes.fr • ville-descartes.fr • Ouv mai-sept (loc tte l'année).*
Très ombragé et calme, notamment les emplacements 17 à 22 et 46 à 50 (en bordure de rivière). À côté, canoë-kayak, espace aquatique, tennis, etc. Location de chalets pour 2 à 6 personnes *(270-410 €/sem)*. Gîte d'étape pour 14 personnes. Internet. Wifi.

Cadre : campagne, lacs ou rivières, sentiers de randonnée. ***Terrain :*** herbe ; plat ; en pente. ***Réducs :*** locatif à 310 € la semaine à partir de la 3e semaine en haute saison sur présentation de ce guide.	⊕ L'environnement (le parc municipal avec sa roseraie) ; l'espace aquatique adjacent. ⊖ On cherche encore...

À voir, à faire dans les environs : le musée Descartes ; la vallée de la Creuse ; le circuit de la Préhistoire.

DUN-SUR-AURON 18130

Carte Centre-Val de Loire B2

25 km SE de Bourges ; 21 km NE de Saint-Amand-Montrond

€ **6,10 €** — **24 emplacements**

Camping municipal : *pl. du Champ-de-Foire. ☎ 02-48-66-64-20. • ville.dunsurauron@wanadoo.fr • dun-sur-auron.fr • Ouv de mi-avr à fin oct. CB refusées.*
Un petit camping qui s'étire le long du canal d'Auron, à deux pas de la place principale de la ville, et pourtant à la campagne, avec sa grande allée de tilleuls sous laquelle quelques emplacements sont délimités par des haies... Pas de jeux ni d'animations (mais piscine municipale en face), c'est un camping tout simple, propre, où l'accueil est excellent.

Cadre : ville. ***Terrain :*** herbe ; plat. ***Réducs :*** - 25 % sur l'emplacement à partir du 8e jour, - 50 % à partir du 15e jour.	⊕ La proximité du centre-ville, des commerces, cafés et restaurants. ⊖ La vue sur la rive opposée du canal, bordée de hangars, peu romantique.

À voir, à faire dans les environs : le musée du Canal-de-Berry, la vieille ville ; l'abbaye de Noirlac ; le château de Meillant.

FRANCUEIL 37150

35 km SE de Tours ; 3 km S de Chenonceaux **Carte Centre-Val de Loire zoom A1**

€€€€ **26 €** **137 emplacements**

Le Moulin Fort : *au bord du Cher. ☎ 02-47-23-86-22. • lemoulinfort@wanadoo.fr • lemoulinfort.com • Ouv mai-début oct.*
Bien ombragé et organisé, le long de la rivière, autour d'un vieux moulin. Les sympathiques propriétaires (sujets britanniques) font leur maximum pour rendre le séjour agréable. Épicerie. Piscine et bassin pour enfants, location de vélos. Animation pour petits et grands. Près du château de Chenonceau, au cœur de la vallée de la Loire. Internet. Wifi.

Cadre : lacs ou rivières, sentiers de randonnée. ***Terrain :*** herbe ; plat. ***Réducs :*** - 10 % en basse et moyenne saisons sur le prix de l'emplacement sur présentation de ce guide.	⊕ Un vrai camping (sans locatifs !) ⊖ Pas trouvé.

À voir, à faire dans les environs : Chenonceaux ; le château de Montpoupon.

HENRICHEMONT 18250

22 km NE de Bourges **Carte Centre-Val de Loire B2**

€€ **10,89 €** **38 emplacements**

Camping du Petit Bois : *route des Aix. ☎ 02-48-26-94-71 ou 02-48-26-70-04 (mairie). • mairiehenrichemont@orange.fr • henrichemont.fr • Ouv 1er mai-30 sept. CB refusées.*
Idéalement situé, près d'un étang de pêche en bordure de bois, c'est un endroit presque secret, bien caché et très calme. Les emplacements sont spacieux, le cadre est verdoyant. Ombragé. Également quelques installations pour enfants. Mais on vient là surtout pour rayonner dans la région, riche en activités.

Cadre : campagne, lacs ou rivières. ***Terrain :*** herbe ; plat.	⊕ Le cadre. ⊖ Peu équipé.

À voir, à faire dans les environs : à La Borne (4 km), le village de potiers et le musée Vassil-Ivanoff, le musée de la Poterie, le Centre de création céramique, la cathédrale de Jean Linard ; la tour de Vesvre de Neuvy-Deux-Clochers (18 km) ; le château de Maupas de Morogues ; le château de Menetou-Salon (8,5 km).

IDS-SAINT-ROCH 18170

55 km SO de Bourges ; 9 km SE de Lignères **Carte Centre-Val de Loire B2**

€€€ **24 €** **25 emplacements**

Camping Familial : *La Vieille-Morte. ☎ 02-48-60-08-49. • campingfamilial@wanadoo.fr • campingfamilial.fr • Ouv 1er avr-30 sept (oct sur résa). CB refusées.*
Un camping dont le nom laisse deviner qu'il est tenu par une famille… fort sympathique, même si elle ne parle pas très bien le français, mais plutôt l'anglais et le néerlandais. Elle sera très fière de vous accueillir dans ce beau camping, au confort digne d'un 3-étoiles. Accolée à la ferme des propriétaires, une grange a été aménagée pour que petits et grands puissent y jouer en cas de mauvais temps. Dans la cour, une tonnelle pour que les campeurs se retrouvent de temps en temps autour d'un repas préparé par le « patron ». Par-delà cette cour, 3 champs en enfilade, le 1er réservé aux caravanes et chalets en location *(300-400 €/sem)*, le 2e aux emplacements tentes et caravanes, et le dernier aux loisirs et à la piscine. Internet. Wifi.

Cadre : campagne, ville. ***Terrain :*** plat.	⊕ Le cadre ; les aménagements de loisirs. ⊖ On n'a pas trouvé.

À voir, à faire dans les environs : à Lignères (9 km), l'église Notre-Dame et le bourg ; le château du Plaix à Saint-Hilaire-en-Lignières (3,5 km) ; le pôle du Cheval et de l'Âne à La Celle-Condé (12 km) ; la ville de Saint-Amand-Montrond (20 km), ses musées et ses environs.

ILLIERS-COMBRAY 28210

27 km SO de Chartres — *Carte Centre-Val de Loire A1*

€€€ **19 €** — **79 emplacements**

Camping du Bois Fleuri : *lieu-dit Montjouvin, route de Brou. ☎ 02-37-24-03-04. • campingleboisfleuri@gmail.com • camping-chartres.com • Ouv avr-fin oct.*
Bordé par la Thirone en contrebas et très ombragé, le camping est bien équipé : bar convivial et petite restauration, jeux, complexe sportif, grande piscine chauffée, pêche, espace bien-être (spa et sauna). Balades à vélo aux alentours. Location de mobile homes et de tentes toilées de 4 à 6 personnes *(420-595 €/sem, loc à la nuitée possible).* Gîte jusqu'à 12 personnes *(140 €/nuit).* Internet. Wifi.

Cadre : campagne, sentiers de randonnée. ***Terrain :*** plat ; herbe.	⊕ L'accès à la piscine municipale gratuit pour tous les campeurs. ⊖ Pourquoi chercher la petite bête ?

À voir, à faire dans les environs : La maison de Tante Léonie – Musée Marcel-Proust ; le château de Frazé ; le village de Brou.

ISSOUDUN 36100

27 km NE de Châteauroux ; 38 km O de Bourges — *Carte Centre-Val de Loire B2*

€ **5,80 €** — **50 emplacements**

Les Taupeaux : *37, route de Reuilly. ☎ 02-54-03-13-46. • tourisme@issoudun.fr • issoudun.fr • Ouv de mi-mai à sept. CB refusées.*
Ceint de beaux arbres touffus qui le protègent du carrefour et des routes qui le bordent, un petit camping tout vert et tout simple. Quelques bosquets, un bloc sanitaire central et impeccable et des petits prix. Dommage seulement qu'il soit situé dans une zone périphérique plus marchande que charmante ! Wifi.

Cadre : ville. ***Terrain :*** herbe ; plat.	⊕ Le super rapport qualité-prix ; la proximité de la piscine municipale (piscine à vague). ⊖ La proximité des routes et donc la rumeur permanente.

À voir, à faire dans les environs : le musée de l'Hospice-Saint-Roch ; le musée du Cirque (21 km) ; Reuilly (17 km) ; le château de Bouges (32 km).

LA BAZOCHE-GOUËT 28330

Carte Centre-Val de Loire A1

27 km SE de Nogent-le-Rotrou ; 32 km O de Châteaudun

€ **7,65 €** — **30 emplacements**

Camping municipal La Rivière : *La Rivière. ☎ 02-37-49-20-25 (mairie). • commune-bazoche-gouet-28330@wanadoo.fr • Ouv de fin avr à mi-oct. CB refusées.*

CENTRE-VAL DE LOIRE

Commune située dans le parc naturel régional du Perche. Camping en bordure de rivière et proche de 2 étangs de pêche. Très calme, champêtre et de taille familiale. Bien tenu. Location de mobile home pour 6 personnes *(222,35-285,10 €/sem)* et caravanes *(72,10 €/sem).* Chemins de randonnées pédestres et VTT à proximité. Location de vélos. Commerces à 1,5 km. Internet. Wifi.

Cadre : campagne, lacs ou rivières, sentiers de randonnée. ***Terrain :*** herbe ; plat.	⊕ La situation, les circuits de randonnée à proximité ; la douche incluse dans le forfait emplacement. ⊖ On cherche, surtout à ce prix-là !

À voir, à faire dans les environs : le Perche ; Nogent-le-Rotrou ; Illiers-Combray ; l'église de Villevillon ; le musée de l'École d'Unverre ; Frezé ; Montmirail.

LA CHAPELLE-D'ANGILLON 18380

33 km E de Vierzon ; 33 km N de Bourges ***Carte Centre-Val de Loire B2***

€€€ **15,66 €** **49 emplacements**

Camping Paradis Nature : *route de la Forge. 06-70-29-52-00. • info@camping-paradis-nature.com • camping-paradis-nature.com • Ouv avr-oct. CB refusées.*
Pour les amateurs de camping « à l'ancienne ». Des emplacements ombragés et la Petite Sauldre qui coule en fond de décor. Équipements limités certes, mais c'est aussi (et surtout !) ce qui fait son charme. Location de grandes tentes pour 4 et 5 personnes *(36 €/j. ou 252 €/sem).* Bloc sanitaires tout à fait correct. Barbecue, micro-ondes, frigo, machines à laver à disposition gratuitement... Ambiance familiale et conviviale. Village et commerces à proximité. Les camping-cars sont les bienvenus. Internet.

Cadre : campagne, lacs ou rivières. ***Terrain :*** herbe ; plat. ***Réducs :*** le verre de l'amitié offert sur présentation de ce guide.	⊕ La simplicité de l'accueil et le charme des lieux. ⊖ La simplicité des équipements ; pas de restaurant.

À voir, à faire dans les environs : la maison natale d'Alain-Fournier, la mairie-école et le château du village ; le château de la Verrerie (12 km) ; Nançay (21 km).

LA FERTÉ-SAINT-AUBIN 45240

20 km S d'Orléans ***Carte Centre-Val de Loire B1***

€€ **15 €** **47 emplacements**

Camping du Cosson : *av. de Lowendal. ☎ 02-38-76-55-90. • campingducosson45@outlook.fr • lafertesaintaubin.com • Ouv de mi-avr à fin sept.*
Situé à 400 m du château, ce camping tout simple et tout en longueur est agréable, stratégiquement situé face à la piscine... mais également non loin du chemin de fer ! Emplacements plus ou moins ombragés. Pas de cuisine commune. Jeux pour enfants, trampoline, ping-pong, terrain de pétanque et location de vélos. De mi-juillet à mi-août, concert des Estivales du Cosson tous les samedis soir, on ne se couchera pas tôt ! Location de yourtes *(40-47 €/nuit pour 2 ; 238-294 €/sem)* et d'habitats toilés *(294-364 €/sem).* Également des tentes jusqu'à 3 personnes *(29-35 €/nuit).* Internet. Wifi.

Cadre : forêt, lacs ou rivières, ville. ***Terrain :*** herbe ; plat.	⊕ La proximité de la ville et de ses commerces ; le restaurant à 100 m ; le complexe aquatique en face du camping. ⊖ La nuisance sonore du passage des trains.

À voir, à faire dans les environs : le château de La Ferté-Saint-Aubin ; la Sologne.

CENTRE-VAL DE LOIRE

LACS 36400

3,6 km E de La Châtre, 18 km O de Châteaumeillant — *Carte Centre-Val de Loire B2*

€€€ 18 € — **59 emplacements**

Camping Val Vert en Berry : *La Vicairerie-Vavres, route de Briantes. ☎ 02-54-30-13-51. 06-14-42-01-56. • valvertenberry@orange.fr • campingvalvertenberry.com • Ouv tte l'année.*
Un camping écoresponsable (Écolabel) implanté en pleine nature sur un vaste terrain arboré (2 ha). Des emplacements en terrasses, au calme, séparés par des haies. Cabanes (au sol) de 2 à 4 personnes *(80-120 €/nuit).* Resto sur place, laverie, piscine, jeux pour enfants. Internet. Wifi.

Cadre : lacs ou rivières, ville, campagne, sentiers de randonnée. ***Terrain :*** en terrasses ; herbe. ***Réducs :*** un café offert pour tout repas pris au restaurant *Le Valvert* sur place sur présentation de ce guide.	⊕ Un réel investissement afin de préserver l'environnement. ⊖ Pas trouvé...

À voir, à faire dans les environs : le musée Georges-Sand et la vallée Noire à La Châtre ; la maison de Georges Sand à Nohant-Vic.

CENTRE-VAL DE LOIRE

LE CONTROIS-EN-SOLOGNE 41700

24 km S de Blois ; 11 km S de Cheverny — *Carte Centre-Val de Loire zoom A1*

€€€€ 28 € — **19 emplacements**

L'Heureux Hasard : *chemin de l'Oudrière. 06-84-25-71-69. • contact@lheureuxhasard.com • lheureuxhasard.com • Ouv fin avr-fin sept. CB refusées.*
Occupant un terrain sauvage entouré de forêt, voici un petit camping pas comme les autres, qui a choisi de se faire discret et proche de la nature. Pas de caravanes ni de camping-cars, mais des roulottes *(66-118 €/nuit pour 2-6 pers),* des cabanes rudimentaires *(70 €/nuit pour 2 pers)* et des tentes nomades, rando ou trappeurs *(79-217 €/nuit pour 4-6 pers).* Cuisine à disposition, jeux pour enfants, et même une aire de feu de camp pour des soirées conviviales ! Internet. Wifi. NOUVEAUTÉ.

Cadre : campagne, forêt, sentiers de randonnée. ***Terrain :*** plat ; herbe.	⊕ Les randonnées à dos d'âne (sur résa ; compter 30 €/2h, 55 €/j.) et les sorties « brame du cerf » (de mi-septembre à mi-octobre, sur résa). ⊖ Les 3 nuits minimum demandées en été.

À voir, à faire dans les environs : les châteaux de Fougères-sur-Bièvre, Cheverny, Troussay, Beauregard ; la baignade écologique de Mont-près-Chambord ; la chocolaterie Max Vauché à Bracieux.

LUYNES 37230

12 km O de Tours — *Carte Centre-Val de Loire zoom A1*

€€€€ 27 € — **73 emplacements**

Les Granges : *av. de l'Europe. ☎ 02-47-55-79-05. • reception@campinglesgranges.fr • campinglesgranges.fr • Ouv avr-oct.*
Emplacements spacieux et ombragés. Location de bungalows toilés pour 4 à 5 personnes, de mobile homes pour 6 et 7 personnes et de chalets *(192-770 €/sem ; loc aussi à la nuitée).* Piscine chauffée, balnéo et snack. Internet. Wifi.

Cadre : campagne, sentiers de randonnée. ***Terrain :*** herbe ; plat. ***Réducs :*** le wifi pour toute la famille offert sur présentation de ce guide.	⊕ La qualité des équipements ; la proximité des châteaux de la Loire. ⊖ On a beau chercher la petite bête...

À voir, à faire dans les environs : Tours ; la proximité des châteaux de la Loire ; les maisons troglodytiques.

MEHUN-SUR-YÈVRE 18500

16 km NO de Bourges ; 16 km SE de Vierzon ***Carte Centre-Val de Loire B2***

€ **9 €** **38 emplacements**

Camping municipal : *av. du Champs-de-Foire. ☎ 02-48-57-44-51. • contactmehun@bourgesberrytourisme.com • ville-mehun-sur-yevre.fr/tourisme/accueil/hebergement-de-plein-air • Ouv mai-fin sept. CB refusées.*
Petit camping ombragé et calme. Simple et bien tenu. C'est surtout un lieu de passage. Proche d'une piscine, de courts de tennis et autres sports, et du centre-ville. Internet. Wifi.

Cadre : ville. ***Terrain :*** herbe ; plat.	⊕ La proximité du centre-ville et de la piscine municipale. ⊖ L'environnement un peu triste ; les emplacements non cloisonnés.

À voir, à faire dans les environs : le château, l'église Notre-Dame, la vieille ville, le pôle de la Porcelaine ; Bourges (16 km) ; la Sologne.

MÉNESTREAU-EN-VILLETTE 45240

29 km SE d'Orléans ***Carte Centre-Val de Loire B1***

€€€ **17 €** **30 emplacements**

Camping du Domaine du Ciran : *route de Marcilly. ☎ 02-38-76-90-93. • contact@domaineduciran.com • domaineduciran.com • Ouv avr-oct.*
Le tarif inclut le droit d'entrée dans le domaine, géré par la Fondation Sologne. Ce vaste site de 300 ha fonctionne comme un véritable musée écologique en plein air. Il a obtenu en 1994 le statut de conservatoire de la faune sauvage : forêt, étangs, landes et faune en liberté ! Une trentaine d'emplacements agréables sur un peu plus de 1 ha. Également 5 jolis chalets pour 4-6 personnes, avec 2 chambres, une cuisine et une salle de bains *(300-510 €/sem)* et des bungalows toilés. Wifi.

Cadre : campagne. ***Terrain :*** herbe ; plat.	⊕ Un énorme parc à côté. ⊖ Peu d'activités en dehors des activités en plein air.

À voir, à faire dans les environs : le domaine, bien sûr ; les châteaux de la Loire ; le château de La Ferté-Saint-Aubin (8 km) ; la Sologne.

MENNETOU-SUR-CHER 41320

Carte Centre-Val de Loire B2

16 km SE de Romorantin-Lanthenay ; 16 km NO de Vierzon

€€ **10 €** **50 emplacements**

Camping Val Rose : *rue de Val-Rose. ☎ 02-54-98-11-02 (02-54-98-01-19 hors saison). • mairie.mennetou@wanadoo.fr • Ouv de juin à mi-sept. CB refusées.*

CENTRE-VAL DE LOIRE

Près du Cher et de la base de loisirs. La nuit à 10 € pour 2 personnes, qui dit mieux ? En plus, ce petit site, au calme, jouit d'un agréable terrain arboré délimité par des haies. Accueil adorable. Plage côté rivière pour les uns, piscine à proximité, avec tarif préférentiel, pour les autres. Et randos sur le GR 41 pour ceux qui ne tiennent pas en place.

Cadre : campagne, lacs ou rivières. ***Terrain :*** herbe ; plat.	⊕ Un camping accueillant, calme et ombragé. ⊖ Le peu d'équipements.

À voir, à faire dans les environs : la vieille ville ; la proche Sologne ; les châteaux de la Loire (vous êtes un peu là pour eux aussi, non ?).

MONTARGIS 45200

70 km E d'Orléans ; 39 km N de Gien — *Carte Centre-Val de Loire B1*

€€ **14 €** — **90 emplacements**

Camping de la Forêt : *38, av. Louis-Maurice-Chautemps. ☎ 02-38-98-00-20. • camping@agglo-montargoise.fr • agglo-montargoise.fr • Ouv fév-nov.*
Grand camping ombragé par des chênes, répartis dans les sous-bois à bonne distance de la rue. Aire de jeux, salle TV et ping-pong. Piscine et tennis gratuits à proximité. Possibilité de pêcher dans les environs, plus parcours et balades à pied dans la forêt. Salle de repos pour les randonneurs et les cyclistes Internet. Wifi.

Cadre : forêt. ***Terrain :*** herbe ; plat.	⊕ Pas loin de la gare, possibilité de venir à pied ; très calme. ⊖ Loin du centre-ville et de ses commerces.

À voir, à faire dans les environs : les églises et musées de Montargis ; l'arboretum des Barres-Arbofolia à Nogent-sur-Vernisson (20 km) ; Ferrières-en-Gâtinais (13 km) ; Gien (39 km) ; les châteaux de la Loire.

MONTBAZON 37250

12 km S de Tours — *Carte Centre-Val de Loire zoom A1*

€€€ **17 €** — **108 emplacements**

La Vallée de l'Indre : *D 910, parc de la Grange-Rouge. ☎ 02-47-26-06-43. • contact@camping-montbazon.com • camping-montbazon.com • Ouv avr-oct.*
Agréablement situé. Ombragé. Piscine et minigolf. Juste à côté du camping, une guinguette qui attire pas mal d'amateurs avec ses thés dansants du dimanche après-midi *(mai-sept)* et le parc de la Grange Rouge avec bar-resto et jeux pour les enfants. Location de mobile homes pour 4 à 6 personnes *(310-630 €/sem).* Internet. Wifi.

Cadre : campagne, lacs ou rivières, ville, sentiers de randonnée. ***Terrain :*** herbe ; plat. ***Réducs :*** - 10 % pour plus de 14 nuits réservées sur le prix des emplacements et locatifs ; le minigolf offert sur présentation de ce guide.	⊕ Les mobile homes loués à la nuitée. ⊖ Les travaux de rénovation qui s'éternisent...

À voir, à faire dans les environs : à Montbazon, le donjon du Faucon-Noir ; entre Montbazon et Azay-le-Rideau (25 km), une quinzaine de châteaux ou manoirs ; le château de Candé à Monts (10 km).

CENTRE-VAL DE LOIRE

MONTLOUIS-SUR-LOIRE 37270

11 km E de Tours — *Carte Centre-Val de Loire zoom A1*

€€€ 17 € — **120 emplacements**

Les Peupliers : *RD 751, en bord de Loire. ☎ 02-47-50-81-90. • camping.montlouis@aquadis-loisirs.com • aquadis-loisirs.com/camping-les-peupliers • Ouv avr-fin oct.*
Bien ombragé et équipé. Salle de lecture avec TV. Piscine municipale gratuite à proximité. Machines à laver, etc. Location de mobile homes pour 2 à 6 personnes *(178-577 €/sem)* et de vélos (le camping est situé pile sur La Loire à Vélo et est labellisé Accueil Vélo ; parfait pour visiter les châteaux de la Loire). Un chemin piéton relie le camping au bourg. Wifi.

Cadre : campagne. ***Terrain :*** herbe ; plat.	⊕ Au bord de l'eau. ⊖ La départementale, un peu bruyante.

À voir, à faire dans les environs : Tours ; les châteaux et les vignobles de la Loire.

MONTOIRE-SUR-LE-LOIR 41800

18 km O de Vendôme — *Carte Centre-Val de Loire zoom A1*

€ 9,20 € — **110 emplacements**

Les Reclusages : *13, av. des Reclusages. ☎ 02-54-85-02-53. • camping.reclusages@orange.fr • mairie-montoire.fr • Ouv avr-sept.*
Confortable et accueillant camping les pieds dans le Loir, spacieux et arboré, sans haies. Propose 2 mini-lodges toilés et des tentes canadiennes équipées, pratiques notamment pour les marcheurs de Compostelle. Plein de petits plus appréciables : accès gratuit à la piscine, bibliothèque, baraque à frites... Lodges et mobile homes *(286-385 €/sem).* Wifi.

Cadre : lacs ou rivières, ville. ***Terrain :*** herbe ; plat.	⊕ Arboré. ⊖ Pas de miniclub.

À voir, à faire dans les environs : les villages troglodytes de Lavardin et Trôo ; la gare historique et Musikenfête à Montoire.

NEUVY-SAINT-SÉPULCHRE 36230

28 km S de Châteauroux ; 15 km O de La Châtre — *Carte Centre-Val de Loire B2*

€ 7,50 € — **35 emplacements**

Camping Les Frênes : *236, route de l'Augère. ☎ 02-54-30-82-51. 📱 06-72-24-95-52. • campinglesfrenes@orange.fr • campingneuvy.pagesperso-orange.fr • Ouv de mi-juin à mi-sept.*
Petit camping de quelques dizaines de places, mais agréablement situé au bord de la plage d'un étang. Emplacements peu ombragés mais séparés par des haies. Quelques bungalows *(250-280 €/sem).* Piscine chauffée, jeux pour enfants et café-resto sympa à l'entrée. Un lieu calme à proximité du centre-ville, idéal pour pêcher et se baigner. Wifi.

Cadre : campagne. ***Terrain :*** herbe ; plat.	⊕ Sa taille humaine et son atmosphère familiale. ⊖ La modestie des équipements.

À voir, à faire dans les environs : la basilique romane de Neuvy-Saint-Sépulchre ; l'abbaye de Varennes (6 km) ; La Châtre (15 km).

NOUAN-LE-FUZELIER 41600

7 km S de Lamotte-Beuvron ; 35 km O de Vierzon — *Carte Centre-Val de Loire B2*

€€€ 21,30 € — 165 emplacements

Camping La Grande Sologne : *rue des Peupliers. ☎ 02-54-88-70-22. • info@campingrandesologne.com • campingrandesologne.com • Ouv d'avr à mi-oct (jusqu'au 1er nov pour les loc).*
Un bon camping traditionnel et familial avec des emplacements bien ombragés autour d'un étang, sur un terrain de 9 ha. Ici, on n'élève pas du touriste en batterie ! Originale « flotente », tente équipée *(27-51 €/nuit, avec toilettes sèches),* posée sur des flotteurs au milieu de l'étang et accessible en barque. Location de mobile homes *(350-715 €/sem).* Jeux enfants, café, animations en saison, location de vélos, tennis et piscine intercommunale à l'entrée (gratuite pour les campeurs). Excellent accueil. Internet. Wifi.

Cadre : campagne, lacs ou rivières.
Terrain : herbe ; plat.

⊕ L'accueil, le calme et sa situation au cœur de la Sologne.
⊖ Néant, du nom de la rivière qui traverse le camping.

À voir, à faire dans les environs : les grandes manifestations équestres de Lamotte-Beuvron ; les étangs de Sologne.

OLIVET 45160

6 km S d'Orléans — *Carte Centre-Val de Loire B1*

€€€ 24,42 € — 46 emplacements

Camping municipal : *325, rue du Pont-Bouchet. ☎ 02-38-63-53-94. • infos@camping-olivet.org • camping-olivet.org • Ouv avr-sept.*
Un beau petit camping, et heureusement... car c'est le seul près d'Orléans ouvert toute la saison ! Le site est classé et le coin charmant. On est au bord du Loiret, auprès duquel s'affairent silencieusement les pêcheurs du coin. Castors, canards et chant des p'tits zoziaux garantis... Emplacements assez ombragés et agréables. En été, petits plats (pizzas, œufs cocotte...) à emporter le soir. Tournée de pain le matin et commerces dans les environs. Sur place, location de vélos et de kayaks. À proximité, piscine découverte (juin-août) avec tarif préférentiel pour les campeurs, et surtout la base de loisirs de l'île Charlemagne pour se baigner, se promener, courir, se détendre, dès l'arrivée des beaux jours : aires de jeux pour enfants, de pique-nique, de baignade surveillée, ainsi que beach-volley, pétanque, cerf-volant, mur d'escalade, circuit VTT, parcours santé et accrobranche. Internet. Wifi.

Cadre : campagne, lacs ou rivières, ville.
Terrain : herbe ; plat ; rocaille.

⊕ Le calme et la nature avec la culture et les loisirs à portée de main.
⊖ À peine une cinquantaine d'emplacements, vite réservés !

À voir, à faire dans les environs : à Orléans, la cathédrale Sainte-Croix, l'ancien hôtel de ville Groslot, l'hôtel Cabu, le musée des Beaux-Arts, la maison de Jeanne d'Arc, le parc floral de La Source ; la Sologne ; la forêt d'Orléans ; les châteaux de la Loire ; le Sancerrois ; le Giennois.

POILLY-LEZ-GIEN 45500

4,5 km SO de Gien ; 40 km SO de Montargis — *Carte Centre-Val de Loire B1-2*

€€€ 22 € — 200 emplacements

Camping touristique de Gien, Sites et Paysages : *1, rue des Iris. ☎ 02-38-67-12-50. • info@camping-gien.com • camping-gien.com • Ouv de mi-mars à fin oct.*
Vaste camping joliment situé en bordure de Loire, face au château. Emplacements bien ombragés par une belle variété d'arbres et un espace à part pour les roulottes *(360-480 €/sem).* Minigolf, ping-pong, salle et aire de jeux, location de vélos, de karts à pédales et de canoës (avec transport retour inclus). Animations en saison. Piscine, bien sûr, mais l'intérêt, c'est d'avoir accès à une vraie plage ! Enfin, agréable resto proposant du poisson de la Loire, avec bar-*lounge* et coin salon. Un très bon camping, bien géré, et à l'accueil très pro. Internet. Wifi.

Cadre : campagne, lacs ou rivières. ***Terrain :*** herbe ; plat.	⊕ La plage. ⊖ Le manque d'espace entre les roulottes.

À voir, à faire dans les environs : à Gien, le château, l'église Sainte-Jeanne-d'Arc, le musée de la Faïencerie ; le musée du Cirque et de l'Illusion à Dampierre-en-Burly (11 km) ; le château de Saint-Brisson-sur-Loire (6 km) ; Briare (10 km).

PREUILLY-SUR-CLAISE 37290

35 km S de Loches ***Carte Centre-Val de Loire zoom A2***

€ 8 € **40 emplacements**

Les Bords de la Claise : *pl. du Champ-de-Foire. ☎ 02-47-94-50-04 (mairie). 06-42-18-70-52. • mairie-preuilly@orange.fr • preuillysurclaise.fr • Ouv juin-fin sept (avr-oct pour les loc). CB refusées.*
À 400 m du centre et au bord de l'eau. Terrain assez ombragé. Quelques mobile homes à louer *(200-250 €/sem, loc possible à la nuit en basse saison).* Piscine municipale (gratuite pour les campeurs) juste à côté. Internet. Wifi.

Cadre : campagne, lacs ou rivières, sentiers de randonnée. ***Terrain :*** herbe ; plat ; en pente.	⊕ Le calme au sud de la Touraine ; la piscine gratuite. ⊖ Une ville pas très animée.

À voir, à faire dans les environs : l'église abbatiale Saint-Pierre et le musée des Arts et Traditions populaires ; le château d'Azay-le-Ferron ; Loches ; la station thermale de La Roche-Posay ; les étangs de la Brenne.

RILLÉ 37340

Carte Centre-Val de Loire zoom A1

13 km SO de Château-la-Vallière ; 20 km NO de Langeais

€€€€ 55 € **146 emplacements**

Camping Huttopia : *lac de Rillé. ☎ 02-47-24-62-97. • rille@huttopia.com • huttopia.com • Ouv de mi-avr à mi-oct.*
Dans la forêt, au bord d'un lac. Emplacements bien ombragés et plein d'hébergements confortables conçus en toile et/ou en bois *(350-1 680 €/sem).* Bien équipé et toutes sortes d'activités possibles du tennis au... barbecue. Location de vélos et d'embarcations à pédales. Internet.

Cadre : campagne, forêt, lacs ou rivières, sentiers de randonnée. ***Terrain :*** herbe ; plat.	⊕ Les formules *Bed & Breakfast* en cabane ou en roulotte. ⊖ Le nombre d'emplacements ; le prix en haute saison.

À voir, à faire dans les environs : Langeais et le pays de Racan.

ROMORANTIN-LANTHENAY 41200

41 km SE de Blois — *Carte Centre-Val de Loire B2*

€€€ 17,40 € — **85 emplacements**

Camping de Tournefeuille : *32, rue des Lices. ☎ 02-54-76-16-60. • romo2015@outlook.fr • campingromorantin.com • Ouv 1er avr-30 oct.*
Camping situé en bordure de rivière, emplacements ensoleillés ou ombragés. Idéal pour une étape ou un séjour en tente *(pour 4 pers, 154-180 €/sem)*, camping-car ou chalet équipé (6 chalets, dont un PMR, *385-492 €/sem*). Piscine couverte et chauffée sur place. Tennis à deux pas. Location de vélos. Internet. Wifi.

Cadre : lacs ou rivières, ville.
Terrain : herbe ; plat.

⊕ La promenade très agréable pour rejoindre le centre-ville ; l'ambiance familiale ; la piscine couverte (et découverte aux beaux jours !).
⊖ Pas de « moins ».

À voir, à faire dans les environs : le château, l'Espace automobiles Matra, le musée de Sologne, et la maison des sœurs Tatin (un hôtel pas si tarte, d'ailleurs).

CENTRE-VAL DE LOIRE

SAINT-AIGNAN-SUR-CHER 41110

38 km S de Blois — *Carte Centre-Val de Loire zoom A1*

€€€ 20 € — **40 emplacements**

Camping Le Port : *3, rue Passeur, Mareuil-sur-Cher. ☎ 02-54-75-28-52. • campingleport@outlook.fr • camping-leport.fr • Ouv Pâques-fin sept.*
En bordure du Cher, au pied du château de Mareuil, un petit camping familial de 40 emplacements semi-ombragés. Salle commune dans l'ancienne distillerie, trampoline, terrains de sports, jeux d'enfants et location de canoës sur place. Location de bungalows toilés avec cuisine équipée *(230-350 €/sem)*. Commerces au village à deux pas. Bon accueil. Wifi.

Cadre : lacs ou rivières, ville.
Terrain : herbe.

⊕ Le calme ; le cadre ; la proximité du ZooParc de Beauval.
⊖ Pas de restauration sur place.

€€€€ 26 € — **140 emplacements**

Camping Les Cochards : *1, rue du Camping, Seigy. ☎ 02-54-75-15-59. • camping@lescochards.com • lescochards.com • Ouv 1er avr-25 sept.*
Grand terrain pour ce camping 4 étoiles, ombragé et agréablement aménagé, à proximité de la rivière. Familial et bien tenu. Lave-linge, piscine, possibilité de pêcher, location de vélos, école de voile à la base nautique à côté. Location de tentes trappeurs, mobile homes et bungalows *(320-910 €/sem)*. Super accueil ! Internet. Wifi.

Cadre : campagne, lacs ou rivières.
Terrain : herbe ; plat.

⊕ Un camping nature et familial ; les nombreuses activités pour les enfants ; les tarifs réduits pour certains sites touristiques dont le ZooParc de Beauval à proximité.
⊖ À 1 km du centre-ville.

À voir, à faire dans les environs : la collégiale, le château, la maison Carmen (ne cherchez pas le toréador), les rues anciennes et les rives du Cher ; le ZooParc de Beauval (2 km) ; les châteaux de la Loire (normal par ici !) ; la Sologne.

SAINT-BENOÎT-SUR-LOIRE 45730

35 km E d'Orléans ; 7 km NO de Sully-sur-Loire — *Carte Centre-Val de Loire B1*

€€ 13,10 € — **50 emplacements**

Camping OnlyCamp Le Port : *lieu-dit Le Port, 32, rue du Port. ☎ 02-38-35-12-34. • campingleport@onlycamp.fr • onlycamp.fr • Ouv juin-sept.*
Petit camping agréable et calme offrant des emplacements ombragés en bord de Loire. Simple mais sympathique. Aire de service pour camping-cars. Pêche autorisée. À proximité, ULM, karting, location de canoës-kayaks. Sur le parcours de La Loire à Vélo. Wifi.

Cadre : lacs ou rivières. ***Terrain :*** herbe ; en pente.	⊕ Le calme des bords de Loire. ⊖ Le manque d'équipements.

À voir, à faire dans les environs : l'abbaye de Fleury ; les châteaux de la Loire, dont celui de Sully ; le musée de la Marine à Châteauneuf-sur-Loire (10 km) ; Combreux et la forêt d'Orléans (23 km).

SAINT-PÈRE-SUR-LOIRE 45600

25,5 km NO de Gien ; 1,6 km S de Sully-sur-Loire — *Carte Centre-Val de Loire B1*

€€€ 20 € — **80 emplacements**

Camping Le Jardin de Sully : *1, route d'Orléans. ☎ 02-38-67-10-84. 📱 07-81-11-47-65. • lejardindesully@gmail.com • camping-bord-de-loire.com • Ouv tte l'année.*
Un camping de bon confort, avec de petites haies entre les emplacements. Bon ombrage et belle variété d'arbres. Accès direct aux bords de Loire et pas mal de loisirs sur place (canoë-kayak, tennis, minigolf, aire de jeux...). Piscine chauffée, location de vélos et animations en saison. Snack avec four à pizza et cuisine à disposition. Location de mobile homes et bungalows toilés et meublés pour 2 à 6 personnes *(196-616 €/sem).* Internet. Wifi.

Cadre : campagne, lacs ou rivières. ***Terrain :*** herbe ; plat.	⊕ La situation ; le confort ; la nature. ⊖ Les mobile homes et bungalows serrés.

À voir, à faire dans les environs : les châteaux de la Loire, dont celui de Sully ; Gien (25,5 km) ; Combreux et la forêt d'Orléans (30 km) ; Lorris (18 km).

SAINTE-MAURE-DE-TOURAINE 37800

32 km SE de Chinon ; 40 km SO de Tours — *Carte Centre-Val de Loire zoom A2*

€€ 15 € — **66 emplacements**

Camping de Marans : *parc Robert-Guignard, rue de Toizelet. ☎ 02-47-65-44-93. 📱 06-72-18-05-41. • camping@sainte-maure-de-touraine.fr • sainte-maure-de-touraine.fr • Ouv avr-oct.*
Ombragé et voisin d'un agréable plan d'eau. Piscine à proximité. Quelques mobile homes *(250-350 €/sem).* Location de vélos. Internet. Wifi.

Cadre : campagne, lacs ou rivières. ***Terrain :*** plat ; herbe. ***Réducs :*** tennis et pétanque gratuits sur présentation de ce guide.	⊕ Très calme, propre et agréable. ⊖ Tout ça à ce prix-là : il n'y a pas de « moins » !

À voir, à faire dans les environs : la crypte de l'église et le château de Sainte-Maure ; Crissay-sur-Manse et la petite route de la vallée de la Manse ; les parcs animaliers.

SALBRIS 41300

Carte Centre-Val de Loire B2

28 km NE de Romorantin-Lanthenay ; 11 km NE de La Ferté-Imbault

€€€ 24,30 € (avec électricité) 81 emplacements

Camping de Sologne : *8, allée de la Sauldre. ☎ 02-54-97-06-38. • campingdesologne@wanadoo.fr • campingdesologne.fr • Ouv 1er avr-30 sept.*
Camping d'un bon rapport qualité-prix, et quel environnement ! En pleine nature, tranquille, sous les arbres, près d'un grand lac... Service de boulangerie avec distributeur automatique. Location de mobile homes et chalets pour 2 à 6 personnes *(246-675 €/sem).* Internet. Wifi.

Cadre : campagne, lacs ou rivières, ville.
Terrain : herbe ; plat.
Réducs : - 10 % pour un séjour d'une semaine sur présentation de ce guide.

⊕ Les pêcheurs seront à la fête, et c'est gratuit pour les campeurs !
⊖ Pas d'animations, c'est un camping de passage.

À voir, à faire dans les environs : l'îlot Saint-Taurin à La Ferté-Imbault (11 km) ; et toute une Sologne un peu secrète, à parcourir sur les pas du *Grand Meaulnes* (pour ceux et celles qui veulent rêver !).

CENTRE-VAL DE LOIRE

SENONCHES 28250

43 km NO de Chartres ; 41 km SO de Dreux — Carte Centre-Val de Loire A1

€€€€ 126 emplacements

Camping Huttopia Senonches : *étang de Badouleau. ☎ 02-37-37-81-40. • senonches@huttopia.com • europe.huttopia.com • Ouv avr-oct.*
Le chalet d'accueil, tout en bois, construit sur pilotis, se prolonge à l'arrière par le bar-restaurant avec sa terrasse sur l'étang. En face, sur l'autre rive, les canadiennes, cahutes, trappeurs et cabanes *(50-230 €/nuit ; tarifs dégressifs et promos à certaines périodes),* équipées de tout le confort. Piscine naturelle filtrée tout aussi naturellement. Nombreuses activités alentour. Internet.

Cadre : forêt.
Terrain : plat.

⊕ Les emplacements en forêt et la sensation d'être un vrai trappeur !
⊖ Les prix en haute saison.

À voir, à faire dans les environs : La Ferté-Vidame ; le Perche.

SONZAY 37360

35 km NO de Tours — Carte Centre-Val de Loire zoom A1

€€€€ 34 € (avec électricité) 92 emplacements

L'Arada Parc : *88, rue de la Baratière. ☎ 02-47-24-72-69. • info@laradaparc.com • laradaparc.com • Ouv avr-oct.*
Un camping familial aussi sympathique qu'insolite, une armoire à provisions magique qui recèle tous les trésors gourmands du coin, un cadre neuf mais verdoyant, et des activités multiples. Loue aussi des mobile homes et des écolodges tous neufs *(245-976,50 €/sem).* Piscine d'intérieur chauffée, salle de jeux intérieure pour enfants. Internet. Wifi.

Cadre : campagne.
Terrain : herbe ; plat.
Réducs : pot de bienvenue offert sur présentation de ce guide.

⊕ Les visites dans les fermes en été.
⊖ Un peu loin de tout, ce coin de Touraine.

À voir, à faire dans les environs : Tours ; les châteaux de la Loire.

THORÉ-LA-ROCHETTE 41100

9 km O de Vendôme ; 43 km NO de Blois *Carte Centre-Val de Loire zoom A1*

€€ 11 € **60 emplacements**

Camping municipal de la Bonne Aventure : *2, route de la Cunaille. ☎ 02-54-72-00-59. 06-09-43-16-75. • campingthore@orange.fr • camping-la-bonne-aventure.fr • Ouv mai-sept.*
En pleine nature, un camping familial semi-ombragé de 3 ha en bordure du Loir, relié par une passerelle à la plage sur l'autre rive. Nombreuses activités sportives sur place. Tennis gratuit pour les campeurs. Location de barques et vélos. Mobile homes pour 6 personnes en location *(210-370 €/sem).* Wifi.

Cadre : campagne, sentiers de randonnée, lacs ou rivières.
Terrain : herbe ; plat.
Réducs : 2h de vélo offerte sur présentation de ce guide.

⊕ La situation.
⊖ Un brin excentré de Vendôme.

À voir, à faire dans les environs : la vallée du Loir en train ; les vignobles alentour ; Lavardin ; Trôo.

VALENÇAY 36600

42 km NO de Châteauroux ; 52 km S de Blois *Carte Centre-Val de Loire B2*

€€ 15 € **50 emplacements**

Camping municipal Les Chênes : *40, route de Loches. ☎ 02-54-40-76-81. 06-95-01-73-64. • camping.valencay1@orange.fr • camping-leschenes.fr • Ouv avr-fin oct.*
Emplacements agréablement délimités par des haies et offrant une certaine intimité sur ce site joliment paysagé autour de son étang (étang pour la pêche gratuit). Accès gratuit à la piscine municipale voisine pour les campeurs ; également des courts de tennis à proximité. Mobile homes *(390-490 €/sem).* Internet. Wifi.

Cadre : campagne.
Terrain : herbe ; plat.
Réducs : - 10 % sur le séjour à partir du 8e jour sur présentation de ce guide.

⊕ La beauté du site.
⊖ Quels « moins » ?

À voir, à faire dans les environs : le château et le musée de l'Automobile ; Reuilly (41 km) ; le musée de l'Hospice-Saint-Roch à Issoudun (43 km).

VEIGNÉ 37250

15 km S de Tours ; 2,5 km E de Montbazon *Carte Centre-Val de Loire zoom A1*

€€€ 17 € **120 emplacements**

Camping La Nouvelle Plage : *D 50. ☎ 02-47-34-95-39. • campinglanouvelleplage@gmail.com • campinglanouvelleplage-veigne.com • Ouv Pâques-Toussaint.*
Assez ombragé et bien équipé. Caravanes vintage, tentes cabanon équipées, campétoile en location *(210-280 €/sem).* Petite piscine municipale gratuite pour les campeurs *(juil-août),* plage (comme son nom l'indique), animations en saison. Snack. Internet. Wifi.

Cadre : campagne, lacs ou rivières.
Terrain : herbe ; plat.
Réducs : le minigolf offert sur présentation de ce guide.

⊕ La plage ; et le voilier sur l'Indre !
⊖ Le terrain inondable.

À voir, à faire dans les environs : le donjon du Faucon-Noir à Montbazon ; entre Montbazon et Azay-le-Rideau (25 km), une quinzaine de châteaux ou manoirs ; le château de Candé à Monts (10 km) ; Tours ; les châteaux et vignobles de la Loire.

VILLENTROIS-FAVEROLLES-EN-BERRY 36600

Carte Centre-Val de Loire A-B2

50 km NO de Châteauroux ; 30 km SO de Romorantin-Lanthenay

€€€€ **4 emplacements**

L'Augis Nature : *Les Augis. 06-60-12-92-81. • augisnature@gmail.com • laugisnature.fr • Ouv de mi-avr à début nov. CB refusées.*
Une adresse pour les amateurs de logements atypiques ou insolites ! Au choix, cabanes à 4 ou 6 m de hauteur (à partir de 3-4 ans ou 6 ans selon la hauteur ; *125-135 € pour 2 pers*), ou yourte *(80-90 € pour 2),* en pleine nature ; lit bébé possible dans la yourte et la roulotte... Le petit déj gourmand est compris dans le prix. Compter 25 ou 30 €/personne supplémentaire. En plus, plan d'eau à 100 m (baignade en juillet-août), accès gratuit au tennis. Possibilité de plateau du terroir pour le dîner, boissons incluses *(formule adulte 23 €, enfant 12 €).*

Cadre : campagne, forêt. ***Terrain :*** herbe ; plat.	⊕ Le site sauvage et préservé. ⊖ Certains hébergements interdits aux enfants pour des raisons de sécurité.

À voir, à faire dans les environs : le pays de Valençay avec le château de Valençay, le musée de l'Automate, le train du Bas-Berry, les jardins du domaine de Poulaine, la balade sur les pas de Benjamin Rabier.

VOUVRAY 37210

9 km E de Tours ; 14 km O d'Amboise *Carte Centre-Val de Loire zoom A1*

€€€ **17,50 €** **36 emplacements**

Camping Le Bec de Cisse : *3, chemin du Bec-de-Cisse. ☎ 02-47-76-07-22. 06-59-08-07-27. • camping.vouvray@gmail.com • camping-vouvray.com • Ouv avr-août.*
Tranquille, au bord de la rivière la Cisse (et la Loire n'est pas loin non plus). Très classique avec ses emplacements séparés par des haies. Super accueil. Tentes et caravanes *(343-399 €/sem).* Location de vélos. Internet. Wifi.

Cadre : campagne. ***Terrain :*** herbe ; plat. ***Réducs :*** - 10 % toute l'année sur présentation de ce guide.	⊕ La tranquillité, à l'écart du village. ⊖ L'équipement minimum.

À voir, à faire dans les environs : le musée de la Vigne et du Vin ; les jardins du château de Valmer ; le château d'Amboise ; les balades en bateau sur la Loire depuis Rochecorbon.

Corse

Pictos utilisés dans ce guide

- € Économique
- €€ Bon marché
- €€€ Prix moyens
- €€€€ Plus chic
- Tente
- Caravane
- Hébergement locatif
- Camping-car
- Caravaneige
- Piscine extérieure
- Piscine couverte
- Accès handicapé
- Hébergement insolite ou original

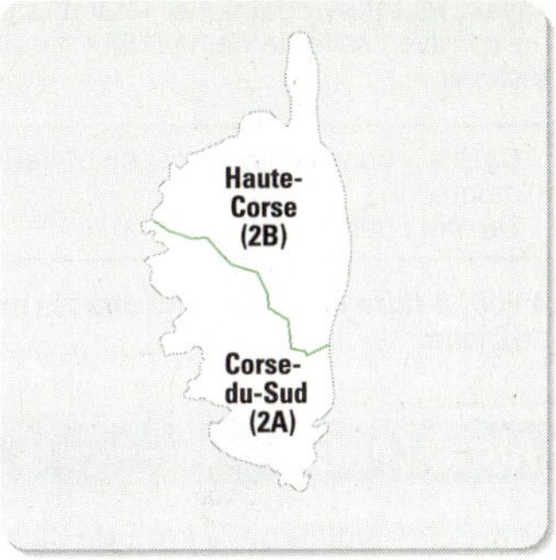

AJACCIO (AIACCIU) 20000

70 km N de Propriano ; 50 km S de Cargèse — *Carte Corse A2*

€€€ **21 €** — **70 emplacements**

Camping Les Mimosas : *chemin de la Carosaccia, route d'Alata. ☎ 04-95-20-99-85. • campingmimosas@wanadoo.fr • camping-lesmimosas.com • Ouv d'avr à mi-oct. CB refusées.*
Assez tranquille, en retrait du tumulte ajaccien et pourtant pas loin de la ville, un petit camping sans chichis mais convenable. Sanitaires simples et propres. Location de mobile homes et chalets pour 2 à 4 personnes *(310-610 €/sem).* Wifi.

Cadre : campagne, ville.
Terrain : plat.

⊕ Le bon rapport qualité-prix.
⊖ Peu équipé ; l'éloignement du centre-ville.

À voir, à faire dans les environs : la maison Bonaparte, le musée Fesch ; les îles Sanguinaires (12 km à l'ouest d'Ajaccio).

ALÉRIA (ALERIA) 20270

48 km SE de Corte ; 33 km N de Solenzara — *Carte Corse A2*

€€€€ **50 €** — **251 emplacements**

Marina d'Aléria : *plage de Padulone. ☎ 04-95-57-01-42. • info@marina-aleria.com • marina-aleria.com • Ouv de mai à mi-oct.*
Au bord d'une longue plage de sable (1 km) et à proximité d'une petite rivière. Site ombragé sous les mimosas, les pins et les eucalyptus. 2 blocs sanitaires avec eau chaude. Animations sportives, espace piscine. Très bon restaurant. Chalets et mobile homes à louer également *(270-1 365 €/sem).* Miniclub gratuit pour les petits *(ouv 15 juin-15 sept).* Location de vélos. Wifi.

Cadre : mer.
Terrain : herbe ; plat.

⊕ Les mobile homes directement en bord de mer ! Les jeux d'eau pour enfants.
⊖ Rien à signaler en « moins ».

€€€ 16 € — 25 emplacements

Ernella : *lieu-dit L'Ernella (N 200). 06-28-60-53-87. • marianifrancoise@gmail.com • ernella.fr • Ouv mars-fin oct. CB refusées.*
Simple, ombragé, bien situé, au bord du Tavignano, sur lequel on pratique le canoë-kayak. Plutôt sympathique. Restauration sur place. Gîtes pour 4 à 6 personnes, style dortoir avec salle de bains *(15 €/j. et par pers, pas d'accès à la cuisine).* Il vaut mieux réserver.

Cadre : campagne, lacs ou rivières, montagne. ***Terrain :*** herbe ; plat.	⊕ Produits de la ferme selon la saison. ⊖ On cherche, on cherche...

À voir, à faire dans les environs : le musée départemental Jérôme-Carcopino, l'étang de Diane.

ASCO (ASCU) — 20276

3 km SE de Moltifao ; 70 km E de Calvi — **Carte Corse A1**

€€€ 16,50 € — 50 emplacements

Camping Monte Cinto : *forêt du Haut-Asco. ☎ 04-95-47-86-08. 06-20-26-65-11. • campingmontecinto.asco@neuf.fr • campingmontecinto-asco.com • Ouv mai-oct. CB refusées.*
Camping proposant beaucoup d'espace sous les pins, en bordure de route et de rivière. Un site agréable, aux emplacements non délimités. Pêche. Caravanes à louer *(250 €/sem).* Restauration sur place.

Cadre : forêt, lacs ou rivières, montagne, sentiers de randonnée. ***Terrain :*** plat.	⊕ La vidange camping-cars gratuite ; le pain frais le matin. ⊖ Simple mais suffisant.

€€€ 25 € — 25 emplacements

Camping E Canicce : *route d'Asco, D 147. ☎ 04-95-35-16-75. 06-43-84-24-14. • ecanicce@gmail.com • campingecanicce.com • Ouv mars-oct (maisons tte l'année).*
Camping en bord de rivière, offrant de grands emplacements à l'ombre de vieux chênes verts. Location de mobile homes *(420-740 €/sem)* et de maisons typiques *(650-850 €/sem).* 2 piscines sécurisées. Une adresse tranquille. Internet. Wifi (illimité et gratuit).

Cadre : campagne, forêt, lacs ou rivières, montagne, sentiers de randonnée, mer. ***Terrain :*** herbe ; plat.	⊕ L'accès direct à la rivière ; le calme ; l'accueil familial ; la propreté ; les jeux pour enfants. Un établissement respectant l'environnement : tout solaire. ⊖ Beaucoup plus de « plus » que de « moins ».

À voir, à faire dans les environs : les gorges de l'Asco ; le village des Tortues à Moltifao.

BASTELICA — 20119

38 km NE d'Ajaccio — **Carte Corse A2**

€€ 15 € — 10 emplacements

Camping Minocchi : *pont de Minocchi. ☎ 04-95-28-70-27. 06-07-57-28-54. • antoinebernardini@orange.fr • Ouv juin-fin sept. CB refusées.*
Camping à la ferme, familial et planté de chênes. Bloc sanitaire correct. Simple. Rivière à 50 m.

CORSE

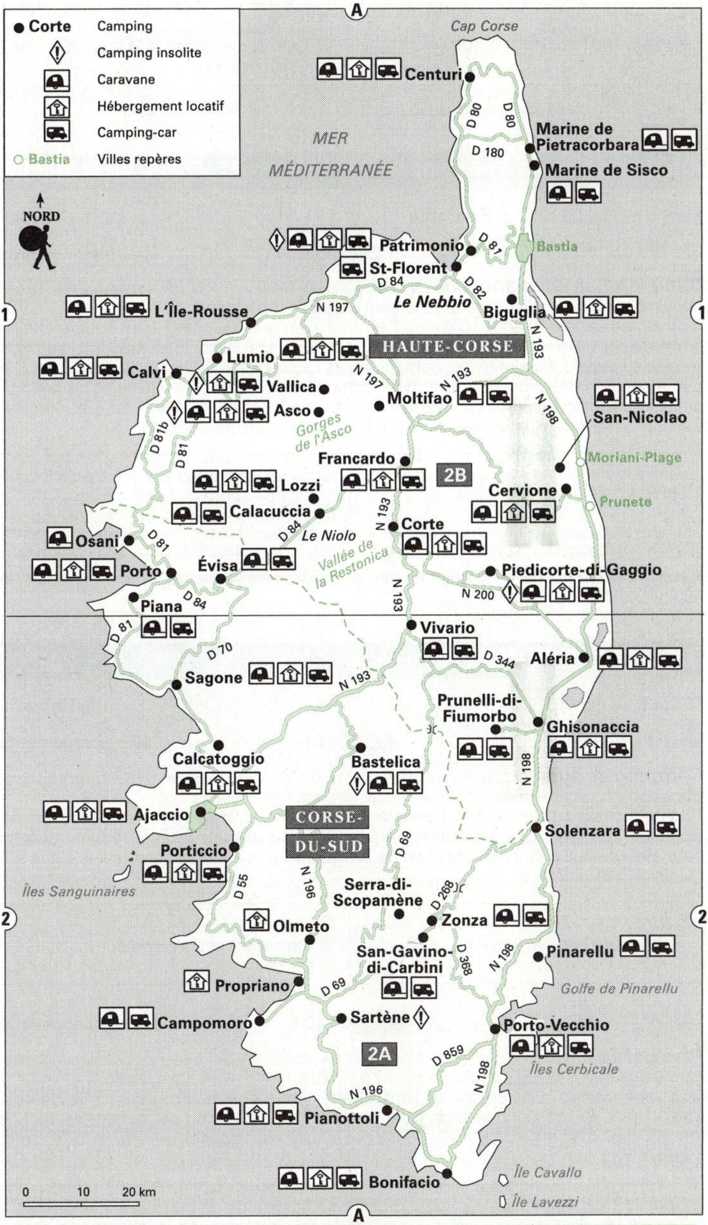
Corte
Camping
Camping insolite
Caravane
Hébergement locatif
Camping-car
Bastia
Villes repères
NORD
A
1
2
Cap Corse
MER
MÉDITERRANÉE
Centuri
D 80
D 80
Marine de Pietracorbara
D 180
Marine de Sisco
Patrimonio
D 81
Bastia
St-Florent
D 84
D 82
Le Nebbio
Biguglia
N 197
L'Île-Rousse
HAUTE-CORSE
Lumio
N 193
Calvi
Vallica
N 197
N 193
Moltifao
N 198
San-Nicolao
Asco
Gorges de l'Asco
D 81b
D 81
Francardo
2B
Moriani-Plage
Cervione
Lozzi
Prunete
Calacuccia
N 193
Corte
D 84
Le Niolo
Osani
D 81
Vallée de la Restonica
Évisa
Porto
Piedicorte-di-Gaggio
N 193
N 200
Piana
D 84
D 81
Vivario
D 70
D 344
Aléria
Sagone
N 193
Prunelli-di-Fiumorbo
Ghisonaccia
Calcatoggio
Bastelica
N 198
Ajaccio
CORSE-DU-SUD
Solenzara
Porticcio
D 69
Îles Sanguinaires
D 55
N 196
Serra-di-Scopamène
D 268
Zonza
Olmeto
San-Gavino-di-Carbini
D 368
N 198
Pinarellu
Propriano
D 69
Golfe de Pinarellu
Campomoro
Sartène
Porto-Vecchio
2A
D 859
Îles Cerbicale
N 198
N 196
Pianottoli
Bonifacio
Île Cavallo
Île Lavezzi
0
10
20 km

CORSE

CORSE

Cadre : montagne. ***Terrain :*** en terrasses ; herbe.	⊕ Le très bon accueil. ⊖ Les commerces à 4 km ; pas de réseau mobile.

À voir, à faire dans les environs : le canal de la Volta ; le Monte Renoso.

BIGUGLIA 20620

8 km S de Bastia ; 21 km E d'Oletta *Carte Corse A1*

€€€€ **36 €** **350 emplacements**

Camping San Damiano : *lido de la Marana. ☎ 04-95-33-68-02. • info@campingsandamiano.com • campingsandamiano.com • Ouv fin mars-début nov.*
À proximité de Bastia (et à 10 km de l'aéroport), un gros camping, bien équipé et bien ombragé par de grands pins, avec accès direct à la plage. Resto, bar, supérette, tennis et piscine superbe. La majorité des hébergements locatifs *(343-1 498 €/sem)* sont dans une partie séparée des emplacements pour campeurs, tous avec sanitaires et clim. Nombreuses animations sportives, miniclub enfants et ados et plein de jeux pour les enfants. Service de navettes (payantes) 3 fois par jour pour Bastia. Internet. Wifi.

Cadre : mer. ***Terrain :*** plat.	⊕ Le seul camping à proximité de Bastia, et en bord de mer ! ⊖ Pas de service de bus régulier pour Bastia.

À voir, à faire dans les environs : Bastia, sa citadelle, sa vieille ville et son vieux port ; la réserve ornithologique de Biguglia.

BONIFACIO (BUNIFAZIU) 20169

18 km S de Figari *Carte Corse A2*

€€€€ **31 €** **80 emplacements**

Camping Araguina : *av. Sylvère-Bohn. ☎ 04-95-73-02-96. • camping.araguina@wanadoo.fr • campingaraguina.fr • Ouv avr-fin oct. CB refusées.*
Tout petit camping bien pratique pour les routards à pied, car ils peuvent de là arpenter Bonifacio. En revanche, route très fréquentée juste devant. Se mettre bien au fond pour être tranquille. Sol dur. Location de bungalows *(400-1 100 €/sem, loc possible à la nuitée).* Pizzeria. Wifi.

Cadre : mer, ville. ***Terrain :*** en terrasses ; plat.	⊕ La facilité d'accès. ⊖ On est un peu les uns sur les autres en été.

€€€€ **30,10 €** **100 emplacements**

Pian del Fosse : *route de Santa-Manza. ☎ 04-95-73-16-34. • camping@piandelfosse.com • piandelfosse.com • Ouv de mi-avr à mi-oct.*
Très vaste camping ombragé : oliviers, chênes verts et pins. Emplacements de 40 à 100 m² (prix variant selon la superficie) bien délimités. Location de bungalows, mobile homes, chalets et mini-villas *(290-1 030 €/sem).* Épicerie et snack ouverts en juillet-août. Internet. Wifi.

Cadre : campagne, mer. ***Terrain :*** en terrasses.	⊕ La gamme de bungalows ; le calme ; le contact avec la nature ; la propreté ; les soirées concerts. ⊖ La nécessité d'être motorisé ; les frais de dossier.

CORSE

€€€€ 30,50 € — 161 emplacements

Camping Campo di Liccia : *route de Porto-Vecchio. ☎ 04-95-73-03-09. • info@campingdiliccia.com • campingdiliccia.com • Ouv début avr-fin sept.*
Sur 5 ha, un camping offrant pas mal d'espace, à l'ombre des oliviers séculaires, eucalyptus et des chênes-lièges. Sanitaires très bien entretenus. Beaucoup d'habitués. Animations en juillet-août. Location de bungalows, mobile homes et chalets climatisés *(247-1 120 €/sem).* Pizzeria-grill l'été. Wifi.

Cadre : mer, ville. ***Terrain :*** en terrasses ; herbe ; plat.	⊕ Le bon accueil. ⊖ La nécessité d'être motorisé ; la mer à 4 km ; le wifi disponible seulement autour de l'accueil, et payant.

€€€€ 31,10 € — 120 emplacements

Camping la Rondinara : *route de Suartone. ☎ 04-95-70-43-15. • reception@rondinara.fr • rondinara.fr • Ouv de mi-mai à mi-oct.*
Grand, fleuri et bien équipé. Un petit sentier descend jusqu'à la plage, à 10 mn à pied. Belle piscine à débordement. Sanitaires impeccables. Mobile homes climatisés à louer *(609-1 450 €/sem).* Épicerie, pizzeria-grill. Internet. Wifi.

Cadre : mer. ***Terrain :*** en terrasses ; rocaille.	⊕ La réception aimable. ⊖ Peu d'animations ; l'éloignement du centre-ville (18 km).

€€€€ 32,50 € — 100 emplacements

Camping des Îles : *route de Piantarella. ☎ 04-95-73-11-89. • camping.des.iles.bonifacio@gmail.com • camping-desiles.com • Ouv fin avr-fin sept.*
Beaux espaces sous les arbres, bien ombragés et organisés en petites terrasses. Blocs sanitaires impeccables. Toutes sortes de logements disséminés sur le terrain, sans être les uns sur les autres *(420-1 225 €/sem).* Resto l'été. Internet. Wifi.

Cadre : mer. ***Terrain :*** en terrasses ; herbe ; plat ; en pente.	⊕ Le très bon équipement et le chouette environnement. ⊖ Le wifi payant.

À voir, à faire dans les environs : le port, l'aquarium et la ville haute.

CALACUCCIA ET LE NIOLO (NIOLU) 20224

34 km O de Corte ; 58 km NE de Porto — ***Carte Corse A1***

€€€ 23 € — 50 emplacements

Camping Acquaviva : *Scardacciole. ☎ 04-95-48-00-08 ou 04-95-48-06-90. 📱 06-27-80-36-86. • stella.acquaviva@wanadoo.fr • acquaviva.corsica • Ouv de mi-avr à mi-oct. CB refusées.*
Petit camping avec une jolie vue sur le lac et les montagnes. De l'ombre sous les châtaigniers et de la place (grandes parcelles), avec des bancs en bois. Sanitaires très propres. Barbecue à disposition. Accueil chaleureux. Internet. Wifi.

Cadre : campagne, lacs ou rivières, montagne, sentiers de randonnée. ***Terrain :*** herbe ; plat.	⊕ Les renseignements sur les randos. ⊖ Le camping répond à tout ce qu'on attend de lui, alors...

À voir, à faire dans les environs : la visite de l'exploitation castanéicole (de châtaignes) U Mulinu ; Casamaccioli (4 km).

CORSE

CALCATOGGIO 20111

21 km S de Cargèse *Carte Corse A2*

€€€€ 33 € **33 emplacements**

Camping A Marina : *golfo de la Liscia. ☎ 04-95-52-21-84. 06-72-83-62-34. • fabiani.famille@wanadoo.fr • camping-amarina.com • Ouv avr-oct.*
Un camping plaisant, car isolé dans un coin calme au bout d'un chemin privé. Espaces ombragés et agréables. Sanitaires propres et en nombre suffisant. Et surtout, la plage est juste devant. Location de chalets et mobile homes pour 2 à 6 personnes *(380-1 200 €/sem).* Internet. Wifi.

Cadre : mer. ***Terrain :*** herbe ; plat.	⊕ La plage en accès direct ; le calme. ⊖ Les équipements simples compte tenu des tarifs (pas de piscine) ; pas d'animations.

€€€€ 27,50 € **100 emplacements**

Camping La Liscia : *RD 81, lieu-dit La Liscia, Calcatoggio-Plage. ☎ 04-95-52-20-65. • francois.ferraro@orange.fr • laliscia.com • Ouv avr-fin sept.*
Sur 3 ha de verdure, un camping vaste et bien ombragé. Bon accueil. Location de studios et mobile homes climatisés, avec sanitaires et cuisine, pour 2 à 6 personnes *(380-930 €/sem selon taille et saison).* Location de vélos. Son défaut : situé côté route et non côté mer (plage à 600 m). Planter sa tente vers le fond. Internet. Wifi.

Cadre : campagne, lacs ou rivières, mer. ***Terrain :*** en terrasses ; herbe ; plat. ***Réducs :*** kit de bienvenue aux locataires ; tarifs dégressifs pour longs séjours.	⊕ L'épicerie-boutique et ses spécialités corses ; le méga château gonflable et les jeux pour les enfants ; le wifi gratuit (demander le code à la réception). ⊖ La proximité de la route, mais les haies atténuent le bruit.

À voir, à faire dans les environs : le lac de Creno ; les calanques de Piana (40 km).

CALVI 20260

111 km O de Bastia ; 24 km SO de L'Île-Rousse *Carte Corse A1*

€€€€ 26,40 € **135 emplacements**

Camping Paduella : *route de Bastia. ☎ 04-95-65-06-16. • info@campingpaduella.com • campingpaduella.com • Ouv mai-début oct. CB refusées.*
Propre, plutôt coquet et bien ombragé, avec des emplacements bien délimités. Épicerie, bar (avec billard), aire de jeux pour les enfants. Bon rapport qualité-prix. Sans doute le meilleur camping 3 étoiles de Calvi. Bungalows à louer *(300-650 €/sem).* Internet. Wifi.

Cadre : mer. ***Terrain :*** herbe ; plat.	⊕ La plage à 300 m. ⊖ Un peu loin du centre-ville.

€€€ 22,10 € **35 emplacements**

Camping La Clé des Champs : *route de Pietramaggiore. ☎ 04-95-65-00-86. • contact@calvi-cledeschamps.fr • calvi-cledeschamps.fr • Ouv avr-oct. CB refusées.*
Un camping minuscule, où l'on a tendance à s'entasser sur une poignée d'emplacements ombragés. Mais compte tenu des tarifs modérés, ça dépanne bien et l'ambiance est sympa. Épicerie. Quelques chalets ou maisonnettes en dur plutôt bien équipés pour 2 à 6 personnes *(230-1 190 €/sem).* Internet. Wifi.

Cadre : mer, ville. ***Terrain :*** plat.	⊕ Situé dans un quartier tranquille ; à 800 m du centre-ville et à 300 m de la plage. ⊖ Son exiguïté ; pas de piscine ; pas d'animations.

€€€€ **27 €** — **156 emplacements**

Camping Bella Vista : *route de Pietramaggiore. ☎ 04-95-65-11-76. • campingbellavista@orange.fr • camping-calvi-bellavista.com • Ouv Pâques-sept.*
Sur un vaste terrain bien plat et fleuri de 5 ha, camping 3 étoiles agréable et ombragé, calme, familial et bien entretenu. Chalets classiques à louer pour 2 à 5 personnes *(250-1 180 €/sem).* Pizzeria-snack, alimentation et laverie. Bar pour le petit déj. Ping-pong et jeux d'enfants. Excellent accueil. Internet. Wifi.

Cadre : mer. ***Terrain :*** herbe ; plat.	⊕ Au calme ; pas trop loin de Calvi et de la plage. ⊖ Pas de piscine.

À voir, à faire dans les environs : la citadelle, la cathédrale Saint-Jean-Baptiste.

CAMPOMORO (CAMPUMORU) 20110

22 km O de Sartène — **Carte Corse A2**

€€€ **17 €** — **50 emplacements**

Camping Peretto Les Roseaux : *☎ 04-95-74-20-52. 📱 06-81-26-27-71. Ouv d'avr à mi-oct.*
Un camping étagé au pied de la colline, parmi les orangers, roseaux, palmiers, peupliers et eucalyptus. La plage est à 300 m. Emplacements délimités et bien ombragés. Calme (on est d'ailleurs prié de ne pas faire la fiesta après 22h : beaucoup d'habitués du camping apprécient cette quiétude). Bon marché pour le coin. Résa recommandée.

Cadre : mer. ***Terrain :*** en terrasses.	⊕ Le bien-être. ⊖ Les sanitaires à l'ancienne.

À voir, à faire dans les environs : la tour génoise, les balades et la plongée.

CENTURI 20238

18 km O de Macinaggio — **Carte Corse A1**

€€€ **23,40 €** — **150 emplacements**

Camping L'Isulottu : *Morsiglia. ☎ 04-95-35-62-81. • camping.isulottu@orange.fr • isulottu.fr • Ouv mai-sept.*
Camping bien ombragé par de beaux oliviers, proche d'une plage de galets. Certains emplacements avec vue sur la mer. Sanitaires impeccables à l'énergie solaire. Bar, snack à pizzas *(en août et seulement le soir),* petit déj *(juin-sept).* Une adresse respectueuse de l'environnement. Location de chalets *(550-850 €/sem).* Wifi.

Cadre : mer, sentiers de randonnée. ***Terrain :*** en terrasses.	⊕ La plage à 300 m. ⊖ Pas de service de bus, véhicule indispensable.

À voir, à faire dans les environs : le cap Corse ; le port de Centuri.

CERVIONE (CERVIONI) 20221

78 km E de Corte *Carte Corse A1*

€€€€ 64 € (avec électricité) **100 emplacements**

Yelloh Village Campoloro : *à Prunete. ☎ 04-95-38-00-20. • campoloro@wanadoo.fr • lecampoloro.com • Ouv de mi-mai à mi-sept.*
Emplacements spacieux, assez bien ombragés. Sanitaires propres. Espace remise en forme. 4 piscines, dont une à toboggan : à vous aquagym, *beach soccer* et autre beach-volley ! Soirées à thème. Animations pour les enfants en juillet-août. Location de chalets, bungalows et mobile homes pour 2 à 6 personnes *(413-1 995 €/sem selon taille et saison).* Internet. Wifi.

Cadre : mer. ***Terrain :*** plat ; rocaille.	⊕ Le bon accueil ; l'espace aquatique ; les nouveaux logements. ⊖ Le prix.

€€€ 15,60 € **50 emplacements**

Camping Calamar : *à Prunete. ☎ 04-95-38-03-54 ou 04-95-34-08-44 (hors saison). • contact@campingcalamar.eu • campingcalamar.eu • Ouv de mi-avr à mi-oct. CB refusées.*
Camping tout simple, avec accès direct à la plage. Pas de piscine, donc, mais il y a la grande bleue et ce n'est pas rien. On est un peu serré, mais la bonne ambiance compense. Accueil souriant. Chambres et bungalows à louer *(280-600 €/sem).* Supermarché à 500 m. Wifi.

Cadre : mer, campagne. ***Terrain :*** herbe ; plat.	⊕ Les emplacements sous les oliviers, en bordure du champ, ce sont les plus tranquilles. ⊖ On cherche encore...

À voir, à faire dans les environs : la plage, la mer, la plage, la mer...

CORSE

CORTE (CORTI) 20250

22 km S de Ponte-Leccia ; 34 km E de Calacuccia *Carte Corse A1*

€€€ 21 € **100 emplacements**

Camping Alivetu : *fg Saint-Antoine. ☎ 04-95-46-11-09. • camping-alivetu@laposte.net • camping-alivetu.com • Ouv 1er mai-30 sept. CB refusées.*
Assez bien ombragé, encaissé, en bord de rivière. Bon point de départ de randos. Chalets et mobile homes à louer *(490-882 €/sem).* Internet. Wifi.

Cadre : lacs ou rivières, montagne, sentiers de randonnée, ville. ***Terrain :*** herbe ; plat ; rocaille.	⊕ Les lave-linge et sèche-linge gratuits ; les sanitaires chauffés durant la saison froide ; le wifi gratuit. ⊖ Le sol parfois caillouteux.

€€€ 25 € **90 emplacements**

Camping de Tuani : *vallée de la Restonica. ☎ 04-95-46-11-65. • camping-corte.com • Ouv 1er avr-30 sept. CB refusées.*
Au bord du torrent, la plupart des espaces sont en espaliers, ce qui n'empêche pas l'impression d'entassement en août. À 7h du matin, la cigale de service débute le concert de la journée. Site sauvage et grandiose. Restauration dans un chalet de rondins avec une terrasse abritée donnant sur le torrent. Bonnes *bruschette* et tartes maison. Internet.

Cadre : campagne, forêt, lacs ou rivières, montagne, sentiers de randonnée. ***Terrain :*** en terrasses.	⊕ Chic l'accès direct à la rivière ! ⊖ Le peu d'emplacements pourvus d'électricité car fonctionnement avec groupes électrogènes.

€€€ **19,50 €** **25 emplacements**

Camping Saint-Pancrace : *pl. Saint-Pancrace. ☎ 04-95-46-09-22. 06-22-73-74-86. • saintpancrace@live.fr • campingsaintpancrace.fr • Ouv de mi-avr à fin sept. CB refusées.*
Petit camping, situé tout au bout d'un quartier résidentiel. Très tranquille. Fromage fermier et produits régionaux sur place (les proprios font du fromage de brebis).

Cadre : campagne, lacs ou rivières, montagne. ***Terrain :*** en terrasses ; herbe ; plat.	⊕ Les produits de la ferme ; les sentiers de rando à proximité ; la rivière ; la pleine nature ! ⊖ La route un peu étroite pour accéder au camping.

À voir, à faire dans les environs : le musée de la Corse, la citadelle.

ÉVISA 20126

22 km E de Porto ; 96 km S de Calvi *Carte Corse A1*

€€€ **21,50 €** **70 emplacements**

Camping L'Acciola : *D 70, Scopa-Rossa. ☎ 04-95-26-23-01 et 04-95-26-20-29 (hors saison). 06-72-89-52-80. • j.camilli@orange.fr • acciola.com • Ouv de mi-mai à fin sept.*
Petit camping tout simple et sans chichis : on plante la tente sous les châtaigniers et l'on profite de la vue superbe sur les environs. Un ensemble propre et un accueil gentil comme tout. Internet.

Cadre : campagne, forêt, lacs ou rivières, montagne, sentiers de randonnée. ***Terrain :*** en terrasses ; herbe ; plat.	⊕ La vue. ⊖ La simplicité.

À voir, à faire dans les environs : les gorges de la Spelunca ; les cascades d'Aïtone.

FRANCARDO 20236

18 km N de Corte *Carte Corse A1*

€€€ **22 €** **30 emplacements**

Aire naturelle Campita : *D 84, route de Calacuccia. ☎ 04-95-47-44-15. 06-78-23-62-03. • battista.campita@yahoo.fr • campita.fr • Ouv avr-sept. CB refusées.*
Une aire naturelle au bord du Golo. Le camping à proprement parler est situé dans une forêt de chênes. Équipements limités, mais l'essentiel est là. Également 5 gîtes, agréés *Gîtes de France (360-720 €/sem).* Internet. Wifi.

Cadre : campagne, lacs ou rivières. ***Terrain :*** plat.	⊕ Les grands espaces et la rivière à proximité. ⊖ Le peu d'équipements.

À voir, à faire dans les environs : la citadelle de Corte.

GHISONACCIA (GHISUNACCIA) 20240

62 km SE de Corte ; 20 km N de Solenzara — *Carte Corse A2*

€€€€ 49 € — **403 emplacements**

Camping Arinella Bianca : *route de la Mer. ☎ 04-95-56-04-78. • arinella@arinellabianca.com • arinellabianca.com • Ouv de mi-avr à début oct.*
Bien ombragé sous les eucalyptus. Très bien équipé : une vraie petite ville pour tentes et camping-cars. Location de bungalows pour 4 à 6 personnes, ainsi que de mobile homes et chalets *(390-2 080 €/sem).* Soirées spectacle et une foule d'activités (équitation, bateau, etc.). Animations en haute saison : spectacles, miniclub, activités sportives. Mais attention, ces services (épicerie, resto, bar, miniclub, animations) sont proposés seulement de mi-mai à mi-septembre. Resto avec cuisine traditionnelle *(plat du jour 15 € environ).* Spa, hammam, sauna, jacuzzi, massages. Aire de lavage pour véhicules. Aire pour chiens. Plage équipée de paillotes. Internet. Wifi.

Cadre : mer. ***Terrain :*** herbe ; plat.	⊕ Le superbe cadre ; le locatif bien intégré ; le superbe espace balnéo réservé aux plus de 18 ans. ⊖ Le wifi gratuit mais au débit faible.

À voir, à faire dans les environs : le Fium'Orbu ; l'étang d'Urbino (7 km).

GOLFE DE PINARELLU (LE ; PINAREDDU) 20144

19 km NE de Porto-Vecchio — *Carte Corse A2*

€€€€ 32 € — **100 emplacements**

Camping California : *Pinarellu, Sainte-Lucie-de-Porto-Vecchio. ☎ 04-95-71-49-24. 📱 06-18-35-67-25. • info@camping-california.net • camping-california.net • Ouv de mi-mai à mi-oct. CB refusées.*
Dans un petit coin de nature bien sauvage (7 ha de pinède), bordé par la plage et loin des routes, voici un camping correct, généreusement ombragé par des pins parasols. Bar, pizzeria, épicerie, tennis... Pas de piscine, mais la mer est à deux pas. Wifi.

Cadre : campagne, mer. ***Terrain :*** herbe ; plat.	⊕ L'accès direct à la plage. ⊖ Les chiens interdits en juillet-août.

À voir, à faire dans les environs : Conca pour le GR 20 ; tout le golfe et ses piscines naturelles.

L'ÎLE-ROUSSE (ISULA ROSSA) 20220

87 km O de Bastia ; 24 km NE de Calvi — *Carte Corse A1*

€€€€ 25,50 € — **223 emplacements**

Camping Les Oliviers : *La Ferme, route de Bastia, Monticello. ☎ 04-95-60-19-92. 📱 06-15-35-00-45. • contact@camping-oliviers.com • camping-oliviers.com • Ouv avr-sept.*
Plutôt bien ombragé et proche de la plage. Belles calanques à proximité. Emplacements agréables si l'on évite ceux trop proches de la route. Bungalows *(240-860 €/sem, draps en sus ; loc à la nuitée possible avt mi-juin et après mi-sept)* ; les plus petits, tout en bois, sont modestes mais pas chers. Bar et pizzeria en saison. Internet. Wifi.

Cadre : mer, ville. ***Terrain :*** plat.	⊕ L'accès à la mer. ⊖ On est les uns sur les autres en été.

À voir, à faire dans les environs : le phare de la Pietra ; le parc de Saleccia.

LOZZI 20224

34 km NO de Corte ; 58 km NE de Porto *Carte Corse A1*

€€€ 18 € 25 emplacements

Camping-Chambres d'hôtes L'Arimone : *route du Cinto. 06-12-44-22-61. • t69tam@hotmail.fr • campinglarimone.com • Ouv 1er juin-30 sept.*
Adresse toute simple mais suffisamment agréable grâce à sa situation exceptionnelle sur un plateau à flanc de montagne. Pour randonneurs évidemment, mais aussi pour routards, chevaliers errants et vagabonds célestes. Accueil chaleureux. Loue aussi des chambres d'hôtes *(329 €/sem ou 47 €/nuit ; petit déj 6 €).* Internet.

Cadre : campagne, forêt, lacs ou rivières, montagne, sentiers de randonnée.
Terrain : en terrasses ; herbe ; plat.

+ Le panorama ; la table d'orientation.
− La mer à 45 mn.

À voir, à faire dans les environs : la visite de l'exploitation castanéicole (de châtaignes) U Mulinu ; Casamaccioli (4 km).

LUMIO (LUMIU) 20260

10 km NE de Calvi *Carte Corse A1*

€€€€ 28 € 100 emplacements

Camping Panoramic : *route de Lavatoggio. ☎ 04-95-60-73-13. • info@le-panoramic.com • le-panoramic.com • Ouv mai-sept. CB refusées.*
À flanc de colline, ombragé par des eucalyptus et équipé d'une jolie piscine. Grandes terrasses avec emplacements délimités. Calme, agréable et très belle vue. Camping écoresponsable avec panneaux solaires, système de traitement de l'eau et tri sélectif des déchets. Sympathique adresse et patron serviable. Resto en été. Soirée familiale une fois par semaine. Mobile homes à louer *(380-950 €/sem).* Internet. Wifi.

Cadre : mer, sentiers de randonnée.
Terrain : en terrasses.

+ La piscine ; la vue sur la mer ; les magnifiques couchers de soleil.
− R.A.S.

€€€€ 24 € vue village, 30 € vue mer 150 emplacements

Camping Monte Ortu : *chemin du Monte-Ortu. ☎ 04-95-60-73-93. • contact@monte-ortu.fr • monteortu.corsica • Ouv avr-oct.*
Un peu isolé, en pleine nature à l'écart du trafic de la nationale. Le camping s'étend sur 11 ha et offre de jolies vues. Ombragé par des eucalyptus et équipé d'une jolie piscine. Sanitaires très bien tenus. Resto sur place pour le dîner. Location mobile homes de toutes tailles *(280-1 150 €/sem).* Internet. Wifi.

Cadre : mer.
Terrain : en terrasses.

+ Le calme ; les terrasses des locations ; la vue sur la mer et la montagne.
− L'ombre un peu chiche sur certains emplacements.

À voir, à faire dans les environs : une randonnée vers Occi (prononcer Odgi) ; Calvi.

MARINE DE PIETRACORBARA (LA) 20233

18 km N de Bastia *Carte Corse A1*

€€€€ 31,50 € 200 emplacements

Domaine La Pietra : *lieu-dit Presa. ☎ 04-95-35-27-49. • lapietra@wanadoo.fr • lapietra.com • Ouv fin mars-début nov.*

Emplacements plats et vastes (95 m²) et bien délimités par de hautes haies. Eucalyptus, pins, fleurs, c'est plutôt joli et bien soigné. Épicerie, tennis, machines à laver, parking surveillé pour motos, vélos, voitures. Grande piscine et resto-snack. Chalets *(600-1 600 €/sem),* de bon standing. Internet. Wifi.

Cadre : mer, montagne, sentiers de randonnée. ***Terrain :*** herbe ; plat.	⊕ La belle piscine. ⊖ Pas de réservation : arriver tôt pour avoir une place à l'ombre.

À voir, à faire dans les environs : la mer !

MARINE DE SISCO (LA) 20233

15 km N de Bastia ; 5,5 km N d'Erbalunga — ***Carte Corse A1***

€€€ **24,60 €** — **60 emplacements**

Camping A Casaïola : *La Marine. ☎ 04-95-35-20-10. • a-casaiola@bbox.fr • camping-acasaiola.com • Ouv mai-fin oct. CB refusées.*
Beau cadre, organisé en terrasses, assez bien ombragé par d'épais chênes-lièges, oliviers et arbousiers. Calme (à 250 m de la route), simple, propre, familial et bon marché, ce petit camping donne toute satisfaction et on s'y sent comme chez soi. Bon accueil. Piscine bordée de murets de lauzes. Bon accueil. Internet. Wifi.

Cadre : campagne, mer, sentiers de randonnée. ***Terrain :*** en terrasses ; herbe ; plat.	⊕ Pas de locatif, un vrai camping pour les campeurs ! ⊖ Peu de service de bus, il faut être motorisé.

À voir, à faire dans les environs : Sisco, son église et la villa Saint-Pierre.

MOLTIFAO 20218

12 km NO de Ponte-Leccia ; 47 km SE de L'Île-Rousse — ***Carte Corse A1***

€€€ **17 €** — **18 emplacements**

Camping Cabanella : *route d'Asco. 📱 07-81-94-24-61. • camping.cabanella@gmail.com • camping-cabanella.com • Ouv de Pâques à mi-sept. CB refusées.*
En bord de torrent, bien ombragé, calme et propre. Possibilité de faire du kayak, du canyoning, de la rando, de la via ferrata... ou de la pêche. Petite buvette couleur locale, on est peinard.

Cadre : lacs ou rivières, montagne, sentiers de randonnée. ***Terrain :*** en terrasses ; plat.	⊕ Parfait pour les sportifs. ⊖ Les barbecues interdits.

€€€ **19,90 €** — **32 emplacements**

A Tizarella : *route d'Asco. ☎ 04-95-47-83-92. • franceschetti.pierre-marie@orange.fr • camping-tizarella.com • Ouv avr-oct. CB refusées.*
Petit camping ombragé sous des chênes centenaires, familial, en bord de rivière, avec des emplacements naturellement séparés. Équipement correct. Possibilité de manger sur place (pizzas, grillades au feu de bois). Piscine. À 20 mn de la plage et des départs du GR 20. Internet. Wifi.

Cadre : campagne, lacs ou rivières, montagne, sentiers de randonnée. ***Terrain :*** en terrasses ; herbe ; plat.	⊕ Le dépôt de pain et de viennoiseries ; très calme. ⊖ Pas trouvé

À voir, à faire dans les environs : les gorges de l'Asco (15 km) ; le village des Tortues de Moltifao.

OLMETO 20113

9 km N de Propriano ; 60 km SE d'Ajaccio *Carte Corse A2*

€€€€ 45 € (avec électricité) **150 emplacements**

Camping-village L'Esplanade : *à Olmeto-Plage. ☎ 04-95-76-05-03. • campingesplanade@gmail.com • campingesplanade.com • Ouv avr-fin oct.*
Un site charmant, tout en terrasses, à l'ombre des chênes, des pins et des oliviers. Propose toutes sortes d'hébergements : chalets, tentes lodges et bungalows pour 5 personnes *(413-1 701 €/sem).* Jolie piscine à débordement. Alimentation, et bar-pizzeria en saison. Internet. Wifi.

Cadre : mer, montagne.
Terrain : en terrasses.

⊕ Les activités autour de la piscine ; l'accès direct à la plage.
⊖ On n'a plus envie de repartir !

À voir, à faire dans les environs : le village d'Olmeto ; Propriano ; le site préhistorique de Filitosa.

OSANI 20147

22 km NO de Porto *Carte Corse A1*

€€€ 28 € **90 emplacements**

Camping E Gradelle : *plage de Gradelle. ☎ 04-95-27-32-01. • camping-gradelle@orange.fr • camping-corsica-gradelle.com • Ouv mai-sept.*
Camping en terrasses, de confort modeste mais en pleine nature, tranquille et à l'ombre des chênes-lièges. Petit bar sympa, avec restauration le soir. Location de Zodiac sur la plage : un bon plan pour visiter les criques, et pas si cher. Internet. Wifi.

Cadre : mer.
Terrain : en terrasses ; en pente.

⊕ La plage à 300 m ; à deux pas du golfe de Girolata et de la réserve de Scandola.
⊖ Pas de réservation possible : 1er arrivé, 1er servi.

À voir, à faire dans les environs : les calanques de Piana (33 km) ; Porto (22 km) ; la réserve naturelle de Scandola.

PATRIMONIO (PATRIMONIU) 20253

7 km NE de Saint-Florent ; 17 km O de Bastia *Carte Corse A1*

€€€€ 29,10 € **25 emplacements**

U Sole Marinu : *lieu-dit Caratelli. ☎ 04-95-37-12-20. • usolemarinu@gmail.com • usolemarinu.com • Ouv de début juin à mi-sept (loc à partir d'avr).*
Belle situation en bord de plage (location de transats et *paddles*) à proximité d'une falaise calcaire. Peu d'emplacements, ambiance familiale et très sympa. Moyennement ombragé. Quelques mobile homes à louer, spacieux et confortables *(400-1 240 €/sem).* Mini-market, buvette et pizzeria *(juil-août).* Internet. Wifi.

Cadre : mer, montagne.
Terrain : herbe ; plat.

⊕ Le miel maison (le gendre de la propriétaire est apiculteur de son état) ; les produits et les conseils d'aromathérapie ; les savons artisanaux.
⊖ Pas d'animations pour les enfants.

À voir, à faire dans les environs : la statue-menhir, l'église San Martinu.

CORSE

PIANA 20115

12 km SO de Porto — *Carte Corse A1*

€€€€ 29 € — 50 emplacements

Camping Plage d'Arone : *plage d'Arone. ☎ 04-95-20-64-54. Ouv de mi-mai à fin sept. CB refusées.*
Camping s'étendant sur 3,5 ha. Très ombragé par des eucalyptus et des oliviers. Emplacements spacieux. Sanitaires bien entretenus. Familial et agréable. La plage d'Arone, à deux pas, est vraiment belle.

Cadre : mer, montagne, sentiers de randonnée.
Terrain : herbe ; plat.

⊕ La mer à moins de 10 mn à pied !
⊖ Les équipements basiques pour le prix.

À voir, à faire dans les environs : les calanques ; la marine de Ficajola.

PIANOTTOLI (PIANOTTULI) 20131

33 km SE de Sartène — *Carte Corse A2*

€€€€ 38 € — 90 emplacements

Camping Kevano Plage : *route du bord de mer. ☎ 04-95-71-83-22. 📱 06-25-50-80-70. • campingkevano@gmail.com • campingkevano.com • Ouv avr-oct.*
Site très agréable, vert et fleuri, bien ombragé, à 400 m de la mer. Camping très bien tenu à tous égards. Emplacements type camping sauvage. Location de mobile homes, chalets et bungalows toilés *(550-1400 €/sem).* Pas trop de monde et superbes plages à proximité, dont celle de Kevano. Internet. Wifi.

Cadre : mer.
Terrain : en terrasses ; herbe.

⊕ Les beaux emplacements dans la roche de granit ; les réservations possibles pour les tentes.
⊖ Peu d'emplacements caravane ; les frais de dossier élevés.

€€€€ 27 € — 115 emplacements

Camping Le Damier : *☎ 04-95-71-48-85. • info@camping-le-damier.com • camping-le-damier.com • Ouv avr-fin oct.*
Un camping bien niché sous les pins et les chênes-lièges, parfaitement ombragé. Installations modernes, impeccables, et une jolie piscine en prime. Bar-resto et pizzeria. Bon équipement général. Location de bungalows 4-5 personnes *(190-990 €/sem),* mobile homes, lodges et chalets (avec ou sans sanitaires) pour 5 personnes *(380-990 €/sem selon équipement et saison)* et d'autres pour 6 un peu plus chers. NOUVEAUTÉ.

Cadre : forêt de chênes-lièges.
Terrain : plat.

⊕ Les animations, animaux admis.
⊖ Quels « moins » ?

À voir, à faire dans les environs : la plage de Kevano ; la plage de Capi-Neru.

PIEDICORTE-DI-GAGGIO 20251

48 km SE de Corte ; 33 km N de Solenzara — *Carte Corse A1*

€€€ 25 € — 25 emplacements

Camping ferme-auberge Sortipiani : *chez Xavier Corazzini, pont de Piedicorte, N 200, Piedicorte-di-Gaggio. ☎ 04-95-48-81-67. 📱 06-45-22-54-50. • xaviercorsu@aol.com • sortipiani.com • Ouv avr-sept.*

CORSE

En pleine nature, à côté du Tavignano où l'on peut se baigner en été, sous des chênes-lièges et des arbousiers (quel calme !). Bonne cuisine à base des produits de la ferme et barbecue collectif. Charcuterie maison. Quelques emplacements de camping (ombragés et douches chaudes), ainsi que des mobile homes, des bungalows 4 personnes *(350-600 €/sem)*, un gîte et des chambres d'hôtes à louer. Bon sentier de randonnée autour de la propriété, passant par un site préhistorique que fouille Xavier (excursion archéo possible). Documentation sur place. Mieux vaut réserver 24h avant. Internet. Wifi.

Cadre : campagne, lacs ou rivières. ***Terrain :*** herbe ; plat.	⊕ Le calme ; le cadre ; l'accueil. ⊖ On cherche, on cherche...

À voir, à faire dans les environs : le musée départemental Jérôme-Carcopino ; l'étang de Diane.

PORTICCIO (PURTICHJU) 20166

10 km S d'Ajaccio ***Carte Corse A2***

€€€€ 33 € **200 emplacements**

Camping U Prunelli : *pont du Prunelli. ☎ 04-95-25-19-23. • camping-prunelli.com • Ouv avr-oct.*
Le camping, très ombragé, s'étend assez loin de la route passante. Pour les campeurs, des emplacements bien délimités et suffisamment spacieux. Les chalets de bois massif, de 2 à 8 personnes, lumineux et agréables, se révèlent agréables à vivre et plutôt efficaces contre les fortes chaleurs *(320-1 550 €/sem, loc possible à la nuit si dispo)*. Resto-pizzeria, *minimarket* et salle de sport. NOUVEAUTÉ.

Cadre : bordure de rivière. ***Terrain :*** plat.	⊕ L'excellente ambiance. ⊖ L'entrée un peu étroite, mais ce n'est pas la place qui manque ici !

À voir, à faire dans les environs : les plages de la Viva, d'Agosta ; les promenades en mer et la plongée sous-marin ; la forêt domaniale de Coti-Chiavari ; les randonnées vers Propriano et Ghisonaccia.

PORTO (PORTU) 20150

92 km SO de Corte ; 12 km NE de Piana ***Carte Corse A1***

€€€ 22 € **70 emplacements**

Camping Le Porto : *à Porto-Village. ☎ 04-95-26-13-67. 📱 06-85-41-50-74. • campingleporto@gmail.com • camping-le-porto.com • Ouv de mi-juin à fin sept. CB refusées.*
Petit camping au calme installé dans un ancien verger. Emplacements sur d'adorables petites terrasses. On plante sa tente à l'ombre d'un treillage où s'accroche la vigne, ou sous un cerisier. Accueil familial et vraiment sympa. Peu d'emplacements : un vrai camping pour campeurs, quoi ! Piscine naturelle à 5 mn à pied.

Cadre : mer. ***Terrain :*** en terrasses.	⊕ L'accueil familial très sympa. ⊖ Les sanitaires insuffisants.

€€€€ 35 € **170 emplacements**

Camping Sole E Vista : *à Porto-Village. ☎ 04-95-26-15-71. • camping.soleevista.porto@gmail.com • camping-sole-e-vista.fr • Ouv avr-oct.*
Vaste camping très fleuri, étagé sur plusieurs niveaux, offrant une très belle vue sur le golfe, avec des emplacements correctement ombragés, peu (ou pas) délimités. Du coup, au cœur de l'été, on a tendance à s'entasser. Location de bungalows, de lodges et d'hébergements originaux (« bivouac », « paillote », « trappeur ») pour 2 à 6 personnes *(330-1 020 €/sem)*. Grande piscine avec jeux d'eau pour les enfants, espace fitness en plein air et restaurant (pizzas au feu de bois). Internet. Wifi.

Cadre : mer. ***Terrain :*** en pente ; en terrasses.	⊕ Le cadre naturel ; à 150 m de la rivière pour se baigner. ⊖ À 20 mn à pied de la mer.

€€€€ **27,60 €** **76 emplacements**

Camping Funtana a l'Ora : *route d'Évisa. ☎ 04-95-26-11-65. 06-81-45-68-58. • funtanaalora@orange.fr • funtanaalora.com • Ouv début avr-fin oct. CB refusées.*
Espaces en terrasses agréables, très bien ombragés et à 200 m de la baignade dans le torrent. Chalets et mobile homes pour 4 personnes à louer *(330-1 310 €/sem).* Un site vraiment relax et une bonne ambiance familiale, même s'il y a du monde en août (comme partout). Belle piscine chauffée et pizzeria sympa. Internet. Wifi.

Cadre : montagne. ***Terrain :*** en terrasses.	⊕ La rivière ; le terrain multisport ; la piscine chauffée. ⊖ L'entassement en août.

€€€€ **31,60 €** **250 emplacements**

HPA Les Oliviers : *☎ 04-95-26-14-49. • lesoliviersporto@wanadoo.fr • camping-oliviers-porto.com • Ouv fin mars-début nov.*
Très beau camping 4 étoiles, assez luxueux, avec des emplacements pas bien grands mais étagés sur la colline parsemée de roches. Ensemble bien ombragé par de généreux arbres et avec vue sur la montagne. Belle piscine chauffée, aménagée avec de faux rochers, parasols, transats et séduisante terrasse de bois. Grande salle de muscu-fitness, très bien équipée (accès gratuit pour les campeurs). Pizzeria, bar, sauna et spa. Sentier botanique et rivière à deux pas pour la baignade en milieu naturel. Location de bungalows pour 2 à 8 personnes *(332-1 635 €/sem selon taille et saison).* Internet. Wifi.

CORSE

Cadre : lacs ou rivières, mer, montagne. ***Terrain :*** en pente ; en terrasses.	⊕ Les nombreuses animations (chants corses, initiation à la plongée...) ; la salle de sport ; la baignade en rivière. ⊖ Les chiens non acceptés ; le camping est à flanc de montagne, dénivelée de 30 %.

À voir, à faire dans les environs : la tour génoise ; les calanques de Piana (12 km) ; les sorties en mer vers Scandola et Girolata.

PORTO-VECCHIO (PURTIVECCHJU) 20137

28 km N de Bonifacio ***Carte Corse A2***

€€€ **30 €** **200 emplacements**

Camping La Vetta : *à La Trinité-de-Porto-Vecchio. ☎ 04-95-70-09-86. 06-16-26-21-48. • info@campinglavetta.com • campinglavetta.com • Ouv 1er juin-30 sept.*
Des emplacements bien larges et un cadre superbe de vaste chênaie. Un camping où l'on se sent bien. Soirée corse une fois par semaine en haute saison. Loue aussi des mobile homes pour 2 à 8 personnes (623-1 610 €/sem) et même une villa. Chouettes piscines. Petite épicerie. Resto en saison. Internet. Wifi.

Cadre : campagne. ***Terrain :*** en terrasses ; herbe ; plat. ***Réducs :*** - 10 % en camping sauf juillet-août sur présentation de ce guide.	⊕ Très vert et ombragé. ⊖ Le snack ouvert seulement en juillet-août.

€€€ **23,95 €** **150 emplacements**

Camping Arutoli : *route de L'Ospédale. ☎ 04-95-70-12-73. 06-81-07-39-38. • info@arutoli.com • arutoli.com • Ouv avr-début nov.*

Très beau camping, un peu à l'écart de la ville mais pas trop (1 km) et ombragé. Emplacements non délimités, on s'entasse un peu en saison... Très bon accueil. Bungalows pour 2 à 5 personnes *(489-1 095 €/sem).* Internet. Wifi.

Cadre : campagne, ville. ***Terrain :*** plat.	⊕ Le resto : on y mange bien. ⊖ Le resto ouvert en été seulement.

À voir, à faire dans les environs : la vieille ville de Porto-Vecchio.

PROPRIANO (PRUPRIÀ) 20110

13 km NO de Sartène ; 70 km SE d'Ajaccio ***Carte Corse A2***

€€€€ 32 € **100 emplacements**

Camping Le Colomba : *route de Baracci. ☎ 04-95-76-06-42. • camping.colomba@orange.fr • campingcolomba.com • Ouv d'avr à mi-oct.*
Ce camping accueillant se trouve dans un bel environnement ombragé et s'étage sur la colline. Assez basique. Loue également des bungalows en bois, genre chalets, pour 4 à 6 personnes *(390-1 500 €/sem),* certains assez luxe. Pizzeria-resto devant la piscine. Internet. Wifi.

Cadre : mer. ***Terrain :*** en terrasses.	⊕ Le bon accueil. ⊖ La proximité de la route (mais calme le soir).

À voir, à faire dans les environs : la mer ; les nombreuses randonnées, dont des balades à dos d'âne.

PRUNELLI-DI-FIUMORBO 20243

42 km SE de Ghisoni ; 77 km SE de Corte ***Carte Corse A2***

€€€ 19 € **30 emplacements**

Camping Campu Serenu : *Casam. ☎ 04-95-56-12-10. • Facebook : Campu Serenu • Ouv Pâques-fin sept.*
Petit camping à l'ombre des peupliers et des eucalyptus. La plage n'est pas loin. Petit resto sur place, servant des pizzas maison, des grillades, du poisson au four et des spécialités maison. Wifi.

Cadre : campagne. ***Terrain :*** herbe ; plat.	⊕ L'accueil généreux ; le (bon) restaurant. ⊖ Pas d'animations ; les gros chiens ne sont pas acceptés.

À voir, à faire dans les environs : le Fium'Orbu ; l'étang d'Urbino (7 km).

SAGONE (SAVONE) 20118

14 km S de Cargèse ***Carte Corse A2***

€€€€ 32 € **276 emplacements**

Camping Le Sagone : *route de Vico. ☎ 04-13-59-44-17. • contact@camping-sagone.fr • camping-sagone.com • Ouv fin mars-fin oct.*
Immense camping très arboré, donc ombragé, et sillonné de belles allées d'hortensias. Grands emplacements bien délimités et une ribambelle de prestations : supermarché, resto, piscine, terrains de tennis, football, volley... Animations très festives (choisir un emplacement à l'écart du bar si l'on recherche la tranquillité). Également des bungalows, mobile homes et chalets à louer, pour 2 à 9 personnes *(250-1 549 €/sem).* Location de VTT. Wifi.

Cadre : mer. ***Terrain :*** plat.	⊕ Les équipements. ⊖ Loin de la plage (1,5 km), mais il y a la piscine.

À voir, à faire dans les environs : faire une virée dans l'arrière-pays (Vico, Murzon Muna, Rosazia, Salice, Azzana, puis Lopigna ; somptueux panoramas).

SAINT-FLORENT ET LE NEBBIO (SAN FIORENZU E U NEBBIU) 20217

9,5 km NO d'Oletta ; 23 km O de Bastia — *Carte Corse A1*

€€€ **18 €** — **72 emplacements**

Camping Acqua Dolce : *route de la Roya. ☎ 04-95-37-08-63. • info@campingacquadolce.fr • campingacquadolce.fr • Ouv mai-sept. CB refusées.*
Un camping bien situé, en prise directe avec la plage de la Roya. Voici une adresse intéressante car elle accueille uniquement des campeurs, des vrais (pas de chalets) et juste quelques caravanes et camping-cars qui sont concentrés dans un même secteur. Pizzeria, alimentation. Assez bien ombragé (par de grands eucalyptus et des oliviers). Parapente, bateau, canyon dans le secteur. Internet. Wifi.

CORSE

Cadre : mer. ***Terrain :*** herbe ; plat.	⊕ Le bon rapport qualité-prix. ⊖ Le monde au mois d'août.

À voir, à faire dans les environs : l'église San Michele à Murato.

SAN-GAVINO-DI-CARBINI 20170

5 km S de Zonza ; 23 km SE d'Aullène — *Carte Corse A2*

€€€ **16 €** — **88 emplacements**

Camping d'Orra : *☎ 04-95-78-48-17. 06-70-43-97-22. • camping.orra@gmail.com • camping-dorra.business.site • Ouv mai-oct. CB refusées.*
Un camping tout plat, à l'ombre sous les pins, très agréable pour ceux qui recherchent le calme. On s'installe tranquillement s'il n'y a personne à la réception. Internet. Wifi.

Cadre : forêt, montagne, sentiers de randonnée, campagne. ***Terrain :*** herbe ; plat ; en terrasses.	⊕ L'accueil. ⊖ L'équipement assez minimal.

À voir, à faire dans les environs : le castellu de Cucuruzzu et le site archéologique de Capula ; le col et les aiguilles de Bavella (15 km).

SAN-NICOLAO 20230

5 km N de Cervione ; 46 km S de Bastia — *Carte Corse A1*

€€€€ **35 €** — **220 emplacements**

Camping Merendella : *N 198, Moriani-Plage. ☎ 04-95-38-53-47. • contact@merendella.com • merendella.com • Ouv avr-fin oct (loc tte l'année).*
Vaste camping bien équipé, très ombragé. Sanitaires bien entretenus. Plein d'activités (piscine couverte et chauffée, salle de gym). Bungalows, mobile homes et chalets en bois à louer pour 4 à 6 personnes *(270-1 150 €/sem).* Internet. Wifi.

Cadre : forêt, mer. ***Terrain :*** herbe ; plat.	⊕ L'accès direct à la plage ; les emplacements en bord de mer et en forêt. ⊖ Les chiens refusés en juillet-août ; pas de discothèque ; le silence exigé le soir à partir de 23h.

À voir, à faire dans les environs : la mer, toujours la mer !

SARTÈNE (SARTÈ) 20100

13 km SE de Propriano — *Carte Corse A2*

€€€ **24 €** — **12 emplacements**

U Cavaddu Senza Nome : *à Ranfone. 06-10-39-14-29. • u.cavaddu@hotmail.com • Ouv fév-nov.*
Heidi est installée en Corse depuis pas mal d'années. Quelques emplacements seulement, dispersés sur une colline superbe, arborée et sauvage. Calme total, et on n'est pas gêné par les voisins pour une fois. Bonne ambiance, un peu bohème. Nombre de sanitaires un peu juste (2 douches et toilettes), mais ça n'a pas d'importance, le lieu est extra.

Cadre : campagne. ***Terrain :*** en terrasses.	⊕ Le miel maison ; le superbe panorama. ⊖ Devoir repartir...

À voir, à faire dans les environs : les ruelles du vieux Sartène ; le parc naturel d'Olva (ferme de découverte ; 3 km).

SERRA-DI-SCOPAMÈNE (SARRA DI SCOPAMENA) 20127

5 km SE d'Aullène ; 13 km O de Zonza — *Carte Corse A2*

€€ **14 €** — **50 emplacements**

Camping municipal de Serra di Scopamena : *☎ 04-95-78-72-20 ou 04-95-78-60-13 (mairie). • campingserradiscopamena@orange.fr • Ouv juil-début sept. CB refusées.*
Ombragé par des châtaigniers. Bon accueil. Pas loin du village pour tous les services (bar, épicerie, snack, pizzeria). Pour les randonneurs, le sentier Mare a Mare.

Cadre : forêt, montagne, sentiers de randonnée. ***Terrain :*** en pente ; plat.	⊕ Très apprécié des randonneurs. ⊖ R.A.S.

À voir, à faire dans les environs : Aullène ; le col de Saint-Eustache et la vallée du Chiuvone.

SOLENZARA (SULINZARA) 20145

105 km S de Bastia — *Carte Corse A2*

€€€€ **26 €** — **25 emplacements**

U Rosumarinu : *route de Bavella. ☎ 04-95-57-47-66. 06-11-02-94-86. • urosumarinu@gmail.com • urosumarinu.fr • Ouv mai-fin sept.*
Belle situation en bord de rivière, dans un coin sauvage. Bonne ambiance, camping calme. Le snack (pizzas, salades, grillades) est très correct. Via ferrata juste à côté. Internet. Wifi.

Cadre : forêt, lacs ou rivières. ***Terrain :*** plat.	⊕ Le cadre. ⊖ Les équipements ; peu d'emplacements ; pas de réservation.

À voir, à faire dans les environs : la mer ! Et la via ferrata d'U Calanconi à Chisa.

VALLICA 20259

60 km E de Calvi ; 37 km SE de L'Île-Rousse — *Carte Corse A1*

€€€ 18 € — 25 emplacements

Camping à la ferme L'Aghja : *06-34-29-17-13. • pigelet.christophe@gmail.com • camping-ferme-l-aghja.com • Ouv mai-sept (sur résa hors saison).*
On est quand même à 830 m d'altitude, et il est plus raisonnable d'envisager de planter la tente entre mai et septembre. Emplacements spacieux sur des champs accueillants. Équipement limité, largement compensé par l'accueil. Également un gîte pour 4 à 5 personnes *(220-540 €/sem).* Christophe, le propriétaire, aime son village et sa région, et sait faire partager sa passion. Table d'hôtes le soir sur réservation. Internet.

Cadre : campagne, forêt, lacs ou rivières, montagne, sentiers de randonnée.
Terrain : en terrasses ; herbe.
Réducs : digestif offert pour un repas pris à la table d'hôtes sur présentation de ce guide.

+ L'écomusée dans le camping.
− Simple mais suffisant.

À voir, à faire dans les environs : les sentiers ; la forêt de Tartagine.

VIVARIO (VIVARIU) 20219

21 km S de Corte — *Carte Corse A2*

€€€ 18 € — 25 emplacements

Camping du Soleil : *à Tattone. ☎ 04-95-47-21-16. • camping-lesoleil@orange.fr • camping-lesoleil.com • Ouv mai-fin sept.*
Camping sous les cerisiers, les pommiers et les pins. Gare de Tattone à 50 m, et le Monte d'Oro juste en face. Bar et point de ravitaillement pour les randonneurs. Pizzeria au feu de bois. Transport de Tattone à Vizzavona et l'inverse. Internet. Wifi.

Cadre : forêt, lacs ou rivières, montagne, sentiers de randonnée.
Terrain : en terrasses ; herbe ; plat.
Réducs : café après le repas offert sur présentation de ce guide.

+ Les gentils proprios.
− Parfait dans son genre, alors...

À voir, à faire dans les environs : le parcours dans les arbres à Saint-Pierre-de-Venaco (10 km) ; la crête de la Muvrella sur le GR 20.

ZONZA 20124

18 km E d'Aullène ; 9 km NE de Lévie — *Carte Corse A2*

€€€ 16 € (avec électricité) — 120 emplacements

Camping municipal : *lieu-dit Prunetto. ☎ 04-95-78-62-74 ou 04-95-78-66-87 (hors saison). • mairiedezonza@orange.fr • Ouv de mai à mi-oct. CB refusées.*
En pleine forêt, un site calme sous les pins. Endroit plaisant et sanitaires très corrects. Électricité et douche comprises dans le prix.

Cadre : campagne, forêt, montagne, sentiers de randonnée.
Terrain : en terrasses ; herbe ; plat.

+ En pleine forêt.
− Le confort modeste.

€€€ 20 € — 50 emplacements

Camping Bavella Vista : *route de Quenza. 06-42-16-74-28. • nicolascucchi@orange.fr • Ouv mai-oct. CB refusées.*

CORSE

Le gros avantage de ce camping est la proximité du village de Zonza. Tout en pente et en petites terrasses, parfaitement ombragé par de hauts pins. En bas, également des emplacements sur une zone plate et très agréable, donnant sur une clairière. On n'entend que le calme du vent dans les grands pins.

Cadre : forêt, lacs ou rivières, montagne, sentiers de randonnée. ***Terrain :*** en terrasses ; herbe ; plat.	⊕ Sa tranquillité totale. ⊖ Pas de piscine ; pas de jeux.

€€€€ **17 emplacements**

Tentes Lodges Glamping Le Pré aux Biches : *06-27-52-48-03 (Nicole).* • *lepreauxbiches@gmail.com* • *lodges-yourtes-corse.com* • *Ouv juin-août. CB refusées.*
C'est l'équipe des *Yourtes du Pré aux Biches* qui a aménagé ce site parfaitement sauvage, sur de vastes espaces naturels préservés et intouchés, juste devant la rivière Rizzanese que l'on entend glouglouter. Une douzaine de tentes-lodges pour 2 à 6 personnes, de superficie variée (20-60 m^2, 1 ou 2 chambres), superbement équipées, façon *Out of Africa.* Elles proposent un confort total : vrai lit, coin salon avec mobilier de haute tenue, terrasse extérieure... Bloc sanitaire un peu à l'écart, commun à toutes les tentes. Ici et là, quelques toilettes sèches sont à disposition. Au bord de la rivière, quelques transats pour se relaxer entre 2 baignades. Le comble du chic ! On profite le soir d'un bon repas dans le salon-resto-*lounge* (nombreux produits issus du verger). À l'arrière, une petite ménagerie où se baladent canards, poules, oies, avec même quelques lamas et un beau sanglier, Gaspard (dans un enclos tout de même !). Si le glamping a un sens, c'est bien ici qu'il le prend. Compter 70 € pour 2 personnes, 120 € pour 4 et 150 € pour 6. Petit déj sur demande *(10 €).* Repas possible sur demande *(25 €).* NOUVEAUTÉ.

Cadre : en bord de rivière. ***Terrain :*** herbe, plat. ***Réducs :*** apéro offert sur présentation de ce guide (même sans prendre le repas).	⊕ Le cadre. ⊖ Absence de piscine.

À voir, à faire dans les environs : le golfe de Pinarellu ; L'Ospédale (20 km).

Grand-Est

Pictos utilisés dans ce guide

- € Économique
- €€ Bon marché
- €€€ Prix moyens
- €€€€ Plus chic
- Tente
- Caravane
- Hébergement locatif
- Camping-car
- Caravaneige
- Piscine extérieure
- Piscine couverte
- Accès handicapé
- Hébergement insolite ou original

ANOULD 88650

12 km S de Saint-Dié-des-Vosges — *Carte Lorraine B2*

€€ 12 € — **84 emplacements**

Les Deux Pins : *191, rue Léonard-de-Vinci. ☎ 03-29-57-11-06. • campinglesdeuxpins@gmail.com • Ouv tte l'année sauf 31 oct-1er déc.*
Ce petit camping-caravaneige, bien équipé, est installé sur un site calme et ombragé, avec des haies pour séparer les emplacements. Il y a, en plus, un « camping nature » saisonnier l'été, à 1 km de là, en forêt, avec de grands emplacements (et feu de camp le soir). Piscine chauffée. Location de roulottes, mobile homes, chalets et bungalows pour 4 à 6 personnes *(400-600 €/sem).* Internet. Wifi.

Cadre : forêt, montagne, sentiers de randonnée, lacs ou rivières.
Terrain : herbe ; plat ; en pente.

⊕ L'ambiance sympa ; le boulanger qui passe tous les matins ; la proximité des commerces (1 km).
⊖ À côté d'une route passante et d'un gros relais électrique (pour le site principal).

À voir, à faire dans les environs : le musée Pierre-Noël à Saint-Dié (12 km).

ARC-EN-BARROIS 52210

23 km SO de Chaumont ; 30 km NO de Langres — *Carte Champagne-Ardenne A2*

€€ 12,50 € — **33 emplacements**

Le Vieux Moulin : *2, route d'Aubepierre. ☎ 03-25-02-51-33 (mairie). • mairie.arc.en.barrois@wanadoo.fr • arc-en-barrois.fr • Ouv avr-fin sept. CB refusées.*
Juste à l'écart d'un joli village, au cœur d'une des plus grandes forêts giboyeuses de la région. Un tout petit camping, sympathiquement encadré par la rivière de l'Aujon. Aucun équipement excepté le bloc sanitaire, mais emplacements bien ombragés, tranquilles et ambiance familiale. Pas de réception, s'installer où bon vous semble, la gérante passera en fin de journée.

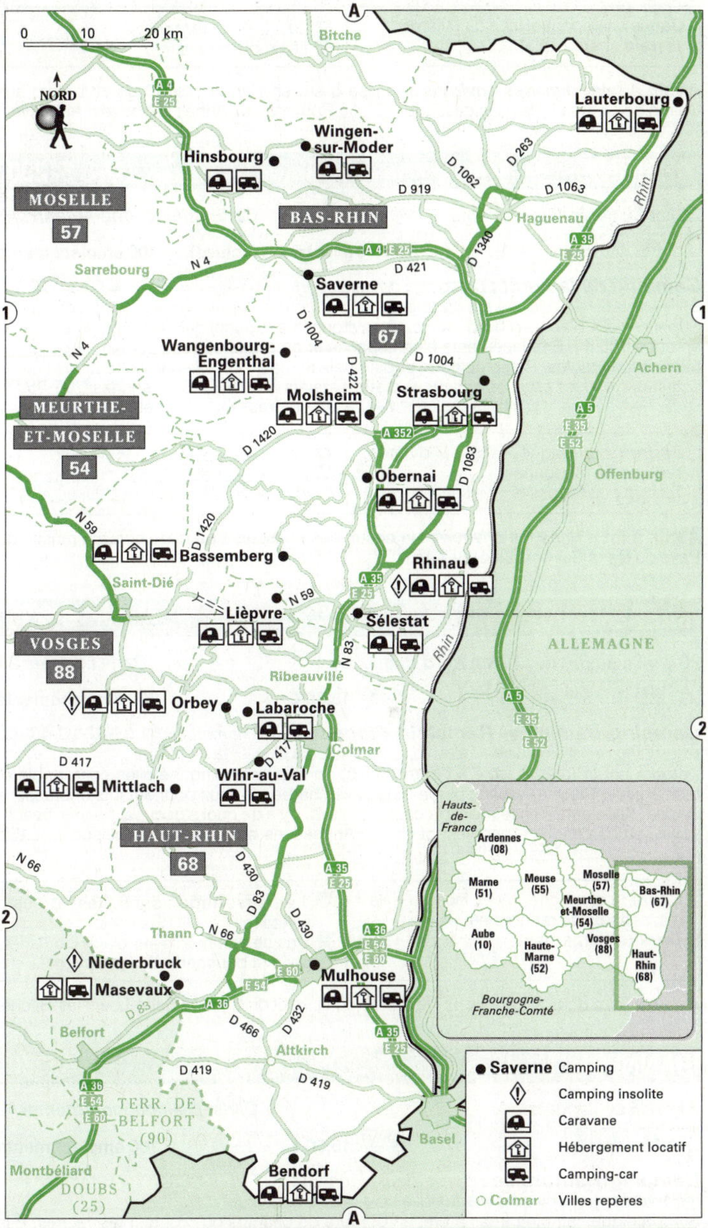

GRAND-EST – Alsace

Cadre : campagne, lacs ou rivières. ***Terrain :*** herbe ; plat.	⊕ Le site et la tranquillité. ⊖ Les moustiques.

À voir, à faire dans les environs : l'église d'Arc-en-Barrois ; le village et le parc aux Daims de Châteauvillain ; la cascade d'Étuf à Rouvres-sur-Aube ; l'abbaye d'Auberive.

ARRIGNY 51290

22 km SE de Vitry-le-François *Carte Champagne-Ardenne A2*

€€€€ **26 € (électricité incluse)** **100 emplacements**

Camping de la Forêt : *presqu'île de Larzicourt. ☎ 03-26-72-63-17. 06-11-12-23-21. • laforet51@wanadoo.fr • campingdelaforet.com • Ouv avr-fin sept (loc jusqu'à nov).* Superbement placé, en bord de lac, et environnement bucolique (belle plage surveillée en été à 100 m). Emplacements bien espacés et ombrage correct. Terrain herbu. Sanitaires impeccables. Petite épicerie et pain frais le matin. Snack-bar. Animations l'été et activités créatives pour les enfants le matin. Chalets à louer 5 à 6 personnes *(195-580 €/sem ; hors saison, possibilité de louer 1-4 j. à prix intéressant).* Internet. Wifi.

Cadre : campagne, lacs ou rivières, sentiers de randonnée. ***Terrain :*** en terrasses ; herbe.	⊕ La superbe plage du lac de Der. ⊖ L'accès est difficile avec une grande caravane.

À voir, à faire dans les environs : le circuit des maisons à pans de bois ; le musée du Pays du Der à Sainte-Marie-du-Lac.

BAERENTHAL 57230

20 km SE de Bitche ; 30 km NO d'Haguenau *Carte Lorraine B1*

€€€ **18,60 €** **360 emplacements**

Camping municipal Ramstein Plage : *rue du Ramstein. ☎ 03-87-06-50-73. • camping.ramstein@wanadoo.fr • baerenthal.eu • Ouv 1er avr-30 sept.*
Entouré par la forêt et isolé au bord du lac, un beau camping 3 étoiles confortable et bien équipé. Piscine, espace pique-nique avec barbecue, jeux pour enfants et brasserie sympa. Situé dans l'enceinte de la base de loisirs, il y a de quoi s'occuper (tennis, beach-volley, embarcations à pédales, pêche...). Animations pour enfants en saison. Locatifs *(120-380 €/sem).* Internet. Wifi.

Cadre : campagne, forêt, lacs ou rivières, sentiers de randonnée. ***Terrain :*** herbe ; plat.	⊕ Le chauffage dans les blocs sanitaires. ⊖ Pas de commerce sur place (boulangerie et boucherie à 1 km environ).

À voir, à faire dans les environs : le musée du Verre et du Cristal à Saint-Louis-lès-Bitche.

BANNES 52360

7 km NE de Langres *Carte Champagne-Ardenne A2*

€€€ **15,50 €** **100 emplacements**

Camping Hautoreille : *6, rue de Botonnier. ☎ 03-25-84-83-40. • campinghautoreille@orange.fr • campinghautoreille.com • Ouv 10 janv-fin nov.*
Sympathique camping très nature, en bordure de champs où broutent les vaches. Pas de locatifs, ni d'animations, mais beaucoup de calme. Emplacements bien ombragés par une belle variété d'arbres, agréable resto et location de vélos. En prime, bases nautiques des lacs de la Liez et de Charmes à quelques kilomètres. Excellent accueil. Un bon camping pour se ressourcer. Internet. Wifi.

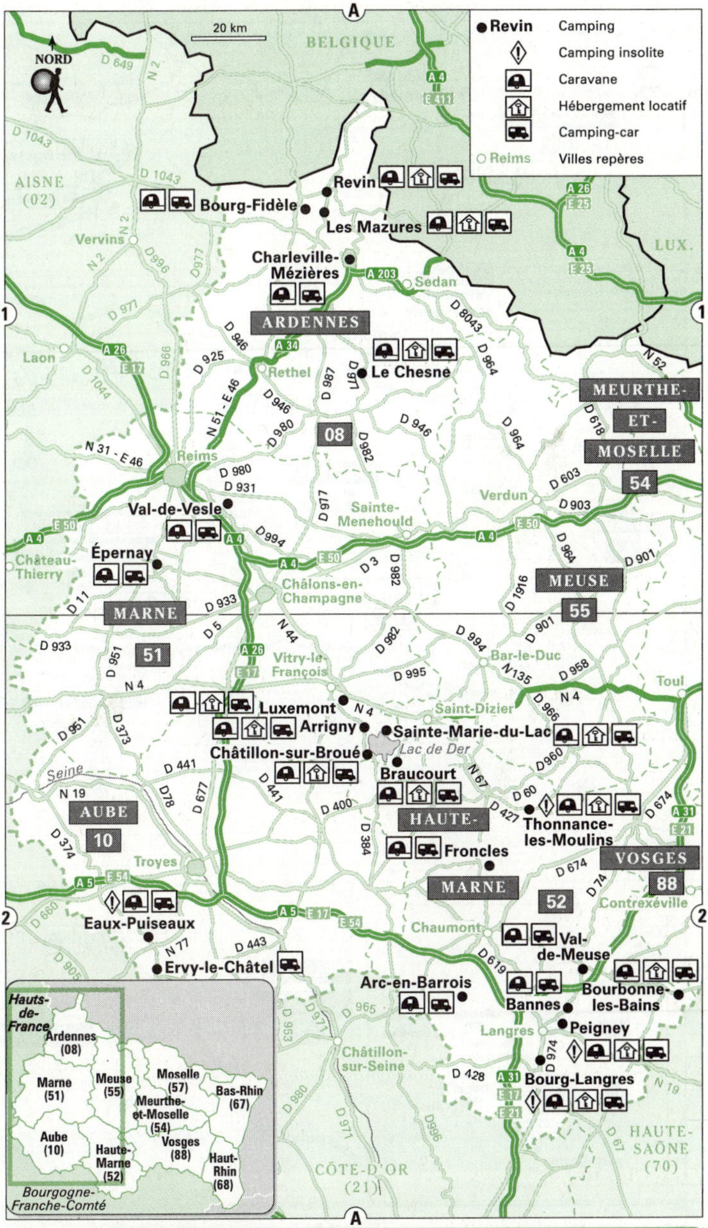

GRAND-EST – Champagne-Ardenne

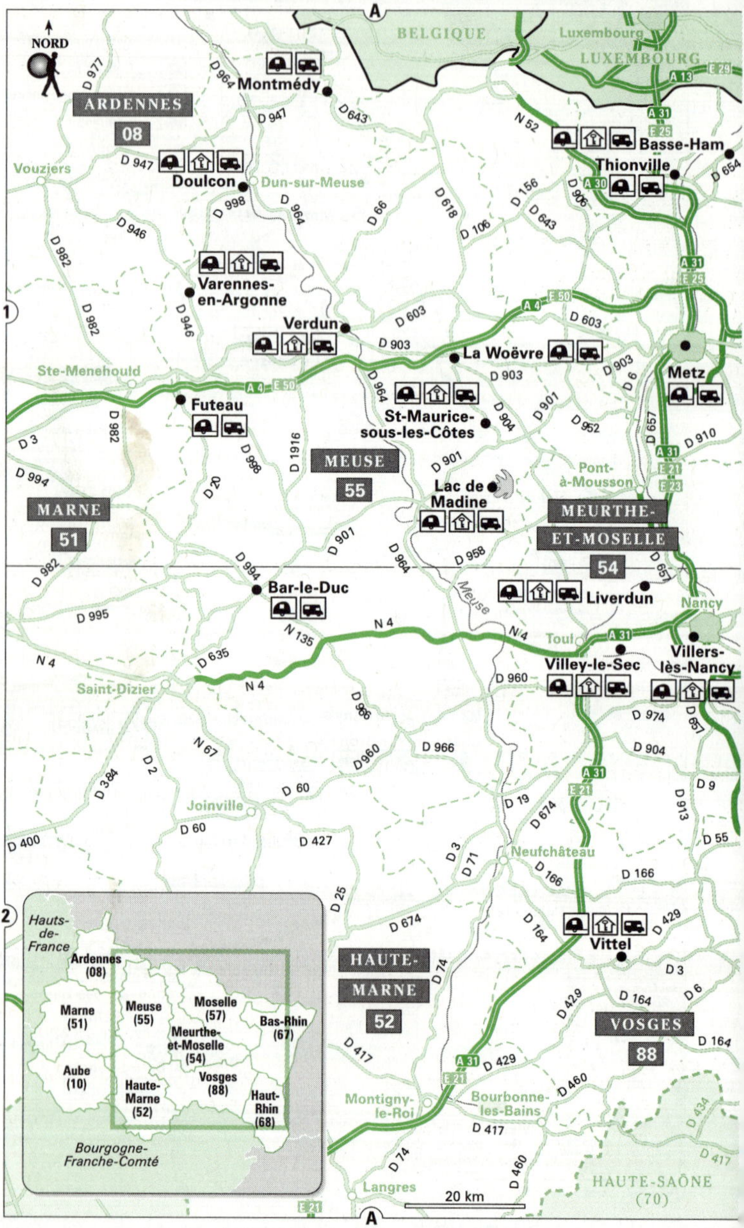

NORD
A
BELGIQUE
Luxembourg
LUXEMBOURG
ARDENNES
08
Montmédy
Vouziers
Doulcon
Dun-sur-Meuse
Basse-Ham
Thionville
Varennes-en-Argonne
Verdun
La Woëvre
Metz
Ste-Menehould
Futeau
St-Maurice-sous-les-Côtes
MEUSE
55
Pont-à-Mousson
Lac de Madine
MARNE
51
MEURTHE-ET-MOSELLE
54
Liverdun
Bar-le-Duc
Nancy
Meuse
Toul
Villey-le-Sec
Villers-lès-Nancy
Saint-Dizier
Joinville
Neufchâteau
Vittel
HAUTE-MARNE
52
VOSGES
88
Montigny-le-Roi
Bourbonne-les-Bains
Langres
HAUTE-SAÔNE
(70)
20 km
Hauts-de-France
Ardennes (08)
Marne (51)
Meuse (55)
Moselle (57)
Meurthe-et-Moselle (54)
Bas-Rhin (67)
Aube (10)
Haute-Marne (52)
Vosges (88)
Haut-Rhin (68)
Bourgogne-Franche-Comté

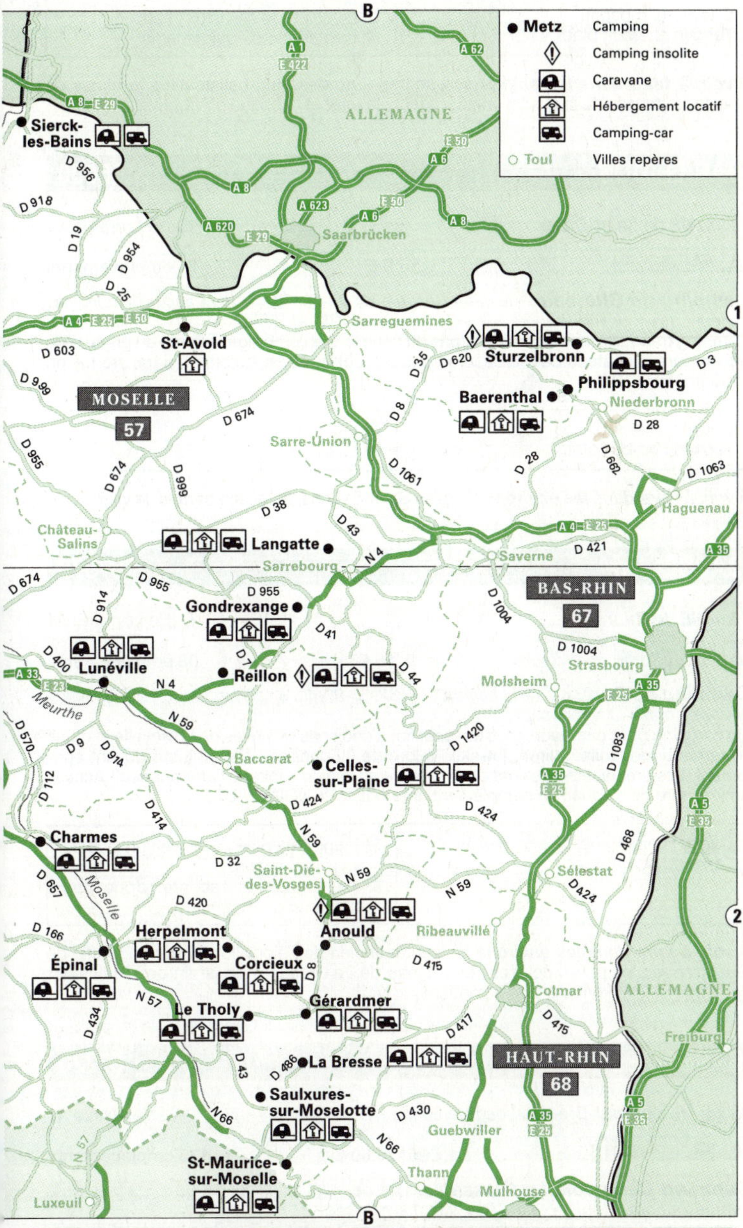

GRAND-EST – Lorraine

Cadre : campagne. ***Terrain :*** herbe ; plat.	⊕ La quiétude des lieux ; l'accueil. ⊖ Le manque d'équipements.

À voir, à faire dans les environs : Langres, une des plus belles villes fortifiées de France ; le musée de la Coutellerie à Nogent ; la forêt et l'abbaye d'Auberive.

BAR-LE-DUC 55000

25 km NE de Saint-Dizier — *Carte Lorraine A2*

€ 9 € — **25 emplacements**

Camping du Château : *rue Jean-Bernard. ☎ 03-29-79-11-13. • accueil@tourisme-barleduc.fr • tourisme-barleduc.fr • Ouv mai-sept. CB refusées.*
Camping tranquille (même si à deux pas du centre), bien ombragé, à l'orée du grand parc qui entoure le château de Marbeaumont (du début du XXe s, aujourd'hui transformé en médiathèque). Wifi.

Cadre : ville. ***Terrain :*** herbe ; plat.	⊕ En centre-ville. ⊖ La simplicité.

À voir, à faire dans les environs : l'église Saint-Étienne, le Musée barrois, la ville haute.

BASSE-HAM 57970

7 km NE de Thionville — *Carte Lorraine A1*

€€ 15 € — **68 emplacements**

Camping du Port : *rue de la Loire. ☎ 03-82-56-93-40. • campingduport@outlook.fr • nautic-ham.fr • Ouv mai-sept.*
Un camping pour campeurs (pas de locatifs), à deux pas des rives de la Moselle et d'une base nautique (voile, aviron, jet-ski). Véloroute (l'Échappée Bleue) juste devant également. Les emplacements sont plutôt spacieux, le bloc sanitaire flambant neuf. Accueil amical. Aire de bivouac en complément. Internet. Wifi. NOUVEAUTÉ.

Cadre : campagne, lacs ou rivières. ***Terrain :*** herbe ; plat.	⊕ Le port de plaisance avec un club de voile et d'aviron. ⊖ La végétation récente, donc peu d'ombre.

À voir, à faire dans les environs : le centre ancien de Thionville ; le groupe fortifié de Guentrange ; les ponts-écluses ; le château de La Grange et le jardin des Prairiales ; l'ouvrage du Hackenberg ; les 3 frontières.

BASSEMBERG 67220

35 km NE de Saint-Dié-des-Vosges ; 38 km NO de Colmar — *Carte Alsace A1*

€€€€ 26,60 € — **175 emplacements**

Camping Campéole Le Giessen : *route de Villé. ☎ 03-88-58-98-14. • giessen@campeole.com • campeole.fr • Ouv début avr-fin sept.*
Un camping 4-étoiles très moderne et bien équipé. Location de mobile homes et de chalets jusqu'à 8 personnes *(385-1 026 €/sem).* Bar et snack (en été), terrain de volley, ping-pong, pétanque, vélos, aire de jeux pour les enfants, etc. Et l'on a accès gratuitement à la piscine municipale en face. Internet. Wifi.

GRAND-EST

Cadre : campagne, lacs ou rivières, montagne, sentiers de randonnée, forêt. ***Terrain :*** herbe ; plat.	⊕ Le centre aquatique et les animations enfants. ⊖ Pas trouvé.

À voir, à faire dans les environs : la Maison du val de Villé ; le Hohwald.

BENDORF 68480

43 km S de Mulhouse *Carte Alsace A2*

€€ 12,60 € **35 emplacements**

Camping des Hêtres : *rue du Cimetière. ☎ 03-89-40-34-72. • camping.deshetres@orange.fr • Ouv de mai à mi-oct.*
Isolé en pleine campagne, au bout d'une petite route à une voie, à l'orée d'une forêt, un beau terrain avec jolie vue sur le Jura alsacien. Tranquillité garantie. Emplacements ombragés et séparés par des haies. Sanitaires bien propres. Une adresse simple et agréable pour se mettre au vert. Location, entre autres, de caravanes *(25 €/nuit).*

Cadre : campagne, forêt, lacs ou rivières, sentiers de randonnée. ***Terrain :*** herbe.	⊕ Le calme. ⊖ Peu d'emplacements.

À voir, à faire dans les environs : le musée des Amoureux et du Patrimoine sundgauvien à Werentzhouse (9,5 km) ; le village de Ferrette (4 km).

BOURBONNE-LES-BAINS 52400

54 km SE de Chaumont ; 44 km NE de Langres *Carte Champagne-Ardenne A2*

€€€ 15,50 € **63 emplacements**

Camping Montmorency : *rue du Stade. ☎ 03-25-90-08-64. • camping.montmorency@sfr.fr • camping-montmorency.com • Ouv fin mars-début nov.*
En lisière de la « petite Provence de l'Est », mais déjà à la campagne, un camping familial très calme (comme cette ville thermale, d'ailleurs). Hébergements locatifs de diverses tailles, pour 2 à 4 personnes *(217-441 €/sem),* bien ombragés et délimités par des haies. En revanche, le coin pour les campeurs, en bordure d'un pré, offre moins d'ombrage. Piscine municipale et tennis à proximité. Accueil chaleureux des patrons, qui a su fidéliser ses clients. Wifi.

Cadre : campagne. ***Terrain :*** en pente ; herbe ; plat.	⊕ Le calme. ⊖ La piscine pas dans le camping mais à proximité.

À voir, à faire dans les environs : les thermes de Bourbonne-les-Bains ; le parc animalier de la Bannie ; le jardin de Natur'ailes à Varennes-sur-Armance.

BOURG-FIDÈLE 08230

Carte Champagne-Ardenne A1

12 km SO de Revin ; 30 km NO de Charleville-Mézières

€€€ 18 € **23 emplacements**

Camping de la Murée : *35, rue Catherine-de-Clèves. ☎ 03-24-54-24-45. • campingdelamuree@wanadoo.fr • campingdelamuree.com • Ouv de mi-avr à mi-sept.*
Emplacements semi-ombragés, certains en bord d'étang (où l'on peut pêcher, gratuit pour les résidents). Bon confort. Bar-resto. Internet. Wifi.

GRAND-EST

Cadre : forêt, lacs ou rivières, sentiers de randonnée. ***Terrain :*** herbe ; plat.	⊕ Camping dans un havre de verdure, très calme. ⊖ Pas de piscine ; pas d'animations.

À voir, à faire dans les environs : la citadelle de Rocroi.

BOURG-LANGRES 52200

4 km S de Langres — *Carte Champagne-Ardenne A2*

€€€ **19 €** — **150 emplacements**

Camping La Croix d'Arles : *D 974. ☎ 03-25-88-24-02. 06-86-36-21-46. • contact@campinglacroixdarles.fr • campinglacroixdarles.fr • Ouv de mi-mars à fin oct.*
Agréable camping bien équipé, à proximité de la belle ville de Langres. Pour ne pas être dérangé par le bruit de la circulation de la route, choisir un emplacement en s'enfonçant dans le sous-bois, ils sont nombreux à être au calme sur les 7 ha. Resto proposant une carte riche et variée, piscine, minigolf... En location, yourte *(52-70 €/nuit),* tente cyclo *(32-44 €/nuit),* tente Combi *(25-32 €/nuit),* tente équipée *(40-60 €/nuit)* et mobile homes *(52-90 €/nuit).* De belles randos à faire dans les environs. Internet. Wifi.

Cadre : campagne, sentiers de randonnée. ***Terrain :*** herbe ; plat.	⊕ Le site, les équipements, l'accueil ; l'accrobranche à 400 m ; les circuits randonnées et botaniques. ⊖ La proximité de la route nationale.

À voir, à faire dans les environs : Langres, une des plus belles villes fortifiées de France ; le village pittoresque de Monsaugeon ; la forêt et l'abbaye d'Auberive.

GRAND-EST

BRAUCOURT 52290

Carte Champagne-Ardenne A2

10 km SO de Saint-Dizier ; 32 km SE de Vitry-le-François

€€€€ **37 € (électricité incluse)** — **170 emplacements**

La Presqu'île de Champaubert : *☎ 03-25-04-13-20. • ilechampaubert@free.fr • lescampingsduder.com • Ouv de mi-avr à fin nov.*
Idéalement placé sur une des rives du lac du Der, avec un accès direct à la plage (de sable, s'il vous plaît !). Ombragé, bien équipé et à taille encore humaine. Hébergements locatifs variés, avec notamment des cottages, mobile homes et cabanons de pêcheur *(336-1 218 €/sem).* Café-resto, épicerie, location de vélos, jeux d'enfants. Animations en saison. Base nautique de Giffaumont, de l'autre côté du lac, accessible par une passerelle. Un bon camping. Internet.

Cadre : campagne, forêt, lacs ou rivières. ***Terrain :*** herbe ; plat.	⊕ L'emplacement ; la plage. ⊖ Les hébergements locatifs qui prennent de plus en plus de place.

À voir, à faire dans les environs : l'abbatiale de Montier-en-Der ; autour du lac du Der, les églises à pans de bois, les observatoires ornithologiques, le musée du Pays du Der à Sainte-Marie-du-Lac.

CELLES-SUR-PLAINE 88110

22 km E de Baccarat ; 10 km E de Raon — *Carte Lorraine B2*

€€€ **20 €** — **135 emplacements**

Camping des Lacs : *6, pl. de la Gare. ☎ 03-29-41-28-00. • camping@paysdeslacs.com • paysdeslacs.com • Ouv avr-oct.*

S'il n'est pas au bord du lac, un petit ruisseau traverse ce vaste camping, bien équipé, aux emplacements assez grands et séparés par des haies. Location de tentes aménagées et chalets 4 à 5 personnes ; également des gîtes de luxe 4 à 6 personnes avec vue sur le lac et piscine couverte exclusive, sauna et hammam. Piscine extérieure chauffée, et même un petit bassin pour les enfants. Petite épicerie de produits du terroir et locaux. Accueil dynamique. Locations de vélos. Internet. Wifi.

Cadre : forêt, lacs ou rivières, montagne, sentiers de randonnée. ***Terrain :*** herbe ; plat.	⊕ Les activités sportives à proximité : lac et voie verte qui passe devant l'entrée. ⊖ La charmante église voisine qui sonne toutes les heures de 7h à 23h ! Mieux vaut avoir le sommeil lourd...

À voir, à faire dans les environs : le lac de la Plaine ; le lac de Pierre-Percée.

CHARLEVILLE-MÉZIÈRES 08000

45 km NE de Rethel — *Carte Champagne-Ardenne A1*

€€€ 17,18 € — **120 emplacements**

Camping Mont Olympe : *174, rue des Paquis. ☎ 03-24-33-23-60 ou 03-24-53-54-73. • contact@camping-mont-olympe.fr • camping-mont-olympe.fr • Ouv avr-oct.*
Dans un méandre de la Meuse, près de 3 ha de verdure (et 14 ha de nature tout autour !) pour un camping nickel, à proximité de la base nautique, de la piscine, du centre-ville historique et d'un très beau parc. Idéal pour visiter Charleville. Emplacements spacieux et bien délimités, belles pelouses. Piscine, canoë-kayak, centre aquatique (tarif préférentiel pour les campeurs), début de chemins de rando, terrain de jeux pour enfants. Une passerelle permet de rejoindre le centre-ville. Le camping urbain de rêve ! Internet. Wifi.

Cadre : sentiers de randonnée, ville, lacs ou rivières. ***Terrain :*** herbe ; plat. ***Réducs :*** une entrée au centre aquatique offerte pour tout séjour de plus de 2 nuits sur présentation de ce guide.	⊕ La propreté et l'entretien ; l'accès direct à la ville par une passerelle piétonne. ⊖ On cherche encore...

À voir, à faire dans les environs : la vieille ville de Charleville-Mézières et son centre piéton ; le musée Rimbaud.

CHARMES 88130

30 km NO d'Épinal ; 40 km SE de Nancy — *Carte Lorraine B2*

€€€ 15 € — **67 emplacements**

Camping Les Îles : *20, rue de l'Écluse. ☎ 03-29-58-15-34. • camping.charmes88@gmail.com • camping-charmes.fr • Ouv avr-oct.*
Petit camping aux aménagements des plus récents, joliment situé dans un cadre de verdure au bord du canal de l'Est et de la Moselle sauvage, paradis des pêcheurs. Beaux emplacements, certains bien arborés (les préférer côté rivière). Location de vélos (une voie verte passe juste à côté). Tipis à louer jusqu'à 6 personnes *(26 €/pers et par nuit).* Internet. Wifi.

Cadre : campagne, sentiers de randonnée. ***Terrain :*** herbe ; plat. ***Réducs :*** - 10 % sur le prix de l'emplacement sur présentation de ce guide.	⊕ Le service boulangerie et snack ; les gérants sur place 24h/24, tous les jours ; l'accueil super sympa. ⊖ Pas d'équipements pour les ados ; pas de piscine.

À voir, à faire dans les environs : l'église Saint-Nicolas, la maison de Maurice Barrès.

CHÂTILLON-SUR-BROUÉ 51290

28 km SE de Vitry-le-François — *Carte Champagne-Ardenne A2*

€€€ **18 €** — **113 emplacements**

Camping Le Clos du Vieux Moulin : *33, rue du Lac. ☎ 03-26-41-30-43. 06-07-29-07-48. • leclosduvieuxmoulin@orange.fr • leclosduvieuxmoulin.fr • Ouv mars-fin nov.*
Bien placé et calme assuré. À l'entrée, de vénérables bâtiments à pans de bois. Accueil sympa. Bons emplacements, sanitaires impeccables, lave-linge. Piscine chauffée et pataugeoire. Locations de vélos. Épicerie et plats à emporter. En été, animations. Aire de jeux pour les enfants. Location de mobile homes pour 4-6 personnes *(250-600 €/sem ; hors juil-août, loc à la nuitée possible).* Internet. Wifi.

Cadre : campagne, lacs ou rivières, sentiers de randonnée. ***Terrain :*** herbe ; plat.	⊕ À 300 m du lac du Der. ⊖ Prévoir de réserver en haute saison.

À voir, à faire dans les environs : le lac du Der ; Saint-Dizier (20 km).

CORCIEUX 88430

17 km N de Gérardmer ; 40 km E d'Épinal — *Carte Lorraine B2*

€€€ **23,10 €** — **90 emplacements**

Camping Au Clos de la Chaume : *671, rue d'Alsace. ☎ 03-29-50-76-76. 06-85-19-62-55. • info@camping-closdelachaume.com • camping-closdelachaume.com • Ouv avr-sept.*
Proprios accueillants, enthousiastes et souriants pour ce petit camping indépendant avec piscine couverte, assez ombragé et au bord d'un ruisseau. Labels Clef Verte, Sites et Paysages, LPO et Qualité Tourisme. Location de tentes « cotton lodge » (décorés par une chaîne spécialisée, ils possèdent un petit jardin aromatique), chalets et mobile homes pour 2 à 6 personnes *(199-777 €/sem).* Préférer les emplacements plus éloignés de la route et les « grand confort » (150-200 m²). Wifi.

Cadre : forêt, montagne, sentiers de randonnée. ***Terrain :*** herbe ; plat. ***Réducs :*** en basse saison, 6 nuits payées pour 7 nuits sur place sur les emplacements et - 10 % sur les locations sur présentation de ce guide ; et une bouteille de vin d'Alsace offerte sur présentation du guide.	⊕ La proximité du village ; la piscine couverte ; les nombreux chemins de randonnée. ⊖ Près d'une route (mais les arbres la séparent du camping) ; pas d'animations le soir.

À voir, à faire dans les environs : les lacs et forêts.

DOULCON 55110

35 km NO de Verdun — *Carte Lorraine A1*

€€ **10,90 €** — **110 emplacements**

Camping Lac Vert Plage : *3 bis, rue de la Gare. ☎ 03-29-80-90-38. • lacvertplage@wanadoo.fr • lacvertplage.fr • Ouv avr-fin sept.*
Camping posé tout près du lac Vert (un plan d'eau de 5 ha), en bord de Meuse, avec une petite base de loisirs : plage et toboggans aquatiques, pêche, location d'embarcations à pédales... Location de chalets pour 5 à 6 personnes *(220-380 €/sem).* Internet. Wifi.

GRAND-EST

Cadre : campagne, lacs ou rivières. ***Terrain :*** herbe ; plat.	⊕ Le bon accueil. ⊖ L'accès payant pour les non-résidents.

À voir, à faire dans les environs : le centre culturel Ipoustéguy ; la Maison du miel et des abeilles du val Dunois à Aincreville (3 km).

EAUX-PUISEAUX 10130

36 km SO de Troyes *Carte Champagne-Ardenne A2*

€€ 14 € **30 emplacements**

La Ferme des Hauts Frênes : *6, voie de Puiseaux. ☎ 03-25-42-15-04. • les.hauts.frenes@wanadoo.fr • les-hauts-frenes.com • Ouv tte l'année.*
Un havre de paix. C'est ce qui vient à l'esprit en découvrant ce camping de poche, comptant à peine une trentaine d'emplacements bien délimités et suffisamment ombragés. Les infrastructures sont aménagées dans les belles dépendances de la ferme. Bref, on s'y sent aussitôt à l'aise (il y a même un salon cosy aménagé dans une agréable véranda). Internet. Wifi.

Cadre : campagne. ***Terrain :*** herbe ; plat. ***Réducs :*** - 10 % sur présentation de ce guide.	⊕ Les balades à VTT dans les environs. ⊖ Peu d'équipements ; pas d'animations ; pas d'activités nautiques sur place.

À voir, à faire dans les environs : le musée du Cidre du pays d'Othe ; la collégiale de Villemaur-sur-Vanne.

ÉPERNAY 51200

20 km NO de Châlons-en-Champagne *Carte Champagne-Ardenne A1*

€€€ 17,40 € **109 emplacements**

Camping municipal d'Épernay : *allée de Cumières. ☎ 03-26-55-32-14. • camping.epernay@free.fr • epernay.fr • Ouv mai-sept.*
Situé en bord de Marne, un paisible camping de ville, simple et bien tenu. Emplacements bien espacés et herbus. Sanitaires corrects. Pain frais, petite restauration. Internet. Wifi.

Cadre : lacs ou rivières, ville. ***Terrain :*** herbe ; plat.	⊕ Pas loin du centre. ⊖ Pas de miniclub.

À voir, à faire dans les environs : le circuit des caves à champagne, le village de charme de Hauvillers.

ÉPINAL 88000

70 km SE de Nancy *Carte Lorraine B2*

€€€ 22 € **42 emplacements**

Camping Parc du Château : *37, chemin du Petit-Chaperon-Rouge, parc du Château. ☎ 03-29-34-43-65. 📱 06-86-16-14-48. • cinfo@camping-closdelachaume.com • camping-parcduchateau.com • Ouv tte l'année.*
Installé dans un joli parc arboré, ce camping a, ces dernières années, connu un sérieux renouveau : les emplacements ont gagné en surface, les sanitaires sont nickel, la petite piscine a été revue... Snack, restaurant. Hébergements locatifs bien situés : mobile homes, bungalows toilés et Coco Sweet de 2 à 8 personnes *(175-480 €/sem).* Internet. Wifi.

GRAND-EST

Cadre : campagne, forêt, sentiers de randonnée, ville. ***Terrain :*** en pente ; herbe ; plat.	⊕ Le parc du château voisin ; la possibilité de petit déj au bar ; l'accueil ; la proximité de la ville à pied. ⊖ Pas d'animations pour enfants.

À voir, à faire dans les environs : l'imagerie d'Épinal, le musée départemental d'Art ancien et contemporain.

ERVY-LE-CHÂTEL 10130

36 km SO de Troyes ; 51 km NE d'Auxerre — *Carte Champagne-Ardenne A2*

€€ **13 €** — **53 emplacements**

Camping municipal Les Mottes : *1, chemin Bourbiers. ☎ 03-25-70-07-96 ou 03-25-70-50-36. • camping-ervy-le-chatel@orange.fr • ervy-le-chatel.fr • Ouv de mi-avr à fin sept.*
Résolument champêtre ! Après avoir suivi une petite route en sous-bois, on débouche sur un terrain charmant en bord de rivière, donnant sur de vastes prairies. Un coin verdoyant et vraiment très calme, avec de grands emplacements et quelques petites choses pour se détendre (jeux pour les enfants, volley, ping-pong). Excellent accueil.

Cadre : campagne, forêt, lacs ou rivières, sentiers de randonnée. ***Terrain :*** herbe ; plat.	⊕ La possibilité de pêcher dans une rivière à deux pas du camping. ⊖ Peu d'équipements.

À voir, à faire dans les environs : la halle circulaire du XIXe s, l'église des XVe et XVIe s ; le musée du Cidre du pays d'Othe à Eaux-Puiseaux.

GRAND-EST

FRONCLES 52320

27 km N de Chaumont ; 50 km SE de Saint-Dizier — *Carte Champagne-Ardenne A2*

€ **8,60 €** — **25 emplacements**

Camping des Deux Ponts : *rue des Ponts. ☎ 03-25-02-31-21 (mairie). • mairie.froncles@wanadoo.fr • tourisme-chaumont-champagne.com • Ouv de mi-mars à mi-oct. CB refusées.*
Petit camping joliment posé entre la Marne et un canal. Un certain charme et des emplacements tranquilles et bien délimités mais peu ombragés. Pas d'équipements mais pêche autorisée (vente de carte de pêche à la mairie). Placement libre si le bureau d'accueil est fermé. Wifi.

Cadre : lacs ou rivières. ***Terrain :*** herbe ; plat.	⊕ Le site ; la quiétude du lieu ; le prix. ⊖ L'absence d'équipements.

À voir, à faire dans les environs : l'église romane de Vignory ; à Joinville, le château du Grand-Jardin et les maisons en bord de Marne.

FUTEAU 55120

40 km SO de Verdun — *Carte Lorraine A1*

€ **8 €** — **25 emplacements**

Camping chez Pierre Cochenet : *Grande-Rue. ☎ 03-29-88-27-06. 📱 06-80-78-50-83. • mairiefuteau@orange.fr • Ouv avr-fin sept. CB refusées.*
Petit camping rural très agréable, avec des emplacements ombragés au chevet de l'église du village, en bordure de forêt. Bloc sanitaire neuf et impeccable Wifi.

Cadre : forêt, lacs ou rivières, sentiers de randonnée. ***Terrain :*** herbe ; plat.	⊕ Le calme. ⊖ La simplicité des lieux.

À voir, à faire dans les environs : la forêt d'Argonne (11 km).

GÉRARDMER 88400

30 km S de Saint-Dié ; 40 km SE d'Épinal — *Carte Lorraine B2*

€€ **14,50 €** — **50 emplacements**

Les Myrtilles : *102, chemin des Bas-Rupts. 06-02-09-12-71. • campinglesmyrtilles@wanadoo.fr • camping-lesmyrtilles.fr • Ouv de mi-avr à fin sept.*
Petit camping familial, en pleine nature, à 850 m d'altitude, près du col des Bas-Rupts, en bordure des rivières et au pied des pistes. Une cinquantaine d'emplacements en terrasses. Petit bar sympa, comme l'accueil. Location de mobile homes (qui sont, en fait, de petites baraques bardées de bois) pour 2 à 3 personnes *(165-195 €/sem).* Internet. Wifi.

Cadre : montagne. ***Terrain :*** herbe ; plat.	⊕ Un camping familial avec vue sur la forêt et la vallée. ⊖ Un ombrage réduit ; un peu loin des commerces

€€€ **16,90 €** — **150 emplacements**

Ramberchamp : *21, chemin du Tour-du-Lac. ☎ 03-29-63-03-82. • boespflug.helene@wanadoo.fr • info@camping-de-ramberchamp.com • camping-de-ramberchamp.com • Ouv début avr-fin sept.*
30 emplacements bien délimités côté réception, et 120 côté lac, dont une partie avec vue sur le lac. Tous sont plus ou moins ombragés. Il est possible de réserver. Les mobile homes sont situés côté réception *(364-520 €/sem)* ainsi que les appartements Internet. Wifi.

Cadre : forêt, lacs ou rivières, montagne, sentiers de randonnée. ***Terrain :*** herbe ; plat.	⊕ L'accès direct au lac ; la base nautique à proximité. ⊖ Une partie des emplacements en bord de route ; pas de piscine.

À voir, à faire dans les environs : le lac.

GONDREXANGE 57815

15 km SO de Sarrebourg — *Carte Lorraine B2*

€€€ **17 €** — **200 emplacements**

Camping Les Mouettes : *4, rue de Diane-Capelle. ☎ 03-87-25-06-01. 06-45-29-83-21. • otsi.gondrexange@wanadoo.fr • Ouv du 1er avr à mi-oct.*
Un peu le centre névralgique de Gondrexange, ce vaste camping aux emplacements spacieux et ombragés propose pléthore d'activités nautiques sur le lac bordé d'une plage. Location de vélos (à l'office de tourisme). Chalets en location, avec ou sans sanitaires *(250-350 €/sem).* Petite caravane pour randonneurs *(15 €/j. pour 1 pers, 25 €/j. pour 2 pers).* Internet. Wifi.

Cadre : campagne. ***Terrain :*** en pente ; herbe ; plat.	⊕ Le joli cadre ; les embarcations à pédales. ⊖ R.A.S.

À voir, à faire dans les environs : le parc animalier de Sainte-Croix ; la chapelle des Cordeliers à Sarrebourg.

HERPELMONT 88600

7 km SE de Bruyères ; 18 km NO Gérardmer — *Carte Lorraine B2*

€€€€ **30,80 € (avec électricité)** **137 emplacements**

Domaine des Messires : *rue des Messires. ☎ 03-29-58-56-29. • mail@domainedesmessires.com • domainedesmessires.com • Ouv de fin avr à mi-sept.*
Très agréable camping, sous de grands arbres et sur les rives d'un bel étang privé, avec quelques emplacements (vastes dans l'ensemble) pratiquement les pieds dans l'eau. Agréable salle commune et bistrot-resto dans une jolie maison ancienne, elle aussi, tout au bord de l'étang. Baignade et canotage. Les proprios viennent (comme beaucoup de leurs clients) de l'autre pays du fromage, mais sont francophones (et très accueillants !). Location de mobile homes *(392-854 €/sem).* Internet. Wifi.

Cadre : montagne, lacs ou rivières, campagne. ***Terrain :*** herbe ; plat.	⊕ Le site de 12 ha, plutôt exceptionnel. ⊖ Les prix (élevés pour le coin, mais le site les mérite !).

À voir, à faire dans les environs : le musée Henri-Mathieu à Bruyères ; l'église Notre-Dame à Champ-le-Duc ; le moulin de Xamontarupt.

HINSBOURG 67290

7 km NO de La Petite-Pierre ; 66 km O d'Haguenau — *Carte Alsace A1*

€€ **11,50 €** **25 emplacements**

Aire naturelle Le Steinberg : *1, rue de l'Église. ☎ 03-88-01-52-65. 📱 06-24-71-17-99. • verorene67@orange.fr • Ouv avr-oct.*
Dans un petit coin de nature, à peine à l'écart du village, au-dessus de la vallée de Frohmuhl. Vraiment champêtre et plaisant : barbecue, boulodrome à portée de main, tennis, jeux pour enfants.

Cadre : campagne. ***Terrain :*** herbe.	⊕ Le retour au naturel. ⊖ Pas donné pour une aire naturelle.

À voir, à faire dans les environs : les maisons troglodytiques de Graufthal (17 km) ; le château de Lichtenberg (22 km) ; suivre la route des châteaux forts si vous aimez marcher hors des sentiers battus.

LA BRESSE 88250

13 km S de Gérardmer — *Carte Lorraine B2*

€€€ **16,20 €** **140 emplacements**

Domaine du Haut des Bluches : *5, route des Planches. ☎ 03-29-25-64-80. • hautdesbluches@labresse.fr • hautdesbluches.com • Ouv de mi-déc à mi-nov.*
Cadre vraiment agréable, au bord d'un torrent avec des emplacements sur de petites terrasses soutenues par de grosses pierres. Sanitaires impeccables : cabines individuelles avec w-c parfois séparés, douche et lavabo. Parc pour camping-cars avec électricité et accès aux sanitaires. Bar et resto. Location de chalets 4 à 5 personnes *(280-660 €/sem).* Internet. Wifi.

Cadre : forêt, montagne, sentiers de randonnée, lacs ou rivières. ***Terrain :*** en terrasses ; herbe. ***Réducs :*** - 5 % sur le forfait camping sur présentation du guide.	⊕ La possibilité de profiter des facilités offertes par le domaine. ⊖ Il manque juste une piscine.

À voir, à faire dans les environs : le parcours des Aventuriers.

GRAND-EST

LA WOËVRE 55160

20 km E de Verdun — Carte Lorraine A1

€€ 14 € — 104 emplacements

Camping Marguerites : *base de loisirs du Colvert, 55160 Bonzée. ☎ 03-29-87-31-98. • campingscolvert@free.fr • base-de-loisirs-du-colvert.fr • Ouv avr-sept.*
Un Camping Qualité, vert avec ses petites haies et son bel ombrage global. Équipement complet, sanitaires bien entretenus, accès au plan d'eau de la base de loisirs. Resto avec cuisine traditionnelle de produits frais du coin. Pêche. Baignade surveillée en saison. Location de mobile homes 4 personnes *(380-460 €/sem).* NOUVEAUTÉ.

Cadre : lacs ou rivières, campagne. ***Terrain :*** herbe ; plat.	⊕ L'accueil sympa, souriant et « routard » ! ⊖ On cherche encore...

À voir, à faire dans les environs : la base de loisirs du Colvert ; Les Éparges ; le monument-mémorial à Alain-Fournier ; le fort de Troyon ; l'étang de Lachaussée.

LABAROCHE 68910

5 km NO de Trois-Épis — Carte Alsace A2

€€€ 16 € — 66 emplacements

Camping Labaroche : *542, lieu-dit Giragoutte. ☎ 03-89-49-83-72. • contact@camping-labaroche.com • camping-labaroche.alsace • Ouv juin-sept. CB refusées.*
À 800 m d'altitude, dans un beau parc vallonné, ombragé et herbeux, un beau camping très nature. Équipements de base seulement, mais le calme et le bon air sont garantis. Emplacements dispersés sur une clairière ou côté forêt, bien à l'ombre. Également des huttes sur pilotis *(210-245 €/sem).* Internet. Wifi.

Cadre : campagne, montagne, sentiers de randonnée. ***Terrain :*** en terrasses ; herbe ; plat.	⊕ Un authentique camping pour amateurs de nature et de liberté. ⊖ Peu d'infrastructures.

À voir, à faire dans les environs : le musée Albert-Schweitzer à Kaysersberg (5 km).

LAC DE MADINE (LE) 55210

26 km O de Pont-à-Mousson — Carte Lorraine A1

€€€ 18,50 € — 300 emplacements

Camping d'Heudicourt : *à Heudicourt-sous-les-Côtes. ☎ 03-29-89-36-08. • campingheudicourt@lacmadine.com • lacmadine.com • Ouv avr-oct.*
Vaste camping, posé au bord du lac (avec accès direct), proche de nombreuses activités (accrobranche, jeux d'enfants...). L'ombrage est variable selon les emplacements mais le camping est verdoyant. Nombreux blocs sanitaires. Livraison de pain en été. Gîte 4-6 personnes *(250-440 €/sem)* et roulottes 2-4 personnes *(500 €/sem).* NOUVEAUTÉ.

Cadre : au bord du lac. ***Terrain :*** plat ; herbe.	⊕ Le bon accueil. ⊖ Beaucoup de mobile homes à l'année.

À voir, à faire dans les environs : toutes les activités de plein air autour du lac ; l'observatoire ornithologique ; le mémorial américain de la butte de Montsec ; le château et le village d'Hattonchâtel.

LANGATTE 57400

7 km NO de Sarrebourg — *Carte Lorraine B1*

€€€ 21 € — 360 emplacements

Camping La Tour du Stock : *étang du Stock. ☎ 03-87-03-69-90. 📱 06-22-62-73-85. • tourisme.langatte@wanadoo.fr • langatte.com • Ouv avr-oct.*
Des emplacements de camping bien organisés. Excellentes prestations : accès à l'étang avec toboggan aquatique et plage (payant), location de vélos, de *paddles* et de canoës... et même un centre de bien-être proposant massages, piscines, sauna et hammam, ainsi qu'un bowling ! Nombreuses animations en saison.

Cadre : campagne, lacs ou rivières. **Terrain :** herbe ; plat.	⊕ Les activités et animations régulières. ⊖ Pas de transports pour aller jusqu'en ville.

À voir, à faire dans les environs : l'étang du Stock ; le parc animalier de Sainte-Croix.

LAUTERBOURG 67630

19 km SE de Wissembourg — *Carte Alsace A1*

€€€ 20 € — 135 emplacements

Camping municipal des Mouettes : *chemin des Mouettes. ☎ 03-88-54-68-60. • camping-lauterbourg@wanadoo.fr • camping-lauterbourg.fr.st • Ouv 15 avr-15 nov.*
Très bon camping avec pour paysage un beau lac naturel où il est possible de faire trempette ou de pratiquer tout sport nautique. Plage à une centaine de mètres, non, vous ne rêvez pas ! Quant aux mouettes, c'est surtout en hiver qu'elles se rassemblent ici, par milliers. À louer, des tipis, des kotas finlandais, des camp'étoiles, des tipis, des Pods... Barbecue. Nombreux concerts. Locatifs pour 4 personnes *(420 €/sem).* Internet. Wifi.

Cadre : forêt, lacs ou rivières, sentiers de randonnée. **Terrain :** herbe ; plat.	⊕ Le centre de loisirs sur place ⊖ L'électricité limitée à 10 A ; les chiens interdits.

À voir, à faire dans les environs : le fort de Schoenenbourg (30 km).

LE CHESNE 08390

Carte Champagne-Ardenne A1

30 km S de Charleville-Mézières et Sedan ; 30 km E de Rethel

€€ 15 € — 170 emplacements

Camping du lac de Bairon : *dans le village. ☎ 03-24-30-11-66. • camping.bairon@orange.fr • camping-lacdebairon.com • Ouv fin avr-fin sept.*
Au bord d'un double lac, naturel (50 ha) et de loisirs (80 ha), au milieu de la campagne ardennaise, un grand camping très bien aménagé et fleuri, avec de grands emplacements (100 et 120 m²). Partiellement ombragé. Lieu idéal pour les sports d'eau, la détente et la pêche. Plage et baignade surveillée en juillet-août. En location, des kotas, insolites chambres en bois finlandaises *(69 €/nuit ou 350 €/sem).* Internet. Wifi.

Cadre : campagne, lacs ou rivières. **Terrain :** herbe ; plat.	⊕ Le calme ; l'accès direct à la base de loisirs et au lac. ⊖ Un peu loin de tout.

À voir, à faire dans les environs : Reims et sa cathédrale.

GRAND-EST

LE THOLY 88530

10 km O de Gérardmer ; 18 km NE de Remiremont — *Carte Lorraine B2*

€€€ 24 € — **70 emplacements**

Camping JP Vacances : *15, chemin de l'Étang, Noirrupt. ☎ 03-29-61-81-27. • info@jpvacances.com • jpvacances.com • Ouv mai-sept (loc tte l'année).*
Un camping d'altitude, bien équipé et bien ombragé : belle piscine (chauffée), sauna, bowling, etc. Emplacements en terrasses, pour certains avec belle vue sur la vallée. Location de chalets pour 4 à 8 personnes, bien équipés pour l'hiver aussi *(290-770 €/sem).* Internet. Wifi.

Cadre : forêt, montagne, sentiers de randonnée. ***Terrain :*** en terrasses ; herbe ; plat.	⊕ Le site paysager ; le calme ; un camping familial. ⊖ Pas d'animation en soirée.

À voir, à faire dans les environs : les cascades de Tendon (4 km) ; le lac de Gérardmer (10 km).

LES MAZURES 08500

Carte Champagne-Ardenne A1

18 km NO de Charleville-Mézières ; 12 km S de Revin

€€€ 24 € — **287 emplacements**

Camping du lac des Vieilles Forges : *☎ 03-24-40-17-31. • campinglesvieillesforges@homair.com • homair.com • Ouv d'avr à mi-sept.*
Dans un cadre forestier, la quiétude de la nature à proximité d'un lac et d'une base de loisirs (baignade surveillée en saison sur une très belle plage). Environnement bucolique à souhait. Point de départ de promenades vertes, de sentiers de randonnée, d'excursions vers Charleville, la vallée de la Meuse et celle de la Semois. Location de bungalows et mobile homes pour 4 à 6 personnes *(189-705 €/sem ; possibilité de loc à la nuitée).* Wifi.

Cadre : campagne, forêt, lacs ou rivières. ***Terrain :*** herbe ; plat.	⊕ Le cadre verdoyant, les emplacements spacieux et très bien ombragés ; la proximité immédiate de la base de loisirs. ⊖ La route à traverser pour accéder au lac.

À voir, à faire dans les environs : les vallées de la Meuse et de la Semois ; Charleville-Mézières.

LIÈPVRE 68660

1 km de La Vancelle ; 9 km NE de Sainte-Marie-aux-Mines — *Carte Alsace A1*

€€ 11,50 € — **65 emplacements**

Camping du Haut-Kœnigsbourg : *route de La Vancelle. ☎ 03-89-58-43-20. • contact@camping-hautkoenigsbourg.com • camping-hautkoenigsbourg.com • Ouv avr-oct.*
Du nom du célèbre château situé à quelques kilomètres de là, un plaisant camping très bien entretenu et calme, planté dans la verdure en bordure d'un quartier résidentiel tranquille. Emplacements bien séparés et ombragés. Idéal pour sillonner les environs. De coquets chalets à louer *(280-650 €/sem ; min 2 nuitées hors saison).* Internet. Wifi.

Cadre : campagne, sentiers de randonnée. ***Terrain :*** herbe ; plat.	⊕ La proximité du centre et des commerces. ⊖ Peu équipé.

À voir, à faire dans les environs : le château du Haut-Kœnigsbourg (14 km) ; la forêt domaniale de La Vancelle (3 km).

LIVERDUN 54460

18 km NO de Nancy ; 22 km NE de Toul — *Carte Lorraine A2*

€€€ 20 € — **200 emplacements**

Camping des Boucles de la Moselle : *7, av. Eugène-Lerebourg. ☎ 03-83-24-43-78. • info.campingmoselle@gaim.com • lesbouclesdelamoselle.com • Ouv mai-fin sept.*
Dans un méandre de la Moselle au pied du village médiéval de Liverdun. Camping bien équipé, dans un environnement naturel. Piscine. Rampe de mise à l'eau. Aviron. Beach-volley. Petite restauration. Locatifs *(23-90 €/nuit).* Internet. Wifi.

Cadre : campagne, forêt, lacs ou rivières. ***Terrain :*** herbe ; plat. ***Réducs :*** - 10 % sur présentation de ce guide.	⊕ Le cyclotourisme sur les bords de la Moselle. ⊖ L'ombrage irrégulier.

À voir, à faire dans les environs : le village médiéval.

GRAND-EST

LUNÉVILLE 54300

35 km E de Nancy ; 28 km NO de Baccarat — *Carte Lorraine B2*

€€ **12,50 € (avec électricité)** — **36 emplacements**

Camping Les Bosquets : *63, quai des Petits-Bosquets (chemin de la Ménagerie). ☎ 03-83-73-37-58 et 03-83-74-05-00 (hors saison). 📱 06-74-72-49-73. • camping@delunevilleabaccarat.fr • delunevilleabaccarat.fr • Ouv mai-sept (camping-cars tte l'année). CB refusées.*
Un petit camping municipal sympa comme tout, dans un joli emplacement, au bord du canal, au pied du parc des Bosquets. Barbecue. Loue aussi des bungalows *(195-380 €/sem).*

Cadre : ville. ***Terrain :*** en terrasses ; herbe ; plat.	⊕ La situation idéale, dans le parc du château ; le tarif préférentiel au centre aqualudique (la piscine, si vous préférez !). ⊖ La route à proximité.

À voir, à faire dans les environs : le château ; le parc des Bosquets.

LUXEMONT 51300

36 km SE de Châlons-en-Champagne — *Carte Champagne-Ardenne A2*

€€ **15 € (avec électricité)** — **25 emplacements**

Camping Nature : *13 bis, rue de l'Évangile. 📱 06-83-42-83-53. • eric.scherschell@wanadoo.fr • camping-nature.net • Ouv mai-sept. CB refusées.*
Comme l'indique son nom, en pleine nature, bien arboré. Terrain herbu. Tentes très espacées. Sanitaires rénovés bien tenus. Aire de jeux pour les enfants. Petite randonnée au départ du camping vers le canal de la Marne. Étangs et un plan d'eau de 9 ha pour la baignade (non surveillée). Piste cyclable à deux pas le long du canal. Seulement 25 emplacements : téléphoner avant. Gîte à louer *(200-230 €/sem).* Wifi.

Cadre : campagne, lacs ou rivières, sentiers de randonnée. ***Terrain :*** herbe ; plat.	⊕ Les randonnées qui partent du camping. ⊖ L'absence de lave-linge.

À voir, à faire dans les environs : la basilique Notre-Dame ; le lac du Der.

MASEVAUX 68290

15 km SO de Thann ; 26 km O de Mulhouse — *Carte Alsace A2*

€€€ 16,20 € — **125 emplacements**

Camping de Masevaux : *14, rue du Stade. ☎ 03-89-39-83-94. 📱 06-33-49-44-88. • info@masevaux-camping.com • masevaux-camping.fr • Ouv avr-fin oct (tte l'année pour les chalets).*
Camping paisible situé au bord de la Doller, sur un grand terrain ombragé et fleuri. Bien entretenu et calme. Piscine intercommunale payante juste à côté. Nombreuses randonnées pédestres et cyclistes dans les environs. Locatifs *(289-549 €/sem),* dont les amusants tonneaux, un genre de roulotte sans les roues. Internet. Wifi.

Cadre : campagne, forêt, lacs ou rivières, sentiers de randonnée, ville. ***Terrain :*** herbe ; plat. ***Réducs :*** - 5 % sur présentation de ce guide.	⊕ La proximité des commerces. ⊖ Le peu d'équipements.

À voir, à faire dans les environs : la vallée de la Doller ; le ballon d'Alsace ; les sentiers du Club vosgien.

METZ 57000

57 km N de Nancy — *Carte Lorraine A1*

€€ 14 € — **150 emplacements**

Camping municipal de Metz-Plage : *allée de Metz-Plage. ☎ 03-87-68-26-48. • campingmetz@mairie-metz.fr • mairie-metz.fr • Ouv de mi-avr à sept.*
Bien placé, en ville, il s'étend sur une des rives de la Moselle. Très agréable en été, mais peu ombragé. Internet. Wifi.

Cadre : lacs ou rivières, ville. ***Terrain :*** plat.	⊕ L'accès à la rivière ; le barbecue collectif. ⊖ Les équipements simples.

À voir, à faire dans les environs : les musées de Metz, la Cour-d'Or, la place Saint-Louis.

MITTLACH 68380

6 km SO de Metzeral ; 12 km SO de Munster — *Carte Alsace A2*

€€ 11 € — **100 emplacements**

Camping municipal du Langenwasen : *au lieu-dit Langenwasen. ☎ 03-89-77-63-77 ou 03-89-77-61-53 (mairie). • camping@mittlach.fr • camping-alsace.info • Ouv de mi-avr à mi-oct.*
Tout au fond de la vallée, au bord d'un cours d'eau, à 630 m d'altitude et en pleine forêt, ce beau camping simple et authentique profite d'un superbe environnement en pleine nature. Un studio *(250 €/sem).* Internet. Wifi.

Cadre : campagne, forêt, lacs ou rivières, montagne, sentiers de randonnée. ***Terrain :*** en terrasses ; herbe ; plat.	⊕ Son environnement. ⊖ Le wifi partiel.

À voir, à faire dans les environs : la maison Albert-Schweitzer (13 km) ; la vallée de la Wormsa.

MOLSHEIM 67120

3 km E de Mutzig — *Carte Alsace A1*

€€€ **22 €** — **95 emplacements**

Camping municipal : *6, rue des Sports. ☎ 03-88-49-82-45 et 03-88-49-58-58 (mairie). • camping@molsheim.fr • camping-molshein.com • Ouv avr-oct.*
Un beau camping municipal en bordure de la Bruche. De grands emplacements séparés par des arbres, des sanitaires impeccables, à proximité du centre et des aires d'activités sportives (centre équestre, pistes cyclables, entre autres). Location de mobile homes *(350-460 €/sem)* et de vélos. Internet. Wifi.

Cadre : campagne, lacs ou rivières. ***Terrain :*** herbe ; plat.	⊕ L'accès gratuit à la piscine municipale en face ; le wifi sur tout le camping. ⊖ Pas d'aire de stationnement pour les camping-cars ; le bruit lors des événements sur le stade du Hollzplatz (à quelques mètres du camping).

À voir, à faire dans les environs : le centre-ville de Molsheim ; l'abbaye du mont Sainte-Odile (30 km).

GRAND-EST

MONTMÉDY 55600

25 km NO de Longuyon — *Carte Lorraine A1*

€ **9,60 €** — **32 emplacements**

Camping La Citadelle : *rue Vauban. ☎ 03-29-80-15-90 (office de tourisme). • tourisme.otpaysdemontmedy@gmail.com • tourisme-montmedy.fr • Ouv mai-sept. CB refusées.*
Plutôt agréablement installé au pied de la citadelle, le classique petit camping bien rangé, avec des emplacements ombragés et bien délimités par de petites haies. Sanitaires nickel.

Cadre : campagne, sentiers de randonnée. ***Terrain :*** herbe ; plat. ***Réducs :*** - 15 % sur un séjour de 2 à 5 nuits, - 20 % sur un séjour de 5 nuits et plus sur présentation de ce guide.	⊕ La proximité de la citadelle de Montmédy. ⊖ La simplicité des installations.

À voir, à faire dans les environs : la citadelle : le tour des remparts, l'église Saint-Martin (restaurée), les musées de la Fortification et Jules-Sébastien-Lepage ; la basilique d'Avioth (7 km).

MULHOUSE 68100

45 km NE de Belfort ; 32 km NO de Bâle — *Carte Alsace A2*

€€€ **18,50 €** — **180 emplacements**

Camping de l'Ill : *1, rue Pierre-de-Coubertin. ☎ 03-89-42-64-76. • reception@camping-mulhouse.com • camping-mulhouse.com • Ouv mars-fin oct et marchés de Noël.*

Vaste espace de plus de 5 ha, avec des emplacements de 100 m², bien ombragés, le long de l'Ill (parfait pour pêcher !). Très vert et bien entretenu dans l'ensemble. Accueil chaleureux. Loue des mobile homes et des chalets, ainsi que des hébergements insolites : Pods, cabanes magiques et igloos *(190-780 €/sem).* Emplacements stabilisés pour les camping-cars. Internet. Wifi.

Cadre : ville. ***Terrain :*** herbe ; plat.	⊕ La piscine chauffée de mi-avril à mi-octobre. ⊖ Pas trouvé.

À voir, à faire dans les environs : le musée national de l'Automobile, le musée de l'Impression sur étoffes, le musée EDF Électropolis, l'hôtel de ville.

NIEDERBRUCK 68290

2,5 km NO de Masevaux ; 9 km N de Rougemont-le-Château — ***Carte Alsace A2***

€ **6 €** — **5 emplacements**

Ferme-auberge Entzenbach : *chez Bernard Leiser, rue de l'Entzenbach.* ☎ *03-89-82-45-49.* • *contact@ferme-aubergeentzenbach.fr* • *ferme-aubergeentzenbach.fr* • *Ouv tte l'année.*

Après 1,5 km de piste caillouteuse, on découvre cette exploitation pleine d'authenticité et de personnalité. Les sympathiques propriétaires possèdent quelques vaches, des chèvres et des cochons. Leur grande passion, c'est d'expliquer aux visiteurs la vie d'une ferme montagnarde. Vente de produits fermiers : miel, lard, viande, fromages (comme le *barkäss,* tomme vosgienne). À l'auberge, on se régale de plats de terroir bien copieux, élaborés à partir des produits de l'exploitation, comme les *fleischnacka.* Et pour les adeptes de la vie au grand air, possibilité de planter sa guitoune dans le pré, sans chichis.

Cadre : montagne. ***Terrain :*** herbe ; plat.	⊕ Les bons produits fermiers. ⊖ Pas de douche.

À voir, à faire dans les environs : la ferme de Bernard Leiser !

OBERNAI 67210

6 km S de Rosheim ; 35 km E de Schirmeck — ***Carte Alsace A1***

€€€ **17,90 €** — **150 emplacements**

Le Vallon de l'Ehn : *1, rue de Berlin.* ☎ *03-88-95-38-48.* • *camping@obernai.fr* • *camping-obernai.fr* • *Ouv de mi-mars à mi-janv.*

Un camping 3 étoiles très agréable. Pour les sanitaires et les services, c'est impeccable. Aire de jeux pour les enfants, ping-pong, minigolf, épicerie. À proximité immédiate : piscine, tennis, parcours de santé, pistes cyclables... Locatifs *(390-580 €/sem).* Internet. Wifi.

Cadre : campagne. ***Terrain :*** herbe ; plat ; rocaille. ***Réducs :*** - 5 % hors juillet-août sur présentation de ce guide.	⊕ Bien équipé. ⊖ On cherche encore...

À voir, à faire dans les environs : la place du marché, les anciens remparts.

ORBEY 68370

10 km SO de Kaysersberg — ***Carte Alsace A2***

€€ **11,60 €** — **70 emplacements**

Camping Lefébure : *rue Lefébure.* ☎ *03-89-71-37-42.* 📱 *06-83-98-15-52.* • *jeanmichelmiclo@gmail.com* • *camping-orbey.com* • *Ouv mai-fin sept (chalets tte l'année).*

GRAND-EST

Un agréable camping en bordure d'une forêt de pins. Site calme et emplacements relativement bien ombragés. Accueil disponible et compétent. Location de chalets *(310-540 €/sem)* et d'une tente aménagée. Petite restauration et livraison de pain frais tous les jours en été. Quelques jeux pour les enfants et les traditionnelles distractions : pétanque, foot, badminton... Sans oublier les randonnées vers les lacs Blanc et Noir. Internet. Wifi.

Cadre : campagne, forêt, montagne, sentiers de randonnée. ***Terrain :*** en terrasses ; herbe. ***Réducs :*** - 5 % sur présentation de ce guide.	⊕ La vue sur la vallée ; l'exposition ; le calme. ⊖ Pas d'animations.

À voir, à faire dans les environs : le parc d'aventures à Orbey ; les 3 musées Barlier à Fréland (7 km).

PEIGNEY 52200

6 km NE de Langres — ***Carte Champagne-Ardenne A2***

€€€€ **38 €** — **150 emplacements**

Camping de la Liez : *rue des Voiliers, lac de la Liez. ☎ 03-25-90-27-79. • contact@camping-liez.fr • campingliez.com • Ouv avr-début oct.*
Au bord d'un grand lac artificiel d'eau douce, le camping est aménagé en terrasses sur un flanc de colline, avec beaucoup d'hébergements locatifs alignés en rangs d'oignons *(350-1 260 €/sem).* Quelques roulottes dans un coin plus calme et bien peu d'emplacements pour les tentes, reléguées en haut du camping, sans vue sur le lac, derrière les sanitaires et en bordure de champ. En revanche le camping est très bien équipé, ombragé, propre et bien tenu. Agréable piscine avec toboggan aquatique, sauna et poney-club. Abrite aussi un bon restaurant (qualité gastronomique, c'est rare dans un camping) à prix sages, une épicerie, un bar. Accès direct à la base nautique et à sa plage. Animations en été. Internet. Wifi.

Cadre : campagne, lacs ou rivières. ***Terrain :*** en terrasses ; herbe ; plat.	⊕ Le site ; la vue sur le lac ; les équipements nombreux. ⊖ L'affluence en été ; le peu d'emplacements pour les campeurs.

À voir, à faire dans les environs : Langres, une des plus belles villes fortifiées de France ; la forêt et l'abbaye d'Auberive.

PHILIPPSBOURG 57230

20 km SE de Bitche ; 30 km NO d'Haguenau — ***Carte Lorraine B1***

€€€ **20 €** — **350 emplacements**

Camping de l'Étang de Hanau : *3, rue de l'Étang. ☎ 03-87-06-51-55. • camping.hanau@orange.fr • philippsbourg.fr • Ouv avr-sept.*
En pleine forêt, bordant le bel étang de Hanau, un camping sans bungalows, sans mobile homes : un retour à la nature. Calme, bien entretenu, on pourra couler des jours heureux sur la plage (surveillée en été). Tennis, location de vélos, de barques et d'embarcations à pédales, aire de jeux. Ne pas manquer de randonner sur le sentier botanique de la Tourbière ou sur l'un des 4 circuits passant par les ruines du château de Walbeck dominant l'étang. Internet.

Cadre : forêt, lacs ou rivières. ***Terrain :*** herbe ; plat ; en pente.	⊕ En pleine nature. ⊖ Loin des commerces ; le wifi très lent ; pas de réseau mobile.

À voir, à faire dans les environs : le musée du Verre et du Cristal à Saint-Louis-lès-Bitche.

REILLON 54450

26 km N de Baccarat ; 57 km E de Nancy — **Carte Lorraine B2**

€€ 14 € — **20 emplacements**

Gîte d'étape et de séjour La Croisée Découverte : *9, Grande-Rue. ☎ 03-83-42-39-39. • contact@lacroiseedecouverte.com • lacroiseedecouverte.com • Ouv tte l'année. CB refusées.*
Dans une ancienne ferme à l'orée d'un tout petit village, quelques emplacements de camping avec sanitaires collectifs *(7 €/pers).* Gîte également *(20 €/pers)* et chambres *(nuitée individuelle : 32 €/pers).* Accueil sympathique. Coin repas en gestion libre ou table d'hôtes. Accueille également des classes de découverte et organise des stages de menuiserie. Internet. Wifi.

Cadre : campagne, sentiers de randonnée. ***Terrain :*** herbe ; plat.	⊕ Un camping atypique ; la location de vélos ; le terrain de sport ; wifi ; le gîte au calme, dans un cadre verdoyant ; l'accueil personnalisé ; les informations pratiques pour la découverte du secteur. ⊖ Les chiens acceptés seulement sur demande.

À voir, à faire dans les environs : le château de Blamont (10 km) ; le lac de Pierre-Percée (30 km).

REVIN 08500

27 km NO de Charleville-Mézières — **Carte Champagne-Ardenne A1**

€€ 11,40 € — **70 emplacements**

Camping municipal Les Bateaux : *quai Edgar-Quinet. ☎ 03-24-40-15-65. • campinglesbateaux@gmail.com • ville-revin.fr • Ouv avr-Toussaint.*
Remarquablement situé en pleine ville, en bord de Meuse. Emplacements spacieux et semi-ombragés. Bon confort : lave-linge et sèche-linge, petite épicerie, jeux pour les enfants. Location de mobile homes *(293-495 €/sem).* Wifi.

Cadre : campagne, forêt, lacs ou rivières, sentiers de randonnée, ville. ***Terrain :*** herbe ; plat.	⊕ Le charme des bords de rivière ; la forêt toute proche. ⊖ Peu d'animations en haute saison.

À voir, à faire dans les environs : la Maison espagnole, le panorama depuis les belvédères.

RHINAU 67860

30 km NE de Sélestat — **Carte Alsace A1**

€€ 13,20 € — **150 emplacements**

Camping Ferme des Tuileries : *1, rue des Tuileries. ☎ 03-88-74-60-45. 📱 06-85-74-98-97. • camping.fermetuileries@neuf.fr • fermedestuileries.com • Ouv avr-fin sept. CB refusées.*
Sans doute un des campings les plus sympa de la région tant il propose de quoi vous occuper (piscine, plan d'eau, toboggan aquatique, pétanque, football...). Et quelques animaux (poules, ânes) pour ne pas faire mentir l'enseigne. Si vous avez des enfants, vous ne les verrez pas beaucoup ! Cadre verdoyant, pas très ombragé, sanitaires nickel, accueil plus que serviable. Chalets à louer *(400-600 €/sem),* mais aussi des chalets plus rudimentaires pour les cyclistes de passage *(10 €/pers, 25 € pour 4).* Ni chèques (sauf Chèques-Vacances), ni cartes de paiement, ni chiens acceptés : autant le savoir. Internet. Wifi.

GRAND-EST

Cadre : campagne, lacs ou rivières. ***Terrain :*** herbe ; plat.	⊕ Le plan d'eau avec des toboggans. ⊖ Pas de miniclub pour les enfants ; petite restauration en été seulement.

À voir, à faire dans les environs : la forêt de l'Ill (18 km) ; le château d'Osthouse (14 km) ; l'Europark, la plus grosse attraction du coin !

SAINT-AVOLD 57500

37 km O de Sarreguemines ; 47 km E de Metz — *Carte Lorraine B1*

€€ 14 € — 33 emplacements

Centre international de séjour et camping Le Felsberg : *rue En-Verrerie. ☎ 03-87-92-75-05. • cis.stavold@wanadoo.fr • mairie-saint-avold.fr • Ouv tte l'année.* Camping sur la colline du Felsberg. Bien ombragé et d'excellent confort. Sanitaires modernes très propres. Bar et resto en saison. Coin tentes équipé de tables de pique-nique. Pour s'occuper : ping-pong, basket, pétanque. Location de chalets *(280 €/sem)* et de chambres *(25-28 €/pers, avec ou sans salle de bains).* Internet. Wifi.

Cadre : forêt, ville. ***Terrain :*** herbe ; plat.	⊕ Calme et ombragé ; à 10 mn à pied du centre-ville. ⊖ Pas de piscine ; pas d'activités.

À voir, à faire dans les environs : l'abbatiale Saint-Nabor, le cimetière américain.

GRAND-EST

SAINT-MAURICE-SOUS-LES-CÔTES 55210

75 km SO de Metz ; 60 km NE de Bar-le-Duc — *Carte Lorraine A1*

€€ 12 € — 25 emplacements

Camping du Bois Joli : *9, rue Gaston-Parant. ☎ 03-29-89-33-32. 📱 06-43-00-43-47. • campingduboisjoli@gmail.com • forest-campingbj.com • Ouv avr-sept. CB refusées.* Pas mal de touristes néerlandais ont déjà repéré ce tout petit camping 2 étoiles, au pied de la forêt. Un petit coin de paradis vert et calme. Nickel, avec de réels efforts de confort et d'attentions : petit congélateur, jardin d'herbes aromatiques et de tomates cerises (en saison bien sûr). Petite boutique de produits régionaux (dont les confitures avec les fruits du verger). Possibilité de dormir dans des logements insolites : un tipi et son totem, 2 cabanes-tentes, dont une sur pilotis, et un dôme, complètement équipés (glacière électrique, matériel de cuisine, table, brasero...). Compter 32-49 €/nuit (2 nuits minimum demandées), plus frais de service. Draps fournis.

Cadre : campagne, forêt, lacs ou rivières, sentiers de randonnée. ***Terrain :*** en pente ; en terrasses ; herbe ; plat.	⊕ Le cadre ; le calme ; l'accueil familial. ⊖ La pente de certains emplacements.

À voir, à faire dans les environs : les vins du Domaine de la Goulotte à Saint-Maurice et du Domaine de Muzy à Combres-sous-les-Côtes (8 km) ; la Maison des arts et traditions rurales à Hannonville-sous-les-Côtes (7 km) ; l'observatoire des côtes de Meuse à Viéville-sous-les-Côtes (4 km) ; le lac de Madine (15 km) ; le Jardin de Lorraine, coopérative fruitière (mirabelle sous toutes ses formes) à Billy-sous-les-Côtes (2 km).

SAINT-MAURICE-SUR-MOSELLE 88560

30 km SE de Remiremont — *Carte Lorraine B2*

€€€€ 27 € — 160 emplacements

Camping des Deux Ballons : *17, rue du Stade. ☎ 03-29-25-17-14. 📱 06-29-43-79-04. • stan0268@orange.fr • camping-deux-ballons.fr • Ouv mai-sept.*

Ce camping, même s'il n'est pas franchement sauvage, s'avère bien ombragé et traversé par un ruisseau. Et il offre une belle vue sur les montagnes vosgiennes. Grande piscine chauffée avec toboggan. Épicerie et resto tout près et snack en été. Location de chalets de 2 à 5 personnes *(390-720 €/sem)*. Pas mal d'activités sur place et aux alentours : vélo ou VTT, avec la voie verte à côté, pêche, basket-ball, etc. Internet. Wifi.

Cadre : campagne, forêt, lacs ou rivières, montagne, sentiers de randonnée. ***Terrain :*** en terrasses ; herbe ; plat.	⊕ L'étang à 500 m, où l'on peut pêcher ; la voie verte en accès direct. ⊖ Pas de miniclub.

À voir, à faire dans les environs : les Hautes-Mynes.

SAINTE-MARIE-DU-LAC 51290

26 km SE de Vitry-le-François ***Carte Champagne-Ardenne A2***

€€ **14 €** **84 emplacements**

Camping de la Cornée du Der : *1, route de la Cornée. ☎ 03-26-72-66-23. 📱 06-77-28-49-90. • camping.cornee@orange.fr • campingdelacorneeduder.com • Ouv avr-fin oct.*
Bien situé et confortable. Laverie, snack-bar, épicerie, piscine chauffée, salle de jeux. Grande plage de sable, ski nautique, et 38 km de pistes cyclables pour rayonner alentour. Observation de la nature (270 espèces d'oiseaux). Animations l'été. Également location de bungalows et mobile homes *(280-590 €/sem ; à la nuit hors saison)*. Internet.

Cadre : campagne, lacs ou rivières. ***Terrain :*** herbe ; plat.	⊕ La superbe plage du lac du Der. ⊖ Devoir repartir...

À voir, à faire dans les environs : le circuit des maisons à pans de bois ; l'écomusée du lac du Der.

SAULXURES-SUR-MOSELOTTE 88290

13 km SO de La Bresse ***Carte Lorraine B2***

€€€ **24 €** **60 emplacements**

Camping du lac de la Moselotte : *336, route des Amias. ☎ 03-29-24-56-56. • contact@lac-moselotte.fr • lac-moselotte.fr • Ouv tte l'année.*
Idéalement situé au bord du lac et à proximité immédiate de la voie verte, ancienne voie ferrée transformée en piste cyclable (location de vélos sur place). Un camping pas très ombragé mais à taille humaine, avec des emplacements séparés par des haies. Et la base de loisirs du lac est à deux pas : baignade (surveillée l'été) et autres sports nautiques (canoë, kayak, pêche à la mouche...). Épicerie (en saison), laverie ; bon resto et snack-bar à proximité. Location de chalets, mobile homes et bungalows pour 2 à 8 personnes *(169-859 €/sem)*. Internet. Wifi.

Cadre : lacs ou rivières, montagne. ***Terrain :*** herbe ; plat. ***Réducs :*** - 20 % sur les séjours de 2 semaines et plus.	⊕ La situation au bord du lac. ⊖ Les chalets (un peu vieillissants).

À voir, à faire dans les environs : le musée du Textile à Ventron (9 km) ; le parcours des Aventuriers (13 km).

SAVERNE 67700

22 km S de La Petite-Pierre ***Carte Alsace A1***

€€€ **24 €** **145 emplacements**

Camping des portes d'Alsace : *rue du Père-Libermann. ☎ 03-88-91-35-65. • contact@camping-lesportesdalsace.com • camping-lesportesdalsace.com • Ouv 31 mars-4 nov.*

GRAND-EST

À l'écart de l'agitation (modérée) de la ville, de larges emplacements à l'ombre des bouleaux et des saules. Mobile homes en location *(380-875 €/sem).* Wifi.

Cadre : campagne, montagne. ***Terrain :*** en pente ; herbe ; plat. ***Réducs :*** - 10 % en basse saison, - 5 % en haute saison sur présentation de ce guide.	⊕ L'ombre. ⊖ Les activités toutes situées en dehors du site.

À voir, à faire dans les environs : le château des Rohan ; le jardin botanique du col de Saverne (3 km) ; vous êtes au départ de la route des Vosges du Nord, ô combien dépaysante !

SÉLESTAT 67600

20 km SE de Villé ; 20 km NE de Ribeauvillé — *Carte Alsace A1-2*

€€€ **17,85 €** — **48 emplacements**

Camping Les Cigognes : *1, rue de la 1re-D.-F.-L. ☎ 03-88-92-03-98. • camping@ville-selestat.fr • camping.selestat.fr • Ouv 1er avr-15 oct et 22 nov-24 déc ts les ans.*
Petit camping fleuri, dans une zone verte à proximité du centre-ville. Tout le confort pour les campeurs qui veulent visiter la ville sans voiture. Mi-ombragé. Location de vélos à l'office de tourisme. Aire de stationnement pour camping-cars (15 places). Internet. Wifi.

Cadre : ville. ***Terrain :*** herbe ; plat. ***Réducs :*** - 50 % à partir de la 15e nuitée en basse saison (avril-juin, et septembre-octobre).	⊕ Le centre-ville et toutes les commodités à 5 mn. ⊖ Très petit camping, seulement 48 places !

À voir, à faire dans les environs : la Bibliothèque humaniste, l'église Sainte-Foy, le musée du Pain d'Alsace, la vieille ville, bien sûr ; sans oublier les villages du Ried, tout proche.

SIERCK-LES-BAINS 57480

19 km NE de Thionville — *Carte Lorraine B1*

€€ **12 €** — **52 emplacements**

Camping municipal Les Tilleuls : *4, chemin des Tilleuls. ☎ 03-82-83-72-39 et 03-82-83-82-15 (mairie). • camping@siercklesbains.fr • camping-siercklesbains.fr • Ouv de mi-avr à mi-oct. CB refusées.*
Au calme en bordure de la Moselle, pas loin du centre, petit camping simple et familial, semi-ombragé par des tilleuls. Possibilité de vélos pour profiter du circuit de 17 km passant par le lac du Mirgenbach et autres circuits et sentiers de randonnée. Wifi.

Cadre : campagne, lacs ou rivières, ville. ***Terrain :*** herbe ; plat.	⊕ La situation au bord de la Moselle ; le pain tous les matins. ⊖ La voie ferrée à proximité.

À voir, à faire dans les environs : le château fort de Sierck ; le château de Malbrouck à Manderen.

STRASBOURG 67200

88 km NE de Saint-Dié-des-Vosges — *Carte Alsace A1*

€€€€ **30,40 €** — **190 emplacements**

Camping Indigo Strasbourg : *9, rue de l'Auberge-de-Jeunesse. ☎ 03-88-30-19-96. 📱 06-71-07-46-22. • camping-strasbourg.com • Ouv tte l'année.*

Idéalement situé : au cœur d'un beau parc naturel urbain, à moins de 10 mn du centre historique de Strasbourg. Y est adjoint un beau centre de vie avec coin bibliothèque et espace jeux, une épicerie, un café-restaurant avec une belle terrasse couverte. Côté hébergement, l'accent est mis sur la toile et le bois : des chalets, des roulottes et des cottages en bois, ainsi que des tentes toile et bois entièrement équipées pour camper *(385-856 €/sem)*. Et rien ne manque pour s'amuser sur place : piscine avec pataugeoire, terrain de volley, pétanque, aire de jeux... Bref, un camping nature dans un cadre urbain, qui se met en quatre pour combler les campeurs. Internet. Wifi.

Cadre : ville. ***Terrain :*** herbe ; plat.	⊕ La campagne à la ville. ⊖ Devoir repartir...

À voir, à faire dans les environs : la cathédrale Notre-Dame, le palais Rohan, la Petite France.

STURZELBRONN 57230

15 km E de Bitche ***Carte Lorraine B1***

€€€ **22 €** **40 emplacements**

Camping du Muhlenbach : *10, route du Muhlenbach. ☎ 03-87-06-20-15. • info@camping-muhlenbach.com • camping-muhlenbach.com • Ouv avr-sept.*
Situé dans le parc naturel régional des Vosges du Nord, classé réserve mondiale de la biosphère, ce camping très étendu vous transporte directement dans l'ouest du Canada ! Grands conifères, baignade dans l'étang, plage sur une presqu'île, il y a de la place entre chaque tente, bref, on respire ! Sentiers de randonnée fléchés en forêt. Cabanes et tipis-huttes à louer *(49-59 €/nuitée pour 2 pers en basse saison)*. Loue aussi des cottages et roulottes *(257-764 €/sem)* qui se fondent dans la nature. Internet. Wifi.

Cadre : campagne, forêt, lacs ou rivières, montagne, sentiers de randonnée. ***Terrain :*** en terrasses ; herbe ; plat.	⊕ Le dépaysement ; la beauté naturelle du site, au cœur de la forêt. ⊖ Peu d'animations.

À voir, à faire dans les environs : le musée du Verre et du Cristal à Saint-Louis-lès-Bitche ; la citadelle de Bitche.

THIONVILLE 57100

30 km N de Metz ***Carte Lorraine A1***

€€ **14 €** **40 emplacements**

Camping touristique du parc Napoléon : *6, rue du Parc. ☎ 03-82-53-83-75. 📱 06-40-78-62-49. • camping-municipal@mairie-thionville.fr • thionville.fr • Ouv mai-sept. CB refusées.*
Bien situé, proche du centre et en bord de Moselle (la rivière), ce qui permet pléthore d'activités : canoë, randonnée, pêche... Emplacements agréables, délimités par des haies. Attenant au verdoyant parc Napoléon, propice aux balades et pourvu de nombreuses aires de jeux pour les enfants. Bloc sanitaire propre. Commerces à proximité. Internet. Wifi.

Cadre : ville. ***Terrain :*** herbe ; plat.	⊕ L'accueil des camping-cars. ⊖ Le passage de quelques trains la nuit.

À voir, à faire dans les environs : le château de la Grange, le musée de la Tour-aux-Puces.

GRAND-EST

THONNANCE-LES-MOULINS ○ 52230

14 km SE de Joinville *Carte Champagne-Ardenne A2*

€€€€ 37 € **199 emplacements**

Camping La Forge de Sainte-Marie : *D 427. ☎ 03-25-94-42-00. • info@laforgedesaintemarie.com • laforgedesaintemarie.com • Ouv de mi-avr à début sept.*
Pour tout vous dire, un des plus beaux campings du département ! Installé en pleine forêt, sur le site d'une ancienne forge du XVIIIe s dont tout ou presque a été conservé. Superbe piscine couverte et chauffée (avec jacuzzi attenant) sous les armatures métalliques de la forge, petite rivière et étang où pêcher, vieux arbres sous lesquels monter sa tente, gîtes joliment arrangés dans les anciens communs, lait de la ferme à l'épicerie, château gonflable, tir à l'arc, restaurant surplombant la rivière... Accueil épatant, pour ne rien gâcher. Location de chalets et mobile homes *(350-1 150 €/sem).* Également location de vélos. Internet. Wifi.

Cadre : campagne, forêt, lacs ou rivières, sentiers de randonnée.
Terrain : en pente ; herbe ; plat ; rocaille.

⊕ Le site ; l'accueil ; les équipements ; le label Clef Verte.
⊖ Un peu loin de tout ; pas de desserte en bus ; le wifi payant.

À voir, à faire dans les environs : les jardins de Mon Moulin à Thonnance-lès-Joinville ; les lacets de Mélaire et la Petite Suisse à Poissons ; le château du Grand-Jardin et les maisons en bord de Marne de Joinville.

VAL-DE-MEUSE 52140

Carte Champagne-Ardenne A2

24 km O de Bourbonne-les-Bains ; 15 km SE de Nogent

€€€ 17 € **75 emplacements**

Camping du Château : *rue Hubert-Collot, Montigny-le-Roi. ☎ 03-25-87-38-93. • camping@communevaldemeuse.fr • campingduchateau.com • Ouv de mi-avr à fin sept.*
De château, il n'y en a plus depuis belle lurette. Dommage pour les fans de demeures historiques : c'était carrément celui d'un roi de Navarre. Coup de chance pour les campeurs qui pourront planter leurs sardines sur le site de cet ancien château : de la place, de l'ombre prodiguée par des arbres centenaires et, pour certains emplacements en paliers autour de la butte, une jolie vue sur la vallée de la Meuse. Un camping principalement intéressant pour une halte sur la route des vacances (sortie no 8 de l'A 31) car, mis à part quelques randonnées, il n'y a pas grand-chose à faire dans ce coin de Bassigny. Wifi.

Cadre : campagne.
Terrain : en terrasses ; herbe ; plat.

⊕ Le site et sa tranquillité.
⊖ Le manque d'attrait touristique des environs ; pas d'animations.

À voir, à faire dans les environs : le musée de la Coutellerie à Nogent ; la ville thermale de Bourbonne-les-Bains ; la vieille ville et le musée d'Art et d'Histoire de Langres.

VAL-DE-VESLE 51360

Carte Champagne-Ardenne A1

20 km SE de Reims ; 30 km NO de Châlons-en-Champagne

€€ 12,80 € **50 emplacements**

Camping municipal de Val-de-Vesle : *8, rue du Routoir-Courmelois. ☎ 03-26-03-91-79. • camping@valdevesle.fr • valdevesle.fr • Ouv d'avr à mi-oct.*
À l'écart de la nationale, ce petit camping ombragé est un véritable havre de paix loin de l'agitation et du stress urbains. Clientèle d'habitués et de familles. Sanitaires impeccables. Wifi.

GRAND-EST

Cadre : campagne. ***Terrain :*** herbe ; plat.	⊕ L'accueil avenant ; le wifi gratuit. ⊖ Camping non desservi par le bus ou le train pour aller à Reims ; train à 2 km, bus à 3 km.

À voir, à faire dans les environs : à Reims, la cathédrale Notre-Dame.

VARENNES-EN-ARGONNE 55270

35 km NO de Verdun — *Carte Lorraine A1*

€€ 12 € — 80 emplacements

Camping Le Paquis : *rue Saint-Jean. ☎ 03-29-80-71-01. • mairievarennesenargonne@wanadoo.fr • varennesenargonne.fr • Ouv Pâques-sept.*
Situé à 200 m de l'église du village, au bord de la petite rivière l'Aire, au calme. Quelques emplacements mieux ombragés, sous les grands arbres taillés. Calme. Pêche possible. Sanitaires modestes mais propres. Mobile home et caravanes à louer *(180-230 €/sem).* Internet. Wifi.

Cadre : campagne. ***Terrain :*** herbe ; plat.	⊕ À proximité du village mais dans un coin très nature. ⊖ Pas d'animations.

À voir, à faire dans les environs : le musée d'Argonne, le mémorial de l'État de Pennsylvanie ; la butte de Vauquois.

VERDUN 55100

55 km N de Bar-le-Duc ; 80 km O de Metz — *Carte Lorraine A1*

€€€ 19,70 € — 162 emplacements

Camping Les Breuils : *7, allée des Breuils (D 34). ☎ 03-29-86-15-31. • camping.lesbreuils@orange.fr • camping-lesbreuils.com • Ouv de mi-mars à mi-oct.*
Camping 3 étoiles très bien équipé, vaste et ombragé. Sanitaires nickel. Snack, bar, épicerie, sèche-linge, terrain de sport. Étang où l'on peut pêcher. Également location de mobile homes pour 2 à 6 personnes *(295-595 €/sem ; loc possible à la nuitée hors juil-août 65-90 €/j.).* Internet. Wifi.

Cadre : campagne, ville. ***Terrain :*** herbe ; plat.	⊕ Le terrain de sport ; la location de vélos-VTT ; l'accueil. ⊖ L'éloignement du centre-ville.

À voir, à faire dans les environs : les champs de bataille, le mémorial-musée ; le Centre mondial de la Paix, des Libertés et des Droits de l'homme ; l'ossuaire de Douaumont (13 km).

VILLERS-LÈS-NANCY 54600

4 km SO de Nancy — *Carte Lorraine A2*

€€€ 17,40 € — 190 emplacements

Le Brabois-Campéole : *av. Paul-Muller. ☎ 03-83-27-18-28. 📱 09-70-82-50-00. • brabois@campeole.com • campeole.com • Ouv d'avr à mi-oct.*
Au cœur d'un grand morceau de campagne cerné par les campus universitaires et une technopole. Bien ombragé par des arbres qui filtrent aussi la rumeur automobile, tranquille donc pour un camping urbain. Les emplacements côté hippodrome ont beaucoup de charme. Location de lodges et mobile homes *(518-602 €/sem ; loc possible à la nuitée).* Internet. Wifi.

GRAND-EST

Cadre : campagne. **Terrain :** herbe ; plat.	⊕ La proximité du centre-ville. ⊖ Pour les enfants, des poules et des lapins, mais pas de piscine.

À voir, à faire dans les environs : la place Stanislas et le musée des Beaux-Arts de Nancy.

VILLEY-LE-SEC 54840

8 km E de Toul ; 25 km O de Nancy *Carte Lorraine A2*

€€€ 19,50 € **100 emplacements**

Camping de Villey-le-Sec : *34, rue de la Gare. ☎ 03-83-63-64-28. 06-84-39-23-05. • info@campingvilleylesec.com • campingvilleylesec.com • Ouv avr-sept.*
Un camping de taille moyenne, idéalement situé au bord de la rivière (pêche, planche à voile...), dans un coin tranquille. Loue des mobile homes et chalets pour 2 à 6 personnes *(285-520 €/sem, 85-170 €/w-e).* Resto et dépôt de pain à la petite épicerie. Départ de promenades balisées. Accueil sympathique. Wifi.

Cadre : campagne, forêt, lacs ou rivières, sentiers de randonnée. **Terrain :** herbe ; plat.	⊕ Le panorama sur la Moselle ; le calme de la nature et des emplacements bien ombragés ; les balades à vélo sur les berges de la Moselle ; le restaurant sur place. ⊖ La base aérienne à proximité (bruit des avions : exercices de nuit 2 fois par semaine).

À voir, à faire dans les environs : le fort ; la cathédrale Saint-Étienne à Toul ; le vignoble des Côtes-de-Toul.

VITTEL 88800

30 km SE de Neufchâteau ; 40 km O d'Épinal *Carte Lorraine A2*

€€€ 16,20 € **117 emplacements**

Camping de Vittel : *270, rue Claude-Bassot. ☎ 03-29-08-02-71. • camping.vittel@aquadis-loisirs.com • aquadis-loisirs.com • Ouv avr-oct.*
Camping très bien entretenu dans un tranquille quartier résidentiel à la limite de la ville. Emplacements bien ombragés, délimités par des haies. Location de mobile homes et résidences mobiles pour 2 à 6 personnes *(269-529 €/sem).* Wifi.

Cadre : ville. **Terrain :** herbe ; plat.	⊕ La proximité de la ville ; les thermes de Vittel à 2 km. ⊖ Pas de restauration sur place.

À voir, à faire dans les environs : le parc thermal.

WANGENBOURG-ENGENTHAL 67710

20 km SO de Saverne *Carte Alsace A1*

€€ 15 € **90 emplacements**

Camping municipal Les Huttes : *route du Nideck. ☎ 03-88-87-34-14 ou 03-88-87-31-46 (mairie). 06-70-01-39-80. • campingleshuttes@orange.fr • camping-wangenbourg-engenthal.com • Ouv de mi-avr à mi-oct.*
Petit camping tout simple, à 400 m d'altitude. Bloc sanitaire immaculé. Jeux pour enfants, terrain de pétanque, tables de ping-pong. Rien de fantastique mais du caractère. Également des Pods pour 2 personnes et des chalets pour 4 à 6 personnes *(155-540 €/sem).* Wifi.

Cadre : campagne, forêt, montagne, sentiers de randonnée. ***Terrain :*** en terrasses ; herbe ; plat.	⊕ Fort sympathique par son accueil et son cadre de petite montagne. ⊖ On a beau chercher la petite bête...

À voir, à faire dans les environs : le Donon ; Saverne.

WIHR-AU-VAL 68230

5 km E de Munster ; 10 km SO de Colmar *Carte Alsace A2*

€€ **11,50 €** **50 emplacements**

Camping La Route Verte : *13, rue de la Gare. ☎ 03-89-71-10-10. 📱 06-47-42-49-62. • info@camping-routeverte.com • camping-routeverte.com • Ouv de mi-mai à mi-sept.*
Coquet petit camping bien ombragé et au calme. Commerces à 50 m. Pêche à proximité. Liaisons régulières de bus et TER pour Colmar et Munster. Nombreuses randonnées tout autour. Wifi.

Cadre : campagne, forêt, montagne, sentiers de randonnée. ***Terrain :*** herbe ; plat. ***Réducs :*** carte FFCC - 10 % par personne et emplacement en basse saison ; - 5 % par personne et emplacement en basse saison après 7 nuitées.	⊕ Bien situé et bien desservi par les transports en commun ; la piste cyclable à 200 m. ⊖ L'épicerie de dépannage.

À voir, à faire dans les environs : Colmar ; Turckheim ; Eguisheim ; les vallées de Munster.

WINGEN-SUR-MODER 67290

10 km NE de La Petite-Pierre ; 12 km SE de Meisenthal *Carte Alsace A1*

€€ **10,50 €** **35 emplacements**

Camping municipal : *rue de Zittersheim. ☎ 03-88-89-71-27 (mairie). • mairie@wingensurmoder.fr • wingensurmoder.fr • Ouv mai-sept. CB refusées.*
Petit camping tranquille. Une trentaine d'emplacements sur 3 niveaux de terrasses, assez ombragés. Nombreux sentiers de promenade aux alentours. Idéal pour les amoureux de la nature.

Cadre : campagne. ***Terrain :*** en terrasses ; herbe. ***Réducs :*** 7e jour gratuit pour 7 jours sur place sur présentation de ce guide.	⊕ La simplicité et le prix juste. ⊖ En période scolaire, vous ne manquerez pas de vous faire réveiller par les garnements du collège mitoyen !

À voir, à faire dans les environs : le musée des Arts et Traditions populaires et du « Springerle » ; le château de Lichtenberg (11 km) ; le musée Lalique.

Hauts-de-France

Pictos utilisés dans ce guide

- € Économique
- €€ Bon marché
- €€€ Prix moyens
- €€€€ Plus chic
- Tente
- Caravane
- Hébergement locatif
- Camping-car
- Caravaneige
- Piscine extérieure
- Piscine couverte
- Accès handicapé
- Hébergement insolite ou original

ALBERT 80300

30 km NE d'Amiens — *Carte Picardie A1*

€€€ 16,50 € — 75 emplacements

Camping Le Vélodrome : *rue Henri-Dunant. ☎ 03-64-62-22-53. 06-42-58-71-64. • campingalbert@laposte.net • camping-albert.com • Ouv de début avr à mi-oct.*
Gentil petit camping dans sa plus simple expression, à 10 mn à pied du centre-ville. Tranquille, au bord d'une pièce d'eau, verdoyant et ombragé. Sanitaires propres et bien tenus (douche gratuite). Internet.

Cadre : campagne, ville. ***Terrain :*** herbe ; plat.	⊕ Le tarif dégressif en fonction de la durée du séjour. ⊖ Très simple.

À voir, à faire dans les environs : le musée Somme 1916, la basilique Notre-Dame-de-Brebières, le musée de l'Épopée de l'industrie et de l'aéronautique, le circuit du Souvenir ; l'Historial de la Grande Guerre à Péronne.

AMIENS 80000

64 km NE de Beauvais — *Carte Picardie A1*

€€€ 20 € — 145 emplacements

Camping-caravaning Parc des Cygnes : *111, av. des Cygnes. ☎ 03-22-43-29-28. • alban@parcdescygnes.com • parcdescygnes.com • Ouv d'avr à mi-oct.*
Sur 3 ha, de vastes espaces arborés et ombragés. Pas de caractère particulièrement champêtre, mais on n'est pas trop loin du centre. Sanitaires propres et en nombre suffisant. En été, snack-bar avec glaces, plats à emporter. Les cottages pour 2 ou 6 personnes *(294-630 €/sem)* possèdent chambre, séjour, salle de bains, kitchenette et terrasse. Également des tipis pour 4 personnes *(65 €/nuit)*. Location de vélos et de barbecues.

Cadre : ville. ***Terrain :*** herbe ; plat.	⊕ La proximité du centre. ⊖ Un peu anonyme.

À voir, à faire dans les environs : la cathédrale, le quartier Saint-Leu, le musée de Picardie.

ARLEUX 59151

19 km NO de Cambrai — *Carte Nord-Pas-de-Calais B2*

€€ 14,30 € — 185 emplacements

Camping municipal : *rue Bias. ☎ 03-27-89-52-36. • m.decordier@arleux.com • arleux.fr • Ouv d'avr à mi-oct.*
En lisière de la bourgade, donc proche des commodités, il a comme principal avantage d'être situé dans un secteur calme. Emplacements bien délimités et entretenus, le tout égayé de fleurs. Simple et agréable.

Cadre : ville.
Terrain : herbe ; plat.

⊕ La proximité d'une rivière pour la pêche.
⊖ Seulement 15 emplacements de passage, pensez à réserver pour la haute saison.

À voir, à faire dans les environs : le Centre historique minier de Lewarde (10 km).

ATTICHY 60350

19 km E de Compiègne ; 22 km O de Soissons — *Carte Picardie B2*

€€€ 18,50 € — 51 emplacements

Camping de L'Aigrette : *22, rue Fontaine-Aubier. ☎ 03-44-42-15-97. • contact@campingdelaigrette.com • campingdelaigrette.com • Ouv mars-nov (tte l'année pour les hébergements).*
Un joli petit camping agréablement situé au bord d'un beau plan d'eau fréquenté par des familles de canards. Campeurs, hébergements insolites et locatifs *(200-1 395 €/sem)* s'y côtoient en bonne intelligence, avec des emplacements de belle taille délimités par des haies permettant de préserver une certaine intimité. Un site simple, mais bien aménagé, accueillant et parfaitement tenu. Wifi.

Cadre : lacs ou rivières, sentiers de randonnée, campagne.
Terrain : herbe ; plat.
Réducs : pour 7 nuits, une nuit offerte pour la clientèle de passage et gratuité du minigolf sur présentation du guide.

⊕ Le bel environnement ; la gentillesse de l'accueil.
⊖ Quels « moins » ?

À voir, à faire dans les environs : le palais de Compiègne ; le musée d'Art et d'Archéologie Antoine-Vivenel à Compiègne ; le mémorial de l'Internement et de la Déportation à Compiègne ; la Cité des bateliers à Longueil-Annel ; le château national de Pierrefonds.

AUBIGNY-AU-BAC 59265

13 km NO de Cambrai ; 14 km SE de Douai — *Carte Nord-Pas-de-Calais B2*

€€€ 19,50 € — 170 emplacements

Camping la Sensée : *1 bis, rue Jean-Baptiste-Alphonse. ☎ 03-27-89-25-22. • contact@camping-sensee.com • camping-sensee.com • Ouv d'avr à mi-oct (tte l'année pour les loc).*
Entouré d'une belle nature et bien ombragé, un camping agréable qui cumule les petits plus : emplacements bien délimités et de bonne taille, boulodrome, terrain de tennis gratuit à proximité, salle de jeux, animations en saison... Piscine couverte et chauffée avec balnéo, pataugeoire. Location de mobile homes pour 4 à 8 personnes, chalets en bois et gîtes *(275-605 €/sem).* Idéal pour les pêcheurs et les familles. Internet. Wifi.

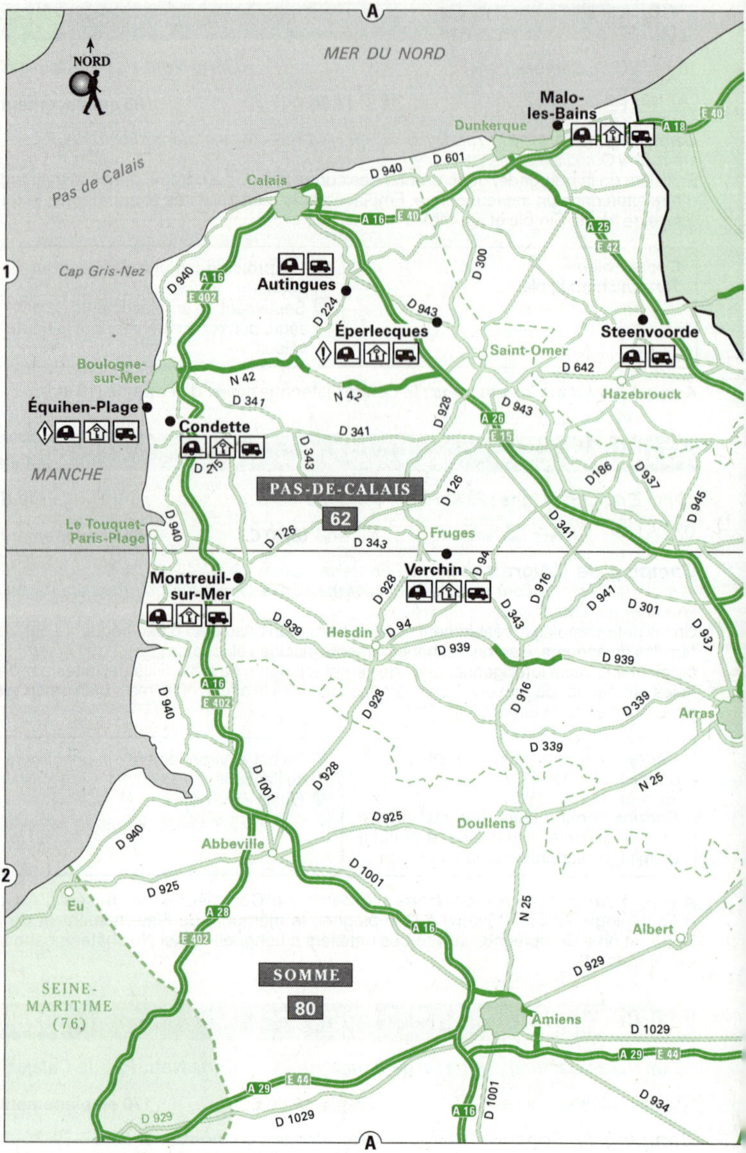
NORD
MER DU NORD
Pas de Calais
MANCHE
Cap Gris-Nez
Malo-les-Bains
Dunkerque
Calais
Autingues
Éperlecques
Steenvoorde
Saint-Omer
Hazebrouck
Boulogne-sur-Mer
Équihen-Plage
Condette
PAS-DE-CALAIS
62
Le Touquet-Paris-Plage
Fruges
Verchin
Montreuil-sur-Mer
Hesdin
Arras
Doullens
Abbeville
Eu
Albert
SOMME
80
Amiens
SEINE-MARITIME (76)
A 16
E 402
A 25
E 42
A 26
E 15
A 18
E 40
A 28
A 29
E 44
N 42
N 25
D 940
D 601
D 300
D 224
D 943
D 642
D 341
D 928
D 343
D 215
D 126
D 186
D 937
D 945
D 94
D 916
D 941
D 301
D 939
D 339
D 1001
D 925
D 929
D 1029
D 934
A
1
2

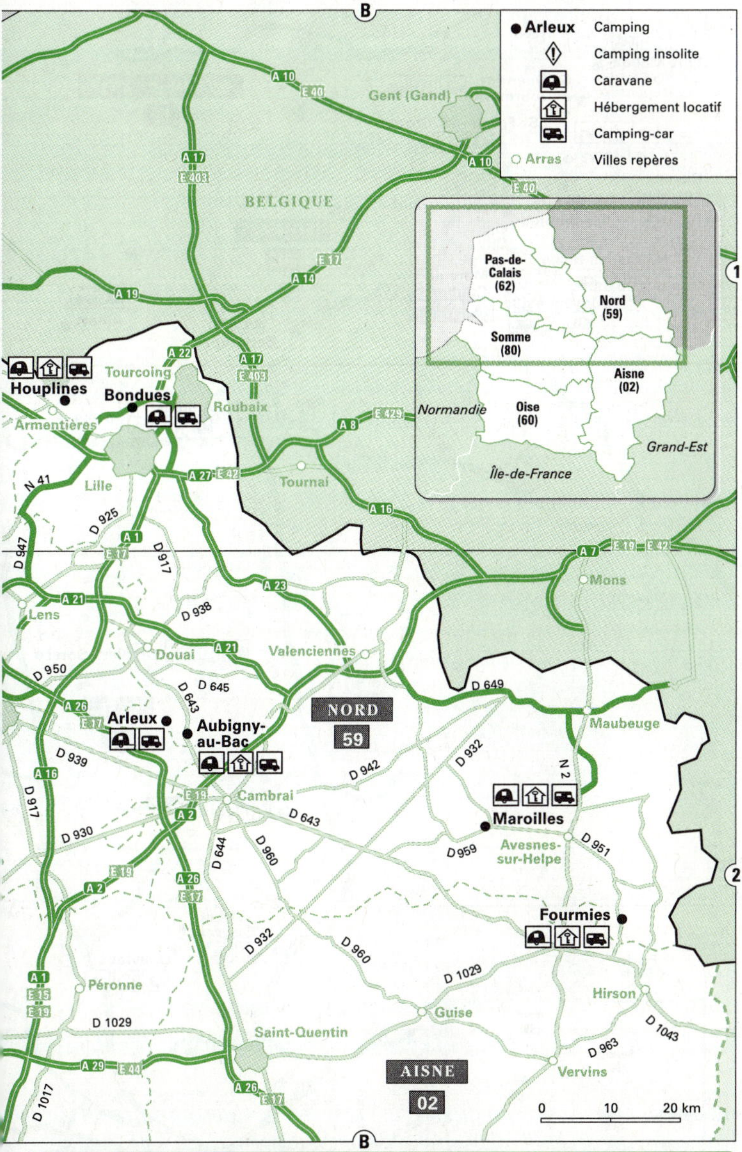

HAUTS-DE-FRANCE – Nord–Pas-de-Calais

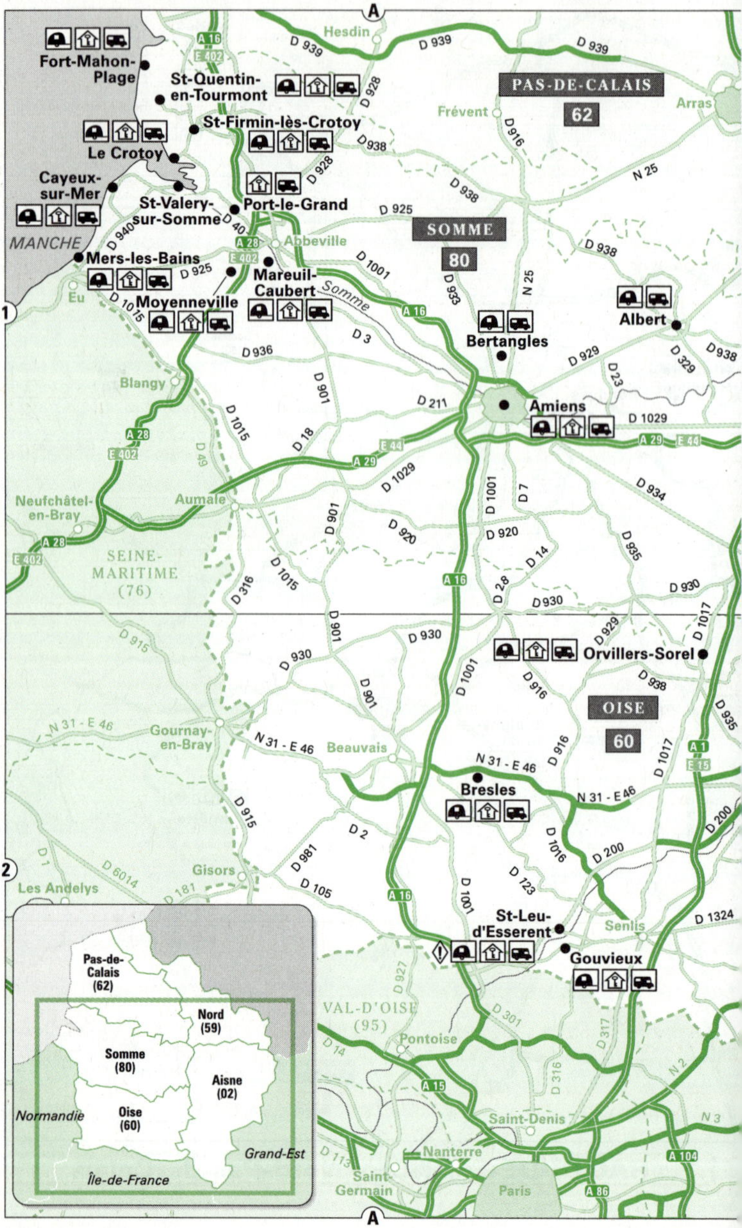
A
Hesdin
PAS-DE-CALAIS
62
Arras
Frévent
Fort-Mahon-Plage
St-Quentin-en-Tourmont
St-Firmin-lès-Crotoy
Le Crotoy
Cayeux-sur-Mer
St-Valery-sur-Somme
Port-le-Grand
SOMME
80
MANCHE
Abbeville
Mers-les-Bains
Mareuil-Caubert
Moyenneville
Eu
Somme
Bertangles
Albert
Blangy
Amiens
Neufchâtel-en-Bray
Aumale
SEINE-MARITIME
(76)
Orvillers-Sorel
OISE
60
Gournay-en-Bray
Beauvais
Bresles
Gisors
Les Andelys
St-Leu-d'Esserent
Senlis
Gouvieux
VAL-D'OISE
(95)
Pontoise
Saint-Denis
Nanterre
Saint-Germain
Paris
Pas-de-Calais
(62)
Nord
(59)
Somme
(80)
Aisne
(02)
Normandie
Oise
(60)
Grand-Est
Île-de-France
1
2
A 16
A 28
A 29
A 1
A 15
A 104
A 86
E 402
E 44
E 15
N 25
N 31 - E 46
D 939
D 938
D 925
D 1001
D 929
D 1029
D 934
D 930
D 916
D 901
D 1015
D 915
D 1017
D 200
D 1324
D 1016
D 123
D 105
D 981
D 6014
D 181

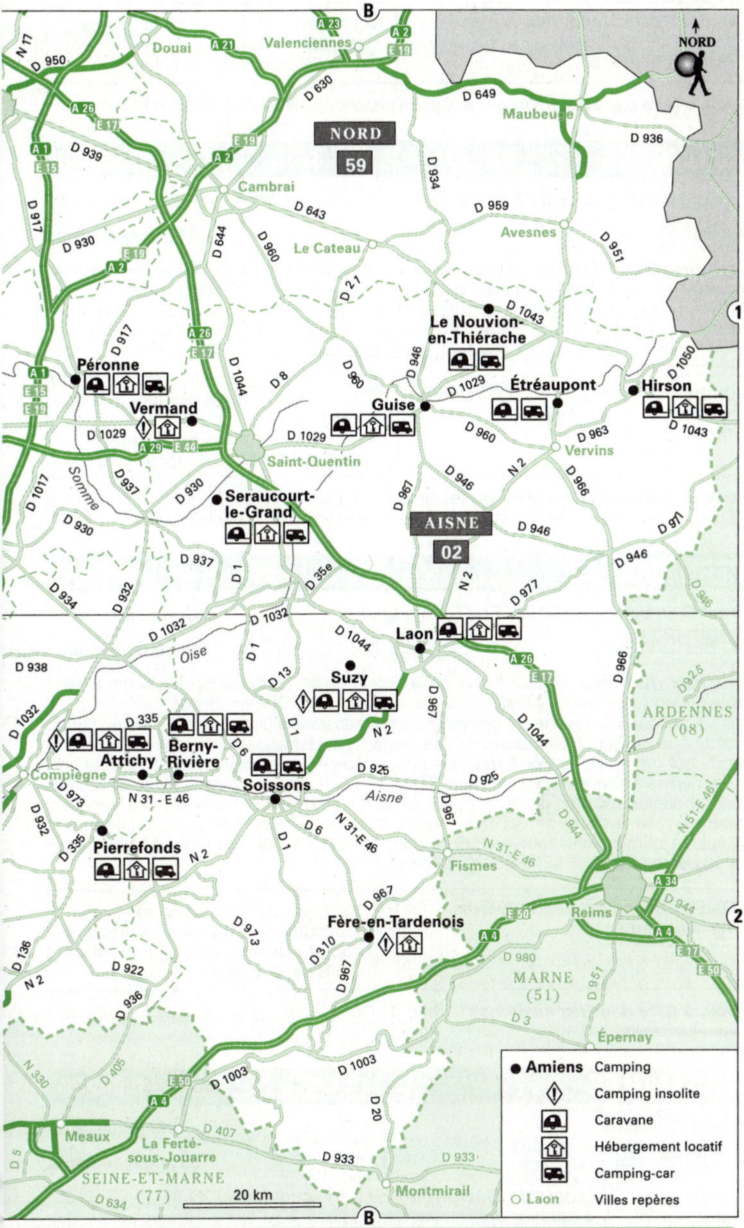

HAUTS-DE-FRANCE – Picardie

Cadre : campagne, lacs ou rivières, sentiers de randonnée. ***Terrain :*** herbe ; plat.	⊕ La proximité d'une rivière, d'un étang de pêche et d'un lac. ⊖ Pas de restauration sur place.

À voir, à faire dans les environs : le Centre historique minier de Lewarde (12 km).

AUTINGUES 62610

2,5 km S d'Ardres ; 20 km SE de Calais — *Carte Nord-Pas-de-Calais A1*

€€€ 21,90 € — **84 emplacements**

Camping Saint-Louis : *223, rue de Leulène. ☎ 03-21-35-46-83. 06-16-73-42-80.* *• camping-saint-louis@sfr.fr • campingstlouis.com • Ouv de début avr à mi-oct.*
Petit camping à la campagne, ensoleillé et de bon confort. Emplacements agréables délimités par des haies d'arbustes. Bonnes prestations : restauration, bar, aire de jeux, salle de détente (ping-pong, baby-foot...). Internet. Wifi.

Cadre : campagne, forêt, lacs ou rivières, sentiers de randonnée. ***Terrain :*** herbe ; plat.	⊕ Les animations le samedi soir en juillet-août. ⊖ 30 emplacements seulement sont réservés aux touristes de passage.

À voir, à faire dans les environs : les greniers à grain d'Ardres (2,5 km) ; le blockhaus d'Éperlecques (15 km) ; la Cité internationale de la mode et de la dentelle à Calais (18 km).

BERNY-RIVIÈRE 02290

18 km O de Soissons ; 30 km E de Compiègne — *Carte Picardie B2*

€€€€ 39 € — **660 emplacements**

La Croix du Vieux-Pont : *8, rue de la Fabrique. ☎ 03-23-55-50-02. • contact@la-croix-du-vieux-pont.com • la-croix-du-vieux-pont.com • Ouv avr-fin oct.*
Sur 40 ha le long de l'Aisne, ce camping a les dimensions d'une petite ville. Ça en fait du monde à se croiser ! Heureusement, l'ambiance reste familiale et les espaces aérés (on aurait tout de même apprécié des haies pour séparer les emplacements). Et côté services, rien ne manque : 4 piscines chauffées (dont certaines couvertes), plage, embarcations à pédales, location de vélos, poney-club, terrains multisports, boutiques, services, supermarchés, restaurants, et l'on en passe. Absolument déconseillé aux amoureux des campings intimes, mais tout indiqué pour les familles en mal d'activités. Meublés pour 2 à 10 personnes *(450-1 200 €/sem).* Internet.

Cadre : campagne, lacs ou rivières. ***Terrain :*** herbe ; plat.	⊕ La diversité des activités sportives. ⊖ L'accueil, pas toujours en français compte tenu du grand nombre de touristes étrangers.

À voir, à faire dans les environs : la forêt de Compiègne ; le château de Pierrefonds ; Villers-Cotterêts.

BERTANGLES 80260

10 km N d'Amiens — *Carte Picardie A1*

€€€ 18 € — **33 emplacements**

Camping du Château de Bertangles : *11, rue du Château. ☎ 03-22-93-68-36. 06-07-84-96-14. • camping@chateaubertangles.com • camping-bertangles.fr • Ouv de mi-avr à mi-sept.*
Adorable petit camping dans un environnement champêtre et totalement au calme, en bordure du château de Bertangles. Espaces délimités par de petites haies. Ensemble bien arboré. Du lundi au samedi, le boulanger passe au camping. Internet. Wifi.

Cadre : campagne. ***Terrain :*** herbe.	⊕ Le calme total ; son côté familial. ⊖ Peu d'équipements ; aucune animation ; service réduit.

À voir, à faire dans les environs : la cathédrale d'Amiens ; la cité souterraine de Naours.

BONDUES 59910

4,5 km O de Mouvaux ; 6,5 km SO de Tourcoing ***Carte Nord-Pas-de-Calais B1***

€€€ **15,30 €** **30 emplacements**

Les Ramiers : *1, chemin des Ramiers. ☎ 03-20-23-13-42. 📱 06-86-22-39-23. • campinglesramiers59910@gmail.com • Ouv début avr-fin sept. CB refusées.*
Aux portes de Lille mais déjà à la campagne, ce petit camping sans chichis est une très bonne surprise. Forcément, l'environnement est sympa comme tout (une ferme avec son troupeau de vaches), l'accueil souriant et efficace, et le site inattendu. Les emplacements se partagent 1 ha de pelouse arborée ! Autant dire que la place ne manque pas. Tranquille et nature – dans tous les sens du terme, les équipements étant sommaires... Wifi.

Cadre : campagne. ***Terrain :*** herbe ; plat.	⊕ Le calme ; la taille des emplacements ; la situation stratégique. ⊖ Le peu d'équipements.

À voir, à faire dans les environs : le musée de la Résistance ; le musée régional des Télécommunications (5,5 km) ; la distillerie Claeyssens.

BRESLES 60510

16 km O de Clermont ; 14 km E de Beauvais ***Carte Picardie A2***

€€€ **22 € (avec électricité)** **115 emplacements**

Camping de la Trye : *rue de la Trye. ☎ 03-44-07-80-95. 📱 06-10-40-30-29. • camping.bresles@gmail.com • camping-de-la-trye.com • Ouv tte l'année.*
Camping fort bien entretenu par une famille très sympa et attentive aux besoins des campeurs. Une première partie est plutôt réservée aux mobiles home et chalets, de 2 à 6 personnes *(315-1 190 €/sem),* ainsi qu'aux diverses animations. La seconde, qui s'étend loin derrière, sur un terrain doucement vallonné un peu plus sauvage, accueille surtout les campeurs. Propose aussi un tipi lavvu sur pilotis et des packs « prêt à camper » (pour 2 à 8 personnes). Également des ânes, des poneys, des vélos et des kartings à pédales. Une vraie mine d'infos sur la région. Internet. Wifi.

Cadre : campagne, forêt, ville. ***Terrain :*** herbe ; plat.	⊕ Les nombreuses activités proposées pour les familles. ⊖ La piscine un peu petite.

À voir, à faire dans les environs : la cathédrale de Beauvais.

CAYEUX-SUR-MER 80410

14 km O de Saint-Valery-sur-Somme ***Carte Picardie A1***

€€€€ **38€** **195 emplacements**

Camping Les Galets de la Mollière : *rue Faidherbe, à La Mollière. ☎ 03-22-26-61-85. • info@campinglesgaletsdelamolliere.com • campinglesgaletsdelamolliere.com • Ouv avr-oct.*
Belle situation, à deux pas de la mer et à côté d'un bois. Situé juste derrière la plage de galets, protégé des vents par les dunes, un camping de bon confort, aux espaces généreux, à l'équipement et aux services de qualité : épicerie, piscine chauffée, jacuzzi, sanitaires nickel. Mobile homes pour 4-6 personnes à louer *(359-885 €/sem).* Internet. Wifi.

HAUTS-DE-FRANCE

Cadre : mer. ***Terrain :*** herbe ; plat.	⊕ La mer et la forêt à côté. ⊖ Mais pourquoi n'ouvrir la piscine qu'à des horaires limités ?

À voir, à faire dans les environs : les cabines de bains et la plage de galets.

CONDETTE 62360

Carte Nord-Pas-de-Calais A1

6 km NE d'Hardelot-Plage ; 11 km S de Boulogne-sur-Mer

€€€€ **25,60 €** **70 emplacements**

Caravaning du Château : *21, rue Nouvelle. ☎ 03-21-87-59-59. 06-16-95-76-16. • contact@camping-caravaning-du-chateau.com • camping-caravaning-du-chateau.com • Ouv avr-fin oct.*
Un petit camping familial tranquille, tenu par des gens charmants. Propre, agréable, avec des emplacements bien délimités et un confort très convenable (équipements bébé, aire de jeux...). Épicerie, restauration et tennis dans le centre du village à 300 m. Résa conseillée. Mobile homes pour 6 personnes à louer *(392-690 €/sem).* Internet. Wifi.

Cadre : mer. ***Terrain :*** herbe ; plat. ***Réducs :*** prêt de 2 vélos pour une journée pour tout séjour de plus de 5 nuits sur présentation de ce guide.	⊕ Le club pour les enfants le soir en saison. ⊖ À 4 km de la mer.

À voir, à faire dans les environs : le château d'Hardelot ; Aréna, le Centre d'interprétation de l'environnement à Saint-Étienne-au-Mont (4,5 km).

ÉPERLECQUES 62910

14 km NO de Saint-Omer ; 15 km SE d'Ardres *Carte Nord-Pas-de-Calais A1*

€€€€ **30 €** **167 emplacements**

Château du Gandspette : *133, rue du Gandspette. ☎ 03-21-93-43-93. • contact@chateau-gandspette.com • chateau-gandspette.com • Ouv avr-fin sept.*
Un des plus jolis campings qu'on ait vus dans la région. Emplacements spacieux et bien ombragés, dans un parc boisé de 11 ha au pied d'un beau manoir du XIXᵉ s. Bons équipements de surcroît : piscine, tennis, salle de jeux, resto. Loue également des mobile homes *(99 €/nuit pour 5 personnes).* Internet. Wifi.

Cadre : campagne. ***Terrain :*** en pente ; herbe ; plat.	⊕ Le cadre. ⊖ On cherche, on cherche...

À voir, à faire dans les environs : le blockhaus d'Éperlecques.

ÉQUIHEN-PLAGE 62224

7,5 km SO de Boulogne-sur-Mer *Carte Nord-Pas-de-Calais A1*

€€€ **24,60 €** **421 emplacements**

Camping La Falaise : *rue Charles-Cazin. ☎ 03-21-31-22-61. • camping.equihen.plage@orange.fr • camping-equihen-plage.fr • Ouv fin mars-début nov.*
Un camping sympa comme tout, au bord de l'eau, avec tout le confort nécessaire et une belle vue sur la mer depuis de nombreux emplacements. Loue aussi des mobile homes, chalets et surtout les insolites et ô combien pittoresques « quilles en l'air », ces bateaux

retournés dont la coque sert de toit à l'habitation ainsi créée *(370-890 €/sem).* Épicerie et restauration à 200 m, espace aquatique à 3 km. Wifi.

Cadre : mer. ***Terrain :*** en terrasses ; herbe ; plat.	⊕ Les « quilles en l'air », anciennes demeures de pêcheurs. ⊖ Les douches payantes.

À voir, à faire dans les environs : la mer !

ÉTRÉAUPONT 02580

40 km NE de Laon ; 8 km N de Vervins — *Carte Picardie B1*

€€ **13,30 €** — **40 emplacements**

Camping Val d'Oise : *3, rue du Mont-d'Origny. ☎ 03-23-97-48-04. • pascal.guillaume02@orange.fr • campingduvaldoisern2.com • Ouv avr-sept.*
Un joli camping idéalement posé juste au bord de l'Oise (que l'on peut descendre en kayak). Emplacement délimités, ombragés pour certains, et sanitaires bien tenus. Accueil vraiment chaleureux. Douche gratuite. Terrain de sport à côté. Internet. Wifi.

Cadre : campagne, lacs ou rivières, sentiers de randonnée. ***Terrain :*** herbe ; plat.	⊕ La qualité d'accueil ; le débarcadère pour les kayaks. ⊖ Les équipements simples.

À voir, à faire dans les environs : l'abbatiale de Vervins (8 km).

FÈRE-EN-TARDENOIS 02130

22 km NO de Château-Thierry ; 27 km SE de Soissons — *Carte Picardie B2*

€€€€ — **13 emplacements**

Le Nid dans les Bruyères : *37, rue du Château. ☎ 03-23-82-71-22. • contact@leniddanslesbruyeres.fr • leniddanslesbruyeres.fr • Ouv tte l'année sauf pdt les vac scol de Noël.*
Ici, on joue à fond la carte de l'insolite. On peut même loger dans de vrais trous de Hobbits, des habitations semi-enterrées hyper cosy avec tout le nécessaire ! Plus classique, on peut opter pour des cabanes perchées, ou même un champignon. Dans tous les cas, c'est bien pensé et tout confort *(double env 130-180 € selon saison).* Wifi.

Cadre : campagne, lacs ou rivières, ville. ***Terrain :*** herbe ; plat.	⊕ L'originalité des hébergements. ⊖ Uniquement pour les couples sans enfants (pour raisons de sécurité).

À voir, à faire dans les environs : les ruines du château, la Hottée du Diable.

FORT-MAHON-PLAGE 80120

20 km SO de Berck-Plage — *Carte Picardie A1*

€€€€ **28,50 € (avec électricité)** — **121 emplacements**

Camping Le Vert Gazon : *741, route de Quend. ☎ 03-22-23-37-69. 📱 06-14-64-71-39. • camping@camping-levertgazon.com • camping-levertgazon.com • Ouv avr-début oct (gîtes tte l'année). CB refusées.*
Délimité par des haies soignées, ce camping populaire a l'avantage d'être situé un peu à l'écart de la route. Douche comprise. Labellisé Tourisme et Handicap. Mobile homes et gîtes pour 2 à 6 personnes à louer, comprenant sanitaires, cuisine, petite terrasse et bains de soleil *(348-598 €/sem).* Globalement simple mais tout de même équipé d'une piscine chauffée. Location de vélos. Animations (karaoké, cabaret). Internet. Wifi.

Cadre : mer, ville. ***Terrain :*** herbe ; plat. ***Réducs :*** - 10 % sur l'emplacement tente (hors location) sur présentation de ce guide.	⊕ Les sanitaires ; les équipements de qualité. Proximité plage et commerces. ⊖ Beaucoup de monde ; réservation conseillée.

À voir, à faire dans les environs : la baie d'Authie ; l'abbaye de Valloires.

FOURMIES 59610

15 km N d'Hirson ; 39 km S de Maubeuge — *Carte Nord-Pas-de-Calais B2*

€€ 15 € — **106 emplacements**

Les Étangs des Moines : *étang des Moines, 100, rue des Étangs. ☎ 03-27-63-05-26. • camping@fourmies.fr • etangsdesmoines.com • Ouv avr-oct.*
Un camping de taille moyenne fort bien situé, en surplomb de l'étang des Moines (et de sa plage !), et aux portes de la forêt et des sentiers de randonnée. Emplacements arborés et bien délimités. Loue aussi des mobile homes *(300-510 €/sem).* Calme et convivial. Internet. Wifi.

Cadre : forêt, lacs ou rivières. ***Terrain :*** herbe ; plat ; rocaille.	⊕ La base de loisirs (une quinzaine d'activités). ⊖ Simple mais suffisant.

À voir, à faire dans les environs : le musée du Textile et de la Vie sociale ; le parc du ValJoly ; le MusVerre à Sars-Poteries ; l'écomusée de l'Avesnois à Sains-du-Nord.

GOUVIEUX 60270

4 km O de Chantilly — *Carte Picardie A2*

€€ 14 € — **50 emplacements**

Camping Le Mont César : *10, av. de Toutevoie. ☎ 03-44-57-02-05. • lemontcesar@orange.fr • lemontcesar.com • Ouv tte l'année sauf les 2 sem de Noël.*
Joliment situé dans la verdure, sur une colline de 7 ha, voici un camping simple, tranquille, très « nature », à l'accueil chaleureux. Côté sanitaires, c'est assez rustique, mais bien tenu. Location de mobile homes de 2 ou 3 chambres *(355-375 €/sem).* Internet. Wifi.

Cadre : campagne, forêt, lacs ou rivières. ***Terrain :*** en terrasses ; herbe.	⊕ Bien ombragé. ⊖ L'accès compliqué pour les caravanes et camping-cars (ces derniers ne doivent pas dépasser 7 m de long).

À voir, à faire dans les environs : le château de Chantilly.

GUISE 02120

39 km N de Laon ; 25 km E de Saint-Quentin — *Carte Picardie B1*

€€ 13,50 € — **110 emplacements**

La Vallée de l'Oise : *33, impasse du Camping. ☎ 03-23-61-14-86. • camping.guise@outlook.fr • campingguise.wix.com/camping-vallee-oise • Ouv de mi-avr à mi-oct. CB refusées.*
Camping confortable et bien tenu, au bord de l'Oise. Emplacements spacieux. 2 caravanes à louer *(115-155 €/sem)* et un studio *(155 €/sem).* Internet. Wifi.

HAUTS-DE-FRANCE

Cadre : campagne, lacs ou rivières, sentiers de randonnée. ***Terrain :*** herbe ; plat.	⊕ La proximité de la nature et de la ville tout à la fois ; a été 1er prix des campings fleuris ! ⊖ Simple mais suffisant.

À voir, à faire dans les environs : le Familistère de Godin.

HIRSON 02500

26 km SE du Nouvin-en-Thiérache ; 17 km NE de Vervins — *Carte Picardie B1*

€€ 10 € — **48 emplacements**

Le Domaine de Blangy : *rue d'Anor-d'en-Haut. ☎ 03-75-10-01-00. • contact@domainedeblangy.com • domainedeblangy.com • Ouv avr-sept (cottages tte l'année).*
Entre forêt, étang et cascades, de vastes emplacements ainsi qu'une ribambelle de cottages contemporains, spacieux et lumineux. Idéal pour les amoureux de la nature. Cottage 2 chambres *(485-535 €/sem).* Wifi. NOUVEAUTÉ.

Cadre : campagne, forêt, lacs ou rivières, sentiers de randonnée. ***Terrain :*** herbe ; plat ; en pente.	⊕ L'association Thiérache Sports Nature sur place, qui propose toutes sortes d'activités. ⊖ Les chiens non acceptés dans les cottages.

À voir, à faire dans les environs : le domaine de Blangy, la cascade de Blangy ; l'abbaye de Saint-Michel-en-Thiérache ; la forêt de Saint-Michel.

HOUPLINES 59116

3 km NE d'Armentières ; 20 km NO de Lille — *Carte Nord-Pas-de-Calais B1*

€€€ 20 € — **127 emplacements**

L'Image – Les Alouettes : *130, rue Brune. ☎ 03-20-35-69-42. 📱 06-81-16-56-82. • campimage@wanadoo.fr • campinglille.fr • Ouv tte l'année.*
Deux campings en un : d'un côté le terrain réservé aux campeurs de passage, de l'autre, celui pour les séjours longue durée. L'ensemble est agréable, verdoyant car environné de champs, et ne manque pas de caractère avec son moulin sur pivot à l'entrée. Animations en saison, tennis, étang de pêche, bref de quoi s'occuper. Location de mobile homes *(295-350 €/sem).* Internet. Wifi.

Cadre : campagne. ***Terrain :*** herbe ; plat. ***Réducs :*** - 5 % sur les emplacements de passage du 30 septembre au 1er avril sur présentation de ce guide.	⊕ L'étang de pêche privé pour les campeurs. ⊖ Les transports en commun à 1 km.

À voir, à faire dans les environs : le beffroi d'Armentières ; la vallée du Lys ; la distillerie Claeyssens à Wambrechies (12 km).

LAON 02000

45 km SE de Saint-Quentin ; 36 km NE de Soissons — *Carte Picardie B2*

€€€ 22,40 € — **50 emplacements**

Camping de la Chênaie : *allée de la Chênaie, quartier Semilly. ☎ 03-23-23-38-63. • contact.camping.laon@gmail.com • camping-aisne.fr • Ouv avr-sept.*

HAUTS-DE-FRANCE

Au sud-ouest du centre de Laon, un camping municipal bien tenu, disposant d'emplacements bien arborés. Plan d'eau à deux pas, petite piscine sur place, et possibilité de rejoindre la ville à pied par les bois. Très sympa, comme l'accueil. Mobile homes de 2 à 6 personnes également *(385-721 €/sem ; loc possible à la nuitée).* Wifi. NOUVEAUTÉ.

Cadre : campagne, forêt, lacs ou rivières, sentiers de randonnée. ***Terrain :*** herbe ; plat.	⊕ L'ambiance détendue. ⊖ Nécessite un peu de grimpette !

À voir, à faire dans les environs : la vieille ville de Laon, la cathédrale, les souterrains ; la forêt de Saint-Gobain ; le château de Coucy-le-Château-Auffrique.

LE CROTOY 80550

14 km N de Saint-Valery-sur-Somme — ***Carte Picardie A1***

€€€€ 32 € — **160 emplacements**

Camping Yelloh Village Le Ridin : *au lieu-dit Mayocq. ☎ 03-22-27-03-22. • info@yellohvillage-le-ridin.com • campingleridin.com • Ouv 30 mars-29 sept.*
À 2 km de la mer, un beau camping assez luxueux, qui s'étend sur 4,5 ha. Jolie piscine chauffée et balnéo. Intéressants cottages pour 2, 4 ou 6 personnes *(287-1 365 €/sem selon taille et saison ; possibilité de loc à la nuitée),* bien équipés (kitchenette, sanitaires, frigo, terrasse et salon de jardin...). Animations pour les enfants l'été. Location de villas pour 8 personnes : très belles prestations. Internet. Wifi.

Cadre : campagne, mer, sentiers de randonnée. ***Terrain :*** herbe ; plat.	⊕ La proximité de la mer et de la ville. ⊖ Beaucoup de monde en été.

À voir, à faire dans les environs : la baie de Somme ; le parc ornithologique du Marquenterre.

LE NOUVION-EN-THIÉRACHE 02170

50 km NE de Saint-Quentin — ***Carte Picardie B1***

€€ 12 € — **56 emplacements**

Camping du lac de Condé : *promenade Henri-d'Orléans, route de Guise. ☎ 03-23-98-98-58. • campinglacdeconde@gmail.com • camping-thierache.com • Ouv avr-fin sept.*
À proximité immédiate d'un plan d'eau, ainsi que de la forêt (avec des essences rares), un petit camping agréable et bien géré par la municipalité. Emplacements spacieux et séparés par des haies. Pour les étourdis, possibilité de louer une tente, avec tout le matériel nécessaire (matelas, réchaud, et même le petit déj !).

Cadre : campagne. ***Terrain :*** herbe ; plat.	⊕ Une base de loisirs tout à côté, avec piscine et tennis. ⊖ Les emplacements peu ombragés.

À voir, à faire dans les environs : les églises fortifiées de la Thiérache.

MALO-LES-BAINS 59240

3,5 km NE de Dunkerque — ***Carte Nord-Pas-de-Calais A1***

€€ 15 € — **400 emplacements**

Camping de la Licorne : *1005, bd de l'Europe, à Dunkerque. ☎ 03-28-69-26-68. • contact@campingdelalicorne.com • campingdelalicorne.com • Ouv d'avr à mi-nov.*

Très vaste, ce camping confortable et bien équipé a comme principal atout une situation stratégique : aux portes de la ville mais avec un accès direct à la plage. Très estival ! Emplacements délimités par des haies. Écolodges et chalets *(380-600 €/sem).* Wifi.

Cadre : mer. ***Terrain :*** herbe.	⊕ La situation ; l'accès direct à la plage. ⊖ La taille.

À voir, à faire dans les environs : le centre historique de Dunkerque (3,5 km) ; les villas de Malo.

MAREUIL-CAUBERT 80132

62 km NO d'Amiens — **Carte Picardie A1**

€€ **11,60 €** — **66 emplacements**

Camping municipal Les Portes de la baie de Somme : *rue du Marais-Talsac, dans le village. ☎ 03-22-31-62-37. • lesportesdelabaiedesomme@ca-baiedesomme.fr • camping-lesportesdelabaiedesomme.com • Ouv avr-fin sept.*
Juste à côté du stade de la petite commune, très au calme et au bord de l'étang (mais on n'y a pas accès), un gentil petit camping, discret, doté de beaux espaces verdoyants. Quelques mobile homes à louer *(260-350 €/sem).* Wifi.

Cadre : campagne, lacs ou rivières. ***Terrain :*** herbe.	⊕ Le calme. ⊖ Peu ombragé.

À voir, à faire dans les environs : la baie de Somme ; le parc ornithologique du Marquenterre.

MAROILLES 59550

6 km E de Landrecies ; 42 km E de Cambrai — **Carte Nord-Pas-de-Calais B2**

€€ **15 € (avec électricité)** — **65 emplacements**

Auberge du Moulin des Prés : *1, rue du Lieutenant. ☎ 03-27-84-75-51. • ludovic.wojnarowski@laposte.net • lemoulindespres.fr • Ouv d'avr à mi-oct.*
En bordure de rivière, isolé dans la campagne, un petit camping sans prétention pour amateurs de plaisirs simples. Ombragé, confort correct. Bucolique à souhait. 4 mobile homes en location jusqu'à 6 personnes *(385-420 €/sem).* Également une bulle transparente pour 2 personnes *(90 €/nuit).*

Cadre : campagne, forêt, lacs ou rivières, sentiers de randonnée. ***Terrain :*** herbe.	⊕ Le calme. ⊖ Le peu d'équipements ; les douches payantes (1 €).

À voir, à faire dans les environs : le musée Matisse au Cateau-Cambrésis ; la Maison thématique du Maroilles ; la Maison du parc naturel régional et l'écomusée de l'Avesnois.

MERS-LES-BAINS 80350

3 km N du Tréport — **Carte Picardie A1**

€€€€ **32 €** — **132 emplacements**

Camping Domaine du Rompval : *route de Blengues. ☎ 02-35-84-43-21. • lerompval@baiedesommepleinair.com • camping-lerompval.com • Ouv fin mars-oct.*
Le coin est tranquille et le camping, planté d'arbustes (donc partiellement ombragé), dispose d'emplacements de bonne taille et de zones herbeuses pour jouer. On peut y louer un mini-bungalow (Funflower) avec sanitaires partagés (un peu légers en nombre), un mobile home ou un petit pavillon en béton coloré, de forme arrondie et à la toiture végétalisée (les « maisons-bulles »). L'ensemble a été conçu dans les années 1970 dans un

HAUTS-DE-FRANCE

esprit avant-gardiste, rigolo mais un peu spartiate et pas très lumineux. Laverie, épicerie de dépannage, jeux pour les enfants, pétanque, piscine couverte et chauffée en saison. Locatifs *(450-950 €/sem pour 2 personnes).* Wifi. NOUVEAUTÉ.

Cadre : mer. ***Terrain :*** herbe ; plat.	⊕ Le cadre. ⊖ Le peu d'équipements.

À voir, à faire dans les environs : Le Tréport ; la baie de Somme.

MONTREUIL-SUR-MER 62170

18 km SE du Touquet — *Carte Nord-Pas-de-Calais A2*

€€€ 16,10 € — 76 emplacements

Camping La Fontaine des Clercs : *1, rue de l'Église, au lieu-dit Ville-Basse. ☎ 03-21-06-07-28. 📱 06-84-67-86-35. • desmarest.mi@wanadoo.fr • campinglafontainedesclercs.fr • Ouv tte l'année. CB refusées.*

Bien ombragé et accueillant, un beau camping à taille humaine dont les emplacements sont en partie dispersés sur différentes terrasses. Certains profitent par conséquent d'une belle vue sur les environs. Site calme, car au bout d'une impasse. Mobile homes à louer *(259-420 €/sem).* Internet. Wifi.

Cadre : campagne, ville. ***Terrain :*** en terrasses ; herbe ; plat ; rocaille.	⊕ Le calme ; ouvert toute l'année. ⊖ Pas de restauration sur place.

À voir, à faire dans les environs : la citadelle et la vieille ville.

MOYENNEVILLE 80870

10 km SO d'Abbeville — *Carte Picardie B1*

€€€ 23,60 € — 120 emplacements

Le Clos Cacheleux : *Miannay. ☎ 03-22-19-17-47. • raphael@camping-lecloscacheleux.fr • camping-lecloscacheleux.fr • Ouv d'avr à mi-oct (mai-sept pour certains hébergements).*

Qui a dit insolite ? On dort ici dans une tente perchée sur pilotis, un tipi, un écolodge, une cabane dans les arbres ou, plus rigolo encore, une double bulle transparente. Certains hébergements ont même toilettes sèches et... douche dans les arbres ! Sinon, emplacements classiques très spacieux. À réserver (payant) : le kota finlandais et l'espace sauna-jacuzzi. Et encore : piscine couverte, brasserie, location de vélos, château gonflable, animaux de la ferme... Locatifs environ 45-140 €/nuit, panier petit déj compris. Wifi. NOUVEAUTÉ.

Cadre : campagne, sentiers de randonnée. ***Terrain :*** herbe ; plat. ***Réducs :*** - 10 % sur présentation de ce guide.	⊕ L'étang de pêche. ⊖ Devoir repartir.

À voir, à faire dans les environs : la forêt de Compiègne ; Noyon.

ORVILLERS-SOREL 60490

23 km N de Compiègne — *Carte Picardie A2*

€€ 14 € — 124 emplacements

Camping de Sorel : *24, rue Saint-Claude. ☎ 03-44-85-02-74. • contact@aestiva.fr • camping-sorel.com • Ouv tte l'année.*

En pleine campagne, dans un bel environnement, un camping aménagé avec de grandes pelouses plantées d'arbres et, ici ou là, un mobile home ou un chalet. Internet. Wifi. NOUVEAUTÉ.

Cadre : campagne, forêt. ***Terrain :*** herbe ; plat.	⊕ Le calme, la nature ⊖ Le manque d'activités

À voir, à faire dans les environs : le parc Astérix ; le château de Compiègne.

PÉRONNE 80200

50 km E d'Amiens — *Carte Picardie B1*

€€€ 23 € — **94 emplacements**

Camping du Port de Plaisance : *route de Paris. ☎ 03-22-84-19-31. • contact@camping-plaisance.com • camping-plaisance.com • Ouv mars-oct.*
En bord de Somme et près du port de plaisance, dans un environnement verdoyant, ce camping de dimension moyenne offre de beaux espaces bien ombragés. Sanitaires un poil vieillots, mais parfaitement tenus. Jolie piscine chauffée ouverte en été, volley, pétanque. Bar et food truck en été. Location de vélos et pêche. Très bon accueil. Location de chalets 5 personnes *(80 €/nuit),* tipi *(65 €/nuit)* et tente équipée *(40 €/nuit).* NOUVEAUTÉ.

Cadre : en bordure de canal. ***Terrain :*** plat ; herbe.	⊕ Le port de plaisance. ⊖ Quels « moins » ?

À voir, à faire dans les environs : l'Historial de la Grande Guerre ; le Circuit du Souvenir.

PIERREFONDS 60350

31 km SO de Soissons ; 15 km SE de Compiègne — *Carte Picardie B2*

€€€ 17 € — **45 emplacements**

Camping Le Cœur de la Forêt : *34, rue de l'Armistice. ☎ 03-44-42-80-83. 📱 06-45-31-64-21. • contact@lecoeurdelaforet.fr • lecoeurdelaforet.fr • Ouv de mi-mars à mi-oct (loc fév-nov).*
De l'espace et de l'ombre, à la lisière de la forêt de Compiègne et à deux pas du village. Équitation et pêche à 5 km. Côté hébergements locatifs, ce ne sont pas les idées insolites qui manquent : jolies cabanes en bois et cachettes de Hobbit inspirées du *Seigneur des anneaux,* ou encore caravanes vintage pour 2 personnes *(30-50 €/nuit).* Wifi.

Cadre : campagne, forêt, sentiers de randonnée. ***Terrain :*** herbe ; plat.	⊕ L'accès au village et au château à pied ; l'accès direct à la piste cyclable. ⊖ Éviter les emplacements proches de la route, assez passante (et donc bruyante).

À voir, à faire dans les environs : le château national de Pierrefonds.

PORT-LE-GRAND 80132

7 km E de Saint-Valery-sur-Somme — *Carte Picardie A1*

€€€ 23 € — **50 emplacements**

Camping Le Château des Tilleuls : *rue de la Baie. ☎ 03-22-24-07-75. • contact@chateaudestilleuls.com • chateaudestilleuls.com • Ouv mars-Toussaint (avr-sept pour les hébergements toilés).*
Répartis au flanc d'une colline pas trop pentue, les emplacements sont spacieux, bien verts et séparés par des haies. De-ci de-là s'immiscent quelques Coco Sweet (entre

HAUTS-DE-FRANCE

la tente et le mobile home !), des tentes pré-montées, suspendues ou perchées. Et, plus loin, dans les bois, des cabanes dans les arbres ou sur pilotis de luxe – toutes avec salle de bains intégrée ! Également de sympathiques et romantiques roulottes. Compter 42-205 €/nuit pour les hébergements atypiques. Location de vélos. Wifi. NOUVEAUTÉ.

Cadre : campagne, mer. ***Terrain :*** herbe ; plat ; en pente.	⊕ Le choix des hébergements et le programme d'animations. ⊖ Pas trouvé.

À voir, à faire dans les environs : Noyelles-sur-Mer ; la baie de Somme.

SAINT-FIRMIN-LÈS-CROTOY 80550

23 km NO d'Abbeville ***Carte Picardie A1***

€€€€ **27,50 €** **194 emplacements**

Flower Camping Les Aubépines : *800, rue de la Maye. ☎ 03-22-27-01-34. • contact@camping-lesaubepines.com • camping-lesaubepines.com • Ouv avr-nov.*
Ce bon camping, accueillant et bien aménagé, donne sur une piste cyclable. Le propriétaire, toujours agriculteur, fut l'un des pionniers du camping à la ferme dans la Somme. Les emplacements sont généreux et, tout l'été, de nombreuses animations bon enfant sont proposées. Belle piscine chauffée. Mobile homes et résidences jusqu'à 8 personnes également.

Cadre : mer, campagne. ***Terrain :*** herbe ; plat.	⊕ Le bon équipement ; l'accueil de qualité. ⊖ Beaucoup de monde ; pas de bar-restaurant.

€€€ **16 €** **33 emplacements**

Flower Camping Les Marguerites : *508, rue Georges-Doudoux. ☎ 03-22-27-85-44. 📱 06-79-79-65-88. • dominique.zeppa@wanadoo.fr • campinglesmarguerite.free.fr • Ouv avr-sept.*
L'adorable proprio et sa douce épouse sont des oiseaux rares : ils n'aiment pas les mobile homes et réservent la quasi-totalité de leurs emplacements (tous avec point d'eau) aux campeurs de passage ! Résultat : un petit camping intime, tranquille, aux emplacements assez grands et installations minimales (douches à jetons jusqu'à 22h seulement, machine à laver et séchoir, table de ping-pong). NOUVEAUTÉ.

Cadre : campagne. ***Terrain :*** plat ; herbe.	⊕ L'accueil de qualité. ⊖ Simple mais suffisant.

À voir, à faire dans les environs : Le Crotoy ; la baie de Somme.

HAUTS-DE-FRANCE

SAINT-LEU-D'ESSERENT 60340

6 km NO de Chantilly ; 6 km SO de Creil ***Carte Picardie A2***

€€€ **22 €** **160 emplacements**

Campix : *chemin des Carrières. ☎ 03-44-56-08-48. • campix@orange.fr • campingcampix.com • Ouv début mars-fin nov.*
Installé dans une ancienne carrière remarquablement aménagée, au sein d'un superbe environnement, sauvage et verdoyant. Terrasses, recoins bucoliques et décrochements peuvent même donner à certains l'illusion qu'on y fait du camping sauvage. Cabines *(45-60 €)*, bungalows *(85-115 €/nuit)* et roulottes *(55-75 €/nuit)* à louer. Internet. Wifi.

Cadre : campagne. ***Terrain :*** en terrasses ; herbe.	⊕ L'accueil pro et vraiment sympa ; la piscine, la pataugeoire et l'environnement de charme ; la possibilité de venir avec son cheval. ⊖ Le snack ouvert seulement en juillet-août.

€€€ 16 € **300 emplacements**

Camping de l'Abbatiale : *39, rue Salvador-Allende. ☎ 09-81-30-38-76. • contact@camping-abbatiale.fr • camping-abbatiale.com •*
D'un côté, le parc résidentiel et ses mobile homes, et de l'autre, bien séparée, la partie pour les tentes et les camping-cars. Environnement simple mais plaisant : sous de hauts arbres, de grandes pelouses avec des emplacements de bonne taille, délimités par des haies. Accueil sympathique. NOUVEAUTÉ.

Cadre : campagne. ***Terrain :*** plat ; herbe.	⊕ Calme. ⊖ Peu d'animations.

À voir, à faire dans les environs : la basilique de Saint-Leu-d'Esserent ; le château de Chantilly.

SAINT-QUENTIN-EN-TOURMONT 80120

32 km NO d'Abbeville ; 23 km S de Berck-Plage ***Carte Picardie A1***

€€€€ 33 € **157 emplacements**

Le Champ Neuf : *8, rue du Champ-Neuf, lieu-dit Le Bout-des-Crocs. ☎ 03-22-25-07-94. • campinglechampneuf@orange.fr • camping-lechampneuf.com • Ouv avr-oct.*
Camping familial avec de multiples activités et animations. Baie à 2 km et centre équestre à 1,5 km. Possibilité de louer mobile homes et chalets *(360-650 €/sem ; loc à la nuit hors juil-août).* Un parc aquatique, avec piscine couverte, toboggans et jacuzzi. Sauna et salle de fitness. Wifi.

Cadre : campagne. ***Terrain :*** herbe ; plat.	⊕ Le grand calme ; la piscine. ⊖ À 7 km des commerces.

€€€ 21,80 € **172 emplacements**

Camping L'Espace Vert des Trémières : *18, route de Forest-Montiers. ☎ 03-22-25-74-27. • georges.defosse@wanadoo.fr • campinglestremieres.fr • Ouv avr-nov.*
Sympathique camping familial, à 4 km du bord de mer. Quelques mobile homes en location *(400-638 €/sem pour 4 pers).* En haute saison, pain frais et viennoiseries vous sont proposés.

Cadre : campagne, mer, sentiers de randonnée. ***Terrain :*** herbe ; plat.	⊕ L'accueil agréable ; les douches chaudes gratuites. ⊖ Simple mais suffisant.

€€€ 18 € **100 emplacements**

Camping des Crocs : *2, chemin des Garennes, lieu-dit Le Bout-des-Crocs. ☎ 03-22-25-73-33. 📱 06-63-94-95-28. • camping.mouillard@orange.fr • Ouv avr-fin oct. CB refusées.*
Camping agréable et familial, bien aménagé. Bon accueil. Location de mobile homes *(350-450 €/sem ; loc à la nuit possible hors juil-août).* Douche payante. Possibilité de pêcher dans une rivière à 2 km et centre équestre à proximité. Internet. Wifi.

Cadre : forêt, mer, sentiers de randonnée. ***Terrain :*** herbe ; plat.	⊕ L'accès direct à la côte par le biais d'un sentier balisé à travers les dunes. ⊖ Les emplacements moyennement ombragés.

À voir, à faire dans les environs : le parc ornithologique du Marquenterre.

SAINT-VALERY-SUR-SOMME 80230

20 km NO d'Abbeville — *Carte Picardie A1*

€€€€ 39 € — **42 emplacements**

Camping Le Walric : *345, route d'Eu. ☎ 03-22-26-81-97. • camping.lewalric@wanadoo.fr • campinglewalric.com • Ouv avr-oct.*
Proche du centre, mais dans une prairie arborée de 6 ha, ce camping bien équipé possède sanitaires et piscine (couverte) chauffés, jacuzzi, terrain de pétanque, snack-bar et épicerie de dépannage (avec pain et viennoiseries). Location de mobile homes pour 4-6 personnes *(308-889 €/sem).* NOUVEAUTÉ.

Cadre : campagne à la ville. ***Terrain :*** plat ; herbe.	⊕ Les animations pour les enfants. ⊖ On cherche encore...

À voir, à faire dans les environs : la baie de Somme ; le parc ornithologique du Marquenterre.

SERAUCOURT-LE-GRAND 02790

10 km S de Saint-Quentin — *Carte Picardie B1*

€€€€ 30,60 (avec électricité) — **60 emplacements**

Camping du Vivier aux Carpes : *10, rue Charles-Voyeux. ☎ 03-23-60-50-10. • contact@camping-picardie.com • camping-picardie.com • Ouv de mi-mars à mi-oct.*
Avec ses vastes espaces bien gazonnés, un des campings préférés des pêcheurs puisqu'il donne sur un joli étang. Location de chalets et mobile homes *(282-528 €/sem ; à partir de 47 €/nuitée en basse saison).* Internet. Wifi.

Cadre : campagne, forêt, lacs ou rivières, sentiers de randonnée. ***Terrain :*** herbe ; plat. ***Réducs :*** 6 jours payés pour 7 jours sur place sur présentation de ce guide.	⊕ Pour les non-professionnels, la possibilité de pêcher à prix modérés. ⊖ Le snack-bar ouvert uniquement en juillet-août.

À voir, à faire dans les environs : la basilique de Saint-Quentin et le musée Quentin-de-La Tour.

SOISSONS 02200

30 km SO de Laon — *Carte Picardie B2*

€€ 13 € — **117 emplacements**

Camping du Mail : *av. du Mail. ☎ 03-23-74-52-69. • camping@ville-soissons.fr • tourisme-soissons.fr • Ouv avr-oct.*
Sympathique camping municipal, fort bien entretenu et aux sanitaires nombreux. Emplacements agréables, ombragés ou non. Location de vélos. Internet. Wifi.

HAUTS-DE-FRANCE

Cadre : sentiers de randonnée, ville. ***Terrain :*** herbe ; plat.	⊕ La proximité de la ville ; la situation dans la zone du parc Saint-Crépin ; le calme et le côté familial. ⊖ Pas de resto.

À voir, à faire dans les environs : la cathédrale, le circuit du Chemin des Dames.

STEENVOORDE 59114

7,5 km E de Cassel ; 12 km N de Hazebrouck — *Carte Nord-Pas-de-Calais A1*

€€ 15 € — **45 emplacements**

Le Romantic : *51, rue des Frères-Patteyn, Le Ryveld. ☎ 03-28-49-70-95. 06-33-21-03-16. • contact@leromantic.fr • leromantic.fr • Ouv avr-oct. CB refusées.*
Il ne vole pas son nom, ce petit camping de charme. Situé aux portes du village dans un secteur tranquille, il profite du cadre verdoyant de ses 2 étangs de pêche entourés d'arbres. Bien ombragé, familial et convenablement équipé (terrain de foot, de volley...). Accueil adorable, ce qui incite à prolonger le séjour !

Cadre : campagne. ***Terrain :*** herbe ; plat.	⊕ Les 2 étangs de pêche. ⊖ On cherche, on ne trouve pas...

À voir, à faire dans les environs : le superbe musée départemental de Flandre à Cassel ; le musée des Augustins à Hazebrouck (12 km) ; le musée de la Vie frontalière à Godewaersvelde (5,5 km).

SUZY 02320

13 km O de Laon — *Carte Picardie B2*

€€€€ 28,85 € — **30 emplacements**

Les Étangs du Moulin : *7, rue de l'Arbre-Rond. ☎ 03-23-80-92-86. • contact@etangsdumoulin.fr • etangsdumoulin.fr • Ouv avr-fin oct (chalets tte l'année).*
Bienvenue dans le *wild wild west* picard ! Car ce camping insolite fait tout à la mode western : resto façon saloon, piscine dans un bâtiment en bois, et des hébergements atypiques, du genre tipis, chariots pionniers et cabanes de trappeurs ou de pêcheurs à louer *(308-777 €/sem selon taille et saison).* Superbe environnement de plans d'eau, de bosquets, et la campagne à perte de vue. Yeepee yeah ! Internet.

Cadre : campagne, forêt, sentiers de randonnée. ***Terrain :*** en pente ; herbe.	⊕ En pleine nature sauvage, à deux pas de la très belle forêt de Saint-Gobain ; l'accueil pro. ⊖ Pourquoi chercher des problèmes là où il n'y en a pas ?

À voir, à faire dans les environs : la ville médiévale et la cathédrale de Laon.

VERCHIN 62310

Carte Nord-Pas-de-Calais A1-2

5 km SE de Fruges ; 32 km O de Bruay-la-Buissière

€€€ 17 € — **16 emplacements**

Camping à la ferme : *2, rue des Champs. ☎ 03-21-41-64-87. 06-30-43-61-20. • jeanmacquet@aol.com • campingchaletverchin.cabanova.fr • Ouv de mi-mai à août (tte l'année pour les camping-cars). CB refusées.*

HAUTS-DE-FRANCE

Petit camping champêtre qui privilégie la clientèle de passage, et c'est loin d'être une habitude dans la région. Emplacements verdoyants, délimités par des haies, sous les frondaisons, et en partie organisés autour d'un potager (dans ce qui devait être la cour d'une ancienne ferme). Plaisant et tranquille, un peu à l'écart du village (jolie vue sur les environs). Beau chalet pour 6 personnes à l'entrée du site *(400 €/sem)* et une caravane *(220 €/sem).* Internet. Wifi.

Cadre : campagne, forêt, sentiers de randonnée, lacs ou rivières. ***Terrain :*** herbe ; plat. ***Réducs :*** - 5 % en juillet-août et - 10 % en hors saison sur les tarifs sur présentation de guide.	⊕ Le cadre ; la tranquillité ; la propreté ; le confort. ⊖ Le manque d'animations.

À voir, à faire dans les environs : le centre historique médiéval d'Azincourt (7 km) ; l'ébénisterie de Cavron-Saint-Martin (23 km).

VERMAND 02320

12,5 km NO de Saint-Quentin *Carte Picardie B1*

€€€€ **11 emplacements**

La Maison de l'Omignon : *1, rue des Fontaines. ☎ 03-23-05-50-14. 06-20-04-29-30. • contact@maison-omignon.com • maison-omignon.fr • Ouv tte l'année.*
Oh ! qu'il est mignon, ce ravissant parc dans lequel serpente l'Omignon. Lovée dans les méandres et dissimulée dans la verdure, des roulottes dont une roulotte romantique *(à partir de 130 €/nuit),* tout en bois, à l'extérieur comme à l'intérieur. Confort raisonnable et plein de charme, surtout. Également des Pods pour 2 personnes *(90-105 €/nuit),* originales cabanes en bois posées sur une île au bord de l'eau. Et encore plus original, 2 carrés d'étoiles pour 2 personnes *(à partir de 195 €/nuit)* avec le ciel pour plafond, dont un avec bain nordique et l'autre avec sauna privatif ! Restauration (sous forme de cocottes) possible, kota grill à la finlandaise et bain nordique. Internet. Wifi.

Cadre : campagne, lacs ou rivières. ***Terrain :*** herbe ; plat.	⊕ Le calme. ⊖ Ne propose pas d'emplacement tente.

À voir, à faire dans les environs : le musée du Vermandois, tout à côté.

Île-de-France

Pictos utilisés dans ce guide

- € Économique
- €€ Bon marché
- €€€ Prix moyens
- €€€€ Plus chic
- Tente
- Caravane
- Hébergement locatif
- Camping-car
- Caravaneige
- Piscine extérieure
- Piscine couverte
- Accès handicapé
- Hébergement insolite ou original

CHAMPIGNY-SUR-MARNE 94500

13 km SE de Bobigny ; 8 km NE de Créteil — **Carte Île-de-France B1**

€€€€ **38 €** — **450 emplacements**

Camping Paris Est : *110, bd des Alliés. ☎ 01-43-97-43-97. • campingparisest@homair.com • Ouv tte l'année.*
Situé en bord de Marne, dans un cadre naturel préservé. Location de chalets et de mobile homes pour 2 à 5 personnes *(334-995 €/sem ou 47-152 €/nuit).* Et surtout, un *hom'sport* ! Internet. Wifi.

Cadre : ville. ***Terrain :*** herbe ; plat.	+ Le chouette cadre. – On cherche encore...

À voir, à faire dans les environs : l'église Saint-Saturnin, le musée de la Résistance nationale.

CRÉCY-LA-CHAPELLE 77580

47 km E de Paris ; 21 km S de Meaux — **Carte Île-de-France B1**

€€€€ **32 € (électricité incluse)** — **180 emplacements**

Le Soleil de Crécy : *route de Serbone. ☎ 01-60-43-57-00. • reception@campinglesoleil.com • campinglesoleil.com • Ouv avr-fin oct.*
Dans une paisible vallée verdoyante, cet agréable camping regroupe de nombreux mobile homes en bois (avec terrasse), avenants, pas trop proches les uns des autres, et une longue bande herbeuse pour les tentes, du côté opposé à la route – qu'on entend un peu en bruit de fond. Piscines, pataugeoire, minigolf, aires de jeux, salle TV, épicerie, bar-resto... Un bus passant devant conduit directement à Disneyland toutes les 25-60 mn (1-2h le week-end) . Mobile homes et tentes toile et bois 6-8 personnes *(385-1 120 € / sem).* Internet. Wifi.

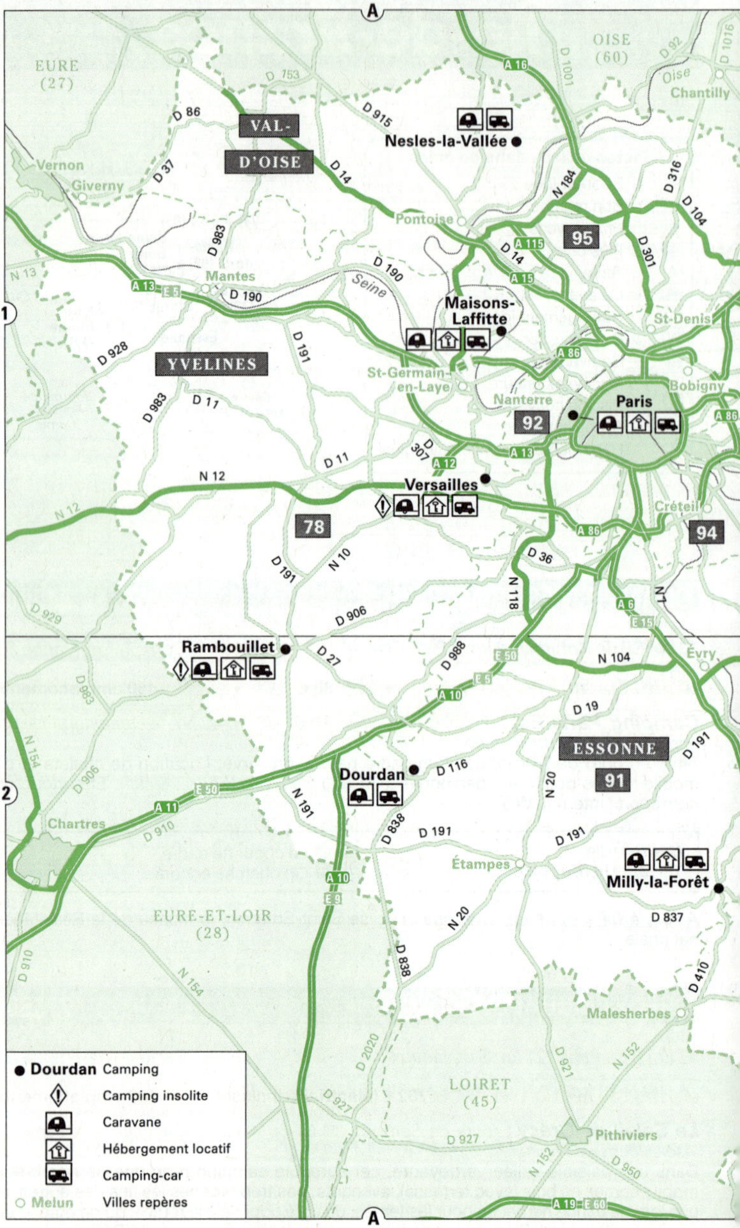

ÎLE-DE-FRANCE

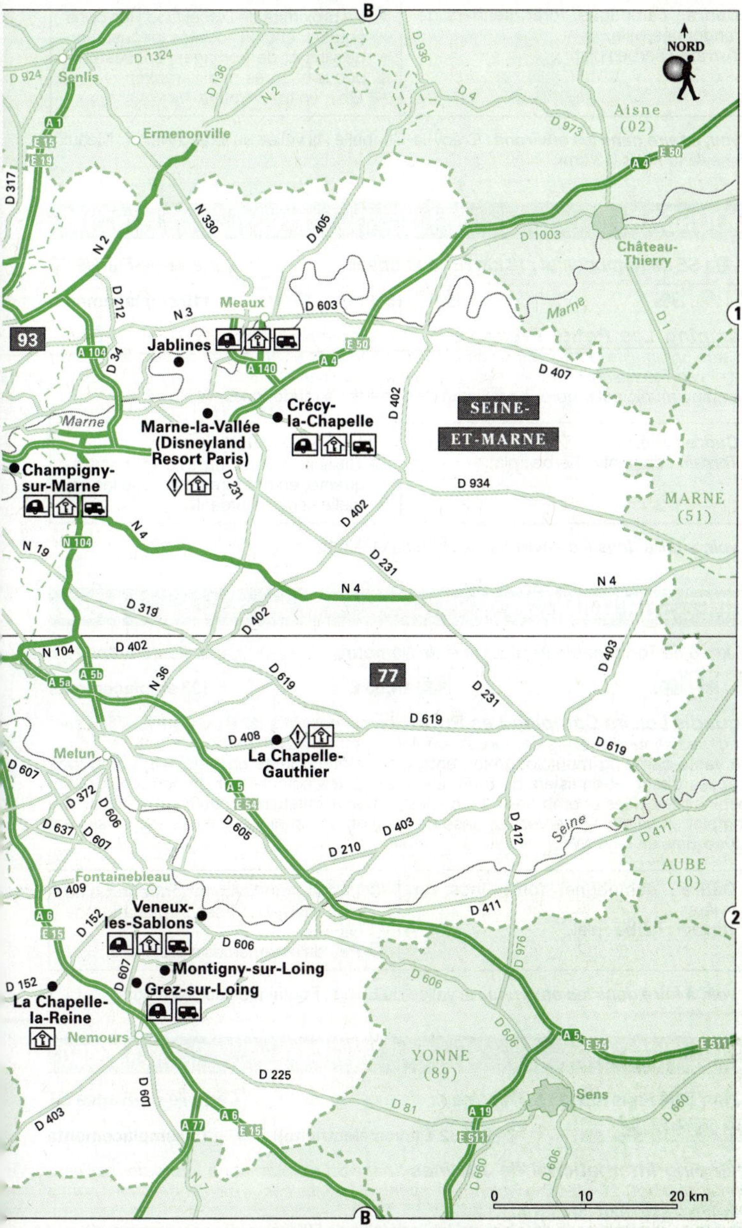
NORD
Senlis
Ermenonville
Meaux
Jablines
Marne-la-Vallée (Disneyland Resort Paris)
Crécy-la-Chapelle
Champigny-sur-Marne
Château-Thierry
Aisne (02)
SEINE-ET-MARNE
MARNE (51)
77
93
La Chapelle-Gauthier
Melun
Fontainebleau
Veneux-les-Sablons
Montigny-sur-Loing
Grez-sur-Loing
La Chapelle-la-Reine
Nemours
AUBE (10)
YONNE (89)
Sens
Marne
Seine
0 10 20 km
B
1
2

Cadre : campagne, forêt, sentiers de randonnée, ville. ***Terrain :*** herbe ; plat.	⊕ La proximité de *Disneyland* ; les bons équipements et activités (dégustation de vins et de fromages, soirées barbecue et après-midi karaoké). ⊖ On n'en trouve pas.

À voir, à faire dans les environs : Crécy-la-Chapelle ; la vallée du Grand-Morin ; Meaux ; *Disneyland Paris* (13 km).

DOURDAN 91410

24 km SE de Rambouillet ; 18 km NO d'Étampes ***Carte Île-de-France A2***

€€€ **15,40 €** **110 emplacements**

Camping Les Petits Prés : *11, av. Pierre-Mendès-France. ☎ 01-64-59-64-83. • camping@mairie-dourdan.fr • camping-dourdan.com • Ouv avr-fin sept (et les w-e en oct et vac Toussaint).*
Camping municipal arboré, à proximité de départs de randonnées. Wifi.

Cadre : ville. ***Terrain :*** en pente ; herbe ; plat.	⊕ La proximité de Paris. ⊖ Situé le long d'un axe routier fréquenté, en bordure de la zone industrielle et commerçante.

À voir, à faire dans les environs : le château et le musée.

GREZ-SUR-LOING 77880

11 km S de Fontainebleau ; 6,5 km N de Nemours ***Carte Île-de-France B2***

€€ **14,90 €** **133 emplacements**

Aquadis Loisirs Camping Les Prés : *chemin des Prés. ☎ 01-64-45-72-75. • camping.grez@aquadis-loisirs.com • aquadis-loisirs.com • Ouv mars-nov.*
Ce vaste camping municipal, bien entretenu, s'étend juste en retrait du Loing (pas d'accès direct) et en lisière de forêt, avec de vastes pelouses et de nombreux petits recoins tranquilles et ombragés. Machines à laver et sanitaires chauffés (corrects). Vite complet en saison : réservez. La base de location de canoës et kayaks *Top Loisirs* est située juste en face. Wifi.

Cadre : campagne, forêt, lacs ou rivières. ***Terrain :*** herbe ; plat.	⊕ Le bel emplacement entre le Loing et la mare aux Fées ; la location de canoës. ⊖ Peu de commerces à proximité.

À voir, à faire dans les environs : la vallée du Loing ; Fontainebleau ; Nemours.

JABLINES 77450

43 km E de Paris ; 15 km SO de Meaux ***Carte Île-de-France B1***

€€€€ **32 € (avec électricité)** **150 emplacements**

Camping International de Jablines : *base de plein air et de loisirs de Jablines-Annet. ☎ 01-60-26-09-37. • welcome@camping-jablines.com • camping-jablines.com • Ouv fin mars-début nov.*
Situé sur l'immense base de loisirs de Jablines (plus de 500 ha), où l'on peut profiter de pléthore d'activités (baignade surveillée, embarcations à pédales, planche à voile, catamaran et téléski nautique...). Mais aussi pêche (permis obligatoire), équitation, tennis, minigolf, football, ping-pong, volley-ball, basket-ball... Camping 3 étoiles bien entretenu, avec l'espace désiré.

ÎLE-DE-FRANCE

Une navette pour *Disneyland Paris* relie chaque heure le camping à l'entrée du parc. Location de mobile homes pour 6 personnes *(560-760 €/sem, loc à la nuitée à partir de 3 nuits)*. Wifi.

Cadre : lacs ou rivières. ***Terrain :*** herbe ; en terrasses.	⊕ Situé sur l'immense base de loisirs de Jablines, à 10 km du parc *Disneyland Paris*. ⊖ Beaucoup de monde.

À voir, à faire dans les environs : le parc *Disneyland Paris* (10 km).

LA CHAPELLE-GAUTHIER 77720

50 km SE de Paris ; 17 km NE de Fontainebleau — ***Carte Île-de-France B2***

€€€€ — **23 emplacements**

Nomade Lodge : *ferme de la Boulaye. 06-16-23-46-68. • infos@nomade-lodge.com • nomade-lodge.com • Ouv tte l'année.*
Un vrai campement de 23 yourtes *(80-176 €/nuit pour 6 personnes)* pour se croire en Mongolie le temps d'une soirée. Poêle venu tout droit des steppes pour se réchauffer. Coffres traditionnels, tapis et lits recouverts de peaux de bêtes disposés en cercle, sur un plancher en bois. Sanitaires à l'extérieur. Également des chambres d'hôtes *(80 €/nuit pour 2 pers)*.

Cadre : campagne, forêt. ***Terrain :*** plat.	⊕ Le Yourte & Breakfast. ⊖ Les jours de mauvais temps, on s'y croirait encore plus !

À voir, à faire dans les environs : le château de Vaux-le-Vicomte.

LA CHAPELLE-LA-REINE 77760

75 km S de Paris ; 29 km S de Melun — ***Carte Île-de-France B2***

€€€€ 32 € — **6 emplacements**

Fontainebl'hostel : *14, pl. de la République (entrée rue des Sœurs). ☎ 01-78-90-12-90. • contact@fontaineblhostel.com • fontaineblhostel.com • Ouv tte l'année.*
Cette grande maison de village, véritable auberge espagnole, accueille tous les grimpeurs, randonneurs et cavaliers qui viennent profiter de la forêt voisine. Beau verger au calme pour planter la tente à l'arrière. Dortoirs pour 4 à 12 personnes, avec sanitaires impeccables *(32 €/nuit, draps fournis, 25 € à partir de la 2e nuit)*. Cuisine et lave-linge à dispo, grande cour intérieure pour se poser au soleil. Internet. Wifi. NOUVEAUTÉ.

Cadre : forêt, ville. ***Terrain :*** herbe ; plat.	⊕ - 50 % jusqu'à 12 ans sur la nuitée en dortoir. ⊖ Pas de branchement possible.

À voir, à faire dans les environs : Fontainebleau ; parc naturel régional du Gâtinais français.

MAISONS-LAFFITTE 78600

19 km S de Pontoise ; 9 km NE de Saint-Germain-en-Laye — ***Carte Île-de-France A1***

€€€ **25 € (électricité comprise)** — **336 emplacements**

Camping International : *1, rue Johnson. ☎ 01-31-12-21-91. • maisonslaffitte@sandaya.fr • sandaya.fr • Ouv avr-nov.*
En bordure de Seine et à 1 km du centre-ville, endroit tranquille avec services, restaurant et aire de jeux sur place. Location de mobile homes *(580-1 050 €/sem ; loc possible à la nuitée)*. Activités sportives à proximité (équitation, tir à l'arc, football). Internet. Wifi.

Cadre : ville. ***Terrain :*** herbe ; plat.	⊕ À 14 km de Paris, et à 10 mn à pied de la gare de Maisons-Laffitte. ⊖ On peut entendre les trains...

À voir, à faire dans les environs : le château et le parc de Maisons-Laffitte.

MARNE-LA-VALLÉE 77700

30 km E de Paris ; 30 km SO de Meaux ***Carte Île-de-France B1***

€€€€

Davy Crockett Ranch : *route du Bois-de-Citry.* ☎ *0825-305-500 (0,15 €/mn).* • *disneylandparis.com/fr-fr/hotels/disneys-davy-crockett-ranch/* • *Ouv tte l'année.*
Une alternative intéressante pour ceux qui rêvent d'autre chose et n'envisagent pas obligatoirement de passer tout un week-end dans les parcs. Dans un charmant bosquet, ce ranch cache un ensemble de « maisons mobiles » à l'américaine *(à partir de 321 €/nuit en été, 222 €/nuit en basse saison),* tout en bois, avec salon, TV, téléphone, cuisine équipée, 1 ou 2 chambres, salle de bains et toilettes, une place de parking juste devant son bungalow, une table et des bancs pour déjeuner à l'extérieur, et un barbecue. Sur place, un resto, la *Crockett's Tavern,* en rondins de bois, dont la déco évoque les contes et légendes qui ont fait de Davy Crockett le roi de la conquête de l'Ouest, propose une bonne nourriture, pas trop chère. Également une boutique d'alimentation si vous préférez manger dans le bungalow, une immense piscine tropicale, la location de bicyclettes, etc. Et aussi toutes sortes d'activités, pour parents et enfants, plus ou moins liées à la nature (équitation, tir à l'arc, tennis, ainsi qu'un parcours aventure avec tyroliennes, pont de singe, etc.). Possibilité de voir des animaux de la ferme et de découvrir le quotidien des Indiens. Petite ferme et aire de jeux. Dépaysement pionnier garanti aux portes de Paris.

Cadre : campagne, forêt, sentiers de randonnée, ville. ***Terrain :*** herbe ; plat.	⊕ Le petit déj compris ; les tarifs rapidement dégressifs en fonction du nombre de nuits. ⊖ Pas de navette pour les parcs (voiture indispensable).

À voir, à faire dans les environs : le parc *Disneyland Paris* (15 km) ; *Davy Crockett Aventure.*

ÎLE-DE-FRANCE

MILLY-LA-FORÊT 91490

26 km E d'Étampes ; 19 km O de Fontainebleau ***Carte Île-de-France A2***

€€€ **22,30 €** **200 emplacements**

Camping de la Musardière : *route des Grandes-Vallées.* ☎ *01-64-98-91-91.* • *lamusardiere91@orange.fr* • *Ouv 20 fév-20 nov.*
En plein centre du massif des Trois-Pignons, dans une forêt de chênes et de pins de 12 ha, à 3 km du centre-ville. L'endroit est idyllique, et une grande piscine *(ouv de juin à mi-sept)* est aménagée dans la clairière. Le club hippique est à côté. Location de mobile homes pour 2 nuits minimum *(à partir de 112 € pour 2 nuits et de 557 €/sem pour 2 pers ; à partir de 155 € pour 2 nuits et de 648 €/sem pour 4 pers).* Petit chalet à la nuit *(38 € pour 2 pers, 60 € pour 5 pers).* Vélos à louer et *Crash Pad.*

Cadre : forêt, sentiers de randonnée, campagne. ***Terrain :*** en terrasses ; herbe ; plat. ***Réducs :*** - 10 % sur un séjour de plus de 10 jours sur présentation de ce guide.	⊕ La proximité des sites d'escalade. ⊖ L'inaccessibilité en train : il faut être véhiculé !

À voir, à faire dans les environs : le parc naturel régional du Gâtinais français.

MONTIGNY-SUR-LOING 77690

12 km NE de Nemours ; 80 km S de Paris — *Carte Île-de-France B2*

€€€ 17 € — 150 emplacements

Le Parc du Gué : *46, rue Renée-Montgermont. ☎ 01-64-45-87-79. • contact@camping-parcdugue.com • camping-parcdugue.com • Ouv de mi-mars à nov.*
Voilà un des campings les plus sereins d'Île-de-France. Les emplacements sont bien espacés et le site entouré de verdure, sauf côté étang, où l'on plante avec plaisir la tente avec vue sur les canards et les oies qui barbotent. Il y a aussi 2 Coco Sweet tout neufs, pour 4 personnes, avec frigo, bouilloire et plaque chauffante *(40-45 €/nuit).* En prime : piscine chauffée, ping-pong, aire de jeux, pêche. Mobile homes en location *(140-305 €/w-e, 325-445 €/sem).* NOUVEAUTÉ.

Cadre : au bord d'un plan d'eau naturel. ***Terrain :*** herbe ; plat.	⊕ Les marchés aux alentours. ⊖ Pas trouvé.

À voir, à faire dans les environs : la forêt de Fontainebleau ; la vallée du Loing.

NESLES-LA-VALLÉE 95690

13 km NE de Pontoise ; 5 km NO de L'Isle-Adam — *Carte Île-de-France A1*

€€€ 16 € — 220 emplacements

Le Val de Nesles : *chemin de la Garenne, dit « de Rochefort ». ☎ 01-34-70-63-24. 📱 06-59-01-21-22. • levaldenesles@gmail.com • levaldenesles.net • Ouv tte l'année.*
Camping familial avec commodités et activités à proximité. Au calme, en pleine campagne et forêt. Internet. Wifi.

Cadre : campagne, forêt, sentiers de randonnée. ***Terrain :*** herbe ; plat.	⊕ La pêche et les sports nautiques à 5 km ; l'équitation à 2 km. ⊖ Le manque d'équipements.

À voir, à faire dans les environs : l'église du XIIe s.

PARIS 75016

3 km O de Paris — *Carte Île-de-France A1*

€€€€ 41 € — 495 emplacements

Camping de Paris : *2, allée du Bord-de-l'Eau. ☎ 01-45-24-30-00. • info@campingparis.fr • campingparis.fr • Ouv tte l'année.*
L'unique camping de la capitale est ouvert toute l'année. Un mois de séjour maximum. Bon équipement proposant accès sécurisé, supérette, laverie, espaces enfants, billetterie, bar et restaurant. Plusieurs gammes d'emplacements, ainsi que de mobile homes et de roulottes *(665-1 155 €/sem).* Un camping de bon confort bien que bruyant (passage d'avions et en bordure de route) et pas très ombragé. Piscine de Puteaux non loin. Internet. Wifi.

Cadre : ville. ***Terrain :*** herbe ; plat ; en pente.	⊕ Dormir dans une roulotte à proximité de Paris, en bord de Seine et du bois de Boulogne ; l'accès pour les personnes à mobilité réduite en hébergement locatif. ⊖ À 3 km de la capitale, il faut prendre un bus.

À voir, à faire dans les environs : Paris.

RAMBOUILLET 78120

57 km SO de Paris ; 40 km NE de Chartres — *Carte Île-de-France A2*

€€€€ 33,60 € — 180 emplacements

Camping Huttopia Rambouillet : *route du Château-d'Eau. ☎ 01-30-41-07-34. • rambouillet@huttopia.com • huttopia.com • Ouv fin mars-début nov.*
Ce camping, réaménagé en partenariat avec l'ONF, est situé au cœur de la forêt, au milieu d'espèces en tout genre. Des hébergements originaux à l'esprit écolo (loc à la nuitée possible) : des cabanes en bois pour jouer les Robinson à 6 personnes, tout confort, avec le poêle à bois, des roulottes pour 4 personnes, des canadiennes tout équipées pouvant accueillir jusqu'à 5 campeurs, et des cahutes (mi-bois, mi-tentes) jusqu'à 5 personnes *(525-1 204€/sem).* Il y a même des tentes trappeurs. Lits et draps fournis dans tous les hébergements. Bien sympa, parfait pour des vacances familiales car il y a tout autour plein d'activités à faire. Aire de jeux, ping-pong, badminton, volley. Également des sorties nature et des locations de vélos. Piscine.

Cadre : forêt, ville. ***Terrain :*** herbe ; plat.	⊕ L'environnement ; la piscine naturelle. ⊖ Pas de wifi... mais n'est-on pas là pour en sortir ?

À voir, à faire dans les environs : le château, les balades dans la forêt.

VENEUX-LES-SABLONS 77250

16 km SE de Fontainebleau ; 2 km O de Moret-sur-Loing — *Carte Île-de-France B2*

€€€ 20 € — 180 emplacements

Camping Les Courtilles du Lido : *49, chemin du Passeur. ☎ 01-60-70-46-05. • camping@courtillesdulido.com • les-courtilles-du-lido.fr • Ouv fin mars-fin sept.*
En lisière de forêt, ce 3-étoiles, occupant un domaine de 5 ha, est à 300 m du confluent de la Seine et du Loing, face au port fluvial de Saint-Mammès (que l'on peut rejoindre par une passerelle). Un lieu tranquille et bien tenu, aux emplacements spacieux, délimités par des haies, la plupart ombragés. Nombreux équipements tels que piscine chauffée, minigolf, ping-pong, petit tennis, pizzeria-friterie, terrain de jeux et petit mur d'escalade pour les enfants. Location de mobile homes *(339-689 €/sem ; min 5 nuits en juil-août).* Internet. Wifi.

Cadre : campagne, forêt, ville. ***Terrain :*** plat.	⊕ La proximité de Fontainebleau et de Moret-sur-Loing ; les nombreux équipements et activités (pêche, sentiers pédestres, circuits VTT, location de canoës, de bateaux à moteur électrique, et voyage en montgolfière) ; l'escalade en forêt de Fontainebleau. ⊖ Quels « moins » ?

À voir, à faire dans les environs : Moret-sur-Loing ; Fontainebleau ; les gorges de Franchard et d'Apremont.

VERSAILLES 78000

26 km SO de Paris ; 35 km NE de Rambouillet — *Carte Île-de-France A1*

€€€€ 52 € — 197 emplacements

Camping Huttopia Versailles : *31, rue Berthelot. ☎ 01-39-51-23-61. • versailles@huttopia.com • huttopia.com • Ouv fin mars-début nov.*
Calme et très ombragé par de grands et beaux arbres. Pas de séparation végétale entre les emplacements. De nombreux aspects confortables (emplacements spacieux, calme, resto, etc.). Plusieurs formules d'hébergement originales et variées : roulottes,

canadiennes, cabanes et cahuttes (très chouettes ; *423-1 365 €/sem* ; *loc possible à la nuit*). Intéressant surtout pour les familles. Concernant les cabanes, éviter les 1res, devant l'entrée, vraiment dans le passage (même si les voitures ne circulent pas entre 23h et 7h30). Sanitaires impeccables et spacieux. Dans la pièce de vie commune chauffée avec un poêle, des bouquins et des jeux à disposition. Quelques produits du célèbre Potager du roi en vente à l'accueil. Location de vélos *(11 €/j.)*. Commerces à proximité. Piscine. Internet. Wifi.

Cadre : forêt, ville. ***Terrain :*** en pente ; herbe ; en terrasses.	⊕ La possibilité de séjourner en forêt à Versailles à moins de 400 m d'une station de RER (20 mn de Paris) ; la liaison directe avec le château en bus (ou à vélo ; location sur place). ⊖ Les frais de réservation de 15 € en haute saison.

À voir, à faire dans les environs : le château de Versailles.

Normandie

Pictos utilisés dans ce guide

- € Économique
- €€ Bon marché
- €€€ Prix moyens
- €€€€ Plus chic
- Tente
- Caravane
- Hébergement locatif
- Camping-car
- Caravaneige
- Piscine extérieure
- Piscine couverte
- Accès handicapé
- Hébergement insolite ou original

AGON-COUTAINVILLE 50230

10 km O de Coutances ; 39 km O de Saint-Lô — *Carte Normandie A2*

€€€ **16,60 €** — **15 emplacements**

Camping Le Casrouge : *77, Le Casrouge. ☎ 02-33-46-84-70. 06-32-74-59-09. • fermebecsplats@wanadoo.fr • fermebecsplats.com • Ouv de mai à mi-sept. CB refusées.*
Dans un beau champ planté d'arbres, un camping tranquille, très agréable, avec de vastes emplacements individuels, des sanitaires propres et l'eau chaude à volonté. Découverte de la pêche à pied une fois par mois lors des grandes marées. Sur place, épicerie et vente de produits bio : fruits, légumes et produits locaux (yaourts fermiers, lait, cidre...). Le genre d'endroit où l'on passe de bonnes vacances !

Cadre : campagne, mer.
Terrain : herbe ; plat.

⊕ Le barbecue avec les produits de la ferme, organisé chaque semaine en juillet-août.
⊖ Pas de restaurant, mais les produits bio donnent envie de se mettre aux fourneaux...

À voir, à faire dans les environs : la baie de Sienne ; le château de Gratot (9 km).

ALENÇON 61000

17 km SO de Sées — *Carte Normandie B2*

€€€ **15,60 €** — **54 emplacements**

Camping de Guéramé : *65, rue de Guéramé. ☎ 02-33-26-34-95. • campinggue rame@cu-alencon.fr • cu-alencon.fr • Ouv avr-sept.*
Un camping simple, aux emplacements de bonne taille, bien délimités et, dans l'ensemble, ombragés. 2 bungalows en location en juillet-août *(318 €/sem ; loc possible à partir de 2 nuits).* Wifi.

Cadre : ville.
Terrain : herbe ; plat.

⊕ Un camping qui gagne à être connu : de prime abord il semble un peu trop au bord de la route, mais le cadre se révèle en réalité champêtre comme tout !
⊖ Les sanitaires vieillots... mais propres.

À voir, à faire dans les environs : le musée des Beaux-Arts et de la Dentelle, la maison natale de sainte Thérèse de Lisieux.

ARGENTAN 61200

22 km SE de Falaise ; 45 km NO d'Alençon — *Carte Normandie B2*

€ 9,50 € — **23 emplacements**

Camping de la Noë : *34, rue de la Noë. ☎ 02-33-36-05-69. • camping@argentan.fr • argentan.fr/tourisme/camping-municipal-de-noe/ • Ouv avr-sept.*
Un camping intime et agréable : emplacements à proximité d'un étang, dans un parc bien entretenu avec massifs de fleurs et allées bucoliques. Internet. Wifi.

Cadre : lacs ou rivières, ville.
Terrain : herbe ; plat.

+ Le cadre ; la pêche autorisée.
− Sa faible capacité ; inaccessible aux caravanes à double essieu.

À voir, à faire dans les environs : la Maison des dentelles ; Écouché et le château de Serans (7 km) ; le haras du Pin.

ARROMANCHES 14117

11 km NE de Bayeux ; 37 km NO de Caen — *Carte Normandie A1*

€€€ 18,60 € — **124 emplacements**

Camping municipal : *av. de Verdun. ☎ 02-31-22-36-78. • camping.arromanches@wanadoo.fr • arromanches.com • Ouv avr-oct.*
Camping tranquille, tout simple et très classique avec ses petites haies pour séparer les emplacements. Bordé d'une zone pavillonnaire, à 5 mn à pied du centre et de la plage. Sanitaires bien tenus. Location de mobile homes *(350-490 €/sem).* Wifi.

Cadre : mer.
Terrain : herbe ; plat.

+ Service de pain en juillet-août.
− On s'y sent un peu serrés en saison.

À voir, à faire dans les environs : le musée du Débarquement ; le port artificiel.

BAGNOLES-DE-L'ORNE 61140

47 km NO d'Alençon ; 28 km SE de Flers — *Carte Normandie A2*

€€ 13,10 € — **250 emplacements**

Camping de la Vée : *5, av. du Président-Coty. ☎ 02-33-37-87-45. • camping@bagnolesdelorne.com • campingbagnolesdelorne.com • Ouv de mars à mi-nov.*
Sur 3 ha, des emplacements délimités par des haies dans un camping bien ombragé et bien équipé, mais très fréquenté. Locatifs *(175-420 €/sem).* Wifi.

Cadre : campagne, lacs ou rivières, sentiers de randonnée.
Terrain : herbe ; plat.

+ Pas loin du centre à pied ; le wifi gratuit.
− Les emplacements peu espacés.

À voir, à faire dans les environs : le parc du château de Bagnoles, le casino, la forêt des Andaines, le quartier Belle-Époque.

BARFLEUR 50760

29 km E de Cherbourg — *Carte Normandie A1*

€€€ 17,20 € — **92 emplacements**

La Blanche Nef : *12, chemin de la Masse. ☎ 02-33-23-15-40. • lablanchenef@wanadoo.fr • camping-barfleur.fr • Ouv de mi-fév à mi-nov.*

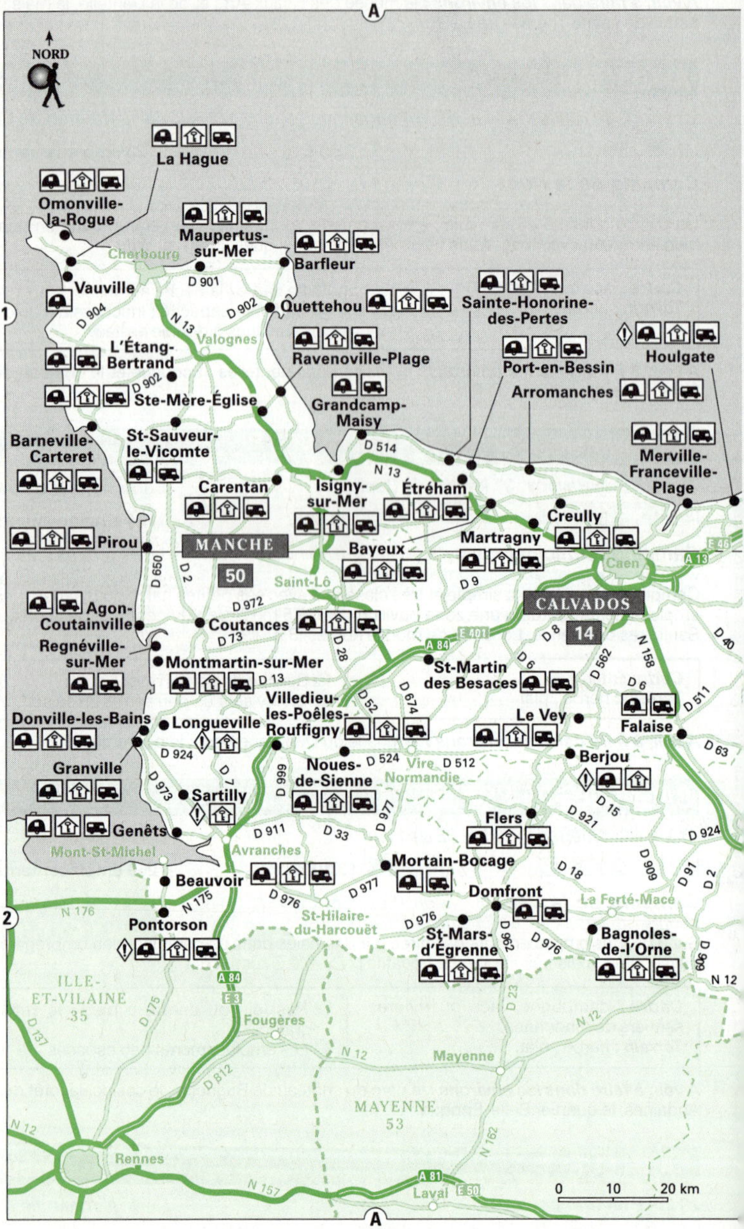
A
NORD
La Hague
Omonville-la-Rogue
Cherbourg
Maupertus-sur-Mer
Barfleur
Vauville
D 901
D 904
D 902
Quettehou
Sainte-Honorine-des-Pertes
N 13
Valognes
Houlgate
L'Étang-Bertrand
Ravenoville-Plage
Port-en-Bessin
Arromanches
Ste-Mère-Église
Grandcamp-Maisy
Barneville-Carteret
St-Sauveur-le-Vicomte
D 514
Merville-Franceville-Plage
Carentan
Isigny-sur-Mer
Étréham
Creully
Pirou
MANCHE
50
Bayeux
Martragny
E 46
A 13
Caen
D 650
D 2
Saint-Lô
D 9
CALVADOS
14
Agon-Coutainville
D 972
Coutances
D 73
D 28
E 401
A 84
D 8
D 40
Regnéville-sur-Mer
Montmartin-sur-Mer
St-Martin des Besaces
D 6
D 562
N 158
D 13
D 52
D 674
Villedieu-les-Poêles-Rouffigny
Le Vey
Falaise
D 511
Donville-les-Bains
Longueville
D 924
D 524
Vire Normandie
D 512
Berjou
D 63
Granville
D 973
D 7
D 999
Noues-de-Sienne
Sartilly
D 977
Flers
D 921
D 15
Genêts
D 911
D 33
D 924
Mont-St-Michel
Avranches
Mortain-Bocage
D 18
D 909
D 91
D 2
Beauvoir
D 976
D 977
Domfront
La Ferté-Macé
N 176
N 175
St-Hilaire-du-Harcouët
D 976
St-Mars-d'Égrenne
D 962
Bagnoles-de-l'Orne
Pontorson
D 909
N 12
ILLE-ET-VILAINE
35
A 84
E 3
D 137
D 175
D 23
Fougères
N 12
N 12
Mayenne
D 812
MAYENNE
53
N 12
N 162
Rennes
A 81
N 157
Laval
E 50
0 10 20 km
1
2

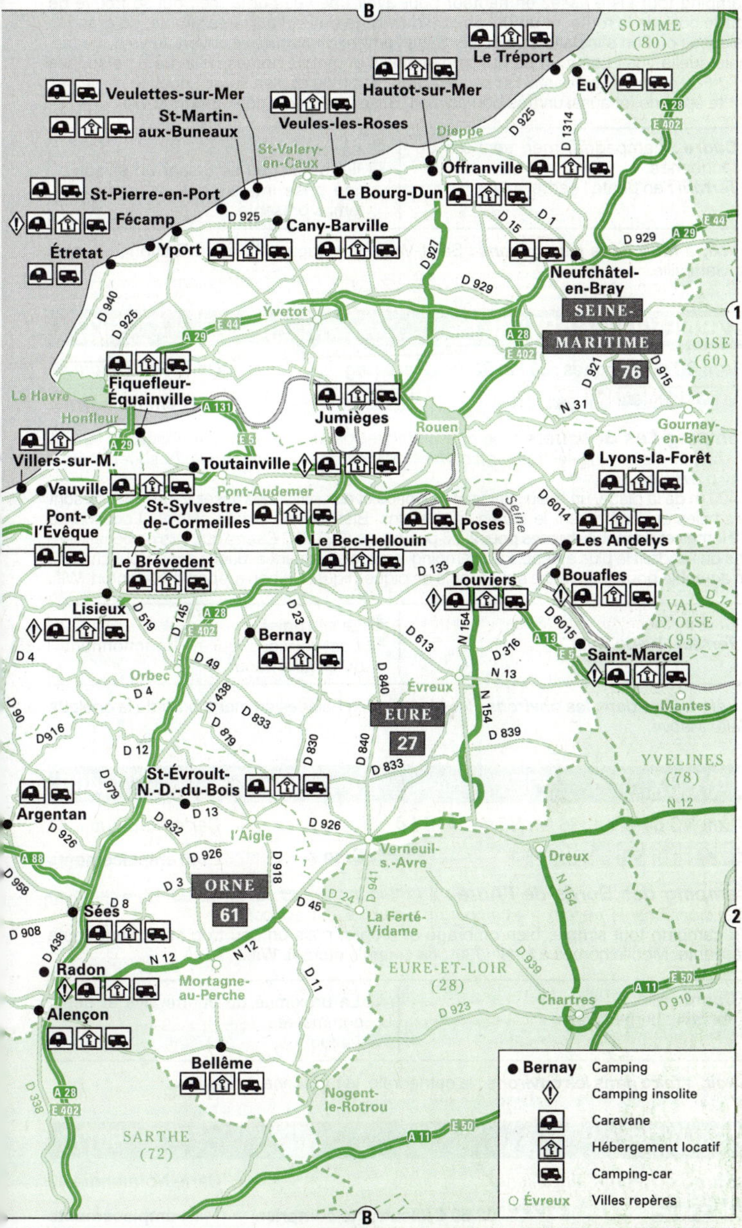
B
SOMME (80)
Le Tréport
Eu
Hautot-sur-Mer
Veulettes-sur-Mer
St-Martin-aux-Buneaux
Veules-les-Roses
St-Valery-en-Caux
Dieppe
Offranville
St-Pierre-en-Port
Le Bourg-Dun
Fécamp
Cany-Barville
Étretat
Yport
Neufchâtel-en-Bray
SEINE-MARITIME
76
Yvetot
OISE (60)
Fiquefleur-Équainville
Le Havre
Honfleur
Jumièges
Rouen
Gournay-en-Bray
Villers-sur-M.
Toutainville
Lyons-la-Forêt
Vauville
Pont-Audemer
Pont-l'Évêque
St-Sylvestre-de-Cormeilles
Poses
Seine
Les Andelys
Le Bec-Hellouin
Le Brévedent
Louviers
Bouafles
Lisieux
VAL-D'OISE (95)
Bernay
Saint-Marcel
Orbec
Évreux
Mantes
EURE
27
YVELINES (78)
St-Évroult-N.-D.-du-Bois
Argentan
l'Aigle
Verneuil-s.-Avre
Dreux
ORNE
61
Sées
La Ferté-Vidame
Radon
Mortagne-au-Perche
EURE-ET-LOIR (28)
Alençon
Chartres
Bellême
Nogent-le-Rotrou
SARTHE (72)
1
2
A 28
E 402
A 29
E 44
A 131
E 5
A 13
A 88
A 11
E 50
N 31
N 12
N 13
N 154
D 925
D 1314
D 927
D 929
D 15
D 1
D 940
D 921
D 915
D 6014
D 133
D 6015
D 316
D 519
D 145
D 23
D 613
D 840
D 4
D 49
D 438
D 833
D 819
D 830
D 839
D 90
D916
D 12
D 979
D 13
D 926
D 932
D 918
D 958
D 3
D 8
D 45
D 24
D 941
D 908
D 11
D 939
D 910
D 923
D 338
D 14
Bernay — Camping
Camping insolite
Caravane
Hébergement locatif
Camping-car
Évreux — Villes repères

Camping tout juste assez en hauteur pour avoir une vue sur la mer, qui se trouve de l'autre côté de la route, et un bel aperçu du village de Barfleur. Très simple, de grandes pelouses où l'on s'installe à sa guise. Sans l'ombre d'un arbre et ouvert au vent, certes, mais quelle vue ! Location de bungalows toilés et mobile homes pour 4 à 6 personnes *(250-600 €/sem selon confort et saison).* Très bien tenu et bien fleuri. Location de vélos ; petite épicerie, et aussi un très bon accueil. Base nautique à côté. Internet. Wifi.

Cadre : campagne, mer, sentiers de randonnée. ***Terrain :*** en pente ; herbe ; plat.	⊕ La vue. ⊖ Il faut un peu se tasser en saison ; une brise intense est de temps en temps présente.

À voir, à faire dans les environs : Saint-Vaast-la-Hougue et l'île de Tatihou ; le phare de Gatteville.

BARNEVILLE-CARTERET 50270

29 km SO de Valognes ; 38 km SO de Cherbourg — ***Carte Normandie A1***

€€€ **21 €** — **331 emplacements**

Camping Les Bosquets : *rue du Capitaine-Quenault, à Barneville-Plage. ☎ 02-33-04-73-62. • camping-lesbosquetsbarneville@orange.fr • camping-lesbosquets.com • Ouv d'avr à mi-oct.*

À 400 m de la plage, un beau site, vaste, espacé et aux paysages assez variés : ici, ce sont des haies qui ombragent le terrain, là des pins. Bien équipé et jolie piscine. Location de TitHomes et de mobile homes pour 2 à 6 personnes *(200-770 €/sem)* qui, s'ils ne bénéficient pas de l'endroit le plus agréable du camping, sont relativement espacés avec, pour chacun, un agréable bout de pelouse et une table de pique-nique. Un bon rapport prix-confort. Wifi.

Cadre : mer. ***Terrain :*** herbe ; plat.	⊕ Le site boisé. ⊖ Les services qui ne fonctionnent qu'en juillet-août.

À voir, à faire dans les environs : les plages ; des balades en mer à bord de la goélette *Neire Maôve.*

BAYEUX 14400

30 km NO de Caen ; 36 km NE de Saint-Lô — ***Carte Normandie A1***

€€€ **19 €** — **140 emplacements**

Camping des Bords de l'Aure : *bd d'Eindhoven. ☎ 02-31-92-08-43. • camping municipal@mairie-bayeux.fr • camping-bayeux.fr • Ouv avr-oct.*

Un camping tout simple, bien ombragé et propre, mais un peu trop près d'une route passante. Mobile homes à louer *(330-660 €/sem).* Internet. Wifi.

Cadre : ville. ***Terrain :*** herbe ; plat.	⊕ La proximité du centre-ville et des commerces. ⊖ La route.

À voir, à faire dans les environs : la cathédrale, la tapisserie de Bayeux.

BEAUVOIR 50170

4,5 km S du Mont-Saint-Michel — ***Carte Normandie A2***

€€€ **22,50 € (électricité comprise)** — **94 emplacements**

Camping du Mont-Saint-Michel : *route du Mont-Saint-Michel, La Caserne. ☎ 02-33-60-22-10. • camping@le-mont-saint-michel.com • camping-montsaintmichel.com • Ouv avr-oct.*

Ce camping, le plus proche du Mont-Saint-Michel, bien en retrait de la route, est protégé par l'hôtel *Vert* dont il dépend. Cadre verdoyant, arboré, bien tenu et emplacement spacieux. La haie un peu haute ne permet cependant de voir que l'Archange ! Parfait pour une étape et être le premier à arpenter le Mont au petit jour, mais peut-être moins adapté aux séjours prolongés à cause de ce système de barrière, onéreux à force ! Pas de réservation : premiers arrivés, premiers servis.

Cadre : campagne, mer. ***Terrain :*** herbe ; plat.	⊕ Sa situation à deux pas du Mont-Saint-Michel. ⊖ L'accès payant (9,10 €/voiture et par jour).

€€€€ **25,40 €** **107 emplacements**

Camping Aux Pommiers : *28, route du Mont-Saint-Michel. ☎ 02-33-60-11-36. 06-20-15-25-14. • campingauxpommiers@gmail.com • camping-auxpommiers.com • Ouv d'avr à mi-nov.*

Site tout en longueur et partiellement ombragé, où les chalets de bois et les mobile homes *(268-917 €/sem),* un peu trop près les uns des autres, s'alignent parmi les tentes et les camping-cars. Bref, en saison, on peut s'y sentir un peu à l'étroit. Toutefois l'endroit est très bien tenu, l'accueil charmant et tout semble fait pour votre confort et celui de vos petits, qui y trouveront de quoi jouer, avec notamment une belle piscine couverte. Location de vélos et possibilité de commander son pain pour le lendemain. Si vous avez perdu votre tente (!), location de chambres à la nuitée *(54-70 € pour 2 pers)* dans des bungalows. Internet. Wifi.

Cadre : mer, sentiers de randonnée. ***Terrain :*** herbe ; plat.	⊕ L'accueil. ⊖ Le wifi payant.

À voir, à faire dans les environs : le Mont-Saint-Michel.

BELLÊME 61130

41 km E d'Alençon ***Carte Normandie B2***

€€ **14,50 €** **34 emplacements**

Camping du Perche Bellêmois : *route de Mamers. ☎ 02-33-73-15-69. 06-24-70-55-17. • campingduperchebellemois@gmail.com • campingduperchebellemois.com • Ouv fin avr-début oct.*

À la lisière du bourg, dans un coin paisible profitant d'un bel environnement vallonné, un petit camping tout simple et bien tenu, aux emplacements agréables. Certains sont délimités par des haies, d'autres sont en hauteur et bénéficient de la vue. Mobile homes *(300-490 €/sem).* Piscine communale à proximité. Internet. Wifi.

Cadre : campagne, forêt, sentiers de randonnée. ***Terrain :*** herbe ; plat.	⊕ Le calme et le cadre très verdoyant. ⊖ Pas de restauration sur place.

À voir, à faire dans les environs : la forêt de Bellême.

BERJOU 61430

5 km N d'Athis-de-l'Orne ; 6 km E de Condé-sur-Noireau ***Carte Normandie A2***

€€ **10 €** **6 emplacements**

Ferme de la Gilberdière : *La Gilberdière. ☎ 02-33-64-81-88. 06-30-79-44-64. • syldid.ouvry@wanadoo.fr • syldidouvry.wixsite.com/accueil-a-la-ferme • Ouv avr-oct. CB refusées.*

Un tout petit camping à la ferme retiré dans un coin très tranquille. Équipement sommaire (bloc sanitaire rustique mais propre, petit espace pique-nique) et sinon quelques arbres pour apporter un peu d'ombre, des vaches laitières, des prairies exploitées en bio et des proprios ouverts et accueillants. Loue également une yourte *(320 €/sem ou 40 €/nuit pour 2 pers).* Internet. Wifi.

Cadre : campagne, sentiers de randonnée. ***Terrain :*** en pente ; herbe ; plat. ***Réducs :*** un jus de pomme offert sur présentation de ce guide.	⊕ Vraiment en pleine nature ! La possibilité du petit déj (7 €). ⊖ Le confort sommaire.

À voir, à faire dans les environs : la roche d'Oëtre ; la Suisse normande.

BERNAY 27300

30 km E de Lisieux ; 50 km O d'Évreux ***Carte Normandie B2***

€€ **14 €** **50 emplacements**

Camping municipal : *rue des Canadiens. ☎ 02-32-43-30-47. • camping@bernay27.fr • bernay27.fr • Ouv mai-fin sept.*
Camping aux limites de la ville. Emplacements ombragés répartis sur 1 ha. Bien tenu. Location de mobile homes *(302-381,50 €/sem).* Piscines couverte et découverte à 800 m, tennis à 500 m. Ouverture incertaine en 2021 : téléphoner avant. Internet. Wifi.

Cadre : campagne, sentiers de randonnée, ville. ***Terrain :*** herbe ; plat.	⊕ L'accueil. ⊖ La piscine et le tennis payants et à l'extérieur du camping.

À voir, à faire dans les environs : le musée des Beaux-Arts, l'église abbatiale.

BOUAFLES 27700

6,5 km SO des Andelys ***Carte Normandie B2***

€€€ **19 €** **202 emplacements**

Camping-caravaning du château de Bouafles : *2, rue de Mousseaux. ☎ 02-32-54-03-15 et 02-32-54-56-99. • chateaudebouafles.com • Ouv avr-fin oct.*
Sur un terrain arboré qui s'étire tout en longueur au pied de cette propriété cossue et jusqu'à la Seine. Les beaux et vastes emplacements sont complétés par une offre tout à fait originale de roulottes anciennes (1900-1950) entièrement retapées sur place, à la déco vintage ou romantique, avec cabanon à part pour la salle de bains : du charme à revendre *(350 €/sem pour 2 personnes)* ! Location de mobile homes et chalets également *(280-567 €/sem).* Parmi les services : un bar avec terrasse, une épicerie, un billard, un baby-foot, et même un tennis. Le tout à prix démocratique. Wifi. NOUVEAUTÉ.

Cadre : campagne. ***Terrain :*** herbe ; plat.	⊕ Les roulottes anciennes ; le bel environnement. ⊖ Pas de restauration sur place ; commerces à 4 km.

À voir, à faire dans les environs : Château-Gaillard ; le château de Gaillon.

CANY-BARVILLE 76450

21km E de Fécamp ; 12 km SO de Saint-Valery-en-Caux ***Carte Normandie B1***

€€ **12 €** **100 emplacements**

Camping municipal Le Clos des Charmilles : *15, route de Barville. ☎ 02-35-97-70-37. 📱 06-17-18-03-46. • camping@cany-barville.fr • camping-cany-barville.fr • Ouv avr-sept (tte l'année pour les loc).*
Un grand camping bien aménagé, avec des emplacements un peu plus bétonnés pour les camping-cars et les caravanes, et plus verts pour les tentes. Certains sont séparés

NORMANDIE

par des haies, d'autres sont dispersés sur les pelouses, sous les arbres. Bien qu'on soit en ville, le site est bien vert et joliment paysagé. Quant à l'équipement et l'entretien, rien à redire, surtout pour le prix. Chalets en location *(150-300 €/sem).* Internet. Wifi.

Cadre : campagne, ville, mer, lacs ou rivières, sentiers de randonnée. ***Terrain :*** en terrasses ; herbe.	⊕ Le bon rapport qualité-prix. ⊖ Quels « moins » ?

À voir, à faire dans les environs : le château ; la Côte d'Albâtre.

CARENTAN 50500

28 km NO de Saint-Lô ; 51 km SE de Cherbourg — **Carte Normandie A1**

€€€€ **30 €** — **120 emplacements**

Flower Camping Le Haut Dick : *30, chemin du Grand-Bas-Pays. ☎ 02-33-42-16-89. • contact@camping-lehautdick.com • camping-lehautdick.com • Ouv début avr-fin sept.*
Un beau site, assez vaste mais sans qu'on s'y perde, vraiment situé entre la ville, la campagne et le port (le canal passe juste derrière le camping). Les tentes se partagent les grandes pelouses sous les arbres et les camping-cars, les emplacements entre 2 haies. Des mobile homes en location pour 2 à 6 personnes *(199-749 €/sem),* un peu entassés mais tous avec un petit coin de verdure privé. Barbecues à disposition. Aire pour les camping-cars. Piscine couverte et chauffée. Location de vélos et VTT. Wifi.

Cadre : campagne, lacs ou rivières, mer, sentiers de randonnée, ville. ***Terrain :*** herbe ; plat.	⊕ Au cœur des plages du Débarquement et des marais du Cotentin. ⊖ R.A.S.

À voir, à faire dans les environs : les Ponts-d'Ouve – Espace de découverte des marais du Cotentin et du Bessin à Saint-Côme-du-Mont (4 km).

COUTANCES 50200

29 km SO de Saint-Lô ; 29 km NE de Granville — **Carte Normandie A2**

€€ **12,10 €** — **80 emplacements**

Camping municipal Les Vignettes : *27, route de Saint-Malo. ☎ 02-33-45-43-13. • camping@ville-coutances.fr • Ouv tte l'année. CB refusées.*
Petit camping en bord de route mais dans un agréable espace verdoyant doté de haies et d'arbres, au creux d'un joli vallon pour la partie la plus agréable. Dans 2 petites maisons, 2 bons blocs sanitaires propres. Équipements sportifs à côté (dont une piscine et un tennis, gratuits pour les campeurs). Locatifs *(210-400 €/sem).* Internet.

Cadre : ville. ***Terrain :*** herbe ; plat.	⊕ L'entrée gratuite au complexe sportif de Coutances pour les campeurs. ⊖ Le bruit de la route.

À voir, à faire dans les environs : la cathédrale Notre-Dame, le jardin des Plantes.

CREULLY 14480

13 km E de Bayeux ; 10 km SO de Courseulles-sur-Mer — **Carte Normandie A1**

€€€ **20,40 €** — **80 emplacements**

Les 3 Rivières : *rue de Tierceville. ☎ 02-31-80-90-17. • contact@camping-les-3-rivieres.com • camping-les-3-rivieres.com • Ouv de mi-mars à mi-nov.*
Un sympathique endroit en pleine campagne, joliment arboré, modeste mais bien tenu. Tennis, pétanque, billard... Le château est à 800 m. Mobile homes *(260-650 €/sem).* Wifi.

Cadre : montagne, sentiers de randonnée. ***Terrain :*** herbe.	⊕ Le calme ; à taille humaine ; le bel environnement. ⊖ Simple mais suffisant.

À voir, à faire dans les environs : le château de Creully ; Bayeux, sa cathédrale, sa tapisserie (11 km) ; les plages du Débarquement.

DOMFRONT 61700

Carte Normandie A2

22 km S de Flers ; 19 km O de Bagnoles-de-l'Orne (ou Bagnoles-Lac)

€ 7,50 € **34 emplacements**

Camping municipal du Champ Passais : *4, rue du Champ-Passais. ☎ 02-33-37-37-66. • camping@villededomfront.fr • camping-municipal-domfront.jimbo.com • Ouv avr-sept. CB refusées.*
Un joli petit camping simple et bien tenu, installé dans la pente et convenablement équipé. Espaces bien délimités, avec beaucoup de verdure environnante. Sanitaires propres.

Cadre : campagne. ***Terrain :*** en pente ; en terrasses ; herbe.	⊕ La propreté. ⊖ La proximité de la route.

À voir, à faire dans les environs : le village médiéval de Domfront et l'église Saint-Julien ; le manoir de la Saucerie (5 km) ; la maison du fer à Dompierre (9,5 km).

DONVILLE-LES-BAINS 50350

5 km NE de Granville *Carte Normandie A2*

€€€€ 27,32 € **300 emplacements**

Camping de l'Ermitage : *rue de l'Ermitage. ☎ 02-33-50-09-01. • camping-ermitage@wanadoo.fr • camping-ermitage.com • Ouv avr-oct.*
Un vrai camping de bord de mer, familial, avec accès direct à la grande et belle plage. Le terrain est vaste, bien équipé, les emplacements délimités par des haies, et l'ensemble bien tenu. Locatifs *(280-700 €/sem).* On y trouve en été le bar-restaurant, la boulangerie et les animations. Internet. Wifi.

Cadre : mer. ***Terrain :*** en pente ; herbe ; plat.	⊕ La situation idéale, près de la plage et de Granville. ⊖ On n'a pas trouvé !

À voir, à faire dans les environs : le musée Christian-Dior ; le Mont-Saint-Michel.

ÉTRÉHAM 14400

10 km NO de Bayeux ; 5,5 km SO de Port-en-Bessin *Carte Normandie A1*

€€€ 22 € **115 emplacements**

Camping Reine Mathilde : *route de Sainte-Honorine. ☎ 02-31-21-76-55. 📱 06-12-73-50-92. • campingreinemathilde@gmail.com • camping-normandie-reinemathilde.fr • Ouv avr-sept.*
Paumé en pleine campagne, ce camping s'organise autour d'une belle maison couverte de lierre. Confortable, bien équipé, joliment aménagé, il jouit d'un cadre verdoyant et a même une piscine chauffée. Location de mobile homes, chalets et bungalows toilés *(180-750 €/sem)* ou encore de Pods pour 2 personnes *(150-290 €/sem).* Internet. Wifi.

NORMANDIE

Cadre : campagne. ***Terrain :*** herbe ; plat.	⊕ Le cadre ; l'accueil. ⊖ On cherche encore...

À voir, à faire dans les environs : les plages du Débarquement ; la tapisserie et la cathédrale de Bayeux (10 km).

ÉTRETAT 76790

16 km SO de Fécamp ; 28 km N du Havre — *Carte Normandie B1*

€€ 12,20 € — **73 emplacements**

Camping municipal d'Étretat : *69, rue Guy-de-Maupassant. ☎ 02-35-27-07-67. • camping.etretat@orange.fr • seine-maritime-tourisme.com • Ouv 1er avr-15 oct.*
Un camping très simple, sur un espace vert et plat, mais sans beaucoup d'ombre ni de charme et à côté de la route. Sanitaires chauffés et corrects. En dépannage donc, d'autant que la réservation n'est pas possible (premier arrivé, premier servi !). Wifi.

Cadre : mer. ***Terrain :*** herbe ; plat.	⊕ La proximité du centre-ville et des falaises d'Étretat. ⊖ La route passante.

À voir, à faire dans les environs : les fameuses falaises, le clos Lupin.

EU 76260

5 km E du Tréport — *Carte Normandie B1*

€€ 13 € — **75 emplacements**

Camping municipal du parc du Château : *rue des Fontaines. ☎ 02-35-86-20-04. • camping-du-chateau@ville-eu.fr • ville-eu.fr • Ouv avr-oct.*
En pleine nature, dans le parc du château, entouré par de superbes arbres et en bordure de la rivière, ce camping familial bien équipé et soigneusement entretenu bénéficie d'un environnement rare avec ses beaux emplacements ombragés et délimités par des haies. Sanitaires plus tout récents mais propres. Internet. Wifi.

Cadre : forêt, mer, ville, sentiers de randonnée. ***Terrain :*** herbe.	⊕ Le cadre ; le rapport qualité-prix. ⊖ Les équipements de base.

À voir, à faire dans les environs : le château, le musée des Traditions verrières ; la forêt d'Eu.

FALAISE 14700

41 km S de Caen — *Carte Normandie A2*

€€€ 24 € — **88 emplacements**

Camping du Château : *rue du Val-d'Ante. ☎ 02-31-90-16-55. • camping@falaise.fr • camping-falaise.com • Ouv mai-sept.*
Un camping municipal qui ne manque pas d'atouts : situé dans un site verdoyant et calme, bien aménagé, juste au pied du château de Guillaume le Conquérant et dans un vieux quartier de la ville qui a eu la chance de ne pas être entièrement détruit en 1944. Du charme, donc, mais aussi un bon confort, avec un bloc sanitaire impeccable et, très appréciable, un espace pour jouer ou bouquiner au chaud quand le ciel déverse ses trombes d'eau. Et tout ça, à 2 mn à pied du centre-ville. Internet. Wifi.

Cadre : ville. ***Terrain :*** en terrasses ; herbe ; plat.	⊕ La vue imprenable sur le château fort ; l'espace jeu et lecture couvert. ⊖ Pas de piscine sur place.

À voir, à faire dans les environs : le château, Automates Avenue ; la Suisse normande.

FÉCAMP 76400

43 km NE du Havre ; 16 km E d'Étretat — *Carte Normandie B1*

€€€ 20 € — **157 emplacements**

Camping de Reneville : *chemin de Nesmond. ☎ 02-35-28-20-97. • reneville@aliceadsl.fr • campingdereneville.com • Ouv d'avr à mi-nov.*
Un beau et confortable camping superbement situé au-dessus de la jetée, tel un amphithéâtre de nature offrant une vue formidable sur la mer. Propose aussi des chalets en bois et des mobile homes ainsi que 4 roulottes *(280-630 €/sem).* Un court sentier mène directement à la mer. Wifi.

Cadre : mer, sentiers de randonnée, ville. ***Terrain :*** en terrasses ; herbe.	⊕ La vue ; le boulanger qui passe tous les matins ! ⊖ Certains emplacements un peu loin des blocs sanitaires.

€€€€ — **14 emplacements**

Woody Park : *198, av. du Maréchal-de-Lattre-de-Tassigny. ☎ 02-35-10-84-83. • contact@woody-park.com • woody-park.com • Ouv avr-fin sept.*
Après la cabane dans les arbres, la tente suspendue dans les arbres ! Dans un parc accrobranche, mais à l'écart des parcours, ces curieux igloos sont perchés à 3 ou 6 m au-dessus du sol. Pour monter, on enfile un harnais, et une fois en haut de l'échelle, il faut se « propulser » à l'intérieur : les tentes, en effet, ne sont pas fixes et se balancent légèrement (ce qui peut être un peu éprouvant au début si vous souffrez du vertige). À l'intérieur, un matelas confortable. À vous d'apporter la literie (duvet ou couette et oreillers), ainsi qu'une lampe pour l'éclairage *(60 €/nuit pour 2 pers).* Chaque tente bénéficie, au sol, de son espace pique-nique avec barbecue. Bloc sanitaire commun simple mais parfaitement tenu. Excellent accueil, pro et à l'écoute. Attention, pour des questions de sécurité, âge minimum requis : 16 ans. Internet. Wifi.

Cadre : forêt. ***Terrain :*** herbe.	⊕ Vous serez bercé toute la nuit ! ⊖ Pour le pipi au milieu de la nuit, mieux vaut anticiper (harnais à enfiler et bloc sanitaire pas tout près) !

À voir, à faire dans les environs : l'abbatiale de la Sainte-Trinité, le palais, le musée et la distillerie Bénédictine, le musée des Pêcheries.

FIQUEFLEUR-ÉQUAINVILLE 27210

6 km E de Honfleur — *Carte Normandie B1*

€€€€ 32 € — **130 emplacements**

Camping Domaine de la Catinière : *910, route de la Morelle. ☎ 02-32-57-63-51. • info@camping-catiniere.com • camping-honfleur.com • Ouv avr-oct.*
Camping labellisé Clef Verte, tranquille et intime, situé dans une vallée verdoyante et au bord d'une rivière. Location d'une jolie chaumière, pour 2 à 6 personnes (une seule chambre), de mobile homes, d'un Coco Sweet et d'un tonneau. Location à la nuit possible, hors été. 2 piscines : une couverte, l'autre découverte avec toboggan aquatique, toutes 2 chauffées. Plus une mini-ferme. Bon accueil. Internet. Wifi.

NORMANDIE

Cadre : campagne, mer. ***Terrain :*** herbe. ***Réducs :*** - 10 % en camping en basse saison sur présentation de ce guide.	⊕ La proximité de Honfleur ; l'accueil ; les tarifs cyclistes et randonneurs ⊖ Le manque de réseau téléphonique ; le wifi gratuit au bar, payant dans le reste du camping.

À voir, à faire dans les environs : les maisons Satie et le musée Eugène-Boudin à Honfleur ; le marais Vernier.

FLERS — 61100

38 km SO de Falaise ; 83 km NO d'Alençon — *Carte Normandie A2*

€€ **11 €** — **50 emplacements**

Camping de la Fouquerie : *au lieu-dit La Fouquerie. ☎ 02-33-65-35-00. 06-74-49-21-82. • campingflers@flers-agglo.fr • flers-agglomeration.fr/camping-de-la-fouquerie • Ouv 15 avr-15 oct.*
Calme, convenablement ombragé (sous les peupliers), fort bien tenu et, pour couronner le tout, un accueil très sympa. Possibilité de commander la veille croissants et pain frais pour le petit déj. Bref, un bel endroit, bien en retrait de la route. Location de mobile homes pour 6 personnes *(284-397 €/sem).* Internet. Wifi.

Cadre : campagne, forêt, sentiers de randonnée, ville. ***Terrain :*** herbe ; plat.	⊕ Le calme. ⊖ Pas de discothèque – et alors ?

À voir, à faire dans les environs : le musée-château ; le parc aquatique Capfl'O ; la Suisse normande ; Domfront.

GENÊTS — 50530

23 km S de Granville ; 33 km N du Mont-Saint-Michel — *Carte Normandie A2*

€€€€ **26,92 €** — **222 emplacements**

Camping Côté O : *14, route du bec d'Andaine. ☎ 02-33-70-82-57. • reservation@cote-o.fr • cote-o.fr • Ouv début avr-fin sept.*
Une adresse que nous indiquons surtout parce qu'elle a le mérite d'être à proximité des départs pour les traversées de la baie. Les emplacements sont spacieux et délimités par de hautes haies, mais les arbres sont rares. Malheureusement, les mobile homes *(576-1 781 €/sem)* ont tendance à grignoter de plus en plus d'espace, privant ce site très bien équipé de son charme. Bon accueil. Internet. Wifi.

Cadre : campagne, mer, sentiers de randonnée. ***Terrain :*** herbe ; plat.	⊕ À portée de pied du bec d'Andaine et du point de départ pour les traversées de la baie du Mont-Saint-Michel. ⊖ Le manque d'arbres.

À voir, à faire dans les environs : le bec d'Andaine ; le Mont-Saint-Michel ; le musée et le jardin Christian-Dior à Granville.

GRANDCAMP-MAISY — 14450

32 km NO de Bayeux ; 44 km N de Saint-Lô — *Carte Normandie A1*

€€€ **16 €** — **25 emplacements**

Aire naturelle de camping Le Pont du Hable : *route de Vierville, Le Hable. 06-87-85-39-62. • contact@campinglepontduhable.fr • campinglepontduhable.fr • Ouv de mi-avr à mi-oct. CB refusées.*

Pour les amateurs de camping (presque) sauvage ! Ce petit camping situé en bord de mer offre en effet un confort rudimentaire, mais cultive une ambiance conviviale, le soir notamment, autour des feux de camp. Par contre, les jours de grand vent, ça souffle ! Sur place, à disposition : micro-ondes, barbecue, pain frais, sèche-cheveux et douches chaudes. Avis aux randonneurs : le GR du littoral passe juste devant. Internet. Wifi.

Cadre : campagne, mer, sentiers de randonnée. ***Terrain :*** herbe ; plat.	⊕ Sa simplicité originelle ; la mer à deux pas. ⊖ Peu, voire pas d'ombre.

À voir, à faire dans les environs : la pointe du Hoc et les plages du Débarquement.

GRANVILLE 50400

29 km O de Villedieu-les-Poêles ; 29 km SO de Coutances — *Carte Normandie A2*

€€€€ 27 € — **145 emplacements**

Camping La Vague : *126, route de Vaudroulin, plage Saint-Nicolas. ☎ 02-33-50-29-97 et 02-33-51-83-77. 📱 06-32-93-78-32. • campinglavaguegranville@gmail.com • campinglavague.fr • Ouv d'avr à mi-sept.*
En retrait de la route, entouré d'arbres, un beau site bien domestiqué avec ses emplacements délimités par de hautes haies et ses allées goudronnées. Seule une partie du site, cependant, est bien (et joliment) ombragée. Ambiance familiale et ensemble bien tenu. Location de mobile homes pour 4 à 6 personnes *(350-870 €/sem).*

Cadre : mer. ***Terrain :*** herbe ; plat.	⊕ La proximité de la plage et des commerces. ⊖ Le prix...

À voir, à faire dans les environs : le musée Christian-Dior ; le Roc des harmonies ; le Mont-Saint-Michel ; le zoo de Champrépus ; les îles Chausey.

HAUTOT-SUR-MER 76550

5 km O de Dieppe — *Carte Normandie B1*

€€€€ 28 € — **290 emplacements**

Camping Le Marqueval : *1210, rue de la Mer, à Pourville-sur-Mer. ☎ 02-35-82-66-46. 📱 06-32-30-57-98. • contact@campinglemarqueval.com • campinglemarqueval.com • Ouv de mi-mars à mi-oct.*
Au calme, un beau camping verdoyant et agréable, avec sa rivière et ses étangs où l'on peut pêcher. Sanitaires corrects, espace bien-être, salle de sport et piscine chauffée en saison. Diverses locations : mobile homes, roulottes et bungalows *(290-880 €/sem).* Wifi.

Cadre : campagne, mer. ***Terrain :*** herbe ; plat.	⊕ La piscine et le cadre. ⊖ Le prix.

À voir, à faire dans les environs : à Varengeville-sur-Mer, le parc du Bois-des-Moutiers, le manoir d'Ango, la collection Shamrock, l'église et le cimetière marin ; le château-musée de Dieppe.

HOULGATE 14510

5 km NE de Cabourg ; 19 km SO de Deauville — *Carte Normandie A1*

€€€ 16,40 € — **188 emplacements**

Camping Les Chevaliers : *chemin des Chevaliers. ☎ 02-31-24-37-93. • camping.leschevaliers@houlgate.com • campinghoulgate.com • Ouv avr-oct.*

NORMANDIE

Juste en périphérie de Houlgate, en bordure d'un quartier résidentiel et adossé à des collines verdoyantes. Enfin un camping de bord de cité balnéaire où tout l'espace n'est pas dévoré par les locatifs. Oui, un certain nombre d'emplacements sont loués au semestre ou à l'année par des camping-cars ou des caravanes, mais il y a aussi plein d'autres rectangles de pelouse destinés aux visiteurs de passage. Installations simples, mais cadre et accueil plaisants. Internet. NOUVEAUTÉ.

Cadre : mer. ***Terrain :*** herbe ; plat.	⊕ L'espace ; l'accueil. ⊖ L'ombre légère malgré la présence d'arbres et de haies.

€€€ **17 €** **67 emplacements**

Camping de la Plage : *59, rue Henri-Dobert. ☎ 02-31-28-73-07. • campingplage houlgate@orange.fr • camping-houlgate.com • Ouv avr-oct.*
Camping avec vue et accès direct à la plage, tout en étant carrément en ville (mais quand même dans la nature), avec tous les services à portée de pieds. En revanche, équipement et espace limités. Le front de mer est réservé aux camping-cars et à quelques sympathiques roulottes. Sur un emplacement en terrasses, seulement 3 places pour les tentes, qui partagent l'espace avec des tipis. Et à flanc de collinette, chalets et mobile homes avec terrasse *(locatifs 231-861 €/sem).* Au fond du camping, belle vue sur les falaises des Vaches-Noires. Internet. Wifi.

Cadre : mer. ***Terrain :*** en terrasses ; herbe ; plat. ***Réducs :*** en locatif, pour 14 jours - 6 % hors saison, - 3 % en saison sur présentation de ce guide.	⊕ La situation. ⊖ Le peu d'emplacements réservés aux tentes.

À voir, à faire dans les environs : les villas, la plage.

ISIGNY-SUR-MER 14230

35 km N de Saint-Lô ; 34 km O de Bayeux ***Carte Normandie A1***

€€€€ **35 €** **200 emplacements**

Camping Le Fanal : *rue du Fanal. ☎ 02-31-21-33-20. • info@camping-lefanal.com • camping-normandie-fanal.fr • Ouv avr-sept.*
Un camping qui, mine de rien, bénéficie d'un environnement agréable (plan d'eau) et d'un bon équipement (2 piscines, l'une avec toboggans, l'autre couverte), notamment pour un séjour en famille. Location de chalets et de mobile homes *(205-1 070 €/sem).* Internet. Wifi.

Cadre : mer. ***Terrain :*** herbe ; plat.	⊕ Les équipements ; les animations. ⊖ Les prix vraiment élevés en haute saison.

À voir, à faire dans les environs : la fabrique des caramels d'Isigny ; les plages du Débarquement.

JUMIÈGES 76480

25 km O de Rouen ***Carte Normandie B1***

€€ **14,30 €** **115 emplacements**

Camping du Lac – base de loisirs de Jumièges : *4, route du Manoir, Le Mesnil-sous-Jumièges. ☎ 02-32-13-30-05. • contact@campinglacjumieges.fr • campinglac jumieges.fr • Ouv début avr-oct.*
Le camping se situe légèrement à l'écart de la base de loisirs, qui offre 42 ha de plan d'eau pour la baignade et 30 ha aménagés en espaces sportifs, de détente et de loisirs. Simple, en partie ombragé, il n'est pas désagréable, mais aux beaux jours, la base (gratuite) et

NORMANDIE

les activités du *Planet' Aventure* (payantes) drainent les foules, ce qui ne favorise pas franchement le calme. Plus paisible en mi-saison. Locatifs *(299-629 €/sem).* Internet. Wifi.

Cadre : campagne, forêt, lacs ou rivières, sentiers de randonnée. ***Terrain :*** herbe ; plat ; en pente.	⊕ Beaucoup d'activités à la base de loisirs. ⊖ Trop de monde en été.

€€€ **23 €** **111 emplacements**

Camping de la Forêt : *582, rue Mainberte. ☎ 02-35-37-93-43. • info@campinglaforet.com • campinglaforet.com • Ouv avr-oct.*
Sur les hauteurs de Jumièges, en lisière de forêt, un camping très bien équipé et entretenu, avec piscine couverte et pataugeoire chauffées que l'on peut couvrir ou découvrir selon le temps. Un vrai lieu de repos dans un cadre bucolique. Locatifs *(330-679 €/sem).* Internet. Wifi.

Cadre : forêt. ***Terrain :*** herbe ; plat. ***Réducs :*** en basse et moyenne saisons, 7 nuits pour le prix de 6 et - 10 % si plus de 4 jours réservés.	⊕ Le calme. ⊖ Pas d'animations.

À voir, à faire dans les environs : l'abbaye de Jumièges, les bords de Seine.

L'ÉTANG-BERTRAND 50260

6 km E de Bricquebec ; 10 km SO de Valognes — *Carte Normandie A1*

€€ **10,44 €** **25 emplacements**

Aire naturelle de camping L'Oraille : *1, route de l'Oraille. ☎ 02-33-40-30-37. 📱 06-72-90-07-05. • moteurenv@hotmail.fr • sites.google.com/site/campingloraille/ • Ouv mai-sept. CB refusées.*
Coup de cœur pour ce camping à la ferme de 25 emplacements perdu en plein bocage et tenu par une famille vraiment accueillante. Calme, dépaysement et repos assurés dans le grand champ à l'épaisse moquette émeraude. Bel ombrage sous les grands arbres. Possibilité d'acheter quelques produits de la ferme (œufs, salade...). Attention, changement de propriétaire en perspective. Internet. Wifi.

Cadre : campagne, sentiers de randonnée. ***Terrain :*** herbe ; plat.	⊕ L'accueil ; les sanitaires refaits à neuf. ⊖ Quels « moins » ? Coup de cœur, on vous dit.

À voir, à faire dans les environs : l'hôtel de Beaumont à Valognes (10 km) ; le labyrinthe de maïs d'Yvetot-Bocage (8 km).

LA HAGUE 50460

11 km NO de Cherbourg ; 21 km E de Goury — *Carte Normandie A1*

€€€ **17 €** **115 emplacements**

Camping Les Dunes : *426, route du Fort, à Urville-Nacqueville. ☎ 02-33-03-56-73. 📱 06-32-25-21-40. • campingurville@gmail.com • Ouv tte l'année.*
Tranquille, légèrement à l'écart du village, mais tout près de la plage, puisque celle-ci est de l'autre côté de la route, derrière une petite dune. C'est simple, tout plat, mais le site est agréable avec ses grands morceaux de pelouses plantés de pins et autres arbres. Mobile homes pour 4 à 8 personnes *(301-695 €/sem).* Internet. Wifi.

Cadre : sentiers de randonnée, mer. ***Terrain :*** herbe ; plat.	⊕ La tranquillité. ⊖ Attention à la route à traverser pour accéder à la plage.

NORMANDIE

À voir, à faire dans les environs : Cherbourg (la Cité de la Mer) ; le manoir du Tourp à Omonville-la-Rogue ; le planétarium Ludiver ; la presqu'île de la Hague ; la maison natale de Jean-François Millet à Gréville-Hague ; la maison de Jacques Prévert à Omonville-la-Petite ; le jardin botanique de Vauville.

LE BEC-HELLOUIN 27800

Carte Normandie B1

7 km NE de Brionne ; 15 km SO de Bourgtheroulde-Infreville

€€€ 22 € **106 emplacements**

Camping Saint-Nicolas : *15, rue Saint-Nicolas. ☎ 02-32-44-83-55. 06-84-75-70-32. • campingstnicolas@orange.fr • campingsaintnicolas.fr • Ouv de mi-mars à mi-oct.*
Relié au village par une très belle route forestière, paumé en pleine campagne, avec le chant des zoziaux en fond sonore, un très grand pré avec, çà et là, des pommiers parmi lesquels on aurait disséminé des bosquets de rosiers ; le tout traversé par une petite route goudronnée. C'est dans ce coin tranquille et bien tenu (sanitaires compris) que vous planterez votre tente. Sur place, une piscine couverte chauffée *(avr-sept)*, un snack, une petite épicerie et un tennis (vieillissant). Loin dans leur coin, des mobile homes et autres locations à l'année *(260-600 €/sem)*. Internet. Wifi.

Cadre : campagne, forêt, lacs ou rivières. ***Terrain :*** herbe ; plat.	+ Vert et tranquille. – Les commerces à 7 km.

À voir, à faire dans les environs : l'abbaye Notre-Dame du Bec ; le château du Champ-de-Bataille.

LE BOURG-DUN 76740

14 km E de Saint-Valery-en-Caux ; 19 km O de Dieppe *Carte Normandie B1*

€€€ 20 € **90 emplacements**

Les Garennes de la Mer : *12, route de Luneray. ☎ 02-35-83-10-44. • info@lesgarennes.fr • lesgarennes.fr • Ouv avr-1er dim d'oct.*
En contrebas du terrain de foot et du tennis municipal, un petit camping familial, tranquille et dans un environnement agréable. Les hébergements locatifs *(210-580 €/sem)* ont le mérite d'être à l'écart ou retirés dans le fond du site. Sanitaires impeccables. Accueil très gentil. Internet. Wifi.

Cadre : campagne, mer. ***Terrain :*** herbe.	+ La structure familiale. – Un peu tassé en haute saison.

À voir, à faire dans les environs : les superbes parcs de Varengeville-sur-Mer ; le château-musée à Dieppe.

LE BRÉVEDENT 14130

13 km NE de Lisieux ; 13 km SE de Pont-l'Évêque *Carte Normandie B1-2*

€€€€ 35 € **98 emplacements**

Castel Camping du Brévedent : *route du Pin. ☎ 02-31-64-72-88. • contact@campinglebrevedent.com • campinglebrevedent.com • Ouv de mi-mai à mi-sept.*
Au détour de toutes petites routes de campagne se cache ce magnifique site, assez atypique dans son genre. D'un côté, le manoir, son bar et l'étonnante biberonnerie (espace pour pouponner les petits). Autour, les emplacements disséminés dans le beau et vaste parc arboré, avec son lac, son petit pont, sa piscine, le potager en permaculture. Çà et là des locatifs (chalets toilés, tentes glamping, mobile homes classiques : *220-1 870 €/sem*) et quelques poules en vadrouille. Dans des dépendances de caractère, un espace vaisselle et des sanitaires particulièrement beaux (et bien

adaptés aux familles avec enfants en bas âge), le restaurant, le café, l'épicerie. Bref, un camping de charme très vert, au propre comme au figuré, idéal pour un séjour en famille. NOUVEAUTÉ.

Cadre : campagne, lacs ou rivières. ***Terrain :*** herbe ; plat.	⊕ Toutes les installations à destination des familles (sanitaires bien pensés, biberonnerie, etc.) ⊖ On cherche, on cherche...

À voir, à faire dans les environs : le pays d'Auge ; la Côte Fleurie (Honfleur, Deauville, Trouville, Cabourg) ; la basilique de Lisieux (13 km) ; le zoo de Cerza (10 km).

LE TRÉPORT 76470

40 km O d'Abbeville ; 29 km NE de Dieppe — *Carte Normandie B1*

€€€ 18 € — **246 emplacements**

Camping municipal Les Boucaniers : *rue Pierre-Mendès-France. ☎ 02-35-86-35-47. • camping@ville-le-treport.fr • camping.ville-le-treport.fr • Ouv avr-fin sept (loc tte l'année, sauf 25 déc et 1er janv).*
Grand camping joliment aménagé, bien équipé et très bien entretenu, dans un coin vert. Emplacements plats, herbeux et délimités par des haies. En plus, pour une fois, les jolis chalets *(209-561 €/sem)* se fondent très bien dans le décor et forment comme un agréable petit village sous les arbres. Wifi.

Cadre : mer, ville. ***Terrain :*** herbe ; plat.	⊕ L'environnement verdoyant. ⊖ Pas de vue sur l'eau.

À voir, à faire dans les environs : l'ancien quartier des Cordiers ; la petite ville d'Eu et ses musées ; Mers-les-Bains.

LE VEY 14570

32 km O de Falaise ; 47 km SO de Caen — *Carte Normandie A2*

€€€ 21 € — **90 emplacements**

Camping Les Rochers des Parcs : *8, route du Viaduc, La Cour. ☎ 02-31-69-70-36. • camping.normandie@gmail.com • camping-normandie-clecy.fr • Ouv avr-sept.*
Petit camping juste au bord de l'eau. Au menu des locations : chalets, mobile homes et caravanes *(440-695 €/sem)*. Dommage que l'espace dévolu aux tentes soit, lui, aussi restreint. Cela dit, le site est bien aménagé (notamment l'espace accueil-café, très sympa), on vous y reçoit avec le sourire et puis on aime beaucoup l'ambiance, très familiale. Internet.

Cadre : campagne, lacs ou rivières, sentiers de randonnée. ***Terrain :*** herbe ; plat.	⊕ Les locations louables à la nuit, même en juillet-août, selon les disponibilités. ⊖ La petite taille des emplacements

À voir, à faire dans les environs : Clécy et la Suisse normande.

LES ANDELYS 27700

41 km SE de Rouen ; 45 km NE d'Évreux — *Carte Normandie B1*

€€€€ 29 € — **300 emplacements**

Camping de l'île des Trois Rois : *1, rue Gilles-Nicolle. ☎ 02-32-54-23-79. • campingtroisrois@aol.com • camping-troisrois.com • Ouv de mi-mars à mi-nov.*
Dans une vaste prairie ombragée, admirablement située entre un grand étang d'un côté et la Seine de l'autre. Grands emplacements, certains arborés, et plusieurs offres

d'hébergements, comme ces tipis avec kitchenette, salle de bains et 2 chambres, dont une en mezzanine, ou les Coco Sweet. Quelques mobile homes profitent d'une terrasse donnant sur la Seine. Attention, pour les hébergements locatifs, on demande minimum 2 nuits, voire une semaine en été *(318-845 €/sem).* 2 piscines chauffées, jeux d'enfants avec structures gonflables. Location de vélos. Internet. Wifi.

Cadre : campagne, lacs ou rivières. ***Terrain :*** herbe.	⊕ L'environnement verdoyant au pied de Château-Gaillard. ⊖ On cherche, on cherche...

À voir, à faire dans les environs : Château-Gaillard, l'église Saint-Sauveur.

LISIEUX 14100

54 km E de Caen ; 30 km S de Deauville ***Carte Normandie B2***

€€ **12 €** **73 emplacements**

Camping de La Vallée : *9, route de La Vallée, au lieu-dit La Vallée. ☎ 02-31-62-00-40. 📱 06-62-91-62-40. • contact@camping-lisieux.fr • camping-lisieux.fr • Ouv Pâques-début oct.*

À 20 mn à pied du centre, le camping municipal type : un bloc sanitaire au centre, basique, propre. Autour, les grandes pelouses divisées par des haies et dispensant une ombre généreuse. Location également d'une poignée de mobile homes *(250-400 €/sem).*

Cadre : ville. ***Terrain :*** herbe ; plat.	⊕ Bien ombragé. ⊖ Un peu près de la route.

€€€€ **51 emplacements**

Cerza Safari Lodge : *parc zoologique de Cerza, le manoir Saint-Laurent, à Hermival-les-Vaux. ☎ 02-31-31-82-30. • info@cerzasafarilodge.com • cerzasafarilodge.com • Ouv fév-nov.*

Le magnifique zoo de Cerza propose aux familles un hébergement pour le moins original pour un séjour mémorable. Imaginez, une vingtaine de lodges équipés pour 4 à 6 personnes *(379 €/nuit),* et tout autour des animaux qui gambadent (singes, pélicans, kangourous, etc.). Certains lodges premium *(459 €/nuit pour 6 pers)* et « zoobservatoires » (rigolos petits chalets de bois ; *329 €/nuit pour 4 pers*) bénéficient de la pleine vue sur la réserve, les singes et les rhinos. On regrette juste le confort conventionnel et le manque de cachet de ces lodges. Pour le dépaysement, choisir plutôt les tentes safari *(349 €/nuit pour 5 pers)* avec vue sur les rhinocéros indiens et ours à lunettes. Internet. Wifi.

Cadre : campagne. ***Terrain :*** herbe ; rocaille.	⊕ Caresser les kangourous. ⊖ Pas de restauration sur place le soir hors saison.

À voir, à faire dans les environs : la basilique Sainte-Thérèse de Lisieux ; les jardins du château de Boutemont.

LONGUEVILLE 50290

Carte Normandie A2

7 km NE de Granville ; 27 km O de Villedieu-les-Poêles-Rouffigny

€€€€ **33 €** **90 emplacements**

O2 Camping : *lieu-dit La Bretonnière. ☎ 02-33-51-27-19. • contact@o2camping.fr • o2camping.fr • Ouv tte l'année sauf janv.*

À quelques kilomètres seulement de la mer, mais en pleine campagne, au milieu des champs, avec ici le petit carré de potager, là l'enclos que se partagent poules et biquettes. Tout est fait pour que vous vous sentiez bien, avec de grands empla-

NORMANDIE

cements pour les campeurs, et un environnement un peu plus sauvage pour les hébergements locatifs (surtout les toilés). Très pratiques aussi, les « nichoirs » pour 2 personnes, soit des cabanes en bois avec lits séparés ou double et mini-terrasse (sanitaires communs), qui se louent à la nuit *(68 €/nuit)*. En revanche, en raison du jeune âge du site, les arbres manquent encore d'étoffe pour dispenser un peu d'ombre. Heureusement, pour se rafraîchir, il y a la grande piscine couverte *(avr-oct)*. Accueil adorable. Nouvel espace bien-être. Location de mobile homes pour 4 à 6 personnes *(425-940 €/sem)*, toilés et Coco Sweet 4 personnes *(300-500 €/sem)*. Internet. Wifi.

Cadre : campagne, mer. ***Terrain :*** plat ; herbe.	⊕ Avec les animaux, le bonheur pour les enfants ; les pizzas de Stéphane le lundi en saison. ⊖ On cherche encore...

À voir, à faire dans les environs : Granville ; le Mont-Saint-Michel ; le Scriptorial à Avranches ; la fonderie de cloches Cornille-Havard à Villedieu-les-Poêles-Rouffigny.

LOUVIERS 27400

30 km S de Rouen ; 24 km N d'Évreux — *carte Normandie B2*

€€€ **18 €** — **90 emplacements**

Camping Les Escales : *240, route de La Haye-Malherbe. ☎ 02-32-25-20-38. • contact@campinglesescales.fr • campinglesescales.fr • Ouv mars-oct.*
Beaucoup d'atouts pour ce camping à taille humaine : son environnement très arboré et calme, des emplacements spacieux et bien séparés, le parti-pris écolo avec un assainissement des eaux usées grâce à une filtration par les plantes, et des hébergements insolites stratégiquement situés au fond du terrain. Des bulles dotées d'un jacuzzi positionnées pile face à la constellation de la Grande Ourse, pour des rêves grandeur nature ; également des Pods et tentes safaris installés dans le même coin *(480-624 €/sem)*. Et tout ce beau monde profite d'une piscine (chauffée juillet-août). Bon accueil. Wifi. NOUVEAUTÉ.

Cadre : campagne. ***Terrain :*** herbe ; plat.	⊕ Le site arboré ; l'assainissement écolo ; le calme ; les bulles. ⊖ Rien à redire.

À voir, à faire dans les environs : Louviers ; Pont-de-l'Arche.

LYONS-LA-FORÊT 27480

36 km E de Rouen — *Carte Normandie B1*

€€€ **23 €** — **80 emplacements**

Camping Saint-Paul : *2, route Saint-Paul. ☎ 02-32-49-42-02. 📱 06-47-98-16-75. • camping-saint-paul.llf@gmail.com • campingsaintpaul.fr • Ouv fin mars-début nov.*
Réparti sur un domaine verdoyant et fleuri de 3 ha, bordé par les bras de la Lieure, un camping idéal pour le repos ou les visites alentour. Location de mobile homes, de tentes équipées de lits et de 2 Coco Sweet *(210-660 €/sem)*. Très bien entretenu. Laverie, petite épicerie et restauration sur place. Accès à la piscine municipale chauffée couverte, au tennis et au minigolf *(payants)*. Location de vélos de mai à octobre. Bon accueil. Wifi.

Cadre : campagne, forêt, sentiers de randonnée, lacs ou rivières. ***Terrain :*** herbe ; plat.	⊕ Dans un beau paysage ; spacieux ; calme. ⊖ Les tennis, piscine et minigolf à l'extérieur du camping (payants).

À voir, à faire dans les environs : Lyons-la-Forêt ; le château de Vascœuil ; l'abbaye de Mortemer.

NORMANDIE

MARTRAGNY 14740

11 km SE de Bayeux *Carte Normandie A1*

€€€ 23,40 € **25 emplacements**

Le Manoir de l'Abbaye : *15, rue de Creully. ☎ 02-31-80-25-95. 06-52-36-69-58. • yvette.godfroy@libertysurf.fr • pascalelacour14.wixsite.com/manoirdelabbaye-14 • Ouv de mi-mars à mi-oct. CB refusées.*
Joli terrain de camping, sur le domaine d'un manoir du XVIIe s, au milieu d'arbres fruitiers, avec bloc sanitaire. Réservation préférable en été. Très bon accueil. Locatifs *(300-450 €/sem).* Internet. Wifi.

Cadre : campagne, sentiers de randonnée.
Terrain : herbe ; plat.

⊕ La cueillette de fruits gratuite.
⊖ Il faut chercher...

À voir, à faire dans les environs : l'abbaye Saint-Martin-de-Mondaye à Juaye-Mondaye (12 km) ; Bayeux, sa tapisserie et sa cathédrale (11 km).

MAUPERTUS-SUR-MER 50330

14 km E de Cherbourg *Carte Normandie A1*

€€€€ 44 € **180 emplacements**

Camping de l'anse du Brick : *18, anse du Brick. ☎ 02-33-54-33-57. • welcome@anse-du-brick.com • anse-du-brick.fr • Ouv d'avr à mi-sept.*
Un magnifique site paysagé dominant l'adorable anse du Brick qui, tout en offrant l'équipement 5 étoiles haut de gamme d'un petit village, réussit à conserver une ambiance vraiment bucolique. Les hébergements locatifs, pour 4 à 6 personnes *(469-1 743 €/sem),* du cottage au chalet en passant par la villa, sont à l'écart, eux aussi dans un bel environnement, avec une très, très belle vue sur la mer pour certains. Plusieurs forfaits camping (un avec barbecue, transats...) ; certains emplacements sont en lisière de forêt. Piscines, club enfants. Accès à la plage par une passerelle. Infrastructures récentes, entretien minutieux et gérants très aimables. Internet. Wifi.

Cadre : mer, sentiers de randonnée, campagne.
Terrain : en terrasses ; herbe.

⊕ Un camping top niveau à tous les égards ; les très beaux panoramas.
⊖ Le prix ; le signal GSM faible dans le camping.

À voir, à faire dans les environs : le phare de Gatteville (19 km) ; l'anse du Brick.

MERVILLE-FRANCEVILLE-PLAGE 14810

7 km O de Cabourg ; 20 km NE de Caen *Carte Normandie A1*

€€€€ 38 € **161 emplacements**

Camping Les Peupliers : *allée des Pins. ☎ 02-31-24-05-07. • contact@camping-peupliers.com • camping-peupliers.com • Ouv d'avr à mi-oct.*
À 400 m de la plage, un site vaste, très bien équipé et entretenu, où locatifs *(325-990 €/sem)* et emplacements de camping se partagent le territoire en bonne entente (les 2^ds^ demeurant plus nombreux que les 1ers). Grandes pelouses où les haies agréablement destructurées dessinent le terrain et délimitent les emplacements. Autour, des champs et un paysage tout plat. Espace aquatique qui ravira les enfants. Parfait pour un séjour en famille, moins si vous êtes un adepte du camping tranquille-peinard en pleine nature. Bon accueil. NOUVEAUTÉ.

Cadre : mer.
Terrain : herbe ; plat.

⊕ La qualité des infrastructures.
⊖ La plaine à perte de vue.

À voir, à faire dans les environs : les stations balnéaires de la Côte Fleurie (Cabourg, Houlgate, Deauville, Trouville) ; le pays d'Auge.

MONTMARTIN-SUR-MER 50620

Carte Normandie A2

3,5 km SE de Regnéville-sur-Mer ; 10 km SO de Coutances

€€€ **16,60 €** **95 emplacements**

Camping des Gravelets : *3, rue du Rey. ☎ 02-33-47-70-20. • gravelets@wanadoo.fr • montmartin-sur-mer.fr • Ouv avr-oct.*
Lové dans une ancienne carrière dont les parois sont couvertes d'une envahissante végétation. Ravissant, le genre amphithéâtre verdoyant, protégé et très paisible. Location d'une quinzaine de bungalows pour 5 personnes *(295-395 €/sem).* Pour les amateurs de campings nature et simples, un coup de cœur ! Internet. Wifi.

Cadre : campagne, mer. ***Terrain :*** en terrasses ; herbe ; plat.	⊕ Le cadre et le calme. ⊖ On ne voit pas...

À voir, à faire dans les environs : à Regnéville, le Musée maritime et les fours à chaux du Rey.

MORTAIN-BOCAGE 50140

43 km SO de Flers ; 50 km E du Mont-Saint-Michel *Carte Normandie A2*

€ **7 €** **16 emplacements**

Camping municipal Les Cascades : *pl. du Château. ☎ 02-33-79-30-30 (mairie). • mairie@mortain-bocage.fr • mortain-bocage.fr • Ouv Pâques-fin sept. CB refusées.*
Minuscule camping, retiré dans un coin de la ville mais à deux pas du centre, sur un petit bout de pelouse bien ombragé et calme. Au bord d'un parking, mais avec un côté déjà très nature. Idéalement placé pour rayonner dans ce paisible coin de Manche.

Cadre : campagne, forêt, sentiers de randonnée. ***Terrain :*** herbe ; plat.	⊕ Le prix. ⊖ Pas du tout gardé durant la journée.

À voir, à faire dans les environs : la collégiale Saint-Évroult ; le musée régional de la Poterie à Ger (13 km).

NEUFCHÂTEL-EN-BRAY 76270

36 km SE de Dieppe ; 44 km NE de Rouen *Carte Normandie B1*

€€ **14 €** **100 emplacements**

Camping Sainte Claire : *19, rue la Grande-Flandre. ☎ 02-35-93-03-93. • fancelot@wanadoo.fr • camping-sainteclaire.com • Ouv d'avr à mi-oct.*
À l'écart du centre-ville, mais juste au bord de l'avenue verte London-Paris, un camping bien tenu, tranquille, au cadre verdoyant agréable. Dans une maison de brique rouge, les sanitaires et, en saison, la brasserie dotée d'une jolie terrasse. Wifi.

Cadre : ville. ***Terrain :*** herbe ; plat.	⊕ La proximité de l'avenue verte. ⊖ Légèrement excentré.

À voir, à faire dans les environs : le labyrinthe végétal et le parc de sculptures Artmazia à Massy ; la ferme de Bray à Sommery ; la route des Paysages.

NOUES-DE-SIENNE 14380

13 km O de Vire ; 36 km NE d'Avranches — *Carte Normandie A2*

€€€ 18 € — 35 emplacements

L'Étape en Forêt : *route du Vieux-Château, Saint-Sever. 07-63-74-37-66. • contact@etape-en-foret.com • etape-en-foret.com • Ouv avr-oct.*
Qu'il s'agisse des emplacements de camping, éparpillés sur le site, ou des hébergements insolites, c'est avec bonheur que l'on pose ses sacs pour une jolie étape dans ce bout de forêt convivial, ingénieusement et joliment aménagé. Point de mobile homes ici, mais, çà et là, des lodges en bois, au ras du sol ou perchés sur pilotis, d'étonnants gîtes semi-enterrés, des cabanes dans les arbres... ou plutôt conçues pour les tutoyer au plus près mais sans les abîmer. Et pour tous ces hébergements *(576-802 €/sem),* des lignes élégantes, originales, en harmonie avec leur environnement. L'aménagement intérieur est simple, sans chichis, dans l'esprit cabane. Tous possèdent leur terrasse, certains disposent de bains nordiques. Pour les campeurs, bloc sanitaire commun, mais accès (payant) à l'espace bien-être (bains nordiques et sauna). Les voitures, quant à elles, restent au parking. Sur place, un resto privilégiant les produits locaux et de saison et organisant des concerts en saison, un parc accrobranche, des sentiers qui combleront VTTistes et randonneurs. Bref, vous l'aurez compris, l'endroit parfait pour s'offrir une belle parenthèse au vert, en famille ou entre amis. NOUVEAUTÉ.

Cadre : forêt, sentiers de randonnée. ***Terrain :*** plat.	⊕ Le cadre et l'esprit nature. ⊖ Quel « moins » ?

À voir, à faire dans les environs : le village et la forêt de Saint-Sever ; les gorges de la Vire.

OFFRANVILLE 76550

8 km S de Dieppe — *Carte Normandie B1*

€€€ 17 € — 100 emplacements

Camping municipal du Colombier : *453, rue Loucheur. ☎ 02-35-85-21-14. • mairie@offranville.fr • offranville.fr • Ouv d'avr à mi-oct.*
La municipalité a eu la riche idée d'ouvrir ce camping dans le superbe cadre des 8 ha du parc du Colombier. Toute une partie du site est réservée aux hébergements locatifs ou à l'année, et les emplacements destinés aux campeurs de passage sont bien à l'écart. Spacieux, abrités par de hautes haies, très verts, très calmes, ils ont tout pour plaire ! Diverses activités sont également proposées dans le parc : aire de jeux, minigolf, 3 tennis, un centre équestre, sans compter le parc floral et le musée Jacques-Émile-Blanche pour le côté culturel. Location de bungalows *(200-350 €/sem).* Wifi.

Cadre : campagne, sentiers de randonnée. ***Terrain :*** herbe ; plat.	⊕ Calme ; vert ; des tas de choses à voir et à faire sur place. ⊖ On cherche, on cherche...

À voir, à faire dans les environs : le parc du Colombier ; le château-musée de Dieppe ; Varengeville-sur-Mer et ses superbes parcs.

OMONVILLE-LA-ROGUE 50440

25 km NO de Cherbourg ; 10 km E de Goury — *Carte Normandie A1*

€ 9,54 € — 50 emplacements

Camping du Hâble : *4, route de la Hague. ☎ 02-33-52-86-15. 06-70-25-36-43. • campingomonvillelarogue@wanadoo.fr • omonvillelarogue.fr • Ouv avr-sept.*

NORMANDIE

Un camping aux emplacements de bonne taille, délimités soit par des haies touffues, soit par de simples barrières en bois. La plupart disposent de leur table de pique-nique. Peu d'ombre en revanche... mais ici, l'important, c'est d'être protégé du vent (d'où l'intérêt des haies !). C'est simple, agréable, avec un bloc sanitaire nickel et des prix très doux. Petit groupe de chalets *(288-394 €/sem)* au fond du camping, lui aussi plaisant. Wifi.

Cadre : mer, sentiers de randonnée. ***Terrain :*** herbe ; plat.	⊕ Les prix ! L'espace. ⊖ Pourquoi bouder le plaisir ?

À voir, à faire dans les environs : Cherbourg (la Cité de la Mer) ; le manoir du Tourp à Omonville-la-Rogue ; le planétarium Ludiver ; la presqu'île de la Hague ; la maison natale de Jean-François Millet à Gréville-Hague, la maison de Jacques Prévert à Omonville-la-Petite ; le jardin botanique de Vauville.

PIROU 50770

Carte Normandie A1

19 km NO de Coutances ; 31 km S de Barneville-Carteret

€€ **14,20 €** **25 emplacements**

Camping à la ferme : *1, La Morinière. ☎ 02-33-07-87-15. 06-81-64-89-79. • marie.massu@wanadoo.fr • Ouv de mi-avr à mi-sept. CB refusées.*
Camping bien éloigné de la route et à 800 m de la mer à travers champs et dunes. Terrain herbu et arboré à côté de la ferme. Sanitaires impeccables. Possibilité d'acheter lait, œufs, légumes et cidre bouché. Bon accueil. Internet. Wifi.

Cadre : campagne, forêt, mer, sentiers de randonnée. ***Terrain :*** herbe ; plat.	⊕ L'espace de 1 ha pour 25 emplacements seulement. ⊖ Dans son style, rien à redire.

€€€ **18,17 €** **250 emplacements**

Le Clos Marin : *2, rue des Bergeronnettes. ☎ 02-33-46-30-36. • le-clos-marin.pirou@orange.fr • ville-pirou.fr • Ouv avr-oct.*
À touche-touche avec la plage, un grand terrain tout simple, aux pelouses qui ondulent légèrement. Plantez bien vos sardines, car le vent souffle généreusement sur ce lieu peu abrité. Et préparez votre crème solaire (ou un parapluie bien costaud !). En effet, à l'exception d'un petit espace sous les arbres, l'ombre est très rare. Sanitaires bien tenus. Quelques mobile homes pour 4-6 personnes en location *(340-620 €/sem)*. Internet. Wifi.

Cadre : mer. ***Terrain :*** herbe.	⊕ L'accès direct à la plage. ⊖ Peu ombragé.

À voir, à faire dans les environs : le château, les plages.

PONT-L'ÉVÊQUE 14130

12 km SE de Deauville ; 18 km N de Lisieux ***Carte Normandie B1***

€€€ **19 €** **280 emplacements**

Camping du lac Terre d'Auge : *Cour Maheut, D 48. ☎ 02-31-65-47-15. • contact@terredauge-camping.fr • terredauge-camping.fr • Ouv mars-oct.*
Près du lac, un terrain vert et arboré. Bien que le cadre soit assez beau, on s'y sent un peu à l'étroit. Plage de sable à deux pas. Également des lodges 5 personnes *(370-595 €/sem)* et des tentes bivouac pour les cyclistes. Internet. Wifi.

Cadre : campagne, lacs ou rivières, sentiers de randonnée. ***Terrain :*** herbe ; plat.	⊕ L'accès direct au lac et aux activités du parc de loisirs et du centre nautique. ⊖ L'autoroute (A 13) en (lointain) arrière-plan.

À voir, à faire dans les environs : Honfleur ; Deauville ; Trouville ; le pays d'Auge.

PONTORSON 50170

9 km S du Mont-Saint-Michel ; 56 km NO de Fougères — *Carte Normandie A2*

€€€€ **29 €** — **152 emplacements**

Camping Haliotis : *chemin des Soupirs. ☎ 02-33-68-11-59. • camping@camping-haliotis.fr • camping-haliotis-mont-saint-michel.com • Ouv fin mars-sept.*
Des emplacements simples (9 € de plus pour un emplacement avec sanitaires privés !), mais un site vraiment agréable, paysager et très bien tenu. Belle qualité des infrastructures, notamment la jolie piscine chauffée et plein de choses à faire pour les enfants, sans que ce soit l'usine pour autant. Également une salle de gym extérieure et un sauna. Si les chalets sont au cœur du camping, les mobile homes sont un peu à l'écart, avec une belle terrasse en bois et un coin de pelouse bien à eux *(231-770 €/sem pour 2-8 pers ; loc possible à la nuitée).* Enfin, pour le bonheur des plus jeunes toujours, un petit espace nature avec un cheval, des biquettes, des lapins. Bref, un bel endroit pour des vacances en famille. Internet. Wifi.

Cadre : ville. ***Terrain :*** herbe ; plat. ***Réducs :*** - 10 % sur présentation de ce guide.	⊕ La qualité des équipements. ⊖ La rumeur de la route du Mont-Saint-Michel (pourtant loin du camping).

À voir, à faire dans les environs : le Mont-Saint-Michel (9 km) ; Saint-Malo (40 km) ; Granville (50 km).

PORT-EN-BESSIN 14520

9 km N de Bayeux ; 43 km NO de Caen — *Carte Normandie A1*

€€€€ **43 €** — **256 emplacements**

Camping Port'Land : *chemin du Castel. ☎ 02-31-51-07-06. • info@camping-portland.fr • camping-portland.fr • Ouv mars-début nov.*
Propre et accueillant, ce camping nage dans la verdure, avec de petits étangs (dont un avec une plage) et 2 piscines (dont une couverte). L'avantage : on peut rejoindre le port de Port-en-Bessin à pied, c'est à 600 m. Location de cottages et de mobile homes, très sympathiques pour certains *(546-1 330 €/sem).* Internet. Wifi.

Cadre : mer. ***Terrain :*** herbe ; plat.	⊕ Le cadre ; les animations pour les enfants. ⊖ Les prix en haute saison.

À voir, à faire dans les environs : la tour Vauban, la débarque, le cimetière américain ; les plages du Débarquement.

POSES 27740

15 km N de Louviers — *Carte Normandie B1*

€€€ **21 €** — **160 emplacements**

Camping de Léry-Poses : *route de Saint-Pierre. ☎ 02-32-59-11-86. 📱 06-85-65-88-26. • camping.smb@hotmail.fr • lery-poses.fr • Ouv avr-oct.*

NORMANDIE

Ce camping, au bord du lac du Mesnil, est presque séparé en 2 : d'un côté les mobile homes loués à l'année et, de l'autre, les emplacements destinés aux campeurs. Coup de chance, c'est ce second espace, sous les arbres, qui est le plus sympa. Un endroit simple, avec des blocs sanitaires de qualité et parfaitement tenus. Roulottes en location pour 4 personnes *(320-390 €/sem).* Wifi.

Cadre : campagne, lacs ou rivières. ***Terrain :*** herbe ; plat.	⊕ En bord de Seine ; le chemin de halage derrière le camping. ⊖ Pas de restauration sur place.

À voir, à faire dans les environs : la base de loisirs de Léry-Poses ; Louviers, les Andelys et le site majestueux de Château-Gaillard.

QUETTEHOU 50630

Carte Normandie A1

3 km O de Saint-Vaast-la-Hougue ; 29 km E de Cherbourg

€€€ **25 €** **140 emplacements**

Camping Le Rivage : *75, route de Sainte-Marie. ☎ 02-33-54-13-76. • camping.lerivage@wanadoo.fr • camping-lerivage.fr • Ouv avr-fin sept.*
À 400 m de la mer, un site pas très grand, tout simple, offrant de grands emplacements délimités par des haies de chaque côté. Location de cottages plutôt coquets pour 4-8 personnes *(200-820 €/sem),* avec quelques fleurs ici et là pour égayer leur petit espace vert équipé d'un barbecue. Location de vélos à proximité. Wifi.

Cadre : campagne, mer. ***Terrain :*** herbe ; plat. ***Réducs :*** - 10 % sur présentation de ce guide.	⊕ La piscine couverte chauffée. ⊖ La plage la plus proche n'est pas de sable sec.

À voir, à faire dans les environs : Saint-Vaast-la-Hougue (3 km) ; Morsalines (3 km) ; le fort de La Hougue (3 km).

RADON 61250

7 km N d'Alençon ; 16 km SO de Sées *Carte Normandie B2*

€€ **13,80 €** **40 emplacements**

Camping d'Écouves : *ferme des Noyers. ☎ 02-33-28-75-02. 📱 06-08-70-14-63. • joseph.montier@orange.fr • ecouves.net • Ouv avr-oct. CB refusées.*
Déjà, on aime le site en lui-même, aux portes de la forêt d'Écouves. Les sanitaires sont, certes, assez rustiques, mais les emplacements sont beaux, ceinturés de hautes haies pas trop sages, avec un étang à proximité. On aime encore plus les petits chalets, de confort divers (avec ou sans sanitaires) et dispersés ici et là dans la nature. Enfin, c'est carrément le coup de cœur pour la roulotte et la cabane de pêcheur sur pilotis, avec ses hublots et les pieds... dans la terre ! Pour l'un comme pour l'autre : intérieur tout en bois, confortable et bien pensé, et une terrasse *(220-360 €/sem).* Internet. Wifi.

Cadre : campagne, forêt, sentiers de randonnée. ***Terrain :*** herbe ; plat.	⊕ Au pied des sentiers de randonnée (pédestre, équestre, VTT). ⊖ La très légère rumeur de la route (même si on ne la voit pas).

À voir, à faire dans les environs : la forêt d'Écouves ; le musée des Beaux-Arts et de la Dentelle, la maison natale de sainte Thérèse de Lisieux à Alençon ; la cathédrale de Sées.

RAVENOVILLE-PLAGE 50480

24 km E de Valognes ; 23 km N de Carentan *Carte Normandie A1*

€€€€ **39 € (électricité incluse)** **256 emplacements**

Le Cormoran : *☎ 02-33-41-33-94. • contact@camping-lecormoran.fr • camping-lecormoran.fr • Ouv avr-fin sept.*
Un camping, ou plutôt un petit village, où les nombreuses locations – un peu alignées, mais dans un environnement agréable – ne partagent pas le terrain des emplacements destinés aux campeurs, situés au cœur du camping. Piscine couverte chauffée à 20 m de la mer, pataugeoire pour les plus petits. Idéal pour les vacances en famille : à deux pas de la plage (de l'autre côté de la route), et de multiples activités sur place pour les petits. Location de mobile homes, cottages et d'une roulotte *(343-1 197 €/sem pour 2-6 pers selon nombre de pers et saison ; existe aussi des formules w-e et midweek),* ainsi que de vélos. Internet. Wifi.

Cadre : mer. ***Terrain :*** herbe ; plat.	⊕ Les équipements ; la proximité de la mer ; les animations. ⊖ On cherche encore...

À voir, à faire dans les environs : les plages du Débarquement et leurs musées ; la réserve naturelle du domaine de Beauguillot.

REGNÉVILLE-SUR-MER 50590

11 km SO de Coutances ; 25 km N de Granville *Carte Normandie A2*

€€ **13,50 €** **59 emplacements**

Le Havre de Régneville : *8, rue du Port. ☎ 02-33-45-88-71. 📱 06-80-74-99-68. • camping.du.havre.de.regneville@gmail.com • campinghavreregneville.fr • Ouv avr-sept. CB refusées.*
Tout simple et joliment situé, en bordure de l'adorable baie de Sienne. Emplacements sur une pelouse, avec quelques arbres. Sanitaires corrects. Location de tentes aménagées accueillant jusqu'à 5 personnes *(300 €/sem).* Petit café proposant des gaufres artisanales. Internet. Wifi.

Cadre : mer, sentiers de randonnée, campagne. ***Terrain :*** herbe ; plat.	⊕ La vue directe sur le superbe havre de Regnéville ; le site classé Natura 2000. ⊖ Pas vraiment intime puisqu'au bord de la route principale.

À voir, à faire dans les environs : le Musée maritime de Regnéville ; les fours à chaux du Rey.

SAINT-ÉVROULT-NOTRE-DAME-DU-BOIS 61550

47 km E d'Argentan ; 63 km NE d'Alençon *Carte Normandie B2*

€ **9 €** **27 emplacements**

Base de loisirs de Saint-Évroult-Notre-Dame-du-Bois : *le bourg. 📱 06-78-33-04-94 et 06-58-06-14-60. • stbase-loisirs@orange.fr • st-evroult-nd-du-bois.fr • Ouv de mi-avr à fin oct.*
Emplacements bien ombragés en bordure de lac. Sanitaires à peu près propres. Idéal pour les familles en raison de la proximité de la base de loisirs : embarcations à pédales, petit bout de plage, jeux gonflables pour les enfants, pêche... Locatifs *(250-350 €/sem).* Internet. Wifi.

NORMANDIE

Cadre : campagne, forêt, lacs ou rivières, sentiers de randonnée. ***Terrain :*** herbe ; plat.	⊕ La base de loisirs. ⊖ Pas de baignade.

À voir, à faire dans les environs : le village de Saint-Évroult, les ruines de son abbaye ; le village de l'Aigle, avec le musée de la Comtesse de Ségur ; le musée de la Grosse Forge et la manufacture Bohin ; le musée de la Dame aux Camélias à Gacé ; les forêts environnantes.

SAINT-MARCEL 27200

9 km O de Giverny — *Carte Normandie B2*

€€ 13 € — **60 emplacements**

Camping Les Fosses Rouges : *chemin de Réanville. ☎ 02-32-51-59-86. 06-22-42-19-11. • camping@tourisme.sna27.fr • saint-marcel27.fr • Ouv mars-oct.*
Très tranquille et joliment situé, en surplomb de la vallée de la Seine (sans vue). C'est tout simple, pas bien grand, avec des sanitaires assez basiques mais propres. Des emplacements semi-ombragés un brin à l'écart des quelques caravanes installées à l'année. Pour les étourdis qui auraient oublié leur tente, 3 Pods, des sortes de tentes en bois (ou de roulottes sans roues !), chauffées, pouvant accueillir jusqu'à 3 personnes, ingénieuses et rigolotes (et pratiques par temps de cochon ; *33 €/nuit*). Location de vélos. Patron très sympa. Wifi.

Cadre : campagne. ***Terrain :*** herbe ; plat.	⊕ Le petit prix ; l'accueil ; le calme. ⊖ Les sanitaires un peu rustiques.

À voir, à faire dans les environs : Giverny ; Les Andelys ; le site majestueux de Château-Gaillard.

SAINT-MARS-D'ÉGRENNE 61350

5 km SO de Domfront ; 29 km SO de Flers — *Carte Normandie A2*

€€ 10 € — **6 emplacements**

Camping à la ferme de la Bonelière : *chez Mathieu Chopin. 06-03-57-46-73. • laboneliere@gmail.com • gitecampinglaboneliere.com • Ouv mai-oct (gîte tte l'année). CB refusées.*
Sous les poiriers et les pommiers, au cœur d'une exploitation agricole bio (anti-OGM et antinucléaire), un terrain de camping atypique avec toutes sortes de petits plus : four à pizzas, tonnelles, et même une grange aménagée en cas de pluie (ping-pong...). Une super ambiance, très familiale. Et des animaux pour couronner le tout (âne, chèvres, poules, lapins...). Également un gîte pour 6 personnes *(280 €/sem)* dans une maisonnette caractéristique du coin. Wifi.

Cadre : campagne. ***Terrain :*** herbe ; plat.	⊕ Si la traite des vaches vous dit, n'hésitez pas à vous inscrire sur la liste ! ⊖ L'équipement sommaire ; le réveil par les animaux.

À voir, à faire dans les environs : le manoir de la Saucerie (13 km) ; les forges de Varenne à Champsecret (17 km).

SAINT-MARTIN-AUX-BUNEAUX 76450

7 km S de Veulettes-sur-Mer — *Carte Normandie B1*

€€ 11,40 € — **63 emplacements**

Camping municipal Les Mouettes : *au bourg. ☎ 02-35-97-96-16. • camplesmouettes@orange.fr • saint-martin-aux-buneaux.fr • Ouv avr-sept. CB refusées.*

Un tout petit camping dans le bourg, avec des emplacements délimités par de hautes haies. Blocs sanitaires très bien tenus. Épicerie dans le village. Internet. Wifi.

Cadre : campagne, mer. ***Terrain :*** herbe ; plat.	⊕ Le bon accueil familial tout simple. ⊖ Le peu d'emplacements ; pas d'animations.

À voir, à faire dans les environs : les plages des Petites-Dalles, des Grandes-Dalles et de Saint-Pierre-en-Port ; le château de Cany-Barville ; Veules-les-Roses.

SAINT-MARTIN-DES-BESACES 14350

27 km NE de Vire ; 30 km SE Saint-Lô — *Carte Normandie A2*

€€€ 18 € — **30 emplacements**

Sous les Étoiles : *La Groudière, rue Slaugham. 06-37-87-99-53. • info@sous-les-etoiles.camp • sous-les-etoiles.camp • Ouv tte l'année.*
« *What a lovely place !* » se sont certainement dit les charmants propriétaires en découvrant ce site où, bien qu'en lisière du village et non loin de l'autoroute, on a vraiment le sentiment d'être en pleine campagne. Du vert, du vert et encore du vert sur cette ancienne ferme. Au milieu, une jolie maison de pays. Celle des propriétaires. À côté, dans les dépendances, un préau, un très beau bloc sanitaire et une salle de jeux, ainsi que, en saison, le petit café et ses tables dans la cour. Et dispatchés sur le terrain légèrement vallonné à la belle végétation, les grands emplacements herbus. Un site qui ravira les amateurs de camping au naturel. NOUVEAUTÉ.

Cadre : campagne, sentiers de randonnée. ***Terrain :*** herbe ; plat.	⊕ Le cadre verdoyant ; l'accueil. ⊖ La vague rumeur de l'autoroute qui, parfois, se mêle aux cuicuis des oiseaux.

À voir, à faire dans les environs : les gorges de la Vire ; le Souterroscipe à Caumont-l'Éventé ; le zoo de Jurques.

SAINT-PIERRE-EN-PORT 76540

13 km NE de Fécamp — *Carte Normandie B1*

€€€€ 33 € — **109 emplacements**

Camping Les Falaises : *130, rue du Camping. ☎ 02-35-29-51-58. • lesfalaises@huttopia.com • europe.huttopia.com/les.falaises.normandie • Ouv avr-oct.*
Camping parfaitement au calme, à deux pas des falaises et avec vue sur la mer. Rénovation en 2020 des blocs sanitaires, du bâtiment principal, de l'aire de jeux, des piscines, plus de nouveaux locatifs. Grandes pelouses délimitées par des arbustes. Wifi.

Cadre : mer, sentiers de randonnée. ***Terrain :*** herbe. ***Réducs :*** - 20 % à partir de 7 nuits hors saison sur présentation de ce guide.	⊕ Gratuit pour les chiens ! Pains de glace gracieusement mis à disposition ; pain et viennoiseries sur réservation le matin. ⊖ Pas de restauration sur place.

À voir, à faire dans les environs : l'abbatiale de la Sainte-Trinité ; le palais, le musée et la distillerie Bénédictine à Fécamp.

SAINT-SAUVEUR-LE-VICOMTE 50390

19 km E de Barneville-Carteret ; 36 km S de Cherbourg — *Carte Normandie A1*

€€ 10,50 € — **57 emplacements**

Camping municipal du Vieux Château : *av. Division-Leclerc. ☎ 02-33-41-79-06. • basedeloisirs@sslv.fr • Ouv juil-août. CB refusées.*

Petit camping tout simple, tout tranquille, tout propre (sanitaires nickel) et bien tenu, blotti au pied de la butte du château, en plein centre-ville donc, dans un joli cadre de verdure.

Cadre : campagne, forêt, lacs ou rivières, sentiers de randonnée. ***Terrain :*** herbe ; plat.	⊕ Le prix. ⊖ On entend un peu la route, mais vraiment rien de grave.

À voir, à faire dans les environs : le château de Crosville-sur-Douve (5 km) ; les plages du Débarquement ; la ferme musicale à Angoville-sur-Ay.

SAINT-SYLVESTRE-DE-CORMEILLES 27260

3,5 km E de Cormeilles ; 16 km SO de Pont-Audemer — *Carte Normandie B1*

€€€ **18,20 €** — **50 emplacements**

Camping Les Pommiers Pays d'Auge : *157, route de Lieurey. ☎ 02-32-42-29-69. 📱 06-15-88-27-54. • desbois.eric@sfr.fr • campinglespommiers.com • Ouv avr-oct.*
Sympathique camping de 2,5 ha, bien ombragé, sous les pommiers et au calme. Location de mobile homes 4 personnes et de chalets pour 2 à 5 personnes *(260-600 €/sem).* Hébergements insolites en bois (cabanes, tipi) louables à la nuit. Piscine couverte et chauffée *(mai-sept),* jeux enfants avec structures gonflables et trampoline, mini-ferme, snack, et une salle pour manger abrité. Pêche à proximité. Internet. Wifi.

Cadre : campagne. ***Terrain :*** herbe ; plat.	⊕ Très bien pour les familles. ⊖ Pas d'animation ; à 3,5 km du premier bourg.

À voir, à faire dans les environs : Cormeilles et la distillerie Busnel.

SAINTE-HONORINE-DES-PERTES 14520

12 km NO de Bayeux ; 15 km O d'Arromanches — *Carte Normandie A1*

€€€ **17,20 €** — **65 emplacements**

L'Hypo'camp : *60, route d'Omaha-Beach. ☎ 02-31-21-77-24. • lhypocamp@orange.fr • lhypocamp.com • Ouv d'avr à mi-oct.*
Petit camping familial, très bien tenu, calme et verdoyant, avec des emplacements de bonne taille et bien ombragé. Location également de Coco Sweet et mobile homes *(200-650 €/sem).* Et pour parfaire le tout, un bel accueil. Wifi.

Cadre : mer, campagne, sentiers de randonnée. ***Terrain :*** herbe ; plat.	⊕ Un site calme entre mer et campagne. ⊖ Simple mais suffisant.

À voir, à faire dans les environs : les plages du Débarquement.

SAINTE-MÈRE-ÉGLISE 50480

14 km N de Carentan ; 38 km SE de Cherbourg — *Carte Normandie A1*

€€€ **17 €** — **69 emplacements**

Camping de Sainte-Mère-Église : *6, rue 505e-Airborne. ☎ 02-33-41-35-22. • smecamping@gmail.com • camping-sainte-mere.fr • Ouv fin mars-fin oct.*
Un petit camping aux emplacements bien plats, dont on embrasse l'ensemble d'un seul coup d'œil ; calme, confortable, agréable, tout simple et bien tenu. De l'herbe moelleuse à fouler et l'ombre des pommiers pour se reposer. Bel accueil. Mobile homes pour 4-6 personnes *(250-590 €/sem).* Brasserie artisanale sur le camping. Internet. Wifi.

Cadre : ville. ***Terrain :*** herbe ; plat.	⊕ L'ambiance familiale ⊖ Pas de restauration sur place.

À voir, à faire dans les environs : le musée Airborne, la ferme-musée du Cotentin.

SARTILLY 50350

14 km SE de Granville ; 10 km NO d'Avranches *Carte Normandie A2*

€€€€ **24 emplacements**

La Ferme de la Moricière : *☎ 01-76-43-00-61. • info@unlitaupre.fr • unlitaupre.fr/destination/la-ferme-de-la-moriciere • Ouv de mi-avr à fin sept. CB refusées.*
Le concept de *Un Lit au Pré,* c'est une tente confortablement aménagée pour 6 personnes *(1 200 €/sem ou 199-250 €/w-e),* avec couettes, poêle à bois, cuisine équipée... et des sanitaires communs à l'écart. Ici, la tente est plantée dans le pré d'une ferme laitière superbement située, en surplomb de la baie. La vue de là-haut est absolument fantastique, surtout au coucher du soleil. Et pour mieux en profiter, l'idéal est de bénéficier de l'une des 4 tentes face à la baie et au Mont-Saint-Michel. Accueil adorable de madame, également guide dans la baie. Vente de produits régionaux sur place à l'épicerie.

Cadre : campagne, mer. ***Terrain :*** herbe.	⊕ La vue exceptionnelle sur le Mont ; les vaches qui paissent devant la tente. ⊖ Les tarifs !

À voir, à faire dans les environs : la baie du Mont-Saint-Michel ; les îles Chausey ; les falaises de Champeaux ; le Scriptorial d'Avranches.

SÉES 61500

24 km N d'Alençon ; 23 km SE d'Argentan *Carte Normandie B2*

€€ **10,50 €** **45 emplacements**

Camping Le Clos Normand : *rue du 8-Mai-1945. ☎ 02-33-28-87-37. • camping@sees.fr • camping-sees.fr • Ouv 15 avr-30 sept.*
Emplacements bien tenus (ombragés pour certains), sur un terrain fleuri agréable, bien qu'un peu près de la route. Simple et sans prétention. Location de mobile homes pour 2 à 4 personnes *(105-247 €/sem).* Internet. Wifi.

Cadre : forêt, sentiers de randonnée, ville. ***Terrain :*** herbe ; plat.	⊕ Le centre-ville accessible à pied ; pas cher. ⊖ Un peu près de la route ; pas de piscine.

À voir, à faire dans les environs : la cathédrale, le musée départemental d'Art religieux.

TOUTAINVILLE 27500

1,5 km NO de Pont-Audemer ; 33 km E de Deauville *Carte Normandie B1*

€€€ **21 €** **71 emplacements**

Risle & Seine : *19, route des Étangs. ☎ 02-32-42-46-65. 📱 06-70-02-60-77. • infos@camping-risle-seine.com • camping-risle-seine.com • Ouv avr-oct.*
Dans le parc naturel régional des Boucles de la Seine normande, agréable camping labellisé Clef Verte, pas trop grand et bien équipé, juste à côté de la Risle et du chemin de halage. Emplacements séparés par une petite haie. Mention spéciale pour les cottages tout en bois et sur pilotis plantés dans un bel environnement à proximité des lacs *(235-735 €/sem).* Piscine couverte chauffée *(mai-sept)* et club nautique à côté (canoë pour descendre la Risle ou visiter Pont-Audemer, voile, etc.), pêche, golf. Wifi.

NORMANDIE

Cadre : campagne, lacs ou rivières. ***Terrain :*** herbe ; plat. ***Réducs :*** une bouteille de cidre offerte à l'arrivée et - 10 % sur présentation de ce guide.	⊕ Les cottages sur pilotis ; l'accueil. ⊖ La rumeur de l'autoroute proche (selon le sens du vent).

À voir, à faire dans les environs : le musée Alfred-Canel à Pont-Audemer ; le marais Vernier.

VAUVILLE 14800

8 km SO de Deauville ; 8 km SE de Villers-sur-Mer ***Carte Normandie B1***

€€€€ **26 €** **164 emplacements**

Camping L'Orée de Deauville : *lieu-dit Le Lieu-Roti. ☎ 02-31-87-96-22. • contact@camping-normandie-loreededeauville.com • camping-normandie-loreededeauville.com • Ouv avr-oct.*
Situé dans un joli coin de nature, à 4 km à peine de Deauville. Si les mobile homes *(270-690 €/sem)* sont un peu trop les uns sur les autres à notre goût, l'espace central, réservé aux campeurs, se révèle plutôt agréable avec ses grands carrés de pelouse délimités par de hautes haies. L'ensemble se révèle plutôt simple, pas nécessairement de 1re jeunesse, mais on apprécie le cadre verdoyant, l'ambiance plutôt familiale, tranquille, les prix raisonnables... soit une denrée rare dans ce coin de Normandie ! NOUVEAUTÉ.

Cadre : campagne. ***Terrain :*** herbe ; plat.	⊕ Un rapport qualité-prix optimal. ⊖ Les mobile homes un peu tassés.

À voir, à faire dans les environs : les stations balnéaires de la Côte Fleurie ; le pays d'Auge.

VAUVILLE 50440

22 km O de Cherbourg ; 36 km N de Barneville-Carteret ***Carte Normandie A1***

€ **8,80 €** **57 emplacements**

Camping de la Devise : *☎ 02-33-52-64-69 ou 09-67-19-87-29 (mairie). • mairie.vauville@wanadoo.fr • lahague-tourisme.com • Ouv de mi-juin à mi-sept. CB refusées.*
Dans une cuvette, au milieu de nulle part, ce petit camping d'une bonne cinquantaine d'emplacements, entouré de sa maigre haie, se protège comme il peut du vent marin. Spartiate avec sa pelouse sans ombre, il a néanmoins des sanitaires tout à fait corrects, et même une laverie et un fil à linge ! Le cadre : d'un côté, juste derrière la haie, une magnifique plage non surveillée et, de l'autre, des collines de verdure où paissent les vaches, au milieu desquelles apparaît le toit du château de Vauville (et les rabat-joie ne sont pas non plus obligés de scruter l'horizon pour distinguer, sur leur droite, l'usine de retraitement de La Hague et, de l'autre, la centrale nucléaire de Flamanville).

Cadre : mer. ***Terrain :*** herbe ; plat.	⊕ Au bord de la plage. ⊖ Le vent !

À voir, à faire dans les environs : le jardin botanique du château de Vauville ; le cap de la Hague.

VEULES-LES-ROSES 76980

8 km E de Saint-Valery-en-Caux ; 27 km O de Dieppe ***Carte Normandie B1***

€€€ **24 €** **152 emplacements**

Camping Les Mouettes : *av. Jean-Moulin. ☎ 02-35-97-61-98. • contact@camping-lesmouettes-normandie.com • camping-lesmouettes-normandie.com • Ouv de début avr à mi-oct.*

Un vaste camping très bien tenu et bien équipé (piscine couverte et chauffée, espace bien-être, et tout et tout), avec des emplacements semi-ombragés et délimités par des haies. Bon accueil. Locatifs *(295-890 €/sem).* Wifi.

Cadre : campagne, mer, sentiers de randonnée. ***Terrain :*** herbe ; plat.	⊕ L'accès en 5 mn à la plage par un sentier. ⊖ Les prix en haute saison ; les chiens non acceptés en locatifs.

À voir, à faire dans les environs : le ravissant village, la plage.

VEULETTES-SUR-MER 76450

25 km NE de Fécamp ; 10 km O de Saint-Valery-en-Caux ***Carte Normandie B1***

€€€ **15,60 €** **115 emplacements**

Camping municipal de Veulettes : *8, rue de Greenock. ☎ 02-35-97-53-44. • campingmunicipal-veulettes-sur-mer@orange.fr • ville-veulettes-sur-mer.fr • Ouv d'avr à mi-oct.*
Situé dans le creux de la vallée et dominé par de jolies maisons, un camping simple et classique, plutôt bien équipé pour le prix. Wifi.

Cadre : campagne, mer, sentiers de randonnée. ***Terrain :*** herbe ; plat.	⊕ La mer et les commerces à 200 m. ⊖ Le peu d'ombrage.

À voir, à faire dans les environs : la Côte d'Albâtre ; Veules-les-Roses.

VILLEDIEU-LES-POÊLES-ROUFIGNY 50800

22 km NE Avranches ; 30 km E Granville ***Carte Normandie A2***

€€€ **24,90 €** **82 emplacements**

Camping Les Chevaliers : *2, impasse du Pré-de-la-Ros. ☎ 02-33-59-49-04. 06-74-95-42-53. • campingleschevaliersdemalte@gmail.com • camping-deschevaliers.com • Ouv d'avr à mi-oct.*
À deux pas du centre-ville, au calme, entre un quartier résidentiel et la rivière. Le site est simple mais agréablement aménagé, avec des emplacements de bonne taille et de beaux arbres à l'ombre généreuse. Bungalows et mobile homes, impeccables mais un peu trop tassés dans un coin un brin terne. Bien tenu, bien équipé, il y a même une piscine ! Mobile homes de 2 à 6 personnes *(343-784 €/sem).* Internet. Wifi.

Cadre : ville, lacs ou rivières. ***Terrain :*** herbe ; plat.	⊕ La proximité de la ville. ⊖ Un peu trop dense en locatifs.

À voir, à faire dans les environs : la fonderie de cloches Cornille-Havard ; le zoo de Champrepus ; le Scriptorial à Avranches ; Granville ; le Mont-Saint-Michel.

VILLERS-SUR-MER 14640

7 km NE de Houlgate ; 7 km SO de Deauville ***Carte Normandie B1***

€€€€ **26 €** **257 emplacements**

Camping Le Bellevue : *route de Dives. ☎ 02-31-87-05-21. • camping-bellevue@wanadoo.fr • camping-bellevue.com • Ouv avr-sept.*
Camping propre et bien équipé. Le terrain, un peu vallonné, légèrement envahi par les mobile homes *(280-860 €/sem),* baigne dans la verdure et laisse à chaque emplacement son espace vital et privé. Piscine couverte et chauffée. Internet. Wifi.

NORMANDIE

Cadre : mer, campagne. ***Terrain :*** en pente ; herbe ; plat.	⊕ L'ambiance sympa. ⊖ Les mobile homes, fort nombreux.

À voir, à faire dans les environs : les falaises des Vaches-Noires ; les cités balnéaires de la Côte Fleurie ; le pays d'Auge.

YPORT 76111

6,5 km SO de Fécamp ; 11 km NE d'Étretat — *Carte Normandie B1*

€€€ 19,50 € — 90 emplacements

Camping Le Rivage : *rue André-Toutain (sur la D 211). ☎ 02-35-27-33-78. 06-17-97-05-64. • contact@camping-lerivage.com • camping-lerivage.com • Ouv mars-fin oct.* Waouh, quelle vue et quel site ! De votre emplacement, votre regard embrasse (au propre comme au figuré tellement c'est beau !) la falaise, la mer, Yport et le toit de ses maisons, ainsi que Fécamp au loin. Le tout dans un espace en terrasses verdoyant et parfaitement tenu, à la fois sauvage et très bien domestiqué. Pour couronner le tout, un chemin permet de rejoindre la plage en 5 mn (plus dur à la remontée) et le GR 21 rejoint Étretat en 2h30 ou Fécamp en 1h30. Sanitaires rénovés. Mobile homes à louer *(315-655 €/sem).* Wifi.

Cadre : campagne, mer, sentiers de randonnée, ville. ***Terrain :*** en terrasses ; herbe.	⊕ La qualité du site, le cadre et la vue ! ⊖ Pas d'animations pour les enfants.

€€€ 19 € — 100 emplacements

Flower Camping La Chênaie : *rue Henry-Simon. ☎ 02-35-27-33-56. • camping.yport@flowercampings.com • camping-normandie-yport.com • Ouv fin mars-fin sept.* Camping très bien équipé et très bien tenu, où les campeurs s'installent sur les grandes pelouses, alors que les jolis chalets sont dispersés sous les arbres, sur une petite hauteur. Ambiance familiale, d'autant plus que les enfants ont de quoi s'amuser entre l'agréable aire de jeu et la belle piscine couverte chauffée. Location de mobile homes, chalets, et de sympathiques tentes « en dur » *(280-825 €/sem, possibilité à la nuitée à partir de 2 nuits hors saison)* quasiment aussi bien équipées que des mobile homes, mais un peu plus nature. Face au camping, jolie maison blanche du XIXe s d'influence mauresque, où Maupassant venait écrire. Internet. Wifi.

Cadre : forêt, mer. ***Terrain :*** en pente ; herbe ; plat.	⊕ La piscine. ⊖ Pas de restauration.

€€€ 19 € — 25 emplacements

La Pâture : *rue André-Toutain. ☎ 02-27-30-68-03. 06-80-13-09-18. • lapature.yport@orange.fr • lapature.fr • Ouv avr-fin sept. CB refusées.* En pleine nature, dans un bel environnement au sommet de la falaise, au calme. Terrain simple, plat, avec quelques parties plus pentues. Sanitaires corrects. Douches payantes. Service de boulanger sur place le matin. Wifi.

Cadre : mer. ***Terrain :*** herbe.	⊕ Le calme ; le vert ; à 500 m de la plage ; idéal pour la randonnée, le vélo ; les commerces à 5 mn à pied. ⊖ Les caravanes à double essieu refusées.

À voir, à faire dans les environs : la Côte d'Albâtre ; l'abbatiale de la Sainte-Trinité, le palais, le musée et la distillerie Bénédictine à Fécamp.

NORMANDIE

Nouvelle-Aquitaine

Pictos utilisés dans ce guide

€	Économique
€€	Bon marché
€€€	Prix moyens
€€€€	Plus chic
	Tente
	Caravane
	Hébergement locatif
	Camping-car
	Caravaneige
	Piscine extérieure
	Piscine couverte
	Accès handicapé
	Hébergement insolite ou original

AINHOA — 64250

12 km SO de Cambo-les-Bains ; 30 km S de Bayonne — *Carte Aquitaine Sud A2*

€€€ **18 €** — **30 emplacements**

Camping Xokoan : *Dancharia. ☎ 05-59-29-90-26. • echartenea@orange.fr • Ouv tte l'année.*
Quelques emplacements ombragés, au bord du torrent Lapitxuri. Location de mobile homes *(430 €/sem).* Dans un coin plutôt tranquille et sanitaires propres. Dans la bâtisse attenante, modeste petit hôtel *(chambres avec petit déj et douche/w-c 65 €),* bar et petite épicerie. Internet.

Cadre : campagne, forêt, lacs ou rivières, montagne, sentiers de randonnée.
Terrain : herbe ; plat.

⊕ L'accès direct à la rivière.
⊖ Simple, petite structure, mais très bien quand on vient pour randonner dans le coin.

À voir, à faire dans les environs : le village classé ; la vallée de la Nive.

AIRE-SUR-L'ADOUR — 40800

50 km N de Pau — *Carte Aquitaine Sud B1*

€€€ **17 €** — **100 emplacements**

Camping Les Ombrages de l'Adour : *rue des Graviers. ☎ 07-72-13-64-84. • contact@camping-adour.com • camping-adour.com • Ouv mars-nov. CB refusées.*
Calme, ombragé et sur les bords de l'Adour (logique vu son nom !), non loin du centre-ville. Pêche. Location de bungalows toilés, de mobile homes *(175-460 €/sem),* cabane de trappeur, diligence... Et une bulle avec vue sur les étoiles et jacuzzi sur la terrasse ! Internet. Wifi.

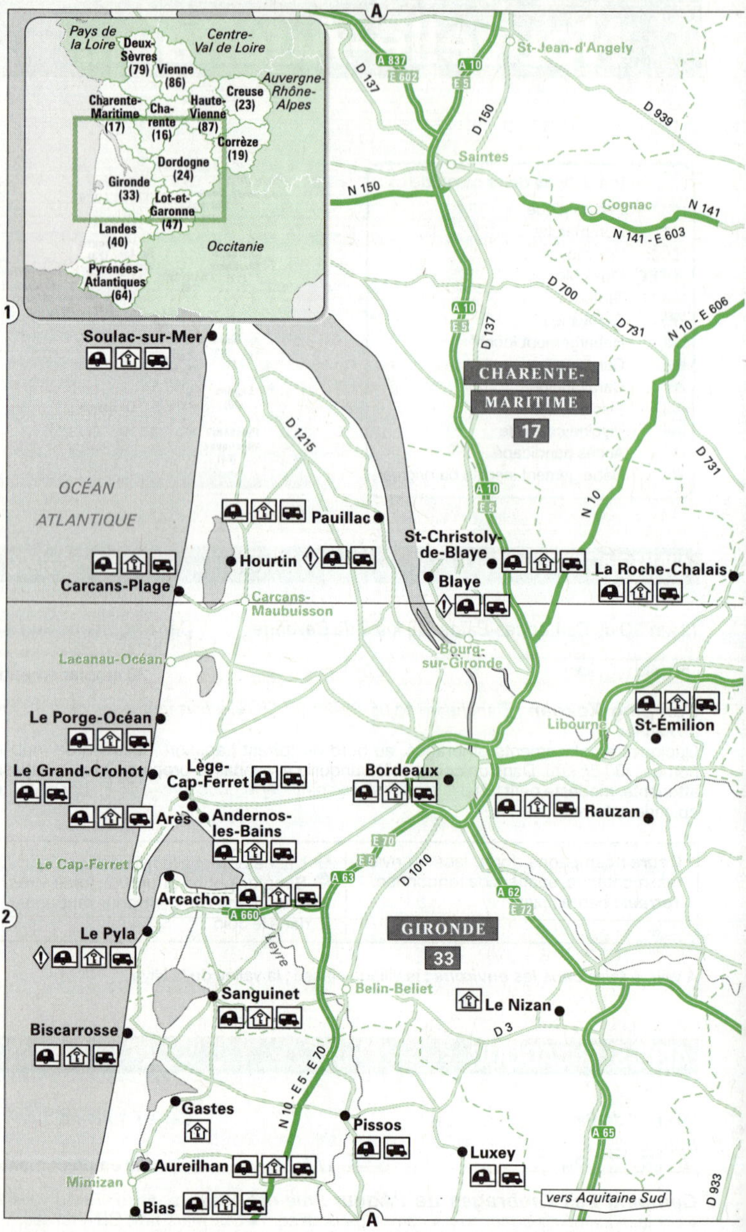

Pays de la Loire
Deux-Sèvres (79)
Centre-Val de Loire
Vienne (86)
Auvergne-Rhône-Alpes
Charente-Maritime (17)
Cha-rente (16)
Haute-Vienne (87)
Creuse (23)
Corrèze (19)
Dordogne (24)
Gironde (33)
Lot-et-Garonne (47)
Landes (40)
Occitanie
Pyrénées-Atlantiques (64)
A
A 837
E 602
A 10
E 5
D 137
D 150
St-Jean-d'Angely
D 939
Saintes
N 150
Cognac
N 141
N 141 - E 603
D 700
D 731
N 10 - E 606
CHARENTE-MARITIME
17
D 1215
OCÉAN ATLANTIQUE
Soulac-sur-Mer
Pauillac
N 10
St-Christoly-de-Blaye
Hourtin
Carcans-Plage
Carcans-Maubuisson
Blaye
La Roche-Chalais
Bourg-sur-Gironde
Lacanau-Océan
Le Porge-Océan
Libourne
St-Émilion
Le Grand-Crohot
Lège-Cap-Ferret
Bordeaux
Arès
Andernos-les-Bains
Rauzan
E 70
Le Cap-Ferret
A 63
D 1010
A 62
E 72
Arcachon
A 660
Leyre
GIRONDE
33
Le Pyla
Sanguinet
Belin-Beliet
Le Nizan
D 3
Biscarrosse
N 10 - E 5 - E 70
Gastes
Pissos
A 65
Luxey
Aureilhan
Mimizan
vers Aquitaine Sud
D 933
Bias

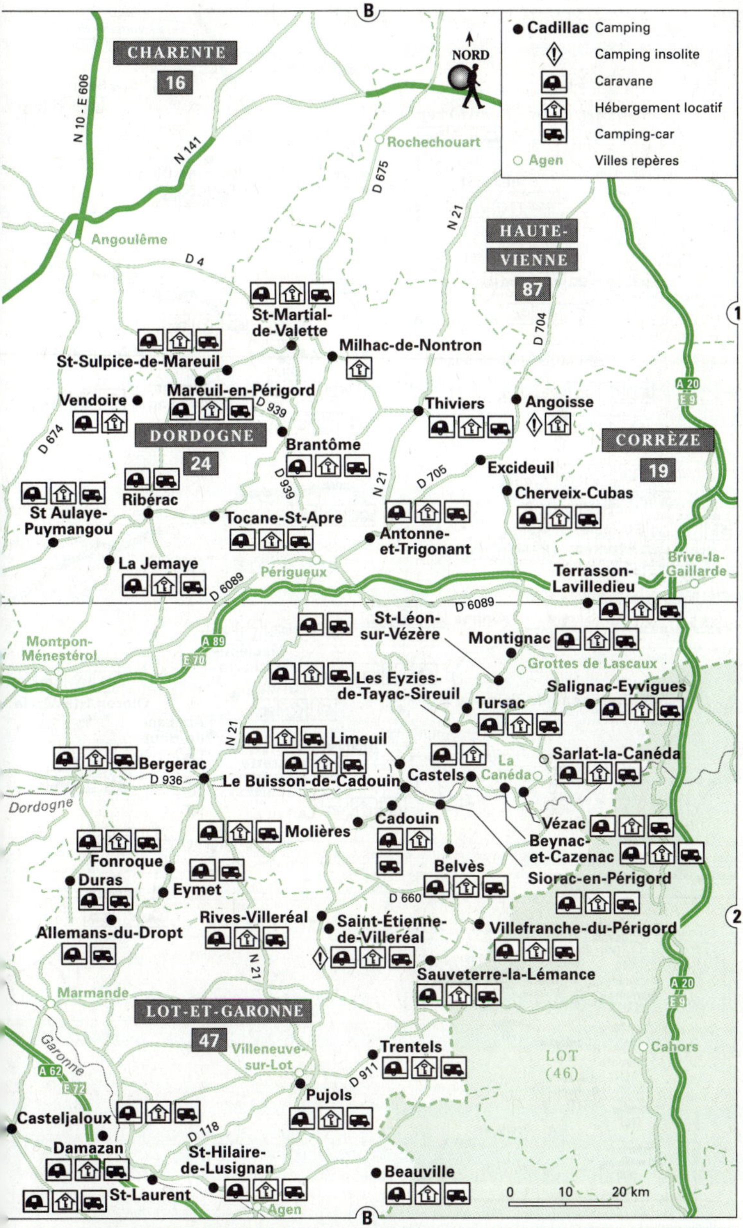

NOUVELLE-AQUITAINE – Aquitaine Nord

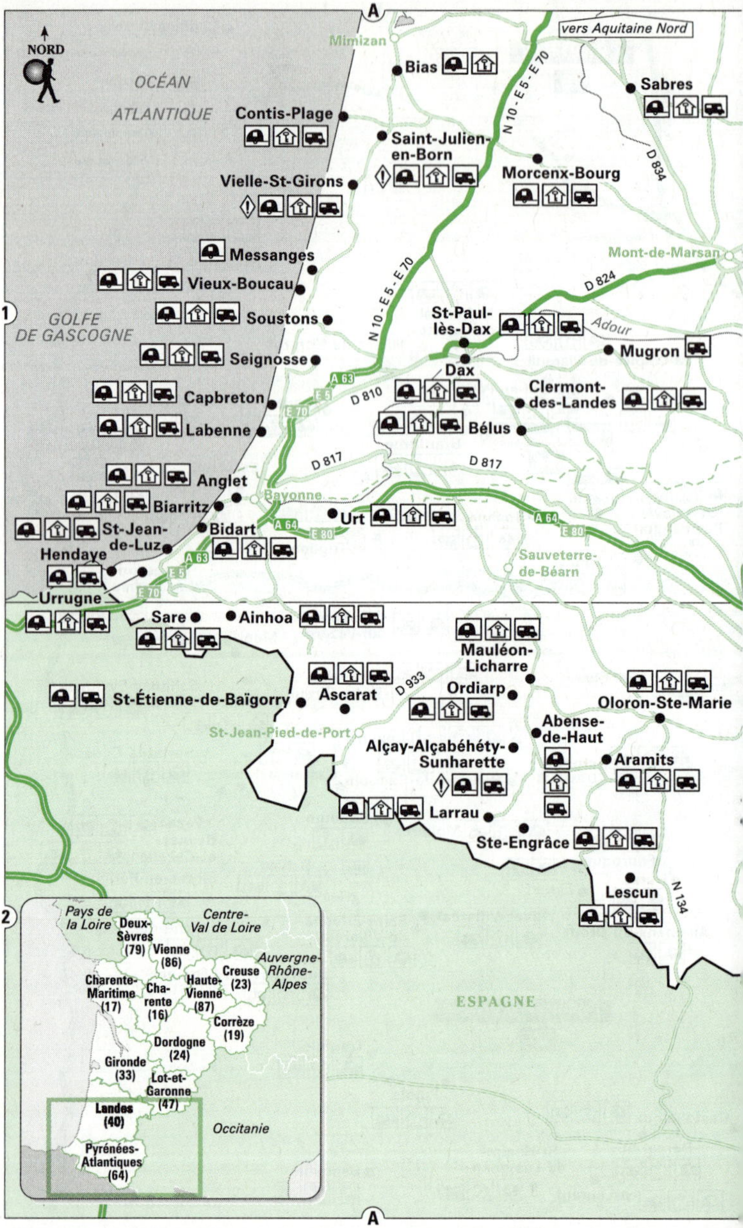
NORD
OCÉAN ATLANTIQUE
GOLFE DE GASCOGNE
vers Aquitaine Nord
Mimizan
Bias
Sabres
Contis-Plage
Saint-Julien-en-Born
Morcenx-Bourg
Vielle-St-Girons
Messanges
Vieux-Boucau
Soustons
Seignosse
Capbreton
Labenne
Mont-de-Marsan
St-Paul-lès-Dax
Dax
Adour
Mugron
Clermont-des-Landes
Bélus
Anglet
Bayonne
Biarritz
Bidart
St-Jean-de-Luz
Hendaye
Urrugne
Urt
Sauveterre-de-Béarn
Sare
Ainhoa
Mauléon-Licharre
Ordiarp
Ascarat
St-Étienne-de-Baïgorry
St-Jean-Pied-de-Port
Oloron-Ste-Marie
Abense-de-Haut
Alçay-Alçabéhéty-Sunharette
Aramits
Larrau
Ste-Engrâce
Lescun
ESPAGNE
N 10 - E 5 - E 70
D 834
D 824
A 63
E 5
E 70
D 810
D 817
A 64
E 80
D 933
N 134
Pays de la Loire
Centre-Val de Loire
Deux-Sèvres (79)
Vienne (86)
Charente-Maritime (17)
Charente (16)
Haute-Vienne (87)
Creuse (23)
Auvergne-Rhône-Alpes
Corrèze (19)
Dordogne (24)
Gironde (33)
Lot-et-Garonne (47)
Landes (40)
Pyrénées-Atlantiques (64)
Occitanie

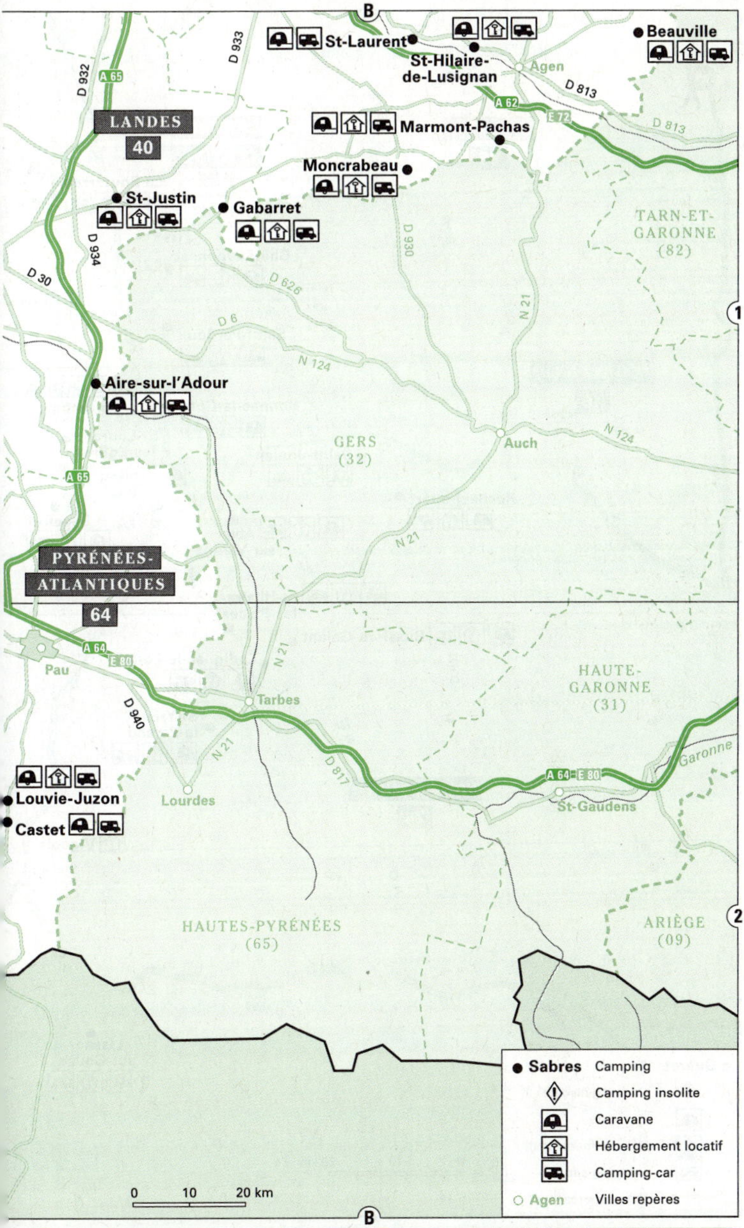

NOUVELLE-AQUITAINE – Aquitaine Sud

NOUVELLE-AQUITAINE

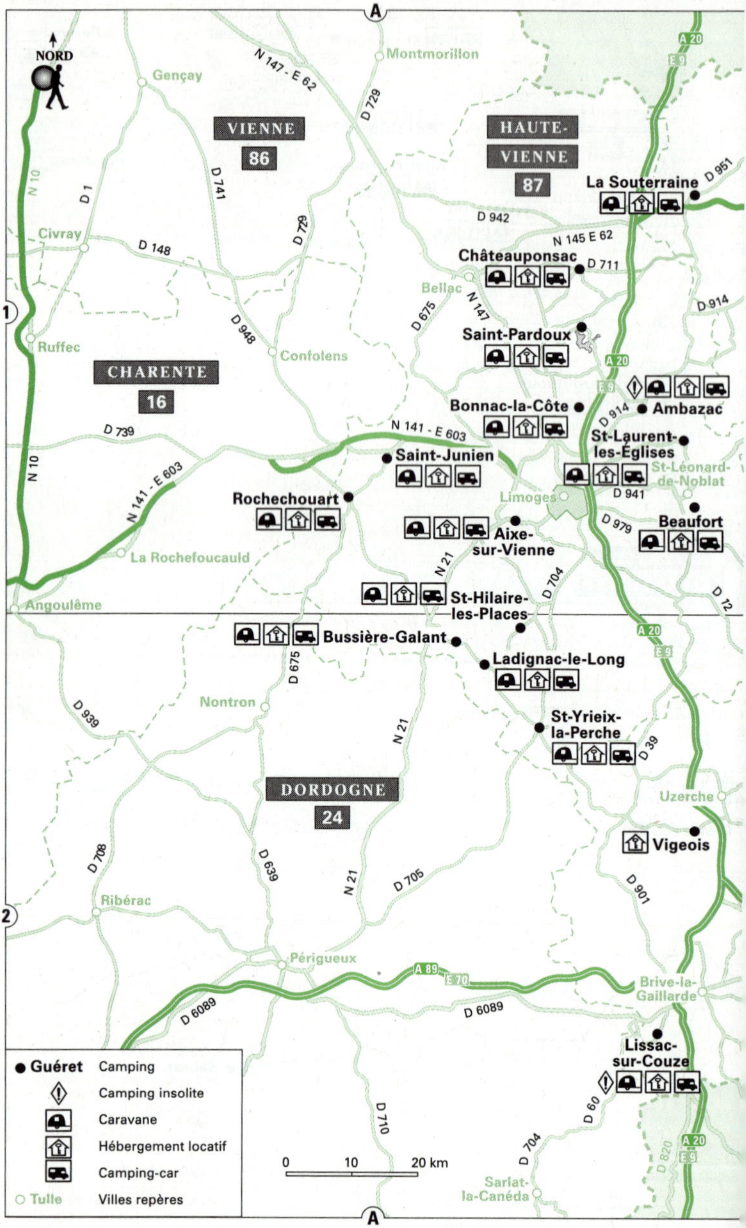
NORD
A
Montmorillon
Gençay
N 147 - E 62
D 729
VIENNE
86
HAUTE-VIENNE
87
N 10
D 1
D 741
D 951
La Souterraine
D 942
Civray
D 148
D 729
N 145 E 62
Châteauponsac
D 711
Bellac
N 147
D 675
D 914
1
Ruffec
D 948
Saint-Pardoux
Confolens
A 20
CHARENTE
16
E 9
Ambazac
Bonnac-la-Côte
D 914
D 739
N 141 - E 603
St-Laurent-les-Églises
Saint-Junien
N 10
St-Léonard-de-Noblat
N 141 - E 603
Rochechouart
Limoges
D 941
Beaufort
D 979
Aixe-sur-Vienne
La Rochefoucauld
N 21
D 704
D 12
St-Hilaire-les-Places
Angoulême
A 20
Bussière-Galant
E 9
D 675
Ladignac-le-Long
Nontron
D 939
St-Yrieix-la-Perche
N 21
D 39
DORDOGNE
24
Uzerche
Vigeois
D 708
D 639
N 21
D 705
D 901
2
Ribérac
Périgueux
A 89
E 70
Brive-la-Gaillarde
D 6089
D 6089
Lissac-sur-Couze
Guéret Camping
Camping insolite
Caravane
Hébergement locatif
Camping-car
Tulle Villes repères
D 710
D 60
0 10 20 km
D 704
A 20
E 9
D 820
Sarlat-la-Canéda
A

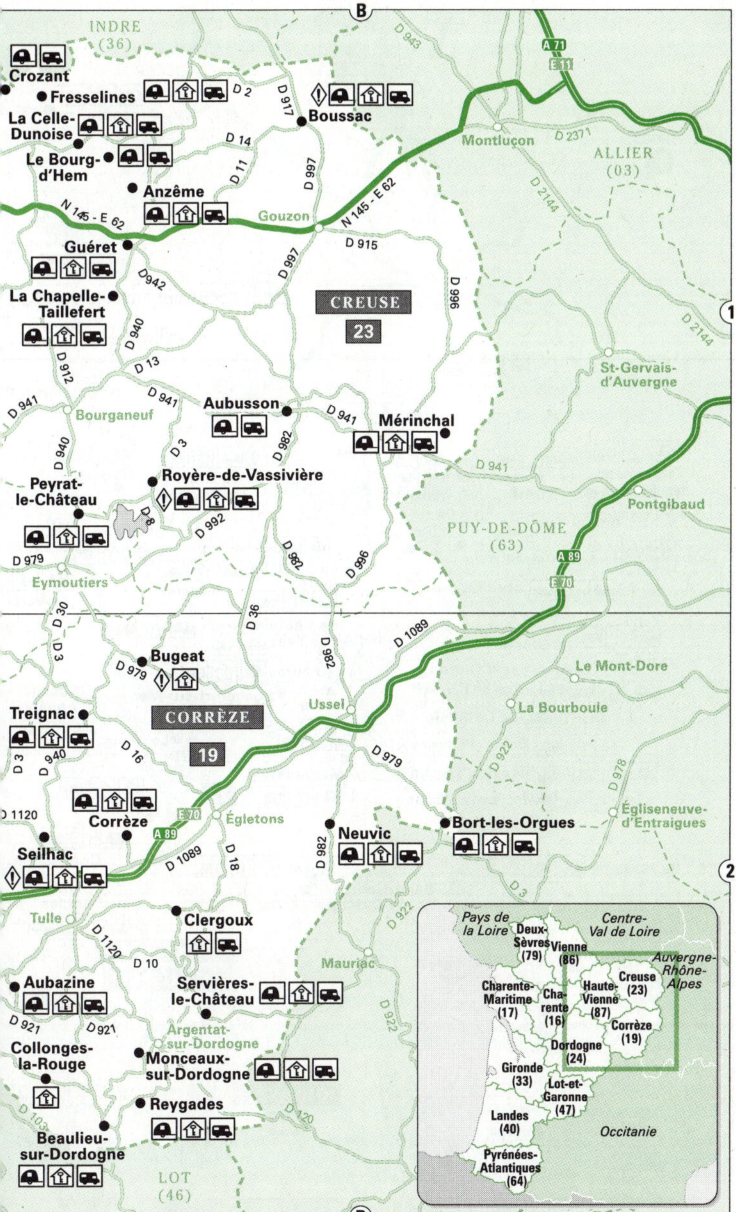

NOUVELLE-AQUITAINE – Limousin

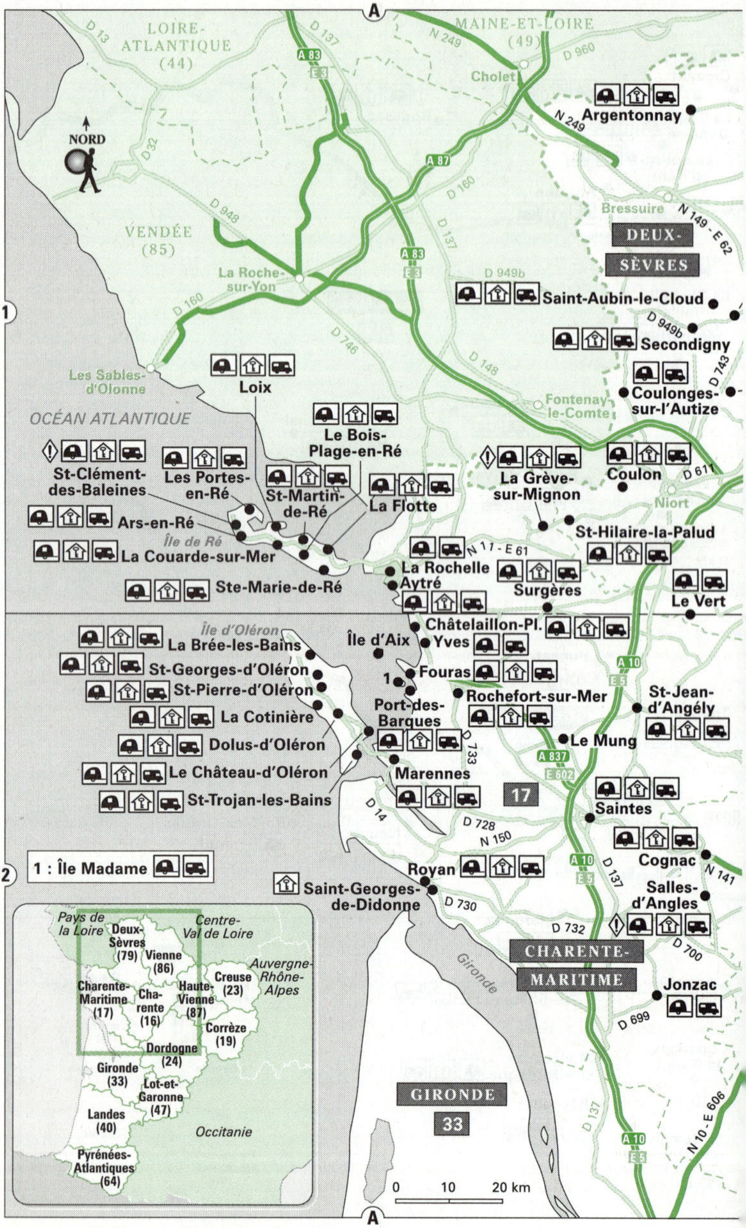
A
LOIRE-ATLANTIQUE (44)
MAINE-ET-LOIRE (49)
NORD
VENDÉE (85)
DEUX-SÈVRES
CHARENTE-MARITIME
17
GIRONDE
33
OCÉAN ATLANTIQUE
Cholet
Argentonnay
Bressuire
La Roche-sur-Yon
Les Sables-d'Olonne
Saint-Aubin-le-Cloud
Secondigny
Coulonges-sur-l'Autize
Fontenay-le-Comte
Coulon
Niort
Loix
Le Bois-Plage-en-Ré
St-Clément-des-Baleines
Les Portes-en-Ré
St-Martin-de-Ré
La Flotte
Ars-en-Ré
Île de Ré
La Couarde-sur-Mer
Ste-Marie-de-Ré
La Grève-sur-Mignon
St-Hilaire-la-Palud
La Rochelle
Aytré
Surgères
Le Vert
Châtelaillon-Pl.
Île d'Oléron
La Brée-les-Bains
St-Georges-d'Oléron
St-Pierre-d'Oléron
La Cotinière
Dolus-d'Oléron
Le Château-d'Oléron
St-Trojan-les-Bains
Île d'Aix
Yves
Fouras
1
Port-des-Barques
Rochefort-sur-Mer
St-Jean-d'Angély
Le Mung
Marennes
Saintes
Cognac
Royan
Saint-Georges-de-Didonne
Salles-d'Angles
Jonzac
Gironde
1 : Île Madame
1
2
0 10 20 km
A 83
E 3
A 87
A 10
E 5
A 837
E 602
N 249
N 149 - E 62
N 11 - E 61
N 141
N 150
N 10 - E 606
D 13
D 137
D 960
D 32
D 948
D 160
D 949b
D 746
D 148
D 743
D 611
D 733
D 14
D 728
D 730
D 732
D 700
D 699
Pays de la Loire
Centre-Val de Loire
Deux-Sèvres (79)
Vienne (86)
Creuse (23)
Auvergne-Rhône-Alpes
Charente-Maritime (17)
Charente (16)
Haute-Vienne (87)
Corrèze (19)
Dordogne (24)
Gironde (33)
Lot-et-Garonne (47)
Landes (40)
Occitanie
Pyrénées-Atlantiques (64)

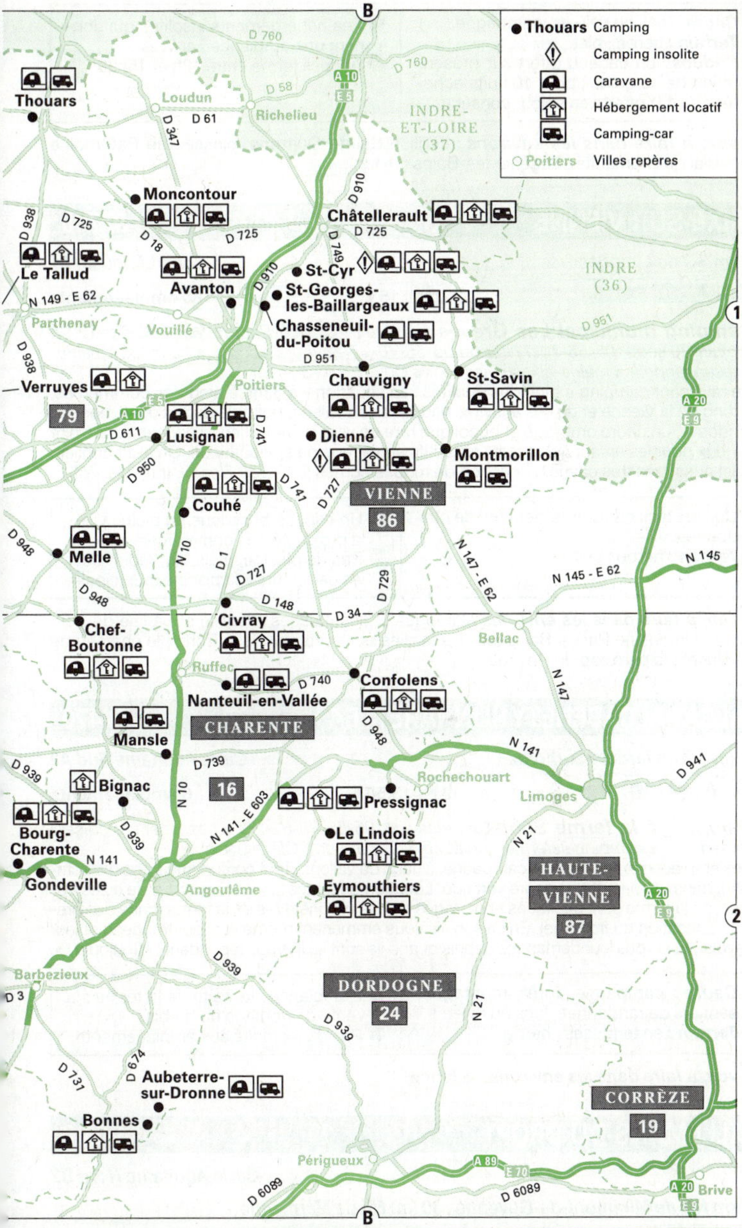

NOUVELLE-AQUITAINE – Poitou-Charentes

Cadre : lacs ou rivières, campagne. ***Terrain :*** herbe ; plat. ***Réducs :*** un cadeau offert sur présentation de ce guide ; pour 10 nuits achetées, la 11e offerte en séjour consécutif.	⊕ Les hébergements insolites qui donnent une ambiance Far West. ⊖ Accueil fermé entre 12h et 15h30.

À voir, à faire dans les environs : l'église Sainte-Quitterie, classée au Patrimoine mondial de l'humanité ; Eugénie-les-Bains (14 km).

AIXE-SUR-VIENNE 87700

5 km SO de Limoges ***Carte Limousin A1***

€€ **15 €** **80 emplacements**

Camping municipal Les Grèves : *rue Jean-Claude-Papon. ☎ 05-55-70-12-98 (1er juin-30 sept), 05-55-70-77-00 ou 05-55-70-77-28 (hors saison). • camping@mairie-aixesurvienne.fr • mairie-aixesurvienne.fr • Ouv 1er juin-30 sept.*
Ce ravissant camping a bien des qualités : sa situation – à 5 mn à pied des commerces, le long de la Vienne et de ses activités nautiques en saison, point de départ également de randos – , un cadre ombragé et bucolique rare en ville, un entretien impeccable, une aire de jeux pour les enfants, des tarifs attractifs et une équipe sympathique. On allait oublier : il est aussi très très calme... Location de mobile homes *(240-450 €/sem).* Internet. Wifi.

Cadre : lacs ou rivières, sentiers de randonnée, ville. ***Terrain :*** herbe ; plat.	⊕ Un espace bucolique en pleine ville ; la proximité des commerces. ⊖ Pas de piscine, mais tarif réduit pour les campeurs à la piscine municipale.

À voir, à faire dans les environs : Limoges et ses musées ; l'église abbatiale de Solignac ; Limousine Park à Boisseuil ; les jardins et le château de la Borie ; le château de Châlucet ; le parc zoo du Reynou.

ALÇAY-ALÇABÉHÉTY-SUNHARETTE 64470

5 km SO de Tardets-Sorholus ***Carte Aquitaine Sud A2***

€€ **13,50 €** **6 emplacements**

Camping à la ferme Sobieta : *Alçay. ☎ 05-59-28-52-26. • bassaber.francoise@wanadoo.fr • campingalaferme-sobieta.fr • Ouv avr-nov. CB refusées.*
Des emplacements en pleine campagne, à flanc de vallon... Tout confort (mais pas d'électricité), dans un magnifique cadre vert fluo. Location de tentes *(20-45 €/nuit).* La vie et les travaux de la ferme sont expliqués et partagés par les propriétaires de la ferme (traite des brebis, fabrication du fromage). En saison, ils vous emmènent même voir leur troupeau et leur cayolar. Et si vous leur demandez depuis quand ils sont là, ils vous répondent : « Toujours ! ».

Cadre : campagne, forêt, montagne, sentiers de randonnée, lacs ou rivières. ***Terrain :*** en terrasses ; herbe.	⊕ L'ambiance ; la visite de la ferme ; la vente de fromage de brebis. ⊖ Pas d'électricité aux emplacements.

À voir, à faire dans les environs : la ferme

ALLEMANS-DU-DROPT 47800

Carte Aquitaine Nord B2

7 km NO de Miramont-de-Guyenne ; 30 km NE de Marmande

€ **9 €** **7 emplacements**

Camping municipal : *Prairie-Haute. ☎ 05-53-20-23-37 (mairie). 📱 07-67-72-34-61. • mairie.allemans@wanadoo.fr • allemansdudropt.fr • Ouv d'avr à mi-oct. CB refusées.*

Confortable et minimaliste. En bordure de rivière. Location de canoës *(juil-août seulement).* Tous les services dans le village. Wifi.

Cadre : campagne, sentiers de randonnée. ***Terrain :*** herbe.	⊕ La tranquillité au bord de l'eau. ⊖ Le manque d'équipement.

À voir, à faire dans les environs : la visite des caves et du château de Duras (11 km).

AMBAZAC 87240

24 km NO de Limoges ***Carte Limousin A1***

€€€ **17,50 €** **75 emplacements**

Camping L'Écrin Nature : *au bord de l'étang de Jonas. ☎ 05-55-56-60-25. 06-52-92-71-65. • contact@campinglecrinature.com • campinglecrinature.com • Ouv de mi-avr à fin sept.*

En bordure du plan d'eau, sur un terrain vallonné bien arboré, de bons emplacements plats et herbeux, un cottage, des mobile homes *(205-590 €/sem pour 1-4 pers ; possibilité de couchages supplémentaires),* 2 hébergements insolites *(Duo Camp Étoiles à partir de 28 €/nuit, et le Kota Nature à partir de 35 €/nuit)* et une tente Lodge Nature tout confort *(à partir de 39 €/nuit).* Piscine extérieure chauffée (en saison) avec solarium et une aire de jeux pour enfants. Disponibles à la location, une tente de réception et des VTT. À l'entrée du camping, une base VTT avec *bike park* et départ de rando. Un camping très nature, donc ! Wifi.

Cadre : campagne, sentiers de randonnée, lacs ou rivières. ***Terrain :*** en terrasses ; herbe.	⊕ Idéal pour une rando ; la proximité d'une base VTT. ⊖ Un peu loin des commerces (1,5 km).

À voir, à faire dans les environs : les monts d'Ambazac à parcourir à pied ou à VTT, le musée de Minéralogie et de Pétrographie.

ANDERNOS-LES-BAINS 33510

52 km O de Bordeaux ***Carte Aquitaine Nord A2***

€€€ **25 €** **200 emplacements**

Camping Les Arbousiers : *134, av. de Bordeaux. ☎ 05-56-82-12-46. • lesarbousiers@yahoo.fr • camping-les-arbousiers.fr • Ouv 1er avr-30 sept.*

Le camping le moins cher d'Andernos. Vastes emplacements même si certains manquent un poil d'ombre et que l'avenue est très passante. Bien équipé, avec piscine chauffée, ping-pong, trampoline et snack. Pour les enfants, château gonflable, *homeball,* balançoires, toboggan... Dépôt de pain. Animations en juillet-août. Mobile homes à louer *(195-900 €/sem).* Épicerie. Internet. Wifi.

Cadre : mer, sentiers de randonnée. ***Terrain :*** herbe ; plat. ***Réducs :*** - 10 % sur les séjours en emplacements nus sur présentation de ce guide.	⊕ Le rapport qualité-prix. ⊖ Manque un peu d'ombre.

€€€€ **40,50 €** **664 emplacements**

Camping Fontaine Vieille : *4, bd du Colonel-Wurtz. ☎ 05-56-82-01-67. • contact@fontaine-vieille.com • fontainevieille.com • Ouv 1er avr-30 sept.*

Étendu et bien ombragé, il est aussi très bien équipé. Les meilleurs emplacements ont vue sur le bassin d'Arcachon mais il faudra payer le prix fort. Resto, bar, piscines couverte et extérieure, ping-pong, jeux enfants, location de vélos. Tentes, lodges et mobile homes 4 à 6 personnes à louer *(315-1 470 €/sem).* Internet. Wifi.

Cadre : mer. ***Terrain :*** herbe.	⊕ La vue. ⊖ La difficulté pour le trouver la première fois.

À voir, à faire dans les environs : le port ostréicole de Taussat ; la pointe des Quinconces.

ANGLET 64600

4 km E de Biarritz ; 4,5 km O de Bayonne *Carte Aquitaine Sud A1*

€€€€ 48 € **193 emplacements**

Camping Bela Basque : *2, allée Etchecopar, quartier Brindos. ☎ 05-59-23-03-00. • info@camping-belabasque.com • camping-belabasque.com • Ouv début avr-début oct.*

L'emplacement, non loin de l'aéroport, ne fait pas rêver, mais on n'entend pas trop les avions la nuit dans ce vaste camping en terrasses enfoui dans les arbres sur plus de 3 ha. Piscine extérieure, avec toboggans et piscine couverte chauffée. Restauration sympathique l'été. Loue également des TitHomes, mobile homes et chalets *(322-1 295 €/sem).* Wifi.

Cadre : mer, montagne. ***Terrain :*** herbe ; plat ; en pente ; rocaille.	⊕ Bien ombragé ; pas loin de la gare, à proximité de Biarritz et Bidart. ⊖ Pas donné en saison.

À voir, à faire dans les environs : le Pignada ; Biarritz ; Bayonne et les plages.

ANGOISSE 24270

50 km NE de Périgueux *Carte Aquitaine Nord B1*

€€€€ **25 emplacements**

Le Moulin de la Jarousse : *☎ 05-53-52-37-91. • contact@moulindelajarousse.com • location-en-dordogne.com • Ouv tte l'année sauf fév.*

Pas d'angoisse, juste du plaisir et de l'insolite : des nids d'oiseau pour roucouler à deux, tout ronds, installés dans les arbres, des cabanes de pêcheurs flottantes sur l'eau, des demeures zen aux allures de ryokan à la japonaise, ou encore une cabane Bollywood (soyons fous !) dans les arbres. Certains hébergements ont même un spa privatif. Des gîtes également de différentes tailles. Piscine ouverte et chauffée, étang pour la pêche. Compter 308-770 €/sem pour un chalet (2-4 pers), 120-145 €/nuit pour une cabane perchée ou 75-95 €/nuit pour un lov'nid. NOUVEAUTÉ.

Cadre : forêt, lac. ***Terrain :*** plat ; herbe.	⊕ Le cadre exceptionnel. ⊖ Devoir repartir.

À voir, à faire dans les environs : le château et l'église d'Excideuil ; l'étang de Rouffiac ; la Maison de la pomme d'or à Lanouaille ; la papeterie de Vaux-Payzac ; les gorges de l'Auvézère.

ANTONNE-ET-TRIGONANT 24420

15 km N de Périgueux *Carte Aquitaine Nord B1*

€€€ 18,20 € **35 emplacements**

Camping Le Bois du Coderc : *route des Gaunies. ☎ 05-53-05-99-83. • coderc-camping@wanadoo.fr • campinglecoderc.com • Ouv tte l'année.*

Un camping à taille humaine avec des emplacements en partie ombragés et la rivière Isle à 80 m. Site agréable. Également une dizaine de petits mobile homes *(200-790 €/sem)*. Esprit quelque peu écolo grâce notamment au photovoltaïque. Laverie, frigo à dispo. Piscine chauffée. Pétanque, ping-pong, badminton, billard, et baby-foot et aire de pique-nique en bord de rivière. Bon accueil. Wifi.

Cadre : campagne, forêt, lacs ou rivières, ville, sentiers de randonnée. ***Terrain :*** herbe ; plat. ***Réducs :*** - 5 % sur l'emplacement camping sur présentation du guide, sauf août.	⊕ Le site, la taille du camping et l'accueil ; les nombreuses prestations offertes (barbecue, location de canoës-kayaks, etc.). ⊖ Pas d'animation nocturne.

€€€ **19 €** **50 emplacements**

Camping Au Fil de l'Eau : *6, allée des Platanes. ☎ 05-53-06-17-88. • campingaufildeleau@wanadoo.fr • campingaufildeleau.com • Ouv de mi-avr à mi-sept. CB refusées.*
Un petit camping tout près de la rivière, de la forêt et de sentiers de randonnée. Emplacements herbeux séparés par des haies. Également des caravanes, mobile homes et des bungalows toilés pour 2 à 5 personnes *(220-700 €/sem)*. Tranquille. Canoës et jeux pour les enfants, ainsi que quelques poules pour distraire les bambins. Internet. Wifi.

Cadre : campagne, forêt, lacs ou rivières, sentiers de randonnée, ville. ***Terrain :*** herbe ; plat.	⊕ La situation au bord de l'eau. ⊖ Pas de « plage ».

€€€€ **61,50 €** **96 emplacements**

Village Huttopia Lanmary : *RD 69. ☎ 05-53-45-88-63. • lanmary@huttopia.com • europe.huttopia.com/site/village-lanmary • Ouv fin juin-fin août.*
En pleine nature, un village-vacances pas comme les autres. Orchidées, pins sylvestres, chênes et pruniers sauvages... Dans cet espace protégé, des emplacements nature bien isolés. Et ceux qui sont moins terre à terre peuvent grimper dans les cabanes et cahutes suspendues le long du chemin. Tentes trappeur et canadiennes sinon, réparties dans la forêt, à la façon des parcs nationaux québécois. Activités gratuites et départ de sentiers de randos. Piscine. Locatifs pour 2 à 6 personnes *(385-1 736 €/sem)*. NOUVEAUTÉ.

Cadre : forêt de Lannary ***Terrain :*** plat ; herbe.	⊕ Les animations. ⊖ Quels « moins » ?

À voir, à faire dans les environs : la vieille ville de Périgueux.

ANZÊME 23000

15 km N de Guéret ***Carte Limousin B1***

€ **9,40 €** **30 emplacements**

Camping de Péchadoire : *📱 06-32-95-30-43. • info@gueret-tourisme.fr • gueret-tourisme.fr • Ouv mai-sept.*
Près de la plage (surveillée en été) de grands emplacements mais peu sont ombragés. Sur le site de Péchadoire : bar, resto, tennis, baignade, tir à l'arc, pêche et location de canoës et *paddles*. 5 mobile homes à louer *(206-317 €/sem)*.

Cadre : campagne, lacs ou rivières, sentiers de randonnée. ***Terrain :*** herbe ; plat.	⊕ Les nombreuses activités de loisirs et la baignade. ⊖ Peu ombragé.

À voir, à faire dans les environs : le pays des Trois-Lacs.

ARAMITS 64570

16 km SO d'Oloron-Sainte-Marie ; 48 km SO de Pau — *Carte Aquitaine Sud A2*

€€€€ **26,95 €** — **61 emplacements**

Camping Barétous Pyrénées : *6, chemin Ripaude. ☎ 05-59-34-12-21. • contact@camping-pyrenees.com • camping-pyrenees.com • Ouv d'avr à début oct (loc jusqu'à fin déc).*
Au pays d'un des trois mousquetaires (Aramis, bien sûr), un camping à taille humaine, avec un accueil aux petits soins et des emplacements bien délimités et sous les ombrages. On a bien aimé aussi les produits bio à l'épicerie, l'espace spa (sauna, hammam), la location de vélos... Village de jolis chalets ; bungalows et mobile homes *(315-769 €/sem).* Internet. Wifi.

Cadre : campagne, lacs ou rivières, montagne.
Terrain : herbe ; plat.
Réducs : sangria offerte pour 2 personnes de juin à septembre sur présentation de ce guide.

⊕ Calme et serein, à l'ombre de grands chênes, au cœur de la vallée, point de départ idéal pour découvrir et visiter la région à pied ou à vélo.
⊖ Pas d'animations le soir ; seulement quelques emplacements captent la télévision par satellite.

À voir, à faire dans les environs : Oloron-Sainte-Marie ; le gouffre de la Pierre-Saint-Martin ; les gorges de la Mouline.

ARCACHON 33120

72 km SO de Bordeaux — *Carte Aquitaine Nord A2*

€€€€ **48 €** — **274 emplacements**

Camping-club d'Arcachon : *5, allée de la Galaxie (Les Abatilles). ☎ 05-56-83-24-15. • info@camping-arcachon.com • camping-arcachon.com • Ouv tte l'année.*
Le seul camping d'Arcachon, dans une forêt de pins, très calme. Front de mer à 2 km par la route mais à 1 km à pied (demander le raccourci). Emplacements répartis par secteurs : jeunes, familles et adultes sans enfant. Mais pour tous, couvre-feu à 22h. On a bien aimé le coin « d'antan » avec sa poignée de roulottes colorées, tout à fait dépaysant. Piscine, terrain de volley, aire de jeux pour enfants et location de vélos. Un vrai petit village ! Location de chalets, roulottes et mobile homes *(298-1 283 €/sem).* Internet. Wifi.

Cadre : forêt, lacs ou rivières, mer, sentiers de randonnée, ville.
Terrain : en terrasses.

⊕ Le village de chalets ; les roulottes.
⊖ Le rush estival ; la connexion internet payante.

À voir, à faire dans les environs : le musée-aquarium et la ville d'Hiver ; la dune du Pilat.

NOUVELLE-AQUITAINE

ARÈS 33740

44 km N d'Arcachon ; 15 km NO d'Audenge — *Carte Aquitaine Nord A2*

€€€€ **33 €** — **400 emplacements**

Camping Les Goélands : *64, av. de la Libération. ☎ 05-56-82-55-64. • contact@goelands.com • goelands.com • Ouv 1er mars-31 oct.*
En bord de route, mais le terrain s'étend en profondeur vers la forêt. Très bien ombragé, plein de mousse. Le GR 8 passe à proximité. Les mobile homes *(315-995 €/sem)* s'imbriquent parfaitement dans la nature. Animations l'été. Piscine, jeux enfants, bar, snack, location de vélos... Accès direct à la plage. Internet. Wifi.

Cadre : mer. ***Terrain :*** plat. ***Réducs :*** sur présentation de ce guide, formule Premium en locatif du 3 juillet au 28 août : - 200 € ; étape vélo : - 30 % du 1er avril au 2 juillet et du 28 août au 30 septembre , et - 50 % du 3 juillet au 27 août, pour une nuit (17h-10h).	⊕ Les animations en juillet-août. ⊖ Éviter le bord de la route au maximum ; les frais de dossier en juillet-août.

À voir, à faire dans les environs : le domaine de Certes (20 km).

ARGENTONNAY 79150

18 km NE de Bressuire ; 20 km O de Thouars — ***Carte Poitou-Charentes A1***

€€€ **16 €** — **45 emplacements**

Camping municipal d'Hautibus : *rue de la Sablière. ☎ 05-49-65-95-08. 06-16-10-10-96. • campinghautibus@orange.fr • argentonnay.fr • Ouv 1er avr-30 oct (loc tte l'année).*
Un petit camping bien entretenu, situé dans un endroit calme, à proximité du lac d'Hautibus. Possibilité de louer des chalets pour 2 à 7 personnes *(175-665 €/sem).* À proximité, vaste piscine (payante au-delà de 14 ans), pêche, embarcations à pédales, équitation (5 km), karting (2 km), site d'escalade (4 km), canoë... Accueil dynamique et souriant. Wifi.

Cadre : campagne, lacs ou rivières, sentiers de randonnée. ***Terrain :*** herbe ; plat.	⊕ Le point d'informations touristiques ; l'accès gratuit à la piscine pour les campeurs. ⊖ R.A.S.

À voir, à faire dans les environs : l'église, le château, le pont Cadoret, le lac d'Hautibus ; Thouars ; le Puy-du-Fou (43 km).

ARS-EN-RÉ (ÎLE DE RÉ) 17590

Carte Poitou-Charentes A1

36 km O de La Rochelle ; 12,5 km O de Saint-Martin-de-Ré

€€€€ **43,10 €** — **112 emplacements**

Le Camp du Soleil : *57, route de la Grange. ☎ 05-46-29-40-62. • contact@campdusoleil.com • campdusoleil.com • Ouv avr-fin sept.*
On aime ce petit camping pour ses emplacements sacrément bien ombragés, avec de beaux arbres, et même des bambous ! Bon accueil et bons services. Grande piscine chauffée avec pataugeoire. Jeux. Location de vélos. Snack. Tennis et minigolf en face du camping. Internet. Wifi.

Cadre : mer. ***Terrain :*** herbe ; plat.	⊕ L'aspect très verdoyant. ⊖ Seuls les blocs sanitaires, plus proches du baraquement de chantier que de la structure en dur, nous ont un peu déçus... mais ils sont chauffés l'hiver.

À voir, à faire dans les environs : l'église Saint-Étienne ; les plages ; le phare des Baleines à Saint-Clément-des-Baleines.

ASCARAT 64220

Carte Aquitaine Sud A2

5 km N de Saint-Jean-Pied-de-Port ; 11 km E de Saint-Étienne-de Baïgorry

€€€ **20 €** **100 emplacements**

Camping de la Truite : *route de Bayonne. ☎ 05-59-37-31-22. 📱 06-12-83-52-01. • camping.latruite@wanadoo.fr • camping-delatruite.com • Ouv 1er avr-30 sept. CB refusées.*
Au bord de la Nive, rivière où l'on peut pêcher la truite (vu le nom, on s'en serait douté !) et au pied des vignes d'Irouléguy. Camping très classique, à l'ambiance familiale, bien ombragé. Mobile homes à louer *(250-750 €/sem).* Internet. Wifi.

Cadre : campagne, forêt, lacs ou rivières, montagne, sentiers de randonnée. ***Terrain :*** herbe ; plat.	⊕ La proximité de la rivière. ⊖ Attention, en locatif, 2 nuits minimum demandées.

À voir, à faire dans les environs : le bourg de Saint-Jean-Pied-de-Port et sa citadelle ; faire une balade avec un âne.

AUBAZINE 19190

14 km E de Brive-la-Gaillarde ; 18 km SO de Tulle **Carte Limousin B2**

€€€€ **32 €** **180 emplacements**

Camping Campéole Le Coiroux : *parc touristique du Coiroux. ☎ 05-55-27-21-96. • coiroux@campeole.com • campeole.com • Ouv fin avr-fin sept.*
Dans un grand parc où l'on peut pratiquer toutes sortes d'activités sportives (tir à l'arc, golf, accrobranche...), ce camping, bien qu'un peu cher, est irréprochable. De plus, la nuit au camping permet l'accès gratuit au lac voisin et à sa plage. Loue aussi des mobile homes et des chalets 5 personnes *(420-840 €/sem).* Internet. Wifi.

Cadre : campagne, forêt, lacs ou rivières, sentiers de randonnée. ***Terrain :*** herbe ; plat.	⊕ Les soirées dansantes ; la piscine chauffée. ⊖ Le resto-bar et l'épicerie ouverts seulement en haute saison (mais service pain et viennoiserie toute la saison, et restaurant du golf ouvert toute l'année, à 500 m) ; le wifi payant en haute saison.

À voir, à faire dans les environs : l'abbaye cistercienne.

AUBETERRE-SUR-DRONNE 16390

50 km S d'Angoulême **Carte Poitou-Charentes B2**

€€€ **19 € (avec électricité)** **90 emplacements**

Camping municipal : *route de Ribérac. ☎ 05-45-98-75-43. 📱 06-23-01-03-47. • camping.aubeterresurdronne@gmail.com • camping-aubeterre.fr • Ouv de mi-mai à sept.*
Idéalement situé, au bord de la Dronne, avec accès direct à la plage de sable fin. Emplacements ombragés. Douches chaudes et électricité. Nombreuses activités sur place et à proximité : baignade, canoë, pêche, bateau, tennis, VTT, boules, aire de jeux pour les enfants, équitation, etc. Bungalows à louer *(250-790 €/sem).* Internet. Wifi.

Cadre : campagne, lacs ou rivières. ***Terrain :*** herbe ; plat.	⊕ La situation ; les activités. ⊖ Pas de piscine.

À voir, à faire dans les environs : l'église souterraine, l'église Saint-Jacques, l'espace Ludovic-Trarieux, la plage (sur le bord de la Dronne) ; la brasserie du Bobtail à Laprade (2 km) ; Barbezieux (41 km).

AUBUSSON 23200

20 km SE d'Ahun — *Carte Limousin B1*

€€ **10,90 €** — **90 emplacements**

Camping municipal de la Croix Blanche : *route de Felletin. ☎ 05-55-66-18-00.* *• camping@aubusson.fr • aubusson.fr • Ouv avr-sept. CB refusées.*
Agréable camping ombragé, en bord de Creuse, très bien entretenu. Excellent accueil. Internet. Wifi.

Cadre : campagne, lacs ou rivières.
Terrain : herbe ; plat.

⊕ L'accueil très convivial.
⊖ La proximité de la route pour certains emplacements.

À voir, à faire dans les environs : la vieille ville d'Aubusson, le musée départemental de la Tapisserie, la Maison du tapissier ; Felletin.

AUREILHAN 40200

38 km SE de Biscarosse ; 85 km NO de Mont-de-Marsan — *Carte Aquitaine Nord A2*

€€€€ **32 €** — **250 emplacements**

Camping Tohapi Aurilandes : *1001, promenade de l'Étang. ☎ 05-58-09-10-88.* *• accaurilandes@tohapi.fr • campingaurilandes.com • Ouv juil-août.*
Au bord du lac d'Aureilhan et à 10 mn en voiture de l'océan. Bon équipement, sanitaires bien tenus et atmosphère agréable. Location de mobile homes pour 4 à 6 personnes *(210-1 300 €/sem).* Vaste piscine et terrain de sport. Wifi.

Cadre : lacs ou rivières, campagne.
Terrain : herbe ; plat.

⊕ L'ambiance familiale et les équipements de loisirs.
⊖ Les emplacements semi-ombragés ; le séjour d'une semaine minimum en juillet-août pour le locatif.

À voir, à faire dans les environs : l'abbaye de Mimizan et son musée, et toutes les plages...

AVANTON 86170

7 km O du Futuroscope ; 16 km N de Poitiers — *Carte Poitou-Charentes B1*

€€€ **23,10 €** — **71 emplacements**

Camping du Futur : *9, rue des Bois. ☎ 05-49-54-09-67. • contact@camping-du-futur.com • camping-du-futur.com • Ouv avr-oct.*
Bordant un vaste champ, des emplacements ombragés et délimités par des haies dans un site paysagé. Un camping familial 3 étoiles bien sympathique avec piscine chauffée, minigolf, snack-bar et vente à emporter. Locatifs *(385-623 €/sem).* Internet. Wifi.

Cadre : campagne.
Terrain : herbe ; plat.

⊕ La proximité du Futuroscope ; de beaux et grands espaces de détente.
⊖ L'éloignement des commerces ; pas de piscine couverte.

À voir, à faire dans les environs : le Futuroscope (7 km) ; Poitiers (16 km) ; le parc de loisirs de Saint-Cyr ; la Maison d'autrefois à Chasseneuil

AYTRÉ 17440

7 km S de La Rochelle — *Carte Poitou-Charentes A1*

€€€€ 32 € — 250 emplacements

Les Sables : *route du Pontreau. ☎ 05-46-45-40-30. • campinglessables465@gmail.com • camping-les-sables.com • Ouv d'avr à mi-oct.*
Un grand 4-étoiles, à 200 m de la plage d'Aytré. Bâtiments vieillissants mais emplacements bien herbus, séparés par des haies et assez ombragés. Aucun charme mais on y trouve pour les familles tout le confort espéré : laverie, sèche-linge, salle de repassage, resto, bar, tennis, aires de jeux, miniclub *(juil-août)* et, le must, 2 piscines en plein air (avec toboggans) et une autre couverte, grande et chauffée. Sauna. Location de frigos. Animations et soirées à thème. Internet. Wifi.

Cadre : mer.
Terrain : herbe ; plat.
Réducs : spa, hammam, sauna à 6 € la séance ou 30 € la semaine sur présentation de ce guide.

⊕ L'équipement.
⊖ Seule petite gêne peut-être : le train, mais il ne fait que 2 wagons, ne passe que 8 fois par jour (le dernier vers 23h) et se révèle relativement silencieux (et il a sauvé le camping de la dernière tempête !)...

À voir, à faire dans les environs : à La Rochelle, le port des Minimes, la vieille ville et ses célèbres tours, ses nombreux musées, l'aquarium ; l'île de Ré.

BEAUFORT 87400

25 km E de Limoges — *Carte Limousin A1*

€€ 12 € — 78 emplacements

Camping de Beaufort : *Beaufort. ☎ 05-55-56-02-79. 📱 06-17-12-86-18. • info@campingdebeaufort.fr • campingdebeaufort.fr • Ouv début avr-sept (fin mars-début nov pour les loc).*
Site paisible et agréable en bord de rivière. Correctement équipé (pataugeoire et toboggan pour les enfants, ping-pong, coin cuisine avec plaques électriques et micro-ondes, prêt de cannes à pêche...). Emplacements bien ombragés et séparés par de petites haies. Locatifs *(190-410 €/sem).* Wifi.

Cadre : lacs ou rivières, sentiers de randonnée, campagne.
Terrain : herbe ; plat.

⊕ Le calme au bord de la Vienne ; le coin cuisine.
⊖ Simple... mais ça peut aussi être une qualité.

À voir, à faire dans les environs : la collégiale de Saint-Léonard-de-Noblat ; le moulin du Got.

BEAULIEU-SUR-DORDOGNE 19120

24 km SO d'Argentat ; 16 km N de Saint-Céré — *Carte Limousin B2*

€€€€ 35,60 € — 185 emplacements

Camping Huttopia Beaulieu : *bd Rodolphe-de-Turenne. ☎ 05-55-91-02-65. • info@huttopia.com • huttopia.com • Ouv fin avr-fin sept.*
Cadre charmant au bord de l'eau, emplacements spacieux et bien ombragés. Les mieux placés sont un peu cher, mais tout est nickel, jusqu'aux sanitaires. Plage, solarium, piscine avec jeux aquatiques, location de canoës, animation pour les enfants, café-snack. Location de bungalows toilés et mobile homes *(504-1 038 €/sem).* Le top ! Internet. Wifi.

Cadre : lacs ou rivières. ***Terrain :*** herbe ; plat.	⊕ Le beau parc ; le calme. ⊖ Le prix en juillet-août.

À voir, à faire dans les environs : la chapelle des Pénitents.

BEAUVILLE 47470

30 km SE de Villeneuve-sur-Lot ; 27 km NE d'Agen *Carte Aquitaine Nord B2*

€€€€ **26,50 €** **50 emplacements**

Camping Les Deux Lacs : *route de Bourg-de-Visa. ☎ 05-53-95-45-41. • campingles2lacs@gmail.com • les2lacs.com • Ouv avr-oct.*
Joli parc de 22 ha, au sein d'un vallon boisé et bordant 2 grands lacs. Emplacements délimités par des haies, domaine parfaitement entretenu. Ce camping, tenu par des Néerlandais francophones, est très plaisant. Ambiance familiale et nombreuses activités sur place : baignade dans le lac, kayak, pêche, paintball, randonnées pédestres organisées et jeux pour les enfants. Resto-snack en saison. Piscine chauffée. Location de bungalows toilés, chalets et mobile homes *(185-740 €/sem).* Internet. Wifi.

Cadre : campagne, lacs ou rivières, sentiers de randonnée. ***Terrain :*** en terrasses ; herbe ; plat.	⊕ Le cadre, les lacs et les activités nature sur place. ⊖ Les sangliers au petit matin (mais on voit aussi de jolies biches).

À voir, à faire dans les environs : Puymirol (17 km) ; le musée du Foie gras à Souleilles (12 km) ; Penne-d'Agenais (20 km).

BÉLUS 40300

20 km SO de Dax *Carte Aquitaine Sud A1*

€€€€ **26,50 €** **50 emplacements**

Camping La Comtesse : *lieu-dit Claquin. ☎ 05-58-57-69-07. 📱 06-07-68-99-24. • campinglacomtesse@orange.fr • campinglacomtesse.com • Ouv tte l'année.*
Camping familial dans un parc de 6 ha. Emplacements spacieux, délimités et ombragés. Location de mobile homes pour 4-6 personnes *(210-845 €/sem).* Animations, étang de pêche, toboggan aquatique et location de vélos pour enfants. Internet. Wifi.

Cadre : campagne. ***Terrain :*** herbe ; plat.	⊕ Le cadre verdoyant. ⊖ Un peu trop de locatifs à notre goût ; véhicule obligatoire pour les déplacements.

À voir, à faire dans les environs : Hastingues (11 km) et les villages du pays d'Orthe.

BELVÈS 24170

Carte Aquitaine Nord B2

35 km SO de Sarlat-la-Canéda ; 65 km NE de Villeneuve-sur-Lot

€€€€ **28 € (avec électricité)** **100 emplacements**

Camping Les Nauves : *Le Bos-Rouge. ☎ 05-53-29-12-64. 📱 06-16-36-13-77. • campinglesnauves@hotmail.com • lesnauves.com • Ouv de mi-avr à mi-sept.*
Sur une propriété de 5 ha, en marge de la forêt de Bessède, en pleine campagne, donc très au calme. Taille raisonnable et vraiment beaucoup d'espace. Confortable et bien ombragé. Sanitaires impeccables. Location de mobile homes et de chalets *(200-910 €/sem).* Internet. Wifi.

Cadre : campagne. ***Terrain :*** en pente ; herbe.	⊕ Le cadre naturel ; le wifi gratuit ; les bons petits plats du chef. ⊖ Pas de « moins ».

À voir, à faire dans les environs : les jardins suspendus de Marqueyssac à Vézac (25 km) ; le château des Milandes à Castelnaud-la-Chapelle (28 km) et le circuit des bastides.

BERGERAC 24100

60 km E de Saint-Émilion ; 119 km E de Bordeaux *Carte Aquitaine Nord B2*

€€€ **16,30 €** **70 emplacements**

Camping de La Pelouse : *8 bis, rue Jean-Jacques-Rousseau. ☎ 05-53-57-06-67. • campinglapelouse24@orange.fr • entreprisefrery.com/camping-la-pelouse/ • Ouv avr-oct.*
Sur les rives de la Dordogne, à 10 mn à pied du centre-ville. Emplacements ombragés et bien herbeux. Location de mobile homes *(260-485 €/sem).* Juste en face, la station nautique loue des canoës. Internet.

Cadre : lacs ou rivières, ville. ***Terrain :*** en terrasses ; herbe ; plat.	⊕ La proximité du centre-ville. ⊖ La simplicité des équipements ; pas de piscine.

À voir, à faire dans les environs : la vieille ville de Bergerac ; le château de Monbazillac (6 km).

BEYNAC-ET-CAZENAC 24220

Carte Aquitaine Nord B2

12 km SO de Sarlat-la-Canéda ; 24 km SE des Eyzies-de-Tayac

€€€€ **33,50 €** **120 emplacements**

Camping Le Capeyrou : *le bourg du Capeyrou. ☎ 05-53-29-54-95. • contact@campinglecapeyrou.com • campinglecapeyrou.com • Ouv mai-sept.*
Entre la Dordogne et la route, camping modérément ombragé, mais ça dépend des emplacements. Sanitaires modernes et impeccables. Plein d'activités nautiques (canoë, promenades en gabare...) et baignade, naturellement. Bon accueil et, surtout, quelle vue sur le château ! Piscine à débordement, terrain de jeux, nouvelle piscine pour enfants. Location de tentes de luxe sur pilotis, les « Aventurière » *(290-890 €/sem).* Internet. Wifi.

Cadre : campagne, lacs ou rivières. ***Terrain :*** herbe ; plat.	⊕ Le cadre. ⊖ Depuis quelques emplacements, on entend légèrement la rumeur de la route voisine.

À voir, à faire dans les environs : le château des Milandes (4,5 km) ; le musée national de la Préhistoire aux Eyzies.

BIARRITZ 64200

8 km O de Bayonne ; 30 km N d'Hendaye *Carte Aquitaine Sud A1*

€€€€ **50 €** **190 emplacements**

Biarritz Camping : *28, route d'Harcet. ☎ 05-59-23-00-12. • info@biarritz-camping.fr • biarritz-camping.fr • Ouv avr-début oct.*
À 600 m de la plage de Milady, un camping en terrasses tout confort et surtout très plaisant, bien ombragé et idéal pour les familles. Location de bungalows toilés et mobile homes *(350-1 155 €/sem).* Cours d'aquagym, jeux enfants à la piscine. Wifi.

Cadre : mer. **Terrain :** herbe. **Réducs :** - 20 % en location en basse et moyenne saisons pour 2 personnes sur présentation de ce guide.	⊕ Le spa ; le wifi gratuit. ⊖ Le prix en haute saison ; pas de toboggan aquatique.

À voir, à faire dans les environs : le musée de la Mer et la cité de l'Océan, le musée Asiatica, les plages.

BIAS 40170

7 km S de Mimizan — *Carte Aquitaine Sud A1*

€€€€ 26 € — **490 emplacements**

Camping municipal Le Tatiou : *1791, route de Lespecier. ☎ 05-58-09-04-76. • camping-le-tatiou@bias40.fr • campingletatiou.com • Ouv avr-sept.*
Au cœur d'une pinède de 10 ha, à 5,5 km de l'océan et de ses plages de sable fin. Un gros camping mais à l'ambiance encore familiale. Confort correct. Mobile homes privés et bungalows toilés *(130-730 €/sem).* Piscine chauffée. Équipe d'animation. Internet. Wifi.

Cadre : forêt, mer. **Terrain :** plat. **Réducs :** réducs en basse saison avec la carte ACSI.	⊕ L'environnement naturel ; les animations enfants en juillet-août ; la proximité de la Vélodyssée. ⊖ Loin de la mer...

À voir, à faire dans les environs : l'abbaye de Mimizan et son musée (7 km) ; Landes Aventures (parcours dans les arbres).

BIDART 64210

10 km S de Biarritz ; 20 km SO de Bayonne — *Carte Aquitaine Sud A1*

€€€€ 69 € — **310 emplacements**

Le Pavillon Royal : *av. du Prince-de-Galles. ☎ 05-59-23-00-54. • info@pavillon-royal.com • pavillon-royal.com • Ouv de fin mai à mi-oct.*
Vaste camping mais divisé en « quartiers », avec chacun sa spécificité (le « Paradis », par exemple, porte plutôt bien son nom). Bien ombragé, posé au bord de l'océan, avec accès direct à la plage, à côté du golf. Location de chalets, d'apparts et de studios *(365-1 340 €/sem).* Piscine, hammam avec massages... Animations en saison. Internet. Wifi. NOUVEAUTÉ.

Cadre : mer. **Terrain :** herbe ; plat.	⊕ Le site : l'accès à la plage, la vue sur l'océan pour certains emplacements. ⊖ La taille ; les prix.

À voir, à faire dans les environs : le village de Bidart ; Biarritz.

BIGNAC 16170

23 km N d'Angoulême — *Carte Poitou-Charentes B2*

€€€ 25 € — **81 emplacements**

Camping Marco de Bignac : *2, chemin de la Résistance. ☎ 05-45-21-78-41. • info@marcodebignac.com • marcodebignac.com • Ouv fév-nov.*
Un adorable camping ombragé et bucolique, aménagé autour d'un étang où l'on peut taquiner le gardon. On plante la tente sur une vaste pelouse. Piscine au fond du

camping, tennis, bar avec terrasse au bord de l'eau. Épicerie dans le village. Accueil vraiment sympa. Quelques mobile homes et tentes lodge de 2 à 5 personnes *(300-550 €/sem).* NOUVEAUTÉ.

Cadre : en bordure de rivière. ***Terrain :*** herbe.	⊕ La possibilité de pêcher gratuitement pour les résidents. ⊖ On cherche encore...

À voir, à faire dans les environs : Angoulême ; Cognac ; le centre archéologique des Bouchauds.

BISCARROSSE 40600

15 km N de Mimizan — *Carte Aquitaine Nord A2*

€€€ 22,70 € — 462 emplacements

Camping Campéole Le Vivier : *681, rue du Tit, Biscarrosse-Plage. ☎ 05-58-78-25-76. • vivier@campeole.com • campeole.com • Ouv de fin avr à mi-sept.*
Sur un grand terrain plat ombragé par des pins, à 800 m de la mer. En haute saison, un peu tous les uns sur les autres. Blocs sanitaires pas très propres. Location de chalets et de mobile homes *(245-1 267 €/sem en saison ; loc 2 nuits min, seulement à la sem en juil-août).* Attention, chiens interdits sur la plage. Piscine. Internet. Wifi.

Cadre : forêt, mer, sentiers de randonnée. ***Terrain :*** herbe ; plat ; en pente.	⊕ La plage surveillée en haute saison ; un camping familial. ⊖ Le wifi payant.

€€€€ 52 € (électricité incluse) — 60 emplacements

Yelloh Village Maguide : *870, chemin de Maguide. ☎ 05-58-09-81-90. • contact@campingmaguide.fr • camping-maguide.com • Ouv avr-sept.*
Pas trop grand et idéalement situé, dans un coin tranquille, avec accès direct à la plage du camping (sur le lac). Emplacements ombragés. Mobile homes (dans la verdure pour certains) et cabanes *(259-3 675 €/sem ; 2 nuits min hors saison).* Internet. Wifi.

Cadre : forêt, lacs ou rivières, mer. ***Terrain :*** plat ; en terrasses. ***Réducs :*** accès wifi premium pour 4 personnes offert sur présentation de ce guide.	⊕ Les pieds dans l'eau. ⊖ À 10 mn de Biscarosse-Plage, est-ce vraiment un « moins » ?

€€€€ 35 € — 89 emplacements

Camping En Chon Les Pins : *600, chemin d'En-Chon. ☎ 05-58-78-16-00. • contact@campingenchonlespins.com • campingenchonlespins.com • Ouv mai-sept.*
Beaucoup de locatifs (coquettement arrangés), mais ils ne gâtent en rien le bon esprit familial de ce camping, spacieux (mais à taille humaine) et verdoyant. Paisible et sans animation. Lac à proximité immédiate. Location de mobile homes *(490-1 320 €/sem selon nombre de chambres, confort et saison).* Internet. Wifi.

Cadre : forêt, lacs ou rivières, mer, sentiers de randonnée. ***Terrain :*** herbe ; plat.	⊕ Le dépôt de pain et de croissants en juillet-août sur réservation ; la pizzeria sur place ouverte tous les jours ; la piscine chauffée ; le calme ; les pistes cyclables. ⊖ Pas d'animations ; pas de club.

À voir, à faire dans les environs : la plage, les sports, la mer.

BLAYE 33390

57 km N de Bordeaux ; 94 km S de Royan — *Carte Aquitaine Nord A1*

€€ 10,90 € — **50 emplacements**

Camping municipal : *citadelle de Blaye. ☎ 05-57-42-00-20. • blaye.fr • Ouv mai-fin sept.*
L'endroit est étonnant : une cinquantaine d'emplacements pour planter sa tente, au milieu de murs de pierre plusieurs fois centenaires. Certains ont vue sur la Gironde ! Installez-vous au fond, en hauteur, vous aurez pour toile de fond l'estuaire et le bruit de l'eau qui file. Vraiment extra de se réveiller sur un tel site. Wifi.

Cadre : ville. ***Terrain :*** herbe ; plat.	⊕ Dormir dans une citadelle, vieux rêve de gosse ! ⊖ On cherche encore...

À voir, à faire dans les environs : la citadelle et les villages sur la route de la corniche, entre Blaye et Bourg.

BONNAC-LA-CÔTE 87270

16 km N de Limoges — *Carte Limousin A1*

€€€€ 30 € — **80 emplacements**

Camping de Leychoisier : *1, route de Leychoisier. ☎ 05-55-39-93-43. • contact@leychoisier.com • chateau-de-leychoisier.pagesperso-orange.fr • Ouv de mi-avr à mi-sept.*
Camping haut de gamme dans le vaste domaine privé (40 ha) d'un château médiéval qui vit passer Victor Hugo, entre pins, tilleuls et séquoias plusieurs fois centenaires. Également 2 cottages à louer *(400-600 €/sem),* un lac de 4 ha, un parc animalier, la possibilité de pratiquer la pêche ou l'équitation à 2 km, un bar très sympa dans les dépendances et un beau resto dans l'ancienne orangerie. Un camping de bon confort, on s'en doute, avec une piscine chauffée et des emplacements bien verts séparés par des haies. Internet. Wifi.

Cadre : campagne, forêt, sentiers de randonnée. ***Terrain :*** herbe ; plat.	⊕ Le cadre. ⊖ Les commerces à 20 mn à pied.

À voir, à faire dans les environs : Limoges et ses musées ; les monts d'Ambazac à parcourir à pied ou à VTT ; le lac de Saint-Pardoux.

BONNES 16390

7 km SO d'Aubeterre-sur-Dronne — *Carte Poitou-Charentes B2*

€€ 10 € — **8 emplacements**

Camping de la Petite Grange : *La Petite-Grange, chez M. Jean-Paul Bourrut-Lacouture. ☎ 05-45-98-54-28. 📱 06-41-19-43-15. Ouv 1er avr-30 sept. CB refusées.*
Cette ancienne ferme s'est reconvertie en camping, spécialisé dans l'accueil des pèlerins pour Saint-Jacques-de-Compostelle. Mais bien entendu, tout le monde a le droit de planter sa tente au bord de l'étang, d'y titiller le gardon et de profiter de la table de ping-pong... ou du calme. Cadre agréable donc, et infrastructures très simples mais suffisantes (douches chaudes, lave-linge...). Baignade aménagée sur la rivière. Mobile homes ou chambres à louer également, à la semaine ou pour le week-end *(260-350 €/sem en mobile home).* Wifi.

Cadre : campagne, forêt, lacs ou rivières, sentiers de randonnée. ***Terrain :*** herbe ; plat.	⊕ Le cadre ; les activités diverses à proximité ; l'animation sur place. ⊖ Le peu d'emplacements.

À voir, à faire dans les environs : la base de loisirs de la Jemaye ; Aubeterre-sur-Dronne.

BORDEAUX 33520

8 km N du centre-ville — *Carte Aquitaine Nord A2*

€€€€ 40 € (avec électricité) — 165 emplacements

Camping Le Village du Lac : *bd Jacques-Chaban-Delmas. ☎ 05-57-87-70-60.* • *contact@village-du-lac.com* • *camping-bordeaux.com* • *Ouv tte l'année.*
Un écocamping très agréable situé à côté du parc des Expositions. Pelouses verdoyantes autour de 5 étangs artificiels. Nombreux chalets en bois avec terrasse, confortables et tout équipés, et mobile homes *(360-1 134 €/sem).* Jeux pour enfants et piscine découverte. Internet. Wifi.

Cadre : ville. ***Terrain :*** herbe ; plat.	⊕ Moderne, récent et bien équipé. ⊖ Excentré.

À voir, à faire dans les environs : le centre historique de la ville, ses quais, ses terrasses !

BORT-LES-ORGUES 19110

31 km SE d'Ussel — *Carte Limousin B2*

€€€ 19,50 € — 132 emplacements

Camping Les Aubazines : *route d'Ussel. ☎ 05-55-96-08-38. 06-81-01-93-53.* • *lesaubaz@aol.com* • *les-aubazines.com* • *Ouv tte l'année.*
Magnifiquement situé au-dessus du lac de Bort. Beaux et larges emplacements, la plupart ombragés, sur 5 ha de prairies veloutées s'étageant sur les pentes, avec super panorama, vous vous en doutez. Sanitaires impeccables. Petite épicerie, tennis, plage surveillée, aquaparc avec toboggan, jeux pour enfants, etc. Loue aussi des chalets pour 4 à 6 personnes *(215-595 €/sem).* Internet. Wifi.

Cadre : lacs ou rivières, campagne. ***Terrain :*** en terrasses ; herbe. ***Réducs :*** frais de réservation offerts sur présentation de ce guide ; accès à la piscine gratuit pour les campeurs.	⊕ La superbe situation au-dessus du lac ; l'aquaparc. ⊖ Dommage qu'il n'y ait pas de buvette au centre du camping, près des animations.

À voir, à faire dans les environs : les Orgues et le barrage de Bort ; le château de Val.

BOURG-CHARENTE 16200

14 km E de Cognac — *Carte Poitou-Charentes B2*

€ 9,40 € — 42 emplacements

Camping du Port : *allée des Platanes. ☎ 05-45-81-30-25 (mairie). 06-15-16-67-82.* • *campingbourgcharente@gmail.com* • *Ouv Pâques-fin nov.*
Petit camping municipal vraiment tout simple mais idéalement situé le long du chemin de halage, sur un terrain bucolique à souhait, face à la Charente... et loin des voitures. Emplacements assez bien ombragés et tranquilles. Aire de jeux pour les enfants. Également 2 mobile homes à louer *(250-425 €/sem).* NOUVEAUTÉ.

Cadre : campagne, lacs ou rivières, sentiers de randonnée. ***Terrain :*** herbe.	⊕ Le cadre. ⊖ Simple mais suffisant.

À voir, à faire dans les environs : Jarnac ; la plage de Royan ; Cognac.

BOUSSAC 23600

38 km O de Montluçon ; 50 km NE de Guéret — *Carte Limousin B1*

€€€€ 31 € — 100 emplacements

Creuse Nature Naturisme : *route de Bétête. ☎ 05-55-65-18-01. • info@creuse-nature.com • creuse-nature.com • Ouv 1er avr-15 oct (loc tte l'année).*
Sans doute l'un des plus beaux campings du département, dans un environnement excessivement calme et boisé. Très bien tenu et bon accueil. Coup de cœur pour les emplacements tentes situés autour de l'étang, ouvert à la pêche. Locatifs *(260-860 €/sem)* : mobile homes disséminés sur le camping et 2 tentes safari écologiques, extra pour jouer les Robinson en famille. Un peu à l'écart, un chalet et des maisons écologiques construites par les propriétaires. Rondins de bois, tuiles en provenance de l'église de Boussac-bourg, aménagement simple mais impeccable, et de la terrasse de l'une d'entre elles, belle vue sur la vallée de la Creuse. Piscine couverte et chauffée. Sauna. Internet. Wifi.

Cadre : campagne, sentiers de randonnée. ***Terrain :*** herbe ; plat. ***Réducs :*** hors juin-août, 3 semaines pour le prix de 2 en camping et location sur présentation de ce guide.	⊕ L'ouverture à l'année ; la gestion écologique. ⊖ On cherche encore...

€€€€ 39 € — 145 emplacements

Camping Le Château de Poinsouze : *route de La Châtre. ☎ 05-55-65-02-21. • campingpoinsouze@gmail.com • camping-de-poinsouze.com • Ouv début mai-début sept.*
Camping jouxtant le château des propriétaires. Étang, belle piscine chauffée avec toboggan, beau parc, terrain de jeux, ping-pong. Possibilité également de louer des vélos, planches à voile, canoës-kayaks, etc. Nombreuses animations organisées (pêche, soirées, jeux pour enfants). Location de mobile homes, chalets, gîtes et roulottes *(250-1 150 €/sem).* Internet. Wifi.

Cadre : campagne. ***Terrain :*** herbe ; plat.	⊕ Le grand luxe. ⊖ Le peu d'emplacements ombragés ; 2-3 nuits minimum demandées selon période.

À voir, à faire dans les environs : le château de Boussac.

BRANTÔME 24310

26 km N de Périgueux — *Carte Aquitaine Nord B1*

€€€ 24 € — 150 emplacements

Camping de Peyrelevade : *av. André-Maurois. ☎ 05-53-05-75-24. • info@camping-dordogne.net • camping-dordogne.net • Ouv mai-sept.*
En bord de rivière (petite plage de sable). Des arbres de partout (même dans les sanitaires !). Piscine découverte chauffée. Possibilité de faire du canoë depuis les rives du camping. Hébergements locatifs pour 2-6 personnes *(240-995 €/sem).* Internet. Wifi.

Cadre : campagne, lacs ou rivières. ***Terrain :*** herbe ; plat.	⊕ L'accès direct à la rivière ; à 10 mn à pied du centre-ville. ⊖ Pas d'animation pour les ados.

À voir, à faire dans les environs : la ville, l'abbaye, le musée Fernand-Desmoulins ; la vallée de la Dronne ; Bourdeilles (11 km).

BUGEAT 19170

80 km N de Brive-la-Gaillarde — *Carte Limousin B2*

€€€ 18 € — 80 emplacements

Camping municipal Aux Portes des Mille Sources : *16, rue des Trois-Ponts. ☎ 05-55-94-32-12. • auxportesdesmillesources@orange.fr • camping-en-correze.com • Ouv de mi-avr à oct.*
Sur la rive d'une rivière poissonneuse et plantée de pins, grand camping avec sanitaires corrects malgré l'affluence estivale. Location de chalets, yourtes, tentes nature et cabanes. Wifi. NOUVEAUTÉ.

Cadre : campagne, forêt, sentiers de randonnée, lacs ou rivières. ***Terrain :*** herbe ; plat.	⊕ Ses 8 ha en bord de rivière, au cœur du parc naturel régional du Limousin ; ses emplacements de 100 à 300 m² ; refuge LPO. ⊖ Pas de piscine.

À voir, à faire dans les environs : le parc naturel régional de Millevaches ; la tourbière de Longeyroux ; le site gallo-romain des Cars.

BUSSIÈRE-GALANT 87230

6,5 km SE de Châlus ; 34,2 km SO de Limoges — *Carte Limousin A2*

€€ 12 € — 25 emplacements

Espace Hermeline : *au plan d'eau Les Ribières. ☎ 05-55-78-86-12. • accueil@espace-hermeline.com • espace-hermeline.com • Ouv de mi-avr-début nov.*
Au bord du lac et de sa plage (baignade surveillée), près du vélorail et du parc aventures (parcours dans les arbres), un camping modeste mais relativement bien ombragé et convivial. Petits emplacements car priorité donnée aux tentes. Sur place, possibilité de pêche et même un chemin de fer miniature ! Location de yourtes jusqu'à 6 personnes, simplement équipées *(644 €/sem).* Internet.

Cadre : campagne, lacs ou rivières, sentiers de randonnée. ***Terrain :*** herbe ; plat.	⊕ Les nombreuses activités proposées par la base de loisirs ; les yourtes. ⊖ Le confort relatif.

À voir, à faire dans les environs : la route Richard Cœur de Lion ; le château de Châlus ; le site des Cars ; le château de Lastours.

CADOUIN 24480

37 km SE de Bergerac — *Carte Aquitaine Nord B2*

€€€ 20 € — 32 emplacements

Les Jardins de l'Abbaye : *route de Monpazier, dans le village. ☎ 05-53-61-89-30. 06-88-38-45-31. • jardins-abbaye@hotmail.fr • jardinsabbaye.com • Ouv avr-oct.*
Surplombant littéralement Cadouin, cet adorable petit camping est organisé en terrasses, sous les arbres. Familial et simple, il joue bien son rôle dans sa catégorie. Agréable piscine sur la terrasse supérieure, avec pataugeoire. Location de mobile homes pour 6 personnes *(150-650 €/sem)* et de caravane *(200 €/sem).* Bon accueil. Internet. Wifi.

Cadre : campagne. ***Terrain :*** en terrasses ; herbe.	⊕ Au cœur du village, commerces et restos à proximité. ⊖ Le manque de séparation entre les emplacements (jeunes arbres) ; la taille du camping : moins d'un hectare ; la nécessité d'avoir une voiture pour visiter la région.

À voir, à faire dans les environs : l'abbaye de Cadouin (classée au Patrimoine mondial de l'Unesco) ; les grottes de Maxange (5 km) ; le gouffre de Proumeyssac (10 km).

CAPBRETON 40130

2,5 km S d'Hossegor ; 8 km S de Seignosse — ***Carte Aquitaine Sud A1***

€€€€ **25,50 €** — **300 emplacements**

Camping La Civelle : *rue des Biches. ☎ 05-58-72-15-11. • campinglacivelle@capbreton.fr • campinglacivelle.fr • Ouv Pâques-oct (fév-déc pour les loc).*
Pas tout près de la plage (20 mn à pied), mais on est certain d'être au calme et on a peut-être une chance d'y trouver de la place en dernier recours. Sous les pins, au calme et entouré de verdure. Mobile homes et chalets pour 4 à 6 personnes à louer *(300-700 €/sem).* Piste cyclable sur le camping. Location de VTT et VTC. Piscine. Internet. Wifi.

Cadre : mer. ***Terrain :*** herbe ; plat.	⊕ Le calme ; les navettes gratuites pour le centre-ville en été. ⊖ Loin de la plage.

À voir, à faire dans les environs : Capbreton la « cité marine », l'écomusée de la Mer-Aquarium.

CARCANS-PLAGE 33121

52 km NO de Bordeaux ; 84 km N d'Arcachon — ***Carte Aquitaine Nord A1***

€€€€ **32 €** — **470 emplacements**

Camping de l'Océan : *1, rue du Camping, à Carcans-Plage (logique !) et à 300 m de l'océan. ☎ 05-56-03-41-44. • campingocean-carcans@orange.fr • camping-carcans-ocean.com • Ouv avr-sept.*
Toutes les installations nécessaires. Préservé du béton, super bien ombragé mais très grand. Pour être au cœur de l'animation estivale : le camping est à deux pas du centre de Carcans-Plage, où de nombreuses soirées sont organisées (concerts, théâtre, cirque, etc.). Locatifs *(250-750 €/sem).* Internet. Wifi.

Cadre : forêt, mer, sentiers de randonnée. ***Terrain :*** en pente ; en terrasses ; plat.	⊕ Les animations ; un camping familial, dans une belle forêt de pins, entre mer et lac. ⊖ Pas de barbecue.

À voir, à faire dans les environs : le musée des Arts et Traditions populaires, le plus grand lac naturel de France, Carcans-Maubuisson.

CASTELJALOUX 47700

20 km NO de Damazan — ***Carte Aquitaine Nord B2***

€€€€ — **20 emplacements**

Castel Chalets, Les Chalets du lac de Clarens : *sur la route de Mont-de-Marsan. ☎ 05-53-93-07-45. • castel.chalets@orange.fr • castel-chalets.com • Ouv avr-oct.*

Pas d'emplacements pour les campeurs, mais une vingtaine de chalets en bois équipés pour 2 à 7 personnes *(310-620 €/sem)*, sous les pins, au bord du beau plan d'eau. Baignade surveillée en saison et nombreuses activités à la base de loisirs. Aire de camping-car. Internet. Wifi.

Cadre : lacs ou rivières. ***Terrain :*** plat.	⊕ La situation en bordure du lac, proche de la base de loisirs. ⊖ Aucun emplacement pour les tentes ; les frais de ménage en sus.

À voir, à faire dans les environs : la vieille ville ; le château de Roquetaillade ; Marmande (23 km).

CASTELS 24220

Carte Aquitaine Nord B2

15 km SE des Eyzies-de-Tayac ; 22 km O de Sarlat-la-Canéda

€€ **10 €** **8 emplacements**

Camping à la ferme Le Colombier : *Le Colombier. ☎ 05-53-29-26-25. • chez marty@yahoo.fr • colombier24.free.fr • Ouv Pâques-Toussaint. CB refusées.*
Tout petit hameau, avec d'anciennes maisons pleines de charme, aux toits de lauzes. Environnement champêtre. Camping tout simple, au confort rudimentaire, mais dans un pré velouté dominant le paysage. Bon accueil. Également location d'un mobile home et de chalets *(350-400 €/sem)*. Bon accueil. Conseillé de réserver en haute saison.

Cadre : campagne. ***Terrain :*** herbe ; plat.	⊕ Le site. ⊖ Le confort.

À voir, à faire dans les environs : les châteaux de Puymartin et de Commarque ; La Chapelle-Aubareil ; Les Eyzies-de-Tayac (15 km) ; les grottes de Lascaux (37 km).

CASTET 64260

5 km S d'Arudy ; 40 km O de Lourdes **Carte Aquitaine Sud B2**

€€ **12,70 €** **20 emplacements**

Aire naturelle Cazenave-Doux : *☎ 05-59-05-88-26. 📱 06-81-44-15-99. • chezjean cazenave@wanadoo.fr • Ouv juin-sept. CB refusées.*
Bel accueil dans cette aire naturelle de camping, au pied de la falaise aux Vautours. Des emplacements verdoyants (sans beaucoup d'ombre toutefois) mais aussi d'agréables chambres d'hôtes *(60 €/nuit, petit déj compris)* et un gîte pour 6 personnes *(330-480 €/sem)*. Table d'hôtes *(22 €)*. Pour se mettre au vert ou gambader (proximité du GR 10). Internet.

Cadre : montagne. ***Terrain :*** herbe.	⊕ L'ambiance familiale ; le cadre. ⊖ Très simple.

À voir, à faire dans les environs : l'église Saint-Vivien à Bielle (6 km) ; la falaise aux Vautours à Aste-Béon (10 km).

CHASSENEUIL-DU-POITOU 86360

2 km E du Futuroscope ; 8,5 km N de Poitiers **Carte Poitou-Charentes B1**

€€€ **16,60 €** **28 emplacements**

Camping municipal des Écluzelles : *rue Leclanché. ☎ 05-49-62-58-85. • contact@chasseneuildupoitou.fr • ville-chasseneuil-du-poitou.fr • Ouv de mi-avr à fin sept.*

Petit camping en centre-bourg, arboré et proche du Futuroscope. Tout simple, mais l'accueil est sympa, les sanitaires propres et l'ambiance familiale. L'accès à la piscine municipale, juste à côté, est gratuit pour les campeurs en juillet et en août. Wifi.

Cadre : ville. ***Terrain :*** herbe ; plat.	⊕ La proximité du Futuroscope. ⊖ La fermeture des grilles à 22h30 ne permettant plus l'accès des véhicules la nuit (accès piétons uniquement).

À voir, à faire dans les environs : le Futuroscope (2 km) ; Poitiers (8,5 km) ; le parc de loisirs de Saint-Cyr ; la Maison d'autrefois à Chasseneuil.

CHÂTEAUPONSAC 87290

22 km E de Bellac ; 45 km N de Limoges ***Carte Limousin A1***

€€€ 16 € **43 emplacements**

Camping de la Gartempe : *av. de Ventenet. ☎ 05-55-76-55-33. • campingdelagartempe@gmail.com • campingdelagartempe.fr • Ouv tte l'année.*
Petit camping calme et agréable, aux emplacements bien verts. Aire de jeux pour les enfants, location de VTT. Piscine municipale en contrebas du site (accès gratuit pour les résidents du camping) et bar-resto (avec billard) profitant d'une jolie vue sur la vallée et la rivière. Locatifs *(210-540 €/sem).* Accueil sympa. Wifi.

Cadre : ville, sentiers de randonnée. ***Terrain :*** herbe ; plat.	⊕ Le cadre ; la rivière toute proche. ⊖ La montée pour revenir de la piscine municipale !

À voir, à faire dans les environs : le musée René Baubérot et le lac de Saint-Pardoux.

CHÂTELAILLON-PLAGE 17340

14 km S de La Rochelle ***Carte Poitou-Charentes A2***

€€€€ 32 € **156 emplacements**

Camping Au Port Punay : *allée Bernard-Moreau, aux Boucholeurs. ☎ 05-17-81-00-00. • contact@camping-port-punay.com • camping-port-punay.com • Ouv mai-fin sept.*
Situé au sud de Châtelaillon, un camping au calme, familial, dans un très joli secteur. Exploité depuis près de 60 ans par la même famille, il a été entièrement rénové. Emplacements « confort » et « grand confort » nickel et ombragés. Mobile homes dernière génération, parfaitement équipés et aménagés. Labellisé Qualité Tourisme, Écolabel et Clé Verte, il offre d'excellentes prestations : épicerie, laverie, location de vélos, snack, jeux..., sans oublier les 2 belles piscines chauffées et l'espace bien-être avec sauna, hammam et douche sensorielle. Animations enfants et adultes en haute saison. Accueil vélo. Internet. Wifi.

Cadre : mer. ***Terrain :*** herbe ; plat. ***Réducs :*** café offert sur présentation de ce guide.	⊕ Le grand confort à 300 m de la première plage ; l'ambiance conviviale et familiale. ⊖ Les chiens refusés dans les locations

À voir, à faire dans les environs : La Rochelle (14 km) ; l'île d'Aix (20 km) ; la réserve naturelle du marais d'Yves (6 km).

CHÂTELLERAULT 86100

27 km NE du Futuroscope ; 30 km N de Chauvigny ***Carte Poitou-Charentes B1***

€ 8,20 € **63 emplacements**

Camping du Chillou d'Ozon : *17 bis, chemin du Chillou. ☎ 05-49-21-94-02. • camping.chillou@capc-chatellerault.fr • Ouv mai-oct.*

En bordure de rivière, impec pour les pêcheurs à la ligne, mais non loin aussi d'une ligne d'un autre genre... celle du TGV. Toutefois, on en a largement pour son argent dans ce camping bien équipé, arboré et aux agréables emplacements délimités par des haies. Location de bungalows pour 6-8 personnes *(153 €/sem).*

Cadre : lacs ou rivières, ville. ***Terrain :*** herbe.	⊕ Les tarifs ; les activités sportives. ⊖ La proximité de la ligne TGV.

À voir, à faire dans les environs : le Futuroscope (27 km) ; le parc de loisirs de Saint-Cyr (17 km) ; Chauvigny (30 km).

CHAUVIGNY 86300

24 km NO de Montmorillon ; 25 km E de Poitiers ***Carte Poitou-Charentes B1***

€€ **11,20 €** **100 emplacements**

La Fontaine : *42, rue de la Fontaine. ☎ 05-49-46-31-94. • camping-chauvigny@cg86.fr • tourisme-chauvigny.com • Ouv avr-sept (loc tte l'année).*
Dans un quartier tranquille à deux pas du centre et de la ville haute. Agréable camping bien ombragé, calme, bien équipé et à petits prix. Pour les enfants, des jeux et le jardin public adjacent. Le matin, livraison de pain et pâtisseries. De plus, l'accueil est très gentil. Bref, un vrai bon plan routard ! Studios à louer *(240-450 €/sem).* Wifi.

Cadre : campagne, ville. ***Terrain :*** herbe ; plat.	⊕ Les loisirs et les jeux pour les enfants ; la belle vue sur la vieille cité médiévale. ⊖ Les rares concerts dans les châteaux, qui peuvent éventuellement gêner.

À voir, à faire dans les environs : Chauvigny et ses cinq châteaux forts en ruine, sa collégiale Saint-Pierre, les Géants du Ciel ; le Futuroscope (37 km) ; le château de Touffou (6 km) ; l'abbaye de Saint-Savin (19 km).

CHEF-BOUTONNE 79110

17 km S de Melle ; 26 km E de Chizé ***Carte Poitou-Charentes B2***

€€€ **18,20 €** **30 emplacements**

Le Moulin : *au moulin de Tréneuillet. ☎ 05-49-29-73-46. • info@campingchef.com • campingchef.com • Ouv tte l'année. CB refusées.*
Petit camping très mignon et bien entretenu : beau gazon, massifs taillés et fleurs de rigueur ! Largement en retrait de la route et au bord de la Boutonne (demander les emplacements 15 à 22), il est très prisé par nos amis britanniques. Possibilité de location de mobile homes *(180-400 €/sem)* et de tentes. Resto en saison, avec terrasse bien agréable au bord de la piscine. Point de départ vers de nombreux sites magnifiques. Internet. Wifi.

Cadre : campagne. ***Terrain :*** herbe ; plat.	⊕ Le calme ; le terrain bien séparé du camping pour les mobile homes. ⊖ Sa faible capacité.

À voir, à faire dans les environs : le château de Javarzay et son étang de pêche ; l'abbaye royale de Celle-sur-Belle ; les mines d'argent des rois francs et les églises romanes de Melle ; Zoodyssée à Chizé.

CHERVEIX-CUBAS 24390

40 km NE de Périgueux — *Carte Aquitaine Nord B1*

€€€ 15,70 € — 33 emplacements

Camping Le Clupeau : *451, route de Genis, lieu-dit Le Clupeau. 06-75-72-80-11. • contact@camping-leclupeau.com • camping-leclupeau.com • Ouv mai-début oct (loc tte l'année).*
Un camping familial agréablement situé en bord de rivière, bien au calme, avec plage sur l'Auvézère. Emplacements semi-ombragés. Sanitaires récents. Une dizaine de mobile homes pour 4 à 6 personnes *(260-560 €/sem).* Snack-bar avec terrasse au bord de l'eau en saison. Location de canoës (descente possible jusqu'à 7 km) et de *paddles.* Internet. Wifi. NOUVEAUTÉ.

Cadre : campagne, lacs ou rivières, sentiers de randonnée.
Terrain : herbe ; plat.

+ Le cadre.
– Simple mais suffisant.

À voir, à faire dans les environs : les gorges de l'Auvézère ; la papeterie de Vaux-Payzac ; la maison de la Pomme d'or à Lanouaille ; le château et l'église d'Excideuil ; l'étang de Rouffiac.

CIVRAY 86400

52 km SO de Montmorillon ; 35 km NO de Confolens — *Carte Poitou-Charentes B1*

€€ 15 € — 60 emplacements

Camping de Civray : *route de Roche, « La Plage ». ☎ 05-17-34-50-02. 06-08-51-88-80. • campingdecivray@gmail.com • camping-de-civray.com • Ouv de mi-mars à mi-déc.*
Sur une grande pelouse bien entretenue, ce camping, familial de vocation, jouit d'une bien belle situation face à une île bordée par la Charente. De nombreux arbres offrent des espaces ombragés et les sanitaires sont propres. Sympathique petit bar-resto ouvert à tous, disposant d'une terrasse les pieds dans l'eau : plat du jour honnête, salades, burgers, brochettes, crêpes, etc. Multitude d'activités proposées *(avr-oct)* : canoë-kayak, *paddle,* pêche, jeux pour enfants, minigolf, randos à VTT et une piscine chauffée ! Locatifs *(210-580 €/sem).* Wifi.

Cadre : campagne, lacs ou rivières.
Terrain : herbe ; plat.

+ L'accueil ; les activités ; la proximité des commerces ; l'environnement nature, ombragé et convivial.
– On n'a pas trouvé.

À voir, à faire dans les environs : Civray ; la vallée des Singes à Romagne (29 km) ; Le Vieux Cormenier à Champniers (10 km) ; l'abbaye de la Réau à Saint-Martin-l'Ars (22 km).

CLERGOUX 19320

23 km E de Tulle — *Carte Limousin B2*

€€ 14,20 € — 33 emplacements

Camping La Petite Rivière : *☎ 05-55-27-68-50. • camping.lapetiteriviere@gmail.com • lapetiteriviere.fr • Ouv de mi-avr à fin oct.*
Petit et sympathique camping. Emplacements spacieux. Sanitaires corrects, machines à laver, etc. Bar-restaurant. Location de mobile homes *(200-370 €/sem).* Internet.

Cadre : campagne, lacs ou rivières, sentiers de randonnée. ***Terrain :*** herbe ; plat.	⊕ À 3 mn d'une belle plage, en pleine nature. ⊖ Pas de piscine.

À voir, à faire dans les environs : le château de Sédières (3 km) ; les jardins de Sothys.

CLERMONT-DES-LANDES 40180

15 km SE de Dax *Carte Aquitaine Sud A1*

€€ **12 €** **20 emplacements**

Camping à la ferme Lagareste : *chez Michel Ducasse, 1173, route de Haut-Pouy. ☎ 05-58-89-80-42. Ouv tte l'année.*
Emplacements dans un cadre ombragé à l'arrière de la ferme (exploitation de maïs mais on peut s'y procurer d'autres produits fermiers : œufs frais, poulet rôti...). Également de petits chalets et un gîte à louer *(250-350 €/sem, loc possible à la nuitée).* 2 blocs sanitaires. Ping-pong et baby-foot ! Très calme et excellent accueil.

Cadre : campagne, lacs ou rivières. ***Terrain :*** herbe ; plat.	⊕ La simplicité des lieux. ⊖ Si vous n'aimez pas le camping rudimentaire, passez votre chemin !

À voir, à faire dans les environs : Dax ; Montfort-en-Chalosse (12 km).

COGNAC 16100

29 km SE de Saintes ; 42 km NO d'Angoulême *Carte Poitou-Charentes A2*

€€€ **16,40 €** **140 emplacements**

Camping de Cognac : *bd de Châtenay, route de Sainte-Sévère. ☎ 05-45-32-13-32. • contact@campingdecognac.fr • campingdecognac.com • Ouv fin avr-début sept.*
Aux portes de la ville mais au bord de la Charente, un grand camping de 2 ha, situé dans un coin verdoyant. Emplacements champêtres et tranquilles, en partie déroulés le long de la rivière et délimités par des haies. Également des habitats toilés et des mobile homes pour 4 à 6 personnes *(182-510 €/sem).* Éviter toutefois ceux situés en bord de route. Une multitude de services et activités. Promenade le long de la Charente, jusqu'à la base de plein air de Cognac, à 1 km du camping. Wifi.

Cadre : ville. ***Terrain :*** herbe ; plat.	⊕ Au cœur du pays du cognac. ⊖ La route, assez proche.

À voir, à faire dans les environs : le musée des Arts du cognac, l'Espace découverte en pays du cognac, la vieille ville, la visite des chais ; Saintes (29 km).

COLLONGES-LA-ROUGE 19500

20 km SE de Brive-la-Gaillarde *Carte Limousin B2*

€€€ **24 €** **75 emplacements**

Camping La Valane : *le moulin de Valane. ☎ 05-55-25-41-59. 📱 06-84-40-36-23. • camping.collonges@aquadis-loisirs.com • campinglavalane.com • Ouv début avr-fin oct.*
Un bon camping avec de grands emplacements herbeux bien ombragés, séparés par des haies, dans un joli vallon proche de Collonges. Impeccablement entretenu, il dispose de bons équipements : grande piscine, espace aquatique avec toboggans, tennis, snack-bar *(en été)* et sanitaires récents. La quarantaine de mobile homes et mini-chalets *(110-670 €/sem ou 35-65 €/nuit)* font bon ménage avec les campeurs car dispersés sur le terrain. Animations en saison. Internet. Wifi.

Cadre : campagne. ***Terrain :*** herbe ; plat.	⊕ Les équipements nombreux ; le cadre ; la situation près d'un des Plus Beaux Villages de France. ⊖ Un peu à l'écart des commerces.

À voir, à faire dans les environs : Collonges-la-Rouge ; Meyssac ; Turenne.

CONFOLENS 16500

Carte Poitou-Charentes B2

67 km NE d'Angoulême ; 44 km NE de La Rochefoucauld

€€€ **19,50 €** **150 emplacements**

Camping des Ribières : *21, av. de Saint-Germain. ☎ 05-45-85-35-27. 06-82-09-86-76. • camping-les-ribieres@orange.fr • campingdesribieres.fr • Ouv 1er avr-30 sept.*
À proximité, piscine, tennis couvert et ouvert... Emplacements peu ombragés mais bien verts (car au bord de la rivière), agréables et bien délimités (éviter toutefois ceux situés à proximité de la route). Boulodrome, ping-pong et canoës (gratuits) sur place, et piscine et tennis à proximité. On peut aussi pêcher dans la rivière. Aire de jeux et laverie. Locatifs *(140-600 €/sem, possibilité de loc à la nuitée).* Snack en été. Accueil sympathique. Internet. Wifi.

Cadre : lacs ou rivières. ***Terrain :*** herbe ; plat.	⊕ Le calme ; bien ombragé ; le wifi gratuit ; la présence d'un gardien. ⊖ Peu équipé ; pas d'animations ; pas de restauration sur place.

À voir, à faire dans les environs : Confolens et les villages alentour ; Angoulême (67 km) ; La Rochefoucauld (44 km) ; les lacs de Lavaud et Mas-Chaban (20 km).

CONTIS-PLAGE 40170

10 km O de Saint-Julien-en-Born ***Carte Aquitaine Sud A1***

€€€€ **70 €** **225 emplacements**

Camping Yelloh Village Lous Seurrots : *606, av. de l'Océan, Saint-Julien-en-Born. ☎ 05-58-42-85-82. • info@seurrots.com • lous-seurrots.com • Ouv début avr-fin sept.*
Un grand camping au bout de la route, entre océan et rivière, entre dune et pinède, ayant misé sur le bois pour mieux s'intégrer au paysage. Plus proche du village-vacances que du camping de papa, cela dit ! Espace aquatique avec 4 bassins (dont un couvert). Beach-volley, tir à l'arc, pétanque, tennis, terrain multisport, ping-pong, salle TV, aire de jeux, clubs enfants et ados, nombreuses animations estivales... Bar-resto avec vue sur la rivière. Chalets, cottages, mobile homes, tentes meublées *(273-1 953 €/sem).* Internet. Wifi.

Cadre : forêt, mer. ***Terrain :*** herbe ; plat.	⊕ Les équipements de loisirs ; la mer à côté. ⊖ Le côté village-vacances.

À voir, à faire dans les environs : la plage ; le phare de Contis ; le Festival international de cinéma mi-septembre.

CORRÈZE 19800

19 km NE de Tulle ***Carte Limousin B2***

€€€ **22 €** **42 emplacements**

Au Bois de Calais : *rue René-Cassin. ☎ 05-55-26-26-27. 06-14-63-64-25. • contact@auboisdecalais.com • auboisdecalais.com • Ouv avr-oct.*

À l'écart du village, dans un joli coin, encore nature, au-dessus de la Corrèze (qui, évidemment, traverse ce village appelé Corrèze dans le département de la... Corrèze). Vastes emplacements bien ombragés. Location de gîtes, chalets et mobile homes *(350-750 €/sem).* Piscine, aire de jeux, terrain de sport, étang pour pêcher, resto avec billard et ping-pong... Et une démarche écolo récompensée par plusieurs labels. Internet. Wifi.

Cadre : campagne, forêt, lacs ou rivières, montagne, sentiers de randonnée. ***Terrain :*** herbe ; plat ; rocaille.	⊕ Le cadre. ⊖ Le peu d'emplacements (résa conseillée).

À voir, à faire dans les environs : le musée du Président-Jacques-Chirac à Sarran (11 km) ; l'église et les cascades de Gimel-les-Cascades (11 km) ; Tulle.

COUHÉ 86700

32 km SO de Poitiers ***Carte Poitou-Charentes B1***

€€€€ **32 €** **200 emplacements**

Camping La Rivière (ex-Les Peupliers) : *☎ 01-83-77-25-28. • recep.riviere@olela.fr • olela.fr • Ouv avr-oct.*
Un grand bol d'air en bord de rivière et en bord d'étang dans ce camping installé depuis 1968 ! Lieu de séjour familial idéal pour la détente autour du complexe aquatique chauffé *(ouv jusqu'à minuit en saison).* Mais aussi un bon point de chute pour sillonner les alentours. Les meilleurs emplacements sont au bord de l'eau. Les chalets et mobile homes *(306-1 800 €/sem)* sont situés en hauteur, en pleine nature, dans un environnement boisé. Les « grand confort » sont sur des parcelles de 200 m^2 avec barbecue. Du camping haut de gamme, pour routards aisés. Location de frigos, de draps, de chaises ou de lits enfants. En saison, cuisson de pain toute la journée, et croissants. Piscine, minigolf, salle de jeux et resto. Wifi.

Cadre : campagne, lacs ou rivières. ***Terrain :*** herbe ; plat.	⊕ L'accueil ; l'équipement ; les loisirs : les animations, le miniclub enfants, le complexe aquatique, avec jacuzzi ; les très grands emplacements des mobile homes « confort » et « grand confort ». ⊖ La route nationale, pas toute proche mais qui produit un petit bruit de fond.

À voir, à faire dans les environs : le Futuroscope (45 km) ; Romagne et la vallée des Singes (12 km) ; l'abbaye de la Réau à Saint-Martin-l'Ars (38 km).

COULON 79510

60 km NE de La Rochelle ***Carte Poitou-Charentes A1***

€€€€ **31 €** **120 emplacements**

Camping de la Venise Verte : *178, route des Bords-de-Sèvre. ☎ 05-49-35-90-36. • accueil@camping-laveniseverte.com • camping-laveniseverte.com • Ouv avr-sept.*
Sur les bords de la Sèvre, un agréable camping à l'ambiance familiale, offrant tout le confort nécessaire. Terrain plat, ombragé, mais sans haies pour délimiter les emplacements. Bon point de départ pour découvrir le Marais poitevin. A obtenu l'Écolabel pour sa bonne gestion des ressources. Piscine *(chauffée de mi-juin à mi-sept)* et resto en saison. Accueil sympa. Locatifs *(420-539 €/sem).* Wifi.

Cadre : campagne, sentiers de randonnée. ***Terrain :*** herbe ; plat.	⊕ L'Écolabel. ⊖ Pas de haies pour délimiter les emplacements.

À voir, à faire dans les environs : le parc ornithologique de Saint-Hilaire-la-Palud ; le Marais poitevin ; l'abbaye de Maillezais ; la Maison du marais mouillé de Coulon.

COULONGES-SUR-L'AUTIZE 79160

22 km NO de Niort — *Carte Poitou-Charentes A1*

€ **7 €** — **30 emplacements**

Camping municipal du Parc : *rue du Calvaire. ☎ 05-49-06-27-56 et 05-49-06-10-72. 06-72-29-17-73. • mairie-coulonges-sur-lautize@wanadoo.fr • coulonges-sur-lautize.fr • Ouv mai-sept. CB refusées.*
À quelques centaines de mètres du centre, agréable terrain ombragé et au calme. Rivière à 4 km (possibilité d'y pratiquer la pêche). Piscine communautaire à proximité, gratuite pour les campeurs.

Cadre : sentiers de randonnée, ville. ***Terrain :*** herbe ; plat.	⊕ Intime ; proche du centre, des monuments historiques et d'un parc ombragé. ⊖ Peu d'équipements.

À voir, à faire dans les environs : le château, l'église Saint-Étienne, le musée du Charronnage et de la Tonnellerie ; la commanderie des Antonins de Saint-Marc-la-Lande ; Niort ; le Marais poitevin.

CROZANT 23160

10 km N de Dun-le-Palestel — *Carte Limousin B1*

€€ **10,72 €** — **33 emplacements**

Camping La Font Bonne : *11, rue Font-Bonne. ☎ 05-55-89-80-12. • mairie-crozant@wanadoo.fr • Ouv 1er mai-30 sept. CB refusées.*
Joli camping tout simple et très propre, ombragé par de vieux chênes, des pins... Très calme, on entend le bruit de l'eau en contrebas. Sentiers de balades à proximité. Bon accueil.

Cadre : campagne, lacs ou rivières, sentiers de randonnée. ***Terrain :*** herbe ; plat.	⊕ L'emplacement ; le calme ; la proximité du centre du bourg, avec ses commerces et restos. ⊖ Le manque d'activités sur le site.

À voir, à faire dans les environs : les ruines du château, les rives de la Sédelle ; Fresselines ; les Jardins clos de la Forge et l'arboretum de la Sédelle à Villejoint.

DAMAZAN 47160

31 km SE de Marmande ; 39 km NO d'Agen — *Carte Aquitaine Nord B2*

€€€ **18,50 € (électricité incluse)** — **53 emplacements**

Camping du lac du Moulineau : *☎ 05-53-79-40-15 (mairie). 07-56-05-46-51. • campingdulacdamazan@collectivite47.fr • camping-du-lac-damazan.fr • Ouv mai-fin sept. CB refusées.*
Au bord du lac de Moulineau (baignade surveillée en été), bien situé pour sillonner la région. Emplacements simples, ombragés par une chênaie. Pas de locatifs. Halle couverte avec tables et chaises. Ambiance champêtre. Sanitaires neufs. Accueil vélo.

Cadre : campagne, lacs ou rivières. ***Terrain :*** herbe ; plat.	⊕ Le lac et les activités nautiques (téléski, *paddle*, canoë) ; à 500 m des voies vertes du Canal des deux mers et de la Scandibérique, à 6 km du terminus de la véloroute de la vallée du Lot. ⊖ Le bruit du téléski nautique en journée ; l'autoroute relativement proche.

À voir, à faire dans les environs : la visite des chais de vieillissement aux *Vignerons de Buzet* (4,5 km) ; la maison du Pruneau à Granges-sur-Lot (20 km) ; Nérac (23 km).

DAX 40100

40 km E d'Hossegor ; 55 km O de Mont-de-Marsan **Carte Aquitaine Sud A1**

€€€ **15,50 €** **130 emplacements**

Camping Le Bascat : *rue de Jouandin. ☎ 05-58-56-16-68. • infolebascat@orange.fr • campinglebascat.com • Ouv 2 mars-9 nov.*
Un camping à des prix très convenables. Location de mobile homes *(242-488 €/sem).* Internet. Wifi.

Cadre : campagne, ville. ***Terrain :*** herbe ; plat.	⊕ Confort et convivialité ! ⊖ Pas de piscine.

À voir, à faire dans les environs : la feria autour du 15 août ; la fontaine chaude.

DIENNÉ 86410

Carte Poitou-Charentes B1

15 km NO de Lussac-les-Châteaux ; 28 km SE de Poitiers

€€€€ **39 €** **13 emplacements**

Défi Planet' au Domaine de Dienné : *La Boquerie. ☎ 05-49-45-87-63. • info@defiplanet.com • defiplanet.com • Ouv tte l'année, sauf de janv à mi-fév.*
« Naturellement différent », voici la devise de ce domaine de près de 50 ha, où s'égrènent des hébergements « insolites » : yourtes, roulottes, logements dans les arbres, maisons des farfadets, maisons escargot ou champignon, chalets, carré d'étoiles, hôtel insolite sous les pins... Des noms évocateurs, dignes d'un pays imaginaire. Faites votre choix, la yourte étant la solution la plus économique en dehors du camping. Rien ne manque dans ces espaces optimisés, la formule est rodée et permet de faire sa tambouille, de manger en chanson à *La Plancha des Farfadets,* d'aller au snack ou au restaurant gastro du domaine. Pratique, le petit déj peut être livré de bon matin devant sa bicoque. Mais ce qui prime, c'est le site magnifique, immense terrain de jeux avec parc aventure, VTT, piscines, espace bien-être, chasse au trésor ou encore centre équestre... La vie sportive pour toute la famille, si l'on ne rechigne pas à mettre la main au porte-monnaie. Locatifs 73-289 €/nuit (2 nuits min les w-e et vac d'été). Internet. Wifi.

Cadre : campagne. ***Terrain :*** herbe ; plat.	⊕ Le nombre d'activités sportives et de loisirs ; l'originalité des hébergements insolites. ⊖ Le prix.

À voir, à faire dans les environs : Planète Crocodiles et la nécropole mérovingienne de Civaux (13 km) ; le Futuroscope (36 km).

DOLUS D'OLÉRON (ÎLE D'OLÉRON) 17550

40 km O de Rochefort ; 50 km N de Royan *Carte Poitou-Charentes A2*

€€€€ 37 € **105 emplacements**

Camping Huttopia Les Chênes Verts : *9, passe de l'Écuissière. ☎ 05-46-75-32-88. • europe.huttopia.com • Ouv de mi-juin à fin sept.*
Dans un environnement boisé bien préservé, avec accès direct à la plage de l'Écuissière (50 m), idéale pour la pêche à pied ou le cerf-volant. Emplacements classiques et une cinquantaine de tentes toile et bois tout équipées pour 4-5 personnes (avec lits et couvertures, mais prévoir draps, taie d'oreiller et linge de toilette). 2 blocs sanitaires et laverie. Café-resto en juillet-août. Location de vélos. Wifi. NOUVEAUTÉ.

Cadre : mer. ***Terrain :*** herbe ; plat.	⊕ Proche de la plage ; familial ; dans un environnement préservé. ⊖ Pas de piscine ; le café-resto fermé hors saison.

À voir, à faire dans les environs : l'île d'Oléron ; fort Boyard.

DURAS 47120

Carte Aquitaine Nord B2

67 km NE de Monségur ; 22 km S de Sainte-Foy-la-Grande

€€ 10 € **20 emplacements**

Camping municipal Le Château de Duras : *au pied du château. ☎ 05-53-83-70-18. • mairie-de-duras@wanadoo.fr • mairie-duras.fr • Ouv juil-août. CB refusées.*
Un terrain simple dans un cadre magnifique, au pied du château de Duras et au calme.

Cadre : campagne. ***Terrain :*** en pente ; herbe ; plat.	⊕ Le cadre et le point de vue ; situé à 100 m du village et des commerces. ⊖ Peu d'équipements.

À voir, à faire dans les environs : le château et la Maison du vin des côtes de Duras.

EXCIDEUIL 24160

36 km NE de Périgueux *Carte Aquitaine Nord B1*

€ 9,50 € **33 emplacements**

Camping du Pont Rouge : *☎ 05-53-62-43-72 ou 05-53-55-31-05 (mairie, hors saison). 📱 06-42-38-23-23. • mairie@excideuil.fr • excideuil.fr • Ouv juil-sept. CB refusées.*
Agréablement situé au bord de la rivière Loue. Terrain simple et à dimension humaine. Bien ombragé. NOUVEAUTÉ.

Cadre : en bordure de rivière. ***Terrain :*** plat ; herbe.	⊕ Calme, proche de la nature. ⊖ Simple mais suffisant.

À voir, à faire dans les environs : le château et l'église d'Excideuil ; l'étang de Rouffiac ; la papeterie de Vaux-Payzac ; la maison de la Pomme d'or à Lanouaille ; les gorges de l'Auvézère.

EYMET 24500

25 km SO de Bergerac **Carte Aquitaine Nord B2**

€€ 14,30 € **60 emplacements**

Camping du Château : *rue de la Sole. ☎ 05-53-23-80-28. 06-24-50-61-85. • contact@camping-eymet.fr • camping-eymet.fr • Ouv avr-fin sept.*
Un très joli camping « à l'ancienne », vert, bucolique, ombragé, boisé et avec une petite rivière qui coule au fond. Sanitaires parfaitement tenus. Barbecues à disposition. Billard, jeux bois, ping-pong, pétanque. Accueil charmant. Bref, un camping comme on les aime. Wifi.

Cadre : campagne, lacs ou rivières, ville.
Terrain : herbe ; plat.

⊕ Le tarif randonneur à 5 € par personne.
⊖ La piscine (municipale) à 1 km.

À voir, à faire dans les environs : la bastide d'Eymet ; le vignoble de Bergerac.

EYMOUTHIERS 16220

30 km E d'Angoulême ; 19 km SE de La Rochefoucauld **Carte Poitou-Charentes B2**

€€€€ 46 € **120 emplacements**

Camping Yelloh Village Gorges du Chambon : *81, rue de la Tardoire. ☎ 05-45-70-71-70. • info@camping-gorgesduchambon.com • camping-gorgesduchambon.com • Ouv de début juin à mi-sept.*
Situé dans la boucle de la Tardoire, ce camping soigné offre toutes les garanties d'un séjour sans fausse note : l'environnement est magnifique (une colline verdoyante baignée par la rivière), l'accueil chaleureux et les prestations à la hauteur (piscine avec toboggans, minigolf, tennis, aire de jeux pour les enfants...). Restaurant dans les dépendances de la belle ferme attenante (qui abrite la réception et l'épicerie). Location de tentes safari, mobile homes et chalets 2-6 personnes à partir de 2 nuits minimum *(315-1 099 €/sem).* Internet. Wifi.

Cadre : campagne, lacs ou rivières, sentiers de randonnée.
Terrain : en pente ; herbe ; plat.

⊕ Les prestations ; l'espace.
⊖ Excentré ; quelques emplacements en pente.

À voir, à faire dans les environs : La Rochefoucauld ; les lacs de Haute-Charente.

FONROQUE 24500

23 km S de Bergerac **Carte Aquitaine Nord B2**

€€ 14 € **25 emplacements**

Camping Lou Tuquet : *route de Cahors, Le Mayne. 06-85-18-23-01. • loutuquet@wanadoo.fr • campingloutuquet.fr • Ouv de mi-avr à mi-oct. CB refusées.*
Dans une ferme estampillée bio avec de la luzerne, de l'orge et des ruches ! Bel environnement, avec un côté sauvage et rustique qui ravira les amateurs de convivialité et de « slow-camping » à l'ancienne. Quelques emplacements dans un petit bois de chênes et de pins. Beaux coucher et lever de soleil selon les emplacements. Également, location d'un mobile home, de cabanes et d'un gîte pour 2 à 8 personnes et plus, pour toutes les bourses *(150-370 €/sem).* Internet. Wifi.

Cadre : campagne.
Terrain : en terrasses ; herbe.

⊕ Les cabanes en bois, en lisière de forêt.
⊖ Un peu de vent parfois.

À voir, à faire dans les environs : les vestiges d'une villa gallo-romaine avec ses thermes à Montcaret (51 km).

FOURAS 17450

Carte Poitou-Charentes A2

13 km NO de Rochefort-sur-Mer ; 25 km S de La Rochelle

€€€€ 25,50 € **498 emplacements**

Camping municipal Le Cadoret : *bd de Chaterny. ☎ 05-46-82-19-19. • camping lecadoret@fouras-les-bains.fr • campings-fouras.com • Ouv tte l'année (1er avr-31 oct pour les loc).*
Un vaste camping super équipé, qui n'a pas volé ses 3 étoiles : piscine chauffée, terrain multisports, ainsi que des emplacements bien délimités et pour certains face à la mer. Snack indépendant en face. Dépôt de pain. Animations pour petits et grands en saison. À proximité, fun golf, voile, kayak de mer. Et excellent accueil, ce qui ne gâche rien ! Internet. Wifi.

Cadre : mer.
Terrain : en terrasses ; herbe ; plat.
Réducs : forfait curistes à 705 € les 3 semaines pour 2 personnes en location, sauf du 8 juin au 31 août ; forfait caravaning curistes à 340 € les 3 semaines pour 2 personnes avec électricité hors juillet-août.

⊕ Le grand confort ; l'emplacement privilégié entre plage et centre-ville ; même l'accueil est excellent, ce qui ne gâche rien !
⊖ On cherche encore...

€€ 12 € **122 emplacements**

Camping municipal de L'Espérance : *route de l'Espérance. ☎ 05-46-84-24-18. • camping-de-lesperance@orange.fr • camping-fouras.com • Ouv de mi-juin à début sept.*
Dans un secteur tranquille et les pieds dans l'eau, un camping 1-étoile simple mais bien tenu, qui s'étend le long d'une plage sauvage (accès direct). Ambiance très nature, pas de mobile homes ni d'équipements. Idéal pour les amateurs de pêche à pied (la baie est à sec à marée basse). Très prisé des Allemands et autres touristes venus du froid. NOUVEAUTÉ.

Cadre : mer, ville.
Terrain : herbe ; plat.

⊕ Face à la mer ; nature ; tranquille.
⊖ Peu d'équipements.

À voir, à faire dans les environs : le fort Vauban, le fort Énet ; des excursions sur les îles d'Aix et Madame ; Rochefort-sur-Mer ; La Rochelle.

FRESSELINES 23450

10 km E de Crozant *Carte Limousin B1*

€ 8,60 € **15 emplacements**

Camping municipal Le Palot : *allée Fernand-Maillaud. ☎ 05-55-89-70-46 (mairie). • mairie-fresselines@wanadoo.fr • Ouv 15 mai-15 sept. CB refusées.*
Un petit camping d'une quinzaine d'emplacements, au calme et cependant en plein cœur du village, dans un cadre agréable et verdoyant, à deux pas de l'Espace Monet-Rollinat. 3 mobile homes à louer pour 4 à 6 personnes *(150-260 €/sem).*

Cadre : campagne.
Terrain : herbe ; plat.

⊕ Sa situation centrale tout en étant au calme.
⊖ Le manque d'activités de loisirs sur le site.

À voir, à faire dans les environs : le Centre artistique de la vallée de la Creuse ; Crozant ; les rives de la Sédelle ; les jardins clos de la Forge et l'arboretum de la Sédelle à Villejoint.

NOUVELLE-AQUITAINE

GABARRET — 40310

50 km E de Mont-de-Marsan — *Carte Aquitaine Sud B1*

€€ 10,20 € — 36 emplacements

Parc touristique de la Chêneraie : *454, av. de la Chêneraie. ☎ 05-58-44-92-62. • la-cheneraie@orange.fr • Ouv mars-oct (loc tte l'année).*
Dans un cadre de verdure en lisière de forêt, des emplacements semi-ombragés ou au soleil. Un seul bloc sanitaire, petit mais propre. Également des gîtes en brique et des mobile homes à louer *(233-390 €/sem).* Location de vélos. Piscine municipale juste à côté. Internet. Wifi.

Cadre : campagne, forêt, sentiers de randonnée. ***Terrain :*** herbe ; plat.	⊕ Le côté nature ; familial ; calme. ⊖ Le manque d'équipements.

À voir, à faire dans les environs : la ferme solaire du Gabardan ; la ganadéria de Buros.

GASTES — 40160

17 km S de Biscarrosse ; 18 km N de Mimizan — *Carte Aquitaine Nord A2*

€€€€ 30 € — 100 emplacements

Camping Les Prés Verts : *av. du Lac. ☎ 05-58-09-74-11. 06-18-39-37-82. • camping@presverts.net • presverts.net • Ouv de mars à mi-nov.*
Un camping fleuri qui mérite bien son nom. Vue sur plan d'eau, jardin aromatique. Accès direct au lac, à la plage et à la piste cyclable. Piscine chauffée. Location de vélos. Mobile homes, bungalows, cabanes et chalets à louer *(245-1 204 €/sem).* Internet. Wifi.

Cadre : forêt, lacs ou rivières, sentiers de randonnée. ***Terrain :*** herbe ; plat.	⊕ Familial et idéal pour les enfants ; petite structure, espace, verdure, terrain en cul-de-sac, sécurité ; pas de frais de dossier pour les cyclistes et randonneurs. ⊖ Les frais de dossier des locatifs.

À voir, à faire dans les environs : à Biscarrosse (17 km), le musée de l'Hydraviation et le musée des Traditions.

GONDEVILLE — 16200

17 km SE de Cognac — *Carte Poitou-Charentes B2*

€€€ 18,60 — 80 emplacements

Camping Île Madame : *rue de l'Île-Madame. ☎ 05-45-81-18-54. 06-26-91-40-92. • campingilemadame@orange.fr • camping-jarnac.jimdo.com • Ouv de mi-avr à fin sept.*
Camping à taille humaine, rénové, qui n'est pas (comme son nom pourrait le suggérer) sur une île mais en bordure d'un bras de la Charente, et à 50 m de la piscine municipale (accès gratuit pour les campeurs). Chalets et mobile homes pour 2-8 personnes *(335-560 €/sem).* NOUVEAUTÉ.

Cadre : en bordure de rivière. ***Terrain :*** herbe, plat.	⊕ Animaux acceptés. ⊖ R.A.S.

À voir, à faire dans les environs : Jarnac et la maison natale de François Mitterand ; Cognac et son vignoble ; les rives de la Charente.

GUÉRET 23000

43 km NO d'Aubusson ; 37 km E de La Souterraine — *Carte Limousin B1*

€€€ 18 € — 64 emplacements

Camping de Courtille : *rue Georges-Aulong. ☎ 05-55-81-92-24. • contact@camping-courtille.com • camping-courtille.com • Ouv 1er avr-30 sept.*
Verdoyant et ultra-tranquille, ce beau camping, sur les rives d'un vaste plan d'eau aménagé, est très agréable. On croise pêcheurs et sportifs qui courent autour du lac (3 km) à grandes foulées. Une plage de l'autre côté et des activités pour les enfants attirent les vacanciers en été. Mobile homes et chalets à louer *(280-539 €/sem),* ainsi que des tentes Indiana *(161-199,50 €/sem).* Emplacements assez spacieux. Internet. Wifi.

Cadre : campagne, forêt, lacs ou rivières, sentiers de randonnée, ville. ***Terrain :*** herbe ; plat.	⊕ Très bien entretenu. ⊖ Certaines parties sont peu ombragées.

À voir, à faire dans les environs : le musée de la Sénatorerie ; le parc animalier des monts de Guéret – Les Loups de Chabrières à Sainte-Feyre (7 km).

HENDAYE (HENDAIA) 64700

14 km SO de Ciboure ; 25 km de San Sebastian (Espagne) — *Carte Aquitaine Sud A1*

€€€€ 35 € — 299 emplacements

Camping Alturan : *rue de la Côte. ☎ 05-59-20-04-55. 📱 06-72-92-48-64. • camping.alturan@orange.fr • camping-alturan.com • Ouv juin-sept.*
Un vrai camping, réservé aux campeurs (pas d'hébergements en dur !), bien ombragé par de hauts peupliers et non loin de la plage. Emplacements vastes, bien délimités par des haies. Certains avec vue mer. Sympathique clientèle d'habitués en haute saison. Pas d'animations, donc calme garanti. Snack-bar, supérette. Wifi.

Cadre : mer. ***Terrain :*** en terrasses ; herbe.	⊕ Le terrain ombragé ; la vue sur la mer et la montagne ; la plage à 100 m ; la ville à 800 m. ⊖ Par endroits, terrain difficile d'accès aux voitures et aux caravanes (colline).

À voir, à faire dans les environs : l'église Saint-Vincent ; la vallée de la Nivelle, l'Espagne.

ÎLE D'AIX (L') 17123

3 km O de Fouras (en navette) — *Carte Poitou-Charentes A2*

€€€ 25 € — 60 emplacements

Résidence Pierre et Vacances : *fort de la Rade. ☎ 05-46-84-28-28. • reception.iledaix@groupepvcp.com • pierreetvacances.com • Ouv mai-fin sept.*
Dans l'enceinte même du site classé du fort de la Rade, un terrain bien ombragé mais assez sommaire. À proximité : tennis, voile, pétanque. Piscine chauffée (juin-septembre). Wifi.

Cadre : mer. ***Terrain :*** herbe.	⊕ Le site très chouette. ⊖ Peu d'équipements

À voir, à faire dans les environs : sur l'île, le musée Napoléon, le Musée africain, le fort Liédot ; à Fouras, le fort Vauban, le fort Énet ; Rochefort-sur-Mer (16 km) ; La Rochelle (28 km).

ÎLE MADAME (L') 17730

18 km O de Rochefort ; 50 km S de La Rochelle — **Carte Poitou-Charentes A2**

€€ **12 €** — **50 emplacements**

Camping de l'île Madame : *☎ 05-46-84-56-20. • martin-mouriere@wanadoo.fr • Ouv avr-oct.*
Sur un petit terrain jouxtant une ferme appartenant à la même famille. Seulement quelques emplacements plutôt bien ombragés, avec des sanitaires simples. Parfait pour une robinsonnade si l'on occulte les quelques caravanes présentes à l'année et les camping-cars de passage. NOUVEAUTÉ.

Cadre : mer, sentiers de randonnée.
Terrain : herbe ; plat.

⊕ Le site nature ; les sentiers à proximité ; la mer.
⊖ Peu d'équipements.

À voir, à faire dans les environs : la ferme aquacole ; la passe aux Bœufs ; le sentier du littoral.

JONZAC 17500

30 km S de Cognac ; 55 km SO d'Angoulême — **Carte Poitou-Charentes A2**

€€€ **16 €** — **35 emplacements**

Camping municipal : *pl. Saint-Exupéry. ☎ 05-46-48-49-29 (office de tourisme). • camping@villedejonzac.fr • jonzac-tourisme.com • Ouv de mi-mars à fin nov.*
Un petit camping basique, simple et fonctionnel, avec une note bucolique pour les quelques emplacements en bord de rivière. Équipement correct. Ombrage moyen sur un sol dur ou herbeux selon les emplacements. Accès direct (1 km) aux thermes et commerces très proches.

Cadre : campagne, ville.
Terrain : herbe ; plat.

⊕ Bien placé ; la rivière.
⊖ Peu d'équipements.

À voir, à faire dans les environs : Les Antilles de Jonzac-centre aquatique ; le château de Barbezieux.

LA BRÉE-LES-BAINS (ÎLE D'OLÉRON) 17840

77 km S de La Rochelle ; 33 km O de Marennes — **Carte Poitou-Charentes A2**

€€€€ **36,50 €** — **129 emplacements**

Camping Antioche d'Oléron : *route de Proires. ☎ 05-46-47-92-00. • info@camping-antiochedoleron.com • camping-antiochedoleron.com • Ouv mars-nov.*
Un camping calme et familial, à 150 m de la plage de la Brée (2 km de long). Mobile homes pour 2 à 8 personnes *(282-1 204 €/sem).* Tous services ou presque : laverie, jeux, salle TV, etc. 2 piscines chauffées, dont une couverte avec banquette balnéo, et pataugeoire dans chaque piscine. D'avril à septembre, pain et viennoiseries cuits sur place, bar, restauration et snack sur place ou à emporter. Marché à 500 m du camping. Internet. Wifi.

Cadre : mer.
Terrain : herbe ; plat.

⊕ Calme ; familial ; bien équipé.
⊖ Plus de place pour le locatif que d'emplacements pour les tentes ; pas d'animations pour les ados.

À voir, à faire dans les environs : l'île d'Oléron ; le phare de Chassiron ; les plages.

LA CELLE-DUNOISE 23800

36 km NO de Guéret *Carte Limousin B1*

€ 7,10 € **33 emplacements**

Camping des Sillons : *1, route des Peintres. ☎ 05-55-89-10-77 (mairie). • mairie@lacelledunoise.fr • lacelledunoise.fr • Ouv juil-sept. CB refusées.*
Petit camping situé dans un cadre naturel et à l'ambiance sympa. Tennis. Le paradis des pêcheurs et des randonneurs ; une portion de la zone de pêche est accessible aux personnes handicapées.

Cadre : campagne, forêt, lacs ou rivières, sentiers de randonnée. **Terrain :** herbe ; plat.	⊕ Son cadre nature. ⊖ Manque un peu d'ombre ; les équipements minimum.

€ 8,90 € **27 emplacements**

Camping La Baignade : *route des Canards. ☎ 05-55-89-10-77 (mairie). • mairie@lacelledunoise.fr • lacelledunoise.fr • Ouv 1er avr-30 oct. CB refusées.*
Ensemble plus artificiel mais avec plagette, base de canoë-kayak et activités diverses (ping-pong, VTT, etc.). Plage aménagée pour les baignades en rivière. Les meilleurs emplacements sont à la fois vastes et ombragés, avec vue sur le village. Quelques mobile homes à louer *(152-313 €/sem).* Wifi.

Cadre : campagne, forêt, lacs ou rivières, sentiers de randonnée. **Terrain :** herbe ; plat.	⊕ Les nombreuses activités proposées ; le restaurant et l'épicerie à 30 m. ⊖ Le côté très aménagé, parfois artificiel ; pas d'animations.

À voir, à faire dans les environs : le pays des Trois-Lacs.

LA CHAPELLE-TAILLEFERT 23000

10 km S de Guéret *Carte Limousin B1*

€ 9,50 € **33 emplacements**

Le Gué Lavaud : *5, route du Gué-Lavaud. ☎ 05-55-51-00-80 (emplacements) ou 05-55-52-14-29 (locatifs). • gitesetchalets@agglo-grandgueret.fr • et • info@gueret-tourisme.fr • gueret-tourisme.fr • Ouv juin-août (chalets Pâques-Toussaint). CB refusées.*
Au cœur des monts de Guéret, le camping est situé aux bords de la Gartempe (rivière à truites), ce qui ravira les pêcheurs ! Simple et au calme, des emplacements spacieux, mi-ombragés, sur des pelouses très bien entretenues. Également 6 chalets dans le fond *(217-364 €/sem).* Nombreuses balades à pied accessibles à proximité.

Cadre : campagne, lacs ou rivières, sentiers de randonnée. **Terrain :** en pente ; herbe ; plat.	⊕ Un cadre au calme. ⊖ Pas d'épicerie ni de dépôt de pain.

À voir, à faire dans les environs : Guéret ; Aubusson.

LA COTINIÈRE (ÎLE D'OLÉRON) 17310

78 km S de La Rochelle ; 23 km O de Marennes *Carte Poitou-Charentes A2*

€€€€ 30 € **100 emplacements**

Le Sous-Bois : *av. des Pins. ☎ 05-46-47-22-46. • resa.lesousbois@orange.fr • camping-lesousbois-oleron.com • Ouv avr-oct.*
Agréable camping familial, joliment arboré et bien entretenu. Pas de piscine (jacuzzi et sauna sur réservation) et peu d'animations pour préserver le côté nature et la tranquillité

NOUVELLE-AQUITAINE

des vacanciers. Même au plus fort de la saison, on y entend les oiseaux ! Plusieurs types d'hébergements de différentes générations, du bungalow toilé Kiwi à la luxueuse villa Taos, en passant par les mobile homes avec jacuzzi privatif. Dans le pré, au fond, les enfants pourront aller saluer les chèvres de Sylvie, la patronne. Plage à 200 m, accessible par un chemin forestier. Comme dit la brochure, le camping des gens heureux. Wifi.

Cadre : mer. ***Terrain :*** herbe ; plat.	⊕ L'entretien impeccable et l'accueil. ⊖ Devoir repartir.

À voir, à faire dans les environs : l'île d'Oléron ; le phare de Chassiron ; les plages.

LA COUARDE-SUR-MER (ÎLE DE RÉ) 17670

Carte Poitou-Charentes A1

29 km O de La Rochelle ; 5 km O de Saint-Martin-de-Ré

€€€€ **25,50 €** **180 emplacements**

Camping municipal Le Remondeau : *12, route du Petit-Noue. ☎ 05-46-29-84-27. • campingleremondeau@wanadoo.fr • leremondeau.fr • Ouv de mi-mars à début nov.*
Un camping municipal très bien placé avec sa jolie plage en accès direct. Les meilleurs emplacements, tous très spacieux, sont ceux situés en terrasses contre la dune, à l'ombre des pins. Très peu d'ombre autrement. Location de tentes-cabanons avec cuisine équipée, lit, salon mais sans sanitaires. Également des hébergements en tonneaux en bois pour 3 personnes, placés sur la dune. À louer en simple couchage ou avec cuisine en supplément. Internet. Wifi.

Cadre : mer. ***Terrain :*** en terrasses ; herbe ; plat. ***Réducs :*** - 20 % sur les emplacements en mars et novembre.	⊕ L'accès direct à la plage ; la proximité du centre de village et du marché ; le wifi gratuit. ⊖ Il faut se dépêcher pour réserver les meilleurs emplacements.

€€€€ **26 €** **108 emplacements**

Le Bois Henri IV : *route d'Ars. ☎ 05-46-29-87-01. • campingduboishenri4@gmail.com • campingduboishenri4.com • Ouv avr-sept.*
À 200 m de la plage par un chemin forestier, ce camping familial à l'ancienne nous a plu par sa simplicité et son cadre verdoyant. Emplacements assez bien ombragés. Jeux, épicerie. Piste cyclable juste derrière. Internet. Wifi.

Cadre : mer, forêt. ***Terrain :*** herbe ; plat.	⊕ Le cadre verdoyant et tranquille ; à 5 mn des pistes cyclables ; à 200 m de la plage. ⊖ Pas d'animations.

€€€ **20 €** **136 emplacements**

Le Puma : *route d'Ars. ☎ 05-46-29-85-68. • campinglepuma@wanadoo.fr • lepuma.com • Ouv avr-fin des vac de la Toussaint.*
À 400 m de la plage et à 2 km de La Couarde, ce camping tire son curieux nom d'un puma échappé d'un cirque en tournée sur l'île il y a plusieurs années et retrouvé ici ! Rassurez-vous, il est parti depuis belle lurette... Vaste camping bien aménagé, verdoyant et familial, avec des emplacements plus ou moins ombragés. À vrai dire, la partie mobile homes est curieusement la plus ombragée. Côté services, laverie, salle de bains bébé, snack, bar, dépôt de pain. Côté loisirs, plage à proximité, boulodrome, aire de jeux, billard, ping-pong, animations, espace bien-être (privatisable), location de vélos, etc. Internet. Wifi.

Cadre : mer, forêt. ***Terrain :*** herbe ; plat. ***Réducs :*** - 10 % du 31 mars au 30 juin et du 15 septembre au 4 octobre sur présentation de ce guide.	⊕ La proximité de la plage. ⊖ Le manque d'ombrage des emplacements pour les tentes.

À voir, à faire dans les environs : le phare de l'île ; les bois Henri-IV ; les plages.

LA FLOTTE (ÎLE DE RÉ) 17630

Carte Poitou-Charentes A1

5,5 km E de Saint-Martin-de-Ré ; 19 km O de La Rochelle

€€€€ 45 € — **150 emplacements**

La Grainetière : *route de Saint-Martin, chemin des Essarts. ☎ 05-46-09-68-86. • lagrainetiere@orange.fr • la-grainetiere.com • Ouv avr-sept.*
Situé entre La Flotte et Saint-Martin, ce beau camping propose des emplacements bien ombragés dans un agréable parc de 2,6 ha. Pas mal de mobile homes, comme partout. Belle piscine couverte et chauffée, sauna et hammam, boulodrome, salle de jeux pour petits et grands, location de vélos, salle TV, snack-bar et épicerie, laverie, espace bébé, location de barbecues ou frigos, etc. Un excellent camping ! Wifi.

Cadre : forêt, mer. ***Terrain :*** plat.	⊕ Le beau parc ; le wifi gratuit sur tous les emplacements. ⊖ On cherche encore...

€€€€ 41€ — **215 emplacements**

Flower Camping Bel Air : *route de la Noue. ☎ 05-46-09-63-10. • camping.bel-air@flowercampings.com • bel-air-camping.com • Ouv avr-sept.*
Un camping sympathique, qui a su conserver des dimensions raisonnables, et a le gros avantage de se trouver à 10 mn à pied seulement du port de La Flotte. Emplacements bien tenus et délimités, ombragés par des pins, chênes ou platanes selon les zones. Les tentes et cabanes-lodges sont à la fois dépaysantes et confortables. Essayez de vous installer vers le fond du camping, en bordure de pinède. Piscine chauffée, location de vélos, snack, animations, cours de sport, etc. Internet. Wifi. NOUVEAUTÉ.

Cadre : mer, ville, forêt. ***Terrain :*** herbe ; plat.	⊕ Très proche du centre-ville et du port ; l'accès au supermarché ; les pistes cyclables ; la forêt. ⊖ Pas d'épicerie.

À voir, à faire dans les environs : l'église Sainte-Catherine, la Maison du platin ; l'abbaye Notre-Dame-des-Châteliers.

LA GRÈVE-SUR-MIGNON 17170

32 km NE de La Rochelle ; 4 km E de Courçon-d'Aunis — *Carte Poitou-Charentes A1*

€€ 15,50 € — **80 emplacements**

Écocamping La Frênaie : *1, chemin du Camping. ☎ 05-46-67-14-77. 📱 06-82-83-09-01. • lafrenaie.org@gmail.com • lafrenaie.org • Ouv 1er mai-début oct. CB refusées.*
Un terrain ombragé de 2,5 ha au bord de la rivière. Confort rudimentaire, mais calme et agréable. On aime beaucoup cette structure verte et écolo, avec sa gestion environnementale (pas de désherbant, petit potager, etc.). Échanges garantis entre campeurs ! Location de « yourtes-dortoirs », construites avec des matériaux traditionnels locaux *(14 €/nuit par adulte et 12 €/nuit par enfant).* Également des « yourtes familiales » pour 5 personnes *(80-110 €/nuit ; 160 €/w-e ou 380 €/sem pour une famille).* Plein de pistes cyclables pas loin. Bonne ambiance, accueil simple et agréable. Internet. Wifi.

Cadre : campagne. ***Terrain :*** herbe ; plat.	⊕ Les yourtes ; les animations (barque, argile, cuisine sauvage, découverte faune) ; la pêche ; les voies cyclables. ⊖ Les oiseaux au petit matin : pas facile pour la grasse mat' ! Les tentes à proximité de la route.

À voir, à faire dans les environs : Courçon-d'Aunis ; la forêt de Benon ; le Marais poitevin.

LA JEMAYE 24410

45 km O de Périgueux *Carte Aquitaine Nord B1*

€€€ **20,20 €** **33 emplacements**

Camping du Lac : *Au Grand Étang. ☎ 05-53-91-51-78. 📱 06-17-50-08-30. • didier.brebion@gmail.com • campingdulac-dordogne.com • Ouv vac de Pâques-oct. CB refusées.*
Dans le cadre de la base de loisirs, un camping « sauvage et nature » mais structuré. Possibilité de baignade sur la sympathique petite plage aménagée, de sports nautiques sur l'étang et de quad. Plan dispo à la réception avec de belles balades autour de l'étang, à vélo ou à pied. NOUVEAUTÉ.

Cadre : en bord de lac, forêt. ***Terrain :*** plat ; herbe.	⊕ L'ambiance familiale. ⊖ Pas trouvé.

À voir, à faire dans les environs : l'étang de La Jemaye ; à Saint-Aulaye, le musée du Cognac, le musée du Pastel ; l'église souterraine d'Aubeterre-sur-Dronne.

LA ROCHE-CHALAIS 24490

65 km O de Périgueux ; 37 km NE de Libourne *Carte Aquitaine Nord A1*

€€ **11,70 €** **100 emplacements**

Camping du Méridien : *rue de la Dronne. ☎ 05-53-91-40-65. 📱 06-38-82-40-08. • campingdumeridien@orange.fr • larochechalais.com • Ouv de mi-avr à fin sept.*
Son nom ? Un clin d'œil au méridien de Greenwich qui passe à La Roche-Chalais. Terrain bien ombragé, au calme et en bord de rivière. Une petite centaine d'emplacements, ombragés ou non. Location de mobile homes *(140-410 €/sem).* Le gîte communal *(jusqu'à 6 pers ; compter 305-460 €/sem)* est ouvert toute l'année. Accès gratuit à la piscine municipale. Internet. Wifi.

Cadre : campagne, forêt, lacs ou rivières, sentiers de randonnée. ***Terrain :*** herbe ; plat.	⊕ Le très bon rapport qualité-prix ; le concours de pétanque en juillet-août. ⊖ Pour le prix, pas de « moins ».

À voir, à faire dans les environs : le grand étang de la Jemaye (25 km).

LA ROCHELLE 17000

44 km NO de Surgères ; 37 km N de Rochefort-sur-Mer *Carte Poitou-Charentes A1*

€€€ **16,30 €** **154 emplacements**

Camping municipal Le Soleil : *av. Michel-Crépeau. ☎ 05-46-44-42-53. • camping.soleil@ville-larochelle.fr • larochelle.fr • Ouv de mi-mai à fin-sept.*
Petit camping citadin proche de tout, logé entre une avenue passante et de grandes résidences. Les emplacements manquent un peu d'intimité. Terrain pour les tentes un peu plus vert. Wifi.

Cadre : mer, ville. ***Terrain :*** herbe ; plat.	⊕ La proximité du centre-ville (10 mn) et de la plage (15 mn). ⊖ Vite complet.

À voir, à faire dans les environs : le port des Minimes, la vieille ville et ses célèbres tours, ses nombreux musées, l'aquarium ; le zoo de La Palmyre (83 km) ; l'île de Ré (14 km).

LA SOUTERRAINE 23300

38 km NO de Guéret ; 56 km NE de Limoges — *Carte Limousin A1*

€€€ **19,80 €** — **60 emplacements**

Camping L'Aquarelle du Limousin : *26, chemin du Cheix. ☎ 05-55-63-59-71. 📱 06-51-21-70-23 ou 06-03-33-41-65. • laquarelledulimousin@gmail.com • camping-creuse-limousin.com • Ouv tte l'année.*
Un camping de qualité, aux bons équipements et installé sur les bords du plan d'eau du Cheix. Nombreuses activités de loisirs : baignade surveillée, pêche, volley-ball, pétanque, jeux pour enfants... Également des chalets confortables avec cuisine équipée (lave-vaisselle, four, lave-linge), dont 2 accessibles aux personnes handicapées *(294-608 €/sem).* Possible à la nuitée en formule hôtelière *(52-92 €, sauf juil-août).* Internet. Wifi.

Cadre : campagne, lacs ou rivières. ***Terrain :*** en pente ; herbe ; plat.	⊕ La jolie vue sur le plan d'eau. ⊖ On n'a pas trouvé.

À voir, à faire dans les environs : l'église et le Scénovision de Bénévent-l'Abbaye (28 km).

LABENNE 40530

14 km N de Bayonne — *Carte Aquitaine Sud A1*

€€€€ **68 € (électricité incluse)** — **615 emplacements**

Yelloh Village Sylvamar : *59, av. de l'Océan. ☎ 05-59-45-75-16. • camping@sylvamar.fr • sylvamar.fr • Ouv avr-fin oct.*
Sur 21 ha de pinède, différents types d'hébergements, des cottages et chalets de 4 à 9 personnes *(392-3 689 €/sem)* ou la Palombière, pour les amoureux, et naturellement (on allait les oublier !) les emplacements tentes. Plein d'activités : aquagym, musculation, cours de step, aérobic, stretching... Location de vélos, pataugeoire ludique, couverte et chauffée. Idéal pour les familles. Internet. Wifi.

Cadre : mer. ***Terrain :*** herbe ; plat.	⊕ La Palombière, une cabane perchée dans les arbres. ⊖ Pas mal de monde en haute saison ; le prix en haute saison également.

€€€€ **27 €** — **120 emplacements**

Les Pins Bleus : *av. de l'Océan. ☎ 05-59-45-41-13. • camping@lespinsbleus.com • lespinsbleus.com • Ouv 1er avr-fin oct.*
Un « cadre de verdure et de calme le long d'un cours d'eau et d'une piste cyclable à 1,7 km de la plage », qu'ils disaient. Avec raison. L'été, pique-nique régional, avec ce que chacun a pu apporter de chez lui. Sympa. Piscine chauffée *(avril-octobre).* Chalets pour qui a la nostalgie du bois (dont 2 accessibles aux handicapés) et bungalows toilés *(185-610 €/sem).* Internet. Wifi.

Cadre : mer. ***Terrain :*** herbe ; plat.	⊕ Les tarifs avantageux et les espaces qui le sont tout autant ! Camping nature, emplacements verdoyants. ⊖ Pas de « moins ».

À voir, à faire dans les environs : la mer ; le parc aquatique, accrobranche et animalier ; la piste cyclable.

LAC D'HOURTIN (LE) 33990

44 km S de Soulac *Carte Aquitaine Nord A1*

€€€ 22 € 25 emplacements

Aire naturelle de camping L'Acacia : *chez M. et Mme Rivetti, au lieu-dit Sainte-Hélène-d'Hourtin, route de Carcans. ☎ 05-56-73-80-80. 06-72-94-12-67. • camping.lacacia@orange.fr • camping-lacacia-hourtin.com • Ouv de mi-juin à fin sept. CB refusées.*
Camping très calme, bien situé, propre et en pleine campagne. Sanitaires modernes et nickel. Des activités sportives pas loin, et des visites guidées pour découvrir les rives du lac. Vélos en location mais aucune animation pour éviter le bruit (mais quand même échiquier, babyfoot, fléchettes...) : ici, le silence est d'or, perturbateurs et fêtards s'abstenir !

Cadre : forêt, lacs ou rivières, sentiers de randonnée. ***Terrain :*** herbe ; plat.	⊕ La simplicité ; la chouette hulotte dans la nuit ; le pain et les viennoiseries tous les matins. ⊖ Le nombre limité d'emplacements.

€€€€ 42 € 300 emplacements

Le Village Western : *chemin de Bécassine. ☎ 05-56-09-10-60. • mail@village-western.com • village-western.com • Ouv de mi-avr à mi-sept (jusqu'à début oct pour certains hébergements).*
Yuppie yeah ! Ici, on joue à fond la carte Far West. Ranch, saloon, bureau du shérif, chaque bâtiment est dans le thème. Mieux, les cowboys pourront même monter à cheval, le site comprenant un vaste centre équestre ! Et pour dormir, direction les tipis, à moins de préférer planter sa propre tente du côté des paddocks, ou d'opter pour le confort d'un mobile home classique. Bonne ambiance et bon confort (piscine, location de vélos...). Locatifs 2-6 personnes *(compter env 45-200 €/nuit).* NOUVEAUTÉ.

Cadre : mer. ***Terrain :*** herbe ; plat.	⊕ De quoi se faire des super souvenirs ! ⊖ Pas de « moins ».

À voir, à faire dans les environs : le lac d'Hourtin ; le musée des Arts et Traditions populaires à Carcans (12 km) ; le domaine des sports et de loisirs de Bombannes (24 km).

LADIGNAC-LE-LONG 87500

15 km SE de Châlus ; 40 km SO de Limoges *Carte Limousin A2*

€€€ 17 € 100 emplacements

Camping Bel Air : *rue Roland-Garros. ☎ 05-87-08-29-42. • info@campingladignac.com • campingbelair.ellohaweb.com • Ouv mai-sept.*
Un agréable camping, au calme, au bord du lac de Ladignac. Bucolique et bien ombragé. Possibilité de pêche, sentier de rando, petite base de loisirs au bord du lac (ouverte en été), avec location de VTT, notamment. Parfait pour un séjour très nature à petit prix. Internet. Wifi.

Cadre : lacs ou rivières, campagne, sentiers de randonnée. ***Terrain :*** herbe ; plat ; en terrasses.	⊕ Les activités nature ; la petite base de loisirs. ⊖ Pas de piscine.

À voir, à faire dans les environs : le site des Cars ; le château de Lastours ; le château de Châlus ; l'atelier-musée de la Terre à Saint-Hilaire-les-Places.

LARRAU (LARRAIÑE) 64560

43 km SO d'Oloron-Sainte-Marie ***Carte Aquitaine Sud A2***

€€€ **18 €** **37 emplacements**

Camping Ixtila : *le bourg. ☎ 05-59-28-63-09. 06-74-20-35-28. • lysianefilhol@sfr.fr • campingixtila.fr • Ouv 1er avr-30 oct. CB refusées.*
Petit camping avec des emplacements en terrasses jouissant d'une très belle vue sur la vallée. Il paraît même qu'on peut y voir des vautours pyrénéens, voire des percnoptères d'Égypte, mais ça, c'est sans garantie. Bungalows pour 2 personnes et mobile homes *(280-480 €/sem).* Label Tourisme et Handicap. Internet. Wifi.

Cadre : montagne, sentiers de randonnée. ***Terrain :*** en terrasses ; herbe ; plat.	⊕ La simplicité ; la tisanerie-espace détente. ⊖ Le manque d'emplacements pour accueillir plus de camping-cars.

À voir, à faire dans les environs : la passerelle d'Holzarte ; les gorges de Kakouetta ; la forêt d'Iraty.

LE BOIS-PLAGE-EN-RÉ (ÎLE DE RÉ) 17580

Carte Poitou-Charentes A1

22 km NO de La Rochelle ; 3,5 km SO de Saint-Martin-de-Ré

€€€€ **38 €** **141 emplacements**

Les Varennes : *route Raise-Maritaise. ☎ 05-46-09-15-43. • info@les-varennes.com • les-varennes.com • Ouv avr-fin sept.*
Dans un petit bois planté de pins, à 300 m de la plage. Un 4-étoiles bien ombragé et équipé : espace aquatique (piscine couverte avec pataugeoire et piscine découverte, toutes deux chauffées), épicerie, laverie, jeux pour enfants, fitness, terrain de pétanque... Espace un peu restreint en raison de la densité de mobile homes. Ambiance paisible et familiale. Bon accueil. Location de vélos. Internet. Wifi.

Cadre : mer. ***Terrain :*** plat.	⊕ La piscine couverte chauffée ; la plage et le marché à proximité. ⊖ Aucune activité organisée ; le sol sablonneux.

€€€€ **35,10 €** **200 emplacements**

Au Val de Loire en Ré : *chemin du Château-d'Eau. ☎ 02-51-56-08-78. • contacts@camping-apv.com • camping-apv.com • Ouv avr-fin sept.*
Excentré, à 900 m de la plage, 4 ha au milieu du bois des Évières. Pas mal de haies qui coupent l'espace, et ce n'est pas plus mal, car il y a beaucoup d'emplacements. Piscine chauffée, toboggans, château gonflable, terrain multisports, minigolf, jeux pour enfants... mais aussi snacks, animations et soirées à thème en été. Location de vélos. À proximité : pistes cyclables, randos, équitation, pêche à pied, voile, surf et kitesurf. Internet. Wifi.

Cadre : mer.
Terrain : herbe ; plat.

⊕ L'aire de service camping-cars en basse saison.
⊖ Loin des commerces (... mais quel calme !) ; à 1 km de la plage.

À voir, à faire dans les environs : l'île de Ré et ses plages, ses villes, ses monuments et musées ; le phare des Baleines à Saint-Clément-des-Baleines ; à Saint-Martin-de-Ré, les remparts et la citadelle, l'église, les portes de la ville ; à La Rochelle, le port des Minimes, la vieille ville et ses célèbres tours, ses nombreux musées, l'aquarium.

LE BOURG-D'HEM 23220

22 km N de Guéret — *Carte Limousin B1*

€ 9 € — **32 emplacements**

Camping de l'Âge : *☎ 05-55-62-16-57. • mairie-lebourg-dhem@wanadoo.fr • tourisme-creuse.com • Ouv juin-sept. CB refusées.*
En bordure de la retenue du barrage de l'Âge, un camping dans un très bel environnement, particulièrement prisé des pêcheurs. Emplacements ombragés pas loin de la plage. Embarcations à pédales, barques. Internet.

Cadre : campagne, lacs ou rivières, sentiers de randonnée.
Terrain : en terrasses ; herbe ; plat.

⊕ Son cadre préservé.
⊖ Les emplacements de taille moyenne.

À voir, à faire dans les environs : le pays des Trois-Lacs.

LE BUISSON-DE-CADOUIN 24480

38 km E de Bergerac — *Carte Aquitaine Nord B2*

€€€ 22,50 € — **130 emplacements**

Camping du Pont de Vicq en Périgord : *av. de la Dordogne. ☎ 05-53-22-01-73. • le.pont.de.vicq@orange.fr • campinglepontdevicq.com • Ouv avr-oct.*
Sympathique camping en bord de rivière, aux emplacements bien ombragés. Ambiance conviviale et familiale avec animations en été. Idéal pour ceux qui veulent visiter le coin. Location de mobile homes *(220-730 €/sem).* Internet. Wifi.

Cadre : campagne, lacs ou rivières.
Terrain : herbe ; plat.

⊕ La situation en bord de Dordogne, aux portes du pays des bastides.
⊖ Pas de miniclub ; plus fait pour rayonner dans la région que se dandiner sur place.

À voir, à faire dans les environs : les grottes de Maxange ; l'abbaye de Cadouin ; Limeuil (l'un des Plus Beaux Villages de France).

LE CHÂTEAU-D'OLÉRON (ÎLE D'OLÉRON) 17480

12 km NO de Marennes — *Carte Poitou-Charentes A2*

€€€€ 44 € — **199 emplacements**

Camping La Brande : *route des Huîtres. ☎ 05-46-47-62-37. • info@camping-labrande.com • camping-labrande.com • Ouv de fin mars à mi-nov.*
Géré par la même famille depuis 1963, labellisé Famille Plus et Écolabel européen, ce 5-étoiles vaste et verdoyant figure parmi les mieux équipés de l'île, et c'est là son principal attrait : piscine couverte, avec, en été, cours d'aquagym et toboggan aquatique de 42 m, tennis, minigolf, tir à l'arc, terrain multisports, sauna, hammam, jacuzzi, bar, snack,

club enfants (5-18 ans), location de vélos, et une foule d'animations en saison (entre autres, sorties en canoë dans les parcs à huîtres). Emplacements spacieux (minimum 125 m²), bien délimités et ombragés. Internet. Wifi.

Cadre : campagne, mer. ***Terrain :*** herbe ; plat.	⊕ Petit plus pour les campeurs exigeants : la possibilité de réserver une salle de bains privée (8 €/j.) ; la multitude de services et d'animations. ⊖ À 3 km du centre-ville.

À voir, à faire dans les environs : la citadelle, la vieille ville, la route des Huîtres ; l'ensemble de l'île d'Oléron ; sur le continent : Fouras, Rochefort, La Rochelle.

LE GRAND-CROHOT 33950

4 km NO de Claouey — *Carte Aquitaine Nord A2*

€€€ 19,50 € — 125 emplacements

Camping Brémontier : *Le Grand-Crohot-Océan.* ☎ *05-56-60-03-99.* • *contact@campingbremontier.fr* • *campingbremontier.fr* • *Ouv de juin à mi-sept.*
Au beau milieu de la forêt, un camping traditionnel avec une centaine d'emplacements, bien tenu, aux blocs sanitaires propres. Ici pas d'animations, c'est la nature et vous ! Bar, resto, supérette à proximité, location de vélos et plage surveillée en été. Wifi.

Cadre : forêt, mer. ***Terrain :*** en pente ; plat. ***Réducs :*** forfait spécial zone vélo/à pied (1 ou 2 personnes sans voiture + une tente) à 15,50 €.	⊕ Les tarifs ; la proximité de la plage surveillée en été. ⊖ Le bruit en haute saison.

À voir, à faire dans les environs : le bassin et ses villages ostréicoles ; la ville de Cap-Ferret.

LE LINDOIS 16310

30 km E d'Angoulême ; 18 km E de La Rochefoucauld — *Carte Poitou-Charentes B2*

€€€ 19 € — 25 emplacements

Camping de l'Étang : *aux Geloux.* ☎ *05-45-65-02-67.* • *info@campingdeletang.com* • *campingdeletang.com* • *Ouv avr-oct.*
Un des plus séduisants campings de Charente. Au creux d'un bois (vastes emplacements où votre bonne vieille canadienne sera à l'ombre !), face à un étang mignon comme tout qui fera le bonheur des amateurs de pêche. On y trouve aussi des cabanes en bois *(315-390 €/sem).* Petite plage pour la baignade, jeux pour les enfants, terrain de pétanque. Bar-resto très sympa *(fermé lun-mar et en nov ; repas env 18-25 €),* dans un grand chalet confortable genre cabane au Canada et prolongé par une belle terrasse. Excellent accueil et atmosphère conviviale. Résa conseillée. Organise parfois des soirées musicales. Wifi.

Cadre : campagne, lacs ou rivières, sentiers de randonnée. ***Terrain :*** herbe.	⊕ Le charme ; la baignade ; la convivialité. ⊖ Peu d'emplacements.

À voir, à faire dans les environs : la vallée de la Tardoire ; La Rochefoucauld.

LE MUNG 17350

32 km SE de Rochefort ; 23 km NO de Saintes — *Carte Poitou-Charentes A2*

€€€ 17,50 € — 82 emplacements

Camping L'Île aux Loisirs : *102, route de Saint-Savinien. ☎ 05-46-90-35-11. • contact@ileauxloisirs.com • ileauxloisirs.com •*
Camping familial arboré et bien entretenu, sur une île entourée par la Charente. Des emplacements au calme, à l'écart des hébergements locatifs. Pêche autorisée, location de canoës et kayaks, soirées thématiques, jeux pour enfants et accès gratuit à la piscine intercommunale. Tennis attenant. Accueil sympa. NOUVEAUTÉ.

Cadre : île entourée par la Charente. ***Terrain :*** herbe ; plat.	⊕ Les animations. ⊖ Pas trouvé.

À voir, à faire dans les environs : l'église, la maison du patrimoine ainsi que le port miniature de Saint-Savinien-sur-Charente.

LE NIZAN 33430

60 km SE de Bordeaux ; 50 km O de Marmande — *Carte Aquitaine Nord A2*

€€€€ 255 € — 24 emplacements

Domaine Ecôtelia : *5, lieu-dit Tauzin. ☎ 05-56-65-35-38. • contact@domaine-ecotelia.com • domaine-ecotelia.com • Ouv tte l'année.*
Insolite, écolo et dépaysant : c'est ce qui définit le mieux ce domaine spécialisé dans l'hébergement alternatif. Entre les yourtes, les roulottes, les cabanes perchées, les Pods, les tentes safari ou les tentes marocaines, chacun devrait trouver son bonheur ! Les différents espaces ne sont pas isolés en pleine nature, mais l'ensemble est bien pensé et très bien équipé (laverie, location de vélos, barbecue dans un kota finlandais, piscine naturelle...). Quant au confort, c'est selon son envie, du plus roots pour les aventuriers, au spa privé pour les amoureux. Compter 68-255 €/nuit pour 2-6 personnes selon l'hébergement, avec petit déj. Internet. Wifi. NOUVEAUTÉ.

Cadre : campagne, forêt. ***Terrain :*** herbe ; plat. ***Réducs :*** un verre de bienvenue offert sur présentation de ce guide.	⊕ La dimension insolite. ⊖ Les prix !

À voir, à faire dans les environs : la base de loisirs de Bommes ; la forteresse médiévale de Roquetaillade ; l'oseraie de l'île à Barle ; la cathédrale de Bazas.

LE PORGE-OCÉAN 33680

53 km O de Bordeaux ; 34 km N du Cap-Ferret — *Carte Aquitaine Nord A2*

€€€€ 27 € — 700 emplacements

Camping municipal La Grigne : *35, av. de l'Océan. ☎ 05-56-26-54-88. • info@lagrigne.com • camping-leporge.fr • Ouv début avr-fin sept.*
Grand camping sur une trentaine d'hectares, à deux pas de la plage, dans la pinède (bien ombragé, donc). Accueil sympa. Bien équipé. Des activités (basket, tir à l'arc, badminton, beach-volley, tennis, mini-golf...). Location de mobile homes *(350-1 005 €/sem),* ainsi que de vélos.

Cadre : mer. ***Terrain :*** en pente ; en terrasses ; plat.	⊕ L'accès direct à la mer par voie piétonne, donc le surf à proximité. ⊖ Les pommes de pin ! Pas de wifi.

À voir, à faire dans les environs : la réserve naturelle de l'étang de Cousseau (15 km) ; Lacanau et ses surfeurs (15 km).

LE TALLUD 79200

2 km O de Parthenay ; 41 km N de Niort *Carte Poitou-Charentes A1*

€€€€ 28,50 € (avec électricité) **90 emplacements**

Le Bois Vert : *14, rue Boisseau. ☎ 05-49-64-78-43. 📱 06-74-13-60-54. • camping boisvert@outlook.fr • camping-boisvert.com • Ouv avr-oct.*
Au bord du Thouet, un camping de taille moyenne, parfaitement équipé, dans un espace verdoyant. Loue également des mobile homes *(455-890 €/sem).* Ambiance tranquille et familiale. Base de loisirs à proximité. Internet.

Cadre : campagne, lacs ou rivières, sentiers de randonnée. ***Terrain :*** herbe ; plat.	⊕ Le bon entretien. ⊖ Un peu loin à pied du centre-ville.

À voir, à faire dans les environs : la vieille ville de Parthenay ; le Nombril du Monde ; le Marais poitevin ; la Venise verte.

LE VERT 79170

6 km SO de Chizé ; 37 km S de Niort *Carte Poitou-Charentes A1-2*

€€ 10,40 € **20 emplacements**

Camping municipal : *1, rue de la Mairie. ☎ 05-49-76-74-45. • mairie-levert@pays mellois.org • Ouv d'avr à mi-nov. CB refusées.*
Dans un village en bordure de forêt, un sympathique camping de poche, simple et sans chichis, pris entre un château et les bords de la Boutonne, où se dressent de superbes maisons en pierre sèche. Location de barques et canoës.

Cadre : campagne. ***Terrain :*** herbe ; plat.	⊕ Dans un secteur calme de l'arrière-pays. ⊖ Peu d'équipements.

À voir, à faire dans les environs : le Zoodyssée (12 km) ; les églises et mines d'argent des rois francs à Melle ; l'abbaye royale de Celles-sur-Belle ; la forêt de Chizé ; le Marais poitevin.

LÈGE-CAP-FERRET 33950

67 km O de Bordeaux ; 25 km SO d'Andernos-les-Bains *Carte Aquitaine Nord A2*

€€€ 25 € **480 emplacements**

Camping du Truc Vert : *route du Truc-Vert, Piraillan. ☎ 05-56-60-89-55. • info@truc-vert.com • trucvert.com • Ouv mai-fin sept.*
Camping extrêmement bien équipé mais plein à craquer l'été. Cela dit, très belle situation, au cœur d'une vaste forêt de pins. Location de surfs sur la plage et de vélos côté terre. Mais aussi pêche, balade à cheval dans le bassin... Internet. Wifi.

Cadre : forêt, mer, sentiers de randonnée. ***Terrain :*** herbe ; plat.	⊕ La plage surveillée. ⊖ Le sable si fin qu'il glisse entre les doigts... Blague à part, les frais de réservation.

À voir, à faire dans les environs : le bassin et ses villages ostréicoles ; la ville de Cap-Ferret.

LES EYZIES-DE-TAYAC-SIREUIL 24620

20 km O de Sarlat-la-Canéda ; 60 km NE de Bergerac *Carte Aquitaine Nord B2*

€€€€ 25,25 € **127 emplacements**

Camping La Rivière : *3, route du Sorcier, lieu-dit La Rivière. ☎ 05-53-06-97-14. 06-71-22-91-56. • la-riviere@wanadoo.fr • larivierelesyzies.com • Ouv de début avr à mi-oct.*
Camping de taille raisonnable, agréable, séparé en 2 parties et joliment aménagé autour d'un ancien relais de poste du XVIe s, où se trouvent des appart-hôtels *(55 €/nuit)*. Sanitaires spacieux et impeccables. Noter le petit pigeonnier rectangulaire et original, littéralement à cheval sur le mur du porche d'entrée. Location de mobile homes *(215-890 €/sem)*. Au bord de la rivière aménagée pour la pêche ou le pique-nique, canoës, etc. Accueil très agréable. Soirée musicale une fois par semaine en haute saison. Et les GR 6 et GR 36 passent juste à côté ! Internet. Wifi.

Cadre : campagne, lacs ou rivières, sentiers de randonnée.
Terrain : herbe ; plat.
Réducs : apéritif de la région offert sur présentation de ce guide.

⊕ Le cadre ; le relais de poste.
⊖ Le camping séparé en 2 parties par un chemin communal.

À voir, à faire dans les environs : le musée national de la Préhistoire.

LES PORTES-EN-RÉ (ÎLE DE RÉ) 17880

28 km O de la Rochelle *Carte Poitou-Charentes A1*

€€€€ 45 € **286 emplacements**

Le Phare : *route du Fier. ☎ 05-46-29-56-82. • contact@lephare-iledere.com • lephare-iledere.com • Ouv avr-sept.*
À 50 m de la plage (route à traverser), sur 6 ha, un camping confortable mais qui ne possède qu'une grosse dizaine d'emplacements pour les campeurs, toutefois bien ombragés et délimités. Riche en équipements : 2 piscines chauffées, dont une couverte avec balnéo et rivière à courant, jacuzzi, salle de fitness, sanitaires chauffés, snack, restaurant... Location de vélos et animations en été. Surtout, les logements locatifs sont pour une fois plutôt jolis, voire élégants à l'image des « cabanes de Ré » qui cultivent une ambiance « bord de mer ». Bar-resto organisant parfois des concerts. Internet. Wifi. NOUVEAUTÉ.

Cadre : mer, sentiers de randonnée.
Terrain : herbe ; plat.

⊕ Un cadre magnifique, tout près de la plage ; les hébergements locatifs de qualité ; bien entretenu.
⊖ Pas beaucoup d'emplacements pour les campeurs ; cher dans l'ensemble

À voir, à faire dans les environs : la réserve naturelle de Lilleau des Niges ; la maison du Fier ; le bois de Trousse-Chemise.

LESCUN 64490

71 km SO de Pau *Carte Aquitaine Sud A2*

€€ 18,50 € **50 emplacements**

Camping Le Lauzart : *cirque de Lescun. ☎ 05-59-34-51-77. • campingdulauzart@gmail.com • camping-gite-lescun-pyrenees.com • Ouv début avr-fin sept (gîte tte l'année). CB refusées.*
Très bien situé et en pleine expansion. Ombragé. Gîte d'étape de 25 places *(nuitée 15 €)*. Épicerie ouverte seulement en juillet et août. Nombreuses randonnées dans les alentours.

Cadre : montagne. ***Terrain :*** herbe ; plat ; en terrasses. ***Réducs :*** - 10 % pour un séjour de plus de 15 jours ; - 10 % pour les familles nombreuses (2 adultes, 5 enfants) ; pour le gîte d'étape, prix étudiant : demi-pension à 30,55 €.	⊕ La vue ; le calme ; la simplicité ! ⊖ La simplicité.

À voir, à faire dans les environs : l'écomusée du Fromage (9,5 km) ; la Maison du parc et le musée de l'Ours pyrénéen (11 km).

LIMEUIL 24510

18 km SO des Eyzies ; 46 km E de Bergerac — *Carte Aquitaine Nord B2*

€€€ **24,60 €** — **64 emplacements**

Camping La Ferme de Perdigat : *au lieu-dit Perdigat. ☎ 05-53-63-31-54. 06-08-42-02-37. • accueil@perdigat.com • perdigat.com • Ouv avr-oct.*
Près du GR 6, bien isolé en bord de la Vézère et ombragé comme il faut, une ancienne ferme aménagée en camping très agréable. Les enfants sont à la fête avec un miniclub en été et des animaux de partout. Pour les plus grands, location de canoës, et pour tous, un étang de pêche. Vraiment top. Location de mobile homes et d'un gîte pour 4 personnes *(450-988 €/sem).* Wifi.

Cadre : campagne, lacs ou rivières, sentiers de randonnée. ***Terrain :*** herbe ; plat.	⊕ Le site naturel et l'accueil très convivial. ⊖ Le manque d'ombre pour quelques emplacements.

À voir, à faire dans les environs : la vieille ville de Limeuil ; le cingle de Trémolat ; l'abbaye de Cadouin (13 km).

LISSAC-SUR-COUZE 19600

14 km SO de Brive-la-Gaillarde — *Carte Limousin A2*

€€€€ **30 €** — **80 emplacements**

Flower Camping du lac du Causse : *☎ 05-55-85-37-97. • camping.causse@brive-tourisme.com • campingdulacducausse.com • Ouv avr-fin sept (gîtes tte l'année).*
Le principal intérêt de ce camping rénové est l'immédiate proximité du lac avec ses 2 plages surveillées et la base nautique à côté (*paddle*, aviron, canoë, embarcations à pédales). Emplacements ombragés, bien entretenus et jolie vue. Location de chalets, écolodges et tentes glamping *(154-1 015 €/sem).* Piscine, resto, épicerie, location de vélos électriques et animations en saison. Géré par une équipe jeune, dynamique et motivée. Un très bon camping. Internet. Wifi.

Cadre : campagne, forêt, lacs ou rivières, sentiers de randonnée. ***Terrain :*** en terrasses ; herbe.	⊕ Sa situation ; le cadre. ⊖ Un peu isolé.

À voir, à faire dans les environs : le gouffre de la Fage (6,5 km).

LOIX (ÎLE DE RÉ) 17111

Carte Poitou-Charentes A1

36 km O de La Rochelle ; 12,5 km O de Saint-Martin-de-Ré

€€€€ **48 €** — **228 emplacements**

Flower Camping Les Ilates : *Le Petit-Boucheau, route du Grouin. ☎ 05-46-29-05-43. • camping.les.ilates@flowercampings.com • camping-loix.com • Ouv avr-sept.*

À l'écart, sur la route du Grouin, ce camping familial est classé 4-étoiles pour le nombre de ses services et infrastructures. Sur 4,5 ha, les emplacements sont moyennement ombragés mais délimités par des haies. Coup de cœur pour les lodges sur pilotis. Côté loisirs, piscine découverte chauffée, jacuzzi, 2 tennis, ping-pong, location de vélos ; animations et club enfants en juillet-août. Et la plage n'est qu'à 750 m (surveillée en été). Resto et épicerie. Internet. Wifi.

Cadre : mer. ***Terrain :*** herbe ; plat.	⊕ Les promos fréquentes sur les réservations (se renseigner). ⊖ Les 20 € de frais de réservation par séjour (sauf en basse saison).

À voir, à faire dans les environs : l'écomusée du Marais salant ; les plages ; Ars-en-Ré ; le phare des Baleines.

LOUVIE-JUZON 64260

26 km S de Pau — *Carte Aquitaine Sud B2*

€€€ **18,40 €** — **49 emplacements**

Camping Le Rey : *1, route de Lourdes. ☎ 05-59-05-78-52. • celine@campinglerey.com • campinglerey.com • Ouv tte l'année sauf nov.*
Agréable, avec une jolie vue sur la montagne du Rey. Loue des toilés, des cabanes et des mobile homes *(230-705 €/sem).* Wifi.

Cadre : montagne. ***Terrain :*** en pente ; en terrasses ; herbe ; plat.	⊕ Au camping toute l'année ou presque ! ⊖ La route un peu raide pour remonter du village au camping à vélo.

À voir, à faire dans les environs : Aventure Chlorophylle (canyoning, escalade, etc.).

LUSIGNAN 86600

24 km SO de Poitiers ; 28 km S de Vouillé — *Carte Poitou-Charentes B1*

€€ **12 €** — **100 emplacements**

Camping municipal de Vauchiron : *7, chemin de la plage Charles-Clerc. ☎ 05-49-43-30-08 ou 05-49-43-31-48 (mairie, hors saison). • mairie@lusignan.fr • lusignan.fr • Ouv 15 avr-30 sept.*
Idéalement situés au bord de la Vonne, dans un joli cadre de verdure, des emplacements répartis sur 4 ha au pied de la vieille ville. Jolie vue sur l'église et le viaduc qui dominent le camping. Base de loisirs et départs de sentiers balisés de randonnée. Au bord de la rivière, plage artificielle surveillée en été, location de canoës-kayaks et aire de jeux pour enfants. Snack en saison. Bon accueil. Location de mobile homes *(208-270 €/sem)* et de Pods *(200-240 €/sem).* Wifi.

Cadre : forêt, lacs ou rivières, sentiers de randonnée. ***Terrain :*** herbe ; plat.	⊕ La diversité des activités proposées ; le coin calme et naturel ; les superbes emplacements vers le château. ⊖ Pas d'animations ; le viaduc de chemin de fer pas très loin ; l'ombrage irrégulier.

À voir, à faire dans les environs : l'église Notre-Dame-et-Saint-Junien, le circuit de Mélusine (rando de 9 km) ; le Gliss-up Water Jump à Vivonne (12 km) ; le musée du Livre à Marçay (13 km) ; le site archéologique de Sanxay (15 km) ; le château de Marconnay (18 km) ; le Futuroscope (39 km).

LUXEY 40430

46,5 km N de Mont-de-Marsan *Carte Aquitaine Nord A2*

€ 5 € 25 emplacements

Aire naturelle de camping Le Hariet : *route de Lencouacq. ☎ 05-58-04-70-70. • mairie@luxey.fr • Ouv avr-fin sept. CB refusées.*
En plein parc naturel régional des Landes, très calme, au milieu des pins. Installations minimales mais suffisantes. Pris d'assaut pour le festival Musicalarue (autour du 15 août).

Cadre : forêt. ***Terrain :*** herbe ; plat.	⊕ Le cadre agréable, avec plan d'eau ; le prix (dérisoire)... ⊖ Le manque d'équipements ; les moustiques du plan d'eau... mais on entend les cigales !

À voir, à faire dans les environs : la vallée de la Leyre.

MANSLE 16230

25 km N d'Angoulême *Carte Poitou-Charentes B2*

€€ 14,50 € 120 emplacements

Le Champion : *rue de Watlington. ☎ 05-45-20-31-41. 📱 06-23-01-03-47. • camping lechampionmansle@gmail.com • Ouv de mi-mai à mi-sept. CB refusées.*
Un 2-étoiles bien tenu et bien équipé, stratégiquement situé aux portes de la ville. Les emplacements les plus agréables jalonnent les berges de la Charente. Pêche possible. Base nautique à proximité. Réduction pour les campeurs à la piscine municipale ouverte en été. Internet. Wifi.

Cadre : lacs ou rivières, sentiers de randonnée, ville. ***Terrain :*** herbe ; plat.	⊕ La proximité de la ville et de plusieurs activités (pêche, canoë...) ; les emplacements bien délimités. ⊖ En fonction du vent, le bruit de la nationale.

À voir, à faire dans les environs : Tusson (10 km) ; l'Espace d'architecture romane de Saint-Amant-de-Boixe ; Lichères et son église (6 km) ; Bayers et son château (10 km) ; Angoulême (25 km).

MARENNES 17320

Carte Poitou-Charentes A2

55 km S de La Rochelle ; 26 km SO de Rochefort-sur-Mer

€€€€ 26,90 € 126 emplacements

Au Bon Air : *9, av. Pierre-Voyer. ☎ 05-46-85-02-40. • contact@aubonair.com • aubonair.com • Ouv avr-fin sept.*
Petit camping familial, verdoyant et arboré. Animations sportives, soirées à thème en saison. Piscine chauffée avec un bassin pour les enfants... mais la plage de Marennes est à deux pas (à peine 200 m). Bar, snack, épicerie sur place. Très bon accueil. Wifi.

NOUVELLE-AQUITAINE

Cadre : mer, campagne. ***Terrain :*** herbe ; plat. ***Réducs :*** - 10 % hors juillet-août sur présentation de ce guide.	⊕ La taille des emplacements et la mer à 150 m. ⊖ Le snack ouvert seulement en juillet-août et les week-ends et jours fériés de mai à septembre (mais des restaurants à 150 m).

À voir, à faire dans les environs : la Cité de l'huître ; Oléron ; le château de La Gataudière.

MAREUIL-EN-PÉRIGORD 24340

26 km NO de Brantôme — **Carte Aquitaine Nord B1**

€€€€ **30 €** — **50 emplacements**

Camping Domaine de Corneuil : *D 708. ☎ 05-53-60-79-48. ● campingcorneuil@orange.fr ● corneuil.com ● Ouv de mi-mai à sept.*
Jolie maison en pierre qui, tel l'arbre cachant la forêt, masque un beau et vaste terrain à l'arrière. Au cœur de 25 ha, dont pas mal de bois et de sentiers, plusieurs parcelles séparées et ombragées. Également des mobile homes et des structures toilées pour 4 à 6 personnes tout au fond *(270-750 €/sem).* Table d'hôtes le jeudi soir. Internet. Wifi.

Cadre : campagne, forêt, sentiers de randonnée. ***Terrain :*** en terrasses ; herbe ; plat.	⊕ Le belvédère, ex-centre de méditation, avec ses canapés et ses hamacs pour se détendre en observant le paysage ; des ruches et un poulailler sont installés sur le site, pour un vrai retour à la nature en famille. ⊖ L'unique bloc sanitaire, avec 7 douches à l'italienne, 6 toilettes, 2 cabines avec lavabo et une cabine bébés.

À voir, à faire dans les environs : le patrimoine de Brantôme (26 km).

MARMONT-PACHAS 47220

24 km E de Nérac ; 16 km S d'Agen — **Carte Aquitaine Sud B1**

€€ **15 €** — **5 emplacements**

Domaine de Cavailla : *La Platine. ☎ 05-53-96-69-09. 📱 06-60-65-72-41. ● domainedecavailla@gmail.com ● domainedecavailla.com ● Ouv avr-oct (tte l'année pour le chalet). CB refusées.*
Petit camping à la ferme qui s'enfonce tout en longueur dans un vallon aux versants boisés. Roulotte et tente en bois pour 2-3 personnes *(55-70 €/nuit)* et chalet 5 personnes *(100-150 €/nuit)* avec piscine privative. Possibilité de petits déj et dîner. Ferme équestre, location de poneys et d'ânes de bât. Très champêtre ! Les soirs d'été, Edgar fait son cinéma en plein air sur écran géant. Vous pouvez amener vos DVD. Wifi.

Cadre : campagne. ***Terrain :*** herbe ; plat.	⊕ Le calme et le cadre champêtre. ⊖ On est un peu loin de tout.

À voir, à faire dans les environs : Agen (16 km) ; le château Henri-IV à Nérac (24 km).

MAULÉON-LICHARRE (MAULE-LEXTARRE) 64130

42 km NE de Saint-Jean-Pied-de-Port ; 63 km O de Pau — *Carte Aquitaine Sud A2*

€€€ **21,90 €** — **54 emplacements**

Camping Uhaitza – Le Saison : *route de Libarrenx. ☎ 05-59-28-18-79. • camping.uhaitza@wanadoo.fr • camping-uhaitza.com • Ouv début avr-début nov.*
Un camping bien équipé. Bien situé en bordure du gave, calme, ombragé, coquet, très fleuri. Baignade et pêche. Également location de chalets et de mobile homes *(320-710 €/sem).* Bar, billard, baby-foot... et bon accueil. Wifi.

Cadre : campagne, lacs ou rivières, montagne. ***Terrain :*** en terrasses ; herbe ; plat. ***Réducs :*** Bibliothèque gratuite.	⊕ Le cadre ; l'arboretum et ses 65 arbres étiquetés ; la baignade dans la rivière ; les emplacements de 80-143 m². ⊖ L'annexe peu ombragée.

À voir, à faire dans les environs : le château d'Andurain-de-Maytie ; l'hôpital Saint-Blaise.

MELLE 79500

32 km SE de Niort — *Carte Poitou-Charentes B1*

€€ **12 €** — **26 emplacements**

La Fontaine de Villiers : *rue de Villiers. ☎ 05-49-29-18-04 ou 05-49-27-00-23 (mairie). • contact@ville-melle.fr • mairie-melle.fr • Ouv mai-sept. CB refusées.*
Petit camping tout simple mais très agréable, idéalement situé dans un lieu calme et reposant, au pied de la ville, non loin de l'église Saint-Pierre et de la fontaine de Villiers. Emplacements ombragés et séparés par de petites haies champêtres. Proche de la piscine et d'un sentier de randonnée remarquable pour ses collections nationales d'arbres et de rosiers. Nombreuses animations dans la ville en saison.

Cadre : campagne, sentiers de randonnée. ***Terrain :*** en pente ; herbe ; plat.	⊕ Le calme ; la proximité du centre. ⊖ Peu équipé ; pas d'animations ; le confort basique.

À voir, à faire dans les environs : les églises, les mines d'argent des rois francs, l'arboretum ; l'abbaye royale de Celles-sur-Belle.

MÉRINCHAL 23420

15 km NE de Crocq ; 33 km E d'Aubusson — *Carte Limousin B1*

€ **8,40 €** — **12 emplacements**

Camping du château de la Mothe : *6, rue du Château-de-la-Mothe. ☎ 05-55-67-20-19 (mairie). • mairie-de-merinchal@wanadoo.fr • merinchal.fr • Ouv mai-oct. CB refusées.*
Géré par la commune, un camping sur le domaine du château du village. Simple, calme, verdoyant et bien entretenu. Barbecue, ping-pong. Également un appartement en location dans le château *(120-295 €/sem).* Internet. Wifi.

Cadre : campagne, sentiers de randonnée, forêt. ***Terrain :*** herbe ; plat.	⊕ Le prix. ⊖ Le petit nombre d'emplacements : n'hésitez pas à appeler !

À voir, à faire dans les environs : les 2 tours des anciennes fortifications à Crocq.

MESSANGES 40660

Carte Aquitaine Sud A1

4 km NE de Vieux-Boucau-les-Bains ; 4 km SO de Moliets-et-Maâ

€€ **12 €** **6 emplacements**

Camping à la ferme Chez Cazou : *1900, route de la Côte-d'Argent. ☎ 05-58-48-50-47. 06-30-87-59-94. • chezcazou@gmail.com • campingcazou.e-monsite.com • Ouv 1er avr-31 oct. CB refusées.*
Au cœur d'une exploitation agricole, un petit camping à la ferme pour ceux qui fuient l'ambiance club et survoltée des campings de la côte ! Confort rudimentaire et c'est bien ce qui fait son charme... La plage n'est jamais qu'à 3 km.

Cadre : mer. ***Terrain :*** herbe ; plat.	⊕ Le calme et la simplicité. ⊖ Le calme et la simplicité, si ce n'est pas ce que vous recherchez.

À voir, à faire dans les environs : le vignoble « des Sables » ; le courant d'Huchet.

MILHAC-DE-NONTRON 24470

40 km N de Périgueux **Carte Aquitaine Nord B1**

€€€€ **35 € (avec électricité)** **30 emplacements**

Les Parenthèses Imaginaires : *Fontaine-de-Cardisson. ☎ 05-53-60-72-14. 06-10-03-67-04. • contact@parentheses-imaginaires.com • parentheses-imaginaires.com • Ouv fin avr-fin sept.*
Un chemin, des arbres, l'eau, des cabanes, des chalets, un endroit qui inspire la tranquillité et le bien-être au naturel. Des chalets douillets et confortables, qui portent la touche créative de Françoise, dans une déco pleine de peps et de charme. Stephan et elle ont réinventé ici un camping de rêve. Présents et discrets tout à la fois, ils vous proposent une balade historique des lieux ou une soirée surprise durant l'été. Un camping nature, avec piscine pour ceux qui n'aiment pas se baigner au milieu des carpes, au cœur de 27 ha de nature très sauvage. Quelques activités originales sont proposées. En location, cabanes 2-4 personne *(448-700 €/sem),* et chalets 2-7 personnes *(504-1 645 €/sem).* Wifi. NOUVEAUTÉ.

Cadre : forêt, sentiers de randonnée. ***Réducs :*** sur présentation de ce guide, 6 nuits payées pour 7 nuits passées, 12 nuits payées pour 14 nuits ; et pour les courts séjours, frais de dossier offerts.	⊕ Pour un séjour à la fois chic, ludique, écolo et détente, difficile de trouver mieux ! ⊖ Les 15 € de frais de dossier, quand même...

À voir, à faire dans les environs : à Nontron, les artisans couteliers ; le château de Beauvais à Lussas-et-Nontronneau ; la chapelle Saint-Robert à Javerlhac.

MOLIÈRES 24480

36 km E de Bergerac **Carte Aquitaine Nord B2**

€€€ **23,80 €** **4 emplacements**

Camping La Grande Veyière : *☎ 05-53-63-25-84. 06-84-04-46-08. • contact@lagrandeveyiere.com • lagrandeveyiere.com • Ouv de mi-juin à mi-sept (loc avr-début nov).*
Grande propriété dans les bois, en pleine nature. Confort total, emplacements ombragés, sanitaires impeccables. Nombreuses activités aux environs. Ambiance familiale et excellent accueil. Possibilité de louer des mobile homes *(175-693 €/sem)* et de faire des barbecues. Internet. Wifi.

Cadre : campagne, forêt, sentiers de randonnée. ***Terrain :*** en terrasses ; herbe. ***Réducs :*** - 5 % sur le camping (hors locatifs) sur présentation de ce guide.	⊕ Le calme champêtre. ⊖ Un peu excentré.

À voir, à faire dans les environs : les vestiges d'habitats troglodytiques à Belvès (26 km).

MONCEAUX-SUR-DORDOGNE 19400

4 km SO d'Argentat *Carte Limousin B2*

€€€€ 34 € **140 emplacements**

Camping Au Soleil d'Oc : *☎ 05-55-28-84-84. • info@dordogne-soleil.com • campingsoleildoc.com • Ouv de mi-avr à mi-nov.*
Un camping superbement situé au bord de l'eau (accès par un pont, calme assuré). Le patron, amoureux des arbres, a transformé son camping en une espèce de parc forestier fait de nombreuses essences différentes, de barrières végétales, de haies vives... Il plante sans arrêt, donnant plus d'intimité aux vastes emplacements et un réel charme bucolique à l'ensemble. Tout le confort, sanitaires impeccables. Resto, bar, épicerie, 2 agréables piscines dont une couverte. Nombreuses activités sportives : basket, foot, volley, tir à l'arc, pétanque, location de vélos et canoës. Aire de jeux pour les enfants, animation pour tous, pêche à la mouche, etc. Location de mobile homes, bungalows toilés, cottages et chalets *(240-1 190 €/sem).* Internet. Wifi.

Cadre : campagne, sentiers de randonnée. ***Terrain :*** en terrasses ; herbe ; plat.	⊕ L'environnement végétal ; le calme ; la qualité d'accueil. ⊖ R.A.S.

À voir, à faire dans les environs : une balade en gabare sur la Dordogne ; la découverte de la Xaintrie ; les fermes du Moyen Âge ; les tours de Merle.

MONCONTOUR 86330

45 km NO de Poitiers ; 22 km SO de Loudun *Carte Poitou-Charentes B1*

€€ 10 € **96 emplacements**

Moncontour Active Park : *lac du Gué-du-Magne. ☎ 05-55-84-34-48. • reservation@terresdefrance.com • moncontour-active-park.com • Ouv avr-sept.*
Un camping 3 étoiles très nature, à côté d'un plan d'eau de 10 ha et d'une base de loisirs pour pratiquer tous les sports aquatiques en famille (baignade surveillée en juillet-août). Emplacements bien ombragés en lisière de forêt. Notre préférence va à ceux situés vers l'étang (prévoir l'antimoustiques). Gîtes et chalets pour 4-8 personnes, dont un accessible aux personnes à mobilité réduite *(284-777 €/sem),* complètent l'offre de logement. Snack en saison. Internet. Wifi.

Cadre : campagne, forêt, lacs ou rivières, sentiers de randonnée. ***Terrain :*** herbe ; plat.	⊕ La taille des emplacements ; le cadre et les activités. ⊖ Les moustiques.

À voir, à faire dans les environs : la base de loisirs, la vieille ville, son donjon et ses sentiers balisés en bord de Dive (1 km) ; le Futuroscope (40 km).

MONCRABEAU 47600

13 km S de Nérac ; 40 km SO d'Agen *Carte Aquitaine Sud B1*

€€€ 23,50 € **50 emplacements**

Camping Le Mouliat : *au bord de la Baïse. ☎ 05-53-65-43-28. • contact@camping-le-mouliat.fr • camping-le-mouliat.fr • Ouv d'avr à mi-oct.*

Au bord de la rivière, dans un cadre verdoyant, bucolique et bien tranquille. Un bon camping, super bien entretenu par un couple chaleureux et dynamique. Piscine, terrains de sport, trampoline, ping-pong, pétanque, coin pêche, location de vélos électriques et de canoës-kayaks. Bon bistrot ouvert à tous avec des plats à base de produits locaux. Animations en saison. Bungalows toilés, chalets, mobile homes et cabanes sur pilotis *(310-845 €/sem).* Wifi.

Cadre : campagne, lacs ou rivières, sentiers de randonnée. ***Terrain :*** herbe ; plat.	⊕ Le cadre bucolique au bord de l'eau ; le vélorail à proximité. ⊖ La ville la plus proche est à 10 km.

À voir, à faire dans les environs : le château Henri-IV à Nérac (13 km) ; la bastide de Francescas (15 km) ; le musée du Liège et du Bouchon à Mézin (15 km).

MONTIGNAC 24290

Carte Aquitaine Nord B2

3 km N des grottes de Lascaux ; 25 km NE des Eyzies-de-Tayac

€€€€ **27,50 €** **118 emplacements**

Camping Le Moulin du Bleufond : *av. Aristide-Briand. ☎ 05-53-51-83-95. 📱 07-77-79-15-12. • info@bleufond.com • bleufond.com • Ouv d'avr à mi-oct.*
Camping bien tenu, avec des emplacements bien séparés par de hautes haies. Sa proximité du centre du bourg constitue un atout non négligeable. Très bien équipé. Des aménagements pour le bien-être (sauna, spa). Et même un écran vidéo géant ! Mobile homes tout confort pour 2-8 personnes *(238-927 €/sem ; possibilité de louer à la nuit hors saison).* Internet. Wifi.

Cadre : campagne, lacs ou rivières, ville. ***Terrain :*** herbe ; plat. ***Réducs :*** hors saison estivale, pour les longs séjours, pour 7 nuits passées, 1 nuit offerte ; pour 14 nuits 2 nuits offertes ; pour 21 nuits, 3 nuits offertes.	⊕ Les mobile homes tout confort, les sanitaires tout neufs ; proche à pied du centre-ville et de Lascaux. ⊖ Les emplacements plus ou moins ombragés.

À voir, à faire dans les environs : les grottes de Lascaux (3 km) ; le musée national de la Préhistoire aux Eyzies (25 km).

MONTMORILLON 86500

50 km SE de Poitiers ; 18 km S de Saint-Savin **Carte Poitou-Charentes B1**

€ **8 €** **76 emplacements**

L'Allochon : *31, av. Fernand-Tribot. 📱 06-14-88-43-99. • camping@ville-montmorillon.fr • montmorillon.fr • Ouv mars-fin oct. CB refusées.*
Un camping municipal sans équipements superflus, mais agréable, bien tenu et peu cher. Le terrain, entouré d'arbres, est tout en longueur et borde la poissonneuse rivière Allochon. Piscine municipale à quelques enjambées. Jeux pour les enfants. Un bon plan pour un court séjour. Wifi.

Cadre : campagne, sentiers de randonnée, ville. ***Terrain :*** herbe ; plat.	⊕ Le rapport qualité-prix. ⊖ Pas de restaurant ni d'épicerie.

À voir, à faire dans les environs : la Cité de l'écrit, le musée de l'Amande et du Macaron.

MORCENX-BOURG 40110

Carte Aquitaine Sud A1

40 km NO de Mont-de-Marsan ; 17 km SE d'Onesse-et-Laharie

€€€ 22,50 € **50 emplacements**

Camping Le Clavé : *860, route de Rion. ☎ 05-58-07-83-11. 07-55-14-07-26. • contact@camping-leclave.com • camping-leclave.com • Ouv 1er avr-31 oct.*
Au cœur du parc naturel régional des Landes, sur 6 ha de verdure, un camping frais et ombragé (certains emplacements près de la rivière), tout confort, avec tous les services nécessaires à de bonnes vacances. Location de mobile homes *(180-570 €/sem)* et caravanes *(350 €/sem)*. Piscine. Internet.

Cadre : campagne. ***Terrain :*** herbe ; plat.	⊕ Le cadre et la maison de maître du XIXe s ; les vélos à disposition ; à 4 km du lac Arjuzanx (baignade autorisée et surveillée). ⊖ Un peu éloigné de la mer.

À voir, à faire dans les environs : Marquèze, l'écomusée de la Grande Lande ; la chapelle de Suzan (19 km).

MUGRON 40250

30 km SO de Mont-de-Marsan ; 28 km E de Dax *Carte Aquitaine Sud A1*

€€ 13 € **32 emplacements**

Camping La Saucille : *lieu-dit La Saucille. ☎ 05-58-97-98-50 (en saison) et 05-58-97-71-26 (mairie). • accueil@mugron.fr • paysdemugron.fr • Ouv juil-août.*
Tout près de la base de loisirs (tous les jours en juillet-août 12h30-19h30) comprenant lac de baignade avec toboggan aquatique, pêche en rivière, terrains de jeux, etc., tout cela à la disposition des campeurs gratuitement... Clientèle familiale souhaitant profiter du calme. Accueil ouvert tous les jours de 12h à 20h. Réservation à la mairie ou par e-mail.

Cadre : campagne, lacs ou rivières. ***Terrain :*** herbe ; plat.	⊕ L'entrée gratuite pour les campeurs à la base de loisirs. ⊖ L'absence de gardien la nuit.

À voir, à faire dans les environs : le moulin de Poyaller ; l'abbaye Notre-Dame de Maylis.

NANTEUIL-EN-VALLÉE 16700

55 km N d'Angoulême *Carte Poitou-Charentes B2*

€ 9 € **30 emplacements**

Camping du Val de l'Argentor : *3, rue du Val-d'Argentor. ☎ 05-45-31-82-67 (mairie). • nanteuil-en-vallee.mairie@wanadoo.fr • Ouv juin-sept. CB refusées.*
Un petit camping municipal où le responsable ne passe que 2 fois par jour. Équipements vraiment basiques mais le terrain est joliment situé dans un chouette coin de campagne au bord de l'Argentor. Et les prix sont vraiment riquiqui. NOUVEAUTÉ.

Cadre : campagne. ***Terrain :*** herbe ; plat.	⊕ Les prix bas. ⊖ Simple mais suffisant.

À voir, à faire dans les environs : les thermes de Chassenon ; Angoulême et ses murs peints.

NEUVIC 19160

21 km S d'Ussel ; 76 km NE de Tulle *Carte Limousin B2*

€€ 12 € **93 emplacements**

Camping du Lac : *route de la Plage. ☎ 05-55-96-70-69. 06-73-86-69-60. • campingdulac19160@gmail.com • camping.neuvic-correze.net • Ouv mars-nov.*
Ce camping se révèle agréable et fonctionnel. Accueil particulièrement pro, direction serviable. Location de chalets, dont 2 accessibles aux personnes handicapées *(460-490 €/sem).* Compter 8-10 € en camping-car. Internet. Wifi.

Cadre : campagne, lacs ou rivières, sentiers de randonnée.
Terrain : en terrasses ; herbe ; plat.

⊕ La possibilité de se baigner dans les eaux les plus pures du Limousin.
⊖ Pas de piscine dans le camping.

€€€ 23 € **85 emplacements**

Flower Camping Le Port de Neuvic, centre Henri-Queuille : *lieu-dit Antiges. ☎ 05-55-95-81-18. 06-78-68-34-79. • campingportdeneuvic@gmail.com • camping-port-de-neuvic.fr • Ouv 15 avr-15 oct.*
Un peu plus petit que le *Camping du Lac.* Belle prairie en partie plantée d'arbres et plage de sable. Une douzaine de chalets, dont un équipé pour accueillir les personnes à mobilité réduite, 12 mobile homes et 2 bungalows toilés *(196-600 €/sem).* Bar restaurant, terrasse panoramique, cousinades, soirées à thème, animations. Internet. Wifi.

Cadre : campagne, lacs ou rivières, sentiers de randonnée.
Terrain : herbe ; plat.
Réducs : - 5 % sur les emplacements et les locatifs sur présentation de ce guide, sauf juillet-août.

⊕ Le site ; le calme ; le bord du lac ; la plage.
⊖ Il y fait un peu frais le matin en avril et en octobre.

À voir, à faire dans les environs : le musée de la Résistance Henri-Queuille.

OLORON-SAINTE-MARIE 64400

32 km SO de Pau ; 80 km E de Saint-Jean-Pied-de-Port *Carte Aquitaine Sud A2*

€€€ 20 € **170 emplacements**

Camping Pyrénées Nature : *chemin Lagravette. ☎ 05-59-39-11-26. • camping.pyrenees.nature@gmail.com • campingpyreneesnature.fr • Ouv tte l'année.*
Confortable et ombragé. Loue également des tentes bivouac et une dizaine de chalets pour 4 à 5 personnes *(170-420 €/sem).* Pour les randonneurs, le GR 10 passe à proximité. Wifi.

Cadre : campagne, montagne, sentiers de randonnée, ville.
Terrain : herbe ; plat.

⊕ Les prix préférentiels pour accéder à la piscine intercommunale en juillet, août et septembre.
⊖ Peu d'animations.

À voir, à faire dans les environs : la cathédrale Sainte-Marie et son trésor.

ORDIARP (URDIÑARBE) 64130

63 km E de Saint-Jean-Pied-de-Port *Carte Aquitaine Sud A2*

€€ 13 € **25 emplacements**

Camping à la ferme Landran : *chez Bruno et Nathalie Boscq, ferme Landran. ☎ 05-59-28-19-55. 06-32-49-57-26. • landran@wanadoo.fr • ferme-landran-location.com • Ouv de mi-avr à fin sept.*

En pleine nature, dans un environnement idéal, avec de gentilles bébêtes. Accueil fort sympathique. La famille se met en quatre pour améliorer le confort des campeurs. 2 petits chalets à louer, pour 6 personnes *(320-420 €/sem).* Gîte de groupe également. Petit déj à la demande.

Cadre : campagne, forêt, montagne, sentiers de randonnée. ***Terrain :*** en terrasses ; herbe. ***Réducs :*** - 10 % sur présentation de ce guide.	⊕ Le site. ⊖ La simplicité.

À voir, à faire dans les environs : le massif des Arbailles.

PAUILLAC 33250

52 km NO de Bordeaux — ***Carte Aquitaine Nord A1***

€€€ 18,50 € — **58 emplacements**

Camping Les Gabarreys : *route de la Rivière.* ☎ *05-56-59-10-03.* 📱 *06-29-83-24-10.* • *camping.les.gabarreys@wanadoo.fr* • *pauillac-medoc.com* • *Ouv d'avr à mi-oct.*
Petit camping municipal assez charmant. Emplacements spacieux délimités par des haies et en partie ombragés. Ceux du fond avec vue sur la Gironde sont les plus agréables. Sanitaires nickel. Mobile homes bien sympa avec leur terrasse tout en bois *(450-700 €/sem).* Internet. Wifi.

Cadre : campagne, lacs ou rivières. ***Terrain :*** herbe ; plat.	⊕ L'accueil. ⊖ Elle est où la piscine ?

À voir, à faire dans les environs : les caves à vin et les grands châteaux du Médoc.

PEYRAT-LE-CHÂTEAU 87470

50 km E de Limoges ; 44 km SO d'Aubusson — ***Carte Limousin B1***

€€€ 18 € — **100 emplacements**

Camping Les Deux Îles : *à Auphelle.* ☎ *05-55-35-60-81.* 📱 *06-11-22-07-06.* • *les2iles.camping@gmail.com* • *campings-vassiviere.com* • *Ouv début avr-fin oct.*
Un camping de taille moyenne, disposé sur un terrain ombragé qui descend en pente douce vers le lac. Niveau de confort général convenable (éviter les bungalows situés au bord de la route), et nombreuses activités sportives sur place ou à proximité : voile, plage surveillée, pêche, golf, rando, etc. Locatifs *(462-805 €/sem)* et chalets pour 2 personnes en unité hôtelière *(65-90 €/nuit).* Internet. Wifi.

Cadre : lacs ou rivières. ***Terrain :*** herbe ; plat.	⊕ L'accès direct à la plage ; la situation face au lac de Vassivière ; les nombreuses activités nautiques et de plein air à proximité. ⊖ Pas de club enfants.

À voir, à faire dans les environs : le lac de Vassivière, le sentier des rives, l'île de Vassivière ; le parc naturel régional de Millevaches en Limousin.

PISSOS 40410

45 km SE de Biscarrosse-Plage ; 12 km N de Sabres — ***Carte Aquitaine Nord A2***

€€ 12,40 € — **74 emplacements**

Camping municipal L'Arriu : *525, chemin de l'Arriu.* ☎ *05-58-08-90-38.* • *mairie@pissos.fr* • *pissos.fr* • *Ouv 1er juil-15 sept.*

Emplacements ombragés par une pinède, à proximité d'un petit ruisseau (l'Arriu). Piscine municipale à côté. Et diverses activités à la base nautique de Testarouman : canoë sur la Leyre, tir à l'arc, balade à cheval ou VTT, parcours dans les arbres. Internet. Wifi.

Cadre : campagne, forêt, lacs ou rivières. ***Terrain :*** herbe ; plat. ***Réducs :*** piscine municipale gratuite pour tout séjour de 5 nuits minimum.	⊕ Le cadre ; le village avec son café et son cercle perpétuant une vieille tradition de rencontre. ⊖ La piscine municipale qui n'est gratuite que pour les séjours longs.

À voir, à faire dans les environs : l'église romane à Pissos ; la vallée de la Leyre.

PORT-DES-BARQUES 17730

16 km O Rochefort — *Carte Poitou-Charentes A2*

€€€ **18,30 €** — **230 emplacements**

La Garenne : *47, av. de l'Île-Madame. ☎ 05-46-84-80-66. • camping@ville-portdesbarques.fr • camping-municipal-portdesbarques.com • Ouv avr-fin oct.*
Camping de bord de mer avec de bons emplacements de 100 m² bien délimités et ombragés. Piscine et 2 snacks. Plein de balades à faire dans les environs, notamment à l'île Madame, bien sûr, juste en face. Grande retenue d'eau sur la plage pour se baigner quand la marée est basse. Internet. Wifi.

Cadre : mer. ***Terrain :*** herbe ; plat. ***Réducs :*** - 10 % sur 3 semaines pour les curistes.	⊕ Sa situation ! ⊖ Peu d'ombrage.

À voir, à faire dans les environs : l'île Madame ; le fort Boyard.

PRESSIGNAC 16150

62 km NE d'Angoulême — *Carte Poitou-Charentes B2*

€€€ **21,50 €** — **166 emplacements**

Camping des Lacs : *1, plage de la Guerlie. ☎ 05-45-31-89-03. • info@campingdeslacs.fr • campingdeslacs.fr • Ouv avr-oct.*
Emplacements de belle taille, en terrasses, avec vue sur le lac pour certains. Moyennement ombragés, cela dit... 2 belles piscines (couverte et découverte) si l'on ne veut pas faire trempette dans le lac (la plage publique surveillée en été est à deux pas). Gérants aussi sympathiques que dynamiques. Location de mobile homes, chalets et Coco Sweet poru 2 à 8 personnes *(190-960 €/sem).* Internet. Wifi. NOUVEAUTÉ.

Cadre : campagne, lacs ou rivières. ***Terrain :*** plat ; en terrasses ; herbe. ***Réducs :*** - 10 % toute l'année, et une partie de minigolf offerte sur présentation de ce guide.	⊕ L'accueil, le cadre. ⊖ R.A.S.

À voir, à faire dans les environs : le musée de la Météorite à Rochechouart (15 km) ; le site archéologique de Chassenon (8 km) ; les nombreuses églises romanes dans tous les villages.

PUJOLS 47300

5 km SO de Villeneuve-sur-Lot ; 28 km NE d'Agen *Carte Aquitaine Nord B2*

€€€ 21 € **109 emplacements**

Camping Lot et Bastides : *allée de Malbentre. ☎ 05-53-36-86-79. 06-85-48-42-48. • contact@camping-lot-et-bastides.fr • camping-lot-et-bastides.fr • Ouv Pâques-Toussaint.*
Géré par l'office de tourisme du Grand-Villeneuvois, ce camping est bien aménagé, fonctionnel et propre. La végétation jeune et basse n'assure pas encore un ombrage suffisant (seuls quelques emplacements profitent d'anciennes plantations). Tentes équipées, mobile homes et chalets 2 à 6 personnes *(182-791 €/sem).* Nombreux services (snack, épicerie, laverie, location de vélos, etc.). Aires de jeux. Piscine chauffée et pataugeoire. Accès direct à la voie verte. Wifi.

Cadre : campagne. ***Terrain :*** plat ; herbe.	⊕ Les équipements. ⊖ Les arbres encore petiots.

À voir, à faire dans les environs : Pujols ; Villeneuve-sur-Lot et le musée de Gajac (5 km) ; Penne-d'Agenais (13 km) ; le jardin des Nénuphars à Latour-Marliac (15 km).

PYLA-SUR-MER 33115

7,5 km SO d'Arcachon ; 74 km S de Lacanau *Carte Aquitaine Nord A2*

€€€€ 65 € (avec électricité) **225 emplacements**

Camping Le Petit Nice : *route de Biscarrosse. ☎ 05-56-22-74-03. • petit-nice@capfun.com • petitnice.com • Ouv début avr-fin sept.*
Au bout de la dune et avec accès direct à la plage, mais au retour, ça grimpe fort ! Il faut dire que le terrain est très en pente côté Atlantique. Mais de ce camping familial, on apprécie la situation dans la pinède, la très belle vue sur la mer et les activités pour enfants (piscine avec toboggan, ping-pong, foot, basket...). Tentes aménagées, chalets et mobile homes *(308-1 416 €/sem).* Avec une préférence pour les plus récents (mais plus chers) ou les tentes sahariennes. Wifi.

Cadre : forêt, mer. ***Terrain :*** en pente ; en terrasses.	⊕ L'accès direct à la mer ; la vue. ⊖ La pente du terrain côté mer.

€€€€ 40 € **300 emplacements**

Camping de la Dune, alias Les Flots Bleus : *route de Biscarrosse. ☎ 05-56-22-72-17. • reception@campingdeladune.fr • campingdeladune.fr • Ouv avr-fin sept.*
Alors, on n'attend pas Patrick ? Eh oui, c'est ici qu'a été tourné en partie le film *Camping* avec Franck Dubosc. Si quelques décors du film persistent, le camping surfe surtout sur le succès de la comédie et ne désemplit pas. Au pied de la dune, on s'installe dans le sable (et les épines de pin !). Bon équipement même si les sanitaires sont un peu vieillissants. Attention, en haute saison, de nombreuses animations étant organisées, ça peut être un peu bruyant. Ne cherchez pas le *Shogun,* la boîte de nuit n'existe que dans le film ! Location de chalets, tentes et mobile homes *(200-1 190 €/sem),* ainsi que de vélos. Wifi.

Cadre : forêt, mer. ***Terrain :*** en pente ; en terrasses ; herbe ; plat.	⊕ La qualité des équipements ; les réducs hors saison. ⊖ Beaucoup de monde en haute saison.

À voir, à faire dans les environs : la dune ; la ville d'Arcachon ; les parcs dans les environs.

RAUZAN 33420

13 km S de Saint-Émilion ; 11 km SO de Pujols — *Carte Aquitaine Nord A2*

€€€ 20,90 € — 76 emplacements

Camping du Vieux Château : *6, rue Blabot. ☎ 05-57-84-15-38. • contact@vieuxchateau.fr • vieuxchateau.fr • Ouv d'avr à mi-oct.*
Très beau camping familial à taille humaine et impeccablement tenu. Calme, ombragé, dans un cadre verdoyant. Sanitaires nickel. Mobile homes, tentes et chalets en location *(150-626 €/sem).* Piscine et pataugeoire pour les enfants. Un des meilleurs endroits pour camper à seulement 13 km de Saint-Émilion. Bar ouvert toute la saison ; snack en juillet-août. Internet. Wifi.

Cadre : campagne. ***Terrain :*** herbe ; plat.	⊕ L'accueil ; la disponibilité des propriétaires. ⊖ On cherche encore…

À voir, à faire dans les environs : le château de Rauzan ; l'abbaye de La Sauve-Majeure (20 km).

REYGADES 19430

12 km NE de Beaulieu-sur-Dordogne ; 15 km S d'Argentat — *Carte Limousin B2*

€€ 13,60 € — 35 emplacements

Camping La Belle Étoile : *à Lestrade. ☎ 05-55-28-50-08. • campingbelle-etoile@orange.fr • campingbelle-etoile.fr • Ouv juin-fin sept. CB refusées.*
Un charmant petit camping juste à côté de la *Mise au tombeau* de Reygades. Infos sur les balades. Location de chalets et gîtes pour 4 à 8 personnes *(280-665 €/sem).* Internet.

Cadre : campagne, sentiers de randonnée. ***Terrain :*** herbe ; plat.	⊕ Le charme du camping, qui tient aussi à son patron, très affable. ⊖ À 10 km des commerces.

À voir, à faire dans les environs : les tours de Merle (32 km).

RIBÉRAC 24600

37 km O de Périgueux — *Carte Aquitaine Nord B1*

€€€ 16 € — 90 emplacements

Camping de la Dronne : *route d'Angoulême. ☎ 05-53-90-50-08. 📱 06-98-34-01-54. • campingdeladronne@gmail.com • camping-la-dronne.business.site • Ouv de mi-avr à mi-oct.*
Camping agréablement situé au bord de la rivière, sur 2 ha. Comme il sert de base de canoë-kayak (en été), il y a plein d'activités au bord, sur et dans l'eau ! Les emplacements sont vastes et le choix a été fait de ne pas proposer de bungalows : vive le camping ! NOUVEAUTÉ.

Cadre : en bordure de rivière. ***Terrain :*** plat, herbe.	⊕ Le site agréable. ⊖ On cherche, on cherche…

À voir, à faire dans les environs : la collégiale romane de Ribérac ; le Musée gallo-romain au Petit-Barsac ; la vallée de la Dronne.

RIVES 47210

39 km SE de Bergerac ; 30 km NO de Villeneuve-sur-Lot *Carte Aquitaine Nord B2*

€€€ 21 € **60 emplacements**

Camping de Bergougne : *à Bergougne. ☎ 05-53-36-01-30. • info@camping-de-bergougne.com • camping-de-bergougne.fr • Ouv fin avr-fin sept.*
Tout le confort nécessaire dans ce petit camping ombragé et verdoyant avec ses emplacements délimités par de vraies haies, une belle piscine chauffée et son ambiance familiale, au calme. Location de bungalows toilés, mobile homes et chalets *(199-750 €/sem).* Lac privé, jeux pour enfants, snack, dépôt de pain. Accueil adorable. Wifi.

Cadre : campagne.
Terrain : en terrasses ; herbe ; plat.

⊕ Le calme.
⊖ Pas d'animations.

À voir, à faire dans les environs : Monflanquin (16 km) ; Castillonnès (14 km) ; la vallée de la Lède.

ROCHECHOUART 87600

42 km O de Limoges ; 68 km NE d'Angoulême *Carte Limousin A1*

€€€ 20 € **40 emplacements**

Camping de la Météorite : *à Bois-Chenu. ☎ 05-55-03-65-96. 06-60-37-42-34. • campingdelameteorite@orange.fr • campingmeteorite.fr • Ouv mars-sept (oct pour les loc).*
Superbe situation pour ce camping à taille humaine, dont les emplacements ombragés et verdoyants surplombent un sympathique petit plan d'eau. Charmant, tranquille, mais également bien équipé : piscine chauffée, aire de jeux pour les enfants, terrains de basket et de volley, et un resto-bistrot sympa. Impeccable. Location de mobile homes et de chalets *(255-600 €/sem).* Internet. Wifi.

Cadre : campagne, forêt, lacs ou rivières, sentiers de randonnée.
Terrain : en terrasses ; herbe.

⊕ La tranquillité.
⊖ Sa petite capacité.

À voir, à faire dans les environs : le musée d'Art contemporain de la Haute-Vienne, l'espace Météorite Paul-Pellas.

ROCHEFORT-SUR-MER 17300

30 km SE de La Rochelle *Carte Poitou-Charentes A2*

€€ 10,50 € **116 emplacements**

Camping municipal Le Rayonnement : *3, av. de la Fosse-aux-Mâts. ☎ 05-46-82-67-70. • camping.municipal@ville-rochefort.fr • ville-rochefort.fr • Ouv mars-fin nov.*
Propose des emplacements bien nets dans un cadre ombragé mais surtout dans un secteur assez tranquille (le soir notamment), à 10 mn à pied du centre-ville (arrêt de bus). Belles allées, dominées par une petite colline réservée. Dépôt de pain, laverie, aires de jeux pour enfants, etc. Soirées animées durant l'été. Internet. Wifi.

Cadre : sentiers de randonnée, ville.
Terrain : herbe ; plat.

⊕ Au cœur de la ville à prix doux.
⊖ Pas de restauration.

€€€ 19 € **132 emplacements**

Le Bateau : *106, rue des Pêcheurs-d'Islande. ☎ 05-46-99-41-00. • lebateau@orange.fr • campinglebateau.com • Ouv avr-nov.*

Un 3-étoiles avec tennis, resto, bar, piscine, toboggans aquatiques et tout le tralala. Joli cadre champêtre : entre la Charente, les marais et un petit lac de pêche accessible aux campeurs. Peu ombragé et peu protégé du vent. Attention, le règlement du séjour est demandé à l'arrivée ! Internet. Wifi.

Cadre : campagne, lacs ou rivières, mer, ville. ***Terrain :*** herbe ; plat ; rocaille.	⊕ Sa situation en bordure des marais. ⊖ Loin du centre-ville.

À voir, à faire dans les environs : la Corderie royale, le Centre international de la mer, le jardin des Retours, le chantier de l'Hermione, la maison de Pierre Loti (fermée pour restauration, se renseigner) ; Fouras (13 km) ; l'abbaye de Trizay (14 km) ; La Rochelle (30 km) ; les îles d'Aix et Madame.

ROYAN 17200

Carte Poitou-Charentes A2

40 km SO de Saintes ; 40 km N de Saint-Georges-de-Ridonne

€€€€ 39 € **125 emplacements**

Camping Clairefontaine : *16, rue du Colonel-Lachaud. ☎ 05-46-39-08-11. • clairefontaine@campeole.com • campeole.com • Ouv début avr-fin sept.*
On se demande comment les promoteurs n'ont pas eu la peau de ces 5 ha de nature en pleine ville (au-delà, ce sont les marais), mais c'est tant mieux ! Camping 4-étoiles, bien ombragé et bien équipé. Piscine chauffée en saison, avec une amusante cabane à carrelet, tennis, château gonflable, jeux pour petits et grands, snack, dépôt de pain (de mai à septembre) et un petit quelque chose de différent dans l'atmosphère. Internet. Wifi. NOUVEAUTÉ.

Cadre : mer, ville. ***Terrain :*** herbe ; plat.	⊕ En ville, bien ombragé, bien équipé. ⊖ Quels « moins » ?

À voir, à faire dans les environs : le front de mer, le marché, le musée de Royan ; Pontaillac.

ROYÈRE-DE-VASSIVIÈRE 23460

29 km SO d'Aubusson ; 72 km E de Limoges *Carte Limousin B1*

€€ 14 € **150 emplacements**

Camping La Presqu'île : *Broussas. ☎ 05-55-64-78-98. • lapresquile.camping@gmail.com • campings-vassiviere.com • Ouv juin-sept.*
Toutes commodités pour un camping qui porte bien son nom et qui est le plus « jeune » de Vassivière. Ambiance familiale et sportive. Discothèque à proximité. Location de chalets et de tentes bengali, pour 4 à 6 personnes *(240-595 €/sem).* Plage aménagée et baignade surveillée.

Cadre : campagne, forêt, lacs ou rivières. ***Terrain :*** en pente ; herbe ; plat.	⊕ La situation idéale pour la planche à voile. ⊖ Très fréquenté en été.

€€€ 18,44 € **142 emplacements**

Camping Les Terrasses du Lac : *à Vauveix. ☎ 05-55-64-76-77. 📱 07-87-84-13-80. • lesterrassesdulac.camping@gmail.com • camping-vassiviere.fr • Ouv avr-nov.*
Un camping complet et bien tenu, offrant une belle vue sur le lac. Priorité au camping en dur, au détriment des tentes. Accès direct à la plage et à proximité de l'école de voile et de toutes les activités qu'offre le lac de Vassivière. Terrain de beach-volley. Internet. Wifi.

Cadre : campagne, forêt, lacs ou rivières, sentiers de randonnée. ***Terrain :*** en terrasses ; herbe ; plat.	⊕ La vue sur le lac. ⊖ Peu ombragé (selon les emplacements).

À voir, à faire dans les environs : le Centre national d'art et du paysage.

SABRES 40630

44 km SE de Biscarosse — *Carte Aquitaine Sud A1*

€€€ 20 € — 69 emplacements

Camping Domaine de Peyricat : *route de Luglon. ☎ 05-58-07-51-88. 06-78-79-55-22. • campingvvsabres@gmail.com • camping-sabres.com • Ouv de mi-juin à mi-sept.*
Un camping qui fait partie des fleurons de l'écotourisme local. Un lieu paisible, avec une soixantaine de vrais beaux emplacements. Sinon, bungalows toilés, cottages, mobile homes, et de confortables chalets de bois *(330-719 €/sem).* En juillet-août, on peut bénéficier en plus et gratuitement de tous les services du village-vacances : piscine, terrains de sport, tennis, sauna, animations. Internet. Wifi.

Cadre : campagne, forêt, sentiers de randonnée. ***Terrain :*** herbe ; plat.	⊕ Convivial, avec plein de services. ⊖ Le manque d'ombre.

À voir, à faire dans les environs : le parc naturel régional des Landes de Gascogne ; l'écomusée de Marquèze.

SAINT-AUBIN-LE-CLOUD 79450

10 km O de Parthenay ; 62 km O de Poitiers — *Carte Poitou-Charentes A1*

€€ 13,20 € — 17 emplacements

La Chagnée : *5, La Chagnée. 06-71-10-09-66. • lachagnee.camping@gmail.com • lachagneevacances.fr • Ouv avr-déc.*
Ici, on a pensé à tout : salle de jeux (billard, baby-foot, ping-pong), espace de repos (frigo, bouquins), et 2 étangs aménagés pour la pêche. Quant aux hébergements, ils se répartissent entre des emplacements dispersés dans les sous-bois, des chalets, des tentes équipées, et une chambre classique dans la ferme. Mais ce qui sort de l'ordinaire, c'est la chambre aménagée dans une meule de foin, rustique (commodités dans le bloc sanitaire du camping), mais hors-norme ! Locatifs *(320-480 €/sem).* Accueil très sympa. Wifi.

Cadre : lacs ou rivières, campagne. ***Terrain :*** herbe ; en terrasses ; plat.	⊕ Les super espaces communs. ⊖ Le bureau fermé le dimanche après-midi.

À voir, à faire dans les environs : Parthenay ; le Nombril du Monde.

SAINT-AULAYE-PUYMANGOU 24410

55 km O de Périgueux — *Carte Aquitaine Nord A-B1*

€€€ 20 € — 45 emplacements

Camping de la Dordogne Verte : *av. François-Mitterrand. ☎ 05-53-90-62-20. • campingstaulaye@gmail.com • camping-dordogneverte.fr • Ouv mai-sept.*
Un camping à taille humaine pour des vacances reposantes. Agréables emplacements ombragés au bord de la Dronne, à la fraîche. Locations de mobile homes et chalets *(170-580 €/sem).* Tennis, minigolf, piscine municipale (accès libre pour les campeurs). NOUVEAUTÉ.

Cadre : au bord de la Dronne. ***Terrain :*** herbe ; plat.	⊕ Du vert, encore du vert. ⊖ Pas de « moins ».

À voir, à faire dans les environs : le musée du Cognac, le musée du Pastel ; l'étang de La Jemaye ; l'église souterraine d'Aubeterre-sur-Dronne.

SAINT-CHRISTOLY-DE-BLAYE 33920

15 km E de Blaye — *Carte Aquitaine Nord A1*

€€ **13 €** — **95 emplacements**

Le Maine Blanc : *☎ 05-57-42-52-81. • contact@lemaineblanc.fr • lemaineblanc.fr • Ouv tte l'année.*
Sympathique camping de taille modeste, au calme, familial et en pleine forêt (donc très bien ombragé). Piscine. Bon accueil. Location de bungalows et de mobile homes *(200-550 €/sem ; loc possible à la nuitée).* Nombreuses activités (baignade, canoë, tir à l'arc, balades à cheval, VTT, accrobranche, etc.) sur la petite base de loisirs des lacs du Moulin-Blanc, située à 1 km. Internet. Wifi.

Cadre : forêt, lacs ou rivières, campagne. ***Terrain :*** herbe.	⊕ Les multiples activités proposées : belote, pétanque, loto, soirées dansantes en saison. ⊖ Quels « moins » ?

À voir, à faire dans les environs : la base de loisirs des lacs du Moulin-Blanc (1 km) ; la citadelle de Blaye (15 km).

SAINT-CLÉMENT-DES-BALEINES (ÎLE DE RÉ) 17590

Carte Poitou-Charentes A1

22 km NO de La Rochelle ; 3,5 km NO de Saint-Martin-de-Ré

€€€€ **39 €** — **170 emplacements**

Camping Les Baleines : *Le Gillieux. ☎ 05-46-29-40-76. • contact.lesbaleines@gmail.com • camping-lesbaleines.com • Ouv fin avr-fin sept.*
Vaste camping bien situé, au calme sur la Côte Sauvage, et où les tentes trouvent leur place sans souci. Emplacements agréables en partie ombragés, à deux pas de la plage de la Conche (accès direct). Laverie, épicerie, location de vélos, pétanque, aire de jeux et TV. Activités sportives à proximité. Peut-être notre camping préféré sur l'île ! Internet.

Cadre : mer. ***Terrain :*** en terrasses ; herbe ; plat.	⊕ Le calme ; la tranquillité ; la nature ; la grande palette de services et... la mer ! ⊖ Les frais de réservation sur les emplacements en juillet-août et sur les locatifs.

€€€€ **31 €** — **351 emplacements**

Camping Tohapi La Côte Sauvage : *336, rue de la Forêt. ☎ 05-46-29-46-63 ou 04-48-20-20-20. • acccotesauvage@tohapi.fr • tohapi.fr • Ouv fin avr-fin sept.*
Ce joli « camping forestier » est aménagé sur un site appartenant à l'ONF. Avec des emplacements de 80 à 100 m², très bien ombragés sous les arbres et les vieux pins, le moins que l'on puisse dire, c'est qu'on n'est pas entassés les uns sur les autres. La protection de l'environnement étant ici un souci constant, on a privilégié le camping nature, au détriment des mobile homes. Et puis il existe toujours un compromis : pour la touche exotique, mais aussi pour un confort incomparable, la yourte mongole ! Les puristes dormiront dans des

bungalows toilés. Pas de piscine, mais la mer est à deux pas. Snack et location de vélos. À proximité (2 km) : équitation, planche à voile, canoë et voile. Internet. Wifi.

Cadre : mer. ***Terrain :*** en pente ; herbe ; plat ; en terrasses.	⊕ Les yourtes à louer comme en Mongolie ; calme et sauvage. ⊖ Pas de piscine, mais on ne vient pas ici pour ça.

À voir, à faire dans les environs : l'île de Ré et ses plages, ses villes, ses monuments et musées ; Saint-Martin-de-Ré ; à Saint-Clément-des-Baleines : le phare des Baleines, le parc Amazonia ; à La Rochelle, le port des Minimes, la vieille ville et ses célèbres tours, les nombreux musées, l'aquarium.

SAINT-CYR 86130

25 km NE de Poitiers ; 13 km NE du Futuroscope ***Carte Poitou-Charentes B1***

€€€€ 28 € **198 emplacements**

Camping du lac de Saint-Cyr : *parc de loisirs de Saint-Cyr. ☎ 05-49-62-57-22. • contact@campinglacdesaintcyr.com • campinglacdesaintcyr.com • Ouv 1er avr-30 sept.* Outre son plan d'eau, ses activités aquatiques (baignade, embarcations à pédales, planche, voilier...) et ses jeux pour petits et grands (tir à l'arc, volley, pêche...), le parc de loisirs abrite un camping plutôt confortable et bien équipé, avec possibilité de louer yourtes, bungalows toilés et mobile homes *(280-1 540 €/sem pour 4-16 pers).* Golf à proximité. Piscine de juin à septembre. Internet. Wifi.

Cadre : lacs ou rivières. ***Terrain :*** herbe ; plat.	⊕ La multitude d'activités. ⊖ Le prix.

À voir, à faire dans les environs : le parc de loisirs ; le Futuroscope ; Poitiers.

SAINT-ÉMILION 33330

44 km E de Bordeaux ; 12 km SE de Libourne ***Carte Aquitaine Nord A2***

€€€€ 44 € **160 emplacements**

Yelloh Village Saint-Émilion : *domaine de la Barbanne, lieu-dit Les Combes. ☎ 05-57-24-75-80. • info@camping-saint-emilion.com • camping-saint-emilion.com • Ouv de fin avr à mi-sept.*
Très beau camping de 10 ha tout près de Saint-Émilion, au milieu des vignobles. Piscine et pataugeoire pour les enfants. Ne donne pas l'impression d'être bondé en été, mais on vous conseille quand même de réserver *(de mi-juil à mi-août).* Organise aussi des visites de vignobles. Location de mobile homes *(315-1 519 €/sem)* et de vélos. Original : un cottage flottant sur l'étang, tout moderne et équipé, avec une terrasse pour se réveiller au milieu des canards ! Internet. Wifi.

Cadre : campagne. ***Terrain :*** herbe ; plat.	⊕ Le cadre ; la foule d'activités gratuites ; la résa possible dès novembre ; idéal pour les familles avec des enfants de moins de 12 ans ; le snack en juillet-août. ⊖ Dur de repartir ! Pas d'animations ados ; resto fermé le midi.

À voir, à faire dans les environs : les vignobles aux alentours.

SAINT-ÉTIENNE-DE-BAÏGORRY (BAIGORRI) 64430

Carte Aquitaine Sud A2

11 km O de Saint-Jean-Pied-de-Port ; 31 km S de Cambo-les-Bains

€€ 12 € 66 emplacements

Camping Irouléguy : *☎ 05-59-37-43-96 ou 05-59-37-40-80 (mairie). • mairie.baigorri@orange.fr • Ouv de mi-mars à fin nov.*
C'est un grand camping à petits prix. Accès à la Nive pour les chaudes journées et au GR 10 proche pour les randonneurs. Supérette à proximité. Tarif randonneur à 4,50 €. Internet. Wifi.

Cadre : campagne, forêt, montagne, sentiers de randonnée.
Terrain : herbe ; plat.

⊕ Les tarifs ; le calme ; la situation en bordure de rivière.
⊖ Le peu d'équipements ; pas d'animations sur le camping même.

À voir, à faire dans les environs : Saint-Jean-Pied-de-Port (11 km) ; Irouléguy (quand même !) à 5 km.

SAINT-ÉTIENNE-DE-VILLERÉAL 47210

60 km N d'Agen ; 80 km O de Cahors *Carte Aquitaine Nord B2*

€€€€ 36 € 100 emplacements

La Parenthèse – Camping Les Ormes : *lieu-dit Fauquié-Haut. ☎ 05-53-36-60-26. • laparenthese.lesormes@gmail.com • la-parenthese-camping-les-ormes.com • Ouv fin mai-fin sept.*
Sur un domaine vallonné de 10 ha, nous tenons là un très, très beau camping ! Tentes safari équipées avec terrasse en bois, en forêt ou en surplomb du lac, tentes karma réparties autour d'une prairie zen avec la voûte étoilée en guise d'horizon la nuit, tentes et chalets au bord de la forêt *(220-1 300 €/sem),* emplacements parfaitement ombragés pour tentes au sein de la vallée, etc. Food truck en été, sinon, il y a un resto très sympa dans une ancienne grange restaurée à l'écart du site (concert jazzy le jeudi en été). Piscine, lac de pêche, tennis. Pour une superbe parenthèse bucolique... Mais, réserver très, très tôt ! Internet. Wifi.

Cadre : campagne, lacs ou rivières.
Terrain : herbe ; plat.
Réducs : un verre de vin offert sur présentation de ce guide.

⊕ Un camping à la fois chic et champêtre ; une gamme d'hébergements très large.
⊖ Devoir repartir...

À voir, à faire dans les environs : Monflanquin (12 km) ; Castillonnès (16 km) ; la vallée de la Lède.

SAINT-GEORGES-D'OLÉRON (ÎLE D'OLÉRON) 17190

82 km SO de La Rochelle *Carte Poitou-Charentes A2*

€€€€ 35-38 € 220 emplacements

Camping Le Suroît : *au lieu-dit L'Îleau-de-la-Grande-Côte, route de Ponthezière. ☎ 05-46-47-07-25. 06-33-79-34-18. • info@camping-lesuroit.com • camping-lesuroit.com • Ouv avr-fin sept.*
Un ravissant 4-étoiles parfaitement équipé (laverie, épicerie, barbecue collectif...) et bien ombragé. La plupart des emplacements sont délimités par de petites haies, si bien qu'on a l'impression d'être dans son jardin. On se surprend même à déambuler avec plaisir dans les petites allées. Des mobile homes à louer *(250-1 500 €/sem).* Piscine (couverte et chauffée au besoin) avec toboggans aquatiques, et petite bibliothèque éclectique à disposition. Quelques animations et spectacles sont organisés l'été. Location de vélos et de voitures

électriques. L'un de nos campings préférés sur l'île d'Oléron. Fait également resto, avec plusieurs menus changeant tous les jours et axés sur les produits de la mer. Internet. Wifi.

Cadre : mer. ***Terrain :*** herbe ; plat. ***Réducs :*** emplacement à 18 € pour 2 personnes (électricité incluse), sauf en juillet-août, sur présentation de ce guide.	⊕ La mer ; les services ; l'accueil. ⊖ Quels « moins » ?

€€€€ **48 €** **253 emplacements**

Camping Les Gros Joncs : *rue de Ponthezière, Les Sables-Vignier. ☎ 05-46-76-52-29. • info@campinglesgrosjoncs.com • les-gros-joncs.com • Ouv d'avr à mi-nov.*
Lecteurs, à vos calculettes pour pouvoir vous payer la « Rolls » des campings oléronais, un 5-étoiles ! Proche d'une belle plage (avec pêche à pied), protégée par dunes et forêt, une vraie mini-ville arborée sans les tensions urbaines (en plein mois d'août, ce n'est peut-être pas totalement garanti !). Tout le confort espéré. Supérette (avril-septembre), resto, snack et pizzas (juillet-août), distributeur de billets, miniclub, animations, piscine couverte, piscines extérieures chauffées (avec toboggans), spa et remise en forme... Location de cottages et chalets très corrects également, à la semaine ou courts séjours, jusqu'à 6 personnes *(458-1 526 €/sem ; tarifs dégressifs).* Internet. Wifi.

Cadre : mer. ***Terrain :*** herbe.	⊕ Le confort intégral ; les espaces balnéaires ; la plage proche. ⊖ Assez touristique ; très cher en juillet-août ; les commerces à 5 km.

À voir, à faire dans les environs : l'église ; l'ensemble de l'île d'Oléron : ses villes balnéaires et le parc Myocastors, le parc aux Oiseaux, Parc Aventure, Fun Park ; sur le continent : Fouras, Rochefort-sur-Mer, La Rochelle.

SAINT-GEORGES-DE-DIDONNE 17110

7 km S de Royan ***Carte Poitou-Charentes A2***

€€€€ **39,40 €** **480 emplacements**

Idéal Camping : *av. de Suzac. ☎ 05-46-05-29-04. • info@ideal-camping.com • ideal-camping.com • Ouv mai-fin sept.*
Dans les 8 ha du site protégé de la forêt de Suzac avec vastes étendues herbeuses, un camping familial 3-étoiles bien équipé et très bien entretenu. Parc aquatique chauffé avec toboggans, resto, bar, supérette, salle et aires de jeux... Location de vélos à proximité. Internet. Wifi.

Cadre : forêt, mer. ***Terrain :*** herbe ; plat.	⊕ Beaucoup d'espace, en forêt et proche de la mer. ⊖ Assez cher.

À voir, à faire dans les environs : le parc de l'Estuaire ; Royan ; le zoo de La Palmyre.

SAINT-GEORGES-LES-BAILLARGEAUX 86130

5 km E du Futuroscope ; 11 km N de Poitiers ***Carte Poitou-Charentes B1***

€€€€ **29,20€** **113 emplacements**

Le Futuriste : *rue du Château. ☎ 05-49-52-47-52. • camping-le-futuriste@wanadoo.fr • camping-le-futuriste.fr • Ouv tte l'année.*
Grand camping familial, offrant des emplacements délimités par des haies de verdure et une vue imprenable sur l'architecture futuriste du parc. Bon confort général, avec, entre autres, un étang de pêche, 2 piscines chauffées (dont une couverte),

un toboggan aquatique, etc. Resto en saison. Vente de billets d'entrée pour le Futuroscope. Locatifs *(675-1 010 €/sem).* Internet. Wifi.

Cadre : campagne. ***Terrain :*** herbe ; plat.	⊕ La vue sur le Futuroscope ; les multiples activités ; les piscines. ⊖ Aucun remarqué.

À voir, à faire dans les environs : le Futuroscope ; Poitiers ; le parc de loisirs de Saint-Cyr.

SAINT-HILAIRE-DE-LUSIGNAN 47450

9,5 km O d'Agen **Carte Aquitaine Nord B2**

€€€ **24,90 €** **50 emplacements**

Camping Le Moulin de Mellet : *route de Prayssas. ☎ 05-53-87-50-89. • moulin.mellet@orange.fr • camping-moulin-mellet.com • Ouv d'avr à mi-oct.*
Seul camping dans les environs d'Agen, en pleine campagne. Des arbres (donc ombragé), un petit ruisseau (donc frais), un étang, 2 belles piscines... mais aussi pas mal de monde en pleine saison (résa conseillée) sur cette petite structure qui reste très familiale. Emplacements pour tentes bien agréables le long du ruisseau et location de petits chalets et de Coco Sweet *(255-730 €/sem).* Ensemble très bien tenu par un couple dynamique. Location de vélos, aire de jeux pour enfants avec trampoline, mini-ferme, soirées à thème en saison. Un très beau camping. Internet. Wifi.

Cadre : campagne, lacs ou rivières. ***Terrain :*** herbe ; plat. ***Réducs :*** - 10 % sur les emplacements sauf juillet-août sur présentation de ce guide.	⊕ Le petit parc animalier pour les enfants. ⊖ La proximité de la route – passante – pour certains emplacements !

À voir, à faire dans les environs : Agen (9,5 km) ; le parc Walibi Aquitaine à Roquefort (16 km).

SAINT-HILAIRE-LA-PALUD 79210

22 km NE de Surgères ; 24 km SO de Niort **Carte Poitou-Charentes A1**

€€€ **24 €** **140 emplacements**

Le Lidon : *à Lidon. ☎ 05-49-35-33-64. • info@le-lidon.com • camping-le-lidon.com • Ouv avr-sept.*
À l'orée du Marais sauvage, longé par une conche, un camping très convivial proposant toutes sortes d'activités sportives : piscine (chauffée l'été), aquagym, ping-pong, pêche en rivière, vélo, équitation à proximité... Situé sur la route de Saint-Jacques-de-Compostelle. Propose également des hébergements en tentes, bungalows toilés et chalets *(315-777 €/sem).* Internet. Wifi.

Cadre : campagne, lacs ou rivières, sentiers de randonnée. ***Terrain :*** herbe ; plat.	⊕ La large palette d'activités ; la situation idéale dans le Marais poitevin. ⊖ Manque plus que des haies supplémentaires pour séparer les emplacements, et tout sera parfait !

À voir, à faire dans les environs : le parc ornithologique ; le Marais poitevin ; l'abbaye de Maillezais ; la Maison du marais mouillé de Coulon.

SAINT-HILAIRE-LES-PLACES 87800

19 km E de Châlus ; 29 km SO de Limoges — *Carte Limousin A2*

€€€ **16 €** — **80 emplacements**

L'Air du Lac : *impasse du lac Plaisance ☎ 05-55-58-79-18. • campinglairdulac@flowerscampings.com • campinglairdulac.com • Ouv avr-fin sept.*
Agréable camping aux emplacements ombragés par des bouleaux et agencés en terrasses. Snack-bar, épicerie, tennis municipal (accès gratuit). Base de loisirs à 200 m au bord du lac (7 ha) avec baignade surveillée l'après-midi en été, aire de jeux aquatiques. Animations en été. Internet. Wifi. NOUVEAUTÉ.

Cadre : lacs ou rivières, campagne, sentiers de randonnée. ***Terrain :*** en terrasses ; herbe.	⊕ La proximité du lac et la base de loisirs. ⊖ L'absence de piscine.

À voir, à faire dans les environs : le site des Cars ; le château de Lastours ; le château de Châlus ; l'atelier-musée de la Terre à Saint-Hilaire-les-Places.

SAINT-JEAN-D'ANGÉLY 17400

35 km NE de Saintes ; 41 km E de Rochefort-sur-Mer — *Carte Poitou-Charentes A2*

€€€ **20 €** — **100 emplacements**

Camping Val-de-Boutonne : *56, quai de Bernouët. ☎ 05-46-32-26-16. 📱 07-87-50-56-58. • campingvaldeboutonne@gmail.com • camping-charente-maritime-17.com • Ouv avr-fin sept.*
Idéalement situé à moins de 1 km du centre-ville, dans le quartier agréable de l'ancien port de transit de Saint-Jean-d'Angély. Une centaine d'emplacements peu spacieux mais bien ombragés et tenus. Possibilité de louer des tentes lodges, Coco Sweet et mobile homes pour 2-6 personnes face à la Boutonne et à côté d'un arboretum. Location de vélos. Dépôt de pain. Nombreuses activités à proximité : centre aquatique, canoë, rando, etc. Accès direct par une passerelle à la base de loisirs. Piscine. Accueil sympa. Internet. Wifi.

Cadre : lacs ou rivières, ville, campagne. ***Terrain :*** herbe ; plat. ***Réducs :*** - 10 % sur présentation de ce guide.	⊕ La base de loisirs à deux pas ; ombragé, calme ; à proximité d'un plan d'eau ; le centre-ville à 1 km. ⊖ Devoir repartir.

À voir, à faire dans les environs : l'abbaye royale, les tours, la vieille ville ; la lanterne des morts à Fenioux (8 km) ; l'écomusée du Cognac à Migron (17 km) ; le château de Neuvicq (35 km).

SAINT-JEAN-DE-LUZ (DONIBANE LOHIZUN) 64500

16 km SO de Biarritz — *Carte Aquitaine Sud A1*

€€€€ **36 €** — **36 emplacements**

Camping Duna Munguy : *881, chemin de Duhartia. ☎ 05-59-47-70-70. • contact@camping-dunamunguy.com • camping-dunamunguy.com • Ouv début avr-début nov.*
Petit camping super bien tenu et ombragé, à 300 m des plages d'Acotz. Ambiance tranquille et familiale, mais pas d'animations organisées, donc très tranquille. Ping-pong, baby-foot, aire de jeux, et même une bibliothèque où piocher et échanger des bouquins. Piscine chauffée et couverte pas bien grande mais agréable. Location de bungalows et appartements *(525-1 050 €/sem).* Internet. Wifi.

Cadre : mer, sentiers de randonnée. ***Terrain :*** plat ; herbe. ***Réducs :*** 7 nuits au prix de 6 hors juillet-août ; frais de dossier offerts en juillet-août ; hors saison, 21 jours au prix de 14.	⊕ L'accueil ; la convivialité ; les navettes pour le centre l'été. ⊖ Pas d'animations ; pas de restauration sur place.

€€€€ 42 € **216 emplacements**

Camping international Erromardie : *235, allée de la Source. ☎ 05-59-26-07-74 et 02-51-33-05-05. • info@chadotel.com • chadotel.com • Ouv avr-nov.*
Un vaste camping 4 étoiles dans un beau parc de 5 ha, situé juste à côté de la mer, qu'on entend gronder derrière les haies. Accès direct à la plage, piscine extérieure chauffée, pétanque, jeux pour enfants, resto et animations familiales en saison. Locatifs *(273-1 680 €/sem).* Internet. Wifi.

Cadre : mer. ***Terrain :*** herbe ; plat. ***Réducs :*** frais de dossier offerts sur présentation de ce guide.	⊕ Super bien équipé. ⊖ On cherche...

À voir, à faire dans les environs : le port de pêche et les vieilles villes de Saint-Jean-de-Luz et de Ciboure ; la corniche basque ; l'océan.

SAINT-JULIEN-EN-BORN 40170

16,5 km de Mimizan ; 9 km SE de Contis-les-Bains ***Carte Aquitaine Sud A1***

€€€ 20 € **30 emplacements**

La Téouleyre : *468, chemin de Jean-de-Paul. 📱 06-03-03-15-81. • info@lateouleyre.com • lateouleyre.com • Ouv de mi-mai à fin sept. CB refusées.*
Pour les amateurs de camping nature, authentique et insolite. Entre chênes et pinède, une trentaine d'emplacements classiques et 2 tentes lodges toutes équipées pour ceux qui aiment la vie au grand air sans pour autant sacrifier au charme et au confort *(250-580 €/sem).* Aire de jeu, barbecue, cuisine à disposition et location de casier-frigo. Idéal en famille. Livraison sur place de location de vélos. Internet. Wifi.

Cadre : forêt, mer. ***Terrain :*** herbe ; plat.	⊕ Le forfait à 18 € pour les cyclistes itinérants. ⊖ Il faut pédaler pour aller à la plage...

À voir, à faire dans les environs : la plage et le phare de Contis, le courant de Contis, Jungle Park.

SAINT-JUNIEN 87200

33 km O de Limoges ***Carte Limousin A1***

€€ 12,80 € **76 emplacements**

Camping municipal de la Glane : *allée des Pommiers. ☎ 05-55-02-34-86. 📱 06-74-09-85-88. • camping@saint-junien.fr • camping-saint-junien.fr • Ouv de mi-mai à mi-sept (loc tte l'année).*
Un camping paisible et bien équipé, disposant de jolis chalets en bois *(244-372 €/sem)* avec terrasse et de larges emplacements sur un site bucolique : magnifique parc ombragé et vallonné, allées parfaitement entretenues... Un bon point de chute pour rayonner dans la région. À proximité de la Glane et d'un complexe sportif. Internet. Wifi.

Cadre : sentiers de randonnée, ville, forêt. ***Terrain :*** en pente ; herbe ; plat.	⊕ Le calme ; l'entretien ; le bon rapport qualité-prix. ⊖ Pas de restauration sur place ; pas de piscine.

À voir, à faire dans les environs : la collégiale de Saint-Junien ; le site historique d'Oradour-sur-Glane.

SAINT-JUSTIN 40240

11 km SO de Roquefort ; 25 km NE de Mont-de-Marsan *Carte Aquitaine Sud B1*

€€€ **21 €** **55 emplacements**

Camping Le Pin : *route de Roquefort. ☎ 05-58-44-88-91. • camping.lepin@orange.fr • campinglepin.com • Ouv mars-nov.*
Calme, frais et sous les pins. Camping tout équipé, où se côtoie une clientèle d'habitués venant de toute l'Europe. Location de chalets et mobile homes 2 à 8 personnes *(210-834 €/sem).* Plein d'activités en tout genre, comme le trampoline, la pêche en étang ou les randonnées équestres. Piscine. Internet. Wifi.

Cadre : campagne, forêt, sentiers de randonnée. ***Terrain :*** herbe ; plat ; rocaille.	⊕ Les animations pour les enfants en juillet-août ; le partenariat avec des producteurs locaux. ⊖ À 1h de Mimizan-Plage.

À voir, à faire dans les environs : Roquefort et les chais Darroze (11 km).

SAINT-LAURENT 47130

45 km NO de Marmande ; 24 km E d'Agen *Carte Aquitaine Nord B2*

€€€ **24 €** **15 emplacements**

Le Moulin de Saint-Laurent : *Le Moulin. ☎ 05-53-95-24-08. 📱 06-70-48-78-37. • lemoulinstlaurent47@orange.fr • moulindesaintlaurent.com • Ouv avr-fin sept.*
Plantée en pleine campagne, à une poignée de kilomètres de la voie verte du canal, cette ancienne minoterie bordée d'une pommeraie et d'un lac de pêche s'est reconvertie en camping bucolique étendant sa quinzaine d'emplacements dans l'herbe grasse. Également des tentes type safari *(360-1 150 €/sem),* avec 2 chambres, terrasse et kitchenette. L'une d'elles est équipée d'un spa. Piscine chauffée, salle commune avec bar, jeux de société et un petit parc où gambadent des chèvres naines. Aux manettes, Stéphane, originaire du coin, et Fabien qui, avant de concocter les menus de sa table d'hôtes, a officié en cuisine dans de grandes maisons. Possibilité de petits déj. Une halte tranquille et familiale qui sent bon les vacances. Accueil vélo. Internet. Wifi.

Cadre : campagne. ***Terrain :*** herbe ; plat. ***Réducs :*** apéritif offert pour tout repas consommé sur place sur présentation de ce guide.	⊕ Le cadre et le calme. ⊖ Pas d'animations.

À voir, à faire dans les environs : Vianne (10 km) ; Nérac (17 km) ; Agen (24 km).

SAINT-LAURENT-LES-ÉGLISES 87240

28 km NO de Limoges *Carte Limousin A1*

€€€ **16 €** **63 emplacements**

Camping Au Pont du Dognon : *22, route du Pont-du-Dognon. ☎ 05-55-56-57-25. • aupontdudognon.fr • Ouv de mi-avr à début oct.*

Camping nature et familial, au bord du Taurion ; de l'autre côté de la rivière, c'est le département de la Creuse. Les emplacements sont agencés en terrasses. Snack, épicerie de dépannage, terrain de tennis et piscine. Calme (à moins que la salle soit louée pour les festivités d'un mariage...). Internet. NOUVEAUTÉ.

Cadre : lacs ou rivières, campagne, sentiers de randonnée. ***Terrain :*** herbe ; en terrasses.	⊕ Sa situation très nature. ⊖ Un peu loin de tout.

À voir, à faire dans les environs : les monts d'Ambazac à parcourir à pied ou à VTT ; le musée de Minéralogie et de Pétrographie à Ambazac.

SAINT-LÉON-SUR-VÉZÈRE 24290

12 km SO de Lascaux ; 36 km NO de Sarlat-la-Canéda — *Carte Aquitaine Nord B2*

€€ 12 € — **24 emplacements**

Camping municipal : *le bourg. ☎ 05-53-50-73-16 (mairie) ou 05-53-51-08-42. • contact@saint-leon-sur-vezere.fr • saint-leon-sur-vezere.fr • Ouv 1er mai-30 sept.*
Situé au bord de la Vézère, dans un des Plus Beaux Villages de France. Un petit camping tout simple. Parfait pour les petits budgets pas soucieux d'un confort extrême. S'adresser au point Infos ou à la mairie pour les jetons de douche *(1,50 €).*

Cadre : campagne, sentiers de randonnée, lacs ou rivières. ***Terrain :*** herbe ; plat.	⊕ Le prix. ⊖ Les infrastructures (mais c'est aussi ce qui fait son charme).

À voir, à faire dans les environs : les grottes de Lascaux (12 km) ; le château de Losse (4 km) ; Les Eyzies (16 km).

SAINT-MARTIAL-DE-VALETTE 24300

40 km N de Périgueux — *Carte Aquitaine Nord B1*

€€€ 16 € — **62 emplacements**

Camping de l'Agrion Bleu : *☎ 05-53-56-02-04. 📱 06-30-66-25-74. • camping@lagrionbleu.fr • campinglagrionbleu.com • Ouv tte l'année.*
Situé dans une zone en bordure de route, pas très glamour de prime abord, le camping est bien équipé (un bloc sanitaire chauffé) et dispose de beaux emplacements arborés, bien séparés et ensoleillés. La Bandiat (1re catégorie pour la pêche) coule le long du terrain et les truites y abondent... les barbecues du terrain les attendent ! Bungalows 4 personnes à louer *(230-600 €/sem).* Wifi. NOUVEAUTÉ.

Cadre : campagne, forêt, sentiers de randonnée. ***Terrain :*** herbe ; plat.	⊕ Le tarif randonneur à 8 €. ⊖ Près de la route.

À voir, à faire dans les environs : à Nontron, les artisans couteliers ; le château de Beauvais à Lussas-et-Nontronneau ; la chapelle Saint-Robert à Javerlhac.

SAINT-MARTIN-DE-RÉ (ÎLE DE RÉ) 17410

26 km O de La Rochelle — *Carte Poitou-Charentes A1*

€€€€ 30,20 € — **115 emplacements**

Camping municipal : *rue du Rempart. ☎ 05-46-09-21-96. • camping.stmartindere@wanadoo.fr • saint-martin-de-re.fr • Ouv de mi-fév à mi-nov.*
Idéalement situé au cœur des fortifications Vauban et à proximité du centre-ville, ce camping est simple, familial et convivial avec pot d'accueil et concert hebdomadaire. Snack ouvert d'avril à octobre. Location de vélos. Wifi.

Cadre : mer. **Terrain :** herbe ; plat.	⊕ La situation intra-muros mais qui permet de rayonner facilement dans toute l'île. ⊖ Pas de piscine et peu d'équipements en général.

À voir, à faire dans les environs : le musée Ernest-Cognac et l'hôtel de Clerjotte, les remparts et la citadelle ; les plages de l'île de Ré.

SAINT-PARDOUX 87250

34 km N de Limoges *Carte Limousin A1*

€€€ **16,90 €** **137 emplacements**

Camping de Fréaudour : *au bord du lac de Saint-Pardoux. ☎ 05-55-76-57-22. • camping.freaudour@aquadis-loisirs.com • aquadis-loisirs.com • Ouv début mars-début nov.*
Installé sur une sorte de presqu'île, petit camping calme et agréable avec une centaine d'emplacements bien ombragés au bord de l'eau. Les hébergements locatifs, pour 4 à 6 personnes *(239-599 €/sem),* posés sur les hauteurs ou en dehors du camping même, font bon ménage avec les campeurs. Snack-bar en saison et pas mal d'activités sur place : parcours santé, aire de jeux pour les enfants sur la plage surveillée en été, pêche, ski nautique avec bouée tractée... Piscine, accès direct à la plage. Wifi.

Cadre : forêt, lacs ou rivières, sentiers de randonnée, campagne. **Terrain :** en pente ; herbe ; plat. **Réducs :** - 5 % à partir de 2 nuits hors juillet-août (non cumulables avec d'autres offres).	⊕ La foule d'activités proposées. ⊖ Pas trouvé.

À voir, à faire dans les environs : le lac de Saint-Pardoux et ses activités nature.

SAINT-PAUL-LÈS-DAX 40990

2,5 km N de Dax *Carte Aquitaine Sud A1*

€€€€ **30 €** **68 emplacements**

Camping L'Étang d'Ardy : *2564, allée d'Ardy. ☎ 05-58-97-57-74. • info@camping-ardy.com • camping-ardy.com • Ouv avr-fin oct.*
Au milieu de 9 ha de chênes et de châtaigniers, au bord d'un grand étang où l'on peut pêcher. Bel endroit où l'on oublie que l'autoroute passe tout près. Location de mobile homes et de chalets pour 4 personnes *(627-680 €/sem).* Accueil sympa. Piscine. Internet. Wifi.

Cadre : campagne, forêt, lacs ou rivières. **Terrain :** herbe ; plat.	⊕ Les sanitaires individuels sur la plupart des emplacements camping. ⊖ Loin de la mer (25 km).

À voir, à faire dans les environs : Caliceo et ses soins du corps au lac de Christus, les barques toutes proches pour la balade.

SAINT-PIERRE-D'OLÉRON (ÎLE D'OLÉRON) 17310

Carte Poitou-Charentes A2

70 km SO de La Rochelle ; 15 km O du Château-d'Oléron

€€€€ **29 €** **87 emplacements**

Camping Les Cercelles : *Le Marais-Doux. ☎ 05-46-47-19-24. • contact@camping-les-cercelles.com • camping-les-cercelles.com • Ouv tte l'année.*

Un agréable camping familial, verdoyant et bien ombragé. Bungalows toilés et mobile homes pour 4 à 6 personnes *(301-1 099 €/sem)*, avec des terrasses en bois. Le tout à taille humaine, près de la forêt (la mer est à 2,5 km). Petit resto sur place. Côté loisirs, ping-pong et billard en plus des infrastructures classiques. Internet. Wifi.

Cadre : campagne, mer. ***Terrain :*** herbe ; plat.	⊕ La piscine chauffée et couverte toute l'année, découverte pendant les vacances scolaires. ⊖ L'aire de jeux pour les enfants est petite ; le bloc sanitaire, ancien.

À voir, à faire dans les environs : le musée de l'Île d'Oléron ; l'île d'Oléron.

SAINT-SAVIN 86310

45 km E de Poitiers ; 18 km E de Chauvigny ***Carte Poitou-Charentes B1***

€€ **12 €** **50 emplacements**

Moulin de la Gassotte : *10, rue du 8-Mai-1945. ☎ 05-49-48-18-02. • camping@moulindelagassotte.fr • moulindelagassotte.fr • Ouv tte l'année sauf vac de Noël (sanitaires fermés nov-mars).*
Situé sur les rives de la Gartempe et à deux pas du centre, un petit camping au calme, proposant une cinquantaine d'emplacements sur une pelouse plantée de grands arbres. Belle vue sur la flèche de l'abbatiale. Jeux pour enfants, salle de jeux... Également 3 gîtes (pour 2-4 personnes) et des lits d'étape *(20-60 €/nuit)*. Bien tenu, familial, et accueil fort sympathique, ce qui ne gâche rien. Internet. Wifi.

Cadre : campagne, ville, sentiers de randonnée, lacs ou rivières. ***Terrain :*** herbe ; plat. ***Réducs :*** - 5 % sur le prix de l'emplacement en juillet-aout (hors électricité et hors promotion en cours) sur présentation de ce guide.	⊕ Le calme ; en bordure de rivière ; les commerces non loin. ⊖ On a beau chercher la petite bête...

À voir, à faire dans les environs : Saint-Savin, l'abbaye et l'église romane classées au Patrimoine mondial de l'Unesco ; Chauvigny (18 km) ; l'église de Saint-Germain (2 km) ; Antigny (3,5 km) ; Montmorillon (18 km).

SAINT-TROJAN-LES-BAINS (ÎLE D'OLÉRON) 17370

69 km SO de La Rochelle ***Carte Poitou-Charentes A2***

€€€€ **35 €** **225 emplacements**

Camping Huttopia Oléron Les Pins : *11, av. des Bris. ☎ 05-46-76-02-39. • oleron-pins@huttopia.com • huttopia.com • Ouv de début mai à mi-sept.*
Une chaîne de « campings nature » qui a à cœur de respecter l'esprit campeur et les valeurs originelles du camping, dans des sites préservés. Ici, au cœur de la superbe forêt de Saint-Trojan, pas de dictature des mobile homes : des tentes toile et bois. Seulement la nature, pas trop d'entassement, des espaces ombragés et d'excellentes prestations. Aire de jeux pour enfants, piscine, boutique, snack, dépôt de pain, machine à laver. Sanitaires impeccables. Internet. Wifi.

Cadre : forêt, mer, sentiers de randonnée. ***Terrain :*** en terrasses ; herbe ; plat. ***Réducs :*** un apéritif offert sur présentation de ce guide.	⊕ Les balades en forêt ; le caractère nature ; le confort, la convivialité, la tranquillité. ⊖ À 1,5 km de la plage.

€€€€ 34 € 208 emplacements

Camping St-Tro'Park : *36, av. des Bris (en forêt). ☎ 05-46-76-00-47. • info@st-tro-park.com • st-tro-park.com • Ouv d'avr à mi-oct.*
Un 4-étoiles labellisé Camping Qualité. Emplacements sablonneux plus ou moins ombragés mais bien séparés des chalets. Excellentes prestations : bar, snack, dépôt de pain, dépannage épicerie, laverie, aires de jeux, pétanque, ping-pong, organisation de randos et animations en juillet-août... Piscine chauffée, salle de sport, hammam, sauna et spa. Internet. Wifi.

Cadre : mer.
Terrain : en pente ; herbe ; plat.
Réducs : offre couple à 196 € la semaine en basse saison en studio 2 personnes ; - 10 % d'avril à juin et de septembre à octobre en locatifs sur présentation de ce guide.

⊕ La multitude d'activités ; le confort.
⊖ L'épicerie qui ne fait que dépanner.

À voir, à faire dans les environs : la Maison de l'huître oléronaise ; le port des Salines à Grand-Village (3 km) ; l'écomusée du Marais salant ; l'ensemble de l'île d'Oléron (en particulier Le Château-d'Oléron) ; sur le continent : Fouras, Rochefort-sur-Mer, La Rochelle.

SAINT-YRIEIX-LA-PERCHE 87500

28 km SE de Châlus ; 43 km S de Limoges — *Carte Limousin A2*

€€€ 15,50 € 86 emplacements

Camping municipal du lac d'Arfeuille : *route du Viaduc. ☎ 05-55-75-08-75. • camping@saint-yrieix.fr • saint-yrieix.fr • Ouv 1er avr-15 sept (mars-nov pour les loc).*
Un camping de taille moyenne joliment situé, en surplomb d'un petit lac. Haies bien touffues séparant les chalets nickel *(255-535 €/sem)* et les emplacements répartis en terrasses surplombant le lac. Bons équipements et pas mal d'activités (piscine, embarcations à pédales...). Éviter toutefois les emplacements situés au bord de la route. Internet. Wifi.

Cadre : campagne, lacs ou rivières.
Terrain : en terrasses.

⊕ La plage avec baignade surveillée ; l'accueil.
⊖ Assez peu ombragé.

À voir, à faire dans les environs : la grande tour de Château-Chervix ; le château de Bonneval ; le château de Châlus ; le site des Cars ; le château de Lastours ; l'atelier-musée de la Terre à Saint-Hilaire-les-Places.

SAINTE-ENGRÂCE (SANTA GRAZI) 64560

130 km O de Lourdes ; 20 km O de Tardets-Sorholus — *Carte Aquitaine Sud A2*

€€ 14 € 50 emplacements

Camping Ibarra : *quartier Les Casernes. ☎ 05-59-28-73-59. • errecarret.maryse@wanadoo.fr • ibarra-chantina.com • Ouv Pâques-fin oct (loc tte l'année). CB refusées.*
Bien situé au bord du gave de Sainte-Engrâce. Bien ombragé, en plus. Pêche, baignade, canyoning, escalade, spéléologie et pas loin du GR 10. Très bon accueil. Loue aussi 2 gîtes pour 5 personnes *(340-380 €/sem)*. Internet. Wifi.

Cadre : campagne, lacs ou rivières, montagne, sentiers de randonnée.
Terrain : en pente ; herbe ; plat.
Réducs : café offert sur présentation de ce guide.

⊕ L'accès privé au gave.
⊖ Pas trouvé !

À voir, à faire dans les environs : la passerelle d'Holzarte ; les gorges de Kakouetta ; la forêt d'Iraty.

SAINTE-MARIE-DE-RÉ (ÎLE DE RÉ) 17740

Carte Poitou-Charentes A1

12 km O de La Rochelle ; 8,5 km SE de Saint-Martin-de-Ré

€€€€ 28 € (électricité incluse) 151 emplacements

Huttopia Côte Sauvage : *route de la Côte-Sauvage. ☎ 05-46-30-21-74. • camping-saintemariedere@huttopia.com • huttopia.com • Ouv de mi-avr à mi-sept.*
L'un de nos préférés car parfaitement situé, le long de la Côte Sauvage. Dans un secteur calme à deux pas du village, ce camping familial déploie ses emplacements le long de l'océan, avec accès presque direct à la plage. Un vrai camping, sans mobile homes mais avec de grandes tentes lodges. Ceux qui n'aiment pas la promiscuité préféreront le *Camping des Chardons Bleus* (tenu par les mêmes propriétaires), en forêt et aux emplacements plus espacés. Petit snack-bar, laverie et quelques jeux pour enfants. Piste cyclable à proximité pour découvrir l'île en toute sécurité. Accueil adorable. Wifi.

Cadre : mer. ***Terrain :*** herbe ; plat. ***Réducs :*** en location - 15 % à partir de 4 nuits, - 20 % à partir de 7 nuits sur présentation de ce guide.	⊕ La proximité du village ; la vue sur la mer ! ⊖ Sur une plage de pêche essentiellement.

À voir, à faire dans les environs : l'île de Ré et ses plages, ses villes, ses monuments et musées ; le phare des Baleines ; à Sainte-Marie-de-Ré, la Maison du magayant, l'église ; La Flotte (5,5 km), classé parmi les Plus Beaux Villages de France ; à La Rochelle, le port des Minimes, la vieille ville et ses célèbres tours, ses nombreux musées, l'aquarium.

SAINTES 17100

46 km SE de Rochefort-sur-Mer ; 37 km NE de Royan *Carte Poitou-Charentes A2*

€€€ 16 € 214 emplacements

Au Fil de l'Eau : *6, rue de Courbiac. ☎ 05-46-93-08-00. 📱 06-75-24-91-96. • camping aufildeleau@sfr.fr • camping-saintes-17.com • Ouv mai-sept.*
Comme son nom l'indique, le *Fil de l'Eau* déroule une bonne partie de ses vastes emplacements le long de la Charente. Propre et assez bien ombragé (certaines zones le sont très bien), il dispose en outre d'un petit bistrot et d'un point alimentation. Piscine à la disposition des campeurs. Wifi.

Cadre : ville. ***Terrain :*** herbe ; plat.	⊕ L'accueil ; le calme ; les services ; les emplacements ombragés. ⊖ Simple mais suffisant.

À voir, à faire dans les environs : l'église Saint-Eutrope, l'abbaye aux Dames, l'église abbatiale, la cathédrale Saint-Pierre, l'arc de Germanicus, les thermes de Saint-Aloine ; La Chapelle-des-Pots (8 km) ; Saint-Césaire (12 km) ; Chermignac (7 km) ; Rétaud (13 km) ; Rioux (18 km) ; Corme-Royal (15 km).

SALIGNAC-EYVIGUES 24590

17 km NE de Sarlat ; 20 km SE de Montignac *Carte Aquitaine Nord B2*

€€€ 25 € 50 emplacements

Flower Camping Le Temps de Vivre : *Malmont. ☎ 05-53-28-93-21. • contact@temps-de-vivre.com • temps-de-vivre.com • Ouv avr-fin sept.*
Joliment vallonné, très propre, au calme et familial, avec sympathique piscine chauffée. Sanitaires impeccables. Bonne atmosphère en prime, car ce n'est pas trop grand. Location de bungalows *(180-875 €/sem).* Wifi.

Cadre : campagne, forêt, sentiers de randonnée. ***Terrain :*** en terrasses ; herbe ; plat.	⊕ Le calme et l'ambiance familiale tranquille ; l'emplacement. ⊖ Pas adapté aux ados.

À voir, à faire dans les environs : les jardins du manoir d'Eyrignac (7 km) ; les grottes de Lascaux (20 km) ; l'abbaye de Saint-Amand-de-Coly (20 km).

SALLES-D'ANGLES 16130

12 km O de Segonzac ; 9 km S de Cognac ***Carte Poitou-Charentes A2***

€€ **10 €** **6 emplacements**

Camping à la ferme du Chiron : *chez Micheline et Jacky Chainier, 8, chemin du Chiron. ☎ 05-45-83-72-79. 06-80-47-82-78. • jacky.chainier@orange.fr • Ouv tte l'année. CB refusées.*
Belle maison de maître de 1850 dans une grande cour avec massifs fleuris, abritant des chambres d'hôtes *(double 55 € avec douche et w-c, petit déj compris)*, et sur le terrain voisin, quelques emplacements de camping basiques et ombragés, avec électricité, et des mobile homes *(320 €/sem)*. Bloc sanitaire convenable ; on y trouve même un lave-linge. Table d'hôtes (le soir, sur résa) 22 €. Excellent accueil. Internet. Wifi.

Cadre : campagne. ***Terrain :*** herbe ; plat.	⊕ L'accueil ; le charme ; la nature ; le calme. ⊖ Peu équipé.

À voir, à faire dans les environs : à Cognac, la vieille ville, la visite des chais ; Saintes (29 km) ; Gensac-la-Pallue (10 km) ; Genté (2 km) ; Bouteville (21 km).

SANGUINET 40460

12 km NE de Biscarosse ***Carte Aquitaine Nord A2***

€€€€ **60 €** **345 emplacements**

Camping Sandaya Sanguinet Plage : *1039, av. de Losa, route du Lac. ☎ 05-58-78-61-74. • sanguinetplage@sandaya.fr • sandaya.fr • Ouv début avr-fin sept.*
Situé dans un lieu au calme. Sanitaires impeccables. Pas mal de locatifs, mobile homes et roulottes *(369,50-1 486 €/sem)*, et ambiance plus « club » que camping... mais parfait dans son genre. Confort 4-étoiles avec piscine couverte chauffée, toboggans, tennis, animations, club enfants (à partir de 5 ans), club ados... Internet. Wifi.

Cadre : forêt, lacs ou rivières, sentiers de randonnée. ***Terrain :*** herbe ; plat.	⊕ La roulotte à louer ; les toboggans aquatiques et le bain à bulles ; la borne wifi au bar-resto. ⊖ Très cher ! Pas de discothèque.

À voir, à faire dans les environs : le lac de Sanguinet, la plage, la mer.

SARE 64310

8 km O d'Ainhoa ; 30 km S de Biarritz ***Carte Aquitaine Sud A2***

€€€ **24 €** **39 emplacements**

Camping de la Petite Rhune : *quartier Lehenbiscay. ☎ 05-59-54-23-97. 06-15-29-36-38. • contact@lapetiterhune.com • lapetiterhune.com • Ouv 15 juin-15 sept (loc tte l'année). CB refusées.*

Plus de 60 ans de bons et loyaux services pour ce petit camping familial propret et ombragé, aux emplacements délimités par des peupliers. Au-dessus, chalets en bois avec pergola à louer toute l'année *(250-740 €/sem)*, et une piscine chauffée avec pataugeoire, jeux pour enfants et terrain de pétanque. Également un gîte de randonnée *(16 €/nuitée)*. Internet. Wifi.

Cadre : campagne, montagne, sentiers de randonnée. ***Terrain :*** en pente ; herbe. ***Réducs :*** sangria offerte sur présentation de ce guide.	⊕ La convivialité. ⊖ Les emplacements légèrement en pente.

À voir, à faire dans les environs : la Rhune ; le musée du Gâteau basque et les grottes de Sare.

SARLAT-LA-CANÉDA 24200

75 km E de Bergerac ; 70 km SO de Brive-la-Gaillarde ***Carte Aquitaine Nord B2***

€€€€ **32 €** **135 emplacements**

Domaine de loisirs Le Montant : *Négrelat. ☎ 05-53-59-18-50. 06-33-63-96-00. • contact@camping-sarlat.com • camping-sarlat.com • Ouv de mi-avr à fin sept.*
Ce beau camping de luxe, embrassant un large panorama sur la vallée et les coteaux verdoyants, se situe dans un coin parfaitement au calme. Grand et familial à la fois, bien équipé, avec 2 piscines : une à débordement et une couverte. Blocs sanitaires impeccables. Mobile homes, gîtes, chalets et maisons à louer, jusqu'à 12 personnes *(295-2 050 €/sem)*. Internet. Wifi.

Cadre : campagne. ***Terrain :*** en terrasses ; herbe.	⊕ Les excellents équipements. ⊖ Pas d'épicerie ; le wifi est accessible au bar et en terrasse mais pas dans les locations ou sur les places de camping.

€€€€ **28 €** **90 emplacements**

Camping Les Terrasses du Périgord : *lieu-dit Pech-d'Orance. ☎ 05-53-59-02-25. 06-80-28-62-03. • terrasses-du-perigord@orange.fr • terrasses-du-perigord.com • Ouv de mi-avr à mi-sept.*
Camping posé sur un plateau, d'où un superbe panorama. Emplacements bien ombragés, en terrasses arborées, dans un coin de nature intact. Sanitaires nickel, chauffés en basse saison. Également des mobile homes, des chalets et des écolodges sur pilotis *(205-825 €/sem)*. Jeux et animations. Cave à vins, piscine-spa couverte et chauffée. Internet. Wifi.

Cadre : campagne, forêt, sentiers de randonnée, ville. ***Terrain :*** en terrasses ; herbe ; plat. ***Réducs :*** à partir de 3 nuits, - 5 % sur le tarif des emplacements camping.	⊕ Le panorama ; la truffière à l'entrée du camping et l'accueil. ⊖ Peut-être trop tranquille pour certains.

€€€€ **35,40 €** **83 emplacements**

Camping Huttopia Sarlat : *rue Jean-Gabin. ☎ 05-53-59-05-84. • sarlat@huttopia.com • huttopia.com • Ouv avr-début nov.*
Camping entièrement rénové, avec un bel espace piscines. Beaux emplacements au cœur d'un magnifique site naturel très arboré, organisé en terrasses. Nuits sous la toile avec tout le confort d'une tente Toile & Bois, en roulotte, mobile home ou gîte en pierre *(240-1 330 €/sem)*. Internet. Wifi.

Cadre : campagne, forêt. ***Terrain :*** en terrasses ; herbe.	⊕ Les équipements top niveau ; les belles piscines. ⊖ Les prix un peu élevés.

€€€€ **32 € (avec électricité)** **122 emplacements**

Camping Les Acacias : *La Canéda. ☎ 05-53-31-08-50. • camping-acacias@wanadoo.fr • acacias.fr • Ouv de mi-avr à fin sept.*
Camping bien ombragé et calme, organisé en terrasses. Bon équipement des sanitaires (une partie de ceux-ci est même chauffée hors saison). Location de mobile homes *(220-990 €/sem)* et de vélos. Piscine de remise en forme couverte et chauffée avec jacuzzi. Internet. Wifi.

Cadre : campagne. ***Terrain :*** en terrasses ; herbe. ***Réducs :*** apéritif offert sur présentation de ce guide.	⊕ Le cadre ; bien équipé et proche du centre-ville ; le wifi gratuit ; la piscine extérieure chauffée. ⊖ Les chiens interdits en location.

€€€€ **47 € avec électricité)** **96 emplacements**

Le Moulin du Roch : *route des Eyzies, au lieu-dit Le Roch. ☎ 02-51-20-41-94 (centrale de résa). • contact@moulin-du-roch.com • com olela.fr/campings/camping-moulin-roch • Ouv de mi-mai à mi-sept.*
Camping dans un grand parc de 8 ha, au cœur du Périgord noir. Emplacements spacieux, animations variées et piscine chauffée. Location de mobile homes et de chalets vraiment sympa *(231-1 750 €/sem).* Conseillé de réserver. Wifi.

Cadre : campagne, forêt, sentiers de randonnée. ***Terrain :*** en terrasses ; herbe ; plat.	⊕ Le charmant manoir périgourdin ; à 10 mn de la cité médiévale de Sarlat. ⊖ Le resto ouvert seulement le soir (et fermé le mardi).

À voir, à faire dans les environs : l'ancienne église Sainte-Marie ; la maison de La Boétie ; Gorodka à La Canéda (4 km). Dans le coin : les grottes de Lascaux ; les châteaux ; la Vézère et ses rives.

SAUVETERRE-LA-LÉMANCE 47500

8,5 km N de Bonaguil ; 42 km NE de Villeneuve-sur-Lot ***Carte Aquitaine Nord B2***

€€€ **17 €** **125 emplacements**

Camping Moulin du Périé : *route de Loubéjac ☎ 05-53-40-67-26. • moulinduperie@wanadoo.fr • camping-moulin-perie.com • Ouv de mi-mai à fin sept.*
Dans la verdoyante vallée du Sendroux, beau camping de haut standing, bien tenu, fleuri et bien ombragé. Location de chalets, tentes-bungalows et mobile homes *(189-735 €/sem ; 3 nuits min en basse saison).* Bassin d'eau de source avec plage de sable pour la baignade. Ambiance familiale avec animations en été. Bon accueil. Wifi.

Cadre : campagne, forêt, lacs ou rivières, sentiers de randonnée. ***Terrain :*** herbe ; plat.	⊕ Le calme ; l'accueil des jeunes enfants. ⊖ Indispensable de réserver en haute saison.

À voir, à faire dans les environs : la vallée de la Lède ; le château de Bonaguil (8,5 km).

SECONDIGNY 79130

14 km SO de Parthenay ; 43 km N de Niort ***Carte Poitou-Charentes A1***

€€€ **19 €** **85 emplacements**

Le Moulin des Effres : *chemin des Effres. ☎ 05-49-65-54-25. • contact@camping-lemoulindeseffres.com • camping-lemoulindeseffres.com • Ouv avr-sept.*

Camping bien équipé, niché au cœur d'un site paysager de 10 ha, proche de vergers de pommiers, au bord d'un lac. Mobile homes, tipis et tentes toilées *(161-770 €/sem).* Piscine chauffée avec toboggan. Location d'embarcations à pédales. À faire sur place : cyclisme, rando (GR 36), équitation. Accueil souriant. Wifi.

Cadre : campagne, forêt, lacs ou rivières, sentiers de randonnée. ***Terrain :*** herbe ; plat.	⊕ La piscine et le toboggan. ⊖ Le monde en pleine saison !

À voir, à faire dans les environs : la forêt domaniale de Secondigny, la ronde des Vergers ; la commanderie des Antonins à Saint-Marc-la-Lande ; Pougne-Hérisson ; Pescalis à Moncoutant ; Parthenay ; le Marais poitevin.

SEIGNOSSE 40510

13 km S de Soustons ; 6 km NE d'Hossegor — ***Carte Aquitaine Sud A1***

€€€€ **42 €** — **500 emplacements**

Camping Les Oyats : *route de la Plage-des-Casernes. ☎ 05-58-73-53-96. • contact@campinglesoyats.fr • campinglesoyats.fr • Ouv fin avr-fin sept.*
Immense mais agréable quand on aime ce genre de camping. À 500 m de l'océan, dans une nature préservée, sous les pins, emplacements dans un cadre idéal. Mobile homes *(315-2 135 €/sem).* Beaucoup d'activités (club enfants, location de vélos et de surfs, etc.), balades à poney et cirque de temps à autre. Internet. Wifi.

Cadre : forêt, mer. ***Terrain :*** plat.	⊕ La possibilité de réservation au week-end hors saison. ⊖ L'isolement (mal desservi par les transports publics) ; le wifi payant.

€€€€ **44 €** — **200 emplacements**

Camping Les Chevreuils : *2338, route de Vieux-Boucau (CD 79). ☎ 05-58-43-32-80. • info@chevreuils.com • chevreuils.com • Ouv avr-Toussaint.*
À 1 500 m de la plage, un grand camping en bordure de forêt, à l'esprit assez familial et sans trop de structures bruyantes. Petite touche écolo : le toit du resto-bar-épicerie est végétalisé, et le resto est rafraîchi par un puits canadien. 3 blocs sanitaires, laverie. Espace aquatique avec 3 bassins, aire de jeux et ping-pong. Mobile homes *(217-1 638 €/sem selon taille et saison).* Internet. Wifi.

Cadre : campagne, forêt, mer, sentiers de randonnée. ***Terrain :*** herbe ; plat.	⊕ Le calme ; la touche écolo. ⊖ On est quand même à 1,5 km de la mer ; le wifi payant et une parabole avec un satellite surchargé en saison.

À voir, à faire dans les environs : Atlantic Park ; les étangs Blanc et Noir.

SEILHAC 19700

15 km N de Tulle — ***Carte Limousin B2***

€€€ **16,80 €** — **120 emplacements**

Camping du lac de Bournazel : *Seilhac-le-Lac. ☎ 05-55-27-05-65. 📱 06-18-93-16-42. • info@camping-lac-bournazel.com • camping-lac-bournazel.com • Ouv avr-sept.*
À 500 m d'altitude, un vaste camping au relief agréable avec vue sur le lac de Bournazel d'un côté et sur l'étang Neuf de l'autre. Bien ombragé. Location de tipis, de roulottes et de chalets pour 4 à 6 personnes avec barbecue fourni *(150-784 €/sem).* Piscine chauffée de mai à septembre. Wifi.

Cadre : campagne, lacs ou rivières, sentiers de randonnée. ***Terrain :*** herbe ; plat.	⊕ La possibilité de pêcher sur le plan d'eau. ⊖ Pas mal de monde en été ; à 1,5 km du centre-ville.

À voir, à faire dans les environs : le lac de Bournazel ; l'étang Neuf.

SERVIÈRES-LE-CHÂTEAU 19400

58 km O de Brive-la-Gaillarde ***Carte Limousin B2***

€€ **14,70 €** **54 emplacements**

Domaine du lac de Feyt : *rue Jaliot. ☎ 05-55-28-25-42. • resortnature@gmail.com • domainedulacdefeyt.com • Ouv Pâques-Toussaint.*
Au bord d'un beau plan d'eau apprécié des pêcheurs pour sa tranquillité et ses eaux verdoyantes et poissonneuses, un beau camping 3 étoiles bucolique. À louer, pour ceux qui aiment leur confort, des chalets, des lodges, des cottages pour 4-8 personnes. Pas mal d'activités proposées : baignade (surveillée en juillet-août), *paddle,* embarcations à pédales, vélos électriques, tennis... Dépôt de pain en été et barbecue à disposition. Wifi. NOUVEAUTÉ.

Cadre : lacs ou rivières, campagne, sentiers de randonnée. ***Terrain :*** herbe ; plat.	⊕ La zone de baignade avec ses jeux gonflables délimitée et en pente douce pour les petits, mais aussi, en été, des concerts, spectacles et autres « barbecue party ». ⊖ Pas de piscine.

À voir, à faire dans les environs : Argentat-sur-Dordogne ; les tours de Merle ; les fermes médiévales de Saint-Julien-aux-Bois.

SIORAC-EN-PÉRIGORD 24170

48 km E de Bergerac ; 85 km O de Rocamadour ***Carte Aquitaine Nord B2***

€€€€ **26 €** **83 emplacements**

Camping du Port : *le port. ☎ 05-53-31-63-81. 📱 06-27-42-11-80. • campingduport@live.fr • campingduport.net • Ouv avr-oct.*
Simple, familial, au calme et au bord de la rivière, avec baignade possible dans la Dordogne. Pas mal de verdure mais peu de services (pas de piscine). Location de mobile homes, tentes lodges, cottages *(230-740 €/sem)* et caravanes pour 2 personnes *(140-465 €/sem).* Internet.

Cadre : campagne, lacs ou rivières. ***Terrain :*** herbe ; plat.	⊕ Pratique car proche du village. ⊖ L'environnement sans charme.

À voir, à faire dans les environs : les jardins suspendus de Marqueyssac à Vézac (25 km) ; le château des Milandes à Castelnaud-la-Chapelle (28 km).

SOULAC-SUR-MER 33780

2 km S de Soulac-sur-Mer ***Carte Aquitaine Nord A1***

€€€ **25 €** **161 emplacements**

Camping municipal Les Oyats : *bd Guy-Albospeyre. ☎ 05-56-09-78-54. • campinglesoyats@mairie-soulac.fr • soulac-campinglesoyats.com • Ouv 1er avr-30 sept.*
Camping à taille humaine, en pleine pinède et à quelques mètres de la plage. Grande forêt de pins des Landes à proximité. Location de bungalows en toile à prix attractifs et chalets plutôt sympa, de 4 à 6 personnes *(241-779 €/sem).* Wifi.

Cadre : campagne, forêt, mer. ***Terrain :*** herbe ; plat. ***Réducs :*** - 10 % en avril-juin et septembre sur présentation de ce guide.	⊕ Très nature. ⊖ Les infrastructures de loisirs, mais il y a la mer et le calme...

À voir, à faire dans les environs : la mer (900 m) ; la basilique Notre-Dame-de-la-Fin-des-Terres (2 km).

SOUSTONS 40140

9 km S de Vieux-Boucau *Carte Aquitaine Sud A1*

€€€€ 31 € **550 emplacements**

Camping L'Airial : *61, av. de Port-d'Albret. ☎ 05-58-41-12-48. • contact@campinglairial.fr • campinglairial.fr • Ouv de début avr à mi-oct.*
Un camping convivial, calme et ombragé, point de départ de pistes cyclables et de sentiers pédestres rejoignant l'océan à travers la forêt. Chalets pour 4 à 7 personnes et mobile homes *(265-1 035 €/sem ; loc possible à la nuitée sauf en août).* Bien équipé, avec des barbecues collectifs. Toboggans multipistes de 7 à 77 ans. Location de vélos en saison. Internet. Wifi.

Cadre : campagne, mer, sentiers de randonnée. ***Terrain :*** herbe ; plat.	⊕ La belle piscine couverte chauffée avec toboggan. ⊖ L'océan à 5 km.

€€€€ 25,44 € **30 emplacements**

Camping de Bathurt : *551, route de l'Étang-Blanc. ☎ 05-58-41-21-59. 📱 06-88-96-02-23. • campbathurt@yahoo.fr • campingdebathurt.com • Ouv de mi-juin à mi-sept. CB refusées.*
Un tout petit camping familial en pleine nature, à deux pas d'un étang où l'on peut se baigner, voilà pourquoi on l'aime. Une pelouse, des arbres, un petit bloc sanitaire et un accueil authentique qui suffisent à notre bonheur.

Cadre : campagne, forêt, lacs ou rivières. ***Terrain :*** herbe ; plat.	⊕ À taille humaine, et c'est calme et verdoyant. ⊖ Quasiment aucun équipement : normal, on est sur une aire naturelle de camping.

À voir, à faire dans les environs : la descente du courant de Soustons ; le port miniature ; l'étang Blanc.

SURGÈRES 17700

Carte Poitou-Charentes A1

27 km NE de Rochefort-sur-Mer ; 40 km SE de La Rochelle

€€€ 19 € **52 emplacements**

Camping de la Gères : *10, rue de la Gères. ☎ 05-46-07-79-97. 📱 06-75-71-80-50. • contact@campingdelageres.com • campingdelageres.com • Ouv mars-oct.*
Une cinquantaine d'emplacements, simples mais convenables, au bord de la rivière. Ombragé et à deux pas du centre et de ses commerces. Camping calme et familial. Piscine chauffée, snack-bar, aire de jeux, boulodrome, ping-pong, baby-foot, barbecue collectif avec aire de pique-nique. Internet. Wifi.

Cadre : lacs ou rivières, ville. ***Terrain :*** herbe ; plat.	⊕ Les commerces et commodités à proximité : on peut tout faire à pied. Le camping fait des pizzas tous les soirs. ⊖ Simple mais suffisant.

À voir, à faire dans les environs : le château, l'église Notre-Dame, le prieuré Saint-Gilles ; les églises romanes alentour : Saint-Mard, Breuil-la-Réorte, Vandré, Genouillé ; La Rochelle (40 km) ; Rochefort-sur-Mer (27 km).

TARDETS-SOLHORUS 64470

29 km SO d'Oloron-Sainte-Marie — *Carte Aquitaine Sud A2*

€€€ **21,50 €** — **50 emplacements**

Camping du pont d'Abense : *Abense-de-Haut. ☎ 05-59-28-58-76. 06-78-73-53-59. • camping.abense@wanadoo.fr • campingdupontdabense.fr • Ouv fév-nov. CB refusées.*
Petit camping très verdoyant, bordé par le Saison. Impeccablement tenu par une gentille dame qui vous racontera volontiers la Soule et ses traditions. Également des chalets pour 2 à 4 personnes *(350-490 €/sem).* Sympathique et pratique. Des soirées basques au village de Tardets finiront de vous éclairer sur la région ! Internet. Wifi.

Cadre : campagne, forêt, lacs ou rivières, montagne, sentiers de randonnée. ***Terrain :*** herbe ; plat. ***Réducs :*** - 10 % toute l'année sur présentation de ce guide.	⊕ Très nature et calme ; on peut y pratiquer la pêche, la randonnée, la spéléo, l'aéromodélisme, bref toutes sortes de sorties nature. ⊖ Ceux qui aiment les animations passeront leur chemin.

À voir, à faire dans les environs : le massif des Arbailles.

TERRASSON-LAVILLEDIEU 24120

Carte Aquitaine Nord B1-2

28 km O de Brive-la-Gaillarde ; 42 km N de Sarlat-la-Canéda

€€€ **21,90 €** — **77 emplacements**

Camping La Salvinie : *à Bouillac. ☎ 05-53-50-06-11. 06-03-61-55-72. • camping.lasalvinie@orange.fr • camping-salvinie.fr • Ouv mi-avr (mobile homes) ou fin avr (camping)-fin oct.*
À deux pas de la Dordogne. Tenu par un couple dynamique qui aime son métier, cherche le bien-être de ses hôtes et distille un accueil souriant. Espaces bien séparés par de hautes haies. Sanitaires impeccables. Piscine chauffée du 15 mai au 15 septembre. Parc aquatique, accès direct à la rivière (sécurisé), pêche et embarquement canoë. Location de mobile homes *(280-900 €/sem).* Wifi.

Cadre : campagne. ***Terrain :*** herbe ; plat.	⊕ La convivialité ; les prix. ⊖ On n'a pas trouvé.

À voir, à faire dans les environs : les jardins de l'Imaginaire ; découvrir la Vézère en gabare.

THIVIERS 24800

34 km N de Périgueux — *Carte Aquitaine Nord B1*

€€€€ **28,50 € (avec électricité)** — **90 emplacements**

Camping Le Repaire : *av. de Verdun. ☎ 05-53-52-69-75. 06-27-96-22-16. • contact@camping-le-repaire.fr • camping-le-repaire.fr • Ouv début avr-fin oct.*

NOUVELLE-AQUITAINE

Ce petit camping privé se situe au milieu d'un parc verdoyant, bordé d'un étang de pêche. Les emplacements sont au large, certains bien ombragés, d'autres non. Propose aussi des chalets et des mobile homes *(175-760 €/sem).* Accueil souriant et efficace. Piscine couverte et chauffée. Internet. Wifi.

Cadre : campagne, forêt, lacs ou rivières, sentiers de randonnée, ville. ***Terrain :*** en pente ; en terrasses ; herbe ; plat. ***Réducs :*** sur présentation de ce guide, 6 nuits payées pour 7 nuits passées, 11 payées pour 14 passées en camping.	⊕ L'étang de pêche pour les fans. ⊖ La simplicité des équipements.

À voir, à faire dans les environs : la Maison du foie gras ; la voie verte ; le vélorail du Périgord vert ; Brantôme (26 km).

THOUARS 79100

28 km NE de Bressuire ; 25 km O de Loudun — ***Carte Poitou-Charentes B1***

€€ **13 €** — **44 emplacements**

Le Clos Imbert : *rue de la Grande-Côte-de-Crevant. ☎ 05-49-66-17-99 ou 05-49-68-16-10. 📱 06-87-93-67-50. • camping@ville-thouars.fr • tourisme-pays-thouarsais.fr • Ouv 15 mai-30 sept. CB refusées.*
Très bien situé : à 500 m du centre-ville, sur une bande de terrain ombragé déroulée au bord du Thouet, non loin du parc Imbert et au pied des remparts. En revanche, côté confort, c'est basique. Multiples activités à proximité : piscine, tennis, club hippique...

Cadre : campagne, sentiers de randonnée, ville. ***Terrain :*** herbe.	⊕ Un site très beau ; un secteur calme. ⊖ Peu d'équipements.

À voir, à faire dans les environs : la tour du Prince-de-Galles, la vieille ville, le château des ducs de La Trémoille, le moulin de Crevant, le centre régional « Résistance et Liberté », le centre d'interprétation géologique du Thouarsais ; Tourtenay ; le cirque naturel de Missé ; les gorges du Ligron ; le château d'Oiron.

TOCANE-SAINT-APRE 24350

23 km NO de Périgueux ; 14 km E de Ribérac — ***Carte Aquitaine Nord B1***

€€ **14,50 €** — **86 emplacements**

Camping municipal Le Pré Sec : *lieu-dit Le Pré-Sec. ☎ 05-53-90-40-60 ou 05-53-90-70-29 (mairie). • contact@campingdupresec.com • campingdupresec.com • Ouv mai-sept (chalets tte l'année).*
Terrain aux emplacements séparés par des haies. Très correct pour le prix et au calme. Bien ombragé. Possibilité de barbecue, baignades. Le tout à proximité des commerces et de nombreuses infrastructures sportives (payantes) du stade municipal. Bungalows *(245-390 €/sem selon saison).* Internet. Wifi.

Cadre : campagne, lacs ou rivières. ***Terrain :*** herbe ; plat.	⊕ L'accès à la rivière ; un camping au vert, calme, agréable et familial ; bon marché. ⊖ Un sanitaire vieillissant.

À voir, à faire dans les environs : le château de Richemont à Saint-Crépin-de-Richemont (32 km) ; le château des Bernardières à Champeaux (47 km).

TREIGNAC 19260

40 km N de Tulle ; 76 km SE de Limoges — **Carte Limousin B2**

€€€ 22 € — **146 emplacements**

Camping de la Plage : *route d'Eymoutiers (D 940), lac des Bariousses. ☎ 05-55-98-08-54. • camping.laplage@flowercampings.com • camping-correze.com • Ouv avr-sept.*
Un beau camping, parfaitement équipé et ombragé, en surplomb du lac et de la plage (si, si !). On accède à celle-ci par un tunnel souterrain, bien pratique pour les enfants. Propose des activités : piscine couverte chauffée, canotage, pêche, club enfants l'été... Sympa ! Mobile homes à louer *(199-896 €/sem).* Internet. Wifi.

Cadre : campagne, lacs ou rivières. ***Terrain :*** en terrasses ; herbe.	⊕ Sa situation au bord du lac ; le label Hébergement Pêche. ⊖ Le terrain en terrasses, donc pas toujours plat.

À voir, à faire dans les environs : le village ; le musée du Président Jacques-Chirac à Sarran (30 km).

TRENTELS 47140

16 km NE de Villeneuve-sur-Lot ; 45 km NE d'Agen — **Carte Aquitaine Nord B2**

€€ 12 € — **10 emplacements**

Camping Hameau du Lustrac : *hameau de Lustrac. ☎ 05-53-41-60-72 (mairie). 📱 07-85-08-09-37. • campinglustrac@gmail.com • campingdelustrac.jimdo.com • Ouv de mi-juin à fin août. CB refusées.*
À 200 m du ravissant hameau de Lustrac, un petit camping coincé entre un champ, un terrain de rugby, un court de tennis et la rivière (accès direct par un portail) ! Livraison de pain et de viennoiseries, piscine de poche (hors-sol). Emplacements peu ombragés. Chalets *(200-500 €/sem).* Pour ceux qui recherchent un coin pas cher, hors des sentiers battus. Wifi.

Cadre : lacs ou rivières, campagne. ***Terrain :*** plat ; herbe.	⊕ Le cadre ; la proximité de la rivière. ⊖ La piscine hors-sol riquiqui et les équipements modestes.

À voir, à faire dans les environs : Penne-d'Agenais (13 km) ; Villeneuve-sur-Lot (16 km) ; Monflanquin (17 km) ; le château de Bonaguil (20 km) ; Tournon-d'Agenais (20 km).

TURSAC 24620

5,5 km NE des Eyzies-de-Tayac — **Carte Aquitaine Nord B2**

€€ 14,30 € — **65 emplacements**

Camping La Ferme du Pelou : *au Pelou. ☎ 05-53-06-98-17. • lafermedupelou@gmail.com • lafermedupelou.com • Ouv de mi-mars à mi-nov. CB refusées.*
Petit camping familial avec son lot d'habitués, propre et ombragé, posé sur un plateau, en forêt. À taille humaine, comme la convivialité avec laquelle on est reçu. Superbe point de vue et tranquillité garantie. De la piscine, vue panoramique extra sur la vallée. Location de mobile homes et de gîtes *(200-520 €/sem).* Vraiment agréable. Proche du GR 36, à vous les balades ! Wifi.

Cadre : campagne, forêt, sentiers de randonnée. ***Terrain :*** herbe ; plat.	⊕ Bon marché ; bonne ambiance. ⊖ Peu de services.

€€€€ 27 € **103 emplacements**

Camping Vézère-Périgord : *route de Montignac, sur les rochers. ☎ 05-53-06-96-31. • info@levezereperigord.com • levezereperigord.com • Ouv Pâques-sept.*
Très grand camping, dans un parc boisé, organisé en terrasses, avec plusieurs qualités de terrains. Vraiment une belle situation, dans un paysage harmonieux. Sanitaires tout neufs. Location de vélos électriques et de canoës. Pêche dans la rivière à 400 m. Très familial. Mobile homes et chalets en location *(210-820 €/sem).* Wifi.

Cadre : campagne, forêt, lacs ou rivières, sentiers de randonnée. ***Terrain :*** en pente ; en terrasses ; herbe ; rocaille.	⊕ Les activités sportives proposées (avec piscine à toboggan, et même du trampoline !). ⊖ Pas assez de temps pour tout faire...

À voir, à faire dans les environs : le musée national de la Préhistoire (5,5 km).

URRUGNE (URRUÑA) 64122

5 km SO de Saint-Jean-de-Luz ***Carte Aquitaine Sud A1***

€€€€ 39 € **150 emplacements**

Camping du col d'Ibardin : *220, route d'Olhette. ☎ 05-59-54-31-21. • info@col-ibardin.com • col-ibardin.com • Ouv début avr-fin sept.*
Dans un environnement naturel préservé, au milieu d'une forêt de chênes, donc bien ombragé. Grands emplacements bien délimités. Plusieurs types d'hébergements : cabanes de bois bien équipées, tentes igloo, tentes safari. Atmosphère bucolique, très calme évidemment, en dehors de quelques grandes soirées organisées. Piscine et resto. Bon accueil. Loue des mobile homes et chalets *(364-1 260 €/sem).* Internet. Wifi.

Cadre : forêt, mer, montagne, sentiers de randonnée. ***Terrain :*** herbe ; plat. ***Réducs :*** - 20 % sur tout séjour en locatif pour 2 personnes, hors week-ends, jours fériés et vacances d'été.	⊕ Le programme sympa. ⊖ Le prix ; les chiens interdits en locatifs.

À voir, à faire dans les environs : le château d'Urtubie.

URT (AHURTI) 64240

26 km E de Bayonne ; 10 km NO de Labastide-Clairence ***Carte Aquitaine Sud A1***

€€€ 21,60 € **43 emplacements**

Camping Etche Zahar : *175, allée de Mesplès. ☎ 05-59-56-27-36. • info@etche-zahar.fr • etche-zahar.fr • Ouv avr-fin sept.*
Un peu à l'écart du village, un petit camping très accueillant. Notre coin préféré : celui des chevreuils, qui apparaissent au petit matin. Location de tentes safari et de résidences mobiles écoconstruites *(252-686 €/sem).* Un chalet accessible aux personnes à mobilité réduite. Familial. Internet. Wifi.

Cadre : campagne, lacs ou rivières, sentiers de randonnée. ***Terrain :*** en terrasses ; herbe ; plat.	⊕ Les labels Tourisme et Handicap et Accueil Vélo. ⊖ Amoureux des jardins à la française et des haies taillées au cordeau s'abstenir.

À voir, à faire dans les environs : l'abbaye d'Arthous à Hastingues (30 km) ; la route impériale des Cimes.

VENDOIRE 24320

17 km SO de Mareuil ; 36 km SE d'Angoulême — *Carte Aquitaine Nord B1*

€€€ 22 € — **31 emplacements**

Camping Le Petit Lion des Tourbières : *☎ 05-53-91-00-74. • contact@camping-petit-lion.com • camping-petit-lion.com • Ouv de mi-avr à mi-sept. CB refusées.*
Un petit terrain perdu au milieu de rien, en pleine campagne (pêche), à deux pas des tourbières. Emplacements ombragés, gentiment disposés sur un terrain plat. Également 5 chalets et 3 gîtes de 2 à 6 personnes *(195-595 €/sem).* Resto avec terrasse. Internet. Wifi.

Cadre : campagne. ***Terrain :*** herbe ; plat.	⊕ Le calme absolu. ⊖ La simplicité des équipements.

À voir, à faire dans les environs : les tourbières ; le château de Mareuil (17 km).

VERRUYES 79310

58 km O de Poitiers — *Carte Poitou-Charentes A1*

€€€ 20 € — **32 emplacements**

Camping Côté Lac : *au plan d'eau. ☎ 05-49-69-96-67. • camping.cotelac@gmail.com • campingcotelac.fr • Ouv d'avr à mi-oct.*
Bonne ambiance dans ce petit camping pimpant tenu des jeunes dynamiques. Les emplacements sont agréables, à deux pas de la plage du plan d'eau, et les activités ne manquent pas : baignade, embarcations à pédales, aires de jeux, et, en saison, toutes sortes d'animations au snack-bar haut en couleur, comme des concerts et des karaokés live. Très sympa. Locatifs *(218-595 €/sem).* Internet. Wifi.

Cadre : campagne, lacs ou rivières. ***Terrain :*** herbe ; plat.	⊕ Les animations. ⊖ Sa faible capacité.

À voir, à faire dans les environs : Saint-Maixent ; Parthenay ; le Nombril du Monde.

VÉZAC 24220

65 km E de Bergerac — *Carte Aquitaine Nord B2*

€€€ 22,80 € — **83 emplacements**

Camping La Plage : *La Malartrie. ☎ 05-53-29-50-83. 📱 06-83-36-41-68. • campinglaplage24@orange.fr • camping-laplage.fr • Ouv 15 mars-30 oct.*

On ne peut mieux situé, sous les arbres, voici un petit camping tout simple et propre, avec de grands emplacements et la rivière sous le nez. Sanitaires en cabines. Piscine un peu à l'écart, à proximité de la route, mais le soir, c'est très calme. Location de mobile homes *(210-850 €/sem).* Internet. Wifi.

Cadre : campagne, lacs ou rivières, sentiers de randonnée. ***Terrain :*** herbe ; plat.	⊕ Calme et ombragé ; le wifi gratuit. ⊖ Peu d'animations.

À voir, à faire dans les environs : La Roque-Gageac, l'un des Plus Beaux Villages de France.

VIELLE-SAINT-GIRONS 40560

7 km N de Léon ***Carte Aquitaine Sud A1***

€€€€ **46 €** **99 emplacements**

Camping L'Océane : *route des Lacs. ☎ 05-58-42-94-37. 📱 06-19-27-33-28. • campingloceane@wanadoo.fr • camping-oceane.fr • Ouv de mi-juil à fin août.*
Un 4-étoiles calme, ombragé et bien entretenu. Location de mobile homes *(220-1 880 €/sem).* À proximité d'un parcours santé. Piscine chauffée, jeux pour enfants avec structures gonflables et location de vélos. Wifi.

Cadre : campagne, forêt, lacs ou rivières, mer. ***Terrain :*** herbe ; plat. ***Réducs :*** - 5 % sur présentation de ce guide.	⊕ L'ambiance familiale. ⊖ L'océan pas tout près mais navette gratuite ; les frais de dossier.

€€€€ **79 €** **800 emplacements**

Sandaya Le Col Vert : *1548, route de l'Étang. ☎ 05-58-42-94-06. • colvert@sandaya.fr • sandaya.fr • Ouv avr-fin sept.*
Un véritable village de tentes et de bois en été, long de 1 km, et en même temps champion de l'écotourisme (dispose de l'Écolabel européen) et visité par les pèlerins en route vers Compostelle, car traversé par le GR 8. Cottages à tous les prix, il y a même des tentes écolodges comme en Afrique *(144-1 834 €/sem).* Marché des producteurs tous les jours en été. Piscine. Spa. Internet. Wifi.

Cadre : lacs ou rivières. ***Terrain :*** herbe ; plat.	⊕ L'atelier des Coccinelles pour petits et grands ; les 2 piscines ; l'aire aqualudique ; sans oublier le salon landais (musée vivant), les écureuils de passage, quelques sangliers parfois... ⊖ Le monde en plein été, mais il y a de l'espace...

À voir, à faire dans les environs : la descente du courant d'Huchet ; le lac de Léon (7 km).

VIEUX-BOUCAU 40480

36 km NO de Dax ; 16 km N d'Hossegor ***Carte Aquitaine Sud A1***

€€€€ **27,20 €** **532 emplacements**

Camping municipal Les Sablères : *bd du Marensin. ☎ 05-58-48-12-29. • contact@camping-les-sableres.com • camping-les-sableres.com • Ouv de fin mars à mi-oct.*
Camping municipal à 5 mn de la plage mais très peu ombragé, dommage. Peu d'infrastructures par volonté municipale, afin de faire vivre celles du village tout proche

(supérette à 100 m, nombreux tennis à 400 m, animations municipales en saison...). Location de chalets et de mobile homes *(215-938 €/sem).* Internet. Wifi.

Cadre : mer. ***Terrain :*** herbe ; plat. ***Réducs :*** hors saison, en camping : 7 nuits - 10 %, 14 nuits - 20 %, 21 nuits - 30 % ; hors saison, en locatifs : 3 semaines - 30 %, 4 nuits hors w-e - 25 % sur présentation de ce guide.	⊕ À 150 m de la plage ; un camping calme. ⊖ Peu d'ombre ; pas de piscine ; pas d'animations ; pas de commerce.

À voir, à faire dans les environs : les arènes et les plages.

VIGEOIS 19410

9 km SO d'Uzerche ***Carte Limousin A2***

€€ **14,10 €** **75 emplacements**

Camping du lac de Pontcharal : *lac de Pontcharal. ☎ 05-55-98-90-93. 📱 06-32-95-44-53. • campingpontcharal@orange.fr • vigeois.com • Ouv de mi-juin à mi-sept (loc Pâques-Toussaint).*
Sympathique camping familial dont l'atout principal est sa situation au bord d'un beau lac cerné par la forêt. Belle plage surveillée en été, avec ponton de baignade, pêche, location d'embarcations à pédales... Vastes emplacements herbeux bien ombragés par des bouleaux, et mobile homes *(300-440 €/sem)* relégués dans le fond du camping pour l'intimité. Resto, snack-bar au bord de l'eau, ping-pong, volley, pétanque... Rien ne manque et les tarifs sont très corrects. Internet. Wifi.

Cadre : forêt, lacs ou rivières. ***Terrain :*** herbe ; plat.	⊕ Le cadre ; le calme ; la plage du lac. ⊖ Un peu loin de tout.

À voir, à faire dans les environs : Uzerche ; Pompadour et le haras national (15 km).

VILLEFRANCHE-DU-PÉRIGORD 24550

42 km NO de Cahors ; 69 km SE de Bergerac ***Carte Aquitaine Nord B2***

€€€ **23,40 €** **66 emplacements**

Camping La Bastide : *route de Cahors. ☎ 05-53-28-94-57. • contact@camping-la-bastide.com • camping-la-bastide.com • Ouv vac Pâques-vac Toussaint.*
Camping agréable, avec des terrasses ombragées sur 2 ha. Bons sanitaires chauffés. Au pied du terrain, bois pour des balades romantiques. Le tout sans être loin des commerces de la ville. Location de mobile homes de 2 à 4 personnes *(220-607 €/sem selon taille et saison).* Piscine chauffée de mi-mai à mi-octobre. Internet. Wifi.

Cadre : campagne, sentiers de randonnée. ***Terrain :*** en terrasses ; herbe.	⊕ Le côté familial ; la proximité du village. ⊖ La pente de l'allée principale.

À voir, à faire dans les environs : la vieille ville ; Besse (8 km) ; Monpazier (23 km) ; le château de Biron (28 km).

YVES 17340

15 km NO de Rochefort ; 10 km NE de Fouras ***Carte Poitou-Charentes A2***

€€€ **21 €** **30 emplacements**

Aire naturelle La Cabane des Frênes : *Le Marouillet. ☎ 05-46-56-41-31. • contact@la-cabane-des-frenes.fr • la-cabane-des-frenes.fr • Ouv fin avr-oct*

NOUVELLE-AQUITAINE

Située au cœur des marais côtiers, en « zone remarquable » et à 6 km de la réserve naturelle d'Yves, cette petite adresse familiale ravira les amoureux de la vraie nature. Dans ce secteur, en effet, tout n'est que ravissement : marais à gauche, marais à droite, oh, un bel échassier, oh, un drôle d'oiseau sauvage ! Côté infrastructures, l'aire de camping est très simple et manque un peu d'ombre mais on a accès à un point d'eau, à l'électricité et à des sanitaires communs. Vente de produits de la ferme (légumes et œufs). Piscinette hors-sol pour se rafraîchir. NOUVEAUTÉ.

Cadre : campagne. ***Terrain :*** herbe ; plat.	⊕ En pleine nature ; la réserve sauvage ; le calme absolu. ⊖ Rustique ; isolé ; très peu d'équipements.

À voir, à faire dans les environs : Châtelaillon-Plage ; le marais d'Yves ; Fouras-les-Bains.

Occitanie

Pictos utilisés dans ce guide

- € Économique
- €€ Bon marché
- €€€ Prix moyens
- €€€€ Plus chic
- Tente
- Caravane
- Hébergement locatif
- Camping-car
- Caravaneige
- Piscine extérieure
- Piscine couverte
- Accès handicapé
- Hébergement insolite ou original

AGOS-VIDALOS 65400

8 km SO de Lourdes — **Carte Midi-Pyrénées Ouest A2**

€€€€ — **90 emplacements**

Soleil du Pibeste : *16, av. du Lavedan. 06-72-32-17-04. • mail@pibeste.fr • pibeste.fr • Ouv tte l'année.*
En bordure de la réserve naturelle de Pibeste, un camping à taille humaine, bien ombragé. Pas d'emplacements tentes ni caravanes, seulement des locations de mobile homes et de chalets *(255-2 100 €/sem).* Calme, verdoyant, avec piscine chauffée (juin-septembre), Biocoop, aire de jeux, atelier créatif pour enfants, animations diverses, ainsi qu'un restaurant bio et une boutique de vente de produits locaux... Il est surtout apprécié pour ses activités nature telles que tai-chi-chuan et randos accompagnées (certaines avec nuit en refuge). Encadrement et accueil impeccables. Internet. Wifi.

Cadre : campagne, forêt, lacs ou rivières, montagne, sentiers de randonnée.
Terrain : en terrasses ; herbe ; plat.

⊕ Son côté très nature ; l'accueil ; les randos organisées et les activités pour enfants.
⊖ Pas d'emplacement tente ni caravane ; en bordure de route (mais peu passante).

À voir, à faire dans les environs : Notre-Dame de Lourdes ; le pic du Jer ; le parc animalier des Pyrénées ; du rafting ; le chemin de croix.

AIGNAN 32290

15 km NE de Nogaro — **Carte Midi-Pyrénées Ouest A1**

€€€ **23 €** — **46 emplacements**

Le Domaine du Castex : *Castex. ☎ 05-62-09-25-13. • info@domaine-castex.com • domaine-castex.com • Ouv fin mars-fin oct (tte l'année pour les chambres d'hôtes et gîtes).*
Un camping verdoyant et bien ombragé, tenu par Hannie et son mari, un couple de Néerlandais. Hannie, qui aime le français depuis longtemps, écrivait son journal intime d'adolescente dans notre langue, afin que sa mère ne puisse pas comprendre... Salle commune conviviale avec TV. Piscine. Location de vélos électriques, terrains de tennis (municipaux) juste à côté. Snack-bar en saison *(menus 19,50-22 €).* Loue également des chalets et mobile homes *(310-762 €/sem),* ainsi que des chambres d'hôtes *(78 €/nuit, réduc à partir de la 3e nuit)* et des gîtes *(450-1 350 €/sem).* Un camping à l'atmosphère bucolique et familiale. Wifi.

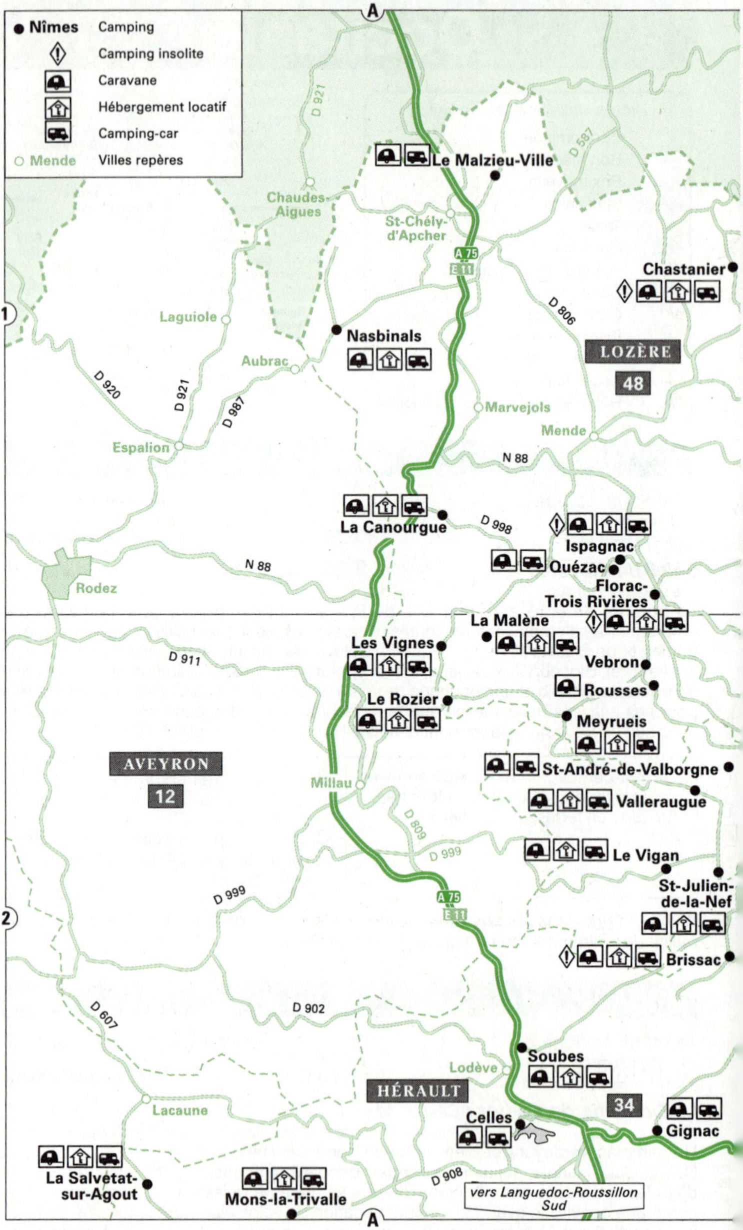
Nîmes Camping
Camping insolite
Caravane
Hébergement locatif
Camping-car
Mende Villes repères
A
Le Malzieu-Ville
Chaudes-Aigues
St-Chély-d'Apcher
A 75
E 11
D 921
D 587
Chastanier
D 806
LOZÈRE
48
Laguiole
Nasbinals
Aubrac
D 920
D 921
D 987
Marvejols
Mende
Espalion
N 88
La Canourgue
D 998
Ispagnac
Quézac
Florac-Trois Rivières
N 88
Rodez
La Malène
Les Vignes
D 911
Vebron
Rousses
Le Rozier
Meyrueis
AVEYRON
12
St-André-de-Valborgne
Millau
Valleraugue
D 809
D 999
Le Vigan
D 999
St-Julien-de-la-Nef
Brissac
D 607
D 902
Soubes
Lodève
HÉRAULT
34
Gignac
Celles
Lacaune
La Salvetat-sur-Agout
Mons-la-Trivalle
D 908
vers Languedoc-Roussillon Sud
1
2

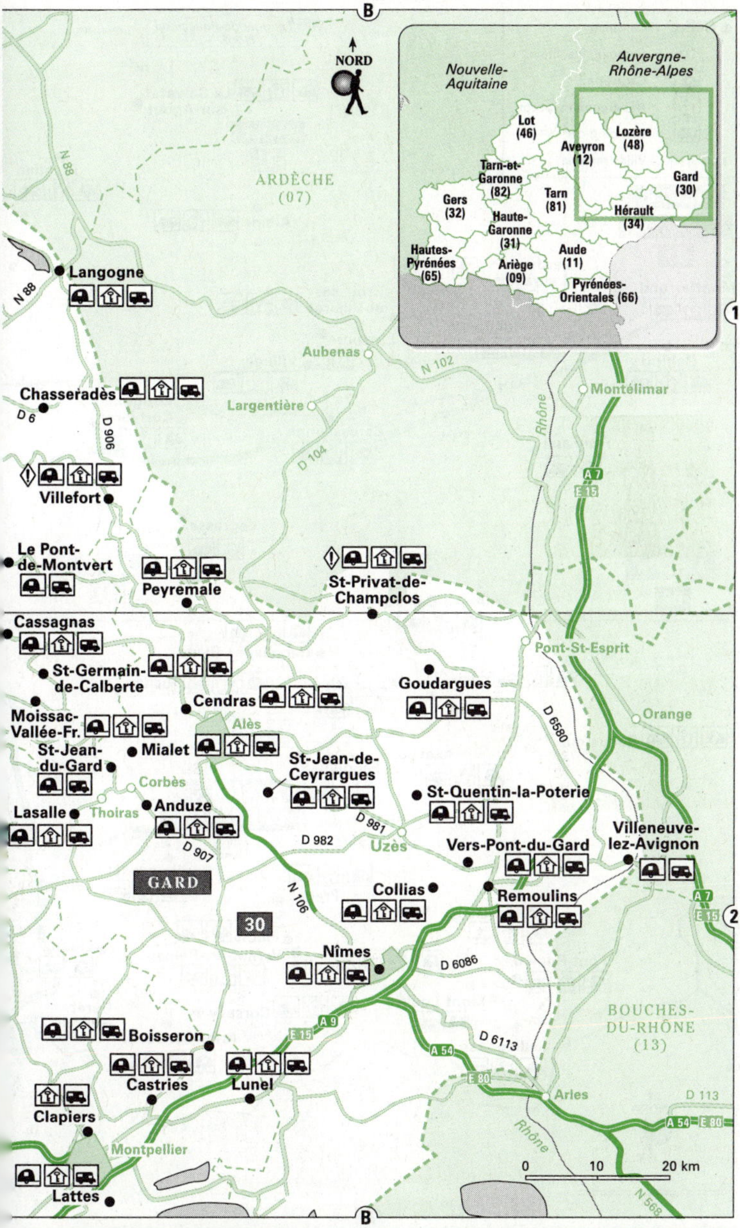

OCCITANIE – Languedoc-Roussillon Nord

OCCITANIE

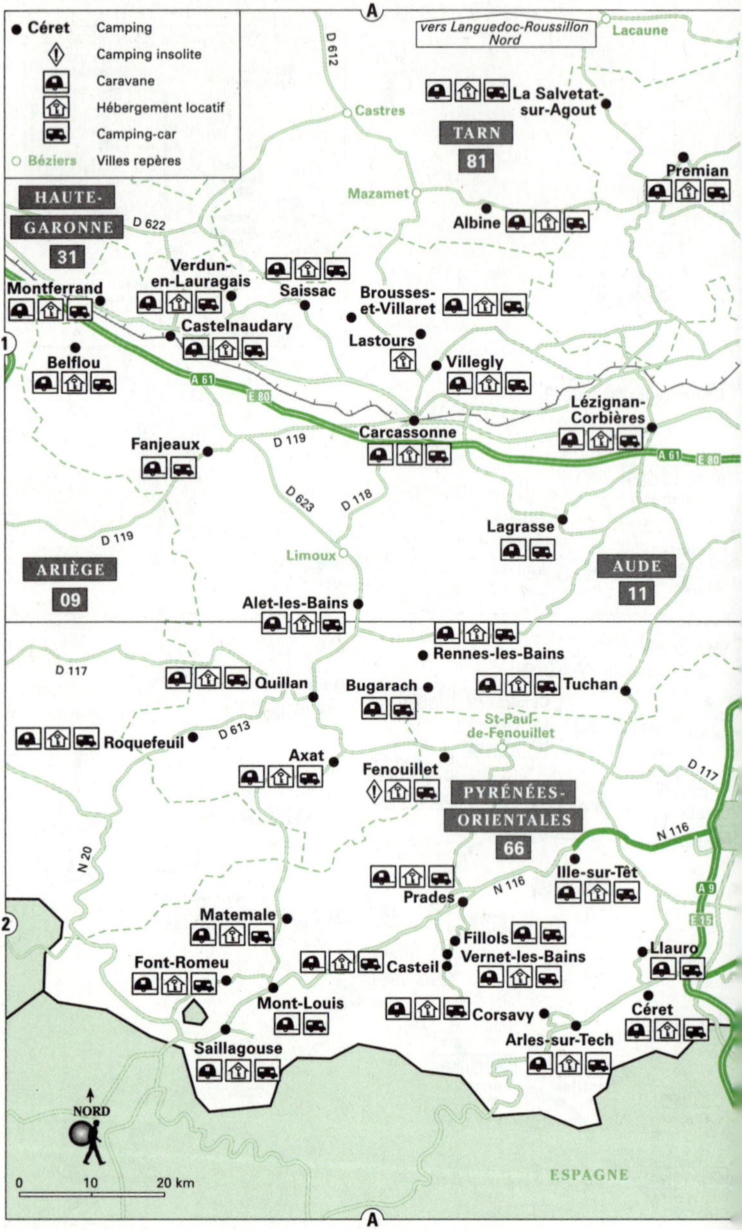

Céret Camping
Camping insolite
Caravane
Hébergement locatif
Camping-car
Béziers Villes repères
vers Languedoc-Roussillon Nord
Lacaune
D 612
Castres
La Salvetat-sur-Agout
TARN
81
Premian
Mazamet
Albine
HAUTE-GARONNE
31
D 622
Verdun-en-Lauragais
Saissac
Brousses-et-Villaret
Montferrand
Castelnaudary
Lastours
Belflou
Villegly
A 61
E 80
Lézignan-Corbières
Carcassonne
Fanjeaux
D 119
D 623
D 118
Lagrasse
D 119
Limoux
ARIÈGE
09
AUDE
11
Alet-les-Bains
Rennes-les-Bains
D 117
Quillan
Bugarach
Tuchan
St-Paul-de-Fenouillet
Roquefeuil
D 613
Axat
Fenouillet
D 117
PYRÉNÉES-ORIENTALES
66
N 116
N 20
Ille-sur-Têt
Prades
N 116
A 9
E 15
Matemale
Fillols
Vernet-les-Bains
Llauro
Font-Romeu
Casteil
Mont-Louis
Corsavy
Céret
Arles-sur-Tech
Saillagouse
NORD
0 10 20 km
ESPAGNE

OCCITANIE

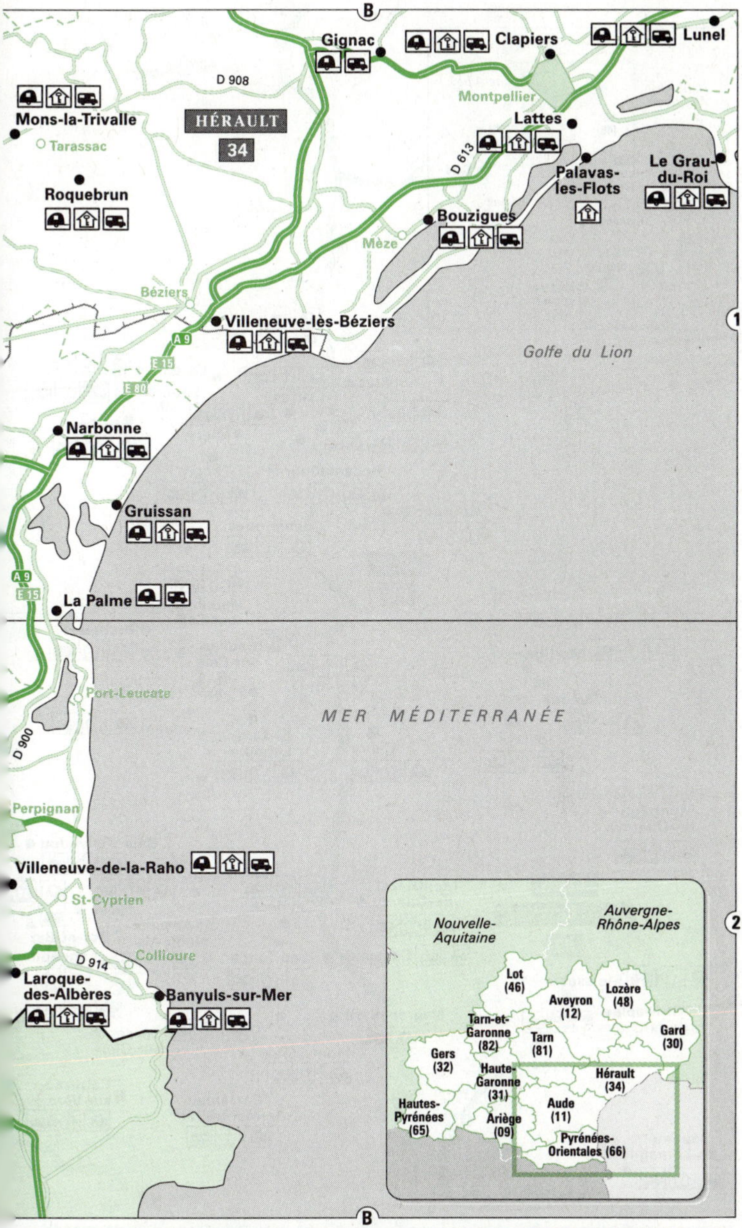

OCCITANIE – Languedoc-Roussillon Sud

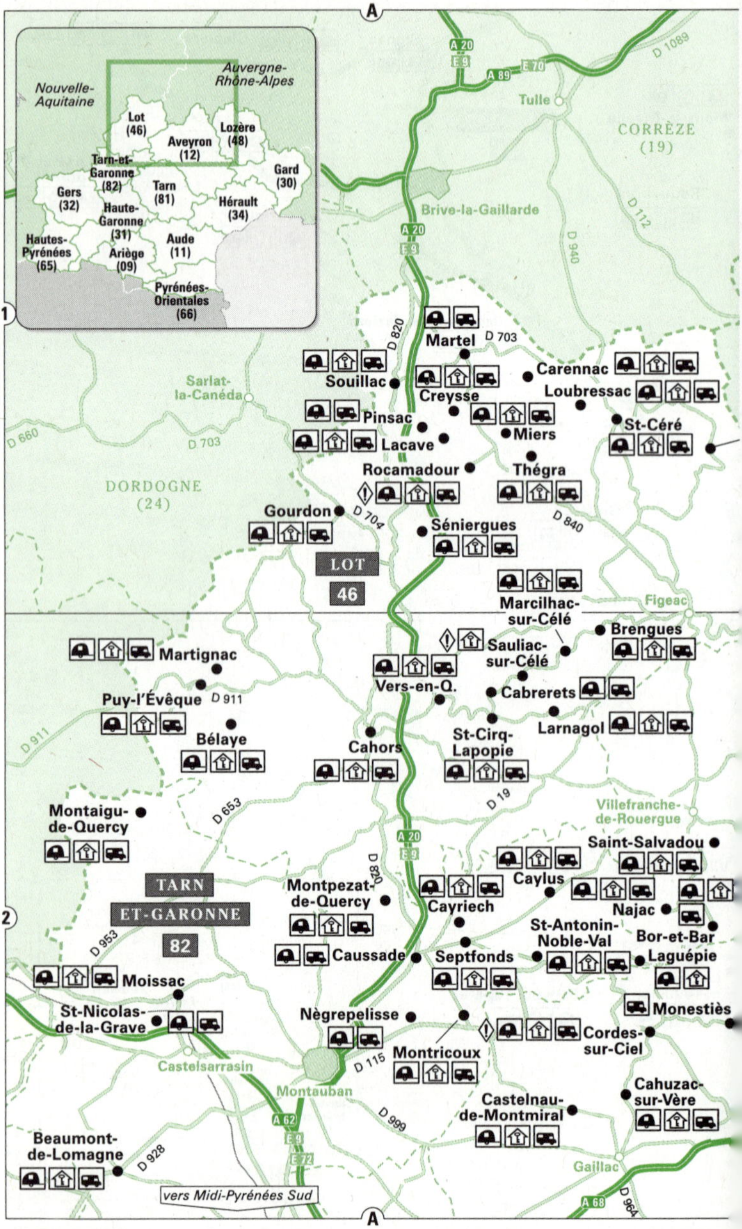
A
Nouvelle-Aquitaine
Auvergne-Rhône-Alpes
Lot (46)
Aveyron (12)
Lozère (48)
Tarn-et-Garonne (82)
Gers (32)
Tarn (81)
Gard (30)
Hérault (34)
Haute-Garonne (31)
Hautes-Pyrénées (65)
Ariège (09)
Aude (11)
Pyrénées-Orientales (66)
1
2
A 20
E 9
A 89
E 70
D 1089
Tulle
CORRÈZE (19)
Brive-la-Gaillarde
D 112
D 940
D 820
D 703
Martel
Souillac
Creysse
Carennac
Loubressac
Sarlat-la-Canéda
Pinsac
St-Céré
Miers
Lacave
D 660
Rocamadour
Thégra
DORDOGNE (24)
Gourdon
D 704
D 840
Sénergues
LOT 46
Marcilhac-sur-Célé
Figeac
Brengues
Martignac
Sauliac-sur-Célé
Vers-en-Q.
Puy-l'Évêque
D 911
Cabrerets
Bélaye
Larnagol
St-Cirq-Lapopie
Cahors
D 653
D 19
Villefranche-de-Rouergue
Montaigu-de-Quercy
Saint-Salvadou
Caylus
TARN ET-GARONNE 82
Montpezat-de-Quercy
Cayriech
Najac
D 953
St-Antonin-Noble-Val
Bor-et-Bar
Caussade
Septfonds
Laguépie
Moissac
Monestiès
St-Nicolas-de-la-Grave
Nègrepelisse
Cordes-sur-Ciel
Castelsarrasin
D 115
Montricoux
Montauban
Cahuzac-sur-Vère
Castelnau-de-Montmiral
D 999
A 62
E 72
Beaumont-de-Lomagne
D 928
Gaillac
vers Midi-Pyrénées Sud
A 68
D 964

OCCITANIE

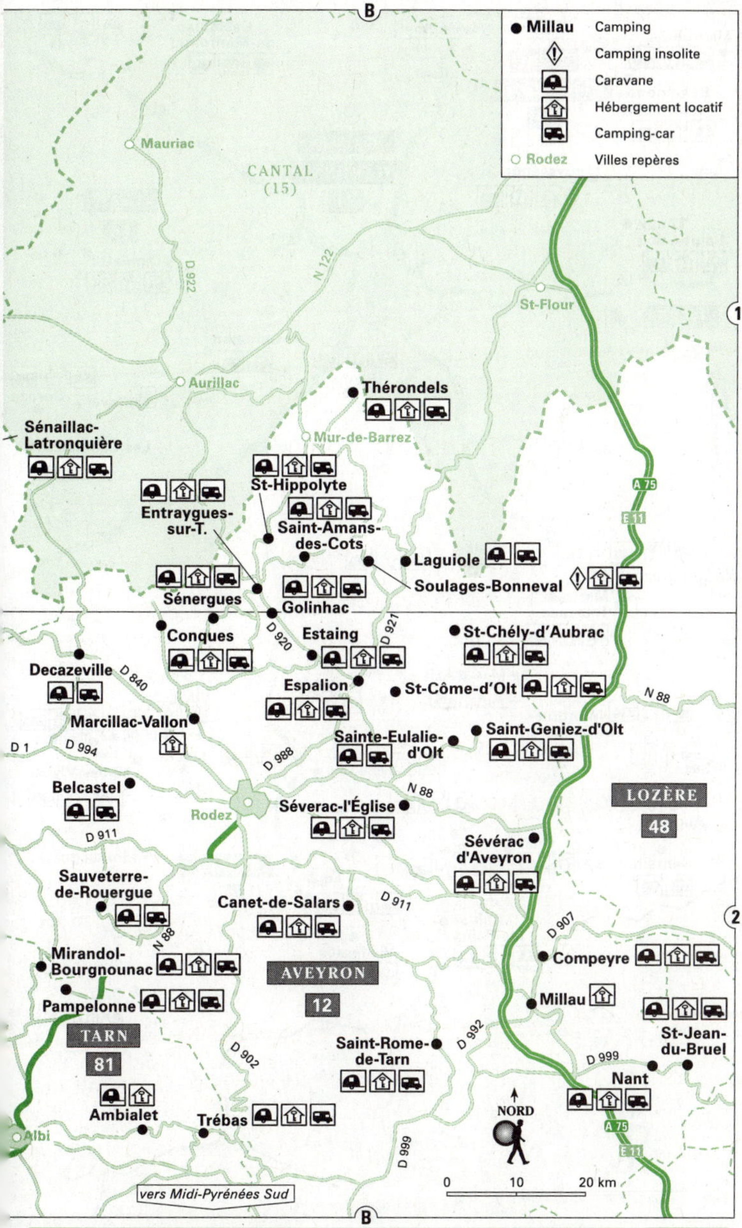

OCCITANIE – Midi-Pyrénées Nord

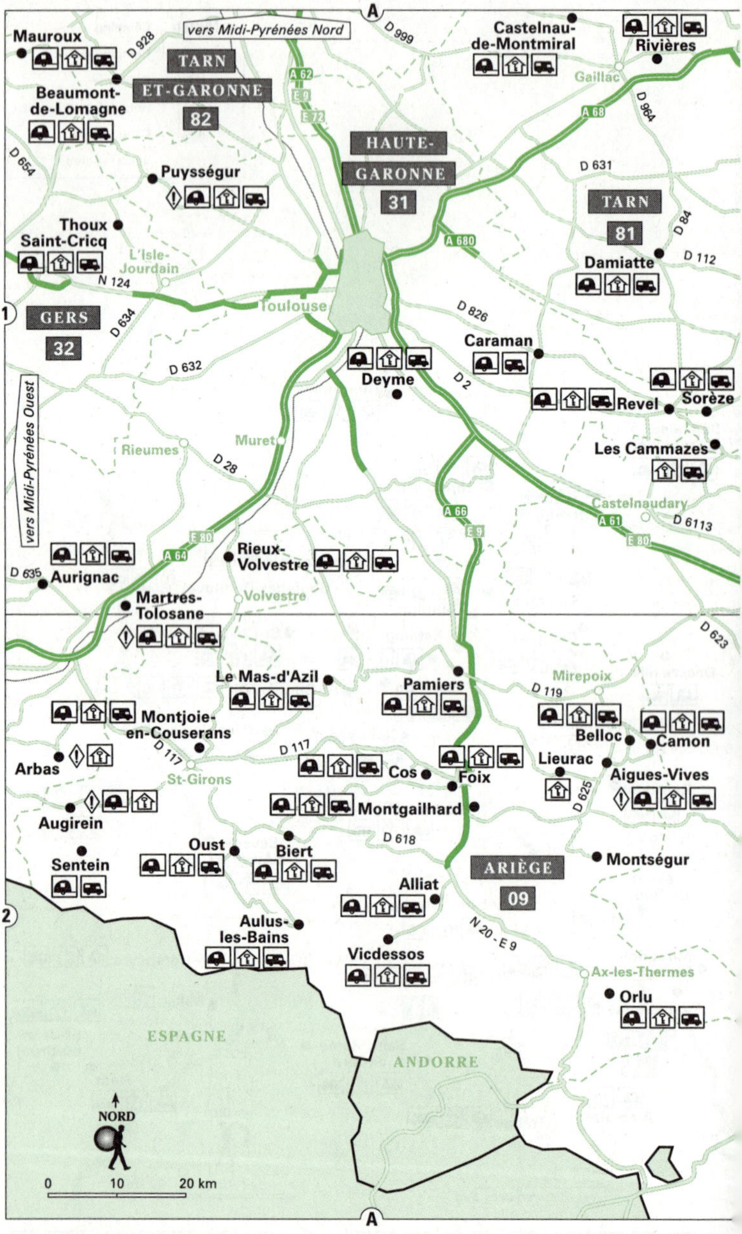
vers Midi-Pyrénées Nord
vers Midi-Pyrénées Ouest
TARN ET-GARONNE 82
HAUTE-GARONNE 31
TARN 81
GERS 32
ARIÈGE 09
ESPAGNE
ANDORRE
Mauroux
Beaumont-de-Lomagne
Puysségur
Thoux
Saint-Cricq
L'Isle-Jourdain
Toulouse
Castelnau-de-Montmiral
Rivières
Gaillac
Damiatte
Caraman
Deyme
Revel
Sorèze
Les Cammazes
Castelnaudary
Muret
Rieumes
Rieux-Volvestre
Volvestre
Aurignac
Martres-Tolosane
Le Mas-d'Azil
Pamiers
Mirepoix
Montjoie-en-Couserans
Arbas
St-Girons
Cos
Foix
Belloc
Camon
Lieurac
Aigues-Vives
Montgailhard
Augirein
Oust
Biert
Sentein
Montségur
Alliat
Aulus-les-Bains
Vicdessos
Ax-les-Thermes
Orlu
D 928
D 999
A 62
E 9
E 72
A 68
D 964
D 631
D 84
D 112
A 680
N 124
D 654
D 634
D 826
D 632
D 2
D 28
A 66
A 61
D 6113
E 80
A 64
D 635
D 623
D 119
D 117
D 625
D 618
N 20 - E 9
A
1
2
NORD
0
10
20 km

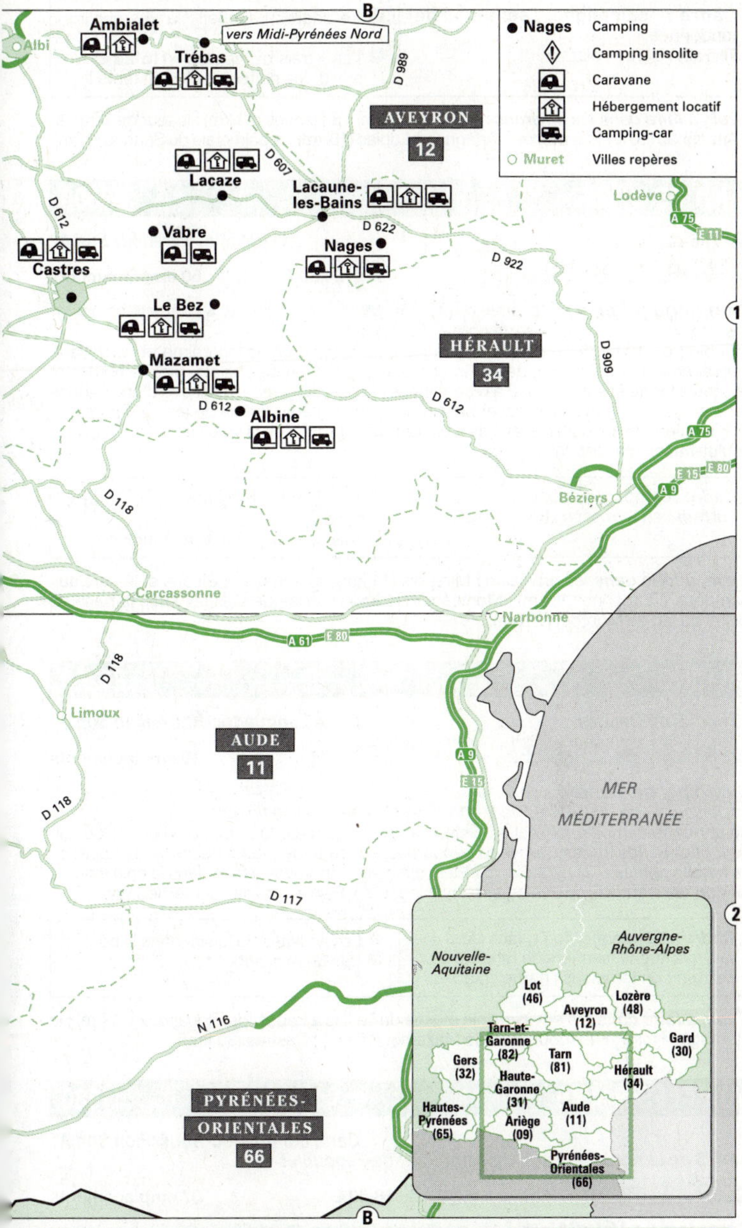

OCCITANIE – Midi-Pyrénées Sud

Cadre : campagne, sentiers de randonnée. ***Terrain :*** herbe ; plat.	⊕ Le cadre ; l'accueil ; la vue sur les Pyrénées. ⊖ Les « frais de dossier » (15-20 €) : le prix d'une nuitée en plus en tente !

À voir, à faire dans les environs : Marciac (25 km) ; Bassoues (23 km) ; la tour de Termes-d'Armagnac (10 km) ; le musée d'Artagnan à Lupiac (10 km) ; la palmeraie du Sarthou (7 km).

AIGUES-VIVES 09600

11 km S de Mirepoix *Carte Midi-Pyrénées Sud A2*

€€€ **24,80 €** **60 emplacements**

Camping La Serre : *5, chemin de la Serre. ☎ 05-61-03-06-16. • contact@camping-la-serre.com • camping-la-serre.com • Ouv avr-oct.*
Camping de 10 ha de terrasses ombragées, au cœur d'un vallon calme et verdoyant. Emplacements très vastes, délimités et arborés. Location de chalets, mobile homes et de tentes lodge et safari pour 2 à 6 personnes *(443-1 200 €/sem),* ainsi que d'une cabane sur pilotis. Piscine avec jacuzzi et bassin pour petits (l'été), terrain de jeux, un parcours VTT, sentiers de découverte, aire de jeux. Camping proche de la voie verte. Snack (pizza, poulet-frites). Internet. Wifi.

Cadre : campagne, montagne. ***Terrain :*** en terrasses ; herbe ; plat.	⊕ L'accueil chaleureux ; le cadre bucolique. ⊖ Pas de vraie salle de restauration.

À voir, à faire dans les environs : Mirepoix (11 km) ; la ferme aux Bisons et le parc aux Bambous à Lapenne (28 km) ; Montségur (19 km) ; l'église de Vals (24 km) ; la base de loisirs du lac de Montbel (10 km).

ALBINE 81240

30 km SE de Castres *Carte Languedoc-Roussillon Sud A1*

€€€ **21 €** **36 emplacements**

Camping de l'Estap : *☎ 05-63-98-34-74. 📱 06-06-60-57-22. • campinglestap81@gmail.com • camping-lestap-tarn-81.com • Ouv de mi-avr à fin oct.*
Un chouette camping familial en pleine nature, au calme et à deux pas d'un lac où l'on peut pêcher des truites d'élevage peu farouches (carte de pêche nécessaire). Location de mobile homes *(175-670 €/sem).* Plein d'activités sportives à faire dans le coin (canoë, randonnée à cheval, spéléologie, canyoning, etc.). Piscine et snack. Internet. Wifi.

Cadre : campagne, forêt, lacs ou rivières, montagne, sentiers de randonnée. ***Terrain :*** en terrasses ; herbe ; plat.	⊕ Les activités de loisirs dans le coin. ⊖ Pas de miniclub.

À voir, à faire dans les environs : le musée du Textile à Labastide-Rouairoux (11 km) ; la Montagne Noire ; Hautpoul, près de Mazamet (16 km) ; Castres (30 km).

ALET-LES-BAINS 11580

Carte Languedoc-Roussillon Sud A1
9 km S de Limoux ; 48 km N de Saint-Paul-de-Fenouillet

€€€ **18,50 €** **37 emplacements**

Camping Le Val d'Aleth : *14, av. Nicolas-Pavillon. ☎ 04-68-69-90-40. • contact@valdaleth.com • valdaleth.com • Ouv tte l'année.*
Au bord de l'Aude et de son écrin de verdure luxuriant qui étouffe le bruit de la route départementale, c'est un agréable petit camping arboré, où l'on plante ses sardines

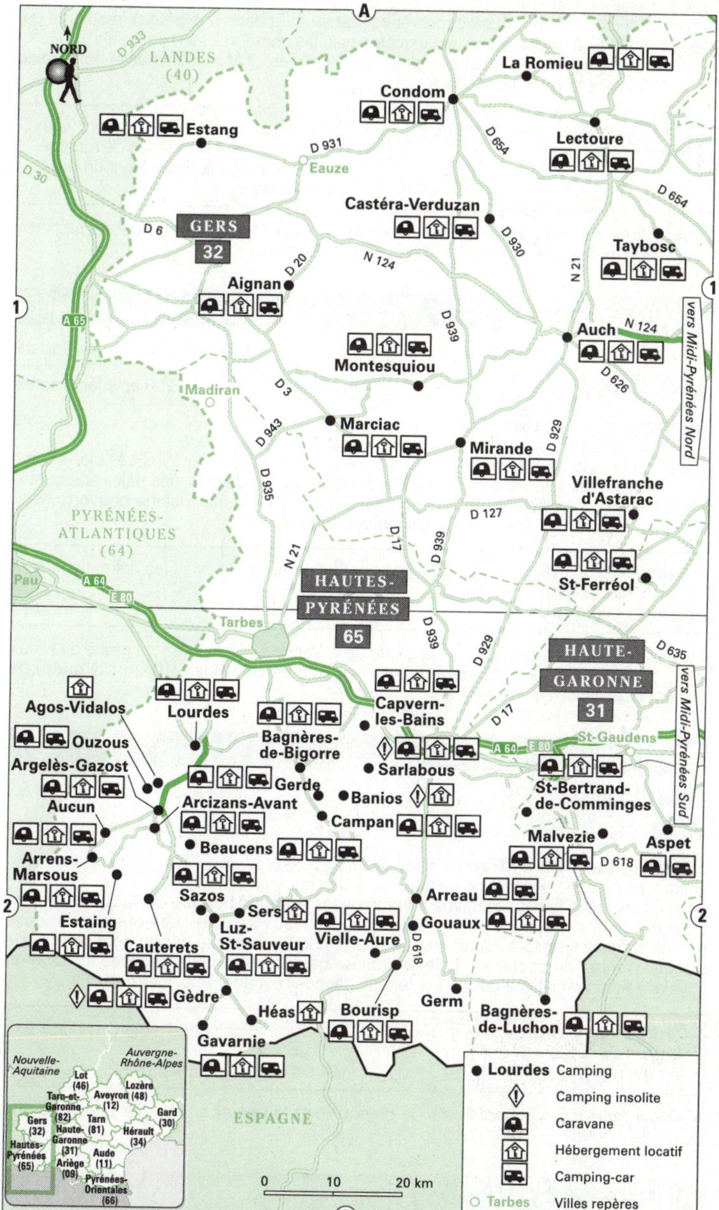

OCCITANIE – Midi-Pyrénées Ouest

dans la pelouse. Certains emplacements sont adossés aux ruines de l'abbaye et aux remparts. Jeux pour enfant, barbecue et bar-pizzeria. Et dans une bâtisse restaurée qui appartenait jadis à l'archevêché, voici quelques jolies chambres bien équipées *(62-66 €/nuit),* le charme de l'ancien en plus (tomettes, cheminées...). Mobile homes et bungalows toilés *(150-350 €/sem).* Internet. Wifi.

Cadre : campagne, lacs ou rivières. ***Terrain :*** herbe ; plat.	⊕ Le village et la base de sports d'eaux vives à quelques minutes de marche. ⊖ La rumeur de la route (en journée) et de la rivière.

À voir, à faire dans les environs : les ruines de l'abbaye ; les châteaux du Pays cathare ; Rennes-le-Château ; le musée des Dinosaures à Espéraza.

ALLIAT 09400

22 km S de Foix ***Carte Midi-Pyrénées Sud A2***

€€€€ **26 €** **200 emplacements**

Camping des Grottes : *Prado de la Hillo. ☎ 05-61-05-88-21. • info@campingdesgrottes.com • campingdesgrottes.com • Ouv de mi-mars à mi-oct.*
Au cœur d'un cadre verdoyant et entouré de montagnes, un joli camping très bien équipé et parfait pour les séjours en famille. Emplacements délimités par des haies scrupuleusement taillées. Chalets et mobile homes *(270-1 575 €/sem).* Piscine couverte avec toboggans appréciée des enfants. Animations en été. Wifi.

Cadre : lacs ou rivières, montagne, sentiers de randonnée. ***Terrain :*** herbe ; plat.	⊕ Les équipements ; les animations en été. ⊖ Pas trouvé.

À voir, à faire dans les environs : la grotte de la Vache à Alliat (1 km) ; la grotte de Niaux (2 km) ; le parc de la Préhistoire à (6 km) ; la grotte de Bédeilhac (10 km) ; la grotte de Lombrives à Ussat-les-Bains (7 km).

AMBIALET 81430

24 km E d'Albi ***Carte Midi-Pyrénées Nord B2***

€€€ **18 €** **44 emplacements**

Camping La Mise à l'Eau : *au lieu-dit La Fédusse. ☎ 05-63-79-58-29. • vacances.ambialet@orange.fr • camping-ambialet.fr • Ouv mai-oct.*
Un petit camping familial et calme comme on les aime. En bordure du Tarn, des emplacements bien entretenus et ombragés par de beaux acacias. Les quelques mobile homes sont regroupés à l'écart, sur une sorte d'îlot accessible par un petit pont. Belle piscine, ponton de pêche et plagette pour se baigner en eaux vives, avec location de kayaks à prix d'ami. Pour couronner le tout, l'accueil est adorable. Internet. Wifi.

Cadre : campagne, lacs ou rivières, sentiers de randonnée. ***Terrain :*** herbe ; plat.	⊕ La proximité immédiate de la rivière, l'accueil. ⊖ On cherche encore...

À voir, à faire dans les environs : la presqu'île et le prieuré d'Ambialet ; le musée de Saint-Juéry ; Albi.

ANDUZE 30140

Carte Languedoc-Roussillon Nord B2
17 km SO d'Alès ; 14 km SE de Saint-Jean-du-Gard

€€€ **18 €** **25 emplacements**

Aire naturelle de camping Les Hauts de Labahou : *140, Les Hauts-de-Labahou. ☎ 04-66-61-77-90. 📱 06-03-93-38-88. • camping.labahou@wanadoo.fr • campinglabahou-anduze.c.la • Ouv mai-nov. CB refusées.*
Petit camping familial, calme et verdoyant, avec de grands emplacements en terrasses mi-ombre mi-soleil, en bordure d'une pinède. Barbecue en accès libre. Un lieu idéal pour les amoureux de la nature. Locatifs, dont 2 tentes lodges toutes neuves *(300-650 €/sem).* Internet. Wifi.

Cadre : campagne, forêt, sentiers de randonnée. ***Terrain :*** en terrasses ; herbe.	⊕ Le supermarché à 500 m ; la boulangerie et les restaurants à 200 m ; les randonnées pédestres sur les sentiers cévenols ; les bons conseils et renseignements pour passer un agréable séjour. ⊖ Aucune animation (pour d'autres, c'est un plus !) ; pour les grands camping-cars, téléphoner avant de s'engager dans le camping.

€€€€ **36,50 €** **220 emplacements**

Camping Cévennes Provence : *à Corbès-Thoiras. ☎ 04-66-61-73-10. • info@campingcp.com • campingcp.com • Ouv 20 mars-1er oct.*
Dans un site superbe, où coule le Gardon au lit de galets, le terrain occupe une colline entière ! On plante sa tente sur le plat ou sur des versants ombragés (120 variétés d'arbres et moult plantes aromatiques). On y trouve tout : sanitaires (récents), ping-pong, tennis, épicerie, rôtisserie, bar. Très bon accueil de toute la famille. Sentiers de randonnée dans le camping et autour dans les collines. Un lieu où même les toutous sont bien reçus (parcours pour chiens). Location de chalets *(420-780 €/sem).* Camping géré par la même famille depuis plus de 60 ans ! Internet. Wifi.

Cadre : campagne, forêt, lacs ou rivières, sentiers de randonnée. ***Terrain :*** en terrasses ; herbe ; plat. ***Réducs :*** une crêpe au sucre ou à la confiture (par personne et par séjour), une partie de minigolf (par jour et par personne !) ou 1h de tennis (par jour et par famille) offertes sur présentation de ce guide.	⊕ La rivière avec plage privée ; les emplacements en grandes terrasses individuelles et retirées ; l'accrobranche Parfum d'Aventure de l'autre côté de la rivière. ⊖ On cherche toujours...

À voir, à faire dans les environs : la vallée des Camisards et la Bambouseraie avec le train à vapeur des Cévennes, le musée du Désert à Mialet.

ARBAS 31160

27 km SE de Saint-Gaudens ***Carte Midi-Pyrénées Sud A2***

€€€€ **43 emplacements**

La Ferme d'Oulan Bât : *route des Planques. ☎ 05-61-97-21-13. 📱 06-68-97-11-96. • lafermedoulanbat@hotmail.fr • lafermedoulanbat.fr • Ouv mai-sept. CB refusées.*
Yourtes traditionnelles pour 2 à 6 personnes installées à flanc de montagne *(compter 60-120 €/nuit ou 300-650 €/sem ; loc de draps).* Les amateurs de calme et de grands espaces seront aux anges. Les familles aussi ! Les yourtes offrent un confort tout à fait satisfaisant (frigo, réchaud, micro-ondes). Bloc sanitaire chauffé. Les propriétaires, éleveurs d'ânes, proposent des randonnées et des formules « bivouac ». Table d'hôtes sur réservation à 30 €.

Cadre : forêt, montagne, sentiers de randonnée. ***Terrain :*** en terrasses ; herbe ; plat ; rocaille.	⊕ Le paysage, on ne peut plus sauvage... avec un confort relativement moderne ! ⊖ Pas pour les fêtards, bien sûr.

À voir, à faire dans les environs : la vallée des Ours à Arbas ; l'écomusée de la haute vallée du Ger à Boutx ; les jardins de Sortilège à Sengouagnet ; les vallées de Saint-Béat.

ARCIZANS-AVANT 65400

4 km S d'Argelès-Gazost — *Carte Midi-Pyrénées Ouest A2*

€€€€ 28 € — **51 emplacements**

Camping Les Châtaigniers : *6, rue Deth-Cap-Deth-Vilatge. 06-30-58-11-00. • contact@camping-les-chataigniers.com • camping-les-chataigniers.com • Ouv 15 mai-30 sept (dès le 1er mai pour les loc). CB refusées.*
Camping 3 étoiles, agréable et bien entretenu, en surplomb de la vallée, avec une superbe vue dégagée. Une cinquantaine d'emplacements calmes, spacieux et ombragés, avec sanitaires neufs. Piscine chauffée. À proximité, vélo, tennis, rafting, canyoning, golf et rando. Location de mobile homes et de chalets pour 2 à 6 personnes *(200-790 €/sem).* Internet. Wifi.

Cadre : forêt, lacs ou rivières, montagne, sentiers de randonnée.
Terrain : en terrasses ; herbe ; plat.
Réducs : - 5 % et un café offert à l'arrivée sur présentation de ce guide.

+ L'accueil ; les conseils ; la propreté ; la vue panoramique.
- Le passage délicat pour les grandes caravanes.

À voir, à faire dans les environs : l'abbatiale de Saint-Savin ; le parc animalier des Pyrénées à Argelès (4 km) ; le donjon des Aigles à Beaucens (10 km) ; le parc national des Pyrénées.

ARGELÈS-GAZOST 65400

15 km S de Lourdes — *Carte Midi-Pyrénées Ouest A2*

€€€€ 45 € — **483 emplacements**

Sunelia Les 3 Vallées : *av. des Pyrénées. ☎ 05-62-90-35-47. • 3-vallees@wanadoo.fr • camping3vallees.com • Ouv début avr-début oct.*
Sur un terrain de 13 ha, un village-camping avec un espace aquatique composé d'une rivière à courant et de 3 piscines chauffées, dont une couverte avec un toboggan de 30 m. Le rendez-vous des familles plus soucieuses d'équipements de loisirs que de tranquillité. Beaucoup d'activités sportives (VTT, cheval, canoë, rando, *paddle,* tennis...). Parc aquatique avec toboggans, pataugeoire. Bar, resto, soirées à thème avec discothèque en été, karaoké, concert, spectacles pour enfants... la grande armada ! Location de mobile homes et cottages pour 4-6 personnes *(427-2 450 €/sem).* Internet. Wifi.

Cadre : campagne, montagne.
Terrain : herbe ; plat.
Réducs : - 10 % pour 2 nuits et - 15 % pour 14 nuits, en basse saison, sur présentation de ce guide.

+ Un village-camping de vacances avec beaucoup d'équipements.
- Beaucoup de monde en été.

À voir, à faire dans les environs : le parc animalier des Pyrénées ; le donjon des Aigles à Beaucens (10 km) ; le parc national des Pyrénées (le val d'Azun et d'Estaing).

ARLES-SUR-TECH 66150

Carte Languedoc-Roussillon Sud A2
13 km O de Céret ; 19 km NE de Prats-de-Mollo

€€€ 20 € — **150 emplacements**

Camping du Riuferrer : *572, lieu-dit Camp-Llarg. ☎ 04-68-39-11-06. 07-75-21-49-58. • campingriuferrer@gmail.com • campingduriuferrer.com • Ouv 1er mars-31 oct.*
Camping bien tranquille, dispersant au milieu des arbres des emplacements bien délimités par des haies. La famille Larreur, très sympa, s'en occupe depuis de nombreuses

années. Demandez leur avis aux campeurs les plus anciens (certains ont près de 40 ans de fidélité !). Piscine (gratuite pour les campeurs juin-septembre) et tennis municipaux à deux pas. Location de caravanes et mobile homes *(235-555 €/sem).* Internet. Wifi.

Cadre : forêt, lacs ou rivières, montagne, sentiers de randonnée, campagne. ***Terrain :*** herbe ; plat ; rocaille ; en pente. ***Réducs :*** - 10 % sur un séjour d'une semaine ou plus sur présentation de ce guide.	⊕ L'ambiance extra et calme à la fois. ⊖ Pas de piscine dans le camping même.

À voir, à faire dans les environs : l'abbaye Sainte-Marie d'Arles et son cloître ; les gorges de la Fou (4 km).

ARREAU 65240

37 km SE de Bagnères-de-Bigorre — *Carte Midi-Pyrénées Ouest A2*

€€€ **15,44 €** — **79 emplacements**

Camping municipal : *8, rue de la Courbère. ☎ 05-62-98-65-56. • contact@camping-arreau.fr • camping-arreau.fr • Ouv de mi-déc à mi-oct.*
Un petit camping au bord de la rivière. De taille modeste et bien ombragé. On entend un peu la circulation de la route qui passe juste de l'autre côté de la Neste (rien de méchant cependant). Internet.

Cadre : lacs ou rivières, montagne, sentiers de randonnée. ***Terrain :*** en terrasses ; herbe ; plat.	⊕ La proximité du village. ⊖ Le léger bruit de circulation.

À voir, à faire dans les environs : le village ; la vallée du Louron ; les églises peintes ; le musée de la Vallée d'Aure à Ancizan (4,5 km).

ARRENS-MARSOUS 65400

12 km SO d'Argelès-Gazost — *Carte Midi-Pyrénées Ouest A2*

€€ **10,90 €** — **166 emplacements**

Camping de la Hèche : *54, route d'Azun. ☎ 05-62-97-02-64. • laheche@free.fr • campinglaheche.com • Ouv de mi-juin à mi-sept (loc tte l'année).*
Grand camping au pied de la montagne, jouissant d'un superbe panorama. Tranquille, bien en retrait de la route, choix entre une vaste zone dégagée et des emplacements ombragés. Petite épicerie, laverie, salle TV, animations pour les enfants en juillet-août, ping-pong... Accueil sympa. Location de mobile homes pour 2-4 personnes *(230-500 €/sem).*

Cadre : lacs ou rivières, montagne, sentiers de randonnée. ***Terrain :*** herbe ; plat.	⊕ Calme ; bien situé dans le val d'Azun. ⊖ Pas trouvé de « moins ».

À voir, à faire dans les environs : le parc animalier des Pyrénées à Argelès (12 km) ; le donjon des Aigles à Beaucens (19 km) ; le parc national des Pyrénées ; la réserve naturelle du Pibeste ; le musée montagnard du Lavedan à Aucun (3 km).

ASPET 31160

15 km SE de Saint-Gaudens — *Carte Midi-Pyrénées Ouest A2*

€€€ **17 €** — **42 emplacements**

Camping La Chasse aux Papillons : *quartier Sarradère. ☎ 05-61-88-51-55. 06-86-70-86-99. • campinglachasseauxpapillons@gmail.com • camping-la-chasse-aux-papillons.com • Ouv mai-sept. CB refusées.*

Petit camping situé en contrebas du village, calme, verdoyant et bien ombragé, au bord du Ger (et non du Gers !). Animations musicales dans un esprit champêtre. Location de vélos et d'ânes. Conférences et débats autour du monde rural. Petit resto (pizzeria) ouvert en été. Tentes collectives et caravanes *(246-321 €/sem).* Internet. Wifi.

Cadre : campagne, forêt, montagne, sentiers de randonnée, lacs ou rivières. ***Terrain :*** herbe ; plat. ***Réducs :*** apéritif offert à l'arrivée, animaux gratuits sur présentation de ce guide.	⊕ Le calme ; le cadre verdoyant ; la pêche ; les randonnées ; les carrés de jardin dans le cadre des *Incroyables Comestibles,* les balades en âne, mule, cheval... ⊖ Piscine... à 100 m (en juillet-août).

À voir, à faire dans les environs : les jardins de Sortilège à Sengouagnet (5 km) ; l'écomusée de la haute vallée du Ger (12 km) ; la vallée des Ours (12 km) ; Saint-Bertrand-de-Comminges (31 km) ; les Trois-Vallées ; les vallées de Saint-Béat ; le pays de Luchon (45 km).

AUCH 32000

78 km O de Toulouse — *Carte Midi-Pyrénées Ouest A1*

€€€ 18 € — **12 emplacements**

Camping Domaine Le Castagné : *910, chemin de Naréoux, route de Toulouse. ☎ 05-62-63-32-56. 06-76-47-84-15. • lecastagne@wanadoo.fr • domainelecastagne.com • Ouv juin-sept (loc tte l'année).*
Dans une ancienne exploitation agricole, une structure familiale à 5 mn du centre-ville d'Auch. Emplacements bien ombragés, en paliers sur une douce colline, avec vue sur la campagne environnante. Loue aussi des gîtes, des cottages (type mobile home, *400-650 €/sem*) et des chambres d'hôtes dans la maison principale, bien tenues *(80-87 € la nuit pour 2).* Piscine, pêche et embarcations à pédales sur un plan d'eau privé, terrains de jeux, ping-pong, minigolf, etc. En été, les week-ends, place à l'évènementiel dans la grande salle de réception (mariages), séminaires toute l'année. Internet. Wifi.

Cadre : campagne, lacs ou rivières. ***Terrain :*** en terrasses ; herbe ; plat.	⊕ La vue sur le château de Montégut et les champs tout autour. ⊖ Les évènementiels (mariages) les week-ends en été.

À voir, à faire dans les environs : la cathédrale Sainte-Marie, le musée des Amériques-Auch et la vieille ville.

AUCUN 65400

9 km O d'Argelès-Gazost — *Carte Midi-Pyrénées Ouest A2*

€€€ 20 € — **45 emplacements**

Camping Azun Nature : *1, route des Poueyes. ☎ 05-62-97-45-05. • azun.nature@wanadoo.fr • camping-azun-nature.com • Ouv mai-fin oct (loc tte l'année).*
En pleine verdure, au cœur de la vallée, un camping de petite taille où les tentes et les chalets cohabitent de façon harmonieuse et se fondent dans la nature. Dans un but de préservation et de valorisation de l'environnement, l'équipe est intarissable en conseils et recommandations pour les randonnées et les activités en pleine nature. Le terrain d'atterrissage des parapentes est en bordure du camping ; difficile de résister à la tentation ! Sanitaires nickel, petite épicerie, salle commune, aire de jeux, congélateur à disposition et location de vélos électriques... Parfait pour se mettre au vert et au calme. Espace bien-être : sauna, jacuzzi et bain nordique en plein air face aux montagnes. Aussi location de chalets 2 à 6 personnes *(210-800 €/sem pour).* Internet.

Cadre : montagne, sentiers de randonnée. ***Terrain :*** herbe ; plat. ***Réducs :*** - 5 % (- 10% hors saison) sur présentation de ce guide.	⊕ Idéal pour les parapentistes, randonneurs et amoureux de la nature ; l'accueil chaleureux ; les animations observations des oiseaux en juillet-août. ⊖ L'ombrage partiel, mais à 850 m d'altitude il fait moins chaud.

À voir, à faire dans les environs : le parc animalier des Pyrénées à Argelès (9 km) ; le donjon des Aigles à Beaucens (16 km) ; le parc national des Pyrénées (val d'Azun) ; la réserve naturelle du Pibeste ; le musée montagnard du Lavedan.

AUGIREIN 09800

23 km SO de Saint-Girons — *Carte Midi-Pyrénées Sud A2*

€€€ **21 €** — **12 emplacements**

La Vie en Vert : *☎ 05-61-96-82-66. 📱 06-22-95-95-88. • daffis@lavieenvert.com • lavieenvert.com • Ouv de début juil à mi-sept. CB refusées.*
Un camping-jardin, coquet et fleuri, au bord de la rivière Bouigane. Emplacements vastes et ombragés, délimités par des haies. Les propriétaires, pépiniéristes, sont spécialisés dans les variétés anciennes d'arbres fruitiers. 2 tipis pour 2-4 personnes, amusants en famille *(30-70 €/nuit ou 150-420 €/sem, loc de draps en sus).* Internet. Wifi.

Cadre : lacs ou rivières, montagne, sentiers de randonnée. ***Terrain :*** herbe ; plat.	⊕ L'accueil sympathique des proprios ; les vélos à disposition. ⊖ L'absence de point de restauration.

À voir, à faire dans les environs : l'église d'Audressein (10 km) ; Saint-Lizier (25 km) ; nombreuses randonnées dans les vallées du Biros et de Bethmale.

AULUS-LES-BAINS 09140

32 km SE de Saint-Girons — *Carte Midi-Pyrénées Sud A2*

€€€ **16,50 €** — **72 emplacements**

Le Coulédous : *rue principale, à l'entrée du village. ☎ 05-61-66-43-56. • campinglecouledous@orange.fr • camping-aulus-couledous.com • Ouv tte l'année.*
Au pied de la cascade d'Ars et du GR 10. Emplacements de 100 m² dans un parc agréable, parcouru par un petit ruisseau. Verdoyant, parfaitement entretenu et presque paysagé. Location de chalets pour 4-7 personnes *(190-550 €/sem).* On trouve tous les commerces dans le village. Bel accueil. Internet. Wifi.

Cadre : lacs ou rivières, montagne, sentiers de randonnée. ***Terrain :*** herbe ; plat.	⊕ Le cadre paisible. ⊖ Le manque d'animations.

À voir, à faire dans les environs : les thermes ; les randonnées dans la vallée du Fouillet, à la cascade d'Ars, au col d'Escots ; les sites préhistoriques autour de Tarascon (45 km).

AURIGNAC 31420

20 km N de Saint-Gaudens — *Carte Midi-Pyrénées Sud A1*

€€€€ **26,50 €** — **43 emplacements**

Camping Pré Fixe : *à Cassagnabère-Tournas. ☎ 05-61-98-71-00. • campingprefixe@orange.fr • camping-pre-fixe.com • Ouv avr-fin sept.*
Camping à l'atmosphère familiale dans un cadre idyllique, avec vue sur la chaine des Pyrénées, s'il vous plaît ! Environnement verdoyant et emplacement ombragés parfaitement

délimités par des haies qui préservent l'intimité. Les oiseaux s'en donnent à cœur joie ! Piscine. Restaurant en soirée. Locatifs : tente wigwam pour une nuit sous les étoiles, tente trappeur, luxury lodge, mobile homes 2-7 personnes *(159-930 €/sem)*. Internet. Wifi. NOUVEAUTÉ.

Cadre : campagne. ***Terrain :*** herbe ; en terrasses ; plat.	⊕ On se répète : la vue ! ⊖ On cherche encore...

À voir, à faire dans les environs : le village d'Aurignac ; les faïenceries d'art de Martres-Tolosane (14 km) ; l'archéosite gaulois de Saint-Julien (30 km) ; les collines du Comminges ; Saint-Bertrand-de-Comminges (60 km) ; les Pyrénées.

AXAT 11140

Carte Languedoc-Roussillon Sud A2

24 km O de Saint-Paul-de-Fenouillet ; 42 km SE de Limoux

€€€ **19 €** **75 emplacements**

Camping La Crémade : *lieu-dit La Crémade, route de Perpignan (D 117). ☎ 04-68-74-06-12. 06-70-07-43-21. • campinglacremade@orange.fr • campinglacremade.com • Ouv avr-oct.*
Coup de cœur pour ce camping à taille humaine, déployé sur un site naturel tranquille et superbe, au cœur d'une pinède avec une vue splendide sur les montagnes. Emplacements gazonnés spacieux, ombragés et séparés par des haies. Vrai resto de terroir *(carte 10-25 €)*, aire de jeux pour enfants, soirées-concerts en été... Accueil adorable et aux petits soins. Mobile homes, chalets, lodges et yourtes *(230-580 €/sem)*. Internet. Wifi.

Cadre : forêt, montagne, sentiers de randonnée. ***Terrain :*** en pente ; en terrasses ; herbe ; plat.	⊕ La vue exceptionnelle ; le calme ; la taille et l'ombrage des emplacements ; l'accueil. ⊖ La légère pente pour certains emplacements.

À voir, à faire dans les environs : la grotte de l'Aguzou ; les gorges de l'Aude ; les gorges de Galamus ; les châteaux du Pays cathare ; Rennes-le-Château.

BAGNÈRES-DE-BIGORRE 65200

20 km S de Tarbes **Carte Midi-Pyrénées Ouest A2**

€€€€ **33 €** **199 emplacements**

Le Monlôo : *5, chemin de Monlôo. ☎ 05-62-95-19-65. • campingmonloo@yahoo.com • lemonloo.com • Ouv de mi-avr à fin oct.*
Joli camping entre champs et versant boisé, au calme. Emplacements ombragés. Bien équipé : piscine chauffée avec toboggan, jeux pour enfants. Animations en saison. Bon accueil. Location de chalets et mobile homes pour 4-6 personnes *(280-920 €/sem)*. De juin à septembre, navette gratuite pour rejoindre le centre-ville. Internet. Wifi.

Cadre : montagne. ***Terrain :*** herbe ; plat. ***Réducs :*** wifi gratuit sur présentation de ce guide.	⊕ Le calme et le niveau d'équipement ; le nouvel espace de baignade naturel. ⊖ Assez excentré de Bagnères.

À voir, à faire dans les environs : le musée Salies, le musée du Marbre ; les grottes de Médous (2,5 km) ; la vallée de Lesponne (6 km).

BAGNÈRES-DE-LUCHON 31110

50 km SO de Saint-Gaudens **Carte Midi-Pyrénées Ouest A2**

€€€ **16,50 €** **60 emplacements**

Camping Chantecler : *49 bis, av. de Venasque. ☎ 05-61-88-15-33. 📱 06-01-73-31-01. • contact@campingchanteclerluchon.fr • campingchanteclerluchon.fr • Ouv avr-oct.*
Adorable camping niché en creux de vallée, au bord de la Pique, boisé et fleuri. Chalets et insolites Coco Sweet *(285-630 €/sem).* Équipements simples mais c'est aussi ce qui fait son charme, même si le locatif gagne peu à peu du terrain. Accueil adorable, atmosphère tranquille et familiale. Internet. Wifi.

Cadre : montagne, sentiers de randonnée. ***Terrain :*** herbe ; plat. ***Réducs :*** des réductions sur de nombreuses prestations : accrobranche, via ferrata, spa, parapente... sur présentation de ce guide.	⊕ Le cadre verdoyant et calme. ⊖ Oubliez les douches nocturnes, les cabines n'étant pas éclairées ; certains emplacements en bord de rivière situés en zone (potentiellement) inondable (alarme crue installée).

€€€ **18 €** **193 emplacements**

Camping O'Lanette : *route de Subercarrère, à Montauban-de-Luchon. ☎ 05-61-89-84-90. • domaineolanette@orange.fr • domaineolanette-luchon.com • Ouv tte l'année.*
Agréable camping verdoyant à l'atmosphère familiale. Le plus : son lagon de baignade à l'eau presque turquoise et bordé d'une plage de sable blanc ! En location, chalets et mobile homes pour 2-6 personnes *(245-690 €/sem).* Wifi. NOUVEAUTÉ.

Cadre : montagne, lacs ou rivières, sentiers de randonnée. ***Terrain :*** herbe ; plat.	⊕ Les thermes, les activités. ⊖ Pas d'animation

À voir, à faire dans les environs : le village thermal et ses musées ; l'église romane de Saint-Aventin (5 km) ; Saint-Bertrand-de-Comminges (35 km) ; les Trois-Vallées ; les vallées de Saint-Béat.

BANIOS 65200

10 km SE de Bagnères-de-Bigorre **Carte Midi-Pyrénées Ouest A2**

€€€ **5 emplacements**

Campement des Cinq Yourtes : *Dévathcot, lieu-dit de la partie haute de Banios. 📱 06-71-16-24-34. • herve.carenzi@laposte.net • yourtes-chambres.com • Ouv tte l'année. CB refusées.*
La Mongolie dans les Pyrénées... l'aventure est séduisante ! 5 yourtes (installées au sommet d'une colline avec une belle vue. Ces tentes circulaires disposent d'une cuisine et peuvent recevoir de 2 à 6 personnes *(à partir de 50 € la nuit pour 2 en gestion libre, 80 € avec draps et petit déj ; sinon 270-450 €/sem selon formule).* Faites d'une structure en bois aux motifs colorés peints à la main et recouvertes de feutre (un très bon isolant contre la chaleur et le froid), sur laquelle est posée une toile de coton brodée. Quand il fait froid, on se chauffe avec un poêle posé sur le plancher en bois en portions de camembert. Sanitaires, salle de bains privative, eau chaude, des toilettes sèches sont installées sous espace dédié. Le temps d'un week-end, le dépaysement est total, l'ambiance chaleureuse, et l'imagination stimulée galope comme un cheval fou dans la steppe pyrénéenne. Pour parfaire le tableau, bain nordique en plein air.

Cadre : campagne, montagne, sentiers de randonnée. ***Terrain :*** en terrasses ; herbe.	⊕ L'originalité du logement ; le bain nordique privatif. ⊖ L'éclairage à l'électricité... ou aux bougies ; mais est-ce un « moins » ou un « plus » ?

À voir, à faire dans les environs : l'abbaye de l'Escaladieu à Bonnemazon (10 km) ; le château de Mauvezin (13 km) ; le gouffre d'Esparros (12 km) ; les grottes de Labastide (16 km) ; le pic du Midi (45 km).

BANYULS-SUR-MER 66650

40 km NE de Céret ; 38 km SE de Perpignan *Carte Languedoc-Roussillon Sud B2*

€€€ 22 € 227 emplacements

Camping municipal La Pinède : *route du Mas-Reig. ☎ 04-68-88-32-13. • camp.banyuls@banyuls-sur-mer.com • campinglapinede-banyuls.com • Ouv de fin fév à mi-nov.*
Site calme et agréable, à l'écart du centre. Les campeurs en tente apprécieront la pinède en haut du terrain (dénommée Gers, belle vue sur la montagne). Bon rapport qualité-prix sur la côte. Snack-bar *(ouv 15 juin-15 sept).* Locatifs *(250-600 €/sem).* Wifi.

Cadre : mer, montagne, sentiers de randonnée, ville.
Terrain : en terrasses ; rocaille.

⊕ Le supermarché juste en face ; la plage à 1 km.
⊖ Situé aux abords d'une petite zone commerciale : l'environnement immédiat n'est pas des plus glamour.

À voir, à faire dans les environs : l'aquarium et le jardin méditerranéen du mas de la Serre ; la métairie de Maillol ; les caves de Banyuls.

BEAUCENS 65400

7 km SE d'Argelès-Gazost *Carte Midi-Pyrénées Ouest A2*

€€ 12,90 € 100 emplacements

Domaine du Viscos : *16, route de Préchac. ☎ 05-62-97-05-45. 📱 06-75-86-45-77. • domaineviscos@orange.fr • domaineviscos.fr • Ouv de mi-mai à mi-sept.*
Au fond de ce vallon, il règne un calme que beaucoup de campeurs recherchent. Larges emplacements bien ombragés. Avec une tente, essayer d'avoir l'un des quelques emplacements situés au sein d'un petit bosquet, au-dessus de la piscine et un peu à l'écart. Sanitaires très propres. Petite épicerie. Activités sportives (volley, ping-pong, pétanque). Piscine chauffée. Hébergements locatifs *(250-460 €/sem).* Internet. Wifi.

Cadre : montagne.
Terrain : herbe ; plat.

⊕ L'accueil chaleureux ; le calme.
⊖ Les emplacements ne sont pas délimités par des haies.

À voir, à faire dans les environs : l'abbatiale de Saint-Savin (9 km) ; le parc animalier des Pyrénées à Argelès (43 km) ; le donjon des Aigles à Beaucens ; le parc national des Pyrénées (réserve naturelle de Pibeste, les vals d'Azun et d'Estaing).

BEAUMONT-DE-LOMAGNE 82500

25 km SO de Castelsarrasin *Carte Midi-Pyrénées Nord A2*

€€€ 18,70 € 100 emplacements

Village de loisirs Le Lomagnol : *av. du Lac. ☎ 05-63-02-16-76. • campinglelomagnol@gmail.com • village-de-loisirs.com • Ouv avr-oct (tte l'année pour les loc).*
Un camping en bordure de lac, bien tenu et offrant un excellent confort pour un prix très raisonnable. Location de mobile homes et de gîtes *(290-590 €/sem).* Bon équipement (sauna, jacuzzi). Location de vélos, canoës-kayaks et embarcations à pédales sur le lac. Piscine municipale (en juillet-août) avec accès gratuit pour les résidents du village de loisirs. Internet. Wifi.

Cadre : campagne, lacs ou rivières, sentiers de randonnée.
Terrain : herbe ; plat.

⊕ Le lac et la piscine : 3 bassins en juillet-août.
⊖ Peu ombragé.

À voir, à faire dans les environs : l'église Saint-Pierre de Lachapelle (22 km) ; Gramont (30 km) ; Montauban (36 km).

BÉLAYE 46140

32 km O de Cahors ; 12 km N de Montcuq *Carte Midi-Pyrénées Nord A2*

€€€€ 29 € **90 emplacements**

Camping La Tuque : *à La Tuque. 06-38-32-18-26. • info@campinglatuque.nl • campinglatuque.nl/fr • Ouv fin mai-début sept. CB refusées.*
Très beau camping, impeccablement tenu, dans un environnement forestier de 9 ha et très isolé. D'autant plus plaisant qu'il se mérite ! Piscine (avec toboggan), tennis, petite épicerie, bar, resto, minigolf, animations pour les enfants... L'un des plus beaux campings du Lot, dirigé par un couple de Hollandais accueillant. Clientèle essentiellement hollandaise en été. Locatifs *(315-950 €/sem).* Internet. Wifi.

Cadre : campagne, sentiers de randonnée. ***Terrain :*** en pente ; en terrasses ; herbe ; plat. ***Réducs :*** 7 nuits au prix de 5, 14 nuits au prix de 10, 21 nuits au prix de 14 en emplacement en basse saison sur présentation de ce guide.	⊕ Le cadre ; l'isolement du site. ⊖ L'isolement du site ; le véhicule indispensable.

À voir, à faire dans les environs : Cahors (32 km) ; Puy-l'Évêque (14 km) ; la vallée du Lot.

BELCASTEL 12390

35 km O de Rodez *Carte Midi-Pyrénées Nord B2*

€€€ 16,40 € **30 emplacements**

Camping municipal : *au bourg. ☎ 05-65-63-95-61. 06-47-11-24-76. • camping@mairie-belcastel.fr • jean.bernardenat@gmail.com • mairie-belcastel.fr • Ouv avr-sept.*
Site on ne peut plus agréable, au pied du village et, face à lui, sur les bords de l'Aveyron (baignade et pêche possibles). Terrain plat et herbeux. Un ensemble mignonnet. À l'entrée, l'épicerie-bar-resto avec terrasse, pas mal du tout : assiette de charcuterie, lasagnes maison, truffade. Bon accueil franco-italien. Internet. Wifi.

Cadre : campagne, lacs ou rivières, montagne. ***Terrain :*** herbe ; plat.	⊕ La vue imprenable sur le très beau village et le château. ⊖ Les Chèques-Vacances refusés.

À voir, à faire dans les environs : le vieux village ; le château de Bournazel (13 km) ; Sauveterre-de-Rouergue (27 km) ; Villefranche-de-Rouergue (28 km) ; Rodez (35 km).

BELFLOU 11410

Carte Languedoc-Roussillon Sud A1
18 km SO de Castelnaudary ; 48 km SE de Toulouse

€€€ 16,20 € **42 emplacements**

Camping Le Cathare : *château de la Barthe. ☎ 04-68-60-32-49. • contact@camping-lecathare.com • camping-lecathare.com • Ouv de mi-avr à mi-nov.*
Sur les hauteurs tranquilles de la berge du lac de Ganguise, ce terrain s'organise en 3 secteurs. Celui des chalets et des mobiles homes ordonnés en terrasses, celui pour les caravanes avec vue sur les flots, et celui pour les tentes, le plus ombragé. Sanitaires propres. Aussi une auberge rurale installée dans un ancien prieuré du XVIe s et

concoctant de bons plats de tradition avec des ingrédients locaux *(menus 14,80-28,50 €)*. Une belle adresse côté nature et gourmandise. Chalets et mobile homes *(300-678 €/sem)*. Internet. Wifi.

Cadre : campagne, forêt, lacs ou rivières, sentiers de randonnée. ***Terrain :*** en terrasses ; herbe ; plat. ***Réducs :*** 1 nuit offerte pour 6 nuits achetées si réservation très en avance (voir avec le camping).	⊕ La proximité du lac. ⊖ La restauration sur réservation

À voir, à faire dans les environs : le lac ; Castelnaudary.

BELLOC 09600

13 km SE de Mirepoix — ***Carte Midi-Pyrénées Sud A2***

€€ **15 €** — **56 emplacements**

Camping Le Roc del Rey : *Le Roc del Rey. ☎ 05-61-68-87-93. 06-61-95-27-97. • campinglerocdelrey@gmail.com • lerocdelrey.fr • Ouv tte l'année.*
Un petit camping familial, en pleine nature, tenu par un couple qui s'investit beaucoup pour que le séjour de ses hôtes se passe au mieux. Les emplacements sont ombragés par une chênaie, les cigales chantonnent en été. Location de chalets, mobile homes, Coco Sweet 2-6 personnes *(env 150-490 €/sem)*, et de caravanes *(130-230 €/sem)*. Piscine à l'écart avec vue sur les Pyrénées. Pas d'animations, ni de resto. Le calme. Changement de propriétaire en perspective. Wifi.

Cadre : campagne, sentiers de randonnée, lacs ou rivières. ***Terrain :*** herbe ; rocaille.	⊕ L'environnement sauvage ; la vue depuis la piscine ; le calme. ⊖ L'absence de resto.

À voir, à faire dans les environs : Mirepoix (13 km) ; la ferme aux Bisons et le parc aux Bambous à Lapenne (30 km) ; Montségur (28 km) ; l'église de Vals (25 km) ; la base de loisirs du lac de Montbel (6 km).

BIERT 09320

24 km SE de Saint-Girons — ***Carte Midi-Pyrénées Sud A2***

€€ **15 €** — **25 emplacements**

Camping en ferme d'accueil L'Azaïgouat : *route du Col-du-Saraillé. ☎ 05-61-96-95-03. 06-47-94-33-43. • camping.azaigouat@orange.fr • azaigouat.waibe.fr • Ouv de mi-juin à mi-sept. CB refusées.*
Vaste aire naturelle de camping, aménagée sur plusieurs terrains noyés dans la forêt autour d'une ferme. De spacieux emplacements ombragés, en terrasses ou en bord de rivière. Location de caravanes *(120-150 €/sem)*. Grande salle d'accueil, qui peut servir en cas d'intempéries, avec cheminée, baby-foot et table de ping-pong. Point de départ de sentiers balisés, pêche et site d'escalade à proximité. À la buvette, cidre, jus de pomme et confitures maison. Poulets rôtis sur commande une fois par semaine. Barbecue. Un très bon rapport qualité-prix. Internet. Wifi.

Cadre : lacs ou rivières, montagne, sentiers de randonnée, campagne. ***Terrain :*** en terrasses ; herbe ; plat. ***Réducs :*** - 10 % sur présentation de ce guide.	⊕ Le cidre maison ; le cadre enchanteur. ⊖ Humide en bordure de ruisseau.

À voir, à faire dans les environs : le parc de la Préhistoire à Tarascon (34 km) ; la grotte de Niaux (38 km) ; la grotte de la Vache à Alliat (38 km) ; la grotte de Bédeilhac (25 km) ; la grotte de Lombrives à Ussat-les-Bains (36 km).

BOISSERON 34160

Carte Languedoc-Roussillon Nord B2

38 km SO de Nîmes ; 34 km NE de Montpellier

€€€€ 38 € 115 emplacements

Domaine de Gajan : *rue de Pie-Bouquet. ☎ 04-66-80-94-30. • info@campingdomainedegajan.com • campingdomainedegajan.com • Ouv début avr-fin sept.*
Étendu dans une chênaie, un camping 4 étoiles plat, et bien équipé. Animations en saison. Mobile homes, chalets et tentes *(196-1 300 €/sem).* Internet. Wifi.

Cadre : campagne, lacs ou rivières, sentiers de randonnée. ***Terrain :*** herbe ; plat.	⊕ Les nombreux équipements. ⊖ Les prix en haute saison.

À voir, à faire dans les environs : Sommières et les châteaux (en ruine) des environs côté Gard ; le pays de Lunel et ses vignobles côté Hérault.

BOR-ET-BAR 12270

12 km SE de Najac

Carte Midi-Pyrénées Nord A2

€€ 10,60 € 39 emplacements

Le Gourpassou : *ferme de Cessetières. ☎ 05-65-65-76-98. 📱 07-80-34-57-61. • contact@camping-legourpassou.com • camping-legourpassou.com • Ouv avr-sept. CB refusées.*
La charmante famille Briane-Dezille vous accueille dans un petit camping le long de la rivière (baignade possible) et attenant à la ferme. La buvette propose en pleine saison petit déjeuner et plats maison à emporter préparés avec des produits du cru. Atmosphère conviviale. Chalets et mobile homes pour 4-6 personnes *(180-410 €/sem).* Escalade et via ferrata à deux pas (location de matériel au village).

Cadre : campagne, lacs ou rivières, sentiers de randonnée. ***Terrain :*** en terrasses ; herbe ; plat.	⊕ Les légumes du potager, confitures et miel locaux vendus sur place ; les animations liées à la ferme. ⊖ Les commerces à 7 km.

À voir, à faire dans les environs : Najac ; Villefranche-de-Rouergue (25 km).

BOURISP 65170

40 km SE de Bagnères-de-Bigorre

Carte Midi-Pyrénées Ouest A2

€€ 14 € 48 emplacements

Camping La Mousquère : *route de Saint-Lary. ☎ 05-62-39-44-99. • lamousquere@gmail.com • campinglamousquere.com • Ouv de mi-mai à fin sept (loc tte l'année). CB refusées.*
Fleuri, très simple, mais classé 3 étoiles quand même. Emplacements bien ombragés, mais beaucoup de caravanes et mobile homes *(275-520 €/sem).* Randonnées pédestres (le GR 10 passe à proximité) et à VTT en montagne accompagnées et gratuites. Accès gratuit à la piscine municipale de Saint-Lary. Salle de jeux. Bonne ambiance familiale. Internet. Wifi.

Cadre : montagne. ***Terrain :*** en pente ; en terrasses ; herbe.	⊕ À proximité, possibilité de pratiquer la randonnée (GR 10), le canyoning, le rafting, l'hydrospeed ou encore le parapente. ⊖ Pas de piscine sur place.

€€€ **21,40 €** **192 emplacements**

Camping Le Rioumajou : *route de Saint-Lary. ☎ 05-62-39-48-32. 📱 06-07-99-30-09. • lerioumajou@wanadoo.fr • camping-le-rioumajou.com • Ouv tte l'année.*
En pleine nature, plutôt bien ombragé et assez calme. La plupart des emplacements sont parfaitement délimités par des haies, ce qui confère une certaine intimité. Formule très élaborée (confort 4 étoiles), trop pour certains : terrain de jeux, piscines, snack-bar en été, etc. Beaucoup d'animations, de sorties organisées et de soirées gratuites en été. Location de bungalows toilés et mobile homes *(350-710 €/sem).* Wifi.

Cadre : lacs ou rivières, montagne.
Terrain : herbe ; plat.
Réducs : forfait spécial curistes ; nuit camping-car à 10 € sans électricité.

⊕ Calme, nature et détente.
⊖ Assez excentré (2 km de Saint-Lary).

À voir, à faire dans les environs : la vallée du Louron ; les églises peintes ; le musée de la Vallée d'Aure à Ancizan (5,5 km) ; la Maison de l'ours à Saint-Lary (3 km) ; le Pla-d'Adet ; la réserve naturelle de Néouvielle.

BOUZIGUES 34140

15 km N de Sète ; 30 km SO de Montpellier ***Carte Languedoc-Roussillon Sud B1***

€€€€ **30 €** **48 emplacements**

Camping Lou Labech : *chemin du Stade. ☎ 04-67-78-30-38. • contact@lou-labech.fr • lou-labech.fr • Ouv avr-oct.*
Petit camping sympa comme tout, convivial, au calme et tenu par des propriétaires accueillants. Des emplacements bien délimités et ombragés pour la plupart, et un café où l'on organise régulièrement des soirées dégustation. Location d'hébergements de plein air *(199-699 €/sem).* Internet. Wifi.

Cadre : mer.
Terrain : en pente ; en terrasses ; plat.

⊕ Les quelques emplacements avec vue sur le bassin de Thau.
⊖ Le snack maison ouvert seulement en juillet-août.

À voir, à faire dans les environs : le musée de l'Étang-de-Thau et les producteurs de coquillages ; la villa Loupian.

BRENGUES 46320

21 km O de Figeac ***Carte Midi-Pyrénées Nord A2***

€€€ **16,90 €** **81 emplacements**

Camping Le Moulin Vieux : *lieu-dit Le Moulin-Vieux. ☎ 05-65-40-00-41. 📱 06-81-09-65-01. • lemoulinvieux@gmail.com • camping-lemoulinvieux.com • Ouv fin mars-début oct.*
Très bien situé, au bord du Célé (accès direct). Au-delà de la verdoyante pelouse tondue de près, de vastes emplacements en bordure de rivière, sous les arbres. Très calme et bucolique à souhait. Location de mobile homes *(217-682 €/sem).* Possibilité d'hébergement à la nuitée en basse saison. Tente associative 5 personnes *(16 €/nuit et par pers).* Piscine, minigolf, brasserie et jeux : baby-foot, billard, ping-pong, terrain de foot, badminton, volley, trampoline... Terrain plat et dégagé, bien pratique pour ne pas perdre les enfants de vue. Location de canoës. Excellent accueil. Internet. Wifi.

Cadre : campagne, lacs ou rivières, sentiers de randonnée.
Terrain : herbe ; plat.
Réducs : en basse saison, 1 nuit offerte pour 2 nuits consécutives en locatif sur présentation de ce guide.

⊕ Le cadre magnifique ; les nombreuses activités sportives à faire dans le coin : VTT, canoë, rando...
⊖ La zone blanche.

À voir, à faire dans les environs : Espagnac-Sainte-Eulalie (4 km) ; la vallée du Célé ; le causse de Gramat ; Figeac (21 km).

BRISSAC 34190

Carte Languedoc-Roussillon Nord A2
11 km NE de Saint-Jean-de-Buèges ; 7 km S de Ganges

€€€€ 44 € **100 emplacements**

Domaine d'Anglas : *domaine d'Anglas, sur la départementale D 108. ☎ 04-67-73-70-18. • contact@camping-anglas.com • camping-anglas.com • Ouv 1er avr-fin sept.*
En contrebas de la modeste départementale, camping de charme au bord de la rivière, où une plage a été aménagée. Les emplacements, disséminés sur un espace herbeux et ombragé, sont sur un domaine viticole en culture biologique. 115 ha de nature préservée, on ne manque pas d'espace ! Cadre bucolique très agréable, idyllique pour les enfants : trampoline, tyrolienne, ping-pong, jeux, balançoires, tables de pique-nique. Piscine naturelle. Belles roulottes, cottages très agréables et gîte en pierre sèche *(280-1 300 €/sem).* Dégustation et visite du vignoble. Location de vélos. Internet. Wifi.

Cadre : campagne, forêt, lacs ou rivières, sentiers de randonnée.
Terrain : herbe ; plat ; en terrasses.

⊕ L'escalade, l'équitation, la spéléo et le parapente à proximité.
⊖ La restauration fermée en semaine hors saison.

À voir, à faire dans les environs : la vallée de la Buèges et les gorges de l'Hérault ; la grotte des Demoiselles.

BROUSSES-ET-VILLARET 11390

Carte Languedoc-Roussillon Sud A1
21 km NE de Carcassonne ; 28 km SO de Mazamet

€€€ 23 € **63 emplacements**

Camping Le Martinet Rouge : *2, chemin du Lac-des-Rochers. ☎ 04-68-26-51-98. 📱 06-19-34-41-60. • info@camping-martinet.com • camping-martinet.fr • Ouv d'avr à mi-oct.*
Un camping champêtre bien équipé. Les emplacements pour les tentes – un peu en hauteur vers les rochers – sont vraiment extra et bien ombragés. Snack-bar, épicerie, aire de jeux pour enfants, terrains multisports, piscine avec toboggan, ping-pong, billard... Gîtes, mobile homes, chalets et lodges safari *(245-720 €/sem).* Internet. Wifi.

Cadre : campagne, lacs ou rivières, sentiers de randonnée.
Terrain : herbe.
Réducs : les frais de dossier offerts sur présentation de ce guide.

⊕ Le confort en pleine nature.
⊖ On a beau chercher la petite bête...

À voir, à faire dans les environs : à Montolieu, le musée des Arts et Métiers du livre, la Coopérative – Musée Cérès Franco, la cactuseraie d'Escaïre Figue ; l'abbaye de Villelongue ; le Moulin à Papier à Brousses-et-Villaret ; le château de Saissac ; Carcassonne.

BUGARACH 11190

Carte Languedoc-Roussillon Sud A2
21 km NO de Saint-Paul-de-Fenouillet ; 33 km S de Limoux

€€ 13 € **20 emplacements**

Maison de la Nature et de la Randonnée : *rue Cugurou. ☎ 04-68-69-83-88. 📱 06-81-20-91-73. • maisondelanature@aol.com • maison-nature-rando.com • Ouv avr-oct. CB refusées.*

Dans un charmant coin de nature juste au pied du fameux Pech de Bugarach – le point culminant des Corbières – , une grande pelouse sans vraiment d'ombre pour planter sa tente. Superbe vue, chalet-cuisine et transats en prime. Aussi un resto-guinguette en été. L'accueil est excellent, l'ambiance chaleureuse et conviviale. Bref, un bon point de départ pour randonner dans le coin ! Gîte d'étape avec dortoir *(17 €)* et chambres doubles *(48 €)*. Mobile homes *(360-520 €/sem)*. Internet. Wifi.

Cadre : campagne, lacs ou rivières, sentiers de randonnée. ***Terrain :*** herbe ; plat.	⊕ La vue ; le site ; l'accueil. ⊖ Peu ombragé.

À voir, à faire dans les environs : Rennes-le-Château ; Arques et son château ; les châteaux du Pays cathare ; les gorges de Galamus.

CABRERETS 46330

32 km NE de Cahors — *Carte Midi-Pyrénées Nord A2*

€€ 11 € — **40 emplacements**

Camping Le Cantal : *au bord de la rivière, D 41. ☎ 05-65-31-26-61 (mairie). 06-42-64-91-56. • mairie@cabrerets.fr • cabrerets.fr • Ouv de mi-avr à mi-oct.*
Peu équipé mais à 3 km des grottes, au calme et au frais, au pied des falaises et près du Célé. Pêche et baignade possibles. Boulangerie et épicerie au village à proximité.

Cadre : campagne, sentiers de randonnée. ***Terrain :*** en terrasses ; herbe.	⊕ Le cadre bucolique ; les activités sportives dans le coin. ⊖ Le manque d'équipement.

À voir, à faire dans les environs : la grotte de Pech-Merle (3 km) ; Marcilhac (15 km) ; Saint-Cirq-Lapopie (9 km) ; la vallée du Célé ; le causse de Gramat ; Figeac (45 km).

CAHORS 46000

86 km NE d'Agen ; 32 km SO de Figeac — *Carte Midi-Pyrénées Nord A2*

€€€ 21,60 € — **113 emplacements**

La Rivière de Cabessut : *1180, rue de la Rivière. ☎ 05-65-30-06-30. • contact@cabessut.com • cabessut.com • Ouv avr-sept. CB refusées.*
En bordure de rivière, au calme, dans la verdure. Des emplacements bien délimités par de jolies haies parfaitement entretenues. Également quelques mobile homes dont certains (attention, 2 d'entre eux ne possèdent pas de sanitaires) loués en formule 2 nuits hors juillet-août *(260-680 €/sem)*. Blocs sanitaires impeccables. Atmosphère familiale. Très calme : pas d'animations musicales. Belle piscine en bordure de Lot et jeux pour enfants. Petite épicerie et bar. Practice de golf et minigolf à côté. Internet.

Cadre : campagne, lacs ou rivières, sentiers de randonnée, ville. ***Terrain :*** herbe ; plat.	⊕ L'accès direct au Lot. ⊖ Pas tout près de Cahors.

À voir, à faire dans les environs : la vieille ville.

CAHUZAC-SUR-VÈRE 81140

22 km NO d'Albi — *Carte Midi-Pyrénées Nord A2*

€€€ 19 € — **46 emplacements**

Camping Le Soleil des Bastides : *route de Cordes. ☎ 05-63-33-91-94. • info@le-soleil-des-bastides.fr • le-soleil-des-bastides.fr • Ouv de mi-avr à fin sept.*

Camping misant sur la tranquillité et la convivialité, bien entretenu. Location de tentes lodges et de mobile homes *(170-660 €/sem ; ou à la nuitée).* Piscine chauffée, tennis, restaurant, épicerie... Accueil attentionné. Internet. Wifi.

Cadre : campagne, lacs ou rivières, sentiers de randonnée. ***Terrain :*** herbe ; plat.	⊕ Le calme. ⊖ Pas de miniclub.

À voir, à faire dans les environs : la forêt de la Grésigne ; Cordes-sur-Ciel (13 km) ; Albi (22 km) ; Gaillac (10 km) ; Lisle-sur-Tarn (20 km).

CAMON 09500

15 km SE de Mirepoix ; 36 km SE de Pamiers — *Carte Midi-Pyrénées Sud A2*

€€€ 23 € — 38 emplacements

Domaine de la Besse : *La Besse. ☎ 05-61-68-84-63. • contact@camping-labesse.com • camping-labesse.com • Ouv tte l'année.*
Superbe camping 4 étoiles à la ferme, qui s'étend sur 70 ha. Vue de choix sur les Pyrénées et extraordinaire sensation d'espace ! Plein d'équipements pour passer un séjour parfait en famille : miniferme, lagon en pleine nature, resto, tennis, espace bien-être (piscine couverte, sauna, jacuzzi). Animations en été. Franchement top ! Locatifs : bungalows toilés, cabanes, chalets, cottages pour 2 à 7 personnes *(171-854 €/sem).* NOUVEAUTÉ.

Cadre : campagne, forêt, montagne. ***Terrain :*** herbe ; vallonné.	⊕ Le cadre et les animations. ⊖ On cherche encore...

À voir, à faire dans les environs : Camon, « Plus Beau Village de France », et son abbaye ; le château de Lagarde ; la base de loisirs de Montbel ; Mirepoix.

CAMPAN 65170

12 km SE de Bagnères-de-Bigorre — *Carte Midi-Pyrénées Ouest A2*

€€€ 16,50 € — 99 emplacements

L'Orée des Monts : *à La Séoube. ☎ 05-62-91-83-98. • oree.des.monts@wanadoo.fr • camping-oree-des-monts.com • Ouv tte l'année sauf avr et de mi-oct à nov.*
À 1 000 m d'altitude, en bordure de l'Adour, dans un cadre de verdure, bien au calme. Excellent confort, jeux pour les enfants (trampoline) et piscine chauffée. Animations en été. Loue aussi des mobile homes *(250-635 €/sem).* Pizzeria. Internet. Wifi.

Cadre : campagne, lacs ou rivières, montagne. ***Terrain :*** en terrasses ; herbe ; plat. ***Réducs :*** - 5 % sur présentation de ce guide.	⊕ Le calme ; les bons équipements. ⊖ Un brin excentré ; un peu trop de locatifs à notre goût.

À voir, à faire dans les environs : des randonnées dans la vallée de Lesponne ; Bagnères-de-Bigorre (12 km) ; les grottes de Médous à Asté (4 km) ; la vallée du Louron ; les églises peintes ; la réserve naturelle de Néouvielle.

CANET-DE-SALARS 12290

30 km SE de Rodez — *Carte Midi-Pyrénées Nord B2*

€€€€ 34 € — 235 emplacements

Castel Le Caussanel : *lac de Pareloup. ☎ 05-65-46-85-19. • info@lecaussanel.com • lecaussanel.com • Ouv avr-fin sept.*

Un terrain très spacieux, tout confort. Cadre extra avec sa grange aménagée. Mini-ferme en été (les enfants adorent) et lac (ils aiment tout autant). Ambiance familiale et super accueil. Mobile homes et chalets à louer pour 4-6 personnes *(460-1 250 €/sem).* Internet. Wifi.

Cadre : campagne, lacs ou rivières, sentiers de randonnée. ***Terrain :*** en pente ; en terrasses ; herbe.	⊕ La superficie de 10 ha. ⊖ Les locatifs à partir de 2 nuits minimum en basse saison.

À voir, à faire dans les environs : Salles-Curan ; les lacs du Lévézou ; Micropolis ; Rodez (30 km).

CAPVERN-LES-BAINS 65130

20 km NE de Bagnères-de-Bigorre ***Carte Midi-Pyrénées Ouest A2***

€€€ **22 € (avec électricité)** **36 emplacements**

Camping La Plénitude : *1000, rue de Provence. ☎ 05-62-39-14-56. 📱 06-59-61-18-69. • camping.laplenitude@hotmail.fr • camping-capvern.com • Ouv avr-oct.*
Camping familial en terrasses, au creux d'un vallon. Bien ombragé, dans la verdure, traversé par un ruisseau ; on oublie qu'on est en ville. Préférer les emplacements situés dans le bas du camping, au calme. Location de mobile homes, chalets, roulottes et bulle *(210-780 €/sem).* Piscine chauffée avec pataugeoire. Tennis à 400 m. Internet. Wifi.

Cadre : montagne, sentiers de randonnée, ville. ***Terrain :*** en terrasses ; herbe.	⊕ L'accueil. ⊖ On cherche encore...

À voir, à faire dans les environs : l'abbaye de l'Escaladieu à Bonnemazon (8 km) ; le château de Mauvezin ; le gouffre d'Esparros ; les grottes de Labastide ; le pic du Midi (45 km).

CARAMAN 31460

28 km E de Toulouse ***Carte Midi-Pyrénées Sud A1***

€€ **15 €** **31 emplacements**

Camping municipal de l'Orme Blanc : *au lac de l'Orme-Blanc. 📱 06-75-21-71-23. • effetsmeres31460@gmail.com • mairie-caraman.fr • Ouv juin-sept.*
En bordure du lac communal avec plage surveillée en été, et dans une chênaie, au calme parfait. Simple et champêtre. Pêche. Guinguette sympa.

Cadre : forêt, lacs ou rivières. ***Terrain :*** herbe ; plat.	⊕ Très ombragé ; la plage surveillée à proximité. ⊖ Le peu d'équipements.

À voir, à faire dans les environs : le lac, la base de loisirs et le Musée du canal du Midi à Saint-Ferréol (26 km) ; Revel (24 km) ; l'Explorarôme à Montégut-Lauragais (16 km) ; Saint-Félix-Lauragais.

CARCASSONNE 11000

Carte Languedoc-Roussillon Sud A1
60 km O de Narbonne ; 95 km SE de Toulouse

€€€€ **26 €** **200 emplacements**

Camping de La Cité : *route de Saint-Hilaire. ☎ 04-68-10-01-00. • campingdelacite@carcassonne.fr • campingcitecarcassonne.com • Ouv Pâques-oct.*
Légèrement excentré, ce camping 4-étoiles reste néanmoins assez proche de la ville médiévale grâce à son accès piéton à la Cité en 10 mn. Emplacements ombragés par

des pins parasols et sanitaires nickel. Piscine, jeux pour enfants, terrain de sport, bar, snack et épicerie de dépannage. Mobile homes *(266-728 €/sem).* Internet. Wifi.

Cadre : ville. ***Terrain :*** herbe ; plat.	⊕ La zone randonneurs accessible aux campeurs à pied. ⊖ Légèrement excentré.

À voir, à faire dans les environs : la Cité de Carcassonne ; le canal du Midi.

CARENNAC 46110

56 km NE de Gourdon **Carte Midi-Pyrénées Nord A1**

€€€ 24 € **100 emplacements**

Camping L'Eau Vive : *au village. ☎ 05-65-10-97-39. • info@camping-lot-eauvive.com • camping-lot-eauvive.com • Ouv mai-sept.*
Camping verdoyant, ombragé et plutôt calme. Certains emplacements sont au bord de la rivière. Location de canoës, terrain multisports, boulodrome, ping-pong et piscine. Loue aussi des bungalows toilés et cottages *(240-896 €/sem).* Internet. Wifi.

Cadre : campagne, lacs ou rivières, sentiers de randonnée. ***Terrain :*** herbe ; plat.	⊕ La possibilité de descendre la Dordogne en canoë, sur un ou plusieurs jours (jusqu'à Argentat), avec étapes dans des campings partenaires. ⊖ Une certaine promiscuité, peut-être.

À voir, à faire dans les environs : le vieux village ; l'église de Tauriac ; Loubressac (10 km) ; le gouffre de Padirac (15 km) ; Saint-Céré (14 km) ; Martel (28 km) ; la vallée de la Dordogne.

CASSAGNAS 48400

Carte Languedoc-Roussillon Nord B2
18 km SE de Florac ; 20 km NO de Saint-Germain-de-Calberte

€€ 13 € **20 emplacements**

Espace Stevenson : *ancienne gare. ☎ 04-66-45-20-34. • contact@relais-stevenson.fr • relais-stevenson.fr • Ouv Pâques-Toussaint.*
Un site agréable, verdoyant et très calme, avec des emplacements séparés par des haies, et une pelouse ombragée. Tout le charme d'un petit camping... Mais il fait partie du complexe voisin : installé dans une ancienne gare de campagne (avec dortoirs, chambres, resto...), c'est un des plus grands « relais » sur le chemin de Stevenson ; l'endroit est donc plus qu'animé par les randonneurs en saison. Location de mobile homes *(320-420 €/sem).*

Cadre : campagne, lacs ou rivières, sentiers de randonnée. ***Terrain :*** herbe ; plat.	⊕ En bord de rivière. ⊖ Pas d'accès à Internet.

À voir, à faire dans les environs : le parc national des Cévennes.

OCCITANIE

CASTEIL 66820

11 km S de Prades ; 54 km SO de Perpignan **Carte Languedoc-Roussillon Sud A2**

€€€ 23 € **65 emplacements**

Camping Domaine Saint-Martin : *6, bd de la Cascade. ☎ 04-68-05-52-09. • domainesaintmartin66@gmail.com • domainestmartin.com • Ouv 1er avr-30 oct.*

Un camping aménagé au sein d'un bois de châtaigniers parsemé de gros blocs de granit. Il y a de la place et on n'est pas les uns sur les autres. Tentes équipées, chalets toilés et mobile homes à louer *(180-690 €/sem).* Bar-resto, petite épicerie. Piscine. Wifi.

Cadre : montagne, sentiers de randonnée. ***Terrain :*** en terrasses ; rocaille.	⊕ L'espace ; l'ombre ; le bon équipement. ⊖ Pas de miniclub.

À voir, à faire dans les environs : Villefranche-de-Conflent ; les abbayes de Saint-Michel-du-Canigou et de Saint-Michel-de-Cuxa ; le massif du Canigou.

CASTELNAU-DE-MONTMIRAL 81140

31 km O d'Albi ***Carte Midi-Pyrénées Nord A2***

€€€ **22,50 €** **119 emplacements**

Domaine Le Chêne Vert : *Travers du Rieutort. ☎ 05-63-33-16-10. • contact@campingduchenevert.fr • campingduchenevert.com • Ouv juin-début sept (loc de mi-avr à oct).*
Dans un cadre calme, parfaitement ombragé et très propre, un camping tenu par une équipe dynamique. Location de chalets, de mobile homes et de bungalows toilés *(280-980 €/sem ; possibilité de loc à la nuit hors saison).* Piscine avec toboggan et pataugeoire et animations en saison. Mini-ferme (2 ânes). City sport (foot, basket, volley). Boutique de produits du terroir et resto. Internet. Wifi.

Cadre : campagne, sentiers de randonnée. ***Terrain :*** en terrasses ; herbe ; plat.	⊕ La base de loisirs de Vère-Grésigne, pour son plan d'eau et ses nombreuses activités sportives et de loisirs. ⊖ Les parcelles peu herbeuses ; la voiture indispensable.

À voir, à faire dans les environs : le vieux village ; la forêt de la Grésigne ; Cordes-sur-Ciel (22 km) ; Gaillac (12 km) ; Lisle-sur-Tarn (12 km).

CASTELNAUDARY 11400

Carte Languedoc-Roussillon Sud A1
33 km NO de Carcassonne ; 60 km SE de Toulouse

€€ **13,20 €** **33 emplacements**

Camping municipal de la Giraille : *chemin des Fontanilles. ☎ 04-68-94-11-28 (mairie). 📱 06-16-94-37-78. • camping@ville-castelnaudary.fr • ville-castelnaudary.fr/fr/tourisme/camping • Ouv de mi-juin à fin août.*
Un petit camping tout simple, tranquille et planté dans un environnement vert, juste au bord du canal du Midi. Un bel atout qui fera peut-être oublier la propreté défaillante des sanitaires. Dommage ! Piscine municipale à 500 m. Mobile homes. Internet. Wifi.

Cadre : campagne, ville. ***Terrain :*** herbe ; plat.	⊕ Les emplacements spacieux au bord du canal du Midi. ⊖ Les sanitaires pas propres ; l'absence d'activités.

À voir, à faire dans les environs : Castelnaudary ; l'abbaye-cathédrale de Saint-Papoul ; le seuil de Narouze ; le canal du Midi.

CASTÉRA-VERDUZAN 32410

25 km NO d'Auch ***Carte Midi-Pyrénées Ouest A1***

€€€ **25 €** **92 emplacements**

Camping La Plage de Verduzan : *rue du Lac. ☎ 05-62-68-12-23. • contact.campingcastera@orange.fr • camping-castera.com • Ouv avr-fin sept.*

Camping verdoyant et bien ombragé. Les emplacements les plus agréables sont situés au bord du lac. Location de bungalows toilés et mobile homes, climatisés pour les plus chers *(250-570 €/sem).* Accès gratuit à la plage de la base de loisirs voisine, mais activités payantes (*paddle,* tennis, skate park, etc.). Bon accueil. Parfait en famille. Internet. Wifi.

Cadre : campagne, lacs ou rivières, sentiers de randonnée, ville. ***Terrain :*** herbe ; plat.	⊕ L'ambiance conviviale ; l'ombre. ⊖ Les activités payantes.

À voir, à faire dans les environs : Biran (14 km) ; Vic-Fezensac (17 km) ; Jegun (7 km) ; le château de Lavardens (10 km) ; l'abbaye de Flaran (12 km).

CASTRES 81100

42 km SE d'Albi — *Carte Midi-Pyrénées Sud B1*

€€€ 17 € — 100 emplacements

Camping de Gourjade : *route de Roquecourbe. ☎ 05-63-59-33-51. • contact@campingdegourjade.net • campingdegourjade.net • Ouv avr-sept.*
Dans le parc de loisirs de Gourjade, au nord de la ville, un 3-étoiles très propre et parfaitement ombragé. Essayer d'avoir un emplacement au frais sur les berges verdoyantes de l'Agout. Golf, pêche, sports nautiques et centre aquatique (à tarif préférentiel) à portée de main. Loue aussi des bungalows toilés et des mobile homes *(190-680 €/sem).* Internet. Wifi.

Cadre : ville. ***Terrain :*** herbe ; plat.	⊕ La verdure ; la propreté ; en été, les sorties nature pour enfants et ados. ⊖ Pas de tennis ni de discothèque, mais on s'en remettra.

À voir, à faire dans les environs : la vieille ville, le musée Goya, le musée Jean-Jaurès ; le musée Arthur-Batut à Labruguière (9 km) ; les paysages et les sculptures granitiques du Sidobre ; le musée du Protestantisme de la Réforme à la laïcité à Ferrières.

CASTRIES 34160

21 km NE de Montpellier — *Carte Languedoc-Roussillon Nord B2*

€€€€ 33 € — 103 emplacements

Camping de Fondespierre : *277, chemin du Pioch-Viala. ☎ 04-67-91-20-03. • campingfondespierre@outlook.fr • camping-fondespierre.com • Ouv tte l'année, sauf 2 sem à Noël.*
Un camping nature très agréable et convivial, au beau milieu des oliviers et des chênes. Une centaine d'emplacements au sol caillouteux mais ombragés, de nombreux équipements et une bonne ambiance, à l'image de l'accueil très sympa. Chalets, bungalows toilés et mobile homes *(280-861 €/sem).* Location de VTT. Internet. Wifi.

Cadre : campagne. ***Terrain :*** plat ; rocaille. ***Réducs :*** frais de dossier offerts sur présentation de ce guide.	⊕ Le cadre ; les équipements. ⊖ Le prix ; et pas grand-chose à faire dans les environs immédiats.

À voir, à faire dans les environs : le château de Castries ; Montpellier et son arrière-pays ; Sommières.

CAUSSADE 82300

26 km NE de Montauban — *Carte Midi-Pyrénées Nord A2*

€€ 13 € — 73 emplacements

Camping municipal La Piboulette : *rue de la Piboulette. ☎ 05-63-93-09-07. • campingmunicipal@gmail.com • mairie-caussade.fr • Ouv mai-fin oct.*

Un vaste terrain ombragé, mitoyen au stade, et sans séparation entre les emplacements. Ensemble bien tenu. À proximité : espace aquatique Quercy'O, tennis, étang (pêche, téléski nautique). Wifi.

Cadre : lacs ou rivières, ville. ***Terrain :*** herbe ; plat.	⊕ Le prix. ⊖ Pas de délimitation des emplacements.

À voir, à faire dans les environs : Montpezat-de-Quercy (12 km) ; le musée Marcel-Lenoir à Montricoux (12 km) ; Bruniquel (17 km) ; Saint-Antonin-Noble-Val (20 km) ; Montauban (26 km) ; Cahors (39 km).

CAUTERETS 65110

16 km S d'Argelès-Gazost — *Carte Midi-Pyrénées Ouest A2*

€€€ 21 € — **69 emplacements**

Camping GR 10 : *hameau de Concé. 06-20-30-25-85. • contact@gr10camping.com • gr10camping.com • Ouv fin juin-août (mai-oct pour les loc). CB refusées.*
Situé au pied de la montagne, un petit camping ombragé, avec tennis, aire de jeux, boulodrome, ping-pong, salle TV... Et surtout, une école d'escalade sur place avec via ferrata, tyroliennes et accrobranche pour enfants à flanc de montagne. Préférer les emplacements jouxtant la voie verte. Tenu par une famille sympa. Locatifs *(appartements en chalets pour 4-6 ou 10 pers, 490-1 290 €/sem).* Internet. Wifi.

Cadre : campagne, forêt, montagne, sentiers de randonnée. ***Terrain :*** en terrasses ; herbe ; plat.	⊕ Le calme ; les nombreuses activités sportives. ⊖ Un brin excentré de Cauterets ; la proximité de la route (pour certains emplacements).

€€€ 16,80 € — **100 emplacements**

Camping Cabaliros : *93, av. du Mamelon-Vert. ☎ 05-62-92-55-36. 06-76-77-64-51. • info@camping-cabaliros.com • camping-cabaliros.com • Ouv fin mai-sept (loc tte l'année).*
En bordure de rivière et de forêt, un camping familial à l'accueil très chaleureux. Calme. Emplacements peu nombreux mais vastes et ombragés (pour ceux situés à l'orée de la forêt). On oublie qu'on est aux portes de la ville. Belle salle commune semi-ouverte avec TV et bibliothèque de 1 500 livres à dispo. Eau chaude en permanence. Location de quelques mobile homes pour 4-5 personnes *(290-590 €/sem).* Wifi.

Cadre : lacs ou rivières, montagne. ***Terrain :*** en terrasses ; herbe.	⊕ Bien situé et calme ; le bon accueil ; le pain le matin ; le wifi sur tous les emplacements et le point wifi gratuit ; les renseignements randonnées et bonnes adresses ; la vente de produits locaux. ⊖ Pas d'animations.

À voir, à faire dans les environs : le musée 1900 ; des randonnées au pont d'Espagne et au lac de Gaube ; le cirque de Gavarnie (42 km) ; le cirque de Troumouse.

OCCITANIE

CAYLUS 82160

44 km NE de Montauban — *Carte Midi-Pyrénées Nord A2*

€€€ 22 € — **65 emplacements**

Camping de la Bonnette : *672, route de la Bonnette. ☎ 05-63-65-70-20. 06-07-34-61-99. • info@campingbonnette.com • campingbonnette.com • Ouv fin mars-sept (dès mi-mars pour les loc).*

Camping en pleine nature, au milieu des prunus et des tilleuls qui prodiguent leur ombre, et à proximité du maigre filet d'eau de la Bonnette en saison. Mobile homes pour 4 à 6 personnes *(385-725 €/sem).* Bien tenu. Internet. Wifi.

Cadre : campagne, sentiers de randonnée. ***Terrain :*** herbe ; plat.	⊕ Le lac et les sentiers de randonnée à proximité. ⊖ Pas évidents les « moins »...

À voir, à faire dans les environs : Saint-Antonin-Noble-Val et les gorges de l'Aveyron (12 km) ; les jardins de Quercy à Cambou (Verfeil-sur-Seye) ; l'abbaye de Beaulieu-en-Rouergue (12 km) ; le château de Cas à Espinas (6 km).

CAYRIECH 82240

35 km NE de Montauban ***Carte Midi-Pyrénées Nord A2***

€€€€ **25,50 €** **55 emplacements**

Camping Le Clos de la Lère : *Clergue. ☎ 05-63-31-20-41. • le-clos-de-la-lere@wanadoo.fr • camping-leclosdelalere.com • Ouv de fin fév à mi-nov.*
Au bord de la Lère, agréable camping aménagé en 3 parties, l'une étant réservée aux campeurs, les 2 autres plutôt aux locatifs *(199-791 €/sem).* Haies délimitant bien les emplacements, ce qui garantit une certaine intimité. Petit resto-snack. Piscine chauffée. Bon accueil. Internet. Wifi.

Cadre : campagne, lacs ou rivières, sentiers de randonnée. ***Terrain :*** herbe ; plat ; rocaille. ***Réducs :*** prix dégressifs hors juillet-août.	⊕ L'accueil ; l'ambiance familiale ; la piscine chauffée. ⊖ Une épicerie de dépannage seulement.

À voir, à faire dans les environs : Saint-Antonin-Noble-Val (19 km) ; les gorges de l'Aveyron ; le musée Marcel-Lenoir à Montricoux (20 km) ; Penne (29 km) ; Bruniquel (25 km) ; Montauban (35 km) ; Caylus (17 km) ; Montpezat-de-Quercy (15 km).

CELLES 34700

11 km S de Lodève ***Carte Languedoc-Roussillon Nord A2***

€€€ **16 €** **239 emplacements**

Camping Les Vailhés : *lac du Salagou, berge Les Vailhés. ☎ 04-11-95-01-82. • contact@campinglevailhes.com • campinglesvailhes.com • Ouv avr-fin sept.*
Grand (mais encore familial) camping en terrasses, dévalant la colline jusqu'aux rives du lac, à côté d'une base nautique et d'une plage surveillée pour la baignade. Emplacements bien délimités et relativement ombragés. Il vaut mieux, ça cogne l'été ; d'ailleurs, les barbecues sont interdits. Pas grave, on se rabattra sur le snack-buvette. Internet. Wifi.

Cadre : campagne, lacs ou rivières, montagne. ***Terrain :*** en terrasses ; herbe.	⊕ La proximité du lac et la base nautique. ⊖ Très chaud (on parle de température) l'été.

À voir, à faire dans les environs : le lac du Salagou ; Lodève ; le cirque de Mourèze ; le site paléontologique de Lieude ; Saint-Guilhem-le-Désert.

CENDRAS 30480

5 km NO d'Alès ; 8,5 km SE de La Grand-Combe ***Carte Languedoc-Roussillon Nord B2***

€€€€ **40 €** **230 emplacements**

La Croix Clémentine : *route de Mende. ☎ 04-66-86-52-69. • clementine@clementine.fr • clementine.fr • Ouv de mi-avr à mi-sept.*
Camping très bien équipé et fleuri, axé sur une clientèle jeune. Emplacements ombragés et grande piscine agréable. Resto, salle de jeux, tennis... Randonnées pédestres organisées. Location de bungalows et chalets *(223-855 €/sem)* ; location à la nuitée possible, même en saison *(compter 35-140 €/nuit selon confort, taille et saison).* Internet. Wifi.

Cadre : campagne, forêt, lacs ou rivières, montagne, sentiers de randonnée. ***Terrain :*** en pente ; en terrasses ; herbe. ***Réducs :*** - 10 % dès 7 jours, - 20 % dès 14 jours, - 25 % pour 35 jours, - 30 % pour 63 jours, en emplacement ou locatif, sur présentation de ce guide.	⊕ Plein d'animations sportives gratuites (aire multisports) ; le château gonflable ; la discothèque ; les soirées à thème 2 fois par semaine ; l'ambiance familiale. ⊖ La taille ; le prix.

À voir, à faire dans les environs : la cathédrale Saint-Jean, le fort Vauban et la mine-témoin à Alès ; la Maison du mineur à La Grand-Combe.

CÉRET 66400

Carte Languedoc-Roussillon Sud A2
32 km SO de Perpignan ; 39 km N de Figueres (Espagne)

€€ **14,40 €** **135 emplacements**

Camping municipal Le Bosquet de Nogarède : *36, av. d'Espagne. ☎ 04-68-87-26-72. 07-54-80-11-62. • camping-ceret.com • Ouv avr-oct. Réception ouv tlj sf w-e et j. fériés 9h-12h, 15h-19h. CB refusées.*
Dans un joli parc ombragé et traversé par un ruisseau (chouette !) au bord duquel se trouvent les emplacements pour tentes. Très calme. Les caravanes, elles, sont installées (et c'est moins chouette) en bordure de la route qui mène au Perthus. Le centre-ville est à portée de mollets, et le lac de Saint-Jean à 5 km. Très bon accueil de la part du gérant (un sacré personnage). Internet. Wifi.

Cadre : lacs ou rivières, montagne, sentiers de randonnée, ville, forêt. ***Terrain :*** herbe ; plat.	⊕ L'ombre. ⊖ Au bord d'une route passante.

€€€ **17,90 €** **120 emplacements**

Les Cerisiers : *Mas de la Toure. ☎ 04-68-87-00-08. • camping.lescerisiers@club-internet.fr • campingcerisiers.fr • Ouv tte l'année sauf de début janv à mi-fév. CB refusées.*
Bien ombragé par lesdits cerisiers, un terrain paisible aux emplacements spacieux isolés par des haies touffues. Mobile homes 4 à 6 personnes *(210-670 €/sem).* Location de vélos. Lac de Saint-Jean à 4 km. Internet. Wifi.

Cadre : campagne, lacs ou rivières, sentiers de randonnée. ***Terrain :*** herbe ; plat. ***Réducs :*** tarif spécial cure, et verre de bienvenue offert sur présentation de ce guide.	⊕ L'ombre et la tranquillité. ⊖ Pas de resto.

À voir, à faire dans les environs : le musée d'Art moderne ; le MUSIC ; la vieille ville.

CHASSERADÈS 48250

Carte Languedoc-Roussillon Nord B1
10 km SO de La Bastide-Puylaurent ; 30 km S de Langogne

€ **9 €** **60 emplacements**

Camping municipal Sources de l'Allier : *route de Grossefage, Mont-Lozère-et-Goulet. ☎ 04-66-46-01-16 (mairie). 📱 06-49-59-06-65. • campingmunicipalchasserades@orange.fr • Ouv mai-sept.*
Beau camping de montagne, étalé entre sous-bois et prairies d'altitude, dans un site isolé assez sauvage. Sanitaires impeccables. Location d'un bengali équipé (avec cuisine) pouvant loger jusqu'à 5 personnes *(30 € + 3,10 €/pers).* Également un autre bungalow avec seulement des lits, façon gîte d'étape pour randonneurs *(4,80 €/pers).* Wifi. NOUVEAUTÉ.

Cadre : campagne, montagne, sentiers de randonnée. ***Terrain :*** herbe.	⊕ Le cadre pleine nature ⊖ L'isolement

À voir, à faire dans les environs : le mont Lozère ; le village médiéval de Lagarde-Guérin ; le chemin de Stevenson (GR 70).

CHASTANIER 48300

Carte Languedoc-Roussillon Nord A1
17 km SE de Grandrieu ; 10 km O de Langogne

€€€ **19,40 €** **35 emplacements**

Camping Le Pont de Braye : *Le Pont-de-Braye. ☎ 04-66-69-53-04. 📱 06-70-16-32-49. • accueil@camping-lozere-naussac.fr • camping-lozere-naussac.fr • Ouv 1er mai-20 sept.*
On adore ce petit camping tranquille et bien équipé, situé dans un site verdoyant au bord de la rivière Chapeauroux (très prisée des pêcheurs de truites), et semé de petits coins aménagés pour buller (hamacs, chaises longues). Charmant, familial, écolo, il est (bien) tenu par un jeune couple sympathique, qui loue également des yourtes mongoles prolongées par une terrasse en bois, ainsi que de beaux écolodges et de grandes tentes confortables. Snack-pizzeria et location de vélos. Wifi.

Cadre : campagne, forêt, lacs ou rivières, montagne, sentiers de randonnée. ***Terrain :*** en terrasses ; herbe ; plat.	⊕ Le charme du site ; la pêche ; le bord de rivière ; un camping écoresponsable. ⊖ Pas de piscine.

À voir, à faire dans les environs : la filature des Calquières ; le lac de Naussac ;

CLAPIERS 34830

Carte Languedoc-Roussillon Sud B1
7 km N de Montpellier ; 7 km S de Prades-le-Lez

€€€€ **59 €** **268 emplacements**

Camping-club Le Plein Air des Chênes : *route de Castelnau (D 112). ☎ 04-67-02-02-53. • pac@sandaya.fr • sandaya.fr • Ouv avr-sept.*
Un camping immense, très aéré, vert et ombragé. Emplacements bien délimités, avec de petites terrasses. Innombrables activités et animations : soirées à thème, concerts, minigolf, miniclub, terrain multisports pour les bambins et un immense parc aquatique. Attention, le camping accepte (contre paiement) les non-résidents pour le parc aquatique, souvent bondé du coup... Snacks, glacier, et même un resto classique *(L'Auberge du Parc).* Loue aussi cottages et lodges jusqu'à 6 personnes *(245-1 463 €/sem).* Internet. Wifi.

Cadre : campagne, forêt. ***Terrain :*** en terrasses ; plat ; rocaille.	⊕ Les toboggans aquatiques. ⊖ Le prix ; les horaires d'arrivée assez stricts.

À voir, à faire dans les environs : Montpellier et ses musées ; les garrigues montpelliéraines et le pic Saint-Loup.

COLLIAS 30210

8 km SO du pont du Gard ; 11 km SE d'Uzès *Carte Languedoc-Roussillon Nord B2*

€€€ 23,80 € 120 emplacements

Camping Le Barralet : *6, chemin du Grès. ☎ 04-66-22-84-52. • contact.barralet@gmail.com • barralet.fr • Ouv avr-sept.*
Merveilleusement situé sur un éperon dominant les gorges du Gardon : on jouit d'une belle vue depuis certains emplacements. Plage de rochers plats sur le Gardon. Kayak et varappe sur place. En juillet-août, activités sportives tous les jours et soirées moules-frites tous les mercredis. Piscine. Mobile homes pour 4 à 8 personnes à louer *(280-795 €/sem).* Internet. Wifi.

Cadre : campagne, lacs ou rivières, sentiers de randonnée. ***Terrain :*** herbe ; plat.	⊕ La plage de rochers plats sur le Gardon. ⊖ Certains emplacements manquent d'ombre.

À voir, à faire dans les environs : le pont du Gard ; les villages environnants.

COMPEYRE 12520

10 km NE de Millau *Carte Midi-Pyrénées Nord B2*

€€€ 20,50 € 80 emplacements

Les Cerisiers : *Pailhas. ☎ 05-65-59-87-96. 📱 06-78-51-63-56. • contact@campinglescerisiers.com • campinglescerisiers.com • Ouv de mai à mi-sept.*
Parmi les (très) nombreux campings qui bordent les gorges du Tarn, on a bien aimé celui-là, caché derrière un verger de cerisiers (évidemment). Accueil décontracté dans un cadre encore très nature. Snack, jeux pour les enfants, matériel pour la via ferrata située à proximité. Pas de piscine mais 2 plages privées avec location de canoës. Location de mobile homes *(180-595 €/sem selon saison et capacité).* Internet. Wifi.

Cadre : campagne, lacs ou rivières, sentiers de randonnée. ***Terrain :*** en terrasses ; herbe ; plat. ***Réducs :*** une demi-journée de *paddle* offerte pour tout séjour d'une semaine minimum.	⊕ Les 2 belles plages privées sur la rivière. ⊖ Pas de piscine.

À voir, à faire dans les environs : les gorges du Tarn et de la Dourbie ; Millau.

CONDOM 32100

43 km NO d'Auch *Carte Midi-Pyrénées Ouest A1*

€€ 12,70 € 68 emplacements

Camping municipal L'Argenté : *chemin de l'Argenté. ☎ 05-62-28-17-32. • camping.municipal@condom.org • campingdecondom.jimdo.com • Ouv avr-fin sept.*
Vaste pelouse bien ombragée pour un 3-étoiles de bon confort malgré un relatif manque d'intimité (pas de haies pour délimiter certains emplacements). Loue également des chalets *(310-490 €/sem).* Animations en juillet-août. Canoë, VTT et centre aqualudique à proximité *(ouv de mi-juin à mi-sept ; accès gratuit pour les loc, et à partir de 2 nuits pour les campeurs).* Wifi.

Cadre : sentiers de randonnée, ville. ***Terrain :*** herbe ; plat.	⊕ Le calme ; l'ombre ; l'accès gratuit au centre aqualudique à partir de 2 nuits pour les campeurs. ⊖ Le manque d'intimité entre les emplacements.

€ 9,50 € — 10 emplacements

Camping à la ferme de Guinland : *au lieu-dit Guinland. ☎ 05-62-28-17-85. 📱 06-07-06-73-86. • rogalle.guinland@orange.fr • campingdeguinland.monsite.orange.fr • Ouv avr-oct. CB refusées.*
Une dizaine d'emplacements plaisants et ombragés à 100 m de la ferme, au sein d'un bosquet et à proximité des vignes. Sommaire et champêtre. Bon accueil d'une famille de viticulteurs qui a plaisir à faire déguster sa production. Location de mobile homes *(275 €/sem).* Non loin, le lac du Bousquetara (pêche) et le chemin de Saint-Jacques-de-Compostelle.

Cadre : campagne, sentiers de randonnée. ***Terrain :*** herbe.	⊕ La possibilité de dégustation de vin. ⊖ L'absence de wifi.

À voir, à faire dans les environs : la cathédrale Saint-Pierre, le musée de l'Armagnac à Condom ; le castelnau de Larressingle ; l'abbaye de Flaran ; la villa gallo-romaine de Séviac ; la collégiale Saint-Pierre à La Romieu.

CONQUES — 12320

39 km NO de Rodez — *Carte Midi-Pyrénées Nord B2*

€€€ 21,50 € — 60 emplacements

Camping Beau Rivage : *Moulin-Neuf. ☎ 05-65-69-82-23. 📱 06-61-17-47-73. • camping.conques@wanadoo.fr • campingconques.com • Ouv avr-sept.*
Sur les bords du Dourdou, à 400 m du village. Le chemin de Saint-Jacques-de-Compostelle passe à l'extrémité du camping. Emplacements bien ombragés en bord de rivière. Location de mobile homes pour 2-5 personnes *(280-540 €/sem).* Activités en tout genre : pêche, ping-pong... et une très grande piscine. Bien entretenu, grand confort, restauration possible et accueil efficace. Idéal pour profiter quelques jours de Conques et des environs. Internet. Wifi.

Cadre : campagne, forêt, lacs ou rivières, sentiers de randonnée. ***Terrain :*** en pente ; herbe ; plat.	⊕ La proximité du centre historique et certains emplacements ayant vue sur le pont romain. ⊖ Quelques mobile homes trop proches de la route assez passante en été.

À voir, à faire dans les environs : l'abbatiale Sainte-Foy et la vieille ville ; La Vinzelle (15 km) ; la vallée du Lot.

CORDES-SUR-CIEL — 81170

25 km NO d'Albi — *Carte Midi-Pyrénées Nord A2*

€€€ 22 € — 84 emplacements

Camping Le Moulin de Julien : *route de Gaillac (D 922), Livers-Cazelles. ☎ 05-63-56-11-10. 📱 06-06-47-70-19. • contact@campingmoulindejulien.com • campingmoulindejulien.com • Ouv mai-sept.*
Un camping de 8 ha, au bord d'un étang de pêche. Parfaitement paysagé et très ombragé, presque luxueux. Des huttes en dur pour 2 personnes *(220-270 €/sem),* ainsi que des mobile homes et des chalets pour 5 personnes *(310-650 €/sem).* En prime, vous pourrez disposer du minigolf, entouré de vieilles pierres. Ambiance familiale, très agréable, et bon accueil. Piscines avec toboggan. Internet. Wifi.

Cadre : campagne, lacs ou rivières, sentiers de randonnée. ***Terrain :*** herbe ; plat.	⊕ Les quelques vieilles pierres qui lui donnent un certain charme ; l'accueil. ⊖ Le wifi payant.

À voir, à faire dans les environs : le village, ses musées et son jardin des Paradis ; le château du Cayla (12 km) ; Monestiès (13 km) ; Albi (25 km) ; Gaillac (15 km).

CORSAVY 66150

53 km SO de Perpignan — *Carte Languedoc-Roussillon Sud A2*

€€€ **18 €** — **50 emplacements**

Camping Le Cortsavi : *route de Batère. ☎ 04-68-87-89-24. • info@camping-cortsavi.com • campinglecortsavi.fr • Ouv avr-oct.*
Juché à 800 m d'altitude sur les hauteurs du village, ce camping bénéficie d'une jolie vue sur monts, gorges et vallées du Vallespir. Snack sur place. Barbecue communautaire et aire de jeux pour les enfants. Piscine municipale à 200 m *(en juil-août).* Location de caravanes, mobile homes et appartements *(280-450 €/sem).* NOUVEAUTÉ.

Cadre : campagne, montagne.
Terrain : herbe ; vallonné.

⊕ Tranquille et très nature.
⊖ Peu d'ombre et un seul bloc sanitaire.

À voir, à faire dans les environs : le pic du Canigou ; Arles-sur-Tech, avec l'abbaye Sainte-Marie ; les gorges de la Fou ; les ruines de Montferrer et la vue ; le village coloré de Serralongue.

COS 09000

5 km NO de Foix — *Carte Midi-Pyrénées Sud A2*

€€ **13 €** — **32 emplacements**

Camping Le Rieutord : *Le Rieutord. ☎ 05-61-65-39-79 (mairie). 📱 06-71-18-10-38. • bblazy@sfr.fr • camping-municipal-cos09.fr • Ouv tte l'année. CB refusées.*
Camping bucolique et accueillant, traversé par un petit cours d'eau. On s'installe sur une vaste pelouse ombragée par des frênes et des aulnes. Chalets *(220-420 €/sem)* un peu à l'écart. Terrain de tennis et petite piscine *(ouv l'ap-m juil-août).* Internet.

Cadre : campagne.
Terrain : en pente ; herbe ; plat.

⊕ Le calme.
⊖ L'éloignement des commerces.

À voir, à faire dans les environs : le château et la ville de Foix (5 km) ; les forges de Pyrène à Montgailhard (10 km) ; la rivière souterraine de Labouiche à Vernajoul (10 km) ; Le Mas-d'Azil (30 km) ; le parc de la Préhistoire à Tarascon (23 km).

CREYSSE 46600

36 km NE de Gourdon — *Carte Midi-Pyrénées Nord A1*

€€€ **23 €** — **100 emplacements**

Camping du Port : *au village. ☎ 05-65-32-20-82. • contact@campingduport.com • campingduport.com • Ouv fin avr-fin sept.*
Magnifique environnement au calme parfait. Terrain ombragé en bordure de la Dordogne. Épicerie. Belle plage et grande piscine. Différentes activités sportives proposées (canoë, escalade, spéléo, canyoning, *paddle,* etc.) et animations gratuites (dont la pêche pour les enfants). Mobile homes et TitHomes à louer *(210-800 €/sem).* Bar et petite restauration en été. Wifi.

Cadre : lacs ou rivières.
Terrain : herbe.

⊕ Le cadre bucolique ; l'accueil ; les multiples activités sportives sur place.
⊖ Assez isolé ; le supermarché à 5 km.

À voir, à faire dans les environs : Martel (6 km) ; la grotte de Lacave (12 km) ; Souillac (16 km) ; Rocamadour (22 km).

DAMIATTE 81220

16 km SE de Lavaur *Carte Midi-Pyrénées Sud A1*

€€€ 25 € **82 emplacements**

Camping Plan d'eau Saint-Charles : *La Cahuzière. ☎ 05-63-70-66-07. 📱 06-13-30-82-57. • contact@campingplandeau.com • campingplandeau.com • Ouv d'avr à mi-oct.*
Dans un parc de 6 ha, au bord d'un étang de pêche, des emplacements ombragés et des hébergements locatifs impeccables *(240-1 010 €/sem pour 4-8 pers).* Mais le top est le lagon artificiel de baignade de 3 000 m² avec plage de sable blanc et palmiers (si, si !), toboggan et jeux gonflables aquatiques. Petite épicerie et bar-resto. Animations toute la journée durant l'été. L'ensemble est tenu par un couple accueillant. Un vrai bonheur ! Internet. Wifi.

Cadre : campagne, lacs ou rivières. ***Terrain :*** herbe ; plat.	⊕ Le lagon de baignade avec plage de sable blanc et palmiers, les étangs de pêche. ⊖ La voiture indispensable.

À voir, à faire dans les environs : Lavaur (16 km) ; Lautrec (19 km) ; Castres (23 km).

DECAZEVILLE 12300

35 km E de Figeac *Carte Midi-Pyrénées Nord B2*

€€€ 20 € **97 emplacements**

Camping Port de Lacombe : *913, route du Port-de-Lacombe, à Flagnac. ☎ 05-65-63-19-80. • contact@camping-leportdelacombe.com • camping-leportdelacombe.com • Ouv juin-sept.*
Un terrain ombragé, calme et bien entretenu. Accès gratuit pour les résidents à la piscine municipale et ses deux toboggans géants juste à côté. Locations de canoës et d'embarcations à pédales. Snack-bar. Sentiers, dont celui de Saint-Jacques-de-Compostelle, tout proches.

Cadre : lacs ou rivières, campagne. ***Terrain :*** herbe ; plat.	⊕ Le parc aquatique. ⊖ La location de 2 nuits minimum en basse saison et de 7 nuits en haute saison.

À voir, à faire dans les environs : le château de Pagax ; l'abbaye de Conques.

DEYME 31450

16 km SE de Toulouse *Carte Midi-Pyrénées Sud A1*

€€€ 21 € **80 emplacements**

Camping Les Violettes : *17, RD 813. ☎ 05-61-81-72-07. • campinglesviolettes@wanadoo.fr • campinglesviolettes.com • Ouv tte l'année.*
Bien tenu, ombragé et agréable avec ses 2 allées de peupliers, mais proche de la route, sur laquelle la circulation est importante (mais les emplacements qui en sont les plus éloignés ne sont pas importunés par le bruit). Bon accueil familial. Resto routier à côté *(ouv midi et soir en été).* Location de mobile homes *(320-640 €/sem).* Piscine couverte. Internet. Wifi.

Cadre : campagne. ***Terrain :*** herbe ; plat ; rocaille.	⊕ La proximité du canal du Midi et de Toulouse. ⊖ Le bruit de la route.

À voir, à faire dans les environs : Toulouse et la Cité de l'Espace (15 km) ; le canal du Midi (1 km).

ENTRAYGUES-SUR-TRUYÈRE 12140

48 km N de Rodez — *Carte Midi-Pyrénées Nord B1*

€€€ 20 € — **120 emplacements**

Camping municipal du Val de Saures : *au bourg. ☎ 05-65-44-56-92. • info@camping-valdesaures.com • camping-valdesaures.com • Ouv de mai à mi-sept.*
Proche du centre-ville (et des commerces) avec des emplacements au bord du Lot, ce camping a été le premier de la région à être certifié par l'Écolabel européen : ici, l'environnement n'est pas un vain mot ! Chalets pour 4-6 personnes en location *(239-749 €/sem).* Piscine municipale gratuite, animations en été et, à proximité, pêche, rando, tennis, équitation, etc. Internet. Wifi.

Cadre : campagne, lacs ou rivières.
Terrain : herbe ; plat.

⊕ La base de canoë-kayak en été, avec tarifs préférentiels pour les campeurs.
⊖ Certains emplacements loin des sanitaires.

À voir, à faire dans les environs : le vieux village ; le Carladez ; les vallées de la Truyère et du Lot ; Conques (30 km) ; Estaing.

ESPALION 12500

30 km NE de Rodez — *Carte Midi-Pyrénées Nord B2*

€€€€ 28 € — **95 emplacements**

Camping Roc de l'Arche : *au Foirail. ☎ 05-65-44-06-79. • info@rocdelarche.com • rocdelarche.com • Ouv de mi-mai à mi-sept.*
Tout juste à l'écart du centre et bien situé, au bord du Lot, au calme. Une bonne étape sur le chemin de Saint-Jacques, ce terrain plat dispose de grands emplacements. Accès gratuit pour les résidents à la piscine municipale. Ambiance familiale. Mobile homes à louer *(298-525 €/sem selon saison et capacité).* Wifi.

Cadre : lacs ou rivières, sentiers de randonnée.
Terrain : herbe ; plat.

⊕ La piscine municipale gratuite ; l'accès direct à la plage sur le Lot.
⊖ Peu d'animations.

À voir, à faire dans les environs : le bourg ; Estaing ; Saint-Côme-d'Olt ; Bozouls ; la vallée du Lot ; l'Aubrac.

ESTAING 12190

32 km NE de Rodez — *Carte Midi-Pyrénées Nord B2*

€€ 13 € — **60 emplacements**

Camping municipal La Chantellerie : *route d'Annat. ☎ 05-65-44-72-77 (en saison) ou 05-65-44-70-32 (mairie, hors saison). 📱 06-86-73-12-55. • commune-estaing@orange.fr • estaing12.fr • Ouv mai-sept. CB refusées.*
Au creux d'un vallon et au bord d'un ruisseau, un camping simple et champêtre à l'atmosphère familiale. Terrain herbeux et plat avec des emplacements matérialisés et ombragés. Terrains de foot et de tennis à proximité. Au village (1,8 km par la route ou par un sentier) commerces et piscine municipale. Location de tentes et mobile homes *(200-300 €/sem selon saison).* Internet. Wifi.

Cadre : campagne, sentiers de randonnée.
Terrain : herbe ; plat.

⊕ L'isolement.
⊖ La piscine éloignée et payante.

À voir, à faire dans les environs : le vieux village ; Bozouls ; la vallée du Lot ; Espalion ; l'Aubrac.

ESTAING 65400

12 km SO d'Argelès-Gazost — *Carte Midi-Pyrénées Ouest A2*

€€€€ 28,40 € — **66 emplacements**

Camping Pyrénées Natura : *route du Lac d'Estaing. ☎ 05-62-97-45-44. • info@camping-pyrenees-natura.com • camping-pyrenees-natura.com • Ouv de mi-mai à sept (de mi-avr à sept pour les loc).*
Beau camping sur une propriété de 3 ha avec emplacements en terrasses. Vraiment bien équipé : sauna, salle de relaxation, vaste salle commune en pierre avec bar-snack et billard dans l'ancienne bergerie, adorable épicerie en libre-service (pas de caisse, on signale juste à l'accueil ce que l'on a pris !). Pas de piscine ni d'animations nocturnes, mais nombreuses activités nature proposées. Un camping pour des vacances calmes et sereines. Location de mobile homes et Coco Sweet pour 2 à 4 personnes *(220-720 €/sem).* Internet. Wifi.

Cadre : montagne.
Terrain : herbe ; plat.

⊕ Le côté soigné ; le sauna ; la salle de relaxation ; le fonctionnement original.
⊖ Un peu chérot ; pas de piscine.

€€ 10,80 € — **72 emplacements**

Camping intercommunal du lac d'Estaing : *face au lac d'Estaing. ☎ 05-62-97-24-46. • campingestaing@hotmail.fr • Ouv de début juin à mi-sept.*
À 1 167 m d'altitude, en bordure du lac, vaste camping en paliers en pleine nature. Bien ombragé par les sapins et les bouleaux. Centre d'accueil et resto-bar à proximité. Sanitaires corrects. Un appartement jusqu'à 5 personnes *(200-300 €/sem).* Pêche réglementée sur le lac très poissonneux (truites, vairons, brochets...). Balades à cheval à proximité.

Cadre : forêt, lacs ou rivières, montagne, sentiers de randonnée.
Terrain : en terrasses ; herbe ; plat.

⊕ Le calme ; la situation en pleine nature, au bord du beau lac d'Estaing.
⊖ Beaucoup de monde en été ; peu de services.

À voir, à faire dans les environs : la vallée d'Estaing ; le parc animalier des Pyrénées à Argelès ; le donjon des Aigles à Beaucens (19 km) ; le parc national des Pyrénées ; la réserve naturelle du Pibeste ; le musée montagnard du Lavedan à Aucun.

ESTANG 32240

18 km O d'Eauze ; 17 km N de Nogaro — *Carte Midi-Pyrénées Ouest A1*

€€€ 25 € — **107 emplacements**

Les Lacs de Courtès : *au village. ☎ 05-62-09-61-98. • contact@lacsdecourtes.com • lacsdecourtes.com • Ouv avr-oct (tte l'année pour les loc).*
Un village-vacances nature et familial, partiellement ombragé, partagé entre une section réservée aux campeurs et des chalets en dur et bungalows toilés *(182-952 €/sem),* tous encadrés de haies touffues. 2 piscines, dont une chauffée. En contrebas, un étang bucolique, pour la pêche et le canotage (prêt de canoës). Terrain de volley, minigolf, aire de jeux, etc. Snack-bar et animations en saison. Wifi.

Cadre : lacs ou rivières, campagne, ville, sentiers de randonnée.
Terrain : plat ; herbe.

⊕ Les équipements ; les nombreuses activités possibles.
⊖ Pas de toboggan aquatique.

À voir, à faire dans les environs : les arènes ; le musée du Paysan gascon à Toujouse (8 km) ; le Musée archéologique et le site et centre d'interprétation Domus de Cieutat à Eauze (17 km) ; les forêts alentour.

FANJEAUX 11270

Carte Languedoc-Roussillon Sud A1

20 km SE de Castelnaudary ; 35 km O de Carcassonne

€€€ 16 € **25 emplacements**

Camping Les Brugues : *Les Brugues.* ☎ *04-68-24-77-37.* *06-72-74-85-21. • lesbrugues.fanjeaux@gmail.com • lesbrugues-camping.com • Ouv juin-sept.*
Posée au beau milieu des champs agricoles, une belle aire naturelle bordée par un lac. Une vingtaine d'emplacements bien ombragés et séparés par des haies d'arbres. Sanitaires rutilants, salle commune avec tables de pique-nique, jeux pour enfants et sentier de rando à proximité. Et ce qu'on aime ici, c'est qu'il y a plus de brebis que de campeurs ! Car on est à la ferme (visite possible), chez des éleveurs de brebis laitières. Accueil adorable, authentique et sincère. On aime ! Wifi.

Cadre : campagne. ***Terrain :*** herbe ; plat.	⊕ Les 3 boucles de randonnée pédestre et VTT au départ du camping ; l'accueil. ⊖ Pas de piscine.

À voir, à faire dans les environs : l'église Notre-Dame de Cazalrenoux ; le belvédère du Seignadou ; la Cité de Carcassonne ; Castelnaudary.

FENOUILLET 66220

Carte Languedoc-Roussillon Sud A2

57 km NO de Perpignan ; 27 km SE de Quillan

€€€ 18 € **30 emplacements**

Camping des Randonneurs : *lieu-dit Soula-Pal-Picat.* ☎ *04-68-59-05-50.* *06-78-35-95-29. • campingdesrandonneurs@gmail.com • campingdesrandonneurs.com • Ouv avr-début nov.*
Un camping à l'esprit très nature, dispersant ses emplacements dans une belle forêt. Location de roulottes, tipis, yourtes, chalets, etc. *(210-720 €/sem).* Bar-resto où l'on sert des produits du terroir et des grillades *a la plancha.* Nombreuses activités nature à faire dans le coin. Piscine. Soirées à thème. Très bon accueil. Un camping qui ravira les amoureux des endroits calmes et retirés. Internet. Wifi.

Cadre : forêt, lacs ou rivières, sentiers de randonnée, montagne. ***Terrain :*** en terrasses ; herbe ; plat. ***Réducs :*** un verre de bienvenue offert sur présentation de ce guide.	⊕ Le calme ; l'esprit nature. ⊖ R.A.S.

À voir, à faire dans les environs : le train du Fenouillèdes ; les gorges de Galamus.

FILLOLS 66820

11 km S de Prades ; 54 km SO de Perpignan *Carte Languedoc-Roussillon Sud A2*

€€€ 20 € **75 emplacements**

Camping Les Sauterelles : *col de Millères.* ☎ *04-68-05-63-72. • contact@campingsauterelles.com • campingsauterelles.over-blog.com • Ouv de mi-juin à mi-sept. CB refusées.*
Si la route qui mène à ce camping paumé au cœur du massif du Canigou est très étroite, les emplacements sont, quant à eux, largissimes. Piscine. Une adresse champêtre et... canon ! Accueil inégal. Internet. Wifi.

Cadre : montagne, sentiers de randonnée. ***Terrain :*** herbe.	⊕ La pleine nature ; les grands emplacements. ⊖ L'accès difficile en caravane ; les animaux refusés.

À voir, à faire dans les environs : les abbayes de Saint-Michel-de-Cuxa et de Saint-Martin-du-Canigou ; Villefranche-de-Conflent ; le massif du Canigou.

FLORAC-TROIS-RIVIÈRES 48400

35 km S de Mende ; 66 km NO d'Alès *Carte Languedoc-Roussillon Nord A1*

€€ **13,50 €** **55 emplacements**

Écocamping de la Tière : *La Tierre. 07-88-17-82-88. • ecocamping@orange.fr • camping-la-tiere.fr • Ouv avr-sept. CB refusées.*
En contrebas d'une petite départementale, un charmant camping très nature, avec son propre accès à la rivière. Et un peu bohème aussi, à l'image de son « *Drôle d'Endroit* », le café, bar-épicerie, lieu de causerie, avec terrasse couverte, hamac, canapé et piano ! Emplacements assez grands, sous les arbres, délimités par des tronçons de haies. Également quelques hébergements insolites, comme les roulottes *(290-390 €/sem)*, tentes inuit *(48-58 €/nuit)* et « prêt-à-camper » *(32-42 €/nuit)*. Wifi. NOUVEAUTÉ.

Cadre : montagne, lacs ou rivières. ***Terrain :*** herbe ; plat.	⊕ Bien tenu. ⊖ On cherche encore...

€€€€ **31 €** **181 emplacements**

Flower Camping Le Pont du Tarn : *route du Pont-de-Montvert. ☎ 04-66-45-18-26. • contact@camping-florac.com • camping-florac.com • Ouv d'avr à mi-oct.*
Bordé d'un côté par la route et de l'autre par le Tarn, un grand site, bien équipé (sanitaires en nombre, piscine chauffée, jeux pour enfants) où l'on plante sa tente sur les grandes pelouses généreusement ombragées par une belle variété d'arbres plantureux. Plusieurs types d'emplacements : les plus chers et les plus confortables, en bord de rivière, ont leur propre pergola ! Également des hébergements locatifs, mais à chacun son espace. Location de mobile homes et de bungalows *(273-945 €/sem)*. Internet. Wifi.

Cadre : campagne, lacs ou rivières, montagne, sentiers de randonnée. ***Terrain :*** herbe ; plat.	⊕ Le restaurant sur place ; la piscine chauffée ; le wifi gratuit. ⊖ Quelques emplacements en bord de départementale, un peu bruyants.

€€€ **20 €** **77 emplacements**

Camping Chantemerle : *La Pontèze, à Bédouès. ☎ 04-66-45-19-66. • chantemerle@wanadoo.fr • camping-chantemerle.com • Ouv avr-nov.*
Cadre champêtre bien agréable pour ce petit camping au bord du Tarn, avec plage désherbée et transats. Emplacements au calme et bien ombragés, dans un joli site. Aire de barbecue. Resto-pizzeria. Et pour les balades, le chemin de Stevenson passe au milieu du camping ! Des tas d'activités : location de vélos, organisation de sorties canoë-kayak et canyoning, prêt de jeux de société et de jeux d'eau, librairie d'échange, ping-pong, pétanque. Accueil charmant. Location de mobile homes pour 4 à 6 personnes *(290-665 €/sem)*. Internet. Wifi.

Cadre : campagne, forêt, lacs ou rivières, montagne, sentiers de randonnée. ***Terrain :*** herbe ; plat.	⊕ L'accès direct à la rivière pour se baigner ; le wifi gratuit. ⊖ Pas de piscine – mais il y a la rivière, avec sa petite plage privée !

À voir, à faire dans les environs : le château de Florac ; le chemin de Stevenson.

FOIX 09000

Carte Midi-Pyrénées Sud A2

128 km SO de Carcassonne ; 43 km E de Saint-Girons

€€€ 23 € 135 emplacements

Camping du Lac : *quartier Labarre. ☎ 05-61-65-11-58. • camping-du-lac@wanadoo.fr • vap-camping.fr • Ouv de mi-mars à mi-nov.*
Choisir les emplacements les plus proches de l'Ariège, plus agréables et surtout plus éloignés de la route, celle-ci étant très fréquentée. Tous sont ombragés. Location de bungalows toilés, de Coco Sweet et de mobile homes pour 4-6 personnes *(273-693 €/sem).* Bon niveau d'équipements. Bar, un service de restauration et une épicerie à moins de 100 m. Internet. Wifi.

Cadre : ville.
Terrain : herbe ; plat.

⊕ La proximité de l'Ariège et des commerces.
⊖ La route très fréquentée.

À voir, à faire dans les environs : le château de Foix, l'église Saint-Volusien et la vieille ville ; les forges de Pyrène à Montgailhard (5 km) ; la rivière souterraine de Labouiche à Vernajoul (6 km) ; Le Mas-d'Azil (30 km) ; Montségur (32 km) ; le parc de la Préhistoire à Tarascon (18 km).

FONT-ROMEU 66120

55 km SE d'Ax-les-Thermes *Carte Languedoc-Roussillon Sud A2*

€€€€ 30,50 € 180 emplacements

Camping Huttopia Font-Romeu : *route de Mont-Louis. ☎ 04-68-30-09-32. • font-romeu@huttopia.com • europe.huttopia.com • Ouv déc-mars et de fin mai à mi-sept.*
Hébergements de qualité dans ce camping super nature, comme souvent dans la chaîne Huttopia ! Très bien tenu, bien équipé. Salons avec cheminée. Café-pizzeria. Piscine chauffée. Location de vélos (VTT électriques). Locatifs *(60-190 €/nuit).* Internet. Wifi.

Cadre : montagne, sentiers de randonnée.
Terrain : en pente ; herbe.
Réducs : une boisson non alcoolisée par personne et une planche apéritive offertes sur présentation de ce guide.

⊕ Les points de vue !
⊖ Camping en pente à 1 800 m d'altitude.

À voir, à faire dans les environs : Héliodyssée (grand four solaire) à Odeillo ; Mont-Louis ; le lac des Bouillouses.

OCCITANIE

GAVARNIE 65120

38 km SE d'Argelès-Gazost *Carte Midi-Pyrénées Ouest A2*

€€€ 15,40 € 25 emplacements

Camping La Bergerie : *sur le chemin du cirque. ☎ 05-62-92-48-41. 📱 07-78-39-22-76. • camping.la.bergerie@wanadoo.fr • camping-la-bergerie-gavarnie.com • Ouv de début juin à mi-sept.*
En bordure de rivière, sur une belle étendue herbeuse appartenant au resto à l'accueil sympa, peu d'emplacements ombragés mais superbe vue sur le cirque de Gavarnie. Sanitaires impeccables avec douche chaude *(payante, 1 €),* baignoire pour enfants et laverie. Petits déj sur résa. Wifi.

Cadre : montagne. ***Terrain :*** en terrasses ; herbe ; plat.	⊕ La vue ! ⊖ Dommage que la prairie soit si près du passage des randonneurs.

€€ **15,50 €** **54 emplacements**

Camping Le Pain de Sucre : *au quartier Couret. ☎ 05-62-92-47-55. 06-75-30-64-22. • camping-gavarnie@wanadoo.fr • camping-gavarnie.com • Ouv 1er juin-30 sept et 15 déc-15 avr.*
Au calme, dans un environnement bucolique. Confortable et bon accueil. Bar et bon resto-pizzeria. Proche d'une rivière et de sentiers de rando. Pas d'épicerie mais dépôt de pain. Location de mobile homes et de chalets mobiles 2-6 personnes *(250-560 €/sem).* Internet. Wifi.

Cadre : lacs ou rivières, montagne, sentiers de randonnée. ***Terrain :*** herbe ; plat. ***Réducs :*** - 10 % sur le séjour sur présentation de ce guide.	⊕ Le complexe ludique de Gèdre à proximité (piscine, patinoire, bobluge et mur escalade *indoor*). ⊖ Éloigné du centre-bourg (3 km) pour ceux qui ne sont pas véhiculés ; peu ombragé.

€ **5 €** **50 emplacements**

La Grange de Holle : *route de Boucharo. ☎ 05-62-92-48-77. • chaletlagrangedeholle@ffcam.fr • chaletlagrangedeholle.ffcam.fr • Ouv tte l'année sauf avr et nov-26 déc. CB refusées.*
Dans une ancienne grange, une salle commune chaleureuse, avec cheminée, épais murs de pierre, poutres et grandes tables en bois. Les dortoirs de 4 à 12 lits sont bien tenus, mais dans une annexe plus standard et fonctionnelle *(compter 43,25-44,85 €/pers en demi-pension ; réduc moins de 18 ans ; draps fournis).* Site sympa pour bivouaquer à côté (ce n'est pas un camping, il convient donc de rajouter 3 € par personne pour l'accès aux sanitaires et à la cuisine du refuge de 62 places). Le GR 10 passe juste à côté.

Cadre : montagne, sentiers de randonnée. ***Terrain :*** herbe. ***Réducs :*** 38,30 € (en été ; au lieu 43,25 €) ou 38,90 € (en hiver ; au lieu 44,85 €) la demi-pension.	⊕ La proximité du village, du GR 10 et de la HRP (Haute Route pyrénéenne). ⊖ Aucun remarqué.

À voir, à faire dans les environs : le cirque ; les randonnées vers la vallée d'Ossoue ; la brèche de Roland ; le mont Perdu ; le cirque de Troumouse.

GÈDRE 65120

OCCITANIE

30 km SE d'Argelès-Gazost ***Carte Midi-Pyrénées Ouest A2***

€€€ **18,59 €** **25 emplacements**

Aire naturelle de camping Les Tilleuls : *hameau du Saussa. ☎ 05-62-92-48-92. • millet.christiane@wanadoo.fr • locations-vacances-gavarnie-gedre.com • Ouv mai-oct. CB refusées.*
À 1 100 m d'altitude, un adorable petit camping ombragé surplombant la vallée du Campbielh, de Gavarnie et de Héas ; la vue est sidérante. Emplacements en terrasses. Sanitaires simples mais propres. Bon accueil. Également des huttes en bois 2 personnes *(40-50 €/nuit),* roulottes et gîtes *(200-550 €/sem ; loc au w-e possible).* Bain nordique. Internet. Wifi.

Cadre : forêt, lacs ou rivières, montagne, sentiers de randonnée. ***Terrain :*** en terrasses ; herbe ; plat.	⊕ La vue ! Le calme ; l'ambiance familiale. ⊖ Peu d'équipements ; excentré ; l'accès difficile pour les grandes caravanes.

€€€€ **6 emplacements**

Les Tipis Indiens : *hameau de Saussa. 06-15-41-33-29. • contact@tipis-indiens.com • tipis-indiens.com • Ouv mai-sept. CB refusées.*
Face au cirque de Gavarnie, à 1 300 m d'altitude, 4 tipis indiens pouvant accueillir 4 à 5 personnes. Insolite, calme et sauvage mais finalement confortable, un bon compromis donc pour initier sa petite famille à la vie au grand air ! Les commodités (cuisine équipée, salles de bains, sanitaires et salon avec TV et DVD) se trouvent dans une jolie bergerie. 2 autres tipis, un peu plus isolés pour vivre au plus près de la nature dans une ambiance un peu plus « bivouac »... Compter 115 €/nuit pour 2 à 4 personnes *(10 €/pers supplémentaire),* 490-590 €/sem (draps en sus). Internet. Wifi.

Cadre : montagne, forêt. ***Terrain :*** herbe ; plat.	⊕ La vie au grand air, loin de tout pour un dépaysement total. ⊖ Le manque d'activités sur place.

À voir, à faire dans les environs : le cirque de Troumouse ; le cirque de Gavarnie (8,5 km) ; les randonnées vers la vallée d'Ossoue ; la brèche de Roland ; le mont Perdu.

GERDE 65200

2 km SE de Bagnères-de-Bigorre — **Carte Midi-Pyrénées Ouest A2**

€€ **12 €** **58 emplacements**

Camping La Pommeraie : *2, av. Philadelphe. ☎ 05-62-91-32-24. • campinglapommeraie@gmail.com • campinglapommeraie.com • Ouv de mi-janv à mi-déc. CB refusées.*
Un camping tranquille sous des pommiers, en bordure des collines. Très calme et bien tenu. Location de mobile homes pour 2-4 personnes (*220-350 €/sem* ; les chiens ne sont pas acceptés). Épicerie à 150 m. Internet. Wifi.

Cadre : forêt, montagne, sentiers de randonnée. ***Terrain :*** herbe ; plat.	⊕ Le calme ; les activités nature dans les environs. ⊖ Pas de restauration sur place.

À voir, à faire dans les environs : le musée Salies et le musée du Marbre à Bagnères-de-Bigorre (2 km) ; les grottes de Médous à Asté ; les randonnées dans la vallée de Lesponne ; la réserve naturelle de Néouvielle.

GERM 65240

22 km O de Bagnères-de-Luchon — **Carte Midi-Pyrénées Ouest A2**

€€€ **17 €** **70 emplacements**

Centre de montagne – Association Accueil Sans Frontière : *☎ 05-62-99-65-27. • contact@germ-louron.com • germ-louron.com • Ouv tte l'année (mais attention au froid) ! CB refusées.*
Dans ce paisible village d'une vingtaine d'habitants, perdu dans la montagne, de vieilles demeures traditionnelles, restaurées et joliment aménagées, auxquelles sont venues s'ajouter une poignée de chambres dans un bâtiment plus récent. Camping « étape randonneur » *(8,50 €/pers)* et hébergements variés : chambres, studios avec mezzanine, gîte d'étape... *(compter 20 €/pers en chambre ou gîte ; petit déj en sus ; demi-pension demandée pdt les vac scol d'été et d'hiver ; drap du dessus en sus).* Très bons

et copieux repas servis dans une salle panoramique. Salons avec cheminées pour l'hiver, ainsi qu'une belle piscine pour l'été, entourée de jardins en paliers. Internet. Wifi. NOUVEAUTÉ.

Cadre : montagne. ***Terrain :*** herbe ; en terrasses.	⊕ L'ensemble est tenu par une équipe sympathique. ⊖ Devoir repartir.

À voir, à faire dans les environs : la vallée du Louron ; le moulin de Saoussas ; les églises peintes ; un tour en Espagne, toute proche.

GIGNAC 34150

Carte Languedoc-Roussillon Nord A2

30 km O de Montpellier ; 25 km SE de Lodève

€€ **15 €** **12 emplacements**

Domaine de Pélican : *chemin de Pélican (D 131E). ☎ 04-67-57-68-92. 06-22-25-43-19. • info@domainedepelican.fr • domainedepelican.fr • Ouv Pâques-Toussaint.*
Perdu entre les vignes du domaine et la garrigue, quelques vastes emplacements dispersés en pleine nature, dans une pinède ceinturée par un domaine viticole de 25 ha. Difficile de faire plus tranquille. Fait table d'hôtes. Loue aussi des chambres d'hôtes. Le lundi en été, soirées repas et dégustation des vins de la propriété. Internet.

Cadre : campagne, sentiers de randonnée. ***Terrain :*** en terrasses ; herbe ; plat.	⊕ Le cadre, très nature. ⊖ L'isolement.

À voir, à faire dans les environs : Saint-Guilhem-le-Désert ; le pont du Diable ; les gorges de l'Hérault ; l'observatoire d'Aniane.

GOLINHAC 12140

40 km N de Rodez *Carte Midi-Pyrénées Nord B1-2*

€€€ **19 €** **48 emplacements**

Pôle touristique Bellevue : *au bourg. ☎ 05-65-44-50-73. 06-89-55-46-32. • polebellevue12@orange.fr • pole-bellevue.fr • Ouv avr-sept.*
Situé sur le GR 65, c'est à la fois un camping, un gîte d'étape (18 lits) et un gîte équestre (13 lits) à 14,90 €/nuitée. L'ensemble est vert, joliment réparti en terrasses et bénéficiant d'une vue imprenable sur la vallée du Lot. Location de chalets 5 personnes *(245-581 €/sem).* Snack sur place. Internet. Wifi.

Cadre : campagne, lacs ou rivières, montagne, sentiers de randonnée. ***Terrain :*** herbe ; plat ; en pente.	⊕ Piscine chauffée. ⊖ La voiture obligatoire.

À voir, à faire dans les environs : la vallée du Lot ; Estaing ; Villecomtal ; Conques.

GOUAUX 65240

52 km SE de Bagnères-de-Bigorre *Carte Midi-Pyrénées Ouest A2*

€€€ **18,10 €** **115 emplacements**

Camping Le Ruisseau : *chez Laurence et Philippe, au village. ☎ 05-62-39-95-49. 06-86-37-44-86. • camping.leruisseau@orange.fr • camping-aure-pyrenees.com • Ouv avr-sept.*
Sympathique camping situé à l'orée du village, au creux d'un vallon boisé. Emplacements plus ou moins ombragés. Lave-linge, pain frais en saison, bar-snack. Pas d'animations le soir, différents repas à thème en saison. Location de mobile homes *(209-749 €/sem).* Internet. Wifi.

Cadre : forêt, montagne, sentiers de randonnée. ***Terrain :*** en terrasses ; herbe ; plat. ***Réducs :*** - 5 % et un café d'accueil offert sur présentation de ce guide.	⊕ Les produits régionaux ; les randos avec guide du village et la sortie canyon. ⊖ Les mobile homes un peu alignés en rangs d'oignons à cause de la forme du terrain.

À voir, à faire dans les environs : Arreau (5,5 km) ; la vallée du Louron ; les églises peintes ; le musée de la Vallée d'Aure à Ancizan ; la Maison des ours à Saint-Lary-Soulan.

GOUDARGUES 30630

Carte Languedoc-Roussillon Nord B2

18 km NO de Bagnols-sur-Cèze ; 19 km SE de Barjac

€€€€ **34 € (avec électricité)** **50 emplacements**

Camping La Grenouille : *av. du Lavoir. ☎ 04-66-82-21-36. 📱 06-62-13-10-83. • camping.grenouille@orange.fr • camping-la-grenouille.com • Ouv d'avr à mi-oct.*
Au bord de la Cèze. Terrain de petite taille, planté de peupliers. Emplacements séparés par des haies. Bien équipé et très agréable. Un barbecue collectif pour chauffer l'ambiance et une piscine pour se rafraîchir. Location de caravanes, bungalows et mobile homes *(210-735 €/sem).* Internet. Wifi.

Cadre : campagne, lacs ou rivières. ***Terrain :*** herbe ; plat ; en pente.	⊕ L'accès direct à la rivière ; la situation au cœur du village. ⊖ Peu de restauration ; pas d'animations, mais le village est à 50 m.

À voir, à faire dans les environs : la « petite Venise » ; les cascades du Sautadet ; les gorges de la Cèze.

GOURDON 46300

47 km N de Cahors — *Carte Midi-Pyrénées Nord A1*

€€€€ **25,95 €** **160 emplacements**

Domaine Le Quercy : *lieu-dit Écoute-S'il-Pleut. ☎ 05-65-41-06-19. • domainequercy@orange.fr • domainequercy.com • Ouv fin avr-fin sept.*
Camping de qualité, bien ombragé, confortable et fort bien situé. Piscine chauffée avec toboggans, pataugeoire pour enfants et tennis (payant). Équitation à proximité. Location de vélos. Animations en saison. Accès direct à la plage de la base de loisirs en contrebas. Location de mobile homes, chalets, maisonnettes et bungalows toilés *(182-1 309 €/sem).* Restauration sur place. Parcours de santé à proximité. Internet. Wifi.

Cadre : campagne. ***Terrain :*** en terrasses ; herbe ; plat. ***Réducs :*** la 2e semaine à - 50 % en basse saison sur présentation de ce guide.	⊕ Le calme ; la piscine chauffée avec ses immenses toboggans. ⊖ L'absence de discothèque, mais est-ce un « moins » ?

À voir, à faire dans les environs : la vieille ville ; les grottes de Cougnac à Payrignac (4 km) ; Le Vigan (5 km).

GRUISSAN 11430

13 km SE de Narbonne — *Carte Languedoc-Roussillon Sud B1*

€€€€ **39 € (avec électricité)** **115 emplacements**

Les Ayguades – Loisirs Vacances Languedoc : *av. de la Jonque. ☎ 04-68-49-81-59. • infos@loisirs-vacances-languedoc.com • camping-soleil-mer.com • Ouv fin mars-début nov.*
Sur 6 ha, un camping éco-responsable et soigné entre Gruissan et Narbonne-Plage, avec un accès direct à la mer. Tamaris et lauriers-roses délimitent les emplacements sablonneux. Une foule de services : jeux pour enfants, piscine chauffée, bar-snack... Chalets et mobile homes *(336-1 386 €/sem).* Wifi.

Cadre : mer. ***Terrain :*** herbe ; plat.	⊕ Les équipements ; l'accès direct à la plage. ⊖ Les animations en vacances scolaires uniquement.

À voir, à faire dans les environs : Gruissan ; Narbonne ; Bages ; la réserve africaine de Sigean ; le parc naturel régional de la Narbonnaise en Méditerranée ; l'abbaye de Fontfroide.

HÉAS 65120

49 km SE de Lourdes ; 14 km NE de Gavarnie **Carte Midi-Pyrénées Ouest A2**

€€ 14 € **12 emplacements**

Auberge de la Munia : *☎ 05-62-92-48-39. • contact@aubergedelamunia.com • aubergedelamunia.com • Fermé en intersaison.*
Dans une ancienne étable restaurée, des chambres joliment rénovées *(double env 72 € avec petit déj ; compter 51 €/pers en ½ pens)* et la possibilité de planter sa tente dans le jardin, où se trouvent également 2 yourtes *(36 €/nuit et par pers, petit déj inclus).* Les chambres à l'étage bénéficient de la vue sur le cirque ; celle au rez-de-chaussée dispose d'une salle de bains à l'extérieur. Terrasse où l'on déguste crêpes, glaces et autres gourmandises à toute heure. Sinon, bonne et copieuse cuisine traditionnelle *(le midi à la carte seulement, environ 20-22 € ; le soir, sur résa, menu unique 21 €).* Pain frais le matin et pique-nique à emporter sur commande. Service souriant. NOUVEAUTÉ.

Cadre : montagne. ***Terrain :*** herbe ; vallonné.	⊕ La vie au grand air dans sa plus pure expression ! ⊖ Aucun remarqué.

À voir, à faire dans les environs : le cirque de Troumouse ; le lac des Aires ; le port de la Canau ; le vallon de Touyères ; le pic de la Munia ; le cirque d'Estaubé.

ILLE-SUR-TÊT 66130

20 km E de Prades ; 25 km SO de Perpignan **Carte Languedoc-Roussillon Sud A2**

€€ 15 € **61 emplacements**

Camping municipal Le Colomer : *route du Colonel-Fabien. ☎ 04-68-56-79-67. • camping@ille-sur-tet.com • ille-sur-tet.com • Ouv tte l'année sauf oct. CB refusées.*
Terrain au calme, bien situé sur l'axe Perpignan-Prades. Mobile homes pour 5 personnes à louer *(250-460 €/sem).* Piscine municipale et city stade à proximité. Wifi.

Cadre : campagne, sentiers de randonnée, ville. ***Terrain :*** herbe ; plat. ***Réducs :*** 7 nuits pour le prix de 5 du 2 novembre au 30 avril sur présentation de ce guide.	⊕ Les emplacements séparés par de hauts arbustes. ⊖ Pas d'activités sur le camping.

À voir, à faire dans les environs : les Orgues, la vieille ville ; le prieuré de Serrabona (12 km).

ISPAGNAC 48320

Carte Languedoc-Roussillon Nord A1
10 km NO de Florac ; 17 km E de Sainte-Énimie

€€ 12,50 € — 47 emplacements

Camping de l'Aiguebelle : *Le Cantonnet-Bas. ☎ 09-67-75-83-97. 06-75-14-65-98. • campingdelaiguebelle@gmail.com • camping-aiguebelle.fr • Ouv de mai à mi-sept.*
En contrebas de la route, sympathique petit camping tenu par des jeunes. Emplacements ombragés et rigolotes roulottes-chalets à louer, ainsi que des tipis en bois et des tentes suspendues. Piscine, plein de jeux pour les gamins et resto (pizzas au feu de bois, burgers). Le Tarn coule à 100 m du site (mais ce n'est pas encore les gorges). NOUVEAUTÉ.

Cadre : campagne, lacs ou rivières, sentiers de randonnée. ***Terrain :*** herbe ; plat.	⊕ Les équipements. ⊖ Un peu éloigné du village.

€€€ 17 € — 112 emplacements

Le Pré Morjal : *4, chemin du Beldou. ☎ 04-66-45-43-57. • contact@camping-premorjal.com • camping-premorjal.com • Ouv début avr-début nov.*
Camping municipal bien ombragé et bien équipé, notamment pour les enfants. Piscine, salle de jeux (billard, baby-foot...), bar-pizzeria. Location de chalets en bois et bungalows toilés *(195-675 €/sem).* Wifi. NOUVEAUTÉ.

Cadre : campagne, lacs ou rivières, sentiers de randonnée. ***Terrain :*** herbe ; plat.	⊕ La proximité du village. ⊖ Pas en bord de rivière, dommage !

À voir, à faire dans les environs : les gorges du Tarn ; Sainte-Énimie ; le causse Méjean.

LA CANOURGUE 48500

22 km S de Marvejols ; 48 km SO de Mende **Carte Languedoc-Roussillon Nord A1**

€€ 15 € — 50 emplacements

Camping et chalets du Golf : *route des Gorges-du-Tarn. ☎ 04-66-44-23-60. • chaletsdugolf@france48.com • golf-gorgesdutarn.com • Ouv de mi-mai à fin sept. CB refusées.*
Étendu dans un vallon, dans l'herbe et sous les arbres, un camping simple et tranquille, traversé par l'Urugne, format ruisseau. Location de chalets. Piscine. Un très bon rapport qualité-prix. Golf et resto (du golf) à proximité. Wifi.

Cadre : campagne, forêt, lacs ou rivières, montagne. ***Terrain :*** herbe ; plat.	⊕ Le cadre ; le dépôt de pain en saison. ⊖ Loin des commerces du bourg.

À voir, à faire dans les environs : l'église Saint-Martin ; le causse de Sauveterre ; les gorges du Tarn.

LA MALÈNE 48210

Carte Languedoc-Roussillon Nord A2
13 km SO de Sainte-Énimie ; 11 km NE des Vignes

€€€ 16 € — 45 emplacements

Camping municipal Le Pradet : *au village, route de Millau. ☎ 04-66-48-58-55. • camping.lamalene@gmail.com • gorgesdutarn-camping.com • Ouv avr-sept.*

Basique mais assez ombragé et au bord du Tarn (« plage » assez spacieuse). Restaurants et épicerie à deux pas. Côté locatif, un seul chalet à louer, pour 4-5 personnes *(290-500 €/sem).* Accueil aimable et ensemble bien tenu. Wifi.

Cadre : campagne, lacs ou rivières, montagne, sentiers de randonnée. ***Terrain :*** herbe ; plat ; en terrasses.	⊕ La baignade et la pêche dans la rivière. ⊖ Peu équipé.

À voir, à faire dans les environs : les gorges du Tarn ; le roc des Hourtous ; le causse Méjean.

LA PALME 11480

Carte Languedoc-Roussillon Sud B1

20 km S de Narbonne ; 10 km N de Leucate ; 7,5 km S de Sigean

€€€€ **22 €** **50 emplacements**

Camping Domaine de la Palme : *79, chemin du Stade. ☎ 04-68-48-50-40. • info@camping-la-palme.com • camping-la-palme.com • Ouv de mi-juin à fin nov.*
Face à l'étang de La Palme et à 4 km de la mer, c'est un camping à taille humaine, sympa et authentique, avec des emplacements ombragés et séparés par des haies. Sanitaires nickel. Piscine et camion-pizza plusieurs fois par semaine. Accueil sympa et pro. Mobile homes, chalets, écolodges et tentes « bivouac sous les étoiles » *(287-1 043 €/sem).* NOUVEAUTÉ.

Cadre : mer, ville. ***Terrain :*** herbe ; plat.	⊕ La proximité de la mer ; les beaux équipements. ⊖ En zone pavillonnaire.

À voir, à faire dans les environs : la réserve africaine de Sigean ; Guissan ; Bages ; le parc naturel régional de la Narbonnaise en Méditerranée.

LA ROMIEU 32480

46 km NE de Condom ***Carte Midi-Pyrénées Ouest A1***

€€€€ **43 €** **197 emplacements**

Le Camp de Florence : *route d'Astaffort. ☎ 05-62-28-15-58. • info@lecampdeflorence.com • lecampdeflorence.com • Ouv mai-fin sept.*
Sur une ancienne exploitation agricole de 10 ha bordée de champs, un village-vacances 4 étoiles avec une foule d'équipements (piscine tropicale dans un bel espace aquatique, petit parc animalier, resto de bonne tenue, location de vélos...). Les emplacements sont bien ombragés et délimités par des haies. Les moins chers se trouvent dans un verger et sont réservés aux randonneurs (pas de voiture). Nombreuses animations en saison. Très bon accueil. Location de tentes Canada, Coco Sweet, chalets et mobile homes *(280-1 330 €/sem).* Wifi.

Cadre : campagne, sentiers de randonnée. ***Terrain :*** en terrasses ; herbe ; plat.	⊕ La piscine tropicale ; les nombreux équipements ; la gamme de prix étendue. ⊖ Beaucoup de monde en été.

À voir, à faire dans les environs : la collégiale Saint-Pierre ; les jardins de Coursiana à La Bourdette ; Condom (12 km) ; Lectoure (16 km) ; l'abbaye de Flaran (20 km).

LA SALVETAT-SUR-AGOUT 34330

33 km O de Mons ***Carte Languedoc-Roussillon Sud A1***

€€€ **20 €** **120 emplacements**

Les Bouldouïres : *lac de la Raviège. ☎ 04-67-97-36-91. • contact@campingbouldouires.fr • campingbouldouires.fr • Ouv 30 mars-3 nov.*

OCCITANIE

Séparés par des haies, des emplacements pas bien grands et très peu ombragés, mais le camping est bien placé, juste au-dessus du lac et de sa base nautique. Accueil sympathique et ambiance familiale. Quelques animations en saison... Location de chalets et de mobile homes 4-6 personnes *(220-680 €/sem).* Internet. Wifi.

Cadre : montagne, lacs ou rivières. ***Terrain :*** herbe ; en terrasses.	⊕ La situation (à 100 m du lac) ; les balades pédestres et VTT. ⊖ La taille et le manque d'ombre des emplacements.

À voir, à faire dans les environs : les villages montagnards de La Salvetat et de Fraïsse-sur-Agout ; la chapelle Saint-Étienne (XXe s)

LACAUNE-LES-BAINS 81230

47 km NE de Castres ***Carte Midi-Pyrénées Sud B1***

€€ 15 € **32 emplacements**

Camping des Sources Chaudes : *domaine de Saint-Michel. ☎ 05-63-37-22-39. 06-62-35-58-10. • contact@campinglacaune.fr • campinglacaune.fr • Ouv mai-oct (loc tte l'année).*
Camping assez coquet, avec de jolis chalets en bois adossés à la lisière de la forêt *(290-800 €/sem)* et des emplacements bien délimités par des haies. Assez bien ombragé. Salle de jeux, minigolf, et Espace des sources chaudes avec piscine juste à côté (accès à tarif préférentiel en camping, gratuit en location). Snack et location de vélos électriques. Bon accueil. Internet. Wifi.

Cadre : campagne, montagne. ***Terrain :*** herbe ; plat.	⊕ La proximité de l'Espace des sources chaudes. ⊖ Pas vraiment...

À voir, à faire dans les environs : la ville thermale de Lacaune ; les monts de Lacaune ; la vallée du Gijou ; les rochers du Sidobre (la Peyro Clabado, le roc de l'Oie, les Trois-Fromages...) ; le musée du Protestantisme de la Réforme à la laïcité à Ferrières.

LACAVE 46200

28 km NE de Gourdon ***Carte Midi-Pyrénées Nord A1***

€€€€ 26,02 € **110 emplacements**

Camping La Rivière : *au Bougayrou. ☎ 05-65-37-02-04. 06-85-08-45-49. • contact@campinglariviere.com • campinglariviere.com • Ouv de mai à mi-sept (dès avr pour les loc).*
Entre Rocamadour et Sarlat, au bord de la Dordogne. Il y a d'ailleurs une plage aménagée. Grand parc ombragé et plat. Restauration ; animations en saison. Piscine chauffée. Loue aussi des mobile homes *(280-825 €/sem).* Ambiance familiale et conviviale : minigolf, ping-pong, terrain de volley, balançoires et jeux enfants. Internet. Wifi.

Cadre : lacs ou rivières. ***Terrain :*** herbe ; plat.	⊕ Le cadre au bord de la Dordogne. ⊖ Le wifi partiel.

À voir, à faire dans les environs : les grottes du village ; Rocamadour (10 km) ; Souillac (12 km) ; Martel (19 km).

LACAZE 81330

45 km NE de Castres ; 20,5 km O de Lacaune ***Carte Midi-Pyrénées Sud B1***

€€ 15 € **20 emplacements**

Camping Le Jardin : *dans le bourg. ☎ 05-63-59-19-21. 06-65-37-12-12. • lejardindelacaze@gmail.com • camping-lejardindelacaze.com • Ouv avr-sept (loc tte l'année).*

Dans le village et à proximité de la rivière, un joli camping très bien tenu. Emplacements parfaitement délimités par d'épaisses haies qui préservent l'intimité de chacun. Bungalows toilés et chalets pour 4-6 personnes à louer *(150-510 €/sem).* Piscine modeste et resto sur place. Petite aire de jeux municipale tout près. Bonne atmosphère familiale. Wifi.

Cadre : campagne, montagne, sentiers de randonnée. ***Terrain :*** herbe ; plat.	⊕ Bien équipé ; le cadre bucolique. ⊖ La piscine plutôt du genre riquiqui.

À voir, à faire dans les environs : Castres (45 km) ; les monts de Lacaune ; la vallée du Gijou ; les rochers du Sidobre (la Peyro Clabado, le roc de l'Oie, les Trois-Fromages...) ; le musée du Protestantisme de la Réforme à la laïcité à Ferrières.

LAGRASSE 11220

Carte Languedoc-Roussillon Sud A1

35 km SE de Carcassonne ; 42 km SO de Narbonne

€€ **14 €** **40 emplacements**

Camping Boucocers : *route de Ribaute. ☎ 04-68-43-15-18. • mairielagrasse@wanadoo.fr • lagrasse.fr • Ouv juil-sept. CB refusées.*
Petit camping tout simple, aux emplacements dispatchés sur une pelouse plus ou moins ombragée (les arbres sont encore petiots), mais au calme et avec vue imprenable sur l'un des Plus Beaux Villages de France. Sanitaires pas jeunes mais propres. Internet. Wifi.

Cadre : campagne. ***Terrain :*** en terrasses ; herbe.	⊕ Le sentier d'accès direct au village ; la vue. ⊖ Pas beaucoup d'ombre.

À voir, à faire dans les environs : le village (classé Plus Beau Village de France) et l'abbaye de Lagrasse ; les châteaux du Pays cathare ; le vignoble des Corbières.

LAGUÉPIE 82250

65 km NE de Montauban ***Carte Midi-Pyrénées Nord A2***

€€ **10,20 €** **47 emplacements**

Camping Les Tilleuls : *Les Arènes. 09-75-84-24-86. • camping.lestilleuls82@gmail.com • camping-lestilleuls-laguepie.com • Ouv de mi-avr à mi-oct. CB refusées.*
Petit camping bien ombragé et installé au bord du Viaur (on peut s'y baigner) ; l'environnement est superbe. Loue également des bungalows, des chalets et des mobile homes *(140-340 €/sem).* Le GR 36 passe à proximité. Petite piscine en été pour les enfants. Plein air-bowling. Wifi.

Cadre : campagne, lacs ou rivières. ***Terrain :*** herbe ; plat.	⊕ La base de loisirs juste à côté, avec piscine, tennis, canoë, etc. ⊖ Un peu excentré.

À voir, à faire dans les environs : Saint-Antonin-Noble-Val (24 km) ; les jardins de Quercy à Cambou (Verfeil-sur-Seye ; 11 km) ; l'abbaye de Beaulieu-en-Rouergue (15 km) ; le château de Cas à Espinas (25 km) ; Caylus (25 km) ; les gorges de l'Aveyron.

LAGUIOLE 12210

56 km NE de Rodez ***Carte Midi-Pyrénées Nord B1***

€€ **13,40 €** **57 emplacements**

Camping municipal Les Monts d'Aubrac : *ZA La Poujade. ☎ 05-65-44-39-72 (en saison) et 05-65-51-26-30 (hors saison). • campinglaguiole12@gmail.com • campinglesmontsdaubraclaguiole.jimbo.com • Ouv de mi-mai à fin sept.*

Petit camping tout simple, familial et très bien tenu. Emplacements séparés par des haies bien hautes. Comme son nom l'indique, bien situé pour découvrir les monts d'Aubrac. Un petit chemin mène au village en 5 mn à pied. Accueil très aimable.

Cadre : campagne, lacs ou rivières, sentiers de randonnée. ***Terrain :*** herbe.	⊕ L'environnement nature tout en étant proche du bourg. ⊖ Le vent... à décorner les bœufs certains jours !

À voir, à faire dans les environs : les artisans couteliers, la coopérative fromagère et le village ; Aubrac ; les monts d'Aubrac.

LANGOGNE 48300

Carte Languedoc-Roussillon Nord B1

46 km NE de Mende ; 44 km S du Puy-en-Velay

€€€ 20 € 171 emplacements

Les Terrasses du Lac : *lac de Naussac. ☎ 04-66-69-29-62. • bonjour@nuassac.com • naussac.com • Ouv avr-sept.*
Camping vaste et bien équipé, étalé sur des mamelons dominant le lac, au-dessus de la base nautique. Piscine. Location de chalets et mobile homes *(273-847 €/sem).* Tout en bas, un resto tourné terroir *(menus 22-32 €)* et quelques chambres d'hôtel. Wifi. NOUVEAUTÉ.

Cadre : campagne, lacs ou rivières. ***Terrain :*** herbe ; en terrasses.	⊕ Les nombreux équipements et la proximité du lac. ⊖ Un peu loin de la ville.

À voir, à faire dans les environs : la filature des Calquières ; le lac de Naussac.

LARNAGOL 46160

36 km SO de Figeac *Carte Midi-Pyrénées Nord A2*

€€€€ 28 € 49 emplacements

Camping Ruisseau du Treil : *au village. ☎ 05-65-31-23-39. • contact@lotcamping.com • lotcamping.com • Ouv début mai-début sept. CB refusées.*
Tenu par un couple britannique, un petit camping calme de 5 ha, familial et ombragé. Beaux emplacements, spacieux et agréables, répartis sur 5 terrains. 2 petites piscines et baignade possible dans le Lot, situé à deux pas. Terrains de sport (volley, foot, ping-pong, boulodrome...). Bar-resto. Location de caravanes, lodges et mobile homes *(275-695 €/sem).* Internet. Wifi.

Cadre : campagne, sentiers de randonnée, lacs ou rivières. ***Terrain :*** herbe ; plat.	⊕ Le cadre ; le calme. ⊖ Loin de tout.

À voir, à faire dans les environs : le château de Cénevières (4 km) ; la vallée du Célé (16 km) ; Saint-Cirq-Lapopie (11 km) ; le causse de Limogne ; Figeac (36 km).

LAROQUE-DES-ALBÈRES 66740

Carte Languedoc-Roussillon Sud B2

2 km O de Sorède ; 10 km O d'Argelès-sur-Mer

€€€€ 41 € 211 emplacements

Camping Les Albères : *route du Moulin-de-Cassagnes. ☎ 04-68-89-23-64. • lesalberes@cybelevacances.com • camping-des-alberes.com • Ouv de début avr à mi-sept.*

Grand camping partiellement ombragé, surtout intéressant pour sa foule d'équipements (espace aquatique avec toboggan, terrains de sport, location de vélos, etc.) et sa situation entre mer et montagne. Animations pour les enfants et soirées à thème l'été. Location de tentes équipées, chalets et mobile homes 2 à 6 personnes *(259-899 €/sem).* Internet. Wifi.

Cadre : sentiers de randonnée, montagne. ***Terrain :*** en terrasses ; herbe ; en pente ; rocaille. ***Réducs :*** - 30 % sur la deuxième semaine hors saison sur présentation de ce guide.	⊕ Les équipements ; les animations pour les enfants. ⊖ La mer à 9 km.

À voir, à faire dans les environs : l'église abbatiale Saint-André (3 km) ; la vallée des Tortues (4 km) ; les plages d'Argelès-sur-Mer (10 km) ; le vieux port de Collioure (18 km).

LASALLE 30460

Carte Languedoc-Roussillon Nord B2

17 km O d'Anduze ; 17 km S de Saint-Jean-du-Gard

€€€€ **30,50 €** **99 emplacements**

Camping La Salendrinque : *route de Saint-Hippolyte-du-Fort.* ☎ *04-66-85-24-57.* • *info@campinglasalendrinque.fr* • *campinglasalendrinque.fr* • *Ouv avr-nov.*
Agréable site naturel au bord de la Salendrinque, habitée par des castors (mais où l'on peut se baigner aussi, cela dit). Le camping dispose de sanitaires modernes. Lodges Kenya et mobile homes à louer *(315-810 €/sem selon taille, confort et saison).* Internet. Wifi.

Cadre : campagne, lacs ou rivières. ***Terrain :*** en pente ; en terrasses ; herbe. ***Réducs :*** - 10 % hors saison sur présentation de ce guide.	⊕ La baignade dans la Salendrinque, et surtout la piscine chauffée. ⊖ Certains emplacements perturbés par le bruit... de la cascade, et on ne parle pas des oiseaux, etc. (on rigole !).

À voir, à faire dans les environs : la vallée Borgne ; le parc national des Cévennes.

LASTOURS 11600

20 km N de Carcassonne *Carte Languedoc-Roussillon Sud A1*

€€ **15 €** **20 emplacements**

Camping Le Belvédère : *10, route du Belvédère.* ☎ *04-68-77-81-12.* 📱 *06-18-94-41-27.* • *campingdelastours@orange.fr* • *campingdelastours.fr* • *Ouv avr-sept.*
Au cœur du Haut-Cabardès, région montagneuse qui s'étend sur les pentes de la Montagne Noire, jusqu'à près de Carcassonne, et posé sur une crête juste au sud de l'entrée des châteaux, un petit camping éthique et respectueux de l'environnement (recyclage des déchets, gestion de l'eau...). Emplacements herbeux sous les chênes, bénéficiant d'une vue panoramique imprenable sur les châteaux. Snack-buvette, dépôt de pain, aire de jeux pour enfants, boulodrome et sauna. Mobile homes *(200-600 €/sem).* NOUVEAUTÉ.

Cadre : campagne, montagne. ***Terrain :*** vallonné ; herbe.	⊕ La nature ; la tranquillité ; le patrimoine ; le panorama. ⊖ Pas de piscine.

À voir, à faire dans les environs : les châteaux de Lastours ; les grottes de Limousis ; la cascade de Cubserviès.

LATTES 34970

Carte Languedoc-Roussillon Sud B1
5 km SE de Montpellier ; 8 km N de Palavas-les-Flots

€€€€ 30 € 100 emplacements

Camping Le Parc : *sur la D 172, route de Mauguio. ☎ 04-67-65-85-67. • camping-le-parc@orange.fr • leparccamping.com • Ouv tte l'année.*
Petit camping familial. Emplacements ombragés très convenables, bien délimités et entretenus. Animations en saison, mais juste ce qu'il faut pour ne pas troubler la quiétude des vacanciers. Bons équipements : piscine, jeux, épicerie d'appoint, snack en saison... Location de mobile homes *(265-790 €/sem).* Wifi.

Cadre : mer, ville. ***Terrain :*** plat.	⊕ Les pistes cyclables à proximité. ⊖ Il y aura un peu trop de règles à suivre pour certains...

À voir, à faire dans les environs : Montpellier et ses musées par temps gris ; les plages et la cathédrale de Maguelonne par temps clair.

LE BEZ 81260

23 km E de Castres *Carte Midi-Pyrénées Sud B1*

€€€€ 26,50 € 55 emplacements

Camping Le Plô : *dans le bourg. ☎ 05-63-74-00-82. • info@leplo.com • camping-leplo.com • Ouv mai-sept. CB refusées.*
Un camping au cœur d'une belle nature, et tenu par un jeune couple sympathique de Néerlandais. Pas de bungalows ni de chalets, juste de grandes tentes pour 4-6 personnes, équipées d'une cuisine *(300-645 €/sem).* Les emplacements avec électricité sont bien ombragés, les autres beaucoup moins. Salle et aire de jeux pour les enfants avec trampolines. Piscine et snack. Location de vélos. Un bon camping familial. Internet. Wifi.

Cadre : campagne, forêt, montagne, sentiers de randonnée. ***Terrain :*** en terrasses ; herbe ; plat.	⊕ La belle vue depuis les emplacements. ⊖ Certains emplacements manquent d'ombre.

À voir, à faire dans les environs : Castres (23 km) ; les monts de Lacaune ; la vallée du Gijou ; les rochers du Sidobre (la Peyro Clabado et son musée, le roc de l'Oie, les Trois-Fromages...) ; Burlats ; le musée du Protestantisme de la Réforme à la laïcité à Ferrières.

LE GRAU-DU-ROI 30240

Carte Languedoc-Roussillon Sud B1
36 km SE de Montpellier ; 6 km SO d'Aigues-Mortes

€€€€ 60 € 523 emplacements

Yelloh Village Les Petits Camarguais : *route de l'Espiguette. ☎ 04-66-51-16-16 ou 04-66-73-97-39. • info@les-petits-camarguais.fr • yellohvillage.fr • Ouv Pâques-Toussaint.*
Sur la route des plages, un camping haut de gamme en 3 quartiers différents, qui propose surtout du locatif. Mobile homes bien équipés, pour 2 ou 6 personnes *(273-2 060 €/sem ; min 2 nuits hors saison),* recouverts de toits-paillotes, avec clim et bain de soleil, les pieds dans le sable ou bien arborés, un peu serrés toutefois. Pour les familles, le quartier « Côté Village » possède une piscine-lagon superbe. Un vaste complexe sans complexe. Internet. Wifi.

Cadre : mer. **Terrain :** plat.	⊕ Les aménagements ; la proximité de la piste cyclable et des plages, plus la piscine dans la dune. ⊖ Seulement 23 emplacements pour les tentes (au quartier des Secrets) ; les prix élevés.

€€€€ 36 € — 2 000 emplacements

Camping de l'Espiguette : *route de l'Espiguette. ☎ 04-66-51-43-92. • reception@campingespiguette.fr • campingespiguette.fr • Ouv avr-nov.*
C'est le plus ancien et le plus vaste camping du Grau-du-Roi. Rien d'extraordinaire, mais l'assurance d'y trouver de la place avec une tente même en haute saison. Vaste pinède ombragée, petit centre commercial avec halte-garderie, laverie, supérette, boulangerie, pizzeria et location de vélos. Parc aquatique inclus dans le tarif. Les plages sont à deux jets de vélo : on est quand même dans un site Natura 2000 ! Location de tongas, mobile homes et chalets *(203-1 260 €/sem, jusqu'à 10 pers).* Internet. Wifi.

Cadre : mer. **Terrain :** plat ; herbe ; en terrasses. **Réducs :** - 25 % pour une semaine réservée hors juillet-août sur présentation de ce guide.	⊕ Le nombre d'emplacements. ⊖ Le monde en saison ; l'entretien et l'accueil qui laissent parfois à désirer.

€€€€ 45 € — 736 emplacements

Domaine Élysée : *980, route de l'Espiguette. ☎ 04-66-35-73-35. • domaine-elysee@odalys.com • odalys-vacances.com •*
Belle situation au cœur d'un domaine arboré de 17 ha au bord de l'eau. 700 mobile homes avec terrasse individuelle, pour 2-8 personnes *(217-1 232 €/sem).* Ce village-club propose de nombreux équipements : terrains multisports, courts de tennis, kayak, minigolf, boulodrome, aire de jeux, ainsi qu'un théâtre de plein air. Restaurant face à une piscine olympique à côté de laquelle a été aménagé un toboggan pour les plus petits. NOUVEAUTÉ.

Cadre : campagne, mer. **Terrain :** herbe ; plat.	⊕ Les clubs enfants et ados en juillet-août, et les animations. ⊖ On cherche encore...

À voir, à faire dans les environs : l'aquarium, les dunes ; Aigues-Mortes.

LE MALZIEU-VILLE 48140

10 km NE de Saint-Chély-d'Apcher — ***Carte Languedoc-Roussillon Nord A1***

€€ 12 € — 50 emplacements

Camping de la piscine : *complexe sportif. ☎ 04-66-31-47-63 ou 04-66-31-70-25 (mairie). Ouv de mi-mai à fin sept.*
En retrait des rives de la Truyère, en bordure de la piscine, donc (avec toboggan), du stade et des tennis municipaux, un camping très simple, ses grands emplacements posés dans l'herbe et encadrés par des haies et quelques arbres. Sanitaires nickel. Plan d'eau de pêche à proximité. NOUVEAUTÉ.

Cadre : campagne, lacs ou rivières, sentiers de randonnée. **Terrain :** herbe ; plat.	⊕ Le calme. ⊖ Très peu d'équipements et un peu éloigné du village.

À voir, à faire dans les environs : le vieux village ; les gorges de la Truyère ; la Scénovision de la Margeride à Saint-Alban ; les Bisons d'Europe à Sainte-Eulalie ; le mont Mouchet.

LE MAS-D'AZIL 09290

30 km NO de Foix ; 79 km S de Toulouse *Carte Midi-Pyrénées Sud A2*

€€€ 22 € **46 emplacements**

Camping Le Petit Pyrénéen : *lieu-dit Castagnès. ☎ 05-61-69-71-37. 📱 07-87-06-12-72. • contact@campinglepetitpyreneen.com • campinglepetitpyreneen.com • Ouv avr-début oct.*
En contrebas de la route (peu passante), au bord de la rivière, un camping familial partiellement ombragé. Location de Coco Sweet, chalets et mobile homes 2-5 personnes *(199-769 €/sem).* Accueil fort sympathique. Piscine, aire de jeux, accueil camping-cars. Internet. Wifi.

Cadre : lacs ou rivières, montagne, campagne.
Terrain : herbe ; plat.
Réducs : - 5 % sur le tarif de base et un apéritif local offert pour tout repas pris au snack sur présentation de ce guide.

⊕ Le calme et la tranquillité du lieu ; l'accès à la rivière ; le chemin piéton pour se rendre au village.
⊖ En contrebas d'une route, mais peu passante.

À voir, à faire dans les environs : la grotte du Mas-d'Azil, le Musée archéologique, Xploria et l'Affabuloscope.

LE PONT-DE-MONTVERT 48220

20 km NE de Florac ; 29 km O de Génolhac *Carte Languedoc-Roussillon Nord B1*

€€ 14 € **100 emplacements**

Camping municipal : *RD 20, le village. ☎ 04-66-45-82-88. • gite@mairiepontdemontvert.fr • campingmunicipal-pontdemontvert.fr • Ouv avr-oct.*
Camping tranquille étagé sous les arbres dans le haut du village, avec accès direct à un joli spot de rivière (baignade possible). NOUVEAUTÉ.

Cadre : campagne, montagne, forêt, lacs ou rivières, sentiers de randonnée.
Terrain : herbe ; en terrasses ; plat.

⊕ Le prix ; la proximité de la rivière et du village.
⊖ Peu d'équipements ; pas de locatifs.

À voir, à faire dans les environs : le mont Lozère et les sources du Tarn ; le parc national des Cévennes ; la cascade de Runes.

LE ROZIER 48150

11 km S des Vignes ; 22 km NE de Millau *Carte Languedoc-Roussillon Nord A2*

€€€ 21,60 € **160 emplacements**

Camping municipal de Brouillet : *chemin de Brouillet. ☎ 05-65-62-63-98. • contact@campinglerozier.com • campinglerozier.com • Ouv avr-fin sept.*
Au bord de la Jonte (pas vraiment de plage), un camping ombragé et bien équipé. Grande piscine. Mobile homes *(300-675 €/sem).* Wifi.

Cadre : campagne, lacs ou rivières, sentiers de randonnée.
Terrain : herbe ; plat.

⊕ La piscine ; la proximité du village.
⊖ Pas de restauration.

€€ 15 € **35 emplacements**

Camping Brudy : *chemin du Brouillet. ☎ 05-65-62-66-33. 📱 06-87-50-65-18. • camping-brudy.fr • Ouv mai-oct.*

OCCITANIE

Camping très simple calé à la confluence de la Jonte et du Tarn, avec accès à une modeste plage sur ce dernier. Location de mobile homes et caravanes *(120-500 €/sem)*. NOUVEAUTÉ.

Cadre : campagne, lacs ou rivières, sentiers de randonnée. ***Terrain :*** plat ; herbe.	⊕ L'accès à une petite plage sur le Tarn. ⊖ Peu d'équipements.

À voir, à faire dans les environs : les gorges de la Jonte ; le village classé de Peyreleau ; les gorges du Tarn.

LE VIGAN 30120

17 km NO de Ganges ***Carte Languedoc-Roussillon Nord A2***

€€€€ **28,50 €** **170 emplacements**

Camping Le Val de l'Arre : *route du Pont-de-la-Croix, mas de Roudoulouse. ☎ 04-67-81-02-77. • valdelarre@wanadoo.fr • camping-levaldelarre.com • Ouv avr-sept.* Un vaste site à l'ambiance nature bien qu'à proximité de la ville. D'un côté de la route, les hébergements locatifs, de l'autre, les emplacements réservés aux campeurs, avec des pelouses plantées d'arbres, qui semblent s'étendre à perte de vue. Elles descendent jusqu'à la rivière. Ensemble bien équipé avec piscine, épicerie et snack. Location de mobile homes et Coco Sweet ; village de mobile homes en retrait *(210-850 €/sem pour 2-6 pers)*. Wifi.

Cadre : campagne, forêt, lacs ou rivières, sentiers de randonnée. ***Terrain :*** herbe ; plat. ***Réducs :*** une boisson de bienvenue offerte sur présentation de ce guide.	⊕ Au centre des Cévennes méridionales. ⊖ On cherche, on cherche...

À voir, à faire dans les environs : le Musée cévenol ; la station météo du Mont-Aigoual ; le causse de Blandas.

LECTOURE 32700

22 km E de Condom ***Carte Midi-Pyrénées Ouest A1***

€€€€ **57 €** **620 emplacements**

Yelloh Village Lac des Trois Vallées : *route de Fleurance. ☎ 05-62-68-82-33. • contact@lacdes3vallees.fr • lacdes3vallees.fr • Ouv juin-début sept.* Immense camping village-vacances 5 étoiles, tout confort, dans un site arboré en bord de lac. Belle plage, activités nautiques et, comme si ça ne suffisait pas, second lac pour la pêche et vaste piscine façon parc aquatique. Activités sportives et toutes sortes d'animations pour petits et grands : jeux gonflables, tennis, minigolf... et même un skatepark. Resto, bar, supermarché... Il y a tout, plus besoin d'en sortir ! Un monde fou l'été, vous voilà prévenu. Également location de tentes meublées, bungalows toilés et cottages *(275-1 640 €/sem)*. Internet. Wifi.

Cadre : campagne, lacs ou rivières. ***Terrain :*** en terrasses ; herbe.	⊕ Au bord du lac du même nom ; les nombreuses activités. ⊖ Les prix élevés en haute saison ; la réservation recommandée (dès janvier) pour juillet et août ; peu intime en été.

À voir, à faire dans les environs : la cathédrale Saint-Gervais-et-Saint-Protais, le Musée archéologique ; le château de Flamarens (20 km) ; la collégiale Saint-Pierre de La Romieu (16 km) ; les jardins de Coursiana à La Bourdette (17 km) ; Condom (24 km) ; la bastide de Saint-Clar (15 km).

LES CAMMAZES 81540

28 km SO de Castres — *Carte Midi-Pyrénées Sud A1*

€€€€ 25,50 € — 65 emplacements

Camping de la Rigole : *route du Barrage. ☎ 05-63-73-28-99. • campings.occitanie@orange.fr • campingdelarigole.com • Ouv de mi-avr à fin sept.*
À 600 m du barrage des Cammazes, agréable camping bien équipé et ombragé, aux emplacements délimités par des haies qui réservent une certaine intimité. Hébergements locatifs *(420-896 €/sem)* et tente sur terrasse *(37-47 €/nuit).* Bar-snack, épicerie, piscine chauffée, animations les soirs d'été, activités pour les enfants et ados, mini-ferme, etc. Wifi. NOUVEAUTÉ.

Cadre : montagne, forêt, sentiers de randonnée, lacs ou rivières. ***Terrain :*** herbe ; plat.	⊕ Le bon niveau d'équipement. ⊖ Assez éloigné des commerces.

À voir, à faire dans les environs : l'abbaye-école et son musée ; le canal du Midi ; la Montagne Noire.

LES VIGNES 48210

25 km SO de Sainte-Énimie — *Carte Languedoc-Roussillon Nord A2*

€€€€ 28 € — 72 emplacements

Camping La Blaquière : *gorges du Tarn, Les Vignes, RD 907 bis. ☎ 04-66-48-54-93. • contact@campingblaquiere.fr • campinggorgesdutarn.fr • Ouv de mi-avr à mi-sept.*
Au bord du Tarn, au pied des falaises, dans un site superbe et généreusement ombragé, entre le cirque des Baumes et Les Détroits. Accueil sympathique, atmosphère familiale, équipements impeccables. Snack l'œil sur la rivière, épicerie, location de mobile homes et lodges *(160-830 €/sem).* Baignade (grande « plage ») dans le Tarn et randos à pied ou à VTT au départ du camping. Un bel endroit. Wifi.

Cadre : campagne, lacs ou rivières, sentiers de randonnée. ***Terrain :*** en terrasses ; herbe ; plat.	⊕ Les équipements et l'emplacement au cœur des gorges du Tarn : près de la plus belle plage des gorges ! ⊖ Un petit peu isolé.

À voir, à faire dans les environs : les gorges du Tarn ; le parc national des Cévennes ; le roc des Hourtous ; le causse Méjean.

LÉZIGNAN-CORBIÈRES 11200

Carte Languedoc-Roussillon Sud A1

21 km O de Narbonne ; 38 km E de Carcassonne

€€€ 21,50 € (avec électricité) — 90 emplacements

Camping La Pinède : *route des Roussillous. ☎ 04-68-27-05-08. 06-66-22-27-92. • lapinede.aude@gmail.com • campinglapinede.fr • Ouv avr-oct.*
À la lisière de la ville mais déjà à la campagne, c'est un agréable camping familial bien ombragé par une pinède, comme son nom le laisse supposer... Accès gratuit à la piscine municipale voisine, tennis, jeux pour enfants, et bon resto traditionnel alimenté par le potager maison. Mobile homes et écolodges *(260-990 €/sem).* Internet. Wifi.

Cadre : ville, campagne. ***Terrain :*** herbe ; plat ; rocaille ; en terrasses.	⊕ L'accès gratuit à la piscine municipale. ⊖ Peu de divertissements pour les ados, hormis la piscine ; le sol dur à partir de juin.

À voir, à faire dans les environs : Narbonne ; l'abbaye de Fontfroide ; Lagrasse (Plus Beau Village de France) ; le vignoble des Corbières ; le parc naturel régional de la Narbonnaise en Méditerranée.

LIEURAC 09300

21 km E de Foix — *Carte Midi-Pyrénées Sud A2*

€€ 14 € — **6 emplacements**

L'Amaranthe : *Gouziaud. ☎ 05-61-01-30-38. 06-24-10-95-83. • lamaranthe@hotmail.fr • lejardinextraordinaire.net • Ouv de mi-juin à mi-sept. CB refusées.*
Autopropclamé « camping écologique et sympathique », ce petit camping bohème, situé au cœur d'un bois, a effectivement tout pour plaire, à commencer par un accueil exceptionnel. Tenu par un couple producteur de fruits, de fleurs et de légumes bio, il combine les joies du campement à l'ancienne, avec un confort pour le moins rudimentaire et le charme d'un site paysagé. Roulotte *(180 €/sem ; draps non fournis ; sans cuisine).*

Cadre : campagne, forêt, lacs ou rivières, montagne, sentiers de randonnée.
Terrain : en terrasses ; herbe.

⊕ Les installations écologiques (électricité solaire et phytoépuration).
⊖ L'accès un peu escarpé ; pas de restauration sur place.

À voir, à faire dans les environs : Roquefort-les-Cascades (5 km) ; le lac de Montbel (17 km) ; Montségur (22 km).

LLAURO 66300

11 km N de Céret ; 26 km SO de Perpignan — *Carte Languedoc-Roussillon Sud A2*

€€€ 19 € — **40 emplacements**

Camping Al Comu : *route de Fourques. ☎ 04-68-39-42-08. 06-86-21-50-15. • alcomu@wanadoo.fr • camping-al-comu.com • Ouv début avr-fin oct. CB refusées.*
Un petit camping au calme, à l'écart des grands axes. Les emplacements sous les chênes-lièges sont vraiment vastes. Sol un peu dur, prévoir le matériel en conséquence. Belle vue côté Méditerranée, belle vue côté Pyrénées ; et adorable côté accueil. Wifi.

Cadre : campagne, forêt, sentiers de randonnée.
Terrain : en terrasses.
Réducs : hors saison 2 personnes avec tente, voiture, électricité + chien à 18 € sur présentation de ce guide.

⊕ Le calme ; la vue ; l'accueil.
⊖ La tramontane, parfois forte ; le sol un peu dur.

À voir, à faire dans les environs : à Céret (11 km), le musée d'Art moderne, le MUSIC, la vieille ville.

LOUBRESSAC 46130

44 km NO de Figeac — *Carte Midi-Pyrénées Nord A1*

€€€ 19,50 € — **50 emplacements**

Camping La Garrigue : *327, route de Sarrouil. ☎ 05-65-38-34-88. 06-42-97-76-51. • infos@camping-lagarrigue.com • camping-lagarrigue.com • Ouv avr-fin sept.*
Un petit camping familial aux emplacements en paliers dans la forêt. Plutôt bien ombragé et bien équipé. Pas d'animations ici, on recherche avant tout le calme. Snack et pizza maison le soir. Belle piscine. Ping-pong. Location de mobile homes *(190-590 €/sem).* Internet. Wifi.

Cadre : campagne, sentiers de randonnée.
Terrain : en terrasses ; herbe ; plat ; rocaille.

⊕ Le calme.
⊖ Le wifi partiel.

À voir, à faire dans les environs : le vieux village ; Autoire (5 km) ; Carennac (8 km) ; la vallée de la Dordogne ; le gouffre de Padirac (8,5 km) ; Saint-Céré (10 km) ; Rocamadour (20 km).

LOURDES 65100

12 km NE d'Argelès-Gazost *Carte Midi-Pyrénées Ouest A2*

€€€ **19,50 €** **98 emplacements**

Camping Sites et Paysages La Forêt : *route de la Forêt. ☎ 05-62-94-04-38. • hello@camping-hautes-pyrenees.com • camping-hautes-pyrenees.com • Ouv fin mars-oct.*
Camping assez grand, en surplomb du gave de Pau et au calme. Plutôt bien ombragé. Restaurant, bar, épicerie d'appoint, piscine chauffée avec espace balnéo, jeux pour les enfants (dont un trampoline et un château gonflable), ping-pong, baby-foot. Location de mobile homes, chalets, cabanes-lodges (avec spa), bio-cottages et cottages-suite *(255-790 €/sem).* Internet. Wifi.

Cadre : forêt, lacs ou rivières, montagne, sentiers de randonnée, ville. ***Terrain :*** herbe ; plat. ***Réducs :*** un café offert à l'arrivée sur présentation de ce guide.	⊕ La forêt toute proche pour faire une balade. ⊖ Un brin excentré.

€€€ **19 €** **67 emplacements**

Camping de Sarsan : *4, av. Jean-Moulin. ☎ 05-62-94-43-09. • camping.sarsan@wanadoo.fr • lourdes-camping.com • Ouv d'avr à mi-oct. CB refusées.*
Dans un quartier résidentiel en bordure de forêt, un petit camping ombragé dont les emplacements s'organisent autour d'une belle piscine. Espaces de jeux, salle TV et petite alimentation sur place. Location de mobile homes pour 4-6 personnes *(250-650 €/sem).* Internet. Wifi.

Cadre : ville. ***Terrain :*** herbe ; plat.	⊕ Le calme ; la proximité du centre-ville ; la vue panoramique sur les Pyrénées. ⊖ Pas d'animations.

À voir, à faire dans les environs : la grotte de Massabielle et les sanctuaires, le château fort et le Musée pyrénéen.

LUNEL 34400

Carte Languedoc-Roussillon Nord B2
28 km NE de Montpellier ; 28 km SO de Nîmes

€€€ **18 €** **81 emplacements**

Le Pont de Lunel : *route de Nîmes (D 613). ☎ 04-67-71-10-22. • nb.pontdelunel@wanadoo.fr • camping-du-pont-de-lunel.com • Ouv 15 mars-30 sept.*
Camping familial propre et accueillant, autrefois au milieu des vignes et désormais dans une zone commerciale. Emplacements bien délimités et ombragés, surtout occupés par des mobile homes *(250-550 €/sem).* Petite buvette sympathique où l'on organise à l'occasion des soirées. Dépôt de pain tous les matins. Internet. Wifi.

Cadre : ville. ***Terrain :*** plat.	⊕ L'atmosphère conviviale ; proche de tous les commerces. ⊖ La rumeur de la route ; pas de piscine.

À voir, à faire dans les environs : la vieille ville ; le site d'Ambrussum à Villetelle (7 km) ; le parc naturel de Camargue.

LUZ-SAINT-SAUVEUR 65120

20 km SE d'Argelès-Gazost — *Carte Midi-Pyrénées Ouest A2*

€€€€ 29 € — 77 emplacements

Camping Les Cascades : *rue Sainte-Barbe. ☎ 05-62-92-85-85. 06-80-07-15-68. • cathy.sesque@wanadoo.fr • camping-luz.com • Ouv 1er déc-30 sept.*
Un peu à l'écart du village et aux abords de la montagne. Bel environnement, donc. L'endroit est calme. Cathy accueille de façon charmante. Emplacements en terrasses, ombragés et agréables. Sanitaires impeccables. Jacuzzi et hammam. Mobile homes à louer pour 2 à 6 personnes *(350-800 €/sem).* Internet. Wifi.

Cadre : montagne.
Terrain : en terrasses ; herbe.
Réducs : - 5 % sur les emplacements avril-juin et septembre sur présentation de ce guide.

⊕ La belle piscine ; l'accueil chaleureux.
⊖ Quelques emplacements un peu petits (80 m²) dus à la topographie du terrain.

À voir, à faire dans les environs : le pic du Midi (25 km) ; le cirque de Gavarnie (20 km) ; le cirque de Troumouse ; la station de ski de La Mongie.

MALVEZIE 31510

17 km SE de Saint-Bertrand-de-Comminges — *Carte Midi-Pyrénées Ouest A2*

€€€ 23 € — 20 emplacements

Pyrénées Émotions : *col des Ares (D 618). ☎ 05-61-88-14-67. • pyreneesemotions@hotmail.com • pyreneesemotions.com • Ouv mai-oct.*
À 787 m d'altitude, un petit paradis pour les cyclistes, randonneurs et autres sportifs qui pourront s'adonner ici à leur passion du canyoning, de l'escalade, du kayak, du VTT ou de la randonnée. Une étape conviviale tenue par un couple franco-néerlandais. Au camping, certains emplacements bénéficient d'une vue carrément top sur les Pyrénées ! Également de belles chambres sobres et confortables où il fait bon se poser et se reposer après avoir crapahuté *(double 62 €).* Cuisine à base de produits frais et régionaux pour se requinquer *(table d'hôtes sur résa 19 €).* Internet. Wifi. NOUVEAUTÉ.

Cadre : montagne, forêt, sentiers de randonnée, lacs ou rivières.
Terrain : herbe.

⊕ En pleine nature.
⊖ R.A.S.

À voir, à faire dans les environs : Saint-Bertrand-de-Comminges (plus haut lieu d'art et d'histoire des Pyrénées) ; la vallée de Jo et le pic du Gar ; la vallée de l'Aspet et le pic du Cagire ; la vallée de l'Arbas et le pic de Paloumère ; le sentier d'interprétation de la vallée des Ours.

MARCIAC 32230

25 km O de Mirande — *Carte Midi-Pyrénées Ouest A1*

€€€ 22 € — 95 emplacements

Camping du Lac : *au lieu-dit Bezines. ☎ 05-62-08-21-19. • info@camping-marciac.com • camping-marciac.com • Ouv de fin mars à mi-nov.*
Camping familial, calme et parfaitement ombragé par de belles allées de tilleuls. Location de mobile homes et de chalets pour 2 à 8 personnes *(210-995 €/sem).* Piscine chauffée, snack, baby-foot, ping-pong et location de vélos. Wifi.

Cadre : campagne, lacs ou rivières, sentiers de randonnée.
Terrain : en terrasses ; herbe ; plat.

⊕ Les belles allées de tilleuls ; la piscine chauffée.
⊖ Pas de miniclub.

À voir, à faire dans les environs : le musée des Territoires du jazz ; Bassoues (14 km) ; la tour de Termes-d'Armagnac (23 km) ; le musée d'Artagnan à Lupiac (30 km).

MARCILHAC-SUR-CÉLÉ 46160

32 km SO de Figeac — *Carte Midi-Pyrénées Nord A2*

€€ 12,60 € — **53 emplacements**

Camping Le Pré de Monsieur : *au bourg. ☎ 05-65-40-77-88. • lepredemonsieur@gmail.com • lepredemonsieur.e-monsite.com • Ouv mai-sept.*
Sympathique petit camping familial de 2 ha, au bord de la rivière, face à la falaise. Grands emplacements, on ne se marche pas dessus. Simple, ombragé par des peupliers et bucolique. Bungalows toilés, roulottes et caravanes à louer, à la semaine *(200-400 €/sem)* ou à la nuitée. Petite piscine hors sol, tennis (prix modique), snack et resto (menu pèlerin copieux et économique). Wifi.

Cadre : campagne, lacs ou rivières, sentiers de randonnée. ***Terrain :*** herbe ; plat.	⊕ Au cœur du parc régional des Causses du Quercy et à proximité du chemin de Saint-Jacques-de-Compostelle. ⊖ La piscine de poche ; la zone inondable ; pas d'eau dans les locatifs.

À voir, à faire dans les environs : l'abbaye de Marcilhac ; la grotte de Pech-Merle (18 km) ; Saint-Cirq-Lapopie (23 km) ; la vallée du Célé ; le causse de Gramat ; Figeac (32 km).

MARCILLAC-VALLON 12580

30 km N de Rodez — *Carte Midi-Pyrénées Nord B2*

€€€ 18 € — **11 emplacements**

Glamping Terre Rouge : *D 13, à Villecomtal. 📱 06-78-50-34-41. • liliane@terre-rouge.fr • terre-rouge.fr • Ouv avr-Toussaint.*
C'est sur un terrain boisé que Liliane loue ses vastes tentes aménagées, mélange de glamour et de camping. Bois brut au sol et en cloison pour séparer l'espace dédié au sommeil de celui dédié à la toilette. Petit coin cuisine équipé (vaisselle fournie) et terrasse sous les arbres. Le petit déj se prend sous une serre où gambadent quelques chats. Piscine. Accueil charmant. En location, tente aménagée 90 € (dégressif dès la 2e nuit ; petit déj inclus les 3 premières nuits). Wifi.

Cadre : forêt. ***Terrain :*** en terrasses.	⊕ La possibilité de louer des tentes aménagées. ⊖ Pas d'activités.

À voir, à faire dans les environs : Conques ; Estaing.

MARTEL 46600

40 km NE de Gourdon — *Carte Midi-Pyrénées Nord A1*

€€€ 15,44 € — **47 emplacements**

Camping Les Falaises : *aux Gluges. ☎ 05-65-37-37-78. • contact@camping-lesfalaises.com • camping-lesfalaises.com • Ouv de mi-juin à début sept.*
Fort bien situé. Bel environnement arboré et emplacements agréables en bord de la Dordogne. Bien ombragé. Barbecue. Pas de locatifs. Plage aménagée, baignade, pêche. À proximité immédiate de *Compagnie Sports Nature.* Resto à proximité, buvette et épicerie.

Cadre : campagne, lacs ou rivières. ***Terrain :*** herbe ; plat.	⊕ Au bord de la Dordogne ; les nombreuses activités nature avec la base *Compagnie Sports Nature* à côté (canoë, escalade, spéléologie, canyoning, *stand up paddle*...). ⊖ Pas de commerces à proximité.

À voir, à faire dans les environs : le village ; Souillac (15 km) ; Rocamadour (21 km) ; le gouffre de Padirac (19 km).

MARTIGNAC 46700

Carte Midi-Pyrénées Nord A2

34 km NO de Cahors ; 5 km N de Puy-l'Évêque

€€€€ **30 € (avec électricité)** **35 emplacements**

L'Évasion : *D 28. ☎ 05-65-30-80-09. • evasion@wanadoo.fr • lotevasion.com • Ouv de mi-avr à mi-sept.*
Dans un complexe comprenant un camping et un village-club doté de tentes safari et lodge, de chalets très confortables et de mobile homes *(270-980 €/sem).* Situé au sommet d'une colline dans un magnifique bois de pins, chênes et châtaigniers. Pas mal d'activités sportives à pratiquer (foot, tennis, volley, basket, etc.). Animations en juillet et août. Espace aquatique chauffé avec bassin d'eau vive, rivière et cascade. Resto et snack. Possibilité de pêcher au lac de Cassagnes à 3 km. Wifi.

Cadre : campagne, sentiers de randonnée. ***Terrain :*** herbe ; plat ; rocaille.	⊕ L'espace aquatique chauffé, avec une vaste et belle piscine pour petits et grands. ⊖ Pas trouvé.

À voir, à faire dans les environs : les fresques médiévales de l'église ; le vieux village de Puy-l'Évêque ; les caves à vin ; le château de Bonaguil (15 km) ; Cahors (34 km).

MARTRES-TOLOSANE 31220

40 km SO de Muret *Carte Midi-Pyrénées Sud A1*

€€€€ **25,90 €** **99 emplacements**

Camping Sites et Paysages Le Moulin : *au lieu-dit Le Moulin. ☎ 05-61-98-86-40. • info@campinglemoulin.com • campinglemoulin.com • Ouv avr-début oct.*
Dans un domaine de charme du XVIIe s (12 ha), classé Sites et Paysage de France et premier Pré Vert du département, au bord de la Garonne. Vraiment confortable. Emplacements ombragés pour la plupart. Sanitaires impeccables. Location de mobile homes, de chalets, tentes et roulottes situés un peu à l'écart *(245-1 141 €/sem).* Chalets pour les grandes familles. Location de vélos. Possibilité de massages. Resto en juillet-août. Espace aquatique et piscine avec toboggan. Internet. Wifi.

Cadre : campagne, lacs ou rivières, sentiers de randonnée. ***Terrain :*** herbe ; plat. ***Réducs :*** frais de réservation offerts sur présentation de ce guide.	⊕ Le cadre et les loisirs (piscine en juillet-août, tennis, volley, basket, badminton, fitness, pétanque, tir à l'arc, pêche...) ; l'importante infrastructure pour les enfants dans le cadre verdoyant et spacieux. ⊖ Les emplacements un peu petits pour le standing ; les bouteilles de gaz chères.

À voir, à faire dans les environs : les faïenceries d'art de Martres (2 km) ; les collines du Comminges ; l'archéosite gaulois à Saint-Julien (16 km).

MATEMALE 66210

Carte Languedoc-Roussillon Sud A2

38 km SO de Prades ; 12 km N de Mont-Louis

€€€ **19 €** **120 emplacements**

Camping du Lac : *route des Carriolettes. ☎ 04-68-30-94-49. • camping-lac-matemale@orange.fr • camping-lac-matemale.com • Ouv tte l'année (w-e seulement en nov).*
Bien situé, dans un environnement sauvage, en forêt, à deux pas du lac. Très bien entretenu. Snack en saison, spa, sauna. Location de chalets en bois *(260-580 €/sem).* Le point de départ idéal pour de belles randos. Wifi.

Cadre : forêt, lacs ou rivières, montagne, sentiers de randonnée.
Terrain : herbe ; plat.

⊕ À 200 m d'un lac (baignade possible) et de la piscine (tarif préférentiel).
⊖ Camping de montagne : les nuits sont fraîches, prévoir un bon duvet sous tente ; pas de branchement d'eau sur les emplacements.

À voir, à faire dans les environs : le parc animalier des Angles ; les lacs de Matemale et des Bouillouses ; la grotte de Fontrabiouse.

MAUROUX 32380

20 km E de Lectoure — *Carte Midi-Pyrénées Sud A1*

€€€ **20 €** **40 emplacements**

Camping Le Néri : *Le Néri. ☎ 05-81-67-50-10. • contact@campingleneri.com • campingleneri.com • Ouv avr-oct.*
Géré en famille, un camping très nature, en lisière d'un vallon boisé. Emplacements vastes, ombragés et bien délimités par des haies, pour un calme total. Également des mobile homes et bungalows toilés *(210-650 €/sem).* Grande piscine en contrebas bordée d'une large pelouse, étang où l'on peut taquiner le goujon (prêt de canne à pêche), minigolf dans le bois. Épicerie de dépannage, livraison de pain. Bar en saison, avec repas à thème une fois par semaine. Bon accueil. Les habitués y reviennent. Internet. Wifi.

Cadre : campagne, lacs ou rivières.
Terrain : herbe ; plat.

⊕ Le cadre bucolique et les équipements de loisirs (belle piscine).
⊖ L'isolement.

À voir, à faire dans les environs : Lectoure (20 km) ; le château de Flamarens (24 km) ; la bastide de Saint-Clar (5 km).

MAZAMET 81200

17 km SE de Castres — *Carte Midi-Pyrénées Sud B1*

€€€ **16,60 €** **50 emplacements**

Camping de la Lauze : *chemin de la Lauze. ☎ 05-63-61-24-69. • le-camping-de-la-lauze@orange.fr • camping-mazamet.com • Ouv de mi-avr à sept.*
Tout simple mais au sein d'un beau petit parc ombragé. Location de mobile homes *(250-560 €/sem ; possibilité pour 2 nuits seulement).* Salle de jeux à dispo (billard, baby-foot, ping-pong) et piscine publique à proximité (tarif préférentiel). Les GR 7 et GR 36 passent dans le coin. La voie verte longe le camping. Internet. Wifi.

Cadre : forêt, montagne, sentiers de randonnée, ville.
Terrain : herbe ; plat.

⊕ Le chouette cadre.
⊖ La proximité de la départementale que l'on entend un peu.

À voir, à faire dans les environs : Hautpoul ; la Montagne Noire ; Castres (17 km) ; Lautrec (15 km de Castres) ; le musée départemental du Textile à Labastide-Rouairoux (24 km).

MEYRUEIS 48150

34 km SO de Florac ; 21 km E du Rozier ***Carte Languedoc-Roussillon Nord A2***

€€€ **16,60 €** **70 emplacements**

Camping Le Pré de Charlet : *route de Florac. ☎ 04-66-45-63-65 ou 04-30-11-50-71 (hors saison). • info@camping-cevennes-meyrueis.com • camping-cevennes-meyrueis.com • Ouv fin avr-fin sept.*
Dans un beau site, au bord de la Jonte. Bien ombragé, fleuri, très propre. Accueil aimable. Location de mobile homes *(231-483 €/sem).* Résa vivement recommandée en été. Wifi.

Cadre : campagne, lacs ou rivières, montagne, sentiers de randonnée.
Terrain : en terrasses ; herbe.

⊕ Les croissants et le pain frais à commander la veille à la réception.
⊖ Pas de buvette ni de resto.

€€€ **20,70 €** **54 emplacements**

Camping La Cascade : *à Salvinsac. ☎ 04-66-45-45-45. 📱 06-85-84-07-15. • contact@camping-la-cascade.com • camping-la-cascade.com • Ouv début avr-fin sept.*
Le site est superbe, au bord de la Jonte, les emplacements vastes (peu d'ombre, en revanche) et l'ensemble vraiment soigné, dans ce camping très engagé dans la préservation de l'environnement et l'observation de la nature, notamment des oiseaux : plusieurs nichoirs, une lunette d'observation, une bibliothèque naturaliste, des fiches balades... Et encore, une super aire de jeux, un terrain de volley les pieds dans l'herbe, une baignade possible dans la rivière au niveau d'une cascade (évidemment)... Également une douzaine de chalets pour 4-7 personnes *(192-711 €/sem).* Un camping qui a un supplément d'âme. Location de vélos. Resto. Wifi.

Cadre : lacs ou rivières, sentiers de randonnée, campagne.
Terrain : en terrasses ; herbe ; plat.

⊕ Camping Clef Verte, engagé dans l'éducation environnementale ; refuge LPO.
⊖ Devoir repartir.

À voir, à faire dans les environs : la grotte de Dargilan ; les gorges du Tarn et de la Jonte ; l'aven Armand.

MIALET 30140

Carte Languedoc-Roussillon Nord B2
6,5 km NO de Générargues ; 8 km E de Saint-Jean-du-Gard

€€€€ **35 €** **303 emplacements**

Les Plans : *217, route de Saint-Jean-du-Gard. ☎ 04-66-85-02-46. • info@camping-les-plans.fr • camping-les-plans.fr • Ouv fin avr-sept.*
Terrain plat et ombragé, ensemble fleuri et paisible. Possibilité de se baigner dans le Gardon ou dans l'une des 2 piscines. Restaurant-bar, nombreuses animations et jardin aquatique en été. Animations pour petits et grands. Loue également des bungalows *(266-840 €/sem),* ainsi que des chambres. Internet. Wifi.

Cadre : campagne, lacs ou rivières, sentiers de randonnée.
Terrain : herbe ; plat.
Réducs : Apéritif de bienvenue offert sur présentation de ce guide.

⊕ Les haies ; les sanitaires rénovés ; les 2 toboggans aquatiques ; la piscine chauffée à 28 °C toute la saison ; la rivière en bordure du camping.
⊖ La taille du terrain ; le nombre de logements locatifs.

À voir, à faire dans les environs : le musée du Désert ; la grotte de Trabuc ; la bambouseraie de Prafrance.

MIERS 46500

40 km NE de Gourdon — *Carte Midi-Pyrénées Nord A1*

€€€ **20,50 €** — **45 emplacements**

Camping Le Pigeonnier : *au centre du village. ☎ 05-65-33-71-95. 📱 06-82-40-95-99. • camping-le-pigeonnier@orange.fr • campinglepigeonnier.com • Ouv d'avr à mi-oct.* Surplombant le charmant village de Miers, un camping familial tranquille et bien entretenu. Des emplacements bien ombragés autour d'un joli pigeonnier et de la maison des proprios. Piscine chauffée, jeux pour enfants. Location de mobile homes et cabanes sur pilotis *(269-809 €/sem).* Internet. Wifi.

Cadre : campagne. ***Terrain :*** herbe ; plat ; en terrasses. ***Réducs :*** un café offert sur présentation de ce guide.	⊕ Le cadre ; le calme. ⊖ Pas de miniclub.

À voir, à faire dans les environs : le gouffre de Padirac (4 km) ; Rocamadour (10 km).

MILLAU 12100

66 km SE de Rodez — *Carte Midi-Pyrénées Nord B2*

€€€€ **41,50 €** — **164 emplacements**

Camping Huttopia : *455, av. de l'Aigoual. ☎ 05-65-61-18-83. • millau@huttopia.com • huttopia.com • Ouv mai-fin sept.* Parmi le vaste choix de campings que propose la ville, ce terrain offre l'avantage d'être au confluent du Tarn et de la Dourbie, avec une petite plage à la clé. Emplacements en bord de rivière pour les plus chers. Tentes aménagées, roulottes et mobile homes 4-6 personnes tout confort sont proposés. Sanitaires impeccables. Piscine. Locatifs *(39-134 €/j., 2-3 nuits min).* Wifi. NOUVEAUTÉ.

Cadre : lacs ou rivières, campagne. ***Terrain :*** herbe ; plat.	⊕ La petite plage sur la rivière. ⊖ Pas trouvé.

À voir, à faire dans les environs : Millau ; le viaduc ; les causses du Larzac.

MIRANDE 32300

24 km SO d'Auch — *Carte Midi-Pyrénées Ouest A1*

€€€ **21,10 €** — **150 emplacements**

Camping Paradis L'Île du Pont : *au lieu-dit Batardeau. ☎ 05-62-66-64-11. • camping-iledupont.com • Ouv avr-oct.* Beau camping sur une île qui fait office d'espace vert public et dont une partie est réservée au camping. Également des mobile homes et des chalets à louer *(215-899 €/sem).* Nombreuses activités (tennis, tir à l'arc, ping-pong, etc.), animations en saison. Lac (on ne s'y baigne pas) et base de loisirs avec parc aqualudique à proximité. Wifi.

Cadre : campagne, lacs ou rivières, ville. ***Terrain :*** herbe ; plat.	⊕ Le lac (canoë, pêche) ; le complexe aqualudique avec bassins et toboggans. ⊖ Les caravanes à double essieu qui ne peuvent pas accéder au camping.

À voir, à faire dans les environs : la bastide et le musée des Beaux-Arts ; le musée des Territoires du jazz à Marciac (26 km) ; Bassoues (19 km).

MIRANDOL-BOURGNOUNAC 81190

33 km N d'Albi — *Carte Midi-Pyrénées Nord B2*

€€€€ 36 € — 20 emplacements

Camping Domaine Les Clots : *Les Clots. ☎ 05-63-80-72-15. • domaineslesclots@orange.fr • domaineslesclots.com • Ouv juin-août. CB refusées.*
Tenu par un couple de Néerlandais, un adorable camping en terrasses sur 7 ha, qui se cache sur le versant boisé de la vallée du Viaur (la petite route par laquelle on y accède est déjà tout un poème !). Certains emplacements sont particulièrement spacieux et complètement isolés. Location de bungalows et de chalets en bois *(350-995 €/sem).* Sentier bucolique pour accéder à la rivière. Piscine, aire de jeux. Même les blocs sanitaires ont du charme ! Idéal pour un séjour au calme et très nature. Un coup de cœur ! Internet. Wifi.

Cadre : campagne, forêt, lacs ou rivières, sentiers de randonnée. ***Terrain :*** en terrasses ; herbe ; plat.	⊕ L'isolement absolu (emplacements de 250 m^2 isolés dans la forêt) ; le cadre bucolique ; les voitures laissées au parking. ⊖ On est vraiment loin de tout ! Les camping-cars acceptés seulement en juin.

À voir, à faire dans les environs : Cordes-sur-Ciel (22 km) ; les gorges du Viaur ; le musée de la Mine de Cagnac-les-Mines ; le musée du Verre et Cap' Découverte à Blaye-les-Mines ; Albi (33 km).

MOISSAC 82200

7 km N de Castelsarrasin — *Carte Midi-Pyrénées Nord A2*

€€€ 21 € — 100 emplacements

Le Moulin de Bidounet : *au lieu-dit Saint-Benoît. ☎ 05-63-32-52-52. • camping-bidounet@moissac.fr • camping-moissac.com • Ouv fin mars-fin oct.*
Camping idéalement situé sur une île du Tarn, à 2 km du centre-ville, verdoyante, bien ombragée et à laquelle on accède par un ancien moulin. Bungalows pour 4 à 5 personnes à louer *(339-559 €/sem).* Tous les loisirs aquatiques : ski nautique, aviron... Également un club enfants en été. Le GR 65 et une voie verte de vélo passent dans le coin. Internet. Wifi.

Cadre : campagne, lacs ou rivières, sentiers de randonnée, ville. ***Terrain :*** herbe ; plat.	⊕ L'emplacement au bord du Tarn. ⊖ On a beau chercher...

À voir, à faire dans les environs : l'église abbatiale Saint-Pierre, le cloître, l'ancien palais des abbés et le pont-canal ; l'ancienne abbaye de Belleperche à Cordes-Tolosannes (15 km) ; Auvillar (20 km) ; le conservatoire de la Ruralité et des Métiers d'autrefois à Donzac (26 km).

MOISSAC-VALLÉE-FRANÇAISE 48110

Carte Languedoc-Roussillon Nord B2
38 km SE de Florac ; 22 km NO de Saint-Jean-du-Gard

€€€ 15,70 € — 33 emplacements

Camping La Pélucarié : *route d'Appias. ☎ 04-66-45-75-57. • florence.plantier48@orange.fr • campinglapelucarie.fr • Ouv 15 avr-15 sept.*
Petit camping ombragé et convivial, avec pelouse. Location de bungalows toilés *(46-62,50 €/nuit pour 2 pers)* et de Coco Sweet *(46-69 €/nuit pour 2-4 pers).* Environnement agréable en bordure du Gardon. Barbecue à disposition, baignade et pêche dans la rivière pour profiter pleinement du site, et une grande pièce récemment aménagée pour se retrouver. Accueil charmant. Wifi.

Cadre : campagne, lacs ou rivières, sentiers de randonnée. ***Terrain :*** en terrasses ; herbe ; plat.	⊕ La vue sur le Gardon depuis tous les emplacements. ⊖ Les commerces à 6 km.

À voir, à faire dans les environs : le musée des Vallées cévenoles et l'aquarium à Saint-Jean-du-Gard.

MONESTIÈS 81640

21 km NO d'Albi *Carte Midi-Pyrénées Nord A2*

€€ 10,30 € **22 emplacements**

Camping municipal Les Prunettes : *au bourg. ☎ 05-63-76-19-17. • camping@monesties.fr • monesties.fr • Ouv de mi-juin à mi-sept. CB refusées.*
Super bien situé. Une vingtaine d'emplacements (oui, c'est petit !) noyés dans la verdure et rafraîchis par le Cérou. Pas d'accueil, signalez votre arrivée en passant un coup de fil.

Cadre : campagne, sentiers de randonnée. ***Terrain :*** herbe ; plat.	⊕ Le cadre ; la tranquillité. ⊖ Le peu d'équipements.

À voir, à faire dans les environs : le village ; la base nautique de la Roucarié ; la ferme animalière de Bellevue ; Cordes-sur-Ciel (15 km) ; le château du Cayla ; le musée de la Mine de Cagnac-les-Mines ; le musée du Verre et Cap' Découverte à Blaye-les-Mines ; Albi.

MONS-LA-TRIVALLE 34390

Carte Languedoc-Roussillon Sud B1
5 km NE d'Olargues ; 14 km O de Lamalou-les-Bains

€€ 14 € **131 emplacements**

Camping municipal de Tarassac : *à Tarassac. ☎ 04-67-97-72-64. • camping@monslatrivalle.fr • monslatrivalle.fr • Ouv mars-oct. CB refusées.*
Bordé par l'Orb (plagette), un camping parfaitement ombragé et au calme. Bar et alimentation d'appoint sur place. Nombreuses activités sportives à pratiquer dans les environs : kayak, canyoning, escalade...

Cadre : campagne, forêt, lacs ou rivières, montagne. ***Terrain :*** herbe ; plat ; rocaille.	⊕ La plage qui donne sur l'Orb ; le prix. ⊖ Le peu d'équipements ; la taille assez modeste des emplacements.

€€€ 16 € **25 emplacements**

Camping du Caroux : *Le Verdier. 📱 06-42-16-28-63. • campingducaroux@gmail.com • campingducaroux.com • Ouv avr-sept.*
Une bonne atmosphère flotte dans ce camping – une aire naturelle plus précisément – tenu par Éric, grand sportif et pompier-plongeur de métier. Il propose des virées nature *(• terreliquide.com •)* et est toujours de bon conseil sur toutes les activités à faire dans la région. Emplacements en terrasses, qui offrent une vue superbe sur les gorges d'Héric. On vient avec sa tente ou l'on opte pour une tente lodge 4-7 personnes *(350-790 €/sem).* Murs de pierres sèches, et structures neuves : tout est bien. La petite route qui le borde n'est pas franchement passante et, à pied, il faut 10 mn pour atteindre les commerces du village. Et bientôt un peu d'ombre, quand la végétation aura poussé. Wifi.

Cadre : campagne, lacs ou rivières, montagne, sentiers de randonnée. ***Terrain :*** en terrasses ; herbe.	⊕ L'accueil ; l'environnement ; la surface des emplacements. ⊖ L'aire naturelle étant récente, la végétation est encore jeune.

À voir, à faire dans les environs : les gorges d'Héric et de l'Orb.

MONT-LOUIS 66210

Carte Languedoc-Roussillon Sud A2
35 km SO de Prades ; 90 km E d'Andorre-la-Vieille

€€ **14,70 €** **160 emplacements**

Camping du Pla de Barrès : *route des Bouillouses. ☎ 04-68-04-26-04. • campingmtlouis@gmail.com • pladebarres.com • Ouv de mi-juin à fin sept.*
Équipements basiques, mais on est en pleine nature, dans une belle forêt, au bord de la Têt. Et à 100 m des navettes, l'été, pour le lac des Bouillouses. Internet. Wifi.

Cadre : forêt, lacs ou rivières, montagne, sentiers de randonnée. ***Terrain :*** herbe ; plat. ***Réducs :*** les frais de dossier offerts sur présentation de ce guide.	⊕ La nature ; le calme absolu. ⊖ Les moustiques, certaines années en juin !

À voir, à faire dans les environs : la citadelle ; le four solaire ; le lac des Bouillouses ; le parc animalier des Angles ; la grotte de Fontrabiouse ; les sources chaudes de Saint-Thomas-les-Bains (8 km).

MONTAIGU-DE-QUERCY 82150

42 km N de Castelsarrasin *Carte Midi-Pyrénées Nord A2*

€€€ **15,40 €** **69 emplacements**

Camping du plan d'eau des Chênes : *chemin de Perry, plan d'eau des Chênes. ☎ 05-63-32-50-07. 📱 06-33-77-71-68. • contact@montaiguplage.com • montaiguplage.com • Ouv mai-oct.*
Sympathique camping sur les rives d'un lac et à proximité d'une petite base de loisirs avec plage, embarcations à pédales, kayak, court de tennis et resto en été. Les activités non motorisées de la base de loisirs sont gratuites pour les campeurs le matin. Les emplacements se répartissent au sein de 2 petits vallons calmes, l'un parfaitement ombragé, l'autre plus ensoleillé. Location de tipis 2 personnes *(18-25 €/nuit)*, tentes équipées *(180-300 €/sem)* et de mobile homes pour 4 à 6 personnes *(300-450 €/sem)*. Internet. Wifi.

Cadre : campagne, lacs ou rivières. ***Terrain :*** herbe ; plat.	⊕ L'ambiance nature et conviviale ; la proximité de la base de loisirs. ⊖ Un peu excentré.

À voir, à faire dans les environs : l'église de Gouts ; les bastides de Lauzerte (17 km), Castelsagrat (28 km) et Montjoi (28 km) ; le château de Brassac (22 km).

MONTESQUIOU 32320

11 km NO de Mirande *Carte Midi-Pyrénées Ouest A1*

€€€ **17 €** **34 emplacements**

Camping L'Anjou : *L'Anjou. ☎ 05-62-70-95-24. • clemens.van-voorst@wanadoo.fr • camping-anjou.com • Ouv de mi-avr à sept.*
Un bon plan que ce camping familial et intime généreusement ombragé et fleuri, tenu par un couple vraiment gentil. Piscine et snack en saison, aire de jeux pour les gosses, et plein de petits plus : jardin commun avec barbecue, terrains de beach-volley et de pétanque, et pour parfaire l'atmosphère bucolique, quelques moutons qui paissent dans leur enclos. Loue aussi des mobile homes, bungalows toilés et tentes safari *(240-540 €/sem)*. Internet. Wifi.

Cadre : campagne, sentiers de randonnée. ***Terrain :*** herbe ; en terrasses.	⊕ Le cadre relax et nature ; l'accueil au diapason. ⊖ Quels « moins » ?

À voir, à faire dans les environs : le village ; le musée des Territoires du jazz à Marciac (21 km) ; Bassoues (7,5 km) ; le musée d'Artagnan à Lupiac (23 km) ; Mirande (11 km) ; Auch (31 km).

MONTFERRAND 11320

Carte Languedoc-Roussillon Sud A1
19 km NO de Castelnaudary ; 5 km N de Montferrand

€€€ **22 €** **50 emplacements**

Camping Domaine Saint-Laurent : *lieu-dit Les Touzets. ☎ 04-68-60-15-80. • info@camping-carcassonne-toulouse.com • camping-carcassonne-toulouse.com • Ouv avr-oct.*
Un camping dans la nature, entouré de bois, bien au calme dans ses 21 ha. Emplacements délimités par des haies touffues. Bien équipé : snack-bar en saison, piscine, tennis, sauna, pétanque, jeux pour enfants, tir à l'arc... Idéal pour de bonnes vacances au vert ! Bungalows toilés et mobile homes *(230-750 €/sem).* NOUVEAUTÉ.

Cadre : campagne. ***Terrain :*** herbe ; plat.	⊕ La nature ; le calme ; les équipements. ⊖ Pas de « moins ».

À voir, à faire dans les environs : Castelnaudary ; le canal du Midi ; l'abbaye-cathédrale de Saint-Papoul ; le seuil de Naurouze.

MONTGAILHARD 09330

6 km S de Foix *Carte Midi-Pyrénées Sud A2*

€€€ **19,50 €** **71 emplacements**

Camping La Roucateille : *15, rue du Pradal. ☎ 05-61-64-05-92. 📱 06-35-40-71-56. • campinglaroucateille@orange.fr • camping-en-ariege.com • Ouv de mi-mars à mi-oct.*
Petit camping tranquille et ombragé, dans la nature, à l'orée du village. On n'entend que le bruit des oiseaux... Location de mobile homes 2-6 personnes *(env 230-530 €/sem).* Cuisine à disposition, location de vélos à assistance électrique. Très convivial. Changement de propriétaire en perspective. Internet. Wifi.

Cadre : sentiers de randonnée, ville, montagne. ***Terrain :*** herbe ; plat.	⊕ Le calme ; la cuisine équipée ; la location de VTT à assistance électrique. ⊖ L'absence de restauration.

À voir, à faire dans les environs : les forges de Pyrène à Montgailhard (1 km) ; le château et la ville de Foix (6 km) ; la rivière souterraine de Labouiche à Vernajoul (11 km) ; Le Mas-d'Azil (34 km) ; le parc de la Préhistoire à Tarascon (12 km).

MONTJOIE-EN-COUSERANS 09200

6 km NE de Saint-Girons *Carte Midi-Pyrénées Sud A2*

€€€ **23 €** **115 emplacements**

Camping Parc d'Audinac-les-Bains : *148, route de Belloc. ☎ 05-61-66-44-50. • campingaudinac@gmail.com • camping-audinaclesbains.com • Ouv de mi-avr à mi-sept.*
Camping au creux d'un vallon, bien ombragé, très champêtre. Il y a pas mal d'espace, on n'est pas les uns sur les autres. Location de mobile homes, bungalows toilés et Coco Sweet 2-6 personnes *(139-739 €/sem).* Snack-bar, piscine chauffée. Animations et sorties nature en été. Bien en famille. Wifi.

Cadre : sentiers de randonnée, montagne. ***Terrain :*** herbe ; en terrasses.	⊕ L'espace ; les équipements. ⊖ Aucun remarqué.

À voir, à faire dans les environs : Saint-Lizier (5 km) ; nombreuses randonnées dans les vallées du Biros, de Bethmale et de Bellongue.

MONTPEZAT-DE-QUERCY 82270

36 km N de Montauban *Carte Midi-Pyrénées Nord A2*

€€€ 18 € **47 emplacements**

Camping Le Faillal : *☎ 05-63-02-07-08. 07-68-59-25-32. • campingdufaillal@gmail.com • parcdufaillal.com • Ouv tte l'année.*
Un petit camping au confort 3 étoiles, bien tenu, bien ombragé et aux emplacements bien délimités par des haies. Gîtes de vacances à louer également *(200-650 €/sem ; loc possible à la nuitée en basse saison).* Internet. Wifi.

Cadre : campagne, lacs ou rivières. ***Terrain :*** herbe ; plat. ***Réducs :*** pour des réservations en janvier - 20 %, en février - 10 %, en mars - 5 %.	⊕ L'accès gratuit en juillet-août à la piscine située juste à côté pour les résidents du camping. ⊖ Les équipements.

À voir, à faire dans les environs : les gorges de l'Aveyron ; le musée Marcel-Lenoir à Montricoux (25 km) ; Montauban (36 km) ; Cahors (29 km).

MONTRICOUX 82800

24 km NE de Montauban *Carte Midi-Pyrénées Nord A2*

€€€ 22 € **60 emplacements**

Camping Le Clos Lalande : *359, route de Bioule. ☎ 05-63-24-18-89. 06-49-27-48-28. • contact@camping-lecloslalande.com • camping-lecloslalande.com • Ouv avr-sept. CB refusées.*
Un camping 3 étoiles, ombragé, au calme et à l'atmosphère conviviale et familiale. Accueil camping-cars avec tarifs préférentiels. Location de mobile homes, chalets et tentes lodges pour 2 à 6 personnes *(230-850 €/sem).* Outre les équipements du camping, possibilité de pratiquer le canoë, la spéléo, l'équitation, le parapente ou encore la rando dans le coin (le GR 46 passe non loin). L'Aveyron borde le camping et procure de la fraîcheur en été. Accès à une petite plage au bord de la rivière où l'on peut se baigner. Piscine pour ceux qui préfèrent. Internet. Wifi.

Cadre : campagne, lacs ou rivières. ***Terrain :*** herbe. ***Réducs :*** - 10 % sur les emplacements et locations sur présentation de ce guide.	⊕ La mini-ferme, qui fera la joie des enfants ; le calme et la proximité de l'Aveyron. ⊖ Il vaut mieux réserver pour un séjour en juillet-août.

À voir, à faire dans les environs : le musée Marcel-Lenoir et le village médiéval ; La Cuisine – Centre d'art et de design à Nègrepelisse (9 km) ; Bruniquel (6 km) ; Penne (14 km) ; Saint-Antonin-Noble-Val (17 km) ; les gorges de l'Aveyron ; Montauban (24 km).

MONTSÉGUR 09300

33 km SE de Foix *Carte Midi-Pyrénées Sud A2*

€ 8 € **30 emplacements**

Camping Point Accueil Jeunes : *32, rue du Village. ☎ 05-61-01-10-27 (mairie). • mairie.montsegur@orange.fr • montsegur.fr • Ouv mai-sept. CB refusées.*

Pour tentes seulement. Petit camping au calme et très simple. Il s'agit en fait d'une prairie ombragée. Coin barbecue. Jetons pour la douche disponibles au musée.

Cadre : montagne, sentiers de randonnée. ***Terrain :*** herbe ; en terrasses.	⊕ Le prix. ⊖ Très peu de services.

À voir, à faire dans les environs : le château et le Musée historique.

NAGES 81320

16 km SE de Lacaune-les-Bains — *Carte Midi-Pyrénées Sud B1*

€€ 12 € — **10 emplacements**

Camping Les Rives du Lac : *Rieumontagné. ☎ 05-63-37-45-76. 📱 06-30-34-03-44. • vacances@lesrivesdulac.com • lesrivesdulac.com • Ouv tte l'année. CB refusées.*
Une dizaine d'emplacements sur un terrain ombragé qui donne directement au bord du lac de Laouzas. Barbecue collectif. Une bonne option pour des vacances économiques. Une quinzaine de chalets en bois équipés chacun de terrasse, barbecue, transats et d'un bout de jardin. 2 types de chalets : ceux « du lac », qui surplombent l'étendue d'eau, et « les alpins » (moins chers), situés près d'un bosquet. Internet. Wifi.

Cadre : campagne, forêt, lacs ou rivières, montagne, sentiers de randonnée. ***Terrain :*** en terrasses.	⊕ Situé les pieds dans l'eau. ⊖ Pas de commerces sur place hors juillet-août.

€€€ 19 € — **30 emplacements**

Camping Les Fées du Lac : *Rieumontagné. ☎ 05-67-29-03-07. • bonjour@lesfeesdulac.com • lesfeesdulac.com • Ouv avr-fin sept.*
On aime bien l'esprit qui règne dans ce camping repris en main par un jeune couple tout sourire, à la fibre un peu écolo. Panneaux pour reconnaître les oiseaux, abris pour chauves-souris, les pelouses sont tondues par des chevaux... On vous le recommande surtout pour les emplacements ombragés avec vue sur le lac (les bâtiments années 1960-1970 qui abritent les appartements sont un peu datés). Resto avec vue bien sympa. Location de VTT. Pas de piscine mais la base de loisirs n'est qu'à 1 km. Internet. Wifi. NOUVEAUTÉ.

Cadre : montagne, lacs ou rivières, campagne, sentiers de randonnée. ***Terrain :*** herbe ; en terrasses.	⊕ La vue sur le lac. ⊖ Les locatifs, un peu datés.

À voir, à faire dans les environs : la ville thermale de Lacaune ; les monts de Lacaune ; la vallée du Gijou ; les rochers du Sidobre (la Peyro Clabado, le roc de l'Oie, les Trois-Fromages...).

NAJAC 12270

25 km SO de Villefranche-de-Rouergue — *Carte Midi-Pyrénées Nord A2*

€€€ 23 € — **74 emplacements**

Camping La Païsserou : *village de chalets du Pontet. ☎ 05-65-29-73-96. • campingnajac@gmail.com • campingnajac.com • Ouv mai-sept (de mars à mi-nov pour les chalets).*
Au pied du château, au bord de l'Aveyron et sur le passage du GR 36, des emplacements délimités par des haies et ombragés, plus une vingtaine de bungalows en bois bien équipés, et autant de chalets encore plus confortables et spacieux *(253-748 €/sem pour 2-6 pers).* Nombreuses activités familiales à proximité : accès gratuit à la piscine municipale, tennis, base de canoë-kayak, location de VTT, paintball, *paddle,* salle TV et un bar-resto où sont organisés des concerts en saison. Un vrai régal pour les vacances ! Internet. Wifi.

Cadre : campagne, lacs ou rivières. ***Terrain :*** herbe ; plat.	⊕ La base de loisirs du Païsserou, une zone détente avec accès à l'eau. ⊖ Niveau d'eau faible en été (pas plus de 1,50 m).

À voir, à faire dans les environs : le vieux village, la forteresse, la base de loisirs ; Villefranche-de-Rouergue.

NANT 12230

32 km SE de Millau — *Carte Midi-Pyrénées Nord B2*

€€ 11,40 € — **45 emplacements**

Camping Les Vernèdes : *route du Durzon, Les Vernèdes. 06-12-14-54-98. • christophe.malzac12@gmail.com • christophemalzac.wix.com/camping-les-vernedes • Ouv avr-oct. CB refusées.*
Terrain tranquille, simple et ombragé par des saules pleureurs et des noyers. Ping-pong sur place. Piscine et tennis à 800 m. Le GR 71D passe dans le coin. Bon accueil familial. Wifi.

Cadre : campagne, sentiers de randonnée, lacs ou rivières. ***Terrain :*** herbe ; plat.	⊕ La vente de produits du verger. ⊖ Peu d'animations.

€€€ 20,75 € — **80 emplacements**

Camping Les 2 Vallées : *route de l'Estrade-Basse. ☎ 05-65-62-26-89. • contact@lesdeuxvallees.com • lesdeuxvallees.com • Ouv début avr-fin oct.*
Terrain de bon confort aux emplacements ombragés, assez vastes et calmes. Vue sur le Roc nantais. Grand choix de mobile homes toilés, en dur ou bois *(139-679 €/sem selon saison et capacité).* Piscine chauffée en haute saison, espace fitness, location de vélos. Commerces au bourg. Wifi.

Cadre : campagne, forêt, lacs ou rivières, montagne, sentiers de randonnée. ***Terrain :*** herbe ; plat.	⊕ Situé dans un bon secteur pour la pêche à la truite, le vélo et la randonnée ; un temps de wifi offert (5h). ⊖ Le wifi payant (au-delà des 5h offertes par semaine).

À voir, à faire dans les environs : le vieux village ; les gorges de la Dourbie et du Tarn ; Saint-Jean-du-Bruel ; Millau, le Larzac.

NARBONNE 11100

35 km SO de Béziers — *Carte Languedoc-Roussillon Sud B1*

€€€€ 59 € — **260 emplacements**

Camping Les Mimosas : *chaussée de Mandirac. ☎ 04-68-49-03-72. • mimosas@capfun.com • capfun.com • Ouv de début avr à mi-oct.*
À proximité immédiate de l'étang de Bages et du parc naturel régional, en pleine nature. Plus qu'un camping, c'est un village-camping pour la détente, le sport (3 piscines, parc aquatique avec toboggans, tennis, minigolf, jeux pour enfants, terrains multisports, location de vélos, etc.), avec une foule de services (resto, supérette...) et des animations (avril-septembre). Emplacements spacieux, assez bien ombragés et séparés par des petites haies. Sanitaires propres. Accueil charmant et pro. Chalets et cottages en location *(245-1 729 €/sem).* NOUVEAUTÉ.

Cadre : au bord d'un étang. ***Terrain :*** plat ; herbe.	⊕ Multi-services ; les activités nautiques (kitesurf, canoë et *paddleboard*) sur le lac. ⊖ Bruyant en haute saison.

À voir, à faire dans les environs : Narbonne ; le parc naturel régional de la Narbonnaise en Méditerranée.

NASBINALS 48260

Carte Languedoc-Roussillon Nord A1

26 km E de Laguiole ; 29 km NO de Marvejols

€ **8,90 €** **25 emplacements**

Camping municipal : *route de Saint-Urcize. ☎ 04-66-32-51-87 ou 04-66-32-50-17 (mairie, hors saison). 06-10-10-52-87. • camping.nasbinals@orange.fr • nasbinals.fr/camping-municipal/ • Ouv mai-fin sept.*

Ambiance montagne dans ce petit camping très nature, dispersé dans un pré. Dommage que la route longe le site (on peut s'installer en retrait). Ce n'est pas l'autoroute, mais bon... Salle commune avec congélo, micro-ondes, etc. Sanitaires impeccables. Également une roulotte à louer (jusqu'à 4 personnes). Wifi.

Cadre : montagne, sentiers de randonnée.
Terrain : herbe ; plat.

⊕ Le prix.
⊖ La proximité de la route et l'isolement.

À voir, à faire dans les environs : les vieux villages de l'Aubrac ; le château de la Baume.

NÈGREPELISSE 82800

15 km NE de Montauban — *Carte Midi-Pyrénées Nord A2*

€€ **13 €** **53 emplacements**

Camping municipal Le Colombier : *au Colombier. ☎ 05-63-64-20-34 ou 05-63-64-22-66 (mairie). • camping.lecolombier@ville-negrepelisse.fr • ville-negrepelisse.fr • Ouv juin-sept. CB refusées.*

Petit camping ombragé et pratique pour sa situation géographique qui permet de rayonner dans toute la région. Piscine municipale au bout du camping, en juillet-août (gratuite pour les campeurs). Machine à laver gratuite. Internet. Wifi.

Cadre : ville.
Terrain : herbe ; plat.

⊕ La proximité de la forêt de la Grésigne et de la rivière Aveyron ; le château de Nègrepelisse restauré, accueillant La Cuisine – Centre d'art et de design.
⊖ Situé en plein milieu de lotissements, à proximité de la route de Montauban, l'environnement n'est pas vraiment folichon.

À voir, à faire dans les environs : La Cuisine – Centre d'art et de design ; le musée Marcel-Lenoir à Montricoux (9 km) ; Bruniquel (13 km) ; Penne (22 km) ; Saint-Antonin-Noble-Val (26 km) ; les gorges de l'Aveyron ; Montauban (15 km).

NÎMES 30000

Carte Languedoc-Roussillon Nord B2

54 km NE de Montpellier ; 45 km SO d'Avignon

€€€€ **46 € (électricité comprise)** **200 emplacements**

Domaine de la Bastide : *route de Générac. ☎ 04-66-62-05-82. • bastide@capfun.com • camping-nimes.com • Ouv tte l'année.*

Bien équipé et correctement ombragé. Parc aquatique avec 2 piscines et toboggans. Location de mobile homes pour 4 et 6 personnes *(182-2 135 €/sem).* Internet. Wifi.

Cadre : ville. ***Terrain :*** herbe ; plat.	⊕ L'accès possible en bus de ville. ⊖ On cherche, on cherche...

À voir, à faire dans les environs : les arènes, la Maison carrée, la vieille ville et ses animations.

ORLU 09110

41 km SE de Foix ***Carte Midi-Pyrénées Sud A2***

€€€ **17,90 €** **100 emplacements**

Camping Les Ioules : *à L'Estap. ☎ 05-61-64-30-09. • camping-ioules@gmail.com • camping-chalets-orlu.com • Ouv tte l'année.*
Camping familial traversé par une rivière et bien ombragé. Location de chalets *(280-890 €/sem)* regroupés en un genre de petit lotissement au bord du terrain de foot. Nombreuses activités sur place. Piscine. Dépôt de pain en saison. Internet. Wifi.

Cadre : lacs ou rivières, montagne, sentiers de randonnée. ***Terrain :*** herbe ; plat.	⊕ Le cadre ; les animations ; les bar, restaurant et épicerie à 400 m. ⊖ Les sanitaires vieillots.

À voir, à faire dans les environs : l'observatoire de la Montagne, la Maison des loups, le parcours Ariège Aventure, la forêt des sons d'Azaret ; la réserve d'Orlu ; les grottes préhistoriques autour de Tarascon-sur-Ariège (environ 30 km, dont celle de Niaux).

OUST 09140

Carte Midi-Pyrénées Sud A2
16 km NO d'Aulus-les-Bains ; 16 km S de Saint-Girons

€€€ **18 €** **108 emplacements**

Camping Les 4 Saisons : *route d'Aulus-les-Bains. 📱 06-72-44-62-68. • camping.ariege@gmail.com • camping4saisons.com • Ouv de mi-mai à oct (tte l'année pour les loc).*
Agréable camping au pied du versant boisé, à l'écart de la route. Emplacements relativement bien ombragés et délimités par des haies taillées au cordeau. Plaisante piscine à l'écart. Resto, animations en été. Mobile homes et chalets en location *(250-725 €/sem).* Internet. Wifi. NOUVEAUTÉ.

Cadre : campagne, montagne, forêt, lacs ou rivières, sentiers de randonnée. ***Terrain :*** plat ; herbe.	⊕ Le bon accueil. ⊖ Pas trouvé.

À voir, à faire dans les environs : le château de Seix ; la vallée de Bethmale ; les thermes d'Aulus ; diverses randonnées dans le Couserans.

OUZOUS 65400

3 km N d'Argelès-Gazost ***Carte Midi-Pyrénées Ouest A2***

€€ **11,50 €** **15 emplacements**

La Ferme du Plantier : *1, rue de l'Oulet. ☎ 05-62-97-58-01. • bernard.capdevielle@sfr.fr • camping-ouzous.e-monsite.com • Ouv 1er mai-1er oct.*
Petit camping dans une ferme, ombragé par des bouleaux et bien au calme, dans un tout petit village. Bloc sanitaire nickel, aire de jeux, lave-linge. Tenu par Fabienne et Bernard, un couple d'agriculteurs sympathiques. Internet. Wifi.

Cadre : montagne. ***Terrain :*** herbe.	⊕ Très calme ; la vue. ⊖ Pas d'équipements.

À voir, à faire dans les environs : l'abbatiale de Saint-Savin ; le parc animalier des Pyrénées à Argelès ; le donjon des Aigles à Beaucens ; le parc national des Pyrénées (vals d'Azun et d'Estaing) ; la réserve naturelle du Pibeste.

PALAVAS-LES-FLOTS 34250

Carte Languedoc-Roussillon Sud B1

11 km SE de Montpellier ; 16 km O de La Grande-Motte

€€€ 35 € **480 emplacements**

Camping Montpellier Plage : *95, av. Saint-Maurice. ☎ 04-67-68-00-91. • camping.montpellier.plage@wanadoo.fr • camping-montpellier-plage.com • Ouv avr-sept.*
Un grand camping partiellement ombragé par des tamaris, entre la lagune et la grande bleue. Équipements pléthoriques (resto, snack, épicerie, espace aquatique, terrain de sport, etc.) et installations nickel. En saison, animations en pagaille (miniclub, soirées à thème, élection de miss camping et tout le toutim !). Les emplacements situés près de l'étang sont les plus agréables. Locatifs *(301-1 200 €/sem).* Internet. Wifi. NOUVEAUTÉ.

Cadre : mer. ***Terrain :*** plat.	⊕ À 50 m de la mer. ⊖ Devoir repartir.

À voir, à faire dans les environs : le musée Albert-Dubout, le phare de la Méditerranée ; la cathédrale de Maguelone à Villeneuve-lès-Maguelone (5 km).

PAMIERS 09100

20 km N de Foix

Carte Midi-Pyrénées Sud A2

€€€ 23 € **100 emplacements**

Camping L'Apamée : *route d'Écosse. ☎ 05-61-60-06-89. • campingapamee@orange.fr • vap-camping.fr • Ouv fin avr-fin sept (de début avr à mi-nov pour les loc).*
Un camping ombragé, fleuri et au bord de l'eau, mais aussi au bord de la route (assez passante ; éviter les emplacements situés à proximité). Snack-bar et nombreuses animations en été. Location de bungalows toilés et de mobile homes pour 5-6 personnes *(273-714 €/sem).* Le chemin de Saint-Jacques-de-Compostelle passe à proximité. Piscine et accès canoë à la rivière. Internet. Wifi.

Cadre : ville. ***Terrain :*** herbe ; plat.	⊕ L'accueil ; la proximité de la ville et de la base nautique. ⊖ La proximité de la route.

À voir, à faire dans les environs : Mirepoix (23 km), la cité médiévale et sa cathédrale ; Le Mas-d'Azil (33 km) : la grotte préhistorique, le musée de la Préhistoire, Xploria et l'Affabuloscope ; Carla-Bayle (30 km).

OCCITANIE

PAMPELONNE 81190

36 km E d'Albi ; 33 km E de Cordes-sur-Ciel

Carte Midi-Pyrénées Nord B2

€€ 15 € **27 emplacements**

Camping de Thuriès : *pont de Thuriès. ☎ 05-63-76-44-01. • camping-thuries-pampelonne@outlook.fr • camping-pampelonne-tarn.fr • Ouv de mi-mai à mi-sept.*
Au bord d'une rivière (accès direct), un petit camping de 27 emplacements, sympa comme tout et arboré. Loue également des bivouacs (tipis d'indiens) pour 2 personnes *(150-250 €/sem)* et des chalets pour 2-5 personnes *(300-490 €/sem ; loc à la nuitée possible).* Piscine, snack-bar et départs pour des randos dans la vallée du Viaur, pêche, canoë... Idéal pour les familles. Super accueil. Internet. Wifi.

Cadre : lacs ou rivières, sentiers de randonnée, forêt. ***Terrain :*** herbe ; plat.	⊕ Le cadre et la tranquillité ⊖ L'absence de commerces à proximité immédiate ; pas de réseau mobile.

À voir, à faire dans les environs : l'espace Jaurès, les ruines du château, le sentier botanique qui longe le camping.

PEYREMALE 30160

30 km N Alès — *Carte Languedoc-Roussillon Nord B1*

€€€ **17,50 €** — **35 emplacements**

Camping Le Moulin du Luech : *impasse Le Martinet. 06-28-34-54-62. • lemoulindeluech@gmail.com • campingcevennes-atypique.com • Ouv mai-fin sept.*
Au bord de la rivière, bien en retrait de la route, un adorable petit camping. Pour les campeurs, des emplacements entourés de hautes haies ou plus ouverts, sur les pelouses centrales. Et pour tous, une ombre bienfaisante. Au fond du site, 4 « Châtaignes », sympathiquement insolites : des tentes prêt-à-camper avec un vrai lit, une petite terrasse et un accès à une cuisine sommaire réservée à ces hébergements *(400-490 €/sem pour 2-5 pers).* Autre très gros atout : la rivière et le plan d'eau adjacent, avec une belle profondeur, même au cœur de l'été. NOUVEAUTÉ.

Cadre : lacs ou rivières, sentiers de randonnée. ***Terrain :*** herbe ; plat. ***Réducs :*** - 10 % à partir de 2 semaines de séjour (camping ou locatif) sur présentation de ce guide.	⊕ L'accueil charmant. ⊖ Pas de wifi, mais est-ce un « moins » ?

À voir, à faire dans les environs : les sentiers de randonnée ; Alès et le musée-bibliothèque Pierre-André-Benoît ; le Préhistorama à Rousson ; la maison du mineur à La Grand'Combe.

PINSAC 46200

28 km NE de Gourdon — *Carte Midi-Pyrénées Nord A1*

€€ **13,20 €** — **40 emplacements**

Camping municipal Beauregard : *chemin rural de Pinsac, le port. ☎ 05-65-37-06-02. • contact@campingduport.com • Ouv juil-août. CB refusées.*
Au bord de la Dordogne, au pied des falaises, des emplacements bien ombragés mais aucun équipement. Épicerie à 800 m. Baignade, pêche et canoë. Le GR 6 passe dans le coin.

Cadre : lacs ou rivières. ***Terrain :*** plat.	⊕ L'emplacement en bord de rivière ; le calme. ⊖ Aucun équipement.

À voir, à faire dans les environs : Martel (15 km) ; Souillac (5,5 km) ; les grottes de Lacave (5 km) ; Rocamadour (15 km).

PRADES 66500

43 km SO de Perpignan — *Carte Languedoc-Roussillon Sud A2*

€€€ **20 €** — **60 emplacements**

Camping Les Portes du Canigou : *chemin du Gaz, plaine Saint-Martin. ☎ 04-68-96-29-83. • camping-lesportesducanigou.fr • Ouv avr-déc.*

À 5 mn à pied du centre. Emplacements bien délimités et parfaitement ombragés. Animations l'été. Bon accueil. Piscine municipale découverte à 300 m. Chalets en location *(280-700 €/sem).* Internet. Wifi.

Cadre : campagne, forêt, lacs ou rivières, montagne, sentiers de randonnée. ***Terrain :*** herbe ; plat.	⊕ Le plan d'eau juste à côté pour les pêcheurs. ⊖ Un peu proche de la déviation.

À voir, à faire dans les environs : l'église Saint-Pierre et le trésor ; les joyaux catalans ; la manufacture du Grenat ; l'abbaye de Saint-Michel-de-Cuxa ; Villefranche-de-Conflent (6 km).

PREMIAN 34390

Carte Languedoc-Roussillon Sud A1

9 km E de Saint-Pons-de-Thomières ; 28 km NO de Roquebrun

€€€ **15,50 €** **26 emplacements**

Les Terrasses du Jaur : *☎ 04-67-97-27-85 ou 04-67-97-06-40 (mairie). 📱 06-43-40-43-20. • contact@camping-premian.fr • camping-premian.fr • Ouv Pâques-fin sept (loc tte l'année). CB refusées.*
Un petit camping tout simple, posté en surplomb de la rivière, face au village. Vastes emplacements, bien délimités et ombragés. Location de mobile homes pour 6 personnes *(190-550 €/sem).* Coin barbecue, lave-linge, sanitaires, petite aire de jeux et c'est tout. Nombreux départs de sentiers dans le coin. Wifi.

Cadre : campagne, lacs ou rivières, sentiers de randonnée. ***Terrain :*** en terrasses ; herbe ; plat.	⊕ Le prix ; le calme. ⊖ Le peu d'équipements.

À voir, à faire dans les environs : le village d'Olargues ; les montagnes alentour pour changer d'horizon, Espinousse, Caroux ; les gorges de l'Orb ; la grotte de la Devèze.

PUY-L'ÉVÊQUE 46700

34 km NO de Cahors **Carte Midi-Pyrénées Nord A2**

€€€ **18 €** **115 emplacements**

Camping Les Vignes : *Le Méoure. ☎ 05-65-30-81-72. 📱 06-76-39-27-81. • campinglesvignes46@gmail.com • camping-lesvignes.fr • Ouv avr-oct.*
Très bien situé (au milieu des vignes et au bord du Lot !), très bien ombragé et parfaitement tenu. Emplacements spacieux délimités par de belles haies. Loue également des mobile homes *(235-640 €/sem)* et un gîte. Bon confort et bons équipements : ping-pong, kayak, volley-ball, location de vélos, etc. Également une piscine chauffée, mais possibilité de baignade (et de pêche) dans le Lot. Resto sur la plage. Point de départ de nombreuses excursions et le GR 36 passe dans le secteur. Changement de propriétaire en perspective. Internet.

Cadre : campagne, lacs ou rivières. ***Terrain :*** herbe ; plat.	⊕ Le pot d'accueil le dimanche midi ; l'animation musicale le jeudi soir en juillet-août. ⊖ Le village à 3 km.

À voir, à faire dans les environs : le vieux village ; les caves à vin ; le château de Bonaguil (13 km) ; Cahors (34 km).

PUYSSÉGUR 31480

20 km O de Grenade **Carte Midi-Pyrénées Sud A1**

€€€ **25 €** **60 emplacements**

Camping Namasté : *au village. ☎ 05-61-85-77-84. 📱 06-73-85-79-76. • contact@camping-namaste.com • camping-namaste.com • Ouv de mai à mi-oct (avr-oct pour les loc).*
Au cœur d'une chênaie, un ravissant camping à l'atmosphère familiale et bucolique, qui allie nature et culture (parcours botanique et photographique, petite salle de ciné). Chalets et mobile homes à louer *(320-730 €/sem).* Piscine et pataugeoire, jeux pour les enfants, parcours de santé. Snack-bar. Le tout au calme. Très bon accueil. Internet. Wifi.

Cadre : campagne, forêt, sentiers de randonnée. ***Terrain :*** en terrasses ; herbe. ***Réducs :*** une séance de yoga (le matin) offerte sur présentation de ce guide.	⊕ Le cadre ; l'accueil ; les multiples activités culturelles. ⊖ Le sauna payant.

À voir, à faire dans les environs : la Maison du potier (2 km) ; le château de Laréole (5 km) ; le moulin de Brignemont (7 km) ; Grenade et ses environs (20 km) ; Toulouse (30 km).

QUÉZAC 48320

Carte Languedoc-Roussillon Nord A1
11 km NO de Florac ; 17 km E de Sainte-Énimie

€€ **14,80 €** **33 emplacements**

Le Petit Monde : *Le Chambonnet. 📱 06-78-76-44-79. • campinglepetitmonde.jimdofree.com • Ouv tte l'année.*
Un minuscule camping à la cool, allongé sous les arbres entre le Tarn et la route. Plagette, hamacs, potager en permaculture en libre-service et, les soirs d'été, burgers et kebabs (du pays !) à la guinguette, avant que ne sortent les guitares. Hors saison, on peut voir, paraît-il, batifoler loutres et castors... NOUVEAUTÉ.

Cadre : campagne, lacs ou rivières, sentiers de randonnée. ***Terrain :*** herbe ; plat.	⊕ L'atmosphère, cool et nature. ⊖ Simple mais suffisant.

À voir, à faire dans les environs : la source et l'usine d'embouteillage de Quézac ; les gorges du Tarn ; le causse Méjean.

QUILLAN 11500

Carte Languedoc-Roussillon Sud A2
28 km S de Limoux ; 57 km NO de Saint-Paul-de-Fenouillet

€€ **14 €** **65 emplacements**

Camping La Forge de Quillan : *route de Perpignan (D 117). ☎ 04-68-20-23-79. • laforge@ville-quillan.fr • laforgequillan.fr • Ouv de mi-mars à mi-nov.*
Juste en dehors de la ville et nichée dans un gracieux méandre verdoyant de l'Aude, cette grande aire de camping, aménagée en plusieurs terrasses, dépend de l'auberge de jeunesse attenante et rutilante, qui joue aussi la carte des activités de pleine nature : eaux vives, montagne, rando, accrobranche, tir à l'arc... Salle TV et cuisine commune. Bref, une excellente adresse à seulement 800 m du sentier cathare. Dortoirs *(21 €/pers).* Wifi. NOUVEAUTÉ.

Cadre : forêt, ville. ***Terrain :*** en pente ; herbe ; plat.	⊕ Au bord de l'Aude ; les nombreuses activités sport et nature ; le restaurant ; l'accueil. ⊖ La route départementale proche (calme la nuit).

À voir, à faire dans les environs : Rennes-le-Château ; les châteaux du Pays cathare ; les gorges de l'Aude ; les gorges de Galamus.

REMOULINS 30210

Carte Languedoc-Roussillon Nord B2

1,5 km SE du pont du Gard ; 23 km O d'Avignon

€€€€ 33 € 330 emplacements

Camping La Sousta : *28, av. du Pont-du-Gard. ☎ 04-66-37-12-80. • info@lasousta.com • lasousta.com • Ouv de mi-mars à fin oct.*
Un beau 4-étoiles avec certains emplacements ayant vue sur la rivière (spectacle gratuit des castors à la tombée de la nuit...). Ombragé et proche du pont du Gard. Soirées à thème. Location de canoës-kayaks. Piscine. Épicerie et resto. Loue des mobile homes pour 2 à 6 personnes *(290-1 090 €/sem).* Internet. Wifi.

Cadre : campagne, forêt, lacs ou rivières, sentiers de randonnée.
Terrain : herbe ; plat.
Réducs : en camping, 1 semaine achetée = 1 semaine offerte, et en locatif, 1 semaine achetée = 1 semaine à moitié prix sur présentation de ce guide.

⊕ La proximité du fameux pont du Gard.
⊖ Surpeuplé en été ; les animations qui se terminent à 23h30.

À voir, à faire dans les environs : le pont du Gard et les villages de l'Uzège ; le musée du Vélo et de la Moto.

RENNES-LES-BAINS 11190

Carte Languedoc-Roussillon Sud A2

24 km SE de Limoux ; 30 km NO de Saint-Paul-de-Fenouillet

€€€€ 28,50 € 74 emplacements

Camping La Bernède : *19, chemin de la Bernède. ☎ 04-68-20-07-30. 06-37-27-22-34. • infos@labernede.fr • camping-renneslesbains.com • Ouv tte l'année.*
En bord de rivière, un camping à taille humaine, bien tranquille et aux emplacements gazonnés et ombragés, délimités par des haies de troènes. Resto-bar en été, piscine chauffée, jeux pour enfants, tennis à proximité... Mobile homes en location *(300-700 €/sem).* Internet. Wifi.

Cadre : campagne, forêt, lacs ou rivières, sentiers de randonnée, montagne.
Terrain : herbe ; plat ; en terrasses.

⊕ L'accueil familial ; la propreté ; le vert et le calme ; les nombreuses randonnées.
⊖ Pas de piscine.

À voir, à faire dans les environs : Rennes-le-Château ; Arques et son château ; les châteaux du Pays cathare ; le musée des Dinosaures d'Espéraza ; les gorges de Galamus.

REVEL 31250

50 km SE de Toulouse

Carte Midi-Pyrénées Sud A1

€€€ 19 € 50 emplacements

Camping municipal Le Moulin du Roy : *chemin de la Pergue. ☎ 05-61-83-32-47. • campinglemoulinduroy@gmail.com • camping-lemoulinduroy.com • Ouv avr-oct.*
Camping avec des sanitaires impeccables, et relativement bien ombragé. Éviter si possible les emplacements juste en bord de route. Coin barbecue, soirées à thème en été. Accès gratuit à la piscine municipale. Location de Coco Sweet et mobile homes 2-6 personnes *(200-650 €/sem).* Internet. Wifi.

Cadre : campagne, forêt, lacs ou rivières, montagne, sentiers de randonnée, ville. ***Terrain :*** herbe ; plat. ***Réducs :*** les frais de dossier offert et - 5 % pour tout séjour d'une semaine minimum sur présentation de ce guide.	⊕ La piscine et les tennis municipaux à côté, avec accès gratuit pour les campeurs. ⊖ La route proche et bruyante.

À voir, à faire dans les environs : l'Explorarôme à Montégut-Lauragais (7 km) ; Saint-Félix-Lauragais (11 km) ; l'église de Montgeard ; le lac, la base de loisirs et le Musée du canal du Midi de Saint-Ferréol (3 km).

RIEUX-VOLVESTRE 31310

27 km SO de Muret — *Carte Midi-Pyrénées Sud A1*

€€€ **22 €** — **52 emplacements**

Camping du Plan d'Eau : *le plan d'eau. ☎ 05-61-97-24-59. • contact@camping-rieux.eu • camping-rieux.eu • Ouv avr-oct (loc tte l'année).*
En bordure de Garonne et bien ombragé par une chênaie. Coco Sweet, mobile homes et chalets à louer *(198-540 €/sem, possibilité de location à la nuitée).* Club de voile juste à côté. Wifi.

Cadre : lacs ou rivières, sentiers de randonnée. ***Terrain :*** en terrasses.	⊕ La base de loisirs à proximité immédiate (et en accès gratuit pour les campeurs), avec piscines couverte et découverte, tennis. ⊖ La baignade interdite dans le lac.

À voir, à faire dans les environs : le vieux village ; l'archéosite gaulois à Saint-Julien (5 km) ; Montesquieu-Volvestre (7 km) ; Rieumes et le parc de loisirs *Tépacap* (25 km) ; le musée Cap al Campestre à Lherm (30 km) ; la bastide de Saint-Sulpice-sur-Lèze (18 km).

RIVIÈRES 81600

9 km E de Gaillac ; 18 km O d'Albi — *Midi-Pyrénées Sud A1*

€€€ **24,50 €** — **74 emplacements**

Les Pommiers d'Aiguelèze : *06-75-87-23-11. • info@camping-lespommiers.com • camping-lespommiers.com • Ouv avr-sept.*
Agréable camping à l'ambiance familiale, avec des emplacements ombragés et délimités par des haies. Les propriétaires ont eu la bonne idée de planter des variétés anciennes de pommiers et d'aménager des TitHomes de 2 chambres pour les budgets serrés. Piscine chauffée, resto-snack, épicerie, tennis municipal (accès gratuit), location de vélos. Petite base de loisirs à 300 m, au bord du Tarn (jeux aquatiques, baignade surveillée en été, location de *paddles* et de canoës). Accueil sympa. Internet. NOUVEAUTÉ.

Cadre : lacs ou rivières, ville. ***Terrain :*** herbe ; plat.	⊕ La base aquatique à deux pas. ⊖ Aucun remarqué.

À voir, à faire dans les environs : Gaillac (9 km) ; Albi (18 km) ; Cordes-sur-Ciel (22 km).

ROCAMADOUR 46500

30 km NE de Gourdon — *Carte Midi-Pyrénées Nord A1*

€€ **13 €** — **50 emplacements**

Ferme des Campagnes : *L'Hospitalet. ☎ 05-65-33-62-54. • contact@campingfermebranche.com • camping-fermedescampagnes-rocamadour.com • Ouv avr-oct (tte l'année pour les camping-cars).*
Un camping à la ferme de 2 ha, bien ombragé. Location de mobile homes et bungalows toilés *(245-590 €/sem).* Barbecue à disposition. Possibilité d'y prendre le petit déj. Vente des produits de la ferme et d'assiettes-repas sur place ou à la boutique à 300 m. Court de tennis à 1 km. Accès à Rocamadour par un sentier pédestre. Internet. Wifi.

Cadre : campagne, sentiers de randonnée. ***Terrain :*** herbe ; plat ; rocaille.	⊕ Les GR 6 et GR 46 à proximité ; pas loin de Rocamadour. ⊖ Quelques emplacements en zone rocailleuse.

€€€€ **28 €** **100 emplacements**

Camping Les Cigales : *L'Hospitalet. ☎ 04-66-60-07-00. • contact@camping-les-cigales.com • camping-cigales.com • Ouv avr-oct.*
Un grand camping sur 3 ha, plus ou moins ombragé mais bien équipé (écran géant, jeux pour enfants, trampolines, château gonflable, ping-pong, terrain multisports). Beaucoup de locatifs : mobile homes, bungalows et roulottes *(275-1 080 €/sem).* Animations, ateliers et sorties canoë en juillet-août. Piscine chauffée de mi-mai à mi-septembre. Snack et pizzas maison. Wifi.

Cadre : campagne, sentiers de randonnée. ***Terrain :*** herbe ; plat.	⊕ Le cadre sympa à proximité de la célèbre cité médiévale. ⊖ Beaucoup de monde en été.

€€ **10 €** **25 emplacements**

Aire naturelle Chez Gaby : *au lieu-dit Magès. ☎ 05-65-33-65-17. Ouv d'avr à mi-nov. CB refusées.*
Retraités mais pas inactifs, ces anciens agriculteurs mettent à la disposition des campeurs un champ avec sanitaires simples. Salle à disposition dans une petite grange. On domine les vallées de l'Alzou et de l'Ouysse. Vue superbe sur le causse. Quelques caravanes pas chères *(120-200 €/sem),* mais bien vieillottes.

Cadre : campagne, sentiers de randonnée. ***Terrain :*** en pente ; herbe ; plat ; rocaille.	⊕ Le cadre ; la vue. ⊖ Pas de restauration à proximité immédiate.

À voir, à faire dans les environs : les sanctuaires ; la borie d'Imbert ; le rocher des Aigles ; la forêt des Singes ; le gouffre de Padirac (15 km).

ROQUEBRUN 34460

Carte Languedoc-Roussillon Sud B1

16 km NE de Saint-Chinian ; 31 km NO de Béziers

€€ **13,50 €** **25 emplacements**

Camping Campotel Le Nice : *rue du Temps-Libre. ☎ 04-67-89-61-99. • campoteldelorb@orange.fr • camping-lenice.com • Ouv de mi-mars à mi-nov (loc tte l'année sauf 1re quinzaine de janv).*
Petit camping familial, à deux pas des berges de la rivière. Propret, ombragé, il est doté de gîtes et chalets *(340-460 €/sem)* bien équipés avec cuisine, terrasse, linge, barbecue. Emplacements tente un peu rabougris en revanche. Pour les actifs, tir à l'arc, court de tennis, ping-pong, boulodrome, base de canoë-kayak et d'embarcations à pédales (payant) et jeux pour enfants. Belle vue sur le village et ses collines. Internet. Wifi.

Cadre : montagne. ***Terrain :*** en terrasses.	⊕ Les chalets ; le cadre. ⊖ Peu d'emplacements, il est conseillé de réserver en haute saison.

À voir, à faire dans les environs : le Jardin méditerranéen, les ruelles du village ; les gorges de l'Orb ; les randos dans le massif du Caroux.

ROQUEFEUIL 11340

25 km SO de Quillan — *Carte Languedoc-Roussillon Sud A2*

€€€ **20 € (avec eau et électricité)** **15 emplacements**

Camping La Mare aux Fées : *6, rue de l'Église. ☎ 04-68-31-11-37. 07-69-78-57-13. • contact@camping-lamareauxfees.com • camping-lamareauxfees.com • Ouv avr-oct.*
Au cœur d'un village rural perché à 900 m d'altitude, petit camping coquet, coincé entre l'ancien abreuvoir et l'église. Emplacements gazonnés, ombragés et délimités par de hautes haies. Sanitaires nickel. Piscine, location de VTT, bibliothèque, bar-resto, dépôt de pain et passage des petits producteurs locaux en été. Chalets et mobile homes en location *(285-565 €/sem).* Internet. Wifi.

Cadre : montagne, sentiers de randonnée.
Terrain : herbe.
Réducs : boisson d'accueil offerte sur présentation de ce guide.

⊕ L'entretien scrupuleux ; le côté familial ; convivial.
⊖ La moitié des emplacements tente manque d'ombre.

À voir, à faire dans les environs : la grotte de l'Aguzou ; les gorges de l'Aude ; les châteaux du Pays cathare ; le musée du Quercorb à Puivert.

ROUSSES 48400

20 km S de Florac ; 25 km NE de Meyrueis — *Carte Languedoc-Roussillon Nord A2*

€€ **11,60 €** **25 emplacements**

Camping de la Quillette : *au lieu-dit Lou-Mouly. ☎ 04-66-44-00-29. 06-09-51-88-27. • argenson.c@wanadoo.fr • Ouv 1er juil-31 août. CB refusées.*
On l'aime bien cette aire naturelle toute simple, disposant d'emplacements semi-ombragés, dans un site superbe au bord de la rivière Tarnon (où l'on peut se baigner). Internet. Wifi.

Cadre : campagne, forêt, lacs ou rivières, montagne, sentiers de randonnée.
Terrain : en terrasses ; herbe ; plat ; en pente.

⊕ Sauvage ; extrêmement tranquille !
⊖ Les douches payantes.

À voir, à faire dans les environs : Florac.

SAILLAGOUSE 66800

Carte Languedoc-Roussillon Sud A2
93 km SO de Perpignan ; 11 km de Font-Romeu

€€ **14,50 €** **121 emplacements**

Camping Le Cerdan : *11, route d'Estavar. ☎ 04-68-04-70-46. • lecerdan@lecerdan.com • lecerdan.com • Ouv tte l'année sauf oct.*
La première impression (des mobile homes en rang d'oignon) n'est pas la bonne puisque, pour les campeurs, les emplacements sont en contrebas, tranquilles au bord d'une petite rivière. Centre-bourg à 5 grosses minutes à pied. Locatifs *(210-490 €/sem).* Wifi. NOUVEAUTÉ.

Cadre : montagne, lacs ou rivières, sentiers de randonnée, ville.
Terrain : herbe ; plat.

⊕ Les sympathiques petits plans d'eau pour la pêche à deux pas.
⊖ R.A.S.

À voir, à faire dans les environs : le plateau de la Cerdagne ; les villages de Llo et d'Eyne ; le four solaire de Mont-Louis ; le parc naturel régional des Pyrénées catalanes.

SAINT-AMANS-DES-CÔTS 12460

65 km NE de Rodez ***Carte Midi-Pyrénées Nord B1***

€€€€ **38 € (avec électricité)** **290 emplacements**

Camping Tohapi Domaine des Tours : *lieu-dit Les Tours. ☎ 05-65-44-88-10. • dirtours@vacanceselect.fr • campinglestours.com • Ouv Pâques-août.*
Au bord du lac de la Selves, au sud de Saint-Amans. Bien ombragé. Espace aquatique avec toboggan, espace bien-être (bain à bulles, massages, soins), animations et tournois sportifs. Resto (juin-août). Location de vélos. Mobile homes en location *(250-1 500 €/sem ; possibilité de loc à la nuitée à partir de 2 nuits ; 1 sem min juil-août).* Internet. Wifi. NOUVEAUTÉ.

Cadre : campagne, lacs ou rivières. ***Terrain :*** herbe ; en terrasses.	⊕ L'espace bien-être. ⊖ Quels « moins » ?

À voir, à faire dans les environs : le château de Valon ; Laguiole ; la galerie de la poterie du Don

SAINT-ANDRÉ-DE-VALBORGNE 30940

Carte Languedoc-Roussillon Nord A2
38 km NO d'Anduze ; 25 km O de Saint-Jean-du-Gard

€€ **10,90 €** **26 emplacements**

Le Pont de l'Elze : *pont de l'Elze. ☎ 04-66-60-30-08. • mairie.valborgne@wanadoo.fr • causses-aigoual-cevennes.org • Ouv mai-sept (loc mai-nov). CB refusées.*
Terrain en bordure de la rivière, où l'on plante sa tente sur un emplacement gentiment clos d'arbustes. De l'ombre et un accueil sympathique, rien de plus. On peut aussi louer des chalets pour 5 à 7 personnes *(280-390 €/sem).*

Cadre : montagne, sentiers de randonnée. ***Terrain :*** herbe ; plat.	⊕ La possibilité de se rafraîchir dans le Gardon. ⊖ La route (peu passante) assez proche.

À voir, à faire dans les environs : le mont Aigoual ; la vallée du Gardon.

SAINT-ANTONIN-NOBLE-VAL 82140

48 km NE de Montauban ***Carte Midi-Pyrénées Nord A2***

€€€€ **27 €** **80 emplacements**

Flower Camping des Gorges de l'Aveyron : *Marsac-Bas. ☎ 05-63-30-69-76. • info@camping-gorges-aveyron.com • camping-gorges-aveyron.com • Ouv de mi-avr à fin sept.*
Installé en bordure de l'Aveyron, dans le décor naturel de ses gorges. L'ensemble est super bien ombragé, frais et ne manque pas de charme. En revanche, pas de haies pour délimiter les emplacements. Des locations pour 4 à 6 personnes également *(258-1 127 €/sem selon taille et saison ; loc possible à la nuitée).* Pêche, baignade, canotage, baptême en parapente à proximité... Piscine. Ambiance très familiale. Internet. Wifi.

Cadre : campagne, lacs ou rivières, sentiers de randonnée. ***Terrain :*** herbe ; plat.	⊕ Le cadre très champêtre ; les nombreuses animations en journée comme en soirée. ⊖ Le manque d'intimité entre les emplacements ; les frais de réservation, jusqu'à 15 €.

€€ 12,90 € 43 emplacements

Camping municipal Le Ponget : *route de Caylus. ☎ 05-63-68-21-13. • camping.leponget@gmail.com • camping-leponget.jimdo.com • Ouv mai-sept.*
Petit camping plaisant au bord de la Bonnette, séparé en 2 par le terrain de rugby (pas de match durant la période d'ouverture du camping). Emplacements délimités par de belles haies. Pas de locatifs. Atmosphère familiale. Parfaitement entretenu et au calme. Accès à la piscine municipale à tarif réduit. Wifi.

Cadre : campagne, sentiers de randonnée, lacs ou rivières. ***Terrain :*** herbe ; plat.	⊕ L'accès à la piscine municipale à tarif réduit. ⊖ Le peu d'équipements.

À voir, à faire dans les environs : la vieille ville ; les jardins de Quercy à Cambou (Verfeil-sur-Seye ; 18 km) ; l'abbaye de Beaulieu-en-Rouergue (14 km) ; le château de Cas (9 km) ; Caylus (12 km) ; Penne (15 km) ; Bruniquel (23 km) ; les gorges de l'Aveyron.

SAINT-BERTRAND-DE-COMMINGES 31510

18 km SO de Saint-Gaudens — *Carte Midi-Pyrénées Ouest A2*

€€ 15 € 80 emplacements

Camping Es Pibous : *chemin de Saint-Just. • 05-61-88-31-42. • es.pibous@orange.fr • et • contact@es-pibous.fr • es-pibous.fr • Ouv mars-oct.*
Emplacements verdoyants, bien ombragés et de taille raisonnable. Bon confort, ambiance familiale et vue magnifique sur le village et sa cathédrale. Location de chalets et bungalows 2-5 personnes *(140-385 €/sem).* Internet. Wifi.

Cadre : campagne, forêt, lacs ou rivières, montagne, sentiers de randonnée. ***Terrain :*** herbe ; plat.	⊕ Le cadre pastoral. ⊖ Pas forcément pour des ados.

À voir, à faire dans les environs : la cathédrale Sainte-Marie, la ville antique ; la basilique Saint-Just de Valcabrère (2 km) ; les Trois-Vallées ; les vallées de Saint-Béat ; le pays de Luchon.

SAINT-CÉRÉ 46400

45 km NO de Figeac — *Carte Midi-Pyrénées Nord A1*

€€€ 18,22 € 110 emplacements

Camping Le Soulhol : *quai Auguste-Salesses. ☎ 05-65-38-12-37. 📱 06-35-43-97-07. • campingsaintcere@gmail.com • camping-le-soulhol.fr • Ouv avr-sept.*
Un camping de 4 ha tout en longueur et au bord de l'eau, plutôt bien ombragé, avec de grands emplacements. Piscine et pataugeoire chauffées, château gonflable, trampoline. Pas d'animations, pour préserver le calme. Tennis à proximité. Location de mobile homes et gîtes *(220-720 €/sem).* Wifi.

Cadre : lacs ou rivières, ville, campagne. ***Terrain :*** herbe ; plat.	⊕ La piscine municipale et le cinéma à proximité. ⊖ Pas d'animations.

À voir, à faire dans les environs : le vieux village ; Rocamadour (30 km) ; le gouffre de Padirac (15 km) ; Martel (30 km).

SAINT-CHÉLY-D'AUBRAC 12470

55 km NE de Rodez — *Carte Midi-Pyrénées Nord B2*

€€ 11 € 20 emplacements

Camping vert Chez Fanny et Jérémy : *au bourg, Le Pont-Neuf. 06-19-50-67-11. • fannyligniercoq@gmail.com • chezfannyetjeremy.fr • Ouv mai-fin sept. CB refusées.*
Petit camping au bord de la rivière, partiellement ombragé. Plantez votre tente où bon vous semble, Fanny ou Jérémy, qui gèrent également le gîte d'étape, passeront en fin de journée. Le chemin de Saint-Jacques-de-Compostelle et le GR 6 passent à proximité. Location de 2 tentes surélevées également.

Cadre : campagne, forêt, lacs ou rivières, sentiers de randonnée. ***Terrain :*** herbe ; plat.	⊕ La propreté et le calme. ⊖ Le peu d'équipements.

À voir, à faire dans les environs : Aubrac ; les monts d'Aubrac ; Laguiole.

SAINT-CIRQ-LAPOPIE 46330

30 km E de Cahors ***Carte Midi-Pyrénées Nord A2***

€€€ **19,50 €** **96 emplacements**

Camping La Truffière : *route de Concots (D 42). ☎ 05-65-30-20-22. 06-17-70-73-59. • contact@camping-truffiere.com • camping-truffiere.com • Ouv avr-sept.*
Sur le causse, au-dessus de Saint-Cirq-Lapopie. De l'espace, de la verdure et de l'ombre au sein d'une vaste chênaie. Location de chalets *(298-820 €/sem).* Ensemble parfaitement intégré dans son environnement. Piscine chauffée, tennis de table, vaste aire de jeux pour enfants, et plein d'activités dans le secteur (canoë, spéléo, escalade, etc.). GR 36 à proximité. Un camping très familial où les gamins se font plein de copains ! Snack (salades, pizzas) et épicerie. Internet. Wifi.

Cadre : campagne, forêt, sentiers de randonnée. ***Terrain :*** en terrasses ; rocaille. ***Réducs :*** - 10 % hors juillet-août sur présentation de ce guide.	⊕ La situation en plein cœur du parc régional des Causses du Quercy et son environnement préservé. ⊖ Loin des commerces.

€€€ **24 €** **120 emplacements**

Camping de la Plage : *porte Roques. ☎ 05-65-30-29-51. • camping-laplage@wanadoo.fr • campingplage.com • Ouv de mi-avr à début oct.*
Un camping familial aux emplacements confortables dans un cadre verdoyant en bordure de Lot. Très bien tenu. Emplacements tous agréables, mais coup de cœur pour les nos 11 à 20 bien ombragés tout près de l'accès à la plage de Saint-Cirq (surveillée en saison). Aire de jeux, animations artistiques, pêche, canoë, toboggans, trampolines... beaucoup d'équipements et des concerts en saison. Resto de qualité, ouvert aux non-résidents, proposant des produits locaux et bio, et d'excellentes pizzas. Location de mobile homes, chalets *(308-812 €/sem)* et tentes lodges *(57-90 €/nuit).* Internet. Wifi.

Cadre : campagne, lacs ou rivières, sentiers de randonnée. ***Terrain :*** herbe ; plat. ***Réducs :*** tarif couple : - 30 % sur les locatifs à la semaine hors saison ; - 5 % pour tout séjour de plus de 2 semaines sur présentation de ce guide.	⊕ Au pied de l'un des Plus Beaux Villages de France (accès piéton). ⊖ Beaucoup de monde en saison.

À voir, à faire dans les environs : le vieux village ; le château de Cénevières (9 km) ; la vallée de Célé (5 km) ; la grotte de Pech-Merle (12 km).

SAINT-CÔME-D'OLT 12500

36 km NE de Rodez ***Carte Midi-Pyrénées Nord B2***

€€€ **17 €** **71 emplacements**

Camping Belle Rive : *40, rue du Terral. 06-98-22-91-59. • contact@camping-bellerive-aveyron.com • camping-bellerive-aveyron.com • Ouv avr-sept.*
Fort bien situé sur le chemin de Saint-Jacques-de-Compostelle. Jolie pelouse et pas mal d'ombrage. Animations. Lâcher de truites et possibilité d'observer plein d'oiseaux et autres écureuils. Accueil vraiment gentil. Location de tentes bengali *(188-299 €/sem).* Internet. Wifi.

Cadre : lacs ou rivières, sentiers de randonnée. ***Terrain :*** herbe ; plat.	⊕ La situation ; le calme. ⊖ Pas de snack.

À voir, à faire dans les environs : le vieux village ; Espalion ; Bozouls ; la vallée du Lot ; Roquelaure ; l'Aubrac.

SAINT-FERRÉOL 31250

50 km SO de Toulouse — *Carte Midi-Pyrénées Ouest A1*

€€€ 21 € — **147 emplacements**

Camping d'En Salvan : *lac de Saint-Ferréol, Vaudreuille. ☎ 05-61-83-55-95. • campingensalvan@orange.fr • campingensalvan.com • Ouv de mi-avr à oct.*
Ombragé et de bon confort, les emplacements dans un coin, les locatifs dans un autre, un peu à l'écart. Mobile homes et chalets *(240-750 €/sem).* Tennis, volley et ping-pong à proximité. Le lac et la base de loisirs sont proches également. Agréable et calme. Internet. Wifi.

Cadre : forêt, lacs ou rivières, sentiers de randonnée. ***Terrain :*** herbe ; plat.	⊕ Pas mal d'activités en été, notamment pour les enfants. ⊖ On a beau chercher...

À voir, à faire dans les environs : le lac, la base de loisirs et le Musée du canal du Midi ; Revel (3 km) ; l'Explorarôme à Montégut-Lauragais (12 km) ; Saint-Félix-Lauragais (16 km).

SAINT-GENIEZ-D'OLT 12130

47 km NE de Rodez — *Carte Midi-Pyrénées Nord B2*

€€€€ 38 € — **163 emplacements**

Camping Le Marmotel : *ZA la Salle. ☎ 05-65-70-46-51. • info@marmotel.com • marmotel.com • Ouv de fin avr à mi-sept.*
Luxueux camping en pleine nature. Certains emplacements (les plus chers) disposent même de sanitaires privés ! Et puis, excusez du peu, on y trouve une belle et grande piscine chauffée avec un toboggan. Nombreuses animations pour les enfants, activités sportives pour les plus grands, soirées à thème pour tous... Vrai restaurant sur place. Le tout est bien ombragé et au bord du Lot. Également des caravanes, chalets et mobile homes 3-8 personnes à louer *(99,90-899 €/sem).* Wifi.

Cadre : lacs ou rivières, sentiers de randonnée. ***Terrain :*** herbe ; plat.	⊕ Le grand luxe. ⊖ Le wifi gratuit mais seulement dans le bâtiment commun.

À voir, à faire dans les environs : le bourg ; la vallée du Lot ; l'Aubrac.

SAINT-GERMAIN-DE-CALBERTE 48370

Carte Languedoc-Roussillon Nord B2
10 km NO de Saint-Étienne-Vallée-Française ; 37 km SE de Florac

€€€€ 26,50 € — **25 emplacements**

La Garde : *à La Garde. 06-66-36-53-29. • campinglagarde@orange.fr • cevennes-voyages.com • Ouv juin-sept. CB refusées.*

Mignon petit camping à la ferme, avec des emplacements en espaliers et nettement séparés par la végétation, dans une châtaigneraie. Buvette et barbecue. Chalets en bois et lodges à louer *(300-630 €/sem)*. Installations bien intégrées dans le paysage. Nouveauté : une nuit insolite en camping, chalet ou cabane avec demi-pension. Internet. Wifi.

Cadre : forêt, lacs ou rivières, montagne, sentiers de randonnée. ***Terrain :*** en terrasses ; plat.	⊕ La baignade dans la rivière à 400 m. ⊖ Un peu cher en saison.

À voir, à faire dans les environs : le château Saint-Pierre ; le plan de Fontmort.

SAINT-HIPPOLYTE 12140

60 km N de Rodez — ***Carte Midi-Pyrénées Nord B1***

€€€ **16 €** — **36 emplacements**

Camping municipal La Rivière : *lieu-dit La Rivière-de-Pons. ☎ 05-65-66-18-16. • campinglariviere.12@gmail.com • camping-la-riviere.com • Ouv fin juin-fin sept.*
Au frais et au calme, un agréable camping en bordure de rivière. Très bien ombragé. Également quelques chalets, dont un pour personnes handicapées *(189-599 €/sem selon saison et capacité)*. Animations, randos, canoë, etc. Petits commerces au village situé à 500 m (alimentation, boulangerie, café). Internet. Wifi.

Cadre : campagne, lacs ou rivières, sentiers de randonnée. ***Terrain :*** herbe ; plat.	⊕ Le cadre ; l'accueil. ⊖ La courte période d'ouverture.

À voir, à faire dans les environs : le château de Valon ; le saut du Chien ; Conques (30 km) ; la vallée du Lot ; l'Aubrac.

SAINT-JEAN-DE-CEYRARGUES 30360

19 km SE d'Alès ; 20 km NO d'Uzès — ***Carte Languedoc-Roussillon Nord B2***

€€€€ **28,70 €** — **52 emplacements**

Camping Les Vistes : *1, route des Vistes. ☎ 04-66-83-28-09. 📱 06-09-47-72-01. • info@lesvistes.com • lesvistes.com • Ouv 31 mars-11 nov (loc sur résa en hiver). CB refusées.*
Tenu par un couple charmant. Camping agréablement situé sur une petite colline, ancien terrain horticole, couvert de pins et d'oliviers. Joli panorama sur les Cévennes. Beaucoup de solutions de location en dur, pour 4 à 7 personnes *(310-740 €/sem)*. Idéal pour des vacances en famille. Internet. Wifi.

Cadre : campagne, sentiers de randonnée. ***Terrain :*** herbe ; plat ; en pente ; en terrasses. ***Réducs :*** - 20 % sur le forfait emplacement sur présentation de ce guide.	⊕ L'ambiance collective autour du barbecue et du four à pizza. ⊖ On cherche toujours...

À voir, à faire dans les environs : la vieille ville de Vézénobres (10 km) ; la Gardonnenque et tout le pays au sud d'Alès.

SAINT-JEAN-DU-BRUEL 12230

40 km SE de Millau — ***Carte Midi-Pyrénées Nord B2***

€€€ **21,50 €** — **78 emplacements**

Camping La Dourbie : *route de Nant. ☎ 05-65-46-06-40. • campingladourbie@orange.fr • camping-la-dourbie.com • Ouv fin avr-fin sept.*

Terrain plat avec point de vue sur la rivière à laquelle on accède d'ailleurs en bout de terrain (trempette possible). Pour encore plus d'eau, belle piscine balnéo. Les emplacements séparés par de hautes haies s'avèrent assez spacieux. Location de cabanes ou mobile homes *(175-744 €/sem selon saison et capacité).* Trampoline, jeux gonflables et pléthore d'activités de pleine nature dans le secteur. Snack et épicerie en été. Internet. Wifi.

Cadre : campagne, forêt, lacs ou rivières. ***Terrain :*** herbe ; plat.	⊕ Le club de rando au camping même. ⊖ Le wifi payant.

À voir, à faire dans les environs : le vieux village et « Noria, l'espace de l'eau » ; les gorges de la Dourbie et du Tarn ; Millau ; le Larzac.

SAINT-JEAN-DU-GARD 30270

Carte Languedoc-Roussillon Nord B2

13 km NO d'Anduze ; 25 km E de Saint-André-de-Valborgne

€€€€ **39 €** **140 emplacements**

Camping Le Mas de la Cam : *route de Saint-André-de-Valborgne. ☎ 04-66-85-12-02. • camping@masdelacam.fr • camping-cevennes.info • Ouv de mai à mi-sept.*
Site au bord du Gardon, vraiment sympa, avec un beau panorama sur les Cévennes. Terrain avec équipements chocs pour clientèle chic. Piscine chauffée, salle de bridge... Aire de jeux aquatiques + jeux interactifs. Structure en filets pour les plus de 4 ans (miniparcours accrobranche, tyrolienne...), *jumproom,* et même un *pump track* ! On en a pour son argent, mais si le lieu ne vous convient pas, avancez d'une case jusqu'à *La Vernède.* Location de gîtes pour 4-8 personnes *(385-670 €/sem).* Internet. Wifi.

Cadre : lacs ou rivières, montagne, sentiers de randonnée. ***Terrain :*** en terrasses ; herbe ; plat.	⊕ La grande aire de jeux de 1 ha ; les 5 circuits vélo(route) organisés par semaine pour tous niveaux. ⊖ Pas de mobile homes ni de chalets, mais est-ce un « moins » ou un « plus » ?

€€€ **16,50 €** **25 emplacements**

Camping La Vernède : *Cap-del-Prat. ☎ 04-66-85-33-04. • postmaster@camping-vert.com • camping-vert.com • Ouv de mi-avr à sept. CB refusées.*
Au bord du Gardon, dans un coin tranquille et bucolique. Les sanitaires sont simplissimes mais corrects. Baignade et pêche possibles. Tout petit terrain avec barbecues. Internet. Wifi.

Cadre : campagne, sentiers de randonnée, lacs ou rivières. ***Terrain :*** herbe ; plat.	⊕ L'accueil décontracté. ⊖ Si vous voulez du luxe, reculez d'une case jusqu'au *Mas de la Cam.*

À voir, à faire dans les environs : le musée des Vallées cévenoles ; la Bambouseraie ; le train à vapeur des Cévennes ; la vallée Borgne ; le musée du Désert.

SAINT-JULIEN-DE-LA-NEF 30440

15 km SE du Vigan ; 5 km N de Ganges **Carte Languedoc-Roussillon Nord A2**

€€€€ **27 €** **179 emplacements**

Camping Isis en Cévennes : *au domaine de Saint-Julien. ☎ 04-67-73-80-28. 📱 06-83-86-26-71. • routard@isisencevennes.com • isisencevennes.fr • Ouv avr-oct.*
Un camping très agréable et parfaitement organisé, où l'accueil joue un rôle aussi important que le cadre naturel. En bordure de rivière, sous les arbres... un beau

terrain plat. Également de multiples possibilités de location : mobile homes, chalets et appartements pour 4 à 10 personnes *(272-1 018 €/sem).* Resto en saison, bar, piscine, sauna, massages, bibliothèque et soirées à thème (musique classique dans la chapelle romane). Pour les enfants, parcours acrobatique. Sentier botanique, arboretum : le camping a été fondé par un artiste botaniste ! Vente de confitures maison. Internet. Wifi.

Cadre : campagne, forêt, lacs ou rivières, sentiers de randonnée. ***Terrain :*** herbe ; plat. ***Réducs :*** un bébé arbre offert sur présentation de ce guide.	⊕ La découverte des Cévennes côté soleil, dans le climat, dans le paysage. ⊖ On n'a pas trouvé !

À voir, à faire dans les environs : la grotte des Demoiselles ; le musée des Cévennes.

SAINT-NICOLAS-DE-LA-GRAVE 82210

11 km NO de Castelsarrasin — *Carte Midi-Pyrénées Nord A2*

€€ 13 € — **42 emplacements**

Camping du Plan d'Eau : *2466, av. du Plan-d'Eau. ☎ 05-63-95-50-00. • contact@basedeloisirs82.com • loisirs82.fr • Ouv de mai à mi-sept.*
Petit camping sans séparation végétale entre les emplacements mais parfaitement ombragé. Base de loisirs à proximité avec un plan d'eau de 400 ha (club de voile, kayak, pêche, embarcations à pédales), une piscine d'été de 1 000 m² (accès gratuit pour les campeurs), un circuit d'observation des oiseaux. Wifi.

Cadre : campagne, lacs ou rivières, sentiers de randonnée. ***Terrain :*** herbe ; plat. ***Réducs :*** - 5 % en haute saison, - 10 % en basse saison sur présentation de ce guide. - 20 % sur le matériel nautique et VTT en location.	⊕ La base de loisirs avec ses nombreuses activités nautiques. ⊖ Le peu d'équipements.

À voir, à faire dans les environs : le musée Lamothe-Cadillac dans le village ; l'abbaye de Belleperche à Cordes-Tolosannes (16 km) ; Auvillar (15 km) ; Moissac (9 km).

SAINT-PRIVAT-DE-CHAMPCLOS 30430

Carte Languedoc-Roussillon Nord B1-2
3,5 km SE de Barjac ; 16 km NO de Goudargues

€€€€ 49 € — **503 emplacements**

Domaine de la Sablière : *☎ 04-66-24-51-16. • contact@villagesabliere.com • villagesabliere.com • Ouv fin mars-début oct.*
Dans un lieu superbe au bord de la Cèze, 62 ha entièrement réservés aux naturistes (même si certains iront peut-être se rhabiller après le rachat par *CapFun*). Au milieu des arbres, le site est vraiment exceptionnel, et très bien tenu. Location de tentes meublées, mobile homes et chalets *(315-1 299 €/sem).* Tous les équipements souhaités, avec un sauna et 2 piscines (dont une couverte et chauffée), en accès libre. Nombreuses animations gratuites en été. Internet. Wifi.

Cadre : campagne, forêt. ***Terrain :*** en terrasses ; herbe.	⊕ Les 2 piscines, dont une couverte et chauffée. ⊖ Le monde en saison.

À voir, à faire dans les environs : les gorges de l'Ardèche ; les gorges de la Cèze ; l'aven d'Orgnac.

SAINT-QUENTIN-LA-POTERIE 30700

Carte Languedoc-Roussillon Nord B2

5 km NE d'Uzès ; 26 km SO de Bagnols-sur-Cèze

€€€ 23,50 € 131 emplacements

Domaine Le Moulin Neuf : *chemin du Moulin-Neuf. ☎ 04-66-22-17-21. 📱 07-81-68-12-85. • lemoulinneuf@yahoo.fr • le-moulin-neuf.fr • Ouv avr-fin sept (loc tte l'année).*
Beaucoup d'ombre et d'espace dans ce parc de 5 ha situé à 1 km du village. Emplacements de 100 m², donc ce n'est pas une usine à mobile homes ! Grande piscine bien agréable en été. Petite restauration *(menu 13,50 €).* Accueil chaleureux. Le « village-vacances » loue surtout des mazets (maisonnettes en dur) et des bungalows pour 4 à 5 personnes *(259-665 €/sem).* Internet. Wifi.

Cadre : campagne. ***Terrain :*** herbe ; plat.	⊕ Les emplacements de 100 m². ⊖ On cherche, on cherche...

À voir, à faire dans les environs : le musée de la Poterie méditerranéenne, la galerie Terra-Viva ; les villages de l'Uzège tout autour.

SAINT-ROME-DU-TARN 12490

65 km SE de Rodez — Carte Midi-Pyrénées Nord B2

€€€ 16,50 € 48 emplacements

Camping de la Base Nautique : *chemin de la Plage. ☎ 05-65-58-14-69. • camping12490@gmail.com • camping-aveyron-tarn.com • De mi-avr à début oct.*
Dans un sous-bois, face à la plage de la base nautique, des emplacements bien ombragés et au calme. Locatifs de qualité bien dispersés sur le terrain. Guinguette agréable et location de canoës. Ambiance familiale. Mobile homes et chalets 4-7 personnes *(255-755 €/sem).* Internet. Wifi. NOUVEAUTÉ.

Cadre : campagne, forêt, lacs ou rivières, sentiers de randonnée. ***Terrain :*** herbe ; plat.	⊕ La proximité de la base nautique. ⊖ Pas de « moins ».

À voir, à faire dans les environs : le village fortifié d'Auriac ; le viaduc de Millau ; la cascade des Baumes.

SAINT-SALVADOU 12200

54 km O de Rodez — Carte Midi-Pyrénées Nord A2

€€€ 25 € 44 emplacements

Le Domaine de Muret : *Le Muret. ☎ 05-65-81-80-69. 📱 06-72-48-11-02. • contact@campinglemuret.com • campinglemuret.com • Ouv mai-août.*
Super camping nature, laissant la part belle aux tentes (tentes équipées ou mobile homes – pas trop – *320-665 €/sem*) sur un vaste terrain arboré disposé autour d'un étang. Les enfants adorent. À l'entrée, le bistrot avec sa terrasse, où l'on sert snacks et en-cas au déjeuner, carte plus élaborée le soir. Accueil adorable et familial. Internet. Wifi.

Cadre : campagne, lacs ou rivières. ***Terrain :*** herbe ; plat. ***Réducs :*** un apéro offert à l'arrivée sur présentation de ce guide.	⊕ Le côté confidentiel. ⊖ Vraiment loin de tout mais, heureusement, super bistrot sur place !

À voir, à faire dans les environs : le vieux village de Najac et la forteresse médiévale ; Villefranche-de-Rouergue.

SAINTE-EULALIE-D'OLT 12130

50 km NE de Rodez *Carte Midi-Pyrénées Nord B2*

€ 9,50 € 40 emplacements

Camping municipal La Grave : *La Grave. ☎ 05-65-47-44-59. 06-74-36-05-94. • camping.ste.eulalie@gmail.com • sainteeulaliedolt.fr • Ouv de mi-juin à mi-sept. CB refusées.*
Petit camping très simple installé dans une boucle du Lot. Emplacements semi-ombragés, séparés par des haies. Très calme. Location de canoës juste à côté. Accès au bourg par un petit sentier le long de la rivière. NOUVEAUTÉ.

Cadre : en bordure de rivière. ***Terrain :*** herbe ; plat.	⊕ Le cadre. ⊖ Simple mais suffisant.

À voir, à faire dans les environs : la vallée du Lot.

SAISSAC 11310

Carte Languedoc-Roussillon Sud A1
9 km NO de Montolieu ; 23 km NE de Castelnaudary

€€€€ 29 € (avec électricité) 78 emplacements

Camping La Porte d'Autan : *rue Boris-Vian. ☎ 04-68-76-36-08. • laportedautan@yahoo.fr • laportedautan.fr • Ouv avr-début oct.*
Un plaisant petit camping éco-responsable, au bord d'une zone pavillonnaire tranquille, avec des emplacements délimités par des haies et ombragés pour beaucoup, certains bénéficiant même d'une belle vue sur la plaine du Lauraguais et la chaîne des Pyrénées. Snack-bar, épicerie, jeux pour enfants et grande piscine, sans oublier les 2 poneys qui font la joie des petits. Mobile homes *(260-710 €/sem).* Internet. Wifi.

Cadre : montagne. ***Terrain :*** herbe ; plat. ***Réducs :*** - 10 % sur les emplacements sur présentation de ce guide.	⊕ La vue depuis certains emplacements. ⊖ L'environnement pavillonnaire.

À voir, à faire dans les environs : le château de Saissac ; Montolieu ; l'abbaye de Villelongue ; l'abbaye de Saint-Papoul.

SARLABOUS 65130

18 km E de Bagnères-de-Bigorre *Carte Midi-Pyrénées Ouest A2*

€€ 12 € 25 emplacements

Le Moulin des Baronnies : *au village. ☎ 05-62-39-05-14. • maison.baronnies@orange.fr • moulindesbaronnies.com • Ouv mai-oct. CB refusées.*
Joli cadre de verdure au bord d'une rivière pour cette aire naturelle avec installations sanitaires, machine à laver et barbecue. Le tout dans l'enceinte d'un moulin entièrement restauré pour accueillir randonneurs et amoureux de la nature *(gîte d'une vingtaine de places ; 13-16 €/nuitée selon saison).* Bungalows toilés avec cuisine équipée, « le prêt-à-camper », pour 4-5 personnes *(270-340 €/sem).* C'est aussi une antenne de l'office de tourisme du coin. Vente de produits locaux. Internet. Wifi.

Cadre : campagne, forêt, montagne, sentiers de randonnée, lacs ou rivières. ***Terrain :*** herbe ; plat.	⊕ Le prix plancher ; le cadre. ⊖ Pas mal de monde le week-end ; l'accueil fermé le dimanche hors juillet-août ; peu de réseau mobile ; pas d'animations.

À voir, à faire dans les environs : l'abbaye de l'Escaladieu à Bonnemazon (4,5 km) ; le château de Mauvezin (7,5 km) ; le gouffre d'Esparros ; les grottes de Labastide ; le pic du Midi.

SAULIAC-SUR-CÉLÉ 46330

18 km NE de Saint-Cirq-Lapopie — *Carte Midi-Pyrénées Nord A2*

€€€€ 27 € — **42 emplacements**

Lodges du Mas de Nadal : *mas de Nadal. ☎ 05-65-31-20-51. • lodges@masdenadal.com • masdenadal.com • Ouv mai-sept.*
Dépaysement assuré dans cette surprenante vallée du Célé qui prend ici des airs de safari ! Dans un esprit *Out of Africa,* sur un immense terrain, 24 superbes lodges pour 2 à 4 personnes *(371-976 €/sem ou 59-165 €/nuit)* que Philippe et Myriam, voyageurs dans l'âme, ont fait venir d'Afrique. Le charme opère déjà dans les plus petits (les dômes), de 25 m² quand même (2 lits simples). Les familles ont carrément 2 chambres séparées et un confort luxueux ! Pour tous, un aménagement sans faille, des couleurs naturelles et une terrasse extérieure en bois. On serait à peine surpris de voir surgir un lion du bush quercynois ! Accueil charmant et sincère, pour ne rien gâcher. Aucun détail ne laisse à désirer, jusqu'aux espaces de farniente avec canapés. Piscine chauffée à débordement et resto sur place. Wifi.

Cadre : campagne. ***Terrain :*** en terrasses ; herbe. ***Réducs :*** un café offert et - 10 % pour tout séjour de plus de 7 nuits, - 20 % pour tout séjour de plus de 14 nuits sur présentation de ce guide.	⊕ Le dépaysement ; la diversité des logements. ⊖ Loin des commerces.

À voir, à faire dans les environs : l'écomusée du Cuzals, les grottes de Pech Merle (11 km).

SAUVETERRE-DE-ROUERGUE 12800

32 km SO de Rodez — *Carte Midi-Pyrénées Nord B2*

gratuit ! — **25 emplacements**

Aire naturelle municipale du Sardou : *D 997. ☎ 05-65-47-05-32 (mairie). • mairie sauveterrederouergue@wanadoo.fr • sauveterre-de-rouergue.fr • Ouv avr-oct.*
15 emplacements pour camping-cars et une poignée pour tente sur un carré de pelouse ; très basique... mais gratuit ! Sanitaire avec douche froide. Possibilité de branchement électrique *(2 €)* et de douche chaude *(1,50 €).* Renseignements à l'office de tourisme ; mais jetons à acheter au bureau de tabac. Piscine et tennis municipaux à 200 m.

Cadre : campagne. ***Terrain :*** herbe ; plat.	⊕ C'est gratuit ! ⊖ Le peu d'équipements.

À voir, à faire dans les environs : le vieux village ; le château du Bosc à Naucelle ; le parc animalier de Pradinas et le musée des Traditions agricoles.

SAZOS 65120

Carte Midi-Pyrénées Ouest A2
23 km SE d'Argelès-Gazost ; 3 km NO de Luz-Saint-Sauveur

€€€€ 35 € — **99 emplacements**

Pyrénévasion : *route de Luz-Ardiden. ☎ 05-62-92-91-54. 📱 06-81-56-97-40. • info@campingpyrenevasion.com • campingpyrenevasion.com • Ouv d'avr à mi-oct (tte l'année pour les loc).*

Joli camping à l'entrée du village, parfaitement tenu et aux emplacements ombragés et bien délimités par des haies. L'atout incontestable, c'est le panorama magnifique sur la vallée. Piscine chauffée, jacuzzi, terrain de jeux pour les enfants, bar-snack. Bon accueil. Location de chalets en bois et mobile homes *(300-1 200 €/sem).* Internet. Wifi.

Cadre : montagne, sentiers de randonnée, campagne. ***Terrain :*** herbe ; plat. ***Réducs :*** - 10 % en basse saison sur les emplacements sur présentation de ce guide.	⊕ La vue. ⊖ Pas trouvé.

À voir, à faire dans les environs : le pic du Midi (28 km) ; le cirque de Gavarnie (23 km) ; le cirque de Troumouse ; la station de ski de La Mongie.

SÉNAILLAC-LATRONQUIÈRE 46210

32 km N de Figeac — *Carte Midi-Pyrénées Nord A1*

€€ **12 €** — **37 emplacements**

Camping du Tolerme : *au lac de Tolerme. ☎ 05-65-40-21-23. • campingdutolerme46@gmail.com • camping-du-tolerme.com • Ouv de mi-avr à fin sept. CB refusées.*
Au bord du plus grand lac du Lot (38 ha de surface et 5 km de rives), un petit camping très nature, avec accès à la plage tout proche. Des emplacements ombragés séparés par des haies et entourés d'arbres. Paisible et familial : balançoire, ping-pong, terrain de volley. Loue aussi des mobile homes et bungalows toilés *(160-495 €/sem).* Wifi.

Cadre : campagne, lacs ou rivières. ***Terrain :*** herbe ; en pente. ***Réducs :*** - 5 % sur présentation de ce guide.	⊕ Le lac et ses activités (de juillet à début septembre) : baignade, toboggans géants, aviron, voile, embarcations à pédales, planche à voile, kayak. ⊖ Situé dans un coin reculé du Lot, voiture indispensable.

À voir, à faire dans les environs : le lac de Tolerme (8 km) ; Saint-Céré (25 km) ; Figeac (32 km) ; la Limargue et le Ségala.

SÉNERGUES 12320

15 km SE de Conques — *Carte Midi-Pyrénées Nord B2*

€€€ **18 €** — **60 emplacements**

L'Étang du Camp : *Le Camp. ☎ 05-65-46-01-95. 📱 06-78-03-04-71. • info@etangducamp.fr • etangducamp.fr • Ouv début avr-sept.*
Camping tranquille, bien équipé, en pleine campagne et avec des emplacements de bonne taille, dont certains au bord de l'étang (où l'on peut pêcher). Location de tentes safari et de mobile homes 2-4 personnes *(260-490 €/sem).* Tenu par une accueillante famille anglo-allemande. Petit déjeuner continental possible. Café, glacier. Pas cher et vraiment sympa. Wifi.

Cadre : campagne, lacs ou rivières. ***Terrain :*** herbe ; plat.	⊕ Le site et sa tranquillité ; l'accueil. ⊖ Pas de resto (soirée repas et pain).

À voir, à faire dans les environs : Conques et l'abbatiale Sainte-Foy ; Villecomtal.

SÉNIERGUES 46240

Carte Midi-Pyrénées Nord A1

18 km SE de Gourdon ; 22 km SO de Rocamadour

€€€€ 28 € — 99 emplacements

Castel Camping Domaine de la Faurie : *lieu-dit La Faurie. ☎ 05-65-21-14-36. • contact@camping-lafaurie.com • camping-lafaurie.com • Ouv de mi-avr à fin sept.*
Un camping en pleine nature, comme on en rencontre peu ! Des espaces fleuris, un pigeonnier, un jardin de buis, un boqueteau de chênes avec petits murets carrément génial pour planter sa tente à l'écart. Restaurant-bar de style très contemporain avec terrasse offrant une belle vue dégagée, où sont organisées des soirées conviviales. Grande piscine avec palmier sur un îlot central et nombreux jeux d'enfants (toboggan, trampoline, château gonflable, espace aquatique...). Location de chalets, mobile homes, bungalows toilés et lodges sur pilotis *(231-1 036 €/sem).* Accueil décontracté et très sympa. Boutique de produits locaux et dégustations. Organise des tas d'activités. Plein de sentiers de rando aux alentours. L'un des plus beaux campings du Lot ! Internet. Wifi.

Cadre : campagne, sentiers de randonnée. ***Terrain :*** herbe ; plat. ***Réducs :*** - 5 % sur présentation de ce guide.	+ Le site de charme ; les sorties nature. − Assez éloigné des sites touristiques (25 à 30 km).

À voir, à faire dans les environs : Rocamadour (22 km) ; Gourdon (18 km).

SENTEIN 09800

23 km SO de Saint-Girons

Carte Midi-Pyrénées Sud A2

€€ 11 € — 45 emplacements

Camping municipal La Grange : *av. Alphonse-Sentein. ☎ 05-61-96-18-74. • communedesentein@wanadoo.fr • Ouv juil-août. CB refusées.*
Petit camping municipal au bord de la rivière. Simple prairie, plus ou moins ombragée, mais le site constitue une bonne base pour des randos dans la belle vallée du Biros. Épicerie, bar et restaurant au village.

Cadre : lacs ou rivières, montagne, sentiers de randonnée. ***Terrain :*** herbe ; plat.	+ Les sentiers de randonnée. − Pas de restauration sur place.

À voir, à faire dans les environs : l'église ; les villages alentour (Antras, Ourjout, Castillon) ; nombreuses randonnées dans les vallées du Biros et de Bethmale.

SEPTFONDS 82240

34 km NE de Montauban

Carte Midi-Pyrénées Nord A2

€€€ 21 € — 40 emplacements

Camping de Bois-Redon : *10, chemin de Bonnet. ☎ 05-63-64-92-49. 06-78-35-79-97. • info@campingdeboisredon.com • campingdeboisredon.com • Ouv tte l'année. CB refusées.*
Un camping familial aux emplacements dispersés au sein d'une chênaie. L'endroit est tranquille (pas d'animations). Concert de cigales en été ! Safari lodges et chalets pour 4-6 personnes à louer *(260-795 €/sem).* Plein de chemins à explorer dans le coin à pied ou à VTT. Petit snack et piscine chauffée. Accueil simple et aimable. Internet. Wifi.

Cadre : campagne, forêt, sentiers de randonnée. ***Terrain :*** en pente ; herbe ; plat. ***Réducs :*** en basse saison 18 € pour 2 personnes en camping avec électricité + un animal ; 7 nuits au prix de 6 sur présentation de ce guide.	⊕ L'isolement ; le calme. ⊖ Le wifi partiel (mais gratuit).

À voir, à faire dans les environs : le musée Marcel-Lenoir à Montricoux (14 km) ; Saint-Antonin-Noble-Val (13 km) ; les gorges de l'Aveyron ; Penne (23 km) ; Bruniquel (19 km) ; Montauban (34 km) ; Caylus (15 km) ; Montpezat-de-Quercy (17 km).

SERS 65120

Carte Midi-Pyrénées Ouest A2

4 km NE de Luz-Saint-Sauveur ; 3 km SO de Barèges.

€€ 14 € **50 emplacements**

La Ferme de Saint-Justin : *au lieu-dit Saint-Justin.* ☎ *05-62-92-96-36.* *06-84-41-13-44.* • *lafermesaintjustin@orange.fr* • *ferme-saint-justin.com* • *Ouv 15 mai-30 sept.*
Une adresse en pleine nature, très agréable pour s'offrir une pause accompagnée d'une p'tite douceur (glaces, boissons, crêpes particulièrement généreuses !). Repas 15-20 €. De la terrasse, beau panorama sur la vallée de Barèges. Possibilité de pique-nique sur place selon les disponibilités. Propose aussi quelques beaux emplacements en terrasses où planter sa tente, face à la vallée. Pour plus de confort, 2 chambres doubles *(42 € ; sanitaires sur le palier)* et un dortoir dans un beau gîte en pierre *(compter 18 €/pers, drap en sus).* Cuisine à disposition. Internet. Wifi. NOUVEAUTÉ.

Cadre : montagne, sentiers de randonnée. ***Terrain :*** herbe ; en terrasses.	⊕ Le cadre. ⊖ R.A.S.

À voir, à faire dans les environs : à Barèges, la station thermale et de ski, le sentier Trait Nature ; le col du Tourmalet ; le pic du midi de Bigorre.

SÉVÉRAC-D'AVEYRON 12150

30 km N de Millau *Carte Midi-Pyrénées Nord B2*

€€€€ 26 € **40 emplacements**

Camping Le Plô : *route de Lavernhe, à Recoules-Prévinquières.* *06-86-63-63-75.* • *campingleploaveyron@gmail.com* • *campingleplo.fr* • *Ouv avr-oct.*
Un petit terrain à taille humaine, aux emplacements bien ombragés. Rivière à proximité (pêche autorisée). Piscine couverte chauffée. Bar et resto. Très calme, dans une jolie campagne vallonnée. Location de chalets et mobile homes 2-6 personnes *(160-900 €/sem).* Internet. Wifi. NOUVEAUTÉ.

Cadre : campagne, forêt, lacs ou rivières, sentiers de randonnée. ***Terrain :*** herbe ; plat.	⊕ Le calme. ⊖ Aucun remarqué.

À voir, à faire dans les environs : la cité médiévale de Sévérac ; le parc à loups du Gévaudan ; La Canourgue ; le chaos de Montpellier-le-Vieux ; l'aven Armand.

SÉVÉRAC-L'ÉGLISE 12310

30 km E de Rodez *Carte Midi-Pyrénées Nord B2*

€€€€ 38 € **104 emplacements**

OCCITANIE

La Grange de Monteillac : ☎ 05-65-70-21-00. 06-87-46-90-83. • info@la-grange-de-monteillac.com • aveyron-location.com • Ouv de mai à mi-sept (dès fin avr pour les loc).
Camping organisé comme un village-vacances, idéal pour les séjours en famille : nombreuses animations pour les enfants, espace aquatique (2 piscines, un jacuzzi, une pataugeoire ludique), terrain multisports, jeux gonflables. Bien équipé, avec de grands emplacements ombragés, tranquilles car séparés par de hautes haies, à l'orée d'un charmant village. Bar, resto, épicerie, location de vélos... Location d'habitats toilés, de mobile homes et de chalets 4-6 personnes *(287-1 442 €/sem).* Internet. Wifi.

Cadre : campagne, sentiers de randonnée, forêt. ***Terrain :*** herbe ; plat. ***Réducs :*** apéritif local offert au restaurant sur présentation de ce guide.	⊕ L'espace aquatique chauffé. ⊖ Les nuits peuvent être fraîches (le camping est à 630 m d'altitude).

À voir, à faire dans les environs : le marché aux bestiaux de Laissac ; le château des Bourrines ; la cité médiévale de Sévérac-le-Château ; les lacs du Lévézou.

SORÈZE 81540

27 km SO de Castres — **Carte Midi-Pyrénées Sud A1**

€€€ 20 € — **54 emplacements**

Camping Saint-Martin : *rue du 19-Mars-1962.* ☎ *05-63-50-20-19.* • *campingsaintmartin@gmail.com* • *campingsaintmartin.com* • *Ouv avr-sept (tte l'année pour les loc).*
Camping aux portes du village, au pied de la Montagne Noire, qui vous accueille dans un espace verdoyant et calme. Location de mobile homes, lodges, roulottes et chalets pour 4-6 personnes *(300-735 €/sem).* Piscine. Bar-snack. Terrain de volley, tennis. Un camping bien tenu et pas mal du tout. Wifi.

Cadre : campagne, ville. ***Terrain :*** herbe ; plat.	⊕ Le village accessible à pied. ⊖ La piscine, jolie mais pas bien grande.

À voir, à faire dans les environs : l'abbaye-école et son musée ; le canal du Midi.

SOUBES 34700

5 km NE de Lodève — **Carte Languedoc-Roussillon Nord A2**

€€€€ 28 € — **51 emplacements**

Camping des Sources : *1445, chemin d'Aubaygues.* ☎ *04-67-44-32-02.* • *campingdessources@gmail.com* • *campingdessources.fr* • *Ouv avr-sept. CB refusées.*
Isolé au bord d'une toute petite route, ce camping bucolique et ombragé descend en terrasses jusqu'au lit de la rivière Brèze. On peut s'y baigner dans un trou d'eau, et même sauter des rochers si l'on se sent une fibre d'aventurier. Les autres opteront sagement pour la piscine. Départs de randos directement depuis le camping. Bref, un plan tranquille, idéal pour des vacances en famille. Accueil très sympa. Chalets et bungalows toilés *(280-710 €/sem).* Wifi.

Cadre : campagne, lacs ou rivières, sentiers de randonnée. ***Terrain :*** en pente ; en terrasses ; herbe.	⊕ Le cadre ; l'accueil ; la rivière. ⊖ Pas d'épicerie.

À voir, à faire dans les environs : Lodève (musée, cathédrale...) ; le Larzac ; le prieuré Saint-Michel-de-Grandmont ; la commanderie des Templiers de La Couvertoirade.

SOUILLAC 46200

28 km NE de Gourdon **Carte Midi-Pyrénées Nord A1**

€€€€ 43 € **288 emplacements**

Domaine de la Paille Basse : *à La Paille-Basse. ☎ 05-65-37-85-48. • info@lapaillebasse.com • lapaillebasse.com • Ouv de début avr à mi-sept.*
Une hostellerie de plein air 5 étoiles au milieu de plusieurs dizaines d'hectares de bois et collines. Calme assuré. Très confortable. Très bien ombragé. Les emplacements des zones A et B sont plus grands. Loue aussi des mobile homes *(225-1 409 €/sem).* 2 piscines chauffées avec toboggans et jeux d'eau pour les enfants, tennis, poney-club, vaste salle TV dans une grange. Resto, bar, grande épicerie... Animations l'été. Pêche et voile à 5 km. Mention très bien ! Internet. Wifi.

Cadre : campagne, forêt, sentiers de randonnée. ***Terrain :*** en pente ; en terrasses ; herbe ; plat ; rocaille. ***Réducs :*** - 10 % sur présentation de ce guide.	⊕ Le cadre ; l'espace ; le bon niveau d'équipements. ⊖ Assez éloigné de tout ; le wifi limité.

€€€ 22 € **233 emplacements**

Flower Camping Les Ondines : *rue des Ondines. ☎ 05-65-37-86-44. • camping.les.ondines@flowercampings.com • camping-lesondines.com • Ouv mai-fin sept.*
En bordure de la Dordogne. Camping à taille humaine aux emplacements bien ombragés et au frais. Mobile homes et bungalows toilés *(220-832 €/sem).* Piscine chauffée avec pataugeoire. Pétanque et aire de jeux pour les enfants. Snack. Location de VTT et de canoës-kayaks à la base de loisirs *Quercy Land,* juste en face. Internet. Wifi.

Cadre : campagne, ville, lacs ou rivières. ***Terrain :*** herbe ; plat.	⊕ La base de loisirs à deux pas ; la piscine avec pataugeoire chauffée. ⊖ Les emplacements à proximité de la base de loisirs sont moins au calme, la nouvelle zone est moins ombragée.

€€€ 22 € **65 emplacements**

Camping La Verte Rive : *route de Pinsac. ☎ 05-65-37-85-96. • camping-laverterive@orange.fr • camping-laverterive.com • Ouv avr-sept.*
Un camping tout en longueur, blotti au sein d'un vallon parfaitement ombragé. Tout au bout, une plage au bord de la Dordogne. C'est là que sont les meilleurs emplacements. Atmosphère très familiale. Animations en saison. Piscine chauffée. Location de mobile homes et chalets *(250-795 €/sem).* Location de canoës (prestataire extérieur). Internet.

Cadre : campagne, lacs ou rivières. ***Terrain :*** herbe ; plat.	⊕ La location de canoës ; le cadre bucolique. ⊖ Pas de miniclub.

À voir, à faire dans les environs : l'église Sainte-Marie, le musée de l'Automate ; Martel (14 km) ; le gouffre de Padirac (62 km) ; Rocamadour (50 km) ; Sarlat (29 km).

SOULAGES-BONNEVAL 12210

52 km NE de Rodez **Carte Midi-Pyrénées Nord B1**

€€ 11 € **25 emplacements**

Camping à la ferme La Crestilie : *La Crestilie. ☎ 05-65-44-31-63. 📱 06-33-96-41-32. • laetitia.otende@hotmail.fr • Ouv tte l'année. CB refusées.*
Une agréable camping à la ferme. Également 2 gîtes ruraux à louer, aménagés avec des meubles paysans authentiques *(200-350 €/sem).* M. et Mme Capoulade et leur fils sont adorables et ont le sens de l'hospitalité aveyronnaise. En outre, toute la famille est fana de vieilles voitures et fournit une mine de renseignements sur la région. Demander à voir le grenier, une vraie caverne d'Ali Baba avec sa foultitude d'objets collectés depuis de longues années.

Cadre : campagne, montagne, sentiers de randonnée. ***Terrain :*** herbe.	⊕ L'accueil chaleureux ; le cadre sympa. ⊖ Le côté simple qui peut ne pas plaire pas à tous.

À voir, à faire dans les environs : Laguiole ; Aubrac ; les monts d'Aubrac.

TAYBOSC 32120

37 km SE de Condom — **Carte Midi-Pyrénées Ouest A1**

€€ **12 €** — **25 emplacements**

Camping Au Gré du Vent : *☎ 05-62-65-17-59. 📱 06-74-92-06-56. • camping.gre.du.vent@wanadoo.fr • camping-greduvent.fr • Ouv fin juin-début sept.*
Cadre ombragé et bucolique à souhait. Piscine au milieu des maïs ou des tournesols. Étang tranquille pour la pêche. Pour un calme séjour champêtre... Location de bungalows, gîtes et mobile homes *(190-460 €/sem).* Fait aussi auberge (honnête cuisine du terroir). Internet. Wifi.

Cadre : campagne. ***Terrain :*** herbe ; plat. ***Réducs :*** apéritif offert sur présentation de ce guide.	⊕ Le calme ; le côté familial. ⊖ Minigolf et ping-pong pour les plus agités : ça s'arrête là !

À voir, à faire dans les environs : l'église Saint-Laurent à Fleurance (12 km) ; le château de Lavardens (30 km) ; Lectoure (22 km) ; Auch (29 km) ; la bastide de Saint-Clar (22 km).

THÉGRA 46500

46 km NE de Gourdon — **Carte Midi-Pyrénées Nord A1**

€€€€ **31 €** — **70 emplacements**

Camping Le Ventoulou : *Ventoulou. ☎ 05-65-33-67-01. • contact@leventoulou.com • camping-leventoulou.com • Ouv avr-oct.*
Un camping agréable de taille très raisonnable (2 ha), bien ombragé et bien entretenu. Location de mobile homes, chalets, cottages et bungalows toilés *(145-1 085 €/sem).* Espace réservé pour les tentes très restreint comparé à celui pour les hébergements locatifs. Atmosphère très familiale. Piscine chauffée (couverte hors saison), terrain multisports, aire de jeux, épicerie, resto. Quelques activités et animations en été. Très bon accueil. Internet. Wifi.

Cadre : campagne, sentiers de randonnée. ***Terrain :*** en terrasses ; herbe. ***Réducs :*** hors juillet-août, en emplacement camping, 14 nuits pour le prix de 11, et en location, 7 nuits pour le prix de 5 sur présentation de ce guide.	⊕ Le cadre champêtre. ⊖ Peu d'emplacements pour les campeurs.

À voir, à faire dans les environs : le gouffre de Padirac (3 km) ; Rocamadour (14 km) ; Martel (19 km) ; Gourdon.

THÉRONDELS 12600

Carte Midi-Pyrénées Nord B1

80 km N de Rodez ; 16 km NE de Mur-de-Barrez

€€€€ 27 € 108 emplacements

Camping La Source : *presqu'île de Laussac, lac de Sarrans. ☎ 05-65-66-05-62. • info@camping-la-source.com • camping-la-source.com • Ouv mai-sept.*
Un camping au calme et de grand confort, situé au bord de la retenue d'eau de Sarrans (35 km de long), sur 4 ha. Piscine chauffée avec toboggan, restaurant et pizzas maison. On peut même choisir son ombrage, proche ou éloigné des activités. Pain livré à l'emplacement le matin et pizza le soir. Outre les emplacements, le camping offre un vaste choix de locations : mobile homes, chalets, bungalows toilés, lodges, cabanes-lodges *(275-385 €/sem).* Internet. Wifi.

Cadre : campagne, lacs ou rivières, forêt. ***Terrain :*** en terrasses ; herbe ; plat. ***Réducs :*** 1h de tennis offerte sur présentation de ce guide.	⊕ La vue ; la qualité des nuits noires pour observer les étoiles ; la bordure du lac exposée plein sud. ⊖ Le terrain en terrasses avec de fortes dénivelées.

À voir, à faire dans les environs : Mur-de-Barrez ; le Carladez et la vallée de la Truyère.

THOUX-SAINT-CRICQ 32430

39 km E d'Auch

Carte Midi-Pyrénées Sud A1

€€€€ 44 € 130 emplacements

Camping de la base de loisirs du lac de Thoux : *lieu-dit La Téoutère. ☎ 05-62-65-71-29. 📱 06-29-05-14-87. • contact@camping-lacdethoux.com • camping-lacdethoux.com • Ouv de début avr à mi-sept.*
Grand camping 4 étoiles au bord d'un lac, bien ombragé, parfait pour un séjour en famille. Location de mobile homes et tentes safari *(280-1 120 €/sem).* Nombreuses activités sportives (club de voile, parc aquatique, ping-pong, clubs enfants ou ados, etc.) dans la base de loisirs voisine, ouverte de juin à début septembre (accès gratuit pour les campeurs), et bien dissociée du camping pour en préserver la tranquillité. Resto. Wifi.

Cadre : campagne, lacs ou rivières. ***Terrain :*** herbe ; plat.	⊕ Le grand plan d'eau de 70 ha et les activités aquatiques. ⊖ L'isolement.

À voir, à faire dans les environs : la bastide de Cologne (4 km) ; le village médiéval de Sarrant ; le musée européen d'Art campanaire à L'Isle-Jourdain ; Mauvezin.

TRÉBAS 81340

35 km E d'Albi

Carte Midi-Pyrénées Nord B2

€€€ 17 € 60 emplacements

Camping de l'Amitié : *☎ 05-63-55-84-07. • amitie@trebas.net • vallee-du-tarn.com • Ouv de début avr à mi-sept.*
Avec un nom pareil, on ne s'étonnera pas de découvrir un camping particulièrement sympathique ! Les emplacements, bungalows toilés et mobile homes se répartissent sur une grande pelouse parfaitement ombragée. Petite piscine hors-sol, mais surtout, possibilité de se baigner dans le Tarn qui longe le camping (baignade surveillée). À louer, des bungalows toilés et quelques mobile homes *(175-581 €/sem ; possibilité de location à la nuitée).* Pontons pour taquiner la truite en toute quiétude et location de kayaks à la base de loisirs juste à côté. Commerce à proximité et un resto-guinguette sur place, franchement sympa (concert gratuit le vendredi soir en été). Un vrai camping ! Internet. Wifi.

Cadre : campagne, lacs ou rivières, sentiers de randonnée. ***Terrain :*** herbe ; plat.	⊕ La convivialité et la baignade en eaux vives. ⊖ Le manque de haies entre les emplacements.

À voir, à faire dans les environs : le prieuré et la chapelle romane Notre-Dame-de-l'Auder à Ambialet (11 km) ; la vallée du Tarn.

TUCHAN 11350

Carte Languedoc-Roussillon Sud A2

36 km NO de Perpignan ; 50 km SO de Narbonne

€€€ **17,44 €** **73 emplacements**

Camping Domaine de la Peirière : *route de Paziols. ☎ 04-68-45-46-50. 📱 07-69-79-34-55. • pierrepeiriere@gmail.com • camping-la-peiriere.com • Ouv avr-fin oct.*
Petit camping bien ombragé, implanté dans une végétation méditerranéenne dense et préservée. On plante sa tente dans la garrigue, sous les arbustes. Sanitaires impeccables. Grande piscine chauffée avec jacuzzi. Vrai resto de terroir *(menus 15,90-28 €)*, étang de pêche, jeux pour enfants, et même quelques animaux de la ferme... Ambiance familiale qui nous plait ! Mobile homes, chalets, lodges et tentes lodges (armature bois). Wifi.

Cadre : campagne, lacs ou rivières, sentiers de randonnée. ***Terrain :*** rocaille ; plat. ***Réducs :*** apéritif maison offert sur présentation de ce guide.	⊕ L'intimité des emplacements ; les quelques animaux de la ferme, amis des enfants ; le vrai restaurant traditionnel. ⊖ Le côté rocailleux de certains emplacements.

À voir, à faire dans les environs : Villerouge-Termenès ; Lagrasse ; Cucugnan ; les châteaux du Pays cathare ; Sigean.

VABRE 81330

25 km NE de Castres *Carte Midi-Pyrénées Sud B1*

€€€ **16 €** **47 emplacements**

Camping La Vallée de Roussy : *route de Vabre. ☎ 05-63-73-05-44. 📱 06-46-43-96-82. • campinglavalleederoussy@hotmail.com • camping-sidobre.com • Ouv avr-sept. CB refusées.*
Au cœur de la vallée de l'Agout, un camping tout en longueur auquel on accède par un petit chemin qui s'enfonce dans les bois. Une adresse très nature, un peu roots même, avec la rivière pour se baigner ou pour pêcher, des oies nonchalantes qui se baladent et des sentiers tout autour pour se balader. Tentes meublées *(175-210 €/sem)*. Pas d'animations en soirée (le calme est assuré !), ni d'aire de jeux pour les enfants, mais petites buvettes. Tenu par un couple de Belges. Internet. Wifi.

Cadre : campagne, forêt, lacs ou rivières, montagne, sentiers de randonnée. ***Terrain :*** herbe ; plat. ***Réducs :*** apéritif offert et - 10 % sur présentation de ce guide.	⊕ Le calme assuré. ⊖ Pas d'aire de jeux pour les enfants.

À voir, à faire dans les environs : Castres ; les monts de Lacaune ; la vallée du Gijou ; les rochers du Sidobre (la Peyro Clabado, le roc de l'Oie, les Trois-Fromages...) ; Burlats ; le musée du Protestantisme de la Réforme à la laïcité à Ferrières.

VALLERAUGUE 30570

65 km O d'Alès — *Carte Languedoc-Roussillon Nord A2*

€€€ 25 € — **33 emplacements**

Le Mouretou : *route de l'Aigoual. ☎ 04-67-82-22-30. • info@camping-mouretou.com • camping-mouretou.com • Ouv de mi-avr à mi-oct.*
Un excellent petit camping aux emplacements spacieux, volontiers délimités par de hautes haies ou alors retirés sous les arbres, près de la rivière qui borde le site. Également quelques hébergements locatifs nature et de qualité : bungalows toilés, tentes sur pilotis *(230-679 €/sem)*, une piscine, ainsi qu'un sympathique petit bar-resto-pizzeria (ouvert aux non-résidents). Wifi. NOUVEAUTÉ.

Terrain : herbe ; plat ; en terrasses.
Réducs : apéritif maison offert sur présentation de ce guide.

+ L'accès direct à la rivière ; la possibilité de petit déjeuner, de panier pique-nique, de pension ou demi-pension.
– Quels « moins » ?

À voir, à faire dans les environs : le mont Aigoual ; le jardin des Sambucs à Saint-André-de-Majencoules ; les villages de Lespérou et de Camprieu ; l'abîme de Bramabiau.

VEBRON 48400

12 km S de Florac — *Carte Languedoc-Roussillon Nord A2*

€€€ 16 € — **46 emplacements**

Camping La Molière : *La Molière. ☎ 04-66-44-02-40. • camping.la-moliere@laposte.net • campinglamoliere.fr • Ouv de mi-avr à mi-sept.*
Un camping très nature, ombragé et familial. Ici, pas besoin de piscine, il y a le Gardon juste à côté pour les ploufs rafraîchissants. Location de chalet 5-6 personnes *(370-550 €/sem)*. NOUVEAUTÉ.

Cadre : en bordure de rivière.
Terrain : herbe ; plat.

+ Parfaitement tenu.
– Pour un emplacement avec sanitaires – le luxe – , compter 26 €. Mais quel confort !

À voir, à faire dans les environs : la can de l'Hospitalet ; les empreintes de dinosaures à Saint-Laurent-de-la-Trêve ; le col Saint-Pierre ; la corniche des Cévennes.

VERDUN-EN-LAURAGAIS 11400

Carte Languedoc-Roussillon Sud A1

15 km NE de Castelnaudary ; 30 km NO de Carcassonne

€€€€ 40 € — **108 emplacements**

Le Bout du Monde : *Ferme-de-Rhodes. ☎ 04-68-94-95-96. • info@campingleboutdumonde.fr • leboutdumonde.fr • Ouv Pâques-sept.*
Cadre splendide – 120 ha entre bois, landes et pâturages – pour ce camping éco-labellisé, avec 2 piscines (dont une naturelle, superbe !), terrain de pétanque, étang de pêche et chemins de rando. Ferme pédagogique et différentes activités pour les enfants (ateliers de peinture, poney, poterie, fabrication de pain, etc.). Idéal en famille. C'est aussi dans ce bout du monde que vivent les dignes héritiers de Pantagruel. Dans la salle à manger à l'ancienne de l'auberge attenante *(menus 25-40 €)*, on est accueilli par des miches de pain géantes, navarin d'agneau, canette à la broche, pintade farcie... Aussi un bar à vins avec assiettes de charcuterie, pizzas et concerts en été. Accueil sympa et pro. Cabanes, cottages et yourtes *(339 €/sem)*. NOUVEAUTÉ.

Cadre : campagne. ***Terrain :*** vallonné.	⊕ Le cadre naturel ; l'auberge de terroir ; l'accueil ; les activités pour enfants. ⊖ Pas de « moins » !

À voir, à faire dans les environs : Castelnaudary ; l'abbaye-cathédrale de Saint-Papoul ; le château de Saissac ; Montolieu ; le canal du Midi.

VERNET-LES-BAINS 66820

Carte Languedoc-Roussillon Sud A2

6 km S de Villefranche-de-Conflent ; 11 km SO de Prades

€€€ **20 €** **58 emplacements**

Les Cerisiers : *4, chemin de la Peña. ☎ 04-68-05-60-38. • contact@camping-lescerisiers.com • camping-lescerisiers.com • Ouv de mi-mars à mi-oct.*
Petit camping arboré, aménagé en terrasses, avec une belle vue sur Vernet. Très calme. Loue aussi des bungalows toilés et mobiles homes *(240-625 €/sem).* Sur place, spa, hammam et sauna. Pains et viennoiseries sur commande. Wifi.

Cadre : montagne, sentiers de randonnée. ***Terrain :*** en terrasses ; herbe.	⊕ Le calme. ⊖ Pas pour des ados festifs.

€€€ **23 €** **90 emplacements**

Camping L'Eau Vive : *chemin Saint-Saturnin. ☎ 04-68-05-54-14. 📱 06-18-92-63-48. • contact@leauvive-camping.com • leauvive-camping.com • Ouv avr-oct.*
Entre montagne et rivière, un camping bucolique à l'offre assez large sans être surdimensionné. Plusieurs formules d'hébergement : mobile homes, chalets *(270-780 €/sem).* Snack et resto. Terrain de foot, piscine chauffée (mai-septembre). Bon accueil. Internet. Wifi.

Cadre : lacs ou rivières, montagne, sentiers de randonnée. ***Terrain :*** herbe ; plat.	⊕ La piscine ; l'aire de jeux multisports ; la rivière aménagée. ⊖ Assez excentré.

À voir, à faire dans les environs : le massif du Canigou ; l'abbaye de Saint-Martin-du-Canigou ; l'abbaye de Saint-Michel-de-Cuxa ; la ville fortifiée de Villefranche-de-Conflent ; les grottes des Canalettes.

VERS-EN-QUERCY 46090

15 km NE de Cahors *Carte Midi-Pyrénées Nord A2*

€€€€ **27 €** **52 emplacements**

Camping La Chêneraie : *lieu-dit Le Cuzoul. ☎ 05-65-31-40-29. 📱 06-26-03-79-10. • cheneraiela@gmail.com • cheneraie.com • Ouv avr-sept.*
Camping confortable en pleine forêt. Location de mobile homes et maisonnettes *(350-910 €/sem).* Resto et nombreuses animations. Plusieurs activités sportives (ping-pong, tennis, etc.). Organise également des descentes en canoë, baptêmes ULM, balades à cheval... Piscine chauffée. Internet. Wifi.

Cadre : campagne, forêt, sentiers de randonnée. ***Terrain :*** herbe ; plat.	⊕ Son emplacement, au cœur de la vallée. ⊖ Pas de discothèque, mais est-ce vraiment un « moins » ?

€€ 11 € — 60 emplacements

Camping municipal L'Arquette : *au village. ☎ 05-65-31-42-59 (mairie). 06-33-65-06-23. • camping@commune-de-vers.fr • commune-de-vers.net • Ouv mai-sept. CB refusées.*
Tout simple, mais bien ombragé et bordé par le Lot. Possibilité de pêche, baignade (non surveillée) et randonnées. Épicerie ouverte tous les jours au village. Aire de stationnement pour camping-cars à proximité *(5,50 €/nuitée).*

Cadre : lacs ou rivières, sentiers de randonnée. ***Terrain :*** herbe ; plat.	⊕ Le cadre. ⊖ Très simple.

À voir, à faire dans les environs : Cahors (15 km) ; Saint-Cirq-Lapopie (19 km) ; une croisière sur le Lot ; les causses de Gramat et de Limogne.

VERS-PONT-DU-GARD 30210

3 km N du pont du Gard ; 12 km SE d'Uzès — ***Carte Languedoc-Roussillon Nord B2***

€€€€ **40 € (avec électricité)** — **200 emplacements**

Camping international Les Gorges du Gardon : *chemin de la Barque-Vieille. ☎ 04-66-22-81-81. • gorges-gardon@capfun.com • camping-gorges-gardon.fr • Ouv fin mars-sept.*
Un camping très équipé, avec un vaste terrain arboré. L'accès à la rivière est direct, génial ! Location de canoës et nombreuses activités sportives aux alentours (vélo, escalade, etc.). Mobile homes et chalets à louer *(245-1 022 €/sem).* Espace aquatique avec 2 bassins et 4 toboggans géants. Internet. Wifi.

Cadre : campagne, lacs ou rivières, sentiers de randonnée. ***Terrain :*** herbe ; plat ; rocaille.	⊕ L'ombre sur tout le terrain ; les activités alentour. ⊖ Très fréquenté en été ; les frais de dossier élevés.

À voir, à faire dans les environs : le pont du Gard ; les villages alentour.

VICDESSOS 09220

32 km SO de Foix — ***Carte Midi-Pyrénées Sud A2***

€€€ **22 €** — **193 emplacements**

Camping La Bexanelle : *☎ 05-61-64-82-22. • info@labexanelle.com • labexanelle.com • Ouv tte l'année.*
Au bord de la rivière, dans un bel environnement. Emplacements ombragés de différents conforts. Également des chalets jusqu'à 6 personnes et des bungalows *(170-693 €/sem),* situés sur un versant un peu à l'écart. Piscine, aire de jeux, boulodrome, etc. Une passerelle permet de rejoindre le village. Pour l'anecdote, sachez que c'est le curé du village qui a créé ce camping pour relancer le tourisme local ! Accueil aimable. Internet. Wifi.

Cadre : lacs ou rivières, montagne, sentiers de randonnée, ville. ***Terrain :*** herbe ; plat ; en pente.	⊕ La station de ski Goulier-Neige est l'une des moins chères de France ; le cadre et l'accueil. ⊖ On a beau chercher...

À voir, à faire dans les environs : le parc de la Préhistoire à Tarascon (15 km) ; la grotte de Niaux (10 km) ; la grotte de la Vache à Alliat (11 km) ; la grotte de Bédeilhac (19 km) ; la grotte de Lombrives à Ussat-les-Bains (16 km).

VIELLE-AURE 65170

56 km SE de Bagnères-de-Bigorre *Carte Midi-Pyrénées Ouest A2*

€€€ 15,50 € **62 emplacements**

Camping Le Lustou : *89, chemin d'Agos. ☎ 05-62-39-40-64. • contact@lustou.com • lustou.com • Ouv tte l'année.*
Au pied d'un versant boisé, petit camping soigné, à proximité d'une petite base de loisirs. Bien ombragé. Location de mobile homes *(280-450 €/sem).* Également un superbe gîte de groupe, avec 5 chambres de 5 lits, cuisine équipée et salon avec cheminée. Propreté impeccable, lave-linge, etc. Les chiens ne sont pas acceptés dans les locations. Wifi.

Cadre : montagne, sentiers de randonnée. ***Terrain :*** herbe ; plat.	⊕ L'accueil dynamique et enjoué de Francis, qui connaît bien la vallée ; il y organise des randos et des bivouacs, et sait aussi faire la fête. ⊖ Loin des commerces (3 km).

À voir, à faire dans les environs : les mines ; la vallée du Louron ; les églises peintes ; le musée de la Vallée d'Aure à Ancizan ; la Maison de l'ours à Saint-Lary ; Le Pla-d'Adet ; la réserve naturelle de Néouvielle.

VILLEFORT 48800

Carte Languedoc-Roussillon Nord B1

17 km N de Génolhac ; 29 km SE de Bleymard

€€€ 16,90 € **30 emplacements**

Camping La Palhère : *route du Mas-de-la-Barque (D 66). ☎ 04-66-46-80-63. 06-81-51-80-10. • contact@campinglapalhere.com • campinglapalhere.com • Ouv de mi-avr à mi-nov (tte l'année pour les chalets).*
Un site ombragé, dans un cadre magnifique bien en retrait de la route, avec accès à une jolie rivière et à une belle piscine chauffée. Grand choix de locatifs : tipis, roulottes, sans oublier les classiques chalets et mobile homes *(210-945 €/sem).* Ensemble très bien tenu et sanitaires impeccables. Épicerie, snack, fiches balades. À 4 km du lac de Villefort. Wifi.

Cadre : campagne, forêt, lacs ou rivières, montagne, sentiers de randonnée. ***Terrain :*** en terrasses ; herbe.	⊕ L'accès direct à la rivière ; la piscine chauffée ; en pleine nature. ⊖ L'isolement.

À voir, à faire dans les environs : le parc national des Cévennes ; La Garde-Guérin ; le lac de Villefort.

VILLEFRANCHE-D'ASTARAC 32420

3 km S de Simorre ; 40 km SE de Auch *Carte Midi-Pyrénées Ouest A1*

€€€ 16 € **5 emplacements**

Bike Camping France : *lieu-dit La Haille. ☎ 05-62-59-27-11. • melowe@wanadoo.fr • bikecampingfrance.com • Ouv de mi-avr à oct. CB refusées.*
Un petit chemin conduit à une ancienne ferme où se sont installés Éliane et Mark, tous deux originaires de Jersey (l'île n'était pas assez sportive pour eux !). On plante sa tente dans un champ, au sommet d'un coteau paumé, face aux vallons. Là, vous êtes vraiment en vacances ! Ping-pong, billard et location de VTT (si besoin, ils peuvent vous accompagner pour une virée à deux-roues). Louent également 2 gîtes pour 3-4 personnes et chambres d'hôtes pour 5 personnes. Piscine. Wifi.

OCCITANIE

Cadre : campagne, sentiers de randonnée. ***Terrain :*** en pente ; herbe.	⊕ La tranquillité absolue. ⊖ L'isolement.

À voir, à faire dans les environs : le village de Simorre, son abbatiale et le musée paysan d'Émile ; la base de loisirs de Saramon ; le marché au gras de Samatan.

VILLEGLY 11600

Carte Languedoc-Roussillon Sud A1

12 km NE de Carcassonne ; 53 km O de Narbonne

€€€€ 32 € **60 emplacements**

Camping Le Moulin de Sainte-Anne : *2, chemin de Sainte-Anne.* ☎ *04-68-72-20-80.* • *contact@moulindesainteanne.com* • *moulindesainteanne.com* • *Ouv avr-oct.*
Ce camping offre des emplacements ombragés et bien délimités, une piscine chauffée avec jacuzzi, une aire de jeux pour enfants, des terrains multisports... L'ambiance est familiale. Dynamique, l'équipe du camping organise aussi des randos et des dégustations de vin. Locatifs *(315-910 €/sem).* Internet. Wifi.

Cadre : campagne, sentiers de randonnée. ***Terrain :*** en terrasses ; herbe.	⊕ Les animations. ⊖ Les frais de dossier.

À voir, à faire dans les environs : Carcassonne ; l'abbaye de Caunes-Minervois ; l'église de Rieux-Minervois ; les châteaux de Lastours ; le gouffre géant de Cabrespine ; la grotte de Limousis.

VILLENEUVE-DE-LA-RAHO 66180

Carte Languedoc-Roussillon Sud B2

10 km S de Perpignan ; 20 km NO d'Argelès-Plage

€€€ 18 € **158 emplacements**

Camping des Rives du Lac : *chemin de la Serre.* ☎ *04-68-55-83-51.* • *camping.villeneuveraho@wanadoo.fr* • *Ouv de mi-mars à mi-nov.*
Camping familial au bord d'un lac assez fréquenté, dans lequel on peut se baigner (accès sécurisé par un grillage). Emplacements séparés par des haies. Sanitaires basiques mais bien tenus. Mobile homes pour 6 personnes à louer *(322-564 €/sem).* Internet.

Cadre : campagne, lacs ou rivières. ***Terrain :*** herbe ; plat.	⊕ La pratique du canoë, de la pêche et de la planche à voile. ⊖ Il peut y avoir un peu d'animation et de bruit le soir à la base nautique toute proche...

À voir, à faire dans les environs : le lac ; la vieille ville de Perpignan.

VILLENEUVE-LÈS-BÉZIERS 34420

6 km Sud de Béziers *Carte Languedoc-Roussillon Sud B1*

€€€€ 28 € **91 emplacements**

Les Berges du Canal : *promenade des Vernets.* ☎ *04-67-39-36-09.* • *contact@campinglbdc.com* • *campinglesbergesducanal.com* • *Ouv 15 mars-15 oct.*
Au bord du canal, tout près de la ville et de ses commerces, un camping familial ombragé et très bien équipé. Animations en saison. Resto flanqué d'une terrasse le nez dans les péniches. Location de bateaux et de vélos à proximité. On peut rejoindre Béziers en bus. Une bonne étape pour ceux qui longent le canal à vélo. Mobile homes *(280-860 €/sem).* 2 piscines, dont un bassin enfants. Parcours santé. Wifi.

Cadre : campagne, ville. ***Terrain :*** herbe ; plat.	⊕ La situation et les équipements. ⊖ Le peu d'emplacements pour tente ; le calme très relatif...

À voir, à faire dans les environs : la vieille ville de Béziers ; le canal du Midi et les écluses de Fonsérannes ; l'oppidum d'Ensérune ; la mer (à 4 km).

VILLENEUVE-LEZ-AVIGNON 30400

3 km N d'Avignon *Carte Languedoc-Roussillon Nord B2*

€€€€ 30,50 € **127 emplacements**

Camping Les Avignon : *chemin Saint-Honoré. ☎ 04-90-25-76-06. • campinglesavignon@gmail.com • camping-villeneuvelezavignon.com • Ouv de mi-mars à fin sept.* Calme et bien ombragé, avec beaucoup d'espace entre les emplacements. Également des mobile homes toilés avec cuisine, mais sanitaires communs *(280-581 €/sem).* Piscine, parcours de santé. Épicerie et petit snack. Internet. Wifi.

Cadre : ville. ***Terrain :*** herbe ; plat.	⊕ On y est bien, tout simplement. ⊖ Les sanitaires anciens.

À voir, à faire dans les environs : la Chartreuse du Val-de-Bénédiction ; le fort Saint-André ; les jardins de l'ancienne abbaye Saint-André ; le musée Pierre-de-Luxembourg.

Pays de la Loire

Pictos utilisés dans ce guide

- € Économique
- €€ Bon marché
- €€€ Prix moyens
- €€€€ Plus chic
- Tente
- Caravane
- Hébergement locatif
- Camping-car
- Caravaneige
- Piscine extérieure
- Piscine couverte
- Accès handicapé
- Hébergement insolite ou original

AMBRIÈRES-LES-VALLÉES 53300

7 km N de Mayenne — *Carte Pays de la Loire B1*

€€€ **16 €** — **62 emplacements**

Camping Le Parc de Vaux : *35, rue des Colverts. ☎ 02-43-04-90-25. • contact@parcdevaux.com • parcdevaux.com • Ouv avr-oct.*
Familial, au bord de la rivière Varenne, un site idéal pour un séjour au calme, proche de la nature. Emplacements herbeux, suffisamment larges, avec de hautes haies pour les délimiter. Chalets canadiens, bungalows toilés et mobile homes pour 4-8 personnes à louer *(161-779 €/sem).* Toutes sortes d'activités sur place : canoë-kayak, équitation, bateaux électriques, arc, VTT, pêche... Piscine municipale à 50 m. Internet. Wifi.

Cadre : campagne, lacs ou rivières, sentiers de randonnée, ville.
Terrain : herbe ; plat ; en pente.
Réducs : une partie de minigolf offerte pour une partie achetée (2 personnes), sur présentation de ce guide.

⊕ La base de loisirs.
⊖ Pas de discothèque... et alors ?

À voir, à faire dans les environs : les Toiles de Mayenne à Fontaine-Daniel (17 km) ; Lassay-les-Châteaux (10 km).

ANCENIS-SAINT-GÉRÉON 44150

44 km NE de Nantes ; 56 km O d'Angers — *Carte Pays de la Loire A2*

€€€ **18,30 €** — **105 emplacements**

Camping de l'île Mouchet : *impasse de l'Île-Mouchet, La Charbonnière. ☎ 02-40-83-08-43. 📱 06-62-54-24-73. • camping-ile-mouchet@orange.fr • camping-estivance.com • Ouv tte l'année.*
Bon accueil pour ce camping très bien géré à deux pas du centre-ville, joliment situé en bord de Loire, entre Nantes et Angers. Idéal pour la pêche. Location de Campétoiles, Hello Cabanes, Coco Sweet et de mobile homes *(310-660 €/sem).* Location de vélos, piscine chauffée, toboggan aquatique. L'itinéraire cycliste La Loire à Vélo passe à côté, comme le GR 3 pour des randos pédestres. Snack, boutique, glace, animation. Internet. Wifi.

Cadre : lacs ou rivières, ville. *Terrain :* herbe ; plat. *Réducs :* - 5 % sur présentation de ce guide.	⊕ Son côté familial dans un cadre calme et ombragé. ⊖ Pas de « moins ».

À voir, à faire dans les environs : la Maison des vins d'Ancenis ; le palais Briau à Varades ; la tour médiévale d'Oudon.

ANGERS 49000

54 km NO de Saumur — *Carte Pays de la Loire B1*

€€€€ 31 € — 142 emplacements

Camping Citykamp-Huttopia d'Angers Lac de Maine : *av. du Lac-de-Maine. ☎ 02-41-81-97-37. • info@campingangers.com • campingangers.com • Ouv fin janv-fin oct.* Parmi les campings les mieux équipés de la région (piscine, volley...), au bord d'un lac tranquille. Plein d'activités dans le parc de loisirs du lac de Maine (voile, entre autres). Accès au GR 3 et labellisé Accueil La Loire à Vélo. Concerts live en été. Locatifs *(39-135 €/nuit).* Wifi.

Cadre : lacs ou rivières, ville. *Terrain :* plat ; herbe.	⊕ Le label La Loire à Vélo ; la proximité de la ville à pied ; les concerts en été. ⊖ Pas de miniclub.

À voir, à faire dans les environs : le château et les tapisseries de l'Apocalypse, le musée Jean-Lurçat, la cathédrale et la ville d'Angers.

ASSÉRAC 44410

10 km SO d'Herbignac ; 16 km N de Guérande — *Carte Pays de la Loire - zoom A1*

€€€€ 31 € — 103 emplacements

Camping de la Baie : *Keravelo, à Pen-Bé-en-Assérac. ☎ 02-40-01-71-16. • contact@camping-delabaie.com • camping-delabaie.com • Ouv avr-sept.* Camping convivial et familial aux emplacements ombragés sis dans un hameau calme et isolé du reste du monde, avec accès à la baie. Des animations pour les enfants en saison. Loue aussi des chalets et des mobile homes *(250-1 260 €/sem).* Internet. Wifi.

Cadre : mer, sentiers de randonnée. *Terrain :* herbe ; plat.	⊕ Le calme ; le confort ; le côté familial et convivial. ⊖ Le supermarché à 10 km.

À voir, à faire dans les environs : la pointe de Merquel ; le hameau de Pen-Bé.

AVOISE 72430

12 km E de Sablé-sur-Sarthe ; 50 km SO du Mans — *Carte Pays de la Loire B1*

€€ 13 € — 54 emplacements

L'Œil dans le Rétro : *pl. des Deux-Fonds. ☎ 02-43-92-76-12. 📱 06-01-84-27-62. • contact@campingloeildansleretro.fr • campingloeildansleretro.fr • Ouv avr-sept.* Entre la Sarthe et la Vègre (avec plage et base fluviale), une structure familiale offrant des emplacements répartis sur 2 terrains et délimités par des haies. Mais les nostalgiques apprécieront surtout la marrante collection de caravanes des années 1960 et 1970 en location, retapées avec tact par le proprio *(320-385 €/sem).* Elles ont toutes leur histoire et leurs fonctionnalités. L'Arverne 400 GL a de l'allure avec ses parois métalliques, installée juste au bord de l'eau. Également un bistrot à l'esprit seventies dans une ancienne caravane foraine, un potager aromatique en libre-service... et un accueil aux petits oignons. Internet. Wifi.

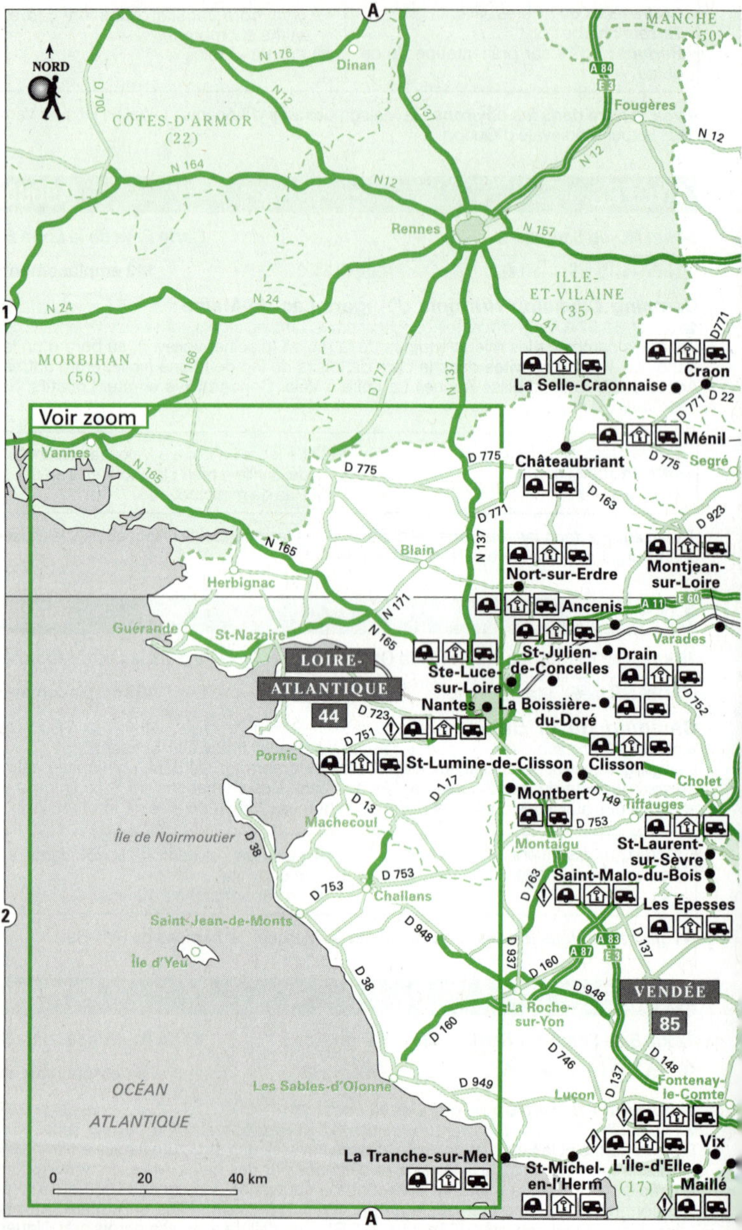
NORD
MANCHE (50)
CÔTES-D'ARMOR (22)
ILLE-ET-VILAINE (35)
MORBIHAN (56)
LOIRE-ATLANTIQUE 44
VENDÉE 85
(17)
OCÉAN ATLANTIQUE
Voir zoom
Dinan
Fougères
Rennes
Vannes
Herbignac
Blain
Guérande
St-Nazaire
Pornic
Machecoul
Île de Noirmoutier
Challans
Saint-Jean-de-Monts
Île d'Yeu
Les Sables-d'Olonne
La Roche-sur-Yon
Luçon
Fontenay-le-Comte
Montaigu
Tiffauges
Cholet
Varades
Segré
Craon
La Selle-Craonnaise
Ménil
Châteaubriant
Nort-sur-Erdre
Montjean-sur-Loire
Ancenis
St-Julien-de-Concelles
Drain
Ste-Luce-sur-Loire
Nantes
La Boissière-du-Doré
St-Lumine-de-Clisson
Clisson
Montbert
St-Laurent-sur-Sèvre
Saint-Malo-du-Bois
Les Épesses
La Tranche-sur-Mer
St-Michel-en-l'Herm
L'Île-d'Elle
Vix
Maillé
N 176
N 12
N 164
N 157
N 24
N 165
N 166
N 171
N 137
D 700
D 137
D 41
D 177
D 771
D 22
D 775
D 163
D 923
D 723
D 751
D 752
D 117
D 13
D 149
D 753
D 38
D 763
D 948
D 937
D 160
D 746
D 148
D 949
A 84
E 3
A 11
E 60
A 83
A 87
0 20 40 km
A
1
2

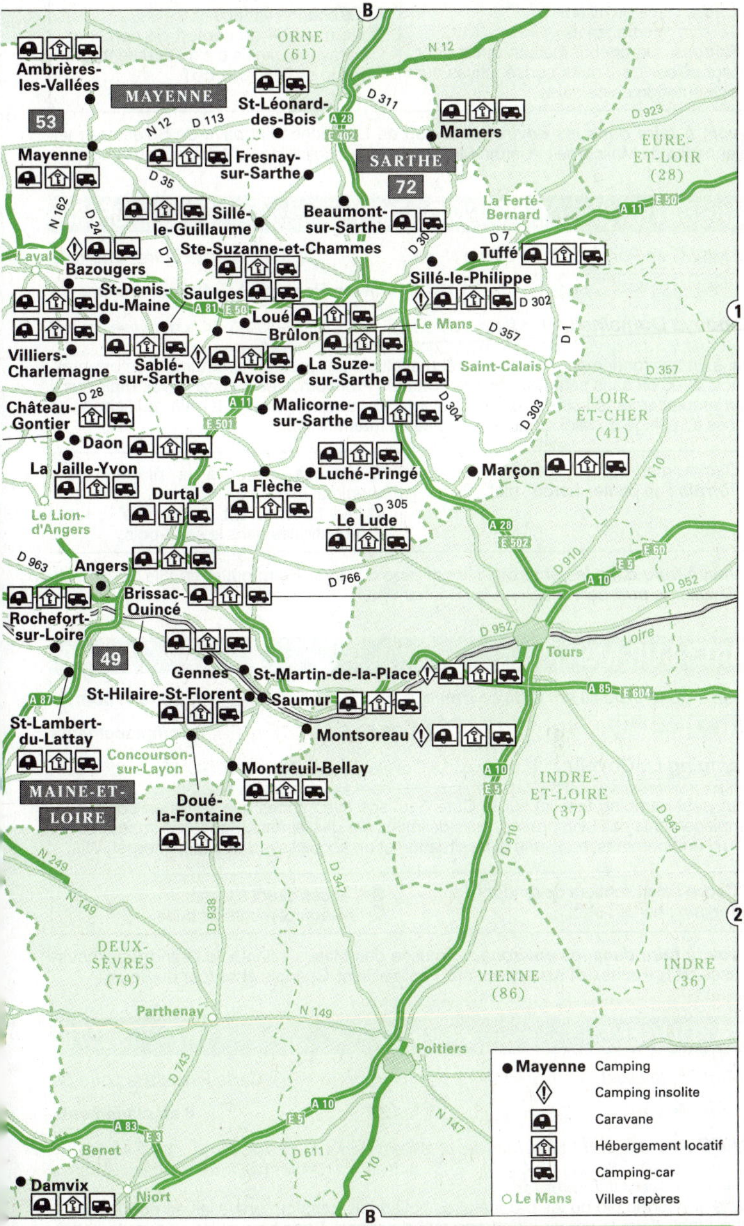
B
ORNE
(61)
MAYENNE
53
Ambrières-les-Vallées
Mayenne
N 12
D 113
St-Léonard-des-Bois
A 28
E 402
D 311
N 12
Mamers
D 923
EURE-ET-LOIR
(28)
SARTHE
72
Fresnay-sur-Sarthe
D 35
N 162
D 24
Sillé-le-Guillaume
Beaumont-sur-Sarthe
La Ferté-Bernard
A 11
E 50
D 7
Laval
D 7
D 30
Tuffé
Bazougers
Ste-Suzanne-et-Chammes
Sillé-le-Philippe
St-Denis-du-Maine
Saulges
D 302
A 81
E 50
Loué
Le Mans
D 357
D 1
1
Brûlon
Villiers-Charlemagne
Sablé-sur-Sarthe
Avoise
La Suze-sur-Sarthe
Saint-Calais
D 357
D 28
A 11
D 304
LOIR-ET-CHER
(41)
Château-Gontier
Malicorne-sur-Sarthe
D 303
E 501
Daon
La Jaille-Yvon
Luché-Pringé
Marçon
N 10
Durtal
La Flèche
Le Lion-d'Angers
D 305
Le Lude
A 28
E 502
D 963
Angers
D 910
E 60
E 5
A 10
D 766
D 952
Brissac-Quincé
Rochefort-sur-Loire
D 952
Loire
Tours
49
Gennes
St-Martin-de-la-Place
St-Hilaire-St-Florent
A 87
Saumur
A 85
E 604
St-Lambert-du-Lattay
Montsoreau
Concourson-sur-Layon
Montreuil-Bellay
A 10
E 5
INDRE-ET-LOIRE
(37)
MAINE-ET-LOIRE
Doué-la-Fontaine
D 943
D 910
N 249
D 347
N 149
D 938
2
DEUX-SÈVRES
(79)
VIENNE
(86)
INDRE
(36)
Parthenay
N 149
Poitiers
D 743
A 10
E 5
N 147
A 83
E 3
Benet
D 611
N 10
Damvix
Niort
B
Mayenne Camping
Camping insolite
Caravane
Hébergement locatif
Camping-car
Le Mans Villes repères

Cadre : lacs ou rivières. ***Terrain :*** herbe ; plat. ***Réducs :*** un apéritif maison offert pour tout séjour de 2 nuits consécutives sur présentation de ce guide.	⊕ Le charme vintage. ⊖ Le manque de confort de certaines caravanes, mais c'est justement tout le fun de l'expérience !

À voir, à faire dans les environs : le zoo de La Flèche ; l'abbaye de Solesmes ; les faïenceries de Malicorne ; le jardin Mosaïque dans le joli village d'Asnières-sur-Vègre.

BARBÂTRE (ÎLE DE NOIRMOUTIER) 85630

44 km SO de Pornic ; 70 km SO de Nantes *Carte Pays de la Loire - zoom A2*

€€€€ **54 € (avec électricité)** **405 emplacements**

Sandaya Domaine Le Midi : *rue du Camping. ☎ 02-51-39-63-74. • domainelemidi@sandaya.fr • sandaya.fr/nos-campings/domaine-le-midi • Ouv avr-sept.*
Dans un environnement des plus agréable, plusieurs types de structures (confortables, chics, avec ou sans sanitaires et des cottages Premium avec jacuzzi privé), mais aussi des emplacements libres. Piscines ouverte et couverte, tennis, terrain multisports et accès à la plage du Midi. Snack-bar, épicerie. Internet. Wifi.

Cadre : mer. ***Terrain :*** en pente ; herbe ; plat.	⊕ L'accès direct à la plage ; les animations. ⊖ Les tarifs « haut de gamme » ; les moustiques dans le sous-bois.

À voir, à faire dans les environs : le passage du Gois ; Noirmoutier-en-l'Île ; le Bois de la Chaize ; le petit port ostréicole du Bonhomme.

BATZ-SUR-MER 44740

4 km E du Croisic ; 8 km O de La Baule *Carte Pays de la Loire - zoom A1*

€€€€ **25,60 €** **44 emplacements**

Camping La Govelle : *10, route de La Govelle (rue du Golf). ☎ 02-40-23-91-63. • campinglagovelle@gmail.com • campinglagovelle.com • Ouv de mi-avr à mi-oct. CB refusées.*
Tout petit camping familial sur la Côte Sauvage avec accès à la plage en contrebas. Emplacements pas bien grands, mais délimités par des lauriers. Sanitaires impeccables. Peu d'équipements, mais une belle situation et un accueil sympathique. Internet. Wifi.

Cadre : mer, sentiers de randonnée. ***Terrain :*** herbe ; plat.	⊕ L'accès direct à la mer. ⊖ Les équipements de base.

À voir, à faire dans les environs : le musée des Marais salants, le Grand Blockhaus-musée de la Poche, les marais salants, l'église Saint-Guénolé et sa tour du Bourg.

BAZOUGERS 53170

16 km SE de Laval *Carte Pays de la Loire B1*

€€ **12 €** **6 emplacements**

GAEC Arc-en-ciel : *chez Marieke et Willem De Kam, lieu-dit Placé. ☎ 02-43-02-30-21. 📱 07-86-75-38-00 et 06-81-88-06-22. • dekamping@hotmail.fr • earlarcenciel.com • Ouv mai-fin sept. CB refusées.*
Dans une ferme bio où les propriétaires hollandais transforment le lait en gouda. Camping établi dans le verger, donc pas mal d'espace. Parfait pour des vacances bucoliques parmi poules et vaches. Pour les enfants, cabanes dans les arbres. Plein de bons conseils pour les randonnées. Bibliothèque. Boutique de produits bio et un fournil avec du pain 2 fois par semaine.

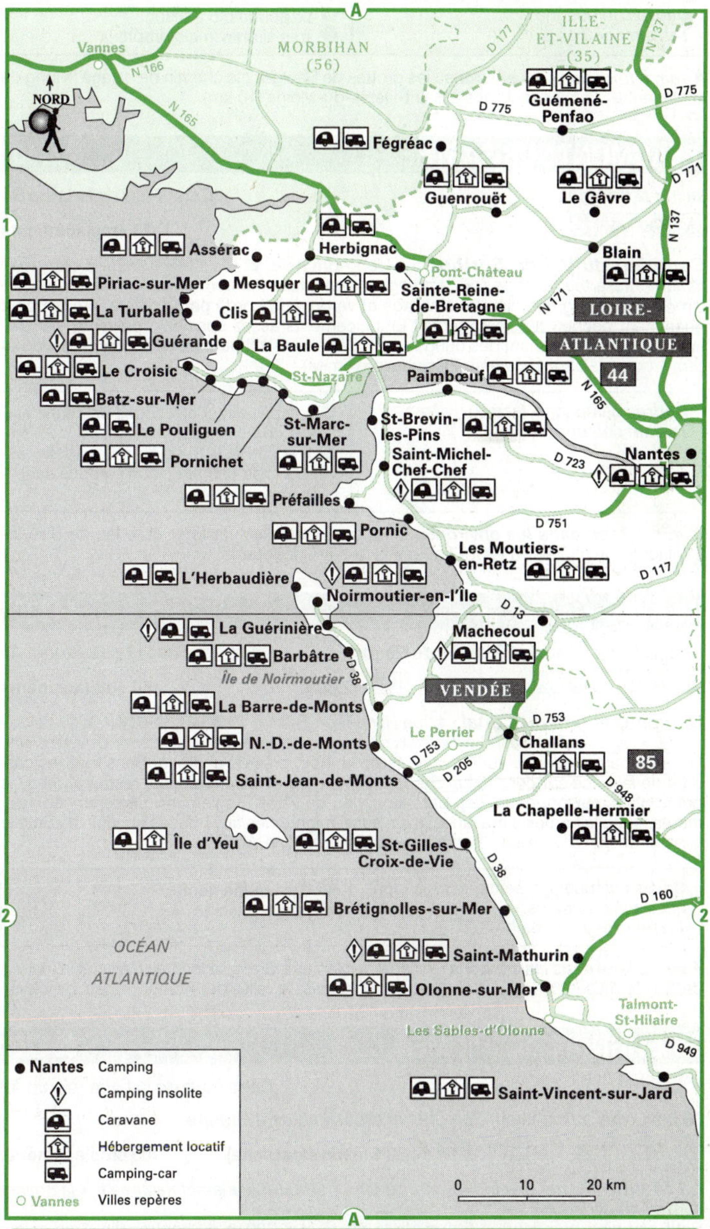

PAYS DE LA LOIRE – zoom

Cadre : campagne. ***Terrain :*** herbe ; plat.	⊕ Le gouda bio maison. ⊖ Très simple (mais propre !).

À voir, à faire dans les environs : les grottes de Saulges ; le chemin de halage le long de la Mayenne ; la base de loisirs à Saint-Denis-du-Maine (10 km).

BEAUMONT-SUR-SARTHE 72140

30 km N du Mans — *Carte Pays de la Loire B1*

€€ **12 €** — **73 emplacements**

Camping du Val de Sarthe : *rue de l'Abreuvoir. ☎ 02-43-97-01-93. • camping-beaumontssarthe@orange.fr • camping-beaumontssarthe.com • Ouv avr-sept.*
Un petit camping très simple, ombragé et verdoyant, bordé par la rivière, où l'on peut quasiment pêcher depuis sa tente ! Emplacements assez spacieux, délimités par des haies basses. Également des bungalows toilés pour 4 à 6 personnes à louer *(160-350 €/sem ; loc possible à la nuitée).* Piscine à proximité.

Cadre : campagne, lacs ou rivières. ***Terrain :*** herbe ; plat.	⊕ L'accès direct aux zones de pêche et aux commerces. ⊖ L'accès à la piscine municipale, à 500 m du camping, non compris dans le prix.

À voir, à faire dans les environs : les Alpes mancelles ; la forêt et le lac de Sillé-le-Guillaume ; le musée du Vélo à La Fresnaye-sur-Chédouet.

BLAIN 44130

50 km NO de Nantes ; 33 km SE de Redon — *Carte Pays de la Loire - zoom A1*

€€ **12,60 €** — **60 emplacements**

Camping et gîte du Canal : *4, rue Henri-II-de-Rohan. ☎ 02-40-51-03-51. 📱 06-88-97-01-79. • campingduchateaudeblain@gmail.com • campingchateaublain.com • Ouv mars-oct.*
Dans un parc arboré ou sur un vaste terrain herbu, près du château. Dans tous les cas, on a de la place sur ces 2,5 ha. Barbecues en libre-service, épicerie, restauration avec petits plats maison, petits déj, bar... Location de vélos. Également différents hébergements : mobile homes, caravanes, mais aussi mignonnes tiny houses et originale Sittelle *(à partir de 40 €/nuit pour 2 pers).* Internet. Wifi. NOUVEAUTÉ.

Cadre : campagne, sentiers de randonnée, lacs ou rivières. ***Terrain :*** plat ; herbe.	⊕ Les équipements. ⊖ Pas de piscine.

À voir, à faire dans les environs : le canal de Nantes à Brest ; la forêt du Gâvre et la maison de la forêt (musée Benoist) ; le château de la Groulais ; la vallée des Korrigans (parc de loisirs).

BRÉTIGNOLLES-SUR-MER 85470

Carte Pays de la Loire - zoom A2

39 km O de La Roche-sur-Yon ; 19 km N des Sables-d'Olonne

€€€€ **30 € (avec électricité)** — **103 emplacements**

La Motine : *4, rue des Morinières. ☎ 02-51-90-04-42. • lamotine@free.fr • lamotine.com • Ouv avr-sept.*
Petit camping très fleuri, à 600 m de la plage et à 300 m du centre-ville. Très calme (pas d'animations), il propose des emplacements bien délimités et bien entretenus. Une dizaine de maisons mobiles pour 4 à 6 personnes. Piscine couverte chauffée. Parc d'attractions à 200 m. Internet. Wifi.

Cadre : campagne, mer, sentiers de randonnée. ***Terrain :*** en pente ; herbe.	⊕ Le calme. ⊖ Trop calme pour certains peut-être...

À voir, à faire dans les environs : Vendée Miniature ; le domaine Saint-Nicolas et les balades en canoë dans le marais avec *La Cabane* à Brem.

BRISSAC-QUINCÉ 49320 (Brissac Loire Aubance)

19 km SE d'Angers ***Carte Pays de la Loire B2***

€€€€ **35 €** **150 emplacements**

Camping de l'Étang : *route de Saint-Mathurin. ☎ 02-41-91-70-61. • info@campingetang.com • campingetang.com • Ouv de mi-avr à mi-sept.*
Camping à taille humaine sur un terrain de 8 ha, calme, vert et moyennement ombragé (petits arbres). Parc de loisirs attenant et tout ce qu'il faut pour occuper les enfants. Piscines. Sur place, vente de vin : on est au cœur des vignobles d'Anjou. Bungalows et tentes à louer *(245-1 015 €/sem).* Internet. Wifi.

Cadre : campagne, lacs ou rivières, sentiers de randonnée. ***Terrain :*** herbe ; plat.	⊕ Le parc d'attractions familial avec tarif préférentiel pour les campeurs ; la dégustation des vins du domaine tous les vendredis soir. ⊖ Pas de discothèque... mais est-ce bien grave ?

À voir, à faire dans les environs : le château ; la région des coteaux du Layon et de l'Aubance.

BRÛLON 72350

55 km SE de Laval ; 41 km O du Mans ***Carte Pays de la Loire B1***

€€ **15 €** **75 emplacements**

Le Septentrion : *chemin du Parcaigneau. ☎ 02-43-95-68-96. • le.septentrion@orange.fr • campingleseptentrion.com • Ouv avr-sept.*
Beau site, calme et fleuri, au bord d'un lac. Piscine privée (chauffée) et accès (payant) aux activités de la base de loisirs voisine et aux tennis municipaux quasiment situés dans le camping (et tant pis pour les quelques emplacements juste à côté !). Quelques bungalows toilés et mobile homes pour 4 à 6 personnes *(225-620 €/sem).* Excellent accueil sur ce camping à l'ambiance joyeuse et familiale. Internet. Wifi.

Cadre : campagne, lacs ou rivières. ***Terrain :*** herbe ; plat.	⊕ Les sanitaires bien adaptés aux familles avec enfants en bas âge. ⊖ Les quelques mobile homes un peu entassés au cœur du camping.

À voir, à faire dans les environs : les faïenceries de Malicorne ; l'abbaye de Solesmes ; le jardin Mosaïque à Asnières-sur-Vègre.

CHALLANS 85300

Carte Pays de la Loire - zoom A2

58 km SO de Nantes ; 43 km NO de La Roche-sur-Yon

€€€€ **30 €** **213 emplacements**

Camping Le Ragis : *au Ragis. ☎ 02-51-68-08-49. • leragis@free.fr • camping-leragis.com • Ouv tte l'année.*

Dans un cadre verdoyant, des emplacements bien délimités au bord d'un étang poissonneux. Espace aquatique dont une piscine couverte et toboggans ; terrain multisports, pêche en étang privé. Populaire et très familial, on y prend vite ses habitudes. Petite activité agricole sur place. Location de mobile homes, chalets et caravanes, ainsi que de vélos. Snack. Résa conseillée. Internet. Wifi.

Cadre : campagne, mer. ***Terrain :*** herbe ; plat.	⊕ La visite de la ferme ; la vente de produits maison. ⊖ Le véhicule obligatoire (gare SNCF à 3 km).

À voir, à faire dans les environs : l'église Notre-Dame ; le musée Charles-Milcendeau à Soullans (5 km) ; le passage du Gois (14 km).

CHÂTEAU-GONTIER 53200

31 km S de Laval ; 51 km N d'Angers — ***Carte Pays de la Loire B1***

€€ 14 € — **38 emplacements**

Camping du Parc : *15, route de Laval. ☎ 02-43-07-35-60. • camping.parc@chateaugontier.fr • camping-chateau-gontier.fr • Ouv tte l'année.*
Un 3-étoiles qui a quasiment les pieds dans la Mayenne. Et avec un peu d'entraînement, on peut presque pêcher depuis sa caravane ! Location de ravissants chalets à 2 étages, pour 6 personnes, d'environ 35 m² *(199-387 €/sem ; sur résa)*. Pratique de sports nautiques au port, juste à côté. Le centre-ville n'est qu'à 1 km. Wifi.

Cadre : ville, lacs ou rivières. ***Terrain :*** herbe ; en pente.	⊕ L'accès direct à la rivière et à la piscine municipale gratuitement. ⊖ Pour vous restaurer, il faudra vous débrouiller...

À voir, à faire dans les environs : le marché aux veaux ; la chocolaterie Roland Réauté ; le refuge animalier de l'Arche.

CHÂTEAUBRIANT 44110

56 km NE de Nantes ; 56 km SE de Rennes — ***Carte Pays de la Loire A1***

€ 7,50 € — **35 emplacements**

Camping municipal Les Briotais : *rue de Tugny. ☎ 02-40-81-14-38 ou 02-40-81-02-32. • mairie@ville-chateaubriant.fr • mairie-chateaubriant.fr • Ouv mai-fin sept. CB refusées.*
À environ 1,5 km au sud-est du centre-ville. Camping aménagé en bordure du stade des Briotais et du bois de Tugny. Très calme. Emplacements délimités ou non. Blocs sanitaires bien tenus.

Cadre : ville. ***Terrain :*** herbe ; plat.	⊕ Pratique pour une halte. ⊖ Simple.

À voir, à faire dans les environs : le château ; la carrière des fusillés La Sablière ; le pays de la Mée.

CLIS 44350

4 km SE de La Turballe — ***Carte Pays de la Loire - zoom A1***

€€€ 25,25 € — **150 emplacements**

Camping Parc Sainte-Brigitte : *domaine de Bréhet, route de Guérande. ☎ 02-40-24-88-91. 📱 06-99-95-80-99. • saintebrigitte@wanadoo.fr • campingsaintebrigitte.com • Ouv avr-fin sept.*

Un camping atypique, aménagé près d'un château dans un vaste domaine boisé de 60 ha. Autant dire qu'on ne manque pas d'espace pour planter sa tente ! Loue des vélos. Piscine couverte et chauffée, resto, épicerie. Ambiance simple et familiale. Loue des mobile homes 2-8 personnes *(390-895 €/sem).* Attention, changement de propriétaire en perspective : les données pourraient évoluer... Internet. Wifi.

Cadre : campagne, mer, sentiers de randonnée. ***Terrain :*** herbe ; plat.	⊕ Le cadre ; l'accès direct aux pistes cyclables ; la grande piscine couverte et chauffée à 28 °C ; le restaurant. ⊖ Pas de club enfants.

À voir, à faire dans les environs : le port de pêche de La Turballe ; les marais salants de Guérande ; les dunes de Pen-Bron.

CLISSON 44190

30 km SE de Nantes — **Carte Pays de la Loire A2**

€€€ **16 €** — **48 emplacements**

Onlycamp Camping du Moulin : *ZA de Câlin, route de Nantes. ☎ 02-40-54-44-48. 📱 06-20-29-08-42. • campingdumoulin@onlycamp.fr • onlycamp.fr • Ouv de début mars à mi-oct.*
Agréable camping aux emplacements ombragés, en surplomb de la rivière. Laverie et sanitaires bien tenus. Location de mobile homes *(225-585 €/sem).* Internet. Wifi. NOUVEAUTÉ.

Cadre : ville. ***Terrain :*** herbe.	⊕ Le bon accueil. ⊖ La proximité de la zone commerciale.

À voir, à faire dans les environs : la jolie ville et son château (on vous laisse découvrir) ; le domaine de la Garenne-Lemot ; le kayak sur la Sèvre ; le moulin à papier du Liveau.

CRAON 53400

30 km SO de Laval ; 20 km O de Château-Gontier — **Carte Pays de la Loire A1**

€€ **10,50 €** — **45 emplacements**

Camping du Mûrier : *rue Alain-Gerbault. ☎ 02-43-06-96-33. • campingdumurier@orange.fr • campingdecraon53.fr • Ouv avr-oct.*
Terrain ombragé avec une quarantaine d'emplacements, tout proche du centre-ville. Petit plan d'eau pour la pêche ou les embarcations à pédales. Possibilité de location de chalets en bois et de bungalows 4-6 personnes *(219-479 €/sem).* Ping-pong. Excellent accueil. Tout à côté du camping, le resto *Le Quatre Épices* propose une excellente cuisine. Internet. Wifi.

Cadre : ville. ***Terrain :*** herbe ; plat. ***Réducs :*** prêt de vélos et d'une rosalie sur présentation de ce guide.	⊕ Le plan d'eau du Mûrier juste à côté ; la situation dans le bourg. ⊖ En mai, juin et septembre, l'accueil plus compliqué le mardi et le dimanche ; pas de piscine.

À voir, à faire dans les environs : le château ; le musée de l'Ardoise à Renazé (10 km) ; le manoir Saint-Christophe à La Boissière (10 km).

DAMVIX 85420

29 km O de Niort ; 25 km SE de Fontenay-le-Comte — **Carte Pays de la Loire B2**

€€€ **16 €** — **79 emplacements**

Camping des Conches : *route du Grand-Port. ☎ 02-51-87-17-06. • campingdesconches@orange.fr • camping-des-conches.fr • Ouv d'avr à mi-oct.*

Un camping arboré agréable et bien tenu, environné par les canaux du marais. À proximité : commerces, embarcations à pédales, canoës, pêche, tennis. Hébergements locatifs. Piscine chauffée. Aire de service camping-car. Location de vélos. Internet. Wifi.

Cadre : campagne, lacs ou rivières, sentiers de randonnée. ***Terrain :*** herbe ; plat.	⊕ Le calme ; à 200 m des canaux et des embarcadères. ⊖ Assez loin de la mer (45 km). Wifi payant.

À voir, à faire dans les environs : le Marais poitevin ; l'abbaye de Maillezais (9 km) ; l'abbaye de Nieul-sur-l'Autize (19 km) ; le château de Terre-Neuve à Fontenay-le-Comte (25 km).

DAON 53000

31 km S de Laval ; 10 km SE de Château-Gontier — *Carte Pays de la Loire B1*

€€ 11 € — **40 emplacements**

Camping des Rivières : *1, rue du Port. ☎ 02-43-06-94-78. • camping.daon@chateaugontier.fr • campingdaon.fr • Ouv avr-sept (chalets tte l'année).*
Un camping qui ne fait pas de vagues, simple et tranquille, sur 2 niveaux, en bord de Mayenne. Site arboré, avec emplacements larges et bien herbeux. Base nautique. Également des chalets à louer *(177-374 €/sem).* Internet. Wifi.

Cadre : campagne, lacs ou rivières, sentiers de randonnée. ***Terrain :*** herbe ; plat.	⊕ Le bourg à moins de 1 km ; la location de bateaux sans permis. ⊖ Pas de miniclub.

À voir, à faire dans les environs : le marché aux veaux, le refuge animalier de l'Arche et la chocolaterie Roland Réauté à Château-Gontier (10 km).

DOUÉ-LA-FONTAINE 49700 (Doué-en-Anjou)

17 km SO de Saumur ; 40 km SE d'Angers — *Carte Pays de la Loire B2*

€€€ 22 € — **63 emplacements**

Camping La Vallée des Vignes : *à Concourson-sur-Layon. ☎ 02-41-59-86-35. • info@camping-vdv.com • camping-vdv.com • Ouv avr-sept.*
À la campagne mais proche de Doué, camping accueillant, égayé de parterres de fleurs. Petit terrain avec de l'ombrage, et des emplacements agréables, suffisamment vastes et intimes. Installations sportives en tout genre, dont une piscine, le tout au bord du Layon. Un camping familial. Tentes équipées et mobile homes en location *(245-567 €/sem).* Wifi.

Cadre : campagne, lacs ou rivières. ***Terrain :*** herbe ; plat. ***Réducs :*** - 10 % pour tout séjour réservé plus de 90 jours avant l'arrivée sur présentation de ce guide.	⊕ C'est calme, calme, très calme. ⊖ C'est calme, calme, très calme...

À voir, à faire dans les environs : le Bioparc (zoo), les sites troglodytiques de Doué, le musée Aux Anciens Commerces ; le village troglodytique de Rochemenier.

DRAIN 49530 (Orée-d'Anjou)

49 km NE de Nantes ; 61 km SO d'Angers — *Carte Pays de la Loire A2*

€€€ 16 € — **47 emplacements**

Camping municipal Beauregret : *à Beauregret. ☎ 02-40-98-20-30. • camping.drain@oreedanjou.fr • oreedanjou.fr • Ouv mai-fin sept.*

Un petit camping 2 étoiles bien ombragé, tranquille, situé sur un terrain agréable déroulé le long d'un bras oublié de la Loire : idéal pour les pêcheurs (d'ailleurs, le camping est labellisé Séjour Pêche). Belle herbe grasse et emplacements bien délimités. Un chalet en location *(280 €/sem).* Internet. Wifi.

Cadre : campagne, sentiers de randonnée. ***Terrain :*** herbe ; plat.	⊕ L'accès direct à la rivière. ⊖ Les équipements sommaires.

À voir, à faire dans les environs : la coulée du Cerf ; Champtoceaux ; Oudon.

DURTAL 49430

40 km NE d'Angers ; 64 km SO du Mans — ***Carte Pays de la Loire B1***

€€ **14,40 €** — **125 emplacements**

Camping Les Portes de l'Anjou : *9, rue du Camping. ☎ 02-41-76-31-80. 07-61-75-24-24. • contact-camping@lesportesdelanjou.com • lesportesdelanjou.com • Ouv avr-oct.*
Au bord du Loir (où, comme chacun sait, on dort très bien). Emplacements ombragés ou ensoleillés, en partie délimités par des haies, et une ambiance bon enfant qui convient bien aux familles. Également un gîte, des bungalows et des mobile homes *(195-665 €/sem).* Épicerie, bar-snack (petite restauration à emporter le soir), piscine et location de canoës et de vélos. Internet. Wifi.

Cadre : campagne, lacs ou rivières, sentiers de randonnée. ***Terrain :*** herbe ; plat. ***Réducs :*** - 5 % sur l'ensemble pour tout séjour de 2 semaines consécutives sur présentation de ce guide.	⊕ Le programme d'animations pour adultes et enfants (en été). ⊖ Manque une piscine couverte pour les jours frais.

À voir, à faire dans les environs : le château ; les fabriques de terre cuite aux Rairies.

FÉGRÉAC 44460

10 km S de Redon ; 20 km N de Pont-Château — ***Carte Pays de la Loire - zoom A1***

€€ **13 €** — **15 emplacements**

Camping municipal du Bellion : *Le Bellion. ☎ 02-40-91-20-21. • mairie@fegreac.fr • fegreac.fr • Ouv mai-sept. CB refusées.*
Un petit camping calme et ombragé, situé au bord du canal, sur le chemin de halage. Étang à 2 km pour se baigner, le canal et la Vilaine pour pêcher.

Cadre : campagne, sentiers de randonnée. ***Terrain :*** herbe ; plat.	⊕ Le calme... et le prix ! ⊖ Les commerces à 4 km.

À voir, à faire dans les environs : le canal.

FRESNAY-SUR-SARTHE 72130

42 km N du Mans ; 20 km SO d'Alençon — ***Carte Pays de la Loire B1***

€€ **12,22 €** — **81 emplacements**

Camping municipal du Sans Souci : *allée André-Chevalier. ☎ 02-43-97-32-87. • camping-fresnay@wanadoo.fr • camping-fresnaysursarthe.fr • Ouv avr-oct (chalets tte l'année).*
En bordure de rivière, dans un cadre verdoyant et serein, ce joli petit camping porte bien son nom. 2 types d'emplacements : ceux délimités par de hautes haies de thuyas, et les

autres séparés par des haies de charmille et ombragés. En été, nombreuses activités de loisirs pour petits et grands : accès gratuit à la piscine et aux beaux tennis municipaux voisins, pêche, canoë-kayak... Location de chalets pour 4 à 6 personnes *(160-550 €/sem).* Internet. Wifi.

Cadre : campagne, lacs ou rivières. ***Terrain :*** herbe ; plat.	⊕ Le club enfants gratuit en juillet-août. ⊖ On cherche encore...

À voir, à faire dans les environs : la vieille ville de Fresnay ; les Alpes mancelles ; les forêts de Sillé et Perseigne ; le musée du Vélo à La Fresnaye-sur-Chédouet.

GENNES 49350

32 km SE d'Angers ; 16 km NO de Saumur ***Carte Pays de la Loire B2***

€€€ **19 €** **1 132 emplacements**

Camping Au Bord de Loire : *1, pl. du 19-Mars. ☎ 02-41-38-04-67. • contact@camping-auborddeloire.com • camping-auborddeloire.com • Ouv de mi-avr à fin sept.*

Sympathique petit camping bien verdoyant, les pieds dans l'eau, comme son nom l'indique (enfin... hors saison !) et familial. Location de bivouacs et de tentes meublées pour 4 à 6 personnes *(230-289 €/sem).* Piscine municipale à 100 m et rivière de 1re catégorie pour les amateurs de pêche. Très bon accueil. Internet. Wifi.

Cadre : campagne, forêt, lacs ou rivières, sentiers de randonnée. ***Terrain :*** herbe ; plat. ***Réducs :*** réductions pour les visites de caves sur présentation de ce guide.	⊕ L'ambiance familiale. ⊖ Les emplacements peu délimités ; la piscine à l'extérieur du camping.

À voir, à faire dans les environs : l'église de Cunault ; le moulin de Sarré.

GUÉMENÉ-PENFAO 44290

63 km N de Nantes ; 20 km E de Redon ***Carte Pays de la Loire - zoom A1***

€€€ **21 €** **80 emplacements**

Camping de l'Hermitage : *46, av. du Paradis. ☎ 02-40-79-23-48. 📱 07-69-73-78-50. • camping.hermitage@orange.fr • campinglhermitage.com • Ouv avr-oct (tte l'année pour le gîte).*

Camping établi dans un cadre verdoyant et calme, à environ 1 km du bourg. Quelques mobile homes, bungalows toilés et caravanes à louer *(199-720 €/sem).* Également un gîte de groupe pour 20 personnes *(23 €/pers).* Jeux et animations pour enfants, soirées en haute saison. Résa conseillée en été. Internet.

Cadre : campagne, forêt, lacs ou rivières, sentiers de randonnée, ville. ***Terrain :*** herbe ; plat.	⊕ Le complexe aquatique couvert et chauffé en face ; le forfait randonneur (9-13,30 € selon saison). ⊖ Loin de la mer.

À voir, à faire dans les environs : Guenouvry ; la voie romaine de Marsac.

GUENROUËT 44530

45 km NE de Saint-Nazaire ; 20 km SE de Redon ***Carte Pays de la Loire - zoom A1***

€€ **15 €** **116 emplacements**

Camping Saint-Clair : *☎ 02-40-87-61-52. 📱 07-69-17-52-72. • saintclair.camping@gmail.com • campingsaintclair.com • Ouv avr-sept.*

Camping spacieux et bien ombragé, proche du centre-ville et de la base de loisirs. Location d'embarcations à pédales, de canoës-kayaks. Campétoile *(20 €/nuit)*, bungalows toilés et mobile homes en location *(200-460 €/sem ; loc possible à la nuitée)*. Épicerie à 500 m. Restaurant à 50 m. Randonnées à pied, à vélo, à cheval. Restauration possible sur place et commande de pain et viennoiseries en été. Internet. Wifi.

Cadre : campagne, lacs ou rivières, sentiers de randonnée. ***Terrain :*** en pente ; herbe.	⊕ Au bord du canal de Nantes à Brest ; le chemin de halage sécurisant pour du vélo en famille. ⊖ À 6 km de la gare ; pas de restauration hors saison.

À voir, à faire dans les environs : la presqu'île du Gâvre ; le parc de Brière ; le château de Blain.

GUÉRANDE 44350

20 km O de Saint-Nazaire — **Carte Pays de la Loire - zoom A1**

€€€ 28,30 € — **470 emplacements**

Domaine de la Bréhadour : *route de Bréhadour. ☎ 02-40-17-65-15. • info@domainedebrehadour.com • domainedebrehadour.com • Ouv début avr-fin sept.*
Le camping le plus proche de la ville. Vaste, bien équipé, il dispose de bons emplacements pour les tentes, en pleine forêt. D'originaux logements confortables (certains avec TV) en roulotte ou en TitHome (structure mi-dure, mi-tente, avec cuisine, mais sanitaires communs), le tout réparti dans un espace verdoyant *(175-602 €/sem)*. Belle piscine couverte et chauffée avec toboggans, mini-ferme (chèvres, moutons, lapins, oiseaux, reptiles). Location de vélos. Wifi.

Cadre : forêt, mer, sentiers de randonnée, ville. ***Terrain :*** herbe.	⊕ La nature ; les logements originaux ; le dépôt de pain tous les jours. ⊖ Les animations parfois bruyantes en soirée en juillet-août.

À voir, à faire dans les environs : la porte Saint-Michel, la ville close, le château de Careil ; les marais salants.

HERBIGNAC 44410

Carte Pays de la Loire - zoom A1

28 km NO de Saint-Nazaire ; 18 km O de Pont-Château

€€ 13 € — **15 emplacements**

Camping à la ferme Le Clos des Bruyères : *chez M. et Mme Leroux, à Longle. ☎ 02-40-88-85-57. 📱 06-84-48-58-14. Ouv vac de Pâques-Toussaint. CB refusées.*
Une quinzaine d'emplacements isolés en pleine campagne, dans un champ ou une chênaie à proximité d'un étang. Difficile de faire plus tranquille ! Équipements de base mais suffisants pour une étape. Accueil charmant par les agriculteurs.

Cadre : campagne, forêt. ***Terrain :*** herbe ; plat.	⊕ La situation à proximité du parc régional de Brière ; la mer à 12 km. ⊖ Pas d'équipements.

À voir, à faire dans les environs : le parc naturel régional de Brière.

ÎLE D'YEU (L') 85350

Carte Pays de la Loire - zoom A2

89 km NO des Sables-d'Olonne ; 93 km SO de Nantes

€€€ 16 € 135 emplacements

Camping municipal Île d'Yeu : *60, rue Saint-Étienne, Ker-Châlon. ☎ 02-51-58-34-20. • camping@ile-yeu.fr • ile-yeu.fr • Ouv de mi-fév à mi-nov.*
Le seul camping de l'île ne profite pas de son monopole et se révèle une bonne affaire. Bien situé, dans les pins, à l'extrémité de la plage de Ker-Châlon, il offre un panorama sur la mer et l'accès direct à la plage (pour quelques emplacements, du moins). Snack et aire de jeux pour les enfants. Également un gîte de groupe. À 500 m, possibilité de pratiquer plusieurs sports nautiques et la plongée sous-marine. Également un gîte de groupe et un hébergement insolite, un bateau-voilier pour 4 personnes avec terrasse. Internet. Wifi.

Cadre : mer, sentiers de randonnée.
Terrain : en pente ; herbe ; plat.

⊕ Les emplacements avec vue sur la mer.
⊖ On cherche et on ne trouve pas...

À voir, à faire dans les environs : le musée de la Pêche ; les mégalithes islais ; le vieux château ; le port de La Meule.

L'HERBAUDIÈRE (ÎLE DE NOIRMOUTIER) 85330

59 km SO de Pornic ; 85 km SO de Nantes — Carte Pays de la Loire - zoom A1

€€€ 21 € 211 emplacements

Camping municipal La Pointe : *L'Herbaudière. ☎ 02-51-39-16-70. • camping.pointeherbaudiere@ville-noirmoutier.fr • noirmoutier-campings.fr • Ouv avr-vac de la Toussaint.*
Vaste camping peu équipé mais déployé sur un promontoire herbeux environné par la mer. Stratégique pour assister à des couchers de soleil de carte postale ! Il y a le ciel, le soleil et la mer... et aussi le vent ! Amarrez bien vos guitounes, ça peut décoiffer ! Animations pour enfants en juillet-août. Internet. Wifi.

Cadre : mer.
Terrain : en pente ; herbe ; plat.

⊕ Les navettes gratuites en été.
⊖ Peu d'ombre ; le vent parfois.

À voir, à faire dans les environs : le passage du Gois ; Noirmoutier-en-l'Île ; les marais salants ; le Bois de la Chaize.

L'ÎLE-D'ELLE 85770

Carte Pays de la Loire A2

36 km NE de La Rochelle ; 15 km E de la baie de l'Aiguillon

€€ 19 € 30 emplacements

Le Petit Booth : *79 bis, rue Nationale. ☎ 02-51-52-00-67. • dominique.pignoux@wanadoo.fr • lepetitbooth.com • Ouv tte l'année.*
Un camping familial au bord de la Vendée, auquel il ne manque rien : snack-épicerie, piscine, activités sportives, dont des canoës et barques en location, etc. Emplacements semi-ombragés pour les tentes. Sinon, Pods *(350 €/sem pour 2 personnes),* caravanes vintage et même des cabanes de hobbit. Et toujours un bout d'herbe réservé aux cyclistes. Sympa ! Wifi. NOUVEAUTÉ.

Cadre : lacs ou rivières, campagne.
Terrain : herbe ; plat.

⊕ La tranquillité ; les hébergements insolites.
⊖ L'éloignement des commerces.

À voir, à faire dans les environs : le Marais poitevin.

LA BARRE-DE-MONTS 85550

60 km NO de La Rochelle ; 70 km SO de Nantes *Carte Pays de la Loire - zoom A2*

€€€ 23 € **294 emplacements**

Le Grand Corseau : *route de la Grande-Côte. ☎ 02-51-68-52-87. • contact@corseau.com • camping-grand-corseau.com • Ouv fin mars-début oct.*
Au cœur de la pinède, sur 8 ha, avec accès direct à la plage. L'esprit camping avec tentes et caravanes en grande majorité, ainsi que des mobile homes pour 4 à 8 personnes. Piscine chauffée et pataugeoire *(mai-sept)* sur 600 m², billard, club enfants gratuit et animations. Snack-bar et épicerie. Surtout, le camping est bordé de pistes cyclables sur le trajet de la Vélodyssée et labellisé Accueil Vélo (location possible). Wifi. NOUVEAUTÉ.

Cadre : mer, forêt. ***Terrain :*** plat.	⊕ L'environnement entre plage et forêt ; les pistes cyclables. ⊖ R.A.S.

€€ 10 € **25 emplacements**

Aire naturelle de camping Les Gâts : *chemin des Gâts. ☎ 02-51-55-97-22. 📱 06-09-87-84-41. Ouv avr-sept.*
Un tout petit camping sans prétention de 25 emplacements même pas délimités présentant de grandes zones d'herbe abritées par de grands cyprès. Sanitaires impeccables. Tranquillité assurée.

Cadre : mer, sentiers de randonnée, campagne. ***Terrain :*** herbe ; plat.	⊕ La tranquillité. ⊖ Le manque de services.

À voir, à faire dans les environs : le passage du Gois ; les marais salants ; le Daviaud.

LA BAULE 44500

20 km E du Croisic ; 16 km O de Saint-Nazaire *Carte Pays de la Loire - zoom A1*

€€€€ 28 € **250 emplacements**

Camping du Bois d'Amour : *10, allée de Diane. ☎ 02-51-20-41-94. • contact@olela.fr • olela.fr • Ouv de mi-mai à mi-sept.*
Camping familial tranquille, aménagé dans un parc boisé de 4 ha à 1,5 km de la plage. Emplacements des tentes ombragés, agréables et bien tenus. Location de vélos. Sentier du Bois-d'Amour à proximité. Piscine. Quant à la voie ferrée qui passe à proximité, pas de panique, le trafic est faible ! Accueil très sympa et dynamique. Des mobile homes à louer, ainsi que des bungalows toilés *(208-815 €/sem).* Internet. Wifi.

Cadre : forêt, mer, ville. ***Terrain :*** en pente ; en terrasses.	⊕ La proximité de la gare... ⊖ ... et donc la proximité de la voie ferrée.

À voir, à faire dans les environs : la plage, le marché.

LA BOISSIÈRE-DU-DORÉ 44430

20 km O de Nantes ; 73 km SO d'Angers *Carte Pays de la Loire A2*

€€ 11,10 € **6 emplacements**

Camping à la ferme de la Péquinière : *1, La Péquinière. ☎ 02-40-33-70-49. 📱 06-37-89-02-49. • accueil@pequiniere.fr • bienvenue-a-la-ferme.com • Ouv tte l'année. CB refusées.*

Quelques emplacements bien ombragés dans un champ, avec vue dégagée sur la campagne. Tout simple, mais bloc sanitaire nickel. Jeux pour enfants, barbecue et terrain de pétanque. Visite des activités de la ferme, avec découverte des animaux.

Cadre : campagne, forêt. ***Terrain :*** herbe ; plat ; rocaille. ***Réducs :*** lait de la ferme offert sur présentation de ce guide.	⊕ Le calme ; la nature ; les animaux. ⊖ Loin des commerces (3,5 km).

À voir, à faire dans les environs : le zoo de La Boissière-du-Doré.

LA CHAPELLE-HERMIER 85220

31 km NO de La Roche-sur-Yon — *Carte Pays de la Loire - zoom A2*

€€€€ 79 € — **371 emplacements**

Camping Le Pin Parasol : *lac du Jaunay, Châteaulong. ☎ 02-51-34-64-72. • contact@campingpinparasol.fr • campingpinparasol.fr • Ouv de mi-avr à mi-sept.*
Un camping familial où l'on se sent vite chez soi (si l'on peut dire, car tout le monde n'a pas 8 piscines, 5 toboggans, une pataugeoire et une balnéo, un bois et des plages dans son jardin !). Animations pour les enfants pendant les vacances. Surplombant le lac du Jaunay, un site pour les amateurs de pêche, les fous d'embarcations à pédales et les randonneurs. Location de mobile homes et chalets. Internet. Wifi.

Cadre : lacs ou rivières. ***Terrain :*** herbe ; plat.	⊕ Le choix pour la trempette ; le calme ; les activités. ⊖ Les embouteillages pour aller sur Brétignolles ou Saint-Gilles-Croix-de-Vie.

À voir, à faire dans les environs : la forêt d'Olonne (18 km) ; les marais salants (18 km) ; Saint-Gilles-Croix-de-Vie (10 km).

LA FLÈCHE 72200

53 km NE d'Angers ; 60 km SO du Mans — *Carte Pays de la Loire B1*

€€ 14 € — **190 emplacements**

Camping municipal La Route d'Or : *allée du Camping. ☎ 02-43-94-55-90. • info@camping-laroutedor.com • camping-lafleche.com • Ouv de mi-mars au 1er nov.*
Situé au bord du Loir, dans un parc de 4,5 ha, juste en face du centre-ville. Confortable, bloc sanitaire impeccable avec toit végétalisé, des emplacements bien espacés et pas mal ombragés. Animations en juillet-août. Location de mobile homes 4 à 6 personnes et d'hébergements insolites, Coco Sweet et Bulle ouverte sur le ciel étoilé *(156-599 €/sem).* Base de canoë à 100 m, point accueil vélo et piscine chauffée. Internet. Wifi.

Cadre : campagne, ville. ***Terrain :*** herbe ; plat. ***Réducs :*** 7 nuits au prix de 6 sur présentation de ce guide.	⊕ Très bien situé pour rayonner dans la région. ⊖ Les emplacements un peu en enfilade.

À voir, à faire dans les environs : le zoo, le Prytanée ; le château du Lude ; les faïenceries de Malicorne ; Baugé.

LA GUÉRINIÈRE (ÎLE DE NOIRMOUTIER) 85680

49 km SO de Pornic ; 75 km SO Nantes — *Carte Pays de la Loire - zoom A2*

€€€€ 33 € — **100 emplacements**

Camping municipal de la Court : *54, rue des Moulins. ☎ 02-51-39-51-38. • contact@campingdelacourt.fr • campingdelacourt.fr • Ouv de Pâques à mi-oct.*

Un réel souci de préserver le littoral et de valoriser un environnement exceptionnel, appartenant d'ailleurs à l'ONF, sur l'une des plus belles plages de l'île (accès direct). Très bien ombragé, le site bénéficie d'une superbe piscine chauffée. Resto. Wifi.

Cadre : mer. ***Terrain :*** herbe ; plat.	⊕ L'emplacement ; la tranquillité. ⊖ Quels « moins » ?

À voir, à faire dans les environs : le musée des Traditions de l'île ; la plage de La Guérinière ; le petit port ostréicole du Bonhomme ; Noirmoutier-en-l'Île.

LA JAILLE-YVON — 49220

15 km S de Château-Gontier ; 40 km N d'Angers — *Carte Pays de la Loire B1*

€€ **10,90 €** — **34 emplacements**

Le Port Ribouet : *route de la Mayenne. ☎ 02-41-95-14-32. • contact@anjousportnature.com • anjousportnature.com • Ouv avr-sept.*
Dans un joli village au bord de la Mayenne et aux confins de l'Anjou. Camping familial et bucolique à souhait avec ses haies et ses grands arbres, sur le chemin de halage. Bungalows toilés et cabanes en bois en location *(45-60 €/nuit).* Sur place, crêperie-bar et une base de loisirs extra pour s'amuser sur l'eau ou sur la terre ferme.

Cadre : lacs ou rivières. ***Terrain :*** herbe.	⊕ Les nombreuses activités sportives sur place. ⊖ Quels « moins » ?

À voir, à faire dans les environs : le château du Plessis-Macé ; le château du Plessis-Bourré ; Terra Botanica.

LA SELLE-CRAONNAISE — 53800

11 km O de Craon — *Carte Pays de la Loire A1*

€€ **12 €** — **40 emplacements**

Camping de la base de loisirs La Rincerie : *671, chemin de l'Étang. ☎ 02-43-06-17-52. • accueil@la-rincerie.com • la-rincerie.com • Ouv de mi-mars à mi-oct (de janv à mi-déc pour la base de loisirs).*
Un camping au bord d'un plan d'eau superbe et au milieu de prés... Baignade naturelle dans le lac. Nombreuses activités nautiques (planche à voile, kayak, Optimist, etc.) et tout ce qu'il faut pour agrémenter les vacances : tir à l'arc, sentiers de randonnée, pêche, etc. Loue aussi des bungalows semi-toilés, des chalets en bois pour 4 personnes et des mobile homes *(250-405 €/sem).* Internet. Wifi.

Cadre : campagne, lacs ou rivières, sentiers de randonnée. ***Terrain :*** herbe ; plat.	⊕ Le cadre vraiment agréable ; les tarifs dégressifs selon la durée du séjour. ⊖ Pas d'animations ; pas de véhicules double essieu (arrêté préfectoral).

À voir, à faire dans les environs : le château de Craon (11 km) ; le musée de l'Ardoise à Renazé (10 km).

LA SUZE-SUR-SARTHE — 72210

20 km SO du Mans ; 28 km N de La Flèche — *Carte Pays de la Loire B1*

€ **9 €** — **100 emplacements**

Camping municipal Le Port : *av. de la Piscine. ☎ 02-43-77-30-49. • contact@lasuze.fr • lasuze.fr • Ouv de mi-mai à fin sept (tte l'année pour les camping-cars).*
Un petit camping très simple, dans un cadre agréable et vert, avec la rivière qui passe derrière et quelques arbres (mais peu d'ombre). Sanitaires bien équipés

pour le prix. Piscine municipale chauffée toute proche (payante). Festivités et animations en centre-ville en été. Résa conseillée.

Cadre : campagne, lacs ou rivières, sentiers de randonnée. ***Terrain :*** herbe ; plat.	⊕ Le bon rapport qualité-prix ; les commerces à 500 m. ⊖ L'accès à la piscine municipale non inclus dans le prix.

À voir, à faire dans les environs : le Spaycific'Zoo à Spay ; les faïenceries de Malicorne ; le zoo de La Flèche ; Le Mans ; le joli village d'Asnières-sur-Vègre et son jardin Mosaïque.

LA TRANCHE-SUR-MER 85360

Carte Pays de la Loire A2

40 km S de La Roche-sur-Yon ; 2,5 km E de La Tranche-sur-Mer

€€€€ **27,50 € (avec électricité)** **82 emplacements**

Camping Sainte-Anne : *1, rue Rampillon. ☎ 02-51-30-46-82. • campingsainte-anne@wanadoo.fr • campingsainte-anne.com • Ouv avr-sept.*
D'emblée, le vieux bateau échoué face à l'accueil annonce la couleur : le *Sainte-Anne* est entièrement tourné vers la mer. Les mobile homes sont sous les pins, en retrait de la rue principale, les tentes sur le sable, quasiment sur la plage. Piscine chauffée, avec station balnéo-massage. Snack à prix démocratiques en été. Wifi.

Cadre : mer. ***Terrain :*** plat. ***Réducs :*** punch offert au snack-bar sur présentation de ce guide.	⊕ L'accès direct à la plage ; le mobile home pour handicapés. ⊖ Pas de miniclub.

À voir, à faire dans les environs : les plages ; la baie de l'Aiguillon.

LA TURBALLE 44420

Carte Pays de la Loire - zoom A1

26 km NO de Saint-Nazaire ; 7 km NO de Guérande

€€€€ **38,50 €** **120 emplacements**

Camping de la Falaise : *1, bd de Belmont. ☎ 02-40-23-32-53. • info@camping-de-la-falaise.com • camping-de-la-falaise.com • Ouv avr-oct.*
Un camping de bord de mer aux emplacements bien délimités. Évidemment, ceux qui font face à la plage sont pris d'assaut. Mais qu'à cela ne tienne, ici, un emplacement sur deux est réservé au camping proprement dit alors on ne subit pas la pression des mobile homes. Snack-bar. Piscine couverte et chauffée. Location de mobile homes 2-8 pers *(300-1 200 €/sem).* NOUVEAUTÉ.

Cadre : mer. ***Terrain :*** plat.	⊕ L'accueil avenant. ⊖ On cherche encore...

À voir, à faire dans les environs : les marais salants (via *Terre de sel* et *La Maison du Paludier* en particulier), le port et la criée, la maison de la Pêche, les dunes de Pen Bron.

LE CROISIC 44490

13 km SO de Guérande ; 23 km O de Pornichet *Carte Pays de la Loire - zoom A1*

€€€€ **59 € (électricité incluse)** **400 emplacements**

L'Océan Camping Village & Spa : *15, route de la Maison-Rouge, Les Frauds. ☎ 02-40-23-07-69. • camping-ocean@orange.fr • camping-ocean.com • Ouv avr-sept.*

Grand camping moderne de type village-vacances, doté de toutes les commodités, à 150 m de la mer. Parc aquatique génial en extérieur et en intérieur, avec bateau de pirate dans une piscine chauffée. Également club enfants, tennis, solarium, resto... Mais peu d'emplacements pour les tentes ! Conviendra surtout aux familles avec enfants. Location de mobile homes, chalets, cottages, mais aussi maisonnettes et villas *(511-2 555 €/sem).* Internet. Wifi.

Cadre : mer. ***Terrain :*** herbe.	⊕ Le complexe aquatique. ⊖ Le prix.

€€€ **20 €** **100 emplacements**

Camping du Paradis : *route du Milieu. ☎ 02-40-23-07-89. • campingduparadis@gmail.com • camping-paradis.com • Ouv mai-sept.*
Camping familial très sympa et tranquille, situé sur la pointe, à 500 m du bord de mer et du sentier des douaniers. Peu d'équipements, mais emplacements bien ombragés et séparés par des haies. Location de vélos. Équitation, escalade, tir à l'arc, varappe et golf tout proches. Wifi.

Cadre : mer, sentiers de randonnée. ***Terrain :*** herbe ; plat.	⊕ Un camping entouré par la mer ; dans un coin réputé pour la pêche. ⊖ Peu d'équipements.

€€€€ **31 €** **158 emplacements**

Camping La Pierre Longue : *rue Henri-Dunant. ☎ 02-40-23-13-44. • lapierrelongue@orange.fr • campinglapierrelongue.com • Ouv fin mars-nov.*
Camping familial et tranquille, au cœur de la presqu'île. Emplacements bien ombragés et à l'abri du vent. Piscine chauffée couverte, snack et animations en été. Loue également des mobile homes *(240-990 €/sem).* Location de vélos. Wifi.

Cadre : mer, ville, sentiers de randonnée. ***Terrain :*** herbe.	⊕ Le calme ; la nature. ⊖ Peu d'animations.

À voir, à faire dans les environs : l'Océarium du Croisic, l'Espace escargots, l'église Notre-Dame-de-la-Pitié, le port.

LE GÂVRE 44130

52 km NE de Saint-Nazaire ; 45 km N de Nantes **Carte Pays de la Loire - zoom A1**

€€€ **15,80 € (avec électricité)** **75 emplacements**

Camping de la Forêt : *3, rue de l'Étang. ☎ 02-40-51-20-62. 📱 06-79-03-22-37. • campinglegavre@gmail.com • campinglegavre.fr • Ouv avr-sept.*
Camping au calme et à l'orée de la forêt, en bordure d'un plan d'eau poissonneux (pêche autorisée), près d'un karting et d'un centre équestre. Tennis et city stade gratuits, et barbecue à dispo. Piscine à 5 km. Un bon camping et un bon accueil. Loue aussi des chalets pour 6 à 8 personnes *(230-466 €/sem)* par le biais de *Campo by VVF (voir • vvf-camping.fr •).* Internet. Wifi.

Cadre : campagne, forêt, lacs ou rivières, sentiers de randonnée. ***Terrain :*** herbe ; plat.	⊕ Le calme ; labellisé pêche ; en lisière de forêt ; les grands emplacements ; à 200 m des commerces ; la restauration sur place ; le marché le jeudi soir ; l'Internet gratuit ; à 5 mn du canal de Nantes à Brest. ⊖ Que des « plus » !

À voir, à faire dans les environs : la forêt du Gâvre ; la Maison de la forêt – musée Benoist.

LE LUDE 72800

74 km NE d'Angers ; 45 km S du Mans *Carte Pays de la Loire B1*

€€ 13 € **111 emplacements**

Camping municipal Au Bord du Loir : *route du Mans (D 307). ☎ 02-43-94-67-70. • camping@ville-lelude.fr • camping-lelude.com • Ouv avr-sept.*
Camping accueillant, très fleuri et bien ombragé, au bord du Loir. Piscines (couverte et non couverte) et tennis gratuits pour les campeurs. Un étang à environ 500 m. Canoës, *paddles* et vélos payants. Location de mobile homes et de bungalows toilés pour 4 à 8 personnes *(159-579 €/sem).* Activités et animations en haute saison. Snack. Internet. Wifi.

Cadre : campagne, lacs ou rivières.
Terrain : herbe ; plat.
Réducs : un bon aquagym et un bon sauna/hammam par adulte offert pour toute réservation d'une semaine ; - 10 % sur le prix de la location pour tout séjour de 2 semaines et plus.

⊕ Pratique pour rayonner dans la vallée du Loir ; les piscines chauffées.
⊖ Le wifi partiel.

À voir, à faire dans les environs : le château du Lude ; le zoo de La Flèche ; Baugé ; la forêt de Bercé.

LE POULIGUEN 44510

10 km SE du Croisic ; 10 km S de Guérande *Carte Pays de la Loire - zoom A1*

€€€ 17 € **200 emplacements**

Camping Le Cléin : *22, av. de Kerdun. ☎ 02-40-42-43-99. 📱 06-08-15-09-94. • lepouliguen.fr • Ouv avr-oct (variable).*
À taille humaine et bien plat, un camping municipal tout simple, calme, ombragé, et idéalement situé entre commerces, restos et plage, tous accessibles à pied. Pas de locatifs, uniquement des tentes et une aire réservée aux camping-cars. Aire de jeux, tables de ping-pong, boulangerie le matin. NOUVEAUTÉ.

Cadre : mer.
Terrain : plat.

⊕ Le cadre idéal.
⊖ Pas de réservation possible. Simple mais suffisant.

À voir, à faire dans les environs : le front de mer de La Baule ; la Côte Sauvage ; les marais salants de Guérande ; la presqu'île du Croisic.

LES ÉPESSES 85590

87 km SE de Nantes ; 50 km NE de La Roche-sur-Yon *Carte Pays de la Loire A2*

€€€€ 49 € **164 emplacements**

Camping La Bretèche : *à la base de loisirs. ☎ 02-51-20-41-94. • contact@olela.fr • olela.fr • Ouv avr-début nov.*
Idéalement situé au bord d'un petit étang, un camping de taille moyenne, arboré et calme, à 5 mn du Puy du Fou. Restauration-bar et épicerie. Accès gratuit à la piscine municipale. Location de mobile homes et lodges confort jusqu'à 12 personnes. Internet. Wifi.

Cadre : campagne, lacs ou rivières, sentiers de randonnée.
Terrain : herbe ; plat.

⊕ La proximité du Puy du Fou (5 mn).
⊖ Très prisé du coup...

À voir, à faire dans les environs : le Puy du Fou ; le bocage vendéen.

LES MOUTIERS-EN-RETZ 44760

14 km SE de Pornic ; 17 km NO de Machecoul — *Carte Pays de la Loire - zoom A1*

€€€€ **35 €** — **270 emplacements**

Domaine du Collet : *route Verte. ☎ 02-40-21-40-92. • domaineducollet@orange.fr • domaine-du-collet.com • Ouv avr-sept.*
Séparé de la baie par la petite route côtière, ce beau camping profite d'un environnement privilégié, à la fois séduisant et calme. Super équipé : piscine chauffée et couverte, espace aqualudique, aquagym, tennis, minigolf, ping-pong, fitness, pêche en étang, promenades à cheval à environ 1 km. Nombreuses animations et soirées dansantes en été. Location de mobile homes pour 2 à 6 personnes *(250-910 €/sem).* Internet. Wifi.

Cadre : mer. ***Terrain :*** herbe ; plat ; en pente.	⊕ L'espace aquatique. ⊖ L'épicerie qui ne fait que dépanner.

À voir, à faire dans les environs : le port du Collet et la baie de Bourgneuf.

LOUÉ 72540

30 km O du Mans — *Carte Pays de la Loire B1*

€€ **15 €** — **24 emplacements**

La Sitelle : *pl. Hector-Vincent. 📱 06-86-92-87-61. • campinglasittelle@gmail.com • camping-la-sittelle.fr • Ouv avr-sept.*
Au bord de la Vègre, dans un cadre vert et bucolique, un camping familial à taille humaine et à prix doux. Bon confort, sans luxe superflu. Une dizaine de chalets tout équipés pour 2 à 6 personnes *(350-500 €/sem).* À l'entrée du camping, bel espace aqualudique avec piscine de plein air (eau à 29 °C !), toboggan et champignon à eau. Internet. Wifi.

Cadre : lacs ou rivières, campagne, forêt, ville. ***Terrain :*** herbe ; plat.	⊕ À proximité immédiate de la base aqualudique de Loué et de la piscine communale. ⊖ Quels « moins » ?

À voir, à faire dans les environs : les forêts de la Petite et Grande Charnie ; la Petite Cité de Caractère de Brûlon ; la vallée de la Vègre.

LUCHÉ-PRINGÉ 72800

74 km NE d'Angers ; 45 km S du Mans — *Carte Pays de la Loire B1*

€€ **13,70 €** — **65 emplacements**

Camping La Chabotière : *pl. des Tilleuls. ☎ 02-43-45-10-00. 📱 06-74-78-39-97. • contact@lachabotiere.com • lachabotiere.com • Ouv avr-sept (tte l'année pour les chalets, sur résa).*
Un très beau camping au bord du Loir, familial et sans voiture, où le chemin goudronné serpente entre les spacieux emplacements, tout verts et arborés. Location de chalets 4-6 personnes (dont un sur pilotis) et de bungalows *(250-550 €/sem).* Superbes espaces de jeux. En été, accès gratuit à la piscine municipale voisine. Nombreuses activités (location de vélos, base de loisirs attenante...). Animations et parfois spectacles le soir. Local à vélos. Internet. Wifi.

Cadre : campagne, lacs ou rivières. ***Terrain :*** herbe ; plat. ***Réducs :*** - 10 % pour tout séjour de plus de 14 nuits.	⊕ Un endroit idéal avec des enfants ; la situation, au calme et à deux pas du joli village. ⊖ On a beau chercher...

À voir, à faire dans les environs : le château du Lude ; le zoo de La Flèche ; les faïenceries de Malicorne ; Baugé ; le musée Carnuta à Jupilles et la forêt de Bercé.

MACHECOUL 44270

19 km N de Challans ; 29 km SE de Pornic *Carte Pays de la Loire - zoom A2*

€ 9,50 € 131 emplacements

Camping municipal La Rabine : *allée de la Rabine. ☎ 02-40-02-30-48. 06-09-49-22-88. • camprabine@wanadoo.fr • camping-la-rabine.com • Ouv avr-sept.*
Au bord de la rivière Falleron, à 500 m du centre-ville et à côté d'un complexe sportif, avec tennis, piscine... Emplacements bien verts, en partie ombragés. Location de mobile homes et d'une roulotte *(260-500 €/sem).* Internet. Wifi.

Cadre : campagne, lacs ou rivières.
Terrain : herbe ; plat.

⊕ Proche des commerces.
⊖ Pas de piscine sur le camping.

À voir, à faire dans les environs : la Maison de l'eau et des paysages à Corcoué-sur-Logne (27 km).

MAILLÉ 85420

21 km S de Fontenay-le-Comte ; 6 km SE de Maillezais *Carte Pays de la Loire A2*

€€ 11 € 42 emplacements

La Petite Cabane : *7, pl. du Port. ☎ 02-51-87-07-52. • camping.lapetitecabane@gmail.com • ville-maille.fr • Ouv avr-sept.*
Petit camping tout simple, à l'atmosphère conviviale et familiale. Coin plein de charme, environnement champêtre et nombreux emplacements à deux pas de la rivière. Bungalows toilés à louer (prévoir son couchage). Locations de vélos et bateaux électriques à proximité. Internet. Wifi.

Cadre : campagne, lacs ou rivières, sentiers de randonnée.
Terrain : herbe ; plat.

⊕ L'environnement paisible ; la proximité de l'embarcadère ; la pêche.
⊖ Le manque de jeux pour les enfants ; pas de piscine ; pas de commerce dans le village.

À voir, à faire dans les environs : le Marais poitevin ; l'abbaye de Maillezais (5 km).

MALICORNE-SUR-SARTHE 72270

17 km N de La Flèche ; 33 km SO du Mans *Carte Pays de la Loire B1*

€€ 12,50 € 78 emplacements

Camping Port Sainte-Marie : *route de Noyen. ☎ 02-43-94-80-14. • camping.malicorne@wanadoo.fr • ville-malicorne.fr • Ouv avr-fin sept.*
Au bord de la Sarthe et accolé au terrain de foot, un petit camping très bien équipé sur un site joliment arboré. Certains emplacements ont un portail d'accès à la rivière. Dispose également de bungalows toilés, meublés et équipés de tout le confort, ainsi que de mobile homes pour 4-6 personnes *(147-396 €/sem).* Piscine en juillet-août. Wifi.

Cadre : campagne, lacs ou rivières.
Terrain : herbe ; plat.

⊕ La pratique de nombreux sports nautiques à 300 m : canoë, bateau à moteur, bateau sans permis, embarcation à pédales...
⊖ Le terrain de foot voisin, les jours de match... ; un peu trop calme pour certains... mais c'est voulu !

À voir, à faire dans les environs : les faïenceries de Malicorne ; le zoo de La Flèche ; le château du Lude ; l'abbaye de Solesmes.

MAMERS 72600

25 km SE d'Alençon ; 60 km NE du Mans — **Carte Pays de la Loire B1**

€€ 11,18 € — **40 emplacements**

Camping municipal du Saosnois : *rue de la Piscine. ☎ 02-43-97-68-30. • camping.mamers@wanadoo.fr • camping-mamers.fr • Ouv mai-sept.*
Des pelouses, de beaux arbres, des haies : un camping simple à l'ambiance familiale et au cadre champêtre. La base de loisirs avec sa piscine, son aire de jeux, son club hippique est tout à côté... nickel pour les enfants ! Location de mobile homes et bungalows toilés *(160-330 €/sem).* L'entrée à la piscine municipale est incluse pour les séjours d'une semaine. Internet. Wifi.

Cadre : lacs ou rivières, ville.
Terrain : herbe ; plat.

⊕ L'accès au lac, juste à côté ; le label Accueil Vélo.
⊖ Pas de piscine sur place.

À voir, à faire dans les environs : la forêt de Perseigne ; le musée du vélo La Belle Échappée à La Fresnaye-sur-Chédouet ; Mortagne-au-Perche.

MARÇON 72340

52 km SE du Mans ; 59 km NO de Tours — **Carte Pays de la Loire B1**

€€€ 16,90 € — **250 emplacements**

Camping du lac des Varennes : *Saint-Lezin, route de Port-Gauthier. ☎ 02-43-44-13-72 • contact@lacdesvarennes.camp • lacdesvarennes.camp • Ouv avr-oct.*
Camping confortable, une bonne partie des emplacements bénéficient d'une vue sur le lac ou sur le Loir. Animations et snack-bar en juillet-août. Tir à l'arc, équitation, pêche, tennis et sports nautiques entre autres, à la base de loisirs attenante (accès gratuit pour les campeurs). Excellent accueil, professionnel et souriant. Locatifs *(262-742 €/sem).* Internet. Wifi.

Cadre : campagne, lacs ou rivières.
Terrain : herbe ; plat.
Réducs : - 10 % et entrée gratuite à la base de loisirs sur présentation de ce guide.

⊕ La plage de sable fin et ses jeux pour enfants.
⊖ L'absence de piscine (mais on se baigne dans le lac).

À voir, à faire dans les environs : la forêt de Bercé et le musée Carnuta à Jupilles.

MAYENNE 53100

32 km N de Laval — **Carte Pays de la Loire B1**

€€ 11,05 € — **70 emplacements**

Camping du Gué Saint-Léonard : *rue de Saint-Léonard. ☎ 02-43-04-57-14. 📱 06-76-73-71-69. • camping@mayennecommunaute.fr • campingduguesaintleonard.fr • Ouv de mi-avr à fin oct.*
En bordure de la Mayenne, à 1 km du centre-ville, ce camping 2 étoiles entièrement rénové propose aussi des mobile homes à louer à partir de 2 nuits *(210-498 €/sem)* et des tentes en dur (TitHome). Location de tentes bivouac pour les randonneurs. Jeux pour enfants, pétanque, pêche dans la rivière, etc. Le camping se trouve sur l'itinéraire de la Vélo Francette. Internet.

Cadre : lacs ou rivières, ville.
Terrain : herbe ; plat.

⊕ Les parties de pêche ; la proximité de la Mayenne.
⊖ Pas de restauration sur place.

À voir, à faire dans les environs : le château et son musée d'Art naïf, la vieille ville ; les Toiles de Mayenne (6 km).

MÉNIL 53200

30 km S de Laval ; 7 km S de Château-Gontier — **Carte Pays de la Loire B1**

€ 9 € — **34 emplacements**

Camping du Bac : *rue du Port. ☎ 02-43-70-24-54. 06-79-68-68-89. • campingdubac@orange.fr • camping.menil53.fr • Ouv avr-sept (chalets tte l'année).*
Une vraie carte postale ! Face à un château, sur la rive opposée de la Mayenne, et à l'ombre d'une vénérable église des XIe-XIIe s, un camping de village dans un environnement bucolique et arboré. Toutes sortes d'activités nautiques : embarcations à pédales, canoë-kayak, randonnées sur le chemin de halage, et un sympathique bac (payant) pour traverser la rivière. Également 5 chalets à louer *(170-350 €/sem).* Location de VTC. Wifi.

Cadre : lacs ou rivières. ***Terrain :*** herbe ; plat.	⊕ La guinguette sur place ; le bac pour traverser la Mayenne. ⊖ Pas de miniclub.

À voir, à faire dans les environs : le marché aux veaux, la chocolaterie Roland Réauté et le refuge animalier de l'Arche à Château-Gontier (7 km).

MESQUER 44420

10 km NE de Guérande — **Carte Pays de la Loire - zoom A1**

€€€€ 25,50 € — **48 emplacements**

Camping Le Beaupré : *141, route de Kervarin, Kercabellec. ☎ 02-40-42-64-16. 06-85-61-03-27. • info@lebeaupre.com • lebeaupre.com • Ouv avr-fin sept.*
Petit camping familial et convivial situé au nord de Mesquer et à 300 m de la mer. Très ombragé et calme. Sentier de randonnée à deux pas. Pêche en mer et à pied. Loue également des mobile homes *(240-680 €/sem).* Wifi.

Cadre : mer, sentiers de randonnée. ***Terrain :*** herbe ; plat. ***Réducs :*** - 5 % sur présentation de ce guide.	⊕ Service boulangerie et presse tous les matins en juillet-août. ⊖ Pas d'activités.

€€€ 25 € — **231 emplacements**

Camping Château du Petit Bois : *1820, route de Kerlagadec. ☎ 02-40-42-68-77. • info@campingdupetitbois.com • campingdupetitbois.com • Ouv avr-sept.*
De grands emplacements bien délimités dans la clairière, ou dans la pinède centenaire. Ici, le proprio a tout misé sur les jeux pour enfants pour attirer la clientèle : grande piscine, toboggans, tyrolienne, et même un geyser ! Bar-resto sur place. Location de mobile homes *(210-810 €/sem).* Wifi. NOUVEAUTÉ.

Cadre : forêt. ***Terrain :*** herbe ; plat.	⊕ Bien au calme. ⊖ Aucun remarqué.

À voir, à faire dans les environs : la pointe de Merquel ; le petit port de Kercabellec, les parcs à huîtres et les marais salants ; Guérande.

MONTBERT 44140

Carte Pays de la Loire A2

14 km E de Saint-Philbert-de-Grand-Lieu ; 23 km S de Nantes

€€ 11,50 € — **12 emplacements**

Camping rural Le Relais des Garennes : *à La Bauche-Coiffée. ☎ 02-40-04-78-73. • lerelaisdesgarennes@gmail.com • camping-lerelaisdesgarennes.com • Ouv juin-fin sept. CB refusées.*

Pour les amoureux de nature : une chênaie ombragée et des emplacements ensoleillés, la proximité d'un étang, du bourg (commerces) et de la piscine du village (800 m) accessible par un chemin de traverse... Camping simple et à taille humaine, convivial et très calme, car isolé au bout d'une impasse. Bloc sanitaire nickel et salle commune sympa. Wifi.

Cadre : campagne, lacs ou rivières, sentiers de randonnée. ***Terrain :*** herbe ; plat. ***Réducs :*** un produit du jardin, du poulailler ou du verger offert sur présentation de ce guide.	⊕ Le cadre ; le label Tourisme et Handicap ; pas de locatifs ; la piscine de plein air à 1 km. ⊖ Pas pour ceux qui voudraient des animations.

À voir, à faire dans les environs : Planète Sauvage à Port-Saint-Père (40 km).

MONTJEAN-SUR-LOIRE 49620 (Mauges-sur-Loire)

31 km SO d'Angers ; 31 km E d'Ancenis — *Carte Pays de la Loire A2*

€€€ 20 € — **114 emplacements**

Flower Camping La Promenade : *La Promenade. ☎ 02-41-39-02-68. • contact@campinglapromenade.com • campinglapromenade.com • Ouv avr-sept.*
Un pétale de la chaîne Flower Campings abrité sous les peupliers et autres grands arbres. Pour les randonneurs, coin équipé avec kitchenette et Pod finlandais pour abriter les vélos, sympa. Sinon, location de tentes, roulottes et mobile homes 4-8 personnes *(26-130 €/nuit).* Piscine, snack-bar et location de vélos. En prime, jolie vue sur l'église. Internet. Wifi.

Cadre : lacs ou rivières, ville. ***Terrain :*** plat ; herbe.	⊕ Les équipements pour cyclistes et randonneurs. ⊖ Au bord de la Loire, mais pas de vue.

À voir, à faire dans les environs : le château du Pin à Champtocé ; le musée des Métiers à Saint-Laurent-de-la-Plaine ; Ingrandes-sur-Loire.

MONTREUIL-BELLAY 49260

15 km S de Saumur ; 82 km SE d'Angers — *Carte Pays de la Loire B2*

€€€€ 26 € — **123 emplacements**

Camping Les Nobis : *rue Georges-Girouy. ☎ 02-41-52-33-66. • contact@campinglesnobis.com • campinglesnobis.com • Ouv avr-sept.*
Camping convivial de 3 ha, idéalement situé au pied du château, sur un beau terrain au bord de la rivière. Soirées et animations pour les enfants. Mobile homes et tentes kiwi 2-6 personnes *(199-840 €/sem).* Piscine chauffée couverte. Location de vélos. Restaurant. Wifi.

Cadre : campagne, lacs ou rivières, ville. ***Terrain :*** herbe ; plat.	⊕ La proximité de la rivière, le beau parc ombragé. ⊖ Devoir repartir...

À voir, à faire dans les environs : le château ; la Cave vivante du champignon à Sanziers.

MONTSOREAU 49530

62 km SO de Tours ; 15 km SE de Saumur — *Carte Pays de la Loire B2*

€€€€ 26 € — **105 emplacements**

Camping de l'Isle Verte : *av. de la Loire. ☎ 02-41-51-76-60. • isleverte49@orange.fr • campingisleverte.com • Ouv d'avr à mi-oct.*

Sur les bords de Loire, un camping très confortable (4 étoiles), aménagé sur un terrain plat et ombragé. Il est engagé dans une démarche environnementale. Atmosphère familiale et festive (soirées guinguette l'été). Piscine et abris à vélos multiservices pour les adeptes de La Loire à Vélo (et les autres). Location de cabanes de mariniers (écolodges) construits à partir du bois des arbres du domaine, et mobile homes pour 4-6 personnes *(200-810 €/sem).* Le tout dans un des Plus Beaux Villages de France. Spécial randonneurs, à pied, à vélo ou en canoë : tente bivouac à 27-37 €/nuitée. Internet. Wifi.

Cadre : campagne, lacs ou rivières, sentiers de randonnée, forêt. ***Terrain :*** herbe ; plat. ***Réducs :*** 7 nuits au prix de 5 hors juillet-août sur présentation de ce guide.	⊕ Les nombreuses animations pour les enfants. ⊖ On a beau chercher...

À voir, à faire dans les environs : le village, le château ; la champignonnière du Saut-aux-Loups, Fontevraud.

NANTES 44300

3 km N du centre-ville — *Carte Pays de la Loire - zoom A1*

€€€€ 35 € — **150 emplacements**

Nantes Camping : *21, bd du Petit-Port. ☎ 02-40-74-47-94. • nantes-camping@nge-nantes.fr • nantes-camping.fr • Ouv tte l'année (pas d'emplacements tente nov-avr).*
Terrain au bord d'un ru, dans le coin des universités et des labos. Fort bien équipé et très pratique (à 10 mn du centre-ville en tramway), ce camping a reçu l'Écolabel pour ses efforts en matière d'économies d'énergie. Très arboré. Resto, jardin, aire de jeux, pétanque, bar-resto et épicerie. Minigolf insolite inspiré de l'univers de Jules Vernes. Piscine juste en face, accessible gratuitement pour les clients du camping. Tentes, chalets et mobile homes à louer *(294-1 410 €/sem).* Location de vélos. Internet. Wifi.

Cadre : ville. ***Terrain :*** herbe ; plat.	⊕ Au centre-ville de Nantes, gare à 50 m. ⊖ Urbain.

À voir, à faire dans les environs : à Nantes, le château des ducs de Bretagne, les Machines de l'île, le musée de l'Imprimerie ; la Maison radieuse de Le Corbusier à Rezé ; le musée du Vignoble nantais au Pallet ; le château de Clisson ; le zoo de La Boissière-du-Doré.

NOIRMOUTIER-EN-L'ÎLE (ÎLE DE NOIRMOUTIER) 85330

54 km SE de Pornic ; 80 km SO de Nantes — *Carte Pays de la Loire - zoom A1*

€€€€ 41 € — **500 emplacements**

Camping Huttopia Noirmoutier : *23, allée des Sableaux, bois de la Chaize. ☎ 02-51-39-06-24. • europe.huttopia.com • Ouv avr-sept.*
Un des plus beaux campings de l'île, très bien équipé, qui s'étend sur 12 ha de forêt domaniale, à proximité du bois de la Chaise et en bordure de la plage des Sableaux. Les plus beaux emplacements se situent en première ligne (les plus chers aussi), face à la plage et sous la pinède, où l'on trouve notamment les tentes fixes en toile et bois (4-5 personnes). Location de vélos. Calme, bien-être et mer, tout cela à 10 mn du centre de Noirmoutier. Internet. Wifi.

Cadre : mer. ***Terrain :*** plat.	⊕ La situation. ⊖ On a beau chercher...

À voir, à faire dans les environs : le passage du Gois ; Noirmoutier-en-l'Île ; les marais salants.

NORT-SUR-ERDRE 44390

30 km N de Nantes — **Carte Pays de la Loire A1**

€€€ 19 € — 95 emplacements

Camping du Port Mulon : *rue des Mares-Noires. ☎ 02-40-72-23-57. • contact@camping-leportmulon.fr • camping-leportmulon.fr • Ouv avr-fin oct.*
Un camping nature avec peu de locatifs, certains insolites (en bois sur pilotis, par exemple). Aire de jeux, piscine chauffée, jeux de société. Cottages, bungalodges et écolodges 2-5 personnes *(240-595 €/sem).* Internet. Wifi. NOUVEAUTÉ.

Cadre : campagne, lacs ou rivières, sentiers de randonnée. ***Terrain :*** herbe ; plat.	⊕ La location de vélos et kayaks. ⊖ Le wifi payant.

À voir, à faire dans les environs : la vallée de l'Erdre ; le canal de Nantes à Brest avec ses œuvres d'art Estuaire ; la Loire à Vélo ; la base de loisirs de Guenrouët.

NOTRE-DAME-DE-MONTS 85690

Carte Pays de la Loire - zoom A2

72 km SO de Nantes ; 68 km O de La Roche-sur-Yon

€€€ 16,50 € — 300 emplacements

Camping municipal L'Orgatte : *av. de l'Abbé-Thibaud. ☎ 02-51-58-84-31 ou 02-51-58-47-97 (hors saison). • camping.municipal@notre-dame-de-monts.fr • notre-dame-de-monts.fr • Ouv avr-sept.*
Camping classique (pas de mobile homes) idéal pour le farniente : il n'y a que 400 m de très belle forêt à traverser pour accéder à la plage ! Et une bonne idée : les groupes et les individuels logent dans 2 parties séparées du camping. Location de vélos. Wifi.

Cadre : forêt, mer, ville. ***Terrain :*** herbe ; plat.	⊕ La navette gratuite pour le centre-ville en été ; le prêt de matériel de puériculture. ⊖ Les frais de dossier.

€€€€ 29 € — 225 emplacements

Camping des Pins : *21, rue de la Braie. ☎ 02-51-58-83-75. • info@camping-despins85.com • camping-despins85.com • Ouv Pâques-fin sept.*
Une grande partie des emplacements sont sous les pins (le nom n'est donc pas trompeur). Piscine chauffée couverte et la mer est à 800 m. Mobile homes et chalets pour 4 à 7 personnes à louer *(310-810 €/sem).* Un camping animé en été : aquagym, jeux pour enfants. Internet. Wifi.

Cadre : mer. ***Terrain :*** herbe ; plat.	⊕ Le cadre, en bordure de forêt ; l'accès direct à la plage ; les animations pour enfants en été. ⊖ Les emplacements, petits pour certains.

À voir, à faire dans les environs : le jardin du Vent et Biotopia ; tout l'arrière-pays des Monts.

OLONNE-SUR-MER 85340

6 km N des Sables-d'Olonne — **Carte Pays de la Loire - zoom A2**

€€€€ 31 € — 117 emplacements

Camping Le Nid d'Été : *2, rue de la Vigne-Verte. ☎ 02-51-95-34-38. • campinglenidete@gmail.com • leniddete.com • Ouv avr-sept.*

Calme et repos assurés dans un cadre verdoyant. Piscine chauffée couverte et soirées thématiques. Un beau camping bien tenu, convivial et familial. Loue des mobile homes pour 2 à 6 personnes. Wifi.

Cadre : mer, forêt. ***Terrain :*** herbe ; plat.	⊕ La mer à 3 km. ⊖ Pas de « moins ».

À voir, à faire dans les environs : la forêt et les marais d'Olonne ; Les Sables-d'Olonne.

PAIMBOEUF 44560

44 km O de Nantes — *Carte Pays de la Loire - zoom A1*

€€€ **21 €** — **122 emplacements**

Camping l'Estuaire : *quai Éole. ☎ 02-40-27-84-53. • camping-lestuaire@orange.fr • campinglestuaire.fr • Ouv Pâques-Toussaint.*
Un camping bien ombragé par de grands pins. Posé en bord de Loire à l'écart du village, il est du genre tranquille. On y trouve quand même 2 piscines, dont une couverte et chauffée, et un snack-bar. En locatifs, des chalets, des bungalows toilés, des mobiles homes, et des cabanes-étape, réservables à la nuitée *(225-656 €/sem).* Wifi. NOUVEAUTÉ.

Cadre : lacs ou rivières, sentiers de randonnée. ***Terrain :*** herbe ; plat.	⊕ Les animations en projet. ⊖ R.A.S.

À voir, à faire dans les environs : l'estuaire de la Loire ; les œuvres d'art contemporaines Estuaire et le sentier découverte de l'estuaire à Corsept ; le jardin étoilé de Kinya Maruyama ; le canal de la Martinière ; la vieille ville.

PIRIAC-SUR-MER 44420

12 km NO de Guérande — *Carte Pays de la Loire - zoom A1*

€€€ **30,90 €** — **88 emplacements**

Camping Mon Calme : *rue de Norvoret. ☎ 02-40-23-60-77. 📱 06-27-14-28-61. • campingmoncalme@free.fr • campingmoncalme.com • Ouv avr-oct.*
Proche du port, des plages, des commerces et des marchés, un petit camping familial à l'ambiance relax, avec piscine chauffée, bar et resto. Loue également des mobile homes pour 4 personnes *(280-995 €/sem).* Internet. Wifi.

Cadre : mer. ***Terrain :*** herbe ; plat.	⊕ La proximité des plages et du village (à 5 mn à pied). ⊖ L'environnement très construit.

À voir, à faire dans les environs : la Maison du patrimoine, Piriac Aventure.

PORNIC 44210

Carte Pays de la Loire - zoom A1

16 km NO de Bourgneuf-en-Retz ; 51 km O de Nantes

€€€€ **38 € (électricité incluse)** — **226 emplacements**

Camping Le Patisseau : *29, rue du Patisseau. ☎ 02-40-82-10-39. • patisseau@capfun.com • capfun.com • Ouv de mi-mai à début sept.*
Camping chic, superbement équipé, avec un espace aquatique chauffé comprenant sauna et toboggans. Sanitaires également chauffés, salle de fitness, terrain de basket et

de beach-volley... Bien tenu et bon accueil. Préférer les emplacements arborés. Nombreuses animations enfants et soirées. Location de vélos. Sauna et salle de sports gratuits. Location de mobile homes et chalets, dont certains équipés pour les personnes handicapées *(203-1 176 €/sem).* Internet. Wifi.

Cadre : mer. ***Terrain :*** herbe.	⊕ Les équipements ; l'épicerie ouverte toute la saison. ⊖ Le véhicule ou vélo nécessaire pour rejoindre le centre-ville.

€€€€ **42 € (avec électricité)** **226 emplacements**

Camping La Madrague : *chemin de la Madrague. ☎ 02-40-82-06-73. • madrague@capfun.com • madrague.net • Ouv d'avr à fin sept.*
Agréable camping en bord de mer, avec piscine chauffée et toboggans. L'un des rares campings de la Côte de Jade où les emplacements pour tentes sont à l'écart des mobile homes, directement en bord de plage. Emplacements tranquilles et bien ombragés sous les pins. Tentes aménagées (on a juste à apporter sa brosse à dents), roulottes ou mobile homes *(189-2 590 €/sem).* Snack, dépannage épicerie, 2 piscines chauffées, super aire de jeux pour enfants et animations en été. Certainement le meilleur camping dans le coin. Internet. Wifi.

Cadre : mer. ***Terrain :*** en pente ; herbe.	⊕ En bordure de plage. ⊖ On n'a pas trouvé !

À voir, à faire dans les environs : le château ; la corniche de Gourmalon.

PORNICHET 44380

5 km SE de La Baule ; 15 km O de Saint-Nazaire **Carte Pays de la Loire - zoom A1**

€€€€ **50 €** **316 emplacements**

Camping Bel Air : *150, av. de Bonne-Source, à Sainte-Marguerite. ☎ 02-40-61-10-78. • reception@belairpornichet.com • belairpornichet.fr • Ouv avr-oct.*
Dans un quartier résidentiel calme, à deux pas de la plage, un grand camping familial bien équipé. Animations en juillet-août, club enfants, resto, bar. Parc aquatique dont une partie couverte. Location de mobile homes pour 2 à 6 personnes *(290-2 310 €/sem)* et de vélos. Internet. Wifi.

Cadre : mer. ***Terrain :*** en terrasses ; herbe ; plat.	⊕ À 50 m de la plage... ⊖ La forte fréquentation l'été.

À voir, à faire dans les environs : la pointe du Bé ; les villas de Pornichet.

PRÉFAILLES 44770

Carte Pays de la Loire - zoom A1

3 km SO de La Plaine-sur-Mer ; 10 km NO de Pornic

€€€ **25 €** **28 emplacements**

Camping de la Prée : *chemin de la Prée. ☎ 02-40-21-02-64. • contact@camping-prefailles.com • camping-prefailles.com • Ouv avr-sept.*
Un petit camping sympa comme on les aime, à taille humaine et entretenu avec soin par les propriétaires. Pas de piscine mais la plage est vraiment à côté. Très calme, agréablement ombragé et fleuri. Sanitaires nickel. Mobile homes 2-5 personnes *(250-690 €/sem).* Wifi.

Cadre : campagne, mer, sentiers de randonnée. ***Terrain :*** herbe ; plat. ***Réducs :*** un verre de vin de la région offert sur présentation de ce guide.	⊕ L'accueil chaleureux. ⊖ Simple mais suffisant.

À voir, à faire dans les environs : la pointe Saint-Gildas, avec son sémaphore et son club nautique ; à proximité, Pornic, les corniches de Gourmalon et de Noëveillard, les promenades en voilier dans la baie de Bourgneuf.

ROCHEFORT-SUR-LOIRE 49190

20 km SO d'Angers — *Carte Pays de la Loire B2*

€€€ 16 € — **116 emplacements**

Les Plages de Loire : *route de Savennières. ☎ 02-41-68-55-91. • contact@camping-lesplagesdeloire.com • camping-lesplagesdeloire.com • Ouv avr-nov.*
Au bord du Louët et sa baignade, un camping à la cool, conçu pour les familles. Vaste choix d'animations, spectacles et sorties en saison, mais aussi location de vélos, canoë, snack-bar, spa, accès gratuit à la piscine municipale... En location, mobile homes, bungalodges, cottages, et même d'élégants écolodges sur pilotis *(260-610 €/sem).* Gros succès, on ne vous le cache pas ! Internet. Wifi.

Cadre : sentiers de randonnée, campagne. ***Terrain :*** herbe ; plat. ***Réducs :*** - 10 % sur les tarifs sur présentation de ce guide.	⊕ Le choix d'activités ; l'accueil dynamique. ⊖ Compte tenu du succès, mieux vaut réserver.

À voir, à faire dans les environs : l'île de Béhuard (3 km) ; le musée de la Vigne et du Vin d'Anjou à Saint-Lambert-du-Lattay (8 km).

SABLÉ-SUR-SARTHE 72300

58 km SO du Mans ; 26 km NO de La Flèche — *Carte Pays de la Loire B1*

€€ 14 € — **80 emplacements**

Camping municipal de l'Hippodrome : *allée du Québec. ☎ 02-43-95-42-61. • camping@sablesursarthe.fr • camping.sablesursarthe.fr • Ouv début avr-fin sept.*
Camping calme à 600 m du centre et en bordure de rivière. Canoë, tir à l'arc, randonnées, escalade, etc. Animations gratuites pour enfants et adultes en juillet-août. Location de chalets Éco-Nature et de mobile homes pour 4 à 6 personnes *(290-485 €/sem).* Résa conseillée en été. Internet. Wifi.

Cadre : ville. ***Terrain :*** herbe ; plat.	⊕ Des sanitaires impeccables ; les chalets Éco-Nature. ⊖ L'accès, mal fléché ; pas de snack sur place.

À voir, à faire dans les environs : le zoo de La Flèche ; l'abbaye de Solesmes ; les faïenceries de Malicorne ; le jardin Mosaïque dans le joli village d'Asnières-sur-Vègre.

SAINT-BREVIN-LES-PINS 44250

15 km S de Saint-Nazaire ; 17 km N de Pornic — *Carte Pays de la Loire - zoom A1*

€€€€ 34,60 € — **160 emplacements**

Camping La Dune de Jade : *110, av. du Maréchal-Foch. ☎ 02-40-27-22-91. 📱 06-32-23-55-25. • info@campinglacourance.fr • campinglacourance.fr • Ouv tte l'année.*

Un bon camping ombragé avec accès à la mer, bien équipé et bien tenu. Animations en été. Bungalows toilés et mobile homes en location *(185-1 740 €/sem pour 2-10 pers).* Label Camping Qualité. Internet. Wifi.

Cadre : forêt, mer. ***Terrain :*** herbe ; plat.	⊕ L'accès à la plage ; la piscine couverte et chauffée, la pataugeoire extérieure. ⊖ Seulement 35 emplacements « tente » perdus dans une forêt de mobile homes !

À voir, à faire dans les environs : le musée de la Marine.

SAINT-DENIS-DU-MAINE 53170

30 km NE de Château-Gontier ***Carte Pays de la Loire B1***

€€ **10,30 €** **115 emplacements**

Camping de la Chesnaie : ☎ *02-43-98-48-08.* • *lachesnaie@paysmeslaygrez.fr* • *camping-lachesnaie.fr* • *Ouv de mai à mi-sept (loc tte l'année).*
Dans un environnement bucolique et tranquille, près du plan d'eau, un camping confortable et ombragé où l'on n'est pas à l'étroit. Toutes sortes d'activités sur place, nautiques ou non, pour petits et grands. Noter le ponton pour la pêche accessible aux fauteuils roulants. Également des animations. Restaurant à proximité. Bungalows et mobile homes pour 4-8 personnes *(177-444 €/sem ; loc à la nuit possible hors juil-août).* Internet.

Cadre : campagne, lacs ou rivières, sentiers de randonnée. ***Terrain :*** herbe ; plat.	⊕ Tous les services à proximité. ⊖ Pas de piscine, mais une plage aménagée avec baignade surveillée.

À voir, à faire dans les environs : l'église romane (XIe s) ; les grottes préhistoriques de Saulges (12 km).

SAINT-GILLES-CROIX-DE-VIE 85800

Carte Pays de la Loire - zoom A2

81 km SO de Nantes ; 46 km O de La Roche-sur-Yon

€€€€ **34 €** **300 emplacements**

Camping Les Cyprès : *41, rue du Pont-Jaunay.* ☎ *02-51-55-38-98.* • *contact@camping-lescypres85.com* • *camping-lescypres85.com* • *Ouv de début avr à mi-sept.*
Vaste camping aux emplacements dispersés sous les cyprès, à 400 m de la plage. Location de mobile homes pour 2 à 8 personnes. Bien équipé et bien organisé. 2 piscines, dont une couverte et chauffée. Résa conseillée en été. Wifi.

Cadre : mer. ***Terrain :*** herbe ; plat ; en terrasses.	⊕ L'accès à la plage ; la Vélodyssée passe juste devant ; la piscine chauffée. ⊖ Les embouteillages en été, surtout les jours de marché.

À voir, à faire dans les environs : l'église Saint-Gilles ; la dune de la Garenne.

SAINT-HILAIRE-SAINT-FLORENT 49400

66 km SE d'Angers ***Carte Pays de la Loire B2***

€€€€ **41 €** **86 emplacements**

Camping Huttopia Saumur : *La Croix, route de Chantepie.* ☎ *02-41-67-95-34.* • *saumur@huttopia.com* • *europe.huttopia.com* • *Ouv de début avr à mi-oct.*

Un 4-étoiles de charme, situé sur un plateau offrant un superbe point de vue panoramique. Les parties communes occupent des bâtiments de ferme restaurés (épicerie, baby room), tandis que les emplacements se dispersent sur un terrain ombragé agréable. Mobile homes, chalets et tentes lodges en location *(308-1 113 €/sem).* Très bon accueil et tout un programme d'animations (récré-enfants le matin, concerts acoustiques, marché nocturne, etc.). Location de vélos électriques. Piscine extérieure chauffée. Wifi.

Cadre : lacs ou rivières, campagne. ***Terrain :*** herbe ; plat. ***Réducs :*** une baguette et 2 viennoiseries offertes pour toute première commande de pain.	⊕ La vue imprenable. ⊖ Le léger éloignement de la Loire et de Saumur (7 km).

À voir, à faire dans les environs : le Saumur historique et équestre ; les caves à vins ; le parc miniature Pierre et Lumière.

SAINT-JEAN-DE-MONTS 85160

Carte Pays de la Loire - zoom A2

18 km O de Challans ; 18 km NO de Saint-Gilles-Croix-de-Vie

€€€ **19 €** **106 emplacements**

Camping de la Maison Blanche : *rue de la Maison-Blanche, 83500 Le Perrier. ☎ 02-51-49-39-23 • camping.maisonblanche@orange.fr • leperrier.fr • Ouv juil-août.* Ce camping municipal situé dans l'intérieur des terres conviendra à ceux que les armées de mobile homes de la côte font fuir. Piscine chauffée à 24 °C en été et un réel effort pour l'accueil des enfants : salle de bains équipée, jeux, animations... pour petits et grands. Proche d'une piste cyclable. Excellent accueil. Wifi.

Cadre : campagne, mer. ***Terrain :*** herbe ; plat.	⊕ L'ambiance conviviale. ⊖ Un peu loin des plages.

€€€ **20 €** **246 emplacements**

Les Pinèdes de la Caillauderie : *111, route de la Caillauderie. ☎ 02-51-58-23-76. • camping.pinedes.caillauderie@gmail.com • camping-pinedes-caillauderie.com • Ouv avr-sept.* Bien ombragés grâce à de grands peupliers, cyprès et pins, les emplacements sont relativement grands et bien délimités, dans un environnement préservé (balades commentées en forêt). Ici, on a soigné les équipements sans pour autant faire dans le parc d'attractions. Piscine *(juil-août),* bibliothèque, terrain multisports, aire de fitness. Côté locatifs, quelques mobile homes et campétoiles pour observer le ciel en se couchant. Internet. Wifi.

Cadre : mer, sentiers de randonnée, forêt. ***Terrain :*** plat ; herbe ; en terrasses. ***Réducs :*** un sac du camping offert et une balade guidée en forêt sur présentation de ce guide.	⊕ La piste cyclable en site propre avec le centre-ville ; les locatifs à la nuitée pour les cyclistes et randonneurs ; une partie du camping dédiée aux groupes. ⊖ Les 4 parcelles séparées par des routes ; l'accueil fermé le dimanche hors saison.

À voir, à faire dans les environs : la plage et son estacade ; les pistes cyclables dans la forêt ; la thalasso.

SAINT-JULIEN-DE-CONCELLES 44450

15 km E de Nantes ; 18 km NO de Clisson *Carte Pays de la Loire A2*

€€€ **18,60 €** **100 emplacements**

Camping du Chêne : *1, route du Lac. ☎ 02-40-54-12-00. • contact@campingduchene.fr • campingduchene.fr • Ouv d'avr à mi-oct (tte l'année pour les loc).*

Au bord de l'étang du Chêne, dans un joli espace arboré bien plat et calme. Piscine, jeux pour enfants, tennis, location d'embarcations à pédales et de barques pour taquiner la carpe, le brochet ou le sandre. Point d'informations touristiques et petit kiosque faisant snack au bord de l'étang. Tenu par un jeune couple aux petits soins pour ses hôtes. Dépôt de pain et viennoiseries du 1er juin au 30 septembre dès 8h. École de voile juste à côté *(OLAC, ☎ 02-40-33-37-03)*. Bungalows à louer *(397-655 €/sem)*. Internet. Wifi.

Cadre : campagne, lacs ou rivières, sentiers de randonnée. **Terrain :** herbe ; plat.	⊕ L'étang ; la pêche ; les sports nautiques. ⊖ Devoir repartir.

À voir, à faire dans les environs : la levée de la Divatte ; le vignoble nantais.

SAINT-LAMBERT-DU-LATTAY 49750

26 km S d'Angers — *Carte Pays de la Loire B2*

€€ **13,35 €** — **23 emplacements**

Camping municipal de la Coudraye : *La Coudraye. ☎ 02-41-78-44-26. • campingcoudraye@gmail.com • campingdelacoudraye.fr • Ouv avr-oct (loc tte l'année). CB refusées.*
Camping bien ombragé et très simple, sur un terrain tranquille au bord d'un étang, avec piscine. Propose également des chalets *(155-556 €/sem)*. Organise des balades accompagnées, des barbecues, et une dégustation en présence d'un vigneron (le samedi en été). Wifi.

Cadre : campagne, sentiers de randonnée. **Terrain :** herbe.	⊕ L'accueil extra ; les commerces à 200 m. ⊖ La piscine ouverte uniquement en juillet-août ; la légère pente des emplacements.

À voir, à faire dans les environs : le musée de la Vigne et du Vin d'Anjou.

SAINT-LAURENT-SUR-SÈVRE 85290

12 km S de Cholet — *Carte Pays de la Loire A2*

€€€ **22 €** — **93 emplacements**

Camping Le Rouge-Gorge : *route de La Verrie. ☎ 02-51-67-86-39. • campinglerougegorge@wanadoo.fr • camping-lerougegorge-vendee.com • Ouv avr-début nov.*
Un joli petit camping familial, bien entretenu, au calme et bien placé pour partir à l'assaut du Puy du Fou. Étang à 200 m, équitation à 2 km, tennis à 3 km. Location de mobile homes, chalets et Coco Sweet. Piscine chauffée, bain bouillonnant et snack-bar. Sentiers de randonnées à proximité immédiate. Wifi.

Cadre : campagne, lacs ou rivières, sentiers de randonnée. **Terrain :** en pente ; herbe.	⊕ Le cadre (rivière, bois), idéal pour des randonnées ; les jeux traditionnels en famille ; à 10 mn du Puy du Fou. ⊖ Les frais de dossiers en été.

À voir, à faire dans les environs : le parc du Puy du Fou ; le festival de Poupet.

SAINT-LÉONARD-DES-BOIS 72590

19 km SO d'Alençon ; 50 km NO du Mans — *Carte Pays de la Loire B1*

€€ **11 €** — **80 emplacements**

Camping des Alpes mancelles : *31, rue des Alpes-Mancelles. ☎ 02-43-33-81-79. • camping@saintleonarddesbois.fr • saintleonarddesbois.fr • Ouv avr-fin sept.*

En plein village, un camping tout simple, avec des emplacements sans ombre mais au bord de l'eau et avec une jolie vue sur la forêt. Le paradis des pêcheurs à la truite ! Internet. Wifi.

Cadre : campagne, forêt, montagne. ***Terrain :*** herbe ; plat.	⊕ L'accès direct à la rivière. ⊖ Le manque d'infrastructures de loisirs pour les plus jeunes.

À voir, à faire dans les environs : les Alpes mancelles ; le village de Saint-Céneri-le-Gérei.

SAINT-LUMINE-DE-CLISSON 44190

25 km SE de Nantes ; 10 km SO de Clisson ***Carte Pays de la Loire A2***

€€ 11 € **6 emplacements**

Camping rural Coin de Ciel : *14, Le Tremblay. ☎ 02-40-04-92-08. 📱 07-79-45-74-24. • campingcoinduciel@gmail.com • camping-nantes-atlantique-clisson.fr • Ouv tte l'année. CB refusées.*
En pleine campagne, sur un terrain annexe de la résidence principale d'un couple charmant, petit camping sans chichis tranquille et ombragé, bordé de champs, avec salle à vivre, laverie et sanitaires corrects. Loue également des mobile homes pour 4 à 6 personnes *(180-380 €/sem).* Rustique et dépaysant. Internet. Wifi.

Cadre : campagne, lacs ou rivières, sentiers de randonnée. ***Terrain :*** herbe ; plat.	⊕ Le calme ; la nature, le chant des oiseaux. ⊖ Loin des commerces (à 2,5 km).

À voir, à faire dans les environs : le château de Clisson ; le vignoble nantais.

SAINT-MALO-DU-BOIS 85590

19 km S de Cholet ***Carte Pays de la Loire A2***

€€€ 20 € **112 emplacements**

Camping La Vallée de Poupet : *vallée de Poupet. ☎ 02-51-92-31-45. • camping@valleedepoupet.com • valleedepoupet.com • Ouv de mi-mai à mi-sept.*
Bucolique à souhait, cette vallée verdoyante ! Un cadre idéal pour ce camping familial, dont les emplacements mi-ombragés s'étirent le long de la rivière, à peine dérangés par le chant des oiseaux. Location de chalets et de bungalows toilés *(250-695 €/sem).* Piscine extérieure couverte chauffée et nombreuses activités à la base de loisirs voisine (canoë, VTT, resto, trottinette électrique...). Animations et festival de musique l'été. Résa conseillée. Internet. Wifi.

Cadre : campagne, lacs ou rivières. ***Terrain :*** herbe. ***Réducs :*** - 5 % sur l'emplacement de camping, sauf 26 juin-23 août, sur présentation de ce guide.	⊕ Un véritable havre de paix, à deux pas du plus célèbre festival de musique de la région. ⊖ Un peu loin du bourg.

À voir, à faire dans les environs : le parc du Puy du Fou, le festival de Poupet.

SAINT-MARC-SUR-MER 44600

Carte Pays de la Loire - zoom A1

8 km SE de Pornichet ; 7,5 km O de Saint-Nazaire

€€€€ 31 € **280 emplacements**

Camping de l'Ève : *route du Fort-de-l'Ève. ☎ 02-51-20-41-94. • contact@olela.fr • olela.fr • Ouv avr-fin oct.*

Terrain tellement vaste que les emplacements – eux-mêmes très vastes – sont classés par couleurs... pour ne pas se perdre ! Tous les services en haute saison, et même un petit tunnel privatif pour accéder à la plage sans danger. Magnifique point de vue sur la mer. Chouette ! Piscine avec toboggans et tennis. Résa vivement recommandée en été. Mobile homes pour 4 à 12 personnes à louer *(224-840 €/sem).* Internet. Wifi.

Cadre : mer. ***Terrain :*** en pente ; herbe ; plat.	⊕ Le club enfants gratuit en haute saison. ⊖ Vraiment grand ; beaucoup de logements locatifs.

À voir, à faire dans les environs : le pont de Saint-Nazaire ; le « paquebot » *Escal'Atlantic* (7,5 km) ; la côte.

SAINT-MARTIN-DE-LA-PLACE 49160

11 km NO de Saumur — ***Carte Pays de la Loire B2***

€€€ **19 €** — **85 emplacements**

Camping Terre d'Entente : *route de la Croix-Rouge. ☎ 09-72-30-31-72. • contact@terre-dentente.fr • terre-dentente.fr • Ouv fin avr-fin sept.*
Sur les berges de la Loire, en contrebas de la route, voici un vaste camping ombragé, dans un environnement verdoyant et calme. Même en juillet, il y a de la place. Propose des tentes prêtes à dormir, des caravanes, des bungalows toilés, campétoiles et cyclotentes, des mobile homes, et même une toue, bateau typique de la région, cabanée *(205-290 €/sem).* Dépôt de pain, snack en haute saison, marché nocturne, journées à thème, massages et soins esthétiques, location de vélos possible. Une excellente alternative si Saumur est bondé ! Internet. Wifi.

Cadre : campagne, lacs ou rivières. ***Terrain :*** herbe ; plat.	⊕ L'accès direct à la Loire. ⊖ Les équipements sommaires ; pas de commerce sur place (grande surface à 8 km).

À voir, à faire dans les environs : l'église de Cunault (11 km) ; à Saumur (10 km), les caves viticoles, l'école d'équitation, le château.

SAINT-MATHURIN 85150

10 km NE des Sables-d'Olonne — ***Carte Pays de la Loire - zoom A2***

€€ **13 €** — **25 emplacements**

Le Puy Babin : *Le Puy-Babin. ☎ 02-51-22-74-11. 📱 06-74-79-02-72. • puybabin@wanadoo.fr • gitealaferme.fr • Ouv de mi-avr à fin sept. CB refusées.*
Dans un paysage doucement vallonné, un endroit tranquille et chaleureux, entouré de champs. Accueil et confort simple, mais authentique. On est à la ferme : si ce n'est la piscine, pas de luxe superflu ! Location de mobile homes pour 4 personnes. Table d'hôtes le soir. Étang pour la pêche. Animaux de la ferme. Chiens acceptés (sous réserve). Nombreuses activités (location de vélos, promenades en canoë...) ainsi qu'un musée de l'Outillage agricole. La plage est à 8 km. Internet. Wifi.

Cadre : campagne. ***Terrain :*** herbe.	⊕ L'ambiance familiale ; le calme ; la pêche ; l' étang. ⊖ L'éloignement de la plage.

À voir, à faire dans les environs : aux Sables-d'Olonne, le quartier de la Chaume, le MASC et le blockhaus-hôpital.

SAINT-MICHEL-CHEF-CHEF 44730

8 km S de Saint-Brevin-les-Pins *Carte Pays de la Loire - zoom A1*

€€€ 21,90 € **166 emplacements**

Camping Le Haut Village : *4, route de l'Étang. ☎ 02-40-39-93-45. • camping.hv@orange.fr • hautvillage.fr • Ouv fin mars-début nov.*
Un camping génial unique en son genre ! On est mis dans l'ambiance dès la réception aménagée comme un hall d'aéroport, avant de découvrir la piscine avec sa douche dans une cabine téléphonique et ses sanitaires dans une embarcation de sauvetage provenant d'un méthanier. Et pour le bar, on a évidemment utilisé un aileron de Boeing 737 ! Certes, il y a bien des bungalows et des mobile homes 4 personnes *(169-699 €/sem),* des espaces pour les caravanes, de la pelouse pour les tentes, mais on vous le recommande surtout pour ses hébergements insolites. Ici, on peut loger au choix dans des roulottes (4 personnes), un ancien wagon-lit SNCF (10 personnes), un bus disco (5 personnes), un authentique tramway nantais (4 personnes), un catamaran, ou dans 2 avions, dont les aménagements intérieurs sont pleins d'astuces et de surprises (3-4 personnes). Nouveauté : le wagon à étage pour 16 personnes. Tous ces hébergements sont équipés d'une terrasse, d'une kitchenette et d'une douche, sans oublier plein de détails qui achèvent de vous mettre dans l'ambiance *(359-1 299 €/sem).* Accueil enthousiaste et pro du patron, et de son équipe, qui a encore d'autres idées pour la suite. Wifi.

Cadre : campagne, lacs ou rivières, mer, ville. ***Terrain :*** herbe ; plat.	⊕ À 2 mn des plages ; l'étang de pêche à 200 m. ⊖ On cherche, on cherche...

À voir, à faire dans les environs : la plage de Tharon, la biscuiterie Saint-Michel (celle des fameuses galettes) ; le musée de la Marine de Saint-Brevin.

SAINT-MICHEL-EN-L'HERM 85580

43 km N de La Rochelle ; 15 km S de Luçon *Carte Pays de la Loire A2*

€€€€ 29 € **260 emplacements**

La Dive : *12, route de la Mer. ☎ 02-51-30-26-94. • contact@camping-la-dive.com • camping-la-dive.com • Ouv avr-sept.*
Ne pas s'arrêter aux 4 toboggans, aux piscines et aux jeux gonflables qui pourraient laisser craindre le pire côté décibels. Ce camping assez bien paysagé et aux emplacements bien délimités se révèle plutôt familial. On y trouve toutes sortes d'hébergements, de l'emplacement nu au mobile home le plus confortable, en passant par les roulottes et les cabanes perchées. Petit parc avec animaux de la ferme. Wifi.

Cadre : mer, campagne, sentiers de randonnée. ***Terrain :*** herbe ; plat.	⊕ La diversité des hébergements proposés. ⊖ Un peu loin de la mer.

À voir, à faire dans les environs : l'abbaye de Saint-Michel-en-l'Herm ; la réserve naturelle nationale de Saint-Denis-du-Payré (6 km) ; Luçon (15 km).

SAINT-VINCENT-SUR-JARD 85520

Carte Pays de la Loire - zoom A2

29 km SE des Sables-d'Olonne ; 15 km NO de la Tranche-sur-Mer

€€€ 17 € **150 emplacements**

Le Pied Girard : *9, rue de la Forêt. ☎ 02-51-20-61-73. • campingpiedgirard@outlook.fr • camping-lepiedgirard.com • Ouv mai-sept.*

Dans une forêt de pins et de chênes verts centenaires classée par l'ONF, un sol tapissé d'aiguilles, avec tantôt des emplacements ombragés, tantôt des petites clairières. Autant dire que c'est calme. La plage est à 800 m. Location d'habitats toilés tout équipés pour 2 ou 4 personnes. Wifi.

Cadre : mer, forêt, sentiers de randonnée, ville. ***Terrain :*** herbe ; plat ; en pente.	⊕ Le calme ; la nature ; la proximité de la plage et de tous les commerces. ⊖ Trop calme pour certains peut-être...

À voir, à faire dans les environs : le château des Aventuriers ; le château de Talmont.

SAINTE-LUCE-SUR-LOIRE 44980

10 km NE de Nantes — *Carte Pays de la Loire A2*

€€€ 17,70 € — 100 emplacements

Camping Belle Rivière : *route des Perrières. ☎ 02-40-25-85-81. • belleriviere@wanadoo.fr • camping-belleriviere.com • Ouv tte l'année.*
Emplacements calmes, suffisamment espacés et bien ombragés pour les campeurs, mobile homes à l'écart. Son cadre et son confort justifient le séjour. Pêche et promenades au bord de la Loire (à vélo, à pied, à cheval...). Jeux pour enfants, minigolf et barbecue collectif. Sanitaires nickel. Loue aussi des mobile homes *(307-506 €/sem selon taille et saison).* Internet.

Cadre : lacs ou rivières. ***Terrain :*** herbe ; plat. ***Réducs :*** - 5 % sur présentation de ce guide.	⊕ Bien ombragé ; on peut aller à Nantes à vélo par les rives de la Loire. ⊖ On cherche...

À voir, à faire dans les environs : à Nantes, la cathédrale Saint-Pierre-et-Saint-Paul, le château des ducs de Bretagne.

SAINTE-REINE-DE-BRETAGNE 44160

26 km NE de Saint-Nazaire — *Carte Pays de la Loire - zoom A1*

€€€ 23 € — 170 emplacements

Camping-caravaning Le Deffay : *☎ 02-40-88-00-57. • campingledeffay@gmail.com • camping-le-deffay.com • Ouv mai-sept.*
Très beau camping, étendu sur les 13 ha du parc d'un élégant château familial du XIXe s. De nombreuses activités (piscine, pêche, vélo, embarcations à pédales...). Quelques chambres sur place. Loue des mobile homes et des chalets *(341-856 €/sem).* Location de vélos. Internet. Wifi.

Cadre : campagne, lacs ou rivières. ***Terrain :*** en pente ; en terrasses ; herbe.	⊕ Le confort ; le calme. ⊖ Pas d'animations ; la mer à 20 mn en voiture.

À voir, à faire dans les environs : Rozé ; l'île de Fédrun.

SAINTE-SUZANNE-ET-CHAMMES 53270

47 km O du Mans — *Carte Pays de la Loire B1*

€€€ 16 € — 38 emplacements

Glamping Sainte-Suzanne : *La Croix-Couverte, 760 rue de Saulges. ☎ 02-43-10-49-60. 📱 06-33-76-87-70. • contact@glamping-saintesuzanne.fr • glamping-saintesuzanne.fr • Ouv mai-sept.*
Dans l'un des Plus Beaux Villages de France, un camping classique, certes, mais doublé d'hébergements originaux tels ces lodges toilés de couleur ocre, spacieux et aménagés

avec cuisine, terrasse et même des sanitaires, sauf pour le moins cher *(200-900 €/sem).* Aire de jeux. Piscine. Très sympa. Internet. Wifi. NOUVEAUTÉ.

Cadre : campagne, forêt, lacs ou rivières, sentiers de randonnée. ***Terrain :*** plat ; herbe.	⊕ La caravane-bibliothèque. ⊖ Les chiens acceptés pour les itinérants, mais pas en locatif.

À voir, à faire dans les environs : le superbe château médiéval, le moulin à papier en activité, la promenade des moulins, le musée de l'Auditoire ; 40 km de randonnées pédestres, ferme équestre.

SAULGES 53340

40 km SE de Laval ; 55 km O du Mans — *Carte Pays de la Loire B1*

€€ 12,40 € — **36 emplacements**

Camping municipal Saint-Cénéré : *route de Vaiges. ☎ 02-43-90-52-35. • contact@saulges.fr • campingmunicipaldesaulges.business.site • Ouv. Pâques-Toussaint. CB refusées.*
En bord de rivière et bucolique à souhait. Accès par portail automatique s'ouvrant avec une carte magnétique (pas de gardiennage à l'entrée) ; pour obtenir la carte, se rendre à l'office de tourisme ou à l'hôtel *L'Ermitage* (dans le village). *Bar-crêperie-grill de l'Oratoire* à proximité, dans la base de loisirs équipée d'un terrain de tennis et d'une aire de baignade ouverte en été.

Cadre : campagne, lacs ou rivières, sentiers de randonnée. ***Terrain :*** herbe ; plat.	⊕ La pêche possible depuis tous les emplacements ! ⊖ Pas de réseau téléphone portable ; pas de wifi.

À voir, à faire dans les environs : l'oratoire de Saint-Cénéré ; les grottes de Saulges, accessibles à pied.

SAUMUR 49400

66 km SE d'Angers — *Carte Pays de la Loire B2*

€€€€ 38 € — **167 emplacements**

Camping de l'île d'Offard : *rue de Verden. ☎ 02-41-40-30-00. • iledoffard@flowercampings.com • saumur-camping.com • Ouv de mi-mars à fin oct.*
Labellisé « Flower », donc fleuri et verdoyant, ce vaste camping jouit d'un emplacement idéal, au bord de la Loire, avec le château de Saumur en vue. Nombreuses activités et la Loire tout autour (mais pas de baignade !). Location de bungalows toilés et de mobile homes *(364-1 050 €/sem 2-8 pers).* Internet. Wifi.

Cadre : lacs ou rivières, ville. ***Terrain :*** herbe ; plat. ***Réducs :*** une séance de jacuzzi offerte pour une semaine en mobile home sur présentation de ce guide.	⊕ La vue sur Saumur. ⊖ Peu intime en haute saison ; les moustiques ; peu de places pour les cyclistes de La Loire à Vélo.

À voir, à faire dans les environs : le Saumur historique et équestre, les caves à vins, le parc miniature Pierre et Lumière.

SILLÉ-LE-GUILLAUME 72140

34 km NO du Mans ; 38 km SO d'Alençon — *Carte Pays de la Loire B1*

€€€€ 28,50 € — **166 emplacements**

Huttopia Lac de Sillé : *à Sillé-Plage. ☎ 02-43-20-16-12. • lac-sille@huttopia.com • europe.huttopia.com/site/camping-lac-de-sille/ • Ouv avr-sept.*

Vaste camping, au bord du lac et ombragé par la forêt, autrement dit privilégiant un très bel environnement. Idéal pour la pratique de sports nature : balades, VTT, activités nautiques, baignade... Nombreux emplacements très spacieux pour les tentes. Location de tentes en toile et bois et de mobile homes en bois, pour 4 à 6 personnes *(252-876 €/nuit).* Piscine chauffée, roulotte-snack et programme d'activités en été. Internet. Wifi.

Cadre : forêt, lacs ou rivières, sentiers de randonnée. ***Terrain :*** herbe ; plat.	⊕ L'ombre et l'espace. ⊖ Les moustiques en été ; l'absence de réseau téléphonique.

€€€ **19 €** **75 emplacements**

Les Tournesols : *Le Landereau, au Grez. ☎ 02-43-20-12-69. • campinglestournesols@orange.fr • campinglestournesols.com • Ouv mai-sept.*
Certes, on n'est pas au bord du lac (il n'est pas si loin !), mais voici un camping familial, accueillant et reposant, tenu par un Néerlandais plein d'énergie. Sanitaires très propres. Animations en saison. Piscine chauffée à 28 °C du 1er mai au 30 août. Et toutes les infos dont vous rêviez sur les randos dans le coin. Locatifs *(150-699 €/sem).* Internet. Wifi.

Cadre : campagne. ***Terrain :*** herbe ; plat. ***Réducs :*** boisson offerte à l'arrivée sur présentation de ce guide.	⊕ Les grands espaces ; le calme. ⊖ Pas directement au bord du lac.

À voir, à faire dans les environs : les Alpes mancelles ; le village médiéval de Sainte-Suzanne.

SILLÉ-LE-PHILIPPE 72460

18 km NE du Mans ; 70 km SE d'Alençon ***Carte Pays de la Loire B1***

€€€€ **42,80 €** **110 emplacements**

Castel Camping Le Château de Chanteloup : *☎ 02-43-27-51-07. 📱 06-89-77-50-74. • contact@chateaudechanteloup.com • chateau-de-chanteloup.com • Ouv de fin mai à mi-sept (mai-sept pour les appartements).*
Waouh ! Un château ouvrant son parc aux campeurs, qui peuvent planter leur tente soit sur les pelouses aux arbres majestueux ou, pour un peu plus d'intimité et d'ombre, dans les bois de ce domaine de 22 ha. Les belles installations (les sanitaires décorés avec style, l'épicerie, la piscine, le resto style *garden-party,* les terrains de foot et de volley, l'aire de jeux) ont le mérite de s'intégrer parfaitement à l'ensemble et de ne pas dénaturer le site, qui comprend un étang pour la pêche. Certes, c'est très cher, mais l'ambiance n'en reste pas moins familiale et bon enfant. Location de tentes glamping, à l'ambiance safari, et d'appartements *(450-990 €/sem).*

Cadre : campagne, forêt, lacs ou rivières. ***Terrain :*** herbe ; plat. ***Réducs :*** - 5 % sur le tarif camping sur présentation de ce guide.	⊕ Le cadre ; le marabout avec espace détente dans la forêt ; la location de vélos ; le potager bio. ⊖ La distance à parcourir depuis certains emplacements pour rejoindre les sanitaires tellement c'est spacieux ! Les tarifs lors des 24 Heures du Mans.

À voir, à faire dans les environs : Le Mans, sa vieille ville et le circuit des 24 Heures.

TUFFÉ 72160

31 km NE du Mans ; 16 km SO de La Ferté-Bernard ***Carte Pays de la Loire B1***

€€€ **20 €** **130 emplacements**

Camping du Lac : *route de Prévelles. ☎ 02-43-93-88-34. • campingdulac.tuffe@orange.fr • camping.tuffe.fr • Ouv de mi-avr à mi-oct.*

En pleine campagne, à la base de loisirs, juste au bord du lac, un camping vaste à l'ambiance familiale mais très tranquille, dans un beau cadre verdoyant (nombreux arbres et haies touffues). Les quelques mobile homes et chalets, pour 4-6 personnes, ont chacun leur bon bout de pelouse *(300-600 €/sem).* En juillet-août, activités principalement destinées aux enfants : minigolf, ping-pong, randos, etc. Belle piscine couverte et chauffée avec une partie protégée destinée aux petits. Et plage artificielle sur le lac. Internet. Wifi.

Cadre : campagne, lacs ou rivières. ***Terrain :*** herbe ; plat.	⊕ Le cadre ; la tranquillité. ⊖ Pas de restaurant dans le camping.

À voir, à faire dans les environs : Notre-Dame-des-Marais à La Ferté-Bernard ; Le Mans, sa vieille ville et le circuit des 24 Heures.

VILLIERS-CHARLEMAGNE 53170

23 km SE de Laval — **Carte Pays de la Loire B1**

€€€ **18,70 € (avec électricité)** — **20 emplacements**

Village Vacances et Pêche : *rue des Haies. ☎ 02-43-07-71-68. • vvp.villiers.charlemagne@wanadoo.fr • vacancesetpeche.fr • Ouv tte l'année.*
Un lieu spécialement conçu pour les pêcheurs. Dans un village rural, 12 maisons de bois autour d'un plan d'eau et une vingtaine d'emplacements de camping. Chalets pour 4 à 7 personnes à louer *(220-610 €/sem).* On peut même tremper son hameçon depuis la terrasse de certains chalets. 4 tentes bivouac pour 4 personnes et 2 tentes bivouac sur pilotis. Internet. Wifi.

Cadre : campagne, sentiers de randonnée. ***Terrain :*** herbe ; plat.	⊕ Les chalets les pieds dans l'eau. ⊖ Pas d'animations hors juillet-août.

À voir, à faire dans les environs : l'abbaye d'Entrammes (10 km) ; le chemin de halage le long de la Mayenne ; la ville de Château-Gontier (11 km).

VIX 85770

40 km NE de La Rochelle — **Carte Pays de la Loire A2**

€€ **14 €** — **25 emplacements**

Ô P'tit Marais : *Drapelle. ☎ 02-28-13-96-89. 📱 06-30-51-85-70. • camping@optitmarais.fr • optitmarais.fr • Ouv mai-sept.*
En bordure de la Sèvre Niortaise, sur le tracé de La Vélo Francette, ce camping ombragé par des frênes accueille les amoureux d'authentique. Location d'embarcations à pédales et de canoës, pêche. Petite restauration. Guinguette et animations musicales en saison. Un super endroit pour se mettre totalement au vert. Bungalows toilés et tipis en location. Internet. Wifi.

Cadre : campagne, lacs ou rivières, sentiers de randonnée. ***Terrain :*** herbe ; plat. ***Réducs :*** apéritif maison offert sur présentation de ce guide.	⊕ L'esprit guinguette. ⊖ Un peu loin de tout.

À voir, à faire dans les environs : le Marais poitevin ; la Maison du Maître de Digues à Chaillé (15 km).

Provence-Alpes-Côte d'Azur

Le 2 octobre 2020, un déluge s'est abattu sur les vallées de la Vésubie et de la Roya. Les trombes d'eaux ont provoqué glissements de terrains, crues dévastatrices, inondations et fait de nombreuses victimes. Du jamais vu de mémoire d'homme ! Campings, hôtels, maisons d'hôtes, restaurants aussi, ont pâti de cette catastrophe. Quand ce livre sortira, la remise en état ne sera pas achevée et certains établissements toujours fermés. 2021 sera pour ces vallées une année de reconstruction. Nous les soutenons de tout notre cœur !

Pictos utilisés dans ce guide

- € Économique
- €€ Bon marché
- €€€ Prix moyens
- €€€€ Plus chic
- Tente
- Caravane
- Hébergement locatif
- Camping-car
- Caravaneige
- Piscine extérieure
- Piscine couverte
- Accès handicapé
- Hébergement insolite ou original

AIGUILLES 05470

Carte Provence-Alpes-Côte d'Azur Nord B1

25 km NE de Guillestre ; 59 km SE de Briançon

€€€ 15,50 € 195 emplacements

Camping municipal Le Gouret : *Marassan. ☎ 04-92-46-74-61. • accueil@camping-gouret.fr • camping-gouret.fr • Ouv de mi-juin à mi-sept.*
Au bord du Guil, au cœur du parc naturel régional du Queyras, un grand camping joliment abrité sous les sapins, bien qu'un peu proche de la route. Sanitaires corrects, avec eau chaude. Location de mobile homes pour 4 personnes *(300-480 €/sem).* Départ de sentiers de rando. Navette pour rejoindre le village (restos et commerces, piscine, tennis). Internet. Wifi.

Cadre : forêt, montagne, sentiers de randonnée, lacs ou rivières.
Terrain : herbe ; plat.

⊕ Le cadre.
⊖ L'isolement ; les températures parfois basses même en été.

À voir, à faire dans les environs : Saint-Véran ; le parc naturel régional du Queyras ; le fort de Mont-Dauphin ; le fort de Château-Queyras.

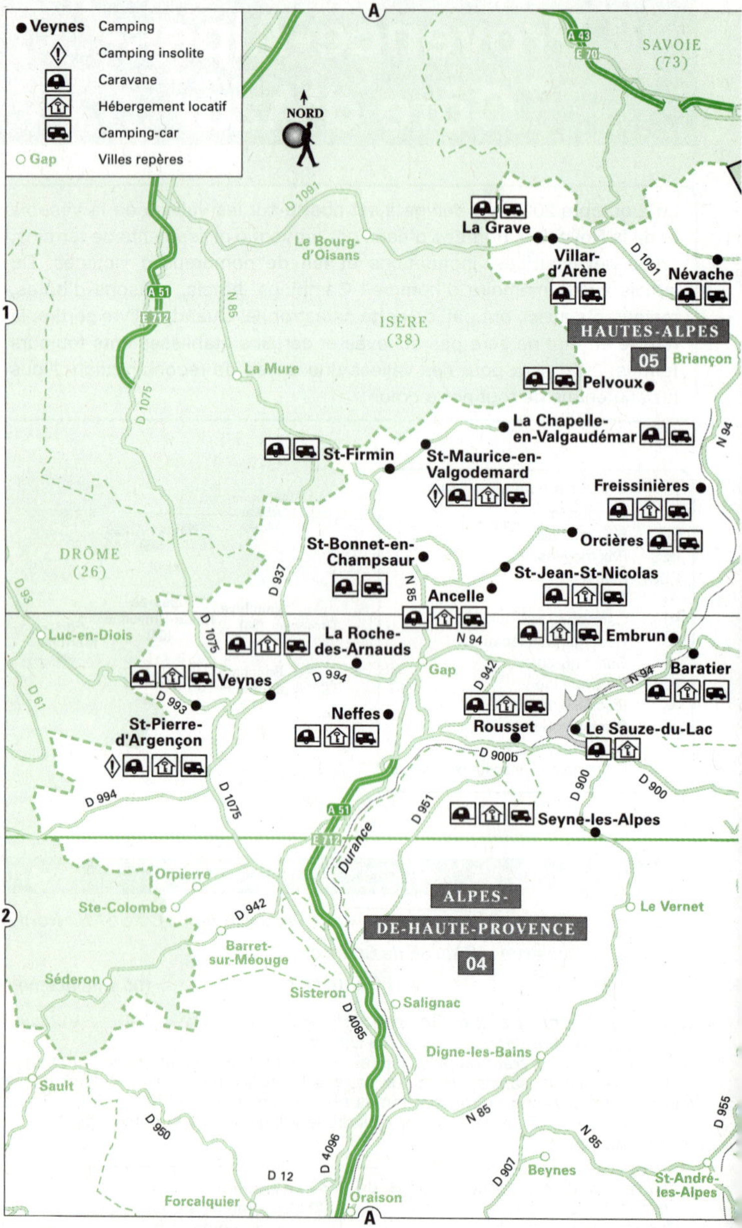
Veynes Camping
Camping insolite
Caravane
Hébergement locatif
Camping-car
Gap Villes repères
NORD
A
1
2
SAVOIE (73)
ISÈRE (38)
DRÔME (26)
HAUTES-ALPES
05
ALPES-
DE-HAUTE-PROVENCE
04
A 43
E 70
A 51
E 712
D 1091
N 85
D 1075
D 937
D 93
D 61
D 993
D 994
N 94
D 942
D 900b
D 900
D 951
Durance
D 4085
D 950
D 4096
D 12
N 85
D 907
D 955
La Grave
Villar-d'Arène
Névache
Le Bourg-d'Oisans
La Mure
Briançon
Pelvoux
La Chapelle-en-Valgaudémar
St-Firmin
St-Maurice-en-Valgodemard
Freissinières
Orcières
St-Bonnet-en-Champsaur
St-Jean-St-Nicolas
Ancelle
Embrun
La Roche-des-Arnauds
Gap
Baratier
Luc-en-Diois
Veynes
St-Pierre-d'Argençon
Neffes
Rousset
Le Sauze-du-Lac
Seyne-les-Alpes
Orpierre
Ste-Colombe
Barret-sur-Méouge
Le Vernet
Séderon
Sisteron
Salignac
Digne-les-Bains
Sault
Beynes
Forcalquier
Oraison
St-André-les-Alpes

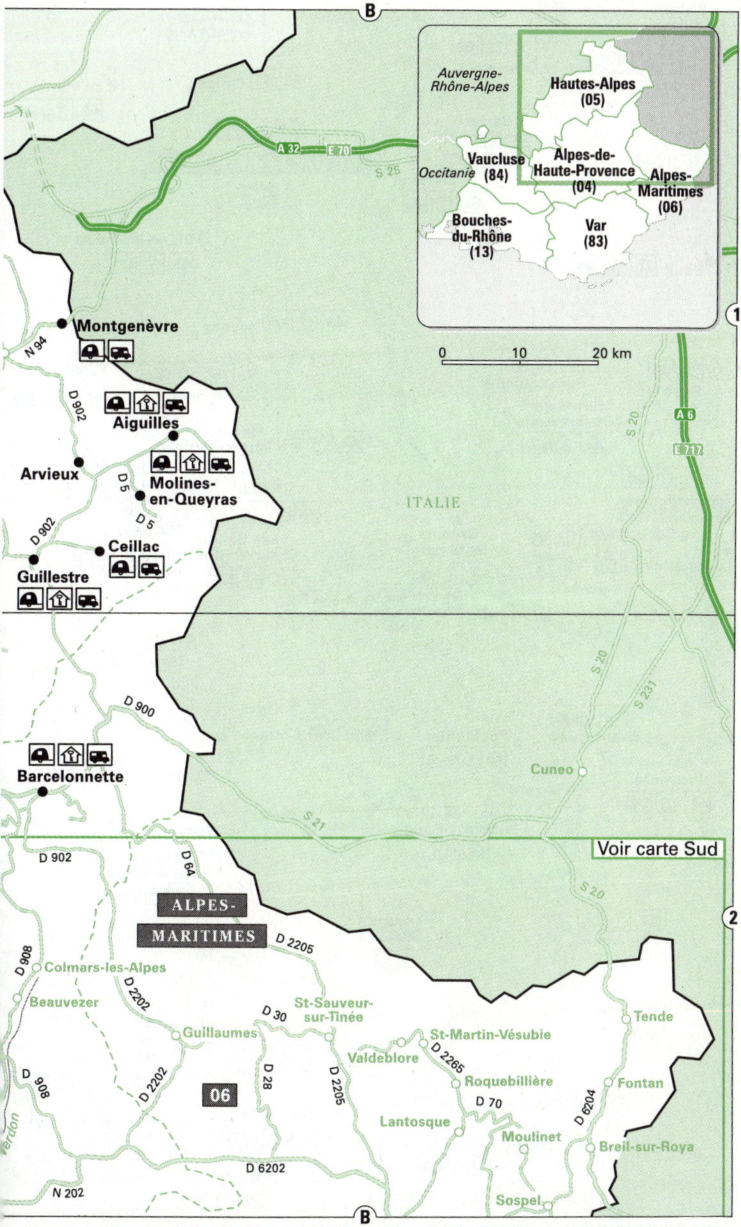

PROVENCE-ALPES-CÔTE D'AZUR Nord

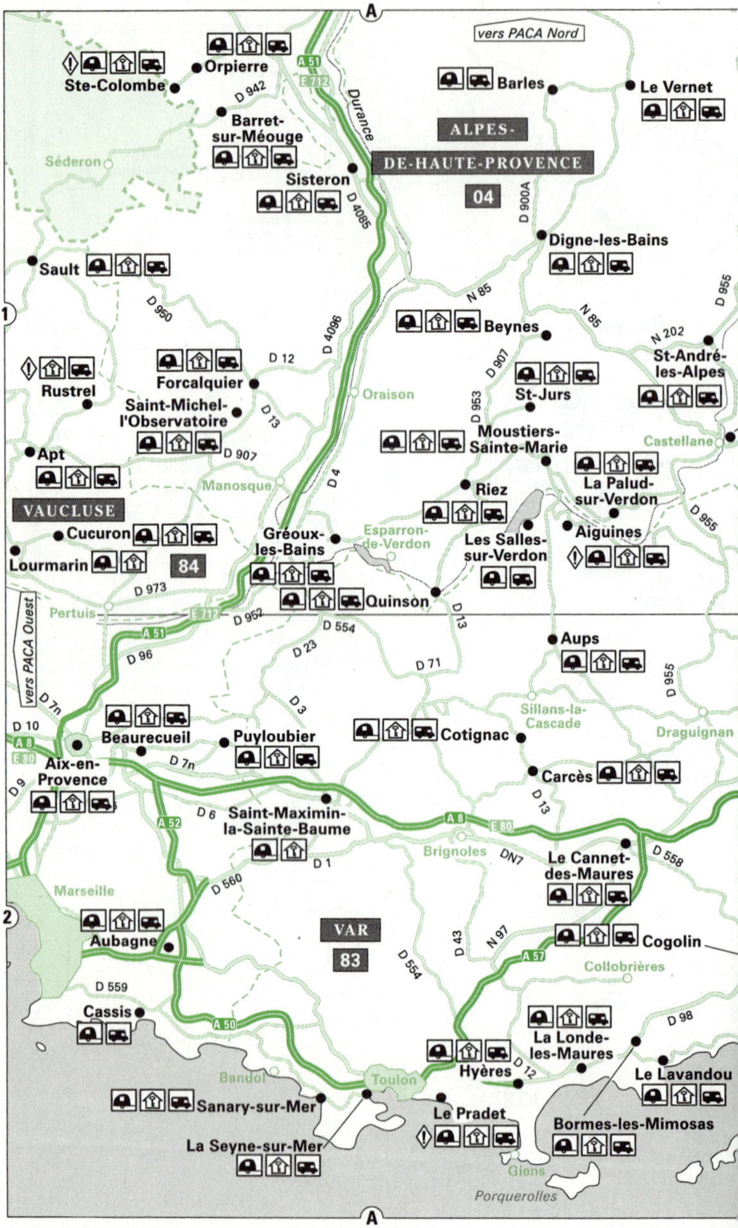
A
vers PACA Nord
Orpierre
Ste-Colombe
Barret-sur-Méouge
Séderon
Sisteron
Durance
Barles
Le Vernet
ALPES-DE-HAUTE-PROVENCE
04
Digne-les-Bains
Sault
Beynes
St-André-les-Alpes
Rustrel
Forcalquier
Saint-Michel-l'Observatoire
Oraison
St-Jurs
Apt
Manosque
Moustiers-Sainte-Marie
Castellane
Riez
La Palud-sur-Verdon
VAUCLUSE
Cucuron
Lourmarin
84
Gréoux-les-Bains
Esparron-de-Verdon
Les Salles-sur-Verdon
Aiguines
Quinson
Pertuis
vers PACA Ouest
Aups
Sillans-la-Cascade
Draguignan
Cotignac
Beaurecueil
Puyloubier
Aix-en-Provence
Carcès
Saint-Maximin-la-Sainte-Baume
Brignoles
Le Cannet-des-Maures
Marseille
Aubagne
VAR
83
Cogolin
Collobrières
Cassis
La Londe-les-Maures
Hyères
Le Lavandou
Bandol
Toulon
Sanary-sur-Mer
Le Pradet
Bormes-les-Mimosas
La Seyne-sur-Mer
Giens
Porquerolles
A

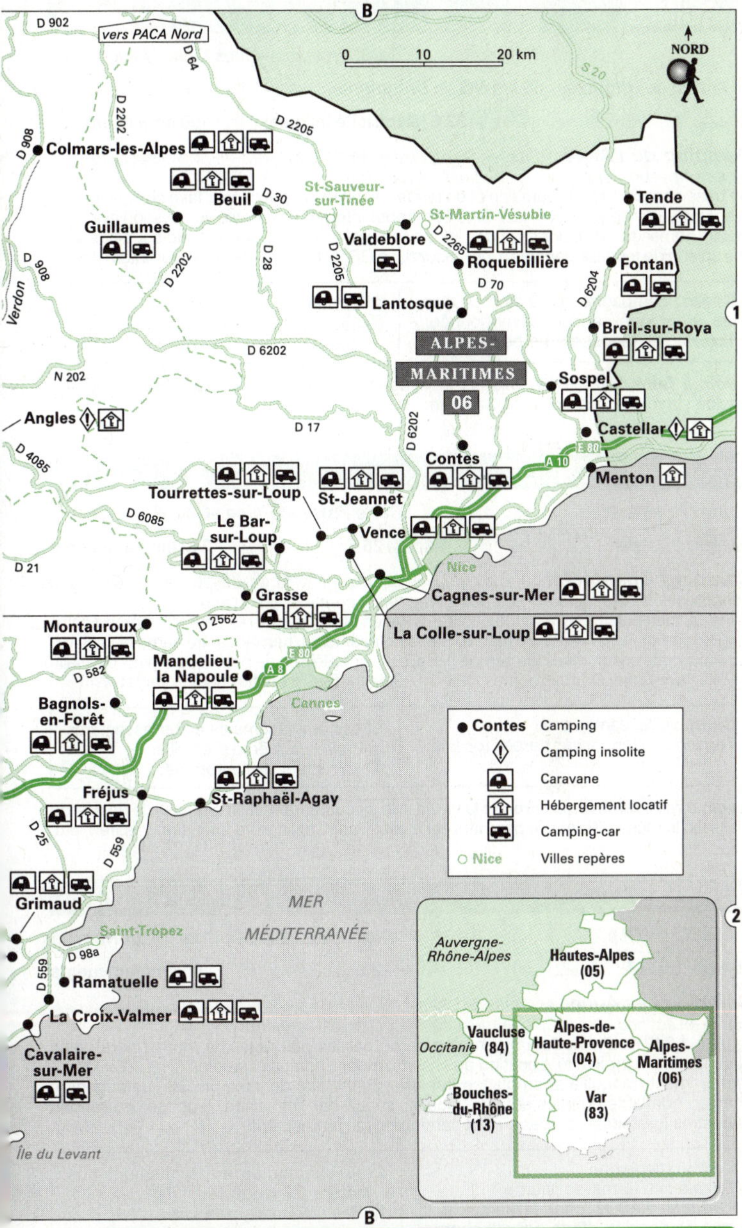
vers PACA Nord
0 10 20 km
NORD
Colmars-les-Alpes
Beuil
St-Sauveur-sur-Tinée
St-Martin-Vésubie
Tende
Guillaumes
Valdeblore
Roquebillière
Fontan
Lantosque
Breil-sur-Roya
ALPES-MARITIMES
06
Sospel
Angles
Castellar
Contes
Menton
Tourrettes-sur-Loup
St-Jeannet
Le Bar-sur-Loup
Vence
Nice
Cagnes-sur-Mer
Grasse
La Colle-sur-Loup
Montauroux
Mandelieu-la Napoule
Cannes
Bagnols-en-Forêt
Fréjus
St-Raphaël-Agay
Grimaud
Saint-Tropez
Ramatuelle
La Croix-Valmer
Cavalaire-sur-Mer
Île du Levant
MER MÉDITERRANÉE
Contes Camping
Camping insolite
Caravane
Hébergement locatif
Camping-car
Nice Villes repères
Auvergne-Rhône-Alpes
Hautes-Alpes (05)
Vaucluse (84)
Occitanie
Alpes-de-Haute-Provence (04)
Alpes-Maritimes (06)
Bouches-du-Rhône (13)
Var (83)

PROVENCE-ALPES-CÔTE D'AZUR

AIGUINES 83630

Carte Provence-Alpes-Côte d'Azur Sud A1

58 km NE de Brignoles ; 56 km NO de Draguignan

€€€€ 32 € (électricité incluse) 100 emplacements

Camping de l'Aigle : *quartier Saint-Pierre. ☎ 04-94-84-23-75. • aigle@campasun.eu • campasun-aigle.eu • Ouv de fin avr à mi-sept.*
Un beau camping à taille humaine et en terrasses (ou restanques, pour faire couleur locale), avec une superbe vue sur le lac. Gros effort pour intégrer les locatifs au paysage avec des mobile homes façon roulottes et des igloos en bois *(243-750 €/sem).* Resto sur place avec une splendide terrasse panoramique. Jacuzzi. Le GR 99 passe dans le secteur. Internet. Wifi.

Cadre : campagne, forêt, lacs ou rivières, montagne, sentiers de randonnée.
Terrain : en terrasses ; herbe ; plat.

⊕ La vue.
⊖ Le lac pas tout près et pas de piscine.

À voir, à faire dans les environs : le village ; le lac de Sainte-Croix ; les gorges du Verdon ; la route de la Corniche Sublime.

AIX-EN-PROVENCE 13100

30 km N de Marseille Carte Provence-Alpes-Côte d'Azur Sud A2

€€€€ 26 € 240 emplacements

Camping Chantecler : *41, av. du Val-Saint-André. ☎ 04-42-26-12-98. • campingchantecler.aix@gmail.com • campingchantecler.com • Ouv tte l'année.*
Dans l'ancien parc d'une antique bastide, situé en plein quartier résidentiel, ce grand camping profite d'un cadre encore nature. Ses emplacements, hésitant entre herbe et cailloux, sont disposés en terrasses (ça grimpe !). Belle piscine. Terrain de pétanque. Resto-bar, salle de télé, lave-linge... Mobile homes *(434-807 €/sem).* Tout le confort quoi ! Internet. Wifi.

Cadre : ville, campagne.
Terrain : en terrasses ; herbe ; rocaille.

⊕ Les emplacements en terrasses, très Provence même si en ville.
⊖ La rumeur de l'autoroute.

À voir, à faire dans les environs : la vieille ville, la cathédrale Saint-Sauveur, le musée du Vieil-Aix, le musée Granet, le parcours et l'atelier Paul-Cézanne, la fondation Vasarely, etc.

ANCELLE 05260

15 km NE de Gap Carte Provence-Alpes-Côte d'Azur Nord A1

€€€ 22 € 90 emplacements

Camping Les Auches : *route de Saint-Léger. ☎ 04-92-50-80-28. • info@lesauches.com • lesauches.com • Ouv de mi-avr à fin oct (loc tte l'année).*
Situé à 1 340 m d'altitude, un camping cerné par les pâturages, la montagne et sans aucune route à proximité. Location de chalets, mobile homes et studios *(250-700 €/sem).* Parfaitement tranquille et ambiance familiale. Petite aire de jeux, piscine, pataugeoire, château gonflable pour les enfants, jacuzzi, snack-bar. En saison, propose des randos pédestres (gratuites) ; sorties VTT et canyoning (payantes). Wifi.

Cadre : montagne.
Terrain : en terrasses ; herbe.
Réducs : - 10 % pour le camping et frais de dossier offerts pour l'hébergement sur présentation de ce guide.

⊕ Au cœur d'un environnement très nature ; bien équipé.
⊖ Pas d'animations le soir.

À voir, à faire dans les environs : le Valgaudemar ; le Champsaur ; le massif des Écrins.

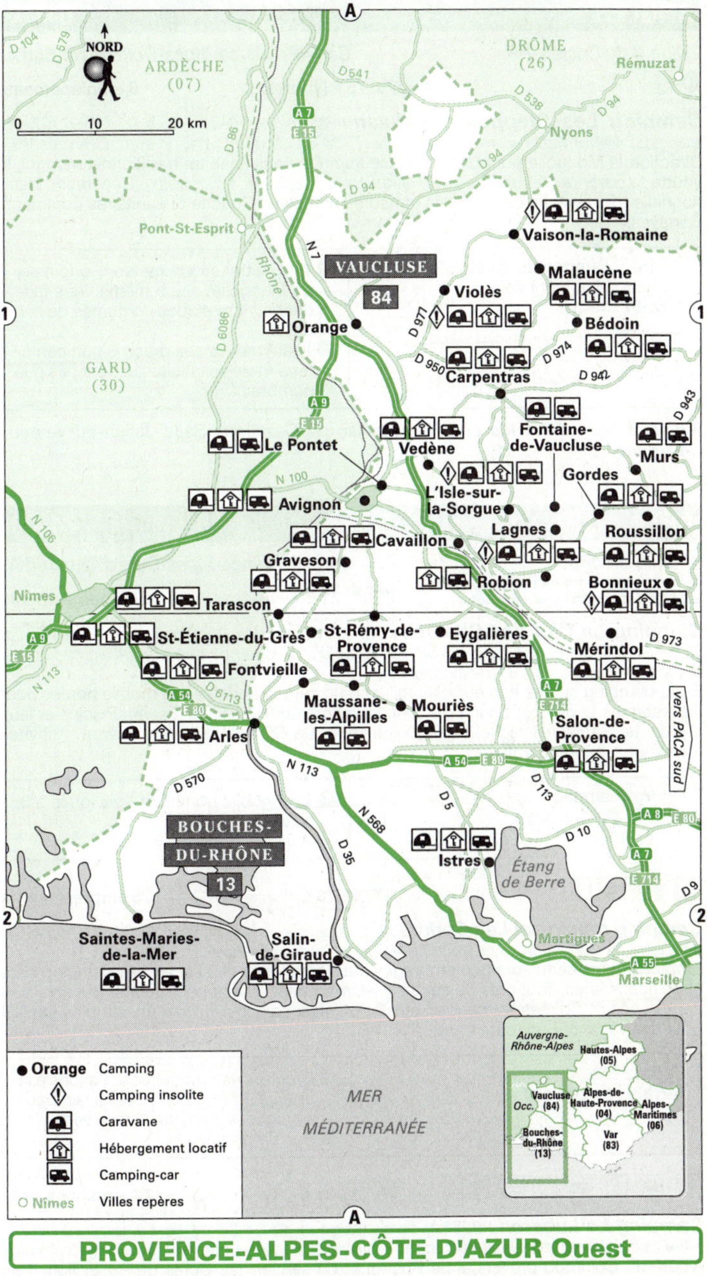

PROVENCE-ALPES-CÔTE D'AZUR Ouest

ANGLES 04170

22 km N de Castellane — *Carte Provence-Alpes-Côte d'Azur Sud A1*

€€€€ 75 € (yourte) — 6 emplacements

Camping Les Steppes du Khaan : *04-92-83-73-64. 06-73-92-67-86. • angles04@hotmail.fr • amivac.com/site17704 • Ouv début mai-fin sept. CB refusées.*
Direction la Mongolie pour une ou plusieurs nuits dans l'habitat traditionnel mongol, la yourte *(à partir de 75 €/nuit ou 250-350 €/sem ; capacité 4 pers max).* Décoration traditionnelle très réussie, chaleureuse et haute en couleur. Douche et sanitaires communs. Dépaysant !

Cadre : campagne, forêt, montagne, sentiers de randonnée. ***Terrain :*** herbe.	⊕ La maîtresse de maison, originaire de Mongolie, saura même vous faire découvrir quelques coutumes de son pays. ⊖ Il faut prévoir ses draps (sinon compter 5 €) ; les sanitaires et douches peu nombreux.

À voir, à faire dans les environs : le lac de Castillon ; Saint-Julien-du-Verdon ; Castellane.

APT 84400

52 km E d'Avignon — *Carte Provence-Alpes-Côte d'Azur Sud A1*

€€€ 21 € — 27 emplacements

Camping La Clef des Champs : *1392, chemin des Abayers, quartier des Puits. 04-90-74-41-41. 06-16-86-68-45. • la.clef.des.champs.camping84@gmail.com • camping-luberon.com • Ouv avr-sept.*
Beau camping sur les hauteurs, au milieu d'un verger. Location de mobile homes pour 4 personnes et de tipis pour 2 personnes *(même tarif : 350-550 €/sem).* Piscine et jeux d'enfants. Sanitaires nickel et accueil sympa. Le GR 9 passe juste devant. Activités holistiques. Internet. Wifi.

Cadre : campagne. ***Terrain :*** herbe ; plat.	⊕ Les mobile homes et tipis loués à la nuitée (hors saison). ⊖ À 3 km des commerces.

€€ 12,70 € — 75 emplacements

Camping municipal Les Cèdres : *63, impasse de la Fantaisie. 04-90-74-14-61. • reservation@escapade-vacances.fr • Ouv de mars à mi-nov.*
Emplacements campeurs peu ombragés mais bien tenus et à l'écart des camping-cars et des caravanes. Tout près du centre-ville, mais pas bruyant pour autant. Buvette, épicerie et snack. Soirées animées en été. Point infos. La convivialité d'un camping familial pour des vacances en toute tranquillité. Wifi.

Cadre : ville. ***Terrain :*** herbe ; plat.	⊕ Proche des commerces ; l'accès à la piscine d'Apt à 800 m et au lac (base nautique) à 3 km par la voie verte. ⊖ Pas de piscine.

€€€€ 31 € — 74 emplacements

Camping Le Luberon : *2295A, av. de Saignon. 04-90-04-85-40. 06-79-84-71-54. • contact@campingleluberon.com • campingleluberon.com • Ouv début avr-fin oct.*
À côté du Colorado provençal de Rustrel et du sentier des Ocres de Roussillon. Très bien situé pour visiter les principaux villages perchés (Gordes, Bonnieux) et décou-

vrir les champs de lavande début juillet. À 1,6 km d'Apt pour flâner sur son marché le samedi matin. Nombreuses activités sur place ; 2 piscines chauffées dès l'ouverture, une pataugeoire pour les enfants. Sanitaires chauffés, salle de bains pour bébés. Restaurant, snack. Loue également des bungalows, des mobile homes et des cabanons jusqu'à 6 personnes *(245-1 337 €/sem ; loc de 2 nuits min).* Accueil chaleureux. Mise à disposition de livres pour la randonnée et le vélo. Internet. Wifi.

Cadre : campagne, sentiers de randonnée. ***Terrain :*** herbe ; plat.	⊕ Le calme ; la nature ; les 3 piscines chauffées. ⊖ La grosse montée avant d'arriver au camping... dur dur à vélo (mais on est fier d'y arriver) !

À voir, à faire dans les environs : la vieille ville, la cathédrale et le musée de l'Aventure industrielle ; Saignon ; le parc régional et la montagne du Luberon ; Sivergues ; Buoux ; Viens.

ARLES 13200

Carte Provence-Alpes-Côte d'Azur Ouest A2

89 km NO de Marseille ; 33 km SE de Nîmes

€€€€ 28 € **96 emplacements**

Camping L'Arlésienne : *149, Draille Marseillaise, Pont-de-Crau. ☎ 04-90-96-02-12. • info@camping-larlesienne.com • camping-larlesienne.com • Ouv avr-début nov.*
Malgré son nom, on finit quand même par le trouver ! Sérieusement meurtri par une mini-tornade à l'automne 2019, cette adresse a refait peau neuve. Elle offre aujourd'hui des emplacements herbeux soignés. Côté pratique, machines à laver, pizzeria. Côté loisirs, piscine avec toboggan, aire de jeux, pétanque et ping-pong. Mobile homes *(160-1 570 €/sem).* Wifi.

Cadre : ville. ***Terrain :*** herbe ; plat.	⊕ Un camping de bon confort à proximité du centre d'Arles. ⊖ Le son continu de la voie rapide voisine.

À voir, à faire dans les environs : le centre ancien, l'église et le cloître Saint-Trophime, le théâtre antique, l'amphithéâtre, le musée Réattu, la Fondation et l'espace Van-Gogh, le musée de l'Arles antique, les Alyscamps, etc. ; la Camargue et l'étang du Vaccarès.

ARVIEUX 05007

Carte Provence-Alpes-Côte d'Azur Nord B1

20 km NE de Guillestre ; 14 km NO de Molines-en-Queyras

€€ 13,40 € **70 emplacements**

Camping de l'Izoard : *Brunissard. 📱 06-33-33-98-12. • campingdelizoard@gmail.com • campingdelizoard.com • Ouv de juin à mi-sept. CB refusées.*
Camping quasi sauvage, avec de grandes tentes et tipis aménagés, pour 2-4 personnes, vraiment sympa *(39,40-59,40 €/nuit, 260-390 €/sem),* et des emplacements disséminés sur 5 ha de forêt, au fond d'une vallée, avec la petite route de part et d'autre. Dépôt de pain, mini-épicerie, jeux pour enfants. Bain nordique (payant). Concerts en été. Nombreuses possibilités de randos dans le coin. NOUVEAUTÉ.

Cadre : forêt, montagne, lac. ***Terrain :*** plat.	⊕ Le bon accueil. ⊖ Devoir repartir.

À voir, à faire dans les environs : le moulin d'Arvieux ; le col de l'Izoard ; le musée de l'Abeille, le Parc des Amoureux (parc d'activités sportives) le village et les fustes de Molines-en-Queyras ; la place forte de Mont-Dauphin ; les stations de ski du Guillestrois.

AUBAGNE 13400

18 km E de Marseille — *Carte Provence-Alpes-Côte d'Azur Sud A2*

€€€€ 26 € — **66 emplacements**

Camping du Garlaban : *1915, chemin de la Thuilière. ☎ 04-42-82-19-95. 📱 06-46-33-44-12. • contact@camping-garlaban.com • camping-garlaban.com • Ouv avr-sept.*
Au calme, dans une vaste pinède posée sur une colline à l'écart de la ville et tout près du Garlaban. Emplacements plutôt vastes. Lave-linge, aire de jeux, boulodrome, et même une piscine. Loue également des Pods, tentes écolodges et des mobile homes aux allures de cabanons de 2-3 chambres *(280-924 €/sem).* Internet. Wifi.

Cadre : campagne, forêt, sentiers de randonnée. ***Terrain :*** plat.	⊕ Le calme ; le cadre ; les nombreuses activités à proximité. ⊖ Le peu d'équipements (pas de sanitaire dans les locations) ; le prix.

À voir, à faire dans les environs : la maison natale et le Petit Monde de Marcel Pagnol, le musée de la Légion étrangère, la Font de Mai, les ateliers des céramistes et santonniers, les sentiers sur la colline du Garlaban et autour ; Cassis ; La Ciotat ; Marseille ; les calanques.

AUPS 83630

Carte Provence-Alpes-Côte d'Azur Sud A2

30 km NO de Draguignan ; 37 km N de Brignoles

€€€€ 37 € (avec électricité) — **190 emplacements**

Campasun International Camping : *route de Fox-Amphoux. ☎ 04-94-70-06-80. 📱 06-12-24-86-43. • international@campasun.eu • campasun.eu/international • Ouv avr-sept.*
Grand camping très couleur locale dès le bâtiment d'accueil. Emplacements bien délimités par des haies et bien ombragés par des chênes. Bon niveau d'équipements : resto, piscine, jacuzzi, animations. Location de mobile homes, du petit pour 2 personnes au grand pour 6 avec spa privé *(347-1 520 €/sem).* Internet. Wifi.

Cadre : campagne. ***Terrain :*** herbe ; plat.	⊕ La restauration. ⊖ La grande taille.

€€€ 22 € — **55 emplacements**

Camping Saint-Lazare : *1124, route de Moissac. ☎ 04-94-70-12-86. • stlazare1984@gmail.com • camping-stlazare-var.fr • Ouv avr-fin sept. CB refusées.*
Dans un cadre champêtre, c'est le plus petit camping du secteur. Pas cher et bien équipé. Ambiance familiale, même si certains emplacements sont un peu proches de la route. Grande piscine chauffée *(de mi-mai à mi-sept).* Location de mobile homes pour 4 à 6 personnes *(250-680 €/sem).* Internet. Wifi.

Cadre : campagne. ***Terrain :*** herbe ; plat.	⊕ La piscine chauffée. ⊖ Un peu en bord de route.

À voir, à faire dans les environs : le village ancien, le musée Simon-Segal et le musée de Faykod ; les gorges du Verdon et le lac Sainte-Croix.

AVIGNON 84000

32 km S d'Orange ; 50 km NE de Nîmes — *Carte Provence-Alpes-Côte d'Azur Ouest A1*

€€€€ 32 € — **230 emplacements**

Camping Bagatelle : *25, allée Antoine-Pinay, île de la Barthelasse. ☎ 04-90-86-30-39. • camping.bagatelle@wanadoo.fr • campingbagatelle.com • Ouv tte l'année.*

Au pied du pont Daladier, un camping sans charme, surtout squatté par les camping-cars et caravanes de passage, mais aux emplacements bien ombragés. Location de vélos, épicerie et restauration. Fait également auberge de jeunesse avec 150 lits répartis en chambres de 2 à 7 personnes *(15,40-18,40 € en dortoir ; 39-59 € en chambre double).* Locatifs *(300-500 €/sem).* Wifi.

Cadre : ville, campagne. ***Terrain :*** herbe ; plat ; en pente.	⊕ Le beau point de vue sur le pont d'Avignon et le palais des Papes ; la grande piscine *La Palmeraie* juste à côté (payante). ⊖ Le monde en saison.

€€€€ **36 €** **372 emplacements**

Camping du Pont d'Avignon : *10, chemin de la Barthelasse, île de la Barthelasse. ☎ 04-90-80-63-50. • camping.lepontdavignon@orange.fr • aquadis-loisirs.com • Ouv mars-nov.*
Emplacements plutôt bien ombragés en bordure du Rhône, face au pont d'Avignon, on y danse, on y danse. Piscine, tennis, jeux pour enfants, animations et concerts en saison. Bar-resto, épicerie, laverie. Location de bungalows toilés et de mobile homes dernière génération *(204-1 030 €/sem).* Wifi.

Cadre : lacs ou rivières, ville. ***Terrain :*** herbe ; plat.	⊕ L'espace et la proximité d'Avignon ; la navette fluviale gratuite pour rejoindre le centre-ville ; les 2 espaces aquatiques avec bain de soleil. ⊖ R.A.S.

€€ **13 €** **190 emplacements**

Camping du Parc des Libertés : *4682, route de l'Islon, île de la Barthelasse. ☎ 04-90-85-17-73. • parcdeslibertes@wanadoo.fr • parcdeslibertes.fr • Ouv de mi-avr à mi-sept.*
Camping de 5 ha assez ombragé mais modestement équipé (snack-bar, terrain de jeux mais pas de laverie). Location de chalets *(320-420 €/sem).* Accès direct aux rives du lac et à ses activités nautiques. C'est le moins cher du secteur, mais attention, frais de dossier à prévoir pour les chalets. Internet. Wifi.

Cadre : lacs ou rivières, ville. ***Terrain :*** herbe ; plat.	⊕ Ombragé ; peu cher. ⊖ Peu équipé ; à 5 km du centre-ville ; les frais de dossier pour les chalets.

À voir, à faire dans les environs : la vieille ville, la collection Lambert, le musée Louis-Vouland, le palais des Papes, le pont Saint-Bénezet, etc.

BAGNOLS-EN-FORÊT 83600

Carte Provence-Alpes-Côte d'Azur Sud B2

20 km de Saint-Raphaël ; 34 km E de Draguignan

€€€ **20 €** **50 emplacements**

Camping Les Clos : *490, route de Saint-Paul. ☎ 04-94-40-06-76. • camping.les.clos@wanadoo.fr • camping-les-clos.fr • Ouv tte l'année sauf déc.*
Petit camping calme et ombragé, d'une cinquantaine d'emplacements. Piscine, douche chaude gratuite. Location de chalets et mobile homes pour 4 à 6 personnes *(320-600 €/sem).* Internet. Wifi.

Cadre : campagne, forêt, sentiers de randonnée. ***Terrain :*** en terrasses ; herbe ; plat.	⊕ La Côte d'Azur côté collines. ⊖ La simplicité... selon vos goûts.

À voir, à faire dans les environs : Fayence, l'Esterel.

BARATIER 05200

4 km S d'Embrun ; 39 km E de Gap — *Carte Provence-Alpes-Côte d'Azur Nord A2*

€€€ 20 € — 100 emplacements

Camping Les Deux Bois : *route de Pra-Fouran. ☎ 04-92-43-54-14. 06-83-05-52-61. • info@camping-les2bois.com • camping-les2bois.com • Ouv de mi-mai à mi-sept (loc tte l'année).*
Un petit camping sympathique, ombragé comme son nom le laisse penser. Emplacements et sanitaires nickel. Bar-resto-pizzeria, belle piscine chauffée avec transats, aire de jeux pour enfants. Accueil très agréable. En location, quelques cabanes et mobile homes *(400-1 180 €/sem).* Internet. Wifi.

Cadre : campagne, forêt, lacs ou rivières, montagne, sentiers de randonnée.
Terrain : en terrasses ; herbe ; plat.

⊕ Bien équipé.
⊖ Sa taille modeste.

À voir, à faire dans les environs : le lac de Serre-Ponçon ; l'abbaye de Boscodon ; la ville d'Embrun ; le Muséoscope du lac à Rousset ; la route des Puys (la D 9) ; le parc naturel régional du Queyras ; le parc des Écrins.

BARCELONNETTE 04400

85 km NE de Digne-les-Bains — *Carte Provence-Alpes-Côte d'Azur Nord B2*

€€€ 23,50 € — 90 emplacements

Le Tampico : *70, av. Émile-Aubert. ☎ 04-92-81-02-55. • camping@letampico.fr • letampico.fr • Ouv mai-sept.*
Un bel emplacement pas trop près de la route. Proprios sympa et présents, très accueillants. Bien ombragé. Sanitaires bien entretenus. Mobile homes, bungalows, chalets, roulottes *(300-745 €/sem),* et Pods et cabanes surélevées pour 2 personnes à la nuitée *(45-55 €).* Pizzeria, grill ouvert le soir, juin-août. Accès au centre-ville par un chemin piéton en 15 mn. Wifi.

Cadre : montagne, sentiers de randonnée, ville.
Terrain : herbe ; plat.
Réducs : apéro offert sur présentation de ce guide.

⊕ L'excellent rapport qualité-prix.
⊖ Pas vu !

À voir, à faire dans les environs : les villas « mexicaines » ; le musée de la Vallée ; la vallée de l'Ubaye ; le parc du Mercantour.

BARLES 04140

30 km N de Digne-les-Bains — *Carte Provence-Alpes-Côte d'Azur Sud A1*

€€€ 24 € — 25 emplacements

Camping Le Pont du Martinet : *Le Curmeyer, D 900A. ☎ 04-92-35-14-67. • amzwarts@gmail.com • Ouv de mi-juin à mi-sept.*
Dans un environnement bucolique à souhait, à deux pas des clues de Barles, un camping d'une très grande simplicité... Ici, pas d'autres étoiles que celles du firmament. On plante sa tente, on écoute la rivière chanter, le vent lui répondre dans les arbres, et on est tout bonnement au paradis. Pour l'accueil, révisez vos verbes irréguliers néerlandais... NOUVEAUTÉ.

Cadre : montagne, lacs ou rivières, sentiers de randonnée.
Terrain : herbe ; en pente.

⊕ Le cadre.
⊖ Pas de piscine.

À voir, à faire dans les environs : la vallée du Bès : la dalle aux ammonites, le site de l'ichtyosaure, les clues de Barles, le village et sa Maison de la géologie.

BARRET-SUR-MÉOUGE 05300

Carte Provence-Alpes-Côte d'Azur Sud A1

32 km NO de Sisteron ; 53 km SO de Gap

€€€ **20,90 €** **95 emplacements**

Camping des gorges de la Méouge : *au Serre. ☎ 04-92-65-08-47. • campinggorgesdelameouge@wanadoo.fr • camping-meouge.com • Ouv mai-sept.*
Ce camping plutôt bien ombragé, de bon confort, est situé à deux pas des gorges de la Méouge et à proximité de nombreuses activités sportives : parapente, deltaplane, escalade, VTT (location) ou canoë. Pour les moins sportifs, l'eau cristalline de la Méouge est un régal en plein été. Location de bungalows 4-6 personnes *(476-672 €/sem).* Internet. Wifi.

Cadre : campagne, sentiers de randonnée.
Terrain : herbe ; plat.

⊕ La fraîcheur du cadre en été.
⊖ On cherche encore...

À voir, à faire dans les environs : le val d'Oule ; le col de Cabre et les villages perdus du Bochaine ; l'écomusée du Cheminot veynois ; le château de Montmaur.

BEAURECUEIL 13100

8 km E d'Aix-en-Provence *Carte Provence-Alpes-Côte d'Azur Sud A2*

€€€ **18,80 €** **85 emplacements**

Camping Sainte-Victoire : *quartier Le Paradou. ☎ 04-42-66-96-43. • campingstevictoire@orange.fr • campingsaintevictoire.com • Ouv mars-oct. CB refusées.*
Au pied de la montagne Sainte-Victoire, un camping au calme qui embaume le lilas au printemps. Grands emplacements bien ombragés par des pins. Randonnées pédestres, équestres à 2 km, VTT, escalade, terrain de jeux, trampolines, solarium, pétanque... Bref, de quoi s'occuper ! Pas de piscine mais on peut faire trempette dans le ruisseau voisin. Lave-linge et petite épicerie sur place. Location de mobile homes et tentes toilées *(315-483 €/sem).* Internet. Wifi.

Cadre : campagne, lacs ou rivières, sentiers de randonnée.
Terrain : herbe ; plat.

⊕ Les nombreuses randonnées à faire sur la montagne Sainte-Victoire et plus de 1 200 voies d'escalade équipées.
⊖ Pas de piscine.

À voir, à faire dans les environs : les randonnées et les villages de la montagne Sainte-Victoire, Puyloubier, Vauvenargues ; Aix-en-Provence.

BÉDOIN 84410

13 km NE de Carpentras *Carte Provence-Alpes-Côte d'Azur Ouest A1*

€€€ **17 €** **121 emplacements**

Camping municipal de la Pinède : *502, chemin des Sablières. ☎ 04-90-65-61-03. • camping.municipal@bedoin.fr • camping-lapinede-ventoux.fr • Ouv de mi-mars à fin oct.*
Camping familial calme, avec de bons emplacements en terrasses dans une jolie pinède. Accueil agréable. Location de chalets et mobile homes *(360-650 €/sem).* Piscine. Aire de jeux, tennis et beach-volley, snack en saison. La forêt de Bédoin est l'une des plus grandes de France et a été en partie classée Réserve mondiale de la biosphère par l'Unesco. Le village est le point de départ idéal pour ceux qui veulent attaquer le mont Ventoux à vélo ! Wifi.

Cadre : campagne, forêt, lacs ou rivières, sentiers de randonnée. ***Terrain :*** en terrasses.	⊕ Priorité est donnée au camping traditionnel ; les emplacements bien espacés. ⊖ Le terrain escarpé.

€€€ **21 €** **80 emplacements**

La Garenne : *chemin des Sablières. ☎ 04-90-65-63-05. • camping.la.garenne.bedoin@wanadoo.fr • camping-ventoux.fr • Ouv avr-oct.*
Un camping familial de bon confort avec une foule d'équipements : belle piscine, trampolines, musculation, sanitaires impeccables, resto (le *Bar Jo*), snack... Vastes emplacements ombragés sous la pinède, au calme sur une colline, et des mobile homes pour 4-6 personnes *(380-690 €/sem)* sur des terrasses en palier à l'écart des campeurs. Vraiment bien. Wifi.

Cadre : montagne, sentiers de randonnée, ville. ***Terrain :*** en terrasses ; herbe.	⊕ Belle vue dégagée. ⊖ Quels « moins » ?

À voir, à faire dans les environs : des randonnées sur le mont Ventoux ; les gorges de la Nesque ; Caromb ; Le Barroux ; Malaucène ; les caves de Beaumes-de-Venise, Gigondas et Vacqueyras.

BEUIL 06470

78 km NO de Nice *Carte Provence-Alpes-Côte d'Azur Sud B1*

€€€ **18 €** **35 emplacements**

Le Cians : *route de la Couillole (D 30). ☎ 04-93-02-57-29. • contact@camping-le-cians.fr • camping-le-cians.fr • Ouv tte l'année.*
Terrain propret qui alterne des emplacements avec herbe ou gravillons. Tables et chaises à disposition. Quelques hébergements originaux : chalets, mais aussi cabane chauffée *(475-675 €/sem),* tipi, et même une bulle *(149-179 €/nuit avec petit déj et champagne)...* pour buller face aux montagnes et sous un très beau ciel étoilé. Petit déjeuner possible, avec confitures maison. Internet. Wifi. NOUVEAUTÉ.

Cadre : montagne. ***Terrain :*** herbe ; en terrasses.	⊕ Les sanitaires chauffés. ⊖ La route (peu passante) en contre-haut.

À voir, à faire dans les environs : le parc national du Mercantour ; la station verte et de sports d'hiver de Beuil ; le train des Pignes et la vallée du Var ; les gorges de Daluis et du Cians.

BEYNES 04270

20 km S de Digne-les-Bains *Carte Provence-Alpes-Côte d'Azur Sud A1*

€€€ **19 €** **96 emplacements**

Camping La Célestine : *D 907. ☎ 04-92-35-52-54. 📱 06-16-52-09-60. • campinglacelestine@gmail.com • camping-lacelestine-alpes-de-haute-provence.com • Ouv avr-fin oct.*
Terrain plat, en pleine campagne et joliment « paysagé ». Emplacements bien au large. Un chouette plan d'eau en guise de piscine quand le soleil cogne. Location de mobile homes pour 4 personnes *(250-570 €/sem).*

Cadre : campagne, lacs ou rivières. ***Terrain :*** herbe ; plat.	⊕ De beaux arbres. ⊖ Le wifi payant.

À voir, à faire dans les environs : la vallée de l'Asse ; la vallée du Bès ; Digne-les-Bains (20 km).

BONNIEUX 84480

75 km O de Marseille ; 12 km SO d'Apt *Carte Provence-Alpes-Côte d'Azur Ouest A1*

€€€ 21 € **80 emplacements**

Camping Le Vallon : *route de Ménerbes. ☎ 04-90-75-86-14. 06-48-08-46-79. • contact@campinglevallon.com • campinglevallon.com • Ouv de mi-mars à mi-oct.*
Un petit camping familial au creux d'un vallon. Originalité du lieu, très intéressante pour les randonneurs : on y loue de belles yourtes pour 4 à 6 personnes. Ça tombe bien, le GR 92 passe dans le coin... Le locatif est proposé à la nuitée pour les yourtes uniquement en juillet et août, chose suffisamment rare pour être soulignée. Possibilité de louer à la nuitée en basse et moyenne saisons lodges, chalets et roulottes *(325-690 €/sem),* sauf ponts fériés. Location de vélos. Accueil très sympa. Internet. Wifi.

Cadre : campagne, forêt, sentiers de randonnée. ***Terrain :*** herbe ; plat. ***Réducs :*** - 10 % sur une semaine de location en basse saison.	⊕ Le calme ; l'accueil ; les yourtes ; la piscine naturelle biologique. ⊖ Plus ou moins ombragé.

À voir, à faire dans les environs : le vieux village, le musée de la Boulangerie ; la forêt de cèdres (7 km) ; le château du marquis de Sade à Lacoste ; le parc régional et la montagne du Luberon ; Cadenet ; Gordes.

BORMES-LES-MIMOSAS 83230

Carte Provence-Alpes-Côte d'Azur Sud A2

40 km E de Toulon ; 35 km SO de Saint-Tropez

€€€€ 30 € **65 emplacements**

Camping Lou Cabasson : *2168, route de Cabasson, au Pas-de-la-Griotte. ☎ 04-94-15-20-72. • contact@campingloucabasson.com • campingloucabasson.com • Ouv de mi-avr à sept.*
À 3 km de certaines des plus belles plages de la côte, un petit camping à taille humaine au milieu des vignes, calme et bien ombragé. En saison, viennoiseries et pain frais chaque jour. Internet. Wifi.

Cadre : mer, sentiers de randonnée. ***Terrain :*** herbe ; plat.	⊕ L'ambiance familiale, le parc aquatique... chouette ! ⊖ Pas d'accès immédiat à la plage.

€€€€ 59 € **750 emplacements**

Camping Le Camp du Domaine : *2581, route de Bénat, La Favière. ☎ 04-94-71-03-12. • mail@campdudomaine.com • campdudomaine.com • Ouv avr-oct.*
Dans une pinède bordée d'une longue plage de sable fin, l'un des plus grands campings de la Côte d'Azur. Si grand qu'il faut une carte routière pour s'y retrouver... mais l'espace est raisonnable entre les tentes. On choisit un emplacement au bord de l'eau avec sa tonnelle ou sous la pinède. Super infrastructures avec, notamment, plusieurs blocs sanitaires équipés pour les bébés. Côté distractions : tennis, tir à l'arc, terrains de basket, de foot, jeux interactifs pour les ados, etc. Pas de piscine en revanche. Internet. Wifi.

Cadre : mer, sentiers de randonnée. ***Terrain :*** en terrasses ; herbe ; plat.	⊕ Le vaste terrain de 45 ha arboré ; les places tentes disponibles l'été sans réservation. ⊖ La réservation indispensable pour juillet-août pour les places avec électricité et les locatifs ; les chiens acceptés uniquement hors saison.

€€€€ 32,50 € 120 emplacements

Camping Manjastre : *150, chemin des Girolles (D 98). ☎ 04-94-71-03-28. • manjastre@infonie.fr • campingmanjastre.com • Ouv tte l'année.*
Sur une colline, en pleine nature et donc au calme, un camping qui s'est agrandi au fil du temps mais toujours tenu par la même famille, d'origine néerlandaise, depuis un demi-siècle ! Bien aménagé en terrasses et à l'ombre des pins ou des chênes-lièges. Grande et superbe piscine avec vue sur les environs, petite alimentation, bar et resto en saison. Wifi.

Cadre : campagne, forêt. ***Terrain :*** en terrasses.	⊕ Pas de bungalows ni de mobile homes, du camping, du vrai ! ⊖ Pas tout près ni du village (3 km) ni de la mer (5 km).

À voir, à faire dans les environs : la route des côtes-de-provence ; Cabasson et le cap Brégançon ; le vieux Bormes ; les plages du Lavandou.

BREIL-SUR-ROYA 06540

42 km N de Menton ***Carte Provence-Alpes-Côte d'Azur Sud B1***

€€€ 19 € 40 emplacements

Azur et Merveilles : *650, promenade Georges-Clemenceau. ☎ 04-93-62-47-04. 06-24-68-11-82. • campingbreil@gmail.com • camping-azur-merveilles.com • Ouv avr-oct.*
Un terrain aménagé au bord de la rivière (pas de baignade). Plein de solutions de location à la semaine, pour le week-end, voire à la nuit hors saison *(chalets 300-600 €/sem).* En sus, location de vélo, VTT, piscine municipale couverte attenante (toit ouvrant), *bania* (sauna russe), bain nordique, et kota pour vos grillades. Wifi.

Cadre : lacs ou rivières, montagne, sentiers de randonnée. ***Terrain :*** herbe ; plat.	⊕ La proximité de la gare (500 m) et du centre du village pour les routards non véhiculés. ⊖ Le bruit du torrent.

À voir, à faire dans les environs : le vieux village ; Saorge ; la vallée de la Roya ; le parc national du Mercantour.

CAGNES-SUR-MER 06800

14 km O de Nice ***Carte Provence-Alpes-Côte d'Azur Sud B1***

€€€ 24,50 € 90 emplacements

Camping La Rivière : *168, chemin des Salles. ☎ 04-93-20-62-27. • contact@campinglariviere06.fr • campinglariviere06.fr • Ouv avr-sept.*
Un camping paisible et assez ombragé. Comme son nom l'indique, en bord de rivière. Et comme on ne peut pas s'y baigner, autant aller à la piscine ou la mer, à 5 km de là. Mobile homes pour 4 personnes à louer *(240-430 €/sem).* Resto-snack et jeux pour les enfants.

Cadre : campagne. ***Terrain :*** herbe ; plat. ***Réducs :*** - 5 % en haute saison, de - 10 % à - 30 % hors saison selon la durée du séjour sur présentation de ce guide.	⊕ Le calme de la vallée. ⊖ Certains emplacements chiches en ombre.

€€€€ 28 € 34 emplacements

Camping Le Colombier : *35, chemin Sainte-Colombe, colline de la route de Vence. ☎ 04-93-73-12-77. • campinglecolombier06@gmail.com • campinglecolombier.com • Ouv d'avr à mi-oct. CB refusées.*
Camping familial de petite taille, bien ombragé et confortable, avec cabines de douche neuves et chauffées. Bien au calme et au vert, l'ensemble est très convivial et l'accueil excellent. Une sorte de miracle sur la Côte d'Azur, si proche de la ville (commerces à 500 m) et de la mer (2 km). Location d'un studio pour 2 personnes *(270-550 €/sem).* Piscine. Un bon plan à prix encore correct. Internet. Wifi.

Cadre : mer. ***Terrain :*** herbe ; plat.	⊕ Le bord de mer à 20 mn à pied. ⊖ Les animaux refusés.

À voir, à faire dans les environs : le château-musée, le musée Renoir et la vieille ville.

CARCÈS 83570

Carte Provence-Alpes-Côte d'Azur Sud A2

18 km NO de Brignoles ; 30 km O de Draguignan

€€€€ 32 € 79 emplacements

Camping Les Fouguières : *165, chemin des Fouguières. ☎ 04-94-59-96-28. 06-74-29-69-02. • info@camping-les-fouguieres.com • camping-les-fouguieres.com • Ouv de mi-mars à mi-nov.*
En lisière du village, petit camping tranquille et bien équipé. Le cœur du terrain se loge sous de beaux platanes et peupliers où se serrent les mobile homes pour 2 à 6 personnes *(250-780 €/sem)* ; pour les tentes, l'ombre est un peu plus chiche. La petite piscine (chauffée mai-septembre), la démarche environnementale, l'accueil très chaleureux et l'ambiance familiale sont de réels atouts. Snack en saison. Internet. Wifi.

Cadre : campagne, lacs ou rivières, sentiers de randonnée. ***Terrain :*** herbe ; plat.	⊕ Proche du centre du village (5 mn à pied). ⊖ Les prix un chouia élevés pour le confort.

À voir, à faire dans les environs : Cotignac ; le château d'Entrecasteaux.

CARPENTRAS 84200

23 km NE d'Avignon *Carte Provence-Alpes-Côte d'Azur Ouest A1*

€€€€ 28,50 € 99 emplacements

Aloé Camping Lou Comtadou : *881, av. Pierre-de-Coubertin. ☎ 04-66-60-07-00. • contact@camping-loucomtadou.fr • camping-loucomtadou.fr • Ouv avr-oct (loc à partir de mars).*
Au pied du mont Ventoux, un camping bien équipé, assez bien ombragé et à deux pas de la piscine municipale et d'un complexe sportif. Emplacements bien délimités par de hautes haies. Quelques mobile homes et bungalows toilés à louer *(245-959 €/sem ; loc possible à la nuit).* Internet. Wifi.

Cadre : ville. ***Terrain :*** herbe ; plat.	⊕ Bien situé pour sillonner le coin. ⊖ En ville.

À voir, à faire dans les environs : la vieille ville, l'hôtel-Dieu, la synagogue et les musées locaux.

PROVENCE-ALPES-CÔTE D'AZUR

CASSIS 13260

20 km SE de Marseille **Carte Provence-Alpes-Côte d'Azur Sud A2**

€€€ 24 € **250 emplacements**

Camping Les Cigales : *av. de la Marne. ☎ 04-42-01-07-34. • cigales.1@hotmail.fr • campingcassis.com • Ouv Pâques-Toussaint.*
Un camping, un vrai, sans mobile homes. Le sol est caillouteux, parfois légèrement en pente, mais les emplacements sont bien délimités, mi-ombre mi-soleil, calés sous les pins et les oliviers. Les sanitaires ont vécu mais sont bien entretenus. Sur place, bar, épicerie, aire de jeux, machines à laver. Reste à y trouver de la place en saison (résa impossible, arriver tôt le matin). Internet. Wifi.

Cadre : mer, ville.
Terrain : herbe ; plat ; rocaille.

⊕ Le GR 98 qui passe dans le secteur.
⊖ Certains emplacements trop proches de la route ; le terrain caillouteux et les sols durs.

À voir, à faire dans les environs : les calanques ; les plages ; le cap Canaille ; Marseille (20 km) ; Aubagne.

CASTELLAR 06500

5 km N de Menton **Carte Provence-Alpes-Côte d'Azur Sud B1**

€€€ 20 € **6 emplacements**

La Ferme Saint-Bernard : *famille Bovis, 2600, chemin Saint-Bernard. ☎ 04-93-28-28-31. 📱 06-60-37-41-19. • lafermestbernard@orange.fr • lafermestbernard.wixsite.com/castellar • Ouv avr-sept. CB refusées.*
Une ferme maraîchère accrochée à la montagne, avec de la place pour camper ou un dortoir de 10 couchages sous toile *(12 €/pers, avec possibilité de ½ pens 35 €/pers).* Dépaysement total, et quelle vue ! Petit terrain totalement atypique où l'on est reçu avec soin et attention. On y vient par une pente sérieuse (difficile en véhicule de tourisme en cas d'intempérie). Mais certainement pas en camping-car ! Bonne table avec produits de la ferme *(sur résa seulement ; menus 18-32 €).* Wifi.

Cadre : montagne, sentiers de randonnée.
Terrain : en terrasses ; herbe.
Réducs : rafraîchissement offert à l'arrivée sur présentation de ce guide.

⊕ Les nombreuses promenades à faire sur le GR 52 ; les réducs pour les groupes et les associations.
⊖ Pas d'électricité (EDF) mais desservi par groupe électrogène.

À voir, à faire dans les environs : Gorbio ; Sainte-Agnès ; les grottes Grimaldi ; Menton (5 km) ; Monaco.

CAVAILLON 84300

25 km SE d'Avignon **Carte Provence-Alpes-Côte d'Azur Ouest A1**

€€€ 16 € **100 emplacements**

Camping intercommunal de la Durance : *495, av. Boscodomini. ☎ 04-90-71-11-78. • contact@camping-durance.com • camping-durance.com • Ouv avr-sept.*
Un camping géré par Johana, d'origine hollandaise, à la tête d'une équipe polyglotte de choc. Emplacements assez ombragés, séparés par des haies. Accès gratuit à la piscine intercommunale et aux tennis voisins en été. Aire de vidange pour les camping-cars. Supermarché et restos à proximité. Chalets, mobile homes et bungalows toilés *(195-775 €/sem).* Wifi.

Cadre : ville. ***Terrain :*** herbe ; plat.	⊕ L'accueil de Johana et de son équipe. ⊖ La zone artisanale et le passage routier à proximité.

À voir, à faire dans les environs : la synagogue ; le Luberon.

CAVALAIRE-SUR-MER 83240

Carte Provence-Alpes-Côte d'Azur Sud B2

18 km S de Saint-Tropez ; 60 km E de Toulon

€€€€ **42 €** **120 emplacements**

Camping La Pinède : *193, chemin des Mannes. ☎ 04-94-64-11-14. • camping.lapinede83@orange.fr • camping-lapinede.com • Ouv 15 mars-15 oct.*
Ombragé et confortable avec ses sanitaires totalement adaptés à vos marmots. Un agréable rapport qualité-prix, à la fois proche des commerces et de la mer... Juste quelques rares hébergements locatifs, un peu comme du temps de papa ! Internet. Wifi.

Cadre : mer. ***Terrain :*** plat.	⊕ À 500 m de la mer. ⊖ Certains emplacements surplombant la route.

À voir, à faire dans les environs : la corniche des Maures ; le domaine du Rayol ; la plongée dans la « baie aux épaves ».

CEILLAC 05600

Carte Provence-Alpes-Côte d'Azur Nord B1

13 km NE de Guillestre ; 47 km SE de Briançon

€€€ **21,70 €** **100 emplacements**

Les Mélèzes : *La Rua-des-Reynauds. ☎ 04-92-45-21-93. • camping-les-melezes@wanadoo.fr • campingdeceillac.com • Ouv juin-1er w-e de sept.*
Pas mal d'espace : une centaine d'emplacements sur 3 ha dans un superbe environnement ombragé de mélèzes. D'un côté, une paroi rocheuse ; de l'autre, un petit cours d'eau. Pas d'animations. Internet. Wifi.

Cadre : montagne. ***Terrain :*** herbe.	⊕ La beauté du paysage environnant ; le calme. ⊖ Le soleil disparaît un peu tôt en soirée (à 1 700 m).

€€ **11 €** **60 emplacements**

Camping municipal des Moutets : *☎ 04-92-45-17-89. • campingceillac@orange.fr • ceillac.com • Ouv juil-sept. CB refusées.*
Au bord de la route principale (qui finit en cul-de-sac !), à 10 mn à pied des commerces. Dans un vaste champ, tout plat, quelques arbres daignent offrir un peu d'ombre aux campeurs qui s'installent où ils le souhaitent. Équipement des plus simple : 3 petits blocs sanitaires propres, douches payantes. Le prix très doux, l'atmosphère tranquille et bon enfant, le spectacle des parapentes qui flottent dans le ciel matin et soir, et l'accueil font qu'on s'y sent vraiment bien. Abris en bois pour randonneurs.

Cadre : campagne, forêt, lacs ou rivières, montagne, sentiers de randonnée. ***Terrain :*** herbe ; plat.	⊕ Le cadre ; le village à proximité ; l'accueil pétillant et chaleureux. ⊖ Peu ombragé.

À voir, à faire dans les environs : le parc naturel régional du Queyras ; le village fortifié de Mont-Dauphin ; Vars et ses hameaux ; la combe du Guil ; le col d'Izoard ; le fort de Château-Queyras ; Saint-Véran.

COGOLIN 83310

Carte Provence-Alpes-Côte d'Azur Sud B2

11 km O de Saint-Tropez ; 60 km E de Toulon

€€€€ 39 € — 183 emplacements

Camping L'Argentière : *av. Saint-Maur. ☎ 04-94-54-63-63. • contact@camping-argentiere.com • camping-argentiere.com • Ouv avr-sept. CB refusées.*
À environ 5 km des plages des Marines de Cogolin et de Port-Grimaud. Un camping familial, calme et ombragé, voire très vert, à la lisière du village. Parc aquatique, terrain de pétanque, tennis, laverie, snack-bar (en saison). À notre sens, l'un des plus agréables de la région ! Wifi.

Cadre : campagne, ville.
Terrain : herbe ; plat.
Réducs : - 10 % en camping hors juillet-août sur présentation de ce guide.

⊕ L'espace vert.
⊖ La mer pas tout près (et les embouteillages fréquents dans ce secteur).

À voir, à faire dans les environs : Grimaud ; les plages de Ramatuelle ; Gassin ; le musée de l'Annonciade à Saint-Tropez.

COLMARS-LES-ALPES 04370

48 km NE de Castellane — *Carte Provence-Alpes-Côte d'Azur Sud B1*

€€ 14 € — 25 emplacements

Les Pommiers : *chez Mme Palmieri, La Buissière. ☎ 04-92-83-41-56. 📱 07-86-40-21-76. • contact@camping-pommier.com • camping-pommier.com • Ouv mai-sept. CB refusées.*
Un petit camping familial idéalement placé, avec son herbe bien verte, au calme, au milieu des montagnes. Stop camping-cars. Propre. Boulanger tous les matins et commerces à 500 m. Barbecues individuels à disposition. Estampillé Bienvenue à la Ferme.

Cadre : forêt, lacs ou rivières, montagne, sentiers de randonnée.
Terrain : en terrasses ; herbe ; plat.

⊕ La vue sur les montagnes.
⊖ Pas d'animation pour les ados.

À voir, à faire dans les environs : le village médiéval, le fort de Savoie et la maison-musée ; le val d'Allos ; le parc du Mercantour.

CONTES 06390

17 km NE de Nice — *Carte Provence-Alpes-Côte d'Azur Sud B1*

€€€€ 25,50 € — 50 emplacements

La Ferme Riola : *5309, route de Sclos. ☎ 04-93-79-03-02. • contact@campinglafermeriola.com • campinglafermeriola.com • Ouv avr-sept (loc tte l'année). CB refusées.*
Emplacements agréablement dispersés sur les 3 ha d'un arboretum de 120 espèces différentes d'arbres méditerranéens, dont des oliviers centenaires. Beaucoup d'habitués et donc résa conseillée. Gîtes à louer toute l'année *(250-650 €/sem).* Piscine. Internet. Wifi.

Cadre : campagne, sentiers de randonnée.
Terrain : en terrasses ; herbe ; plat.

⊕ La pleine nature ; le calme et le confort.
⊖ Ni borne ni fosse pour camping-cars.

À voir, à faire dans les environs : les villages perchés de Coaraze, Lucéram, Peille et Peillon ; le train des Merveilles ; Nice (17 km).

COTIGNAC 83570

Carte Provence-Alpes-Côte d'Azur Sud A2

22 km N de Brignoles ; 37 km O de Draguignan

€€ **14 €** **30 emplacements**

Camping municipal Les Pouverels : *3070, chemin des Pouverels. ☎ 04-94-04-71-91. • campingcotignac@orange.fr • Ouv avr-oct.*
Au calme, dans un endroit plein de verdure. Camping paisible et tout simple, isolé dans un vallon au milieu des pins. Astucieuse cuisine d'été avec frigo et congélateur. Sanitaires nickel. Très bon accueil. En location, écolodges 2-4 personnes (linge en sus). Gîte d'étape de 20 lits *(12-15 €/pers).* Internet. Wifi.

Cadre : forêt, lacs ou rivières, sentiers de randonnée. ***Terrain :*** en terrasses ; herbe ; plat.	⊕ Le cadre en pleine nature. ⊖ Très simple.

À voir, à faire dans les environs : le village, ses grottes ; le monastère La Font-Saint-Joseph-du-Bessillon (3 km) ; Sillans-la-Cascade.

CUCURON 84160

27 km SE d'Apt *Carte Provence-Alpes-Côte d'Azur Sud A1*

€€€ **21,70 €** **81 emplacements**

Camping Le Moulin à Vent : *245, chemin de Gastoule. ☎ 04-90-77-25-77. • contact@le-moulin-a-vent.com • le-moulin-a-vent.com • Ouv avr-début oct.*
Un petit camping accueillant, reposant et agréable. Bons emplacements ombragés en paliers. Sanitaires neufs. Petite épicerie et dépôt de pain. Location de cottages et de chalets 2-5 personnes *(273-554 €/sem).* Proximité du parc du Luberon et des GR 9 et GR 97. Résa vivement recommandée. Internet. Wifi.

Cadre : campagne. ***Terrain :*** en terrasses ; herbe ; plat.	⊕ Le calme. ⊖ Loin des commerces (2 km) ; pas de piscine ni d'animations.

€€ **13,80 €** **34 emplacements**

Camping Lou Badareu : *420, route de l'Étang-de-la-Bonde. ☎ 04-90-77-21-46. • loubadareu@orange.fr • loubadareu.com • Ouv d'avr à mi-oct. CB refusées.*
Camping au pied du Grand Luberon. Location d'un bungalow toilé *(250-350 €/sem),* ping-pong, petite épicerie, produits de la ferme, et même une cave à vin. Calme et ombragé. Bassin d'agrément où l'on peut se baigner. GR 9 à proximité. Pour un séjour d'agrotourisme sympathique et familial. Internet. Wifi.

Cadre : campagne, sentiers de randonnée. ***Terrain :*** herbe.	⊕ Les vastes emplacements de 100 m². ⊖ Le village à 800 m.

À voir, à faire dans les environs : le vieux village ; Cadenet ; Vaugines ; Ansouis ; Pertuis ; Grambois ; le parc régional et la montagne du Luberon.

DIGNE-LES-BAINS 04000

55 km NE de Manosque *Carte Provence-Alpes-Côte d'Azur Sud A1*

€€€ **20,50 €** **119 emplacements**

Camping du Bourg : *route de Barcelonnette. ☎ 04-92-31-04-87. • campingdubourg@orange.fr • campingdigne.com • Ouv avr-oct. CB refusées.*

Emplacements au bord d'une rivière, bien entretenus. Également des mobile homes 4 personnes *(371-798 €/sem).* Plusieurs courts de tennis, des stages et des tournois multisports en été. Lac à 4 km et à 45 mn de marche, accès direct à une via ferrata. Internet. Wifi.

Cadre : campagne, lacs ou rivières, montagne, sentiers de randonnée. ***Terrain :*** en terrasses ; herbe ; plat. ***Réducs :*** - 10 % en camping hors saison sur présentation de ce guide.	⊕ Le calme à proximité du centre-ville. ⊖ Pas de restauration sur place (mais un *food truck* 3 fois par semaine).

€€€ **24,50 €** **140 emplacements**

Camping Les Eaux Chaudes : *32, av. des Thermes. ☎ 04-92-32-31-04. • info@campingleseauxchaudes.com • campingleseauxchaudes.com • Ouv avr-oct.*
Camping doté de tout le confort moderne, au bord de la rivière. Au calme. Location de mobile homes pour 4 personnes *(385-686 €/sem ; loc à la nuitée possible).* Lac des Ferréols à 4 km. Supermarché à 800 m. Piscine chauffée juin-septembre. Internet. Wifi.

Cadre : lacs ou rivières, montagne, sentiers de randonnée, ville, forêt. ***Terrain :*** herbe ; plat.	⊕ La navette (payante) reliant le camping au centre-ville. ⊖ Pas d'accès direct à la rivière.

À voir, à faire dans les environs : la vieille ville, le musée Gassendi, la cathédrale Notre-Dame-du-Bourg, le musée Alexandra-David-Néel, le musée-promenade, le train des Pignes, les thermes ; les lacs des Ferréols ; la vallée du Bès.

EMBRUN 05200

Carte Provence-Alpes-Côte d'Azur Nord A2

37 km E de Gap ; 46 km SO de Briançon

€€€ **20,50 €** **95 emplacements**

Club Nautique Alpin Serre-Ponçon : *chemin de Chadenas. ☎ 04-92-43-00-02. • cnasp@wanadoo.fr • cna-embrun.com • Ouv de mi-juin à mi-sept (tte l'année pour les chalets).*
Un camping un peu à l'écart d'Embrun et bien ombragé, au bord du lac. Certains emplacements sont carrément au bord de l'eau ! Accès direct à de jolies petites plages pour la baignade et mise à l'eau directe des dériveurs, catamarans, planches à voile, goélettes... Petits et grands peuvent découvrir les joies des sports nautiques, dans le cadre de stages de 3 à 6 jours ou de leçons particulières, dispensés sur place par l'École française de voile. Location de chalets pour 5 à 7 personnes *(350-660 €/sem).* Internet. Wifi.

Cadre : lacs ou rivières, montagne, sentiers de randonnée. ***Terrain :*** en terrasses ; plat.	⊕ Le lac ; les sports nautiques ; le départ en planche à voile depuis la plage du camping. ⊖ Pas d'épicerie sur place.

€€€ **21,10 €** **291 emplacements**

Camping municipal de la Clapière : *av. du Lac. ☎ 04-92-43-01-83. • info@camping-embrun-clapiere.com • camping-embrun-clapiere.com • Ouv tte l'année.*
Pas bien compliqué ni très sorcier, ce camping tout équipé, avec des tentes et des caravanes (et des campeurs !), a l'avantage de se trouver à proximité du lac (plagette de cailloux et engazonnée, baignade surveillée) et de la base de loisirs très animée avec minigolf, tennis et restos. Bien ombragé par des pins. Location de mobile homes et de chalets 4 à 7 personnes *(375-860 €/sem).* Internet. Wifi.

Cadre : lacs ou rivières, montagne. ***Terrain :*** en pente ; en terrasses ; herbe ; plat.	⊕ Les activités nautiques à proximité. ⊖ Un peu bruyant et chargé en saison.

À voir, à faire dans les environs : la ville ; le lac de Serre-Ponçon ; l'abbaye de Boscodon ; le Muséoscope du lac à Rousset ; la route des Puys (la D 9) ; le parc naturel régional du Queyras ; le parc des Écrins.

EYGALIÈRES 13810

Carte Provence-Alpes-Côte d'Azur Ouest A2

37 km NE d'Arles ; 12 km E de Saint-Rémy-de-Provence

€€€ 17 € — **30 emplacements**

Camping Les Oliviers : *av. Jean-Jaurès. ☎ 04-90-95-91-86. • campinglesoliviers13@gmail.com • camping-les-oliviers.com • Ouv d'avr à mi-sept. CB refusées.*
En plein cœur du village, ce mignon petit camping engagé dans une démarche de développement durable égrène ses emplacements le long d'une allée bordée d'oliviers. Terrain de pétanque, location de vélos, aire de jeux pour enfants. Calme garanti. Internet. Wifi.

Cadre : campagne, sentiers de randonnée. ***Terrain :*** plat. ***Réducs :*** - 10 % hors-saison, - 5 % en haute saison sur présentation de ce guide.	⊕ La situation, au cœur du beau village d'Eygalières, et sa taille modeste. ⊖ Le peu d'équipements.

€€€ 17,50 — **20 emplacements**

Camping Le Pesquié : *route du Mas-d'Aubergue. ☎ 04-90-95-99-50. • lepesquie84@orange.fr • camping-pesquie.com • Ouv 20 mars-20 oct. CB refusées.*
Un camping de poche, bien ombragé, disposant de parcelles herbeuses pour planter sa guitoune. Côté services : une machine à laver, 4 douches, 4 w-c et basta ! Pour la tranquillité de ses résidents, Yvelise n'accueille que les individuels, pas les groupes. NOUVEAUTÉ.

Cadre : montagne, campagne, sentiers de randonnée. ***Terrain :*** herbe ; plat.	⊕ Un camping intimiste. ⊖ Un peu léger au niveau équipement.

À voir, à faire dans les environs : Saint-Rémy-de-Provence (village et ruines antiques) ; Les Baux-de-Provence ; les Alpilles (balades).

FONTAINE-DE-VAUCLUSE 84800

30 km E d'Avignon — *Carte Provence-Alpes-Côte d'Azur Ouest A1*

€€€ 21 € — **42 emplacements**

Les Prés : *06-26-63-22-86. • contact@camping-les-pres.info • camping-les-pres.info • Ouv de mars à mi-déc. CB refusées.*
Au calme, dans un cadre verdoyant agrémenté du cours sonore (trop, au goût de certains) de la rivière. Lave-linge, buvette, barbecue. Piscine en été. Petite île avec roue à aubes et enclos de biquettes. Internet. Wifi.

Cadre : campagne, lacs ou rivières, sentiers de randonnée. ***Terrain :*** herbe ; plat.	⊕ La proximité de la rivière. ⊖ Simple mais suffisant.

À voir, à faire dans les environs : la source, le musée-bibliothèque Pétrarque et le musée d'Histoire 1939-1945 ; L'Isle-sur-la-Sorgue ; Gordes ; l'abbaye de Sénanque ; Cavaillon.

FONTAN 06450

47 km N de Menton — *Carte Provence-Alpes-Côte d'Azur Sud B1*

€€ **12,30 €** — **38 emplacements**

Camping municipal : *RD 6204. 06-70-16-17-29. • mairiedefontan@orange.fr • fontan-tourisme.com • Ouv juil-août. CB refusées.*
Petit terrain sous les arbres, au bord de la rivière. Atmosphère paisible que l'on a envie de respecter dès l'arrivée.

Cadre : lacs ou rivières, montagne. ***Terrain :*** herbe.	⊕ L'accès direct à la rivière où l'on peut se baigner. ⊖ Le peu d'équipements.

À voir, à faire dans les environs : Saorge (2,5 km) ; la vallée de la Roya ; la vallée des Merveilles ; le sanctuaire Notre-Dame-des-Fontaines à La Brigue ; le parc national du Mercantour.

FONTVIEILLE 13990

9 km NE d'Arles — *Carte Provence-Alpes-Côte d'Azur Ouest A2*

€€€€ **39 €** — **163 emplacements**

Huttopia Fontvieille : *rue Michelet. ☎ 04-90-54-78-69. • fontvieille@huttopia.com • europe.huttopia.com • Ouv d'avr à mi-oct.*
Dans une pinède et donc bien ombragé. Coin aussi plaisant que tranquille. Vastes emplacements, herbeux pour la plupart. Laverie. Ping-pong, terrain de pétanque, mini-golf, volley... Et toujours cet « espace de vie » où l'on aime se retrouver, signature de la chaîne Huttopia. Piscine chauffée (3 bassins, rien que ça !). Animations famille en été. Locatifs *(266-1 106 €/sem)*. Wifi.

Cadre : campagne, forêt, sentiers de randonnée. ***Terrain :*** herbe ; plat.	⊕ Le calme en pleine nature et les espaces communs pour échanger. ⊖ Pas de supérette ni de buvette.

À voir, à faire dans les environs : le moulin dit « d'Alphonse-Daudet » ; l'abbaye de Montmajour ; Les Baux-de-Provence ; Saint-Rémy-de-Provence ; Arles.

FORCALQUIER 04300

48 km SO de Digne-les-Bains — *Carte Provence-Alpes-Côte d'Azur Sud A1*

€€€€ **26 €** — **130 emplacements**

Camping Forcalquier Les Routes de Provence : *av. Claude-Delorne (route de Sigonce). ☎ 04-92-75-27-94. • info@camping-forcalquier.com • camping-forcalquier.com • Ouv avr-sept.*
Un lieu qui prône un retour aux valeurs originelles du camping, faites de simplicité et de contact direct avec la nature. La plupart des emplacements sont spacieux et ombragés. Location de chalets, tentes toile et bois et de mobile homes, pour 4 à 6 personnes selon l'hébergement *(49-126 €/nuit ou 269-854 €/sem)*. Sanitaires bien entretenus. Ambiance plutôt familiale. Piscine chauffée. Internet. Wifi.

Cadre : campagne, sentiers de randonnée. ***Terrain :*** herbe ; plat.	⊕ Les nombreuses activités gratuites ou payantes (cours de cuisine provençale, ateliers...) ; la proximité de la vieille ville de Forcalquier. ⊖ Certains emplacements peu ombragés.

À voir, à faire dans les environs : la cathédrale Notre-Dame, la vieille ville, la terrasse Notre-Dame-de-Provence, le couvent des Cordeliers, le cimetière, la voie Domitia ; la montagne de Lure.

FREISSINIÈRES 05130

Carte Provence-Alpes-Côte d'Azur Nord A1

25 km S de Briançon ; 33 km N d'Embrun

€€€ 18 € **148 emplacements**

Camping des Allouviers : *Les Allouviers. ☎ 04-92-20-93-24. 06-50-41-73-24. • contact@camping-freissinieres.fr • camping-freissinieres.fr • Ouv mai-sept.*
Un grand camping paisible et bucolique, réparti sur 4 ha entre pinède et prairie, en bordure d'une rivière et d'un petit lac. Sanitaires propres. Presse du jour, dépôt de pain le matin, bon accueil, que demander de plus ? Chalets et yourtes en bois à louer *(350-620 €/sem).* Petite restauration. Internet. Wifi.

Cadre : forêt, lacs ou rivières, montagne, sentiers de randonnée. ***Terrain :*** herbe ; plat.	⊕ Le cadre enchanteur. ⊖ On se répète, mais que demander de plus ?

À voir, à faire dans les environs : le hameau de Dormillouse ; le parc national des Écrins ; Briançon (25 km).

FRÉJUS 83600

Carte Provence-Alpes-Côte d'Azur Sud B2

28 km SE de Draguignan ; 37 km N Saint-Tropez

€€€€ 67 € **382 emplacements**

Domaine du Colombier : *1052, rue des Combattants-d'Afrique-du-Nord. ☎ 04-94-51-56-01. • info@clubcolombier.com • domaine-du-colombier.com • Ouv avr-sept.*
Confortable village-vacances, semi-ombragé et doté d'un espace aquatique de 3 800 m², d'une pataugeoire pour les enfants, de toboggans, balnéothérapie, spa, hammam. Internet. Wifi.

Cadre : mer. ***Terrain :*** en pente ; en terrasses ; herbe ; rocaille.	⊕ Le gardien de nuit. ⊖ Le manque d'intimité ; le domaine en terrasses, déconseillé aux personnes à mobilité réduite.

À voir, à faire dans les environs : le groupe épiscopal, le Musée archéologique, les arènes, l'aqueduc et la Villa aurélienne, la pagode bouddhique, la chapelle Notre-Dame-de-Jérusalem, etc. ; les étangs de Villepey.

GORDES 84220

30 km NO d'Apt

Carte Provence-Alpes-Côte d'Azur Ouest A1

€€€€ 34,70 € **100 emplacements**

Camping des Sources : *route de Murs, à Fontaville. ☎ 04-90-72-12-48. 06-07-19-86-50. • contact@campingdessources.com • campingdessources.com • Ouv début avr-fin sept.*
En pleine nature, sur une colline bien ombragée dans sa chênaie, avec vue sur la vallée et la chaîne du Luberon. Location de mobile homes, chalets et bungalows toilés *(335-1 393 €/sem).* Minigolf, ping-pong, fitness, piscine chauffée, aire de jeux enfants. Bloc sanitaire neuf et chauffé. Internet. Wifi.

Cadre : campagne. ***Terrain :*** en terrasses ; rocaille.	⊕ La vue panoramique. ⊖ L'accueil ; devoir payer la totalité des prestations en début de séjour.

À voir, à faire dans les environs : le village, le château-musée Pol-Mara, le village des bories, le musée de l'Histoire du vitrail et du verre ; l'abbaye de Sénanque ; les gorges de la Veroncle ; Murs.

GRASSE 06130

20 km NO de Cannes — *Carte Provence-Alpes-Côte d'Azur Sud B1*

€€€€ 36,40 € — **77 emplacements**

Camping La Paoute : *160, route de Cannes. ☎ 04-93-09-11-42. • camppaoute@hotmail.com • campinglapaoute.com • Ouv avr-sept (loc et camping-cars tte l'année).* Un bon confort, surprenant au regard des abords urbains et commerciaux. Ombragé et verdoyant. Snack pour caler une faim. Mobile homes pour 2 à 6 personnes *(315-940 €/sem).* Piscine. Internet. Wifi.

Cadre : campagne, ville. ***Terrain :*** en terrasses ; herbe.	⊕ L'hypermarché à proximité. ⊖ La piscine... non chauffée.

À voir, à faire dans les environs : la cathédrale, les parfumeries, le musée de la Parfumerie ; Cannes (20 km).

GRAVESON 13690

28 km NE d'Arles — *Carte Provence-Alpes-Côte d'Azur Ouest A1*

€€€€ 28 € — **190 emplacements**

Camping Les Micocouliers : *445, route de Cassoulen. ☎ 04-90-95-81-49. • micocou@orange.fr • lesmicocouliers.fr • Ouv de mi-mars à mi-oct.*
En bord de route, certes, mais joliment fleuri. Vastes emplacements (plus ou moins ombragés). Piscine, volley, fitness de plein air et superbe accueil. Animaux admis en laisse. Jolies balades à faire dans les Alpilles et sur la Montagnette. Lac de pêche à 3 km. Mobile homes 4-6 personnes en location *(280-1 400 €/sem ; et clim en option).* Internet. Wifi.

Cadre : campagne, montagne, sentiers de randonnée. ***Terrain :*** herbe ; plat. ***Réducs :*** - 5 % sur présentation de ce guide.	⊕ L'ambiance familiale ; les animations en juillet-août (cours de yoga, aquagym...) ⊖ Pas d'activités spécifiques pour les ados.

À voir, à faire dans les environs : le musée Auguste-Chabaud et le musée des Arômes et du Parfum ; Barbentane ; l'abbaye Saint-Michel-de-Frigolet ; Maillane ; Les Baux-de-Provence ; Tarascon ; Avignon.

GRÉOUX-LES-BAINS 04800

60 km SO de Digne-les-Bains — *Carte Provence-Alpes-Côte d'Azur Sud A1*

€€€€ 33 € — **166 emplacements**

Camping La Pinède : *route de Saint-Pierre. ☎ 04-92-78-05-47. • lapinede@wanadoo.fr • camping-lapinede-04.com • Ouv mars-fin nov.*
Des emplacements étagés sous les pins (sans blague !) mais aussi chênes et autres essences. Un beau site, avec piscine, tennis, jeux pour les enfants, terrain de boules, snack... Location de mobile homes à partir de 4 personnes *(315-994 €/sem).* Sanitaires propres. Internet. Wifi.

Cadre : campagne, lacs ou rivières, sentiers de randonnée, ville. ***Terrain :*** en terrasses ; plat ; rocaille.	⊕ Le site bien ombragé ; un camping calme et familial ; la navette pour le village en saison. ⊖ Le sol dur avec gravillons ; le wifi payant sur le terrain (gratuit à la réception).

€€€ **24 €** **120 emplacements**

Camping Le Verseau : *113, chemin Gaspard-de-Besse. ☎ 04-92-77-67-10. 📱 06-69-97-92-35. • info@camping-le-verseau.com • camping-le-verseau.com • Ouv mars-nov.*
Au bord du Verdon, avec une jolie vue sur le village. Location de chalets et de mobile homes à partir de 4 personnes *(287-707 €/sem).* Emplacements pas bien vastes, séparés par des haies de cyprès dans un cadre charmant. Grand terrain de jeux, beau boulodrome et non moins belle piscine. Internet. Wifi.

Cadre : campagne, forêt, lacs ou rivières, sentiers de randonnée. ***Terrain :*** plat.	⊕ La proximité du village (15 mn à pied) ; le wifi gratuit au bar. ⊖ Les emplacements gravillonneux.

À voir, à faire dans les environs : le vieux village, le château, l'atelier-musée du Vitrail, la chapelle Notre-Dame-des-Œufs, les thermes.

GRIMAUD 83310

Carte Provence-Alpes-Côte d'Azur Sud B2

12 km O de Saint-Tropez ; 48 km SE de Draguignan

€€€€ **32 €** **100 emplacements**

Camping Charlemagne : *1482, route de Collobrières. ☎ 04-94-43-22-90. • infos@camping-charlemagne.com • camping-charlemagne.com • Ouv mars-fin nov.*
Un camping familial bien ombragé. Une cinquantaine d'emplacements pour les tentes. Possibilité de demi-pension ou pension complète *(22-35 €/pers),* resto en été. Location de vélos. Piscine. Internet.

Cadre : forêt, mer. ***Terrain :*** en terrasses ; herbe ; plat.	⊕ Le très bon accueil. ⊖ La mer pas toute proche (à 4,5 km) mais navette gratuite

À voir, à faire dans les environs : le vieux village ; les plages de Ramatuelle ; Gassin ; le musée de l'Annonciade à Saint-Tropez.

GUILLAUMES 06470

96 km NO de Nice ***Carte Provence-Alpes-Côte d'Azur Sud B1***

€ **8 €** **25 emplacements**

Camping des Rouges Gorges : *au lieu-dit Tire-Bœuf. ☎ 04-93-05-53-50. 📱 06-26-32-26-49. • kikoucamping@gmail.com • campingdesrougesgorges.business.site • Ouv avr-sept.*
À l'entrée des gorges de Daluis, au pied des falaises de schiste rouge, un vrai camping de routards, sans bungalows, chouette ! Site extraordinaire. Jam-session les vendredi soir, sans oublier un resto avec des pizzas maison au feu de bois. Apportez votre couteau suisse ! Pas mal d'activités dans les environs proches : randonnées bien sûr, kayak, rafting, mais aussi saut à l'élastique, VTT, etc. NOUVEAUTÉ.

Cadre : forêt, lacs ou rivières, montagne, sentiers de randonnée. ***Terrain :*** en terrasses ; herbe.	⊕ Le cadre spectaculaire. ⊖ Le confort basique, mais c'est aussi ce qui fait son charme.

À voir, à faire dans les environs : le parc national du Mercantour ; la station verte et de sports d'hiver de Valberg ; le train des Pignes et la vallée du Var ; les gorges de Daluis et du Cians.

GUILLESTRE 05600

Carte Provence-Alpes-Côte d'Azur Nord B1

19 km NE d'Embrun ; 34 km S de Briançon

€€ 16 € **114 emplacements**

Saint-James les Pins : *route des Campings. ☎ 04-92-45-08-24. • camping@lesaint james.com • lesaintjames.com • Ouv tte l'année sauf nov-déc.*
Petit camping ombragé par des pins sylvestres, au calme et au bord d'un cours d'eau. Équipements de bon niveau. Les mobile homes et les chalets *(350-710 €/sem)* se trouvent dans une autre partie du camping, à 150 m de la réception. Randos accompagnées en saison. Épicerie en été. Piscine et terrain de tennis municipaux à 300 m. Internet. Wifi.

Cadre : forêt, montagne, lacs ou rivières. ***Terrain :*** herbe ; plat.	⊕ Bien ombragé ; l'espace de baignade. ⊖ L'éloignement du centre-ville.

À voir, à faire dans les environs : le fort de Mont-Dauphin ; le parc naturel régional du Queyras ; le parc des Écrins ; Briançon (34 km).

HYÈRES 83400

Carte Provence-Alpes-Côte d'Azur Sud A2

18 km E de Toulon ; 50 km S de Brignoles

€€€€ 45 € **166 emplacements**

Camping International : *1737, route de La Madrague, presqu'île de Giens. ☎ 04-94-58-90-16. • thierry.coulomb@wanadoo.fr • international-giens.com • Ouv tte l'année.*
Un camping de taille moyenne, qui descend doucement vers la mer (à 50 m de l'autre côté de la route). C'est l'endroit rêvé pour les véliplanchistes et les kitesurfeurs... Normal, on est sur LE spot de la Côte d'Azur ! Resto, mais aussi spa, centre de beauté, salle de musculation et piscine. Excellent accueil. Internet. Wifi.

Cadre : mer. ***Terrain :*** herbe ; plat.	⊕ L'accès direct à la mer pour les véliplanchistes. ⊖ La plage à 50 m.

À voir, à faire dans les environs : la ville médiévale, la villa Noailles, la ville du XIXᵉ s, les plages ; les îles de Porquerolles, de Port-Cros et du Levant.

ISTRES 13800

15 km N de Martigues *Carte Provence-Alpes-Côte d'Azur Ouest A2*

€€€ 20 € **100 emplacements**

Camping Le Vallon des Cigales : *31, route de Saint-Chamas. ☎ 04-42-56-51-57. • contact@levallondescigales.fr • levallondescigales.fr • Ouv tte l'année.*
À côté de l'étang de Berre surgit dans un virage ce joli vallon en retrait de la route. Bien sûr, il est rempli de cigales. Emplacements relativement ombragés, sur un terrain plat et herbeux, avec mobile homes et chalets *(200-1 800 €/sem).* Grande piscine, pétanque, jeux pour les enfants et animations en été. Bloc sanitaire chauffé. Bon accueil. Wifi.

Cadre : lacs ou rivières, mer, campagne. ***Terrain :*** herbe ; plat.	⊕ Sa situation près de l'étang de Berre. ⊖ Pas de miniclub.

À voir, à faire dans les environs : Dinosaur'Istres ; le site archéologique de Saint-Blaise ; les plages de la Romaniquette et du Ranquet ; Miramas-le-Vieux ; Martigues.

L'ISLE-SUR-LA-SORGUE 84800

22 km E d'Avignon — *Carte Provence-Alpes-Côte d'Azur Ouest A1*

€€€€ **30 €** — **164 emplacements**

La Sorguette : *871, route d'Apt. ☎ 04-90-38-05-71. 📱 06-70-21-24-65. • info@camping-sorguette.com • camping-sorguette.com • Ouv de mi-mars à mi-oct.*
Sur les bords de la Sorgue, au milieu de la verdure, un camping plutôt chic, avec toutes sortes d'animations (musicales, sportives...) l'été. Loue également des mobile homes, cabanes perchées et yourtes pour 2-6 personnes *(275-1 050 €/sem).* Canoë, rando, ping-pong, pêche, etc. Location de vélos. Piscine municipale à 2 km. Internet. Wifi.

Cadre : campagne, lacs ou rivières. ***Terrain :*** herbe ; plat.	⊕ La parcelle nomade avec cabanes perchées et yourtes. ⊖ Pas de piscine.

À voir, à faire dans les environs : la maison René-Char, le musée du Jouet et de la Poupée ancienne, le musée de l'École d'autrefois ; la grotte de Thouzon ; Fontaine-de-Vaucluse ; Gordes ; l'abbaye de Sénanque ; Cavaillon.

LA CHAPELLE-EN-VALGAUDEMAR 05800

47 km N de Gap — *Carte Provence-Alpes-Côte d'Azur Nord A1*

€€ **11 €** — **56 emplacements**

Camping Les Mélèzes : *☎ 04-92-55-23-01 ou 17 (hors saison, mairie). • celcouly@gmail.com • ecrin-des-alpes-en-valgaudemar.com • Ouv de mai à mi-oct.*
Au centre du village, un camping convivial, bien ombragé, à proximité de toutes les commodités. Sanitaires impeccables. Terrain de tennis, boulodrome, aire de jeux pour enfants. Propose aussi un gîte d'étape *(env 15,45 €/nuit, draps en sus 3,50 €).* Internet. NOUVEAUTÉ.

Cadre : montagne, lacs ou rivières, sentiers de randonnée. ***Terrain :*** herbe ; plat.	⊕ L'accueil convivial. ⊖ Restaurant au village, mais ça reste à proximité.

À voir, à faire dans les environs : la réserve naturelle de la haute vallée de la Séveraisse ; le cirque glaciaire du Gioberney ; les randonnées (pédestres, VTT), les raquettes et le ski de fond en hiver ; le moulin de Villar-Loubière.

LA COLLE-SUR-LOUP 06480

18 km O de Nice — *Carte Provence-Alpes-Côte d'Azur Sud B1*

€€€€ **43 €** — **158 emplacements**

Camping Les Pinèdes : *route du Pont-de-Pierre (D 6). ☎ 04-93-32-98-94. • info@lespinedes.com • lespinedes.com • Ouv avr-sept.*
Site agréable à proximité du parc naturel des Rives du Loup. Reposant et bien agencé en terrasses surplombant la rivière. Sanitaires, aménagements et services au top : piscine, terrain multisports, jeux pour les enfants, aire de fitness, coffres-forts, casiers frigorifiques, pain maison... Resto sympa à l'entrée, ouvert aux non-résidents. Navette payante sur résa pour le bourg en saison. Les amateurs de dur apprécieront les mobile homes *(320-1 420 €/sem).* Il est prudent de réserver en saison. Wifi.

Cadre : campagne, forêt, sentiers de randonnée. ***Terrain :*** en terrasses ; herbe.	⊕ Le parc multisports et l'aire de fitness. ⊖ Le terrain en pente, peu accessible aux personnes à mobilité réduite.

À voir, à faire dans les environs : les gorges du Loup ; Saint-Paul-de-Vence et la Fondation Maeght ; Vence et la chapelle Matisse.

LA CROIX-VALMER 83420

Carte Provence-Alpes-Côte d'Azur Sud B2

14 km SO de Saint-Tropez ; 58 km SE de Draguignan

€€€€ 50 € (2/3 pers) **181 emplacements**

Sélection Camping : *12, bd de la Mer, La Ricarde. ☎ 04-94-55-10-30. 📱 06-71-20-47-71. • camping-selection@wanadoo.fr • selectioncamping.com • Ouv 15 mars-15 oct.*
À 400 m de la mer, un parc de 5 ha bien ombragé, dans lequel se perdent les emplacements, dont les plus agréables sont en terrasses. Tout le confort moderne, même si l'infrastructure n'est pas de première jeunesse (mêmes propriétaires depuis 1956 !). L'été, il vaut mieux réserver. Piscine chauffée. Internet. Wifi.

Cadre : mer, sentiers de randonnée. ***Terrain :*** en terrasses.	⊕ Familial ; proche de la plage. ⊖ Certains emplacements surplombés par les allées de passage.

À voir, à faire dans les environs : la corniche des Maures ; le domaine du Rayol ; Ramatuelle ; Saint-Tropez.

LA GRAVE 05320

Carte Provence-Alpes-Côte d'Azur Nord A1

37 km NO de Briançon ; 80 km E de Grenoble

€€€ 22 € **50 emplacements**

Camping de la Meije : *le village. ☎ 04-76-79-93-34. 📱 06-08-54-30-84. • nathalie.romagne@wanadoo.fr • camping-delameije.com • Ouv de mi-mai à fin sept, selon conditions climatiques. CB refusées.*
Au bord d'une rivière tumultueuse, au pied du village et des glaciers, un camping familial et bucolique, aux emplacements pas immenses mais partiellement ombragés par des arbres. Bons équipements. Sentier (ça grimpe) pour rejoindre le village. Internet. Wifi.

Cadre : montagne, sentiers de randonnée. ***Terrain :*** en terrasses ; herbe ; plat.	⊕ Le cadre ; les équipements. ⊖ La grimpette à pied pour rejoindre le village.

À voir, à faire dans les environs : le téléphérique ; les glaciers de la Meije ; les hameaux du Chazelet ; la ville fortifiée de Briançon ; les stations de Serre-Chevalier.

LA LONDE-LES-MAURES 83250

25 km E de Toulon *Carte Provence-Alpes-Côte d'Azur Sud A2*

€€€€ 48 € **200 emplacements**

Camping Le Pansard : *chemin des Moulières. ☎ 04-94-66-83-22. • pansardcamping@gmail.com • camping-pansard.com • Ouv avr-fin sept. CB refusées.*
Un bon camping sur la (toute petite) plage, pour passer l'été à l'ombre des pins et les pieds dans l'eau. Bien équipé : tennis, ping-pong, terrains de sport, pétanque, resto et supérette... mais pas donné. Internet. Wifi.

Cadre : mer. **Terrain :** herbe ; plat.	⊕ Les pieds dans l'eau... ⊖ Pas de réservation pour les campeurs ; les cartes de paiement refusées.

À voir, à faire dans les environs : le Jardin zoologique tropical et le sentier sous-marin ; le fort de Brégançon ; Hyères.

LA PALUD-SUR-VERDON 04120

Carte Provence-Alpes-Côte d'Azur Sud A1

60 km S de Digne-les-Bains ; 20 km SE de Moustiers-Sainte-Marie

€€ 13,80 € **100 emplacements**

Camping municipal Le Grand Canyon : *route de Castellane. ☎ 04-92-77-38-13 ou 04-92-77-38-02 (mairie). • campingmunicipallapalud@orange.fr • camping.lapalud surverdon.com • Ouv avr-sept.*
Un camping très simple qui se présente comme une vaste étendue herbeuse semi-ombragée, longée par la route, avec pour seul équipement un bloc sanitaire et un lave-linge. Un sentier de 800 m rejoint le village et ses commerces. Wifi. NOUVEAUTÉ.

Cadre : sentiers de randonnée, lacs ou rivières, montagne. **Terrain :** herbe.	⊕ Le prix, dans ce coin ! ⊖ Les équipements basiques.

À voir, à faire dans les environs : les gorges du Verdon ; la Maison des gorges du Verdon.

LA ROCHE-DES-ARNAUDS 05400

17 km O de Gap *Carte Provence-Alpes-Côte d'Azur Nord A2*

€€€ 21,80 € **130 emplacements**

Camping Le Parc des Sérigons : *300, chemin des Sérigons. ☎ 04-92-57-81-77. • contact@camping-serigons.com • camping-serigons.com • Ouv d'avr à mi-oct.*
Au pied des montagnes, ce vaste camping sème ses emplacements dans un bois de sapins. Au charme d'un cadre pleine nature, il ajoute les équipements propres à un camping familial. Départs de sentiers pour partir en balade, et activités nature organisées en saison (randos à cheval ou à vélo, découverte de la faune locale avec un guide...). Location de chalets, bungalows et mobile homes pour 2-6 personnes *(180-710 €/sem).* Internet. Wifi.

Cadre : forêt, montagne, sentiers de randonnée. **Terrain :** herbe ; plat. **Réducs :** une terrine de pays offerte à l'arrivée et 7 nuits au prix de 6 et 14 nuits au prix de 11 en basse et moyenne saisons sur présentation de ce guide.	⊕ Les équipements ; le cadre pleine nature. ⊖ La piscine fraîche en juin et septembre.

À voir, à faire dans les environs : la vieille ville de Gap ; le domaine de Charance ; les randonnées.

LA SEYNE-SUR-MER 83500

Carte Provence-Alpes-Côte-d'Azur Sud A2

7 km SO de Toulon ; 10 km SE de Sanary-sur-Mer

€€€€ 27 € **172 emplacements**

Buffalo Hacienda : *route de Janas. ☎ 04-94-74-72-08. • camping.buffalo.hacienda@ wanadoo.fr • campingbuffalo.com • Ouv tte l'année (mar-sam seulement hors saison) ; sanitaires fermés nov-mars.*

PROVENCE-ALPES-CÔTE D'AZUR

Un camping posé au cœur d'une forêt méditerranéenne, qui a su rester très nature et familial. Bien équipé : resto, supérette, terrains de sport et jolie piscine. Internet. Wifi. NOUVEAUTÉ.

Cadre : forêt, sentiers de randonnée. ***Terrain :*** herbe ; en pente ; rocaille ; en terrasses. ***Réducs :*** - 20 % pour un séjour en mai, juin ou septembre, - 40 % pour un séjour en avril ou octobre, - 15 % pour un séjour à partir de 3 semaines.	⊕ Proche du cap Sicié ; la belle piscine ; le calme ; la nature. ⊖ Un peu loin du centre : sans véhicule, déplacements compliqués.

À voir, à faire dans les environs : la Pierre de l'autel ; la pointe du cap Vieux ; le cap Sicié.

LAGNES 84800

28 km SE d'Avignon — *Carte Provence-Alpes-Côte d'Azur Ouest A1*

€€€€ 30,90 € — **85 emplacements**

Camping La Coutelière : *2765, route de Fontaine-de-Vaucluse (D 24). ☎ 04-90-20-33-97. • couteliere@wanadoo.fr • camping-la-couteliere.com • Ouv fin mars-début oct.* Un camping 4 étoiles avec un accès à la jolie rivière Sorgue. Location de mobile homes, cottages et d'un chalet perché *(294-1 120 €/sem).* Aire de services pour camping-cars. 2 belles piscines chauffées. Tennis, canoë, aire de jeux, baby-foot et activités pour jeunes enfants le matin en haute saison. Snack-bar très sympa *(mai-sept).* Internet. Wifi.

Cadre : campagne, lacs ou rivières, sentiers de randonnée. ***Terrain :*** herbe ; plat.	⊕ Les emplacements avec vue sur la rivière (plus chers). ⊖ Pas d'animations.

À voir, à faire dans les environs : à Fontaine-de-Vaucluse, la source, le musée-bibliothèque Pétrarque et le musée d'Histoire 1939-1945 ; L'Isle-sur-la-Sorgue ; Gordes ; l'abbaye de Sénanque ; Cavaillon.

LANTOSQUE 06450

50 km N de Nice — *Carte Provence-Alpes-Côte d'Azur Sud B1*

€€€ 17,50 € — **40 emplacements**

Camping des Merveilles : *au lieu-dit Le Suquet. ☎ 04-93-03-15-73. Ouv de juil à mi-sept. CB refusées.*
Bien aménagé, avec barbecue collectif. Aire de services camping-cars. Préférer les emplacements 6 à 26, les plus ombragés. Vue sur la montagne. Le GR 510 passe dans le coin et Lantosque est réputée pour sa via ferrata. Canyons à 600 m. Résa conseillée. Wifi.

Cadre : campagne, lacs ou rivières, montagne, sentiers de randonnée. ***Terrain :*** herbe ; plat.	⊕ Proche du départ des sentiers vers la vallée des Merveilles. ⊖ Les douches payantes (1,50 €).

À voir, à faire dans les environs : Utelle ; la vallée des Merveilles ; la vallée de la Vésubie et le Scénoparc du loup à Saint-Martin-de-Vésubie ; le parc national du Mercantour.

LE BAR-SUR-LOUP 06620

9 km NE de Grasse — *Carte Provence-Alpes-Côte d'Azur Sud B1*

€€€€ 29 € — **70 emplacements**

Camping Les Gorges du Loup : *965, chemin des Vergers. ☎ 04-93-42-45-06. • info@lesgorgesduloup.com • lesgorgesduloup.com • Ouv mars-oct.*

Camping en terrasses vraiment super. D'un bon rapport qualité-prix pour qui rêve de la mer (à seulement 20 km) à la montagne et vice versa. Les sanitaires sont nickel et l'accueil charmant ! Piscine chauffée. Le tout dans un environnement très calme. Chalets et mobile homes à louer *(340-950 €/sem).* Internet. Wifi.

Cadre : campagne, sentiers de randonnée. ***Terrain :*** en terrasses.	⊕ La vue sur la vallée et les montagnes. ⊖ Le terrain en terrasses difficilement accessible aux personnes à mobilité réduite.

À voir, à faire dans les environs : les gorges du Loup ; Vence et la chapelle Matisse ; Saint-Paul-de-Vence et la Fondation Maeght ; le château de Gourdon.

LE CANNET-DES-MAURES 83340

Carte Provence-Alpes-Côte-d'Azur Sud A2

28 km E de Brignoles ; 25 km SO de Draguignan

€€€€ **29 €** **71 emplacements**

Domaine de la Cigalière : *4345, route du Thoronet (D 17). ☎ 04-94-73-81-06. • contact@domaine-lacigaliere.com • domaine-lacigaliere.com • Ouv avr-nov.*
Camping calme et familial, situé en campagne, dans un joli parc de 5 ha. Vastes emplacements en restanques ombragées sous les chênes. Piscine (et son jacuzzi) chauffée par des panneaux solaires, jeux, snacks, buvette... Le tout est très bien tenu, et l'accueil convivial et sans chichis. Location de mobile homes et chalets. Internet. Wifi. NOUVEAUTÉ.

Cadre : campagne, ville. ***Terrain :*** herbe ; plat ; rocaille ; en terrasses.	⊕ Familial ; le calme. ⊖ On a beau chercher...

À voir, à faire dans les environs : la plaine des Maures ; le lac de Sainte-Suzanne.

LE LAVANDOU 83980

43 km E de Toulon

Carte Provence-Alpes-Côte d'Azur Sud A2

€€€€ **38,60 €** **155 emplacements**

Camping Saint-Pons : *av. du Maréchal-Juin. ☎ 04-94-71-03-93. • info@campingstpons.com • campingsaintpons.com • Ouv fin avr-fin sept.*
Camping de taille raisonnable, calme, bien ombragé et agréable. La plage n'est qu'à 10 mn à pied. Internet. Wifi.

Cadre : mer, ville. ***Terrain :*** herbe ; plat.	⊕ La plage à 800 m. ⊖ Le cadre urbain.

À voir, à faire dans les environs : les plages ; la route des côtes-de-provence ; Cabasson et le cap Brégançon ; le vieux Bormes.

LE PONTET 84130

10 km NE d'Avignon

Carte Provence-Alpes-Côte d'Azur Ouest A1

€€€ **22 €** **134 emplacements**

Le Grand Bois : *1340, chemin du Grand-Bois. ☎ 04-90-31-37-44. 📱 07-83-26-50-57. • campinglegrandbois@orange.fr • campinglegrandbois.fr • Ouv de mi-mai à mi-sept.*
Un petit camping familial, moins bondé que ceux d'Avignon pendant le Festival. Emplacements herbeux et bien ombragés, séparés par des haies. Pas mal de petits services : machines à laver, supérette, dépôt de gaz, jeux pour les enfants et prêt de vélos. Côté loisirs : piscine, ping-pong, volley et pétanque. Accueil sympa. Même pour les toutous *(2 € en sus).* Internet. Wifi.

Cadre : campagne. ***Terrain :*** herbe ; plat. ***Réducs :*** - 5 % sur présentation de ce guide.	⊕ Au calme, près d'Avignon ; le prêt de vélos gratuit pour les clients. ⊖ À 10 km d'Avignon.

À voir, à faire dans les environs : à Avignon, la vieille ville, la collection Lambert, le musée Louis-Vouland, le palais des Papes, le pont Saint-Bénezet, etc.

LE PRADET 83220

9 km SE de Toulon *Carte Provence-Alpes-Côte d'Azur Sud A2*

€€€€ 29,70 € **42 emplacements**

Camping du Pin de Galle : *225, rue du Pin-de-Galle. 06-03-38-71-92. • campingpindegalle@gmail.com • campingpindegalle.com • Ouv de mi-mai à mi-sept (loc avr-sept).*
À l'écart de petits immeubles, dans un miracle naturel resté intact. Emplacements à l'ombre des pins avec accès direct au chemin des plages (coin naturiste). Accueil sympathique comme tout, avec les campeurs qui se retrouvent autour d'un verre le samedi ou d'un repas provençal (2 fois par semaine, sur résa). Marcheurs et cyclistes sont les bienvenus. Sanitaires nickel. Internet. Wifi.

Cadre : mer, sentiers de randonnée. ***Terrain :*** en terrasses. ***Réducs :*** café ou apéritif offert sur présentation de ce guide.	⊕ Les 2 plages à proximité ; les réductions intéressantes sur les locations. ⊖ Peu d'emplacements ; pas d'aire de jeux pour les enfants.

€€€€ 41 € **64 emplacements**

Lou Pantaï : *180, chemin des Clapiers. ☎ 04-94-75-10-77. • contact@campinglou pantai.com • campingloupantai.com • Ouv tte l'année (normalement).*
Dans un contexte urbain, ce petit terrain offre une belle surprise avec son coin de nature préservé. Ici, tout est fait pour favoriser l'environnement, sans jamais sacrifier le confort : on économise l'eau et tout se recycle. Une belle démarche ! Piscine chauffée et plage (accessibles aux personnes handicapées). Wifi.

Cadre : campagne, mer, sentiers de randonnée. ***Terrain :*** herbe ; plat. ***Réducs :*** - 15 % pour une semaine en basse saison sur présentation de ce guide.	⊕ La qualité des équipements. ⊖ Les abords un rien urbains.

À voir, à faire dans les environs : la plage, le musée de la Mine du cap Garonne et son sentier découverte ; Hyères ; Toulon (9 km).

LE SAUZE-DU-LAC 05160

Carte Provence-Alpes-Côte d'Azur Nord A2

21 km SO d'Embrun ; 40 km SE de Gap

€€€ 23,50 € **50 emplacements**

Camping La Palatrière : *à Orbanne. ☎ 04-92-44-20-98. 06-12-55-86-60. • lapalatriere@wanadoo.fr • lapalatriere.com • Ouv mai-sept.*
Dominant le lac de sa terrasse panoramique, ce camping convivial et propre propose des emplacements à l'ombre près du bois et à flanc de montagne. Les autres, sous la cagne et au bord de la route, sont moins intimes. Le site est un peu isolé (commerces à 5 km, plage à 2 km), mais on y trouve un bar, un resto *(ouv en juil-août)*, un billard, des chalets pour 2 à 6 personnes *(250-890 €/sem)*. Bon accueil. Internet. Wifi.

Cadre : montagne. ***Terrain :*** en terrasses ; herbe.	⊕ La vue panoramique ; la piscine chauffée de mai à septembre. ⊖ La proximité de la route ; le terrain en pente.

À voir, à faire dans les environs : le lac de Serre-Ponçon ; l'abbaye de Boscodon ; le Muséoscope du lac à Rousset ; la route des Puys (la D 9) ; le parc naturel régional du Queyras ; le parc des Écrins.

LE VERNET 04140

30 km NE de Digne-les-Bains ***Carte Provence-Alpes-Côte d'Azur Sud A1***

€€€ **25 €** **57 emplacements**

Camping Lou Passavous : *au village, route de Roussinal. ☎ 04-92-35-14-67. • loupassavous@orange.fr • loupassavous.com • Ouv 1er mai-15 sept. CB refusées.*
Dans la vallée du Bès, un joli petit camping de montagne, bien au calme et à deux pas du torrent. Grands emplacements. Location de bungalows pour 4 personnes *(450-640 €/sem).* Plan d'eau pour la pêche et piscine juste à côté. Resto simple et pizzas. Les aimables gérants hollandais bichonnent bien l'ensemble. Les GR 5 et GR 6 passent dans le secteur. Joli coin pour les randonnées et le rafting. Chèques-Vacances acceptés. Internet. Wifi.

Cadre : montagne. ***Terrain :*** plat.	⊕ La vue sur les montagnes. ⊖ Les emplacements pas toujours bien délimités.

À voir, à faire dans les environs : les vallées de la Blanche et du Bès ; Seyne-les-Alpes ; la station de ski alpin de Montclar.

LES SALLES-SUR-VERDON 83630

Carte Provence-Alpes-Côte d'Azur Sud A1

49 km NO de Draguignan ; 52 km SO de Castellane

€€€ **27 €** **110 emplacements**

Les Pins : *quartier Nouveau-Village. ☎ 04-98-10-23-80. • campinglespins83@orange.fr • campinglespins.com • Ouv de mi-avr à début oct.*
Posé à une petite centaine de mètres des plages du lac de Sainte-Croix, en étages. Joliment aménagé dans l'esprit du pays, plutôt bien ombragé. Accueil fort aimable. Aire de jeux. Club nautique tout près. Résa conseillée (avant mai) pour juillet-août. Internet. Wifi.

Cadre : lacs ou rivières. ***Terrain :*** en terrasses ; herbe ; plat.	⊕ La proximité du lac. ⊖ Très souvent complet en été.

€€€€ **30,60 €** **89 emplacements**

La Source : *Margaridon. ☎ 04-94-70-20-40. • contact@camping-la-source.eu • camping-la-source.eu • Ouv de fin avr à mi-oct.*
Camping à taille encore humaine, à quelques pas du lac. 100 % camping, 0 % locatif ! Bon équipement et confort 4 étoiles : barbecue, parcours fitness extérieur, location de vélos électriques... Snack en saison. Nombreuses activités dans le secteur. Accueil souriant. Commerces et restaurants à 100 m. Réserver très tôt pour juillet-août, et pour 7 jours minimum. Internet. Wifi.

Cadre : lacs ou rivières. ***Terrain :*** en terrasses ; rocaille.	⊕ L'absence de locatif ; la situation au bord du lac. ⊖ Pas de prise de réservation en juillet-août pour moins de 7 nuits.

À voir, à faire dans les environs : Moustiers-Sainte-Marie ; les gorges du Verdon : la route des Crêtes et la Corniche Sublime.

LOURMARIN 84160

Carte Provence-Alpes-Côte d'Azur Sud A1

57 km SE d'Avignon ; 33 km SE de Cavaillon

€€€€ **46 €** **150 emplacements**

Campasun Les Hautes Prairies : *28, route de Vaugines. ☎ 04-90-68-02-89. • leshautesprairies@campasun.eu • campasun-lourmarin.eu • Ouv avr-oct.*
Un camping aux emplacements délimités par des haies ou par un alignement de pins – les chalets sont à l'écart. Grandes piscines chauffées avec transats, terrain de beach-volley, jeux pour enfants, trampolines et animations en saison. Resto et épicerie. Loue des roulottes, mobiles homes et chalets *(250-1 550 €/sem).* Internet.

Cadre : campagne. ***Terrain :*** herbe ; plat ; rocaille.	⊕ Peu de campings dans ce secteur. ⊖ Beaucoup de monde en haute saison ; les emplacements qui manquent un peu d'herbe.

À voir, à faire dans les environs : la montagne du Luberon ; le château de Lourmarin ; Bonnieux.

MALAUCÈNE 84340

15 km NE de Carpentras *Carte Provence-Alpes-Côte d'Azur Ouest A1*

€€€ **16,80 €** **80 emplacements**

Camping Le Bosquet : *428, route de Suzette. ☎ 04-90-65-29-09. • camping.lebosquet@wanadoo.fr • campinglebosquet84.com • Ouv d'avr à mi-oct. CB refusées.*
Petit camping sportif et familial aux emplacements bien délimités, avec snack-bar et ping-pong. Location de caravanes et de mobile homes *(290-624 €/sem).* Pas de chiens dans les locations. Internet. Wifi.

Cadre : lacs ou rivières, montagne, sentiers de randonnée. ***Terrain :*** plat ; en terrasses.	⊕ La belle vue sur le flanc ouest du mont Ventoux. ⊖ La proximité de la route, assez bruyante ; le wifi payant.

À voir, à faire dans les environs : les randonnées sur le mont Ventoux ; les gorges de la Nesque ; Caromb ; Le Barroux ; les caves de Beaumes-de-Venise, Gigondas et Vacqueyras ; Carpentras (15 km).

MANDELIEU-LA-NAPOULE 06210

8 km O de Cannes *Carte Provence-Alpes-Côte d'Azur Sud B2*

€€€€ **30,40 €** **28 emplacements**

Camping Les Pruniers : *118, rue de la Pinéa. ☎ 04-92-97-00-44. • contact@bungalow-camping.com • bungalow-camping.com • Ouv de mi-fév à mi-nov.*
Un brin de terrain plat dans un cadre citadin proche de la marina... mais du calme et de l'ombre. Maisonnettes pour 4 personnes à louer *(300-760 €/sem).* Piscine. Internet. Wifi.

Cadre : mer. ***Terrain :*** herbe ; plat. ***Réducs :*** - 5 % en basse saison sur présentation de ce guide.	⊕ La mer à 500 m. ⊖ Pas adapté aux grandes caravanes/tentes et grands camping-cars.

À voir, à faire dans les environs : le château-musée de La Napoule ; le sentier botanique du San-Peyre ; Cannes (8 km).

MAUSSANE-LES-ALPILLES 13520

17 km NE d'Arles *Carte Provence-Alpes-Côte d'Azur Ouest A2*

€€€€ 26 € **141 emplacements**

Camping municipal Les Romarins : *route de Saint-Rémy-de-Provence (D 5). ☎ 04-90-54-33-60. • camping-municipal-maussane@wanadoo.fr • campinglesromarins.fr • Ouv de mi-mars à début nov.*
À deux pas du centre, ce camping confortable installe ses vastes emplacements (100 m² !) sur de l'herbe touffue, à l'ombre salvatrice de mûriers. Laverie, pétanque, petite bibliothèque avec télé, 2 tennis entièrement gratuits. Piscine chauffée (sans compter la piscine municipale toute proche). Wifi.

Cadre : campagne. ***Terrain :*** herbe.	⊕ Un camping familial pratiquement en plein village. ⊖ Pas de restaurant sur place.

À voir, à faire dans les environs : le musée des Santons animés ; la vallée des Baux ; la Petite Provence du Paradou ; Les Baux-de-Provence ; Saint-Rémy-de-Provence ; Arles (17 km).

MENTON 06500

30 km E de Nice *Carte Provence-Alpes-Côte d'Azur Sud B1*

€€€€ 28 € **120 emplacements**

Camping du Parc Saint-Michel : *route des Ciappes. ☎ 09-82-21-27-95. • contact@campingscotedazur.com • campingscotedazur.com • Ouv avr-oct.*
Pour dormir au calme (et avec vue !) sous les eucalyptus et les oliviers. De là-haut, vue superbe. Beaux emplacements en paliers pour un vrai camping nature, sans animations ni piscine. Bon accueil et bar sur place. Chalets et lodges pour 2-4 personnes *(400-860 €/sem).* Wifi.

Cadre : mer, sentiers de randonnée, ville. ***Terrain :*** en terrasses ; herbe ; rocaille.	⊕ La proximité du centre-ville et de la gare. ⊖ 250 marches à gravir quand on arrive à pied !

À voir, à faire dans les environs : la vieille ville, l'hôtel de ville, le musée Jean-Cocteau, le palais Carnolès, le palais de l'Europe, les jardins.

MÉRINDOL 84360

38 km SO d'Apt *Carte Provence-Alpes-Côte d'Azur Ouest A2*

€€€ 18 € **25 emplacements**

Camping Les Argiles : *☎ 04-90-72-81-02. • alain.gariston@wanadoo.fr • Ouv avr-sept. CB refusées.*
Proche des gorges de Régalon, à cheval entre les 2 communes. C'est un camping à la ferme, situé dans un bel environnement bien entretenu. Également un petit gîte d'étape de 10 lits avec douche, bacs à vaisselle et coin cuisine *(18 €/nuit)* et 2 gîtes pour 4 et

5 personnes *(350-750 €/sem)*. Location de caravane aménagée *(36 €/nuit pour 2 pers)*. Belle piscine aussi, donnant sur la colline. Location de vélos. Internet. Wifi.

Cadre : campagne, forêt, sentiers de randonnée. ***Terrain :*** herbe ; plat. ***Réducs :*** un verre de rosé de Provence offert sur présentation de ce guide.	⊕ Le cadre ; la piscine ; la convivialité. ⊖ Pas de réservation possible.

À voir, à faire dans les environs : le village ; le jardin romain de Caumont-sur-Durance ; la cathédrale Saint-Véran et la synagogue de Cavaillon.

MOLINES-EN-QUEYRAS 05350

Carte Provence-Alpes-Côte d'Azur Nord B1

27 km NE de Guillestre ; 44 km SE de Briançon

€€ **12,50 €** **25 emplacements**

Camping de Chanterane : *à Pierre-Grosse. ☎ 04-92-45-89-70. 📱 06-61-41-28-26. • contact@chanterane.net • chanterane.net • Ouv de mi-juin à mi-sept. CB refusées.*
À 1 900 m et au bord d'un petit ru, un des plus hauts campings de France, propre et bien entretenu, à la fois ensoleillé et semi-ombragé, où les animaux sont acceptés. Calme et bucolique. Centre équestre, luge d'été et promenades à proximité. Location d'un gîte pour 3 à 6 personnes *(280-850 €/sem)*. Internet. Wifi.

Cadre : forêt, montagne, sentiers de randonnée, lacs ou rivières. ***Terrain :*** en pente ; herbe ; plat.	⊕ Le panorama ; le calme. ⊖ Modestement équipé.

À voir, à faire dans les environs : le parc naturel régional du Queyras ; le village fortifié de Mont-Dauphin ; Vars et ses hameaux ; la combe du Guil ; le col d'Izoard ; le fort de Château-Queyras ; Saint-Véran.

MONTAUROUX 83440

Carte Provence-Alpes-Côte d'Azur Sud B2

22 km O de Grasse ; 40 km NE de Draguignan

€€€ **20 €** **53 emplacements**

Camping Les Floralies : *100, chemin de l'Ancienne-Gare. ☎ 04-94-76-44-03. 📱 06-22-49-79-23. • campinglesfloralies@gmail.com • campinglesfloralies.com • Ouv avr-sept.*
C'est calme, même si l'accueil se fait dans une vieille gare de campagne (où aucun train ne passe plus désormais), et c'est ombragé. Atmosphère assez familiale. Piscine chauffée de mai à septembre. Location de tentes toilées, chalets et mobile homes *(186-735 €/sem)*. Commerces à proximité. Résa quasi obligatoire en juillet-août (7 nuits min). GR 49 tout à côté. Wifi.

Cadre : campagne. ***Terrain :*** herbe ; plat.	⊕ À 2 km du lac de Saint-Cassien et de sa base de loisirs. ⊖ La route d'accès au village longe le camping.

À voir, à faire dans les environs : le centre ancien, pavé comme autrefois ; le lac de Saint-Cassien ; Bagnols-en-Forêt ; Fayence et les villages perchés de Seillans et Callian.

MONTGENÈVRE 05100

Carte Provence-Alpes-Côte d'Azur Nord B1

13 km NE de Briançon ; 21 km O de Sestriere (Italie)

€€€ **16,90 €** **167 emplacements**

Camping Le Bois des Alberts : *Les Alberts. ☎ 04-92-21-16-11. • camping@montgenevre.com • camping.montgenevre.com • Ouv tte l'année.*
Près du mignon et paisible hameau des Alberts, un camping en pleine nature sous des pins sylvestres, avec un petit plan d'eau et de nombreuses activités sportives. Wifi.

Cadre : forêt, lacs ou rivières, montagne, sentiers de randonnée. ***Terrain :*** herbe ; plat.	⊕ Un camping en pleine nature ; le calme. ⊖ Simple mais suffisant.

À voir, à faire dans les environs : Briançon (13 km) ; le musée d'Art sacré au Monêtier-les-Bains ; le parc national des Écrins ; les vallées de l'Italie voisine ; le parc naturel régional du Queyras.

MOURIÈS 13890

28 km E d'Arles *Carte Provence-Alpes-Côte d'Azur Ouest A2*

€€ **13 €** **6 emplacements**

Camping à la ferme Les Amandaies : *mas Bou-Malek, chemin de Saint-Paul. 📱 06-85-03-88-36. • bou.malek@orange.fr • les-amandaies.fr • Ouv tte l'année. CB refusées.*
Isolé des grands axes, ce camping de poche disperse sa petite poignée d'emplacements dans l'herbe et sous les arbres, entre le corps de ferme en pierre sèche et les champs. Frigo, lave-linge. Sanitaires simples. Bon accueil. Internet. Wifi.

Cadre : campagne. ***Terrain :*** herbe ; plat.	⊕ Le cadre bucolique. ⊖ Un peu loin de tout, nécessité d'avoir fait ses courses ; ne prend pas les cartes de paiement.

À voir, à faire dans les environs : Les Baux-de-Provence et la vallée ; Saint-Rémy-de-Provence ; la Petite Provence du Paradou ; l'abbaye de Montmajour.

MOUSTIERS-SAINTE-MARIE 04360

48 km SE de Digne-les-Bains *Carte Provence-Alpes-Côte d'Azur Sud A1*

€€€ **20,20 €** **70 emplacements**

Camping Le Vieux Colombier : *route de La Palud. ☎ 04-92-74-61-89. 📱 06-05-42-40-74. • contact@campinglevieuxcolombier.com • campinglevieuxcolombier.com • Ouv de mi-avr à fin sept.*
Un petit camping familial, tranquille, joliment planqué sous les chênes et les érables. Location de mobile homes pour 4 personnes *(308-707 €/sem).* Bonne base possible pour les gorges du Verdon et le lac de Sainte-Croix. Le GR 4 passe dans le coin et le village n'est qu'à 300 m. Internet. Wifi.

Cadre : lacs ou rivières, sentiers de randonnée, campagne. ***Terrain :*** en terrasses ; herbe.	⊕ Les cordes à linge à tous les emplacements ; les gloriettes devant les mobile homes ; le wifi gratuit. ⊖ Les emplacements du bas, moins ombragés.

€€ 14,54 € 97 emplacements

Camping Manaysse : *4, av. Frédéric-Mistral. ☎ 04-92-74-66-71. 06-25-37-51-12. • manaysse@orange.fr • camping-manaysse.com • Ouv fin mars-fin oct. CB refusées.*
Très bon accueil, bon rapport qualité-prix, sanitaires propres. Terrain herbeux et caillouteux, avec jolie vue sur Moustiers en contrebas. Calme. Location de mobile homes 2-4 personnes *(350-650 €/sem).* Aire de jeux. Accueil camping-cars. Internet.

Cadre : campagne, lacs ou rivières, montagne, sentiers de randonnée. ***Terrain :*** en terrasses ; herbe ; plat ; rocaille.	⊕ La vue sur le village, la chaîne et l'étoile. ⊖ Beaucoup d'emplacements inclinés ; le wifi payant.

€€€ 24 € 154 emplacements

Domaine Le Petit Lac : *route des Salles-sur-Verdon. ☎ 04-92-74-67-11. • info@lepetitlac.com • lepetitlac.com • Ouv de mi-avr à fin sept.*
Camping familial et convivial bien équipé et spacieux. Situé idéalement dans le parc régional du Verdon, entre le lac de Sainte-Croix et Moustiers-Sainte-Marie (départ de sentiers PR directement du camping et GR 4 à 500 m). Baignade aménagée et surveillée dans le petit lac attenant (eau de source). Bar-pizzeria avec terrasse (avril-septembre), minigolf, boulodrome, tennis, barbecues, petite épicerie de produits locaux. Bon accueil. Bungalows, mobile homes et chalets 2-6 personnes *(360-890 €/sem).* Internet. Wifi. NOUVEAUTÉ.

Cadre : campagne, forêt, lacs ou rivières, sentiers de randonnée. ***Terrain :*** plat ; herbe. ***Réducs :*** - 10 % pour plus de 14 nuits hors juillet-août, - 10 % dès la 1re nuit sur présentation de ce guide (les 2 remises étant cumulables).	⊕ Le cadre ; l'accueil. ⊖ Pas de piscine.

À voir, à faire dans les environs : le vieux village, l'église Notre-Dame, le musée de la Faïence, la chapelle Notre-Dame-de-Beauvoir ; les gorges du Verdon ; le lac de Sainte-Croix.

MURS 84220

50 km E d'Avignon — *Carte Provence-Alpes-Côte d'Azur Ouest A1*

€€ 14,50 € 50 emplacements

Camping municipal Les Chalottes : *aux Chalottes. ☎ 04-90-72-60-84 ou 04-90-72-63-08 (mairie). • camping@communedemurs-vaucluse.fr • communedemurs-vaucluse.fr • Ouv de Pâques à mi-sept. CB refusées.*
Un petit camping municipal en pleine nature, perdu au milieu des pins sur une colline en contrebas de Murs. Juste quelques sanitaires, mais très bien tenus. Placement libre s'il n'y a personne à la réception. Appeler avant pour vérifier que le camping est ouvert. Piscine à 1 km. Wifi.

Cadre : campagne, forêt, sentiers de randonnée. ***Terrain :*** en pente ; herbe ; plat.	⊕ Le calme ; les emplacements de 70 à 80 m² ; le cadre naturel parfaitement préservé ; les nombreuses randonnées. ⊖ La simplicité ; à 2,5 km du village.

À voir, à faire dans les environs : le village ; Gordes ; l'abbaye de Sénanque ; les gorges de la Veroncle ; Roussillon.

NEFFES 05000

Carte Provence-Alpes-Côte d'Azur Nord A2

8,5 km SO de Gap ; 43 km N de Sisteron

€€€ **17,90 €** **120 emplacements**

Camping Les Bonnets : *quartier Les Bonnets. ☎ 04-92-57-93-89. • camping.les.bonnets@orange.fr • camping-les-bonnets.com • Ouv mai-fin sept.*
Paisible et ombragé, un camping agréable entre Gap et Tallard et sa célèbre base de sauts aériens. Location de chalets et de mobile homes pour 4 à 8 personnes *(269-949 €/sem).* Tennis et équitation à proximité. Wifi.

Cadre : campagne, forêt, lacs ou rivières, montagne, sentiers de randonnée.
Terrain : en pente ; herbe ; plat.

⊕ La possibilité de pratiquer escalade et randonnée.
⊖ L'ambiance plus sportive que festive.

À voir, à faire dans les environs : Gap (8,5 km) ; le domaine de Charance ; le massif de Céüze ; le parc national des Écrins ; le château de Tallard.

NÉVACHE 05100

21 km N de Briançon

Carte Provence-Alpes-Côte d'Azur Nord A1

€€ **12,20 €** **80 emplacements**

Camping de Fontcouverte : *hameau de Fontcouverte. ☎ 04-92-21-38-21. • m.goiran@orange.fr • camping-fontcouverte-nevache-alpes.fr • Ouv de juin à mi-sept. CB refusées.*
Un camping au confort sommaire, où l'on est cependant très bien accueilli. Un bel endroit pour un séjour à prix doux au plus près d'une nature grandiose. De mi-juillet à mi-août, la route est fermée en journée (navette) à partir de Névache (Ville-Haute). Pour accéder au camping en voiture, aller à la barrière et indiquer que l'on souhaite monter au camping : on vous laissera passer.

Cadre : forêt, montagne, sentiers de randonnée.
Terrain : en terrasses ; herbe ; plat.

⊕ Un camping semi-sauvage, dans un environnement superbe.
⊖ Les douches payantes ; les températures parfois basses même en été.

À voir, à faire dans les environs : Briançon (21 km) ; le parc national des Écrins ; les vallées de l'Italie voisine.

ORANGE 84100

32 km N d'Avignon

Carte Provence-Alpes-Côte d'Azur Ouest A1

€€€ **24 €** **76 emplacements**

Camping Manon : *1321, rue Alexis-Carrel, quartier Le Jonquier. ☎ 04-32-81-94-96. • campingmanon@yahoo.fr • camping-manon.com • Ouv fin mars-fin oct.*
En bordure d'un quartier résidentiel calme, un petit camping agréable aux emplacements bien ombragés par des pins et délimités par des haies. Responsable très sympa et motivé qui a eu la bonne idée d'ouvrir un resto et d'engager un vrai chef qui fait des pizzas maison, des grillades et de belles salades avec des produits frais. Piscine, tennis, basket, pétanque, jeu d'échecs géant, trampoline... on ne s'ennuiera pas. Seulement une quinzaine de mobile homes, pour 2-6 personnes *(250-700 €/sem),* autre bon point ! Wifi.

Cadre : ville.
Terrain : herbe ; plat.

⊕ L'accueil ; l'ambiance ; les équipements ; le resto.
⊖ Un peu éloigné du centre-ville.

À voir, à faire dans les environs : le théâtre antique, les Chorégies d'Orange ; Châteauneuf-du-Pape.

ORCIÈRES 05170

Carte Provence-Alpes-Côte d'Azur Nord A1

33 km NE de Gap ; 26 km E de Saint-Bonnet-en-Champsaur

€€ 12,50 € 25 emplacements

Aire naturelle La Casse : *à Prapic. ☎ 04-92-55-62-58. 06-61-72-23-48. • info@prapic.com • prapic.com • Ouv mai-sept (tte l'année pour le gîte).*
Une vingtaine d'emplacements spacieux et ombragés. Simple et bon marché. Le camping est haut perché : prévoir un duvet chaud, les nuits sont fraîches. Internet. Wifi.

Cadre : montagne. ***Terrain :*** en terrasses ; herbe.	⊕ La vue sur la montagne. ⊖ Les nuits fraîches en été ; l'éloignement.

À voir, à faire dans les environs : le Champsaur ; le Valgaudemar ; le massif des Écrins.

ORPIERRE 05700

Carte Provence-Alpes-Côte d'Azur Sud A1

52 km SO de Gap ; 31 km NO de Sisteron

€€€€ 47 € (avec électricité) 100 emplacements

Camping des Princes d'Orange : *☎ 04-92-66-22-53. • contact@camping-princes-orange.fr • campingorpierre.com • Ouv avr-oct. CB refusées.*
Camping de très bon confort, étagé sur les hauteurs et avec vue sur le vieux village. Les emplacements situés sur les terrasses supérieures sont plus calmes et bénéficient d'une plus belle vue. Site d'escalade pour les amateurs et nombreuses animations. Location de chalets et mobile homes, dont certains avec jacuzzi privé *(350-1 575 €/sem).* Accueil chaleureux. Internet. Wifi.

Cadre : campagne, montagne. ***Terrain :*** en pente ; en terrasses ; herbe ; rocaille.	⊕ Les activités encadrées pour les enfants et ados ; les équipements. ⊖ L'accès difficile pour les grosses caravanes.

À voir, à faire dans les environs : le val d'Oule ; le col de Cabre et les villages perdus du Bochaine ; l'écomusée du Cheminot veynois.

ORPIERRE-SAINTE-COLOMBE 05700

Carte Provence-Alpes-Côte d'Azur Sud A1

18 km NO de Laragne-Montéglin ; 56 km SO de Gap

€€€ 15,10 € 30 emplacements

Camping Les Catoyes : *lieu-dit Les Catoyes, Les Bègues. ☎ 04-92-46-64-90. 06-15-40-59-56. • contact@camping-lescatoyes.com • camping-lescatoyes.com • Ouv de mi-mars à mi-nov.*
À l'entrée du hameau des Bègues, encadré de montagnes, un camping à la cool dans un vaste pré planté de modestes arbres. Une atmosphère paisible et conviviale. Dans une grange en vieille pierre, sympathique bar avec concerts gratuits le lundi en saison (et tout le monde est le bienvenu), vente de produits régionaux, de fruits et légumes. Accolé à la maison des gérants, un mur d'escalade intérieur permet aux minots (et aux adultes) de grimper sans danger. Resto à 500 m, dans le hameau, sinon petit snack sur place et cuisine à disposition. Location de mobile homes 4-6 personnes *(200-500 €/sem ou 25-65 €/nuit).* Internet. Wifi.

Cadre : campagne. ***Terrain :*** herbe ; en terrasses. ***Réducs :*** un décapsuleur ou magnet offert en cadeau sur présentation de ce guide.	⊕ Le site ; l'accueil ; le mur d'escalade ; la cuisine à disposition. ⊖ Il y a même une cheminée dans la salle commune et un dépôt de pain quotidien... On arrête de chercher les « moins ».

À voir, à faire dans les environs : les gorges de la Méouge ; le village médiéval de Serres ; les randonnées.

PELVOUX 05340

Carte Provence-Alpes-Côte d'Azur Nord A1

30 km O de Briançon ; 46 km SO de Serre-Chevalier

€€ 15 € 566 emplacements

Aire naturelle d'Ailefroide : *☎ 04-92-23-32-00. 06-08-22-82-09. • info@ailefroide.fr • ailefroide.fr • Ouv de mi-mai à fin sept.*
Simple et sympa, spacieux, dans un joli cadre très arboré, un peu loin de tout mais avec accès direct à la rivière. Les emplacements s'éparpillent dans la forêt, des 2 côtés de la route. Confort minimal. Avoir un bon duvet. Internet.

Cadre : campagne, forêt, montagne, sentiers de randonnée. ***Terrain :*** herbe ; plat.	⊕ Le cadre. ⊖ L'équipement minimal.

À voir, à faire dans les environs : Briançon (30 km) ; le parc national des Écrins ; le parc naturel régional du Queyras.

PUYLOUBIER 13114

23 km E d'Aix-en-Provence *Carte Provence-Alpes-Côte d'Azur Sud A2*

€€€ 19 € 40 emplacements

Camping Le Cézanne : *chemin Philippe-Noclercq. ☎ 04-42-66-36-33. 06-73-39-46-00. • mail@le-cezanne.com • le-cezanne.com • Ouv avr-nov.*
Un p'tit camping familial calé sous les pins, sur les flancs de la Sainte-Victoire. Point de chute idéal pour des randos dans le massif à mi-saison. Emplacements en terrasses, mi-terre mi-cailloux, assez ombragés. Terrain de foot et tennis juste à côté. Pizzeria ouverte les mercredi, vendredi et samedi soir. Location de mobile homes et gîtes *(320-520 €/sem).* Wifi.

Cadre : campagne, forêt, montagne, sentiers de randonnée. ***Terrain :*** en terrasses ; plat ; rocaille.	⊕ L'emplacement, idéal pour partir en rando ; le calme. ⊖ Le peu d'équipements.

À voir, à faire dans les environs : randonner sur la montagne Sainte-Victoire ; la Provence Verte ; Puyloubier ; Vauvenargues ; Aix-en-Provence (23 km).

QUINSON 04800

Carte Provence-Alpes-Côte d'Azur Sud A1

60 km SO de Digne-les-Bains ; 30 km SO de Moustiers-Sainte-Marie

€€€€ 28,10 € 200 emplacements

Camping Tohapi Les Prés du Verdon : *allée des Prés-du-Verdon. ☎ 04-30-05-15-11. • accpresduverdon@tohapi.fr • campinglespresduverdon.com • Ouv mars-sept.*

Au pied du village, à un jet de pierre du lac, un camping familial nickel du groupe Tohapi. Emplacements semi-ombragés et bons équipements : 2 piscines, tennis, jeux pour les enfants, boulodrome, location de VTT et vélos électriques... Location de tentes équipées *(210-630 €/sem)* et de mobile homes 2-4 personnes *(280-1 200 €/sem)*. Wifi. NOUVEAUTÉ.

Cadre : lacs ou rivières, sentiers de randonnée, forêt, campagne. ***Terrain :*** plat ; herbe.	⊕ Pas de véritable resto mais le village n'est pas loin. ⊖ Nous, on aime tel quel...

À voir, à faire dans les environs : le musée de la Préhistoire des gorges du Verdon ; le lac de Sainte-Croix et ses activités nautiques ; Moustiers-Sainte-Marie et le musée de la Faïence ; Gréoux-les-Bains et le musée des Jouets anciens et des Miniatures.

RAMATUELLE 83350

Carte Provence-Alpes-Côte d'Azur Sud B2

10 km S de Saint-Tropez ; 63 km SE de Draguignan

€€€ **23 €** **20 emplacements**

Camping à la ferme Chez Marcel : *1459, chemin des Boutinelles, au Fond-du-Plan. ☎ 04-94-79-24-85. 📱 06-19-43-43-13. • junetto@yahoo.fr • location-roumegou.com • Ouv mai-sept. CB refusées.*
Un camping vraiment nature, ombragé et agréable, calme et convivial, niché au beau milieu des vignes. Laverie et épicerie à 150 m. Ambiance familiale. Internet. Wifi.

Cadre : campagne, mer, sentiers de randonnée. ***Terrain :*** herbe ; plat.	⊕ Les plages et les commerces à proximité. ⊖ Les équipements sommaires ; pas d'activités ludiques proposées et peu de services.

À voir, à faire dans les environs : les plages ; Gassin ; Grimaud ; le musée de l'Annonciade à Saint-Tropez.

RIEZ 04500

40 km SO de Digne-les-Bains *Carte Provence-Alpes-Côte d'Azur Sud A1*

€€€ **24,90 €** **78 emplacements**

Camping Rose de Provence : *rue Édouard-Dauphin. ☎ 04-92-77-75-45. 📱 06-72-99-76-54. • info@rose-de-provence.com • rose-de-provence.com • Ouv avr-sept.*
Un joli terrain aux emplacements spacieux et ombragés et doté de bons équipements. Location de cabanes magiques, mobile homes, chalets et bungalows toilés pour 2 à 4 personnes *(245-730 €/sem)*. Piscine chauffée. Également un trampoline avec aire de repos à brumisateurs, une aire de pique-nique et 2 barbecues collectifs. Bon accueil. Internet. Wifi.

Cadre : campagne, lacs ou rivières, sentiers de randonnée. ***Terrain :*** en terrasses ; herbe ; plat.	⊕ La proximité des commerces du village. ⊖ On cherche, on cherche...

À voir, à faire dans les environs : la vieille ville ; le plateau de Valensole ; Moustiers-Sainte-Marie ; le lac de Sainte-Croix ; les gorges du Verdon.

ROBION 84440

25 km O d'Apt *Carte Provence-Alpes-Côte d'Azur Ouest A1*

€€€ **25 €** **25 emplacements**

Camping Les Cerisiers : *454, route de Lagnes. 📱 06-45-29-24-41. • campinglescerisiers@free.fr • lescerisiers-luberon.com • Ouv avr-sept. CB refusées.*

Petit camping bien équipé, avec piscine et pataugeoire pour les enfants, entouré de champs de pommiers et cerisiers. Aquagym, sorties à vélo organisées 2 fois par semaine en été, spectacles... Location de mobile homes *(270-750 €/sem)*, mais aussi de vélos et de tandems. Internet. Wifi.

Cadre : campagne. ***Terrain :*** plat.	⊕ L'accueil très sympa ; les cerises en saison. ⊖ La propreté des sanitaires ; souvent complet l'été.

À voir, à faire dans les environs : le musée de la Lavande au Coustellet ; Oppède-le-Vieux ; Ménerbes ; L'Isle-sur-la-Sorgue ; Cavaillon ; le parc régional et la montagne du Luberon.

ROQUEBILLIÈRE 06450

49 km N de Nice *Carte Provence-Alpes-Côte d'Azur Sud B1*

€€€ 22,50 € **79 emplacements**

Camping Les Templiers : *La Bourgade. ☎ 04-93-03-40-28. • camping.templiers@wanadoo.fr • campinglestempliers.fr • Ouv de mi-avr à oct.*
Site très agréable, très calme, avec tennis, parcours santé et baignade à proximité. Location d'une caravane et de tentes « prêtes à camper » ou de mobile homes *(263-702 €/sem selon capacité et saison)*. Wifi.

Cadre : montagne, sentiers de randonnée. ***Terrain :*** herbe ; plat.	⊕ La zone wifi gratuite ; le bus qui descend sur Nice, Monaco, pour 1,50 € le trajet aller. ⊖ Très calme... c'est un choix.

À voir, à faire dans les environs : l'église des Templiers ; la vallée des Merveilles ; la vallée de la Vésubie et le Scénoparc du loup à Saint-Martin-de-Vésubie ; le parc national du Mercantour.

ROUSSET 05190

Carte Provence-Alpes-Côte d'Azur Nord A2

24 km SE de Gap ; 40 km SO d'Embrun

€€€€ 25,50 € **170 emplacements**

Camping La Viste : *belvédère de Serre-Ponçon. ☎ 04-92-54-43-39. • camping@laviste.fr • laviste.fr • Ouv avr-oct.*
Dans un cadre dominant l'ensemble du lac (celui-ci se trouvant à 500 m), un camping très bien tenu et parfaitement équipé, très familial, avec une aire multisports, 2 piscines et un toboggan, et proposant de nombreuses activités (escalade, etc.). Location de chalets et de mobile homes pour 2 à 6 personnes *(302-538 €/sem)*. Internet. Wifi.

Cadre : campagne, forêt, lacs ou rivières, montagne. ***Terrain :*** herbe ; plat.	⊕ Les activités ; l'équipement ; la vue panoramique sur le lac et la montagne. ⊖ Devoir repartir

À voir, à faire dans les environs : le lac de Serre-Ponçon ; l'abbaye de Boscodon ; le Muséoscope du lac ; la route des Puys (la D 9) ; le parc naturel régional du Queyras ; le parc des Écrins.

ROUSSILLON 84220

11 km NO d'Apt — *Carte Provence-Alpes-Côte d'Azur Ouest A1*

€€€€ **28 € (avec électricité)** — **70 emplacements**

Camping Arc-en-Ciel : *route de Goult, quartier Les Bruyères. ☎ 04-90-05-73-96. • campingarcenciel@wanadoo.fr • camping-arc-en-ciel.fr • Ouv de mi-mars à fin oct.*
Bien situé, sous les pins, un 3-étoiles familial au très bon accueil. Beaux emplacements en terrasses, bien ombragés. Piscine et pataugeoire, location de VTT. Épicerie. Mobile homes et TitHome pour 2 à 6 personnes *(285-700 €/sem).* Internet. Wifi.

Cadre : forêt.
Terrain : en terrasses ; plat.

⊕ Le calme.
⊖ Pas de wifi sur les emplacements ; seulement 2 animations en saison.

À voir, à faire dans les environs : le vieux village, le conservatoire des ocres et de la couleur (l'Ôkhra) et le sentier des Ocres ; la chaussée des Géants ; Gordes ; Apt ; Saignon ; le parc régional et la montagne du Luberon ; Sivergues ; Buoux ; Viens.

RUSTREL 84400

10 km O d'Apt — *Carte Provence-Alpes-Côte d'Azur Sud A1*

€€€ **24 €** — **70 emplacements**

Camping Le Colorado : *lieu-dit Notre-Dame-des-Anges. ☎ 04-90-04-90-37. 06-98-46-56-59. • campinglecolorado@yahoo.fr • camping-le-colorado.fr • Ouv avr-oct.*
Bordé de montagnes d'ocre, un petit camping bien abrité dans la verdure et bien ombragé. Emplacements des tentes situés sur une butte en surplomb. Locatifs bien intégrés dans une forêt de pins et de chênes (tipis, tentes trappeur, mobile homes et une roulotte, *250-980 €/sem pour 4 pers*). Aire de jeux, buvette, baraque à frites et belle piscine. Accueil dévoué et chaleureux. Un bon camping ! Internet.

Cadre : forêt.
Terrain : en terrasses.

⊕ Très calme, bien entretenu et une situation exceptionnelle !
⊖ Loin des commerces (2,5 km).

À voir, à faire dans les environs : le Colorado provençal, bien sûr ; Gordes ; Apt ; Soignon ; le parc régional et la montagne de Luberon ; Sivergues ; Buoux et Viens.

SAINT-ANDRÉ-LES-ALPES 04170

22 km N de Castellane — *Carte Provence-Alpes-Côte d'Azur Sud A1*

€€ **11,50 €** — **184 emplacements**

Camping Les Iscles : *route de Nice. ☎ 04-92-89-02-29. • accueil@camping-les-iscles.com • camping-les-iscles.com • Ouv avr-oct.*
Tout près du Verdon, pas trop loin du village et pourtant au calme, ce terrain a bien des vertus : belle pinède, nombreux barbecues bien répartis, une piscine chauffée, tennis et minigolf à proximité. Maxi camping et mini prix. Mobile homes pour 4 personnes en location *(224-560 €/sem).* Pensez à réserver. Internet. Wifi.

Cadre : campagne, lacs ou rivières, montagne, sentiers de randonnée.
Terrain : herbe ; plat.

⊕ Un bon plan pas cher pour rayonner dans le coin ; la plage et la base nautique à 2 km ; la rivière à 200 m ; l'école de parapente à 200 m.
⊖ Aucun remarqué.

À voir, à faire dans les environs : le lac de Castillon ; Saint-Julien-du-Verdon ; Castellane.

SAINT-BONNET-EN-CHAMPSAUR 05500

Carte Provence-Alpes-Côte d'Azur Nord A1

17 km N de Gap ; 90 km SE de Grenoble

€€ 13 € **47 emplacements**

Les Rives du Drac : *1186, chemin du Gâ. 06-78-29-63-87. • lesrivesdudrac@wanadoo.fr • les-rives-du-drac.business.site • Ouv mai-sept CB refusées.*
Dans un bel environnement, un site calme, simple et convivial. Quelques emplacements ombragés en contrebas. Un bon point de départ pour rayonner dans le Champsaur. Gîte d'étape et gîte rural *(double 35 €/nuit, dortoir 14,60 €/pers).* Internet. Wifi.

Cadre : campagne, lacs ou rivières, montagne, sentiers de randonnée. ***Terrain :*** en terrasses ; herbe ; plat.	⊕ Le calme ; l'accès au bord de la rivière ; les emplacements spacieux. ⊖ Pas de restauration ni d'animations.

À voir, à faire dans les environs : le Champsaur ; le Valgaudemar ; le massif des Écrins.

SAINT-ÉTIENNE DU-GRÈS 13103

Carte Provence-Alpes-Côte d'Azur Ouest A2

25 km S d'Avignon ; 7 km E de Tarascon

€€€ 18 € **35 emplacements**

Camping municipal Porte des Alpilles : *2, av. du Docteur-Barberin. 07-85-64-62-63. • contact@camping-porte-des-alpilles.com • camping-porte-des-alpilles.com • Ouv avr-nov.*
Avec ses emplacements délimités garnis de pelouse et sa poignée de mobile homes climatisés ou non, ce camping à dimension humaine est situé à un point stratégique pour écumer la région. Jeux pour enfants et terrain de pétanque, camion pizza à moins de 100 m. Répare aussi les vélos. Wifi. NOUVEAUTÉ.

Cadre : campagne. ***Terrain :*** plat.	⊕ Point de rendez-vous des cyclistes. ⊖ Simple mais suffisant.

À voir, à faire dans les environs : la vieille ville, le château, le musée des tissus Souleïado à Tarascon ; Saint-Rémy-de-Provence avec la vieille ville, le musée Estrine, l'hôtel de Sade, le plateau des Antiques.

SAINT-FIRMIN 05800

Carte Provence-Alpes-Côte d'Azur Nord A1

32 km NO de Gap ; 75 km SE de Grenoble

€€ 11,20 € **30 emplacements**

Camping La Pra : *Le Villard. ☎ 04-92-55-48-76. • sidevar@wanadoo.fr • sidevar.fr • Ouv de mi-juin à mi-sept. CB refusées.*
À l'entrée de la vallée, un camping économique à proximité du village de Saint-Firmin, avec le nécessaire pour camper à l'air pur. Commerces à 800 m. Internet. Wifi.

Cadre : montagne. ***Terrain :*** en terrasses ; herbe ; plat.	⊕ Le calme ; la piscine municipale chauffée à 1 km. ⊖ Les équipements modestes.

À voir, à faire dans les environs : le Champsaur ; le Valgaudemar ; le massif des Écrins.

SAINT-JEAN-SAINT-NICOLAS 05260

Carte Provence-Alpes-Côte d'Azur Nord A1

25 km NE de Gap ; 18 km SE de Saint-Bonnet-en-Champsaur

€€€ 21,40 € **100 emplacements**

Le Diamant : *à Pont-du-Fossé. ☎ 04-92-55-91-25. 📱 06-70-00-25-11. • info@campingdiamant.com • campingdiamant.com • Ouv mai-sept.*
Site bien ombragé où règne une bonne ambiance. Les patrons se font à l'occasion accompagnateurs pour des sorties (gratuites) rando ou VTT. Accès direct à la rivière (génial pour les pêcheurs) et mur d'escalade dans l'enceinte du camping. Location de caravanes et de mobile homes *(240-580 €/sem).* Bon accueil. Tarif dégressif pour les familles à partir de 3 personnes. Internet. Wifi.

Cadre : campagne, forêt, montagne, sentiers de randonnée, lacs ou rivières. ***Terrain :*** herbe ; plat.	⊕ Les nombreuses animations pour enfants et adultes, dont des sorties en montagne gratuites ; l'initiation à l'escalade sur le mur du camping 2 fois par semaine. ⊖ Pas de piscine ; certains emplacements près de la départementale.

€€€ 18 € **50 emplacements**

Camping Les 6 Stations : *Les Foulons. ☎ 04-92-55-91-95. 📱 06-69-21-74-90. • info@camping-ecrins.com • camping-ecrins.com • Ouv tte l'année.*
Un camping familial aux emplacements joliment enfouis sous les arbres. Piscine chauffée donnant sur la route, terrain de volley, ping-pong, aire de jeux, snack-bar avec animations. Bon accueil. Location de chalets tout équipés pouvant accueillir jusqu'à 8 personnes *(325-710 €/sem).* Internet. Wifi.

Cadre : montagne. ***Terrain :*** herbe ; plat.	⊕ Les équipements ; les animations. ⊖ Devoir repartir.

À voir, à faire dans les environs : le Champsaur ; le Valgaudemar ; le massif des Écrins.

SAINT-JEANNET 06640

22 km NO de Nice *Carte Provence-Alpes-Côte d'Azur Sud B1*

€€€€ 35 € **50 emplacements**

Camping Les Cent Chênes : *1205, route de Gattières. ☎ 04-93-24-44-26. • info@camping-lescentchenes.fr • camping-lescentchenes.fr • Ouv d'avr à fin sept.*
Jolie surprise que ce camping propre, accueillant, qui joue la carte nature, sans se forcer, au cœur d'un parc boisé parsemé de chênes centenaires. Tentes, mobile homes et cabanes sur pilotis se partagent de beaux espaces fleuris bien entretenus *(loc 399-980 €/sem).* Piscine chauffée à 29 °C. Patricia et Didier aiment leur métier, leurs campeurs, et l'ambiance qui règne ici est très agréable.

Cadre : campagne. ***Terrain :*** plat ; herbe.	⊕ L'environnement très nature ; la piscine chauffée. ⊖ On n'a pas trouvé.

À voir, à faire dans les environs : le Baou de Saint-Jeannet ; la chapelle Matisse à Vence ; Saint-Paul-de-Vence et la Fondation Maeght.

SAINT-JURS 04410

45 km S de Digne-les-Bains **Carte Provence-Alpes-Côte d'Azur Sud A1**

€€ 15 € **25 emplacements**

Ferme de Vauvenières : *Vauvenières. ☎ 04-92-74-44-18. 06-50-74-37-11. • ferme.de.vauvenieres@gmail.com • ferme-de-vauvenieres.fr • Ouv avr-oct. CB refusées.*
Au cœur des champs de lavande et à proximité des gorges du Verdon, un petit camping simple avec boulodrome et échiquier géant... et son jardin de plantes aromatiques. Loue également plusieurs gîtes (*pour 2, ou 3-5 ou 9-10 pers ; compter 30-40 €/nuit et par pers ou 450-550 €/sem).* Restaurant sur réservation le soir, qui valorise les produits locaux *(formule à 20 € avec quart de vin et café).* Super accueil d'un jeune couple d'agriculteurs des temps modernes. Internet.

Cadre : campagne, sentiers de randonnée. ***Terrain :*** herbe ; plat.	⊕ Les fruits, légumes, pâtes et œufs bio de la ferme. ⊖ C'est une aire naturelle de camping, donc confort un peu plus modeste que sur un terrain traditionnel.

À voir, à faire dans les environs : Riez ; le plateau de Valensole ; Moustiers-Sainte-Marie ; le lac de Sainte-Croix ; les gorges du Verdon.

SAINT-MAURICE-EN-VALGODEMARD 05800

Carte Provence-Alpes-Côte d'Azur Nord A1

39 km N de Gap ; 82 km SE de Grenoble

€€€ 23,40 € **50 emplacements**

Camping Le Bocage : *Le Roux. ☎ 04-92-21-86-48. 06-71-77-91-02. • campinglebocage@orange.fr • campinglebocage.com • Ouv de mi-avr à début oct.*
Sur les bords de la Séveraisse, un camping simple et calme, au plus près d'une nature de toute beauté. Location de mobile homes et de chalets pour 4 à 6 personnes *(290-645 €/sem).* Un réseau de chemin de fer miniature (la passion du sympathique patron !) a été aménagé au cœur du camping. Une adresse agréable. Wifi.

Cadre : forêt, lacs ou rivières, montagne, sentiers de randonnée. ***Terrain :*** herbe ; plat. ***Réducs :*** - 10 % sur les emplacements sur présentation de ce guide.	⊕ Le cadre ; le train miniature ; l'accueil. ⊖ Pas la folie du samedi soir, mais est-ce bien nécessaire ?

À voir, à faire dans les environs : le Valgaudemar ; le Champsaur ; le massif des Écrins.

SAINT-MAXIMIN-LA-SAINTE-BAUME 83470

Carte Provence-Alpes-Côte d'Azur Sud A2

21 km O de Brignoles ; 44 km E d'Aix-en-Provence

€€€ 23 € **100 emplacements**

Le Provençal : *1866, route de Mazaugues. ☎ 04-94-78-16-97. • camping.provencal@wanadoo.fr • camping-le-provencal.com • Ouv avr-sept.*
Très Provence avec ses 100 emplacements en terrasses sous les pins. Jolie piscine. Resto et animations en saison. Location de chalets et mobile homes pour 4-6 personnes *(385-760 €/sem).* Wifi.

Cadre : campagne. ***Terrain :*** en terrasses.	⊕ Les animations en saison. ⊖ La ville et ses zones commerciales qui rompent le charme.

À voir, à faire dans les environs : la basilique gothique et le couvent royal, le massif de la Sainte-Baume.

SAINT-MICHEL-L'OBSERVATOIRE 04870

Carte Provence-Alpes-Côte d'Azur Sud A1

10 km SO de Forcalquier ; 16 km NO de Manosque

€€€ 20 € **50 emplacements**

Camping Sous les Étoiles : *plateau du Moulin-à-Vent. ☎ 04-92-75-89-38. 06-08-77-14-81. • campingsouslesetoiles@gmail.com • camping-sous-les-etoiles04.fr • Ouv de mai à mi-oct.*
Dans une forêt de chêne en partie déboisée, sur 7 ha, un tout nouveau camping aux emplacements libres dans la nature. Bien à l'écart, des camping-cars, des tentes lodges pour 2-6 personnes *(50-85 €/nuit)* et des géopods 2 personnes, dômes transparents pour une nuit sous les étoiles *(130-150 €/nuit).* Sanitaires neufs aménagés dans d'anciens containers maritimes bardés de bois pour se fondre dans la nature. Bar et resto en terrasse avec hamacs et jeux pour enfants. Internet. Wifi. NOUVEAUTÉ.

Cadre : campagne. ***Terrain :*** plat.	⊕ L'accueil très amical de Thierry, qui vous indiquera une rivière et une cascade à proximité pour se baigner. ⊖ Aucun remarqué.

À voir, à faire dans les environs : l'observatoire de Haute-Provence ; la vieille ville de Forcalquier et l'Artemisia Museum (musée des plantes aromatiques et médicinales).

SAINT-PIERRE-D'ARGENÇON 05140

40 km O de Gap

Carte Provence-Alpes-Côte d'Azur Nord A2

€€€ 19,50 € **25 emplacements**

Camping et chambres d'hôtes La Source : *☎ 04-92-58-67-81. 06-78-32-30-40. • info@lasource-hautesalpes.com • lasource-hautesalpes.com • Ouv tte l'année.*
À la lisière d'un petit bois où l'on peut parfois entendre la hulotte, cette maison ne fait pas de bruit. Quelques chambres simples, bien décorées et agréables ; 2 d'entre elles (les moins chères), dotées d'un simple lavabo, se partagent une salle de bains au rez-de-chaussée *(60-74 € la nuit pour 2 pers).* À l'écart, sous les frondaisons, quelques emplacements pour planter sa tente et quelques tipis équipés (frigo et barbecue à gaz, *300-500 €/sem*). Restaurant avec terrasse *(menu 15 €, carte env 20 €).* Internet. Wifi.

Cadre : campagne, forêt, montagne. ***Terrain :*** en pente ; herbe ; plat.	⊕ Beaucoup de simplicité ; l'accueil charmant. ⊖ La voie de chemin de fer à proximité (mais peu de trains) ; pas de sanitaires en basse saison.

À voir, à faire dans les environs : l'écomusée du Cheminot veynois ; le val d'Oule, le col de Cabre et les villages perdus du Bochaine.

SAINT-RAPHAËL-AGAY 83700

Carte Provence-Alpes-Côte d'Azur Sud B2

44 km SE de Draguignan ; 33 km SO de Cannes

€€€€ 45 € 164 emplacements

Camping Les Rives de l'Agay : *av. du Gratadis, Agay. ☎ 04-94-82-02-74. • reception@lesrivesdelagay.com • lesrivesdelagay.com • Ouv de mi-mars à la Toussaint.*
Au bord de la petite rivière de l'Agay et à 400 m de la mer. Emplacements bien agréables sous les acacias et les peupliers, dans un univers verdoyant. Vu la situation du terrain, on conseille de réserver. Piscine *(ouv seulement 11h-17h)* et snack-bar. Internet.

Cadre : mer. ***Terrain :*** plat.	⊕ L'atmosphère familiale. ⊖ Pas d'animations.

€€€€ 29 € 46 emplacements

Agay Soleil : *1152, bd de la Plage. ☎ 04-94-82-00-79. • camping-agay-soleil@wanadoo.fr • agay-soleil.com • Ouv de mi-mars à la Toussaint.*
Ah ! le beau camping ! Les emplacements sont féeriques, sous les pins, pour certains face aux reflets d'argent du cap Dramont, avec accès direct à la plage. Idéal pour des vacances tranquilles en famille (les pitchouns aimeront les toilettes version « Kid's saloon »). Sanitaires nickel. Accueil en or : plein de tuyaux sur les balades à faire. Mieux vaut penser à réserver tôt. Internet. Wifi.

Cadre : mer, montagne, sentiers de randonnée. ***Terrain :*** en terrasses ; herbe ; plat. ***Réducs :*** - 10 % sur l'emplacement tente sur présentation de ce guide.	⊕ Les emplacements tout au bord de la plage ; les commerces proches. ⊖ La route de la Corniche, plutôt passante ; les chiens non acceptés en juillet-août ; les locations non couvertes par le wifi.

À voir, à faire dans les environs : la corniche de l'Estérel ; à Fréjus, le groupe épiscopal, le Musée archéologique, les arènes, l'aqueduc et la Villa aurélienne, la pagode bouddhique, la chapelle Notre-Dame-de-Jérusalem, etc.

SAINT-RÉMY-DE-PROVENCE 13210

23 km NE d'Arles — Carte Provence-Alpes-Côte d'Azur Ouest A1-2

€€€€ 30,20 € 166 emplacements

Camping du Mas de Nicolas : *av. Plaisance-du-Touch. ☎ 04-90-92-27-05. • contact@camping-masdenicolas.com • camping-masdenicolas.com • Ouv de début avr à mi-oct.*
Camping fleuri, avec de vastes emplacements herbeux, bien délimités, ombragés par des albizias et autres micocouliers. Mais le grand plus c'est la piscine et l'ensemble balnéo avec sauna, jacuzzi et hammam (gratuits !). Baby-foot, barbecue, laverie, snack et épicerie en saison. L'un des blocs sanitaires est chauffé pour le début de saison. Location de mobile homes et chalets *(350-795 €/sem).* Internet. Wifi.

Cadre : campagne, ville. ***Terrain :*** en terrasses ; herbe ; plat.	⊕ La piscine et l'espace de balnéothérapie. ⊖ Le wifi payant.

€€ 13 € 12 emplacements

Camping à la ferme du Vieux Chemin d'Arles : *vieux chemin d'Arles. ☎ 04-90-92-27-22. • tg.perrot@orange.fr • campingsaintremydeprovence.fr • Ouv avr-oct.*
Isolé en pleine nature au bord d'une petite départementale, ce terrain ombragé tout en longueur et très prisé des camping-caristes, s'est installé sur une exploitation maraîchère. Accueil chaleureux. Mobile home *(300 €/sem).* Wifi.

Cadre : campagne. ***Terrain :*** herbe ; plat.	⊕ Le prix, très bas pour Saint-Rémy. ⊖ Un peu loin de tout.

€€€€ 42 € **140 emplacements**

Camping Monplaisir : *345, chemin Monplaisir. ☎ 04-90-92-22-70. • reception@camping-monplaisir.fr • camping-monplaisir.fr • Ouv de début mars à mi-oct.*
En pleine campagne, un petit camping-jardin familial soigneusement entretenu. Emplacements herbeux et globalement ombragés, délimités par des haies. Sanitaires récents. Calme et repos assurés. Resto *(en juil-août)*, piscine chauffée, terrain de pétanque, épicerie (produits du terroir), bibliothèque. Chalets et mobile homes à louer *(399-945 €/sem)*. NOUVEAUTÉ.

Cadre : ville, campagne. ***Terrain :*** herbe ; plat.	⊕ La proximité du GR 6. ⊖ On a beau chercher...

€€€€ 28,50 € **105 emplacements**

Camping Pégomas : *chemin de Pégomas, 3, av. Jean-Moulin. ☎ 04-90-92-01-21. • contact@campingpegomas.com • campingpegomas.fr • Ouv de mi-mars à mi-oct.*
Sans doute pas le plus charmant, mais c'est le plus proche du centre. De l'ombre, de la verdure, et quelques touffes d'herbe pour planter sa tente. Sanitaires chauffés. Piscine, snack, lave-linge, terrain de pétanque. Fitness sur place. Très calme. Mobile homes jusqu'à 6 personnes *(350-1 190 €/sem)*. NOUVEAUTÉ.

Cadre : campagne. ***Terrain :*** plat ; herbe. ***Réducs :*** une bouteille de 50 cl de rosé des Alpilles offerte sur présentation de ce guide.	⊕ L'accueil sympa. ⊖ Peu, voire pas d'animations à part un peu de yoga.

À voir, à faire dans les environs : la vieille ville, le musée des Alpilles, le plateau des Antiques, le monastère de Saint-Paul-de-Mausole ; les ruines de Glanum ; Les Baux-de-Provence.

SAINTES-MARIES-DE-LA-MER 13460

37 km SO d'Arles **Carte Provence-Alpes-Côte d'Azur Ouest A2**

€€€€ 29 € **800 emplacements**

Camping La Brise : *rue Marcel-Carrière. ☎ 04-90-97-84-67. • info@camping-labrise.fr • camping-labrise.fr • Ouv de fév à la Toussaint, plus vac scol de Noël.*
Autant d'emplacements, ça fait du monde en saison... sans compter les moustiques ! Location de mobile homes et tentes prémontées pour 2 personnes *(324-847 €/sem)*. Terrain pas vraiment ombragé mais très bien équipé en revanche : 2 piscines dont une avec toboggan, tennis, et la plage pour raison d'être... Internet. Wifi.

Cadre : mer. ***Terrain :*** plat.	⊕ La proximité de la plage ; des coffres-forts disponibles à la réception. ⊖ Le manque d'ombre.

€€€€ 33,50 € **450 emplacements**

Camping Sunêlia Le Clos du Rhône : *route d'Aigues-Mortes. ☎ 04-90-97-85-99. • info@camping-leclos.fr • camping-leclos.fr • Ouv avr-nov.*
Entre le Petit Rhône et la mer, avec accès direct à la plage. Ambiance familiale et tranquille. Relativement confortable, mais ça manque d'ombre. Piscine chauffée et espace aquatique avec jets hydromassants, spa (payant) et terrain multisports. Restaurant, épicerie, laverie. Location de bungalows et mobile homes *(322-1 806 €/sem)*. Réserver vite pour juillet-août. Internet.

Cadre : mer. ***Terrain :*** herbe ; plat.	⊕ L'environnement, très camarguais ; les animations en saison. ⊖ Le manque d'ombre ; la nécessité de réserver bien en avance pour l'été.

À voir, à faire dans les environs : l'église Notre-Dame-de-la-Mer et le musée Baroncelli ; les plages ; les randonnées en Camargue ; l'étang de Vaccarès ; le musée de la Camargue au mas du Pont-de-Rousty.

SALIN-DE-GIRAUD 13129

38 km S d'Arles — *Carte Provence-Alpes-Côte d'Azur Ouest A2*

€€€€ 28 € — **182 emplacements**

Camping Les Bois Flottés de Camargue : *route de la Mer. ☎ 04-90-58-25-09. • campinglesboisflottes@gmail.com • camping-les-bois-flottes.fr • Ouv de mars à mi-nov.*
À la sortie du village, un camping aux allures de Far-West. Mobile homes en bois et en matériaux naturels, éco-tentes et éco-lodges bien intégrés à l'environnement naturel *(224-1 434 €/sem).* Restaurant avec vue sur les anciennes salines. Belle piscine à débordement. Soirées musicales en été. Excellente ambiance. NOUVEAUTÉ.

Cadre : campagne, marais. ***Terrain :*** herbe ; plat.	⊕ Le style, l'ambiance très camarguaise. ⊖ Quels « moins » ?

À voir, à faire dans les environs : les salines ; le domaine de la Palissade dans le parc naturel régional de Camargue ; la plage de Piémanson ; la pointe de Beauduc ; les marais du Vigueirat.

SALON-DE-PROVENCE 13300

32 km NO d'Aix-en-Provence — *Carte Provence-Alpes-Côte d'Azur Ouest A2*

€€€ 21,30 € — **83 emplacements**

Camping Nostradamus : *2837, route d'Eyguières (D 17). ☎ 04-90-56-08-36. • clem.rigole@gmail.com • camping-nostradamus.com • Ouv mars-oct.*
Agréable camping familial ouvert depuis 1962. En pleine campagne, sous les ombrages d'un bois, le long d'un canal. Terrain plat d'une grande capacité d'accueil. Mobile homes pour 6 personnes *(380-690 €/sem).* Petit resto et bar avec animations sur la terrasse. Stade de foot, belle piscine. Soirées musicales tous les vendredis en été. Internet. Wifi.

Cadre : campagne, forêt, lacs ou rivières, sentiers de randonnée, ville. ***Terrain :*** herbe ; plat.	⊕ Le cadre de verdure étonnant ; la proximité du GR 6. ⊖ Un peu loin de Salon pour ceux qui n'ont pas de voiture.

À voir, à faire dans les environs : le château-musée de l'Empéri, la maison-musée de Nostradamus, la collégiale Saint-Laurent, la savonnerie Marius-Fabre et le musée du Savon de Marseille.

SANARY-SUR-MER 83110

5 km SE de Bandol ; 13 km O de Toulon — *Carte Provence-Alpes-Côte-d'Azur Sud A2*

€€€€ 59 € — **162 emplacements**

Parc Mogador : *167, chemin de Beaucours. ☎ 04-94-74-53-16. • mogador@campasun.eu • campasun-mogador.eu • Ouv tte l'année sauf fév.*

Camping familial niché au cœur d'une zone résidentielle, à 900 m de la plage. Plus ou moins ombragé. Piscine (et même un jacuzzi), jeux, supérette, bar et pizzeria. Le centre est à 20 mn à pied environ. Internet. Wifi. NOUVEAUTÉ.

Cadre : ville. ***Terrain :*** plat.	⊕ Les animations l'été ; proche de la plage ; familial. ⊖ Devoir repartir.

À voir, à faire dans les environs : le port de Sanary, la plage de Portissol, le musée de la Plongée autonome Frédéric-Dumas, le Zoa Parc, le sentier sous-marin.

SAULT 84390

45 km NE de Carpentras *Carte Provence-Alpes-Côte d'Azur Sud A1*

€€€ **19,90 €** **100 emplacements**

Camping municipal de Sault : *route de Saint-Trinit, Le Défends. ☎ 04-90-64-07-18. 📱 06-61-09-43-31. • campingdudefends84@gmail.com • Ouv avr-sept.*
Des emplacements spacieux dans une forêt de chênes et de cèdres, donc très ombragés. Pas d'équipements mais piscine municipale et complexe sportif (ouvert juillet-août seulement) juste à côté. Locatifs 60-70 €/nuit. Wifi.

Cadre : campagne, sentiers de randonnée. ***Terrain :*** plat.	⊕ Bien ombragé. ⊖ À 800 m d'altitude, les nuits peuvent être fraîches hors saison.

À voir, à faire dans les environs : Saint-Christol-d'Albion ; Saint-Trinit ; Aurel ; Brantes ; les randonnées sur le mont Ventoux ; les gorges de la Nesque ; Banon.

SEYNE-LES-ALPES 04140

Carte Provence-Alpes-Côte d'Azur Nord A2

42 km N de Digne-les-Bains ; 26 km SE de Gigors

€€€ **22 €** **84 emplacements**

Camping Les Prairies : *La Haute-Gréyère. ☎ 04-92-35-10-21. • info@campinglesprairies.com • campinglesprairies.com • Ouv de mi-mai à début sept.*
Agréable et calme petit camping connecté à la nature et entouré par les montagnes. Emplacements dans un espace semi-ombragé bien entretenu et délimités par des haies, à l'écart des locatifs. Belle piscine, jeux pour les enfants, snack en été. Location de mobile homes et chalets 2-6 personnes *(215-765 €/sem).* Internet. Wifi. NOUVEAUTÉ.

Cadre : lacs ou rivières, sentiers de randonnée, montagne. ***Terrain :*** plat ; herbe.	⊕ Tenu par un jeune couple très sympa. ⊖ R.A.S.

À voir, à faire dans les environs : le vieux village, avec la citadelle et la maison du Mulet ; la vallée de la Blanche ; l'élevage de rennes et de bisons d'Amérique ; les randonnées avec âne.

SISTERON 04200

30 km NE de Forcalquier *Carte Provence-Alpes-Côte d'Azur Sud A1*

€€€ **22 €** **145 emplacements**

Camping municipal Les Prés Hauts : *44, chemin des Prés-Hauts (dans le quartier Basse-Chaumiane). ☎ 04-92-61-19-69. • camping@sisteron.fr • camping-sisteron.com • Ouv avr-sept.*

Dans un joli coin, sur les berges de la Durance, un camping très familial de bon confort. Calme et ombragé. Location de quelques mobile homes pour 4 et 6 personnes *(305-615 €/sem)*. Ping-pong, terrain de beach-volley, piscine. Espace pique-nique et barbecue. Le GR 6 passe dans le coin. Réserver pour juillet-août. Bon accueil. Internet. Wifi.

Cadre : campagne. ***Terrain :*** herbe ; plat.	⊕ La belle ombre des platanes et saules sur la plupart des emplacements. ⊖ Certains emplacements ne bénéficient pas de hautes haies de séparation.

À voir, à faire dans les environs : la vieille ville, la cathédrale Notre-Dame-des-Pommiers, le musée Terre et Temps, la citadelle ; la vallée du Jabron.

SOSPEL 06380

20 km N de Menton — *Carte Provence-Alpes-Côte d'Azur Sud B1*

€€€ 22,50 € — **45 emplacements**

Le Mas Fleuri : *quartier La Vasta. ☎ 04-93-04-14-94. 📱 06-03-26-96-07. • contact@camping-mas-fleuri.com • camping-mas-fleuri.com • Ouv avr-oct (tte l'année pour les loc).*
Très classique petit camping familial avec ces emplacements séparés par des haies taillées au cordeau. Tranquille, pas mal ombragé. Resto et piscine. Mobile homes à louer *(375-755 €/sem)*. Internet. Wifi.

Cadre : campagne, lacs ou rivières, montagne, sentiers de randonnée. ***Terrain :*** herbe ; plat.	⊕ La zone wifi gratuite. ⊖ On cherche encore...

À voir, à faire dans les environs : le vieux village ; le parc national du Mercantour ; la vallée de la Bévéra ; le col de Turini.

TARASCON 13150

17 km N d'Arles — *Carte Provence-Alpes-Côte d'Azur Ouest A1-2*

€€€ 24 € — **68 emplacements**

Camping Saint-Gabriel : *mas Ginoux, route de Fontvieille, quartier Saint-Gabriel. ☎ 04-90-91-19-83. • contact@campingsaintgabriel.com • campingsaintgabriel.com • Ouv de mi-mars à mi-nov.*
À la campagne, dans un joli environnement verdoyant autour d'un ancien relais de poste. C'est d'ailleurs une étape sur le chemin de Saint-Jacques-de-Compostelle. Bien équipé et ombragé. Resto de fin mai à début septembre, soirées à thème. Piscine. Coin fitness. Location de mobile homes *(395-740 €/sem)*. Internet.

Cadre : campagne. ***Terrain :*** herbe ; plat.	⊕ Un cadre étonnant. ⊖ Pas trouvé.

€€€€ 30,60 € — **70 emplacements**

Camping Tartarin : *route de Vallabrègues. ☎ 04-90-91-01-46. • campingtartarin@orange.fr • campingtartarin.fr • Ouv de mi-mars à mi-nov.*
Au pied du château et au bord du Rhône, un camping ombragé et bien équipé. Fait aussi resto-bar. Animations en été. Les cyclistes apprécieront la proximité de la *ViaRhôna*. Piscine. Roulottes et mobile homes *(60-121 €/nuit – 2 nuits min – et 490-728 €/sem)*. Internet. Wifi.

Cadre : campagne, lacs ou rivières, ville. ***Terrain :*** herbe ; plat.	⊕ La proximité du château et du Rhône. ⊖ La ville peu animée le soir.

À voir, à faire dans les environs : le château du Roi-René, le musée Souleïado ; Les Baux-de-Provence ; Arles ; Avignon.

TENDE 06430

59 km NE de Menton **Carte Provence-Alpes-Côte d'Azur Sud B1**

€ **9 €** **35 emplacements**

Camping municipal Saint-Jacques : *quartier Saint-Jacques. ☎ 04-93-04-76-08. • campingtende@gmail.com • tendemerveilles.com • Ouv mai-oct. CB refusées.*
Camping municipal archi simple, en bordure de rivière, dans un site qui plaira aux amoureux du calme et de la nature. Nombreuses de balades dans le coin. Quelques chambres dans le bâtiment attenant, avec w-c sur le palier *(40 € la double).* Piscine à 500 m. Wifi.

Cadre : montagne, sentiers de randonnée. ***Terrain :*** herbe ; plat.	⊕ Les douches accessibles aux randonneurs qui ne dorment pas sur place (3 €). ⊖ Le manque d'équipements.

À voir, à faire dans les environs : le vieux village et le musée des Merveilles ; la vallée des Merveilles ; le sanctuaire Notre-Dame-des-Fontaines à La Brigue ; le parc national du Mercantour ; Saorge ; la vallée de la Roya.

TOURRETTES-SUR-LOUP 06140

20 km NE de Grasse **Carte Provence-Alpes-Côte d'Azur Sud B1**

€€€€ **32,10 €** **40 emplacements**

Camping La Camassade : *523, route de Pie-Lombard. ☎ 04-93-59-31-54. • contact@camassade.com • camassade.com • Ouv tte l'année.*
Terrain installé dans un cadre très reposant. Sanitaires chauffés en période froide. Les emplacements sont agréablement dispersés dans les bois. Également des chalets et mobile homes *(345-745 €/sem).* Piscine et snack. Internet. Wifi.

Cadre : campagne. ***Terrain :*** en terrasses ; herbe. ***Réducs :*** - 5 % en camping et - 10 % sur le locatif pour 7 nuits en basse ou moyenne saisons ou pour 3 semaines en haute saison sur présentation de ce guide.	⊕ Les emplacements grands et bien ombragés. ⊖ Pas d'animations.

À voir, à faire dans les environs : le village médiéval ; les gorges du Loup ; Vence et la chapelle Matisse ; Saint-Paul-de-Vence et la Fondation Maeght ; le château de Gourdon.

VAISON-LA-ROMAINE 84110

22 km N de Carpentras **Carte Provence-Alpes-Côte d'Azur Ouest A1**

€€€ **16 €** **35 emplacements**

Camping La Cambuse : *1660, domaine de la Cambuse, route de Villedieu. ☎ 04-90-36-14-53. 📱 07-78-12-62-20. • dom.lacambuse@wanadoo.fr • campingdomainedelacambuse.fr • Ouv de mai à mi-oct. CB refusées.*
Bienvenue à la ferme ? Oui, ou plutôt bienvenue à la vigne ! Camping de 35 places dans une pinède de 3 ha jouxtant les vignes et les oliviers des propriétaires. Vente de vin de pays et d'huile d'olive, forcément. Accueil à la bonne franquette, sympa et authentique.

Cadre : campagne, forêt, sentiers de randonnée. ***Terrain :*** en terrasses ; herbe ; plat.	⊕ La vigne ; l'accueil. ⊖ Les équipements réduits.

€€€€ **27,40 €** **75 emplacements**

Camping du Théâtre Romain : *quartier des Arts, chemin du Brusquet. ☎ 04-90-28-78-66. • info@camping-theatre.com • camping-theatre.com • Ouv de mi-mars à début nov.*
Comme son nom l'indique, situé non loin du théâtre antique. Emplacements séparés par des haies (plus ou moins ombragés), le tout dans une ambiance assez tranquille de camping familial. Aire de services pour camping-cars. Location de VTT, ping-pong et billard. Accueil correct. Location de mobile homes *(220-730 €/sem).* Internet. Wifi.

Cadre : campagne, ville. ***Terrain :*** herbe ; plat ; rocaille. ***Réducs :*** frais de dossier offerts sur présentation de ce guide ; - 5 % à partir de 10 jours en basse et moyenne saisons.	⊕ Le calme ; la proximité du centre-ville. ⊖ Pas d'animations.

À voir, à faire dans les environs : la ville romaine, romane et médiévale ; Crestet ; les randonnées sur le mont Ventoux ; Caromb ; Le Barroux ; les caves de Beaumes-de-Venise, Gigondas et Vacqueyras ; Carpentras.

VALDEBLORE 06420

72 km N de Nice **Carte Provence-Alpes-Côte d'Azur Sud B1**

€€€ **20,50 €** **15 emplacements**

Camping à la ferme : *Saint-Dalmas. ☎ 04-93-02-83-30. 06-84-15-84-55. • bernard.leduff@wanadoo.fr • camping-ferme.com • Ouv juin-sept. CB refusées.*
Terrain coquet tenu par Myriam, fidèle au poste depuis plus de 20 ans. Peu d'emplacements, bien au large sous les arbres, sur une herbe grasse. Réfrigérateur, congélo, fours à micro-ondes à disposition. Sanitaires nickel. On profite des produits de la ferme, des framboises et des confitures... Bon petit déj sur résa. Une poignée d'emplacements pour les camping-cars. Accueil charmant. Internet. Wifi.

Cadre : montagne, sentiers de randonnée. ***Terrain :*** en terrasses ; herbe.	⊕ La petite taille. ⊖ Pas d'accueil caravanes ; pas de paiements par CB.

À voir, à faire dans les environs : la vallée des Merveilles ; la vallée de la Vésubie et le Scénoparc du loup à Saint-Martin-de-Vésubie ; le parc national du Mercantour.

VEDÈNE 84270

9 km NE d'Avignon **Carte Provence-Alpes-Côte d'Azur Ouest A1**

€€€€ **43 €** **180 emplacements**

Yellow Camping Avignon Parc : *385, route d'Entraigues. ☎ 04-90-31-00-51. • contact@avignonparc.com • campingavignonparc.com • Ouv de mi-avr à mi-sept.*
Dans une pinède de 6,5 ha, un camping ombragé, bien équipé, propre, avec des propriétaires sympathiques. Point de vue sur le mont Ventoux. Piscine couverte et chauffée. Location de mobile homes pour 2 à 6 personnes *(245-1 253 €/sem).* Pas de chiens dans les locations. Wifi.

Cadre : campagne. ***Terrain :*** en pente ; herbe.	⊕ Les nombreuses activités gratuites pour les enfants en haute saison (poney, jeux aquatiques, magie, clowns) ; le wifi gratuit. ⊖ Le bar à vins ouvert seulement en haute saison.

À voir, à faire dans les environs : la vieille ville d'Avignon avec la collection Lambert, le musée Louis-Vouland, le palais des Papes, le pont Saint-Bénezet, etc.

VENCE 06140

22 km NO de Nice **Carte Provence-Alpes-Côte d'Azur Sud B1**

€€€€ 28 € **450 emplacements**

Camping Domaine de la Bergerie : *1330, chemin de la Sine. ☎ 04-93-58-09-36. • info@camping-domainedelabergerie.com • camping-domainedelabergerie.com • Ouv de fin mars à mi-oct.*
Très calme et agréable camping, niché dans un site boisé de 14 ha. On choisit entre des emplacements ordonnés sous les platanes (beaucoup de caravanes) et d'autres plus isolés à l'ombre de la forêt méditerranéenne. Certains emplacements disposent de sanitaires privés et kitchenette. Location de chalets et mobile homes 2-4 personnes *(210-880 €/sem).* Piscine, tennis, fitness et resto-snack *(mai-sept).* Wifi.

Cadre : campagne, forêt, sentiers de randonnée. ***Terrain :*** herbe ; plat ; rocaille. ***Réducs :*** - 10 % sur présentation de ce guide.	⊕ La grande diversité dans le choix des emplacements ; les emplacements avec sanitaires privés. ⊖ Le tennis payant.

À voir, à faire dans les environs : la chapelle Matisse ; Saint-Paul-de-Vence et la Fondation Maeght.

VEYNES 05400

Carte Provence-Alpes-Côte d'Azur Nord A2

25 km O de Gap ; 49 km NO de Sisteron

€€€€ 27 € **133 emplacements**

Les Rives du Lac : *plan d'eau des Iscles. ☎ 04-92-57-20-90. • contact@camping-lac.com • camping-lac.com • Ouv de fin avr à mi-sept (tte l'année pour les chalets).*
Au bord du plan d'eau des Iscles, un camping de 5 ha avec tout le nécessaire pour les vacances, inscrit dans une démarche de respect de l'environnement (tri sélectif, réduction des emballages, installation de panneaux solaires, etc.). Il a d'ailleurs obtenu l'Écolabel européen. Balades et randonnées accompagnées en été (à partir de 5-6 ans), observation des animaux, aire de jeux. Location de mobile homes, de chalets et de tentes luxe pour 2 à 7 personnes *(270-1 250 €/sem).* 2 piscines couvertes, jacuzzi. Camp de base pour VTT, cyclo, canyoning, via ferrata, escalade... Cinéma en plein air et concerts plusieurs fois par semaine. Internet. Wifi.

Cadre : lacs ou rivières, montagne, sentiers de randonnée, campagne. ***Terrain :*** herbe ; plat.	⊕ La location de VTT électriques ; la démarche environnementale. ⊖ Les frais de dossier.

€€ 13 € **22 emplacements**

Camping Les Prés : *Le Petit-Vaux. ☎ 04-92-65-20-24. 📱 06-32-69-25-16. • camping.lespres.veynes@gmail.com • camping-les-pres.com • Ouv fin mai-sept.*
Un petit camping isolé au fond d'un vallon verdoyant, au pied des montagnes, proposant une vingtaine d'emplacements bien ombragés. Un bon point de départ pour des balades

à VTT ou des promenades à l'air pur. Petit restaurant. Piscine. Aire de jeux. Location de mobile homes *(260-460 €/sem)* et bungalows en toile *(190-460 €/sem).* NOUVEAUTÉ.

Cadre : campagne, montagne. ***Terrain :*** herbe ; plat.	⊕ Un vrai air de « du bout du monde ». ⊖ Pas de piscine.

À voir, à faire dans les environs : l'écomusée du Cheminot veynois ; le val d'Oule ; le col de Cabre et les villages perdus du Bochaine.

VILLAR-D'ARÈNE 05480

Carte Provence-Alpes-Côte d'Azur Nord A1

35 km NO de Briançon ; 43 km SE de L'Alpe-d'Huez

€€€ **16 €** **40 emplacements**

Camping municipal d'Arsine : *chemin du Pied-du-Col.* ☎ *04-76-79-93-07.* • *campingvillardarene@gmail.com* • *camping.villardarene.fr* • *Ouv de mi-juin à mi-sept.*
Petit camping très sommaire, très calme et ombragé. Et quel cadre ! L'environnement est vraiment superbe. Face au camping, le refuge-bar-resto du *Pas de l'Âne.* Départ de nombreuses randonnées pour adultes et enfants. Internet. Wifi.

Cadre : campagne, forêt, lacs ou rivières, montagne, sentiers de randonnée. ***Terrain :*** herbe.	⊕ Le cadre ; le départ de randonnées au cœur du parc national des Écrins. ⊖ Les équipements sommaires.

À voir, à faire dans les environs : Briançon ; le musée d'Art sacré du Mônetier-les-Bains ; le parc national des Écrins ; les vallées de l'Italie voisine.

VIOLÈS 84150

25 km NE d'Orange ***Carte Provence-Alpes-Côte d'Azur Ouest A1***

€€€ **22 €** **49 emplacements**

Camping des Favards : *1335, route d'Orange.* ☎ *04-90-70-90-93.* • *campingfavards@gmail.com* • *camping-favards.com* • *Ouv de mi-avr à début oct (gîte tte l'année).*
Après le camping à la ferme, le camping à la vigne ! Des emplacements impeccables de 100 et 200 m² au milieu d'un domaine viticole de 20 ha, avec vue sur les dentelles de Montmirail. Assez peu d'ombrage en revanche, dommage. Barbecue à disposition... alimenté par des souches de vigne, évidemment ! Se balader sur le sentier pédestre et vigneron avant de déguster les vins du caveau familial. Location de mobile homes, TitHome et gîtes *(240-810 €/sem).* Accueil très aimable. Internet. Wifi.

Cadre : campagne, sentiers de randonnée. ***Terrain :*** herbe ; plat. ***Réducs :*** un apéritif offert sur présentation de ce guide.	⊕ La taille des emplacements ; la dégustation de vins. ⊖ Le manque d'ombrage sur la moitié du camping.

À voir, à faire dans les environs : les caves de Vacqueyras, Gigondas et Beaumes-de-Venise ; Orange.

les ROUTARDS sur la FRANCE 2021-2022

(dates de parution sur • *routard.com* •)

Découpage de la FRANCE par le ROUTARD

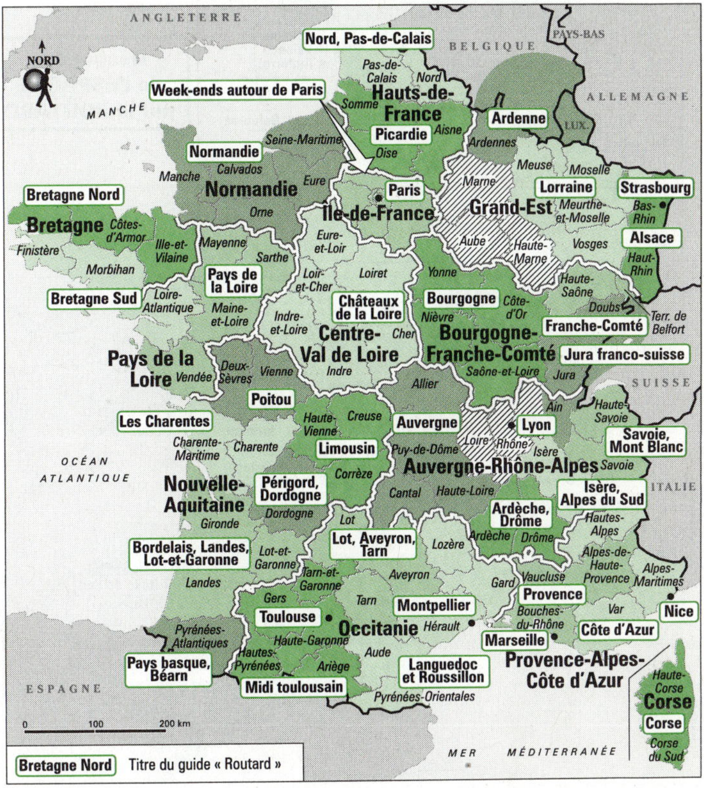

Autres guides sur la France

- Nos meilleurs campings en France
- Nos meilleures chambres d'hôtes en France

Autres guides sur Paris

- Paris
- Paris balades
- Restos et bistrots de Paris
- Le Routard des amoureux à Paris
- Week-ends autour de Paris

Le Routard à vélo

- EuroVelo6
- La Bourgogne du Sud à vélo
- La Flow Vélo
- La Loire à Vélo
- La Vélodyssée (Roscoff-Hendaye)
- Le Canal des 2 mers à vélo
- Paris Île-de-France à vélo
- ViaRhôna
- Les plus belles escapades à Vélo en France

les ROUTARDS sur l'ÉTRANGER 2021-2022

(dates de parution sur • **routard.com** •)

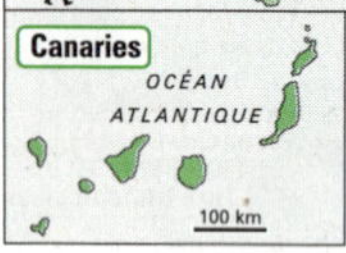

Découpage de l'ESPAGNE par le ROUTARD

Découpage de l'ITALIE par le ROUTARD

Autres pays européens

- Allemagne
- Angleterre, Pays de Galles
- Autriche
- Belgique
- Bulgarie
- Crète
- Croatie
- Danemark, Suède
- Écosse
- Finlande
- Grèce continentale
- Hongrie
- Îles grecques et Athènes
- Irlande
- Islande
- Madère
- Malte
- Norvège
- Pays baltes : Tallinn, Riga, Vilnius
- Pologne
- Portugal
- République tchèque, Slovaquie
- Roumanie
- Suisse

Villes européennes

- Amsterdam
- Berlin
- Bruxelles
- Budapest
- Copenhague
- Dublin
- Lisbonne
- Londres
- Moscou
- Naples
- Porto
- Prague
- Saint-Pétersbourg
- Stockholm
- Vienne

les ROUTARDS sur l'ÉTRANGER 2021-2022

(dates de parution sur • **routard.com** •)

Découpage des ÉTATS-UNIS par le ROUTARD

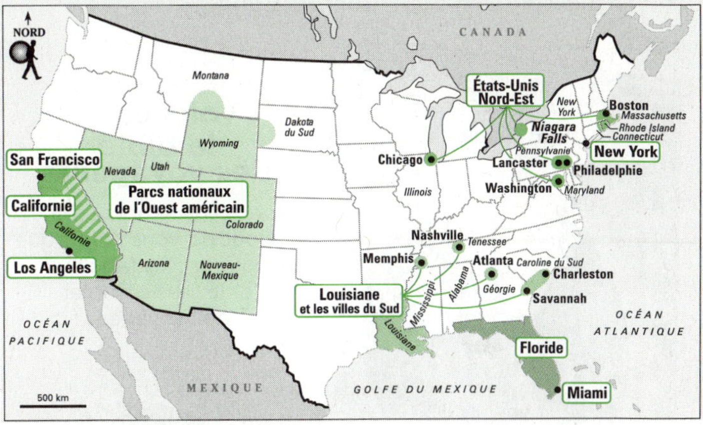

Autres pays d'Amérique

- Argentine
- Brésil
- Canada Ouest
- Chili et île de Pâques
- Colombie
- Costa Rica
- Équateur et les îles Galápagos
- Guatemala, Belize
- Mexique
- Montréal
- Pérou, Bolivie
- Québec et Ontario

Asie et Océanie

- Australie côtes est et nord + Red Centre
- Bali, Lombok
- Bangkok
- Birmanie (Myanmar)
- Cambodge, Laos
- Chine
- Hong Kong, Macao, Canton
- Inde du Nord
- Inde du Sud
- Israël et Palestine
- Istanbul
- Jordanie
- Malaisie, Singapour
- Népal
- Shanghai
- Sri Lanka (Ceylan)
- Thaïlande
- Tokyo, Kyoto et environs
- Turquie
- Vietnam

Afrique

- Afrique du Sud
- Égypte
- Kenya, Tanzanie et Zanzibar
- Maroc
- Marrakech
- Sénégal
- Tunisie

Îles Caraïbes et océan Indien

- Cuba
- Guadeloupe, Saint-Martin, Saint-Barth
- Île Maurice, Rodrigues
- Madagascar
- Martinique
- République dominicaine (Saint-Domingue)
- Réunion

Guides de conversation

- Allemand
- Anglais
- Arabe du Maghreb
- Arabe du Proche-Orient
- Chinois
- Croate
- Espagnol
- Grec
- Italien
- Japonais
- Portugais
- Russe
- G'palémo (conversation par l'image)

Livres-photos/Livres-cadeaux

- La France de Stéphane Bern (**nouveauté**)
- Voyages
- Voyages : États-Unis
- Voyages : France
- Voyages : Italie
- Road Trips Monde
- Road Trips en France (**nouveauté**)
- 120 coins secrets en Europe
- 50 voyages à faire dans sa vie
- 1 200 coups de cœur dans le monde
- 1 200 coups de cœur en France
- 52 week-ends dans les plus belles villes d'Europe
- 52 week-ends coups de cœur en France
- 52 escapades nature en France (**nouveauté**)
- Cahier de vacances du Routard

Nous tenons à remercier tout particulièrement Loup-Maëlle Besançon, Thierry Bessou, Gérard Bouchu, François Chauvin, Grégory Dalex, Fabrice Doumergue, Cédric Fischer, Carole Fouque, Nicolas George, Michelle Georget, David Giason, Claude Hervé-Bazin, Emmanuel Juste, Dimitri Lefèvre, Fabrice de Lestang, Romain Meynier, Éric Milet, Pierre Mitrano, Jean-Sébastien Petitdemange, Thomas Rivallain et Jean Tiffon pour leur collaboration régulière.

Brice Andlauer
Jean-Jacques Bordier-Chêne
Agnès Debiage
Coralie Delvigne
Jérôme Denoix
Tovi et Ahmet Diler
Clélie Dudon
Sophie Duval
Alain Fisch
Bérénice Glanger
Adrien et Clément Gloaguen
Sébastien Jauffret
Alexia Kaffès
Augustin Langlade
Jacques Lemoine
Aline Morand
Louis Nagot
Caroline Ollion
Martine Partrat
Odile Paugam et Didier Jehanno
Céline Ruaux
Prakit Saiporn
Nejma Tahri Hassani
Alice Tonasso
Caroline Vallano

Direction : Sidonie Chollet
Direction éditoriale : Élise Ernest
Édition : Matthieu Devaux, Olga Krokhina, Gia-Quy Tran, Julie Dupré, Emmanuelle Michon, Pauline Janssens, Amélie Ramond, Margaux Lefebvre, Julie Wood et Lucie Lena
Ont également collaboré : Catherine Hidé, Clémence Toublanc et Alba Bastida Díaz
Cartographie : Frédéric Clémençon et Aurélie Huot
Contrôle de gestion : Jérôme Boulingre et Yannis Villeneuve
Secrétariat : Catherine Maîtrepierre
Fabrication : Nathalie Lautout et Audrey Detournay
Relations presse : COM'PROD, Fred Papet. ☎ 01-70-69-04-69.
• *info@comprod.fr* •, Martine Levens (Belgique) et Maureen Browne (Suisse)
Illustration : Anne-Sophie de Précourt
Direction marketing : Stéphanie Parisot, Élodie Darty et Charlotte Brou
Couverture : le-bureau-des-affaires-graphiques.com
Silhouette du Routard : Clément Gloaguen (d'après Solé)
Maquette intérieure : le-bureau-des-affaires-graphiques.com, Thibault Reumaux et npeg.fr
Contact Partenariats : Jérôme Denoix • *jeromedenoix@gmail.com* •
Contact Partenariats et régie publicitaire : Florence Brunel-Jars
• *fbrunel@hachette-livre.fr* •

INDEX DES LOCALITÉS

ABREST 25
AGON-COUTAINVILLE 336
AGOS-VIDALOS 467
AIGNAN 467
AIGUES-VIVES 476
AIGUILLES 617
AIGUINES 622
AINHOA 369
AIRE-SUR-L'ADOUR 369
AIX-EN-PROVENCE 622
AIX-LES-BAINS 25
AIXE-SUR-VIENNE 378
AJACCIO (AIACCIU) 253
ALBA-LA-ROMAINE 32
ALBERT 306
ALBERTVILLE 32
ALBINE 476
ALÇAY-ALÇABÉHÉTY-SUNHARETTE 378
ALENÇON 336
ALÉRIA (ALERIA) 253
ALET-LES-BAINS 476
ALISE-SAINTE-REINE (ALÉSIA) 122
ALLANCHE 32
ALLEMANS-DU-DROPT 378
ALLEMONT 33
ALLEVARD 33
ALLIAT 478
ALLINEUC 159
AMBAZAC 379
AMBIALET 478
AMBOISE 225
AMBRIÈRES-LES-VALLÉES 576
AMIENS 306
ANCELLE 622
ANCENIS-SAINT-GÉRÉON 576
ANDERNOS-LES-BAINS 379
ANDUZE 478
ANGERS 577
ANGLES 624
ANGLET 380
ANGOISSE 380
ANOST 122
ANOULD 274
ANSE 34
ANTONNE-ET-TRIGONANT 380
ANTRAIGUES-SUR-VOLANE 34
ANZÊME 381
APT 624
ARAMITS 382
ARBAS 479
ARC-EN-BARROIS 274
ARC-ET-SENANS 123
ARCACHON 382
ARCIZANS-AVANT 480
ARÈS 382
ARGELÈS-GAZOST 480
ARGENTAN 337
ARGENTONNAY 383
ARLEBOSC 35
ARLES 625
ARLES-SUR-TECH 480
ARLEUX 307
ARNAY-LE-DUC 123
ARPAJON-SUR-CÈRE 35
ARRADON (ARADON) 159
ARREAU 481
ARRENS-MARSOUS 481
ARRIGNY 276
ARROMANCHES 337
ARS-EN-RÉ (ÎLE DE RÉ) 383
ARS-SUR-FORMANS 35
ARVIEUX 625
ARZAL 164
ARZON (ARZHON-REWIZ) 164
ASCARAT 384
ASCO (ASCU) 254
ASPET 481
ASSÉRAC 577
ATTICHY 307
AUBAGNE 626
AUBAZINE 384
AUBETERRE-SUR-DRONNE 384
AUBIGNY-AU-BAC 307
AUBIGNY-SUR-NÈRE 225
AUBUSSON 385
AUBUSSON-D'AUVERGNE 36

AUCH 482
AUCUN 482
AUDIERNE 164
AUGIREIN 483
AULUS-LES-BAINS 483
AUPS 626
AUREC-SUR-LOIRE 36
AUREILHAN 385
AURIGNAC 483
AUSSOIS 36
AUTINGUES 312
AUTRANS 37
AUTREY-LE-VAY 123
AUTUN 128
AUXONNE 128
AVALLON 128
AVANTON 385
AVIGNON 626
AVOISE 577
AXAT 484
AYDAT 37
AYTRÉ 386
AZAY-LE-RIDEAU 228
AZÉ 129

BADEN 165
BAERENTHAL 276
BAGNÈRES-DE-BIGORRE 484
BAGNÈRES-DE-LUCHON 484
BAGNOLES-DE-L'ORNE 337
BAGNOLS-EN-FORÊT 627
BAGUER-PICAN 165
BAINS-SUR-OUST 166
BANIOS 485
BANNES 276
BANYULS-SUR-MER 486
BAR-LE-DUC 280
BARATIER 628
BARBÂTRE (ÎLE DE NOIRMOUTIER) 580
BARCELONNETTE 628
BARFLEUR 337
BARLES 628
BARNEVILLE-CARTERET 340
BARRET-SUR-MÉOUGE 629
BASSE-HAM 280
BASSEMBERG 280
BASTELICA 254
BATILLY-EN-PUISAYE 228
BATZ-SUR-MER 580
BAUME-LES-DAMES 129
BAUME-LES-MESSIEURS 129
BAYE 166
BAYEUX 340
BAZOUGERS 580
BEAUCENS 486
BEAUFORT 386
BEAUFORT-SUR-DORON 38
BEAUGENCY 228
BEAULIEU-SUR-DORDOGNE 386
BEAUMONT-DE-LOMAGNE 486
BEAUMONT-SUR-SARTHE 582
BEAUNE 130
BEAURECUEIL 629
BEAUVILLE 387
BEAUVOIR 340
BEAUVOIR-EN-ROYANS 38
BÉDOIN 629
BÉLAYE 487
BELCASTEL 487
BELFLOU 487
BELFORT 130
BELLE-ÎLE (GUEDEL) 166
BELLÊME 341
BELLERIVE-SUR-ALLIER 38
BELLOC 488
BÉLUS 387
BELVÈS 387
BELZ 168
BENDORF 281
BÉNIVAY-OLLON 39
BÉNODET (BENODED) 169
BERGERAC 388
BERJOU 341
BERNAY 342
BERNY-RIVIÈRE 312
BERRIAS-ET-CASTELJAU 39
BERTANGLES 312
BESSE 40
BESSE-ET-SAINT-ANASTAISE 40
BEUIL 630
BEYNAC-ET-CAZENAC 388
BEYNES 630
BÉZAUDUN-SUR-BINE 41
BIARRITZ 388
BIAS 389
BIDART 389
BIERT 488
BIGNAC 389
BIGUGLIA 256

BINIC (BINIG) 169
BISCARROSSE 390
BLAIN 582
BLAYE 391
BLÉRÉ 230
BLESLE 41
BOISSERON 489
BONDUES 313
BONIFACIO (BUNIFAZIU) 256
BONNAC-LA-CÔTE 391
BONNAL 130
BONNES 391
BONNIEUX 631
BOR-ET-BAR 489
BORDEAUX 392
BORMES-LES-MIMOSAS 631
BORT-LES-ORGUES 392
BOTMEUR (BONEUR) 170
BOUAFLES 342
BOURBON-L'ARCHAMBAULT 41
BOURBON-LANCY 131
BOURBONNE-LES-BAINS 281
BOURDEAUX 42
BOURG-ARGENTAL 42
BOURG-CHARENTE 392
BOURG-FIDÈLE 281
BOURG-LANGRES 282
BOURG-SAINT-ANDÉOL 42
BOURGES 230
BOURISP 489
BOUSSAC 393
BOUZIGUES 490
BRACIEUX 230
BRANGUES 43
BRANTÔME 393
BRAUCOURT 282
BREIL-SUR-ROYA 632
BRENGUES 490
BRENNILIS (BRENNILIZ) 170
BRESLES 313
BREST 170
BRÉTIGNOLLES-SUR-MER 582
BRIARE 231
BRIDES-LES-BAINS 43
BRIGNOGAN-PLAGES (BRIGNOGAN) 171
BRISSAC 491
BRISSAC-QUINCÉ 583
BROUSSES-ET-VILLARET 491
BRÛLON 583
BRUNELLES 231
BUGARACH 491
BUGEAT 394
BUIS-LES-BARONNIES 43
BUSSIÈRE-GALANT 394

C

CABRERETS 492
CADOUIN 394
CAGNES-SUR-MER 632
CAHORS 492
CAHUZAC-SUR-VÈRE 492
CALACUCCIA ET LE NIOLO (NIOLU) 257
CALCATOGGIO 258
CALVI 258
CALVINET 44
CAMARET (KAMELED) 171
CAMON 493
CAMPAN 493
CAMPOMORO (CAMPUMORU) 259
CANCALE (KANKAVEN) 172
CANDES-SAINT-MARTIN 232
CANET-DE-SALARS 493
CANY-BARVILLE 342
CAP-FRÉHEL 172
CAPBRETON 395
CAPVERN-LES-BAINS 494
CARAMAN 494
CARANTEC (KARANTEG) 173
CARCANS-PLAGE 395
CARCASSONNE 494
CARCÈS 633
CARENNAC 495
CARENTAN 343
CARHAIX-PLOUGUER (KARAEZ-PLOUGER) 173
CARNAC (KARNAG) 173
CARPENTRAS 633
CASSAGNAS 495
CASSIS 634
CASTEIL 495
CASTELJALOUX 395
CASTELLAR 634
CASTELNAU-DE-MONTMIRAL 496
CASTELNAUDARY 496
CASTELS 396
CASTÉRA-VERDUZAN 496
CASTET 396
CASTRES 497

CASTRIES 497
CAUSSADE 497
CAUTERETS 498
CAVAILLON 634
CAVALAIRE-SUR-MER 635
CAYEUX-SUR-MER 313
CAYLUS 498
CAYRIECH 499
CEILLAC 635
CELLES 499
CELLES-SUR-PLAINE 282
CENDRAS 499
CENTURI 259
CÉRET 500
CERVIONE (CERVIONI) 260
CHAGNY 131
CHALEZEULE 131
CHALLANS 583
CHAMBLES 44
CHAMONIX-MONT-BLANC 44
CHAMPAGNAC-LE-VIEUX 45
CHAMPAGNEY 132
CHAMPAGNY-EN-VANOISE 45
CHAMPDOR 46
CHAMPIGNY-SUR-MARNE 327
CHAMPROND-EN-GÂTINE 232
CHARLEVILLE-MÉZIÈRES 283
CHARLIEU 46
CHARMES 283
CHARTRES 232
CHASSENEUIL-DU-POITOU 396
CHASSERADÈS 500
CHASTANIER 501
CHÂTEAU-GONTIER 584
CHÂTEAU-LA-VALLIÈRE 233
CHÂTEAUBRIANT 584
CHÂTEAULIN (KASTELLIN) 174
CHÂTEAUMEILLANT 233
CHÂTEAUNEUF-SUR-LOIRE 233
CHÂTEAUPONSAC 397
CHÂTEAUROUX 234
CHÂTEL 46
CHÂTEL-GUYON 47
CHÂTEL-MONTAGNE 47
CHÂTELAILLON-PLAGE 397
CHÂTELLERAULT 397
CHÂTILLON-EN-DIOIS 47
CHÂTILLON-SUR-BROUÉ 284
CHÂTILLON-
SUR-CHALARONNE 48
CHÂTILLON-SUR-LOIRE 234
CHÂTILLON-SUR-SEINE 132
CHÂTONNAY 48
CHAUDES-AIGUES 49
CHAUFFAILLES 132
CHAUMONT-SUR-LOIRE 235
CHAUMOT 133
CHAUVIGNY 398
CHEF-BOUTONNE 398
CHÉMERY 235
CHEMILLÉ-SUR-INDROIS 235
CHERVEIX-CUBAS 399
CHEVERNY 236
CHINON 236
CHORANCHE 49
CHOUVIGNY 49
CHOUZÉ-SUR-LOIRE 236
CIVRAY 399
CLAMECY 133
CLAPIERS 501
CLÉDEN-CAP-SIZUN
(KLEDENN-AR-C'HAB) 175
CLÉDER (KLEDER) 175
CLERGOUX 399
CLERMONT-DES-LANDES 400
CLIS 584
CLISSON 585
CLOYES-SUR-LE-LOIR 237
CLUNY 133
COGNAC 400
COGOLIN 636
COLLIAS 502
COLLONGES-LA-ROUGE 400
COLMARS-LES-ALPES 636
COMBOURG 176
COMPEYRE 502
COMPS 50
CONCARNEAU
(KONK-KERNE) 176
CONCORET 176
CONDAT-EN-FÉNIERS 50
CONDETTE 314
CONDOM 502
CONFOLENS 401
CONQUES 503
CONTES 636
CONTIS-PLAGE 401
CORCIEUX 284
CORDELLE 50
CORDES-SUR-CIEL 503
CORPS 51
CORRÈZE 401

CORSAVY 504
CORTE (CORTI) 260
COS 504
COTIGNAC 637
COUHÉ 402
COULON 402
COULONGES-SUR-L'AUTIZE 403
COURVILLE-SUR-EURE 237
COUTANCES 343
CRAON 585
CRÉCY-LA-CHAPELLE 327
CREST 51
CREULLY 343
CREYSSE 504
CROUY-SUR-COSSON 237
CROZANT 403
CROZON 177
CUBLIZE 52
CUCURON 637

DAMAZAN 403
DAMGAN 177
DAMIATTE 505
DAMVIX 585
DAON 586
DARBRES 52
DARDILLY 52
DAX 404
DECAZEVILLE 505
DECIZE 134
DESCARTES 238
DEVESSET 53
DEYME 505
DIE 53
DIENNÉ 404
DIEULEFIT 54
DIGNE-LES-BAINS 637
DIGOIN 134
DIJON 134
DINAN 177
DINARD (DINARZH) 178
DOL-DE-BRETAGNE 178
DOLE 135
DOLUS D'OLÉRON (ÎLE D'OLÉRON) 405
DOMFRONT 344
DOMPIERRE-LES-ORMES 135
DOMPIERRE-SUR-BESBRE 54
DONVILLE-LES-BAINS 344
DOUARNENEZ 179
DOUCIER 135
DOUÉ-LA-FONTAINE 586
DOULCON 284
DOURDAN 330
DOUSSARD 55
DRAIN 586
DUN-SUR-AURON 238
DURAS 405
DURTAL 587

EAUX-PUISEAUX 285
ÉCLASSAN 55
EMBRUN 638
ENTRAYGUES-SUR-TRUYÈRE 506
ÉPERLECQUES 314
ÉPERNAY 285
ÉPINAL 285
ÉQUIHEN-PLAGE 314
ERQUY (ERGE-AR-MOR) 179
ERVY-LE-CHÂTEL 286
ESPALION 506
ESTAING (Aveyron) 506
ESTAING (Hautes-Pyrénées) 507
ESTANG 507
ÉTRÉAUPONT 315
ÉTRÉHAM 344
ÉTRETAT 345
ÉTRIGNY 136
EU 345
ÉVISA 261
EXCENEVEX 56
EXCIDEUIL 405
EYGALIÈRES 639
EYMET 406
EYMOUTHIERS 406

FALAISE 345
FANJEAUX 508
FÉCAMP 346
FÉGRÉAC 584
FENOUILLET 508
FÈRE-EN-TARDENOIS 315
FERRIÈRES-SUR-SICHON 56
FILLOLS 508
FIQUEFLEUR-ÉQUAINVILLE 346
FLERS 347
FLEURIE 56
FLORAC-TROIS-RIVIÈRES 509
FOIX 510
FONROQUE 406
FONT-ROMEU 510

FONTAINE-DE-VAUCLUSE 639
FONTAN 640
FONTVIEILLE 640
FORCALQUIER 640
FORT-MAHON-PLAGE 315
FOUESNANT 180
FOUGÈRES (FELGER) 180
FOURAS 407
FOURMIES 316
FRANCARDO 261
FRANCUEIL 239
FREISSINIÈRES 641
FRÉJUS 641
FRESNAY-SUR-SARTHE 587
FRESSELINES 407
FRIDEFONT 57
FRONCLES 286
FUTEAU 286

GABARRET 408
GANNAT 57
GANNAY-SUR-LOIRE 57
GASTES 408
GAVARNIE 510
GÂVRES (GAVR) 181
GÈDRE 511
GENÊTS 347
GENNES 588
GÉRARDMER 287
GERDE 512
GERM 512
GHISONACCIA
(GHISUNACCIA) 262
GIGNAC 513
GLOMEL (GROÑVEL) 181
GOLFE DE PINARELLU (LE ;
PINAREDDU) 262
GOLINHAC 513
GONDEVILLE 408
GONDREXANGE 287
GORDES 641
GOUAREC 181
GOUAUX 513
GOUDARGUES 514
GOULIEN 182
GOURDON 514
GOUVIEUX 316
GRANDCAMP-MAISY 347
GRANVILLE 348
GRASSE 642
GRAVESON 642
GRAY 136
GRÉOUX-LES-BAINS 642
GRESSE-EN-VERCORS 58
GREZ-SUR-LOING 330
GRIMAUD 643
GRUISSAN 514
GUÉMENÉ-PENFAO 588
GUENROUËT 588
GUÉRANDE 589
GUÉRET 409
GUILLAC 182
GUILLAUMES 643
GUILLESTRE 644
GUIPRY 182
GUISE 316

HAUTERIVES 58
HAUTOT-SUR-MER 348
HÉAS 515
HENDAYE (HENDAIA) 409
HENRICHEMONT 239
HERBIGNAC 589
HERPELMONT 288
HINSBOURG 288
HIRSON 317
HOULGATE 348
HOUPLINES 317
HUELGOAT
(AN UHELGOAD) 183
HYÈRES 644

IDS-SAINT-ROCH 239
ÎLE AUX MOINES
(L' ; ENIZENAC'H) 183
ÎLE D'AIX (L') 409
ÎLE D'ARZ (L' ; AN ARZH) 183
ÎLE D'OUESSANT
(L' ; EUSA) 184
ÎLE D'YEU (L') 590
ÎLE DE BRÉHAT
(L' ; ENEZ-VRIAD) 184
ÎLE DE GROIX
(L' ; ENEZ GROE) 184
ÎLE DE HOËDIC
(L' ; ENEZ EDIG) 185
ÎLE MADAME (L') 410
ILLE-SUR-TÊT 515
ILLIERS-COMBRAY 240
INGUINIEL 185
ISIGNY-SUR-MER 349
ISLE-ET-BARDAIS 58
ISPAGNAC 516

ISSOIRE.................................... 59
ISSOUDUN.................................. 240
ISTRES..................................... 644

JABLINES.................................. 330
JOIGNY..................................... 136
JONZAC..................................... 410
JOYEUSE.................................... 59
JUMIÈGES................................... 349
JURÉ....................................... 59
JUSSAC..................................... 60

L'ÉTANG-BERTRAND.......................... 250
L'HERBAUDIÈRE
(ÎLE DE NOIRMOUTIER)...................... 590
L'ÎLE-D'ELLE.............................. 590
L'ÎLE-ROUSSE (ISULA
ROSSA)..................................... 262
L'ISLE-SUR-LA-SORGUE...................... 645
L'ISLE-SUR-LE-DOUBS....................... 137
LA BARRE-DE-MONTS......................... 591
LA BAULE................................... 591
LA BAZOCHE-GOUËT.......................... 240
LA BOISSIÈRE-DU-DORÉ...................... 591
LA BRÉE-LES-BAINS
(ÎLE D'OLÉRON)............................ 410
LA BRESSE.................................. 288
LA CANOURGUE............................... 516
LA CELLE-DUNOISE........................... 411
LA CHAISE-DIEU............................. 60
LA CHAPELLE-D'ANGILLON..................... 241
LA CHAPELLE-EN-
VALGAUDEMAR................................ 645
LA CHAPELLE-
EN-VERCORS................................. 60
LA CHAPELLE-GAUTHIER....................... 331
LA CHAPELLE-HERMIER........................ 592
LA CHAPELLE-LA-REINE....................... 331
LA CHAPELLE-TAILLEFERT..................... 411
LA CHARITÉ-SUR-LOIRE....................... 137
LA CLAYETTE................................ 137
LA CLUSAZ.................................. 61
LA COLLE-SUR-LOUP.......................... 645
LA COTINIÈRE
(ÎLE D'OLÉRON)............................. 411
LA COUARDE-SUR-MER (ÎLE
DE RÉ)..................................... 412
LA CROIX-VALMER............................ 646
LA FERRIÈRE-D'ALLEVARD..................... 61
LA FERTÉ-SAINT-AUBIN....................... 241
LA FLÈCHE.................................. 592
LA FLOTTE (ÎLE DE RÉ)...................... 413
LA FOREST-LANDERNEAU....................... 185
LA FORÊT-FOUESNANT......................... 186
LA GRAVE................................... 646
LA GRÈVE-SUR-MIGNON........................ 413
LA GUÉRINIÈRE
(ÎLE DE NOIRMOUTIER)....................... 592
LA HAGUE................................... 250
LA JAILLE-YVON............................. 593
LA JEMAYE.................................. 414
LA LONDE-LES-MAURES........................ 646
LA MALÈNE.................................. 516
LA MOTTE-CHALANCON......................... 61
LA PALME................................... 513
LA PALUD-SUR-VERDON........................ 647
LA ROCHE-BERNARD
(AR ROC'H-BERNEZ).......................... 186
LA ROCHE-CHALAIS........................... 414
LA ROCHE-DES-ARNAUDS....................... 647
LA ROCHE-SUR-BUIS.......................... 62
LA ROCHELLE................................ 414
LA ROMIEU.................................. 517
LA SALVETAT-SUR-AGOUT...................... 517
LA SELLE-CRAONNAISE........................ 593
LA SEYNE-SUR-MER........................... 647
LA SOUTERRAINE............................. 415
LA SUZE-SUR-SARTHE......................... 593
LA TOUR-DU-MEIX............................ 138
LA TRANCHE-SUR-MER......................... 594
LA TRINITÉ-SUR-MER
(AN DRINDED)............................... 187
LA TURBALLE................................ 594
LA WOËVRE.................................. 289
LABAROCHE.................................. 289
LABASTIDE-DE-VIRAC......................... 62
LABEAUME................................... 63
LABENNE.................................... 415
LAC D'HOURTIN (LE)......................... 416
LAC D'ISSARLÈS (LE)........................ 63
LAC DE MADINE (LE)......................... 289
LAC DE PANNECIÈRE (LE)..................... 138
LAC DES SETTONS (LE)....................... 138
LACAUNE-LES-BAINS.......................... 518
LACAVE..................................... 518
LACAZE..................................... 518
LACHAPELLE-SOUS-
ROUGEMONT.................................. 139
LACS....................................... 242
LADIGNAC-LE-LONG........................... 416
LAGNES..................................... 648
LAGORCE.................................... 64
LAGRASSE................................... 519

LAGUÉPIE 519
LAGUIOLE 519
LALLEY-EN-TRIÈVES 64
LALOUVESC 64
LAMASTRE 65
LANAS 65
LANDÉDA 187
LANDUDEC (LANDUDEG)...... 187
LANGATTE 290
LANGEAC 65
LANGOGNE 520
LANLOUP 188
LANNION (LANNUON) 188
LANTOSQUE 648
LAON 317
LAPALISSE 66
LARMOR-BADEN (AN ARVOR-BADEN) 188
LARMOR-PLAGE (AN ARVOR) 189
LARNAGOL 520
LAROQUE-DES-ALBÈRES..... 520
LARRAU (LARRAIÑE) 417
LASALLE 521
LASTOURS 521
LATTES 522
LAURIE 66
LAUTERBOURG 290
LAVOÛTE-CHILHAC 67
LE BAR-SUR-LOUP 648
LE BEC-HELLOUIN 351
LE BEZ 522
LE BOIS-PLAGE-EN-RÉ (ÎLE DE RÉ) 417
LE BONO (AR BONOÙ) 189
LE BOURG-D'HEM 418
LE BOURG-D'OISANS 67
LE BOURG-DUN 351
LE BOURGET-DU-LAC 67
LE BRÉVEDENT 351
LE BUISSON-DE-CADOUIN... 418
LE CANNET-DES-MAURES.... 649
LE CHAMBON-SUR-LIGNON 68
LE CHÂTEAU-D'OLÉRON (ÎLE D'OLÉRON) 418
LE CHÂTELARD 68
LE CHESNE 290
LE CHEYLARD 68
LE CONTROIS-EN-SOLOGNE 242
LE CROISIC 594
LE CROTOY 318
LE FRASNOIS 139
LE FRET 190
LE GÂVRE 595
LE GRAND-BORNAND 69
LE GRAND-CROHOT 419
LE GRAND-SERRE 69
LE GRAU-DU-ROI 522
LE LAVANDOU 649
LE LINDOIS 419
LE LUDE 596
LE MALZIEU-VILLE 523
LE MAS-D'AZIL 524
LE MAYET-DE-MONTAGNE 70
LE MAZET-SAINT-VOY 70
LE MONT-DORE 70
LE MUNG 420
LE NIZAN 420
LE NOUVION-EN-THIÉRACHE 318
LE POËT-CÉLARD 71
LE POËT-LAVAL 71
LE PONT-DE-MONTVERT 524
LE PONTET 649
LE PORGE-OCÉAN 420
LE POULDU 190
LE POULIGUEN 596
LE PRADET 650
LE PUY-EN-VELAY 72
LE ROZIER 524
LE SAPPEY-EN-CHARTREUSE 72
LE SAUZE-DU-LAC 650
LE TALLUD 421
LE THOLY 291
LE TRÉPORT 352
LE TREZ-HIR-EN-PLOUGONVELIN (PLOUGONVELEN) 191
LE VERNET 651
LE VERT 421
LE VEY 352
LE VIGAN 525
LECTOURE 525
LÈGE-CAP-FERRET 421
LÉPIN-LE-LAC 72
LES ANDELYS 352
LES CAMMAZES 526
LES ÉPESSES 596

LES EYZIES-DE-TAYAC-SIREUIL ... 422
LES MAZURES ... 291
LES MOUTIERS-EN-RETZ ... 597
LES PORTES-EN-RÉ (ÎLE DE RÉ) ... 422
LES SALLES-SUR-VERDON ... 651
LES VANS ... 73
LES VIGNES ... 526
LESCHERAINES ... 73
LESCONIL (LESKON) ... 191
LESCUN ... 422
LÉZIGNAN-CORBIÈRES ... 526
LIÈPVRE ... 291
LIEURAC ... 527
LIMEUIL ... 423
LISIEUX ... 353
LISSAC-SUR-COUZE ... 423
LIVERDUN ... 292
LLAURO ... 527
LOCMARIA-PLOUZANÉ ... 192
LOCMARIAQUER (LOKMARIA-KAER) ... 192
LOCQUIREC (LOKIREG) ... 193
LOCRONAN (LOKORN) ... 193
LOCTUDY (LOKTUDI) ... 194
LOIX (ÎLE DE RÉ) ... 423
LONGUEVILLE ... 353
LONS-LE-SAUNIER ... 139
LORMES ... 140
LOUBRESSAC ... 527
LOUDÉAC ... 194
LOUÉ ... 597
LOURDES ... 528
LOURMARIN ... 652
LOUVIE-JUZON ... 424
LOUVIERS ... 354
LOZZI ... 263
LUC-EN-DIOIS ... 73
LUCHÉ-PRINGÉ ... 597
LUMIO (LUMIU) ... 263
LUNEL ... 528
LUNÉVILLE ... 292
LUS-LA-CROIX-HAUTE ... 74
LUSIGNAN ... 424
LUXEMONT ... 292
LUXEY ... 425
LUYNES ... 242
LUZ-SAINT-SAUVEUR ... 529
LUZY ... 140
LYONS-LA-FORÊT ... 354

MACHECOUL ... 598
MÂCON ... 140
MAÎCHE ... 141
MAILLÉ ... 598
MAISOD ... 141
MAISONS-LAFFITTE ... 331
MALAFRETAZ ... 74
MALAUCÈNE ... 652
MALBUISSON ... 141
MALICORNE-SUR-SARTHE ... 598
MALO-LES-BAINS ... 318
MALVEZIE ... 529
MAMERS ... 599
MANDELIEU-LA-NAPOULE ... 652
MANSLE ... 425
MARCENAY ... 142
MARCIAC ... 529
MARCILHAC-SUR-CÉLÉ ... 530
MARCILLAC-VALLON ... 530
MARÇON ... 599
MARENNES ... 425
MAREUIL-CAUBERT ... 319
MAREUIL-EN-PÉRIGORD ... 426
MARINE DE PIETRACORBARA (LA) ... 263
MARINE DE SISCO (LA) ... 264
MARMONT-PACHAS ... 426
MARNAY ... 142
MARNE-LA-VALLÉE ... 332
MAROILLES ... 319
MARTEL ... 530
MARTIGNAC ... 531
MARTRAGNY ... 355
MARTRES-TOLOSANE ... 531
MASEVAUX ... 293
MATAFELON-GRANGES ... 75
MATEMALE ... 532
MATOUR ... 142
MAULÉON-LICHARRE (MAULE-LEXTARRE) ... 427
MAUPERTUS-SUR-MER ... 355
MAURIAC ... 75
MAUROUX ... 532
MAUSSANE-LES-ALPILLES ... 653
MAYENNE ... 599
MAZAMET ... 532
MÉAUDRE ... 75
MEGÈVE – DEMI-QUARTIER ... 76
MEHUN-SUR-YÈVRE ... 243
MEILLONNAS ... 76
MELGVEN ... 194

MELISEY 143
MELLE 427
MÉNESTREAU-
EN-VILLETTE 243
MENGLON 77
MÉNIL 600
MENNETOU-SUR-CHER 243
MENS 77
MENTON 653
MÉRINCHAL 427
MÉRINDOL 653
MERS-LES-BAINS 319
MERVILLE-FRANCEVILLE-
PLAGE 355
MESQUER 600
MESSANGES 428
METZ 293
MEURSAULT 143
MEYRUEIS 533
MIALET 533
MIERS 534
MILHAC-DE-NONTRON 428
MILLAU 534
MILLY-LA-FORÊT 332
MIRABEL-ET-BLACONS 77
MIRANDE 534
MIRANDOL-
BOURGNOUNAC 535
MIRMANDE 78
MITTLACH 293
MOISSAC 535
MOISSAC-VALLÉE-
FRANÇAISE 535
MOLIÈRES 428
MOLINES-EN-QUEYRAS 654
MOLSHEIM 294
MOLTIFAO 264
MONCEAUX-SUR-
DORDOGNE 429
MONCONTOUR 429
MONCONTOUR-
DE-BRETAGNE
(MONKONTOUR) 195
MONCRABEAU 429
MONESTIÈS 536
MONISTROL-D'ALLIER 78
MONS-LA-TRIVALLE 536
MONT-DOL 195
MONT-LOUIS 537
MONTAIGU-DE-QUERCY 537
MONTARGIS 244
MONTAUROUX 654
MONTBARD 143
MONTBARREY 144
MONTBAZON 244
MONTBERT 600
MONTBRISON 79
MONTBRUN-LES-BAINS 79
MONTCHAVIN-LA-PLAGNE 79
MONTESQUIOU 537
MONTFERRAND 538
MONTFERRAT 80
MONTGAILHARD 538
MONTGENÈVRE 655
MONTIGNAC 430
MONTIGNY-SUR-LOING 333
MONTJEAN-SUR-LOIRE 601
MONTJOIE-
EN-COUSERANS 538
MONTLOUIS-SUR-LOIRE 245
MONTMARTIN-SUR-MER 356
MONTMÉDY 294
MONTMORILLON 430
MONTOIRE-SUR-LE-LOIR 245
MONTPEZAT-DE-QUERCY 539
MONTREUIL-BELLAY 601
MONTREUIL-SUR-MER 320
MONTRICOUX 539
MONTSÉGUR 539
MONTSOREAU 601
MORBIER 144
MORCENX-BOURG 431
MORTAIN-BOCAGE 356
MOULINS 80
MOURIÈS 655
MOUSTIERS-
SAINTE-MARIE 655
MOUX-EN-MORVAN 144
MOYENNEVILLE 320
MUGRON 431
MULHOUSE 294
MURAT 81
MURAT-LE-QUAIRE 81
MUROL 81
MURS 656
MURS-ET-GÉLIGNIEUX 82

NAGES 540
NAJAC 540
NANT 541
NANTES 602
NANTEUIL-EN-VALLÉE 431

NARBONNE 541
NASBINALS 542
NEFFES 657
NÈGREPELISSE 542
NÉRIS-LES-BAINS 82
NESLES-LA-VALLÉE 333
NEUFCHÂTEL-EN-BRAY 356
NEUVÉGLISE 82
NEUVIC 432
NEUVY-SAINT-SÉPULCHRE 245
NÉVACHE 657
NEVERS 145
NÉVEZ 195
NIEDERBRUCK 295
NÎMES 542
NOIRMOUTIER-EN-L'ÎLE (ÎLE DE NOIRMOUTIER) 602
NORT-SUR-ERDRE 603
NOLAY 145
NONETTE 83
NOTRE-DAME-DE-MONTS 603
NOUAN-LE-FUZELIER 246
NOUES-DE-SIENNE 357
NYONS 83

OBERNAI 295
OFFRANVILLE 357
OLIVET 246
OLLIERGUES 84
OLMETO 265
OLONNE-SUR-MER 603
OLORON-SAINTE-MARIE 432
OMONVILLE-LA-ROGUE 357
ORANGE 657
ORBEY 295
ORCIÈRES 658
ORDIARP (URDIÑARBE) 432
ORLU 543
ORNANS 145
ORPIERRE 658
ORPIERRE-SAINTE-COLOMBE 658
ORVILLERS-SOREL 320
OSANI 265
OUNANS 146
OUROUX 84
OUST 543
OUZOUS 543

PAIMBOEUF 604
PAIMPOL (PEMPOULL) 196
PAIMPONT 197
PALAVAS-LES-FLOTS 544
PAMIERS 544
PAMPELONNE 544
PARAY-LE-MONIAL 146
PARCEY 147
PARIS 333
PATRIMONIO (PATRIMONIU) 265
PAUILLAC 433
PEIGNEY 296
PÉLUSSIN 84
PELVOUX 659
PÉNESTIN (PENNESTIN) 197
PENMARC'H 197
PÉRONNE 321
PERRET (PERRED) 198
PERROS-GUIREC 199
PERS 85
PESMES 147
PEYRAT-LE-CHÂTEAU 433
PEYREMALE 545
PHILIPPSBOURG 296
PIANA 266
PIANOTTOLI (PIANOTTULI) 266
PIEDICORTE-DI-GAGGIO 266
PIERREFITTE-SUR-LOIRE 85
PIERREFONDS 321
PINSAC 545
PIRIAC-SUR-MER 604
PIROU 358
PISSOS 433
PLANCOËT (PLANGOED) 199
PLATS 85
PLÉHÉREL-PLAGE 199
PLESLIN-TRIGAVOU 200
PLESSIX-BALISSON 200
PLEUBIAN 200
PLEVEN 201
PLOEMEUR 201
PLOËRMEL (PLOERMAEL) 201
PLOMEUR (PLOEUR) 202
PLONÉVEZ-PORZAY 203
PLOREC-SUR-ARGUENON 203
PLOUESCAT (PLOUESKAD) 203
PLOUEZOC'H 204
PLOUGASNOU 204
PLOUGASTEL-DAOULAS (PLOUGASTELL-DAOULAZ) 205
PLOUGOULM 205
PLOUGRESCANT (PLOUGOUSKANT) 205

PLOUGUERNEAU (PLOUGERNE) ... 206
PLOUHARNEL ... 206
PLOUIGNEAU ... 207
PLOUMANAC'H ... 207
PLOUNÉOUR-TREZ ... 208
PLOUNÉVEZ-LOCHRIST ... 208
PLOZÉVET (PLOZEVET) ... 208
PLURIEN ... 209
POILLY-LEZ-GIEN ... 246
POINTE SAINT-MATHIEU (LA) ... 209
POLIGNY ... 147
POMEYS ... 86
POMMEROL ... 86
PONT-L'ÉVÊQUE ... 358
PONT-LES-MOULINS ... 148
PONTAILLER-SUR-SAÔNE ... 148
PONTARLIER ... 148
PONTORSON ... 359
PORDIC ... 209
PORNIC ... 604
PORNICHET ... 605
PORT-BLANC ... 210
PORT-DES-BARQUES ... 434
PORT-EN-BESSIN ... 359
PORT-LESNEY ... 149
PORT-LE-GRAND ... 321
PORT-LOUIS (PORZH-LOEIZ) ... 210
PORT-MANEC'H ... 210
PORTICCIO (PORTICHJU) ... 267
PORTO (PORTU) ... 267
PORTO-VECCHIO (PURTIVECCHJU) ... 268
POSES ... 359
POUILLY-EN-AUXOIS ... 149
POUILLY-SOUS-CHARLIEU ... 87
POUILLY-SUR-LOIRE ... 149
POULDREUZIC (POUL-DREUZIG) ... 211
PRADELLE ... 87
PRADES ... 545
PRADONS ... 87
PRALOGNAN-LA-VANOISE ... 88
PRÉFAILLES ... 605
PREMIAN ... 546
PRESQU'ÎLE DE SÉNÉ (LA ; SINE) ... 211
PRESSIGNAC ... 434
PREUILLY-SUR-CLAISE ... 247
PRIVAS ... 89
PRIZIAC ... 212
PROPRIANO (PRUPRIÀ) ... 269
PRUNELLI-DI-FIUMORBO ... 269
PUJOLS ... 435
PUY-L'ÉVÊQUE ... 546
PUYLOUBIER ... 659
PUYSSÉGUR ... 546
PYLA-SUR-MER ... 435

QUETTEHOU ... 360
QUÉZAC ... 547
QUILLAN ... 547
QUIMPER (KEMPER) ... 212
QUINSON ... 659
QUINTIN (KINTIN) ... 213

RADON ... 360
RAMATUELLE ... 660
RAMBOUILLET ... 334
RAUZAN ... 436
RAVENOVILLE-PLAGE ... 361
REGNÉVILLE-SUR-MER ... 361
REILLON ... 297
REMOULINS ... 548
RENNES ... 213
RENNES-LES-BAINS ... 548
REVEL ... 548
REVIN ... 297
REYGADES ... 436
REYSSOUZE ... 89
RHINAU ... 297
RIBÉRAC ... 436
RIEC-SUR-BÉLON (RIEG) ... 213
RIEUX-VOLVESTRE ... 549
RIEZ ... 660
RILLÉ ... 247
RIOZ ... 150
RIVES ... 437
RIVIÈRES ... 549
ROBION ... 660
ROCAMADOUR ... 549
ROCHECHOUART ... 437
ROCHEFORT-SAMSON ... 89
ROCHEFORT-SUR-LOIRE ... 606
ROCHEFORT-SUR-MER ... 437
ROFFIAC ... 90
ROMORANTIN-LANTHENAY ... 248
ROQUEBILLIÈRE ... 661
ROQUEBRUN ... 550
ROQUEFEUIL ... 551

ROSCOFF (ROSKO) 214
ROSIÈRES 90
ROUSSES............................... 551
ROUSSET 661
ROUSSILLON 662
ROYAN 438
ROYAT 90
ROYBON 91
ROYÈRE-DE-VASSIVIÈRE...... 438
RUOMS 91
RUSTREL 662
RUYNES-EN-MARGERIDE 91

SABLÉ-SUR-SARTHE 606
SABRES 439
SAGONE (SAVONE)............... 269
SAHUNE 92
SAIL-SOUS-COUZAN 92
SAILLAGOUSE 551
SAINT-AGRÈVE 93
SAINT-AIGNAN-SUR-CHER... 248
SAINT-ALBAN-DE-MONTBEL 93
SAINT-AMANS-DES-CÔTS 552
SAINT-ANDRÉ-DE-VALBORGNE 552
SAINT-ANDRÉ-LES-ALPES 662
SAINT-ANTONIN-NOBLE-VAL 552
SAINT-AUBIN-LE-CLOUD 439
SAINT-AULAYE-PUYMANGOU 439
SAINT-AVIT 93
SAINT-AVOLD 298
SAINT-BENOÎT-SUR-LOIRE ... 249
SAINT-BERTRAND-DE-COMMINGES 553
SAINT-BONNET-EN-CHAMPSAUR 663
SAINT-BONNET-LE-CHÂTEAU 94
SAINT-BONNET-PRÈS-ORCIVAL 94
SAINT-BONNET-TRONÇAIS 95
SAINT-BREVIN-LES-PINS 606
SAINT-BRIEUC 214
SAINT-BRISSON.................... 150
SAINT-CAST-LE-GUILDO (SANT-KAST-AR-GWILDOÙ) 214
SAINT-CÉRÉ 553
SAINT-CHÉLY-D'AUBRAC...... 553
SAINT-CHRISTOLY-DE-BLAYE 440
SAINT-CHRISTOPHE-EN-OISANS 95
SAINT-CIRQ-LAPOPIE 554
SAINT-CLAUDE 150
SAINT-CLÉMENT-DES-BALEINES (ÎLE DE RÉ) 440
SAINT-CÔME-D'OLT 555
SAINT-CONSTANT 95
SAINT-CYR 441
SAINT-DENIS-DU-MAINE....... 607
SAINT-DONAT-SUR-L'HERBASSE 96
SAINT-ÉMILION 441
SAINT-ÉTIENNE-DE-BAÏGORRY (BAIGORRI) 442
SAINT-ÉTIENNE-DE-FONTBELLON 96
SAINT-ÉTIENNE-DE-VILLERÉAL 442
SAINT-ÉTIENNE DU-GRÈS 663
SAINT-ÉVROULT-NOTRE-DAME-DU-BOIS 361
SAINT-FERRÉOL 555
SAINT-FERRÉOL-TRENTE-PAS 96
SAINT-FIRMIN 663
SAINT-FIRMIN-LÈS-CROTOY 322
SAINT-FLORENT ET LE NEBBIO (SAN FIORENZU E U NEBBIU) 270
SAINT-FLORENTIN................ 151
SAINT-FLOUR 97
SAINT-GALMIER...................... 97
SAINT-GENIEZ-D'OLT 555
SAINT-GENIS-LAVAL............... 98
SAINT-GEORGES-D'OLÉRON (ÎLE D'OLÉRON) 442
SAINT-GEORGES-DE-DIDONNE 443
SAINT-GEORGES-LES-BAILLARGEAUX 443
SAINT-GERMAIN-DE-CALBERTE 555
SAINT-GERMAIN-EN-COGLÈS....................... 215
SAINT-GÉRONS 98

SAINT-GERVAIS-LES-BAINS ... 98
SAINT-GILDAS-DE-RHUYS (LOKENTAZ) ... 215
SAINT-GILLES-CROIX-DE-VIE ... 607
SAINT-HILAIRE-DE-LUSIGNAN ... 444
SAINT-HILAIRE-LA-PALUD ... 444
SAINT-HILAIRE-LES-PLACES ... 445
SAINT-HILAIRE-SAINT-FLORENT ... 607
SAINT-HIPPOLYTE (Aveyron) ... 556
SAINT-HIPPOLYTE (Doubs) ... 151
SAINT-HONORÉ-LES-BAINS ... 151
SAINT-JACQUES-DES-BLATS ... 99
SAINT-JACUT-DE-LA-MER (SANT-YAGU-AN-ENEZ) ... 216
SAINT-JEAN-D'ANGÉLY ... 445
SAINT-JEAN-DE-CEYRARGUES ... 556
SAINT-JEAN-DE-LUZ (DONIBANE LOHIZUN) ... 445
SAINT-JEAN-DE-MAURIENNE ... 99
SAINT-JEAN-DE-MONTS ... 608
SAINT-JEAN-DE-VAUX ... 152
SAINT-JEAN-DU-BRUEL ... 556
SAINT-JEAN-DU-GARD ... 557
SAINT-JEAN-EN-ROYANS ... 99
SAINT-JEAN-SAINT-NICOLAS ... 664
SAINT-JEANNET ... 664
SAINT-JOUANS-DES-GUÉRETS ... 216
SAINT-JULIEN-DE-CONCELLES ... 608
SAINT-JULIEN-DE-LA-NEF ... 557
SAINT-JULIEN-DU-GUA ... 100
SAINT-JULIEN-EN-BORN ... 446
SAINT-JUNIEN ... 446
SAINT-JURS ... 665
SAINT-JUSTIN ... 447
SAINT-LAMBERT-DU-LATTAY ... 609
SAINT-LAURENT ... 447
SAINT-LAURENT-EN-GRANDVAUX ... 152
SAINT-LAURENT-LES-ÉGLISES ... 447
SAINT-LAURENT-SUR-SÈVRE ... 609
SAINT-LÉON-SUR-VÉZÈRE ... 448
SAINT-LÉONARD-DES-BOIS ... 609
SAINT-LEU-D'ESSERENT ... 322
SAINT-LUMINE-DE-CLISSON ... 610
SAINT-MALO-DE-BEIGNON ... 216
SAINT-MALO-DU-BOIS ... 610
SAINT-MALO (SANT-MALOÙ) ... 217
SAINT-MARC-SUR-MER ... 610
SAINT-MARCAN ... 217
SAINT-MARCEL (Eure) ... 362
SAINT-MARCEL (Saône-et-Loire) ... 152
SAINT-MARS-D'ÉGRENNE ... 362
SAINT-MARTIAL-DE-VALETTE ... 448
SAINT-MARTIN-AUX-BUNEAUX ... 362
SAINT-MARTIN-D'ARDÈCHE ... 100
SAINT-MARTIN-D'URIAGE ... 100
SAINT-MARTIN-DE-LA-PLACE ... 611
SAINT-MARTIN-DE-RÉ (ÎLE DE RÉ) ... 448
SAINT-MARTIN-DES-BESACES ... 363
SAINT-MARTIN-EN-VERCORS ... 101
SAINT-MATHURIN ... 611
SAINT-MAURICE-EN-VALGODEMARD ... 665
SAINT-MAURICE-SOUS-LES-CÔTES ... 298
SAINT-MAURICE-SUR-MOSELLE ... 298
SAINT-MAXIMIN-LA-SAINTE-BAUME ... 665
SAINT-MICHEL-L'OBSERVATOIRE ... 666
SAINT-MICHEL-CHEF-CHEF ... 612
SAINT-MICHEL-EN-L'HERM ... 612
SAINT-NAZAIRE-EN-ROYANS ... 101
SAINT-NECTAIRE ... 102

SAINT-NICOLAS-DE-LA-GRAVE 558
SAINT-NIZIER-LE-DÉSERT 102
SAINT-PABU 218
SAINT-PARDOUX 449
SAINT-PAUL-DE-VÉZELIN 102
SAINT-PAUL-LÈS-DAX 449
SAINT-PAULIEN 103
SAINT-PÈRE-SUR-LOIRE 249
SAINT-PIERRE-D'ARGENÇON 666
SAINT-PIERRE-D'OLÉRON (ÎLE D'OLÉRON) 449
SAINT-PIERRE-DE-CHARTREUSE 103
SAINT-PIERRE-EN-PORT 363
SAINT-PIERRE-QUIBERON 218
SAINT-POINT 153
SAINT-POINT-LAC 153
SAINT-POL-DE-LÉON (KASTELL-PAOL) 219
SAINT-POURÇAIN-SUR-SIOULE 104
SAINT-PRIVAT 104
SAINT-PRIVAT-D'ALLIER 104
SAINT-PRIVAT-DE-CHAMPCLOS 558
SAINT-QUAY-PORTRIEUX (SANT-KE-PORZH-LUED) 219
SAINT-QUENTIN-EN-TOURMONT 323
SAINT-QUENTIN-LA-POTERIE 559
SAINT-RAPHAËL-AGAY 667
SAINT-REMÈZE 105
SAINT-RÉMY-DE-PROVENCE 667
SAINT-RENAN (LOKOURNAN) 220
SAINT-ROMANS 105
SAINT-ROME-DU-TARN 559
SAINT-SALVADOU 559
SAINT-SAUVEUR-DE-CRUZIÈRES 106
SAINT-SAUVEUR-LE-VICOMTE 363
SAINT-SAVIN 450
SAINT-SYLVESTRE-DE-CORMEILLES 364
SAINT-THÉOFFREY 106
SAINT-TROJAN-LES-BAINS (ÎLE D'OLÉRON) 450
SAINT-USAGE 153
SAINT-VALERY-SUR-SOMME 324
SAINT-VINCENT-SUR-JARD 612
SAINT-YRIEIX-LA-PERCHE 451
SAINTE-ANNE-D'AURAY (SANZ-ANNA-WENED) 220
SAINTE-ENGRÂCE (SANTA GRAZI) 451
SAINTE-EULALIE-D'OLT 560
SAINTE-HONORINE-DES-PERTES 364
SAINTE-LUCE-SUR-LOIRE 613
SAINTE-MARIE-DE-RÉ (ÎLE DE RÉ) 452
SAINTE-MARIE-DU-LAC 299
SAINTE-MAURE-DE-TOURAINE 249
SAINTE-MÈRE-ÉGLISE 364
SAINTE-REINE-DE-BRETAGNE 613
SAINTE-SUZANNE-ET-CHAMMES 613
SAINTES 452
SAINTES-MARIES-DE-LA-MER 668
SAISSAC 560
SALBRIS 250
SALERS 106
SALIGNAC-EYVIGUES 452
SALIN-DE-GIRAUD 669
SALINS-LES-BAINS 154
SALLES-D'ANGLES 453
SALON-DE-PROVENCE 669
SAMOËNS 107
SAN-GAVINO-DI-CARBINI 270
SAN-NICOLAO 270
SANARY-SUR-MER 669
SANGUINET 453
SANTENAY 154
SAOÛ 107
SARE 453
SARLABOUS 560
SARLAT-LA-CANÉDA 454
SARTÈNE (SARTÈ) 271
SARTILLY 365
SARZEAU 220
SATILLIEU 108
SAUGUES 108
SAULGES 614

SAULIAC-SUR-CÉLÉ 561
SAULT 670
SAULXURES-SUR-MOSELOTTE 299
SAUMUR 614
SAUVETERRE-DE-ROUERGUE 561
SAUVETERRE-LA-LÉMANCE 455
SAVERNE 299
SAVIGNY-SUR-GROSNE 154
SAZOS 561
SCAËR (SKAER) 220
SCEY-SUR-SAÔNE-ET-SAINT-ALBIN 155
SCIEZ 108
SECONDIGNY 455
SÉES 365
SÉEZ 109
SEIGNOSSE 456
SEILHAC 456
SÉLESTAT 300
SÉNAILLAC-LATRONQUIÈRE 562
SÉNERGUES 562
SÉNIERGUES 563
SENONCHES 250
SENTEIN 563
SEPTFONDS 563
SERAUCOURT-LE-GRAND 324
SERRA-DI-SCOPAMÈNE (SARRA DI SCOPAMENA) 271
SERS 564
SERVIÈRES-LE-CHÂTEAU 457
SÉVÉRAC-D'AVEYRON 564
SÉVÉRAC-L'ÉGLISE 564
SÉVRIER 109
SEYNE-LES-ALPES 670
SEYSSINS 109
SIERCK-LES-BAINS 300
SILLÉ-LE-GUILLAUME 614
SILLÉ-LE-PHILIPPE 615
SIORAC-EN-PÉRIGORD 457
SISTERON 670
SIZUN 221
SOISSONS 324
SOLENZARA (SULINZARA) 271
SOLLIÈRES-SARDIÈRES 110
SONZAY 250
SORÈZE 565
SOSPEL 671
SOUBES 565
SOUILLAC 566
SOULAC-SUR-MER 457
SOULAGES-BONNEVAL 566
SOUSTONS 458
STEENVOORDE 325
STRASBOURG 300
STURZELBRONN 301
SURGÈRES 458
SUZE-LA-ROUSSE 110
SUZY 325

T

TADEN 221
TALLOIRES 110
TARASCON 671
TARDETS-SOLHORUS 459
TARGET 111
TAYBOSC 567
TELGRUC-SUR-MER 221
TENDE 672
TERMIGNON 111
TERRASSON-LAVILLEDIEU 459
THÉGRA 567
THÉRONDELS 568
THIÉZAC 112
THIONVILLE 301
THIVIERS 459
THONNANCE-LES-MOULINS 302
THONON-LES-BAINS 112
THORÉ-LA-ROCHETTE 251
THOUARS 460
THOUX-SAINT-CRICQ 568
THUEYTS 112
TINTÉNIAC 222
TOCANE-SAINT-APRE 460
TONNERRE 155
TOULON-SUR-ARROUX 155
TOURNON-SUR-RHÔNE 113
TOURNUS 156
TOURRETTES-SUR-LOUP 672
TOUTAINVILLE 365
TRÉBAS 568
TRÉBEURDEN (TREBEURDEN) 222
TRÉDREZ-LOCQUÉMEAU 222
TREFFORT 113
TRÉFLEZ 223
TRÉGASTEL (TREGASTELL) 223

TRÉGUNC (TREGON)............ 223
TREIGNAC............ 461
TRENTELS............ 461
TUCHAN............ 569
TUFFÉ............ 615
TURSAC............ 161

UCEL............ 113
URRUGNE (URRUÑA)............ 462
URT (AHURTI)............ 462
UZER............ 114

VABRE............ 569
VAISON-LA-ROMAINE............ 672
VAL-CENIS............ 114
VAL-DE-MEUSE............ 302
VAL-DE-VESLE............ 302
VALBONNAIS............ 115
VALDEBLORE............ 673
VALENÇAY............ 251
VALJOUFFREY............ 115
VALLERAUGUE............ 570
VALLICA............ 272
VALLON-PONT-D'ARC............ 115
VANNES (GWENED)............ 224
VARENNES-EN-ARGONNE............ 303
VAUVILLE (Calvados)............ 366
VAUVILLE (Manche)............ 366
VEBRON............ 570
VEDÈNE............ 673
VEIGNÉ............ 251
VENCE............ 674
VENDOIRE............ 463
VENEUX-LES-SABLONS............ 334
VENOSC............ 116
VERCHENY............ 117
VERCHIN............ 325
VERDUN............ 303
VERDUN-EN-LAURAGAIS............ 570
VERMAND............ 326
VERMENTON............ 156
VERNET-LES-BAINS............ 571
VERRUYES............ 463
VERS-EN-QUERCY............ 571
VERS-PONT-DU-GARD............ 572
VERSAILLES............ 334
VESOUL............ 156
VEULES-LES-ROSES............ 366
VEULETTES-SUR-MER............ 367
VEYNES............ 674
VÉZAC............ 463
VÉZELAY............ 157
VIC-SUR-CÈRE............ 117
VICDESSOS............ 572
VIEILLE-BRIOUDE............ 118
VIELLE-AURE............ 573
VIELLE-SAINT-GIRONS............ 464
VIEUX-BOUCAU............ 464
VIGEOIS............ 465
VILLAR-D'ARÈNE............ 675
VILLARD-DE-LANS............ 118
VILLEFORT............ 573
VILLEFRANCHE-D'ASTARAC............ 573
VILLEFRANCHE-DU-PÉRIGORD............ 465
VILLEGLY............ 574
VILLEDIEU-LES-POÊLES-ROUFIGNY............ 367
VILLENEUVE-DE-LA-RAHO............ 574
VILLENEUVE-LÈS-BÉZIERS............ 574
VILLENEUVE-LEZ-AVIGNON............ 575
VILLENTROIS-FAVEROLLES-EN-BERRY............ 252
VILLEREST............ 119
VILLERS-LÈS-NANCY............ 303
VILLERS-SUR-MER............ 367
VILLEY-LE-SEC............ 304
VILLIERS-CHARLEMAGNE............ 616
VINCELLES............ 157
VIOLÈS............ 675
VITTEL............ 304
VIVARIO (VIVARIU)............ 272
VIX............ 616
VOGÜÉ............ 119
VOLVIC............ 120
VOUVRAY............ 252
VUILLAFANS............ 157

WANGENBOURG-ENGENTHAL............ 304
WIHR-AU-VAL............ 305
WINGEN-SUR-MODER............ 305

YPORT............ 368
YSSINGEAUX............ 120
YVES............ 465
YZERON............ 120

ZONZA............ 272

Liste des cartes

Auvergne-Rhône-Alpes (Auvergne) 26-27
Auvergne-Rhône-Alpes (Rhône-Alpes Nord).......... 28-29
Auvergne-Rhône-Alpes (Rhône-Alpes Sud) 30-31
Bourgogne-Franche-Comté (Bourgogne).................. 124-125
Bourgogne-Franche-Comté (Franche-Comté) 126-127
Bretagne Est..................... 162-163
Bretagne Ouest 160-161
Centre-Val de Loire.......... 226-227
Centre-Val de Loire – zoom 229
Corse 255
France (carte générale)........ 10-11
France (carte des distances) .. 12-13
Grand-Est (Alsace) 275
Grand-Est (Champagne-Ardenne) 277
Grand-Est (Lorraine)........ 278-279
Hauts-de-France (Nord – Pas-de-Calais).... 308-309
Hauts-de-France (Picardie)....................... 310-311
Île-de-France 328-329
Normandie 338-339
Nouvelle-Aquitaine (Aquitaine Nord)............ 370-371
Nouvelle-Aquitaine (Aquitaine Sud) 372-373
Nouvelle-Aquitaine (Poitou-Charentes) 376-377
Nouvelle-Aquitaine (Limousin) 374-375
Occitanie (Languedoc-Roussillon Nord)........... 468-469
Occitanie (Languedoc-Roussillon Sud) 470-471
Occitanie (Midi-Pyrénées Nord).... 472-473
Occitanie (Midi-Pyrénées Ouest) 477
Occitanie (Midi-Pyrénées Sud)..... 474-475
Pays de la Loire............... 578-579
Pays de la Loire – zoom 581
Provence-Alpes-Côte d'Azur Nord.............................. 618-619
Provence-Alpes-Côte d'Azur Ouest 623
Provence-Alpes-Côte d'Azur Sud 620-621
Régions de France 2

Remarque importante aux hôteliers et restaurateurs

Les enquêteurs du *Routard* travaillent dans le plus strict anonymat. Aucune réduction, aucun avantage quelconque, aucune rétribution n'est jamais demandé en contrepartie. Face aux aigrefins, la loi autorise les hôteliers et restaurateurs à porter plainte.

Avis aux lecteurs

Le Routard, ce n'est pas comme le bon vin, il vieillit mal. On ne veut pas pousser à la consommation, mais évitez de partir avec une édition ancienne. Les modifications sont souvent importantes.

Les réductions accordées à nos lecteurs ne sont jamais demandées par nos rédacteurs afin de préserver leur indépendance. Les hôteliers et restaurateurs sont sollicités par une société de mailing, totalement indépendante de la rédaction, qui reste donc libre de ses choix. De même pour les autocollants et plaques émaillées.

Avec routard.com, choisissez, organisez, réservez et partagez vos voyages !

✓ Rejoignez la plus grande communauté francophone de voyageurs : **plusieurs millions d'internautes.**

✓ Échangez avec les routarnautes : forums, photos, avis d'hôtels.

✓ Retrouvez aussi toutes les informations actualisées pour choisir et préparer vos voyages : près de 300 guides destinations, une centaine de dossiers pratiques et un magazine en ligne pour découvrir tous les secrets de votre destination.

✓ Enfin, comparez les offres pour organiser et réserver votre voyage au meilleur prix.

Les **Routards** *parlent aux* **Routards**

Faites-nous part de vos expériences, de vos découvertes, de vos tuyaux et de vos coups de cœur. Aidez-nous à remettre l'ouvrage à jour. Indiquez-nous les renseignements périmés. Faites profiter les autres de vos adresses nouvelles, combines géniales... On adresse un exemplaire gratuit de la prochaine édition à ceux qui nous envoient les meilleurs courriers, pour la qualité et la pertinence des informations.

Quelques conseils cependant:

- Envoyez-nous votre courrier le plus tôt possible afin que l'on puisse insérer vos tuyaux sur la prochaine édition.
- N'oubliez pas de préciser l'ouvrage que vous désirez recevoir, ainsi que votre adresse postale.
- Vérifiez que vos remarques concernent l'édition en cours et notez les pages du guide concernées par vos observations.
- Quand vous indiquez des hôtels ou des restaurants, pensez à signaler leur adresse précise et, pour les grandes villes, les moyens de transport pour y aller.

Si vous le pouvez, joignez la carte de visite de l'hôtel ou du resto décrit.

En tout état de cause, merci pour vos nombreux mails.

122, rue du Moulin-des-Prés, 75013 Paris

• *guide@routard.com* • *routard.com* •

Routard Assurance *2021*

Enrichie au fil des années par les retours des lecteurs, *Routard Assurance* reste l'assurance voyage référence des globe-trotters. Tout y est inclus, même la **Covid** : frais médicaux, assistance rapatriement, bagages, responsabilité civile... Avant votre départ, appelez *AVI* pour un conseil personnalisé. Besoin d'une **attestation Covid**, d'un avis médical, d'une prise en charge dans un hôpital ? Téléchargez l'appli mobile *AVI International* pour garder le contact avec *AVI Assistance* et disposer d'un vaste réseau médical à travers le monde. *AVI Assistance* est disponible 24h/24 pour une réponse en temps réel. De simples frais de santé en voyage ? Envoyez les factures à *AVI* dès votre retour, ils vous remboursent sous une semaine. *Le Colisée Gardens, 10 avenue de l'Arche, CS 70126, 92419 Courbevoie Cedex. ☎ 01-44-63-51-00. • avi-international.com • Ⓜ La Défense.*

Édité par Hachette Livre (58, rue Jean-Bleuzen, CS 70007, 92178 Vanves Cedex, France)
Photocomposé par Jouve (1, rue du Docteur Sauvé, 53100 Mayenne, France)
Imprimé par Lego SPA Plant (via Galileo Galilei, 11 38015 Lavis, Italie)
Achevé d'imprimer : avril 2021
Collection n° 15 - Édition n° 01
50/1033/4
I.S.B.N. 978-2-01-629323-2
Dépôt légal : avril 2021

PAPIER À BASE DE FIBRES CERTIFIÉES